de Gruyter Lehrbuch

ALLGEMEINER TEIL DES BÜRGERLICHEN GESETZBUCHES

von

Dr. Heinz Hübner

Professor an der Universität zu Köln

1985

Walter de Gruyter · Berlin · New York

Dieses Werk führt das seinerzeit in der Reihe „Lehrbücher und Grundrisse des Rechts" als Band 1 zuletzt in der 16. Auflage (1966) erschienene Buch von Heinrich *Lehmann,* Heinz *Hübner* fort.

CIP-Kurztitelaufnahme der Deutschen Bibliothek

Hübner, Heinz: Allgemeiner Teil des Bürgerlichen Gesetzbuches / von Heinz Hübner. – Berlin; New York: de Gruyter, 1984.
 (de Gruyter Lehrbuch)
 ISBN 3-11-002154-4

©

Copyright 1984 by Walter de Gruyter & Co., 1000 Berlin 30

Alle Rechte, insbesondere das Recht der Vervielfältigung und Verbreitung sowie der Übersetzung, vorbehalten. Kein Teil des Werkes darf in irgendeiner Form (durch Fotokopie, Mikrofilm oder ein anderes Verfahren) ohne schriftliche Genehmigung des Verlages reproduziert oder unter Verwendung elektronischer Systeme verarbeitet, vervielfältigt oder verbreitet werden.
Printed in Germany.
Satz: Lichtsatz Ebach GmbH, 8000 München 40
Druck: Bosch-Druck, 8300 Landshut/Ergolding
Bindearbeiten: Lüderitz & Bauer Buchgewerbe GmbH, 1000 Berlin 61

Vorwort

Von dem Vorhaben, eine erneute Bearbeitung des von Heinrich Lehmann begründeten und von mir betreuten Lehrbuches vorzunehmen, mußte ich Abstand nehmen. Die in den Jahren nach 1919 gewachsene Konzeption entsprach trotz laufender Erweiterung hinsichtlich Aufbau und dogmatischer Problemstellung weitgehend nicht mehr der gegenwärtigen Sicht. Es blieb daher nur der Weg einer eigenständigen Neufassung.

Gleichwohl habe ich die Gestalt des „klassischen" Lehrbuches zum Allgemeinen Teil beibehalten. Angesichts der Tendenz zur Behandlung einzelner Stoffbereiche muß es im Interesse des Studierenden liegen, den Normgehalt des Zivilrechts im Zusammenhang zu sehen und darüber hinaus auch die Stellung des Gesetzbuches im System des Rechts zu erfassen. Nicht zuletzt ist es für die Jurisprudenz schlechthin von wesentlicher Bedeutung, das Spannungsfeld zwischen Systemzusammenhang und Fallgerechtigkeit an den allgemeinen Prinzipien des Bürgerlichen Rechts zu verdeutlichen. Es haben daher auch über den Allgemeinen Teil hinausgehende grundsätzliche Themenbereiche Aufnahme gefunden, so z.B. das Haftungssystem des BGB, die Struktur des Vertrauensschutzes und wesentliche Instrumente der Kreditsicherung. Vor allem habe ich Wert darauf gelegt, die Regulative des Allgemeinen Teils nicht nur in ihrer wissenschaftlichen Problematik, sondern vor allem auch in ihren Auswirkungen auf die Rechtsverhältnisse des Zivil- und Handelsrechts, gelegentlich auch auf das Prozeß- und Vollstreckungsrecht bewußt zu machen. Ich hoffe, daß auf diese Weise das Buch nicht nur am Anfang des Studiums, sondern auch zur Examensvorbereitung seine Dienste leisten wird. In der Gestaltung der Darstellung habe ich auf dieses Ziel Bedacht genommen.

Es ist mir eine Pflicht, an dieser Stelle meinen Mitarbeitern für das ständige Gespräch, die mannigfachen didaktischen Hinweise und die Unterstützung bei den Korrekturen zu danken; insbesondere haben über Jahre hinweg Dr. Klaus Genius, Dr. Lothar Holzapfel, Dr. Klaus-Peter Nanz, Assessor Karl-Heinz Wolters sowie die Referendare Michael Frohn, Peter Funk und Susanne Speich die Entstehung gefördert. Um die Herstellung des druckfertigen Manuskripts war meine Sekretärin Frau Margarete Kunert mit Umsicht und Verständnis besorgt. Nicht zuletzt danke ich dem Verlag für die Geduld gegenüber der durch vielfältige Aufgaben in der Hochschule bedingten Verzögerung des Erscheinens.

Es würde mich freuen, wenn das Buch − wie sein Vorgänger − durch die Semester hindurch ein nützlicher und verläßlicher Begleiter sein könnte.

Köln, im Mai 1984

Heinz Hübner

Inhaltsverzeichnis

Einleitung: Das deutsche bürgerliche Recht

§ 1 Privatrecht und öffentliches Recht 1
   I. Das bürgerliche Recht als Privatrecht 1
      1. Die Bedeutung der Unterscheidung zwischen öffentlichem Recht und Privatrecht 1
      2. Theorien zur Abgrenzung 2
   II. Das bürgerliche Recht im engeren Sinne 3

§ 2 Die Vorgeschichte des Bürgerlichen Gesetzbuchs, seine Entstehung und Weiterentwicklung 4
   I. Vorgeschichte 4
      1. Die Rezeption und die Entwicklung bis zum Kodifikationszeitalter 4
      2. Die großen landesrechtlichen Kodifikationen 5
      3. Die Bestrebungen zur Rechtsvereinheitlichung 6
      4. Die Gesetzgebung des Norddeutschen Bundes und des Reichs bis zum BGB 7
   II. Die Entstehung des Bürgerlichen Gesetzbuchs 7
   III. Die weitere Entwicklung des bürgerlichen Rechts 9
      1. Die Entwicklung bis zum Grundgesetz 9
      2. Die Entwicklung in der Bundesrepublik 10
      3. Die Problematik einer Gesamtkodifikation des Privatrechts 12

§ 3 Die Quellen und Erscheinungsformen des deutschen bürgerlichen Rechts 12
   I. Der Begriff der Rechtsquelle 13
   II. Gesetztes Recht 14
      1. Gesetz als staatliche Rechtsetzung 14
      2. Gemeinschaftsrecht und Völkerrechtssätze 18
      3. Die Vereinbarung 19
   III. Gewohnheitsrecht und Observanz 19
   IV. Gerichtsgebrauch und Wissenschaft 20
   V. Verkehrssitte und Handelsbrauch 22
   VI. Allgemeine Geschäftsbedingungen 23

§ 4 Der Geltungsbereich des deutschen bürgerlichen Rechts 24
   I. Zeitliche Geltung von Rechtsvorschriften 24
      1. Zulässigkeit der Rückwirkung 24
      2. Außerkrafttreten von Rechtsvorschriften 25
   II. Verhältnis des BGB zum Landesrecht 26
   III. Verhältnis des deutschen bürgerlichen Rechts zu anderen Privatrechtsordnungen – Internationales und Interlokales Privatrecht 26
      1. Aufgabe und Begriff 27

	2. Geschichtliche Entwicklung	28
	3. Internationale Abkommen	31
	4. Das deutsche internationale Privatrecht	33
	5. Das interlokale Privatrecht	39
IV.	Rechtszustand in der DDR	39
	1. Das Vertragsgesetz	39
	2. Das Familiengesetzbuch	40
	3. Das Zivilgesetzbuch	40

§ 5 System, Charakter und Normarten des BGB ... 42
   I. Das System des BGB ... 42
      1. Einteilung des BGB ... 42
      2. Methodik des BGB ... 43
   II. Der Charakter des BGB ... 44
   III. Normarten ... 46
      1. Sonderrecht bestimmter Personenkreise ... 46
      2. Einteilung der Normen nach ihrer Funktion ... 47

§ 6 Anwendung des bürgerlichen Rechts ... 48
   I. Die Technik der Rechtsanwendung ... 50
   II. Die Grundsätze der Rechtsanwendung ... 51
   III. Auslegung ... 53
      1. nach dem Wortlaut ... 53
      2. nach dem Systemzusammenhang ... 53
      3. nach Sinn und Zweck ... 53
      4. Verfassungskonformität ... 54
      5. Restriktive und extensive Auslegung ... 54
   IV. Ausfüllung von Gesetzeslücken und teleologische Reduktion ... 55
   V. Richterliche Rechtsfortbildung ... 57
   VI. Drittwirkung der Grundrechte – Richterliches Prüfungsrecht ... 59

§ 7 Schrifttum zum bürgerlichen Recht ... 62

Erster Teil: Personen

§ 8 Grundbegriffe ... 71
   I. Rechtsfähigkeit ... 71
   II. Handlungsfähigkeit ... 72
   III. Subjektlose Rechte ... 72

1. Abschnitt: Natürliche Personen

§ 9 Beginn und Ende der Rechtsfähigkeit ... 73
   I. Beginn der Rechtsfähigkeit ... 73
   II. Ende der Rechtsfähigkeit ... 73
   III. Die rechtliche Stellung der Leibesfrucht ... 74
   IV. Beweislast für Geburt, Leben und Tod ... 75
   V. Verschollenheit ... 76

Inhaltsverzeichnis

   1. Gesetzliche Vermutungen 76
   2. Todeserklärung 76
   3. Gesonderte Feststellung des Todeszeitpunktes 79
§ 10 **Rechtlich erhebliche Eigenschaften und Zustände** 79
  I. Geschlecht 79
  II. Staatsangehörigkeit 79
  III. Stand 80
  IV. Religion 80
  V. Ehre 81
  VI. Lebensalter 81
  VII. Gesundheit 83
   1. Körperliche Gebrechen 83
   2. Geistige Gebrechen 83
   3. Entmündigung 83
  VIII. Wohnsitz 85
§ 11 **Namensrecht** 86
  I. Das Namensrecht als Persönlichkeitsrecht 86
  II. Erwerb des Namens 87
  III. Namensänderungen 87
  IV. Namensführungspflicht 88
  V. Schutz des Namens 88
   1. Schutz des Eigengebrauchs 88
   2. Schutz gegen Fremdgebrauch 88
   3. Rechtsfolgen der Verletzung des Namensrechts 90
  VI. Ausdehnung des Namensschutzes 90
§ 12 **Das allgemeine Persönlichkeitsrecht** 92
  I. Die Rechtsnatur des allgemeinen Persönlichkeitsrechts 93
  II. Gesetzlich anerkannte Einzelrechte 94
  III. Konkretisierungen durch die Rechtsprechung 96
   1. Recht am gesprochenen Wort 96
   2. Recht an Briefen und vertraulichen Aufzeichnungen 97
   3. Recht am eigenen Bilde 97
   4. Recht auf Achtung der Intimsphäre 97
   5. Recht auf Schutz der Ehre 97
   6. Recht auf unverfälschte Wiedergabe von Äußerungen 98
   7. Postmortaler Persönlichkeitsschutz 98
   8. Recht des Unternehmers am „eingerichteten und
    ausgeübten Gewerbebetrieb" 98
  IV. Rechtswidrigkeit 99
  V. Rechtsfolgen 100

2. Abschnitt: Juristische Personen

§ 13 **Grundlagen** 101
  I. Übersicht über Personenverbindungen 102

      1. Schlichte Rechtsgemeinschaft 102
      2. Gesamthandsgemeinschaft 103
      3. Juristische Person 103
  II. Theorien zur juristischen Person 105
 III. Die Arten der juristischen Person 106
 IV. Die Rechts- und Handlungsfähigkeit der juristischen Person 106

§ 14 Vereine 108
   I. Grundbegriffe 108
  II. Staat und Vereinigungsfreiheit 109
 III. Wirtschaftliche Vereine 110
 IV. Die Gründung des Idealvereins 112
      1. Rechtsnatur des Gründungsvorgangs 112
      2. Erstellung der Satzung 113
      3. Eintragung 113
      4. Wirkung der Eintragung 114
      5. Der Vorverein 115
  V. Die Verfassung des Vereins, Organe und Haftung 117
      1. Verfassung 117
      2. Organe – Mitgliederversammlung, Vorstand 118
      3. Haftung des Vereins 123
 VI. Mitgliedschaft 127
      1. Erwerb 127
      2. Rechte und Pflichten 127
      3. Ende 129
 VII. Ausschluß und Vereinsstrafe 130
      1. Ausschluß 131
      2. Sonstige Vereinsstrafen 133
 VIII. Ende des Vereins und Liquidation 134
      1. Beendigungsgründe 134
      2. Liquidation 135
 IX. Der nichtrechtsfähige Verein 136
      1. Struktur 137
      2. Errichtung 138
      3. Verfassung 138
      4. Mitgliedschaft 139
      5. Vermögen 139
      6. Parteifähigkeit 140
      7. Haftung 141
      8. Beendigung 143

§ 15 Die Stiftung 143
   I. Begriff und Abgrenzung 144
  II. Unternehmensträgerstiftung 145
 III. Entstehung 146
      1. Das Stiftungsgeschäft 146
      2. Die Genehmigung 147

Inhaltsverzeichnis

    IV. Verfassung der Stiftung 148
    V. Beendigung der Stiftung 149

Zweiter Teil: Rechtsgegenstände

§ 16 Gegenstand und Sache 151
    I. Gegenstand als Objekt des Rechtsverhältnisses 151
    II. Der Sachbegriff 152
        1. Die Sache als körperlicher Gegenstand 152
        2. Der Vermögensbegriff 154
    III. Die Funktion des Sachbegriffs 156

§ 17 Sache und Sachbestandteil 157
    I. Sache und Sachteil 157
    II. Bestandteile 158
        1. Wesentliche Bestandteile 158
        2. Scheinbestandteile 161
        3. Unwesentliche Bestandteile 162

§ 18 Arten der Sachen 163
    I. Grundstücke und bewegliche Sachen 163
    II. Vertretbare und nicht vertretbare Sachen 164
    III. Verbrauchbare und unverbrauchbare Sachen 164
    IV. Teilbare und unteilbare Sachen 165
    V. Öffentliche Sachen 165
        1. Begriff und Funktion 165
        2. Die Arten der öffentlichen Sachen 167
        3. Verwaltungs- und Finanzvermögen 168
        4. Sachen mit öffentlich-rechtlichen Nutzungsbeschränkungen 168

§ 19 Zubehör 169
    I. Der Zubehörbegriff 169
    II. Die rechtliche Bedeutung der Zubehöreigenschaft 171
    III. Die Erweiterung der Zubehörregelung 172

§ 20 Nutzungen und Früchte 173
    I. Nutzungen als Oberbegriff 173
    II. Früchte 174
    III. Gebrauchsvorteile 176
    IV. Die rechtliche Bedeutung der Regelung über Nutzungen 176

Dritter Teil: Die Rechte der Person

§ 21 Rechtsverhältnis und Rechte der Person 179
    I. Recht im objektiven Sinne 179
    II. Das Rechtsverhältnis 180
    III. Das subjektive Recht 180

§ 22 Die Arten der Rechte der Person ... 180
- I. Absolute Rechte ... 181
  1. Dingliche Rechte ... 181
  2. Personenbezogene Rechte ... 183
- II. Relative Rechte ... 184
- III. Gestaltungsrechte ... 186

§ 23 Erwerb, Übergang und Verlust von Rechten ... 188
- I. Erwerb durch Rechtsgeschäft, Gesetz, Staatsakt ... 188
- II. Wille und Rechtserwerb ... 189
- III. Derivativer und originärer Erwerb ... 189
- IV. Rechtsnachfolge ... 190
- V. Rechtsübertragung als Verfügung ... 191
- VI. Verfügungsbefugnis ... 192
  1. Verfügungsbeschränkungen ... 192
  2. Verfügungsbefugnis ohne Rechtsinhaberschaft ... 192
  3. Fehlen der Verfügungsbefugnis ... 193
- VII. Rechtsverlust ... 194

§ 24 Schranken der Rechte ... 195
- I. Grenzen des subjektiven Rechts ... 195
- II. Schranken im BGB ... 196
  1. Schikaneverbot ... 196
  2. Verbot sittenwidriger Schädigung ... 197
  3. Einschränkungen durch den Grundsatz von Treu und Glauben ... 198

§ 25 Anspruch und Einrede ... 199
- I. Subjektives Recht und Anspruch ... 199
- II. Mehrheit von Anspruchsgrundlagen ... 203
  1. Kumulative Anwendung ... 203
  2. Alternative Anwendung ... 206
  3. Spezialität ... 206
- III. Einrede ... 206

§ 26 Die Verwirklichung des Rechtsschutzes und das Haftungssystem ... 210
- A. Die Erfüllung und die Verletzung subjektiver Rechte ... 211
- B. Das Haftungssystem ... 213
  - I. Tatbestandliche Voraussetzungen der Haftung ... 213
  - II. Rechtswidrigkeit und ihr Ausschluß ... 213
    1. Rechtswidrigkeit als objektiver Verstoß gegen die Rechtsordnung ... 213
    2. Rechtswidrigkeitstheorien ... 214
    3. Rechtswidrigkeit bei Unterlassen ... 218
    4. Rechtswidrigkeit bei „offenen Tatbeständen" ... 218
    5. Rechtswidrigkeit bei mittelbaren Verletzungshandlungen ... 220

        6. Der Ausschluß der Rechtswidrigkeit 220
   III. Verantwortlichkeit 222
        1. Verschulden 222
        2. Verantwortlichkeit für das Verhalten Dritter 228
        3. Haftung ohne Verschulden 230
        4. Gefährdungshaftung 231
   IV. Haftungsfolgen 234
        1. Unterlassungs- und Beseitigungsanspruch 235
        2. Schadensersatz 237

§ 27 Selbsttätiger Schutz der Rechte 242
   I. Notwehr 243
        1. Voraussetzungen 243
        2. Rechtsfolgen 245
        3. Notwehr gegen Hoheitsakte 246
   II. Notstand 246
        1. Voraussetzungen 247
        2. Rechtsfolgen 248
   III. Selbsthilfe 249
        1. Voraussetzungen 249
        2. Rechtsfolgen 251
   IV. Anhang: Sicherheitsleistung 251

Vierter Teil: Die Lehre vom Rechtsgeschäft

1. Abschnitt: Rechtshandlung und Rechtsgeschäft

§ 28 Die Rechtshandlung im allgemeinen 253
   I. Rechtlich relevante Tatsachen 253
   II. Die juristische Handlung 253
        1. Rechtmäßiges Verhalten 254
        2. Rechtswidriges Verhalten 255
   III. Handlungsfähigkeit 255

§ 29 Rechtswirksames Verhalten und Rechtsgeschäft 255
   I. Relevanz des rechtswirksamen Verhaltens 256
   II. Institutionalisierung des Vertrauens- und Verkehrsschutzes 257
        1. Der Vertrauenstatbestand 258
        2. Die Verantwortlichkeit des Betroffenen 258
        3. Die Schutzwürdigkeit des Begünstigten 260
        4. Der Umfang des Vertrauensschutzes 261

2. Abschnitt: Das Rechtsgeschäft

§ 30 Rechtsgeschäft und Privatautonomie 262
   I. Vertragsfreiheit 262
   II. Schranken der Vertragsfreiheit 263

§ 31	Der Tatbestand und die Arten des Rechtsgeschäfts	265
	A. Der Tatbestand des Rechtsgeschäfts	265
	I. Tatbestandselemente	265
	II. Eigenständige Wirksamkeitsvoraussetzungen	266
	B. Die Arten der Rechtsgeschäfte	266
	I. Einteilung nach den beteiligten Personen	266
	1. Einseitige Rechtsgeschäfte	266
	2. Mehrseitige Rechtsgeschäfte	267
	II. Einteilung nach dem Gegenstand des Rechtsgeschäfts	269
	III. Einteilung nach den bewirkten Rechtsfolgen	270
	1. Verpflichtungsgeschäfte	270
	2. Verfügungsgeschäfte	271
	IV. Kausale und abstrakte Rechtsgeschäfte	272
	1. Zuwendungsgeschäfte	273
	a) Zuwendung und Rechtsgrund	273
	b) Kausale und abstrakte Zuwendungsgeschäfte	275
	c) Auswirkungen des Abstraktionsprinzips	276
	d) Zur Kritik des Abstraktionsprinzips	279
	e) Konstruktive Einschränkungen des Abstraktionsprinzips	281
	2. Erteilung von Handlungsmacht	282

3. Abschnitt: Die Willenserklärung

§ 32	Tatbestand der Willenserklärung	283
	I. Übersicht über die einzelnen Tatbestandselemente	284
	1. Der äußere Tatbestand	284
	2. Der innere Tatbestand	284
	II. Die normativen Anforderungen an den Tatbestand	285
	1. Die Erklärung	285
	2. Der Wille	288
	III. Abgrenzung des rechtlich-relevanten Verhaltens zur Willenserklärung	291
	1. Konkludentes Verhalten ohne Erklärungsbewußtsein	291
	2. Insbesondere: Schweigen ohne Erklärungsbewußtsein	292
	3. „Sozialtypisches Verhalten"	295
	IV. Abgrenzung der Willenserklärung zu sogenannten geschäftsähnlichen Handlungen und zu Realakten	295
§ 33	Geschäftsfähigkeit	296
	I. Die Geschäftsunfähigkeit	297
	II. Die beschränkte Geschäftsfähigkeit	299
	III. Sondertatbestände (§§ 110, 112, 113)	303
	1. Der „Taschengeldparagraph"	304
	2. Erweiterte Geschäftsfähigkeit	304
§ 34	Abgabe und Zugang der Willenserklärung	307

Inhaltsverzeichnis

  I. Die nicht empfangsbedürftige Willenserklärung 307
  II. Die empfangsbedürftige Willenserklärung 308
§ 35 **Auslegung der Willenserklärung** 312
  I. Der äußere Tatbestand als Gegenstand der Auslegung 313
  II. Berücksichtigung aller Umstände 314
    1. Bei empfangsbedürftigen Willenserklärungen 314
    2. Bei nicht empfangsbedürftigen Willenserklärungen 316
  III. Auslegung formgebundener Erklärungen 316
  IV. Verwahrung (protestatio) 317
§ 36 **Willensmängel** 318
  A. Bewußtes Abweichen von Wille und Erklärung 319
    I. Geheimer Vorbehalt (Mentalreservation) 319
    II. Das Scheingeschäft 320
      1. Das simulierte Geschäft 320
      2. Das verdeckte Geschäft 321
    III. Die nicht ernstlich gemeinte Erklärung 322
  B. Unbewußte Nichtübereinstimmung von Wille und
    Erklärung – Irrtum 323
    I. Irrtumsfälle 325
      1. Irrtum im Erklärungsakt (Erklärungsirrtum) 325
      2. Irrtum über den Erklärungsinhalt (Inhaltsirrtum) 325
      3. Irrtum über wesentliche Eigenschaften (Eigenschaftsirrtum) . . 328
      4. Unrichtige Botenübermittlung 332
    II. Einzelfragen 333
      1. Unterzeichnen einer nichtgelesenen Urkunde 333
      2. Abredewidrige Ausfüllung einer Blanketterklärung 334
      3. Irrtum und Allgemeine Geschäftsbedingungen 334
      4. Doppelseitiger Irrtum 335
    III. Rechtsfolgen des Irrtums 336
      1. Anfechtbarkeit 336
      2. Voraussetzungen der Anfechtung 336
      3. Ersatz des Vertrauensschadens 337
      4. Sonderregelungen für Irrtumsfolgen 338
  C. Willensbeeinflussung durch arglistige Täuschung und
    Drohung 339
    I. Arglistige Täuschung 339
    II. Drohung 343
    III. Rechtsfolgen der arglistigen Täuschung und Drohung 347

    4. Abschnitt: Form und zulässiger Inhalt des Rechtsgeschäfts

§ 37 **Formerfordernisse und Formverstöße** 350
  I. Grundsatz der Formfreiheit 350
  II. Zwecke der Form 351
  III. Arten der Form 351

	1. Gesetzliche Form 351

    1. Gesetzliche Form 351
      a) Schriftform 352
      b) Öffentliche Beglaubigung 353
      c) Notarielle Beurkundung 354
      d) Sonderfälle 355
    2. Gewillkürte Form 355
  IV. Rechtsfolgen von Formverstößen 356
    1. Nichtbeachtung der gesetzlichen Formerfordernisse 356
    2. Nichtbeachtung der rechtsgeschäftlich vereinbarten Form .. 358
    3. Nichtbeachtung des Umfangs von Formerfordernissen ... 359

§ 38 Zulässiger Inhalt der Rechtsgeschäfte 360
 A. Gesetzliche Verbote 360
 B. Das Verbot sittenwidriger Geschäfte 364
    I. Zum Begriff der „guten Sitten" 365
    II. Tatbestandliche Voraussetzungen des Sittenverstoßes 366
    III. Fallgruppen 367
      1. Sittenverstoß gegen den anderen Vertragspartner 367
      2. Sittenverstoß beider Parteien gegen Dritte oder die Allgemeinheit 368
      3. Sonderfälle 369
    IV. Das wucherische Rechtsgeschäft 370
    V. Rechtsfolgen des sittenwidrigen Geschäfts 371
    VI. Verhältnis des § 138 zu anderen Vorschriften 373

5. Abschnitt: Das System der Rechtsfolgen fehlerhafter Rechtsgeschäfte

§ 39 Arten der Unwirksamkeit 375
 I. Nichtigkeit 376
  1. Wirkung der Nichtigkeit 376
  2. Teilnichtigkeit 378
  3. Umdeutung (Konversion) 379
  4. Vernichtbarkeit durch Nichtigkeitsklage 381
 II. Anfechtbarkeit 382
  1. Anfechtung als Gestaltungsrecht 382
  2. Gegenstand der Anfechtung 382
  3. Die Geltendmachung des Anfechtungsrechts 382
  4. Rechtsfolgen der Anfechtung 384
  5. Einschränkung der Anfechtbarkeit bzw. ihrer Folgen im Interesse des Verkehrsschutzes 385
  6. Bestätigung 387
  7. Anfechtung nichtiger Rechtsgeschäfte (sog. Doppelwirkungen) 388
  8. Sonderfälle 388
 III. Relative Unwirksamkeit 389
 IV. Unwirksamkeit rechtsgeschäftlicher Veräußerungsverbote ... 393

V. Schwebende Unwirksamkeit ... 394

6. Abschnitt: Die Lehre vom Vertrag

§ 40 Der Vertrag ... 395
  A. Einleitung ... 395
  B. Der Vertragsschluß ... 397
    I. Allgemeines ... 398
      1. Der Konsens ... 398
      2. Rechtsgeschäftliche Verpflichtung zum Abschluß eines Vertrages ... 399
    II. Der Antrag ... 401
    III. Die Annahme ... 405
    IV. Dissens ... 411
  C. Vertragsauslegung ... 413
    I. Grundsätze der Vertragsauslegung ... 413
    II. Anwendungsbereich der Vertragsauslegung ... 414
      1. Erläuternde Vertragsauslegung ... 414
      2. Ergänzende Vertragsauslegung ... 415
    III. Richterliche Vertragsgestaltung ... 416

§ 41 Sonderprobleme des Vertragsrechts ... 416
  A. Vertragsabschluß unter Einbeziehung Allgemeiner Geschäftsbedingungen ... 416
    I. Problemstellung ... 417
    II. Struktur des AGB-Gesetzes ... 418
    III. Einbeziehung von AGB in den Vertrag ... 419
    IV. Auslegung von AGB ... 419
    V. Rechtsfolgen bei ungültigen AGB ... 420
    VI. Anwendungsbereich des AGB-Gesetzes ... 420
    VII. Verbandsklage auf Unterlassung und Widerruf ... 421
  B. Die Lehre vom „faktischen Vertrag" ... 421
  C. Culpa in contrahendo ... 422
    I. Das vorvertragliche Vertrauensverhältnis ... 423
    II. Verantwortlichkeitsvoraussetzungen beim Haftenden ... 425
    III Verschulden ... 425
    IV. Umfang des Schadensersatzes ... 426
    V. Verhältnis zu anderen Rechtsinstituten ... 426
  D. Nachvertragliche Pflichten ... 427
  E. Fehlen und Wegfall der Geschäftsgrundlage ... 428
    I. Entwicklung der Lehre von der Geschäftsgrundlage ... 429
    II. Vorrang vertraglicher Regelungen ... 430
    III. Vorrang gesetzlicher Regelungen ... 431
      1. Anfechtung wegen Irrtums ... 431
      2. Gewährleistung wegen Sachmangels ... 432
      3. Unmöglichkeit ... 432
      4. Kündigung aus wichtigem Grund ... 432

	5. Kondiktion wegen Zweckverfehlung	433
	6. Vergleich	433
IV.	Die Voraussetzungen für das Eingreifen der Regelung über die Geschäftsgrundlage	433
V.	Folgen des Fehlens oder Wegfalls der Geschäftsgrundlage	437

7. Abschnitt: Bedingung und Zeitbestimmung

§ 42	**Die Bedingung**	438
I.	Inhalt und Abgrenzung	439
II.	Arten der Bedingung	440
	1. Gewillkürte und zufällige Bedingung	440
	2. Aufschiebende und auflösende Bedingung	442
III.	Zulässigkeit der Bedingung	443
	1. Allgemeine Schranken	443
	2. Bedingungsfeindliche Rechtsgeschäfte	443
IV.	Wirkungen	444
V.	Die Anwartschaft	449
VI.	Abgrenzung zur Auflage	452

§ 43 **Die Befristung** 453

8. Abschnitt: Stellvertretung

§ 44	**Funktion und Abgrenzung**	455
A.	Interessenlage	455
B.	Abgrenzungen	457
I.	Der Bote	457
II.	Vertretung in der Erklärung	458
III.	Vertreter und Verwalter	458
IV.	Vertreter und Organe	459
V.	Geschäfte zur Deckung des ehelichen Lebensbedarfs	459
VI.	Surrogation	460

§ 45	**Indirekte Stellvertretung**	460
A.	Interessenlage und Rechtsfolgen	460
I.	Interessenlage	460
II.	Gestaltungsmöglichkeiten für den Durchgangserwerb	461
III.	Ersatzansprüche bei Leistungsstörungen	463
B.	Abgrenzungen	464
I.	Treuhandverhältnisse	464
	1. Allgemeine Merkmale	465
	2. Fremdnützige Treuhand	465
	3. Eigennützige Treuhand	466
	a) Die Sicherungsübereignung	466
	b) Die Sicherungszession	469
II.	Der Strohmann	470

Inhaltsverzeichnis

§ 46 Die direkte Stellvertretung ... 471
  A. Erscheinungsformen ... 471
  B. Anwendungsbereich der Stellvertretungsvorschriften ... 472
  C. Der Tatbestand der wirksamen Vertretung ... 474
    I. Voraussetzungen in der Person des Vertreters ... 474
    II. Handeln im Namen des Vertretenen ... 475
      1. Offenkundigkeitsprinzip ... 475
      2. Vertretungswille ... 475
      3. Handeln unter fremdem Namen ... 476
    III. Vertretungsmacht ... 477
  D. Rechtsfolgen ... 477
    I. Wirkung des Vertreterhandelns ... 477
    II. Willensmängel, Kennen und Kennenmüssen ... 477
    III. Eigenhaftung des Vertreters ... 480

§ 47 Die Vertretungsmacht ... 481
  A. Die Vollmacht ... 482
    I. Vollmacht und Innenverhältnis ... 482
    II. Arten der Vollmacht ... 484
    III. Die Erteilung der Vollmacht ... 484
      1. Wirksamkeitsvoraussetzungen ... 484
      2. Willensmängel bei der Vollmachtserteilung ... 485
      3. Untervollmacht ... 487
    IV. Form der Vollmacht ... 488
    V. Erlöschen der Vollmacht ... 490
      1. Erlöschensgründe nach Maßgabe der Vollmachtserteilung ... 490
      2. Erlöschensgründe nach Maßgabe des Grundverhältnisses ... 491
      3. Erlöschensgründe aus Umständen in der Person ... 491
      4. Widerruf der Vollmacht ... 494
      5. Verzicht auf die Vollmacht ... 496
    VI. Folgen des Erlöschens ... 496
    VII. Vollmacht kraft Rechtsscheins ... 498
      1. Duldungsvollmacht ... 498
      2. Anscheinsvollmacht ... 499
      3. Voraussetzungen ... 499
      4. Rechtsfolgen ... 500
      5. Anwendung auf öffentlich-rechtliche Körperschaften ... 501
      6. Blankettmißbrauch ... 501
  B. Der Umfang der Vertretungsmacht ... 502
  C. Mißbrauch der Vertretungsmacht ... 503

§ 48 Vertretung ohne Vertretungsmacht ... 506
  I. Rechtsverhältnis zwischen Vertretenem und Geschäftsgegner ... 506
  II. Rechtsverhältnis zwischen Vertreter und Geschäftsgegner ... 509
  III. Entsprechende Anwendung der §§ 177 ff ... 511

	IV. Rechtsverhältnis zwischen Vertretenem und Vertreter	512
§ 49	**Das Insichgeschäft**	512
	I. Schutzzweck	513
	1. Interessenlage	513
	2. Formale Betrachtungsweise	513
	3. Teleologische Reduktion	514
	4. Erweiternde Auslegung	515
	II. Anwendungsbereich	516
	III. Gesetzliche Ausnahmen	517
	1. Gestattung durch den Vertretenen	517
	2. Erfüllung einer Verbindlichkeit	517
	IV. Rechtsfolgen	517

9. Abschnitt: Zustimmungsbedürftige Rechtsgeschäfte

§ 50	**Die Zustimmung**	518
	I. Begriff und Funktion	518
	II. Die Zustimmungserklärung	520
	III. Die Einwilligung	521
	IV. Die Genehmigung	523
	V. Verfügung eines Nichtberechtigten	525
	VI. Die Ermächtigung	527

10. Abschnitt: Die Zeit

§ 51	**Auslegung und Berechnung der Zeitbestimmung**	529
	I. Fristen und Termine	530
	II. Die Berechnung der Fristen und Termine	531
§ 52	**Die Anspruchsverjährung**	532
	I. Zweck und Voraussetzungen	532
	II. Voraussetzungen der Verjährung im einzelnen	535
	1. Verjährbarkeit des Anspruchs	535
	2. Verjährungsbeginn	535
	3. Ablauf der Verjährungsfrist	536
	III. Wirkung der Verjährung	540
§ 53	**Die Verwirkung**	543

Verzeichnis der Abkürzungen

und der abgekürzt zitierten Literatur

A.	Auflage
a. A.	anderer Auffassung
aaO	am angegebenen Ort
ABGB	Allgemeines Bürgerliches Gesetzbuch (für Österreich) von 1811
Abt.	Abteilung
AbzG	Abzahlungsgesetz v. 16.5.1894
AcP	Archiv für die civilistische Praxis
ADHGB	Allgemeines Deutsches Handelsgesetzbuch von 1861
ADSp	Allgemeine Deutsche Spediteurbedingungen
a. E.	am Ende
a. F.	alte Fassung
AG	Aktiengesellschaft
AGB	Allgemeine Geschäftsbedingungen
AGBG	Gesetz zur Regelung des Rechts der Allgemeinen Geschäftsbedingungen v. 9.12.1976
AKG	Allgemeines Kriegsfolgengesetz v. 5.11.1957
AktG	Aktiengesetz v. 6.9.1965
ALR	Allgemeines Landrecht für die Preußischen Staaten von 1794
Alt.	Alternative
AMG	Arzneimittelgesetz v. 24.8.1976
a. M.	anderer Meinung
AnfG	Anfechtungsgesetz i. d. F. v. 20.5.1898
Anh.	Anhang
Anm.	Anmerkung
Ann. Univ. Sarav.	Annales Universitatis Saraviensis
AO	Abgabenordnung v. 16.3.1976
AöR	Archiv für öffentliches Recht
AP	Arbeitsrechtliche Praxis (Nachschlagewerk des Bundesarbeitsgerichts)
ArbG	Arbeitsgericht
ArchBürgR	Archiv für Bürgerliches Recht
ARSP	Archiv für Rechts- und Sozialphilosophie
Art.	Artikel
AT	Allgemeiner Teil
AtomG	Atomgesetz i. d. F. v. 31.10.1976
Badisches LR	Badisches Landrecht von 1809

BAG	Bundesarbeitsgericht
BAGE	Entscheidungen des Bundesarbeitsgerichts
BARTHOLOMEYCZIK/SCHLÜTER	Erbrecht, 11. A. 1980
BAUMBACH/DUDEN/HOPT	Handelsgesetzbuch, Kommentar, 25. A. 1983
BAUMBACH/HEFERMEHL	Wechselgesetz und Scheckgesetz, Kommentar, 13. A. 1981
BAUMBACH/HEFERMEHL	Wettbewerbsrecht, Kommentar, 14. A. 1983
BAUMBACH/LAUTERBACH/ALBERS/HARTMANN	Zivilprozeßordnung, Kommentar, 41. A. 1983
BAUR	Lehrbuch des Sachenrechts, 12. A. 1983
BAUR/STÜRNER	Zwangsvollstreckungs-, Konkurs- und Vergleichsrecht, 11. A. 1983
BayObLG	Bayerisches Oberstes Landesgericht
BayObLGZ	Entscheidungen des BayObLG in Zivilsachen
BayVBl	Bayerische Verwaltungsblätter
BayVGH	Bayerischer Verwaltungsgerichtshof
BB	Der Betriebs-Berater (Zeitschrift)
BBauG	Bundesbaugesetz i. d. F. v. 18.8.1976
BBiG	Berufsbildungsgesetz v. 14.8.1969
Bd.	Band
Bde.	Bände
BDSG	Bundesdatenschutzgesetz v. 27.1.1977
Beil.	Beilage
BergG	Preußisches Allgemeines Berggesetz v. 24.6.1865
betr.	betreffend
BetrAV	Betriebliche Altersversorgung (Zeitschrift)
BetrVG	Betriebsverfassungsgesetz v. 15.1.1972
BeurkG	Beurkundungsgesetz v. 28.8.1969
BGB	Bürgerliches Gesetzbuch v. 18.8.1896
BGBl	Bundesgesetzblatt
BGH	Bundesgerichtshof
BGHSt	Entscheidungen des Bundesgerichtshofs in Strafsachen
BGHZ	Entscheidungen des Bundesgerichtshofs in Zivilsachen
BImSchG	Bundes-Immissionsschutzgesetz v. 15.3.1974
BJagdG	Bundesjagdgesetz i. d. F. v. 29.9.1976
BJM	Bundesjustizministerium
BLOMEYER, A.	Zivilprozeßrecht, 1963
BNotO	Bundesnotarordnung v. 24.2.1961
BÖHLE-STAMSCHRÄDER/KILGER	Konkursordnung, Kommentar, 13. A. 1981

Abkürzungs- und Literaturverzeichnis

BRAO	Bundesrechtsanwaltsordnung v. 1.8.1959
Brox AT	Allgemeiner Teil des Bürgerlichen Gesetzbuches, 8. A. 1984
Brox SchR II	Besonderes Schuldrecht, 10. A. 1983
BUrlG	Bundesurlaubsgesetz v. 8.1.1963
Buschs Arch.	Archiv für Theorie und Praxis des Allgemeinen Deutschen Handelsrechts, hrsg. von Busch
BVerfG	Bundesverfassungsgericht
BVerfGE	Entscheidungen des Bundesverfassungsgerichts
BVerfGG	Gesetz über das Bundesverfassungsgericht i. d. F. v. 3.2.1971
BVerwG	Bundesverwaltungsgericht
BVerwGE	Entscheidungen des Bundesverwaltungsgerichts
BVFG	Bundesvertriebenengesetz i. d. F. v. 3.9.1971
BWaldG	Bundeswaldgesetz v. 2.5.1975
bzgl.	bezüglich
bzw.	beziehungsweise
Capelle/Canaris	Handelsrecht, 19. A. 1980
CC	Code Civil von 1804
D	Digesten
DB	Der Betrieb (Zeitschrift)
DepotG	Depotgesetz v. 4.2.1937
ders.	derselbe
d. h.	das heißt
DJT	Deutscher Juristentag
DJZ	Deutsche Juristenzeitung
DÖV	Die Öffentliche Verwaltung (Zeitschrift)
DR	Deutsches Recht (Zeitschrift)
DRiZ	Deutsche Richterzeitung
DRZ	Deutsche Rechts-Zeitschrift
DV	Deutsche Verwaltung (Zeitschrift)
DVBl	Deutsches Verwaltungsblatt
EAG	Europäische Atom-Gemeinschaft
EAG	Einheitliches Gesetz über den Abschluß von Kaufverträgen über bewegliche Sachen v. 17.7.1973
EG	Europäische Gemeinschaften
EGBGB	Einführungsgesetz zum Bürgerlichen Gesetzbuch v. 18.8.1896
EheG	Ehegesetz v. 20.2.1946
1. EheRG	Erstes Gesetz zur Reform des Ehe- und Familienrechts v. 14.6.1976
EKG	Einheitliches Gesetz über den internationalen Kauf beweglicher Sachen v. 17.7.1973

EnergG	Energiewirtschaftsgesetz v. 13.12.1935
ENN./LEHMANN	Enneccerus/Lehmann, Recht der Schuldverhältnisse, 15. A. 1958
ENN./NIPPERDEY	Enneccerus/Nipperdey, Allgemeiner Teil des Bürgerlichen Rechts, 15. A. 1959/1960
entspr.	entsprechend
ErbbauVO	Verordnung über das Erbbaurecht v. 15.1.1919
ERMAN	Handkommentar zum Bürgerlichen Gesetzbuch, 7. A. 1981
ESSER SchR	Schuldrecht, Band I Allgemeiner Teil, 4. A. 1970
ESSER/SCHMIDT SchR I	Schuldrecht, Band I Allgemeiner Teil, 6. A. 1984
ESSER/WEYERS SchR II	Schuldrecht, Band II Besonderer Teil, 6. A 1984
etc.	et cetera
EVO	Eisenbahn-Verkehrsordnung v. 8.9.1938
evtl.	eventuell
EWGV	Vertrag zur Gründung der Europäischen Wirtschaftsgemeinschaft v. 25.3.1957
EYERMANN/FRÖHLER	Verwaltungsgerichtsordnung, 8. A. 1980
f	folgende, folgender
ff	(mehrere) folgende
1. FamRÄndG	Erstes Familienrechtsänderungsgesetz v. 11.8.1961
FGG	Gesetz über die Angelegenheiten der freiwilligen Gerichtsbarkeit i. d. F. v. 20.5.1898
FIKENTSCHER	Schuldrecht, 6. A. 1976
FLUME	Allgemeiner Teil des Bürgerlichen Rechts, Bd. I/1 Die Personengesellschaft, 1977, Bd. II Das Rechtsgeschäft, 3. A. 1979
FORSTHOFF	Lehrbuch des Verwaltungsrechts I, 10. A. 1973
FStrG	Bundesfernstraßengesetz i. d. F. v. 1.10.1974
Fn.	Fußnote
G	Gesetz
GBl	Gesetzesblatt (Verkündungsblatt der DDR)
GBO	Grundbuchordnung i. d. F. v. 5.8.1935
GebrMG	Gebrauchsmustergesetz i. d. F. v. 2.1.1968
gem.	gemäß
GenG	Gesetz betreffend die Erwerbs- und Wirtschaftsgenossenschaften v. 1.5.1889
GERNHUBER	Lehrbuch des Familienrechts, 3. A. 1980
GewArch	Gewerbearchiv (Zeitschrift)
GG	Grundgesetz für die Bundesrepublik Deutschland v. 23.5.1949
ggf.	gegebenenfalls

GIERKE/SANDROCK	Handels- und Wirtschaftsrecht, 9. A. 1975
v. GIERKE, O.	Deutsches Privatrecht, Bd. I, 1895
GleichberG	Gleichberechtigungsgesetz v. 18.6.1957
GmbH	Gesellschaft mit beschränkter Haftung
GmbHG	Gesetz betreffend die Gesellschaften mit beschränkter Haftung i. d. F. v. 20.5.1898
GO NW	Gemeindeordnung für das Land Nordrhein-Westfalen i. d. F. v. 1.10.1979
grds.	grundsätzlich
GrdstVG	Grundstückverkehrsgesetz v. 28.7.1961
Gruchot	Beiträge zur Erläuterung des Deutschen Rechts, begründet von Gruchot
GRUR	Gewerblicher Rechtsschutz und Urheberrecht (Zeitschrift)
GüKG	Güterkraftverkehrsgesetz i. d. F. v. 6.8.1975
GVBl NW	Gesetz- und Verordnungsblatt für das Land Nordrhein-Westfalen
GVG	Gerichtsverfassungsgesetz i. d. F. v. 9.5.1975
GWB	Gesetz gegen Wettbewerbsbeschränkungen i. d. F. v. 24.9.1980
HambWegeG	Hamburgisches Wegegesetz i. d. F. v. 22.1.1974
HdwbRw	Handwörterbuch der Rechtswissenschaft, hrsg. von Stier-Somlo und Elster, 8 Bde. 1926–1937
HECK	Grundriß des Sachenrechts, 1930
HGB	Handelsgesetzbuch v. 10.5.1897
HGB-RGRK	Handelsgesetzbuch Großkommentar, 3. A. 1967–1982/4. A. 1983ff
HKG	Heimkehrergesetz v. 19.6.1950
h. L.	herrschende Lehre
h. M.	herrschende Meinung
HpflG	Haftpflichtgesetz i. d. F. v. 4.1.1978
HRR	Höchstrichterliche Rechtsprechung
Hrsg.	Herausgeber
hrsg.	herausgegeben
Hs.	Halbsatz
HUECK, G.	Gesellschaftsrecht, 18. A. 1983
HUECK/CANARIS	Wertpapierrecht, 11. A. 1977
HUECK/NIPPERDEY	Arbeitsrecht, Bd. I, 7. A. 1963, Bd. II/1, 7. A. 1967
i. d. F.	in der Fassung
i. d. R.	in der Regel
i. e. S.	im engeren Sinne
insbes.	insbesondere

Intern.	Internationales
IPR	Internationales Privatrecht
i. S. d.	im Sinne des
i. V. m.	in Verbindung mit
i. w. S.	im weiteren Sinne
JA	Juristische Arbeitsblätter
JAEGER/HENCKEL	Konkursordnung, Kommentar, 9. A. 1977 ff
JAUERNIG	Zivilprozeßrecht, 20. A. 1983
JFG	Jahrbuch für Entscheidungen in Angelegenheiten der freiwilligen Gerichtsbarkeit und des Grundbuchrechts
JGG	Jugendgerichtsgesetz i. d. F. v. 11.12.1974
JherJb.	Jherings Jahrbücher für die Dogmatik des bürgerlichen Rechts
JMBl NW	Justizministerialblatt für das Land Nordrhein-Westfalen
JR	Juristische Rundschau (Zeitschrift)
JurA	Juristische Analysen (Zeitschrift)
JuS	Juristische Schulung (Zeitschrift)
JW	Juristische Wochenschrift
JWG	Gesetz für Jugendwohlfahrt i. d. F. v. 25.4.1977
JZ	Juristenzeitung
KG	Kommanditgesellschaft bei Entscheidungszitaten: Kammergericht
KGJ	Jahrbuch für Entscheidungen des Kammergerichts
KIPP/COING	Erbrecht, 13. A. 1978
KO	Konkursordnung i. d. F. v. 20.5.1898
KOCH/STÜBING	Kommentar zum AGBG, 1977
KÖHLER	BGB Allgemeiner Teil, 18. A. 1983
KRÜGER, H.	Allgemeine Staatslehre, 2. A. 1966
KSchG	Kündigungsschutzgesetz i. d. F. v. 25.8.1969
KStG	Körperschaftssteuergesetz
KTS	Konkurs-, Treuhand- und Schiedsgerichtswesen (Zeitschrift)
KUG	Kunsturhebergesetz v. 9.1.1907
KWG	Kreditwesengesetz i. d. F. v. 3.5.1976
LAG	Landesarbeitsgericht
LANGE/KÖHLER	BGB Allgemeiner Teil, 17. A. 1980
LANGE/KUCHINKE	Lehrbuch des Erbrechts, 2. A. 1978
LARENZ AT	Allgemeiner Teil des Deutschen Bürgerlichen Rechts, 6. A. 1983
LARENZ Methodenlehre	Methodenlehre der Rechtswissenschaft, 5. A. 1983

Abkürzungs- und Literaturverzeichnis

Larenz SchR II	Lehrbuch des Schuldrechts Besonderer Teil, 12. A. 1981
Lehmann/Hübner	Allgemeiner Teil des Bürgerlichen Gesetzbuches, 16. A. 1966
LFZG	Lohnfortzahlungsgesetz v. 27.7.1969
LFoG NW	Landesforstgesetz für Nordrhein-Westfalen i. d. F. v. 24.4.1980
LG	Landgericht
LG NW	Landschaftsgesetz für das Land Nordrhein-Westfalen v. 26.6.1980
LM	Nachschlagewerk des BGH in Zivilsachen, hrsg. von Lindenmaier und Möhring
Löwe/v. Westphalen/Trinkner	Kommentar zum AGBG, 1977
Löwisch	Das Rechtsgeschäft, 3. A. 1977
LPG	Landpachtgesetz v. 25.6.1952
LuftVG	Luftverkehrsgesetz i. d. F. v. 14.1.1981
LZ	Leipziger Zeitschrift für Deutsches Recht
Maunz/Dürig/Herzog/Scholz	Grundgesetz, Kommentar, Stand der 22. Lieferung 1983
MDR	Monatsschrift für Deutsches Recht
Medicus AT	Allgemeiner Teil des BGB, 1982
Medicus BR	Bürgerliches Recht, 11. A. 1983
Medicus SchR	Schuldrecht Allgemeiner Teil, 2. A. 1984
Mentzel/Kuhn/Uhlenbruck	Konkursordnung, Kommentar, 9. A. 1979
Meyer-Cording	Wertpapierrecht, 1980
Mot.	Motive zum BGB
MRK	Menschenrechtskonvention v. 4.11.1950
MünchKomm	Münchener Kommentar zum Bürgerlichen Gesetzbuch, hrsg. von Rebmann und Säcker, 1977–1983
MuFG	Milch- und Fettgesetz i. d. F. v. 10.12.1952
MuSchG	Mutterschutzgesetz i. d. F. v. 18.4.1968
m. w. N.	mit weiteren Nachweisen
NamÄndG	Gesetz über die Änderung von Familiennamen und Vornamen v. 5.1.1938
NEhelG	Gesetz über die rechtliche Stellung der nichtehelichen Kinder v. 19.8.1969
n. F.	neue Fassung
Nikisch	Arbeitsrecht, Bd. II, 2. A. 1959
NJW	Neue Juristische Wochenschrift
Nr.	Nummer

o. a.	oben angeführt
OBG NW	Ordnungsbehördengesetz für das Land Nordrhein-Westfalen i. d. F. v. 13.5.1980
ÖJZ	Österreichische Juristenzeitung
OGH	Oberster Gerichtshof für die britische Zone
OGHZ	Entscheidungen des Obersten Gerichtshofes für die britische Zone in Zivilsachen
OHG	Offene Handelsgesellschaft
OLG	Oberlandesgericht
OLGE	Entscheidungen der Oberlandesgerichte in Zivilsachen (Serie 1900–1928)
OLGZ	Entscheidungen der Oberlandesgerichte in Zivilsachen (Serie ab 1945)
OVG	Oberverwaltungsgericht
OWiG	Gesetz über Ordnungswidrigkeiten i. d. F. v. 2.1.1975
PALANDT	Bürgerliches Gesetzbuch, Kommentar, 43. A. 1984
PartG	Parteiengesetz v. 24.7.1967
PatG	Patentgesetz i. d. F. v. 16.12.1980
PBefG	Personenbeförderungsgesetz v. 21.3.1961
PflVG	Pflichtversicherungsgesetz v. 5.4.1965
PLANCK	Kommentar zum BGB, Bd. II/1 Recht der Schuldverhältnisse (Allgemeiner Teil), 4. A. 1914
PolG NW	Polizeigesetz für das Land Nordrhein-Westfalen v. 25.3.1980
PostG	Gesetz über das Postwesen v. 28.7.1969
Prot.	Protokolle zum BGB
PStG	Personenstandsgesetz i. d. F. v. 8.8.1957
RabelsZ	Zeitschrift für ausländisches und internationales Privatrecht, begründet von Ernst Rabel
RabG	Rabattgesetz v. 25.11.1933
RBerG	Rechtsberatungsgesetz v. 13.12.1935
RdA	Recht der Arbeit (Zeitschrift)
RdJ	Recht der Jugend (Zeitschrift)
RelKErzG	Gesetz über die religiöse Kindererziehung v. 15.7.1921
RG	Reichsgericht
RGSt	Entscheidungen des Reichsgerichts in Strafsachen
RGZ	Entscheidungen des Reichsgerichts in Zivilsachen
RGRK	Das Bürgerliche Gesetzbuch mit besonderer Berücksichtigung der Rechtsprechung des Reichsgerichts und des Bundesgerichtshofes, Kommentar,

	hrsg. von Mitgliedern des Bundesgerichtshofes, 12. A. 1974 ff
REINHARDT/SCHULTZ	Gesellschaftsrecht, 2. A. 1981
Rdn.	Randnummer(n)
ROSENBERG/SCHWAB	Zivilprozeßrecht, 13. A. 1981
Rspr.	Rechtsprechung
RV	Verfassung des Deutschen Reiches v. 16.4.1871
RVO	Reichsversicherungsordnung i. d. F. v. 15.12.1924
S.	Seite
s. a.	siehe auch
Sächs.Arch.	Sächsisches Archiv für Rechtspflege
SavZ RomAbt.	Zeitschrift der Savigny-Stiftung für Rechtsgeschichte, Romanistische Abteilung
SCHAUB	Arbeitsrechtshandbuch, 5. A. 1983
ScheckG	Scheckgesetz v. 14.8.1933
SCHLEGELBERGER	Handelsgesetzbuch, Kommentar, 5. A. 1973 ff
SchlHA	Schleswig-Holsteinische Anzeigen
SchlHOLG	Schleswig-Holsteinisches Oberlandesgericht
SCHMIDT-SALZER	Allgemeine Geschäftsbedingungen, 2. A. 1977
SchR	Schuldrecht
SchRG	Gesetz über Rechte an eingetragenen Schiffen und Schiffsbauwerken v. 15.11.1940
SERICK	Eigentumsvorbehalt und Sicherungsübertragung, Bde. I–V 1963–1982
SeuffArch.	Seufferts Archiv für Entscheidungen der obersten Gerichte in den deutschen Staaten
SeuffBl.	Seufferts Blätter für Rechtsanwendung
SG	Soldatengesetz i. d. F. v. 19.8.1975
SGB	Sozialgesetzbuch, Teil I v. 11.12.1975, Teil IV v. 23.12.1976, Teil X v. 18.8.1980
SJZ	Süddeutsche Juristenzeitung
s. o.	siehe oben
SÖLLNER	Arbeitsrecht, 6. A. 1978
SOERGEL	Bürgerliches Gesetzbuch, Kommentar, 12. A. 1978 ff
sog.	sogenannt, sogenannte, sogenannter
SR	Sachenrecht
STAUDINGER	Kommentar zum Bürgerlichen Gesetzbuch, 12. A. 1978 ff
STEIN/JONAS	Kommentar zur Zivilprozeßordnung, 19. A. 1972–1975/ 20. A. 1977 ff
StGB	Strafgesetzbuch i. d. F. v. 2.1.1975

StPO	Strafprozeßordnung i. d. F. v. 7.1.1975
str.	streitig
st. Rspr.	ständige Rechtsprechung
StVG	Straßenverkehrsgesetz v. 19.12.1952
StVO	Straßenverkehrsordnung v. 16.11.1970
StVollzG	Strafvollzugsgesetz v. 16.3.1976
s. u.	siehe unten
v. TUHR	Der Allgemeine Teil des Deutschen Bürgerlichen Rechts, Bde. I, II/1, II/2 1910–1918
TVG	Tarifvertragsgesetz i. d. F. v. 25.8.1969
u. a.	unter anderem
u. ä.	und ähnlich
ULMER/BRANDNER/HENSEN	AGB-Gesetz, Kommentar, 4. A. 1982
Ulp.	Ulpianus
UrhG	Urheberrechtsgesetz v. 9.9.1965
u. s. w.	und so weiter
u. U.	unter Umständen
UWG	Gesetz gegen den unlauteren Wettbewerb v. 7.6.1909
v.	vom, von
VAG	Versicherungsaufsichtsgesetz i. d. F. v. 6.6.1931
VereinsG	Vereinsgesetz v. 5.8.1964
Verh.	Verhandlungen
VerschG	Verschollenheitsgesetz i. d. F. v. 15.1.1951
VersR	Versicherungsrecht (Zeitschrift)
VerwArch.	Verwaltungsarchiv
VGH	Verwaltungsgerichtshof
vgl.	vergleiche
VHG	Vertragshilfegesetz v. 26.3.1952
VO	Verordnung
VVDStRL	Veröffentlichungen der Vereinigung der Deutschen Staatsrechtslehrer
VVG	Gesetz über den Versicherungsvertrag v. 30.5.1908
VwGO	Verwaltungsgerichtsordnung v. 21.1.1960
VwVfG	Verwaltungsverfahrensgesetz v. 25.5.1976
WährG	Währungsgesetz v. 20.6.1948
WarnRspr.	Warneyer, Die Rechtsprechung des Reichsgerichts auf dem Gebiete des Zivilrechts bzw. Rechtsprechung des Bundesgerichtshofs in Zivilsachen
WEG	Wohnungseigentumsgesetz v. 15.3.1951

Abkürzungs- und Literaturverzeichnis

WESENBERG/WESENER	Neuere Deutsche Privatrechtsgeschichte, 3. A. 1976
WESTERMANN, H.	Lehrbuch des Sachenrechts, 5. A. 1966
WG	Wechselgesetz v. 21.6.1933
WHG	Wasserhaushaltsgesetz i. d. F. v. 16.10.1976
WIEACKER	Privatrechtsgeschichte der Neuzeit, 2. A. 1967
WIEDEMANN	Gesellschaftsrecht, Bd. I 1980
WINDSCHEID/KIPP	Lehrbuch der Pandekten, 9. A. 1906
WM	Wertpapier-Mitteilungen Teil IV
II. WoBauG	Zweites Wohnungsbaugesetz i. d. F. v. 30.7.1980
WOLF, E. AT	Allgemeiner Teil des bürgerlichen Rechts, 3. A. 1982
WOLFF/BACHOF	Verwaltungsrecht I, 9. A. 1974
WOLFF/RAISER	Sachenrecht, 10. A. 1957
WRP	Wettbewerb in Recht und Praxis (Zeitschrift)
WRV	Verfassung des Deutschen Reichs v. 11.8.1919 (Weimarer Reichsverfassung)
WStG	Wehrstrafgesetz i. d. F. v. 24.5.1974
WZG	Warenzeichengesetz i. d. F. v. 2.1.1968
ZAkdR	Zeitschrift der Akademie für deutsches Recht
z. B.	zum Beispiel
ZeitG	Zeitgesetz v. 25.7.1978
ZfA	Zeitschrift für Arbeitsrecht
ZGB	Schweizerisches Zivilgesetzbuch von 1907
ZGR	Zeitschrift für Unternehmens- und Gesellschaftsrecht
ZHR	Zeitschrift für das gesamte Handelsrecht und Wirtschaftsrecht
Ziff.	Ziffer
ZöffR	Zeitschrift für öffentliches Recht
ZPO	Zivilprozeßordnung v. 30.1.1877
ZRP	Zeitschrift für Rechtspolitik
z. T.	zum Teil
ZVG	Zwangsversteigerungsgesetz v. 20.5.1898
z. Z.	zur Zeit
ZZP	Zeitschrift für Zivilprozeß

EINLEITUNG
Das deutsche bürgerliche Recht

§ 1
Privatrecht und öffentliches Recht

BOEHMER Grundlagen der Bürgerlichen Rechtsordnung, I. Buch, 1950, § 7; BULLINGER Öffentliches Recht und Privatrecht, 1968; FORSTHOFF § 6, 2; MENGER Zum Stand der Meinungen über die Unterscheidung von öffentlichem und privatem Recht, Festschrift H. J. Wolff 1973, 149 ff; MOLITOR Über öffentliches Recht und Privatrecht, 1949; WOLFF, H. J. Der Unterschied zwischen öffentlichem und privatem Recht, AöR 76, 205 ff; WOLFF/BACHOF § 22.

I. Das bürgerliche Recht als Privatrecht

1. Die Rechtsnormen, die das gesellschaftliche Zusammenleben der Menschen regeln, werden herkömmlicherweise in öffentliches Recht und in Privatrecht („Bürgerliches Recht" oder „Zivilrecht") eingeteilt.

Das *öffentliche Recht* regelt die Beziehungen des einzelnen zu Staat und öffentlichen Verbänden und die Beziehungen dieser Verbände untereinander; es regelt sie weitgehend unter dem Gesichtspunkt der Über- und Unterordnung.

Das *Privatrecht* dagegen regelt die Verhältnisse der einzelnen Rechtspersonen untereinander unter dem Gesichtspunkt grundsätzlicher Gleichberechtigung. Gleichberechtigte Partner sind im Fiskalbereich auch die Subjekte des öffentlichen Rechts.

Die *Abgrenzung* zwischen privatem und öffentlichem Recht ist notwendig, weil davon im Streitfall der *Rechtsweg* und materiell-rechtlich die *anzuwendenden Rechtsnormen* abhängen. § 13 GVG teilt den ordentlichen Gerichten die bürgerlichen Rechtsstreitigkeiten zu, für die nicht die Zuständigkeit von Verwaltungsgerichten oder anderen Gerichten begründet ist; ihm entspricht § 40 VwGO, der öffentlich-rechtliche Streitigkeiten nichtverfassungsrechtlicher Art den Verwaltungsgerichten zuweist. Die Zuständigkeit richtet sich jedoch nicht ausschließlich nach der materiellen Qualifikation des Rechtsverhältnisses; § 40 II VwGO weist bestimmte öffentlich-rechtliche Streitigkeiten (Enteignung, Amtspflichtverletzung) den ordentlichen Gerichten zu (bürgerlich-rechtliche Streitigkeiten kraft Zuweisung).

Im Hinblick auf die zunehmende Verflechtung des Privatrechts mit öffentlich-rechtlichen Aspekten ist der Unterschied zwischen privatem und öffentlichem Recht schlechthin geleugnet worden, so insbesondere von Kelsen Allgemeine Staatslehre, 1925, § 17, der das Recht ausschließlich als formale Ordnung begreift; nach ihm ist jeder Rechtssatz öffentlich-rechtlicher Natur.

Auch unter der Herrschaft des Nationalsozialismus wurde der Unterschied zwischen Privatrecht und öffentlichem Recht vielfach mit der Begründung verneint, alles Recht habe nur dem Gemeinwohl zu dienen.

Die herkömmliche Unterscheidung zwischen privatem und öffentlichem Recht hat O. v. Gierke I § 4 dahingehend zu *modifizieren* gesucht, daß er einen Zwischenbereich als *Sozialrecht* bezeichnet. Hierunter ordnet er die Rechtsverhältnisse ein, die die Interessen der sozialen Verbände, zu denen auch die Familie gehört, schützen wollen. Das Sozial- und Verbandsrecht überschneidet sich sowohl mit dem öffentlichen Recht als auch mit dem Privatrecht (O. v. Gierke aaO).

2 2. Die Abgrenzung zwischen den Bereichen privates und öffentliches Recht bereitet Schwierigkeiten; allgemein gültige Kriterien haben sich bisher nicht finden lassen. Von den hierzu entwickelten Theorien sind insbesondere die Interessen-, die Subjektions- und die neuere Subjektstheorie von Bedeutung.

3 a) Die **Interessentheorie**, die auf die Unterscheidung Ulpians zwischen öffentlichem und privatem Recht zurückgeht (*Publicum ius est quod ad statum rei Romanae spectat, privatum quod ad singulorum utilitatem* – D 1, 1, 1, 2), stellt darauf ab, ob Interessen der Allgemeinheit oder Individualinteressen betroffen sind. Sie kann für sich allein deswegen nicht zu einer klaren Abgrenzung führen, weil der Staat häufig die Wahl hat, vom öffentlichen Interesse getragene Staatsaufgaben entweder privatrechtlich oder öffentlich-rechtlich zu regeln. Sofern solche Verwaltungshandlungen in den Formen des Privatrechts vorgenommen werden, unterliegen sie zumindest grundsätzlich dem Privatrecht. Davon ist weiterhin das rein fiskalische Handeln der öffentlichen Hand (z. B. Einkauf von Büromaterial, erwerbswirtschaftliche Tätigkeit im Wettbewerb) zu unterscheiden, für das ohne weiteres das bürgerliche Recht zuständig ist. Schließlich erwähnt der Gesetzgeber selbst das öffentliche Interesse bei sonst als privatrechtlich angesehenen Pflichten (vgl. z. B. §§ 525 II, 679, 2194). Auf der anderen Seite dient letztlich alles Recht, auch das Privatrecht, der Ordnung menschlichen Zusammenlebens und damit dem öffentlichen Interesse (vgl. Wolff/Bachof § 22 II a 6). Zudem führt das *Sozialstaatsprinzip* zur Umformung rein privatrechtlicher Verhältnisse unter dem Gesichtspunkt des Gemeininteresses. So wird für das Privateigentum in Art. 14 II GG betont, daß es auch dem Gemeinwohl zu dienen habe. Dementsprechend sind im Grundstücksrecht eine Anzahl neuer Bindungen entstanden, die zum Teil öffentlich-rechtlichen Charakter haben.

4 b) Mit der **Subjektions- oder Subordinationstheorie**, die das entscheidende Kriterium zwischen öffentlichem und privatem Recht in dem Verhältnis der *Über- und Unterordnung* (Forsthoff § 6, 2) sieht, lassen sich zutreffende Ergebnisse nur im Bereich der Eingriffsverwaltung erzielen. Hingegen ist die

Subjektionstheorie sowohl hinsichtlich der Rechtsbeziehungen gleichgeordneter Hoheitsträger untereinander als auch auf dem Gebiet der schlichten Hoheitsverwaltung Einwendungen ausgesetzt, da auch bei letzterer von einer Über- und Unterordnung nicht schlechthin ausgegangen werden kann. Von schlichter Hoheitsverwaltung wird gesprochen, wenn Subjekte der öffentlichen Verwaltung zwar auf Grund öffentlichen Rechtes, aber nicht obrigkeitlich tätig werden; z. B. durch Errichtung und Unterhaltung von Einrichtungen der Daseinsvorsorge (vgl. FORSTHOFF Vor § 20).

Mit den Kriterien der Über- und Unterordnung ist auch das Institut des *öffentlich-rechtlichen Vertrages* gemäß §§ 54 ff VwVfG nicht vereinbar, da sich hier die Vertragsparteien gleichgeordnet gegenüberstehen (vgl. FORSTHOFF § 14,1; zum öffentlich-rechtlichen Vertrag insbes.: BULLINGER Vertrag und Verwaltungsakt, 1962; GÖTZ Hauptprobleme des verwaltungsrechtlichen Vertrages, JuS 1970, 1 ff; SALZWEDEL Die Grenzen der Zulässigkeit des öffentlich-rechtlichen Vertrages, 1958; STERN Zur Grundlegung einer Lehre des öffentlich-rechtlichen Vertrages, VerwArch. 49, 106 ff). Dabei kann dahingestellt bleiben, ob die vertragliche Regelung auf freier Entschließung der Beteiligten (z. B. Bildung eines Zweckverbandes durch zwei Gemeinden) oder nur zur Durchführung einer hoheitlich begründeten Maßnahme dient (z. B. Gewährung von Subventionen); im letzteren Fall wird zum Teil angenommen, daß sich an den begründenden Verwaltungsakt ein privatrechtlicher Vorgang anschließe, sog. *Zweistufigkeit* (vgl. dazu WOLFF/BACHOF § 154 IV).

Die Subjektionstheorie ist daher gehalten, auf die Interessenlage zurückzugreifen und die Frage aus der „Gesamtheit der obwaltenden Rechtsverhältnisse" zu entscheiden (FORSTHOFF § 6, 2).

c) Die **neuere Subjektstheorie** will darauf abstellen, daß ein Teil der Rechtsnormen nur Träger hoheitlicher Gewalt berechtigt und verpflichtet. Beteiligt sich eine Rechtsperson in dieser Eigenschaft an einem Rechtsverhältnis, so soll öffentliches Recht gelten (vgl. MOLITOR aaO, S. 30 f; modifizierend WOLFF AöR 76, 205 ff; WOLFF/BACHOF § 22 II c; BGHZ 41, 264, 266 ff). Es bedarf daher im jeweiligen Fall der Feststellung, in welcher Eigenschaft der Hoheitsträger sich am Rechtsverkehr beteiligen will (BGHZ 4, 266, 267 ff).

Soweit unklar bleibt, ob das Rechtsverhältnis dem öffentlichen Recht oder dem privaten Recht angehört, soll es darauf ankommen, auf welchen Rechtssatz der Anspruch bzw. die Verpflichtung gestützt wird (WOLFF/BACHOF § 22 II c mit Nachweisen). Im Grunde muß es dabei wiederum auf die Rechtsnatur des jeweiligen Verhältnisses ankommen, wobei die Interessen und Zwecke der Norm berücksichtigt werden müssen. Hier berührt sich die neuere Subjektstheorie mit der Subjektionstheorie (vgl. MOLITOR aaO, S. 31).

II. Das bürgerliche Recht im engeren Sinne

Das *bürgerliche Recht* im Sinne dieser Darstellung umfaßt aber nicht das ganze geltende deutsche Privatrecht, sondern nur einen *Ausschnitt* daraus, nämlich das für *jedermann* geltende Privatrecht, das auf dem Bürgerlichen Gesetzbuch und seinen Ergänzungsgesetzen beruht.

Davon sind zu unterscheiden:
a) die privatrechtlichen Sätze, die für *besondere Lebenskreise* gelten, wie das *Handelsrecht,* das im wesentlichen Kaufmannsrecht ist, das *Gewerberecht,* soweit es die privatrechtlichen Interessen der gewerblichen Unternehmungen regelt, das *Arbeitsrecht,* das das Arbeitsverhältnis der abhängigen Arbeitnehmer normiert usw.
b) die privatrechtlichen Sätze, die für *besondere Güterkreise* in Sondergesetzen niedergelegt sind, wie das *Urheberrecht, Patentrecht, Verlagsrecht* usw., die gewissen Erzeugnissen der schöpferischen Tätigkeit Rechtsschutz verleihen.

§ 2
Die Vorgeschichte des Bürgerlichen Gesetzbuchs, seine Entstehung und Weiterentwicklung

BOEHMER Grundlagen der Bürgerlichen Rechtsordnung, II. Buch, 1. Abt., 1951; v. CAEMMERER Wandlungen des Deliktsrechts, Hundert Jahre Deutsches Rechtsleben, II, 1960, 49 ff; COING Bemerkungen zum überkommenen Zivilrechtssystem, Festschrift Dölle, 1963, 25 ff; ISELE Ein halbes Jahrhundert deutsches Bürgerliches Gesetzbuch, AcP 150, 1 ff; LAUFS Rechtsentwicklungen in Deutschland, 1973; LÜDERITZ Kodifikation des bürgerlichen Rechts in Deutschland 1873 bis 1977, Festschrift „Vom Reichsjustizamt zum Bundesministerium der Justiz", 1977, 213 ff; MITTEIS/LIEBERICH Deutsches Privatrecht, 8. A. 1978; RAISER Die Zukunft des Privatrechts, 1971; SCHLOSSER, H. Grundzüge der neueren Privatrechtsgeschichte, 3. A. 1979; WESENBERG/WESENER Neuere Deutsche Privatrechtsgeschichte, 3. A. 1976; WIEACKER Privatrechtsgeschichte der Neuzeit, 2. A. 1967; ders., Das Sozialmodell der klassischen Privatrechtsgesetzbücher und die Entwicklung der modernen Gesellschaft, 1953.

I. Vorgeschichte

1. Die Rezeption und die Entwicklung bis zum Kodifikationszeitalter

7   Seit dem 13. Jahrhundert wurde das von den *Glossatoren* und *Kommentatoren* bearbeitete *römische Recht* – daneben auch das *kanonische Recht* – als geltendes Recht in Deutschland aufgenommen. Das geschah allmählich durch die Übung der Gerichte, bei denen die an den oberitalienischen Rechtsschulen und den in Mitteleuropa entstehenden juristischen Fakultäten ausgebildeten gelehrten Richter die volkstümlichen Laienrichter ersetzten. Das *einheimische Recht* war mangels einer wissenschaftlich-dogmatischen Ausformung dem römischen Recht unterlegen. Eine wirkliche Rechtseinheit brachte die *Rezep-*

tion, die etwa im 16. Jahrhundert zum Abschluß kam, gleichwohl nicht. Denn nach der Reichskammergerichtsordnung von 1495 ging das Recht des engeren Lebens- und Rechtskreises dem des weiteren vor: „Stadtrecht bricht Landrecht, Landrecht bricht Reichsrecht." Das römische Recht hatte subsidiäre Geltung.

Durch den *Humanismus* erhielt das römische Recht – nicht zuletzt auf der Basis didaktischer Erwägungen – neue systematische Impulse. In dieser Richtung hatte das Naturrecht, dessen Vertreter den römischen Rechtsstoff beherrschten, den entscheidenden Einfluß. Gleichwohl dominierte diese Strömung lediglich im wissenschaftlich-akademischen Bereich, während in der Praxis das römische Recht in seiner stärker kasuistisch orientierten Ausprägung zunehmend den Verhältnissen und verwurzelten Anschauungen angepaßt wurde (*Usus modernus*).

Im Bereich des Privatrechts hielt sich die Reichsgesetzgebung zurück. In den *Partikularrechten* (Stadt- und Landrechten) verbanden sich deutsch-rechtliche und römisch-rechtliche Institutionen. In den Sachbereichen, die von den Stadt- und Landrechten nicht erfaßt wurden, herrschte das sog. *gemeine Recht*.

2. Die großen landesrechtlichen Kodifikationen

Mit dem Niedergang des Heiligen Römischen Reichs Deutscher Nation ging die Gesetzgebungsgewalt auf die landesherrliche Gewalt über. Unter dem Einfluß des späten Vernunftsrechts und aus den Impulsen des aufgeklärten Absolutismus entstand der Wille zur *Kodifikation,* d. h. einer gesetzlichen Neugestaltung des Landesrechts als eines Ganzen. Man war bestrebt, in einem in deutscher Sprache verfaßten Gesetzbuch die brauchbaren Teile des gemeinen Rechts mit den lebenskräftigen Gedanken und Einrichtungen des deutschen Rechts zu verschmelzen und so Sicherheit und Einheitlichkeit des Rechtzustands zu begründen. Das Reich war zu einer derartigen gesetzgeberischen Tat nicht mehr in der Lage, dagegen hatte in den Einzelstaaten der Kodifikationsgedanke Erfolg. Es handelt sich insbesondere um folgende Kodifikationen:

 a) den 1756 für Bayern erlassenen *Codex Maximilianeus Bavaricus Civilis;*
 b) das *Allgemeine Landrecht für die Preußischen Staaten,* in Kraft seit 1.6.1794;
 c) das *Allgemeine bürgerliche Gesetzbuch für die gesamten Erbländer der österreichischen Monarchie* vom 1.6.1811;
 d) Bedeutung in Deutschland gewann auch der *Code Civil* oder *Code Napoleon* (unter seiner Mitwirkung entstanden) vom 20.3.1804; er galt für größere Bereiche des *Rheinlands;* das *Badische Landrecht* von 1809 stellt eine Übersetzung des *Code Civil* ins Deutsche dar.

Durch die landesrechtlichen Kodifikationen wurde zwar für ihr Geltungsgebiet ein einheitliches Privatrecht geschaffen, für Deutschland dagegen die durch die Rezeption gewonnene teilweise Rechtseinheit wieder zerstört. Den Ländern des kodifizierten Rechts standen die Gebiete gegenüber, in denen das gemeine Recht seine Hilfsgeltung behielt. In Deutschland waren fünf große Rechtsgebiete zu unterscheiden: Das des bayerischen Rechts, des preußischen Landrechts, des österreichischen und des französischen Rechts und schließlich das des gemeinen Rechts; hinzu kam 1865 das Königreich Sachsen mit seinem bürgerlichen Gesetzbuch. Preußen zerfiel sogar in drei Privatrechtsgebiete: In der Rheinprovinz galt der Code Civil, in den östlichen Provinzen und Westfalen das Allgemeine Landrecht und in den 1866 erworbenen Landesteilen das gemeine Recht. Gegen diese Zersplitterung konnte nur eine reichsrechtliche Neuordnung helfen.

3. Die Bestrebungen zur Rechtsvereinheitlichung

9   Dem Deutschen Bund (1815–1866) fehlte die Gesetzgebungsgewalt; er war nur ein Staatenbund. Er konnte aber Gesetzesentwürfe beraten lassen und ihre Annahme den einzelnen Staaten empfehlen. Gesetzeskraft vermochten diese Entwürfe nur durch Erlaß als einzelstaatliche Gesetze zu erlangen. So entstanden zwei Gesetze, die Deutsche *Wechselordnung* (1848) und das *Allgemeine deutsche Handelsgesetzbuch* (1861). Sie schufen freilich kein gemeines (d.h. aus einer gemeinsamen Quelle geflossenes), sondern nur allgemeines (d.h. tatsächlich übereinstimmendes) Recht. Neben dem sich aus wirtschaftlichen Gründen ergebenden Zwang zur Vereinheitlichung (vgl. den Zollverein von 1833) sind diese beiden Gesetzeswerke auch das Ergebnis der zugleich mit den Freiheitskriegen einsetzenden Bestrebungen nach einem einheitlichen und deutschen Recht.

Bereits 1814 forderte der Heidelberger Rechtslehrer A. F. J. THIBAUT ein gemeinsames Gesetzbuch in einer Flugschrift „Über die Notwendigkeit eines allgemeinen bürgerlichen Rechts für Deutschland." Gegen ihn wandte sich noch in demselben Jahr v. SAVIGNY in seinem, das Programm der historischen Rechtsschule enthaltenden Buch „Vom Beruf unserer Zeit für Gesetzgebung und Rechtswissenschaft." Er bekämpfte den Vorschlag THIBAUTS mit dem Argument, daß Preußen und Österreich doch nicht auf ihre eben geschaffenen Gesetzbücher verzichten würden; überdies mangele es noch an einer brauchbaren Rechtssprache, vor allem aber fehle der Zeit die Fähigkeit, ein gutes Gesetzbuch hervorzubringen; die Rechtsfortbildung beruhe überhaupt nicht auf den Gesetzgebungsakten, sondern auf einer organisch fortschreitenden Rechtswissenschaft (vgl. HATTENHAUER Thibaut und Savigny. Ihre programmatischen Schriften, 1973). Die Auffassung SAVIGNYS trug damals den Sieg davon.

Erst die deutsche Nationalversammlung 1849 gab dem Verlangen nach einem einheitlichen bürgerlichen Recht wieder kräftigeren Ausdruck. Über den Erlaß der Wechselordnung und des Handelsgesetzbuches hinaus kam es zur Arbeit an einem Entwurf eines gemeinsamen Obligationenrechts. Dieser wurde unmittelbar vor Auflösung des Bundes 1866 fertiggestellt (*Dresdner Entwurf*).

4. Die Gesetzgebung des Norddeutschen Bundes und des Reichs bis zum BGB

Nach der Verfassung des Norddeutschen Bundes vom 17. April 1867 war dieser ein Bundesstaat mit einer einheitlichen Zentralgewalt und dem Recht unmittelbarer Gesetzgebung für das Bundesgebiet. Diese Kompetenz kam jedoch wegen der Gründung des Deutschen Reichs 1871 nicht zur Auswirkung. Art. 4 Nr. 13 der Reichsverfassung vom 16. April 1871 beschränkte freilich die Gesetzgebung – was das Privatrecht anging – auf das Obligationen-, Handels- und Wechselrecht. Erst ein fünfmal wiederholter Antrag der Abgeordneten MIQUEL und LASKER brachte durch das Gesetz vom 20. Dezember 1873 die Ausdehnung der Zuständigkeit zur Gesetzgebung auf das gesamte bürgerliche Recht. Damit war die Grundlage zum einheitlichen Neubau des Privatrechts für das ganze Reich gelegt. Partikularen Bestrebungen war durch Art. 2 RV von 1871 vorgebeugt, wonach die Reichsgesetze den Landesgesetzen vorgingen.

II. Die Entstehung des Bürgerlichen Gesetzbuchs

1874 wurde eine *Vorkommission* eingesetzt, die über Plan und Arbeitsweise Vorschläge machen sollte. Nach ihrem Gutachten beschloß der Bundesrat 1874 die Einsetzung einer **Kommission** zur Ausarbeitung des Entwurfs. Diese bestand aus elf Mitgliedern unter Vorsitz des Reichsoberhandelsgerichtspräsidenten PAPE. Zwei Mitglieder waren Theoretiker (WINDSCHEID, ROTH), die übrigen neun Praktiker (unter ihnen herausragend PLANCK). Zuerst erstellten fünf Redaktoren für die fünf Bücher Entwürfe (vgl. Die Vorlagen der Redaktoren, herausgegeben von W. Schubert seit 1981). 1881 begannen die gemeinsamen Beratungen (vgl. Die Beratung des Bürgerlichen Gesetzbuchs, herausgegeben von H. H. Jacobs und W. Schubert seit 1978). 1887 wurde der fertiggestellte Entwurf mit *Motiven,* die von Hilfsarbeitern ohne Verantwortung der Kommission verfaßt waren, dem Reichskanzler übergeben.

> Der sog. 1. Entwurf (E I) wurde samt den Motiven 1888 veröffentlicht und erfuhr mehr Widerspruch als Zustimmung. Man warf ihm eine romanistische, doktrinäre, undeutsche, unsoziale Haltung und eine schwerfällige, unverständliche Ausdrucksweise vor. Als scharfe Kritiker traten namentlich hervor GIERKE, BÄHR (der einen vollständigen Gegenentwurf vorlegte), MENGER (Das bürgerliche Recht und die besitzlosen Klassen, 1890), sowie eine Reihe von Verfassern in den von BEKKER und FISCHER herausgegebenen *Beiträgen zur Erläuterung und Beurteilung des Entwurfs eines BGB.* Sachlich war der Entwurf der Ausdruck der Pandektenwissenschaft; er war konstruktiv-begrifflich konzipiert und stellte nicht hinreichend auf die Lösung der konkreten Interessenkonflikte ab. Er berücksichtigte insbesondere nur unzureichend soziale Probleme. Auch der Form nach erschwerte das Juristendeutsch und die große Zahl der Verweisungen das Verständnis.

1890 betraute der Bundesrat eine **zweite Kommission** mit der Umarbeitung. Zu ihr wurden neben Fachleuten nun auch Vertreter aus *Wirtschaftskreisen* sowie den größten *Reichstagsparteien* zugezogen.

PLANCK wurde zum Generalreferenten bestellt. 1895 war die Umarbeitung vollendet. Aber schon vorher veröffentlichte man wöchentlich die Beschlüsse der Kommission im Reichsanzeiger, gleichfalls jedes Buch nach seiner Fertigstellung (sog. Teilentwürfe II. Lesung). Nach einer Schlußredaktion wurde die Arbeit Ende Oktober 1895 dem Bundesrat als Ganzes vorgelegt (*Bundesratsvorlage*, 2. Entwurf E II). Im Anschluß daran beriet man den Entwurf des Einführungsgesetzes.

> 1898 ist der E II im Druck erschienen, ebenso erschienen die *Protokolle* der II. Kommission 1897–1899. Der Entwurf hatte in dieser Fassung 6 Bücher; das 6. Buch enthielt die Vorschriften zum Internationalen Privatrecht.

Der *Bundesrat* nahm den Entwurf 1896 mit den von seinem Justizausschuß beantragten unerheblichen Änderungen an. Das Internationale Privatrecht wurde in ein Einführungsgesetz verwiesen. Der Reichskanzler legte den Entwurf 1896 dem Reichstag mit einer im Reichsjustizamt ausgearbeiteten Denkschrift vor.

Der *Reichstag* verwies nach der 1. Lesung den Entwurf an eine Kommission von 21 Mitgliedern. Nach der Beratung in zwei Lesungen (dazu Kommissionsberichte) erfolgte die zweite und dritte Lesung im Parlament. Am 1. Juli 1896 wurden BGB und EGBGB in namentlicher Abstimmung angenommen.

Die vom Reichstag beschlossenen Änderungen sind gleichfalls nicht sehr erheblich. Das eigenhändige Testament des französischen Rechts verdankt seine Aufnahme ins Gesetz dem Reichstag; abgeändert wurden ferner Ehe- und Vereinsrecht.

Der Bundesrat trat am 14. Juli 1896 den Reichstagsbeschlüssen bei. Am 18. August 1896 wurde das Gesetz vom Kaiser ausgefertigt, als Tag des Inkrafttretens wurde der 1. Januar 1900 bestimmt.

Zur Ergänzug des BGB, namentlich im Hinblick auf das Verfahren, traten gleichzeitig drei Gesetze in Kraft (*sog. Nebengesetze*), nämlich die Grundbuchordnung, das Gesetz über die Zwangsversteigerung und Zwangsverwaltung und das Gesetz über die Angelegenheiten der freiwilligen Gerichtsbarkeit.

Änderungen erfuhren auch einige ältere Reichsgesetze, die dem neuen bürgerlichen Recht *angepaßt* wurden; so das Handelsgesetzbuch, das Gerichtsverfassungsgesetz, die Zivilprozeßordnung, die Konkursordnung, das Strafgesetzbuch, die Strafprozeßordnung, die Gewerbeordnung, das Gesetz über die Beurkundung des Personenstandes und die Eheschließung. Darüber hinaus hat die Neugestaltung des Privatrechts in sämtlichen Einzelstaaten landesrechtliche Vorschriften zur Ausführung des BGB, sog. *Ausführungsgesetze* nötig gemacht.

> Zu den Materialien vgl. die Schrifttumsnachweise in § 7 IV.

III. Die weitere Entwicklung des bürgerlichen Rechts

1. Die Entwicklung bis zum Grundgesetz

Während bis 1914 nur weniges am Gesetz geändert wurde, haben der 1. *Weltkrieg* und die *Revolution von 1918* auf die Weiterentwicklung des Privatrechts großen Einfluß gehabt, der allerdings weniger in gesetzgeberischen Eingriffen zutage trat als in einer durch das Vordringen der sozialen Ideen bewirkten Umformung des Denkens und damit der Rechtsprechung. Sie suchte eine soziale Ausgestaltung des Gemeinschaftslebens rechtlich zu verwirklichen, die den Schutz des wirtschaftlich Schwächeren und darüber hinaus die Wohlfahrt aller erstrebt.

Die Weimarer Reichsverfassung vom 11. August 1919 beließ es bei der bisherigen Wirtschaftsorganisation, die auf dem Privateigentum (Art. 153 WRV), der Vertragsfreiheit und der freien gewerblichen Betätigung des Einzelnen überhaupt (Art. 152, 151 WRV) beruhte. Ebenso gewährleistete sie das Erbrecht nach Maßgabe des bürgerlichen Rechts (Art. 154 WRV). Die Anerkennung der alten Grundlagen der Privatrechtsordnung erfolgte aber nur grundsätzlich unter deutlicher Absage an den Geist des schrankenlosen Individualismus. Die bisher übliche Auffassung des subjektiven Privatrechts als eines vorwiegend eigennützigen Machtverhältnisses wurde preisgegeben. Überall in der Verfassung wurde der Pflichtengehalt, der den Privatrechten im Hinblick auf die Allgemeinheit innewohnt, betont; am eindrucksvollsten beim Eigentum (Art. 153 III WRV: Eigentum verpflichtet. Sein Gebrauch soll zugleich Dienst sein für das Gemeine Beste).

Der *Nationalsozialismus,* der Staat und Recht auf der Grundlage einer „Volksgemeinschaft" aufbauen zu können meinte, übersteigerte den Gemeinschaftsgedanken.

Das führte zu einer weitgehenden Mißachtung der freien Einzelpersönlichkeit und ihrer natürlichen Grundrechte sowie zu einer die Menschlichkeit und Gerechtigkeit verletzenden Unterdrückung von Bevölkerungsteilen.

Die unmittelbaren Eingriffe in das BGB hielten sich trotz der Versuche, sein System aufzulösen und ein „Volksgesetzbuch" zu schaffen, auch jetzt in Grenzen. Die Rechtsumgestaltung vollzog sich vornehmlich durch Beeinflussung des Rechtsdenkens und der Rechtsprechung. An privatrechtlichen Änderungsgesetzen auf dem Gebiete des bürgerlichen Rechts sind das EheG vom 6.7.1938 und das ErbhofG vom 29.9.1933 hervorzuheben (vgl. insgesamt RÜTHERS Die unbegrenzte Auslegung. Zum Wandel der Privatrechtsordnung im Nationalsozialismus, 1968; STOLLEIS Gemeinwohlformeln im nationalsozialistischen Recht, 1974).

Nach Beseitigung der Gewaltherrschaft gehörte die Aufhebung des nationalsozialistischen Rechts zu einer der ersten Maßnahmen der *Militärregierung.* Durch Gesetz Nr. 1 der Militärregierung wurden u. a. das BlutschutzG vom 15.9.1935 und das ReichsbürgerG vom 16.9.1935 aufgehoben. Das EheG wurde, von nationalsozialistischen Gedanken bereinigt, neu publiziert durch das KontrollratsG Nr. 16 vom 20.2.1946.

2. Die Entwicklung in der Bundesrepublik

13   Das **Grundgesetz** vom 23.5.1949 hat erhebliche Bedeutung für die Weiterentwicklung des bürgerlichen Rechts gewonnen. Es bekennt sich zu einer freiheitlichen, demokratischen und sozialen Grundordnung, deren wesentliche Elemente in Art. 19 II, 79 III GG für unantastbar erklärt werden.

a) Als Grundlage der gesamten Rechtsordnung gewährleistet es die Unantastbarkeit der *Menschenwürde* in Art. 1 GG. Aus dem sittlichen Eigenwert des Menschen als Glied der Gemeinschaft werden **Grundrechte** abgeleitet und anerkannt, die nicht bloße Programmsätze darstellen, sondern die Gesetzgebung, Verwaltung und Rechtsprechung als unmittelbar geltendes Recht binden (so Art. 1 III GG; vgl. aber zur sog. *Drittwirkung* der Grundrechte unten Rdn. 72).

b) Die Freiheitsrechte und institutionellen Garantien (vgl. Art. 6, 14 GG) begründen jedoch keinen schrankenlosen Individualismus; der Freiheitsraum des einzelnen ist durch die Rechte Dritter, die verfassungsmäßige Ordnung und das Sittengesetz begrenzt (Art. 2 I 2. Hs. GG); desgleichen werden mit den Institutsgarantien auch Pflichten begründet, die die Privatrechte im Hinblick auf die Allgemeinheit enthalten.

Die Grenzen der Freiheitsrechte des einzelnen sind aus der verfassungsmäßigen Festlegung der Bundesrepublik als eines sozialen Rechtsstaats (Art. 20, 28 GG) zu entwickeln. Dieser Gedanke ist allen anderen Verfassungsnormen übergeordnet. Das Sozialstaatsprinzip gibt den Maßstab für die Einordnung des einzelnen in die Gemeinschaft. Indem es Freiheit und Zwang in ein ausgeglichenes Wertverhältnis zueinander bringt und nur den angemessenen Gebrauch dieser Freiheit gewährleistet, ergibt sich auf der einen Seite Recht und Verpflichtung des Staates, den sozial und wirtschaftlich Schwächeren zu schützen, aber auf der anderen Seite auch eine Beschränkung der staatlichen Eingriffe.

c) Das bürgerliche Recht als das zwischen Einzelpersonen geltende Recht konnte von dieser Wandlung nicht unberührt bleiben.

aa) Unmittelbar in Durchführung des Grundgesetzes vollzog der Gesetzgeber die bedeutsamsten Weiterbildungen des Privatrechts auf dem Gebiet des Familienrechts. Art. 3 II i.V.m. 117 I GG zwang zum Erlaß des *Gleichberechtigungsgesetzes* vom 18.6.1957. Die Anpassung an das Gleichberechtigungsprinzip erfolgte nicht zum festgesetzten Termin am 31.3.1953 (Art. 117 I GG), so daß Art. 3 II GG von den Gerichten unmittelbar angewendet werden mußte (vgl. unten Rdn. 66 ff). Aber auch die gesetzliche Regelung war unvollkommen. So entschied das BVerfG (BVerfGE 10, 59), daß die §§ 1628, 1629 I, die bei Meinungsverschiedenheiten der Eltern über die Ausübung der elterlichen

Gewalt dem Vater das Letztentscheidungsrecht und das Vertretungsrecht geben wollten, verfassungswidrig und nichtig sind.

Weiter hat Art. 6 V GG dem Gesetzgeber aufgegeben, die nichtehelichen den ehelichen Kindern gleichzustellen; dies geschah durch das *Gesetz über die Stellung der nichtehelichen Kinder* vom 19.8.1969.

bb) Zahlreicher sind die mittelbaren Auswirkungen, die das Grundgesetz auf die Zivilrechtsgesetzgebung zeitigte. Der Gesetzgeber versuchte auf vielen Gebieten, seiner Verpflichtung zur Verwirklichung des sozialen Rechtsstaats nachzukommen. Die Fortentwicklung ist demnach gekennzeichnet von einer Abkehr von individualistischen Grundvorstellungen hin zu einer weitgehenden Durchführung des Gemeinschaftsgedankens und damit zu einer wachsenden Durchdringung mit sozialrechtlichen Bindungen. Eingriffe in das BGB geschahen vornehmlich dort, wo sich durch die äußeren Verhältnisse akute Mißstände ergaben. Rechtstechnisch erfolgte die Neuordnung zum Teil durch Änderungen des BGB selbst, zum Teil durch Einzelgesetze.

Am bedeutsamsten ist dies im Vertragsrecht hervorgetreten (vgl. zur Privatautonomie unten § 30). Insbesondere sind hier zu nennen das *Gesetz zur Regelung des Rechts der Allgemeinen Geschäftsbedingungen* vom 9.12.1976 (hierzu näher unten Rdn. 29 und 553 ff), die Änderungen des *Abzahlungsgesetzes* vom 1.9.1969 und 15.5.1974 sowie auf dem Gebiet des Mieterschutzes das *2. Wohnraumkündigungsschutzgesetz* vom 18.12.1974.

Darüber hinaus sind als bedeutende Änderungen zu nennen die mit dem 1.1.1975 in Kraft getretene Herabsetzung des *Volljährigkeitsalters, das Erste Gesetz zur Reform des Ehe- und Familienrechts* (1. EheRG) vom 14.6.1976, die Neufassung des *Adoptionsrechts* vom 2.7.1976 und das *Reisevertragsgesetz* vom 4.5.1979.

Das Staatshaftungsgesetz vom 26.6.1981 wurde durch das Urteil des Bundesverfassungsgerichts vom 19.10.1982 wegen fehlender Gesetzgebungskompetenzen des Bundes für nichtig erklärt.

Das 1. EheRG brachte bedeutende Änderungen des Familienrechts, insbesondere durch Einführung des Namenswahlprinzips bei Eheschließung, Beseitigung des gesetzlichen Leitbildes der Hausfrauenehe, ferner durch die Umstellung des Ehescheidungsrechts vom Schuld- auf das Zerrüttungsprinzip und die Einführung des Versorgungsausgleichs. Auch das Verfahrensrecht erfuhr einschneidende Änderungen. An den Amtsgerichten wurden Abteilungen für Familiensachen (Familiengerichte) gebildet, die für Ehesachen ausschließlich zuständig sind. Über die Ehescheidung selbst und über Folgesachen (z.B. Fragen der Unterhaltspflicht, des Versorgungsausgleichs und die Regelung der Rechtsverhältnisse an der Ehewohnung und am Hausrat) wird grundsätzlich gleichzeitig verhandelt und – sofern dem Scheidungsantrag stattgegeben wird – auch gleichzeitig entschieden.

Das Reisevertragsgesetz regelt die Rechtsbeziehungen zwischen Reisenden und dem Reiseveranstalter, der eine Gesamtheit von Reiseleistungen (Pauschalreise) erbringt. Die durch das Gesetz neu eingefügten §§ 651 a-k BGB erfassen abschließend die Gewährleistungsrechte und deren Fristen zur Geltendmachung. Daneben werden die zulässigen Haftungsbeschränkungen des Reiseveranstalters sowie ein Kündigungs- und Rücktrittsrecht des Reisenden geregelt.

3. Die Problematik einer Gesamtkodifikation des Privatrechts

14 Im Zuge der Entwicklung konnte der den Schöpfern des BGB vorschwebende Gedanke einer einzigen Kodifikation des Zivilrechts, dem das Handelsrecht mit seinen Nebengesetzen zur Seite gestellt wurde, allerdings nicht aufrechterhalten werden (vgl. WIEACKER S. 543 ff). Zwar wurden – etwa durch das Gesetz zur Wiederherstellung der Gesetzeseinheit auf dem Gebiet des bürgerlichen Rechts vom 5.3.1953 – während der nationalsozialistischen Herrschaft ausgegliederte Teile wieder in das BGB aufgenommen, vornehmlich das Testamentsrecht. Der Bundesgesetzgeber scheint auch weiterhin bemüht, im Rahmen des Möglichen die *Einheit des bürgerlichen Rechts* zu wahren (vgl. etwa die Novellierung des Mietrechts in §§ 537–570 a) sowie die Wiederaufnahme des Rechts der Scheidung und der Scheidungsfolgen in die §§ 1564 ff. Andere regelungsbedürftige Teilgebiete wurden in Sondergesetzen geregelt, weil im Rahmen des BGB Novellierungsschwierigkeiten bestanden (so die Verordnung über das Erbbaurecht, ErbbauVO, vom 15.1.1919). Aus wohnungspolitischen Gründen wurde außerhalb der Systematik des Sachenrechts das Gesetz über das Wohnungseigentum und das Dauerwohnrecht, WEG, vom 15.3.1951 geschaffen.

Diesen lediglich die formale Einheit der Kodifikation des Privatrechts berührenden gesetzgeberischen Maßnahmen stehen die wesentlich bedeutungsvolleren Einbruchstellen des Arbeitsrechts gegenüber. Das *Arbeitsrecht* ist im Zuge der sozialrechtlichen Entwicklung nahezu vollkommen aus dem BGB ausgegliedert worden. Der Dienstvertrag des BGB (§§ 611 ff) hat für die Bereiche der sozial eingeordneten Dienstleistungen nurmehr den Charakter einer Grundmaterie. Eine Vielzahl von arbeits-(sozial-)rechtlichen Gesetzen zum Schutz der Arbeitnehmer (vgl. etwa KSchG; BUrlG; MuSchG; LFZG u. a.) sowie tarifvertragliche Bestimmungen überlagern die §§ 611 ff. Es sind Bestrebungen im Gange, ein einheitliches Arbeitsgesetzbuch zu schaffen (Vorentwurf eines Gesetzes zur Regelung von Arbeitsverhältnissen; vgl. HANAU/ADOMEIT Arbeitsrecht, 6. A. 1981, S. 49).

Insgesamt läßt sich jedoch die Tendenz festellen, den bisher vom BGB erfaßten Rechtsstoff möglichst in einem Gesetzbuch zusammenzuhalten.

§ 3
Die Quellen und Erscheinungsformen des deutschen bürgerlichen Rechts

LIVER, P. Der Begriff der Rechtsquelle, Rechtsquellenprobleme im Schweiz. Recht. Berner Festgabe Schweiz. Juristenverein, 1955, 1 ff; MERTEN, D. Das System der Rechtsquellen, Jura 1981, 169ff, 236ff; MEYER-CORDING Die Rechtsnormen, 1971; ROSS Theorie der Rechtsquellen, 1929; VOLKMAR Allgemeiner Rechtssatz und Einzelakt, 1962.

I. Der Begriff der Rechtsquelle

a) Unter Rechtsquelle versteht man die Grundlage anwendbaren Rechts. **15** Als Rechtsquelle im formellen Sinne kommen Gesetzesrecht und Gewohnheitsrecht in Betracht. Darüber hinaus müssen die der Rechtsordnung zugrundeliegenden allgemeinen Rechtsgedanken als Rechtsquelle berücksichtigt werden.

Während Gesetzesrecht von oben her, d.h. von der Zentralgewalt einer Gemeinschaft, vorgeschrieben wird (Gesetz, Satzung), bildet sich Gewohnheitsrecht von unten her durch freiwillige tatsächliche Übung und Anerkennung.

> Von seinen *Ursprüngen* her ist Recht *Gewohnheitsrecht*. Soziale Spannungen und das Bedürfnis nach Rechtssicherheit führen zum Gesetzesrecht, sei es, daß ein bestehender Rechtszustand in Gesetzesrecht umgesetzt wird, sei es, daß rechtspolitische Ziele durch Gesetz realisiert werden.
>
> Die *Tendenz zur Rechtsetzung* ist in den einzelnen Rechtskreisen und -kulturen unterschiedlich ausgeprägt. Während das *anglo-amerikanische Recht* – wie auch schon das *klassische römische Recht* – eine geringe Neigung zur Gesetzgebung zeigt, herrscht sie im kontinentalen Rechtskreis vor.

b) Die Rechtsquelle als Norm stellt eine generelle und abstrakte Regelung dar; sie will nicht auf den Einzelfall, sondern auf eine unbestimmte Vielzahl von Fällen und Personen Anwendung finden.

> Nach dieser Auffassung kann der Vertrag nicht als Rechtsquelle qualifiziert werden; hingegen haben frühere Rechtsauffassungen in der vertraglichen Bindung eine lex *(lex contractus, lex privata)* gesehen.

Über die *Befugnis zur Rechtsetzung* werden verschiedene Auffassungen **16** vertreten:

Eine Richtung führt alles Recht auf den *Staat* zurück und spricht ihm ein *Rechtsetzungsmonopol* zu (vgl. H. KRÜGER S. 491 ff; MEYER-CORDING aaO, S. 36). Nach ihr gehören zum objektiven Recht nur die vom Staat selbst durch seine Organe erlassenen Rechtssätze und die mit staatlicher Zulassung von einem im Staate bestehenden engeren autonomen Verband erzeugten Verhaltensnormen.

Im Gegensatz dazu erkennt die *genossenschaftliche Rechtstheorie,* wie sie insbesondere O. v. GIERKE I § 15 vertreten hat, an, daß auch *organisierte Gemeinschaften* wie Religionsgemeinschaften, Berufsverbände usw. zur Erzeugung von objektivem Recht befähigt sind.

Der Gegensatz wird deutlich bei den sogenannten *Gesamtvereinbarungen des Arbeitsrechts,* den *Tarifverträgen* (vgl. dazu Tarifvertragsgesetz i.d.F.v. 25.8.1969) und den *Betriebsvereinbarungen* (vgl. dazu Betriebsverfassungsgesetz v.15.1.1972).

Auch soweit § 1 I TVG den Tarifvertrag ausdrücklich als Rechtsnorm bezeichnet, sind die Meinungen über die Legitimation der Rechtsetzungsbefugnis der Tarifparteien geteilt. Die herrschende Ansicht (Delegationstheorie) sieht hierin eine *„staatliche Privilegierung" zur privaten vertraglichen Normsetzung;* HUECK/NIPPERDEY II/1 § 18 III („Normenverträge"); NIKISCH II § 60 I 2 u. § 69 II 4; BÖTTICHER Die gemeinsamen Einrichtungen der Tarifvertragsparteien, 1966, 53 ff; BAG AP Nr. 1 zu Art. 9 GG; Nr. 4, 6, 7, 16, 17, 18 zu Art. 3 GG. Zum Teil wird diese Legitimation unmittelbar Art. 9 III GG entnommen (vgl. BIEDENKOPF Grenzen der Tarifautonomie, 1964, 103 ff). Dagegen wird vertreten, die *Rechtsetzungsbefugnis* sei „originär" gewachsen und keineswegs vom Staat delegiert, da sie diesem gerade abgetrotzt worden sei (vgl. MEYER-CORDING aaO, S. 38; ZÖLLNER Die Rechtsnatur der Tarifnormen nach deutschem Recht, 1966, 12 ff, 24 ff; RICHARDI Kollektivgewalt und Individualwille bei der Gestaltung des Arbeitsverhältnisses, 1968, 149 f).

Für die Tarifverträge regelt das TVG die Frage i.S. einer Normativwirkung für die Mitglieder der vertragschließenden Verbände (§ 1 TVG), für die übrigen Betroffenen ist die Möglichkeit einer Allgemeinverbindlicherklärung (§ 5 TVG) vorgesehen. Auch der Betriebsvereinbarung im Sinne des BetrVG wird Normcharakter zugebilligt (vgl. SÖLLNER § 22 m.w.N.).

Auch für die rechtliche Kennzeichnung der *Satzung des Vereins,* die dieser nach dem Willen der Mehrheit seiner Mitglieder gestalten kann, spielt es eine Rolle, ob der Verein seinen Mitgliedern gegenüber eine Art gesetzgeberischer Gewalt, Autonomie, hat, oder ob die „Vereinsautonomie" nichts anderes ist als ein ungenauer Ausdruck für die auf *rechtsgeschäftlicher* Unterwerfung beruhende Befugnis, die Rechtsbeziehungen der Mitglieder in gewisser Weise zu gestalten. Nach BGHZ 21, 370, 373 ff; 47, 172 hat die Satzung den Charakter einer vertraglichen Vereinbarung nur solange, bis der Verein ins Leben getreten ist; sobald das aber geschehen ist, gilt sie als die von der Persönlichkeit seiner Mitglieder losgelöste Verfassung seines Eigenlebens. Die Ermächtigung hierzu wird auf §§ 25, 32 f, 40 zurückgeführt (vgl. RGZ 49, 150, 155; ausführlich und mit weiteren Nachweisen unten § 13).

II. Gesetztes Recht

17 **1. Gesetz im materiellen Sinne** ist jede *staatliche Rechtsetzung,* also auch die nicht in der Form des „Gesetzes" ergangene rechtsverbindliche Anordnung eines Rechtssatzes.

Ein Gesetz im materiellen Sinne kommt zustande auf dem in der Verfassung vorgesehenen, regelmäßigen Wege der Gesetzgebung, aber auch durch Erlaß eines Regierungsorgans ohne Mitwirkung der Volksvertretung (z.B. *Rechtsverordnung*). Das bedeutet aber nicht, daß jedes **Gesetz im formellen Sinn**, also ein Gesetz, das unter Mitwirkung des Parlamentes zustande gekommen ist, auch gleichzeitig Gesetz im materiellen Sinn ist. So ist das *Haushaltsgesetz* im Sinne von Art. 110 II GG kein Gesetz im materiellen Sinn.

a) Gesetz im formellen und materiellen Sinn

18

Die Gesetzgebung setzt die Gesetzgebungszuständigkeit voraus, die im Grundgesetz im Hinblick auf das Bundesstaatsprinzip eine differenzierte Regelung erfahren hat.

Nach der *Reichsverfassung von 1871* waren die zur Gesetzgebung berufenen Organe im Reich *Bundesrat und Reichstag;* dem Kaiser stand nur die Ausfertigung und Verkündung der Reichsgesetze zu. In Preußen waren die gesetzgebenden Organe der König und die beiden Häuser des Landtags.

Unter der Geltung der *Weimarer Verfassung* wurden die Reichsgesetze vom Reichstag beschlossen. Ausnahmsweise war ein Volksentscheid (Referendum) vorgesehen. Außerdem gab Art. 48 II WRV dem Reichspräsidenten ein Notverordnungsrecht, wenn im Deutschen Reich die öffentliche Sicherheit und Ordnung erheblich gestört oder gefährdet war.

Unter der Herrschaft des *Nationalsozialismus* erteilte das Gesetz zur Behebung der Not von Volk und Reich vom 24.3.1933 – das sog. *Ermächtigungsgesetz* – der Reichsregierung eine umfassende Vollmacht. Nach Art. I Ermächtigungsgesetz konnten Reichsgesetze außer dem in der Reichsverfassung vorgesehenen Verfahren (Art. 68 II WRV) auch durch die Reichsregierung beschlossen werden. Nach dem Gesetz über die Volksabstimmung v. 14.7.1933 konnte die Reichsregierung das Volk befragen, ob es einer von der Regierung beabsichtigten Maßnahme zustimme oder nicht. Schließlich konnten durch „Führererlaß" oder Anordnung Rechtsvorschriften gesetzt werden, wovon in den letzten Jahren der nationalsozialistischen Herrschaft immer mehr Gebrauch gemacht wurde.

Beim *Zusammenbruch Deutschlands* und seiner Besetzung durch die alliierten Streitkräfte ging die gesetzgebende Gewalt auf den obersten Militärbefehlshaber über. Er übernahm die oberste Regierungsgewalt durch die Proklamation Nr. 1.

Durch Beschluß v. 5.6.1945 übernahmen sodann die Regierungen Englands, Frankreichs, Rußlands und der Vereinigten Staaten diese Regierungsgewalt und übertrugen sie dem *Kontrollrat* in Berlin. Seitdem wurden die Rechts- und Verwaltungsvorschriften für ganz Deutschland ausschließlich vom Kontrollrat erlassen, während die für die einzelnen Besatzungszonen vorgesehenen Vorschriften von den Oberbefehlshabern der Zonen oder den von diesen bestimmten Stellen erlassen wurden.

Die Potsdamer Übereinkunft zwischen Großbritannien, den USA und der Sowjet-Union vom 2.8.1945 hatte die Schaffung gemeinsamer Verwaltungseinrichtungen für die wichtigsten Wirtschaftsgebiete in Aussicht genommen. Da es nicht gelang, eine Übereinstimmung zwischen den alliierten Besatzungsmächten zu erzielen, wurde im Juli 1947 für die amerikanische und britische Zone eine gemeinsame Verwaltung für die Gebiete der Ernährung, Wirtschaft, Finanzen, Post und des Verkehrs gebildet. Es wurden bizonale Räte eingerichtet mit der Befugnis, im Rahmen ihrer Zuständigkeit auch Vorlagen von Gesetzen zu beschließen, die von den Ländern erlassen werden sollten.

Es waren also die ursprüngliche Gesetzgebungsbefugnis des Kontrollrats, die teils ursprüngliche, teils abgeleitete der Zonenregierung und die stets abgeleitete deutscher Behörden zu unterscheiden. Die Gesetze des Kontrollrats enthielten grundsätzlich nur Richtlinien, deren Ausführung den Zonenregierungen überlassen blieb. Neben den Vorschriften des Kontrollrats galten in den drei westlichen Zonen auch noch die Proklamationen, Gesetze, Verordnungen und sonstigen Bestimmungen der Militärregierung Deutschland.

Bei allem Besatzungsrecht war davon auszugehen, daß die Siegermächte bei ihrer Rechtsetzung kraft Völkerrechts eine eigenständige Autorität ausübten, die ihren Rechtsgrund lediglich im Okkupationsverhältnis fand und ihrem Inhalt nach aus diesem zu bestimmen war (überwiegende Meinung vgl. STÖDTER Deutschlands Rechtslage, 1948, 198; E. KAUFMANN Deutschlands Rechtslage unter der Besatzung, 1949, 27; JAHRREISS Die Rechtspflicht der Bundesrepublik Deutschland zur Entschädigung für Reparations- und Demilitarisierungseingriffe der Kriegsgegner des Reiches in Privatvermögen, 1950, 8).

Nachdem der Kontrollrat infolge der politischen Verhältnisse funktionsunfähig geworden war, verstärkte sich das Bestreben, die von den westlichen Alliierten besetzten Gebiete zu einer Einheit zusammenzufassen. Durch inhaltlich übereinstimmende Landesgesetze wurde im Herbst 1948 mit Zustimmung der westlichen Besatzungsmächte der *Parlamentarische Rat* ins Leben gerufen und mit der Ausarbeitung eines Grundgesetzes für das Gebiet der westlichen Besatzungszonen beauftragt.

Das *Grundgesetz* vom 23.5.1949 faßt die westdeutschen Länder zur Bundesrepublik Deutschland zusammen und stellt ihr staatliches Leben auf eine neue Grundlage. Allerdings soll es im Hinblick auf die zu erstrebende Wiedervereinigung Gesamtdeutschlands nur Übergangscharakter haben (vgl. die Präambel und Art. 146 GG).

Die Schaffung des Grundgesetzes war jedoch nicht bereits gleichbedeutend mit der Erlangung der völligen Souveränität durch die Bundesrepublik. Das am 21.9.1949 in Kraft getretene Besatzungsstatut enthielt die Sonderbefugnisse, die die drei westlichen Besatzungsmächte in Ausübung der bei ihnen verbliebenen obersten Gewalt für sich in Anspruch nahmen. Hier war vor allem der Vorlegungszwang von Gesetzen vor der Verkündung und die Einspruchsmöglichkeit der Besatzungsbehörden gegen Gesetze zu erwähnen.

Die Verhandlungen über die Beseitigung des Besatzungsstatuts führten dann zum Abschluß der *Pariser Verträge* vom 22.10.1954, die der Bundesrepublik im wesentlichen die volle Souveränität gaben.

19 Nach *Art. 70 GG* obliegt die *Gesetzgebung* grundsätzlich den *Ländern*. Die *Zuständigkeit* des *Bundes* ist nur im Falle der *Zuweisung durch das Grundgesetz* gegeben. Das bürgerliche Recht ist dem Bund durch Art. 74 Nr. 1 GG als Gegenstand der **konkurrierenden Gesetzgebung** zugewiesen. Danach haben die Länder nach Art. 72 GG die Befugnis zur Gesetzgebung auf dem Gebiete des bürgerlichen Rechts, solange und soweit der Bund von seinem Gesetzgebungsrecht keinen Gebrauch macht (zur Fortgeltung des BGB als Bundesrecht vgl. Art. 123, 125 GG).

Die Bundesgesetze werden vom Bundestag unter Beteiligung des Bundesrates (Zustimmungsbedürftigkeit bzw. Einspruchrecht, Art. 77 GG) beschlossen. Die daneben bestehenden außerordentlichen Gesetzgebungsverfahren gem. Art. 81 GG (Gesetzgebungsnotstand) und gem. Art. 115 d,k GG (Verteidigungsfall) sind an strenge Voraussetzungen gebunden.

Die Gesetzesinitiative liegt bei der Bundesregierung, beim Bundesrat oder bei den Mitgliedern des Bundestages (Art. 76 GG). Seitens der Bundesregierung gehen die Gesetzesentwürfe im Regelfall von Referentenentwürfen der zuständigen Ministerien aus, die über das Kabinett als Regierungsvorlage zunächst dem Bundesrat und von diesem zur Erörterung und Beschlußfassung dem Bundestag zugeleitet werden.

Die dabei – insbesondere auch durch die Beratung der Ausschüsse – entstehenden Berichte und Protokolle gehören zu den Gesetzesmaterialien, die für die Interpretation der Normen beigezogen werden können, jedoch für die Auslegung nicht verbindlich sind (vgl. zur Auslegung des Gesetzes unten § 6).

Neben der Gesetzgebung durch die Volksvertretung ist zu beachten, daß den Entscheidungen des Bundesverfassungsgerichts in einem bestimmten Rahmen Gesetzeskraft beigelegt ist (§ 31 BVerfGG; vgl. die Entscheidung über die Nichtigkeit der §§ 1628, 1629 – BVerfGE 10, 59 f).

b) Gesetz im – nur – materiellen Sinn

aa) Rechtsverordnungen

WOLFF, B. Ermächtigung zum Erlaß von Rechtsverordnungen nach dem Grundgesetz, AöR 78, 194 ff.

20 Vom Gesetz im formellen Sinn unterscheidet sich die Rechtsverordnung. Sie wird nicht durch die Volksvertretung, sondern durch ein Exekutivorgan (z.B. Bundesregierung, -minister) aufgrund besonderer gesetzlicher **Ermächtigung** erlassen; bestimmte Rechtsverordnungen bedürfen der Zustimmung des Bundesrates (Art. 80 II GG).

Die Rechtsverordnung ermöglicht zwar eine schnellere und anpassungsfähigere Regelung, sie stellt andererseits aber eine Gefahr dar, da die verfassungsmäßigen Garantien für die Gesetzgebung umgangen werden können. Um dem zu begegnen, müssen Inhalt, Zweck und Ausmaß der Ermächtigung im Gesetz bestimmt sein (Art. 80 GG).

Zu den Rechtsverordnungen gehören insbesondere *Durchführungs- und Ausführungsverordnungen,* die die Bestimmungen eines Gesetzes ergänzen oder die von ihnen gelassenen Lücken ausfüllen (z.B. die vom Kaiser mit Zustimmung des Bundesrates erlassene Verordnung vom 27. März 1899, betr. die Hauptmängel und Gewährfristen beim Viehkauf; die StVO auf der Grundlage der Ermächtigung des § 6 StVG; die Regelunterhaltsverordnung aufgrund § 1615 f II sowie die Verordnungen aufgrund von § 1612 a zur Dynamisierung des Unterhalts). Auch die Verordnungen der Polizei- bzw. Ordnungsbehörden sind mit Rücksicht auf die jeweilige gesetzliche Ermächtigung (z.B. §§ 25 ff OBG NW) Rechtsverordnungen; es handelt sich um eine für eine unbestimmte Anzahl von Fällen an eine unbestimmte Anzahl von Personen gerichtete allgemeine Anordnung zur Abwehr von Gefahren für die öffentliche Sicherheit oder Ordnung. Davon ist die an den einzelnen oder an einen bestimmten Adressatenkreis gerichtete Polizei- bzw. Ordnungsverfügung abzugrenzen.

§ 3 II 2   Einleitung. Das deutsche bürgerliche Recht

Keinen Gesetzescharakter haben die *Verwaltungsverordnungen*. Sie enthalten nur die Einrichtung und Tätigkeit betreffenden Anweisungen der vorgesetzten an die nachgeordneten Behörden (Anordnungen, Dienstvorschriften, Anweisungen, Richtlinien etc. – vgl. Ossenbühl Verwaltungsvorschriften und Grundgesetz, 1968; Meyer-Cording aaO, S. 115 ff, 146 ff).

bb) Autonome Satzungen

21   Die *autonome Satzung* ist eine *Rechtsvorschrift,* die von einem vom Staat mit *Rechtsetzungsbefugnis (Satzungsautonomie) ausgestatteten,* in ihm bestehenden *engeren Verband* erlassen ist. Gewisse örtliche Verbände (z.B. Kreise, Gemeinden), aber auch personelle Verbände (z.B. Universitäten, Handwerkskammern) haben ein Satzungsrecht für ihre eigenen Angelegenheiten.

Von der Satzungsautonomie ist die rechtsgeschäftliche Privatautonomie zu unterscheiden, kraft deren die einzelnen Rechtsgenossen ihre Beziehungen durch Rechtsgeschäft beliebig gestalten können (siehe darüber unten § 30).

c) Verkündung der Gesetze

22   Gesetze bedürfen der Verkündung.

Die Publikation vollendet den Gesetzgebungsakt und schließt, indem dem Bürger die Möglichkeit zur Kenntnisnahme gegeben wird, die Einwendung aus, der Betroffene habe sein Verhalten nicht entsprechend einrichten können.

Früher wurden die Reichsgesetze im Reichsgesetzblatt, die Rechtsverordnungen im Deutschen Reichsanzeiger bzw. im Reichsministerialblatt verkündet. Die Militärregierungsgesetze wurden in besonderen Amtsblättern der Militärregierung verkündet, für die britische Zone z.B. im „Amtsblatt der Militärregierung Deutschland, Britisches Kontrollgebiet".

Bundesgesetze werden im Bundesgesetzblatt (Art. 82 I GG) verkündet, Rechtsverordnungen im Bundesgesetzblatt oder im Bundesanzeiger (Gesetz über die Verkündung von Rechtsverordnungen vom 30.1.1950). Bundesgesetze und Rechtsverordnungen sollen den Tag ihres Inkrafttretens enthalten; fehlt eine solche Bestimmung, so treten sie 14 Tage nach Ausgabe des betreffenden Bundesgesetzblattes bzw. Bundesanzeigers in Kraft (Art. 82 II GG). Für die autonome Satzung gilt entsprechendes.

2. Gemeinschaftsrecht und Völkerrechtssätze

23   a) Das *supranationale europäische Gemeinschaftsrecht* ist *unmittelbare Rechtsquelle* des *Privatrechts.* Den Staatengemeinschaften sind von den Mitgliedsstaaten für den Bereich ihrer vertraglich bestimmten Zuständigkeit Hoheitsrechte übertragen (vgl. Art. 24 GG). Die Verordnungen der EG aufgrund Art. 189 II EWGV etwa gelten unmittelbar wie staatliches Recht. Richtlinien sind zwar für den jeweiligen Mitgliedstaat verbindlich, überlassen

Quellen und Erscheinungsformen § 3 III 1

jedoch den innerstaatlichen Stellen die Wahl der Form und der Mittel (Art. 189 III; vgl. IPSEN Europäisches Gemeinschaftsrecht, 1972).

b) Auch die *allgemeinen Regeln des Völkerrechts* sind *Bestandteile des Bundesrechts;* sie gehen den Gesetzen vor und erzeugen unmittelbar Rechte und Pflichten für die Bürger der Bundesrepublik (Art. 25 GG).

c) Darüberhinaus verpflichten *völkerrechtliche Verträge* nur die vertragschließenden Staaten. Damit sie innerstaatliche Bindungswirkung erzeugen, müssen sie – soweit nicht der Fall des Art. 25 GG vorliegt – als staatliche Anordnung verkündet werden (Transformation). Dies geschieht, soweit sie sich auf Gegenstände der Bundesgesetzgebung beziehen, in der Form eines Bundesgesetzes (Art. 59 II GG).

3. Vereinbarung

Als Entstehungstatbestand eigener Art eines Rechtssatzes hat sich in der Literatur der Begriff der rechtsetzenden Vereinbarung gebildet. **24**

Im öffentlichen Recht kann die Vereinbarung, sofern nicht übergeordnete hoheitliche Befugnisse bestehen, nicht als Rechtsquelle bezeichnet werden, da sie ohne Übernahme in die eigene rechtsetzende Zuständigkeit keine Rechtsnorm erzeugt.

Soweit privatrechtliche Körperschaften (z.B. Vereine) untereinander Vereinbarungen treffen, bilden diese gleichfalls nur einen besonderen Entstehungsvorgang für autonomes Satzungsrecht, da erst durch die Übernahme in die eigene Zuständigkeit die Vereinbarung mit rechtsetzender Kraft ausgestattet wird.

Besonderes gilt jedoch (wie oben I ausgeführt) für die *Gesamtvereinbarungen des Arbeitsrechts*. In neuerer Zeit hat die Bedeutung der arbeitsrechtlichen Gesamtvereinbarungen zugenommen; der Gesetzgeber läßt vielfach Spielraum für solche Vereinbarungen, da sich durch sie sachgerechtere Lösungen erzielen lassen, als sie durch eine generelle gesetzliche Regelung erzielt werden könnten (vgl. z.B. § 12 a TVG für den Bereich der sog. „freien Mitarbeiter").

III. Gewohnheitsrecht und Observanz

MEYER-CORDING Die Rechtsnormen, 1971, 70 ff; MEZGER Der Begriff der Rechtsquelle, Festgabe Heck, Rümelin, Schmidt, 1931, 19 ff, 32 ff; MOKRE Zur Theorie des Gewohnheitsrechts, ZöffR 12, 273, 386 ff; NÖRR, D. Zur Entstehung der gewohnheitsrechtlichen Theorie, Festschrift W. Felgentraeger, 1969, 353 ff; REHFELDT Die Wurzeln des Rechts, 1951; REHFELDT/REHBINDER Einführung in die Rechtswissenschaft, 4. A. 1978; RÜMELIN, M. Die bindende Kraft des Gewohnheitsrechts, 1929; SCHUPPE Gewohnheitsrecht, 1890.

1. Gewohnheitsrecht ist die nicht durch Satzung, sondern durch tatsächliche Übung innerhalb einer Gemeinschaft erzeugte Rechtsregel. Erforderlich ist: **25**

a) eine *tatsächliche, nicht bloß vorübergehende gleichmäßige Übung* innerhalb einer Gemeinschaft (usus).

19

b) eine derartige Übung im Sinne einer auch für die Zukunft maßgebenden Verhaltensnorm (*Geltungswille;* opinio iuris).

Die ältere *Übungstheorie* begnügte sich mit der Übung, was zur Vermischung mit dem Sittengesetz führt, bei dem der Wille, eine bindende Regel zu verwirklichen, fehlt. Grundsätzlich kann jedoch der bloßen Tatsache der Übung verbindliche Kraft nicht zukommen. Maßgebend ist der in der Übung zutage tretende *Geltungswille, daß etwas als Rechtssatz gelten soll.*

Praktisch spielt das Gewohnheitsrecht im ursprünglichen Sinn so gut wie keine Rolle mehr. Es entsteht heute vornehmlich durch richterliche Rechtsfortbildung, durch einen Gerichtsgebrauch, der sich allgemein durchsetzt (vgl. auch Rdn. 26 und § 6). Beste Beispiele sind die Entwicklung der culpa in contrahendo und der positiven Vertragsverletzung (vgl. etwa SOERGEL/ SCHMIDT Vor § 275 Rdn. 32). In gleicher Weise ist das im heutigen wirtschaftlichen Leben nicht mehr zu entbehrende Institut der Sicherungsübereignung entstanden.

2. Observanz ist das *Gewohnheitsrecht* eines mit *Autonomie* ausgestatteten *Verbandes.* Sie ist grundsätzlich in denselben Grenzen zulässig wie das Satzungsrecht des Verbandes.

IV. Gerichtsgebrauch und Wissenschaft

BOEHMER Grundlagen der bürgerlichen Rechtsordnung, II/2, 1951; BÜLOW Gesetz und Richteramt, 1885; ESSER Grundsatz und Norm in der richterlichen Fortbildung des Privatrechts, 1956; ders., Vorverständnis und Methodenwahl in der Rechtsfindung, 3. A. 1972, 184 ff; FIKENTSCHER Methoden des Rechts, III, 1976, 728 ff; FISCHER, R. Die Weiterbildung des Rechts durch die Rechtsprechung, 1971; GERMANN Präjudizien als Rechtsquelle, 1960; HÜBNER, H. Kodifikation und Entscheidungsfreiheit des Richters in der Geschichte des Privatrechts, 1980; LARENZ Methoden der Rechtswissenschaft, 4. A. 1979, 421 ff; MEIER-HAYOZ Der Richter als Gesetzgeber, 1951; WIEACKER Gesetz und Richterkunst, 1958.

1. Es fragt sich, ob der **Gerichtsgebrauch**, d. h. eine feste, gleichförmige Rechtsprechung, Recht ist.

Schon BÜLOW (aaO) hat nachgewiesen, daß Rechtsprechung kein bloß logischer Vorgang ist, daß dem Richter auch im Zeitalter der Kodifikationen ein weiter Bereich selbständiger, nicht schon von der Gesetzgebung voraus geregelter Rechtsfindung und Rechtsschöpfung offen geblieben ist. La loi n'est pas le droit (GÉNY Méthode d'interprétation et des sources en droit privé positif, 2. A. 1954). Das Gesetz hat *Lücken,* sei es, daß sich der Gesetzgeber absichtlich der Regelung enthalten hat, um Wissenschaft und Rechtsprechung nicht vorzugreifen, sei es, daß er die Normierung eines Tatbestandes übersehen hat. Vielfach knüpft das Gesetz auch die Rechtsfolgen nicht an einen nach seinen tatsächlichen Merkmalen genau bestimmten Tatbestand als solchen, sondern an ein *Werturteil des Richters,* so bei den Wert- oder Ausfüllungsbegriffen (Sittenwidrigkeit, Treu und Glauben usw.).

Nicht selten ist endlich eine Weiterbildung oder Einschränkung des gesetzgeberischen Gedankens zur gerechten, zweckmäßigen Entscheidung eines Interessengegensatzes geboten. Der Richter ist in vielen Fällen zur unmittelbaren Anwendung des Gesetzesrechtes außerstande; er muß den abstrakten Rechtsbefehl erst zur Anwendung auf den Fall konkretisieren und dabei *schöpferisch* vorgehen (vgl. zur Rechtsanwendung und richterlichen Rechtsfortbildung unten § 6).

Der Richterspruch schafft jedoch nur Recht für den einzelnen Fall. Die dabei gefundenen richterlichen Entscheidungsgrundlagen haben nur für dieses eine Mal bindende Kraft, da ihre Aufgabe in der Konkretisierung und Ausgestaltung des Gesetzesrechtes liegt. Andere Richter sind daran nicht gebunden (einzige Ausnahme: Urteile des BVerfG nach § 31 BVerfGG – vgl. oben Rdn. 19). Selbst wenn ein solcher Ergänzungssatz freiwillig von anderen Gerichten angewandt wird, sich ein **Gerichtsgebrauch** bildet, ist damit allein noch **keine objektive Rechtsregel**, kein allgemein verbindlicher Rechtssatz geschaffen. Hinzukommen muß, daß aus einer derartigen gleichförmigen Praxis entnommen wird, daß diese Übung als Rechtssatz gelten solle. Der Gerichtsgebrauch gibt daher wohl den *Anstoß zur Bildung von Gewohnheitsrecht,* darf aber nicht als selbständige Rechtsquelle im förmlichen Sinne neben die Gewohnheit gestellt werden. Wo das Gericht die schon vollzogene Bildung von Gewohnheitsrecht feststellt, macht es zwar die Rechtsnatur der Übung gewiß, vollendet dadurch aber höchstens tatsächlich, nicht rechtlich den Entstehungsvorgang des Rechtssatzes.

Tatsächlich war die Bedeutung der *gleichförmigen Praxis,* namentlich des *Reichsgerichts,* für die Urteilsbildung außerordentlich groß. Das wurde im Interesse der Rechtseinheit und Rechtssicherheit begrüßt, zumal die Übernahme von Entscheidungsgrundsätzen nur nach kritischer Prüfung erfolgte und nicht zum bloßen *Präjudizienkult* erstarrte. Entsprechendes gilt für die Rechtsprechung des seit dem 1.10.1950 tätigen *Bundesgerichtshofs,* der aufgrund des Gesetzes zur Wiederherstellung der Rechtseinheit auf dem Gebiet der Gerichtsverfassung, der bürgerlichen Rechtspflege, des Strafverfahrens und des Kostenrechts vom 12.9.1950 die Aufgaben des Reichsgerichts für das Gebiet der Bundesrepublik übernommen hat.

Die von manchen geforderte *gesetzliche Bindung* des höchsten Gerichts an seine eigenen Präjudizien ist im Interesse der Fortbildung des Rechts nicht zu empfehlen.

Es ist Vorsorge getroffen, daß der Bundesgerichtshof im Interesse der Rechtsfortbildung von seiner eigenen Rechtsprechung abweichen kann. Im Interesse der Rechtssicherheit ist dies jedoch dadurch erschwert, daß eine gewisse Bindung des Bundesgerichtshofs an die eigenen Prinzipien dadurch erreicht wird, daß beim Abweichen von der Rechtsprechung eines anderen

Senats bzw. des großen Senats der entscheidende Senat den großen Senat anzurufen hat (§ 136 GVG).

27 2. Die **Wissenschaft** ist *keine Rechtsquelle,* ihre Lehre hat keine bindende Kraft, kann aber Ausgangspunkt für die Rechtsbildung sein (man denke etwa an STAUB Die positiven Vertragsverletzungen, 2. A. 1913, oder an JHERING Culpa in contrahendo oder Schadensersatz bei nichtigen oder nicht zur Perfection gelangten Verträgen, JherJb. 4, 1 ff). Vor allen Dingen obliegt es der Wissenschaft, die Entscheidungen der Gerichte kritisch zu würdigen, sie in das Rechtssystem einzuordnen und die Strukturelemente zu erfassen. Da die Rechtsvorschriften des Zivilrechts auch aus dem systematischen Zusammenhang zu interpretieren sind, hat die Jurisprudenz eine wesentliche Bedeutung für die Rechtsanwendung (vgl. unten Rdn. 61 f).

V. Verkehrssitte und Handelsbrauch

HGB-RGRK/BRÜGGEMANN Allgemeine Einleitung Anm. 20; OERTMANN Rechtsordnung und Verkehrssitte, 1914; RUMMEL Vertragsauslegung nach der Verkehrssitte, 1972; SONNENBERGER Verkehrssitten im Schuldvertrag, 1970.

28 Auch die *Verkehrssitte* ist *keine Rechtsquelle* im formellen Sinn. Bei ihr handelt es sich nur um eine tatsächliche Übung (vgl. BGH LM Nr. 1 zu § 157 [B]). Es fehlt der Geltungswille (opinio iuris bzw. necessitatis). Sie ist indessen oft die *Vorstufe des Gewohnheitsrechts,* wie überhaupt die Grenzen zu ihm sich schwierig ziehen lassen. Das BGB verweist auf die Verkehrssitte in §§ 157, 242. Nach § 157 soll die Verkehrssitte zur Auslegung von Verträgen herangezogen werden; nach § 242 soll mit Rücksicht auf die Verkehrssitte bestimmt werden, wie der Schuldner zu leisten hat. Für den Verkehr unter Kaufleuten ist nach § 346 HGB auf die im Handelsverkehr geltenden Gewohnheiten und Gebräuche *(Handelsbräuche)* – also auf die kaufmännische Verkehrssitte – Rücksicht zu nehmen.

Soweit das Gesetz den Richter anweist, auf die Verkehrssitte Rücksicht zu nehmen, verwendet es sie als rechtlichen Hilfsbegriff. Damit werden die aus der Verkehrsübung entnommenen Sätze aber noch nicht „gesetzlich sanktionierte Gewohnheitsrechtssätze" (so DANZ Die Auslegung der Rechtsgeschäfte, 3.A. 1911, 128). Zwingende Bestimmungen des Gesetzes können durch sie nicht abgeändert werden, wohl aber soll die Verkehrssitte dem nachgiebigen Recht grundsätzlich vorgehen (vgl. SOERGEL/KNOPP § 157 Rdn. 43). Richtigerweise wird differenziert danach zu fragen sein, ob die nachgiebige gesetzliche Bestimmung nicht ihrerseits als kodifizierte Verkehrssitte den Vorrang beansprucht. Das ist dann anzunehmen, wenn durch Anerkennung einer nicht kodifizierten Verkehrssitte wesentliche Schutz- und Ordnungsgedanken einer Gesetzesvorschrift ausgeschaltet würden (vgl. RGZ 135, 339, 345). Auch das dispositive Recht enthält nicht nur unverbindliche Regeln, sondern hat

innerhalb der Rechtsordnung eine Ordnungsfunktion.
Die Maßgeblichkeit der Verkehrssitte hängt nicht von der Kenntnis der Parteien ab (BGH LM Nr. 1 zu § 157 [B]); ihre Geltung beruht nicht auf rechtsgeschäftlicher Übereinkunft. Gleichwohl wird herkömmlich eine Anfechtung wegen Irrtums über eine Verkehrssitte zugelassen (OERTMANN aaO, S. 77f; LARENZ AT § 19 II b; LEHMANN/HÜBNER § 30 VI 4a; STAUDINGER/ DILCHER §§ 133, 157 Rdn. 37; a. A. unter Hinweis auf die Verkehrssicherheit SOERGEL/KNOPP § 157 Rdn. 40, 91). Eine Anfechtung wegen Irrtums wird grundsätzlich zulässig sein, wenn nicht das Bedürfnis nach Verkehrssicherheit, z. B. im Handelsrecht, überwiegt (vgl. auch ERMAN/HEFERMEHL § 157 Rdn. 8). Jedoch kann die Maßgeblichkeit der Verkehrssitte durch *Parteivereinbarung* außer Kraft gesetzt werden (RGZ 69, 125, 127).

> Die Frage, ob eine Verkehrssitte besteht, ist als rein tatsächliche der Nachprüfung in der Revisionsinstanz entzogen, § 549 I ZPO (BGH LM Nr. 1 zu § 284 BGB; LM Nr. 1 zu § 346 [F] HGB; NJW 1966, 502 f). Dagegen gehören die Feststellung ihres Sinnes und die Wertung des festgestellten Erklärungstatbestandes zur Rechtsanwendung und sind mithin revisibel (vgl. RGZ 118, 288, 292; 126, 324, 327).

VI. Allgemeine Geschäftsbedingungen

29 Allgemeine Geschäftsbedingungen, die in der heutigen Zeit des Massenverkehrs die individuelle rechtsgeschäftliche Vertragsfreiheit weitgehend ersetzen, haben *nicht den Charakter einer Rechtsnorm*. Der Begriff eines „selbstgeschaffenen Rechts der Wirtschaft" ist abzulehnen. Allgemeine Geschäftsbedingungen sind zum *Inhalt einer vertraglichen Vereinbarung* zu machen. Darüber hinaus hat das Gesetz zur Regelung des Rechts der Allgemeinen Geschäftsbedingungen vom 9.12.1976 (AGBG) der Wirksamkeit solcher Bedingungen zwingende Schranken gesetzt. Vgl. zu den Einzelheiten unten Rdn. 553ff.

Ausnahmsweise ist der *Normcharakter* dann anzunehmen, wenn die Bedingungen für *allgemein verbindlich erklärt* worden sind. Für eine solche Allgemein-Verbindlichkeitserklärung bedarf es jedoch einer *gesetzlichen Ermächtigung*, wie sie z.B. in §§ 458, 460 HGB für die Eisenbahnverkehrsordnung, in § 21 Güterkraftverkehrsgesetz, § 4 I 5 Pflichtversicherungsgesetz oder in § 7 Energiewirtschaftsgesetz enthalten sind (so BGHZ 23, 175, 179, der die für allgemeinverbindlich erklärten Elektrizitätsversorgungsbedingungen als Rechtsverordnung qualifiziert).

> Hingegen lag eine gesetzliche Ermächtigung zur Allgemein-Verbindlichkeitserklärung der Allgemeinen Deutschen Spediteurbedingungen (ADSp) für den Reichsverkehrsminister nicht vor. Obwohl im Stadium der Vorbereitung die zuständigen Behörden und die Organisationen der betroffenen Interessenkreise eingeschaltet waren, hat der BGH den Normcharakter der ADSp abgelehnt (BGHZ 17, 1 f).

§ 4
Der Geltungsbereich des deutschen bürgerlichen Rechts

I. Zeitliche Geltung von Rechtsvorschriften

Zum Übergangsrecht nach Inkrafttreten des BGB: AFFOLTER System des deutschen bürgerlichen Übergangsrechts, 1903; HABICHT Die Einwirkung des BGB auf zuvor entstandene Rechtsverhältnisse, 1903; FISCHER Abhandlungen zum Bürgerlichen Gesetzbuch. Zur Rückwirkung von Gesetzen MAUNZ/DÜRIG/HERZOG/SCHOLZ Art. 2 Rdn. 47.

1. Zulässigkeit der Rückwirkung

30   Grundsätzlich wollen die Gesetze in die *Zukunft* wirken und nur die neu unter ihrer Herrschaft begründeten Rechtsverhältnisse erfassen. Die vorher begründeten sind auf das Recht ihrer Zeit zugeschnitten. Ein allgemeines *Verbot rückwirkender Gesetze* auf dem Gebiet des Privatrechts läßt sich aus dem Grundgesetz jedoch nicht entnehmen. Eine Analogie zu Art. 103 II GG wird außerhalb des Strafrechts abgelehnt (BVerfGE 7, 89, 95). Aus Art. 2 i.V.m. Art. 19 II GG läßt sich aber ein *Verbot rückwirkender Überraschungsgesetze* herleiten. Dies ist damit zu begründen, daß der Bürger auf den Bestand einer gesetzlichen Regelung vertrauen darf, sofern eine Gesetzesänderung für ihn unvorhersehbar ist (BVerfGE 7, 89, 93; 13, 261, 271; 30, 367, 385).

Für rückwirkende Gesetze besteht in Ausnahmefällen ein Bedürfnis. Bei *Dauerverhältnissen* geht es schlecht an, ihre Wirkungen ausnahmslos und andauernd nach dem Recht ihrer Entstehungszeit zu beurteilen (z.B. den durch das Gleichberechtigungsgesetz bedingten neuen Rechtszustand im persönlichen Bereich der ehelichen Gemeinschaft).

Ob einem Gesetz rückwirkende Kraft beigelegt ist, ist durch *Auslegung* zu ermitteln. Im Zweifel wird man davon ausgehen dürfen, daß eine im Gesetz ausgesprochene Rückwirkung nicht weiter reichen soll als notwendig. Demnach ist die Begründung eines Rechtsverhältnisses nach dem zu ihrer Zeit geltenden alten Recht zu beurteilen; entsprechendes gilt für seine Wirkung bis zum Augenblick des Inkrafttretens der neuen Bestimmung, so daß also der Inhalt erst von diesem Zeitpunkt an vom neuen Recht beherrscht werden soll.

Das **Einführungsgesetz zum Bürgerlichen Gesetzbuch** (EGBGB) hat die Frage der Rückwirkung für die meisten Verhältnisse im IV. Abschnitt (Art. 153 ff) ausdrücklich entschieden. Neben der Überleitung für das Eigentum (Art. 181) hat es insbesondere im Bereich des Familien- und Erbrechts Regelungen getroffen: Für die bei Inkrafttreten des BGB bestehenden Güterstände blieben die bisherigen Gesetze maßgebend (Art. 200), soweit nicht der Landesgesetzgeber eine Angleichung vornahm (vgl. die Ermächtigung in Art. 218). Bereits bestehende Geschäftsfähigkeit und Testierfähigkeit wurden von Änderungen nicht betroffen (Art. 153, 215). Die Gültigkeit eines zuvor errichteten Testaments wurde nach den bisherigen Gesetzen beurteilt (Art. 214). Allgemein blieben für erbrechtliche Verhältnisse, sofern der Erblasser vor Inkrafttreten des BGB verstorben war, die bisherigen Vorschriften maßgebend (Art. 213). Den Grundsatz, keine Rückwirkung anzuordnen, hat der Gesetzgeber im Gegensatz zu den persönlichen Ehewirkungen für die vertraglich vereinbarten Güterstände – mit einigen Modifizierungen – auch im Gleichberechtigungsgesetz (Art. 8 I GleichberG) aufrechterhalten. Das Familienrechtsänderungsgesetz von 1961 (Art. 9 II Nr. 1 FamRÄndG) wiederum hat im Falle der Anfechtung der Ehelichkeit rückwirkende Anwendung zugelassen. Die Rückwirkung ist begrenzt worden durch Art. 12 § 10 NEhelG von 1969 für das Nichtehelichenerbrecht, indem es nur für nichteheliche Kinder gilt, die nach dem 1.7.1949 geboren sind. Rückwirkende Anwendung hat auch das EGBGB dort vorgesehen, wo das spätere Recht ein Rechtsverhältnis im Gegensatz zum früheren Recht aufrechterhielt, so für die Gültigkeit der Ehe (Art. 198 II).

2. Außerkrafttreten von Rechtsvorschriften

a) Eine Rechtsvorschrift tritt außer Kraft, wenn sich eine mit ihr unvereinbare neue Rechtsregel bildet *(lex posterior derogat legi priori)*. Das jeweils jüngere Gesetz hebt das ältere auf, soweit es sich nicht um höherrangige Rechtsnormen (z. B. EG-Recht) handelt. Wenn das Außerkrafttreten älterer Vorschriften nicht, wie dies heute die Regel ist, durch Übergangsvorschriften des jüngeren Gesetzes ausdrücklich geregelt wird, ist es Auslegungsfrage, ob bei teilweisem Widerspruch die frühere Vorschrift nur abgeändert oder ganz beseitigt wird; ebenso, ob bei Ersatz einer allgemeinen Vorschrift durch einen neuen Rechtssatz auch die Ausnahmen von der früheren Vorschrift beseitigt werden. Das ist nicht ohne weiteres anzunehmen (lex posterior non derogat legi priori speciali). Auch kann das neue Recht ein Satz des Gewohnheitsrechts sein, da dieses in seiner (derogierenden) Kraft dem gesetzten Recht gleichsteht (vgl. oben Rdn. 25; BGHZ 37, 219, 224; ENN./NIPPERDEY § 40 IV 1).

b) Auch ohne Aufhebung durch eine widersprechende neue Regel tritt eine Rechtsvorschrift außer Kraft:

aa) wenn sie nur für beschränkte *Zeit* oder die Dauer eines bestimmten *Zustandes* (Krieg, wirtschaftliche Not) erlassen war, mit dem Ablauf dieser Zeit oder Wegfall des Zustandes *(Zeitgesetze);*

bb) wenn die *Verhältnisse,* für die sie gelten will, für immer *weggefallen* sind, nicht aber schon ohne weiteres, wenn diese Verhältnisse sich geändert haben und damit der gesetzgeberische Grund zur fraglichen Regelung weggefallen ist. Der Satz *cessante ratione legis, cessat lex ipsa* ist deshalb irreführend (ENN./ NIPPERDEY § 45 Anm. 10; BGHZ 1, 369, 375). Aber es steckt doch ein richtiger Kern in ihm; eine Rechtsanwendung, die die am Sinngehalt orientierte Entscheidung über eine wortgetreue stellt, wird die Anwendung eines Rechtssatzes, dessen Zweck nicht mehr erreichbar ist, zu vermeiden wissen oder ihn so umdeuten, daß zweckwidrige Ergebnisse verhütet werden (vgl. LARENZ Methodenlehre, S. 334ff). Zur Rechtsanwendung und verfassungskonformen Auslegung siehe unten § 6.

II. Verhältnis des BGB zum Landesrecht

Vgl. auch die Literatur zu § 7 V 7.

32 Nach Art. 2 RV von 1871, Art. 13 WRV und Art. 31 GG gehen – anders als im Mittelalter – die Reichs- bzw. Bundesgesetze den Landesgesetzen vor. *Reichs- bzw. Bundesrecht bricht Landesrecht.* Zwar gehört nach Art 74 Nr. 1 GG das *bürgerliche Recht* zum Bereich der *konkurrierenden Gesetzgebung;* da das BGB jedoch als Bundesrecht fortgilt, bleibt den Ländern auf diesem Gebiet für die Ausübung eigener Gesetzgebungsbefugnis nur im Rahmen der Vorbehalte des EGBGB Raum.

Das *Einführungsgesetz* setzt im Verhältnis zum Landesrecht den ausschließenden Kodifikationsanspruch durch. Grundsätzlich wird alles Landesprivatrecht ohne Rücksicht auf seine Vereinbarkeit mit dem BGB aufgehoben und seine Neubildung ausgeschlossen, Art. 55 EGBGB. Daher traten die privatrechtlichen Vorschriften des Landesrechts außer Kraft, soweit nicht Ausnahmen getroffen wurden.

Im Rahmen der sog. **Vorbehalte** (Art. 56–152 EGBGB) blieb das geltende Landesprivatrecht in Kraft, es konnte sogar neues geschaffen werden (Art. 3 EGBGB). Vorbehalten sind z. B. Rechtsvorschriften, die das Berg- (Art. 67 EGBGB), Wasser- (Art. 65 EGBGB) und Fischereirecht (Art. 69 EGBGB) betreffen. Nach Art. 124 EGBGB bleiben auch die landesrechtlichen Vorschriften, welche das Eigentum an Grundstücken zugunsten der Nachbarn noch anderen als den im BGB bestimmten Beschränkungen unterwerfen, aufrechterhalten (vgl. hierzu die Nachbarrechtsgesetze der Länder, dazu MEISSNER/STERN/HODES Nachbarrecht, 5. A. 1970).

III. Verhältnis des deutschen bürgerlichen Rechts zu anderen Privatrechtsordnungen
   – Internationales und Interlokales Privatrecht

Die Kommentierungen zu Art. 7–31 EGBGB; v. BAR Theorie und Praxis des Internationalen Privatrechts, 2 Bde., 1889; BÜLOW/BÖCKSTIEGEL Internationaler Rechtsverkehr, Loseblatt-Sammlung, 2. A. 1973ff; DÖLLE Internationales Privatrecht, 2. A. 1972; EHRENZWEIG Conflict of Laws, 1963; FERID Internationales Privatrecht, 1975; FIRSCHING Einführung in das Internationale Privatrecht, 2. A. 1981; FRANKENSTEIN Internationales Privatrecht I, 1926; II, 1929; III, 1934; IV, 1935; FERID/KEGEL/ZWEIGERT Gutachten zum internationalen und ausländischen Privatrecht; KEGEL Internationales Privatrecht, 4. A. 1977; LEWALD Das deutsche internationale Privatrecht auf Grundlage der Rechtsprechung, 1931; MAKAROV Grundriß des internationalen Privatrechts, 1970; MELCHIOR Die Grundlagen des deutschen Internationalen Privatrechts, 1932; NEUHAUS Die Grundbegriffe des Internationalen Privatrechts, 2. A. 1976; NUSSBAUM Deutsches Internationales Privatrecht, 1932; RAAPE Deutsches Internationales Privatrecht, 5. A. 1961; RAAPE/

Geltungsbereich §4 III 1

STURM Internationales Privatrecht Bd. 1, 6. A. 1977; RABEL The Conflict of Laws I, 2. A. 1958; II, 2. A. 1960; III, 2. A. 1964; IV, 1958; REITHMANN Internationales Vertragsrecht, 3. A. 1980; SANDROCK Handbuch der Internationalen Vertragsgestaltung, 2 Bde., 1980; v. SAVIGNY System des heutigen römischen Rechts, VIII, 1849; WOLFF, M. Das Internationale Privatrecht Deutschlands, 3. A. 1954; ZITELMANN Internationales Privatrecht I, 1897; II, 1912.

1. Aufgabe und Begriff

Die einzelnen Kulturstaaten haben verschiedene Rechtsordnungen, die **33** nebeneinander gelten, jede für das Gebiet und die Angehörigen ihres Staates. Wenn nun Sachverhalte zu entscheiden sind, die Beziehungen zu verschiedenen Staaten haben, taucht die Frage auf, welche der verschiedenen Rechtsordnungen maßgebend sein soll.

> Hat ein Franzose in Deutschland ein nach französischem Recht gültiges, aber nach deutschem Recht ungültiges privatschriftliches Testament errichtet, so fragt sich: soll die persönliche Beziehung der Staatsangehörigkeit den Ausschlag geben oder die örtliche Beziehung der Errichtung auf deutschem Staatsgebiet, oder soll stets die Rechtsordnung des Staates maßgebend sein, dessen Gerichte den Fall zu entscheiden haben?

Die Antwort auf diese Fragen gibt das **internationale Privatrecht**. Es enthält die Grundsätze über die Anwendbarkeit der verschiedenen nebeneinander geltenden Privatrechtsordnungen auf einen Sachverhalt mit Beziehungen zu anderen Rechtsordnungen (Auslandsberührung); es will den Geltungsbereich mehrerer nebeneinander bestehender Rechtsordnungen gegeneinander abgrenzen. Die Vorschriften, die eine solche Abgrenzung des Geltungsbereichs der materiellen Privatrechtsnorm vornehmen, heißen Grenz- oder **Kollisionsnormen**.

Das Höchstziel wäre erreicht, wenn ein bestimmtes Rechtsverhältnis stets nach demselben materiellen Recht beurteilt würde, einerlei, ob das Urteil von den Gerichten dieses oder jenes Staates zu fällen wäre. Kollisionsnormen wären überflüssig, wenn es ein Weltprivatrecht gäbe. – In Ermangelung eines einheitlichen materiellen Rechts wäre es wünschenswert, wenn zumindest alle Rechtsordnungen einheitliche Kollisionsnormen besäßen. Aber auch im Hinblick auf die Kollisionsnormen denken die einzelnen Staaten keineswegs gleich über die Gesichtspunkte, nach denen man die einzelnen Rechtsverhältnisse dem Herrschaftsbereich der einen oder anderen Rechtsordnung zuweisen kann. *Jeder Staat hat daher sein eigenes internationales Privatrecht.* Von allen Staaten wird zwar anerkannt, daß die Zufälligkeit des angerufenen Gerichts (lex fori) nicht entscheidend sein darf; das wäre der Tod des Rechtsverkehrs. Alle Staaten erkennen ferner an, daß sie um der internationalen Verkehrs- und Kulturgemeinschaft willen dem Geltungsbereich ihrer Privatrechtsordnungen Grenzen ziehen müssen und in gewissem Umfang vor ihren Gerichten auch fremdes Recht anwenden lassen müssen, und daß grundsätzlich die Rechtsordnung des Staates maßgebend sein muß, zu dessen persönlichem oder räumlichem Herrschaftsbereich der zu beurteilende Sachverhalt die stärksten Beziehungen hat.

Welche Beziehung aber nun den Ausschlag geben soll, diese Frage wird von den Kollisionsnormen der einzelnen Staaten sehr verschieden beantwortet. Bald legen sie das Schwergewicht auf die persönliche Beziehung der Staatsangehörigkeit, bald auf eine räumliche Beziehung, wie den Wohnsitz oder Aufenthaltsort; als weitere Anknüpfungspunkte für besondere Rechtsgebiete kommen in Betracht: der Handlungsort, der Erfüllungsort, der Ort, wo sich der Gegenstand des Rechtsverhältnisses befindet, das Gebiet, für dessen Bereich ein Recht in Anspruch genommen wird usw.

2. Geschichtliche Entwicklung

34   Die Geschichte des internationalen Privatrechts ist die Geschichte der Bemühungen um die beste Anknüpfung.

a) Bei den Völkern des Altertums war der Fremde grundsätzlich rechtlos, das Recht war streng national – ein Prinzip, das freilich durch Freundschafts- oder Bündnisverträge vielfach durchbrochen wurde. In Rom war durch die Einrichtung des Praetor peregrinus, der für Prozesse zwischen Römern und Fremden das ius gentium zugrunde legte, ein Ausweg geschaffen, jedoch stand die spätere Entwicklung des römischen Rechts zum Weltrecht der Ausbildung eines internationalen Privatrechts, das das Nebeneinandergelten grundsätzlich gleichberechtigter Rechtsordnungen begrifflich voraussetzt, im Wege.

b) Im altgermanischen Recht galt das Personalitätsprinzip, der Grundsatz der Stammesrechte, jeder lebte nach dem Rechte seines Stammes. Dem Personalitätsprinzip folgte auch das Recht der aus der Völkerwanderung hervorgegangenen Germanenreiche. Im späteren Verlauf der Entwicklung geht das Bewußtsein der Stammeszugehörigkeit verloren, das Stammesrecht lokalisiert sich, wird zum Ortsrecht (Territorialitätsprinzip).

c) Die Glossatoren und Kommentatoren bildeten in Oberitalien die *Statutentheorie* aus, die ausgeht vom Gedanken der freiwilligen Unterwerfung unter ein bestimmtes Ortsrecht (statutum), so genannt im Gegensatz zum dahinter geltenden gemeinen Recht. Durch Erwähnung eines Domizils unterwirft sich jemand
– hinsichtlich der für die Person geltenden Rechtssätze (statuta personalia) dem am Ort des Wohnsitzes geltenden Recht (lex domicilii);
– hinsichtlich des Immobiliarrechts (statuta realia) dem Recht des Gebiets, worin die Sache liegt (lex rei sitae);
– hinsichtlich der Handlungen, insbesondere der schuldrechtlichen Verhältnisse (statuta mixta) dem Recht des Ortes, wo sie vorgenommen werden (locus regit actum).

Die beweglichen Sachen, die man als Zubehör der Person behandelte, unterstellte man den statuta personalia (mobilia ossibus inhaerent, mobilia personam sequuntur). Die Statutentheorie verbreitete sich in Frankreich, den Niederlanden und Deutschland und wurde noch Ende des 18. und Anfang des 19. Jahrhunderts grundsätzlich von den damals enstandenen Gesetzgebungswerken (preuß. ALR, franz. Code Civil, österreich. ABGB) angenommen.

d) Ihre Unhaltbarkeit (namentlich der Idee von der freiwilligen Unterwerfung) wies WÄCHTER nach (AcP 24, 230 ff; 25, 1 ff, 161 ff, 361 ff; vgl. dazu insbesondere SANDMANN Grundlagen und Einfluß der internationalprivatrechtlichen Lehre Carl Georg v. Wächters, 1979). Er zog die Folgerung aus dem inzwischen zur Herrschaft gelangten Gedanken der vollen Staatssouveränität, der Zurückführung allen Rechts auf den Staat und der Ausbildung des staatlichen Richteramts. WÄCHTER stellte drei Regeln auf:
– Zunächst muß der Richter die ausdrücklichen Normen des internationalen Privatrechts seines Landes anwenden. Wenn diese die Anwendung fremden Rechtes befehlen, hat er dem nachzukommen.
– Hilfsweise muß er die Entscheidung im Sinne und Geiste der in seinem Lande geltenden Gesetze suchen.
– Falls auch Sinn und Geist der staatlichen Rechtsvorschriften nicht zu einem klaren Ergebnis führen, hat der Richter im Zweifel das Recht seines Staates anzuwenden.
Da diese Lehre praktisch zu einer Ignorierung des Völkerrechts und der sich aus ihm für das internationale Privatrechts ergebenden Anforderungen führte, fand sie in ihrem positiven Teil nur beschränkte Anerkennung.

e) Grundlegend für die weitere Entwicklung wurden SAVIGNYS Darlegungen in seinem „System des heutigen römischen Rechts." Auch er verkennt nicht, daß der Richter an die Gesetze seines Staates gebunden ist; er geht aber bei Ermittlung der in der einzelstaatlichen Rechtsordnung enthaltenen Grenznormen nicht vom Boden der einzelstaatlichen Rechtsordnung aus, sondern von einer internationalen Verkehrs- und Rechtsgemeinschaft der Staaten. Diese Rechtsgemeinschaft führt die einzelnen Staaten in gegenseitiger Anerkennung ihrer Souveränität nicht zu einer Überspannung dieser Territorialsouveränität, sondern zu einer auf der Natur der Sache ruhenden Anerkennung der fremden Gesetzgebung in bezug auf die Rechtsverhältnisse, die ihrer Natur nach einer fremden Rechtsordnung angehören. Maßgebend ist danach das Recht des Gebietes, wo das *Rechtsverhältnis seinen Sitz hat*. Er liegt im Domizil bei den personenrechtlichen Verhältnissen (Handlungsfähigkeit, Rechtsfähigkeit, persönliche Stellung, Familienrecht, Erbrecht). Er liegt im Ort der belegenen Sache bei sachenrechtlichen Verhältnissen und im Erfüllungsort bei schuldrechtlichen Verhältnissen. SAVIGNYS Formel vom Sitz des Rechtsverhältnisses löst freilich genau gesehen die Frage nicht, sondern gibt nur ein Bild, das auch als solches dem Problem nicht einmal gerecht wird, weil alles auf die Maßgeblichkeit räumlicher Beziehungen abgestellt ist. Die starre Orientierung an den räumlichen Beziehungen wurde von O. v. GIERKE dadurch modifiziert, daß er auf den *Schwerpunkt* des Rechtsverhältnisses abstellen wollte.

Von diesen verschiedenen Ausgangspunkten hatten sich in Deutschland zwei gegensätzliche Richtungen in der Auffassung und Konstruktion des internationalen Privatrechts entwickelt. Die nationalistische oder positivistische Richtung, die eine Fortbildung der Gedanken Wächters ist, und die internationalistische Richtung, die sich in den Bahnen Savignys bewegt. In positivistischen Gedankengängen bewegten sich u. a. BÖHM, NIEMEYER, KAHN, V. GIERKE, NEUBECKER, während die internationalistische Richtung von BRINZ, BAHR, ZITELMANN u. a. vertreten wurde. Die Gegensätze haben sich bis zu einem gewissen Grade ausgeglichen.

f) Auch in den anderen Staaten lassen sich entsprechende Grundauffassungen unterscheiden. Die englisch-amerikanische Jurisprudenz und Rechtsprechung folgt einer zuerst in Holland (Ende des 17. Jahrhunderts) entwickelten Anschauung, wonach in jedem Territorium dessen Recht maßgebend sei und die Anwendung fremden Rechts nur ausnahmsweise kraft fremdnachbarlichen Entgegenkommens (comitas gentium) zulässig sei. Das führt zur Vorherrschaft des Ortsrechts, als Recht des Orts der belegenen Sache (lex rei sitae), des Orts des Vertragsschlusses, des Wohnsitzes usw. (vgl. dazu U. HÜBNER Die methodische Entwicklung des internationalen Wirtschaftsrechts, 1980, insbesondere S. 23 ff).

Auf der anderen Seite entwickelte man in Italien, Frankreich, Belgien, Spanien, Südamerika im Anschluß an eine Rede des Italieners Mancini (1851) die Lehre, daß jeder das Recht seiner Nation mit sich trage und diesem im Ausland grundsätzlich unterworfen bleibe, daß dessen Anwendung nur beschränkt werde durch das territoriale Recht der öffentlichen Ordnung, des ordre public. Das führt zur Vorherrschaft des Rechts der Staatsangehörigkeit, des Heimatrechts.

Auch im Einführungsgesetz zum BGB ist das Heimatrecht weitgehend zur Anerkennung gelangt. In neuerer Zeit läßt sich besonders in Mittel- und Südamerika eine rückläufige Bewegung zugunsten des Wohnsitzrechts feststellen.

g) Das **deutsche internationale Privatrecht** ist im EGBGB nur sehr lückenhaft geregelt. Der Grund hierfür liegt vor allem in der Intervention von Bismarck und dem Auswärtigen Amt, die die Ansicht vertraten, das internationale Privatrecht sei Völkerrecht und die Anwendung ausländischen Rechts solle durch Staatsverträge geregelt werden, in denen als Gegenleistung die Anwendung deutschen Rechts im Ausland eingehandelt werden sollte. Ein von den Hansestädten Hamburg und Lübeck erarbeiteter Kompromiß führte dazu, daß schließlich im EGBGB nur die Anwendung deutschen Rechts geregelt wurde (vgl. zu den Einzelheiten HARTWIEG und KORKISCH Die geheimen

Geltungsbereich §4 III 3

Materialien zur Kodifikation des deutschen Internationalen Privatrechts, 1973).

Derzeit befindet sich der Entwurf eines Gesetzes zur Neuregelung des Internationalen Privatrechts (BR-Dr 222/83) in der parlamentarischen Beratung. Der Entwurf enthält neben Regelungen zu allgemeinen Fragen des IPR Vorschriften zum internationalen Personen-, Familien- und Erbrecht. Für das Schuldrecht sind Art. 1 bis 21 des EG-Übereinkommens über das auf vertragliche Schuldverhältnisse anzuwendende Recht vom 19. Juni 1980 in den Gesetzesentwurf eingearbeitet worden.

In Deutschland ging ZITELMANN (aaO) von der völkerrechtlichen Auffassung aus, indem er den Versuch unternahm, das internationale Privatrecht auf überstaatlicher Grundlage zu errichten. Er wollte die Kollisionsnormen gewinnen, indem er die völkerrechtlichen Normen, die eine allgemeine völkerrechtliche Herrschaftsbegrenzung bedeuten, zu Schlußfolgerungen für die Abgrenzung der privatrechtlichen Befehlsgewalt verwandte. Auf diesem Wege gelangte er zu einer Überbewertung der Personalhoheit, des Heimatrechts. Die Thesen ZITELMANNS haben sich nicht durchsetzen können; insbesondere haben Lehre und Rechtsprechung im Gegensatz zu ihnen daran festgehalten, die Vertragsobligation nach dem Recht des Erfüllungsortes und nicht nach dem Heimatrecht des Schuldners zu beurteilen. Auch FRANKENSTEIN (aaO) versuchte auf den Grundlagen der Staatsangehörigkeit und der Gebietshoheit im Sinne apriorisch geltender Sätze aufzubauen. Ein wirklicher Fortschritt wird sich indessen nur mittels der induktiven, rechtsvergleichenden Methode erzielen lassen, wie sie auch den Haager Privatrechtskonferenzen zugrunde liegt. Dieser Methode folgen die neueren Werke (vgl. namentlich RABEL, RAAPE und KEGEL aaO).

3. Internationale Abkommen

Bei der verschiedenen Stellung der Kulturstaaten ist das Ziel einer gleichmäßigen Abgrenzung in absehbarer Zeit nur durch internationale Vereinbarungen bzw. supranationales Recht zu erreichen (vgl. den Überblick bei KEGEL aaO, S. 98ff). 35

a) Ein bedeutsamer Anfang ist hier gemacht worden durch die *Haager Konferenzen und Abkommen* über das internationale Privatrecht, zuerst am 12. Juni 1902 (betr. Eheschließung, Ehescheidung und Vormundschaft) und 17. Juli 1905 (über die Wirkungen der Ehe und Entmündigung sowie zivilprozessuale Fragen), die freilich nur zwischen einem Teil der Staaten geschlossen worden sind (z.B. nicht mit England und Amerika).

Die 7. Haager Konferenz (1951) beschloß eine Neufassung des Zivilprozeßabkommens. Der Bundestag hat dem Abkommen zugestimmt durch Gesetz vom 18.12.1958.

Auf der 8. Haager Konferenz (1956) beschloß man ein Abkommen über die Zuständigkeit des vertraglich vereinbarten Gerichts bei internationalen Käufen beweglicher Sachen, außerdem ein Abkommen über das auf Unterhaltspflichten gegenüber Kindern anwendbare Recht und endlich ein Abkommen über die Anerkennung und Vollstreckung von Entscheidungen auf dem Gebiete der Unterhaltspflicht gegenüber Kindern.

Auf der 9. Haager Konferenz (1960) wurden folgende Abkommen beschlossen: Ein Abkommen, um das Erfordernis abzuschaffen, ausländische, öffentliche Urkunden zu legalisieren (für die Bundesrepublik in Kraft seit dem 13.2.1966, BGBl II, 106); ein weiteres über das internationale Privatrecht der Form testamentarischer Verfügungen (in Kraft seit 1.1.1966, BGBl II, 11) und ein solches über die Zuständigkeit der Behörden und das anwendbare Recht bezüglich des Schutzes der Minderjährigen (in Kraft seit 17.9.1971, BGBl II, 1150). Außerdem ist am 20.6.1956 in New York ein Übereinkommen über die Geltendmachung von Unterhaltsansprüchen im Ausland beschlossen worden, dem der Bundestag durch Gesetz vom 26.2.1959 zugestimmt hat.

Die 10. Haager Konferenz (1964) beschloß insbesondere ein Abkommen über die Zustellung im Ausland von gerichtlichen und außergerichtlichen Schriftstücken in Zivil- und Handelssachen (für die Bundesrepublik nicht in Kraft) sowie ein noch nicht in Kraft getretenes Abkommen über einheitliche Regeln über die Gültigkeit und die Wirkung der Gerichtsstandvereinbarung.

Bedeutsam für die Entwicklung des *Kaufrechts* sind die Haager Übereinkommen vom 1.7.1964 mit dem *Einheitlichen Gesetz über den internationalen Kauf beweglicher Sachen* (EKG) und dem Einheitlichen Gesetz über den Abschluß von Kaufverträgen über bewegliche Sachen (EAG), in der Bundesrepublik in Kraft seit 1.4.1974 (BGBl II 1973, 885; I 1973, 856 u. 868). Mit diesem Gesetz wurde ein einheitliches materielles Kaufrecht geschaffen, das allerdings nur dispositives Recht enthält (Art. 1 EAG; Art. 3 EKG). Die Kollisionsnormen des internationalen Privatrechts sollen bei aufgrund des Gesetzes geschlossenen Verträgen nicht zur Anwendung gelangen (Art. 2 EKG; vgl. statt aller DÖLLE Kommentar zum Einheitlichen Kaufrecht, 1976).

b) Weiter sind zu beachten das Genfer Abkommen über die Rechtsstellung der Flüchtlinge vom 28.6.1951, sowie das New Yorker Abkommen über die Rechtsstellung der Staatenlosen vom 28.9.1954; die Konvention der Vereinten Nationen über die Todeserklärung Verschollener v. 6.4.1950; das Genfer Abkommen über die Anerkennung von Rechten an Luftfahrzeugen v. 19.6.1948; das in New York beschlossene Übereinkommen über die Anerkennung und Vollstreckung ausländischer Schiedssprüche v. 10.6.1958.

c) Erhebliche Bedeutung haben auch die zwischen den EG-Staaten getroffenen Abkommen, am wichtigsten das *Übereinkommen über die gerichtliche Zuständigkeit und Vollstreckung* gerichtlicher Entscheidungen v. 27.9.1968 (in Kraft seit 1.2.1973, BGBl II, 60; I, 26 – vgl. näher BAUMBACH/LAUTERBACH/ ALBERS/HARTMANN Schlußanhang V). Das in Kraft gesetzte Recht der

Geltungsbereich §4 III 4

Abkommen ist im Verhältnis der vertragschließenden Staaten an die Stelle der Grenznormen des EGBGB getreten.

4. Das deutsche internationale Privatrecht

a) Das Kollisionsrecht des EGBGB knüpft grundsätzlich an die **Staatsange-** 36
hörigkeit an, so für die Beurteilung der Geschäftsfähigkeit (Art. 7 EGBGB), der Voraussetzungen der Eheschließung (Art. 13 I EGBGB), der Rechtsbeziehungen zwischen den Ehegatten (Art. 14, 15 EGBGB, maßgebend war die Staatsangehörigkeit des Ehemannes zur Zeit der Eheschließung; das einmal begründete Güterrecht wird durch einen späteren Wechsel der Staatsangehörigkeit nicht berührt), der Scheidung (Art. 17 EGBGB, maßgebend war die Staatsangehörigkeit des Mannes zur Zeit der Klageerhebung), der Beziehungen zwischen Eltern und Kindern (Art. 19 – 21 EGBGB, maßgebend war bei ehelichen Kindern die Staatsangehörigkeit des Vaters, bei unehelichen die der Mutter), der Beerbung (Art. 24, 25 EGBGB, maßgebend war die Staatsangehörigkeit des Erblassers).

Die Anknüpfungen in Art. 15, 17 I, 18 I, 19 und 22 EGBGB, die durch das Gleichberechtigungsgesetz vom 18.6.1957 nicht geändert worden sind, begegnen im Lichte von Art. 3 II GG erheblichen **verfassungsrechtlichen Bedenken**. Das Bundesverfassungsgericht (BVerfGE 31, 58ff) hat betont, daß auch die Kollisionsnormen an den Grundrechten zu messen sind. Das Gericht (BVerfG NJW 1983, 1968, 1970) hat jetzt die Anknüpfung an das Mannesrecht in Art. 15 EGBGB für verfassungswidrig erklärt. Der BGH (BGHZ 86, 57) hatte schon vorher die Anknüpfung in Art. 17 I EGBGB für verfassungswidrig erklärt (die Befugnis hierzu ergibt sich daraus, daß die IPR-Normen als vorkonstitutionelles Recht nicht dem Verwerfungsmonopol des Bundesverfassungsgerichts gemäß Art. 100 GG unterliegen; vgl. BGH aaO, S. 63f). Der BGH hatte in früheren Entscheidungen Art. 17 mit der Begründung für verfassungskonform erachtet, die Anknüpfung an das Mannesrecht stelle die Frau nicht notwendig schlechter und bedeute daher keine „echte" Bevorzugung des einen Ehegatten vor dem anderen (vgl. etwa BGHZ 42, 7, 8; 47, 324, 326). Nunmehr sieht das Gericht unter Aufgabe seiner bisherigen Rechtsprechung allein schon in der Anknüpfung an das Heimatrecht des Mannes einen Verstoß gegen das Gleichberechtigungsgebot des Art. 3 II GG. Diese Anknüpfung führe unabhängig von dem Inhalt des danach berufenen Sachrechts zu einer Benachteiligung der Frau insofern, als sie ihr die Rechtsordnung vorenthält, welche auf Personen ihrer Nationalität ausgerichtet und ihr typischerweise die vertrautere ist, und ihr die dem Mann – im Falle der Gültigkeit der Anknüpfung an sein Heimatrecht – eröffnete Möglichkeit verschließt, durch Wechsel der Staatsangehörigkeit auf die Bestimmung des anzuwendenden Rechts Einfluß zu nehmen. Im Schrifttum sind verschiedene Modelle entwickelt worden, die an die Stelle der grundsätzlich als beseitigenswert betrachteten Normen treten sollen. Die bekannteste von ihnen ist die sog. KEGELSCHE Leiter (Reihenfolge der Anknüpfungsmomente: gemeinsame Staatsangehörigkeit, letzte gemeinsame Staatsangehörigkeit, gewöhnlicher Aufenthalt, letzter gewöhnlicher Aufenthalt, schlichter Aufenthalt, letzter schlichter Aufenthalt, Grundsatz des schwächeren Rechts; zu den Einzelheiten KEGEL § 20 IV 1 b, VI 2 a und passim). GAMILLSCHEG (STAUDINGER/GAMILLSCHEG Art. 17 Rdn. 24 ff) will demgegenüber für Art. 17 auf das Recht des Klägers abstellen, da dieser es in der Regel sei, demgegenüber Pflichten in der Ehe verletzt werden. Der BGH (aaO, S. 66 f) hat de lege lata für das Scheidungsstatut an die Stelle des Art. 17 I die gemeinsame Staatsangehörigkeit der Ehegatten gesetzt, hilfsweise die letzte gemeinsame Staatsangehörigkeit. Der Vorrang dieses Anknüpfungsmomentes ergebe sich aus dem das deutsche IPR beherrschenden Staatsangehörigkeitsprinzip. Erst wenn diese Anknüpfung versage, sei auf andere Lösungen auszuweichen, etwa auf den (letzten) gemeinsamen Aufenthalt, dem im geltenden IPR lediglich eine „Ersatzfunktion" zukomme.

Damit hat sich der BGH grundsätzlich für eine Anknüpfung nach der „Kegelschen Leiter" entschieden. Gleichzeitig hat er die Anknüpfung an das Heimatrecht des jeweiligen Klägers bzw. Antragstellers abgelehnt. Sie würde die Frage des anwendbaren Rechts von der Zufälligkeit abhängig machen, welcher der Ehegatten zuerst die Scheidung beantragt. Dem könnte auch nicht durch eine Kombination der konkurrierenden Rechte nach dem Grundsatz des schwächeren Rechts begegnet werden, da hierdurch die Folgewirkungen der Ehe – entgegen den stärkeren Bezugspunkten der einen oder anderen Rechtsordnung – auf ein Minimum reduziert würden.

37 Die **Form** *des Rechtsgeschäftes* bestimmt sich nach den Gesetzen, die maßgebend sind für das den Gegenstand des Rechtsgeschäfts bildende Rechtsverhältnis, doch genügt im allgemeinen die Wahrung der am Errichtungsort vorgeschriebenen Formen (Art. 11 EGBGB).

Die *Form* einer im Inland geschlossenen *Ehe* bestimmt sich aber ausschließlich nach deutschem Recht (Art. 13 III EGBGB; vgl. aber § 15 a EheG). Die Form eines Rechtsgeschäfts, wodurch ein Sachenrecht begründet oder darüber verfügt wird, wird ausschließlich durch das Gebietsstatut (lex rei sitae) bestimmt (Art. 11 II EGBGB); das gilt auch für die Anwendung des § 313 (RGZ 63, 20).

38 Für das Gebiet der **Lücken** – wo eine gesetzliche Anweisung fehlt und auch eine analoge Anwendung der Vorschriften des Einführungsgesetzes nicht zum Ziel führt – wird die Grundauffassung des Kollisionsrechts bedeutsam. So fehlt etwa eine ausdrückliche Regelung des Sachstatuts im deutschen Zwischenprivatrecht. Folgt man von den oben (Rdn. 34) zur Entwicklungsgeschichte bereits dargestellten Auffassungen denjenigen, die das Zwischenprivatrecht lediglich als innerstaatliches Recht ansehen, so kann der Richter – da er immer das Recht seines Staates anzuwenden hat – nur dann fremdes Recht anwenden, wenn er hierzu ausdrücklich angewiesen wird. Anderseits muß die Auffassung, die das Kollisionsrecht als Völkerrecht ansieht, den Richter für verpflichtet

Geltungsbereich § 4 III 4

halten, das Recht des Staates anzuwenden, der nach den Regeln der völkerrechtlichen Herrschaftsabgrenzung für das Rechtsverhältnis zuständig ist.

Auszugehen ist davon, daß das Kollisionsrecht innerstaatliches Recht ist, soweit es sich als Teil der einzelstaatlichen Rechtsordnung an den Richter wendet. Dieser hat sich nur an die Gesetze seines Landes zu halten. Auf der anderen Seite läßt sich nicht verkennen, daß sich richtige Grundsätze für die Abgrenzung des Geltungsbereichs der einzelnen Privatrechtsordnungen nur aus überstaatlichen Gesichtspunkten gewinnen lassen, daß darüber hinaus einige dieser Grundsätze heute bereits völkerrechtlich anerkannt sind (Haager Verträge, gewohnheitsrechtlich die lex rei sitae für das Immobiliarsachenrecht). Daraus ergibt sich, daß das Schweigen des kollisionsrechtlichen Gesetzgebers nicht in dem Sinne ausgelegt werden darf, daß der Staat seine Rechtsordnung schrankenlos ausdehnen wolle; dies muß vielmehr dahin gedeutet werden, daß der einzelne Staat es bei den Anforderungen belassen will, die ein geordneter Verkehr unter Staaten, die ihre Hoheitsrechte gegenseitig anerkennen, erfordert. Es sollen die Rechtsnormen angewendet werden, deren Maßgeblichkeit sich aus den Grundsätzen des Völkerrechts und den Bedürfnissen der Sicherheit des Rechtsverkehrs ergibt.

Man darf und muß also die Forderungen der internationalen Verkehrssicherheit auf dem Gebiete der Lücken in das innerstaatliche Recht hineinlesen und zu dessen Bestandteil machen. Der Richter hat das Recht des Staates anzuwenden, zu dessen persönlichem oder räumlichem Herrschaftsbereich der zu entscheidende Sachverhalt gehört. Wo ihn die völkerrechtliche Herrschaftsabgrenzung im Stich läßt, hat er die stärkste Beziehung eines Sachverhalts zu einer Rechtsordnung nach den Bedürfnissen der Sicherheit des zwischenstaatlichen Rechtsverkehrs zu bestimmen. Die Richtigkeit dieser Auffassung bestätigt der Grundgedanke des Art. 25 GG. Danach sind schon die allgemeinen Regeln des Völkerrechts Bestandteil des Bundesrechts; nach dem ausdrücklichen Wortlaut des Art. 25 GG gehen diese Regeln den innerstaatlichen Gesetzen vor und erzeugen Rechte und Pflichten unmittelbar für die Bewohner des Bundesgebiets.

Die deutsche Rechtsprechung unterwirft entsprechend dem internationalen Gewohnheitsrecht die **Rechtsverhältnisse der** unbeweglichen **Sachen** der lex rei sitae; ebenso beurteilt sie die Rechte an beweglichen Sachen nach dem Gebietsstatut, also dem Recht des Ortes, an dem sich die Sache befindet (RGZ 103, 31; KEGEL aaO § 19 I; FIRSCHING aaO, § 35 I). **39**

Für **rechtsgeschäftliche Schuldverhältnisse** gilt grundsätzlich die *Parteiautonomie*, d.h. die Parteien können das anwendbare Recht vereinbaren. Diese Rechtswahl kann sowohl ausdrücklich als auch stillschweigend erfolgen. Ist eine solche Rechtswahl nicht getroffen worden, muß versucht werden, den sog. *hypothetischen Parteiwillen* zu ermitteln. Hierbei wird aufgrund einer „vernünftigen Interessenabwägung nach objektiven Grundsätzen" (BGHZ 44, 183, **40**

186; vgl. BGHZ 61, 221, 223) ermittelt, was die Parteien vereinbart hätten, wenn es zu einer Absprache gekommen wäre. Erst in letzter Linie ist nach der Rechtsprechung (RGZ 120, 72; BGHZ 17, 89, 92; 52, 239; 57, 72 m. w. N.) der *Erfüllungsort* für die Anknüpfung maßgeblich (vgl. dazu insgesamt KEGEL aaO, § 18 I; STAUDINGER/FIRSCHING Vor Art. 12 Rdn. 279ff sowie die Werke von REITHMANN und SANDROCK).

Bei *gegenseitigen Verträgen* ist grundsätzlich der Schuldort für jede Verpflichtung (Lieferpflicht des Verkäufers, Zahlungspflicht des Käufers usw.) gesondert zu bestimmen, wenn kein einheitliches Vertragsstatut aufgrund realen oder hypothetischen Parteiwillens besteht. Für die Entstehung des gegenseitigen Vertragsverhältnisses führt das zu der Folgerung, daß der wirksame Abschluß des Vertrags nach dem Recht des Erfüllungsortes einer jeden Partei geprüft werden muß; denn jedes Recht verpflichtet die ihm unterworfene Partei nur für den Fall, daß auch die Verpflichtung der Gegenseite wirksam zustande kommt. Ist das Schuldverhältnis einmal entstanden, sind die Verpflichtungen jeder Partei notfalls nach dem Recht ihres Erfüllungsortes zu beurteilen. Um die daraus sich ergebenden Schwierigkeiten zu vermeiden, ist zunächst zu versuchen, ob sich das Vertragsverhältnis nicht lokalisieren läßt (vgl. LEWALD aaO, S. 247; KEGEL aaO, § 18 I 1 d). So ist – oft unter dem Gesichtspunkt des hypothetischen Parteiwillens – versucht worden, an den Erfüllungsort der jeweils vertragstypischen Leistung anzuknüpfen, so z. B. an den Sitz des Verkäufers bei Kaufverträgen oder des Werkunternehmers bei Werkverträgen. Diese Lösung, der sich z. B. die Rechtsprechung des Schweizerischen Bundesgerichts und § 12 des Rechtsanwendungsgesetzes der DDR angeschlossen haben, wird von der deutschen Rechtsprechung zwar als Grundsatz abgelehnt, jedoch immerhin als ein wichtiges Moment zur Bestimmung des Vertragsschwerpunktes in Betracht gezogen (vgl. BGHZ 57, 72, 75f; 61, 221, 223ff). – Zu beachten ist, daß bei Anwendung des Einheitlichen Kaufrechts (EKG) das Kollisionsrecht des internationalen Privatrechts ausscheidet (vgl. oben Rdn. 35).

41 Schadensersatzansprüche wegen **unerlaubter Handlung** werden nach dem Recht des Ortes der begangenen Handlung beurteilt mit der Einschränkung des Art. 12 EGBGB (RGZ 96, 98); tritt jedoch der Erfolg der schadensstiftenden Handlung an einem anderen Ort als dem Ort der Begehung ein und gelten für diese Orte verschiedene Rechtsordnungen, so kann der Geschädigte das ihm günstigere Recht wählen (vgl. KEGEL aaO, § 18 IV m. w. N.; RGZ 140, 29; BGH NJW 1964, 2012). Bei gleicher Staatsangehörigkeit von Schädiger und Geschädigtem kann das gemeinsame Heimatrecht maßgebend sein, vor allem, wenn sich die Beteiligten – wie bei Urlaubs- oder Geschäftsreisen – nur kurzfristig im Ausland aufhalten (BGHZ 34, 222; 57, 265, 268).

42 b) **Qualifikation.** Der Gesetzgeber muß sich auf dem Gebiet des internationalen Privatrechts, um bestimmte Sachverhalte aufgrund bestimmter Anknüpfbeziehungen dem Herrschaftsbereich einer bestimmten Rechtsordnung zuzuweisen, rechtlicher Begriffe bedienen; er muß die Kennzeichnung nach Rechtsbereichen vornehmen. Da aber die Rechtsordnungen unter den gleichen Rechtsbegriffen sehr oft etwas Verschiedenes verstehen, entsteht die Frage, welchem Rechtssystem die Kollisionsnorm ihre Begriffe entnommen wissen will, der eigenen Rechtsordnung, der die Kollisionsnorm angehört (lex fori) oder der fremden Rechtsordnung, auf die sie verweist (lex causae). Diese Frage, die man als das Qualifikationsproblem bezeichnet, ist eine der schwierigsten und umstrittensten des internationalen Privatrechts.

   Ist die verminderte Geschäftsfähigkeit der Ehefrau, die viele romanische Rechte kennen, als eine Folge der Eheschließung anzusehen, gehört sie also zu den persönlichen Rechtsbeziehungen der Ehegatten (Art. 14 EGBGB) oder ist sie eine Folge des ehelichen Güterrechts (Art. 15 EGBGB) oder handelt es sich um eine Frage der Geschäftsfähigkeit (Art. 7 EGBGB)?

   Die deutsche Lehre und Praxis nimmt die *Qualifikation* grundsätzlich *nach der lex fori* vor (RGZ 136, 363; 138, 245; BGHZ 29, 139; JZ 1966, 178; RAAPE aaO, § 15), eine Gegenmeinung will nach der lex causae qualifizieren (vgl. WOLFF aaO, S. 54ff). RABEL (RabelsZ 5, 241ff; ihm zustimmend DÖLLE aaO, S. 98ff) will eine eigene Begriffswelt der Kollisionsnormen auf rechtsvergleichender Grundlage entwickeln (kritisch hierzu: KEGEL aaO, § 7 III 2).
   Keine dieser Theorien kann mechanisch durchgeführt werden. Da es sich um ein Auslegungsproblem der Kollisionsnormen handelt, ist grundsätzlich von der lex fori auszugehen, weil der Gesetzgeber seine Begriffe im Zweifel in Anlehnung an seine Rechtsordnung gebildet hat. „Handelt es sich aber um eine dem deutschen Recht fremde Vorschrift des ausländischen Rechts, so müssen ihr Sinn und ihre Bedeutung unter Würdigung ihres Zwecks und ihrer Wirkung vom Standpunkt des ausländischen Rechts aus untersucht und daraufhin ihre Einordnung in die Begriffe und Abgrenzungen des deutschen zwischenstaatlichen Privatrechts vorgenommen werden" (so RGZ 163, 375; vgl. auch SOERGEL/KEGEL Vor Art. 7 Rdn. 39 ff m.w.N.). Bei dieser Prüfung wird vielfach die von RABEL (aaO) empfohlene rechtsvergleichende Methode zu befolgen sein. Die letzte Entscheidung muß stets im Hinblick auf den Zweck der anzuwendenden Kollisionsnorm und die ihr zugrunde liegende Interessenabwägung erfolgen (vgl. dazu KEGEL, Begriffs- und Interessenjurisprudenz im internationalen Privatrecht, Festschrift Lewald, 1953, 259ff).

   c) Eine eigenartige Bestimmung ist die Vorschrift des Art. 27 EGBGB über **43** die **Rückverweisung (renvoi).** Wenn ein nach der deutschen Kollisionsnorm maßgebendes Auslandsrecht seinerseits eine Kollisionsnorm hat, wonach es für diesen Fall nicht anwendbar ist, sondern auf das deutsche Recht als maßgebend verweist, so soll diese Rückverweisung bei den in Art. 27 EGBGB aufgezählten Rechtsfragen (Geschäftsfähigkeit, Ehevoraussetzungen, eheliches Güterrecht, Ehescheidung, Erbfolge) beachtet werden. Streitig ist, ob eine solche Rückverweisung auch bei anderen Rechtsfragen zu beachten ist. Es ist möglich, daß im Falle einer Verweisung auf ausländisches Recht dieses auf ein drittes Recht weiterverweist. Sollte eine solche (evtl. mehrfache) Weiterverweisung schließlich zum deutschen Recht zurückführen, so ist – wie bei der Rückverweisung – die letzte Verweisung als Sachnormverweisung anzusehen; d. h. deutsches Recht wird angewandt.

Die ständige Rechtsprechung (RGZ 78, 236; 91, 141; 136, 361; BGHZ 28, 380) deutet die Verweisung auf ein fremdes Recht als *Gesamtverweisung*, d. h. Verweisung auf Sach- und Grenznormen als einheitliches Ganzes; dagegen behandelt sie die Rückverweisung des ausländischen Rechts auf die deutschen Gesetze als Sachnormrückverweisung, so daß es in solchen Fällen bei der Maßgeblichkeit des deutschen Rechts sein Bewenden hat (so grundlegend: RGZ 136, 366; a.M. SOERGEL/KEGEL Art. 27 Rdn. 26 mit Darlegung des Meinungsstands).

> Beispiel für Rückverweisung: Zwei nordamerikanische Staatsbürger haben in Chicago geheiratet und wollen an ihrem Wohnort Hamburg geschieden werden. Da das nordamerikanische Scheidungsrecht vom Domizilprinzip beherrscht wird, also auf das deutsche Wohnsitzrecht zurückverweist, ist dieses anzuwenden (vgl. RGZ 136, 363; vgl. auch BGHZ 24, 355). – Beispiel für Weiterverweisung: Ein belgischer Erblasser hatte seinen letzten Wohnsitz in Petersburg, wo auch zur Erbmasse gehörende Grundstücke lagen. Das angerufene deutsche Gericht hatte nach Art. 25 EGBGB belgisches Recht anzuwenden, das aber seinerseits für das unbewegliche Vermögen auf die lex rei sitae weiter verwies, so daß das deutsche Gericht das damalige russische Recht anwenden mußte (RGZ 91, 139 ff).

44 d) Eine Durchbrechung der Anwendung des von der Kollisionsnorm berufenen ausländischen Rechts bedeutet Art. 30 EGBGB **(ordre public)**. Danach ist die Anwendung eines nach den allgemeinen Kollisionsnormen an sich maßgebenden fremden Gesetzes dann ausgeschlossen, wenn sie im besonderen Fall schwerwiegend gegen die guten Sitten oder den Zweck eines deutschen Gesetzes verstoßen würde (krasse Fälle: Polygamie, Sklaverei; vgl. RGZ 60, 296; BGHZ 50, 370, 375). Zur Ausführung der dadurch entstehenden Lücke ist zu versuchen, dem ausländischen Recht eine noch tragbare verwandte Regelung zu entnehmen (vgl. KEGEL aaO, § 16 VII).

Besondere Bedeutung hat *Art. 30 als „Einbruchstelle" der Grundrechte* ins internationale Privatrecht (BVerfGE 7, 198, 206; 31, 58, 86f; BGHZ 60, 69, 78). Danach sind nicht nur die deutschen Kollisionsnormen, sondern auch das von ihnen berufene fremde Recht an den Grundrechten der Verfassung zu messen.

> Außerdem sieht Art. 31 EGBGB (mit Ergänzungsbestimmungen) vor, daß die Bundesminister der Justiz und des Auswärtigen gemeinsam mit Zustimmung des Bundesministers des Innern gegen einen ausländischen Staat und seine Angehörigen ein Vergeltungsrecht zur Anwendung bringen können, eine Bestimmung, die kaum

praktische Anwendung gefunden hat. Das Prinzip hat unter dem Gesichtspunkt der Gegenseitigkeit *(Retorsion)* eine schwächere gesetzliche Ausgestaltung gefunden in §§ 328, 723 ZPO, § 28 UWG und nach streitiger Auffassung auch in Art. 25 S. 2 EGBGB.

5. Dasselbe Problem wie zwischen den verschiedenen Rechtsordnungen mehrerer Staaten kann sich auch ergeben, wenn in ein und demselben Lande mehrere Privatrechtssätze für verschiedene Gebiete nebeneinander gelten (z. B. in den Einzelstaaten der USA). Nach welchem Recht soll hier der Richter urteilen? Die Antwort gibt das **interlokale Privatrecht**. Hier greifen ähnliche Fragestellungen und Gesichtspunkte Platz wie beim internationalen Privatrecht, nur versagt die Beziehung der Staatsangehörigkeit, es ist an örtlichen Beziehungen anzuknüpfen.

Zur Problematik des Verhältnisses zum Privatrecht der DDR vgl. HELDRICH Innerdeutsches Kollisionsrecht und Staatsangehörigkeitsfrage, NJW 1978, 2169 ff; FERID, 2–39; FIRSCHING § 13; KEGEL § 2 V; zurückliegender BEITZKE Hauptprobleme des interzonalen Privatrechts, JR 1952, 1 ff; FICKER Grundfragen des deutschen interlokalen Rechts, 1952.

IV. Rechtszustand in der DDR

BRUNNER Einführung in das Recht der DDR, 2. A. 1979; WESTEN (Hrsg.) Das neue Zivilrecht der DDR, 1977; BRD – DDR Systemvergleich 2: Recht, hrsg. vom Bundesminister für innerdeutsche Beziehungen, 1972.

Dieser Fragenkomplex hat durch die Teilung Deutschlands nach 1945 besondere Bedeutung gewonnen. Aufgrund der auseinanderlaufenden Rechtsentwicklung bildete sich ein *interzonales Privatrecht* aus, um die anzuwendenden Rechtsnormen zu bestimmen. Vom allgemeinen internationalen Privatrecht unterschiedlicher Rechtsanwendungsgrundsätze bedarf es auch nach Inkrafttreten des *Grundvertrags* mit der DDR vom 21.12.1972 (BGBl II 1973, 423), insbesondere, wenn mit dem Standpunkt der Bundesregierung von einer einheitlichen Staatsangehörigkeit ausgegangen wird. Die DDR ihrerseits hat durch das *Rechtsanwendungsgesetz* vom 5.12.1975 (BGBl I, 748) ihr Kollisionsnormenrecht kodifiziert (vgl. MAMPEL Das Rechtsanwendungsgesetz der DDR, NJW 1976, 1521 ff).

Die *DDR* hat das „Privatrecht" in den zurückliegenden Jahren im wesentlichen in drei Gesetzbüchern neu geregelt, dem *Vertragsgesetz* (VG) vom 25.2.1965 (GBl I, 107), dem *Familiengesetzbuch* (FGB) vom 20.12.1965 (GBl I, 1966, 1 ff) und dem *Zivilgesetzbuch* (ZGB) vom 19.6.1975 (GBl I, 405 ff), in Kraft seit dem 1.1.1976.

1. Das **Vertragsgesetz** regelt im Hinblick auf die Verhältnisse der sozialistischen Planwirtschaft die wechselseitigen Beziehungen der Betriebe. Das allgemeine Zivilrecht des ZGB findet nur Anwendung, wenn im Vertragsgesetz spezielle Bestimmungen nicht enthalten sind (§§ 2 VG; 11 I ZGB).

Nach dem Vertragsgesetz ist der Vertrag ein Instrument zur Erfüllung der volkswirtschaftlichen Planaufgaben (§ 3 VG); folgerichtig sind die Betriebe zum Abschluß von Wirtschaftsverträgen verpflichtet (§ 8 I VG). Die Abwicklung und Durchführung der Verträge bestimmt sich allein nach den planwirtschaftlichen Interessen (§§ 20ff VG).

Rechtsstreitigkeiten im Rahmen des Vertragsgesetzes entscheidet das staatliche *Vertragsgericht,* das als zentrales Organ dem Ministerrat unterstellt ist (VO vom 18.4.1963, GBl II, 293).

Vergleiche zur sozialistischen Planwirtschaft die Nachweise bei Brunner, aaO § 7.

48   2. Das **Familiengesetzbuch** regelt Ehe und Ehescheidung, das Verhältnis zwischen Eltern und Kindern sowie die sonstigen verwandtschaftlichen Beziehungen. Das *Eherecht* geht von der Gleichberechtigung der Partner aus. Im *Güterrecht* verwirklicht das FGB eine Art „von Errungenschaftsgemeinschaft" (§§ 13–16 FGB). Die *Ehescheidung* wird vom *Zerrüttungsprinzip* beherrscht (§ 24 I FGB). Den Gerichten wird jedoch zur Pflicht gemacht, die Interessen minderjähriger Kinder zu wahren und unzumutbare Härten zu vermeiden. Im Scheidungsurteil ist das Erziehungsrecht der Kinder zu regeln (§ 25 FGB). Ein geschiedener Ehegatte kann *Unterhalt* nur verlangen, wenn er nicht in der Lage ist, sich selbst zu unterhalten (§ 29 FGB).

Eheliche und nichteheliche Kinder sind – auch hinsichtlich des Erbrechts – *gleichberechtigt.* Die Mutter hat bei nichtehelichen Kindern das Erziehungsrecht. Ihre Familie sichert die materiellen Lebensbedürfnisse, wozu der Vater durch Unterhaltsleistungen beizutragen hat (§ 46 FGB). Die *Adoption* ist durch das Familiengesetzbuch als privatrechtsgestaltender Verwaltungsakt gekennzeichnet (§ 68 FGB). Zwischen dem Kind und seinen Abkömmlingen und den Verwandten des Annehmenden entstehen gleiche Rechte wie zwischen leiblichen Verwandten (§ 72 FGB).

Vgl. dazu BERGMANN/FERID Internationales Ehe- und Kindschaftsrecht Bd. 2, 3. A. 1957ff, Deutschland, S. 80hff (Stand 1980) m.w.N.

49   3. Das **Zivilgesetzbuch** regelt die Rechtsbeziehungen der Bürger untereinander und zu den Betrieben. Es geht in seinen Grundsätzen vom *Schutz der Persönlichkeit* aus und gewährt *Gestaltungs- bzw. Vertragsfreiheit* in dem von ihm gesetzten Rahmen (§§ 1ff ZGB). Für die Ausübung der Rechte wird allerdings auf die Einhaltung der Regeln des sozialistischen Zusammenlebens (§ 13 ZGB) und auf die Grundsätze der sozialistischen Moral (§§ 14f ZGB) hingewiesen.

Das *Eigentumsrecht* unterscheidet sozialistisches Eigentum (§§ 17ff ZGB) und persönliches Eigentum (§§ 22ff ZGB). Quelle des persönlichen Eigentums ist die für die Gesellschaft geleistete Arbeit. Der Eigentümer kann Sachen in seinem Eigentum in Übereinstimmung mit den Rechtsvorschriften nutzen und über sie verfügen, soweit nicht gesellschaftliche Interessen und Interessen Dritter entgegenstehen. Er wird vom Staat in seinem Recht geschützt. Der rechtsgeschäftliche *Eigentumserwerb* an *beweglichen* Sachen erfolgt unter *Aufgabe des Abstraktionsprinzips* mit Übergabe der Sache aufgrund des obligatorischen Vertrags (§ 26 ZGB); gutgläubiger Erwerb ist lediglich an Sachen, die im Einzelhandel gekauft werden, sowie an Geld- und Inhaberpapieren möglich (§ 28 ZGB). Hingegen verlangt das Gesetz beim *Eigentumserwerb an Grundstücken* offensichtlich unabhängig vom Verpflichtungsgeschäft einen *Vertrag entsprechend der Auflassung* sowie die Eintragung (§ 297 ZGB).

Dem *Vertragsrecht* (§§ 43 ff ZGB) sind allgemeine Grundsätze vorangestellt, in die Regeln über die rechtsgeschäftliche Handlungsfähigkeit und Stellvertretung Aufnahme gefunden haben; darauf folgen Regelungen der allgemeinen Rechtsgeschäftslehre (§§ 60–70 ZGB). An die Bestimmungen über Erfüllung (§§ 71 ff ZGB) und Beendigung von Verträgen (§§ 77 ff ZGB) schließt sich die Regelung der Leistungsstörungen an. Bei den Bestimmungen über einzelne Vertragsverhältnisse steht bemerkenswerterweise die Wohnungsmiete vor dem Kauf; unter dem Begriff „Dienstleistungen" werden auch Werkverträge im herkömmlichen Sinn erfaßt.

Im 5. Teil werden die *Abwehransprüche* und das *Schadensersatzrecht* behandelt. Schmerzensgeld wird nur bei Gesundheitsschäden gewährt (§ 329 III ZGB). § 340 ZGB sieht für Ausnahmefälle eine Reduktionsmöglichkeit vor. Die *Gefährdungshaftung* hat unter dem Begriff „erweiterte Verantwortlichkeit" in §§ 343 ff ZGB Aufnahme gefunden.

Angeschlossen wird alsdann je ein Kapitel über die Ausübung der Rechte, über Bereicherung und Fund.

Teil 6 regelt das *Erbrecht*. Die gesetzliche Erbfolge reicht bis zur dritten Ordnung, danach ist der Staat gesetzlicher Erbe. Die testamentarische Erbfolge ist gewährleistet; die Formvorschriften sehen notarielle Beurkundung und eigenhändige privatschriftliche Erklärung vor.

Am Schluß regelt das Gesetz im 7. Teil wichtige schuldrechtliche Vorgänge: z. B. Aufrechnung (§ 432 ZGB), Abtretung (§§ 436 ff ZGB), Schuldübernahme (§ 440 ZGB) sowie den Vertrag zugunsten Dritter, um daran die Kreditsicherung einschließlich der Hypothek (die Grundschuld fehlt bezeichnenderweise) anzuschließen. Eine Sammlung von verschiedenartigen Einzelregelungen, die mangels eines „Allgemeinen Teils" nicht einzuordnen waren, steht am Ende des Gesetzbuches: Entmündigung, Todeserklärung, Wohnsitz, wesentlicher Bestandteil, Zubehör, Einwilligung und Genehmigung, Fristen und Verjährung.

Zusammenfassend zeigt sich, daß die gesetzlichen Bestimmungen von der sozialistischen Ordnung geprägt sind; ihre Handhabung in der Rechtswirklichkeit kann vom Wortlaut her nicht beurteilt werden. Bemerkenswert ist, daß über Fragen, die in der Bundesrepublik de lege ferenda erörtert werden, eine

Entscheidung getroffen wurde. Wenig befriedigt der systematische Aufbau, da Schuld- und Sachenrecht nicht klar getrennt sind und Elemente der Vertragslehre teils beim Vertragsrecht, teils im 7. Teil erfaßt werden.

Vergleiche zum ZGB mit Nachweisen der DDR-Literatur: KITTKE Das neue Zivilrecht der DDR, JZ 1976, 268 ff; KRINGE Das neue Zivilgesetzbuch der DDR, MDR 1976, 189 ff; MAMPEL Das Erbrecht im neuen Zivilrecht der DDR, NJW 1976, 593 ff; MEINCKE Das neue Erbrecht der DDR, JR 1976, 9 ff, 47 ff; PLEYER/WNUCK Zur Schadensersatzhaftung mit und ohne Verschulden im neuen Zivilgesetzbuch der DDR, Festschrift Richard Lange, 1976, 911 ff; ROGGEMANN Das Zivilgesetzbuch der DDR von 1975, NJW 1976, 393 ff sowie die Werke von BRUNNER und WESTEN.

§ 5
System, Charakter und Normarten des BGB

I. Das System des BGB

50 1. Das BGB ist in **5 Bücher eingeteilt:**

a) Der *Allgemeine Teil* – I. Buch – enthält die gemeinsamen Grundsätze und Begriffsbestimmungen für die Rechtsverhältnisse, insbesondere die Rechtsgeschäftslehre, während die konkrete Ausgestaltung der einzelnen Rechtsbeziehungen den folgenden Büchern vorbehalten bleibt.

b) Das *Recht der Schuldverhältnisse* – II. Buch – regelt die Sonderverbindungen zwischen den einzelnen Teilnehmern am Rechtsverkehr, nach denen der Gläubiger vom Schuldner zur Befriedigung eines schutzwürdigen Interesses ein bestimmtes Verhalten verlangen kann. Es ermöglicht dem einzelnen die grundsätzlich freie Gestaltung seiner Lebensverhältnisse durch Abschluß von Rechtsgeschäften. Es enthält außerdem Vorschriften zum Ausgleich bei ungerechtfertigter Bereicherung und unerlaubter Handlung.

c) Das *Sachenrecht* – III. Buch – weist dem einzelnen einen bestimmten Anteil an den Lebensgütern zu. Diese Zuordnung der Objekte zu einer Person wird grundsätzlich gegenüber jedem Dritten geschützt. Mit Rücksicht darauf ist die freie Gestaltung dieser Rechtsbeziehungen nicht möglich, die Beteiligten haben sich der gesetzlichen Typisierung zu bedienen (Typenzwang).

d) Das *Familienrecht* – IV. Buch – ordnet die personenrechtlichen und die besonderen vermögensrechtlichen Beziehungen, die durch Ehe und Abstammung entstehen. Außerdem wird Fürsorge und Vertretung schutzbedürftiger Personen durch den Abschnitt über Vormundschaft und Pflegschaft geregelt.

e) Das *Erbrecht* – V. Buch – regelt den Einfluß der Familienbeziehungen auf das Schicksal des Vermögens der Privatperson nach ihrem Tod und sichert ihr die Möglichkeit, diese Schicksale über den Tod hinaus in gewissem Rahmen zu bestimmen.

f) Das sich daran anschließende *Einführungsgesetz* (EGBGB) ist in 4 Abschnitte geteilt: I. Allgemeine Bestimmungen (u. a. solche des Internationalen Privatrechts). II. Verhältnis des BGB zu den Reichsgesetzen. III. Verhältnis zu den Landesgesetzen. IV. Übergangsvorschriften.

2. Das System des BGB stellt sich als Ergebnis einer hochrationalisierten rechtswissenschaftlichen Methodik dar.

In jedem Recht entsteht angesichts der Fülle einzelner Fallentscheidungen das Bedürfnis nach einer Ordnung des Stoffes, das sich oft mit dem didaktischen Bemühen um die Erleichterung des Zugangs durch eine übersichtliche Aufgliederung verbindet. So entstanden im Laufe der Rechtsentwicklung unterschiedliche Systeme.

Ein von der Didaktik bestimmtes System ist das *Institutionssystem des* GAIUS, das den Rechtsstoff unter den Gesichtspunkten *„personae, res, actiones"* gliedert. Dieses System hatte sich im spätrömischen Recht durchgesetzt und wurde in den *Institutionen* JUSTINIANS sanktioniert. Hingegen entbehrten die für die juristische Praxis maßgebenden *Digesten* einer übersichtlichen Systematik. Bei der Übernahme und Weiterentwicklung des römischen Rechts durch *Glossatoren* und *Kommentatoren* sowie im Wege der Rezeption blieb die kasuistische Orientierung der Digesten vorherrschend. Im Zuge der rationalistischen Orientierung des *Humanismus* und des *frühen Naturrechts* kam es – häufig in Anlehnung an das Institutionenschema – zu intensiveren Bemühungen um eine überschaubare Gliederung des Rechtsstoffes (vgl. HÜBNER Jurisprudenz als Wissenschaft im Zeitalter des Humanismus, Festschrift Larenz, 1973, 41 ff), denen jedoch die Praxis nach wie vor zurückhaltend gegenüberstand. Erst das *spätere Naturrecht* konnte sich mit seinen Systembestrebungen durchsetzen und insofern die *Pandektistik* des 19. Jahrhunderts beeinflussen.

Während die Aufgliederung in vermögensrechtliche, familien- und erbrechtliche Stoffbereiche nahelag, war eine *mathematisch-rationalistische Denkweise* bestrebt, grundsätzliche Regeln aus den Stoffbereichen auszuklammern und als allgemein-verbindlich voranzustellen. Diese Tendenz, die sich bei PUFENDORF und CHR. WOLFF zeigte, wurde von den Wolff-Schülern weiterverfolgt; sie führte schließlich bei G. A. HEISE im wesentlichen zur heutigen deutschen zivilrechtlichen Systematik (Grundriß eines Systems des gemeinen Civilrechts zum Behuf von Pandecten – Vorlesungen, 1807). Einzelfragen, etwa ob das Sachenrecht vor das Schuldrecht zu stellen sei, blieben in der Erörterung. Bei der Ausarbeitung des BGB wurde dieser Stand der Entwicklung in den Entwurf übernommen (vgl. dazu A. B. SCHWARZ Zur Entstehung des modernen Pandektensystems, SavZ RomAbt. 42, 578 ff).

Das Gesetz kennt neben dem „Allgemeinen Teil" auch allgemeine Vorschriften des Schuldrechts. Diese sind vornehmlich dadurch geboten, daß das Schuldrecht keinen abschließenden Typenkatalog kennt und daher für die freie Gestaltung Grundregeln aufstellen muß.

§ 5 II Einleitung. Das deutsche bürgerliche Recht

52 Während die Aufgliederung als sachgerechte Ordnung angesehen wird, richtet sich die **Kritik gegen den „Allgemeinen Teil"** des Gesetzbuches mit seinem Bezugssystem auf alle Stoffbereiche. Äußerlich wird die „Blutleere" der im 1. Buch vorgenommenen Begriffsbestimmungen kritisiert. Das trifft z. B. die Definitionen in §§ 90 ff, deren Funktion nur über andere gesetzliche Bestimmungen erschlossen werden kann (vgl. § 93 und §§ 946 f).

> Für die Systematisierungstendenz am Ende des 19. Jh. ist bezeichnend, daß die Bestimmungen der derzeitigen §§ 90 ff, die von der 1. Kommission an den Anfang des Sachenrechts gestellt waren (§§ 778 ff E I), konsequent in den „Allgemeinen Teil" versetzt wurden.

Die Bedenken sind jedoch auch prinzipieller Natur: Auch eine abstrakte Begriffsbildung bleibt der konkreten Situation, von der aus der allgemeine Begriff entwickelt wird, verhaftet, so daß die Anwendung auf nicht kongruente Sachverhalte möglicherweise zu Fehlentscheidungen führen muß. So ist etwa der Vertragsbegriff und darüber hinaus die Rechtsgeschäftslehre am do-ut-des-Prinzip des Kaufes mit der Begrenzung auf inter-partes-Konsequenzen orientiert, während etwa ein Gesellschaftsvertrag völlig andere Willensrichtungen und Außenbeziehungen zu berücksichtigen hat. Daher muß die Dogmatik im Hinblick auf die vom BGB-System vorgesehenen Konsequenzen bei Nichtigkeits- und Willensmängeln differenzieren, wie auch in ganz anderem Zusammenhang die Rechtsgeschäftslehre im Hinblick auf die Eheschließung Einschränkungen unterworfen werden muß.

Solche Erwägungen haben dazu geführt, daß in einige neuere Kodifikationen ein „Allgemeiner Teil" nicht mehr aufgenommen worden ist. So verzichtet das schweizerische ZGB ebenso auf ihn wie der italienische Codice civile von 1942, das ZGB der DDR, oder das noch nicht vollständig in Kraft getretene neue Bürgerliche Gesetzbuch der Niederlande. In Ländern unter unmittelbarem Einfluß der deutschen Pandektistik wie in Griechenland oder des deutschen BGB wie in Japan und China wurde hingegen ein Allgemeiner Teil in die Kodifikation aufgenommen (vgl. WESENBERG/WESENER S. 194 ff; WIEACKER S. 486 ff).

Für die Rechtsanwendung wird zu beachten sein, daß die aus den systemgebundenen Begriffen und Denkmodellen gewonnene Einzelentscheidung der Kontrolle dahingehend bedarf, ob ihr Richtigkeitsgehalt nicht durch den Systemmechanismus in Frage gestellt ist (zur Rechtsanwendung vgl. unten Rdn. 60).

II. Der Charakter des BGB

53 Das BGB ist jedoch nicht nur methodisch von den Vorstellungen des 19. Jahrhunderts geprägt, sondern auch sachlich von dessen Maximen.

Sein **Charakter** war im Ausgangspunkt *individualistisch;* es wollte den Freiheitsraum des einzelnen sichern, wobei die zur Zeit seiner Entstehung herrschende *liberale Wirtschaftsauffassung* ihren rechtlichen Ausdruck gefunden hat.

Grundlagen hierzu waren die Denkform des subjektiven Rechts in seiner absoluten Ausprägung und die Vertragsfreiheit. Die Väter des Gesetzes ließen sich in letzterer Hinsicht von der Vorstellung leiten, daß für die Teilnahme am Rechtsverkehr die Machtposition der Beteiligten grundsätzlich gleich einzuschätzen sei und daher aus dem Widerstreit der Interessen ein ausgewogenes Ergebnis zu erwarten sei. Nur wenige Einschränkungen und Korrekturmöglichkeiten waren vorgesehen (so etwa §§ 226, 138 u. 242).

Nachdem schon O. v. GIERKE mit seiner Schrift „Die soziale Aufgabe des Privatrechts" (1889) auf diese Fehlorientierung hingewiesen hatte, erwies insbesondere die wirtschaftliche und soziale Situation nach dem ersten Weltkrieg, daß die dem 19. Jahrhundert verhaftete Ausgangsbasis in weiten Bereichen aufgegeben werden mußte. Neben der Entwicklung des Arbeitsrechts erfuhr das Mietrecht eine soziale Ausgestaltung. Die Aufwertungsgesetzgebung versuchte die Leistungsverhältnisse der durch die Inflation grundlegend veränderten Situation anzupassen. Die zunehmende und sich verfeinernde Ausformung und wechselseitige Begrenzung von Schutzprinzipien läßt sich darüber hinaus in mannigfachen Bereichen verfolgen. Gestaltungsfreiheit erfordert mit dem Nachlassen moralischer und ständischer Bindungen gesetzliche Schranken: der Testierfreiheit tritt das Pflichtteilsrecht zur Seite; die Vereinigungsfreiheit zwingt schließlich zur Einschränkung von Konzernmacht und Kartellabreden; das Bedürfnis, den schwachen Vertragspartner zu schützen, macht eine Kontrolle der Geschäftsbedingungen wirtschaftlich überlegener Vertragspartner erforderlich; vor allem aber verlangt die Achtung vor der menschlichen Existenz die Sicherung eines sozialen Minimums im Sinne der Unpfändbarkeitsvorschriften (§§ 850ff ZPO), Regelungen, die sich auch im materiellen Recht bei der Abtretung und Aufrechnung auswirken (§§ 394, 400). Schließlich bedingt das Prinzip des Vertrauensschutzes über die im Gesetz geregelten Fälle hinaus Einschränkungen der vom Subjektivismus beherrschten Rechtsgeschäftslehre.

Für das aus dem gemeinen Recht des 19. Jahrhunderts herausgewachsene BGB stand das Vermögensrecht im Zentrum des Rechtssystems. Zunehmend wurde jedoch der Mensch als *eigene Persönlichkeit* wieder als Mittelpunkt im gesellschaftlichen Wertesystem angesehen.

Als Ergebnis dieser Bemühungen hat sich der Begriff des *Persönlichkeitsrechtes* entwickelt. Er will den Menschen als Subjekt im Verhältnis zu den Rechtsgegenständen, den Objekten, begreifen (vgl. HUBMANN Das Persönlichkeitsrecht, 2. A. 1967, 116ff mit Nachweisen). Im „Wertsystem" steht neben dem Recht auf freie Entfaltung der Persönlichkeit und den ihr dienenden „Freiheitsrechten" das Recht auf Leben und körperliche Unversehrtheit als elementares Rechtsgut im Vordergrund. Freilich bleibt offen, ob der allgemein gefaßte Begriff des „Persönlichkeitsrechtes" in den mannigfachen Relationen der Rechtsordnung eine greifbare, praktikable Basis abgeben kann. Die Generalidee bedarf daher im privatrechtlichen Anwendungsbereich der Konkretisierung (vgl. zur Normierung einzelner Schutzbereiche der Persönlichkeit durch den Gesetzgeber sowie zur Literatur insbesondere unten § 11).

Das Instrument der Rechtsordnung, die Herrschaftsposition des Individuums zu realisieren, war der *Begriff des „subjektiven Rechts"*, wie es etwa für das Eigentum § 903 umschreibt. Hier wurde vor allem in der Definition die *Pflichtbindung* vermißt. Gleichwohl ist auch im Gesetz die Sozialpflichtigkeit vielfach zum Ausdruck gelangt (vgl. z. B. für das Eigentum §§ 904, 906); sie ist in das Privatrecht keineswegs erst durch Verfassungsgrundsätze eingeführt worden; schon die 12 Tafeln stellten z. B. für das „Prozeßrechtsverhältnis" als Verpflichtung gegenüber dem Gegner den Grundsatz auf: „Si morbus aevitasve vitium escit, iumentum dato" (BRUNS/MOMMSEN/GRADENWITZ Fontes, tab. I 3). Freilich haben insbesondere die Verfassungsnormen der Art. 153 WRV bzw. Art. 14 GG die Sozialbindung des subjektiven Rechts der Privatrechtsdogmatik stärker bewußt gemacht.

Der wesentliche Ansatzpunkt für ein dem Menschen verpflichtetes ius aequum und ein an diesem orientiertes „bewegliches System des Privatrechts" (so WILBURG Entwicklung eines beweglichen Systems im bürgerlichen Recht, 1950) ergab und ergibt sich aus den *Generalklauseln,* die die rechtliche Ausnutzung einer formalen Position dort versagen, wo der Schutz höherwertiger Interessen geboten ist. Zum Teil haben sich aus dem allgemeinen Grundsatz des § 242 neue institutionelle Ausformungen entwickelt, so insbesondere der Grundsatz *venire contra factum proprium* mit seinen vielfachen Auswirkungen (z. B. Verwirkung, Einschränkung der Formnichtigkeit, Vertrauensschutz). Zur Ausfüllung der den Generalklauseln (vgl. §§ 138, 157, 242) zugrunde liegenden Wertvorstellungen muß dabei auf allgemeine Verhaltensmaßstäbe zurückgegriffen werden – so, wenn die Orientierung des Begriffs der guten Sitten am Anstandsgefühl aller gerecht und billig Denkenden erfolgt; d. h. die Individualität hat der allgemeinen Auffassung zu weichen. Andererseits besteht vom Rechtsbegriff der guten Sitten zur Sittlichkeit im Sinne von Ethik und Religion wiederum ein Abstand. Jedenfalls haben die Generalklauseln in ihrer steigenden Bedeutung das vom Gesetzgeber zugrunde gelegte Leitbild im Sinne einer Sozialethik fortentwickelt (zur Rechtsfortbildung vgl. unten Rdn. 70 f).

III. Normarten

54   **1.** Die Vorschriften des BGB gelten grundsätzlich für jedermann. Für **bestimmte Personenkreise** kann **Sonderrecht** eingreifen, teils erfordern auch bestimmte Materien besondere Regelungen (z. B. Patentgesetz, Warenzeichengesetz). Die Spezialregelung kann in einem verstärkten Schutzbedürfnis begründet sein (Arbeitsrecht); sie kann aber auch allgemeine Schutzvorschriften abbauen, um den Rechtsverkehr zu beschleunigen und zu erleichtern

(Handelsrecht). Das führt zur Modifizierung allgemeiner zivilrechtlicher Regeln (im Arbeitsrecht etwa in Einschränkung von § 276 zur Haftungsbeschränkung bei schadensgeneigter Arbeit; im Handelsrecht etwa zur Einführung der Rügepflicht beim Handelskauf, §§ 377, 378 HGB, und zum Abbau von Formerfordernissen, § 350 HGB im Gegensatz zu §§ 766, 780, 781). Dabei hat das Sonderrecht oft nur ergänzenden Charakter. Für das Arbeitsrecht bleiben die §§ 611 ff die Grundmaterie; im Handelsrecht bleiben z. B. die §§ 433 ff Basis für den Handelskauf (§§ 373 ff HGB) oder §§ 705 ff für die Personengesellschaften des HGB (so § 105 II HGB).

2. Unabhängig hiervon lassen sich privatrechtliche Normen im Hinblick auf ihre **Funktion** im wesentlichen wie folgt **einteilen**:

a) **Anspruchsnormen** sind die Basis der Fallentscheidung; daher ist bei der Lösung von Streitfällen methodisch fast immer von einer Anspruchsgrundlage auszugehen (z. B. für das Herausgabebegehren des Eigentümers § 985; für die Kaufpreisforderung § 433 II). Dem Anspruch können *Einwendungen* und *Einreden* entgegenstehen, die in **Gegennormen** zum Ausdruck kommen (z. B. kann dem Anspruch aus § 985 ein Recht zum Besitz im Sinne des § 986 entgegenstehen; dem Kaufpreisbegehren kann die Verjährung, §§ 194 ff, entgegengehalten werden). 55

Anspruchs- und Gegennormen sind nicht denkbar ohne eine Fülle von *Normen,* die Voraussetzungen für die *Entstehung von Rechten* regeln, *Gestaltungsbefugnisse* gewähren, *Definitionen* und *Verweisungen* enthalten.

b) Beim **strengen Recht** *(ius strictum)* ist der Richter an die Anwendung einer gesetzlichen Regel gebunden, während er beim **Billigkeitsrecht** *(ius aequum)* die Umstände des Einzelfalls in die Wertung einbeziehen kann (vgl. z. B. §§ 343, 829). Die vom Gesetz statuierten Nichtigkeitsfolgen (vgl. z. B. §§ 125, 138) sind grundsätzlich *ius strictum.* Jedoch wird das Prinzip in Ausnahmefällen aus Billigkeitsgründen durchbrochen (vgl. unten Rdn. 485). 56

c) Während die Abgrenzung von strengem und billigem Recht die richterliche Beurteilung betrifft, bezieht sich die Unterscheidung zwischen **zwingendem** *(ius cogens)* und **nachgiebigem** *(ius dispositivum)* Recht auf die privatautonome Gestaltungsfreiheit. 57

Das *zwingende* Recht schränkt die Privatautonomie ein; es setzt unverzichtbare Grundsätze des Rechts durch und will selbst gegen den erklärten Parteiwillen Anwendung finden (vgl. z. B. § 276 II). Das *nachgiebige* Recht gibt der Privatautonomie Raum; es beansprucht nur Geltung, soweit die Parteien nichts anderes bestimmt haben.

Trotz ihrer Abdingbarkeit dürfen die nachgiebigen Vorschriften nicht unterbewertet werden. Ihre Bedeutung liegt heute zunehmend darin, daß sie einen *Richtigkeitsgehalt* verkörpern, an dem sich die Parteivereinbarung zu orientieren hat (vgl. BGH BB 1976, 1100f). So kann z. B. der nach dem

Grundsatz der Privatautonomie an sich zulässige völlige Ausschluß der Gewährleistung beim Kauf gegen den Richtigkeitsgehalt der §§ 459 ff verstoßen und deswegen Einschränkungen unterliegen (so: BGHZ 22, 90, 95 ff für den Kauf fabrikneuer Möbel und nunmehr § 11 Nr. 10b AGBG).

58   d) Das Gesetz enthält Vorschriften, die im Grunde prozessuale Beweisfragen betreffen. Dennoch hat der Gesetzgeber, wenn er eine Umkehr der Beweislast erreichen wollte, die Fragen im materiellen Recht in Form von **Vermutungen** geregelt. Die Vermutung begünstigt eine Partei, indem sie der Gegenseite die Beweislast zuschiebt. So wird z. B. in § 1006 vermutet, daß der Besitzer einer beweglichen Sache deren Eigentümer sei.

Die *Beweislastumkehr* – gleich, ob im Gesetz festgelegt oder auf Richterrecht beruhend – wird heute zunehmend genutzt, um materielle Entscheidungsgerechtigkeit zu erzielen.

Wenn das Gesetz den Gegenbeweis generell ausschließen will, bedient es sich der **unwiderleglichen Vermutung.** Bleibt bei der faktischen Fortsetzung des Mietgebrauchs offen, ob der Vermieter oder Mieter den Vertrag verlängern wollen, so wird mangels entgegenstehender Äußerung nach einer Frist von 2 Wochen nach § 568 unwiderleglich vermutet, daß das Mietverhältnis auf unbestimmte Zeit verlängert ist. Es handelt sich hierbei um eine unwiderliche *Vermutung,* da der Wille der Parteien durchaus auf die Verlängerung des Vertragsverhältnisses gerichtet sein *kann.*

59   e) Wenn hingegen im Gesetz etwas unterstellt wird, was der Wirklichkeit *nicht* entsprechen *kann,* handelt es sich um eine **Fiktion** (vgl. grundlegend Esser Wert und Bedeutung der Rechtsfiktionen, 1940). Sie ist ein gesetzestechnisches Hilfsmittel, um die Wirkungen eines Tatbestandes A in einfacher und abgekürzter Form auf den Tatbestand B zu übertragen. Der Gesetzgeber bedient sich bei der Fiktion des Wortes „gilt" (vgl. §§ 162, 1923 II). Doch kann der Ausdruck auch für eine (unwiderlegliche) Vermutung (z. B. § 568) sprechen oder eine bloße Verweisung oder Definition beinhalten (vgl. z. B. § 92 II, wonach als verbrauchbare Sachen im Sinne der Definition des § 92 I auch bewegliche Sachen gelten, die zu einem Sachinbegriff gehören).

§ 6
Anwendung des bürgerlichen Rechts

Bartholomeyczik Die Kunst der Gesetzesauslegung, 4. A. 1967; Betti Teoria generale della Interpretazione, 1955 (Deutsche Ausgabe unter dem Titel: Allgemeine Auslegungslehre als Methodik der Geisteswissenschaften, 1967); Bierling Juristische Prinzipienlehre, Bd. I, 1894; II, 1898; III, 1905; IV, 1911; V, 1917 (Gesamtneudruck 1967); Burckhardt Die Lücken des Gesetzes und die Gesetzesauslegung, 1925; ders., Methode und System des Rechts, 1936; Canaris Die Feststellung von

Anwendung des bürgerlichen Rechts § 6

Lücken im Gesetz, 1964; ders., Systemdenken und Systembegriff in der Jurisprudenz, 1969; Coing Juristische Methodenlehre, 1972; Diederichsen Zur Begriffstechnik nichtrichterlicher Rechtsfortbildung im Zivilrecht, Festschrift Franz Wieacker, 1978, 325–339; Ehrlich Freie Rechtsfindung und freie Rechtswissenschaft, 1903; Esser Vorverständnis und Methodenwahl in der Rechtsfindung, 1972; ders., Grundsatz und Norm in der richterlichen Fortbildung des Privatrechts, 3. A. 1974; Fikentscher Methoden des Rechts in vergleichender Darstellung, Teil III 1976; Flume Richter und Recht, 46. DJT 1966, Teil II, K 1 ff; Fuchs, E. Gerechtigkeitswissenschaft, 1965; ders., Die Gemeinschädlichkeit der konstruktiven Jurisprudenz, 1909; ders., Schreibjustiz und Richterkönigtum, 1907; Geny Méthode d'interprétation et sources en droit privé positif, 2 Bde., 2 A. 1919; ders., Science et technique en droit privé positif, 4 Bde., 1922–1924; Germann Probleme und Methoden der Rechtsfindung, 1965; Hassold Strukturen der Gesetzesauslegung, Festschrift Larenz, 1983, 211 ff; Heck Das Problem der Rechtsgewinnung, 2. A. 1932; ders., Gesetzesauslegung und Interessenjurisprudenz, 1914; ders., Begriffsbildung und Interessenjurisprudenz, 1932; Hedemann Die Flucht in die Generalklauseln, 1933; Henckel Rückwirkungen nichtrichterlicher Rechtsfortbildung auf bestehende Verträge, VersR 1975, 773–784; Heusinger Rechtsfindung und Rechtsfortbildung im Spiegel richterlicher Erfahrung, 1975; Hubmann, H. Wertung und Abwägung im Recht, 1977; Isay Rechtsnorm und Entscheidung, 1929; Kantorowicz (Pseudonym: Gnaeus Flavius) Der Kampf um die Rechtswissenschaft, 1906; ders., Rechtswissenschaft und Soziologie, Ausgewählte Schriften zur Wissenschaftslehre, hrsg. v. Thomas Würtemberger 1962; Kaufmann, A./Hassemer Einführung in die Rechtsphilosophie und Rechtstheorie der Gegenwart, 3. A. 1981; Kriele Theorie der Rechtsgewinnung, 2. A. 1976; Kronstein Rechtsauslegung im wertgebundenen Recht, 1957; Larenz Methodenlehre der Rechtswissenschaft, 4. A. 1979; ders., Kennzeichen geglückter richterlicher Rechtsfortbildungen, 1965; Meier-Hayoz Zur Frage nach den Grenzen richterlicher Rechtssetzung, JZ 1981, 417ff; Müller, F. Juristische Methodik, 2. A. 1976; Müller-Erzbach Wohin führt die Interessenjurisprudenz? 1932; ders., Die Rechtswissenschaft im Umbau, 1950; Oertmann Interesse und Begriff in der Rechtswissenschaft, 1931; Pawlowski Methodenlehre für Juristen, Theorie der Norm und des Gesetzes, 1981; Reichel Gesetz und Richterspruch, 1915; Rümelin, G. Werturteile und Willensentscheidungen, 1891; Rümelin, M. Erlebte Wandlungen in Wissenschaft und Lehre, 1930; ders., Rechtsgefühl und Rechtsbewußtsein, 1925; v. Savigny Juristische Methodenlehre, hrsg. v. Wesenberg, 1951; ders., System des heutigen Römischen Rechts, Bd. I, 1840; Scheuerle Rechtsanwendung, 1952; Siebert Die Methode der Gesetzesauslegung, 1958; Stammler Theorie der Rechtswissenschaft, 2. A. 1923; ders., Die Lehre vom richtigen Recht, 2. A. 1926; Stampe Unsere Rechts- und Begriffsbildung, 1907; ders., Die Freirechtsbewegung, 1911; Stoll, H. Begriff und Konstruktion in der Lehre der Interessenjurisprudenz, Festgabe Heck, Rümelin und Schmidt, 1931, 60ff; Viehweg Topik und Jurisprudenz, 5. A. 1974; Wank, R. Grenzen der richterlichen Rechtsfortbildung, 1978; Weinkauff Richtertum und Rechtsfindung in Deutschland, 1952; Westermann, H. Wesen und Grenzen der richterlichen Streitentscheidung im Zivilrecht, 1955; Wieacker, F. Gesetz und Richterkunst, 1958; ders., Zur rechtstheoretischen Präzisierung des § 242 BGB, 1956; Wüstendörfer Die deutsche Rechtsprechung am Wendepunkt, 1913 (auch AcP 110, 219 ff); Zippelius Einführung in die juristische Methodenlehre, 3. A. 1980; Zitelmann Lücken im Recht, 1903; vgl. auch die Literaturangaben zu § 3 IV.

I. Die Technik der Rechtsanwendung

60 Einen Rechtssatz anwenden heißt: ihn der Beurteilung eines Rechtsfalles zugrunde legen. Im Rechtsstreit wird dem Richter ein meist auch noch in tatsächlicher Hinsicht streitiger *Lebenssachverhalt* unterbreitet mit dem Antrag, auf seiner Grundlage für diese oder jene Partei eine günstige Rechtswirkung festzustellen.

Die Rechtsvorschriften knüpfen ihre Folgen an bestimmte Voraussetzungen, den *Tatbestand*. Der gesetzliche Tatbestand ist aber nicht nach konkreten, sondern nach typischen, *abstrakten* Merkmalen bestimmt.

Der Richter kann also die Wirkung nur feststellen, wenn sich der von einer rechtssuchenden Partei behauptete Lebenssachverhalt unter den Tatbestand eines Rechtssatzes, der die gewünschte Rechtsfolge ausspricht, einordnen läßt **(Subsumtion).**

Danach vollzieht sich die Rechtsanwendung in Form eines *denkgerechten Schlusses (Deduktion)*. Den Obersatz bildet die Rechtsregel, den Untersatz der zu subsumierende Sachverhalt; der Schlußsatz ergibt das im einzelnen Fall maßgebende Recht.

> *Obersatz:* § 607: Wer Geld oder andere vertretbare Sachen als Darlehen empfangen hat, ist verpflichtet, dem Darleiher das Empfangene in Sachen von gleicher Art, Güte und Menge zurückzuerstatten.
> *Untersatz:* A hat dem B auf sein Bitten am 1. Mai 1981 einen Zwanzigmarkschein gegeben und gesagt, er müsse sein Geld spätestens am 15. Mai wieder zurückbekommen.
> Dieser Lebensvorgang verwirklicht alle Begriffsmerkmale des gesetzlichen Tatbestandes; daher läßt sich der Sachverhalt unter den Obersatz subsumieren.
> *Schlußsatz:* Folglich muß B dem A einen Geldbetrag von 20 Mark zurückerstatten.

In vielen Fällen führt dieser einfache Subsumtions- und Deduktionsvorgang zum Ziel. Die Rechtsanwendung wäre nun sehr einfach, wenn die begrifflichen Formeln, in denen das Gesetz seine Tatbestände und Rechtsfolgen festlegt, immer eindeutig wären und wenn es für jeden Lebenssachverhalt einen passenden Gesetzestatbestand mit bestimmten und angemessenen Rechtsfolgen bereitgestellt hätte.

Das ist jedoch oft nicht der Fall. Der Wortlaut kann *mehrdeutig* sein; das Gesetz hat *Lücken;* seine Vorschriften erfassen nicht alle regelungsbedürftigen Sachverhalte oder enthalten doch nicht immer eine passende, angemessene Regelung für sie. Die Fülle des Lebens läßt sich eben nicht im voraus in Normen bannen.

So bestehen die Hauptaufgaben der Rechtsanwendung:

a) in der *Feststellung des Sachverhalts;* das ist für den Prozeß in den Tatsacheninstanzen die wichtigste Aufgabe; die Grundsätze der Sachverhaltsfeststellung enthält das Prozeßrecht;

b) in der zutreffenden *Deutung des Sinnes der Rechtsvorschriften* sowohl nach der Seite des Tatbestandes wie der Rechtsfolgen hin;

c) in der richtigen Findung des Rechts für die Fälle, wo das Gesetz keine oder eine nicht passende Formel bereitgestellt hat; denn eine *Antwort* muß der Richter auf jede auftauchende Rechtsfrage geben; er darf sich dieser Antwort nicht entziehen, weil ihm eine Rechtsvorschrift für die Entscheidung fehlt.

Das ist ein in Art. 4 Code Civil ausdrücklich ausgesprochener, heute allgemein anerkannter Grundsatz des neuzeitlichen Rechtsstaates.

II. Die Grundsätze der Rechtsanwendung

Die Subsumtion verleitete dazu, die Lebenssachverhalte bisweilen gewaltsam unter die Begriffe des Gesetzes einzuordnen und die Rechtsfolgen daraus abzuleiten, wobei Lücken durch die Konstruktion von Ordnungsbegriffen ergänzt wurden (vgl. LARENZ Methodenlehre, S. 19 ff). Richterliche Tätigkeit wäre danach rechtstechnische Ausführung, der Richter hätte sich in der Rolle eines „Subsumtionsautomaten" befunden. Dieses methodische Vorgehen wurde als **„Begriffsjurisprudenz"** allgemein abgelehnt.

Eine extreme Gegenposition zu dieser Beschränkung des Richters auf bloße Subsumtionstätigkeit bezog die **„Freirechtslehre"** (vgl. KANTOROWICZ aaO; FUCHS aaO). Sie wollte dem Richter die Befugnis zur ungebundenen Rechtsfindung einräumen; zur Gebotsänderung und Übergehung des Gesetzes sollte er nach eigenem Ermessen berechtigt sein. Diese Lehre ist ebenfalls zu Recht auf Widerstand gestoßen, da jede kodifizierte Rechtsordnung voraussetzt, daß sich der Richter am kodifizierten Recht orientiert und grundsätzlich daran gebunden ist.

In der Praxis der Gerichte hat sich die begriffsjuristische Methode niemals durchgesetzt. ESSER hat darauf hingewiesen, daß eine solche Konstruktion häufig nur benutzt wurde, um die nach dem Rechts- und Sachverständnis angemessenste Entscheidung *lege artis* zu begründen (Vorverständnis und Methodenwahl, S. 7; Möglichkeiten und Grenzen des dogmatischen Denkens im modernen Zivilrecht, AcP 172, 97, 104). Auf diese Weise wurde erreicht, daß aus dem Gesamtzusammenhang Einzelfallgerechtigkeit und dogmatische Gesichtspunkte sich gegenseitig kontrollierten (vgl. WIEACKER Zur praktischen Leistung der Rechtsdogmatik, Festschrift Gadamer, II, 1970, 311 ff).

Schon bald nach Inkrafttreten des BGB hat sich die Erkenntnis verstärkt, daß der Anwendung des Rechts eine Interessen- und Zweckforschung vorausgehen müsse. Soweit die Methode im einzelnen freilich streitig geblieben ist, handelt es sich zum großen Teil um verschiedene Benennungen desselben geistigen Prozesses.

Den Ansatz zu dieser Methode bildete die sogenannte **Interessenjurisprudenz**, deren ursprüngliche Hauptvertreter PHILIPP HECK (aaO), MAX RÜMELIN (aaO) und mit Modifizierungen RUDOLF MÜLLER-ERZBACH (aaO) waren. Sie gingen davon aus, daß jeder gesetzlichen Regelung Interessengegensätze zugrundeliegen; der Gesetzgeber habe mit der Regelung eine Bewertung der Interessen vorgenommen, wobei unter „Interessen" in diesem Sinn jedoch keinesfalls lediglich wirtschaftliche Belange verstanden werden dürfen. Der

Richter könne eine Norm nur dann richtig auslegen, wenn er diese dem Gesetz zugrundeliegende Interessenwertung erkenne und danach entscheide. Eine solche (modifizierte) Interessenjurisprudenz vertritt WESTERMANN (aaO); vgl. hierzu insgesamt LARENZ Methodenlehre, S. 48 ff; FIKENTSCHER aaO, S. 373 ff; ELLSCHEID/HASSEMER (Hrsg.) Interessenjurisprudenz [Wege der Forschung, Bd. 345], 1974.

Entsprechend dem Grundgedanken der sog. Interessenjurisprudenz hat sich eine allgemein als **Wertungsjurisprudenz** bezeichnete Methode der Rechtsanwendung durchgesetzt (vgl. näher: LARENZ Methodenlehre, S. 117 ff; FIKENTSCHER aaO, S. 405 ff auch zu den vielfältigen Differenzierungen). Sie geht davon aus, daß sowohl der Gesetzgeber als auch der Richter wertend tätig wird. Diese Wertungsbefugnis des Richters ist letztlich bereits im BGB begründet, soweit es ausfüllungsbedürftige Generalklauseln etwa in §§ 242, 157 enthält und insofern den Richter zu einer Wertung zwingt. Diese Wertung muß die vom Gesetz vorgesehene Konfliktlösung zugrunde legen. Falls diese im Gesetz nicht zum Ausdruck gekommen ist, muß der Richter sich auf Konkretisierungen der Wertentscheidung stützen, die Rechtsprechung und Wissenschaft bereits erarbeitet haben.

62   In neuerer Zeit hat sich ein Wissenschaftszweig herausgebildet, der vorbereitende Tatsachen- und Zweckforschung als soziologische bezeichnet. Soziologie wird dabei verstanden als die Wissenschaft von den gesellschaftlichen Beziehungen und Zusammenhängen. **Rechtssoziologie** ist die gesellschaftliche Betrachtung, die das soziale Leben auf seine Beziehungen zu den Rechtsnormen untersucht, also sich einmal mit den gesellschaftlichen Bedingtheiten der Rechtsnormen beschäftigt, sodann mit den gesellschaftlichen Wirkungen der Rechtsvorschriften. Ähnliche Fragestellungen sind Gegenstand der Rechtsontologie und der Existenzphilosophie, soweit sie in der Rechtsphilosophie vertreten wird. Alle diese Methoden stimmen in der Notwendigkeit überein, der Rechtssetzung und Rechtsanwendung eine Lebensforschung vorausgehen zu lassen, weil das Recht die Form des sozialen Lebens ist und deshalb losgelöst von seiner Materie nicht sachgerecht sein kann. Festzuhalten bleibt andererseits, daß soziologische Voraussetzungen bzw. Konsequenzen nicht ausschließlich den normativen Gehalt des Rechts zu bestimmen vermögen. Jedenfalls ist die in überwundenen Vorstellungen von der Rechtsanwendung begründete Auffassung, daß das „lebendige" Recht das „Paragraphen- und Papierrecht" verdrängen müsse (so EHRLICH Recht und Leben, Gesammelte Schriften, hrsg. v. M. Rehbinder, 1967), abzulehnen.

Literatur zur Rechtssoziologie und zur Rechtstatsachenforschung:
EHRLICH Die Tatsachen des Gewohnheitsrechts, 1907; ders., Grundlegungen der Soziologie des Rechts, 1913; FECHNER Rechtsphilosophie, 3. A. Nachdruck 1967; GEIGER Vorstudien zu einer Soziologie des Rechts, 1964; GURVITCH Grundzüge der Soziologie des Rechts, 1960; HABERMAS/LUHMANN Theorie der Gesellschaft oder Sozialtechnologie, 1971; HIRSCH, E. E. Das Recht im sozialen Ordnungsgefüge, 1966; KANTOROWICZ Rechtswissenschaft und Soziologie, hrsg. 1962; LAUTMANN Soziologie vor den Toren der Jurisprudenz, 1971; LUHMANN Rechtssoziologie, 1972; NUSSBAUM

Die Rechtstatsachenforschung, 1914; REHBINDER Einführung in die Rechtssoziologie, 1971; RYFFEL Rechtssoziologie, 1974; WEBER, M. Rechtssoziologie, 2. A. 1967.

III. Auslegung

Da das Gesetz abstrakt gefaßt ist, ist es bisweilen interpretationsbedürftig und bedarf insoweit der Auslegung. Die Auslegung einer Vorschrift kann nach verschiedenen Methoden, die gegebenenfalls auch nebeneinander Anwendung finden können, vorgenommen werden.

1. Auszugehen ist zunächst vom **Wortlaut** (grammatikalische Auslegung), wobei zu beachten ist, daß sich der *juristische Sprachgebrauch* vom *allgemeinen* unterscheiden kann (z. B. Besitz-Eigentum). Es kann sich jedoch herausstellen, daß die Vorstellungen und Werturteile des Gesetzgebers keinen ganz eindeutigen Ausdruck gefunden haben.

2. Auslegungshilfe kann auch der **Systemzusammenhang** bieten. Es ist zu prüfen, welchen Standort die Norm und ihre Begriffe im Gesetzesgefüge einnehmen (vgl. z. B. die Sonderstellung des Eigentümer-Besitzer-Verhältnisses, §§ 987ff, außerhalb des Schuldrechts).

3. Endgültig läßt sich der Anwendungsbereich einer Vorschrift erst aus ihrem **Sinn und Zweck** heraus feststellen. Da jede Rechtsvorschrift einen vorgestellten typischen Interessengegensatz aufgrund einer sozialen Bewertung der widerstreitenden Bedürfnisse schlichten will, kann man ihren Sinn ermitteln, indem man den Bewertungsvorgang nachvollzieht, der den Gesetzgeber zu seiner Lösung geführt hat. Das geschieht durch Klarlegen der in Betracht kommenden (gattungsmäßigen) Interessengegensätze und durch Ermitteln der *Werturteile,* die der in diesem Rechtssatz getroffenen Lösung zugrundeliegen, d. h. durch Offenlegung des Gesetzeszwecks.

a) Hier liegt es nahe, auf den *Willen des Gesetzgebers* zurückzugreifen **(subjektive Theorie)**. Es ist jedoch zu beachten, daß Gesetze durch Mehrheitsbeschlüsse von Gesetzgebungskörperschaften zustandekommen, die von verschiedenen Vorstellungen beherrscht werden und sich, oft nur als Kompromiß, auf den Gesetzeswortlaut einigen. Unter dem Willen des Gesetzgebers hat man deshalb den in diesem Zusammenwirken zum Ausdruck gelangten Willen der Gesamtheit und die durch ihn anerkannten Interessen und Zwecke zu verstehen. Insofern ist die *Entstehungsgeschichte* der Vorschrift bedeutsam, die aus den *Gesetzesmaterialien* (Begründung der Entwürfe; Parlamentsprotokolle) erschlossen werden kann.

b) Dieser Auffassung steht das Argument entgegen, daß aus dem Gesetz die *gegenwärtigen Interessen* beurteilt werden müssen und daher die gesetzliche Regelung auf die gegenwärtige Interessenlage abstellen muß. Die **objektive Theorie** löst daher den Gesetzeswortlaut von den Vorstellungen der am Gesetzeserlaß Beteiligten völlig los.

c) *Keine der beiden Theorien kann alleinige Geltung in Anspruch nehmen.* Jede muß Zugeständnisse an den Grundgedanken der anderen machen (vgl. zum Streitstand allgemein: BARTHOLOMEYCZIK aaO, S. 42ff; LARENZ Methodenlehre, S. 298ff; FIKENTSCHER aaO, S. 662ff).

Das alleinige Abstellen auf die subjektive Theorie hindert die Rechtsfortbildung.

Die objektive Theorie unterliegt Bedenken, weil sie den Rückgriff auf den Willen des Gesetzgebers nicht vornimmt und deshalb zu leicht die geschichtsbedingte Entwicklung des Rechts verkennen kann. Sie läuft Gefahr, daß eigene, zeitbedingte Werturteile durchgesetzt werden.

Grundsätzlich werden daher beide Kriterien für die Auslegung heranzuziehen sein. Wenn auch die Fallentscheidung objektiv die hinter den Interessen bestehenden Wertungen unter Berücksichtigung der derzeitigen Normsituation würdigt, so kann es doch von Bedeutung sein, welche Interessenkonflikte der Gesetzgeber bei Gesetzeserlaß ins Auge gefaßt hatte (in diesem Sinne wohl auch: WESTERMANN aaO, S. 14; ENN./NIPPERDEY § 53). Demgemäß hat auch die Rechtsprechung, obwohl sie das Gesetz vorwiegend objektiv-teleologisch auslegt (vgl. BVerfGE 1, 299, 312; 10, 234, 244; 11, 130; BGHZ 19, 227, 230f; 36, 370, 377; 37, 58, 60; 44, 46, 48), immer wieder auf den Willen des historischen Gesetzgebers abgestellt (vgl. z. B. BGHZ 3, 82, 84; 3, 162, 166; 3, 308, 311; 17, 266, 271f; 28, 144, 149f; 46, 74, 80), um zumindest Zweifel zu beheben.

64 4. Da die *Wertvorstellungen* sich in vielfacher Hinsicht *in den Grundrechten* niedergeschlagen haben, ist das Prinzip der **Verfassungskonformität** entstanden. Da die Bestimmungen des Grundgesetzes Vorrang vor einfachen Gesetzen haben, darf das Ergebnis einer Auslegung dem Grundgesetz nicht zuwiderlaufen. Ist die Verfassungskonformität jedoch mit Mitteln der Auslegung nicht zu erreichen – insbesondere wenn der klare Wortlaut der Vorschrift entgegensteht –, muß die Norm als verfassungswidrig angesehen werden. Das führt im Rahmen des richterlichen Prüfungsrechts zur Vorlage beim BVerfG gemäß Art. 100 GG (vgl. unten Rdn. 72).

65 5. Die Ermittlung des Gesetzeszwecks kann dazu führen, daß der Wortlaut einer Vorschrift eng **(restriktiv)** oder weit **(extensiv)** ausgelegt wird. Das Begriffspaar beschreibt jedoch nur eine *Auslegungstechnik* und setzt eine Entscheidung nach den dargestellten Auslegungsgrundsätzen voraus (vgl. beispielhaft die Wandlung der Rechtsprechung zu § 7 StVG: Das RG [RGZ 122, 270, 271ff; 126, 333, 334ff; 132, 262, 263ff] hatte das Merkmal „bei dem Betriebe" eines Kraftfahrzeuges eng ausgelegt und darunter nur die Fortbewegung aufgrund Motorkraft erfassen wollen. Der BGH [BGHZ 29, 163, 166ff] bejaht das Merkmal in erweiternder Auslegung auch für haltende oder geparkte Kfz, weil es sonst der Steigerung des Verkehrs und der dadurch gewachsenen Gefahren nicht mehr gerecht werde).

IV. Ausfüllung von Gesetzeslücken und teleologische Reduktion

1. Da der Richter einerseits gehalten ist, in einem ihm vorgelegten Fall eine Entscheidung zu treffen, andererseits sich durch Auslegung des Gesetzes nicht immer eine Entscheidungsgrundlage gewinnen läßt, muß er **Gesetzeslücken** selbständig ausfüllen. Der Gesetzgeber kann eine Lücke *absichtlich* zur Ausfüllung durch den Richter gelassen haben (z. B. durch Verweisung auf Verkehrssitte, Treu und Glauben, §§ 157, 242), oder er kann den regelungsbedürftigen Sachverhalt übersehen oder noch nicht gekannt haben *(unabsichtliche Lücke)*. Dem Verfahren zur Ausfüllung von Lücken ist die *gleiche Zweckforschung* zugrundezulegen *wie bei der Auslegung*. Der Richter ist dabei an das Gesetz und die in ihm enthaltenen Werturteile gebunden. Interessen, die das Gesetz erkennbar hinter anderen zurückgesetzt hat, darf er nicht im Widerspruch zu ihm zur Geltung verhelfen.

Wenn den Richter das Gesetz im Stich läßt, also eine Bewertung der fraglichen Interessenlage überhaupt nicht enthält, muß er sich die grundsätzliche Tragweite seines Werturteils bewußt machen, indem er sich in die Rolle des Gesetzgebers hineindenkt und – wie es *Art. 1 II Schweiz. ZGB* zum Ausdruck gebracht hat – *nach der Regel entscheiden, die er als Gesetzgeber aufstellen würde.*

a) Bei einer derartigen Prüfung kann sich ergeben, daß die Schließung der Lücke und sachgemäße Entscheidung eines Sachverhalts möglich wird, indem man eine bereits gegebene Regel auf einen anderen Sachverhalt erstreckt. Ein solches Erstrecken einer Regel auf Fälle, die von ihr nach dem Wortsinn ihres Tatbestandes nicht mitumfaßt werden, nennt man **Analogie**. Sie bringt einen hinter einem Rechtssatz stehenden gesetzgeberischen Grundgedanken, den das Gesetz nur in seiner Anwendung auf eine bestimmte Fallgestaltung ausgesprochen hat, darüber hinaus in einem anderen Fall zur Geltung. Die Analogie ist an sich ein formallogisches Schlußverfahren. Ob sie angewandt werden kann, erfordert eine Wertung, nämlich die Feststellung, daß die gattungsmäßige Interessenlage des zu entscheidenden Falles, der von der zu erstreckenden Regel nicht erfaßt wird, mit dem geregelten Tatbestand gerade die Ähnlichkeit aufweist, die nach den Zweckvorstellungen des Gesetzes für die Anknüpfung der Wertungen wesentlich ist.

> Man unterscheidet Gesetzes- und Rechtsanalogie, je nachdem ob der zur Anwendung gelangende Leitgedanke einem einzelnen Rechtssatz oder dem in einer Mehrheit von Rechtssätzen zum Ausdruck gelangenden allgemeinen Grundsatz entnommen wird.
>
> Fall der *Gesetzesanalogie:* Nach § 56 HGB hat der in einem Laden oder offenem Warenlager Angestellte eine Vollmacht von gesetzlich vermutetem Umfang. Wegen Gleichheit der Interessenlage erstreckt man diese Norm auf im Laden kaufmännisch tätige Familienmitglieder, auch wenn sie nicht Angestellte sind.
>
> Fall der *Rechtsanalogie:* Nach §§ 280, 286, 325, 326 macht die schuldhafte Nichterfüllung der Leistungspflicht bei Unmöglichkeit und Verzug ersatzpflichtig.

§ 6 IV 2   Einleitung. Das deutsche bürgerliche Recht

Die schuldhafte Schlechterfüllung erwähnt das Gesetz nicht. Im Wege der Rechtsanalogie gewinnt man den Satz: Jede schuldhafte Nichterfüllung oder Schlechterfüllung des Forderungsrechts macht ersatzpflichtig, soweit nicht etwas anderes bestimmt ist (vgl. BGHZ 11, 80, 83; grundlegend STAUB Die positiven Vertragsverletzungen, 2. A. 1913).

b) Der Analogie ähnlich ist das *argumentum a fortiori* und das *argumentum a maiore*. Auch hierbei kann das Ergebnis nicht aufgrund eines formallogischen Schlusses, sondern aufgrund einer Wertung gewonnen werden.

Wirkt jemand auf das Eigentum eines anderen ein, weil er irrtümlich die Voraussetzungen des § 904 annimmt, so handelt er rechtswidrig, möglicherweise aber nicht schuldhaft. Schuldloses Handeln unterstellt, entfielen Ansprüche aus §§ 823ff. Es kann jedoch ein Ersatzanspruch aus § 904 S. 2 eingreifen: Zwar liegt der Tatbestand nicht vor, da er einen rechtmäßigen Eingriff voraussetzt; es wird jedoch gefolgert, daß – wenn dort bereits auf Grund eines rechtmäßigen Eingriffs gehaftet wird – dies erst recht bei einem rechtswidrigen, wenn auch schuldlosen Eingriff gelten muß.

68   c) Eine Prüfung nach Interessenlage und Gesetzeszweck kann freilich auch zu dem Ergebnis führen, daß das Gesetz eine Regelung absichtlich begrenzt hat, um die von ihr nicht getroffenen Fälle von einer entsprechenden Behandlung auszuschließen. Dann ist ein sogenannter **Umkehrschluß (argumentum e contrario)** geboten (vgl. CANARIS Feststellung von Lücken, S. 71ff. im Ergebnis entsprechend ENN./NIPPERDEY § 241 V).

§ 306 läßt nach seinem Wortlaut die Auslegung zu, daß er sowohl objektive als auch subjektive Unmöglichkeit erfaßt.
§ 275 II zeigt, daß der Gesetzgeber zwischen objektiver und subjektiver Unmöglichkeit (Unvermögen) unterscheiden will und nur bei nachträglichem Eintreten beide gleichstellt. Es wäre daher denkbar, diese Gleichsetzung im Wege der Analogie auch auf § 306 mit der Folge der Nichtigkeit zu erstrecken. Da das Schuldrecht im Vertrag ein „Garantieversprechen" des Schuldners für seine Leistungsfähigkeit sieht, kann die Begünstigung durch die Regelungen der §§ 306, 307 (Nichtigkeit des Vertrags, Begrenzung auf Ersatz des Vertrauensinteresses) nur dann dem Schuldner zugute kommen, wenn die Leistung von Anfang an objektiv unmöglich war. Daher lehnt man die entsprechende Anwendung der in § 275 II ausgesprochenen Gleichstellung auf § 306 ab und zieht vielmehr einen Umkehrschluß dahin, daß der Vertrag nicht nichtig ist (vgl. RGZ 69, 355, 357; BGHZ 11, 16, 22).

Zusammenfassend ergibt sich, daß Analogie, argumentum a maiore und argumentum e contrario nur technisch deskriptive Begriffe sind; ihre Anwendbarkeit hängt von der Ermittlung der *ratio legis* ab.

69   **2.** Die Prüfung der Interessenlage kann endlich auch die Erkenntnis bringen, daß der Lebenssachverhalt vom gesetzlichen Tatbestand einer Vorschrift umfaßt wird, die eine als unangemessen empfundene rechtliche Behandlung zur Folge hat. Hier taucht dann die Frage auf, ob der Richter über die

Interpretation des Wortlauts hinaus (vgl. Rdn. 65) den Gebotsinhalt auch enger auffassen darf, so daß der zu entscheidende Sachverhalt von dieser Vorschrift nicht erfaßt wird. Eine solche *Gebotseinschränkung* oder *Gebotsberichtigung* **(teleologische Reduktion**; vgl. LARENZ Methodenlehre, S. 375ff) ist dann zulässig und geboten, wenn eine vom Gesetzgeber bei Erlaß der Vorschrift noch nicht erfaßte Interessenlage zu der Annahme berechtigt, der Gesetzgeber hätte sie, wenn er zur Bewertung gekommen wäre, vernünftigerweise nicht so, sondern anders geordnet. Die zweckgetreue Gebotseinschränkung ist ebenso zulässig und geboten wie die Analogie; denn sie tut nichts anderes, als den Gesetzeswillen sinngemäß nach der besonderen Fallgestaltung zu berichtigen, die bei Erlaß der Vorschrift für den Regelfall nicht erwogen worden ist.

Beispiele:
Einschränkung des Abtretungsverbots unpfändbarer Rentenansprüche entgegen § 400, soweit der Rentenberechtigte vorher den vollen Gegenwert erhalten hat (BGHZ 4, 153, 155ff); die Reduktion des § 181 für solche Insichgeschäfte des gesetzlichen Vertreters, die dem Vertretenen lediglich einen rechtlichen Vorteil bringen (BGHZ 59, 236, 239ff; vgl. unten Rdn. 689f).

V. Richterliche Rechtsfortbildung

Erst wenn eine erweiterte Anwendung der im Gesetz enthaltenen Werturteile ausgeschlossen ist, darf der Richter zu selbständiger Wertung übergehen, um eine vom Gesetz unterlassene Regelung zu finden („Gesetzesübersteigende Rechtsfortbildung" – LARENZ Methodenlehre, S. 404ff).

An dieser Stelle verläßt der Richter den ihm nach dem Montesquieu'schen *Gewaltenteilungsprinzip* zustehenden Bereich. Normschöpfung soll grundsätzlich Aufgabe des Gesetzgebers sein. Es gibt daher Auffassungen, die die Unzulässigkeit solcher richterlichen Rechtsschöpfung betonen (FLUME aaO; H. J. HIRSCH Richterrecht und Gesetzesrecht, JR 1966, 334ff). Demgegenüber wird vom BGH die Unzulänglichkeit eines schematischen Gewaltenteilungsprinzips hervorgehoben. „Der Grundsatz der Gewaltenteilung schließt die Bildung von Richterrecht dann nicht aus, wenn der Richter durch die Entfaltung allgemeiner, ihm durch den Gesetzgeber, die Rechtsordnung oder die allgemeine Wertordnung vorgegebener und vollziehbarer Rechtssätze Recht findet. Dadurch verlagert sich die Staatsmacht noch nicht in einer mit der Gewaltenteilung unvereinbaren Weise einseitig und übermäßig auf die Rechtsprechung" (BGHZ 11, Anhang S. 34ff; 35, 51; eingehend zum Meinungsstand J. IPSEN Richterrecht und Verfassung, 1975).

Daher darf der Richter nicht abwarten, sondern muß den ihm vorgelegten Konflikt entscheiden, auch wenn eine gesetzliche Regelung fehlt. Beispiele einer solchen richterlichen Rechtsfortbildung sind aus zurückliegender Zeit insbesondere etwa die *Aufwertungsrechtsprechung* des Reichsgerichts, wenn es mit Rücksicht auf die Entwertung des nominellen Geldwerts unter Heranziehung des § 242 dem Gläubiger einen Anspruch auf Anpassung zubilligte und damit den Anstoß zur Aufwertungsgesetzgebung gab. Die Rechtsprechung setzte das Institut der *Sicherungsübereignung* durch und stattete das *Anwartschaftsrecht* mit Funktionen des dinglichen Rechts aus. Ein hervorstechendes Beispiel richterlicher Rechtsfortbildung in neuerer Zeit ist die Institutionalisierung des *Persönlichkeitsrechts*. Das Bundesverfassungsgericht hat bestätigt, daß diese Rechtsprechung Grundgedanken der von der Verfassung geprägten Rechtsordnung mit systemimmanenten Mitteln weiterentwickelt hat (BVerfGE 34, 269 ff).

Es erhebt sich die Frage, nach welchen Grundsätzen der Richter seine Entscheidung ausrichten soll. Schon immer – insbesondere in Rechtssystemen, die positives Zivilrecht kaum kannten – bedurfte es des Rückgriffs auf die für die zwischenmenschlichen Beziehungen maßgebenden sittlichen Grundsätze im Sinne der *aequitas*, der *iustitia distributiva*. Diese Grundsätze des „Nächstenrechts" sind – was gewissen soziologischen Auffassungen entgegenzuhalten ist – im Kern unveränderlich und vermögen auch in sich verändernden sozialen Verhältnissen Maßstäbe zu gewährleisten. In der Vergangenheit war man bestrebt, die sittlichen Grundsätze zu einem Rechtssystem des Naturrechts zu verfestigen. Dieses historische Naturrecht hat zur Entwicklung des neuzeitlichen Zivilrechts einen wesentlichen Beitrag geleistet (z.B. ALTHUSIUS, GROTIUS, PUFENDORF, auch CHR. WOLFF).

Heute bedarf es des Rückgriffs auf *Naturrechtssätze* im Sinne von unwandelbaren Normen für die Entscheidung zivilrechtlicher Streitfälle kaum mehr. Der Richter ist über die Generalklauseln des BGB weitgehend in der Lage, vorpositive Gerechtigkeitsvorstellungen zur Korrektur formaler Lösungen, aber auch zur Neugewinnung von Rechtssätzen heranzuziehen. Eine Stütze erfährt dieses Vorgehen dadurch, daß das *Grundgesetz* von schlechthin verbindlichen, überpositiven Grundnormen ausgeht, die sich aus dem sittlichen Eigenwert der menschlichen Persönlichkeit ergeben und aus denen allgemeine, unverletzliche und unveräußerliche Menschenrechte abzuleiten sind. Die richterliche Rechtsfortbildung zieht daher zunehmend die Prinzipien des Grundgesetzes zur Legitimierung ihres Vorgehens heran.

71 Damit hat das **Grundgesetz** erhebliche Bedeutung für die Weiterentwicklung des bürgerlichen Rechts genommen.

Als Grundlage der gesamten Rechtsordnung wird die Unantastbarkeit der Menschenwürde (Art. 1 GG) gewährleistet. Aus dem sittlichen Eigenwert des Menschen werden gewisse Grundrechte abgeleitet, so ein allgemeines Persönlichkeitsrecht auf freie Entfaltung der Persönlichkeit (Art. 2 GG), die Rechtsgleichheit (Art. 3 GG), das Recht der freien Meinungsäußerung (Art. 5 GG). In gleicher Weise werden Ehe-, Familie und das Elternrecht unter den Schutz der Verfassung gestellt (Art. 6 GG), Vereins- und Koalitionsfreiheit (Art. 9 GG), Berufs- und Gewerbefreiheit (Art. 12 GG) gewährleistet. Aus Art. 2 GG ergeben sich weiter die Wettbewerbsfreiheit und die Vertragsfrei-

Anwendung des bürgerlichen Rechts § 6 VI 1

heit. Art. 14 GG gewährleistet Privateigentum und Erbrecht.

Das Zivilrecht muß diese Prinzipien, soweit der Gesetzgeber nicht Regelungen traf, selbständig in die Praxis umsetzen. So hat die Rechtsprechung das allgemeine Persönlichkeitsrecht mit der Unantastbarkeit der Menschenwürde (Art. 1 GG) und dem Recht auf freie Entfaltung der Persönlichkeit (Art. 2 GG) begründet. Die Verfassung hat mittelbar die Rechtsprechung selbst zur Rechtsschöpfung legitimiert: Als nach dem Urteil des Bundesverfassungsgerichts (BVerfGE 3, 255) das der Gleichberechtigung von Mann und Frau (Art. 3 II GG) widersprechende Recht mit dem 31.3. 1953 (Art. 117 I GG) außer Kraft getreten war, hatte die Rechtsprechung das dem Verfassungsgrundsatz entsprechende Recht bis zum Erlaß des Gleichberechtigungsgesetzes vom 18.6.1957 selbst zu finden. Darüber hinaus hat der Gleichberechtigungsgrundsatz insbesondere auf die Entwicklung des Arbeitsrechts eingewirkt (BAG AP Nr. 4, 6, 7, 16, 18 zu Art. 3 GG).

VI. Drittwirkung der Grundrechte – Richterliches Prüfungsrecht

1. Das Verhältnis der Grundrechte zum Zivilrecht wirft die Frage auf, 72 inwieweit die Grundrechtssätze neben ihrer Schutzfunktion in der Beziehung zwischen Staatsbürger und Staat auch im Verhältnis der einzelnen Bürger zueinander unmittelbar, d. h. ohne Bezugnahme auf eine nähere gesetzgeberische Ausgestaltung, wirksam sind.

a) Die eine Auffassung (insbesondere vertreten von NIPPERDEY in Bettermann/Nipperdey, Die Grundrechte, 1962, Bd. IV 2, 747 ff; ENN./NIPPERDEY § 15 II 4) bejaht eine *unmittelbare Wirkung;* die verfassungsrechtlichen Grundentscheidungen sollen als normative Regelung der gesamten Rechtsordnung, als „Grundsatznormen" für alle Bereiche des Rechtes gelten. Keine bürgerlich-rechtliche Vorschrift und keine privatautonome Gestaltung der Rechtsverhältnisse darf im Widerspruch zu diesem Wertsystem stehen.

Nach dieser sog. unmittelbaren *Drittwirkung* der Grundrechte wären Vereinbarungen, die gegen sie verstoßen, nach § 134 nichtig; die Grundrechte würden ferner als Schutzgesetze gem. § 823 II erfaßt werden können; soweit aus einem Grundrecht ein subjektives Privatrecht abzuleiten ist, soll es als „sonstiges Recht" den Schutz des § 823 I genießen.

Der Auffassung NIPPERDEYS folgen insbesondere LAUFKE Vertragsfreiheit und Grundgesetz, Festschrift Lehmann, I, 1956, 145 ff; LEISNER Grundrechte und Privatrecht, 1960, insbesondere 356 ff; RAMM Die Freiheit der Willensbildung, 1960, 50 ff. In der *Rechtsprechung* ist sie insbesondere vom BAG (BAGE 1, 185, 193; 4, 240, 243 f; 274, 276; 13, 156, 174 f) anerkannt worden; auch der BGH (BGHZ 6, 360, 366; 13, 334, 338; 24, 72, 76; 33, 145, 150; 38, 317, 319 f; 45, 296, 307 ff) hat sich ihr angeschlossen.

b) Dagegen wird ausgehend von der Erwägung, daß die Grundrechte – auch unter Anerkennung ihres Bedeutungswandels – ein generelles Wertsystem darstellen, das nicht unmittelbar Wirkungen im privatautonomen Bereich zeitigen könne, die Auffassung vertreten, daß der Rechtsgehalt der Grundrechte sich im Privatrecht durch das Medium der dieses Rechtsgebiet unmittelbar beherrschenden Vorschriften entfalte (vgl. BVerfGE 7, 198ff, Lüth-Urteil). Diese Auffassung von der sog. mittelbaren Wirkung geht insbesondere auf die These DÜRIGS zurück, daß die Grundrechte im Privatrecht über die „wertausfüllungsfähigen und wertausfüllungsbedürftigen Begriffe und Generalklauseln" zur Geltung kämen (Grundrechte und Zivilrechtsprechung, Festschrift Nawiasky, 1956, 157, 172 ff und in MAUNZ/DÜRIG/HERZOG/SCHOLZ Art. 1 III Rdn. 127 ff).

> Einen ähnlichen Standpunkt wie DÜRIG vertreten u.a. BACHOF in Bettermann/Nipperdey/Scheuner, Die Grundrechte, Bd. III 1, 2. A. 1972, 172 ff; BOSCH/HABSCHEID Vertragspflicht und Gewissenskonflikt, JZ 1954, 213, 214 ff und JZ 1956, 297, 298 ff; FLUME Rechtsgeschäft und Privatautonomie, Hundert Jahre Deutsches Rechtsleben, Bd. I, 1960, 135 ff, 140; GEIGER Die Grundrechte in der Privatrechtsordnung, 1960, 13 u. 37; LARENZ AT § 4 III; RAISER Grundgesetz und Privatrechtsordnung, 46. DJT, Bd. II Teil B, 27 ff; REIMERS Die Bedeutung der Grundrechte für das Privatrecht, 1958, 16 ff; SCHMIDT-SALZER Vertragsfreiheit und Verfassungsrecht, NJW 1970, 8 ff; WOLFF/BACHOF § 33 V 1. – Besonders entschieden hat sich auch v. MANGOLDT/KLEIN (Das Bonner Grundgesetz, 2. A. 1957, Vorbem. A II 4 d) gegen die sog. Drittwirkung mit der Begründung gewandt, daß aus einem den Grundrechtsnormen entspringenden subjektiv-öffentlichen Recht ein subjektiv-privates Recht nicht abgeleitet werden könne. – SCHWABE (Die sogenannte Drittwirkung der Grundrechte, 1971) leugnet eine Drittwirkung der Grundrechte schlechthin und hält die konkrete Normenkontrolle und das Gebot der verfassungskonformen Auslegung für ausreichend.

c) Eine unmittelbare Geltung der Grundrechte im Privatrecht kann nicht angenommen werden (ausgenommen Art. 9 III GG). Die *Eigenständigkeit des Privatrechts* und demzufolge ein gewisser *Dualismus* ist dadurch geboten, daß diese Rechtsmaterie vom Prinzip der Interessen- und Güterabwägung beherrscht wird und im Einzelfall eine konkretisierte Differenzierung der Rechtsfolgen vorzunehmen hat. Das hierbei zur Auswirkung gelangende Wertsystem findet über die *Generalklauseln* (insbesondere §§ 138, 242, 826) Beachtung. Es muß berücksichtigt werden, daß durch sie die Zivilrechtsordnung von alters her vorpositive Wertvorstellungen realisiert hat und sich die gebotenen Rechtsfolgen auch heute ohne Zuhilfenahme von Grundrechtsbestimmungen erreichen lassen.

In sachlicher Hinsicht hat etwa das Wertsystem des Grundgesetzes dazu beigetragen, den Begriff des subjektiven Rechts einzugrenzen. Für §§ 138, 242 verfestigt das Grundgesetz die Begriffe „gute Sitten" und „Treu und Glauben"; Art. 14 III GG ist wesentlich für die Einschränkung der Herrschaftsmacht in § 903. Eine besondere Problematik entsteht für Unterlassungs- und Schadensersatzansprüche im Recht der unerlaubten Handlungen bei der Kollision von

Grundrechten. Z. B. ist es notwendig, die Freiheitsrechte des Art. 5 GG gegenüber der freien Entfaltung der Persönlichkeit nach Art. 2 I GG (BGHZ 36, 77, 83; 45, 296, 307 ff; BVerfG NJW 1976, 1677) oder sogar der Menschenwürde (Art. 1 GG) einzuschränken (BVerfGE 30, 173 ff). Hier stellt sich die Abgrenzung als Prüfung der Rechtswidrigkeit dar.

2. Richterliches Prüfungsrecht

> IPSEN, H. P. Grundgesetz und richterliche Prüfungszuständigkeit, DV 1949, 486 ff; LANGE, H. R. Das Bundesverfassungsgericht und die „Willensaufnahme des Gesetzgebers", NJW 1962, 893 ff; MAUNZ/DÜRIG/HERZOG/SCHOLZ Art. 100; WOLFF/BACHOF § 28 II.

Der Richter ist zwar dem Gesetz unterworfen, aber schon immer tauchten Zweifel auf, ob eine positive, gesetzliche Regelung mit den sittlichen, möglicherweise naturrechtlich verfestigten Grundsätzen vereinbar war. So entstand schon früher der Begriff eines richterlichen Prüfungsrechts (vgl. insbesondere RGZ 111, 320, 322; MAURER Das richterliche Prüfungsrecht zur Zeit der Weimarer Verfassung, DÖV 1963, 683 ff).

Das Grundgesetz hat für den Fragenkomplex feste Regeln geschaffen: Art. 20 III GG hat den Richter an Gesetz und Recht gebunden. Dabei soll Recht als Korrektiv des Gesetzes verstanden sein und dem Richter die Handhabe geben, Bedenken gegen die Verfassungsmäßigkeit eines Gesetzes geltend zu machen (MAUNZ/DÜRIG/HERZOG/SCHOLZ Art. 100 Rdn. 2 a. E.).

Insgesamt umfaßt das sich aus Art. 20 III GG (vgl. auch Art. 1 III GG) ergebende richterliche Prüfungsrecht, das zugleich auch eine Prüfungspflicht enthält, einerseits die Prüfung, ob die formellen Voraussetzungen für ein verfassungsmäßiges Zustandekommen des Gesetzes gegeben sind, andererseits, ob der Gesetzesinhalt materiell mit einer Rechtsnorm höheren Ranges in Einklang steht. Die Prüfung ist als sog. **konkrete Normenkontrolle** in Art. 100 GG und in §§ 13 Nr. 11–13, 80 ff BVerfGG geregelt.

Danach besteht im Rahmen eines anhängigen Rechtsstreits für alle Gerichte bei allen *förmlichen* Gesetzen, die nach Inkrafttreten des Grundgesetzes erlassen wurden (sog. *nachkonstitutionelle Gesetze*), ein Prüfungsrecht. Sieht der Richter ein Gesetz als verfassungsmäßig an, so kann er die Entscheidung des Streitfalles auf dieses Gesetz stützen. Hält er das Gesetz dagegen für verfassungswidrig, so hat er das Verfahren auszusetzen und die Entscheidung des Bundesverfassungsgerichts einzuholen. Insoweit ist das Entscheidungsrecht *(„Verwerfungskompetenz")* bei den Verfassungsgerichten monopolisiert.

Diese Monopolisierung der Verwerfungskompetenz beim Bundesverfassungsgericht will das Ansehen des nachkonstitionellen Gesetzgebers schützen. Auf *vorkonstitutionelle* Gesetze erstreckt sich dieser Schutz nicht; daher steht bei diesen grundsätzlich auch jedem Richter die Verwerfungskompetenz zu (vgl. BVerfGE 2, 124, 128; 10, 124, 127 ff). Das gilt auch für nachkonstitutio-

§7 IV   Einleitung. Das deutsche bürgerliche Recht

nelle *Rechtsverordnungen* (BVerfGE 1, 184, 197ff; BGHZ 9, 399).

Ausgenommen sind solche *vorkonstitutionellen Gesetze,* die der Bundesgesetzgeber etwa im Zuge einer Änderung des Gesetzes nicht nur hingenommen, sondern mit „konkretem Bestätigungswillen" *als geltendes Recht aufgenommen* hat (vgl. BVerfGE 6, 55, 64ff; 11, 126, 129ff; 25, 25, 27; auch LANGE aaO; kritisch MAUNZ/DÜRIG/HERZOG/SCHOLZ Art. 100 Rdn. 14). Dies gilt auch für das Bürgerliche Gesetzbuch, so daß der Richter, falls er zu der Auffassung gelangt, ein Rechtssatz des BGB sei verfassungswidrig, grundsätzlich zur Vorlage an das Bundesverfassungsgericht verpflichtet ist (einschränkend BVerfG NJW 1972, 571 f).

§ 7
Schrifttum zum bürgerlichen Recht

I. Zum Gemeinen Recht
BRINZ Lehrbuch der Pandekten, I–IV, 2. A. 1873–1892;
DERNBURG Pandekten, 3 Bde., 7. A. 1902–1903;
v. SAVIGNY System des heutigen römischen Rechts, 8 Bde., 1840–1851; Obligationenrecht, 2 Bde., 1851–1853;
WINDSCHEID/KIPP Lehrbuch der Pandekten, 9. A. 1906.

II. Zum Deutschen Privatrecht
GERBER/COSAK System des deutschen Privatrechts, 17. A. 1895;
v. GIERKE, O. Deutsches Privatrecht, 3 Bde., 1895–1917 (Nachdruck des 1. Bandes 1936);
HÜBNER, R. Grundzüge des deutschen Privatrechts, 5. A. 1930;
MITTEIS/LIEBERICH Deutsches Privatrecht, 9. A. 1981;
PLANITZ Grundzüge des deutschen Privatrechts, Enzyklopädie der Rechts- und Staatswissenschaften, 3. A. 1949;
STOBBE Deutsches Privatrecht, 5 Bde., 1885–1900.

III. Zur Privatrechtsgeschichte der Neuzeit
HATTENHAUER/BUSCHMANN Textbuch zur Privatrechtsgeschichte der Neuzeit mit Übersetzungen, 1967;
LAUFS Rechtsentwicklungen in Deutschland, 2. A. 1978;
SCHLOSSER, H. Grundzüge der neueren Privatrechtsgeschichte, 4. A. 1982;
WESENBERG/WESENER Neuere deutsche Privatrechtsgeschichte, 3. A. 1976;
WIEACKER Privatrechtsgeschichte der Neuzeit, 2. A. 1967.

IV. Materialien
Vorlagen der Redaktoren für die erste Kommission, herausgegeben von W. Schubert, seit 1981;
Entwürfe eines bürgerlichen Gesetzbuches (E I und E II sowie sog. Reichstagsvorlage), 1888–1896;

Motive, Bde. I–V, Amtl. Ausgabe, 1888;
Protokolle der Kommission für die 2. Lesung, Bde. I–IV, 1897–1899;
1., 2. und 3. Beratung des Entwurfs eines BGB im Reichstag, stenographische Berichte, 1896;
Die Materialien zum BGB sind zusammen veröffentlicht in Mugdan, Die gesamten Materialien zum BGB, 5 Bde., 1899;
Die Beratung des Bürgerlichen Gesetzbuches in systematischer Darstellung der unveröffentlichten Quellen, herausgegeben von H. H. Jakobs und W. Schubert seit 1978;
Beachte auch die umfangreiche Kritik am Entwurf des BGB, insbesondere die „Zusammenstellung der gutachterlichen Äußerungen zu dem Entwurf eines Bürgerlichen Gesetzbuches gefertigt im Reichsjustizamt" (1890–1891), sowie die „Beiträge zur Erläuterung und Beurteilung des Entwurfs", herausgegeben von Bekker und Fischer, seit 1888.

V. Lehrbücher und sonstige Darstellungen

1. Allgemeines Schrifttum und Gesamtdarstellungen zum BGB
BOEHMER Einführung in das bürgerliche Recht, 2. A. 1965;
CROME System des deutschen Bürgerlichen Rechts, 5 Bde., 1900–1912;
COSAK/MITTEIS Lehrbuch des Bürgerlichen Rechts, 2 Bde., 7./8. A. 1924–1927;
DERNBURG Das Bürgerliche Recht des Deutschen Reiches und Preussens, 6 Bde., 3./4. A. 1906–1915 seit 1909 bearbeitet von Engelmann und Raape;
EMMERICH/GITTER u.a., Zivilrecht, Bd. 1, Grundlagen des Vertrags- und Schuldrechts, 1972; Bd. 3, Vertragsschuldverhältnisse, 1974;
ENDEMANN Lehrbuch des Bürgerlichen Rechts, 3 Bde., 8./9. A. 1903–1920;
HENLE Lehrbuch des Bürgerlichen Rechts, 2 Bde., 1926–1934;
JUNG Bürgerliches Recht, in Stammler, Das gesamte deutsche Recht, 1931;
KOHLER Lehrbuch des Bürgerlichen Rechts, 3 Bde., 1904–1919, 3. Band unvollendet;
KRÜCKMANN Institutionen, 5. A. 1929;
LEONHARD Bürgerliches Recht, 4. A. 1918;
MEDICUS Bürgerliches Recht, 11. A. 1983;
SCHMIDT, R. Bürgerliches Recht, 5 Bde., 2. A. 1952–1957;
SCHWAB Einführung in das Zivilrecht, 5. A. 1982;
STAMPE Einführung in das Bürgerliche Recht, I, 1920;
WESTERMANN, H. Grundbegriffe des BGB, 11. A. 1983.

2. Literatur zum Allgemeinen Teil
BIERMANN Bürgerliches Recht, Allgemeine Lehren und Personenrecht, 1908;
BROX Allgemeiner Teil des Bürgerlichen Gesetzbuches, 8. A. 1984;
ENNECCERUS/NIPPERDEY Allgemeiner Teil des Bürgerlichen Rechts, 2. Bde., 15. A. 1959–1960;
FLUME Allgemeiner Teil des Bürgerlichen Rechts, 1. Bd., 1. Teil, Die Personengesellschaft, 1977, 2. Teil, Die juristische Person, 1983, 2. Bd., Das Rechtsgeschäft, 3. A. 1979;
KÖHLER Allgemeiner Teil, 18. A. 1983;
LANGE/KÖHLER Allgemeiner Teil, 17. A. 1980;
LARENZ Allgemeiner Teil des deutschen Bürgerlichen Rechts, 6. A. 1983;

LEHMANN/HÜBNER Allgemeiner Teil des Bürgerlichen Gesetzbuches, 16. A. 1966;
LÖWISCH Das Rechtsgeschäft, 3. A. 1977;
MEDICUS Allgemeiner Teil des BGB, 1982;
PAWLOWSKI Allgemeiner Teil des BGB, 2 A. 1983;
RAMM Einführung in das Privatrecht, Allgemeiner Teil des BGB, 3 Bde., 2. A. 1974;
RÜTHERS Allgemeiner Teil des BGB, 5. A. 1984;
THOMA Bürgerliches Recht, Allgemeiner Teil, 1975;
v. TUHR Der Allgemeine Teil des Deutschen Bürgerlichen Rechts, 3 Bde., 2. A. 1910–1918;
WESTERMANN, H. BGB-Allgemeiner Teil, Schwerpunkte, 5. A. 1983;
WOLF, E. Allgemeiner Teil des bürgerlichen Rechts, 3. A. 1982.

3. Literatur zum Schuldrecht

BLOMEYER Allgemeines Schuldrecht, 4. A. 1969;
BROX Allgemeines Schuldrecht, 12. A. 1984; Besonderes Schuldrecht, 11. A. 1984;
DEUTSCH, E. Haftungsrecht, 1. Bd. Allgemeine Lehren, 1976;
DILCHER Schuldrecht, Besonderer Teil in programmierter Form, 2. A. 1982;
EMMERICH BGB-Schuldrecht, Besonderer Teil, Schwerpunkte, 3. A. 1982;
ENNECCERUS/LEHMANN Recht der Schuldverhältnisse, 15. A. 1958;
ESSER/SCHMIDT Schuldrecht, Band I Allgemeiner Teil, 6. A. 1984;
ESSER/WEYERS Schuldrecht, Band II Besonderer Teil, 6. A. 1984;
FIKENTSCHER Lehrbuch des Schuldrechts, 6. A. 1976;
GERNHUBER (Hrsg.) Handbuch des Schuldrechts Bd. 1 Lange, Hermann Schadensersatz, 1979; Bd. 2 Nörr/Scheyhing Sukzessionen, 1983; Bd. 3 Gernhuber Erfüllung und ihre Surrogate, 1983; Bd. 4 Reuter/Martinek Ungerechtfertigte Bereicherung, 1983;
HECK Grundriß des Schuldrechts, 1929;
HEDEMANN Schuldrecht des Bürgerlichen Gesetzbuches, 3. A. 1949;
KÖTZ Deliktsrecht, 2. A. 1979;
KRESS Schuldrecht, Allgemeiner Teil, 1929; Besonderer Teil, 1934;
LANGE, HERMANN Schadensersatz, 1979;
LARENZ Schuldrecht, Allgemeiner Teil, 13. A. 1982; Besonderer Teil, 12. A. 1981;
LEONHARD Schuldrecht des BGB, Allgemeiner Teil, 1929; Besonderer Teil, 1931;
MEDICUS Schuldrecht, Allgemeiner Teil, 2. A. 1984; Besonderer Teil, 1983;
TITZE Recht der Schuldverhältnisse, 4. A. 1932, unveränderter Nachdruck, 1948;
WESTERMANN, H.-P. BGB-Schuldrecht, Allgemeiner Teil, Schwerpunkte, 3. A. 1981;
WOLF, E. Lehrbuch des Schuldrechts, Bd. 1, Allgemeiner Teil, 1978; Bd. 2, Besonderer Teil, 1978.

4. Literatur zum Sachenrecht

BAUR, F. Lehrbuch des Sachenrechts, 12. A. 1983;
BIERMANN Sachenrecht, 3. A. 1914;
DILCHER Sachenrecht in programmierter Form, 4. A. 1982;
EICHLER Institutionen des Sachenrechts, 3 Bde., 1954–1960;

Schrifttum zum bürgerlichen Recht §7 V 7

v. GIERKE, J. Das Sachenrecht des bürgerlichen Rechts, 4. A. 1960;
HECK Grundriß des Sachenrechts, 1930; Nachdruck 1960;
HEDEMANN Sachenrecht des Bürgerlichen Gesetzbuches, 3. A. 1960;
LANGE, HEINRICH Sachenrecht des BGB, 1967;
LENT/SCHWAB Sachenrecht, 18. A. 1983;
WESTERMANN, H. Lehrbuch des Sachenrechts, 5. A. 1966;
WESTERMANN, H. BGB-Sachenrecht, Schwerpunkte, 6. A. 1982;
WOLF, E. Lehrbuch des Sachenrechts, 2. A. 1979;
WOLFF/RAISER Sachenrecht, 10. A. 1957.

5. *Literatur zum Familienrecht*
BEITZKE Familienrecht, 23. A. 1983;
DIETZ Familienrecht, 1952;
DÖLLE Familienrecht, 2 Bde., 1964–1965;
GERNHUBER Lehrbuch des Familienrechts, 3. A. 1980;
HENRICH Familienrecht, 3. A. 1980;
KIPP/WOLFF Familienrecht, 7. A. 1932;
MITTEIS Familienrecht, 4. A. 1949;
SCHLÜTER Familienrecht, Schwerpunkte, 1982;
SCHWAB, D. Familienrecht, 2. A. 1982.

6. *Literatur zum Erbrecht*
BARTHOLOMEYCZIK/SCHLÜTER Erbrecht, 11. A. 1980;
BINDER Erbrecht, 2. A. 1930;
BROX Erbrecht, 8. A. 1983;
DIETZ Erbrecht, 1949;
KIPP/COING Erbrecht, 11. A. 1980;
KRETSCHMAR Das Erbrecht des BGB, 2. A. 1913;
LANGE/KUCHINKE Lehrbuch des Erbrechts, 2. A. 1978;
LEIPOLD Grundzüge des Erbrechts, 4. A. 1982;
v. LÜBTOW Erbrecht, 2. Bde., 1971;
SIBER Erbrecht, 1928;
STROHAL Das deutsche Erbrecht, 2 Bde., 3. A. 1903–1904.

7. *Zum Landesrecht*
Die Landesrechte sind in Ergänzungsbänden zu Dernburgs Lehrbuch dargestellt:
BÖCKEL Thüringisches Landesprivatrecht, 1912;
BUCHKA Mecklenburgisches Landesprivatrecht, 1905;
DORNER/SAENG Badisches Landesprivatrecht, 1906;
KISCH Elsaß-Lothringisches Landesprivatrecht, 1905;
KLOSS Sächsisches Landesprivatrecht, 1908;
NÖLDEKE Hamburgisches Landesprivatrecht, 1907;
OERTMANN Bayerisches Landesprivatrecht, 1903;
WOLF Hessisches Landesprivatrecht, 1903;
LANDÉ/HERMES Das Allgemeine Landrecht für die Preußischen Staaten in dem seit Einführung des BGB gültigen Umfang, 4. A. 1902–1905.

VI. Kommentare

1. Großkommentare
MÜNCHENER KOMMENTAR zum BGB, 1977–1983;
OERTMANN Kommentar zum BGB, 3. A. 1927;
PLANCK Kommentar zum BGB, 4. A. 1913–1930;
KOMMENTAR DER REICHSGERICHTSRÄTE zum bürgerlichen Gesetzbuch, herausgegeben von Mitgliedern des Bundesgerichtshofes, 12. A. seit 1974;
SOERGEL Bürgerliches Gesetzbuch, 11. A. seit 1978;
STAUDINGER Kommentar zum BGB, 12. A. seit 1978;
WASSERMANN (Hrsg.), Kommentar zum Bürgerlichen Gesetzbuch, Reihe Alternativkommentare, seit 1979.

2. Handkommentare
ERMAN Handkommentar zum Bürgerlichen Gesetzbuch, 7. A. 1981;
JAUERNIG Bürgerliches Gesetzbuch mit Erläuterungen, 3. A. 1984;
PALANDT Bürgerliches Gesetzbuch, 43. A. 1984;
STUDIENKOMMENTAR zum BGB, 2. A. 1979.

VII. Fallorientierte Darstellungen

1. Ausgewählte Entscheidungen mit erläuternden Anmerkungen (ESJ):
HÜBNER, H. Allgemeiner Teil des BGB, 1973;
FIKENTSCHER Schuldrecht, Allgemeiner Teil, 2. A. 1977; Schuldrecht, Besonderer Teil, 2. A. 1977;
BAUR, F. Sachenrecht, 2. A. 1975;
LÜDERITZ Familien- und Erbrecht, 1971;
2. Fälle und Lösungen nach höchstrichterlichen Entscheidungen:
DIEDERICHSEN/MARBURGER BGB – Allgemeiner Teil, 5. A. 1983;
ESSER BGB-Schuldrecht, 3. A. 1971;
DIEDERICHSEN/GURSKY BGB-Sachenrecht, 4. A. 1980;
HENRICH BGB-Familienrecht, 2. A. 1981;
HELDRICH BGB-Erbrecht, 1971;
3. Juristischer Studienkurs, herausgegeben von Beuthien u.a., mit den Autoren Teichmann, Beuthien/Weber, Buchner/Roth, Rimmelspacher;
4. Wiederholungs- und Vertiefungskurs, herausgegeben von Harms, mit den Autoren Thiele, Harms, Holzhauer;

VIII. Entscheidungssammlungen

bis 1945:
- Entscheidungen in Angelegenheiten der freiwilligen Gerichtsbarkeit und des Grundbuchrechts, zusammengestellt im Reichsjustizamt 1900–1922 (RJA) weitergeführt (zugleich als Fortsetzung von KGJ) ab 1924 in Jahrbuch der Entscheidungen in Angelegenheiten der freiwilligen Gerichtsbarkeit und des Grundbuchrechts (JFG), herausgegeben von Ring, später Ehm, erschienen bis 1943;
- Entscheidungen des Reichsgerichts in Zivilsachen (RG oder RGZ) seit 1880, Bd. 1 – Bd. 172;

Schrifttum zum bürgerlichen Recht §7 IX

- Entscheidungen des Reichsoberhandelsgerichts (ROHG), 1871–1880;
- Höchstrichterliche Rechtsprechung, entstanden aus Beilage zur Juristischen Rundschau und Fortsetzung von OLGE (HRR), seit 1925;
- Jahrbuch für Entscheidungen des Kammergerichts in Sachen der freiwilligen Gerichtsbarkeit (KGJ), 1881–1922;
- Mugdan und Falkmann, Rechtsprechung der Oberlandesgerichte auf dem Gebiete des Zivilrechts (OLGE oder Rspr OLG), seit 1900;
- Seufferts Archiv für Entscheidungen der obersten Gerichte (SeuffA oder SeuffArch.) seit 1847;
- Soergels Rechtsprechung, später Jahrbuch des Zivilrechts (Soergels Rspr), seit 1902;
- Warneyer, Jahrbuch der Entscheidungen zum BGB (WarnJb), seit 1903;
- Warneyer, Die Rechtsprechung des Reichsgerichts auf dem Gebiete des Zivilrechts (WarnRspr), Ergänzungsbände zu WarnJb, seit 1908.

nach 1945:
Bundesgerichte:
- Entscheidungen des Bundesverfassungsgerichts (BVerfGE), seit 1951;
- Entscheidungen des Bundesgerichtshofs in Zivilsachen (BGHZ), seit 1951;
- Entscheidungen des Bundesarbeitsgerichts (BAGE), seit 1954;
- Lindenmaier/Möhring, Nachschlagewerk des Bundesgerichtshofs in Zivilsachen (LM), seit 1951;
- Arbeitsrechtliche Praxis, Nachschlagewerk des Bundesarbeitsgerichts (AP), seit 1954;
- Warneyer, Rechtsprechung des Bundesgerichtshofes in Zivilsachen (WarnRspr), seit 1963.

Sonstige Gerichte:
- Entscheidungen des Bayerischen Obersten Landesgerichtes in Zivilsachen (BayObLGZ), fortgeführt seit 1872;
- Entscheidungen der Oberlandesgerichte (OLGZ), seit 1965;
- Entscheidungen des Obersten Gerichtshofes für die britische Zone in Zivilsachen (OGHZ), 1949–1950;
- Höchstrichterliche Entscheidungen in Zivilsachen (HEZ), 1948–1950.

IX. Zeitschriften

Es erscheinen nicht mehr:
- Archiv für Bürgerliches Recht (ArchBürgR oder BürgA), 1888–1919;
- Blätter für Rechtsanwendung, anschl. Seufferts Blätter für Rechtsanwendung, 1836–1913;
- Das Recht (Recht), 1897–1944, begründet von Soergel;
- Deutsche Juristenzeitung (DJZ), 1896–1936, herausgegeben von Liebermann;
- Deutsche Rechtszeitschrift (DRZ), 1946/47–1950; vereinigt mit JZ
- (Gruchots) Beiträge zur Erläuterung des deutschen Rechts (Gruchot Beitr. oder Gruchot), 1857–1933;
- (Grünhuts) Zeitschrift für das Privat- und öffentliche Recht (GrünhutsZ oder Grünhut) 1874–1916;
- Juristische Analysen (JurA), 1969–1971;

- Juristische Wochenschrift (JW), 1872–1939, Zeitschrift des Anwaltvereins;
- (Jherings) Jahrbücher für die Dogmatik des bürgerlichen Rechts (JherJb oder DogmJ), begründet von Jhering, 1857–1942;
- Leipziger Zeitschrift für Deutsches Recht (LZ), 1907–1933;
- Sächsisches Archiv für Rechtspflege (SächsArch), herausgegeben von Degen und Warneyer, 1906–1923;
- Süddeutsche Juristenzeitung (SJZ), 1946–1950; vereinigt mit JZ
- Zeitschrift für Rechtspflege in Bayern, 1905–1934.

Aus der Zeit des Nationalsozialismus:
- Deutsche Justiz (DJ), mit Monatsbeilage „Recht" (Organ des Reichsjustizministeriums, 1933–1945);
- Deutsches Recht (DR), Zentralorgan des NSRB, 1931–1945, vereinigt ab 1933 als Ausgabe A mit JW;
- Zeitschrift der Akademie für deutsches Recht (ZAkdR), 1934–1944.

Gegenwärtig erscheinende Zeitschriften:
- Arbeit und Recht (ArbuR), seit 1953;
- Archiv für die civilistische Praxis (ArchZivPr oder AcP), seit 1818;
- Der Betrieb (DB oder Betr), seit 1948;
- Der Betriebsberater (BB), seit 1946;
- Deutsche Notarzeitschrift (DNotZ), 1933–1944, vorher Zeitschrift des deutschen Notarvereins, 1901–1933, erscheint wieder seit 1950;
- Der Deutsche Rechtspfleger (Rpfleger), seit 1948/49, (vorher Zeitschrift des Bundes Deutscher Justizamtmänner bzw. Deutsche Rechtspflege von 1931–1944);
- Deutsche Richterzeitung (DRiZ), 1909–1935, erscheint wieder seit 1950;
- Gewerblicher Rechtsschutz und Urheberrecht (GRuR), seit 1896;
- GmbH-Rundschau (GmbH-Rdsch), seit 1963;
- Jura, seit 1979;
- Juristenzeitung (JZ), seit 1951, vereinigte SJZ und DRZ;
- Juristische Arbeitsblätter (JA), seit 1969;
- Juristische Rundschau (JR), 1925–1935, erscheint wieder seit 1947;
- Juristische Schulung (JuS), seit 1961; mit JuS-Schriftenreihe
- Justizministerialblatt für das Land Nordrhein-Westfalen (JMBl NW), seit 1947;
- Monatsschrift für Deutsches Recht (MDR), seit 1947;
- Niedersächsische Rechtspflege (NdsRpfl), seit 1947, herausgegeben vom Niedersächsischen Ministerium der Justiz;
- Neue juristische Wochenschrift (NJW), seit 1947/48; mit NJW-Schriftenreihe
- Rabels Zeitschrift für ausländisches und internationales Privatrecht (RabelsZ), seit 1927;
- Recht der Arbeit (RdA), seit 1948;
- Schleswig-Holsteinische Anzeigen (SchlHA), 1837–1941, erscheint wieder seit 1946, herausgegeben jetzt vom Justizministerium des Landes Schleswig-Holstein;
- Versicherungsrecht, Juristische Rundschau für die Individualversicherung, (VersR), seit 1950;
- Wertpapier-Mitteilungen (WM), seit 1947;

- Zeitschrift für Arbeitsrecht (ZfA), seit 1970;
- Zeitschrift für das gesamte Familienrecht (FamRZ), seit 1962, vorher Ehe und Familie im privaten und öffentlichen Recht, 1954–1962;
- Zeitschrift für das gesamte Handelsrecht und Wirtschaftsrecht (ZHR), 1858–1944, 1948ff, von 1907–1961 auch für Konkursrecht;
- Zeitschrift für Rechtspolitik (ZRP), seit 1968;
- Zeitschrift für Unternehmens- und Gesellschaftsrecht (ZGR), seit 1972;
- Zeitschrift für Wirtschaftsrecht und Insolvenzpraxis (ZIP), seit 1980;
- Zeitschrift für Zivilprozeß (ZZP), 1879–1943, erscheint wieder seit 1950/51.

ERSTER TEIL
Personen

§ 8
Grundbegriffe

I. Rechtsfähigkeit
Rechtsfähigkeit ist die Fähigkeit, als **Rechtssubjekt** auf der aktiven oder passiven Seite des Rechtsverhältnisses zu stehen, d. h. Träger von Rechten und Pflichten zu sein. Davon ist die Fähigkeit zu unterscheiden, Rechtsmacht auszuüben und den Rechtspflichten nachzukommen.

Mangelt es an dieser Fähigkeit, so wird die Rechtsmacht durch einen gesetzlichen Vertreter ausgeübt (Eltern, Vormund); andererseits verantwortet auf der Pflichtenseite das Rechtssubjekt das Verschulden des gesetzlichen Vertreters (§ 278). Stets treten die *Rechtswirkungen* jedoch bei dem Rechtsträger ein. Wegen des dadurch bedingten Risikos schützt bei gesetzlicher Vertretung das Gesetz den Geschäftsunfähigen bzw. den beschränkt Geschäftsfähigen durch das Erfordernis der vormundschaftsgerichtlichen Genehmigung (§§ 1643, 1821, 1822).

Rechtsfähigkeit steht nach deutschem bürgerlichem Recht *jedem Menschen* zu. Das ist ein nach den heutigen Anschauungen selbstverständlicher Grundsatz, der sich mittelbar aus § 1 ergibt.

> Andererseits steht die Rechtsfähigkeit nur dem Menschen zu; daher ist die Erbeinsetzung eines Tieres nicht möglich; allenfalls kann der Erblasserwille als Auflage für den Erben gedeutet werden.

Die Rechtsfähigkeit steht ferner gewissen Organisationen zur Erreichung allgemeiner menschlicher Zwecke, den *juristischen Personen* zu. Zwei Gruppen kommen hier in Betracht: mit Rechtsfähigkeit ausgestattete *Personenverbände* (Staat, Vereine) und *Zweckvermögen* (Stiftungen).

Eine natürliche Person kann nicht auf ihre Rechtsfähigkeit verzichten oder sie durch Rechtsgeschäft beschränken. Eine Einschränkung der Rechtsfähigkeit kennt das BGB nur im Bereich der juristischen Personen; so ist z. B. der Verein im Zustand der Liquidation nur noch im Rahmen des Abwicklungszweckes rechtsfähig (§ 49 II); dem nichtrechtsfähigen Verein wird teilweise die Stellung eines rechtsfähigen Vereins zugebilligt (§ 50 II ZPO).

II. Handlungsfähigkeit

75 Von der Rechtsfähigkeit ist die Fähigkeit des Rechtssubjektes zu unterscheiden, durch eigenes Handeln Rechtswirkungen hervorzurufen.

Hierzu unterscheidet das Gesetz die **Geschäftsfähigkeit**, d. h. die Fähigkeit, durch Rechtsgeschäfte Rechtswirkungen herbeizuführen, und die **Deliktsfähigkeit**, d. h., die Fähigkeit, für sein Handeln Verantwortung zu tragen.

Darüber hinaus kennt das Gesetz einen Bereich, der weder den Rechtsgeschäften noch den Delikten zuzurechnen ist, die sog. *Rechtshandlungen im engeren Sinne*. Im Bereich dieser Rechtshandlungen gibt es sog. geschäftsähnliche Handlungen, auf die die Vorschriften über die Geschäftsfähigkeit entsprechend angewandt werden. Hingegen sind Realakte rein tatsächliche Handlungen oder Vorgänge.

III. Subjektlose Rechte

76 Die Frage, ob es Rechte ohne Subjekt geben kann, ist umstritten. Das Problem würde sich bei einem Nachlaß stellen, wenn – wie im römischen Recht (vgl. D 38,9,1) – die Zuordnung des Nachlasses von der Annahme durch den Erben abhängig gemacht wäre und in der Zwischenzeit eine herrenlose Vermögensmasse existierte *(hereditas iacens)*. Das BGB hat durch die Regelung der §§ 1922, 1942 das Entstehen einer Zwischenphase ausgeschlossen. Trotzdem bleiben Fälle übrig, etwa wenn ein Verein nach Abschluß der Liquidation nicht mehr besteht, sich nachträglich aber noch Vermögen findet. Handelt es sich um eine Aktiengesellschaft, so sind erneut Liquidatoren einzusetzen (§ 273 IV AktG). Denkbar ist auch, daß ein Eigentümer, weil er die Lasten nicht mehr tragen will, das Eigentum an einem Grundstück, das seinerseits herrschendes Grundstück einer Grunddienstbarkeit (§ 96) ist, aufgibt (§ 928). In diesem Fall steht die Grunddienstbarkeit mangels eines Eigentümers des herrschenden Grundstücks keinem Rechtssubjekt zu. Es entsteht ein *„objektiver Rechtsbestand"* (so v. Tuhr I § 2 VII), an dem zur Zeit ein subjektives Recht mangels eines Berechtigten nicht existiert. Die Zwischenphase der Subjektlosigkeit bleibt bestehen, auch wenn man ausgehend vom Begriff des subjektiven Rechts (dazu unten Rdn. 217) auf die Gebundenheit für die Zwecke des künftig Berechtigten abstellt (anders Enn./Nipperdey § 75 III und Lehmann/Hübner § 11 IV; für die Annahme eines subjektlosen Rechts: Lange/Köhler § 13 I 2; Wolff/Raiser § 63 I; weitere Nachweise bei Hohner Subjektlose Rechte, 1969, S. 64 Anm. 1).

1. ABSCHNITT
Natürliche Personen

§ 9
Beginn und Ende der Rechtsfähigkeit

FABRICIUS Relativität der Rechtsfähigkeit, 1963; GEILEN Das Leben des Menschen in den Grenzen des Rechts, FamRZ 1968, 121 ff; HELDRICH Der Deliktsschutz des Ungeborenen, JZ 1965, 593 ff; HÖLDER Natürliche und juristische Personen, 1905; HUSSERL Rechtssubjekt und Rechtsperson, AcP 127, 129 ff; LAUFS Haftung für Nachkommenschaftsschäden nach § 823 BGB, NJW 1965, 1053 ff; SAERBECK Beginn und Ende des Lebens als Rechtsbegriffe, 1974; SCHMIDT, R. Der Schutz der Leibesfrucht, JZ 1952, 167 ff; SCHÖNFELD Rechtsperson und Rechtsgut im Lichte des Reichsgerichts, Festschrift Reichsgericht, II, 1929, 191 ff; SELB Schädigung des Menschen vor der Geburt – ein Problem der Rechtsfähigkeit? AcP 166, 76 ff; STOLL Zur Deliktshaftung für vorgeburtliche Gesundheitsschäden, Festschrift Nipperdey, I, 1965, 739; STRÄTZ Zivilrechtliche Aspekte der Rechtsstellung des Toten unter besonderer Berücksichtigung der Transplantation, 1971; WOLF/NAUJOKS Anfang und Ende der Rechtsfähigkeit des Menschen, 1955.

I. Beginn der Rechtsfähigkeit

Die Rechtsfähigkeit beginnt mit der *Vollendung* der Geburt (§ 1). **77**
Das setzt voraus:
– *völliges Ausscheiden* aus dem Mutterleib (Durchtrennen der Nabelschnur ist unnötig).
– *Leben*, wenn auch nur für einen Augenblick. Die medizinische Wissenschaft legt auf den Beginn der Atmungstätigkeit entscheidendes Gewicht (sog. Lungenprobe); die Fähigkeit, das Leben fortzusetzen, ist nicht erforderlich.
– Geburt eines *Menschen*. Menschliche Gestalt ist nicht Erfordernis. Die Abstammung entscheidet. – Mißgeburten, die von Menschen abstammen, gelten danach als rechtsfähig, mögen sie sich vom Durchschnitt auch noch so sehr unterscheiden. Es fehlt auch an Sonderbestimmungen über Zwitter und Hermaphroditen; das Gesetz kennt nur männliches und weibliches Geschlecht, das überwiegende Geschlecht entscheidet.

II. Ende der Rechtsfähigkeit

Die Rechtsfähigkeit endet mit dem *Tode*. Das Gesetz hat in § 1922 nur für **78**
die vermögensrechtlichen Folgen eine Regelung getroffen. Postmortale Wirkungen können auch im Rahmen des Persönlichkeitsrechts in Betracht kommen (vgl. unten Rdn. 112).
Der Zeitpunkt des Todes ist insbesondere im *Erbrecht* von Bedeutung. Das zeigt sich in dem Fall, wenn Mutter und Kind bei der Geburt versterben.

Verstirbt die *Mutter zuerst,* so erbt das Kind nach § 1924 und der Ehemann nach § 1931. Verstirbt alsdann das Kind, so erbt dessen Vermögen nach § 1925 der Ehemann. Verstirbt das *Kind zuerst,* so würde dessen Vermögen nach § 1925 an Mutter und Vater fallen; beim anschließenden Versterben der Mutter würde der Ehemann nur einen Teil erhalten (§ 1931) und der andere Teil gem. § 1925 an die Eltern der Mutter fallen (beachte zur Frage des Vorversterbens die Vermutung gleichzeitigen Todes in § 11 Verschollenheitsgesetz). Darüber hinaus ist der Todeszeitpunkt für *höchstpersönliche Rechtsverhältnisse* von Bedeutung (vgl. §§ 613, 1061).

Der Zeitpunkt ist nach den *Lehren der medizinischen Wissenschaft* zu bestimmen. Durch die neueren Möglichkeiten der Medizin, Lebensfunktionen zu verlängern, ist jedoch die Bestimmung des Todeszeitpunktes problematisch geworden. Eine Klarstellung ist abgesehen vom Strafrecht auch für das Zivilrecht wegen der möglichen haftungs- und erbrechtlichen Folgen geboten.

Vgl. die „Entscheidungshilfen des Wissenschaftlichen Beirates der Bundesärztekammer zur Feststellung des Hirntodes"; JZ 1983, 594 ff.

III. Die rechtliche Stellung der Leibesfrucht

79 Die Leibesfrucht (der Embryo) entbehrt nach § 1 der Rechtsfähigkeit. Die ausnahmslose Durchführung dieses Grundsatzes würde zu unbilligen Ergebnissen führen. Das zur Zeit des Erbfalles schon erzeugte, aber noch nicht geborene Kind würde z. B. nicht miterben. Deshalb hat schon das römische Recht dem *nasciturus* den Anteil an der Erbschaft vorbehalten und den Embryo insoweit als Rechtsträger behandelt, aber nur für den Fall seiner Geburt *(nasciturus pro iam nato habetur, quoties de commodis eius agitur).* Auch heute genießt die Leibesfrucht besonderen Schutz:

Die Abtreibung wird vom *Strafrecht* nur unter begrenzten Voraussetzungen (Indikationen) für straffrei erklärt (§§ 218ff StGB).

Privatrechtlich werden die Interessen der Leibesfrucht durch eine Reihe von Sondervorschriften berücksichtigt:

Gewisse Rechte werden ihr vorbehalten und entstehen im Fall späterer Geburt. Bis dahin liegt eine rechtliche Gebundenheit vor, die zum vollen Recht wird, wenn das Kind zur Welt kommt. Namentlich fallen der Leibesfrucht *Erbschaft, Nacherbschaft, Vermächtnis* an, sie gilt, wenn sie hinterher als Rechtsträger geboren wird, als vor dem Erbfall geboren (§ 1923 II, § 2108 und § 2178). Der *Unterhalt* eines nichtehelichen Kindes kann schon vor der Geburt sichergestellt werden (§ 1615o). Vgl. ferner § 2043 (Aufschub der Erbauseinandersetzung), § 844 II (Ersatzanspruch aus der schuldhaften Tötung des Unterhaltspflichtigen).

Vermächtnisse und Nacherbeneinsetzungen können auch zugunsten eines im Zeitpunkte des Erbfalls *noch nicht Erzeugten* angeordnet werden (§ 2101, § 2162 II, § 2178, vgl. auch § 2176). Ein Versprechen kann auch zugunsten eines noch nicht erzeugten Dritten gültig abgegeben werden (§ 331 II).

Natürliche Personen: Beginn und Ende der Rechtsfähigkeit §9 IV

Besondere Fragen ergeben sich im Rahmen der **Deliktshaftung für vorgeburtliche Gesundheitsschäden**. Hier ist zu unterscheiden zwischen der Einwirkung auf die reifende Frucht nach der Erzeugung und der Schädigung der Mutter, die sich auf das später erzeugte Kind auswirkt (BGHZ 8, 243ff). In beiden Fällen wird nunmehr im Wege der adäquaten Kausalität auf die Schädigung der mit der Geburt entstehenden Rechtspersönlichkeit abgestellt (BGHZ 58, 48ff vgl. zum Schrifttum: STOLL aaO; SELB aaO; HELDRICH aaO).

Zur Wahrung der künftigen Rechte der Leibesfrucht oder eines noch nicht Erzeugten kann ein *Pfleger,* namentlich ein Nachlaßpfleger, bestellt werden (§§ 1912, 1913).

Vom Anspruch des Kindes ist der Anspruch der Eltern auf Ersatz von Vermögensaufwendungen für ein behindertes Kind zu unterscheiden (BGHZ 86, 240 ff).

IV. Die Beweislast für Geburt, Leben und Tod einer Person in einem bestimmten Zeitpunkt hat der, welcher daraus Rechte für sich ableitet. Den Beweis erleichtern die von den Standesbeamten geführten *Personenstandsbücher,* worin Geburten, Heiraten und Todesfälle – namentlich auch deren Zeitpunkt – eingetragen werden. Man unterscheidet das *Geburtenbuch* (§§ 16 ff PStG), das *Heiratsbuch* (§§ 9ff PStG), das *Familienbuch* (§§ 12ff PStG) und das *Sterbebuch* (§§ 32ff PStG).

80

Die Geburt eines Kindes ist innerhalb einer Woche anzuzeigen. Dazu sind in folgender Reihenfolge verpflichtet: 1. der Vater, 2. die Hebamme, 3. der Arzt, 4. wer aus eigener Wissenschaft unterrichtet ist, 5. die Mutter, sobald sie dazu in der Lage ist (§ 17 PStG). Bei Geburten in Entbindungsanstalten trifft die Anzeigepflicht die Anstalt (§§ 18f PStG). Der Tod ist spätestens am nächsten Werktag anzuzeigen. Anzeigepflichtig sind: 1. das Familienhaupt, 2. der Inhaber der Wohnung, worin der Tod erfolgt ist, 3. jede aus eigener Wissenschaft unterrichtete Person (§ 33 PStG). Bei Todesfällen in Krankenanstalten trifft die Anzeigepflicht die Anstalt (§ 34 PStG).

Die Bücher und deren Auszüge beweisen die beurkundeten Tatsachen, zu deren Beurkundung sie bestimmt sind, bis zum Nachweis der Fälschung oder unrichtigen Eintragung oder Unrichtigkeit der zugrunde liegenden Anzeigen und Feststellungen (§§ 60, 66 PStG).

Lehnt der Standesbeamte die Vornahme einer Amtshandlung ab, kann er auf Antrag der Beteiligten oder der Aufsichtsbehörde zur Vornahme angehalten werden. Der Standesbeamte kann auch seinerseits in Zweifelsfällen die Entscheidung des Amtsgerichts herbeiführen (§ 45 PStG).

Die Einsichtnahme in die Personenstandsbücher ist begrenzt. Personen, die nicht Ehegatten, Vorfahren und Abkömmlinge sind, müssen ein berechtigtes Interesse glaubhaft machen (§ 61 PStG).

Die Register haben sich im Anschluß an die Kirchenbücher entwickelt. In Frankreich traten an deren Stelle 1792 die von Staatsbeamten *(maires)* geführten Zivilstandsregister, die im Gebiet des französischen Rechts in Geltung blieben. Während des Kulturkampfes wurde die Beurkundung für das ganze Reich eingeführt durch das PStG vom 6.2.1875; es gilt jetzt in der Fassung vom 8.8.1957.

V. Verschollenheit

ARNOLD Kommentar zum Verschollenheitsrecht, 1951; STREBEL Die Verschollenheit als Rechtsproblem, 1954; VOGEL Verschollenheitsrecht, 1949 mit Nachtrag 1951; VÖLKER Das neue Verschollenheitsrecht, 1951.

81 In Fällen, in denen das Ende der Rechtspersönlichkeit nicht feststeht, greift das *Verschollenheitsgesetz* vom 15.1.1951 ein, das an die Stelle der §§ 13 bis 20 BGB getreten ist.

1. Das Gesetz stellt folgende Vermutungen auf:
a) Eine *Todesvermutung,* nur bei Verschollenheit und nur auf Grund einer Todeserklärung, die selbst wieder ein vorhergegangenes Aufgebotsverfahren voraussetzt. Die Todeserklärung begründet die Todesvermutung für den festgestellten Todeszeitpunkt (§ 9 VerschG).

b) Eine *Lebensvermutung*, ebenfalls nur für Verschollene. Sie greift für Verschollene Platz, wenn es zur Todeserklärung kommt *(abhängige* Lebensvermutung). Da der die Todeserklärung aussprechende Beschluß den Zeitpunkt des Todes feststellt, folgt daraus denknotwendig die Vermutung, daß der Verschollene bis dahin gelebt habe. Sie greift für Verschollene aber auch ganz *unabhängig* von einem eingeleiteten Todeserklärungsverfahren ein und gilt bis zu dem Zeitpunkt, der im Falle der Todeserklärung als Todeszeitpunkt festzustellen wäre (§ 10 VerschG). Von da ab fehlt jede Vermutung; Leben oder Tod nach diesem Zeitpunkt müssen bewiesen werden; zur Feststellung des Todes müssen die Beteiligten dann doch das Todeserklärungsverfahren einleiten.

c) Die *Vermutung gleichzeitigen Todes* (sog. Kommorienz), wenn nicht bewiesen werden kann, daß von mehreren gestorbenen oder für tot erklärten Menschen der eine den anderen überlebt hat (§ 11 VerschG).

2. Todeserklärung

82 a) **Voraussetzungen**. *Verschollen* ist, wessen Aufenthalt während längerer Zeit unbekannt ist, ohne daß Nachrichten darüber vorliegen, ob er in dieser Zeit noch gelebt hat oder gestorben ist, sofern nach den Umständen hierdurch ernstliche Zweifel an seinem Fortleben begründet werden (§ 1 I VerschG). Verschollenheit darf nicht mit Abwesenheit gleichgesetzt werden, auch nicht mit Nachrichtenlosigkeit. Sie ist vielmehr ein Zustand des Vermißtwerdens.

Natürliche Personen: Beginn und Ende der Rechtsfähigkeit §9 V 2

Ablauf einer bestimmten *Verschollenheitsfrist:* Das Gesetz unterscheidet hier zwei Arten der Verschollenheit mit verschiedenen Fristen:

Gewöhnliche Verschollenheit (§ 3 VerschG). Die Frist beträgt 10 Jahre und beginnt mit dem Schluß des Jahres, in dem der Verschollene nach den vorhandenen Nachrichten zuletzt gelebt hat. Die Frist verkürzt sich auf 5 Jahre für Personen, die zur Zeit der Todeserklärung das achtzigste Lebensjahr vollendet hätten. Vor dem Ende des Jahres, in dem der Verschollene das fünfundzwanzigste Lebensjahr vollendet hätte, darf er auf Grund der allgemeinen Verschollenheit des § 3 I VerschG nicht für tot erklärt werden (§ 3 II VerschG).

Gefahrverschollenheit. Da die Verschollenheit mit einem bestimmten lebensgefährdenden Ereignis begonnen hat und dadurch die Wahrscheinlichkeit des Todes erhöht ist, sind die *Fristen abgekürzt:*

aa) Bei der *Kriegsverschollenheit* (§ 4 VerschG) für die Angehörigen irgendeiner bewaffneten Macht, die als Teilnehmer am Krieg oder einem kriegsähnlichen Unternehmen während dessen Dauer im Gefahrengebiet vermißt worden und seitdem verschollen geblieben sind. Gleichgestellt sind Personen, die sich bei der bewaffneten Macht in Erfüllung einer besonderen Aufgabe, also nicht bloß zufällig, aufhalten, wie z. B. Krankenpfleger, Pressevertreter. – Frist: ein Jahr seit Friedensschluß oder auch Schluß des letzten Kriegsjahres (§ 4 VerschG).

> Das Gesetz zur Änderung von Vorschriften des Verschollenheitsrechts vom 15.1.1951 (BGBl I, 59) trat für die Fälle des letzten Krieges an die Stelle der §§ 4 bis 8 VerschG. Nach Art. 2 § 1 kann jeder, der vor dem 1.7.1948 im Zusammenhang mit Ereignissen oder Zuständen des letzten Krieges vermißt worden und seitdem unter Umständen, die ernstliche Zweifel an seinem Fortleben begründen, verschollen ist, für tot erklärt werden.

bb) Bei der *Seeverschollenheit* für Personen, die bei einer Fahrt auf See, insbesondere infolge Untergang des Schiffes, verschollen sind. – Frist: 6 Monate seit dem Schiffsuntergang oder dem die Verschollenheit begründenden Ereignis (§ 5 VerschG).

cc) Bei der *Luftverschollenheit* für Personen, die bei einem Fluge, insbesondere infolge Zerstörung des Flugzeugs, verschollen sind. – Frist: 3 Monate (§ 6 VerschG).

dd) Bei der *sonstigen Gefahrverschollenheit* für Beteiligte an einer sonstigen Lebensgefahr, wie Theaterbränden, Hochgebirgswanderungen usw. – Frist: 1 Jahr seit dem Ende oder mutmaßlichen Ende der Lebensgefahr (§ 7 VerschG).

b) Das **Verfahren** ist ein solches der **freiwilligen Gerichtsbarkeit** und unterliegt den Vorschriften des FGG sowie der §§ 14–38 VerschG. Zuständig ist das Amtsgericht des Wohnsitzes des Verschollenen, bei Seeverschollenheit infolge Schiffsuntergang das AG des Heimathafens (§ 15 VerschG), hilfsweise das AG Berlin-Schöneberg (§ 15 b VerschG). Das Verfahren wird auf Antrag eingeleitet. Antragsberechtigt sind der Staatsanwalt, der gesetzliche Vertreter, der Ehegatte, die ehelichen oder gleichgestellten Abkömmlinge, die Eltern des Verschollenen sowie jeder andere, der ein rechtliches Interesse an der Todeserklärung hat, z. B. Erbe oder Gläubiger (§ 16 VerschG). Das Gericht erläßt ein Aufgebot mit einer Frist von mindestens 6 Wochen und regelmäßig nicht mehr als einem Jahr (§§ 19–21 VerschG). In dem Beschluß, durch den der Verschollene für tot erklärt wird, ist der Todeszeitpunkt festzustellen, und zwar der Zeitpunkt, der nach den gesamten Umständen der wahrscheinlichste ist (§ 9 II VerschG). Nur, wenn sich ein solcher nicht angeben läßt, ist ein vom Gesetz bestimmter mutmaßlicher Zeitpunkt festzustellen (vgl. zu den Einzelheiten: § 9 III VerschG).

84 c) **Wirkungen**. Die Todeserklärung begründet nur die Vermutung des Todes in dem im Beschluß festgestellten Zeitpunkt. Sie wirkt sofort für und gegen alle, kann aber durch jeden Interessenten und jedes Beweismittel entkräftet werden. Die Todeserklärung führt namentlich zur Eröffnung der *Erbfolge* in den Nachlaß des Verschollenen.

Während es im allgemeinen den Beteiligten überlassen ist, den der Vermutung entsprechenden Rechtszustand herzustellen, wirkt darüber hinaus die Todeserklärung im *Familienrecht* unmittelbar wie der Tod selbst. Wird das Mündel oder der Abwesende für tot erklärt, so endet das Amt des Vormunds oder Pflegers (§§ 1884 II, 1921 III). Andererseits enden die Ämter des Vormunds, Gegenvormunds, Pflegers usw. (analog zu § 1884 II, da § 1885 II durch FamRÄndG von 1961 aufgehoben) im Falle einer Todeserklärung für den Inhaber, sofern nicht das Vormundschaftsgericht bereits aus Anlaß der Verschollenheit den Vormund usw. gem. § 1886 entlassen hatte. Mit dem festgestellten Todeszeitpunkt erlöschen (Wiederherstellung zulässig!) die elterliche Gewalt des für tot Erklärten (§ 1677) und die Gütergemeinschaft (§ 1494 II). Die Ehe des fälschlich für tot Erklärten bleibt zunächst bestehen, wird aber durch eine neue Heirat aufgelöst, es sei denn, daß beide Gatten der neuen Ehe wissen, daß der für tot Erklärte die Todeserklärung überlebt hat, § 38 EheG. Jedoch hat der wiederverheiratete Ehegatte – nicht der fälschlich für tot Erklärte – unter den Voraussetzungen des § 39 EheG die Möglichkeit, die Aufhebung der neuen Ehe zu begehren.

Der *Gegenbeweis gegen die Richtigkeit der Todesvermutung* ist selbstverständlich dadurch geführt, daß der Verschollene zurückkehrt. Dann kann er sein Vermögen durch eine der Erbschaftsklage entsprechende Klage vom Besitzer herausverlangen (§ 2031, vgl. aber zugunsten gutgläubiger Dritter § 2370 mit §§ 2366, 2367). Der Gegenbeweis kann aber auch von jedem anderen Interessenten, z. B. der Lebensversicherungsgesellschaft im Prozeß mit der vermeintlichen Witwe geführt werden. Der Gegenbeweis kann nicht bloß dahin geführt werden, daß der Verschollene noch lebt, sondern auch dahin, daß er in einem anderen Zeitpunkt verstorben ist, als im Beschluß angenommen wurde.

3. Auch in den Fällen, in denen von einer Verschollenheit nicht gesprochen werden kann, da der Tod nach den Umständen nicht zweifelhaft ist (§ 1 II VerschG), ist es bedeutsam, den *Zeitpunkt des Todes* festzustellen. Daher sieht das Gesetz in §§ 39ff VerschG ein besonderes Verfahren vor. Der Feststellungsbeschluß begründet die jederzeit widerlegbare Vermutung, daß der Tod in dem festgestellten Zeitpunkt eingetreten ist (§ 44 II VerschG).

85

§ 10
Rechtlich erhebliche Eigenschaften und Zustände

I. Geschlecht

Entsprechend dem Grundsatz in Art. 3 II GG hatte zunächst das Gleichberechtigungsgesetz die wesentlichen Unterschiede in der Behandlung von Mann und Frau beseitigt (vgl. oben Rdn. 13). In letzter Konsequenz hat das 1. EheRG vom 14.6.1976 die Gleichberechtigung durch Änderung der §§ 1355, 1356, 1357, 1360, 1360a, 1361 durchgeführt; dementsprechend wurden auch die Scheidungsfolgen in den §§ 1569 ff einschließlich der versorgungsrechtlichen Bestimmungen neu geregelt.

86

II. Staatsangehörigkeit

1. Die Staatsangehörigkeit hat in erster Linie für das *öffentliche Recht* Bedeutung. Für die Bundesrepublik Deutschland gilt das Reichs- und Staatsangehörigkeitsgesetz von 1913 mit verschiedenen Änderungen; maßgebend ist insbesondere Art. 116 GG mit Staatsangehörigkeitsregelungsgesetzen.

87

2. Die Staatsangehörigkeit ist andererseits ein besonders wichtiger Anknüpfungspunkt für das *deutsche internationale Privatrecht* (vgl. Art. 7, 13–25 EGBGB, § 12 VerschG); s. oben Rdn. 36.

3. Für das *materielle Privatrecht* wird grundsätzlich kein Unterschied zwischen In- und Ausländern gemacht (RGZ 111, 375, 378).
Ausnahmsweise wird ein Ausländer privatrechtlich nicht gleichgestellt:
a) Nach Art. 88 EGBGB kann das Landesrecht den Grundstückserwerb von staatlicher Genehmigung abhängig machen. Dies gilt jedoch nicht für Angehörige der EG-Staaten (Gesetz vom 2.4.1964, BGBl I, 248).
b) Ausländer sollen eine Ehe nicht eingehen, bevor sie ein Ehefähigkeitszeugnis ihrer ausländischen Behörde beigebracht haben (§ 10 EheG).

III. Stand

88 Die historischen Standesvorrechte des *Adels* waren bereits unter der Weimarer Reichsverfassung aufgehoben worden. Lediglich der Vorbehalt für die Familienfideikommisse in Art. 59 EGBGB blieb noch wirksam, gilt jedoch nach dem Gesetz vom 28.12.1968 (BGBl I, 1451) als aufgehoben. (Zur Problematik der Familienstiftungen, die in ihren Funktionen Familienfideikommissen nahekommen, vgl. DÄUBLER Zur aktuellen Bedeutung des Fideikommißverbots, JZ 1969, 499 ff).

Die Zugehörigkeit zu einem bestimmten *Berufsstand* kann Sonderrechte bedingen, so insbesondere im HGB für Kaufleute; aber auch das BGB berücksichtigt in einzelnen Fällen die Zugehörigkeit zu einem bestimmten Beruf, so für Militärpersonen, Beamte, Geistliche und Lehrer (z. B. in §§ 411, 570, vgl. ferner §§ 9 und 839).

IV. Religion

89 Aus der Zugehörigkeit oder Nichtzugehörigkeit zu einem religiösen Bekenntnis darf keinem ein Nachteil erwachsen (Art. 3 III, 4 I, 33 III GG). Jedoch wird dadurch die Rücksichtnahme auf das religiöse Bekenntnis auf dem Gebiet des Erziehungsrechts nicht ausgeschlossen (vgl. §§ 1779, 1801).

Über die *religiöse Erziehung* bestimmt nach § 1 des Gesetzes über die religiöse Kindererziehung von 1921 (RelKErzG) die freie Einigung der Eltern, soweit ihnen Recht und Pflicht zustehen, für die Person des Kindes zu sorgen. Die Einigung ist jederzeit widerruflich und wird durch den Tod eines Ehegatten gelöst. Besteht eine solche Einigung nicht oder nicht mehr, so gelten auch für die religiöse Erziehung die Vorschriften des BGB über das Recht und die Pflicht, für die Person des Kindes zu sorgen. Es kann jedoch während bestehender Ehe von keinem Elternteil ohne die Zustimmung des anderen bestimmt werden, daß das Kind in einem anderen als dem zur Zeit der Eheschließung gemeinsamen Bekenntnis oder in einem anderen Bekenntnis als bisher erzogen, oder daß ein Kind vom Religionsunterricht abgemeldet werden soll. Wird die Zustimmung nicht erteilt, so kann die Vermittlung oder Entscheidung des Vormundschaftsgerichts beantragt werden. Für die Entscheidung sind, auch soweit ein Mißbrauch im Sinne des § 1666 nicht vorliegt, die Zwecke der Erziehung maßgebend. Vorher zu hören sind die Ehegatten, erforderlichenfalls Verwandte sowie das Kind, das das 10. Lebensjahr vollendet hat. Nach der Vollendung des 14. Lebensjahres steht dem Kind die Entscheidung darüber zu, zu welchem religiösen Bekenntnis es sich halten will. Hat das Kind das 12. Lebensjahr vollendet, so kann es nicht gegen seinen Willen in einem anderen Bekenntnis als bisher erzogen werden.

Die Ablegung der *Klostergelübde*, die nach kanonischem Recht Unfähigkeit zu Vermögensrechten und nach Preußischem Allgemeinen Landrecht den bürgerlichen Tod zur Folge hatte, zieht keine Minderung der Rechtsfähigkeit nach sich; ebensowenig eine solche der Handlungsfähigkeit (RGZ 97, 122,

Natürliche Personen: Rechtlich erhebliche Eigenschaften und Zustände § 10 VI 2

124). Jedoch können die im Arbeits- und Dienstverhältnis entwickelten Grundsätze für die Verpflichtung zur Übertragung von Nutzungsrechten im urheberrechtlichen Bereich auf das Verhältnis von Ordensangehörigen zum Orden in besonderem Maße entsprechende Anwendung finden (vgl. BGH LM Nr. 1 zu § 43 UrhG – „Hummelentscheidung").

V. Ehre

Da es eine rechtliche Ehrenminderung im Sinne des Verlustes der bürgerlichen Ehrenrechte nicht mehr gibt, sind auch ihre privatrechtlichen Folgen entfallen. Das BGB stellt jedoch noch auf den ehrlosen Lebenswandel ab, der nach § 2333 Nr. 5 Anlaß sein kann, einem Abkömmling den Pflichtteil zu entziehen. Über den Schutz der Ehre vgl. unten § 12. 90

VI. Lebensalter

Das Recht muß auf die geistige und willensmäßige Entwicklung des Menschen Rücksicht nehmen. Hierbei läßt es die Rechtssicherheit nicht zu, die Entscheidung auf die Prüfung des einzelnen Falles abzustellen, sondern muß nach Möglichkeit an äußerlich erkennbare Tatsachen anknüpfen. Hier bieten sich die Stufen des Lebensalters an. Maßgeblich ist hierbei der Schutz des Kindes bzw. des Minderjährigen. 91

1. *Das BGB unterscheidet hinsichtlich Geschäfts- und Deliktsfähigkeit drei Altersstufen:* das Kindesalter bis zum vollendeten 7. Lebensjahre (§§ 104 Nr. 1, 828 I); die Minderjährigkeit bis zum vollendeten 18. Lebensjahr. Von da ab tritt die Volljährigkeit ein (§ 2).

2. *Die rechtliche Bedeutung.*

a) Das Kind und der Minderjährige stehen unter *elterlicher Gewalt* (§ 1626) oder erhalten einen *Vormund* (§ 1773).

b) Die *Geschäftsfähigkeit* fehlt Kindern völlig, sie sind geschäftsunfähig (§ 104 Nr. 1). Minderjährige über 7 Jahre sind beschränkt geschäftsfähig (§§ 106, 107).

c) Die *Deliktsfähigkeit* fehlt völlig den Kindern unter 7 Jahren. Vom 18. Lebensjahr an besteht sie grundsätzlich. Zwischen dem 7. und 18. Lebensjahr muß im einzelnen Fall untersucht werden, ob der Täter die zur Erkenntnis der Verantwortlichkeit erforderliche Einsicht hatte (§ 828).

d) Sonstige bedeutsame Altersstufen:

– *Fünftes Lebensjahr*
Die Änderung des Familiennamens der Mutter des nichtehelichen Kindes erstreckt sich auf dessen Geburtsnamen nur noch dann, wenn es sich der Namensänderung anschließt (§ 1617 II).

– *Zehntes Lebensjahr*
Bei einer Änderung des religiösen Bekenntnisses ist das Kind anzuhören (§§ 2f RelKErzG).

– *Zwölftes Lebensjahr*
Eine Konfessionsänderung kann nicht mehr gegen den Willen des Kindes erfolgen (§ 5 S. 2 RelKErzG).

– *Vierzehntes Lebensjahr*
Der Minderjährige kann strafrechtlich zur Verantwortung gezogen werden (§ 19 StGB). Das Jugendgerichtsgesetz behandelt ihn bis zum 18. Lebensjahr als Jugendlichen, bis zum 21. Lebensjahr als Heranwachsenden (§§ 1, 3 JGG).

Der nichteheliche Minderjährige kann die Erklärung, daß sich die Änderung des Familiennamens seiner Mutter auch auf den eigenen Geburtsnamen erstrecken soll, nur noch selbst abgeben; er bedarf jedoch hierzu der Zustimmung seines gesetzlichen Vertreters (§ 1617 II 2).

Der Minderjährige muß selbst mit Zustimmung seines gesetzlichen Vertreters in eine Adoption einwilligen (§ 1746 I). Bis zum Ausspruch der Adoption kann der Minderjährige seine Einwilligung auch ohne Zustimmung des gesetzlichen Vertreters widerrufen (§ 1746 II).

Bei der Legitimation erstreckt sich der von den Eltern zu führende Ehename auf den Geburtsnamen eines minderjährigen Abkömmlings nur, wenn er sich der Namensänderung durch Erklärung anschließt (§ 1720).

Vor der Entscheidung über die Regelung der Personen- und Vermögenssorge hat das Vormundschaftsgericht das minderjährige Mündel anzuhören (§ 50 b II FGG).

Das Mündel kann Antrag auf Entlassung des Vormunds stellen (§ 1887 II).

In seine Ehelichkeitserklärung kann der Minderjährige nur noch selbst einwilligen; er bedarf jedoch hierzu der Zustimmung seines gesetzlichen Vertreters (§ 1729 I 2).

Der Minderjährige kann das religiöse Bekenntnis wechseln (§ 5 RelKErzG).

Ein minderjähriges nichteheliches Kind kann die Einwilligung in seine Einbenennung nur selbst erteilen, jedoch bedarf es der Zustimmung seines gesetzlichen Vertreters (§ 1618 II).

– *Sechzehntes Lebensjahr*
Der Minderjährige ist testierfähig (§ 2229 I).

Ein Minderjähriger kann auf Antrag ehemündig werden, sofern sein Ehepartner volljährig ist (§ 1 II EheG).

– *Achtzehntes Lebensjahr*
Es wird die Fähigkeit erworben, zum Vormund bestellt zu werden (§ 1781 Nr. 1).

Die Regelunterhaltspflicht des unehelichen Vaters endet mit dem 18. Lebensjahr des Kindes (§ 1615 f I).

– *Einundzwanzigstes Lebensjahr*
Ein nichteheliches Kind ist berechtigt, von seinem Vater den vorzeitigen Erbausgleich zu verlangen. Der Anspruch endet mit Vollendung des 27. Lebensjahres (§ 1934 d I).

– *Fünfundzwanzigstes Lebensjahr*
Eine Todeserklärung aufgrund des allgemeinen Verschollenheitstatbestandes ist möglich (§ 3 II VerschG).

Bei der Annahme an Kindes statt durch ein Ehepaar muß ein Ehegatte das 25. Lebensjahr, der andere Ehegatte das 21. Lebensjahr vollendet haben (§ 1743 I). Wer ein Kind allein annehmen will, muß das 25. Lebensjahr vollendet haben (§ 1743 II). Bei der Adoption seines nichtehelichen Kindes oder des Kindes seines Ehegatten muß der Annehmende das 21. Lebensjahr vollendet haben (§ 1743 III).

– *Sechzigstes Lebensjahr*
Man darf die Übernahme der Vormundschaft bzw. der Pflegschaft ausschlagen
(§§ 1786 I Nr. 2, 1915).
– *Achtzigstes Lebensjahr*
Die allgemeine Verschollenheitsfrist verkürzt sich auf 5 Jahre (§ 3 I VerschG).

VII. Gesundheit

1. **Körperliche Gebrechen** (Stummheit, Taubheit, Blindheit usw.) haben keine Beschränkung der Rechts- und Geschäftsfähigkeit zur Folge. Sie können aber ein tatsächliches Hindernis für die Vornahme gewisser Geschäfte bilden. Mit Rücksicht darauf kann dem Gebrechlichen für alle oder einzelne Angelegenheiten ein Pfleger bestellt werden – aber nur mit seiner Einwilligung und ohne, daß seine Handlungsfähigkeit im Rechtssinn dadurch geschmälert würde (§ 1910). Auch die Deliktsfähigkeit wird durch körperliche Gebrechen nicht aufgehoben, ausgenommen für Taubstumme, die wie Minderjährige von 7–18 Jahren behandelt werden (§ 828 II 2). Gebrechlichkeit ist ein Grund zur Ablehnung der Vormundschaft (§ 1786 Nr. 4). Außerdem nimmt das Beurkundungsgesetz Rücksicht bei der Beteiligung von behinderten Personen (§§ 22 ff BeurKG).

92

2. **Geistige Gebrechen** haben größere Bedeutung wegen ihres stärkeren Einflusses auf Denk- und Willensvermögen. Das Gesetz unterscheidet die *rein tatsächliche geistige Erkrankung* von der *durch Entmündigung festgestellten Geisteskrankheit oder Geistesschwäche*.
Bei *krankhafter Störung der Geistestätigkeit* ist die Willenserklärung unter der Voraussetzung des § 104 Nr. 2 auch ohne Entmündigung nichtig, wobei auf den krankhaften Zustand gerade im Augenblick der Abgabe der Willenserklärung abzustellen ist.
Nach Durchführung der Entmündigung gilt für den *rechtsgeschäftlichen Bereich* eine *generelle Regelung,* wobei das Gesetz jedoch zwischen Geisteskrankheit und Geistesschwäche unterscheidet (vgl. §§ 104 Nr. 3; 105 einerseits und § 114 andererseits). Im *deliktischen Bereich* bleibt es jedoch bei der *konkreten Beurteilung* (§ 827).
Für die *Abgrenzung zwischen Geistesschwäche und Geisteskrankheit* ist der Grad der Abnormität maßgebend, je nachdem, welchen Einfluß nach ärztlichem Gutachten die Krankheit auf die freie Willensbestimmung hat (RGZ 130, 69, 71). Geistesschwäche wird als der leichtere Grad dann anzunehmen sein, wenn die Willensbildung der eines Minderjährigen über sieben Jahre entspricht.

3. **Entmündigung**
a) Das Gesetz sieht folgende Fälle vor:
aa) **Geisteskrankheit und Geistesschwäche**. Dabei handelt es sich um geistige Störungen, denen zufolge der Betroffene seine Angelegenheiten nicht zu besorgen vermag.

93

§ 10 VII 3   Erster Teil. Personen

bb) **Verschwendungssucht** ist der Hang zur sinn- und zwecklosen Vermögensvergeudung oder auch nur zu unverhältnismäßigen Ausgaben und Schulden wie z. B. übertriebener Wohltätigkeit (RG Recht 1908 Nr. 1319). Sie begründet die Entmündigung jedoch nur, wenn der Verschwender sich oder seine Familie der Gefahr des Notstands aussetzt (§ 6 I Nr. 2).

cc) **Trunksucht** ist eine krankhafte, unwiderstehliche Neigung zum Genuß berauschender, alkoholischer Getränke. Gleichgestellt ist der Genuß von **Rauschgiften**. Beide begründen die Entmündigung, wenn der Betroffene seine Angelegenheiten nicht zu besorgen vermag oder sich oder seine Familie der Gefahr des Notstands aussetzt oder die Sicherheit anderer gefährdet (§ 6 I Nr. 3).

b) Die Entmündigung erfolgt durch Beschluß des Amtsgerichts. Das **Verfahren** (§§ 645 ff ZPO) unterliegt der *Offizialmaxime* (§ 653 ZPO). Antragsberechtigt sind der Ehegatte und unter den Einschränkungen des § 646 I ZPO Verwandte, darüber hinaus der Staatsanwalt (§ 646 II ZPO) und das Landesjugendamt gem. § 69 V JWG.

Bei einem Antrag auf Entmündigung wegen Geisteskrankheit kann wegen Geistesschwäche entmündigt werden (RGZ 50, 203, 206). Ob andererseits bei einem Antrag auf Entmündigung wegen Geistesschwäche wegen Geisteskrankheit entmündigt werden kann, ist streitig (zulässig nach RG JW 1900, 867; OLG Köln OLGE 4, 5f; dagegen OLG Hamm MDR 1971, 582).

Der die Entmündigung aussprechende *Beschluß* ist durch Klage beim Landgericht *anfechtbar;* der Entmündigte selbst ist zur Erhebung der Klage befugt (§ 664 ZPO). Ein aufhebendes Urteil beseitigt rückwirkend den Beschluß des Amtsgerichtes mit der Folge des § 115. Die *Anfechtungsklage* kann lediglich darauf gestützt werden, daß die Voraussetzungen der Entmündigung bei Erlaß des Beschlusses nicht vorgelegen haben.

Sind die *Voraussetzungen später weggefallen,* so ist nur ein *Aufhebungsverfahren* möglich (§§ 675 ff ZPO). Der Aufhebungsbeschluß zeitigt jedoch nur Wirkungen ex nunc, § 115 kann nicht eingreifen. Auch hier ist der Entmündigte neben anderen zum Antrag berechtigt.

c) **Wirkungen**. Der wegen *Geisteskrankheit* Entmündigte wird *geschäftsunfähig* (§ 104 Nr. 3). Die Entmündigung in den *anderen Fällen* zieht *beschränkte Geschäftsfähigkeit* nach sich (§ 114). Vorübergehende Zustände normaler Geistestätigkeit *(lucida intervalla)* finden keine Berücksichtigung. Andererseits kann bei einem beschränkt Geschäftsfähigen die Geschäftsunfähigkeit gem. § 104 Nr. 2 gegeben sein (RG JW 1907, 737). Weitere Rechtsfolgen der Entmündigung ergeben sich unter anderem im Familienrecht (§§ 2, 3 EheG und § 1780).

Wenn ein Antrag auf Entmündigung gestellt ist, kann der Volljährige unter *vorläufige Vormundschaft* gestellt werden (§ 1906).

Besteht wegen geistiger Gebrechen ein Schutzbedürfnis nur für einen *Kreis von Angelegenheiten,* so kann statt der Entmündigung das Gericht von Amts wegen – wenn auch grundsätzlich nicht ohne Einwilligung des Betroffenen (§ 1910 III) – einen *Pfleger* bestellen (§§ 1910 II, 1915 I). Die Pflegschaft hat keine Auswirkung auf die Geschäftsfähigkeit (BGHZ 35, 1,5).

VIII. Wohnsitz

1. Der Wohnsitz ist der räumliche Schwerpunkt der Lebensverhältnisse einer Person. Das Gesetz knüpft an ihn eine Reihe von **Rechtsfolgen** an: 94
Er ist Leistungsort für das Schuldverhältnis (§§ 269f). Nach ihm bestimmt sich der allgemeine Gerichtsstand (§§ 13ff ZPO) und die Zuständigkeit des Konkurs- und Vergleichsgerichts (§ 71 KO), sowie die Zuständigkeit im Bereich der freiwilligen Gerichtsbarkeit (z. B. §§ 36ff, 43b, 73 FGG) und die Zuständigkeit des Standesbeamten für die Eheschließung. In vielen Fällen knüpft das internationale Privatrecht an den Wohnsitz an, um das maßgebende sachliche Recht zu bestimmen (vgl. Art. 8, 15 II, 16 I, 24 II, 25 EGBGB).

Das öffentliche Recht geht vom Wohnsitzbegriff des BGB aus, jedoch gelten im Steuerrecht Besonderheiten.

2. Der Wohnsitz ist *entweder* ein *freigewählter* (Ort der ständigen Niederlassung) oder ein vom Gesetz (ohne Rücksicht auf den Willen) bestimmter, sog. *gesetzlicher Wohnsitz.*

a) Der **gewillkürte Wohnsitz** wird durch die ständige Niederlassung an einem Ort begründet (§ 7 I). Die *tatsächliche Niederlassung* reicht nicht aus; dazu muß der *Wille* kommen, den Ort zum Schwerpunkt der Lebensinteressen zu machen. Dadurch grenzt sich der Wohnsitz von dem Aufenthaltsort ab. Ein solcher Wille kann insbesondere bei Ausbildungs- und Arbeitsverhältnissen fehlen.

Auch die *Aufgabe* des Wohnsitzes erfordert neben der Aufhebung der Niederlassung einen entsprechenden Aufgabewillen; die Auflösung des Haushaltes allein genügt nicht (§ 7 III).

Begründung und Aufgabe sind *Rechtshandlungen,* keine Rechtsgeschäfte, da die Rechtsfolgen eintreten, auch wenn der Wille zur Niederlassung sie nicht mitumfaßt. Gleichwohl erfordern Begründung und Aufgabe *unbeschränkte Geschäftsfähigkeit,* sog. geschäftsähnliche Handlung. Wegen der weittragenden Rechtsfolgen bestimmt das Gesetz, daß Geschäftsunfähige oder beschränkt Geschäftsfähige ohne den Willen des gesetzlichen Vertreters einen Wohnsitz weder begründen noch aufheben können (§ 8 I). Jedoch kann ein Minderjähriger, der verheiratet ist oder war, selbst einen Wohnsitz begründen oder aufheben (§ 8 II).

b) Ein **gesetzlicher Wohnsitz** wird vom Gesetz ohne Rücksicht auf ständige Niederlassung zugewiesen:

Soldaten haben ihren Wohnsitz am Standort (§ 9). Das gilt aber nicht für Soldaten, die nur aufgrund der Wehrpflicht Wehrdienst leisten oder selbständig einen Wohnsitz nicht begründen können.

Beamten ist kein gesetzlicher Wohnsitz zugewiesen, sie haben ihren Wohnsitz so zu nehmen, daß der Dienst nicht beeinträchtigt wird (vgl. § 74 BBG). *Rechtsanwälte* haben ihren Wohnsitz innerhalb des Oberlandesgerichtsbezirks zu nehmen (§ 27 BRAO). *Notaren* wird ein bestimmter Ort als Amtssitz zugewiesen (§ 10 BNotO).

c) Ein **Kind** teilt den Wohnsitz der Eltern (§ 11). Haben diese getrennte Wohnsitze, so hat das Kind einen doppelten Wohnsitz (so: BGHZ 48, 228 ff). Steht jedoch einem Elternteil das Recht zur Personensorge nicht zu, so hat das Kind nur den Wohnsitz des anderen Elternteils (§ 11 S. 1, 2. Hs.). Steht keinem Elternteil das Recht zu, dann teilt das Kind kraft Gesetzes den Wohnsitz derjenigen Person, der dieses Recht zusteht (§ 11 S. 2). Das Kind behält den Wohnsitz, bis es ihn rechtsgültig aufhebt (§ 11 S. 3).

§ 11
Namensrecht

BAUR, J. Zum Namensschutz im deutschen und internationalen Privatrecht unter besonderer Berücksichtigung des Handelsnamens, AcP 167, 535 ff; v. BERNSTORFF Das Recht des Familiennamens in der neueren Rechtsprechung, NJW 1961, 633 ff; v. BUCH Name, Ehename und Kennzeichen, JZ 1974, 445 ff; DIEDERICHSEN Das Recht der Vornamensgebung, NJW 1981, 705 ff; ELSTER Namensrecht, HdwbRw IV, 173 ff; FABRICIUS Extensive Anwendung des § 12 BGB, JR 1972, 15 ff; FICKER Das Recht des bürgerlichen Namens, 1950; KRÜGER-NIELAND Anwendungsbereich und Rechtsnatur des Namensrechts, Festschrift R. Fischer, 1979, 399 ff; LINDENMAIER Namens- und Firmenschutz im Geschäftsverkehr, BB 1953, 629 ff; OPET Das Namensrecht des Bürgerlichen Gesetzbuches, AcP 87, 313 ff.

95 I. Das Namensrecht ist ein **Persönlichkeitsrecht**. Es will das Interesse der einzelnen Persönlichkeit an einem Kennzeichen schützen, das ermöglicht, ihre sozialen Lebensäußerungen von denen anderer zu unterscheiden. In der Form eines absoluten Rechts gewährleistet es dem Namensträger jedermann gegenüber das Recht, den ihm zustehenden Namen zu gebrauchen und andere am unberechtigten Gebrauch zu hindern, § 12.

Den zustehenden Namen bei Namensungewißheit feststellen zu lassen, ermöglicht das Gesetz über die Änderung von Familiennamen und Vornamen vom 5.1.1983 nebst Durchführungsverordnung vom 7.1.1938 sowie das Änderungs- und Ergänzungsgesetz vom 29.8.1961 mit Allgemeiner Verwaltungsvor-

Natürliche Personen: Namensrecht § 11 III

schrift vom 8.5.1963, indem es in § 8 dem Innenminister die Befugnis überträgt, bei Namensungewißheit den Familiennamen eines deutschen Staatsangehörigen (oder auch eines Staatenlosen, der seinen Wohnsitz oder gewöhnlichen Aufenthalt im Deutschen Reich hat) auf Antrag eines Beteiligten mit allgemeinverbindlicher Wirkung festzustellen.

II. Erwerb des Namens

Der Erwerb des Namensrechts fällt zusammen mit dem des Namens. Für die herkömmlichen Namensbestandteile, Familiennamen und Vornamen gilt verschiedenes. **96**

1. Der **Familienname** wird erworben entweder nach bürgerlichem Recht oder Verwaltungsrecht.
   Nach *bürgerlichem Recht* erwirbt man den Namen:
   Durch *Abstammung* (§§ 1616 f), *Einbenennung* (§ 1618), *Legitimation* (§ 1719), *Ehelichkeitserklärung* (§§ 1736, 1740f, g).
   Durch *Heirat*. Nach § 1355 führen die Ehegatten einen gemeinsamen Familiennamen (Ehenamen). Zum Ehenamen können sie den Geburtsnamen des Mannes *oder* den der Frau wählen. Treffen sie keine Bestimmung, ist Ehename der Geburtsname des Mannes. Der Ehegatte, dessen Geburtsname nicht Ehename wird, kann durch Erklärung gegenüber dem Standesbeamten dem Ehenamen seinen Geburtsnamen oder den zur Zeit der Eheschließung geführten Namen voranstellen. Der verwitwete oder geschiedene Ehegatte behält den Ehenamen, er kann aber seinen früheren Namen wieder annehmen.
   Bei der *Annahme als Kind* erhält der Adoptierte den Namen des Adoptierenden (§ 1757 I). Vom Gericht kann dem neuen Namen der alte Name des Angenommenen *zugefügt* werden (§ 1757 II). Eine Zufügung ist – wie erwähnt – auch dann möglich, wenn der Ehegatte, dessen Name nicht Ehename wird, seinen Namen dem Ehenamen voranstellt. Darüber hinaus ist eine Zufügung von Namen unzulässig. Doch kann die Annahme eines Doppelnamens im Wege obrigkeitlicher Namensänderung da gestattet werden, wo wirtschaftliche Interessen, Familienbeziehungen oder ähnlich wichtige Gründe dies angezeigt erscheinen lassen (§ 3 I NamÄndG).
   Nach dem *Personenstandsgesetz* bestimmt die zuständige *Verwaltungsbehörde* bei Findelkindern und nicht feststellbarem Personenstand den Familien- und den Vornamen (§§ 25 II, 26 PStG).

2. Den **Vornamen** legt bei, wer für die Person des Kindes zu sorgen hat (Vater, Mutter, Vormund) – gefolgert aus § 1626.

III. Namensänderungen

Willkürliche Änderungen sind unstatthaft; auch die Vornamen können nach der Eintragung ins Geburtsregister nicht beliebig geändert werden. Nach dem NamensänderungsG vom 5.1.1938, § 6, kann die höhere Verwaltungsbehörde **97** die Änderung des Familiennamens zulassen, wenn ein wichtiger Grund vorliegt. Die Änderung des im Geburtenbuch eingetragenen Vornamens unterliegt der Genehmigung der unteren Verwaltungsbehörde (§ 11 NamÄndG). Die Änderung des Familiennamens erstreckt sich auch auf die unter elterlicher Gewalt stehenden Kinder, bei Frauen auch auf die nichtehelichen Kinder (§ 4 NamÄndG).

98 IV. Streitig ist, ob und inwieweit eine **Namensführungspflicht** besteht. Hinsichtlich des bürgerlichen Namens folgt sie aus den Vorschriften des öffentlichen Rechts, den Bestimmungen des PStG und des NamÄndG; hinsichtlich der Firma aus §§ 17 und 29 HGB. Als Ordnungswidrigkeit wird nur die falsche Namensangabe gegenüber einer zuständigen Behörde oder einem zuständigen Beamten geahndet (§ 111 OWiG). Ein privatrechtlicher Anspruch von Privatpersonen gegenüber anderen Privatpersonen auf Führung eines bestimmten Namens ist nur in Ausnahmefällen anzuerkennen; so kann ein Ehegatte von dem anderen mit der Herstellungsklage die Führung des Ehenamens verlangen (§§ 1353, 1355).

V. Schutz

Das Namensrecht kann nach § 12 in zwei Fällen **klageweise geltend gemacht werden**:

99 1. Zum Schutz des *Eigengebrauchs,* wenn dem Berechtigten das Recht zum Gebrauch bestritten wird. Das kann wörtlich oder tatsächlich geschehen, z. B. durch Abreißen des Türschilds; auch wenn der Mann seiner zur Führung des Ehenamens berechtigten geschiedenen Ehefrau stets unter ihrem Mädchennamen schreibt.

100 2. Zum Schutz gegen *Fremdgebrauch,* aber nur gegen den, der den gleichen Namen **unbefugt gebraucht** und dadurch das Interesse des Berechtigten verletzt. Eine Verwechslungsgefahr ist nicht erforderlich (BGHZ 15, 107, 111).

Nach der Rechtsprechung ist der Gebrauch eines fremden Namens nicht bloß dann unbefugt, wenn jemand diesen Namen als seinen eigenen gebraucht, sondern auch dann, wenn er ihn *zur Bezeichnung seines Geschäfts oder seiner Ware verwendet* (RGZ 74, 308; BGH LM Nr. 21 zu § 12). Der Name kann jedoch seine individuelle Kennzeichnungsfunktion verlieren, wenn er Gattungsbezeichnung geworden ist (RGZ 69, 310ff „Liberty"; vgl. aber RGZ 100, 182ff „Gervais").

Ein unbefugter Namensgebrauch kann auch in der Verwendung eines fremden Namens zur Bezeichnung eines Tieres oder einer in *literarischen oder bildnerischen Erzeugnissen* dargestellten Figur liegen. Doch genügt die bloße Benutzung des Namens ohne Beziehung auf einen bestimmten Namensträger nicht. Erforderlich ist weiter, daß die Verwendung in schutzwürdige Interessen verletzender Weise geschieht; vgl. KG JW 1921, 1551; RG DJZ 1906, 543 (Professor „Biedermann"); RG JW 1939, 153f, wo die Verwendung eines

Namens zur Bezeichnung einer Romanfigur als unzulässig bezeichnet wird, wenn bei der Mehrzahl der Leser der Eindruck erweckt wird, ein bestimmter Namensträger habe der Romanfigur zum Vorbild gedient. Ausscheiden sollen die Fälle, bei denen es sich um eine zeitgeschichtliche Darstellung handelt (LG Berlin JW 1929, 451). Ein solcher Namensmißbrauch wird nach der Anerkennung des allgemeinen Persönlichkeitsrechtes als Verletzung dieses Rechtes anzusehen sein, womit die Frage, ob über die vermögensrechtlichen Interessen hinaus die persönlichen schutzwürdig sind, positiv entschieden ist (vgl. dazu BGHZ 30, 7; zur früheren Rechtslage RGZ 74, 308; 101, 231; 114, 93; BGHZ 8, 318).

Nach RGZ 108, 230 soll § 12 gegenüber dem, der einem Dritten, nicht sich, einen anderen Namen beilegt, regelmäßig unanwendbar sein; ein Ehemann hatte seine Geliebte, mit der er in einem Gasthof abgestiegen war, unter dem Namen seiner Ehefrau ins Gästebuch eingetragen (anders die überwiegende Meinung; vgl. SOERGEL/HEINRICH § 12 Rdn. 174 m.w.N.). In einem widerspruchslosen Dulden der Benennung kann aber ein Gebrauch des fremden Namens durch den Benannten gefunden werden (RG JW 1930, 1722).

Dagegen ist aus § 12 kein Anspruch des Namensträgers herzuleiten, daß der den gleichen Familiennamen Führende sich zur Vermeidung von Verwechslungen dieses Namens nur in Verbindung mit seinem Vornamen oder einem Unterscheidungsmerkmal bediene (RG JW 1911, 572). Anderes gilt nach §§ 30, 37 HGB im Firmenrecht, wonach bei gleichlautenden Firmennamen im Ortsbereich zur Unterscheidung Zusätze beigefügt werden müssen (§ 30 HGB). Weitergehende Ansprüche können sich aus § 16 UWG ergeben, der den Namensschutz des § 12 ergänzt und selbst gegen den befugten Gebrauch eines Namens, einer Firma usw. einen Unterlassungsanspruch gewährt, wenn dadurch eine **Verwechslungsgefahr** hervorgerufen wird (zur Verhältnismäßigkeit vgl. BAUMBACH/HEFERMEHL § 16 UWG Rdn. 155). Das RG unterschied, ob die Aufnahme des diese Gefahr begründenden Familiennamens in die jüngere Firma nach den Vorschriften des Firmenrechts vermieden werden kann (so nach § 24 HGB, § 4 AktG, § 4 GmbHG), oder ob sie notwendig ist (so bei Neugründung einer Einzelfirma § 18 HGB). Der ältere Firmeninhaber kann also z. B. die Beseitigung des bürgerlichen Namens in der Firma des jüngeren Wettbewerbers verlangen, wenn dieser seinen bürgerlichen Namen in die Firma einer GmbH aufnimmt (RGZ 110, 234 „Malzmann"). Das ist nicht der Fall, wenn dieser eine Einzelfirma gründet, in die er nach § 18 HGB seinen Familiennamen mit mindestens einem ausgeschriebenen Vornamen aufnehmen muß (RGZ 116, 209 „Stollwerck"). Das Interesse des alten Namensträgers an der Zurechnung der eigenen Leistung und andererseits des Publikums am Schutz vor Irreführung kann grundsätzlich nicht dazu führen, daß sich der neue Namensträger seines ihm zustehenden bürgerlichen Namens nicht bedienen darf (BGHZ 4, 96). Es kann jedoch verlangt werden, daß er, wenn er sich seines Namens bedient, die Verwechslungsgefahr durch besonders **deutliche Unterscheidungszusätze** – soweit eben zumutbar – ausschließt (BGHZ 14, 155

„Farina", wenn ausdrücklich festgestellt wird, daß die Benutzung des Familiennamens ohne einen die Verwechslungsgefahr ausschließenden wörtlichen Unterscheidungszusatz die Unterlassungsklage nach § 12 BGB und § 16 UWG rechtfertigt; vgl. auch BGH JZ 1951, 513).

Der Verwendung des Namens in der Firma des Einzelkaufmanns entspricht die Verwendung des Namens des einzigen persönlich haftenden Gesellschafters einer Kommanditgesellschaft nach § 19 II HGB; auch hier kann die Aufnahme des Namens nicht untersagt, jedoch müssen Unterscheidungszusätze verlangt werden (RGZ 165, 271).

Andererseits bedeutet die Aufnahme des Namens in eine Firma keinen Verzicht des Kaufmanns auf sein am Namen bestehendes Persönlichkeitsrecht. Der Namensträger muß daher in jedem Falle in die Verwendung seines Namens bei Fortführung der Firma bzw. Weiterbenutzung eines den Namen enthaltenden Warenzeichens einwilligen (BGHZ 32, 103).

101 3. Der **Schutz** des Namensrechts geht auf **Beseitigung der Beeinträchtigung** (durch Löschung des Warenzeichens, RGZ 54, 42; Entfernung des Namens auf dem Ladenschild, Berichtigung, öffentliche Anerkennung bei Bestreiten usw.) und, wenn weitere Beeinträchtigungen zu erwarten sind, auf **Unterlassung**. Der Unterlassungsanspruch setzt nur Rechtswidrigkeit des Eingriffs, nicht aber Verschulden voraus.

Der Unterlassungsanspruch nach § 12 ist zusammen mit § 1004 das **Modell** für den allgemeinen Unterlassungsanspruch zum Schutz absoluter Rechte (vgl. zum allgemeinen Unterlassungsanspruch unten Rdn. 298 ff).

Schadensersatzansprüche können nach § 823 I gegeben sein, da das Namensrecht als *absolutes Recht* angesehen wird. Der Schadensersatzanspruch setzt jedoch *Verschulden* des Verletzers voraus. Neben § 823 I, der die Verletzung des § 12 voraussetzt, kann sich ein Schadensersatzanspruch aus § 826 ergeben (BGH BB 1953, 369f).

Erlangt der Verletzer durch den Eingriff in das Namensrecht Vermögensvorteile, so steht dem Berechtigten ein Bereicherungsanspruch gem. § 812 I 1 2. Alt. (Eingriffskondiktion) zu (BGHZ 81, 75 ff).

VI. Ausdehnung des Namensschutzes

102 1. Obwohl § 12 systematisch für natürliche Personen vorgesehen ist, findet er auch auf **juristische Personen** entsprechende Anwendung (RGZ 74, 114; 109, 213; 115, 401; BGHZ 11, 214; BGH BB 1953, 369). Das gilt insbesondere für den rechtsfähigen, aber auch für den nichtrechtsfähigen Verein (RGZ 78, 101; OLG München JW 1925, 2150).

> § 12 gilt auch für *juristische Personen des öffentlichen Rechts*. So kann der unbefugte Gebrauch des Namens einer Stadtgemeinde in der Bezeichnung eines Theaters als Stadttheater oder einer Apotheke als Stadtapotheke liegen (RGZ 101,

Natürliche Personen: Namensrecht   § 11 VI 5

169; RG JW 1927, 117). Eine Universität kann gegen einen Kaufmann vorgehen, der sich der Firma „Universitätsdrogerie" bedient. Zur Benutzung von Gemeindenamen in Werbetexten vgl. BGH NJW 1963, 2267.

2. Auch die **Firmenbezeichnung** kann neben §§ 30, 37 HGB bzw. § 16 UWG und § 24 WZG den Schutz des § 12 genießen, da § 12 über den in diesen Vorschriften erfaßten Bereich hinausgeht (vgl. für die Firma des Einzelkaufmanns: OLG Hamburg HRR 1928 Nr. 1550; KG JW 1928, 367; für die OHG: RGZ 114, 90; für die GmbH: BGH LM Nr. 16 zu § 12).

3. Ebenso ist die rechtsähnliche Ausdehnung zum Schutz von *Wappen* zulässig; so wenn das Ortswappen einer Stadtgemeinde auf der Ausstattung eines gewerblichen Erzeugnisses angebracht wird (RGZ 71, 262; RG JW 1924, 1711).

4. Auch die sog. *„Telegrammadresse"* erfährt analogen Rechtsschutz, RGZ 102, 89 („Eka-Werk"); ebenso *schlagwortartige Abkürzungen,* RGZ 109, 213 („Kwatta"); 117, 215 („Eskimo"); BGHZ 11, 214; 15, 107 („Koma"). Es soll jede Unternehmenskennzeichnung geschützt werden, die im Verkehr Namensfunktion hat (BGHZ 34, 91).

5. Die entsprechende Anwendung auf das **Pseudonym**, d. h. den **Decknamen**, der zur Kennzeichnung (Individualisierung) gewisser Lebensäußerungen (schriftstellerischer, künstlerischer Betätigung) bestimmt ist, wird bejaht, wenn der Deckname in weiteren Kreisen als Bezeichnung eines bestimmten Künstlers oder Schriftstellers gilt, wenn er also die Persönlichkeit für einen größeren Kreis kennzeichnet. Bereits das RG hat ausdrücklich anerkannt (RGZ 101, 226, 230; zustimmend BGHZ 30, 7), daß die Decknamen von Künstlern und Schriftstellern den Schutz des § 12 genießen, da für ihre Führung dasselbe Schutzbedürfnis bestehe, und daß das Recht auf den Künstlernamen dem Namensträger auch verbleibt, wenn er die künstlerische Tätigkeit nicht mehr ausübt, da sich an den Decknamen der gute Ruf knüpfe.

Mit der Benutzung eines Decknamens kann in das Namensrecht eines anderen eingegriffen werden (RG WarnRspr. 1930 Nr. 148).

Auf die *Gültigkeit eines Rechtsgeschäfts* oder die *Zulässigkeit der Klage* ist es ohne Einfluß, daß die Partei mit einem von ihrem bürgerlichen Namen abweichenden Decknamen bezeichnet ist (vgl. BAUMBACH/LAUTERBACH/HARTMANN Grundz § 50 Anm. 2A).

Auch zugunsten *historischer Grundstücks- und Gebäudebezeichnungen* wird man dem Eigentümer den Namensschutz des § 12 analog zusprechen dürfen („Richmodishaus" in Köln; vgl. H. LEHMANN, Markenschutz und Wettbewerb XXXI, 353f). Entsprechendes wird für eingebürgerte Hofnamen anzunehmen sein (ENN./NIPPERDEY § 100 V 2e).

§ 12
Das allgemeine Persönlichkeitsrecht

ADLER Die Persönlichkeitsrechte im ABGB, Festschrift zur Jahrhundertfeier des ABGB, 1911, Bd. 2, 163; v. BAR Schmerzensgeld und gesellschaftliche Stellung des Opfers bei Verletzungen des allgemeinen Persönlichkeitsrechts, NJW 1980, 1724 ff; BÖTTICHER Zur Ausrichtung der Sanktion nach dem Schutzzweck der verletzten Privatrechtsnorm, AcP 158, 385, 394 ff; ders., Die Einschränkung des Ersatzes immateriellen Schadens und der Genugtuungsanspruch wegen Persönlichkeitsminderung, MDR 1963, 353; ders., Empfiehlt sich eine Neuregelung der Verpflichtung zum Geldersatz für immateriellen Schaden? Referat, Verhandlungen des 45. DJT, Bd. II, Teil C, 7–29; v. CAEMMERER Der privatrechtliche Persönlichkeitsschutz nach Deutschem Recht, Festschrift F.v. Hippel, 1967, 27 ff; COING Ehrenschutz und Presserecht, Schriftenreihe der juristischen Studiengesellschaft Karlsruhe, Heft 43, 1960; COING/LAWSON/GRÖNFORS Das subjektive Recht und der Rechtsschutz der Persönlichkeit, 1959; DÖLLE Gutachten des Max-Planck-Instituts, Der zivilrechtliche Persönlichkeits- und Ehrenschutz, 1960; ELSÄSSER Die persönliche Intimsphäre, 1969; v. GAMM Persönlichkeits- und Ehrverletzungen durch Massenmedien, 1969; v. GIERKE, O., I, §§ 81 ff und § 52; GROSSFELD Die Privatstrafe, 1961; HABSCHEID Das Persönlichkeitsrecht als Schranke der Wahrheitsfindung im Prozeß, Gedächtnisschrift H. Peters 1967, 840–874; HARTMANN Persönlichkeitsrecht und Schmerzensgeld, NJW 1962, 12 und NJW 1964, 793; HELLE Der Schutz der persönlichen Ehre und des wirtschaftlichen Rufes im Privatrecht, 2. A. 1969; HUBMANN Der zivilrechtliche Schutz der Persönlichkeit gegen Indiskretion, JZ 1957, 521 ff; ders., Das Persönlichkeitsrecht, 2. A. 1967; KAUFMANN, H. Allgemeines Persönlichkeitsrecht und Schmerzensgeld, JuS 1963, 373; KRÜGER-NIELAND Empfiehlt sich eine Neuregelung der Verpflichtung zum Geldersatz für immateriellen Schaden? Referat, Verhandlungen des 45. DJT, Bd. II, Teil C, 31–49; KÜCHENHOFF, G. Persönlichkeitsschutz kraft Menschenwürde, Festschrift Geiger, 1974, 45 ff; LARENZ „Das allgemeine Persönlichkeitsrecht" im Recht der unerlaubten Handlungen, NJW 1955, 521; ders., Verhandlungen zum 42. DJT, 1959, Bd. 2, D, 25 ff; LESSMANN Persönlichkeitsschutz juristischer Personen, AcP 170, 266 ff; NEUMANN/DUESBERG Das gesprochene Wort im Urheber- und Persönlichkeitsrecht, 1949; ders., Abgrenzbarkeit des allgemeinen Persönlichkeitsrechts und sein Schutz nach § 823 Abs. 1 BGB, NJW 1957, 1341; NIPPERDEY Die Würde des Menschen, in: Neumann/Nipperdey/Scheuner Die Grundrechte II, 1954, 1 ff; ders., (mit WIESE) Freie Entfaltung der Persönlichkeit, in Bettermann-Nipperdey, Die Grundrechte IV/2, 1962, 741 ff; ders., in: Verhandlungen des 42. DJT, 1959, Bd. 2, D, 3 ff; NÖRR, D. Zum Ersatz des immateriellen Schadens nach geltendem Recht, AcP 158, 1; REINHARDT Das Problem des allgemeinen Persönlichkeitsrechts, AcP 153, 548 ff; ders., Der Streit um den Persönlichkeitsschutz nach dem Referentenentwurf des BJM, JZ 1959, 41 ff; ders., Persönlichkeitsschutz und Meinungsfreiheit, RuSt, Heft 233, 1961; REMÉ Die Aufgaben des Schmerzensgeldes im Persönlichkeitsschutz, 1962; RÖTELMANN Nichtvermögensschaden und Persönlichkeitsrechte nach schweizerischem Recht, AcP 160, 366 ff; SCHLECHTRIEM Inhalt und systematischer Standort des allgemeinen Persönlichkeitsrechts, DRiZ 1975, 65 ff; ders., Bereicherung aus fremdem Persönlichkeitsrecht, Festschrift W. Hefermehl, 1976, 445–465; SCHÜLE/HUBER Persönlichkeitsschutz und Pressefreiheit, Rechtsgutachten 1961; SCHULZ/SCHAEFFER Das subjektive Recht im

Gebiet der unerlaubten Handlung, 1915; SCHWERDTNER Das Persönlichkeitsrecht in der deutschen Zivilrechtsordnung, 1977; SIEBERT Zur allgemeinen Problematik des Persönlichkeitsrechts, NJW 1958, 1369; SIMON, J. Das allgemeine Persönlichkeitsrecht und seine gewerblichen Erscheinungsformen, 1981; STOLL, H. Empfiehlt sich eine Neuregelung der Verpflichtung zum Geldersatz für immateriellen Schaden? Gutachten, Verhandlungen des 45. DJT, Bd. 1, Teil 1, 1964; ders., Der Persönlichkeitsschutz in der neuesten Entwicklung der verfassungsgerichtlichen Rechtsprechung, Jura 1981, 135ff; SÜSS Geheimsphäre und moderne Technik, Festschrift H. Lehmann, I, 1956, 189ff; WESTERMANN, H. Person und Persönlichkeit als Wert im Zivilrecht, Arbeitsgemeinschaft für Forschung des Landes NRW, Heft 47, 1957; WIESE Der Ersatz des immateriellen Schadens, RuSt 1964, 294, 295; ders., Der Persönlichkeitsschutz des Arbeitnehmers gegenüber dem Arbeitgeber, ZfA 1971, 237ff.

I. Die Rechtsnatur des allgemeinen Persönlichkeitsrechts

Ein allgemeines Persönlichkeitsrecht hat das BGB nicht aufgenommen, vielmehr im Rahmen des Rechts der unerlaubten Handlungen enumerativ einzelne Persönlichkeitsrechte als Rechtsgüter anerkannt. Die Motive (II, 728) betonten, daß die Aufzählung dieser Rechtsgüter im heutigen § 823 I notwendig sei, weil sonst bezweifelt werden müsse, ob diesen „höheren Gütern" der Schutz der Privatrechtsordnung zuteil werde.

103

Damit negierte der Gesetzgeber sich in der wissenschaftlichen Diskussion äußernde Bestrebungen (vgl. insbes. O. v. GIERKE aaO; GAREIS zuerst in: Das juristische Wesen der Autorrechte, sowie des Firmen- und Markenschutzes, Buschs Arch., 35, 185ff; vgl. auch Moderne Bewegungen in der Wissenschaft des deutschen Privatrechts, 1912; und KOHLER vornehmlich in: Das Autorrecht, JherJb. 18, 129ff, 257ff, und Das Recht an Briefen, ArchBürgR 7, 94ff. – Zur Darstellung der geschichtlichen Entwicklung vgl.: M. HERRMANN Der Schutz der Persönlichkeit in der Rechtslehre des 16. bis 18. Jh., 1968; H. KAUFMANN aaO; SCHEYHING AcP 158, 503ff; LEUZE Die Entwicklung des Persönlichkeitsrechts im 19. Jahrhundert, 1962).

Nachdem in der ersten Hälfte des 20. Jahrhunderts die Rechtspraxis (bei geteilter Auffassung im Schrifttum) am Prinzip des Gesetzgebers festgehalten hatte, wird heute das *„allgemeine Persönlichkeitsrecht" als Rechtsposition* bejaht. Zur Begründung nimmt man Bezug auf den allgemeinen Grundsatz des Art. 1 I 2 GG, der die Würde des Menschen zur Maxime aller staatlichen Tätigkeit erhebt, und das demgemäß in Art. 2 GG verfassungsmäßig garantierte Grundrecht auf freie Entfaltung der Persönlichkeit (BGHZ 13, 334, 338). Das BVerfG hat die dahingehende Rechtsprechung des BGH ausdrücklich gebilligt (BVerfGE 34, 269ff; 35, 202, 219f).

Nach überwiegender Meinung wird Art. 1 I GG nicht als Grundrecht aufgefaßt, da sonst diese Bestimmung als selbständiges Recht neben den folgenden Grundrechten stehen würde (a. M. NIPPERDEY aaO, zuletzt Grundrechte IV 2, S. 830ff; ihm folgend: BAGE 4, 274, 281). Zur Frage der Drittwirkung der Grundrechte überhaupt s.o. Rdn. 72.

§ 12 II 3

Allerdings besteht keine einhellige Meinung darüber, ob das „Persönlichkeitsrecht" *unmittelbar im Sinne eines sonstigen Rechts nach § 823 I* zur Anwendung kommen soll (so: BGH in ständiger Rechtsprechung, vgl. BGHZ 24, 72, 77; 26, 349, 354; 27, 284, 286; 30, 7, 11; 35, 363, 365; dem BGH zustimmend insbes. NIPPERDEY aaO), oder ob es zur praktischen Anwendung einer *„Aufspaltung" in einzelne Individualrechte* bedarf (so schon KOHLER JherJb. 18, 258; vgl. heute LARENZ SchR II § 72 III a; ESSER/WEYERS SchR II § 55 I 1; REINHARDT AcP 153, 548; NEUMANN–DUESBERG NJW 1957, 1341). Das wesentliche Argument für die Auffassung, daß eine unmittelbare Anwendung im Sinne des § 823 I zur Auflösung der Grundtatbestände des Deliktsrechts führe, wird in der Gefährdung der Rechtssicherheit erblickt (vgl. insbes. LARENZ NJW 1955, 521 und SchR II, 10. A., § 72 III a; zurückhaltender seit der 11. A.). Dem System des BGB entspricht es unzweifelhaft mehr, aus dem verfassungsrechtlichen Grundsatz fester umrissene Einzelrechte abzuleiten und diese in den Kreis der „sonstigen Rechte" des § 823 I einzugliedern, deren Ausbau mit Recht LARENZ (aaO) als „grundsätzlich möglich und wünschenswert" bezeichnet. Damit würde die Rechtspraxis dem Gesetzgeber, aber auch gewohnheitsrechtlich verfestigten Institutionen folgen. Es mag bezeichnend sein, wenn BGHZ 39, 124, 129 (vgl. auch BGH NJW 1963, 904 und MDR 1964, 136) nunmehr statt vom allgemeinen Persönlichkeitsrecht von „der Ehre" und dem „geschützten privaten Bereich" als Rechtsgut im Sinne von § 823 I spricht (vgl. dazu unten Rdn. 109f). Soweit *gesetzliche Teilregelungen* bestehen, sind sie maßgebend; auf das allgemeine Persönlichkeitsrecht, das freilich auch bei ihnen die Grundlage bildet, braucht dann grundsätzlich nicht zurückgegangen zu werden (so ausdrücklich: BGHZ 30, 7, 11).

II. Gesetzlich anerkannte Einzelrechte

104 Seit längerem sind gewisse Einzelrechte, die dem Schutz von Persönlichkeitsgütern dienen, gesetzlich anerkannt.

1. Hierzu gehört zunächst das *Namensrecht* (vgl. oben § 11).

2. Im § 37 HGB ist das *Firmenrecht* entsprechend dem Namensrecht anerkannt und geregelt. Nach § 37 II HGB kann, wer in „seinen Rechten" dadurch verletzt wird, daß ein anderer eine Firma unbefugt gebraucht, von diesem die Unterlassung des Gebrauchs der Firma verlangen. Ein nach sonstigen Vorschriften begründeter Anspruch auf Schadensersatz bleibt unberührt. Dabei überschneidet sich der Schutz des Firmenrechtes mit dem des Namensrechtes (vgl. auch oben Rdn. 102).

3. Durch § 24 WZG werden Name und Firma gegen den *unbefugten Gebrauch zur Warenbezeichnung* geschützt. Als Warenbezeichnung gilt hierbei auch die Verwendung des Namens und der Firma in geschäftlichen

Natürliche Personen: Das allgemeine Persönlichkeitsrecht §12 II 5

Ankündigungen, Briefen und Rechnungen, die dem Inverkehrbringen von Waren gelten. Durch § 16 UWG werden der Name oder die besondere Bezeichnung eines Erwerbsgeschäftes usw. *auch gegen befugten Gebrauch* geschützt, wenn dadurch eine *Verwechselungsgefahr* hervorgerufen wird (vgl. oben Rdn. 102). Daraus läßt sich ein *Recht an der Warenbezeichnung und sonstigen gewerblichen Bezeichnungsmitteln* ableiten (Kaufhaus des Westens, Hotel Esplanade, AEG, gekreuzte Schlüssel für eine Wach- und Schließgesellschaft).

4. Gesetzliche Regelungen des *Persönlichkeitsschutzes im Rahmen wirtschaftlicher Betätigung* sind weiterhin das *Patentgesetz,* insbesondere § 47, das *Geschmacksmustergesetz,* das den Schutz gewerblicher Muster und Modelle bezweckt (insbes. §§ 5 und 14), und das *Gebrauchsmustergesetz* zum Schutz der Neugestaltung von Arbeitsgerätschaften und Gebrauchsgegenständen (insbes. §§ 15ff); hierzu gehört auch das *Gesetz über Arbeitnehmererfindungen.*

5. Die schöpferische Persönlichkeit im *künstlerischen und wissenschaftlichen Bereich* schützt das *Gesetz über Urheberrecht und verwandte Schutzrechte* (UrhG). Dabei werden persönliche geistige Schöpfungen, die auch in Lichtbild- und Filmwerken sowie in pantomimischen Werken bestehen können, erfaßt (§ 2 UrhG). Das Urheberrecht schützt im Sinne eines grundsätzlich nicht übertragbaren Persönlichkeitsrechtes den Urheber in seiner *geistigen und persönlichen Beziehung zum Werk* und in der *Nutzung* des Werkes (§ 11 UrhG). Der Urheber hat das Recht zu bestimmen, ob und wie sein Werk zu veröffentlichen ist (§ 12 I UrhG); er hat das ausschließliche Recht, sein Werk zu verwerten, insbesondere das Vervielfältigungs-, das Verbreitungs- und Ausstellungsrecht (§§ 15ff UrhG). Gegen Rechtsverletzungen schützen Ansprüche auf Unterlassung und Schadensersatz (§§ 97ff UrhG) sowie strafrechtliche Vorschriften bei vorsätzlicher Verletzung (§§ 106ff UrhG).

105

Das Urheberrechtsgesetz hat die Schutzbestimmungen des Kunsturhebergesetzes von 1907 (KUG), die den *Schutz von Bildnissen* betreffen, nicht aufgehoben (§ 141 Nr. 5 UrhG). Damit bleiben insbesondere die §§ 22–24 KUG, die das *Recht am eigenen Bilde* anerkennen, bestehen; sie gehen von der ausschließlichen Befugnis des Menschen aus, über die Verbreitung und öffentliche Schaustellung seines Bildnisses zu verfügen. Sie erfassen bildliche Darstellungen der Person jeder Art, auch durch den Film und das Fernsehen (vgl. KG JW 1928, 363 in Sachen Wilhelm II. gegen Piscator; hier erstreckte das Kammergericht das Recht am eigenen Bild auch auf die Darstellung einer Persönlichkeit auf der Bühne. Erst recht wird man das Recht am eigenen Bilde auch gegenüber einer Filmdarstellung anzuerkennen haben; vgl. BGHZ 26, 52).

Zur Verbreitung und Schaustellung von Bildnissen ist die *Einwilligung* des Abgebildeten (nach seinem Tode noch 10 Jahre lang die Einwilligung des Ehegatten, der Kinder oder Eltern) erforderlich (§ 22 KUG).

95

Ohne Einwilligung ist die Veröffentlichung gestattet:
(1) wenn er zum Bereich der *Zeitgeschichte* gehört § 23 I Nr. 1 KUG), z. B. Politiker, Sportler, Künstler. Aber auch Personen der Zeitgeschichte brauchen es nicht zu dulden, daß Bilder aus ihrer Privatsphäre veröffentlicht werden (BGHZ 24, 200) oder ihr Bildnis zu Werbezwecken gebraucht wird (BGHZ 20, 345);
(2) ·wenn der Abgebildete nur *Beiwerk* neben einer Landschaft oder Örtlichkeit (§ 23 I Nr. 2 KUG) oder nur *Teil einer größeren Personenmenge* bei Versammlungen, Aufzügen oder ähnlichen Vorgängen ist (§ 23 I Nr. 3 KUG);
(3) wenn ein *höheres Kunstinteresse* die Verbreitung oder Schaustellung rechtfertigt (§ 23 I Nr. 4 KUG).
(4) Die Einwilligung gilt im Zweifel als erteilt, wenn der Abgebildete für die Gestattung der Abbildung *entlohnt* wurde (§ 22 S. 2 KUG).
(5) Ohne Einwilligung ist die Veröffentlichung weiter gestattet, wenn die *Rechtspflege* oder die *öffentliche Sicherheit* es erfordern (Steckbrief, Verbrecheralbum, § 24 KUG; vgl. auch § 81b StPO).
In den Fällen 1–3 erstreckt sich aber die Befugnis nicht auf eine Verbreitung und Schaustellung, durch die ein *berechtigtes Interesse* des Abgebildeten oder, falls er verstorben ist, seiner Angehörigen *verletzt* wird (§ 23 II KUG) – (vgl. BGH NJW 1962, 1004 und die o. a. Entscheidung BGHZ 24, 200ff).

Die Rechtsprechung hat in neuerer Zeit neben den Sondervorschriften des KUG den tatbestandlich umfassenderen Schutz des allgemeinen Persönlichkeitsrechts gewährt und *weitergehende Ansprüche* als in der Sonderregelung zugebilligt (vgl. BGHZ 24, 200ff; 30, 7; BGH WarnRspr. 1974 Nr. 182).

6. Die modernen technischen Mittel zur Datensammlung gefährden das Recht der Persönlichkeit auf Schutz der Privatsphäre. Dieser Gefährdung soll das *Bundesdatenschutzgesetz* vom 27.1.1977 entgegen wirken. Aufgabe des **Datenschutzes** ist es, personenbezogene Daten im Interesse schutzwürdiger Belange der Betroffenen vor Mißbrauch bei ihrer Speicherung, Übermittlung, Veränderung und Löschung (Datenverarbeitung) zu bewahren, § 1 BDSG.

Gemäß § 3 ist die Verarbeitung personenbezogener Daten unzulässig, soweit nicht das BDSG oder ein anderes Gesetz sie erlaubt, oder der Betroffene eingewilligt hat. Jedermann hat ein Recht auf Auskunft über die zu seiner Person gespeicherten Daten, sowie ggf. auf deren Berichtigung, Sperrung oder Löschung (§ 4 BDSG).

III. Konkretisierungen durch die Rechtsprechung

Über die gesetzlichen Regelungen hinaus haben sich aus dem allgemeinen Persönlichkeitsrecht nach der Rechtsprechung des BGH unter Billigung durch die Lehre nachstehende *Konkretisierungen verfestigt*:

106   1. Das Recht am gesprochenen Wort. Jeder hat ein Recht darauf, daß sein gesprochenes Wort nicht ohne seine Zustimmung festgehalten und in irgendeiner Weise verwandt wird; daher stellt eine heimliche Tonbandaufnahme in der

Regel die Verletzung des allgemeinen Persönlichkeitsrechts dar (BGHZ 27, 284 ff; BVerfGE 34, 238, 246 f). Die Verbreitung eines ungenehmigten Tonbandmitschnitts verletzt das Persönlichkeitsrecht der Gesprächsteilnehmer, weil die persönliche Eigensphäre nicht gegen den Willen der Betroffenen auf diese Weise „verdinglicht" und verfügbar gemacht werden darf (BGHZ 73, 120, 123; 80, 25, 42).

Dies wird im Hinblick auf § 847 ergänzend auch gelten, nachdem § 201 StGB die Verletzung der Vertraulichkeit des Wortes unter Strafe gestellt hat und diese Bestimmung als Schutzgesetz im Sinne des § 823 II angesehen werden muß. Entsprechendes gilt für die Einrichtung von Abhöranlagen.

2. Geschützt wird weiterhin das **Recht an Briefen und vertraulichen** **107** **Aufzeichnungen** (vgl. BGHZ 13, 334, 337 f; vgl. auch 15, 249, 257 f). Auch hier geht der Schutz des allgemeinen Persönlichkeitsrechts über die Rechtsfolgen aus § 823 II i. V. m. den Schutzgesetzen der §§ 201 ff StGB hinaus.

3. Hinsichtlich des **Rechts am eigenen Bilde** ist die Rechtsprechung über **108** § 22 KUG, der nicht die Aufnahme als solche, sondern nur die Verbreitung und die öffentliche Zurschaustellung verbietet, hinausgegangen und hat bereits die unbefugte Anfertigung eines Bildes („Bildniserschleichung") als Eingriff im Sinne des § 823 I angesehen, sofern die Anfertigung nicht durch ranghöhere Interessen gerechtfertigt wird (BGHZ 24, 200, 206 f).

4. Allgemein wird über 1.–3. hinaus aus dem allgemeinen Persönlichkeits- **109** recht ein **Recht auf Achtung der Intimsphäre** abgeleitet; es trifft dies insbesondere die Berichterstattung in den Massenmedien (vgl. z. B. BGHZ 39, 124, 128), aber auch die nicht genehmigte Weitergabe ärztlicher Zeugnisse (BGHZ 24, 72) und die Einrichtung von Beobachtungsanlagen oder das Bespitzeln. Es ergibt sich dabei z. T. eine Überschneidung mit dem Ehrenschutz (vgl. Rdn. 110), jedoch besteht das Bedürfnis, den engeren Bereich der Persönlichkeit (die Unantastbarkeit der Privatsphäre) auch ohne die Tatbestandsmerkmale der Ehrverletzung unter Schutz zu stellen. Bei gewerblicher Betätigung kann sich dabei eine Abschwächung des Schutzes ergeben (vgl. BGHZ 36, 77 für den Fall der Beteiligung eines Bankhauses am Waffenhandel).

5. Das Recht auf Schutz der Ehre. Entgegen der Auffassung des RG, **110** lediglich über § 823 II i.V. m. §§ 185 ff StGB zivilrechtlichen Ehrenschutz zu gewähren (vgl. zuletzt RGZ 166, 156), ist auch im Rahmen des § 823 I ein Schutzbedürfnis anzuerkennen. Da die Persönlichkeit durch einen Angriff auf ihre Ehre in ihrer sittlichen Existenz getroffen wird, wäre es unbefriedigend, dem Persönlichkeitsgut Ehre den Rechtscharakter zu versagen, während er zugunsten der Sachgüter zweifelsfrei anerkannt wird. Der BGH hatte zunächst den Begriff der Ehre nicht selbständig benutzt, obwohl er sich z. B. aus der

Persönlichkeitsbeeinträchtigung in Werbeanzeigen (wegen der Gefahr, an allgemeiner Wertschätzung zu verlieren) folgern ließ (vgl. BGHZ 26, 349, 354; 30, 7, 12). Deutlich hat der VI. Senat den Begriff der Ehre als „Unterfall" des Persönlichkeitsrechtes bezeichnet (BGH MDR 1964, 136; vgl. auch BGHZ 39, 124, 129 und BGH NJW 1963, 904).

111 6. Das verfassungsrechtlich gewährleistete allgemeine Persönlichkeitsrecht schützt auch dagegen, daß jemandem **Äußerungen in den Mund gelegt** werden, die er nicht getan hat und die seinen, von ihm selbst definierten sozialen Geltungsanspruch beeinträchtigen; (BVerfGE 54, 148; vgl. auch zum Unterschieben nicht getaner Äußerungen BVerfGE 34, 269, 282 ff); ebenso kann sich der Betroffene bei einer unrichtigen, verfälschten oder entstellten Wiedergabe seiner Äußerungen auf das allgemeine Persönlichkeitsrecht berufen (BVerfGE 54, 208, 217).

112 7. Es kann Fälle geben, in denen es geboten erscheint, den Schutz des allgemeinen Persönlichkeitsrechtes über den Tod hinaus zu gewähren. Ansatzpunkte ergeben sich im Bereich des Urheberpersönlichkeitsrechtes in § 29 S. 1 UrhG und im Hinblick auf das Recht am eigenen Bild in § 22 S. 3 KUG. Einer Anwendung des in diesen Vorschriften zum Ausdruck kommenden Grundgedankens zum Schutz des allgemeinen Persönlichkeitsrechtes steht keine Vorschrift des BGB entgegen; § 1922 betrifft nur die vermögensrechtlichen Auswirkungen des Todes. Allgemein werden unbeschadet des Vermögensüberganges einem vom Verstorbenen zu seinen Lebzeiten legitimierten Vertreterhandeln postmortale Wirkungen zugesprochen; BGH LM Nr. 10 zu § 138 (Ab).

Der BGH hat den **postmortalen Persönlichkeitsschutz** auf das allgemeine Persönlichkeitsrecht gestützt (BGHZ 15, 249, 259; 50, 133), wohingegen das BVerfG allgemein auf den Schutz der Menschenwürde abstellt, da es eine Fortwirkung des Persönlichkeitsrechtes nach dem Tode verneint (BVerfGE 30, 173).

Die dogmatische Begründung ist umstritten (vgl. dazu HELDRICH Der Persönlichkeitsschutz Verstorbener, Festschrift H. Lange, 1970, 163 ff; BUSCHMANN Zur Fortwirkung des Persönlichkeitsrechts nach dem Tode, NJW 1970, 2081 ff). Abzulehnen ist jedoch die Auffassung, als Bezugssubjekte lediglich die Angehörigen des Verstorbenen zu sehen (so H.P. WESTERMANN Das allgemeine Persönlichkeitsrecht nach dem Tode seines Trägers, FamRZ 1969, 561 ff).

113 8. Elemente des Persönlichkeitsrechts finden sich schließlich im **Recht des Unternehmers am „eingerichteten und ausgeübten Gewerbebetrieb"**, das von der Rechtspraxis für schutzwürdig erachtet wird (so das RG; ihm folgend BGHZ 3, 270, 279; 8, 142, 144; 24, 200, 205; 29, 65 ff, bestätigt durch BGH NJW 1976, 1740; BAG NJW 1955, 1373); die gewohnheitsrechtlich verfestigte

Natürliche Personen: Das allgemeine Persönlichkeitsrecht § 12 IV

Rechtsprechung wird jedoch von der Lehre nicht uneingeschränkt geteilt (Nachweise bei LARENZ SchR II § 72 III b). Durch die Aufstellung besonderer Erfordernisse – *Unmittelbarkeit* bzw. *Betriebsbezogenheit* des Eingriffs (vgl. BGHZ 7, 30, 36; 29, 65, 70ff; 41, 123ff), *Güterabwägung* durch Prüfung der *Erforderlichkeit des Eingriffs* (BGHZ 3, 270, 280f; 8, 142, 145; 41, 123ff) und *Abwägung der gegensätzlichen Interessen* (BGHZ 59, 30, 35f) – sind Abgrenzungsfaktoren geschaffen worden. Grundsätzlich gilt das **Subsidiaritätsprinzip**. Die Haftung wegen eines Eingriffs in den Gewerbebetrieb tritt wegen ihres subsidiären Charakters nur ein, wenn eine andere Rechtsgrundlage nicht gegeben ist und der Zusammenhang der in dem jeweiligen Rechtsgebiet geltenden Normen ergibt, daß eine Lücke besteht, die mit Hilfe des § 823 I geschlossen werden darf (BGHZ 38, 200, 204 unter Bezugnahme auf die grundlegenden Ausführungen von v. CAEMMERER Festschrift DJT II 1960, 90ff).

Wenn in dieser Rechtsprechung ein Anwendungsbereich des Persönlichkeitsschutzes gesehen wird, muß man auch den *nichtgewerblichen Berufen* einen entsprechenden Schutz zuteil werden lassen. Für eine Anwendung der Grundsätze des Persönlichkeitsschutzes spricht die Erwägung, daß es sich im Falle des eingerichteten und ausgeübten Gewerbebetriebes nicht lediglich um einen Sachgüterschutz im Sinne der „Einrichtung" handelt, sondern um die **schöpferische unternehmerische Leistung**. Diese sollte im freien Beruf ebenso geschützt sein wie im gewerblichen Bereich. Die Frage, ob auch nichtgewerbliche Berufstätigkeit schutzwürdig ist, hat bereits LARENZ (SchR II § 72 III b a. E.) aufgeworfen; für einen Schutz der freien Berufe HUBMANN Das Persönlichkeitsrecht, 198ff; SOERGEL/ZEUNER, 10. A., § 823 Rdn. 90; PUTTFARCKEN GRUR 1962, 500ff. Der Schutz einer solchen Betätigung ist daher weniger dem Bereich des Art. 14 GG als dem des Art. 12 GG zuzuordnen (ZEUNER, Historische Linien in der Entwicklung des Rechts am Gewerbebetrieb, in: 25 Jahre Karlsruher Forum 1983 – Beilage VersR, S. 196ff).

IV. Die **Widerrechtlichkeit** des Eingriffs bedarf indessen einer besonderen **114** Prüfung; sie ist unter dem Gesichtspunkt der *Güter- und Interessenabwägung* und der Berücksichtigung der *sozialen Adäquanz* zu beurteilen (vgl. insbes. BGHZ 24, 72; 24, 200; 31, 308, 313). Insbesondere ist zwischen Werturteilen und Tatsachenbehauptungen zu unterscheiden. Werturteile können durch Art. 5 GG gedeckt sein, soweit sie nicht eine unangemessene Herabsetzung enthalten. Dagegen genießt die unwahre Tatsachenbehauptung diesen Schutz nicht (st. Rspr., vgl. BVerfGE 54, 208, 219). Zur Problematik der Widerrechtlichkeit bei *sogenannten offenen Tatbeständen* („Rahmenrechten") vgl. unten Rdn. 273ff. Hierbei ist besonders die *Wahrnehmung berechtigter Interessen durch die Presse* (Art. 5 I GG; vgl. BGHZ 39, 124, 132; BVerfGE 34, 269, 282ff „Soraya") von Belang; andererseits wird ihr die Verpflichtung aufzuerlegen sein, Informationen sorgfältig auf Zuverlässigkeit zu prüfen (BGHZ 31, 308, 313; BGH NJW 1963, 904). Immerhin kann bei einem vertretbaren Verhältnis zwischen Veröffentlichungszweck und Beeinträchtigung die Widerrechtlichkeit zu verneinen sein (BGHZ 36, 77; 73, 120, 124ff); andererseits kommt dies bei Formalbeleidigungen und „Klatsch" keinesfalls in Betracht (vgl. BGHZ 39, 124, 127f). Neben der Wahrnehmung berechtigter Interessen durch die Presse ist für die Güterabwägung auch die *Kunstfreiheit* des Art. 5 III GG zu berücksichtigen (vgl. dazu BGHZ 50, 133, 144ff; BVerfGE 30, 173, 188ff).

115   **V.** Der **Schutz** der im Gesetz nicht normierten Persönlichkeitsrechte entspricht den vom Deliktsrecht allgemein gewährten Ansprüchen; im einzelnen stehen demnach *Unterlassungs- bzw. Beseitigungsansprüche* (Widerruf bei Ehrverletzungen) und *Schadenersatzansprüche* zur Verfügung.

Eine besondere Funktion erfüllt in diesem Rahmen der **Schmerzensgeldanspruch** des § 847. Der BGH hat erstmals im „Herrenreiterfall" (BGHZ 26, 349) für die Fälle der Verletzung des allgemeinen Persönlichkeitsrechts ein solches „Schmerzensgeld" zuerkannt. Zur Begründung hat er sich auf eine Analogie zu § 847 (Freiheitsentziehung) gestützt; hingegen hat die überwiegende Meinung eine solche Begründung abgelehnt. In der Tat verstößt eine derartige Ausweitung gegen § 253. Daher begründet BGHZ 35, 363 – entsprechend BGHZ 39, 124, 131f – die Zuerkennung des Schmerzensgeldes selbständig unter Bezugnahme auf Art. 1 und 2 GG; die unmittelbar aus dem Grundgesetz abgeleitete Befugnis zum Außerachtlassen des § 253 hat z.T. Zustimmung gefunden (so u. a. WIESE Der Ersatz des immateriellen Schadens; H. KAUFMANN aaO; kritisch LARENZ SchR II § 72 III a 7). Das BVerfG hat diese Rechtsprechung gebilligt (BVerfGE 34, 269).

Mit dem Gedanken an einen Ausgleich für die erlittene Beeinträchtigung verbindet sich die *Genugtuungsfunktion* (BGHZ 35, 363, 369; vgl. hierzu grundsätzlich BGHZ 18, 149ff), die auf die Handlungsweise des Verletzers abstellt und den Ersatzanspruch in die Nähe einer „Privatstrafe" rückt. Auch hier wird in den Erörterungen betont, daß kein Grund ersichtlich sei, warum das Privatrecht nicht Abschreckungswirkungen ausüben sollte (NIPPERDEY/ WIESE Grundrechte IV 2, 855). Greift ein solcher Präventivgedanke auch zu weit, so ist grundsätzlich trotz der Bedenken, daß hier in die Aufgaben anderer Bereiche der Rechtsordnung eingegriffen wird, die Notwendigkeit anzuerkennen, eine zivilrechtliche Genugtuungsmöglichkeit, die zugleich dem Ausgleich dient (so WIESE aaO, S. 56), zu schaffen.

Allerdings hat der BGH die Zubilligung insofern **eingeschränkt**, als er zur Voraussetzung erhebt, daß *nur* über Schmerzensgeld eine dem Eingriff angemessene Wiedergutmachung des ideellen Schadens zu erreichen ist und nicht auf andere Weise (z. B. durch Gegendarstellung) dem Verletzten Genugtuung zuteil werden kann; vgl. BGH LM Nr. 25 zu § 823 (Ah); so hat der BGH in vermögensrechtlicher Sicht versucht, Eingriffen in das Persönlichkeitsrecht über Bereicherungsansprüche zu begegnen (BGHZ 20, 345, 353 ff „Paul Dahlke"). Darüber hinaus ist die *Schwere des Eingriffs* in den Eigenwert der Persönlichkeit, die aufgrund der gesamten Umstände des Einzelfalles zu beurteilen ist, maßgebend. Hierbei sind insbesondere die Art sowie die Schwere der zugefügten Beeinträchtigung und der *Grad des Verschuldens*, auch *Anlaß und Beweggrund des Handelns* zu berücksichtigen (BGH NJW 1971, 698 unter Berufung auf seine ständige Rechtsprechung); allerdings braucht ein schweres Verschulden nicht in einer vorsätzlichen Rechtsverletzung zu bestehen (BGH NJW 1963, 905). Dabei wird offensichtlich von der Auffassung ausgegangen, daß die Schwere des Eingriffs nicht allgemeines Tatbestandserfordernis für den Persönlichkeitsschutz sein solle, sondern nur für den Schmerzensgeldanspruch als Voraussetzung zu gelten habe. In den Fällen *postmortalen Persönlichkeitsschutzes* hat der BGH sich bisher *nicht* entschließen können, einen Schmerzensgeldanspruch zu gewähren, weil dieser nur dem Verstorbenen – falls dieser allein betroffen ist – als unmittelbar Verletzten zukomme (BGH NJW 1974, 1371).

2. ABSCHNITT
Juristische Personen

§ 13
Grundlagen

BETHGE Grundrechtsträgerschaft juristischer Personen, zur Rechtsprechung des BVerfG, AöR 1979, 54 ff; BINDER Das Problem der juristischen Persönlichkeit, 1907; BOESEBECK Die „kapitalistische" Kommanditgesellschaft, 1938; BRECHER Das Unternehmen als Rechtsgegenstand, 1953; ders., Subjekt und Verband, Festschrift Alfred Hueck, 1959, 273 ff; BUCHDA Geschichte und Kritik der modernen Gesamthandslehre, 1936; BÜTTNER Identität und Kontinuität bei der Gründung juristischer Personen, 1967; COING Die Vertretungsordnung juristischer Personen und deren Haftung gem. § 31 BGB, Festschrift Robert Fischer, 1979, 165 ff; FISCHER Subjekt und Vermögen, Festschrift Rosenthal, 1923, 1 ff; FLUME Die werdende juristische Person, Festschrift E. Gessler, 1971, 3 ff; ders., Gesamthandsgesellschaft und juristische Person, Festschrift Ludwig Raiser, 1974, 27 ff; ders., Savigny und die Lehre von der juristischen Person, Festschrift Franz Wieacker, 1978, 340 ff; ders., Unternehmen und juristische Person, Festschrift Robert Beitzke, 1979, 43 ff; v. GIERKE, O. Das Deutsche Genossenschaftsrecht, 1868–1913, 4 Bde.; ders., Die Genossenschaftstheorie und die deutsche Rechtsprechung, 1887, Neudruck 1963; ders., Das Wesen der menschlichen Verbände, 1902; GROSSFELD Die Anerkennung der Rechtsfähigkeit juristischer Personen, RabelsZ 1967, 1 ff; HAFF Grundlagen einer Körperschaftslehre, 1915; ders., Die Institution der Persönlichkeitslehre und des Körperschaftsrechts, 1918; ders., Die juristischen Personen des bürgerlichen und Handelsrechtes in ihrer Umbildung, Festgabe zum 50 jährigen Bestehen des Reichgerichtes, Bd. II, 1929, 178 ff; HÖLDER Natürliche und juristische Personen, 1905; ders., Das Problem der juristischen Persönlichkeit, DogmJb. 53, 40 ff; JOHN Die organisierte Rechtsperson, 1977; IMMENGA Personalistische Kapitalgesellschaft, 1970; KRONSTEIN Die abhängige juristische Person, 1931; LUTTER Die zivilrechtliche Haftung in der Unternehmensgruppe, ZGR 1982, 244ff; MÜLLER-ERZBACH Das private Recht der Mitgliedschaft als Prüfstein eines kausalen Rechtsdenkens, 1948; MUMMENHOFF Gründungssysteme und Rechtsfähigkeit, 1979; NASS Person, Persönlichkeit und juristische Person, 1964; NITSCHKE Die körperschaftlich strukturierte Personengesellschaft, 1970; RHODE Juristische Person und Treuhand, 1932; RITTNER Die werdende juristische Person, 1973; SCHNORR V. CAROLSFELD Geschichte der juristischen Person, I, 1933; SCHULTE, W. Rechtsprechungsübersicht zum Trennungsprinzip bei juristischen Personen, WM 1979, Sonderbeilage 1, 1ff; SERICK Rechtsform und Realität juristischer Personen, 2. A. 1980; VORMBAUM Die Rechtsfähigkeit der Vereine im 19. Jahrhundert, 1976; WEBER, W. Die Körperschaften, Anstalten und Stiftungen des öffentlichen Rechts, 1943; WIEACKER Zur Theorie der juristischen Person des Privatrechts, Festschrift E. R. Huber, 1973, 339ff; WIEDEMANN Juristische Person und Gesamthand als Sondervermögen, WM 1975, Sonderbeilage 4,1ff; WILHELM, J. Rechtsform und Haftung bei der juristischen Person, 1981; WOLFF, H. J. Organschaft und juristische Person, 2 Bde., 1933–1934; ZITELMANN Begriff und Wesen der sogenannten juristischen Personen, 1873.

Vgl. auch die Lehrbücher zum Gesellschaftsrecht: EISENHARDT Gesellschaftrecht, 1978; EMMERICH/SONNENSCHEIN Konzernrecht, 2. A. 1977; FLUME Allgemeiner Teil des Bürgerlichen Rechts I/1, Die Personengesellschaft, 1977; HUECK, G. Gesellschaftsrecht, 18. A. 1983; HÜFFER Verein und Gesellschaft, 1977; KRAFT/KREUTZ Gesellschaftsrecht, 4. A. 1981; KÜBLER Gesellschaftsrecht, 1981; LEHMANN/DIETZ Gesellschaftsrecht, 3. A. 1970; RAISCH Unternehmensrecht, 2 Bde. 1973 u. 1974; RASCH Deutsches Konzernrecht, 5. A. 1974; REINHARDT/SCHULTZ Gesellschaftsrecht, 2. A. 1981; ROTH Handels- und Gesellschaftsrecht, 1980; WIEDEMANN Gesellschaftsrecht, Bd. I Grundlagen, 1980; WÜRDINGER Aktienrecht und Recht der verbundenen Unternehmen, 4. A. 1981.

I. Übersicht über Personenverbindungen

Menschliche Zusammenschlüsse geben die Möglichkeit, die Kräfte der einzelnen zur Erreichung ideeller oder wirtschaftlicher Ziele zusammenzufassen. Dies kann in verschiedenen Formen erfolgen, die den Zweck, die Anzahl der Beteiligten sowie die Art und die Intensität ihres Einsatzes berücksichtigen.

116 1. Es ist denkbar, daß Anteile an einem Gegenstand mehreren Personen zustehen, ohne daß sie sich zur Erreichung eines gemeinsamen Zweckes verbinden. Das Gesetz erfaßt diese sogenannte **schlichte Rechtsgemeinschaft** *(communio incidens)* unter dem Begriff der *Gemeinschaft* (§§ 741ff). Ein wichtiger Anwendungsfall ist das *Miteigentum* (§§ 1008ff). Mangels eines gemeinsamen Zwecks fehlt es an der inneren Verbundenheit der Beteiligten; jeder erhält einen festen Bruchteil zugewiesen *(Bruchteilsgemeinschaft)*. Die bruchteilsmäßige Aufteilung kommt insbesondere in § 747 zum Ausdruck, der die jederzeitige Verfügung über den Anteil gestattet. Allerdings bietet das Gesetz die Möglichkeit, die Gemeinschaft dauerhaft zu gestalten, indem es in den §§ 744ff Verwaltungsregelungen ermöglicht, die auch einen Sondernach-

Juristische Personen: Grundlagen §13 I 3

folger (vgl. § 747) binden (§ 746). Dadurch steigert sich die praktische Anwendbarkeit der Rechtsform, die sich auch durch vertragliche Vereinbarung herbeiführen läßt; z. B. können Ehegatten, die keine Gütergemeinschaft eingehen, Bruchteilseigentum an einem Grundstück begründen. Bruchteilseigentum ist auch der Miteigentumsanteil beim Wohnungseigentum.

2. Im Gegensatz dazu stehen die Zusammenschlüsse, bei denen die Erreichung eines gemeinsamen Zwecks im Vordergrund steht. Da sie handlungs- und erfolgsorientiert sind, setzen sie eine engere persönliche Bindung voraus, die mittelbar in § 719 zum Ausdruck gelangt, der dem Gesellschafter grundsätzlich eine Verfügung über seinen Anteil am Gesellschaftsvermögen verbietet. Es entsteht eine **Gemeinschaft zur gesamten Hand**, die sich einerseits im *Gesamthandseigentum,* andererseits in der *gesamtschuldnerischen Haftung* niederschlägt. 117

Formen dieser „Personengesellschaft" sind die *BGB-Gesellschaft* (§§ 705ff) sowie die *offene Handelsgesellschaft* (§§ 105ff HGB) mit ihrer Nebenform, der *Kommanditgesellschaft* (§§ 161ff HGB). Gemeinschaften zur gesamten Hand sind auch die *Gütergemeinschaft* des Familienrechts (§§ 1415ff) und die *Erbengemeinschaft* (§§ 2032ff), obwohl bei letzterer über den Anteil verfügt werden kann. In der Personengesellschaft (BGB-Gesellschaft, OHG, KG) sind die Gesellschafter in ihrer Verbundenheit Träger der Rechte und Pflichten. Daraus ergibt sich eine starke Abhängigkeit des einzelnen von den Mitgesellschaftern, die sich insbesondere in der gesamtschuldnerischen Haftung äußert (vgl. § 128 HGB). Die Rechtsform der BGB-Gesellschaft und der OHG ist daher als Zusammenschluß für eine größere Zahl von Beteiligten ungeeignet; hingegen hat die Rechtsform der Kommanditgesellschaft vielfach dazu gedient, eine größere Zahl von Kapitalbeteiligungen organisatorisch zusammenzuführen (sogenannte kapitalistische KG, Publikums KG). Auch die OHG bzw. die KG bleiben, obwohl sie für Prozeß und Vollstreckung sowie freiwillige Gerichtsbarkeit wie ein Rechtssubjekt behandelt werden (§ 124 HGB), nach h.M. Personengesellschaften.

3. Demgegenüber gibt die Rechtsordnung die Möglichkeit, Zusammenschlüsse so zu gestalten, daß sie als selbstständige Rechtssubjekte anerkannt werden; hier erfassen Rechte und Verbindlichkeiten nicht mehr die einzelnen Mitglieder, sondern betreffen grundsätzlich allein die sogenannte **juristische Person**. Da deren Vermögen allein haftet, muß bei wirtschaftlicher Betätigung Vorsorge für ein hinreichendes Haftungskapital getroffen werden. 118

Bei juristischen Personen ist zu unterscheiden, ob die *personenrechtlichen Interessen* der Mitglieder im Vordergrund stehen *(Idealverein* und *Genossenschaft)* oder die *kapitalmäßige Beteiligung* – bis zur Anonymität der Inhaberaktie – ausschlaggebend ist *(Aktiengesellschaft, Gesellschaft mit beschränkter Haftung).* Schließlich gibt es in der Form der *Stiftung* ein verselbständigtes Zweckvermögen.

§ 13 I 3

Da die juristische Person Träger von Rechten und Verbindlichkeiten ist, muß sie im Rechtssinne handeln können. Hierzu stellt die Rechtsordnung ihr natürliche Personen als *Organe* zur Verfügung, deren Handlungen als solche der juristischen Person gelten, wenn sie in ihrem Namen und im Kompetenzbereich der Organe vorgenommen werden. So haben die juristischen Personen einen Vorstand, dessen Tätigwerden die Rechte und Pflichten der juristischen Person, nicht jedoch des handelnden Organs erzeugt.

Die Figur der juristischen Person hat im Zuge der Entwicklung dazu geführt, daß sich eine natürliche Person des wirtschaftlichen Schutzes einer vorgeschobenen juristischen Person bedienen (sogenannte *Einmanngesellschaft*), womit ohne Zweifel der handelsrechtliche Ausgangspunkt, daß dem Kaufmann im Verhältnis zu seinen Gläubigern eine Trennung seines Privatvermögens von dem Geschäftsvermögen nicht gestattet ist, verlassen wird. Die GmbH-Novelle vom 4.7.1980 hat gleichwohl die Gründung einer Einmann-GmbH zugelassen (§ 1 GmbHG).

Der Spielraum der gesetzlichen Typen ist dazu benutzt worden, auch im Bereich der Personengesellschaften, insbesondere die Haftung des Komplementärs der KG dadurch zu begrenzen, daß eine GmbH als persönlich haftender Gesellschafter auftritt und lediglich deren Vermögen als Haftungskapital zur Verfügung steht (vgl. GmbH & Co KG).

119 Weil die **juristische Person** als Haftungsschirm dient, drängt sich im Interesse des Gläubigers die Frage nach der Möglichkeit eines **Haftungsdurchgriffs** auf. Obwohl trotz formaler Trennung *("Trennungsprinzip")* die juristische Person und ihre Mitglieder als wirtschaftliche Einheit erscheinen, kann über die vom Gesetz statuierte Selbständigkeit der juristischen Person nicht ohne weiteres hinweggegangen werden (BGHZ 20, 41; 54, 222, 224; 61, 380, 383).

Dogmatisch problemlos ist die Haftung des Gesellschafters, wenn gegen ihn eine *eigene Anspruchsgrundlage,* z. B. § 826, gegeben ist (vgl. RG JW 1938, 862); dies ist z. B. der Fall, wenn eine GmbH durch ihre Gesellschafter planmäßig zum Schaden der Gläubiger wirtschaftlich ausgehöhlt wird (BGH WM 1979, 229), aber auch, wenn der Alleingesellschafter den Eindruck persönlicher Haftung hervorruft (BGHZ 22, 226, 230).

Eine Mithaftung des Gesellschafters neben der juristischen Person kommt darüber hinaus in Betracht, wenn die Verwendung der Rechtsfigur der juristischen Person dem Zweck der Rechtsordnung widerspricht, z. B. wenn der Schein der rechtlichen Selbständigkeit trotz Abhängigkeit von einem anderen Unternehmen erweckt wird (BGHZ 22, 226, 234). Hier kann von einem *Mißbrauch der Rechtsfigur* gesprochen werden, da Gestaltungsmöglichkeiten formal korrekt zu Zielen benutzt werden, die objektiv mit Treu und Glauben nicht in Einklang stehen (BGHZ 54, 222, 224f; vgl. WIEDEMANN I § 4 III 1d).

Als Mißbrauch kann u. U. die *Unterkapitalisierung* gewertet werden. Es handelt sich um den Fall, daß die juristische Person nicht mit einem dem

Geschäftszweck und dem Geschäftsumfang entsprechenden Eigenkapital ausgestattet wird. Hier können sich u. U. die Gesellschafter nicht auf die formale Trennung berufen (vgl. BGHZ 31, 258, 268; OLG Hamburg BB 1973, 1231; einschränkend BGHZ 68, 312, 315ff).

Für die Kapitalhingabe der Gesellschafter an die GmbH in Gestalt von Gesellschafterdarlehen hat § 32a und § 32b GmbHG eine Sonderregelung geschaffen (vgl. auch §§ 129a, 172a HGB).
Zur Möglichkeit, daß der Gläubiger Ansprüche der juristischen Person auf Bereitstellung von Kapital gegen ihre Mitglieder pfändet (sog. Differenzhaftung) vgl. unten Rdn. 133 „Vorgesellschaft".

II. Theorien zur juristischen Person

Die in der Lehre vertretenen Auffassungen über die Rechtsnatur der juristischen Personen gehen auseinander. **120**

Es sind zu unterscheiden:
1. Die *Fiktionstheorie* (SAVIGNY System II, § 85, 236; WINDSCHEID/KIPP Pandekten I, § 57). Sie geht davon aus, daß es nur ein Rechtssubjekt gebe, den Menschen, und die juristische Person nur fingiert werde, um als Subjekt von Rechten und Verbindlichkeiten behandelt zu werden.
2. Die *Genießertheorie,* die die beteiligten natürlichen Personen als wirkliche Rechtsträger bezeichnet. Nach JHERING gehört das der juristischen Person zugeschriebene Vermögen den zu seinem Genuß berufenen einzelnen (beim Verein: den Mitgliedern; bei der Stiftung: den Destinatären), also einer Vielheit, die nur aus praktischen Gründen durch einen Denkbehelf zu einer Einheit zusammengefaßt wird (vgl. Geist des röm. Rechts, 8. A., 2. Buch, 2. Abschn., § 61).
3. Die *Amtstheorie* (HÖLDER aaO), wonach bei der Stiftung und den „altruistischen" Vereinen das Vermögen dem zu seiner Verwaltung berufenen Vorstand kraft Amtsrechts gehört (ähnlich BINDER aaO).
4. Die *Zweckvermögenstheorie,* die Theorie der subjektlosen Rechte. Nach BRINZ (Pandekten I, (2) 1873, §§ 50ff) gehören die Rechte bei der juristischen Person in Wahrheit niemandem; sie sind nur für einen Zweck bestimmt. Es handelt sich um Zweckgebundenheiten, Zweckvermögen.
5. Herrschend war bis in die jüngste Zeit die *Theorie der realen Verbandspersönlichkeit,* wie sie von den Germanisten BESELER (System des gemeinen deutschen Privatrechts I, 4. A. 1885, §§ 66ff) und OTTO VON GIERKE I § 59 entwickelt und von vielen Vertretern des bürgerlichen Rechts angenommen worden ist. Ihre Anhänger betonen die Wirklichkeit der juristischen Personen, sehen in ihnen Gemeinschaftsgebilde, die sich von den natürlichen Einzelpersönlichkeiten ihrer Mitglieder abheben und die Quelle einheitlicher Willensäußerungen bilden. Da es sich um Personengemeinschaften handelt, muß die Mitwirkung ihrer Mitglieder bei der Willensbildung gesichert sein; folgerichtig ist die Mitgliederversammlung beim Verein oberstes Organ.

Wenn die Rechtsordnung die Rechtsfähigkeit der juristischen Personen anerkennt, fingiert sie keine natürlichen Menschen, sondern erkennt neben diesen gewisse soziale Einrichtungen als Rechtsträger an und schreibt ihre Behandlung als Rechts- und Willenssubjekte vor. Die **Theorie der realen Verbandspersönlichkeit** hat indessen den *personenrechtlichen Typus* der juristischen Person im Auge und trifft daher in erster Linie den Verein und die Genossenschaft, aber auch die Körperschaften des öffentlichen Rechts. Für den *kapitalistischen Typ* der juristischen Person sowie für die Stiftung stehen jedoch nicht die Mitglieder im Mittelpunkt, sondern die Bildung eines Zweckvermögens, das rechtstechnisch verselbständigt wird (vgl. die AG, bei der die Willensbildung den „Mitgliedern" zugunsten des Vorstandes weitgehend entzogen ist). Es erscheint daher sachgerecht, von der Theorie der realen Verbandspersönlichkeit für letztere die **Theorie der Zweckpersonifizierung** zu differenzieren (ENN./NIPPERDEY § 103 Fn. 2, 6).

III. Die Arten der juristischen Personen

121   Die Rechtsordnung unterscheidet juristische Personen des Privatrechts und des öffentlichen Rechts.

Die juristische Person des *öffentlichen Rechts* ist eine Körperschaft, Anstalt oder Stiftung, die ihre *Entstehung einem Hoheitsakt,* insbesondere einem Gesetz verdankt.

Die juristischen Personen des *Privatrechts* entstehen durch *privatautonome Gründungsakte* (Gründungsvertrag – vgl. unten Rdn. 128 –, Stiftungsgeschäft). Charakteristisch für die Zugehörigkeit zu einer juristischen Person des Privatrechts ist die auf einem privatrechtlichen Willensakt beruhende Mitgliedschaft, während die Zugehörigkeit zu einer Körperschaft des öffentlichen Rechts in der Regel keinen Willensakt erfordert.

Das BGB trifft Regelungen für die juristischen Personen des Privatrechts. Es findet jedoch Anwendung, wenn sich juristische Personen des öffentlichen Rechts privatrechtlich betätigen (sogenanntes *fiskalisches Handeln*). Das gilt für den rechtsgeschäftlichen Verkehr außerhalb des hoheitlichen Bereichs, aber auch für die Haftung, für die insbesondere § 89 die Anwendung des § 31 zwingend vorschreibt.

IV. Die Rechts- und Handlungsfähigkeit der juristischen Person

1. Die Rechtsfähigkeit

122   Das wesentliche Merkmal der juristischen Person ist deren Rechtsfähigkeit, die Fähigkeit selbständiger Träger von Rechten und Pflichten zu sein (zur Erlangung der Rechtsfähigkeit vgl. unten Rdn. 125). Dabei darf jedoch nicht übersehen werden, daß zwischen der Rechtsfähigkeit einer juristischen und einer natürlichen Person ein wesensbedingter Unterschied besteht, der es verbietet, Rechte, für deren Ausübung die individuelle Persönlichkeit eines Menschen von wesentlicher Bedeutung ist, auf die juristische Person anzuwenden.

Dies ist evident bei Rechtsnormen, die notwendig eine natürliche Person voraussetzen, wie bei den meisten Vorschriften des Familienrechts und die auf den Erbfall Bezug nehmenden Bestimmungen des Erbrechts (eine juristische Person ist nicht fähig, beerbt zu werden – § 1922 setzt den Tod einer Person voraus –, wohl aber ist sie erbfähig, § 1936; vgl. auch § 2101 II). Eine juristische Person kann auch nicht zum Aufsichtsratsmitglied, vgl. § 100 I AktG, oder Prokuristen bestellt werden, wohl aber zum Vermögensverwalter, Liquidator oder Wirtschaftsprüfer (Treuhand AG).

Die Grundrechtsfähigkeit der juristischen Person ist in Art. 19 III GG festgelegt. Danach gelten die Grundrechte auch für inländische juristische Personen, soweit sie ihrem Wesen nach auf diese anwendbar sind. So wird der juristischen Person ein allgemeines Persönlichkeitsrecht nicht zuzuerkennen sein (vgl. WIEDEMANN I § 4 II 2b). Gleichwohl werden ihr gewisse besondere Persönlichkeitsrechte, wie Namens- und Firmenrecht sowie das Recht auf Ehrenschutz zugebilligt (vgl. BGH NJW 1975, 1882).

Die Rechtsfähigkeit der juristischen Person zeigt sich auch in der Fähigkeit, als Partei im Prozeß aufzutreten; zum Konkurs einer juristischen Person vgl. §§ 207, 213 KO.

Der juristischen Person fehlt eine eigene Staatsangehörigkeit. Für die Lösung der Frage, welcher Rechtsordnung eine juristische Person untersteht, hält die h. M. nicht den Staat, in dem die juristische Person gegründet wurde, für maßgebend, sondern denjenigen, in dem die Hauptverwaltung geführt wird (vgl. BGHZ 53, 181).

2. Die Handlungsfähigkeit

Die herrschende Lehre denkt sich die juristische Person als *selbsthandelnd* durch ihre *Organe;* deren Handlungen gelten innerhalb ihres Wirkungskreises als Handlungen der juristischen Person (*Organtheorie*).

Denkbar ist aber auch, der juristischen Person nur die Rechtsfähigkeit zuzuschreiben, sie aber als *handlungsunfähig* anzusehen und ihr einen *Vertreter* zu geben, gerade wie einem unmündigen Kind (*Vertretertheorie*).

Der Unterschied zeigt sich in folgendem: Wäre die juristische Person, wie die Vertretertheorie meint, handlungsunfähig, so könnte sie nur in den Grenzen der Stellvertretung vertreten werden, also bloß bei Rechtsgeschäften; im Haftungsbereich richtete sich ihre Verantwortlichkeit nach §§ 278 und 831. Sie wäre dann für die unerlaubten Handlungen ihrer Vertreter nur im Sinne von § 831 verantwortlich. Wäre dagegen die juristische Person als durch ihre Organe handlungsfähig anzusehen, so wäre das Verhalten ihrer Organe als das der juristischen Person zu behandeln; die juristische Person wäre deliktsfähig.

Das BGB hat sich in den §§ 31, 86, 89 für die *Deliktsfähigkeit* der juristischen Person entschieden und ist damit im Ergebnis der Organtheorie gefolgt. Die Organschaftshaftung ist durch die Rechtsprechung noch verschärft worden, indem sie die juristische Person auch für *Organisationsmängel* haften läßt. Ein solcher kann darin gefunden werden, daß für den fraglichen Geschäftsbereich kein satzungsmäßiger Vertreter bestellt worden ist (vgl. hierzu unten Rdn. 142 ff).

Strafrechtlich ist die juristische Person mangels natürlicher Handlungsfähigkeit *nicht verantwortlich*. Sie kann jedoch zu einer *Geldbuße* herangezogen werden, wenn ein Organ eine Straftat oder eine Ordnungswidrigkeit begangen hat (§ 30 OWiG und § 444 StPO; vgl. auch § 401 AO 1977).

§ 14
Vereine

BALLERSTEDT Mitgliedschaft und Vermögen beim rechtsfähigen Verein, Festschrift A. Knur, 1972, 1 ff; BEITZKE Konzessionssystem, Normativbestimmungen und freie Körperschaftsbildung, ZHR 108, 32 ff; ders., Mitgliedlose Vereine, Festschrift Wilburg, 1965, 19 ff; BOEHMER Grundlagen der bürgerlichen Rechtsordnung, Bd. II/2, 1952, 167 ff; DÜTZ Tendenzaufsicht im Vereinsrecht, Festschrift Herschel, 1982, 55 ff; FLUME Die Vereinsautonomie und ihre Wahrnehmung durch die Mitglieder hinsichtlich der Selbstverwaltung der Vereinsangelegenheiten und der Satzungsautonomie, Festschrift Coing, Bd. 2, 1982, 97 ff; GRUNEWALD Vereinsaufnahme und Kontrahierungszwang, AcP 182, 181 ff; HEMMERICH Möglichkeiten und Grenzen wirtschaftlicher Betätigung von Idealvereinen. Vereinsinterne und vereinsexterne Organisation ihrer Geschäftsbetriebe, 1982; dies. Die Ausgliederung bei Idealvereinen, BB 1983, 26 ff; HÖFFLER Die Vereinsautonomie und ihre Grenzen, 1936; HORNUNG Der wirtschaftliche Verein nach § 22 BGB, 1972; LEIST Vereinsherrschaft und Vereinsfreiheit im künftigen Reichsrecht, 1899; ders., Untersuchungen zum inneren Vereinsrecht, 1904; NICKLISCH Inhaltskontrolle und Verbandsnormen, 1982; REICHERT/DANNECKE/KÜHR Handbuch des Vereins- und Verbandsrechts, 2. A. 1978; REINHARDT Die Abgrenzungen zwischen Vereinigungen mit oder ohne „wirtschaftlichen Geschäftsbetrieb", Festschrift H. Panülick, 1973, 3 ff; REUTER Probleme der Mitgliedschaft beim Idealverein, ZHR 1981, 273 ff; SACK Der „vollkaufmännische Idealverein", ZGR 1974, 179 ff; SAUTER/SCHWEYER Der eingetragene Verein, 12. A. 1983; SCHMIDT, KARSTEN Der bürgerlich-rechtliche Verein mit wirtschaftlicher Tätigkeit, AcP 182, 1 ff; STÖBER Vereinsrecht, 4. A. 1980; WENDEL Der eingetragene Verein, 1952.
Vgl. im übrigen die Literatur zu § 13.

I. Grundbegriffe

124 *Der Verein ist eine zur Erreichung eines gemeinsamen Zweckes gegründete freiwillige Personenvereinigung, die auf Dauer angelegt, vom Wechsel der Mitglieder unabhängig und mit einer körperschaftlichen Verfassung versehen ist sowie einen Gesamtnamen führt (vgl. RGZ 60, 94, 99; 76, 25, 27).* Kennzeichnend sind danach folgende Merkmale:

1. Der *Zweck* muß die Einzelpersönlichkeit der Mitglieder überdauern. Die Vereinigung muß vom Mitgliederwechsel unabhängig sein.

2. Die Vereinigung muß nach innen und außen als ein einheitliches Ganzes (körperschaftlich) ausgestaltet sein, d. h. sie muß eine Satzung haben, wonach die Mehrheitsbeschlüsse die Minderheit binden, sie muß ferner einen Vorstand haben, der für die Gesamtheit handelt, und sie muß endlich einen Gesamtnamen führen, also im Verkehr als ein von den einzelnen Mitgliedern zu unterscheidender Rechtsträger auftreten.

Dadurch unterscheidet sich der Verein von der Personengesellschaft, deren Mitglieder in ihrer Verbundenheit Träger der gemeinschaftlichen Rechte und Pflichten sind derart, daß der Bestand der Gesellschaft grundsätzlich von ihrer Einzelpersönlichkeit abhängig ist und die Geschäftsführung ihnen grundsätzlich gemeinschaftlich zusteht.

3. Nicht jede Vereinigung, die diesen Erfordernissen entspricht, ist damit schon ein rechtsfähiger Verein, eine juristische Person. Das BGB kennt *rechtsfähige* und *nichtrechtsfähige* Vereine; auf die nichtrechtsfähigen Vereine will das Gesetz die Vorschriften über die Gesellschaft angewendet wissen (§ 54). Ihrer Struktur nach unterscheiden sich jedoch auch der nichtrechtsfähige Verein und die Gesellschaft (vgl. im einzelnen unten Rdn. 154ff).

4. Als *ausländische Vereine* werden solche bezeichnet, die ihren Sitz nicht innerhalb der Bundesrepublik Deutschland haben. *Rechtsfähige* ausländische Vereine gelten auch im Inland als rechtsfähig (RGZ 83, 367; 159, 33, 46). *Nichtrechtsfähige* ausländische Vereine erlangen die Rechtsfähigkeit durch Hoheitsakt; zuständig ist laut Entscheidung der Bundesregierung (BGBl I, 1953, 43) der Bundesminister des Inneren.

II. Staat und Vereinigungsfreiheit

1. Gem. Art. 9 I GG haben alle Staatsbürger das Recht, Vereine und Gesellschaften zu bilden (sog. **Vereinigungsfreiheit** im Gegensatz zur sog. *Koalitionsfreiheit,* Art. 9 III GG).

Gleichwohl ist der Staat gem. Art. 9 II GG gehalten, Vereinigungen, deren Zwecke oder deren Tätigkeit den Strafgesetzen zuwiderlaufen oder die sich gegen die verfassungsmäßige Ordnung oder gegen den Gedanken der Völkerverständigung richten, nicht zu dulden. Insoweit hat das Vereinsrecht öffentlich-rechtliche Natur (vgl. Vereinsgesetz vom 5.8.1964).

Das Grundgesetz garantiert zugleich die sog. *negative Vereinigungsfreiheit;* niemand kann gezwungen werden, einem privatrechtlichen Verein beizutreten (vgl. Maunz/Dürig/Herzog/Scholz Art. 9 Rdn. 89).

2. Auch wo die Vereinigungsfreiheit gilt, kann das Privatrecht auf eine *Mitwirkung des Staates* bei der Vereinsgründung nicht völlig verzichten, da es auf den *Verkehrsschutz* Wert legen muß. Der Außenstehende kennt vielfach nicht die Verfassung einer solchen Vereinigung. Das spricht dafür, die Anerkennung der Rechtsfähigkeit wenigstens von bestimmten Merkmalen abhängig zu machen, die nach außen klar hervortreten.

Für die Entstehung der juristischen Person hatten sich im Laufe der Rechtsentwicklung verschiedene Systeme herausgebildet:

a) Das *System der freien Körperschaftsbildung*. Ihm genügt die Vereinigung mehrerer Personen zur Erreichung eines Dauerzwecks unter körperschaftlicher Verfassung; die Mitwirkung des Staates entfällt.

Dieses System erleichtert die Bildung rechtsfähiger Vereine, läßt aber die im Interesse der Allgemeinheit gebotenen Voraussetzungen einer rechtsfähigen Körperschaft unberücksichtigt und beeinträchtigt so die Verkehrssicherheit.

b) Das *Konzessionssystem*. Danach erlangt ein neugebildeter Verein die Rechtsfähigkeit erst durch besondere *staatliche Verleihung*.

Dieses System steht dem verfassungsrechtlichen Grundsatz der Vereinigungsfreiheit entgegen. Es kann nur in Ausnahmefällen Anwendung finden (vgl. §§ 22, 23).

c) Das *System der Normativbestimmungen*. Der Verein erlangt die Rechtsfähigkeit nur, wenn er *bestimmte gesetzliche Erfordernisse* erfüllt und dies durch eine *behördliche Handlung* (meist die Eintragung in ein bestimmtes Register) bekundet wird.

Dieses System entspricht den Erfordernissen des Verkehrsschutzes, ohne die Vereinsbildung zu hemmen (vgl. BEITZKE ZHR 108, 32f).

III. Wirtschaftliche Vereine

126 Das Gesetz unterscheidet hinsichtlich der Gründungsvoraussetzungen **Idealvereine** und **wirtschaftliche Vereine**. Letztere sind Vereine, „deren Zweck auf einen wirtschaftlichen Geschäftsbetrieb gerichtet ist" (§ 22).

Die Fassung des § 22 ist als mißglückt zu bezeichnen. Entscheidend ist nicht der wirtschaftliche Geschäftsbetrieb als solcher, sondern, daß *mittels eines Geschäftsbetriebes wirtschaftlicher Gewinn erzielt werden* soll. Der Verein muß den Zweck haben, durch fortlaufenden Abschluß vermögensrechtlicher Geschäfte mit Dritten für sich (d.h. für den Verein) oder seine Mitglieder *wirtschaftliche Vorteile* zu erzielen, und zwar muß die Erzielung dieser Vorteile den *Hauptzweck* des Vereins bilden. Unschädlich ist es, wenn sich die wirtschaftliche Betätigung dem ideellen Zweck unterordnet (sog. *Nebenzweckprivileg;* einschränkend jedoch bei wirtschaftlicher Betätigung von Sekten

Juristische Personen: Vereine § 14 III

OLG Düsseldorf OLGZ 1983, 408ff). Ziehen die Mitglieder wirtschaftliche Vorteile, so begründet dies noch nicht den wirtschaftlichen Charakter des Vereins; erforderlich ist vielmehr, daß die Vorteile den Mitgliedern unmittelbar zufließen. Jedoch kann es für einen wirtschaftlichen Zweck genügen, daß der Verein mit einem kaufmännisch organisierten Betrieb Hilfsgeschäfte für die gewerblichen Unternehmungen der Mitglieder ausführt und hierbei dauernd und planmäßig in rechtsgeschäftlich verbindlicher Weise am Rechtsverkehr mit Dritten teilnimmt (BGHZ 45, 395 „Funktaxizentrale").

Sofern der Idealverein ein *selbständiges Unternehmen ausgliedert, z. B.* eine Aktiengesellschaft betreibt, ist diese unternehmerische Tätigkeit dem Verein nicht als eigener wirtschaftlicher Geschäftsbetrieb zuzurechnen, wenn die AG den bei ihr Versicherten und ihren sonstigen Gläubigern alle mit der Rechtsform einer solchen Gesellschaft verbundenen Sicherheiten bietet (BGHZ 85, 84).

> Keine wirtschaftlichen Vereine sind z.B. Vereine zur Errichtung von Sozialeinrichtungen, weil sie keinen wirtschaftlichen Nutzen erstreben, oder gesellige Vereinigungen, selbst wenn sie einen Wirtschaftsbetrieb unterhalten, der nur Nebenzweck ist. Verbindet sich jedoch mit den ideellen Zielen eine wirtschaftliche Betätigung als gleichwertiger Zweck, so kann der Verein den Charakter eines wirtschaftlichen Vereins annehmen (vgl. die Problematik der großen Fußballvereine). Als wirtschaftliche Vereine sind angesehen worden z.B. Gewinn-Sparvereine, Vereine zur Errichtung einer Spar- und Darlehenskasse, Sterbekassenvereine, Konsumvereine und Versicherungsvereine auf Gegenseitigkeit.

Wirtschaftliche Vereine unterliegen dem **Konzessionssystem**. Sie erlangen 127 Rechtsfähigkeit durch staatliche Verleihung. Die Rechtsordnung verläßt hier das System der Normativbestimmungen, da angesichts der wirtschaftlichen Betätigung ein *verstärkter Schutz der Außenstehenden* geboten ist. Dem für den Idealverein geltenden Vereinsrecht des BGB fehlen Bestimmungen über das zu fordernde Haftungskapital und über die Typisierung der Vertretungsmacht der Organe. Der Gesetzgeber geht daher davon aus, daß die Gründer solcher Unternehmungen sich grundsätzlich der vom Handelsrecht oder vom Genossenschaftsrecht vorgesehenen Typen bedienen, die durch strengere Normativbestimmungen und erweiterte Publizität den Bedürfnissen des Verkehrsschutzes Rechnung tragen. Wird bei der Gründung der Typ des wirtschaftlichen Vereins gewählt, so muß der Staat die Möglichkeit haben, im Wege von Konzessionsbedingungen die Erfordernisse des Verkehrsschutzes durchzusetzen. Ein genereller Anspruch auf Verleihung besteht nicht, allerdings hat die entscheidende Behörde ihr *Ermessen fehlerfrei* auszuüben, insbesondere zu prüfen, ob nach der Struktur des Zusammenschlusses und nach der Art des Auftretens im Rechtsverkehr eine Verweisung auf die handelsrechtlichen Typen zugemutet werden kann (vgl. BVerwG NJW 1979, 2261 ff. Grundsätzlich zur Problematik des wirtschaftlichen Vereins: K. SCHMIDT aaO).

Zuständig für die staatliche Verleihung ist das *Land,* in dessen Gebiet der Verein seinen Sitz hat (§ 22).

Die Entscheidung ergeht durch Verwaltungsakt; es finden die Rechtsbehelfe des Verwaltungsrechts Anwendung.

Stellt ein Idealverein seinen Zweck auf wirtschaftliche Betätigung um, so ist dem Verein die Rechtsfähigkeit zu entziehen (§ 43 II). Zuständig sind die von den Ländern bestimmten Verwaltungsbehörden (Ministerien, Regierungspräsidenten, Kreisbehörden), § 44.

Für die *Versicherungsvereine auf Gegenseitigkeit* sieht § 15 VersAufsG vor, daß diese die Rechtsfähigkeit mit der Genehmigung durch das Bundesaufsichtsamt für das Versicherungswesen erlangen.

IV. Die Gründung des Idealvereins

128 1. Die **Rechtsnatur des Gründungsvorgangs** ist umstritten. O. v. GIERKE bezeichnet ihn als einen sozialrechtlichen Konstitutivakt (I § 63 I 2) oder als *Gesamtakt* (Die Genossenschaftstheorie und die deutsche Rechtsprechung, S. 133), der nicht unter den Begriff des Rechtsgeschäfts fällt. Hingegen läßt sich die Einigung der Gründer unter den *Vertragsbegriff* subsumieren, wenn man nicht ausschließlich auf das Synallagma des Austauschvertrages abstellt. Es handelt sich um ein *mehrseitiges Rechtsgeschäft,* bei dem die Willenserklärungen nicht auf Leistungsaustausch, sondern auf die Erreichung eines gemeinsamen Zieles gerichtet sind. Das hat zur Folge, daß fehlerhafte Willenserklärungen den Bestand des Gründungsvertrages nicht in Frage stellen können und für den Fall, daß vereinbarte Leistungen eines Beteiligten nicht erbracht werden, den übrigen Beteiligten ein Leistungsverweigerungsrecht nicht zusteht. Dementsprechend läßt sich die Einigung der Gründer als *Organisationsvertrag* bezeichnen.

> Das Problem trifft nicht nur den Verein, sondern auch die Organisationsverträge der Personengesellschaften und der Kapitalgesellschaften. Hier ist es den Beteiligten verwehrt, die Willenserklärung wegen Irrtums nach § 119 oder § 123 anzufechten, wenn die Gründungsgesellschaft ins Leben getreten ist. Es bleibt lediglich die Möglichkeit der Kündigung bzw. des Austritts. Bei werbenden Gesellschaften ist hierbei der Verkehrsschutz gegenüber Dritten maßgebend.
> Für den Idealverein wird eine differenzierende Auffassung vertreten. Zum Teil wird die Anfechtung zugelassen, aber ihre Rückwirkung ausgeschlossen. Jedoch will man einem arglistig getäuschten Mitglied die Anfechtung nach § 123 auch mit der Folge der Rückgewähr nach §§ 812, 142 zubilligen. Einigkeit besteht darüber, daß durch die Anfechtung eines einzelnen Mitgliedes der Gründungsvorgang als solcher und die inzwischen ergangenen Beschlüsse in ihrer Wirksamkeit nicht betroffen werden. Eine differenzierende Lösung kann freilich nur bei solchen Idealvereinen in Betracht kommen, bei denen der Drittschutz mangels wirtschaftlicher Betätigung nicht ins Gewicht fällt. In allen Fällen, in denen durch rückwirkende Anfechtung dem Verein Vermögenssubstanz in dem Umfang entzogen würde, daß Drittinteressen gefährdet wären, muß diese Möglichkeit zumindest insoweit ausgeschlossen bleiben;

dies muß um so mehr gelten als gerade das Vereinsrecht Vorschriften über ein Haftungskapital nicht enthält (vgl. unten Rdn. 132).

2. Ein wesentlicher Bestandteil des Gründungsvorgangs ist die **Erstellung einer Satzung** (zur Rechtsnatur der Satzung vgl. unten Rdn. 135). Für den Inhalt sind *zwingende Angaben* vorgeschrieben. Sie muß den Zweck, den Namen und den Sitz des Vereins enthalten und ergeben, daß der Verein eingetragen werden soll (§ 57 I). Eine Eintragung ist *unwirksam*, wenn gegen *diese* Vorschrift verstoßen wurde. Darüber hinaus *soll* die Satzung Bestimmungen über den Ein- und Austritt der Mitglieder, die Mitgliederbeiträge, die Bildung des Vorstandes, die Voraussetzungen und die Form der Berufung der Mitgliederversammlung und die Beurkundung ihrer Beschlüsse (§ 58) enthalten. 129

Zum Gründungsvorgang gehört ferner die **Bestellung des Vorstandes** (§§ 26, 27; zur Funktion des Vorstandes vgl. unten Rdn. 139f).

3. Zur **Eintragung** ist der Verein vom Vorstand bei dem Amtsgericht, in dessen Bezirk er seinen Sitz hat (§ 55), anzumelden, und zwar durch sämtliche Vorstandsmitglieder in öffentlich beglaubigter Erklärung; beizufügen ist die von mindestens sieben Mitgliedern unterzeichnete, mit Orts- und Zeitangabe versehene Satzung in Ur- und Abschrift samt Abschrift der Urkunden über die Bestellung des Vorstandes (§§ 59, 77). 130

Das Amtsgericht prüft, ob den Erfordernissen der §§ 56 bis 59 genügt ist. Ist dies nicht der Fall, so ist die Anmeldung unter Angabe der Gründe zurückzuweisen (§ 60). Dagegen ist Erinnerung (§ 11 RPflG), bei Nichtabhelfen sofortige Beschwerde nach § 160a FGG zulässig. Fehlen lediglich nachholbare Erfordernisse, so ist eine *Zwischenverfügung* zweckmäßig (insbesondere zur Wahrung der Priorität, vgl. BayObLGZ 1969, 33, 35 f).

Wird die Anmeldung zugelassen, so erfolgt **Mitteilung an die** nach den Landesgesetzen zuständige **Verwaltungsbehörde**. Diese kann gegen die Eintragung Einspruch erheben, wenn der Verein nach dem öffentlichen Vereinsrecht unerlaubt ist oder verboten werden kann (§ 61 II). Den Einspruch hat das Amtsgericht dem Vorstand mitzuteilen, der ihn im Verwaltungsstreitverfahren anfechten kann; hierfür ist der Verein parteifähig (§ 61 VwGO). Nach Erschöpfung des Verwaltungsrechtswegs kann wegen Verletzung des Grundrechts der Vereinigungsfreiheit (Art. 9 GG) Verfassungsbeschwerde an das BVerfG in Betracht kommen (§ 90 BVerfGG).

Will die Verwaltungsbehörde keinen Einspruch erheben, so wird sie es dem Amtsgericht mitteilen. Die Eintragung darf erst vorgenommen werden, wenn diese Mitteilung gemacht ist oder sechs Wochen ohne Erhebung des Einspruchs verstrichen sind oder der Einspruch endgültig aufgehoben ist (§ 63 I).

Der Einspruch wird unwirksam, wenn die nach den Bestimmungen des Vereinsgesetzes zuständige Behörde nicht binnen eines Monats nach Einspruchserhebung ein

Verbot des Vereins ausgesprochen hat oder wenn das rechtzeitig ausgesprochene Verbot zurückgenommen oder unanfechtbar aufgehoben worden ist (§ 63 II).

Die Eintragung soll im Register angeben: Namen und Sitz des Vereins, den Tag der Errichtung der Satzung, die Vorstandsmitglieder sowie beschränkende Bestimmungen über den Umfang der Vertretungsmacht des Vorstandes oder eine vom Gesetz (§ 28 I) abweichende Regelung seiner Beschlußfassung (§ 64).

Im Anschluß an die Eintragung ist die *Veröffentlichung* im amtlichen Nachrichtenblatt vorgeschrieben (§ 66 I). Die Satzungsurschrift wird mit einer Bescheinigung der Eintragung an den Vorstand zurückgegeben; die beglaubigte Abschrift bleibt bei den Eintragungsakten (§ 66 II).

Entsprechend der ersten Eintragung sind auch *alle späteren Änderungen* einzutragen, so die Änderungen des Vorstandes (§ 67), der Satzung (§ 71), die Auflösung des Vereins und die Entziehung der Rechtsfähigkeit (§ 74), die Eröffnung des Konkurses (§ 75), der Liquidatoren (§ 76); dies erfolgt zum Teil auf Grund vorgeschriebener Anmeldung (§ 77), zum Teil von Amts wegen.

131 **4. Wirkungen der Eintragung.** Durch die Eintragung erlangt der Verein die **Rechtsfähigkeit**; sein Name erhält den *Zusatz: eingetragener Verein* (§ 65). Die Eintragung hat **konstitutive** Wirkung.

> Die Eintragung hat auch in den Fällen eines wesentlichen Mangels der Vereinsentstehung (§§ 57, 21) konstitutive Kraft; der Verein wird mit Rücksicht auf die Verkehrssicherheit solange als rechtsfähig behandelt, bis seine Löschung im Register nach §§ 159, 142 FGG erfolgt ist (so RGZ 81, 206, 208 und die herrschende Lehre).

Hierbei taucht die Frage auf, welchen Wert Registereintragungen für den Rechtsverkehr mit Dritten haben. Es ist denkbar, daß sich ein Dritter, soweit er nicht durch Kenntnis, bisweilen auch durch fahrlässige Unkenntnis, schutzunwürdig ist, auf die durch die Eintragung kundgemachte Tatsache berufen kann.

> Einen starken Schutz bietet das Grundbuch nach § 892 und neuerdings das Handelsregister nach § 15 III HGB. Andere Register bieten einen schwächeren Schutz insofern, als darauf vertraut werden kann, daß Abweichungen von einer gesetzlich vorgesehenen Regelung gegen Dritte nur wirksam sind, wenn sie eingetragen sind (*negative Publizität:* „Dem Schweigen des Registers darf man trauen"; vgl. z. B. § 1412 für das Güterrechtsregister zum vertragsmäßigen Ehegüterrecht).

Im Gegensatz zur konstitutiven Kraft der Eintragung des Vereins als solchem und der Satzungsänderung gem. § 71 genießen die sonstigen Eintragungen ins Vereinsregister keinen öffentlichen Glauben wie etwa Grundbucheintragungen. Das Vereinsregister genießt jedoch insofern **negative Publizität**, als bei *Änderung des Vorstandes* oder bei *Beschränkung seiner Vertretungsmacht* sowie bei einer *Regelung der Beschlußfassung* des Vorstandes abweichend von § 28 I ein Dritter diese Änderung oder Beschränkung nicht gegen sich gelten zu lassen braucht, wenn sie nicht eingetragen war, es sei denn, er hatte Kenntnis von ihr. Andererseits muß der Dritte, falls die Änderung oder Beschränkung eingetragen ist, sie gegen sich gelten lassen, es sei denn, daß sie ihm nicht bekannt war und seine Unkenntnis auch nicht auf Fahrlässigkeit beruht (§§ 68, 70). Alle *übrigen* Vorschriften haben lediglich *deklaratorischen Charakter* und begründen keinen Vertrauensschutz.

Das Register ist öffentlich; jedermann kann es einsehen (§ 79).

5. Der Vorverein

a) Die Eintragung einer juristischen Person in das Vereinsregister ist der **132** letzte Akt im Entstehungsprozeß, den die werdende juristische Person durchläuft. Allerdings muß berücksichtigt werden, daß schon vor der Eintragung, d.h. der Entstehung der juristischen Person, der sog. Gründerverein tätig wird.

Bis zur Erlangung der Rechtsfähigkeit eines **Idealvereins** besteht ein sogenannter Vorverein. Auf diesen der Rechtsfähigkeit entbehrenden Gründerverein ist grundsätzlich § 54 anwendbar (zur Strukturproblematik des nichtrechtsfähigen Vereins vgl. unten Rdn. 152). Erlangt der Gründerverein später die Rechtsfähigkeit, so entsteht zwar ein neues Rechtssubjekt, aber dieses setzt das vorher entstandene Rechtsgebilde fort. Aufgrund dieser **Identität** ergeben sich zwei Folgerungen: einmal stehen die *für den Vorverein begründeten Rechte* nunmehr dem rechtsfähigen Verein zu, ohne daß es einer Übertragung bedarf (keine Auflassung, sondern Grundbuchberichtigung); zum anderen haftet der rechtsfähige Verein für die Verbindlichkeiten des Vorvereins.

> Fraglich ist, ob mit der Erlangung der Rechtsfähigkeit die in § 54 S. 2 geregelte persönliche Haftung desjenigen, der im Namen des Vorvereins gehandelt hat, entfällt. Die von BGHZ 80, 182 entwickelten Grundsätze zu der Haftung eines im Namen einer künftigen GmbH Handelnden (vgl. § 11 II GmbHG) sind auf den Idealverein nicht ohne weiteres anwendbar, da grundsätzlich bei ihm für die Mitglieder keine Verpflichtung besteht, Einlagen für ein Haftungskapital zu leisten (a.M. Medicus AT Rdn. 1113).

Mit der Erlangung der Rechtsfähigkeit wird auch ein schwebender Prozeß durch den nunmehr rechtsfähigen Verein ohne Klageänderung fortgesetzt (RGZ 85, 259). Das gilt auch, wenn ein zunächst nicht zur Eintragung vorgesehener nichtrechtsfähiger Verein später beschließt, die Eintragung zu beantragen.

b) Besondere Probleme ergeben sich, wenn **im Namen einer künftigen** **133** **Kapitalgesellschaft oder Genossenschaft** gehandelt wird.

Es handelt sich um eine sogenannte Vorgesellschaft, die mit dem Abschluß des Gesellschaftsvertrages (Satzungsfeststellung) entsteht. Daß es sich hierbei schon um ein Gesellschaftsverhältnis handelt, wird daraus geschlossen, daß bei der Gründung von Kapitalgesellschaften die übernommenen Einlagen schon teilweise erbracht werden müssen (§§ 36 II AktG, 7 II GmbHG). Es besteht also ein Vermögen, das als solches eines personellen Trägers bedarf. Die Vorgesellschaft kann BGB-Gesellschaft bzw., wenn die Voraussetzungen des § 1 II HGB vorliegen, eine OHG sein.

Einigkeit besteht darüber, daß die Identitätstheorie auch hier für die Übertragung des gesamten Aktivvermögens auf die juristische Person uneingeschränkt gilt; mit der Entstehung der Rechtsfähigkeit geht dieses daher automatisch auf die juristische Person über. Die Folge der Identitätstheorie gilt jedoch nicht uneingeschränkt für Verbindlichkeiten, die im Namen der künftigen juristischen Person eingegangen wurden. Im Interesse Dritter soll das Haftungskapital der juristischen Person von vor der Eintragung begründeten Verbindlichkeiten nach Möglichkeit freigehalten werden – sogenanntes **„Vorbelastungsverbot"** (BGHZ 17, 385, 391; 53, 210, 212).

Es soll z.B. verhindert werden, daß eine GmbH durch Eintragung in das Handelsregister in einem Augenblick zur Entstehung gelangt, in dem bereits wesentliche Teile des Gesellschaftskapitals verwirtschaftet sind (FISCHER Anm. zu BGH LM Nr. 13 zu § 11 GmbHG = BGHZ 37, 75).

Das gilt nicht für solche Rechtsgeschäfte, durch die die Eintragung herbeigeführt werden soll (z.B. Notarkosten). Eine weitere Einschränkung des Vorbelastungsverbots ergibt sich für solche Verbindlichkeiten, die ihre Rechtsgrundlage in der Satzung haben (z.B. Vereinbarungen im Zusammenhang mit Sacheinlagen oder Sachübernahmen).

Für die übrigen Verbindlichkeiten gelten – soweit im Namen der künftigen juristischen Person gehandelt wurde – die Bestimmungen der §§ 41 I 2 AktG, 11 II GmbHG, wonach der Handelnde persönlich haftet. Die juristische Person kann jedoch die Verbindlichkeit nach den allgemeinen Regeln des Schuldrechts (§§ 414, 415) unter Beachtung der Sondervorschrift des § 41 II, III AktG übernehmen. Darüber hinaus kommt die Möglichkeit in Betracht, die Ergebnisse des Handelns der Vorgesellschafter für die künftige juristische Person nach § 177 zu übernehmen.

Wird ein schon bestehendes Unternehmen in eine künftige AG oder GmbH eingebracht, so wird es sich in aller Regel als notwendig erweisen, den Geschäftsbetrieb nicht nur auf notwendige Unterhaltungsmaßnahmen zu beschränken, sondern in vollem Umfang weiterzuführen. Deshalb wird das Vorbelastungsverbot z.T. in der Weise differenziert angewandt, daß es zwar für Bargründungen, aber nicht mehr für Sachgründungen gelten soll (so WIEDEMANN Das Rätsel Vorgesellschaft, JurA 1970, 439ff; RITTNER Die werdende juristische Person, 1973, 355ff). Bei Unternehmenseinbringung gehen dann auch die Verbindlichkeiten mit Entstehen der juristischen Person auf diese über (BGHZ 45, 338, 342f).

Nach der neueren Rechtsprechung soll der Schutz der Gläubiger dadurch **134** erreicht werden, daß die Gründer gegenüber der Körperschaft für den Wert des Gesellschaftsvermögens im Augenblick der Registereintragung anteilig einzustehen haben (BGHZ 80, 129ff). Es handelt sich um eine sog. **„Differenzhaftung"**. Da somit im Wege der Gesamtrechtsnachfolge auch die Verbindlichkeiten auf die juristische Person übergehen, können sich die Gläubiger an das Vermögen der juristischen Person halten, zu dem auch die Forderung auf die Differenzbegleichung gehört; diese Forderung unterliegt dann auch der Zwangsvollstreckung gem. §§ 829, 835 ZPO. Im Ergebnis hat der BGH damit ein Vorbelastungsverbot abgelehnt, dies allerdings mit der Maßgabe, daß bei der Anmeldung eine vom Registergericht zu überprüfende Versicherung darüber abzugeben ist, inwieweit das Anfangsvermögen bereits durch Schulden vorbelastet ist. Mit der Eintragung entfällt sowohl die Haftung des handelnden Vorgesellschafters nach außen aus § 11 II GmbHG (BGHZ 80, 182) als auch die Haftung der Gründer aus Verbindlichkeiten der Vorgesellschaft (BGHZ 80, 129). Dies gilt jedoch *nicht* für Verbindlichkeiten, die vorweg für eine noch zu gründende Gesellschaft, d.h. vor Abschluß eines notariellen Gründungsvertrages, eingegangen worden sind (BGH BB 1983, 1433ff; vgl. auch BGH BB 1982, 69f).

> Vgl. in der Literatur: FLUME Zur Enträtselung der Vorgesellschaft, NJW 1981, 1753ff; SCHULTZ, D. Rechtsfragen der Vor-GmbH im Lichte der jüngsten höchstrichterlichen Rechtsprechung, JuS 1982, 732ff; ULMER Abschied vom Vorbelastungsverbot im Gründungsstadium der GmbH, ZGR 1981, 593ff.

V. Die Verfassung des Vereins, Organe und Haftung **135**
1. Die **Verfassung** enthält die das Vereinsleben bestimmenden *Grundentscheidungen* (BGHZ 47, 172, 177). Sie ist der Inbegriff der Regeln, die sich auf den Zweck des Vereins, seinen Namen und Sitz, seinen inneren Aufbau und seine Betätigung nach außen, die Mitgliedschaft, seine Auflösung und das Schicksal seines Vermögens beziehen.

Die **Satzung** und die *ergänzenden Vorschriften* des BGB bilden die Verfassung (§ 25). Maßgebend ist die Satzung, soweit nicht zwingende Vorschriften des BGB eingreifen (z.B. §§ 26, 27 II); eine diesen entgegenstehende Satzungsbestimmung ist nichtig. Zum Teil sind die Vorschriften des BGB nachgiebiger Art; sie gelten nur insoweit, als die Satzung nichts Abweichendes bestimmt (§ 40).

Die Satzung wird in der Regel *schriftlich* niedergelegt. Wenn der Verein eingetragen werden soll, muß die Schriftform eingehalten werden. Obwohl das

§ 14 V 2

Gesetz die Einreichung der Satzung in Urschrift und Abschrift vorsieht (§ 59), hätte die Nichtbeachtung der Vorschrift nicht die Ungültigkeit der Eintragung zur Folge (vgl. oben Rdn. 129 f).

Die Satzung ist *abänderbar*. Fehlen satzungsmäßige Bestimmungen darüber, so greift § 33 I ein und verlangt die Zustimmung einer Mehrheit von ¾ der erschienenen Mitglieder. Zur Änderung des Vereinszwecks ist Einstimmigkeit nötig; die Zustimmung der nicht erschienenen Mitglieder muß schriftlich erfolgen (§ 33 I 2).

In der *Satzung* stellt der Verein Rechtssätze auf, die für das Leben des Vereins und die Mitglieder verbindlich sind. Darum wird dem Verein das Recht der **Autonomie** *(Satzungsgewalt)* zugeschrieben und der Satzung die Eigenschaft einer *objektiven Rechtsnorm* (eines *Vereinsgesetzes*) für den Bereich der Körperschaft beigelegt.

Im Gegensatz zu der früher umstrittenen *Rechtsnatur* (vgl. zur Gegenmeinung STAUDINGER/COING § 25 Rdn.6; ENN./NIPPERDEY § 108 II) hat die Rechtsprechung diesen Charakter der Vereinssatzung eindeutig zugrunde gelegt. Wenn auch die Satzung zunächst auf einen von den Gründern geschlossenen Vertrag zurückgeht, so löst sie sich mit der Entstehung des Vereins völlig von der Person der Gründer. Sie erlangt ein unabhängiges rechtliches Eigenleben, wird zur körperschaftlichen Verfassung des Vereins und objektiviert fortan das rechtliche Wollen des Vereins als der Zusammenfassung seiner Mitglieder (BGHZ 47, 172, 179; vgl. auch RGZ 165, 140, 143; BGHZ 21, 370, 374). Der Eintritt in den Verein bedeutet daher nicht eine vertragliche Anerkennung der Satzung, sondern ist schlechthin eine *Unterwerfung* unter die Vereinsgewalt.

Der *Normcharakter* bedingt, daß die Satzung lediglich aus ihrem Inhalt heraus ausgelegt werden kann und hierzu die Willensäußerung oder Interessen der Gründer oder sonstige Vorgänge aus der Entstehungsgeschichte nicht verwertet werden dürfen (BGH aaO unter Bezugnahme auf RG HRR 1932 Nr. 1287). Etwaige Willensmängel der Gründer können die Satzung in ihrem Bestand nicht mehr beeinträchtigen (BGH aaO).

136 2. Der Verein wird durch seine **Organe**, die nach der Verfassung berufen sind, tätig. Organe des Vereins sind die Mitgliederversammlung, der Vorstand und besondere gesetzliche Vertreter.

a) Die **Mitgliederversammlung** ist das oberste Organ des Vereins; sie wird gebildet durch die Gesamtheit der Mitglieder (§ 32). Ihre Kompetenz umfaßt alle Vereinsangelegenheiten, die nicht durch Satzung oder Gesetz einem anderen Vereinsorgan zugewiesen sind. Namentlich bestellt sie den Vorstand und beruft ihn ab (§ 27), sie bestellt auch die Liquidatoren (§ 48 I); sie ist zuständig für Satzungsänderungen (§ 33 I) und den Auflösungsbeschluß (§ 41). Ihre Beschlüsse sind durch den Vorstand auszuführen, dem die Vertretung nach außen zusteht.

Die Beschlüsse der Mitglieder werden grundsätzlich in einer Mitgliederversammlung gefaßt. Ein Beschluß ohne Versammlung ist nur dann gültig, wenn alle Mitglieder schriftlich zustimmen. Das Gesetz setzt für die Willensbildung die Erörterung unter Anwesenden voraus.

Die Mitgliederversammlung wird regelmäßig durch den Vorstand einberufen (§§ 36, 32 I 2). Sie muß stattfinden in den durch die Satzung bestimmten Fällen sowie wenn das Interesse des Vereins es erfordert, ferner wenn der durch die Satzung bestimmte Teil der Mitglieder oder – bei Schweigen der Satzung – der zehnte Teil es unter Angabe des Zwecks und der Gründe verlangt; lehnt der Vorstand ab, so kann das Amtsgericht die Mitglieder zur Einberufung ermächtigen (§ 37).

137 Bei der **Beschlußfassung** sind unterschiedliche Mehrheitsverhältnisse erforderlich (*„Quorum"*). Im allgemeinen entscheidet die *Mehrheit der erschienenen Mitglieder* (§ 32 I 3); für Satzungsänderungen und den Auflösungsbeschluß ist ¾-Mehrheit, für Zweckänderungen Einstimmigkeit vorgeschrieben (§§ 33, 41).

Jedes Mitglied hat eine Stimme. Nur die Erschienenen kommen in Betracht. Es entscheidet deren absolute Mehrheit, falls besondere Bestimmungen in der Satzung oder im Gesetz fehlen. Bei der Berechnung der Mehrheit soll nach RGZ 80, 189, 192 die Zahl der Anwesenden, nicht die der abgegebenen Stimmen entscheiden. Danach würde Stimmenthaltung Ablehnung bedeuten. Es darf indessen angenommen werden, daß das Gesetz die Abstimmung der Erschienenen voraussetzt und nur die abgegebenen Stimmen gezählt werden, da die Enthaltung der Stimmberechtigten gerade zum Ausdruck bringen soll, daß sie nicht in die Entscheidung miteinbezogen werden wollen (h. M.; vgl. Soergel/Schultze-v. Lasaulx § 32 Rdn. 26; Zöllner Die Schranken mitgliedsschaftlicher Stimmrechtsmacht bei den privatrechtlichen Personenverbänden, 1963, § 31 Fn. 5; in diesem Sinne auch ausdrücklich § 133 AktG).

Abstimmungsvereinbarungen eines Mitglieds mit dem Verein oder einem anderen Mitglied sind grundsätzlich wirksam, soweit sie nicht gegen das Gesetz oder die guten Sitten verstoßen. Das erkennt RGZ 112, 273, 279 an, lehnt aber die Erfüllungsklage ab und will nur Schadensersatzansprüche zugestehen (vgl. auch RGZ 119, 386, 388f; 133, 90, 95). Demgegenüber bejaht BGHZ 48, 163 die Vollstreckung nach § 894 ZPO für die GmbH, da der Vollstreckungszwang sich nicht gegen die Gesellschaft, sondern gegen den aus der Abstimmungsvereinbarung verpflichteten Gesellschafter richte. Allerdings kann ein einmal gefaßter Gesellschaftsbeschluß nur dann wieder aufgehoben werden, wenn nicht Rechte Dritter berührt sind.

Ein besonderes Problem ergibt sich bei *Stimmrechtsbindungsverträgen zwischen einem Mitglied und einem körperschaftsfremden Dritten.* Läßt man dies grundsätzlich zu, so ist die Verletzung der Treuepflicht des Mitgliedes gegenüber dem Verein besonders zu prüfen, da die Befolgung von Weisungen nur möglich ist, wenn sie im Interesse des Vereins liegt oder interessenneutral ist (vgl. A. HUECK Stimmbindungsverträge bei Personenhandelsgesellschaften, Festschrift Nipperdey, I, 1965, 401 ff, 416 ff).

Umstritten ist ferner, ob eine *uneinheitliche Ausübung mehrerer Stimmen durch einen Stimmberechtigten* möglich ist. Gründet sich die Stimmberechtigung auf eigenes Recht, können die Stimmen nur einheitlich abgegeben werden (so RGZ 118, 67). Hingegen unterliegt eine uneinheitliche Stimmabgabe keinen Bedenken, wenn die Satzung die Teilübertragung des Mitgliedschafts- und Stimmrechts bzw. die Beteiligung anderer Personen daran gestattet und zur Wahrnehmung berechtigter Interessen die geteilte Stimmabgabe erforderlich ist (so im Grunde bereits RGZ 157, 52, 57 ff; vgl. STAUDINGER/COING § 32 Rdn. 20; KLAUSING Zur uneinheitlichen Ausübung mehrerer Stimmen durch Einzelpersonen und Personalverbände, 1928; vgl. auch die Regelung für das Depotstimmrecht in § 133 AktG).

Ein Mitglied ist **nicht stimmberechtigt**, wenn die Beschlußfassung die Vornahme eines Rechtsgeschäfts mit ihm selbst oder die Einleitung oder Erledigung eines Rechtsstreites zwischen ihm und dem Verein betrifft (§ 34). Die Vorschrift hat grundsätzliche Bedeutung zur *Vermeidung von Interessenkonflikten*. Für die Handelsgesellschaften gelten entsprechende Normen (vgl. § 136 AktG, § 47 IV GmbHG; vgl. auch § 43 VI GenG).

Kein Rechtsgeschäft im Sinne des § 34 ist die Vornahme einer Wahl, bei der alle Mitglieder zur Mitwirkung berufen sind (RGZ 60, 172), ebensowenig der Widerruf der Bestellung (RGZ 81, 37; 104, 182, 186), auch nicht die Abstimmung über den eigenen Ausschluß (OLG Köln NJW 1968, 992). Wohl aber fällt unter § 34 die Entlastung, die von der bloßen Feststellung der Bilanz zu unterscheiden ist (RGZ 49, 142, 146); so jetzt ausdrücklich die o. a. Vorschriften für die Kapitalgesellschaften und die Genossenschaft. Streitig ist, ob ein Stimmrecht bei der Festsetzung der Bezüge des Gewählten gewährt werden kann (so RGZ 74, 276 unter Hinweis auf den einheitlichen Vorgang bei der Wahl; dagegen STAUDINGER/COING § 34 Rdn. 14; SOERGEL/SCHULTZE-V. LASAULX § 34 Rdn. 4; ERMAN/WESTERMANN § 34 Rdn. 2; vgl. zu diesen Fragen insbesondere ZÖLLNER aaO).

Eine Verletzung des § 34 kann einen gefaßten *Beschluß* nur beeinträchtigen, wenn die fehlerhafte Stimmabgabe für den Beschluß *kausal* war. Ist sie auf das Ergebnis ohne Einfluß, so bleibt der Beschluß bestehen (BGHZ 14, 264, 267 f).

Von der Nichtigkeit wegen Verletzung zwingender Vorschriften ist die *Anfechtung der Einzelstimmabgabe* wegen eines *Willensmangels* zu unterscheiden. Auch sie kann nur erheblich sein, wenn durch die Anfechtung die erforderliche Mehrheit zerstört oder der Beschluß hinfällig gemacht werden kann (vgl. zu den Einzelheiten BARTHOLOMEYCZIK Die Anfechtung der Stimmabgabe zum Körperschaftsbeschluß, AcP 144, 287 ff).

138 Die Nichtigkeit der einzelnen Stimmabgabe ist daher von der **Nichtigkeit des Beschlusses** selbst zu unterscheiden. Ist ein Beschluß wegen der Verletzung zwingender Vorschriften nichtig, etwa weil er sittenwidrig ist oder weil nicht

Juristische Personen: Vereine §14 V 2

alle Mitglieder in der von der Satzung vorgesehenen Weise eingeladen worden sind (BGHZ 59, 369, 373), so muß der Richter die Nichtigkeit, wenn der sie begründende Tatbestand vorgetragen ist, feststellen. Auch ein Dritter kann die Nichtigkeit durch Feststellungsklage gem. § 256 ZPO geltend machen. Das Vereinsrecht hat im Gegensatz zu §§ 241 ff AktG und § 51 GenG die Geltendmachung der Nichtigkeit durch eine Anfechtungsklage nicht vorgesehen. Eine entsprechende Anwendung auf Vereine mit stärkerer wirtschaftlicher Verflechtung hat der BGH abgelehnt (BGHZ 59, 369, 371).

Von der Frage nach dem Bestand des Beschlusses ist jedoch die nach der *Wirksamkeit eines zu seiner Ausführung* vom Vorstand *vorgenommenen Rechtsgeschäfts mit Dritten* zu trennen; z.B. bleibt das im Rahmen der Vertretungsmacht des Vorstandes vorgenommene Rechtsgeschäft, das durch den fehlerhaften Beschluß nur intern vorbereitet wurde, wirksam, soweit der außenstehende Dritte schutzwürdig ist. Das Außengeschäft ist jedoch in jedem Fall unwirksam, wenn die Satzung den Beschluß zur Wirksamkeitsvoraussetzung erhebt (vgl. ERMAN/WESTERMANN § 32 Rdn. 4; SOERGEL/SCHULTZE-V. LASAULX § 32 Rdn. 37).

b) Der Verein muß einen **Vorstand** haben (§ 26 I). Der Vorstand wird *bestellt* durch einen (nach außen stets widerruflichen, § 27 II) *Beschluß der Mitgliederversammlung,* falls die Satzung nichts anderes bestimmt (§§ 27 I, 40). Vereinsmitgliedschaft ist zur Bestellung als Vorstandsmitglied nicht erforderlich (vgl. STAUDINGER/COING § 27 Rdn. 7). **139**

Die Bestellung ist ein *einseitiger körperschaftlicher Akt,* der zur Wirksamkeit des angetragenen Amtes der *Annahme* durch den Berufenen bedarf. Die Bestellung macht den Berufenen zum Organ und begründet die sich daraus ergebenden Rechte und Pflichten. Davon ist zu trennen der *Anstellungsvertrag.*

Auch *mehrere* können als Vorstand bestellt werden (§ 26 I 2). Soweit die erforderlichen Vorstandsmitglieder fehlen, hat in dringenden Fällen auf Antrag eines Beteiligten bis zur Behebung des Mangels das Amtsgericht *Ersatzmitglieder* zu bestellen (§ 29). Im Interesse der Rechtsklarheit ist jedoch eine *alternative* oder *hilfsweise* Bestellung *unzulässig* (vgl. OLG Celle NJW 1969, 326; BayObLG NJW 1969, 1966).

Besteht der Vorstand aus mehreren Mitgliedern, so erfolgt die *Beschlußfassung* nach dem *Mehrheitsgrundsatz* (§ 28 I), und zwar nach den für die Mitgliederversammlung geltenden Vorschriften.

Von der internen Beschlußfassung ist die *Durchführung der Beschlüsse nach außen* zu unterscheiden. Besteht der Vorstand aus mehreren Mitgliedern, so ist davon auszugehen, daß zur **Vertretung** die *Mitwirkung aller* geboten ist. In diesem Fall ist bei einem Mehrheitsbeschluß die Minderheit zur Mitwirkung beim Vollzug nach außen verpflichtet. Es kann in der Satzung festgelegt werden, daß jedes Vorstandsmitglied *Einzelvertretungsmacht* hat oder daß nur zwei gemeinschaftlich vertreten können *(Gesamtvertretung).*

Bei der Gesamtvertretung kann jedoch ein Vorstandsmitglied den Verein allein wirksam vertreten, wenn er von dem mitwirkungsberechtigten Vorstandsmitglied hierzu ermächtigt wird; auch eine nachträgliche Genehmigung ist wirksam (vgl. § 125 II 2 HGB und RGZ 81, 325 ff für die OHG; § 78 IV AktG für die AG).

Für die Abgabe von Willenserklärungen gegenüber dem Vorstand *(Passivvertretung)* genügt jedoch die Abgabe an *ein* Vorstandsmitglied (§ 28 II). Die Rechtsprechung hat § 28 II auf *Wissenszustände aller Art* ausgedehnt, so daß bereits Kenntnis, Bösgläubigkeit, Arglist oder Verschulden im vertraglichen und deliktischen Bereich eines Vorstandsmitgliedes dem Verein zuzurechnen ist.

Der Vorstand vertritt den Verein *gerichtlich* und *außergerichtlich*. Er hat die Stellung eines *gesetzlichen Vertreters*.

> Die herrschende Lehre *(die Organtheorie)* meint, daß durch den Wortlaut des § 26 II der rechtlichen Konstruktion nicht vorgegriffen werden solle; sie betont, daß der Vorstand kein Vertreter im eigentlichen Sinne, sondern Organ sei. Da das Gesetz die volle Verantwortlichkeit des Vereins für das Verhalten des verfassungsmäßigen Vertreters ausdrücklich bejaht hat, ist der Streit praktisch gegenstandslos.

140   Die **Vertretungsmacht** des Vorstandes ist durch die Satzung *beschränkbar* (§ 26 II), mit Ausnahme der Befugnis zur Entgegennahme von Willenserklärungen (§ 28 II i.V.m. § 40). Insoweit unterscheidet sich das Vereinsrecht von den Handelsgesellschaften, bei denen die Vertretungsmacht im Interesse der Verkehrssicherheit zwingend typisiert ist (vgl. § 126 II HGB; § 82 AktG).

Wird die Vertretungsmacht *nicht durch die Satzung beschränkt,* so ist sie doch nicht völlig unbeschränkt, sondern umfaßt nur Geschäfte, die sachlich ihrer allgemeinen Eigenart nach in den Rahmen des Vereinszwecks fallen (h. M.; vgl. RGZ 85, 256, 261). Der Vorstand kann z.B. keine Schenkungen machen, wenn sie völlig aus diesem Rahmen fallen.

Im übrigen wirkt gegen Außenstehende nur die Beschränkung der Vertretungsmacht, die in der Satzung enthalten ist. Bloße beschränkende Beschlüsse wirken nur als Anweisungen im Innenverhältnis. Daher sind Beschränkungen der Vertretungsmacht, abweichende Bestimmungen über die Beschlußfassung und Änderungen des Vorstandes ins *Vereinsregister einzutragen*. Ist das unterblieben, so können sie Außenstehenden gegenüber nur geltend gemacht werden, wenn deren Kenntnis bewiesen werden kann; und selbst wenn die Eintragung erfolgt ist, steht Dritten der Nachweis offen, daß sie die Änderung ohne Fahrlässigkeit nicht gekannt haben (§§ 68, 70; für nicht eingetragene Vereine vgl. näher unten Rdn. 154 ff). Ein unter Überschreitung der Vertretungsmacht vorgenommenes Rechtsgeschäft ist für den Verein nicht verbindlich; der Vorstand haftet entsprechend § 179.

Im **Innenverhältnis** zum Verein sind für die Geschäftsführung des Vorstandes die *Auftragsregeln* entsprechend anwendbar (§ 27 III). Es gilt insbesondere § 665, der dem Vorstand einen gewissen Ermessensspielraum gegenüber

Beschlüssen der Mitgliederversammlung gewährt. Soweit eine Vergütung vereinbart ist, ist das *Dienstvertragsrecht* heranzuziehen. Aus der Nichterfüllung seiner Pflichten *haftet* der Vorstand dem Verein. Den *Vereinsgläubigern* haftet er nur im Falle des § 42 II 2 (Verzögerung des Antrags auf Eröffnung des Konkurs- oder gerichtlichen Vergleichsverfahrens); darüber hinaus, wenn der Tatbestand einer unerlaubten Handlung durch ihn erfüllt ist (vgl. auch die subsidiäre Haftung der Vorstandsmitglieder einer AG, § 93 V AktG).

c) Für gewisse Geschäftszweige können, wenn es die Satzung gestattet, neben dem Vorstand **besondere Vertreter** bestellt werden (§ 30), z. B. Kassenwart, Schriftführer, Zweigstellenleiter usw. Sie müssen aber, wenn sie auch Weisungen unterworfen sind, nach außen eine gewisse Selbständigkeit haben (RGZ 157, 228, 236). Ihre *Vertretungsmacht* erstreckt sich im Zweifel auf alle Rechtsgeschäfte, die der ihnen *zugewiesene Geschäftskreis gewöhnlich mit sich bringt*. Eine darüber hinausgehende Beschränkung im Innenverhältnis wirkt nach außen nur, wenn sie der Dritte kannte oder kennen mußte (RGZ 94, 318, 320). 141

Die Bestellung dieser Sondervertreter erfolgt wie die der Vorstandsmitglieder. Sie ist von einer rechtsgeschäftlichen Bevollmächtigung zu unterscheiden. Besondere Vertreter sind Vereinsorgane und haben als solche die Stellung eines gesetzlichen Vertreters im Sinne des § 26. Der Verein ist nach § 31 für ihre schadenstiftenden Handlungen verantwortlich, während er für gewöhnliche Vertreter nur nach §§ 278, 831 haftet (RGZ 53, 276, 279).

Im Hinblick auf die als unangemessen angesehene Entlastungsmöglichkeit nach § 831 hat die Rechtsprechung den *Begriff des „verfassungsmäßig berufenen Vertreters"* zunehmend weiter ausgedehnt. Hielten es RGZ 53, 276, 277 und 74, 21, 23 noch für erforderlich, daß die Bestellung durch Satzung oder eine gleichwertige organisatorische Bestimmung vorgesehen sein muß, so verzichtet der BGH (BGHZ 49, 19, 21) auf dieses Erfordernis. Der Vertreter im Sinne des § 31 braucht weder mit rechtsgeschäftlicher Vertretungsmacht ausgestattet zu sein, noch muß seine Tätigkeit einen Aufgabenbereich innerhalb der geschäftsführenden Verwaltungstätigkeit der juristischen Person ausfüllen. Ausreichend ist vielmehr, daß ihm durch die allgemeine Betriebsregelung und Handhabung bedeutsame, wesensmäßige Funktionen der juristischen Person zur selbständigen, eigenverantwortlichen Erfüllung zugewiesen sind, er also die juristische Person durch seine Tätigkeit repräsentiert (vgl. für das Schrifttum SOERGEL/SCHULTZE-V. LASAULX § 31 Rdn. 13; § 30 Rdn. 9 – 12 m.w.N.).

3. a) Zur **Haftung des Vereins** ist zwischen *Organen* und *verfassungsmäßig berufenen Vertretern* einerseits und *sonstigen Hilfspersonen* zu unterscheiden. Für letztere haftet der Verein nach allgemeinen Grundsätzen (§§ 278, 831); im rechtsgeschäftlichen Verkehr finden die §§ 164 ff Anwendung. 142

Für schadensersatzpflichtig machende Handlungen, die seine *Organe* oder *verfassungsmäßig berufenen Vertreter* in Ausführung der ihnen zustehenden Verrichtung begangen haben, haftet er nach zwingendem Recht wie *für eigene Handlungen ohne Entlastungsmöglichkeit (§ 31)*. Er haftet auch für Schädigungen, die zum Ersatz verpflichten, ohne rechtswidrig (§§ 228, 904) oder schuldhaft zu sein (§ 231). Bei Gesamtvertretung genügt die schadensstiftende Handlung eines Vorstandsmitgliedes.

Der Verein haftet dem *geschädigten Dritten;* das kann auch ein *Vereinsmitglied* sein.

Die Handlungen müssen *in Ausführung* der dem Organ oder verfassungsmäßig berufenen Vertreter *zustehenden Verrichtung*, nicht bloß bei Gelegenheit dieser Verrichtung erfolgen. Es muß ein *enger objektiver Zusammenhang* mit letzterer bestehen. Eine Überschreitung des Auftrages, ein Mißbrauch der Vollmacht schließen die Haftung nicht aus. Auch eine vorsätzliche unerlaubte Handlung kann durchaus noch in einem engen objektiven Zusammenhang mit der zugewiesenen Verrichtung stehen (vgl. BGHZ 49, 19, 23 m.w.N.).

In den Fällen, in denen sich durch die Ausweitung des Begriffes des verfassungsmäßig berufenen Vertreters (vgl. oben Rdn. 141) die Haftung nach § 31 nicht erreichen läßt, bleibt der **Haftungsgrund des Organisationsmangels** zu prüfen. Ein Organisationsmangel ist darin zu sehen, daß der Verein keinen verfassungsmäßig berufenen Vertreter für den fraglichen Geschäftsbereich bestellt hat, obwohl dessen Bestellung angezeigt gewesen wäre, andererseits auch keiner der tätigen Personen die Eigenschaft des verfassungsmäßig berufenen Vertreters beigelegt werden kann (z.B. wenn in einer Redaktion nicht durch entsprechende Anweisungen an Sachbearbeiter sichergestellt ist, daß Persönlichkeitsverletzungen vermieden werden; so BGHZ 59, 76, 82; vgl. auch BGHZ 24, 200, 213; 39, 124, 130). Den Organisationsmangel hat in jedem Fall der Vorstand nach § 31 zu vertreten. Über die erörterten Fälle hinaus kann ein solcher darin liegen, daß ein Verein es unterlassen hat, Vorsorge im Bereich der *Verkehrssicherung* zu treffen (vgl. RGZ 163, 21, 29). Von daher ist der Organisationsmangel im Bereich der sog. *Produzentenhaftung* zu einer wesentlichen Anspruchsgrundlage geworden (vgl. BGHZ 51, 91, 99). Ob man jedoch einem Verein in den Fällen des Organisationsmangels auch den *Entlastungsbeweis* auferlegen sollte, wie dies bei einer komplizierten betrieblichen Organisation der Fall ist (vgl. BGH aaO), wird sich nur unter Berücksichtigung der konkreten Situation entscheiden lassen.

Durch die Haftung des Vereins wird die *persönliche Haftung* des Organs nicht ausgeschlossen. Das schuldige Organ und der Verein haften als *Gesamtschuldner* (§ 840).

143 b) Die **Haftung** des § 31 gilt auch für die **juristischen Personen des öffentlichen Rechts**, aber nur soweit sich ihre Organe **privatrechtlich** betätigen (§ 89 I).

In Betracht kommt zunächst die *fiskalische Betätigung* der öffentlichen Hand; hier gilt § 31 uneingeschränkt. Auf Handlungen, die ein Beamter oder

Vertreter in Ausübung der ihm anvertrauten öffentlichen Gewalt vorgenommen hat, ist § 31 nicht anwendbar. Das folgt daraus, daß § 89 auf § 31 verweist, der nur die privatrechtliche Vertretungsmacht im Auge haben kann.

In den Fällen, in denen sich der Hoheitsträger des Privatrechts als eines Mittels zur öffentlichen Verwaltung bedient, ist zu differenzieren: So kann die Behandlung in einer Klinik öffentlich-rechtlicher Natur sein, wenn sie unter hoheitlichem Zwang steht. Grundsätzlich ist jedoch in öffentlichen Krankenhäusern, obwohl sie dem Allgemeinwohl und ggf. Forschung und Lehre dienen, selbst wenn die Einweisung als Maßnahme der Sozialhilfe öffentlich-rechtlicher Natur ist (BGHZ 4, 138, 152) ein privatrechtliches Verhältnis anzunehmen (BGHZ 9, 145). Vom Bundesgerichtshof wird weniger auf die Zielsetzung der Tätigkeit als auf die *organisatorische Gestaltung* abgestellt; z.B. hat BGHZ 20, 57, 59 den Betrieb einer Schleuse durch den Staat ohne einen äußeren öffentlichen Organisationsakt als privatrechtlich betrachtet. Die Tätigkeit der Bundespost wird als hoheitlich angesehen (RGZ 158, 83, 87; 164, 273, 276; BGHZ 16, 111, 112), die der Bundesbahn jedoch als privatrechtlich (RGZ 161, 348; 162, 365; BGHZ 2, 37, 41; 6, 304, 309). Ebenfalls hoheitlich ist die Unterrichtstätigkeit der Lehrer an öffentlichen Schulen (BGHZ 13, 25; 28, 297) sowie der Professoren an Universitäten (RG WarnRspr. 1927 Nr. 117). Weiterhin werden die Bau- und Erhaltungspflichten (einschließlich der Pflicht zur Anbringung von Zeichen für die Verkehrsregelung) im Straßen- und Wegerecht heute kraft landesgesetzlicher Regelung als hoheitliche Aufgabe angesehen. Zu trennen ist davon die allgemeine Verkehrssicherungspflicht, die entweder öffentlich-rechtlich oder privatrechtlich ausgestaltet sein kann. Maßgebend ist dabei die Landesgesetzgebung, die weitgehend auch diesen Pflichtenkreis als hoheitliche Aufgabe ansieht (BGHZ 60, 54 m.w.N.).

> Zum Problem der Differenzierung zwischen öffentlichem Recht und Privatrecht grundsätzlich SIEBERT Privatrecht im Bereich öffentlicher Verwaltung, Festschrift Niedermeyer 1953, 215ff. Vornehmlich hat die Orientierung an den Merkmalen der Organisation im Gegensatz zur Zielsetzung der Tätigkeit – insbesondere im Bereich der Daseinsvorsorge – Kritik erfahren (vgl. EYERMANN/FRÖHLER § 40 Rdn. 50ff).

Für die Haftung der juristischen Person nach §§ 89, 31 ist es unbeschadet des Vorliegens eines Organisationsverschuldens bedeutsam, wer als *verfassungsmäßig berufener Vertreter* zu gelten hat. Hierbei ist auf die *verwaltungsorganisatorischen Bestimmungen* abzustellen, jedoch müssen die in BGHZ 49, 19, 21 zum Ausdruck gelangten Grundsätze auch im Fiskalbereich gelten. Die in der früheren Judikatur und Kommentarliteratur getroffenen Abgrenzungen bedürfen in dieser Hinsicht der Überprüfung. Schon RG DR 1944, 287 Nr. 9 hat den Leiter eines Krankenhauses unbeschadet seiner satzungsmäßigen Stellung als verfassungsmäßig berufenen Vertreter anerkannt. Das kann auch für einen Assistenzarzt gelten, dem die selbständige Wahrnehmung der Ambulanz wegen anderweitiger Überlastung des Direktors einer Universitätsklinik anvertraut ist. Sieht die Satzung für diesen Fall die Bestellung eines besonderen Vertreters nicht vor, so liegt ein Organisationsmangel vor, der in jedem Fall zur Haftung führt.

144   c) Die Haftung der juristischen Person im privatrechtlichen Bereich ergibt sich unmittelbar aus §§ 89, 31. Hingegen haftet im *hoheitlichen Bereich* der Staat bzw. die Körperschaft nach § 839 in Verbindung mit Art. 34 GG. Hier ist zunächst die Verantwortlichkeit des im hoheitlichen Bereich Handelnden (vgl. BGHZ 11, 192, 197) unter den in § 839 gegebenen besonderen Voraussetzungen zu prüfen. Weil er als öffentlich-rechtlicher Vertreter des Staates auftritt und die Staatsgewalt verkörpert, muß jedoch der Staat für seine Verfehlungen aufkommen. Er tritt nach Art. 34 GG an seine Stelle mit der Wirkung, daß der Bedienstete dem Geschädigten gegenüber freigestellt wird (BGHZ 29, 38, 43); allerdings ist in Fällen von Vorsatz und grober Fahrlässigkeit der Rückgriff vorbehalten.

>   Das Staatshaftungsgesetz vom 26.6.1981, das insbesondere der durch die Regelung des § 839 bedingten Verkürzung der Schadensersatzansprüche entgegentreten wollte, ist durch das Urteil des Bundesverfassungsgerichts vom 19.10.1982 (BVerfGE 61, 149 ff) für nichtig erklärt worden.

Im Rahmen der §§ 89,31 bleibt jedoch der **Anspruch des Geschädigten gegen den Handelnden** neben der Fiskalhaftung erhalten. Hier ist zu unterscheiden:

War der Handelnde *Beamter* (für die Eigenhaftung gilt im Gegensatz zu Art. 34 GG der engere Begriff der Beamtengesetze [str., vgl. insbesondere Kleinhoff AcP 156, 212]), so unterliegt der Anspruch den besonderen Bestimmungen des § 839; d. h. als Tatbestand genügt die Verletzung der Amtspflicht; andererseits besteht bei Fahrlässigkeit nur eine subsidiäre Haftung (§ 839 I 2); der Geschädigte verliert seinen Anspruch, wenn er es vorsätzlich oder fahrlässig unterläßt, den Schaden durch Einlegung eines Rechtsmittels abzuwenden (§ 839 III). § 839 ist lex specialis zu den übrigen Tatbeständen des Deliktsrechts; dies gilt auch für den fiskalischen Bereich (BGHZ 34, 99, 104).

War der Handelnde *nicht Beamter,* so bemißt sich seine Haftung nach den allgemeinen Vorschriften der unerlaubten Handlungen. Er genießt demnach *nicht* die Vorzugsstellung des § 839 I 2. Gleichwohl müßten ihm die arbeitsrechtlichen Grundsätze der *schadensgeneigten Arbeit* zugute kommen und sich daraus gegebenenfalls ein *Freistellungsanspruch* ergeben (vgl. BGHZ 16, 111 ff; Gamillscheg/Hanau Die Haftung des Arbeitnehmers, 2. A. 1974).

Soweit den *Beamten* trotz der Begünstigung des § 839 I 2 eine Haftung trifft, müßten angesichts der *besonderen Fürsorgepflicht* des Dienstherrn für seine Beamten hier zumindest die arbeitsrechtlichen Grundsätze der schadensgeneigten Arbeit entsprechende Anwendung finden (i. d. S. Bender Staatshaftungsrecht, 2. A. 1974, Rdn. 281 ff m.w.N.). Bestrebungen, auch für die Fiskalhaftung Art. 34 GG anzuwenden, haben sich bisher nicht durchgesetzt.

VI. Mitgliedschaft

1. Die Mitgliedschaft wird durch Teilnahme an der Vereinsgründung oder **145**
Beitritt **erworben**. Der Verein des bürgerlichen Rechts kennt keine Zwangsmitgliedschaft.

Andererseits kann sich zur Wahrung existentieller Interessen des Bewerbers ein Aufnahmezwang für den Verein ergeben, wenn der Verein eine Monopolstellung innehat (BGHZ 21, 1 ff; 63, 282; vgl. Birk Der Aufnahmezwang bei Vereinen und Verbänden, JZ 1972, 343 ff; Nicklisch Der verbandsrechtliche Aufnahmezwang und die Inhaltskontrolle satzungsmäßiger Aufnahmevoraussetzungen, JZ 1976, 105 ff).

Für den Beitritt sind die Bestimmungen der Satzung maßgebend. Es kann die einseitige an den Verein gerichtete Beitrittserklärung genügen. Mangels Satzungsbestimmung ist von einer Aufnahme auszugehen, über die im Zweifel die Mitgliederversammlung beschließt. Sie kann auch in die Zuständigkeit des Vorstandes fallen. Auch juristische Personen können Mitglieder eines Vereins sein; hierbei werden jedoch die Mitglieder der beigetretenen juristischen Person nicht Mitglieder des Vereins (vgl. BGHZ 28, 137).

Durch Abtretung und Erbgang kann die Mitgliedschaft grundsätzlich nicht erworben werden (§ 38); jedoch kann die Satzung Ausnahmen zulassen (§ 40). Dies gilt für den Idealverein. Bei Vereinen und Verbänden, die wirtschaftliche Interessen vertreten, wird man jedoch die Übertragung der Mitgliedschaft grundsätzlich zulassen können (vgl. Sernetz Die Rechtsnachfolge in die Verbandsmitgliedschaft insbesondere beim Unternehmerwechsel, 1973; Wiedemann Die Übertragung und Vererbung von Mitgliedschaftsrechten bei Handelsgesellschaften, 1965).

2. a) Die Mitgliedschaft *begründet* gegenüber dem Verein **Rechte** und **146**
Pflichten. Sie ist im Gegensatz zu den wirtschaftlichen Vereinen und zu den handelsrechtlichen Gesellschaften in erster Linie ein *personenrechtliches Verhältnis*, das je nach dem Zweck des Vereins ein mehr oder weniger enges *Treueverhältnis* begründet (RG HRR 1928 Nr. 1551). Daraus ergibt sich nicht nur der Grundsatz der *Nichtübertragbarkeit* und *Nichtvererblichkeit*, sondern auch der Grundsatz, daß die *Ausübung* der Mitgliedschaftsrechte *nicht einem anderen überlassen* werden kann (§ 38 S. 2, jedoch nicht zwingend vgl. § 40). Dies gilt jedoch nicht für *vermögensrechtliche Ansprüche* (Ansprüche auf Gewinnanteil und Auseinandersetzungsguthaben), die als *übertragbar* und daher auch als *pfändbar* angesehen werden.

Aus der Mitgliedschaft ergeben sich:

aa) *sog. Organschaftsrechte,* das sind die Rechte auf Teilnahme an der Gestaltung und Verwaltung der Vereinsgeschäfte, vor allem das Stimmrecht in der Mitgliederversammlung (§ 32), das passive Wahlrecht für Vereinsämter und das Recht, die Einberufung der Mitgliederversammlung zu verlangen (§ 37) – im übrigen beruhen diese Rechte auf der Satzung.

bb) *sog. Nutzungsrechte,* das sind Rechte auf Benutzung der Gegenstände und Einrichtungen.

Aus der Natur des Vereins und dem geltenden Mehrheitsgrundsatz ergibt sich die *grundsätzliche Gleichberechtigung* aller Mitglieder, soweit nicht in der Satzung Abweichungen enthalten sind. Dieses Recht auf gleichmäßige Behandlung kann auch durch nachträgliche Satzungsänderung nicht ohne Zustimmung der Benachteiligten, also regelmäßig nur durch einstimmigen Beschluß, beeinträchtigt werden (RGZ 112, 124; vgl. auch RG JW1938, 1329; BGHZ 3, 248, 252; LM Nr. 2 zu § 39; BGH NJW 1954, 953; KG NJW 1962, 1917; BGHZ 47, 381, 386).

Mitgliedern können jedoch *Sonderrechte* eingeräumt werden. Als derartige Sonderrechte sind die Rechte zu bezeichnen, die dem Mitglied wesentlich nur um seiner selbst willen, nicht im Interesse des Vereins, als von den Rechten der anderen Mitglieder verschiedene Rechte eingeräumt werden (RGZ 49, 150, 151; 104, 253, 255); z.B. das Recht auf einen erhöhten Gewinnanteil, auf besondere Teilnahme an der Verwaltung durch Zubilligung eines erhöhten Stimmrechts oder dauernde Zugehörigkeit zum Vorstand, auf Zustimmung zu bestimmten Verwaltungshandlungen usw. (vgl. auch RGZ 136, 190; RG HRR 1932 Nr. 1287). Erforderlich ist, daß ein solches Sonderrecht in der Satzung klar zum Ausdruck gebracht ist (RGZ 165, 129); daraus allein, daß die einen Verein gründende Gesellschaft sich bestimmte Stellen im Vorstand vorbehalten hatte, darf nicht ohne weiteres geschlossen werden, daß es sich um ein Vorzugsrecht handelte, das durch spätere Satzungsänderung nicht entzogen werden konnte (RG JW 1911, 747). Vgl. zum umstrittenen Begriff der Sonderrechte GADOW Das Problem der Sonderrechte der Körperschaftsmitglieder, 1910; ders., Die Sonderrechte der Körperschaftsmitglieder, Gruchot 66, 514ff; SCHULTZE Organschaftsrechte als Sonderrechte, JherJb. 75, 455ff; HUECK, G. Der Grundsatz der gleichmäßigen Behandlung im Privatrecht, 1958.

Die Sonderrechte eines Mitglieds können nicht ohne dessen Zustimmung durch Beschluß der Mitgliederversammlung beeinträchtigt werden (§ 35). Allerdings kann ein Sonderrecht auf Widerruf, abänderbar durch Vereinsbeschluß oder Satzungsänderung, verliehen werden und ist dann auf diesem Wege entziehbar.

Den *allgemeinen Mitgliedschaftsrechten* entsprechen die *allgemeinen Mitgliedschaftspflichten,* insbesondere die Pflicht zu *Beiträgen.* Sie beruhen auf der Satzung und können durch Satzungsänderung verschärft werden.

Die Auferlegung von *Sonderpflichten* ist in Rechtsähnlichkeit zu § 35 nur mit Zustimmung der einzelnen benachteiligten Mitglieder zulässig; z.B. dürfen die Beiträge nicht in ungleichem Verhältnis erhöht werden.

Soweit ein Vereinsmitglied bei ehrenamtlicher Tätigkeit für den Verein Dritten gegenüber schadensersatzpflichtig wird, kann ihm in entsprechender Anwendung der im Arbeitsrecht entwickelten Grundsätze über die schadensgeneigte Arbeit gegen den Verein ein Freistellungsanspruch zustehen (BGH NJW 1984, 789 ff).

b) Die Mitgliedschaft im Verein hindert nicht, daß das Mitglied in *selbständige Rechtsbeziehungen* zum Verein tritt (z. B. durch Miete, Kaufvertrag oder Darlehen). Für sie gelten grundsätzlich die allgemeinen Regeln des Privatrechts. Das Gesetz will bei der Beschlußfassung eine *Interessenkollision* ausschließen, in dem es die Stimmberechtigung des Mitglieds versagt (§ 34, vgl. oben Rdn. 137). Darüber hinaus kann die Frage auftauchen, ob für das Vereinsmitglied bei Ausübung der Rechte aus dem Rechtsverhältnis nicht in besonderem Maße eine Verpflichtung zur Rücksichtnahme besteht.

c) Eine **Haftung** *der Vereinsmitglieder* gegenüber den Gläubigern der juristischen Person kommt grundsätzlich nicht in Frage. Falls die Vereinssatzung den Mitgliedern eine *Nachschußpflicht* auferlegt, entsteht für die Gläubiger des Vereins kein unmittelbarer Anspruch. Jedoch besteht die Möglichkeit, den Anspruch des Vereins gegen das Mitglied auf Zahlung des Nachschusses im Wege der Forderungspfändung gem. § 829 ZPO zu pfänden.

In besonders gelagerten Fällen kann jedoch auch ein **Durchgriff des Gläubigers** gegen die Mitglieder des Vereins in Betracht kommen (vgl. allgemein zur Durchgriffshaftung bei juristischen Personen oben Rdn. 119). Wenn die Mitglieder von der Unfähigkeit des Vereins, seine Schulden zu bezahlen, Kenntnis hatten und treuwidrig sich ihrer Verpflichtung entzogen, Vorsorge zu treffen, daß der Verein seinen Verpflichtungen nachkommen kann, kann die Rechtsfigur der juristischen Person sich als Mißbrauch zum Schaden der Gläubiger darstellen.

Zur Begründung der Durchgriffshaftung haben sich eine *objektive* und eine *subjektive Theorie* entwickelt. Nach ersterer soll für den Durchgriff die norm- und funktionswidrige Verwendung der Rechtsfigur der juristischen Person ausreichen, nach der subjektiven Theorie muß darüber hinaus den in Anspruch zu nehmenden Mitgliedern der Vorwurf des bewußten Mißbrauchs der Rechtsfigur zu machen sein (vgl. dazu BGHZ 54, 222, 225; MÜLLER-FREIENFELS Zur Lehre vom sogenannten „Durchgriff" bei juristischen Personen im Privatrecht, AcP 156, 522 ff; SERICK Rechtsreform und Realität juristischer Personen, 1955; SOERGEL/SCHULTZE-V. LASAULX Vor § 21 Rdn. 31 ff).

3. Die Mitgliedschaft **endet** grundsätzlich mit dem *Tod* des Mitgliedes sowie durch *Austritt* oder *Ausschließung*.

Der *Austritt* aus dem Verein steht jedem frei (§ 39, zwingend). Die Satzung kann aber bestimmen, daß der Austritt erst am Schluß eines Geschäftsjahres zulässig ist oder erst nach dem Ablauf einer höchstens zweijährigen Kündigungsfrist (§ 39 II).

Aus *wichtigem Grunde* kann aber der Austritt auch *ohne Einhaltung der satzungsmäßigen Kündigungsfrist* zulässig sein, RGZ 130, 375, 378: „Es ist als leitender Gedanke des bürgerlichen und Handelsrechts anzuerkennen, daß ein in die Lebensbetätigung der Beteiligten stark eingreifendes Verhältnis dann vor Ablauf der festgesetzten Zeit gelöst werden kann, wenn ein wichtiger Grund das erfordert. Dieser Gedanke hat auch für das Vereinsrecht und für die Frage des fristlosen Austritts Gültigkeit. Entscheidend ist, ob bei Berücksichtigung der gesamten Umstände des Einzelfalles ein Verbleiben im Verein bis zum Ablauf der satzungsmäßigen Kündigungsfrist eine unerträgliche Belastung bedeutet, die dem Mitglied nicht zugemutet werden kann." Dies muß selbst für den Fall gelten, daß die Satzung ausdrücklich nur ein Austrittsrecht unter Einhaltung einer Kündigungsfrist vorsieht (i.d.S. auch BGH LM Nr. 2 zu § 39).

Durch den Austritt kann sich das Mitglied *aller Pflichten für die Zukunft entledigen;* es wird dadurch der Aufsichtsgewalt des Vereins entzogen und kann nicht nachher noch wegen früherer Vorkommnisse verantwortlich gemacht werden; während des Laufes der Kündigungsfrist ist das noch zulässig (RGZ 143, 1, 4f). Nach dem wirksam gewordenen Austritt kann der Verein auch nicht mehr beschließen, daß er den Ausschluß ausgesprochen hätte, wenn das Mitglied nicht bereits selbst seinen Austritt erklärt hätte; auch darin liegt eine unzulässige Anmaßung der erloschenen Vereinsgewalt, gegen die Feststellungsklage auf Rechtsunwirksamkeit des Beschlusses zulässig ist (RGZ 122, 266ff). Mit Wirksamwerden des Austritts *entfällt die Beitragspflicht* auch für Beiträge, die zwar bereits festgesetzt, aber erst zu einem Zeitpunkt nach dem Ausscheiden fällig gestellt worden sind (BGHZ 48, 207). Andererseits hat der Ausgeschiedene *keinen Anspruch auf Auseinandersetzung,* sofern nicht die Satzung etwas anderes bestimmt.

Eine Satzungsbestimmung, die ein freiwilliges Ausscheiden aus dem Verein ausschließt, sobald gegen das Mitglied ein Verfahren vor dem Vereinsehrengericht schwebe, verstößt gegen § 39 II und ist nichtig (RGZ 108, 160). Dagegen bleibt der Austretende den Bestimmungen der Satzung über die Zuständigkeit eines Vereinsschiedsgerichts – sofern es sich um streitige wirtschaftliche Verhältnisse aus der Zeit vor dem Austritt handelt – unterworfen (RGZ 113, 321).

VII. Ausschluß und Vereinsstrafe

BEUTHIEN Die richterliche Kontrolle von Vereinsstrafen und Vertragsstrafen, BB 1968 Beil. 12; BÖTTICHER Wesen und Arten der Vertragsstrafe sowie deren Kontrolle, ZfA 1970, 3ff; FLUME Die Vereinsstrafe, Festschrift Bötticher, 1969, 101ff; HEINSHEIMER Mitgliedschaft und Ausschließung in der Praxis des Reichsgerichts, 1913; KIRBERGER Die Vereinsstrafe gegenüber Mitgliedern aufgrund vereinswidrigen Verhaltens Dritter, NJW 1973, 1732ff; LARENZ Zur Rechtmäßigkeit einer „Vereinsstrafe", Gedächtnisschrift Dietz, 1973, 45ff; LUKES Die Erstreckung der Vereinsgewalt auf Nichtmitglieder durch Rechtsgeschäft, Festschrift Harry Westermann, 1974, 325ff; MEYER-CORDING Die Vereinsstrafe, 1957; SCHLOSSER Vereins- und Verbandsgerichtsbarkeit, 1972; ders., Prozessuale Fragen um den privatrechtlichen Vereinsverwaltungsakt, MDR 1967, 884ff, 961ff; WEITNAUER Vereinsstrafe, Vertragsstrafe

Juristische Personen: Vereine § 14 VII 1

und Betriebsstrafe, Festschrift Reinhardt, 1972, 179; WESTERMANN, H.P. Die Verbandsstrafgewalt und das allgemeine Recht, 1972; ders., Zur Legitimität der Verbandsgerichtsbarkeit, JZ 1972, 538 ff; WIEDEMANN Richterliche Kontrolle privater Vereinsmacht, JZ 1968, 219 ff.

1. a) Der **Ausschluß** eines Mitgliedes ist aufgrund einer sie *zulassenden Satzungsbestimmung* möglich, die jedoch nicht gesetz- oder sittenwidrig oder zumindest nicht offenbar unbillig sein darf (BGHZ 21, 370). Auch *ohne Satzungsbestimmung* muß aber dem Verein die *Ausschließungsbefugnis aus wichtigem Grunde* zugebilligt werden, obwohl das Gesetz schweigt (RGZ 130, 375; 169, 330, 334; BGHZ 9, 157 für die GmbH). Die Ausschließung wird mangels einer besonderen Satzungsbestimmung durch einen *Mehrheitsbeschluß* der *Mitgliederversammlung* herbeigeführt (§ 32), der dem ausgeschlossenen Mitglied mitgeteilt werden muß. **149**

Für die *Genossenschaft* enthält § 68 GenG einen gesetzlichen Ausschließungsgrund. Das Statut kann jedoch weitere Ausschließungsgründe vorsehen. Das Gesetz läßt im übrigen den Genossenschaften freie Hand, welches Organ für den Ausschluß zuständig sein soll. In Ermangelung einer solchen Bestimmung ist es der Vorstand (RGZ 129, 45). Bei der *GmbH* hält BGHZ 9, 157 die *Ausschließungsklage* für erforderlich. Bei den *Parteien* ist der Ausschluß nur möglich, wenn das Mitglied vorsätzlich gegen die Satzung oder erheblich gegen Grundsätze oder die Ordnung der Partei verstößt und ihr damit schweren Schaden zufügt (§ 10 IV PartG); es entscheidet das nach der Schiedsgerichtsordnung zuständige Schiedsgericht (§ 10 V 1 PartG).

b) Das ausgeschlossene Mitglied kann ein Interesse haben, den Ausschließungsbeschluß **richterlich nachprüfen** zu lassen. Die *Grenzen der Nachprüfbarkeit* ergeben sich aus der *Vereinsautonomie,* die nach *früherer Auffassung* die Prüfung der materiellen Ausschließungsgründe verhinderte und die Prüfung lediglich auf die **Ordnungsmäßigkeit des Ausschlußverfahrens** begrenzte. Obwohl mit Rücksicht auf die Vereinsautonomie nach wie vor die **sachliche Berechtigung** des Ausschlusses von den Gerichten nur **beschränkt** nachgeprüft wird (BGHZ 13, 5, 11; 87, 337, 343 ff), so muß doch *neben der Gesetz- und Sittenwidrigkeit* geprüft werden, ob der Ausschluß **offenbar unbillig** ist, da durch ihn lebenswichtige Interessen des Ausgeschlossenen berührt werden können und insoweit die auf freiwillige Unterwerfung beruhende Vereinsautonomie ihre Grenzen finden muß (vgl. FISCHER Anm. zu BGH LM Nr. 1 zu § 25; weitergehend MEDICUS AT Rdn. 1124). Wichtige Lebensinteressen brauchen jedoch nicht auf sozial bedeutsame Lebensbereiche beschränkt zu sein (BGHZ 47, 381, 384 ff). **150**

Zunächst ist zu prüfen, ob die *Ordnungsmäßigkeit des Verfahrens* gewahrt ist. Als Mängel des Ausschlußverfahrens sind z. B. die *Versagung des rechtlichen Gehörs* (RG JW 1925, 49; HRR 1942 Nr. 779; BGHZ 29, 352, 355) und eine *nicht ausreichende*

§ 14 VII 1 Erster Teil. Personen

Mitteilung der Gründe für den Ausschließungsbeschluß, sofern die Satzung den Ausschluß an sachliche Voraussetzungen knüpft (RGZ 147, 13; OLG Hamburg Recht 1936 Nr. 4191), angesehen worden. Dazu gehört nunmehr auch die Ordnungsmäßigkeit der *Tatsachenermittlung* (BGHZ 87, 337, 343 ff). Eine Satzungsbestimmung, die für die formelle Nachprüfung den Rechtsweg ausschließt, ist unwirksam (RGZ 80, 189; BGHZ 29, 352, 354); zulässig bleibt jedoch die Ausschließung im Wege einer Schiedsgerichtsbestimmung (§§ 1025ff, 1048 ZPO). Andererseits muß ein *in der Satzung vorgesehener Instanzenzug* (Berufung an die Mitgliederversammlung oder an eine andere Vereinsstelle) vor Anrufung des Gerichtes *ausgeschöpft* werden (RGZ 85, 355), es sei denn, daß dies dem Betroffenen nach Treu und Glauben nicht zugemutet werden kann (OGHZ 1, 370; vgl. auch BGHZ 47, 172). Unzulässig ist insbesondere auch die rückwirkende Anwendung von Satzungsbestimmungen, die eine Bestrafung vorsehen (RGZ 125, 338).

Die *sachliche Berechtigung* ist in den Fällen einer gesetzwidrigen, sittenwidrigen und offenbar unbilligen Maßnahme nachprüfbar. *Gesetzwidrig* könnte der Ausschluß wegen Verstoßes gegen Art. 92 GG sein, wenn sich der Verein öffentliche Strafgewalt anmaßt (BGHZ 21, 370, 374). Dies kann jedoch nur unter außergewöhnlichen Umständen angenommen werden; z. B. hat der BGH in der Verhängung eines Reugeldes keine diskriminierende Strafe, sondern lediglich eine privatrechtliche Sanktion im satzungsgemäßen Rahmen angenommen (vgl. BGHZ 29, 352). Andererseits wird, wenn ein unter öffentlicher Strafe stehendes Verhalten auch eine Vereinsstrafe nach sich ziehen soll, obwohl das Verhalten sachlich keinerlei gravierende Bedeutung für den Verein hat, darin ein Eingriff in die staatliche Strafgewalt zu erblicken sein (FISCHER Anm. zu BGH LM Nr. 3 zu § 25 = BGHZ 29, 352). Gesetzwidrig könnte ein Ausschluß aber auch wegen Verstoßes gegen § 20 II BetrVerfG 1972 (früher § 19 II) sein, wenn die freie Wahlentscheidung durch Zufügung oder Androhung von Nachteilen beeinflußt wird (BGHZ 45, 314).

Sittenwidrigkeit wird insbesondere anzunehmen sein, wenn der Tatbestand des § 826 erfüllt wird (RGZ 147, 14).

Besondere Schwierigkeiten bereitet die Nachprüfung unter dem Stichwort „*offenbare Unbilligkeit*". Abzustellen ist auf die *Abwägung der Interessen* des Mitgliedes einerseits und denen des Vereins andererseits; in Fällen, wo die Mitgliedschaft für Beruf und Fortkommen oder allgemeines Ansehen in den beteiligten Kreisen von überragender Bedeutung ist, wird der Ausschluß nur in schwerwiegenden Fällen zulässig sein (PALANDT/HEINRICHS § 25 Anm. 4g). In diesem Zusammenhang werden auch Art und Größe des Vereins zu berücksichtigen sein. Der Ausschluß kann z. B. offenbar unbillig sein, wenn der Verein andere Mitglieder, denen unter denselben Umständen ein gleicher Verstoß zur Last fällt, nicht ausschließt (BGHZ 47, 381). Gleiches gilt, wenn die Ausschließung allein darauf gestützt wird, daß Angehörige des Mitgliedes gegen Vereinsinteressen verstoßen haben (BGH LM Nr. 11 zu § 25). Andererseits ist der Ausschluß aus einer Gewerkschaft wegen aktiver Zugehörigkeit zu einer gewerkschaftsfeindlichen Partei als nicht unbillig angesehen worden (BGH NJW 1973, 35).

Ein *Rechtsschutzbedürfnis* für die Nachprüfung des Ausschlusses ist allerdings zu *verneinen,* wenn ein Verein gegen ein Verbotsgesetz (z. B. § 129 StGB) oder gegen die guten Sitten verstößt (z. B. Spielklub). Infolgedessen ist eine rechtsgültige Mitgliedschaft nicht begründbar und die Ausschließung nicht nachprüfbar. Ein ins Vereinsregister eingetragener verbotener oder unsittlicher Verein genießt zwar im Interesse der Rechtssicherheit im Verkehr mit Dritten den Rechtsschein der Rechtsfähigkeit, im Innenverhältnis zu seinen Mitgliedern besteht aber kein schutzwürdiges Interesse an der Anerkennung dieses Rechtsscheins (a. A. RG JW 1921, 1527, dagegen zutreffend HEINSHEIMER in der Anm. zu dieser Entscheidung, ebenda).

Die *sachliche Zuständigkeit* für die Nachprüfung hängt gem. §§ 23, 71 GVG davon ab, ob bei der Ausschließung das *personenrechtliche* Moment überwiegt (Landgericht) oder das *vermögensrechtliche* (u. U. das Amtsgericht). Nach RGZ 88, 332 liegt die Bedeutung der Ausschließung bei nicht wirtschaftlichen Vereinen (§ 21) vornehmlich auf persönlichem Gebiet. Verfolgt jedoch das ausgeschlossene Mitglied mit seiner Feststellungsklage im wesentlichen wirtschaftliche Interessen, handelt es sich um eine vermögensrechtliche Streitigkeit, wobei es unerheblich ist, ob der Zweck des Vereins auf einen wirtschaftlichen Geschäftsbetrieb gerichtet ist oder nicht (BGH NJW 1954, 833). Der Anspruch auf Feststellung der Zugehörigkeit zu einer eingetragenen Genossenschaft ist grundsätzlich als ein vermögensrechtlicher angesehen worden (RGZ 89, 336), jedoch kann auch hier ein personenrechtlicher Charakter des Rechtsstreites in Betracht kommen (RGZ 163, 200, 202).

2. Neben dem Ausschluß als der härtesten Maßnahme können auch **sonstige Vereinsstrafen** verhängt werden (z. B. zeitweiser Ausschluß von Mitgliedschaftsrechten, Geldstrafen, Verwarnungen). Die Vereinsstrafe i. e. S. unterscheidet sich von der Befugnis zum Ausschluß dadurch, daß sie *durch die Satzung begründet* sein muß, während der Ausschluß aus wichtigem Grund auch ohne satzungsmäßige Grundlage zulässig bleiben muß. Auch hier wird die Begründung darin gesehen, daß dem Verein eine *selbständige Strafgewalt* zukommt, die der Staat gelten läßt; durch den Eintritt in den Verein unterwerfen sich die Mitglieder dieser Vereinsgewalt (BGHZ 13, 5, 11; 21, 370, 373). Wer hingegen den Beitritt zum Verein als *rechtsgeschäftliche Übereinkunft* ansehen will, ist entgegen der h. M. gehalten, in der Vereinsstrafe eine *Vertragsstrafe* zu erblicken, die demgemäß auch der richterlichen Kontrolle und Herabsetzung unterliegt (§ 343; so insbes. FLUME Die Vereinsstrafe, Festschrift Bötticher, 1969, 101 ff; BÖTTICHER Wesen und Arten der Vertragsstrafe sowie deren Kontrolle, ZfA 1970, 3 ff; REINHARDT/SCHULTZ Rdn. 344 ff; ENN./NIPPERDEY § 112 Fn. 28; dagegen die h. M., vgl. MEYER-CORDING Die Vereinsstrafe, 1957; LARENZ AT § 10 IV; SOERGEL/SCHULTZE-v.LASAULX § 25 Rdn. 23 ff; im Ergebnis auch H. P. WESTERMANN Die Verbandsstrafgewalt und das allgemeine Recht, 1972, der die Unterwerfung unter die Strafgewalt soweit gelten lassen will, wie der von allen Mitgliedern verfolgte ideale Zweck Disziplinierungsmaßnahmen fordert, S. 43).

Die *richterliche Nachprüfung* richtet sich *nach den für die Ausschließung geltenden Grundsätzen*. Während bei der Nachprüfung der Ausschließung das Gericht nur den Ausschluß oder das Fortbestehen der Mitgliedschaft feststellen kann, kann bei den sonstigen Vereinsstrafen auch die *Herabsetzung* in Betracht kommen. Das wäre, ohne daß es eines Rückgriffs auf § 343 bedarf, als ein Fall *richterlicher Gestaltungsbefugnis* anzusehen, deren Eingreifen auch in die Vereinsautonomie BEUTHIEN aaO, S. 11, unter Bezugnahme auf § 113 II VwGO als zulässig ansieht.

VIII. Ende des Vereins und Liquidation

Bei allen juristischen Personen ist zu unterscheiden zwischen den *Gründen,* die zum Ende der Rechtsfähigkeit führen, und der sich anschließenden *Liquidation.*

1. Beendigungsgründe

152 Der Verein *endet* durch *Selbstauflösung* (§ 41), bei der mangels satzungsmäßiger Regelung Dreiviertelmehrheit erforderlich ist, durch Eintritt des in der Satzung vorgesehenen *Endtermins* (§ 74 II) oder eines *sonstigen* in der Satzung vorgesehenen *Endigungsgrundes* sowie durch *Wegfall sämtlicher Mitglieder* (BGHZ 19, 51; BGH LM Nr. 2 zu § 21). Die bloße *Zweckerreichung* allein genügt *nicht;* z. B. endet ein zur Bekämpfung eines Notstandes gegründeter Verein nicht ohne weiteres mit Aufhören des Notstandes, wenn das nicht in der Satzung vorgesehen ist (so ausdrücklich BGHZ 49, 175).

Sinkt die Zahl der *Mitglieder unter drei,* ist nach § 73 die *Rechtsfähigkeit* durch das Amtsgericht zu *entziehen.* Ist dies nicht geschehen, so besteht der Verein fort, solange noch ein Mitglied an der Mitgliedschaft festhält; es können neue Mitglieder beitreten. Auch das Handelsrecht hat juristische Personen mit einem Mitglied (sog. Einmann-Gesellschaften) anerkannt.

Der Verein endet weiter durch *Konkurseröffnung* über das Vereinsvermögen (§ 42). Der Vorstand hat im Falle der *Überschuldung,* die hier *neben der Zahlungsunfähigkeit* Konkursgrund ist, die Konkurseröffnung zu beantragen. Eine Verzögerung des Antrags macht die schuldhaft handelnden Vorstandsmitglieder den Gläubigern gegenüber verantwortlich (§ 42 II 2).

Der Verein endet schließlich aufgrund der *Entziehung der Rechtsfähigkeit* durch die zuständige Verwaltungsbehörde (§ 43). Als Gründe kommen in Betracht die Gefährdung des Gemeinwohls, die Verfolgung wirtschaftlicher Zwecke durch einen Idealverein (vgl. oben Rdn. 127) und die Verfolgung eines nicht in der Satzung vorgesehenen Zweckes bei Vereinen, deren Rechtsfähigkeit auf Verleihung beruht. Die Zuständigkeit für die Entziehung ist in § 44 geregelt. Die Entziehung ist im Verwaltungsstreitverfahren *anfechtbar.* Ob die Entziehung der Rechtsfähigkeit wegen Gefährdung des Gemeinwohls neben der Auflösung des Vereins nach öffentlichem Vereinsrecht – § 3 I VereinsG sieht in Übereinstimmung mit Art. 9 II GG vor, daß Vereinigungen, deren Zwecke oder deren Tätigkeit den Strafgesetzen zuwiderlaufen oder die sich gegen die verfassungsmäßige Ordnung oder gegen den Gedanken der Völkerverständigung richten, verboten sind – noch möglich ist, erscheint fraglich. In Einzelfällen könnte es denkbar sein, daß eine Gefährdung des Gemeinwohls gegeben ist, ohne daß die Voraussetzungen des Art. 9 II GG vorliegen (vgl. RGRK/STEFFEN § 43 Rdn. 2).

Die Auflösung des Vereins und die Entziehung der Rechtsfähigkeit sind in das *Vereinsregister einzutragen* (§ 74). Im Falle der Eröffnung des Konkurses genügt die Eintragung des Konkursvermerks (§ 75).

Wird dem Verein die Rechtsfähigkeit wegen Gefährdung des Gemeinwohls entzogen (§ 43 I) oder wird er nach § 3 I VereinsG aufgelöst, dann hat das die *endgültige Beseitigung* des Vereins zur Folge; er kann nicht als nichtrechtsfähiger Verein oder in einer anderen Rechtsform fortbestehen (so zutreffend: REINHARDT/SCHULTZ Rdn. 366). *Alle anderen Fälle* lassen dagegen die Personenvereinigung *als nichtrechtsfähige fortbestehen* (RG JW 1936, 2063 unter dem Gesichtspunkt der Erhaltung der Parteifähigkeit; RG JW 1935, 3636 für den Fall, daß die Eröffnung des Konkurses wegen ausreichendem Vermögen nicht gerechtfertigt war). Die Mitglieder können auch die *Umwandlung in eine andere Rechtsform* beschließen.

2. Liquidation

Nach Auflösung des Vereins oder Entziehung der Rechtsfähigkeit findet die *Liquidation* statt. Das Vermögen fällt nunmehr den Anfallsberechtigten zu (§ 45).

a) Die Person des *Anfallsberechtigten* bestimmt sich in erster Linie nach der *Satzung* (45 I). Die Satzung kann die Anfallsberechtigten unmittelbar bezeichnen oder ihre Bestimmung der Mitgliederversammlung oder einem anderen Vereinsorgan überlassen (45 II). Fehlt es an einer solchen Satzungsvorschrift, so kann die *Mitgliederversammlung* bei nicht wirtschaftlichen Vereinen das Vermögen *durch Beschluß* einer öffentlichen Stiftung oder Anstalt zuweisen (§ 45 II 2).

Fehlt es überhaupt an einer Bestimmung des Anfallsberechtigten, so fällt das Vermögen

aa) bei Vereinen, die *ausschließlich den Interessen ihrer Mitglieder* dienen, an die zur Zeit der Beendigung vorhandenen *Mitglieder zu gleichen Teilen*.

> Bei der Auflösung steuerbegünstigter Vereine sieht die Abgabenordnung vor, daß bei Auflösung des Vereins oder bei Wegfall des bisherigen Zwecks das Vermögen auch weiterhin für steuerbegünstigte Zwecke verwendet werden muß, insbesondere eine Aufteilung unter den Mitgliedern nicht stattfinden darf (§§ 51 ff, 55 I Nr. 4 AO).

bb) bei allen anderen Vereinen *an den Fiskus* des Landes (Bundesstaats) in dessen Gebiet der Verein seinen Sitz hatte (§ 45 III). Die Landesgesetze können an die Stelle des Fiskus eine Körperschaft, Stiftung oder Anstalt des öffentlichen Rechts setzen (Art. 85 EGBGB).

Sofern der Verein jedoch *als nicht rechtsfähiger fortbesteht*, wird – entsprechend der Auffassung beim sog. Vorverein (vgl. oben Rdn. 132) – *Identität* insoweit anzunehmen sein, als es *keiner* rechtsgeschäftlichen Übertragung bedarf.

Bei einem *Vereinsverbot* kann die *Beschlagnahme* und *Einziehung* des Vermögens angeordnet werden (§§ 3 I, 10 ff VereinsG).

b) Die *rechtliche Natur des Vermögensanfalls* ist unterschiedlich:

aa) Erwirbt der *Fiskus* das Vermögen, tritt *Gesamtnachfolge* wie beim Erben ein (§ 46); das Vermögen geht demnach als Einheit samt den Schulden von Rechts wegen ohne Ausschlagungsmöglichkeit auf ihn über (§§ 1922, 1942 II).

bb) Bei *Anfall an andere Personen* erwächst den Anfallsberechtigten *nur* ein *persönlicher Anspruch* auf Aushändigung des Vermögens; es bedarf einer *Übertragung* durch die Liquidationskörperschaft (KGJ 43, 189). Diese muß die Möglichkeit haben, die Schulden zu begleichen und den Anfallsberechtigten lediglich die Überschußanteile zu verschaffen (KGJ 25, A 130, 132).

c) Die *Liquidation* (Abwicklung) richtet sich nach §§ 48 bis 53. Sie ist in allen Fällen mit Ausnahme des Anfalls an den Fiskus (§ 46) zwingend vorgeschrieben. Streitig ist, ob auch bei Wegfall sämtlicher Mitglieder eine Liquidation stattfindet oder ob, wie BGHZ 19, 51 und BAG AP Nr. 1 zu § 1913 meinen, die Vermögensabwicklung durch einen zu bestellenden Pfleger vorzunehmen ist. Die Interessen der Gläubiger lassen es sachgerecht erscheinen, auch in diesem Falle eine Liquidation vorzunehmen (i.d.S. gegen die Rechtsprechung: H. HÜBNER Anm. zu BAG aaO; ähnlich auch BEITZKE Mitgliedlose Vereine, Festschrift Wilburg, 1965, 19 ff; zum Problem der subjektlosen Rechte vgl. oben Rdn. 76).

Bis zur Beendigung der Liquidation *gilt der Verein als fortbestehend, soweit der Zweck der Liquidation es erfordert* (§ 49 II). Sie erfolgt *durch den Vorstand*, doch können auch andere Personen als *Liquidatoren* bestellt werden (§ 48 I). Die Liquidatoren haben die *rechtliche Stellung des Vorstandes*, soweit sich nicht aus dem Liquidationszweck ein anderes ergibt (§ 48 II). Die Liquidatoren haben die laufenden Geschäfte zu beendigen, die Forderungen einzuziehen, das übrige Vermögen in Geld umzusetzen, die Gläubiger zu befriedigen und den Überschuß den Anfallsberechtigten auszuantworten. Zur Beendigung schwebender Geschäfte können sie auch neue eingehen (§ 49 I). Die Liquidatoren haben die Auflösung oder Entziehung der Rechtsfähigkeit öffentlich bekanntzumachen und die Gläubiger zur Anmeldung ihrer Forderungen aufzufordern (§ 50). Das Vermögen darf den Anfallsberechtigten nicht vor Ablauf des sog. Sperrjahres ausgehändigt werden (§ 51). Die Liquidatoren haften bei Verletzung ihrer Pflichten den Gläubigern (§ 53).

IX. Der nichtrechtsfähige Verein

BREITBACH Nichtrechtsfähige Vereine und Körperschaften, 1930; BRISCH Die Rechtsstellung der deutschen Gewerkschaften, 1951; FABRICIUS Relativität der

Rechtsfähigkeit, 1963, 186ff; v. GIERKE, O. Vereine ohne Rechtsfähigkeit, 2. A. 1902; HABSCHEID Der nicht rechtsfähige Verein zwischen juristischer Person und Gesellschaft, AcP 155, 375ff; NEUBECKER Vereine ohne Rechtsfähigkeit, 1908; SACHAU Der nicht rechtsfähige Verein als Unternehmer eines Handelsgewerbes, ZHR 56, 444ff; SCHULTZE-v. LASAULX Zur Stellung des nicht rechtsfähigen Vereins im Handelsrecht, Festschrift A. Schultze, 1934, 1ff; SCHUMANN Zur Haftung der nicht rechtsfähigen Vereine, 1956; STOLL Gegenwärtige Lage der Vereine ohne Rechtsfähigkeit, Festschrift Reichsgericht, II, 1929, § 49ff.

1. Der Gesetzgeber hat den nichtrechtsfähigen Verein dem Recht der *bürgerlich-rechtlichen Gesellschaft* (§§ 705ff) unterstellt (§ 54 S. 1). Jedoch unterscheidet sich der **Struktur** nach der nichtrechtsfähige Verein grundlegend von der Gesellschaft. Er will in der Verfolgung seiner Zwecke von der Einzelpersönlichkeit der Mitglieder unabhängig sein und im Verkehr als einheitliches Ganzes auftreten; dementsprechend ist er *körperschaftlich* gestaltet. Das gilt insbesondere von den Massenorganisationen, wie den Arbeitgeber- und Arbeitnehmerverbänden, den Kartellen und den politischen Parteien.

Hinter der gesetzlichen Regelung stand die Tendenz, die freie Bildung nichtrechtsfähiger Vereine zu verhindern und auf die Beteiligten einen Druck auszuüben, sich um die Erlangung der Rechtsfähigkeit zu bemühen. Der Gesetzgeber wollte insbesondere die Bildung von Korporationen mit politischer, sozialpolitischer oder religiöser Zwecksetzung erschweren oder doch unter staatliche Kontrolle bringen (vgl. BGHZ 42, 210, 215; 50, 325, 328ff). Die Erwartungen des Gesetzgebers haben sich nicht erfüllt. „Die naive List des Gesetzgebers, der durch eine bewußte Fehlregelung rechtspolitische Effekte erzielen wollte, ist an der Praxis gescheitert" (HAUPT Gesellschaftsrecht, 1939, 65).

> Die Zahl der nichtrechtsfähigen Vereine übertrifft die der rechtsfähigen bei weitem. Zu ihnen gehören alle Vereine, die auf die Erlangung der Rechtsfähigkeit von vornherein verzichten oder die rechtsfähig sein wollen, aber die Rechtsfähigkeit noch nicht erlangt haben (Vorverein), oder die rechtsfähig gewesen sind und nun als nichtrechtsfähige fortbestehen. Insbesondere sind die Gewerkschaften grundsätzlich als nichtrechtsfähige Vereine organisiert worden. Sie haben den Versuch, sich eintragen zu lassen, wegen des früher in § 61 II vorgesehenen beliebigen Einspruchrechts der Verwaltungsbehörde nicht unternommen.

Rechtsprechung und Lehre haben schon frühzeitig den der Natur der Sache entsprechenden körperschaftlichen Charakter des nichtrechtsfähigen Vereins anerkannt und ihn in der rechtlichen Behandlung zunehmend berücksichtigt. So ging man alsbald davon aus, daß das Vereinsvermögen der vom Wechsel der Mitglieder unabhängigen Korporation als solcher zuzuordnen ist (vgl. BGHZ 42, 210, 216), womit die nach den Bestimmungen des Gesellschaftsrechts bestehenden Vermögensbindungen zum einzelnen Mitglied fast völlig ausgeschaltet worden sind (FABRICIUS aaO, S. 191; BGHZ 50, 325, 329).

Die Praxis hat sich ganz allgemein dadurch geholfen, daß sie die der Struktur des nichtrechtsfähigen Vereins nicht entsprechenden *nachgiebigen Vorschriften des Gesellschaftsrechts in der Satzung abbedungen* und die innere Organisation und äußere Stellung des Vereins nach Möglichkeit der des rechtsfähigen Vereins angeglichen hat. Die Rechtsprechung ging im Hinblick auf die Haftungsregelung noch darüber hinaus, indem sie, auch wenn die Satzung nichts enthielt, eine *stillschweigende* Beschränkung auf das Vereinsvermögen annahm (seit RGZ 63, 62; BGH LM Nr. 11 zu § 31). Damit werden die konstruktiven Möglichkeiten zur Korrektur der gesetzlichen Fehlform jedoch bereits überbeansprucht; im Grunde handelt es sich um eine **Unterstellung**. Daher ist es methodenehrlicher, von einer *gewohnheitsrechtlichen Regelung, die der Struktur des Zusammenschlusses entspricht,* auszugehen (i.d.S. bereits BGH LM Nr. 11 zu § 31).

155 2. Der nichtrechtsfähige Verein wird dadurch **errichtet**, daß die Gründer sich über die Gründung auf der Grundlage einer Satzung einigen, die den begrifflichen Erfordernissen eines Vereins entspricht. In der Abgrenzung zur Gesellschaft kommt es insbesondere auf den Willen an, eine *korporative Organisation mit Satzungsgewalt* zu schaffen und den Bestand der Korporation *vom Wechsel der Mitglieder unabhängig* zu machen (BGHZ 25, 311, 313), sowie unter einem *Gesamtnamen* aufzutreten. Ein persönliches Verhältnis, das bei einer Gesellschaft unter den Gesellschaftern zu bestehen pflegt, tritt beim nichtrechtsfähigen Verein zurück. Mitgliedschaftsrechte und -pflichten bestehen vielmehr gegen den Verein als Mitgliedergesamtheit (RGZ 143, 212, 214f). Auch der nichtrechtsfähige Verein darf keinen Zweck verfolgen, der den Strafgesetzen zuwiderläuft (Art. 9 II GG; §§ 2, 3 VereinsG).

156 3. Die **Verfassung** des nichtrechtsfähigen Vereins unterscheidet sich grundlegend von der Organisation einer Gesellschaft und gleicht der des rechtsfähigen Vereins. Sie wird durch die *Satzung* bestimmt. Diese braucht nicht ausdrücklich vereinbart zu werden, zumal eine Form nicht vorgeschrieben ist.

Die *Mitgliederversammlung* ist wie beim rechtsfähigen Verein das *oberste Organ,* das für alle Angelegenheiten zuständig ist, die nicht dem Vorstand übertragen sind. Auch ohne Satzungsbestimmung ist anzunehmen, daß für ihre Beschlüsse – genauso wie für die eines mehrgliedrigen Vorstandes – der *Mehrheitsgrundsatz* (§ 32) gelten soll und nicht der für die Gesellschaft aufgestellte Einstimmigkeitsgrundsatz (§ 709). Bei Satzungs- und Zweckänderungen ist § 33 entsprechend anzuwenden.

Der nichtrechtsfähige Verein hat einen *Vorstand,* dem die *Geschäftsführung* und die *Vertretung* obliegt. Für seine Bestellung und Abberufung muß Vereinsrecht (§ 27) und nicht Gesellschaftsrecht gelten. Die Gesamtgeschäftsführung des § 709 ist strukturwidrig und muß zumindest als durch die Satzung abbedungen angesehen werden; es gilt § 28. Ob die Bestellung eines Notvorstandes analog § 29 möglich ist, ist streitig. Jedoch wird entgegen dem

Juristische Personen: Vereine §14 IX 5

Argument der h.M., daß nur bei rechtsfähigen Vereinen ein Bedürfnis nach dieser gerichtlichen Fürsorge anerkannt werden könne (vgl. RG HRR 1937 Nr. 75), die entsprechende Anwendung der Vorschriften für den rechtsfähigen Verein zu bejahen sein (überzeugend HABSCHEID Zur analogen Anwendung des § 29 auf den nichtrechtsfähigen Verein, MDR 1952, 653; ders., Der nichtrechtsfähige Verein zwischen juristischer Person und Gesellschaft, AcP 155, 375, 393ff).

Umstritten ist, ob der Vorstand die Stellung eines *gesetzlichen Vertreters* hat oder nur als *rechtsgeschäftlich bestellter Vertreter* anzusehen ist. Praktisch bedeutsam ist das u.U. für die Beschränkbarkeit hinsichtlich des Umfangs der Vertretungsmacht, falls man hier von der zumindest stillschweigenden Beschränkung einer Vollmacht ausgeht. Außerdem ließe sich bei Annahme einer rechtsgeschäftlichen Bestellung die Haftung des Vereins nicht unmittelbar nach § 31 begründen.

> Das Verhältnis des Vorstandes zum Verein bestimmt sich nach *Auftragsrecht* (§ 27 III entspricht § 713). Keinesfalls wird die Haftungsprivilegierung des § 708 (*diligentia quam suis*) anwendbar sein, weil dies mit dem körperschaftlichen, vom Wechsel der Mitglieder unabhängigen Wesen des Vereins unvereinbar und daher im Zweifel als durch die Satzung stillschweigend ausgeschlossen anzusehen ist (RGZ 143, 212, 214).

157 4. Auch die **Mitgliedschaft** im nichtrechtsfähigen Verein unterscheidet sich grundlegend von der Stellung eines Gesellschafters. An die Stelle der vertraglichen Gesellschafterrechte treten *Mitgliedschaftsrechte* (RGZ 143, aaO). Es gilt, wie beim rechtsfähigen Verein, der *Gleichbehandlungsgrundsatz,* insbesondere auch § 35, wonach Sonderrechte nicht ohne Zustimmung des Mitglieds durch Beschluß der Mitgliederversammlung beeinträchtigt werden können (RG Gruchot 51, 1117).

Für den *Erwerb und Verlust der Mitgliedschaft* gilt Entsprechendes wie beim rechtsfähigen Verein. Jedem Mitglied steht der Austritt frei. Ein satzungsmäßiges Verbot oder eine Beschränkung des Austrittsrechts ist unverbindlich (RGZ 78, 134f). Ebenso kann ein Mitglied aus wichtigen Gründen jederzeit ausgeschlossen werden. Für die Nachprüfbarkeit der Ausschließung gilt Gleiches wie beim rechtsfähigen Verein (BGHZ 13, 5, 11).

158 5. Nach der gesetzlichen Regelung wäre das **Vermögen** des Vereins als *Gesamthandsvermögen* anzusehen. Dies würde bedeuten, daß das einzelne Mitglied nicht über seinen Anteil verfügen könnte (§ 719), andererseits hätte nach § 738 I 2 der Ausscheidende einen Anspruch auf das Auseinandersetzungsguthaben. Schon frühzeitig wurde diese Regelung des Gesellschaftsrechts als abbedungen angesehen (RGZ 113, 125, 135). Beim *Erwerb von Liegenschaften* müßten nach der Ausgangsregelung sämtliche Mitglieder nach § 47 GBO ins Grundbuch eingetragen werden. Dies ist insbesondere bei Massenvereinen nicht durchführbar. Man hilft sich daher mit der *Eintragung* auf den

Namen eines *Treuhänders*. Dagegen wird die Auffassung vertreten, daß die Eintragung unter dem *Namen des Vereins* erfolgen kann (STOLL aaO, S. 77; BOEHMER Grundlagen II 2, 175 ff; SOERGEL/SCHULTZE-v. LASAULX § 54 Rdn. 32 f). Dies erscheint zulässig, wenn der Vereinsname als Gesamtbezeichnung für die jeweiligen Mitglieder verstanden wird (vgl. STAUDINGER/COING § 54 Rdn. 80 m. w. N.).

Umstritten ist die *Wechselfähigkeit*. Zwar haben RGZ 112, 124 und OLG Koblenz MDR 55, 424 sie für den Fall, daß der nichtrechtsfähige Verein unter seinem Namen zeichnet, abgelehnt; da jedoch RGZ 119, 198 die Unterzeichnung mit einem möglichen Namen zur *formellen* Gültigkeit eines Wechsels genügen läßt und darauf abstellt, daß im Interesse der Wechselverpflichtung der Unterzeichner zuverlässig gekennzeichnet wird, wird man die Unterzeichnung mit dem Vereinsnamen und der Unterschrift des Handelnden als ausreichend ansehen müssen (BAUMBACH/HEFERMEHL Einl. 22; HABSCHEID Der nichtrechtsfähige Verein zwischen juristischer Person und Gesellschaft, AcP 155, 375, 403 f; RGRK/STEFFEN § 54 Rdn. 18; MÜNCHKOMM/REUTER § 54 Rdn. 9).

Die *Erbeinsetzung* des nichtrechtsfähigen Vereins kann von der gesetzlichen Regelung her als eine Zuwendung an das Vereinsvermögen angesehen werden. Eine Gegenmeinung will die einzelnen Mitglieder als Erben eingesetzt ansehen mit der Verpflichtung, das Zugewendete in das Vereinsvermögen zu übertragen (RG Recht 1929 Nr. 975). Zu diesem Umweg besteht kein Anlaß, zumal sich § 718 entsprechend anwenden läßt (i.d.S. HABSCHEID aaO, S. 400 f; STAUDINGER/LEHMANN 11. A. § 1923 Rdn. 18; ENN./NIPPERDEY § 116 Fn. 44; RGRK/KREGEL § 1923 Rdn. 7; KIPP/COING § 84 I 2 b).

159 6. Für *Prozeß* und *Vollstreckung* ist das Vermögen des nichtrechtsfähigen Vereins als *Sondervermögen* insoweit anerkannt, als der nichtrechtsfähige Verein nach § 50 II ZPO *passiv parteifähig* ist. Er kann unter seinem Namen verklagt werden und hat dann im Rechtsstreit die Stellung eines rechtsfähigen Vereins. Aufgrund eines Urteils gegen ihn ist die *Zwangsvollstreckung in das Vereinsvermögen zulässig* (§ 735 ZPO). Endlich kann ein *Sonderkonkurs* über dieses eröffnet werden (§ 213 KO).

> Da der nichtrechtsfähige Verein in dem gegen ihn angestrengten Prozeß als rechtsfähig gilt, ist er für alle Prozeßhandlungen eines Beklagten rechtsfähig, kann also insbesondere Widerklage erheben (vgl. BAUMBACH/LAUTERBACH/HARTMANN § 50 Anm. 3 A; STEIN/JONAS/POHLE § 50 IV, I b). Kann das Urteil dem Verein eine vollstreckbare Pflicht auferlegen, so muß der Vorstand auch in der Lage sein, durch Prozeßvergleich eine solche Pflicht für den Verein zu übernehmen oder ein Recht für ihn zu erwerben (vgl. H. LEHMANN Der Prozeßvergleich 1911, 158 f).

> Über diese dem Gläubigerinteresse dienenden Vorschriften hinaus hat die Rechtsprechung den *Gewerkschaften* als nichtrechtsfähigen Vereinen auch im

Juristische Personen: Vereine § 14 IX 7

Zivilprozeß die **aktive Parteifähigkeit** zugesprochen (BGHZ 42, 210; 50, 325). Der BGH weist in seiner Entscheidung darauf hin, daß im arbeitsgerichtlichen (§ 10 S. 1 ArbGG), verwaltungsgerichtlichen (§ 61 Nr. 2 VwGO), sozialgerichtlichen (§ 70 Nr. 2 SGG) und finanzgerichtlichen (§ 58 II FGO) Verfahren die Gewerkschaften als parteifähig anerkannt sind und leitet über § 50 II ZPO hinaus aus diesem Gesamtkomplex die volle Parteifähigkeit ab, so daß sich für ihn das Problem der Rechtsfortbildung contra legem nicht stellt.

Neben den Gewerkschaften sind im Arbeitsgerichtsprozeß die *Arbeitgeberverbände* voll parteifähig. Die Frage, ob die volle Parteifähigkeit etwa nicht nur für Gewerkschaften, sondern für *alle nichtrechtsfähigen Vereine* oder jedenfalls für solche mit sehr großer Mitgliederzahl („Massenorganisation") zu bejahen ist (vgl. dazu WAPLER Nichtrechtsfähige Vereine als Kläger im Zivilprozeß, NJW 1961, 439ff; FABRICIUS aaO, S. 216f), hat der BGH (aaO) offengelassen. Eine besondere Regelung gilt für die *politischen Parteien* gem. § 3 PartG vom 24.7.1967.

> Bislang gilt die Praxis, daß, statt in der Klageschrift sämtliche Mitglieder aufzuführen, eine Klageerhebung durch die Vorstandsmitglieder genügt, wobei dem Vorstand eingeräumt wird, als Kläger aufzutreten, sofern die Satzung eine treuhänderische Ermächtigung vorsieht, was zumindest für vermögensrechtliche Angelegenheiten gelten muß. Für sogenannte Massenorganisationen kann die Bezeichnung der Mitgliedergesamtheit unter dem zum Begriff gewordenen Sammelnamen aus praktischen Bedürfnissen genügen (vgl. dazu OLG Frankfurt NJW 1952, 792; OLG München MDR 1955, 33f; LG Essen NJW 1953, 1716; LG Köln MDR 1962, 61; die zitierten Entscheidungen betreffen zwar politische Parteien und sind insoweit durch das Parteiengesetz überholt, jedoch müssen die Argumente allgemein für Massenorganisationen gelten; zur Literatur vgl. FENN Zur aktiven Parteifähigkeit von gewerkschaftlichen Bezirksverbänden im Zivilprozeß, ZZP 86, 177ff m.w.N., KÜBLER Rechtsfähigkeit und Verbandsverfassung, 1971, m.w.N.).

7. Besondere Probleme ergeben sich bei der **Haftung** des nichtrechtsfähigen **160** Vereins. Nach der *gesetzlichen Regelung,* die der BGB-Gesellschaft zugrundeliegt, würden unabhängig vom Vereinsvermögen die Mitglieder *gesamtschuldnerisch* haften. Für vom Vorstand begründete **rechtsgeschäftliche** Verbindlichkeiten ergäbe sich die gesamtschuldnerische Haftung aus §§ 714, 427. Jedoch kann die *Satzung* die Haftung der Mitglieder *auf* ihren *Anteil am Vereinsvermögen beschränken.* Wenn die Rechtsprechung diese Beschränkung als stillschweigend in der Satzung vereinbart ansieht, so ist dies zumeist eine Fiktion. Richtiger ist es, von einer *gewohnheitsrechtlichen Beschränkung* auszugehen (vgl. oben Rdn. 154). Nach h.M. soll jedoch bei *wirtschaftlichen Vereinen* eine Haftungsbeschränkung auf das Vereinsvermögen *nicht* Platz greifen, da nach dem Motiv der Beteiligung der Mitglieder und dem Auftreten ein solcher Zusammenschluß der OHG nahesteht. Entzieht sich der nichtrechtsfähige Verein, der wirtschaftliche Zwecke verfolgt, den durch die gesetzlichen Typen gebotenen Mindestanforderungen, so muß es bei der persönlichen Haftung der

Mitglieder neben dem Vereinsvermögen bleiben (i.d.S. u.a. STAUDINGER/ COING § 54 Rdn. 54; ENN./NIPPERDEY § 116 IV 6 b; REINHARDT/SCHULTZ Rdn. 385 ff; ERMAN/WESTERMANN § 54 Rdn. 12; SOERGEL/SCHULTZE-v. LASAULX § 54 Rdn. 38; vgl. auch BGHZ 22, 240, 244f).

Zum Schutz der Gläubiger haben Rechtsprechung und Lehre jedoch an der Regelung des § 54 S. 2 festgehalten, der die *persönliche Haftung dessen* anordnet, *der ein Rechtsgeschäft im Namen eines nicht eingetragenen Vereins vorgenommen hat.* Mehrere haften als Gesamtschuldner. Jedoch begründet bei einem Idealverein die Zustimmung eines Vorstandsmitgliedes oder eines Vereinsmitgliedes zum Handeln eines anderen keine Haftung nach § 54 S. 2 (vgl. BGH LM Nr. 11 zu § 31). Hingegen ist jeder, der sich aktiv einschaltet und nicht nur duldet oder ermächtigt, Handelnder i.S.d. § 54 S. 2 (BGH aaO). Im übrigen ist Handelnder jeder, der für den Verein auftritt, gleichgültig, ob er Mitglied ist oder Vertretungsmacht hatte (STAUDINGER/COING § 54 Rdn. 59; ERMAN/WESTERMANN § 54 Rdn. 15). Insofern stellt § 54 S. 2 eine Sonderregelung zu § 179 dar (SOERGEL/SCHULTZE-v. LASAULX § 54 Rdn. 42). Die Haftung kann durch besondere Vereinbarung mit dem Geschäftspartner abbedungen werden; jedoch kann eine stillschweigende Abbedingung nicht vermutet werden, sondern müßte sich aus den besonderen Umständen des Einzelfalles begründen lassen (BGH LM Nr. 11 zu § 31).

161 Für **unerlaubte Handlungen** der Vorstandsmitglieder soll nach der älteren Rechtsprechung nach § 831 und nicht nach § 31 gehaftet werden (RGZ 135, 242, 244; vgl. 91, 72, 74). Dagegen steht die Lehre fast einhellig auf dem Standpunkt, daß auf den nichtrechtsfähigen Verein § 31 analog angewandt werden soll (vgl. insbesondere STOLL aaO, S. 64 ff; SCHUMANN aaO, S. 43 ff; HABSCHEID aaO, S. 409 f; SOERGEL/SCHULTZE-v. LASAULX § 54 Rdn. 40; ENN./ NIPPERDEY § 116 IV 7; STAUDINGER/COING § 54 Rdn. 53; ERMAN/WESTERMANN § 54 Rdn. 13; LARENZ AT § 10 VI 4). Dieser Meinung waren bereits OLG Düsseldorf (OLGE 22, 115) und OLG Hamburg (JW 1924, 1882f) gefolgt. In neuerer Zeit hat die Praxis des LAG Frankfurt für die Gewerkschaften wiederholt eine analoge Anwendung des § 31 bejaht (LAG Frankfurt BB 1950, 702; BB 1953, 290f); schließlich hat der BGH in einem obiter dictum die *Anwendung des § 31 als herrschende Lehre* bezeichnet (BGHZ 50, 325, 329). Da § 31 der Gedanke zugrundeliegt, daß ein Verband, der durch Vertreter am Rechtsverkehr teilnimmt, auch außerhalb von Rechtsgeschäften für deren Handlungen einzustehen hat, kann es nicht darauf ankommen, ob der körperschaftlich strukturierte Verband rechtsfähig ist oder nicht. Dabei taucht die Frage auf, ob die Haftung analog § 31 auch die Mitglieder erfaßt. Die frühere Rechtsprechung hatte den Mitgliedern nicht gestattet, ihre Haftung auf das Vereinsvermögen zu beschränken, aber jedem einzelnen die Exkulpation nach § 831 zugestanden (RG JW 1933, 423). Legt man mit der herrschenden Lehre § 31 zugrunde, wird man entsprechend der dargelegten Struktur des nichtrechtsfähigen Vereins die Haftung auf das Vereinsvermögen begrenzen

Juristische Personen: Stiftung §15

müssen. Die Haftung der Handelnden aus §§ 823 ff bleibt in jedem Fall erhalten.

8. Auch für die **Beendigung** des nichtrechtsfähigen Vereins muß das **162** Vereinsrecht und nicht das Gesellschaftsrecht maßgebend sein. Nach § 54 würden die Auflösungsgründe der Gesellschaft in Betracht kommen, d.h. Tod, Kündigung und Konkurs eines Mitgliedes würden den Verein zur Auflösung bringen (§§ 723 ff). Da nach § 736 auch der Fortbestand der Gesellschaft im Gesellschaftsvertrag vereinbart werden kann, hat sich die Rechtsprechung wiederum damit beholfen, diese Regelung des Gesellschaftsrechts als stillschweigend vereinbart anzusehen (vgl. RGZ 113, 125, 135). Hingegen hat die neuere Lehre die Auffassung vertreten, daß Ereignisse, die nur einzelne Mitglieder betreffen, schlechthin ohne Auswirkung auf den Fortbestand des Vereins seien, insbesondere die §§ 727, 728 keine Geltung hätten (SOERGEL/ SCHULTZE-v. LASAULX § 54 Rdn. 49). Für den nichtrechtsfähigen Verein als solchen sind daher dieselben Auflösungsgründe wie beim rechtsfähigen Verein maßgebend: Mitgliederbeschluß, Zeitablauf, Wegfall sämtlicher Mitglieder, Konkurseröffnung über das Vereinsvermögen (§ 213 KO), auch Auflösung durch Hoheitsakt entsprechend dem VereinsG.

Die Auflösung versetzt den Verein in den *Abwicklungszustand*. Die Abwicklung, die regelmäßig Sache des Vorstandes ist, müßte sich nach den Grundsätzen des Gesellschaftsrechts (§§ 730 ff) vollziehen. Es ergeben sich jedoch Abweichungen: Die Liquidation kann im Recht der Personengesellschaften das Gesellschafterinteresse verfolgen, weil die Haftung der Gesellschafter auch nach der Liquidation dem Gläubiger Sicherheit bietet. Da beim nichtrechtsfähigen Verein die Haftung als auf das Vereinsvermögen beschränkt gelten muß, ändert sich die Interessenlage; z.B. wird die entsprechende Anwendung des § 51 geboten sein (zumal § 54 S. 2 oder eine entsprechende Anwendung des § 53 nur beschränkt Schutz bietet). Vgl. zu diesen Fragen auch STOLL Die Auflösung des nichtrechtsfähigen Vereins und seine Tariffähigkeit, AcP 133, 82 ff.

Über den Anfall des Vermögens kann die Satzung Bestimmungen treffen. Fehlen solche, so ist der nach Berichtigung der Schulden verbleibende Rest an die Vereinsmitglieder zu verteilen (§ 734). Ein Anfall an den Staat, wie in § 45 III, kommt nicht in Frage, solange Mitglieder oder Rechtsnachfolger derselben vorhanden sind (STAUDINGER/COING § 54 Rdn. 84).

§ 15
Die Stiftung

BALLERSTEDT und SALZWEDEL Soll das Stiftungsrecht bundesgesetzlich vereinheitlicht und reformiert werden, gegebenenfalls mit welchen Grundzügen? Verhandlungen 44. DJT, 1. Bd., 5. Teil; dazu das Referat von MESTMÄCKER aaO, 2. Bd., Teil G;

BERNDT Stiftung und Unternehmen, 3. A. 1978; Deutsches Stiftungswesen 1948 – 1966, hrsg. v. Franz, Liermann u. a., 1968; Deutsches Stiftungswesen 1966 – 1976, hrsg. v. Hauer, Pilgram u. a., 1977; EBERSBACH Handbuch des deutschen Stiftungsrechts, 1972; ERB Sammelvermögen und Stiftung, 1971; GOERDELER Die Stiftung als Rechtsform für Unternehmungen, ZHR 113, 145 ff; KRÜGER Die Rundfunkstiftung, die Stiftung bürgerlichen Rechts als Organisationsform für den Rundfunk, 1976; LIEBETANZ Das Stiftungswesen nach bürgerlichem und öffentlichem Recht, 1931; LIERMANN Handbuch des Stiftungsrechts, I, Geschichte des Stiftungsrechts, 1963; ders., Die unselbständige Stiftung, Festschrift Maurer, 1965, 433 ff; NEUHOFF/VINKEN Deutsche Stiftungen für Wissenschaft, Bildung und Kultur, 1969; NIPPERDEY Die Rechtslage der Carl-Zeiss-Stiftung, Festgabe Schmidt-Rimpler, 1957, 41 ff; PAVEL Eignet sich die Stiftung für den Betrieb erwerbswirtschaftlicher Unternehmen? 1967; PLEIMES Weltliches Stiftungsrecht, 1938; ders., Irrwege der Dogmatik im Stiftungsrecht, 1954; SCHINDLER Familienstiftungen, 1975; STRICKRODT Die Stiftung als neue Unternehmensform, 1951; ders., Unternehmen unter freigewählter Stiftungssatzung, 1956; ders., Stiftungsrecht, 1977; ders., Die Erscheinungsformen der Stiftungen des privaten und öffentlichen Rechts, NJW 1962, 1480; Studienkommission des Deutschen Juristentages, Vorschläge zur Reform des Stiftungsrechts, 1968.

I. Begriff und Abgrenzung

163 Die *Stiftung* ist eine auf *Ausstattung mit einem Vermögen* angelegte, nicht in einem Personenverband bestehende, als *selbständiger Rechtsträger* anerkannte Einrichtung zur *Erreichung eines dauernden Zweckes,* der durch den im Errichtungsgeschäft niedergelegten Willen des Errichters bestimmt wird. Die Rechtsordnung will die Stiftung als ein *durch Organe handelndes Rechtssubjekt* behandelt wissen.

Theoretisch darf man die Stiftung nicht als zweckgebundenes Sondervermögen mit juristischer Persönlichkeit erklären; denn es kann zeitweise an einem Stiftungsvermögen überhaupt fehlen. Andererseits spricht gegen die Auffassung O. v. GIERKES (I § 78 III) sie als Verbandsperson anzusehen, daß ein Personenverband bei der Stiftung nicht vorhanden zu sein braucht. Auch die Destinatäre (Genießer) können nicht als Rechtsträger aufgefaßt werden; sie brauchen nicht in einem Verband zusammengeschlossen zu sein. Es empfiehlt sich daher von der *Theorie der Zweckpersonifizierung* auszugehen, da der Schwerpunkt der Einrichtung in der Bindung des Stiftungsvermögens für den vom Stifter festgelegten Zweck liegt (vgl. zu den Theorien zur juristischen Person oben Rdn. 120).

Von der in den §§ 80 ff geregelten Stiftung sind zu **unterscheiden**:

164 1. Die *öffentlich rechtliche Stiftung*. Rechtsfähige Stiftungen des öffentlichen Recht sind auf einem Stiftungsakt begründete, nach öffentlichem Recht errichtete oder anerkannte Verwaltungseinheiten mit eigener Rechtspersönlichkeit. Sie entstehen durch *besonderen Staatsakt*, z. B. durch Gesetz (vgl. das Gesetz zur Errichtung der Stiftung Preußischer Kulturbesitz von 1957). Auch

Juristische Personen: Stiftung §15 II

eine durch privates Rechtsgeschäft und staatliche Genehmigung entstandene Stiftung kann zu einer öffentlichrechtlichen Stiftung werden, wenn eine Einfügung in die staatliche Ordnung durch Hoheitsakt erfolgt (vgl. im einzelnen WOLFF/BACHOF § 103; BVerfGE 15, 46 ff).

2. *Die unselbständige oder sogenannte fiduziarische Stiftung.* Sie ist ein zu gewissen Zwecken bestimmtes Sondervermögen, das *keine selbständige Rechtsträgerschaft* hat, vielmehr einer *bestehenden* juristischen Person (Staat, Stadt, Universität usw.) zur Verwendung für einen vom Stifter bestimmten Zweck (Stipendien, Kunstzwecke, soziale Zwecke usw.) zu Eigentum übertragen wird. Das ist in doppelter Weise denkbar: entweder liegt in der Übertragung eine unentgeltliche Zuwendung zu *fiduziarischem Eigentum* – so wenn das Stiftungsvermögen vom sonstigen Vermögen der juristischen Person getrennt im Sinne einer Treuhand zu verwalten ist – oder eine *Schenkung* oder *letztwillige Verfügung unter einer Auflage* – so wenn das Stiftungsvermögen mit dem sonstigen Vermögen vermischt werden darf.

Die große Mehrzahl der Stiftungen sind unselbständige Stiftungen. Ihrem Charakter als fiduziarischer Stiftung entspricht es, daß im Konkurs des Fiduziars ein *Aussonderungsrecht* des Zuwendenden oder seiner Erben und bei Einzelvollstreckung ein *Drittwiderspruchsrecht* gegeben ist (RGZ 105, 305, 307). – Auf die unselbständigen Stiftungen finden die Vorschriften über rechtsfähige Stiftungen grundsätzlich *keine* entsprechende Anwendung. Erwogen wird jedoch eine entsprechende Anwendung des § 87, während RGZ 105, 305 ff, auf § 527 bzw. § 812 abstellen wollte. Es wird eine Regelung nach § 87 dann empfohlen, wenn dies dem Stifterwillen entspricht (zum Streitstand vgl. SOERGEL/NEUHOFF Vor § 80 Rdn. 30).

165

3. Das sog. *Sammelvermögen,* das durch eine öffentliche Sammlung für einen vorübergehenden Zweck (Errichtung eines Denkmals usw.) zusammengebracht wird. Das Gesetz berücksichtigt es nur in § 1914, indem die Bestellung eines Pflegers bei Wegfall der zur Verwaltung und Verwendung berufenen Personen vorgesehen wird. Die Rechtsnatur des Sammelvermögens ist sehr streitig. Eine Schenkung an die Sammler oder deren Vereinigung ist nicht anzunehmen, weil die Sammler nicht bereichert werden sollen (RGZ 62, 386, 391). Am sachgerechtesten erscheint die Auffassung, die Sammler dem *Gesellschafts-* oder *Vereinsrecht* zu unterstellen und die Zuwendung als deren *fiduziarisches Eigentum* zu betrachten. Damit wäre erreicht, daß das Sammelvermögen dem Zugriff Dritter bei Konkurs oder Vollstreckung entzogen ist.

166

II. Unternehmensträgerstiftung

Die *Verwendung der Rechtsform* einer Stiftung hat sich zunehmend erweitert. Es ist denkbar, daß *wirtschaftliche Unternehmen* die Rechtsform der Stiftung wählen. Nach der früheren Auffassung war der bloße Unternehmensbetrieb als Stiftungszweck nicht denkbar; vielmehr sollte der Betrieb des

167

Unternehmens einem Stiftungszweck anderer Art dienen, z. B. der sozialen Fürsorge oder der Förderung kultureller Zwecke. Heute wird jedoch die Auffassung vertreten, daß auch der *Unternehmensbetrieb Stiftungszweck* sein kann, insbesondere um den Bestand des Unternehmens zu sichern (vgl. die Nachweise bei SOERGEL/NEUHOFF Vor § 80 Rdn. 65ff). In jedem Falle können beide Zwecke verbunden werden. Auch die Unternehmensstiftungen verfolgen in der Praxis ein über den bloßen Unternehmensbetrieb hinausgehendes Ziel zumindest mittelbar (z. B. die Zeiss- oder die Soldan-Stiftung; zur Zeiss-Stiftung vgl. NIPPERDEY aaO). Auch die Meinungsumfrage auf dem 44. DJT hat, falls ein förderungswürdiger Stiftungszweck vorausgesetzt werden kann, zugelassen, daß die Stiftung selbst *unmittelbar* als Unternehmen tätig werden darf (44. DJT II G, 95f). Damit soll es der Zwischenschaltung handelsrechtlicher Unternehmensformen für den Unternehmensbetrieb nicht mehr bedürfen (grundsätzlich ablehnend MÜNCH/KOMM/REUTER Vor § 80 Rdn. 5ff).

In neuerer Zeit ist die privatrechtliche Stiftung auch als Rechtsform einer *Universität* (vgl. dazu M. ERHARDT Stiftungsuniversität des bürgerlichen Rechts? Wissenschaftsrecht 3 [1970], 97ff) und für die Organisation des *Rundfunks* (vgl. P. R. KRÜGER Die Rundfunkstiftung, 1976) vorgeschlagen worden.

III. Zur **Entstehung** ist ein Stiftungsgeschäft und staatliche Genehmigung erforderlich, da das öffentliche Interesse die Prüfung des Zwecks verlangt.

168 1. a) Das **Stiftungsgeschäft** ist eine *nicht empfangsbedürftige Willenserklärung* des Stifters dahin, daß die Stiftung zur Verwirklichung eines bestimmten Zwecks als selbständiger Rechtsträger ins Leben treten soll. Wesentlicher Inhalt ist die Festsetzung eines bestimmten Zwecks. Eine sofortige Ausstattung der Stiftung mit einem Vermögen ist nicht erforderlich. Es muß jedoch die *Zuwendung eines den Zweck ermöglichenden Vermögens* gewährleistet sein.

Regelmäßig enthält das Stiftungsgeschäft auch Bestimmungen über die Verwaltung, namentlich die Einsetzung eines Vorstandes oder doch Angaben für die Art seiner Bestellung usw. Wesentliches Erfordernis ist dies jedoch nicht, da die Ergänzung auch durch die staatliche Aufsichtsbehörde erfolgen kann (vgl. ENN./NIPPERDEY § 117 II 1). Das Stiftungsgeschäft muß den *Sitz der Stiftung* angeben, da sich danach die Zuständigkeit des Landesrechts beurteilt.

b) Das Stiftungsgeschäft kann als Rechtsgeschäft *unter Lebenden* oder *von Todes wegen* vorgenommen werden.

Unter Lebenden bedarf es der *schriftlichen Form* (§ 81 I). Es ist bis zur Erteilung der staatlichen Genehmigung *widerruflich;* der Widerruf kann aber, wenn die Genehmigung schon bei der zuständigen Behörde nachgesucht ist, nur dieser gegenüber erfolgen (§ 81 II 2). Über das Widerrufsrecht der Erben vgl. § 81 II 3.

Da das Stiftungsgeschäft mit der formgerechten Erklärung vollendet vorliegt, schaden späterer Tod oder Geschäftsunfähigkeit des Stifters nicht; die Genehmigung ist nur Wirksamkeitserfordernis.

Die Widerruflichkeit gegenüber der Genehmigungsbehörde schließt nicht aus, daß der Stifter gegenüber Beteiligten obligatorisch zur Errichtung und daher zur Unterlassung eines Widerrufs verpflichtet ist.

Von Todes wegen kann das Stiftungsgeschäft im *Testament* oder *Erbvertrag* erfolgen (§ 83). Dann gelten deren Formen. Die errichtete Stiftung kann *als Erbe eingesetzt* oder *mit einem Vermächtnis bedacht* werden. Der Widerruf erfolgt hier nach den Regeln für letztwillige Verfügungen (§§ 2253 ff); die Erben haben also kein Widerrufsrecht.

Beim Stiftungsgeschäft in einer Verfügung von Todes wegen erfolgt die *Bewidmung* vielfach durch *Erbeinsetzung;* dann erwirbt die Stiftung das Vermögen auf Grund der rückwirkenden Genehmigung *unmittelbar als Erbe* (§§ 1922, 1923, 84). Die Forderung aus einem Vermächtnis fällt ihr mit dem Erbfall an (§ 2176).

c) Das Stiftungsgeschäft hat einen doppelten Charakter. Es enthält einen *organisatorischen Schöpfungsakt,* durch den die Stiftung ins Leben gerufen wird, sowie eine *Verpflichtung zur Vermögenszuweisung*. Diese erzeugt grundsätzlich nur eine schuldrechtliche Wirkung. Die zugewiesenen Sachobjekte müssen dinglich übertragen werden. Rechte, zu deren Übertragung der bloße Abtretungsvertrag genügt, gehen kraft Gesetzes im Zeitpunkt der Genehmigung über (§ 82 S. 2). Nach h.M. ist die Vermögenszuwendung *keine Schenkung,* weil der Zweck der Zuwendung nicht die Bereicherung einer vorhandenen Person sei, sondern die Herstellung einer neuen Person oder doch die Schaffung der Daseinsgrundlage für eine solche. Andererseits dürften einzelne Vorschriften über die Schenkung analog anwendbar sein, z.B. die über die Haftung des Schenkers (§§ 521–524).

2. Zur *Entstehung* ist die **Genehmigung** des Landes der Bundesrepublik **169** erforderlich, in dem die Stiftung ihren Sitz haben soll (§ 80 S. 1). Wenn sie diesen nicht in einem Bundesland haben soll, ist für die Genehmigung der Bundesminister des Innern zuständig (entspr. § 80 S. 2; vgl. OVG Münster DÖV 1961, 951). Es gilt dies für ausländische Stiftungen, die im Sitzland Rechtsfähigkeit nicht erlangt haben; jedoch wird eine Stiftung, die im Ausland Rechtsfähigkeit erlangt, in der Bundesrepublik anerkannt (BGH WM 1966, 221 ff). Als Sitz gilt der Ort der Verwaltung (§ 80 S. 3).

Das Stiftungsrecht ist – insbesondere zur Regelung des Genehmigungsverfahrens und der Stiftungsaufsicht – weitgehend dem *Landesrecht* überlassen.

Die Genehmigung steht im *Ermessen* der Behörde. Während früher davon ausgegangen wurde, daß die Erteilung der Genehmigung im freien Ermessen der Verwaltungsbehörde stünde, muß heute betont werden, daß die Entscheidung der Verwaltungsbehörde nicht nach Willkür oder Belieben, sondern nur *innerhalb der gesetzlichen Grenzen* getroffen werden darf (vgl. WOLFF/BACHOF § 31 II c 2). Daher unterliegt die Entscheidung, wenn auch unter Beachtung eines das öffentliche Interesse berücksichtigenden Beurteilungsspielraumes, der *gerichtlichen Nachprüfung*. Jedenfalls widerspricht ein freies Ermessen der Genehmigungsbehörde dem heutigen Verständnis von dem Verhältnis zwischen Staat und Individuum sowie den rechtsstaatlichen Anforderungen an die System- und Sachbezogenheit staatlicher Mittel und ihrer Verhältnismäßigkeit (RGRK/STEFFEN Vor § 80 Rdn. 13).

Die Genehmigung erfolgt auf *Antrag*, den der Stifter oder sein Vertreter stellt; nach seinem Tod sind die Erben oder die Testamentsvollstrecker antragsberechtigt, notfalls das Nachlaßgericht antragspflichtig (§ 83).

Nach herrschender Auffassung ist das *Stiftungsgeschäft* die eigentliche *Rechtsgrundlage* der Stiftung, die Genehmigung hat nur Nebenbedeutung; sie heilt also nicht die Mängel des Stiftungsgeschäfts (vgl. RGZ 170, 22, 24; BVerwGE 29, 314, 316f).

Da die Genehmigung ein *privatrechtsgestaltender Verwaltungsakt* ist, ist ein *Widerruf der Genehmigung mit ex-tunc-Wirkung* grundsätzlich *ausgeschlossen*. Insbesondere nach einer Publikation der Genehmigung muß sich jeder Dritte auf die Rechtsfähigkeit der Stiftung und darauf, daß mit ihr abgeschlossene Rechtsgeschäfte auch nach einem etwaigen Widerruf der Genehmigung wirksam bleiben, verlassen können (BVerwG aaO; vgl. nunmehr §§ 48 VwVfG).

Mit der Genehmigung ist die Stiftung *entstanden*. Wird sie erst nach dem Tode des Stifters genehmigt, so gilt sie für die Zuwendungen des Stifters (nicht aber Dritter) als schon vor dessen Tode entstanden (§ 84). Die Rückwirkung ist wichtig bei einer Stiftung, die vom Stifter zum Erben eingesetzt worden ist, da Erbe nur werden kann, wer zur Zeit des Erbfalls schon lebt (§ 1923 I), andernfalls würden die Vorschriften über die Nacherbschaft eingreifen (vgl. § 2101 II).

Wird die *Genehmigung versagt*, so fällt das gesetzliche Erfordernis für die wirksame Vornahme des Stiftungsgeschäfts aus. Die Stiftung ist nicht entstanden. Jedoch kann der Antrag auf der Grundlage eines neuen Stiftungsgeschäftes wiederholt werden.

170   **IV.** Die **Verfassung** wird in *erster Linie* durch die zwingenden Vorschriften des *Bundes- und Landesrechts* bestimmt, in *zweiter Linie* durch das *Stiftungsgeschäft, hilfsweise* durch die ergänzenden Vorschriften des Bundes- oder Landesrechts (§ 85).

Die Stiftung muß einen *Vorstand* haben (§ 26). Nach § 86 gelten die meisten Vorschriften über den Vereinsvorstand entsprechend. Das Stiftungsgeschäft wird regelmäßig so viel über die Bestellung des Vorstands enthalten, daß ihn daraufhin wenigstens ein Dritter, z. B. eine Behörde, bestellen kann. Ob das

Stiftungsgeschäft mangels solcher Anhaltspunkte nichtig ist oder die staatliche Aufsichtsbehörde dann den Vorstand bestellen kann, ist streitig. Zweckmäßigerweise ist der letzteren Auffassung der Vorzug zu geben (vgl. SOERGEL/ NEUHOFF § 86 Rdn. 3).

Die *Handlungsfähigkeit* der Stiftung entspricht der des Vereins; für die *deliktische Verantwortlichkeit* ist § 31 anwendbar. Bei vorübergehendem Fehlen sind die erforderlichen Vorstandsmitglieder auf Antrag eines Beteiligten nach § 29 vom Amtsgericht des Sitzes zu bestellen.

Außer dem Vorstand (und etwaigen besonderen Vertretern nach § 30) hat die Stiftung *keine Organe,* namentlich *keine Mitglieder.* Die Personen, denen die Erträgnisse der Stiftung zugute kommen sollen, die Destinatäre, haben *keinen Anteil an der Verwaltung;* sie sind bloße Genießer. Sie haben *keine Mitgliedsrechte.*

Ihre Rechtsstellung ist nach dem Stiftungsgeschäft und Landesrecht zu bestimmen. Namentlich ist danach die Frage zu beantworten, ob sie einen *klagbaren Anspruch auf satzungsgemäße Verwendung* der Stiftungsgelder haben; gegebenenfalls ist die Entscheidung durch Auslegung des Stiftungsgeschäfts zu gewinnen (RG SeuffArch. 56 Nr. 216; BGH LM Nr. 1 zu § 85). Ein solcher Anspruch ist dann zu bejahen, wenn der Kreis der Bezugsberechtigten genügend bestimmt ist und von objektiv feststellbaren Voraussetzungen abhängig gemacht werden kann. – Ein unmittelbares Recht besteht aber dann nicht, wenn einem Stiftungsorgan oder einem Dritten die Befugnis eingeräumt wird, diejenigen, die in den Genuß des Stiftungsnutzens kommen sollen, auszuwählen (BGH aaO). Wo die Frage der Klagbarkeit landesgesetzlich genauer geregelt ist, z.B. der Verwaltungsrechtsweg vorgeschrieben ist, ist diese Regelung vorrangig (so für Bayern: BayVGH BayVBl 1961, 86).

Die Stiftung bedarf nicht nur bei der Errichtung der staatlichen Genehmigung, sondern sie steht auch fortlaufend unter *Staatsaufsicht.* Es soll sichergestellt werden, daß die Stiftungen im Einklang mit dem Gesetz, der Satzung und dem Stifterwillen verwaltet werden (vgl. im einzelnen die Landesstiftungsgesetze; Nachweise bei RGRK/STEFFEN Vor § 80 Rdn. 15).

Nach § 87 kann die landesgesetzlich zuständige Behörde der Stiftung *eine andere Zweckbestimmung* geben und – soweit es die Zweckumwandlung nötig macht – die *Verfassung* der Stiftung *ändern,* wenn die Erfüllung des *Stiftungszwecks unmöglich* geworden ist oder das *Gemeinwohl gefährdet.* Wenn nötig, kann sie die Stiftung aufheben. Bei der Umwandlung sind möglichst der Wille des Stifters und das Interesse der Destinatäre zu berücksichtigen. Vorher soll der Vorstand gehört werden (§ 87 II und III).

V. Auch über das **Ende** der Stiftung entscheidet in erster Linie das Bundes- und Landesrecht, in zweiter Linie das Stiftungsgeschäft. *Gesetzliche Beendigungsgründe* sind Konkurseröffnung (§§ 86, 42) und behördliche Aufhebung als äußerste Maßnahme, wenn die Erfüllung des Stiftungszwecks unmöglich geworden oder das Gemeinwohl gefährdet ist (§ 87). Verlust des Vermögens

§ 15 V

ist nicht als selbständiger Beendigungsgrund anerkannt (BGH WM 1966, 221), kann aber ein Einschreiten der Behörde aus § 87 rechtfertigen. *Endigungsgründe nach dem Stiftungsgeschäft* sind Zeitablauf und Eintritt einer auflösenden Bedingung.

Die juristische Person gilt *bis zur Beendigung der Liquidation als fortbestehend* (§§ 88, 49 II). Das Vermögen fällt an die in der Verfassung bestimmten Personen (§ 88). Ein Heimfallrecht des Fiskus ist, anders als beim Verein (§ 45 III), nicht vorgesehen, wohl aber meist landesrechtlich angeordnet.

Soweit es sich um gemeinnützige Stiftungen handelt, die Befreiung von der Körperschaftsteuer genießen (§ 5 I 9 KStG, §§ 51 ff AO) muß sichergestellt sein, daß das Vermögen der Stiftung einem anderen steuerbegünstigten Zweck zugewendet wird (§ 55 I Nr. 4 AO).

ZWEITER TEIL
Rechtsgegenstände

§ 16
Gegenstand und Sache

BECKER Die einheitliche Sache als wirtschaftlicher Wert und als Rechtsbegriff, ZAkdR 1936, 84 ff; BINDER Der Gegenstand, ZHR 59, 1 ff; ders., Vermögensrecht und Gegenstand, ArchBürgR 34, 209 ff; HUSSERL Der Rechtsgegenstand, 1933; OERTMANN Zum Rechtsproblem der Sachgemeinheit, AcP 136, 88 ff; SOHM Der Gegenstand, 1905; ders., Vermögensrecht, Gegenstand, Verfügung, ArchBürgR 28, 173 ff; ders., Noch einmal der Gegenstand, JherJb. 53, 373 ff; SOKOLOWSKI Die Philosphie im Privatrecht, Bd. 1, Sachbegriff und Körper in der klassischen Jurisprudenz und der modernen Gesetzgebung, 1907; WIEACKER Zum System des deutschen Vermögensrechts, 1941; ders., Sachbegriff, Sacheinheit und Sachzuordnung, AcP 148, 57 ff.

I. Gegenstände im Sinne des bürgerlichen Rechts sind **Objekte der Rechtsverhältnisse**, während sie nach früherem Verständnis als Objekte des subjektiven Rechts im Sinne einer Herrschaftsmacht angesehen wurden (vgl. z. B. ENN./NIPPERDEY § 121 I).

172

Da Rechtsverhältnisse nicht nur zwischen Person und Sache, sondern auch von Person zu Person bestehen und andererseits nach früherer Auffassung das subjektive Recht den wesentlichen Inhalt des Rechtsverhältnisses ausmachen sollte, gelangte man dazu, auch die Person als Gegenstand von subjektiven Rechten anzusehen (vgl. ENN./NIPPERDEY aaO). Die Einbeziehung der Person in den Bereich subjektiver Herrschaftsmacht, die Vorstellung, sie sogar unter dem Gegenstandsbegriff erfassen zu wollen, ist mit der *Menschenwürde* und dem *Persönlichkeitsrecht* nicht vereinbar. Es handelt sich letztlich um *rechtstechnische Denkformen*, für die etwa historisch der Dienstvertrag als locatio conductio (als „Miete" des Dienstleistenden), aber auch familienrechtlich der Herausgabeanspruch der Eltern auf das Kind nach dem Modell der dinglichen Herausgabeklage einschließlich der Vollstreckung nach § 883 ZPO als Beispiele dienen können. Auch das Forderungsrecht ist nach der heutigen Auffassung nicht Herrschaftsrecht über eine Person, sondern nur Anspruch auf die Leistung, während z. B. die Römer zumindest in der vorklassischen Zeit in der Obligation ein Gewaltverhältnis über den Schuldner begründet sahen mit der Möglichkeit, in die Person zu vollstrecken (vgl. den Begriff des *nexum*).

Auch wenn die Person aus dem Gegenstandsbegriff ausscheidet, kann „Gegenstand" *nicht als bloßes Objekt* eines subjektiven Rechts im Sinne der Ausübung *von Rechtsmacht* verstanden werden (vgl. auch LARENZ AT § 16 I). Es ist zutreffender, von *Objekten des Rechtsverhältnisses* zu sprechen, da sich in ihnen stets *Rechte und Pflichten* vereinigen. Dies kommt besonders deutlich in Gemeinschaftsverhältnissen (wie etwa der Gesamthand) zum Ausdruck, wo es weniger um Rechtsmacht als um Teilhabe an Rechtsgütern geht.

Die Wechselbeziehung von Recht und Belastung hat auch E. WOLF (AT § 2 H I) veranlaßt, vom „Gegenstand eines rechtlichen Verhältnisses" zu sprechen.

II. Der Sachbegriff

173   1. Das Gesetz unterscheidet Gegenstand und Sache. **Gegenstand** ist der **Oberbegriff**. Der Gegenstand kann *körperlicher* (Sachen) oder *unkörperlicher* Art (wie z. B. die immateriellen Güter, die Rechte, das Unternehmen) sein.

Dem Gegenstand des BGB entspricht im römischen Recht der Begriff „res", der alles umfaßt, was Vermögensbestandteil sein kann. Von daher unterscheidet man: res corporales (körperliche Gegenstände), das sind Sachen im Sinne des BGB, und res incorporales (unkörperliche Gegenstände).

Sache im Sinne des Gesetzes ist nur ein *körperlicher Gegenstand* (§ 90), d.h. ein nach natürlicher Anschauung für sich allein bestehender, im Verkehrsleben besonders bezeichneter und bewerteter körperlicher Gegenstand (RGZ 87, 43, 45; vgl. auch RGZ 153, 210, 212 zum Patent).

174   a) *Keine Sache* ist der **Körper eines lebenden Menschen** und was von der Verkehrsauffassung als Glied oder Teil der menschlichen Persönlichkeit angesehen wird (z.B. künstliche Arterien; anders künstliche Körperteile, die nicht dauernd in den Körper aufgenommen sind, wie z.B. Prothesen oder Gebisse).

Mit der Trennung eines Körperteils vom lebenden Körper erlangt ersterer Sachqualität. Die Trennung kann jedoch der Sittlichkeit widersprechen; indessen kann zur Rettung der eigenen Person oder aus altruistischen Gründen eine Disposition darüber eingeräumt werden.

Von der Trennung vom lebenden Körper ist die Entnahme eines Körperteils vom **Leichnam** zu unterscheiden. Das Recht, die Entnahme zu gestatten, wird möglicherweise auch den Angehörigen zukommen müssen. Da jedoch vorrangig der Wille des Verstorbenen zu berücksichtigen ist, wird de lege ferenda das Erfordernis einer Ermächtigung durch den Verstorbenen mittels Vermerk im Paß oder Personalausweis erwogen (zum Regierungsentwurf vgl. STURM JZ 1979, 697 ff).

Dabei tritt die Frage auf, *wann* die Befugnis von der Rechtsperson auf die Angehörigen übergeht. Die gegenwärtige Tendenz sieht den Gehirntod als den entscheidenden Zeitpunkt an (vgl. die „Entscheidungshilfen des Wissenschaftlichen Beirates der Bundesärztekammer zur Feststellung des Hirntodes", JZ 1983, 594 ff). Dies ist nicht nur eine Frage des Dispositionsüberganges, sondern auch entscheidend dafür, ob der Eingriff des Arztes eine Körperverletzung oder Tötung darstellt.

Erfolgt zum Zwecke der *Organtransplantation* ein ärztlicher Eingriff, kann in einer öffentlich-rechtlichen Klinik darin eine Amtspflichtverletzung gegenüber den zur Totenfürsorge berufenen Angehörigen liegen (§§ 839, 31, 89, 847), sofern nicht der Eingriff unter dem Gesichtspunkt des übergesetzlichen Notstandes gerechtfertigt ist (vgl. LG Bonn JZ 1971, 56). Zur Problematik vgl. CARSTENS, T. Organtransplantation, ZRP 1979, 282 ff; DEUTSCH Die rechtliche Seite der Transplantationen, ZRP 1982, 174 ff; ENGLERT Todesbegriff und Leichnam als Element des Todesrechts, 1979; FORKEL Verfügung über Teile des menschlichen Körpers, JZ 1974, 593 ff; GEILEN Probleme der Organtransplantation, JZ 1971, 41 ff; REIMANN Die postmortale Organentnahme als zivilrechtliches Problem, Festschrift G. Küchenhoff, 1972, 341 ff; SAMSON Explantation von Leichenteilen, NJW 1974, 2030 ff; STRÄTZ Zivilrechtliche Aspekte der Rechtsstellung des Toten unter besonderer Berücksichtigung der Transplantation, 1971; ZIMMERMANN, R. Gesellschaft, Tod und medizinische Erkenntnis, NJW 1979, 569 ff.

Grundsätzlich unterliegt der Leichnam nicht der Disposition der Angehörigen, da er kein Objekt, sondern *Persönlichkeitsrückstand* ist. Den Angehörigen steht nur ein auf die *Totenfürsorge* begrenztes Bestimmungsrecht zu. Bestimmungsrechte am Leichnam hinsichtlich der Bestattung stehen nicht den Erben, sondern den Angehörigen zu, soweit nicht für Art und Ort der Wille des Verstorbenen maßgebend ist (RGZ 100, 172; 108, 220; 154, 272). Die Angehörigen können Feuerbestattung nur dann veranlassen, wenn der Verstorbene sie gewünscht hat (§§ 2, 4 Feuerbestattungsgesetz von 1934 und Landesgesetze).

Der Leichnam unterliegt, solange Pietätsrücksichten gelten, nicht den Vorschriften des Sachenrechts. Es kann daher an ihm *kein Eigentum* begründet werden.

Rechtsgeschäfte der Angehörigen *über den Leichnam,* die nicht die Bestattung, die Vornahme einer Obduktion oder ähnliches betreffen, müssen als *sittenwidrig* angesehen werden (§ 138). Der Verkauf der Leiche durch die Erben an die Anatomie ist daher nichtig. Hat der Verstorbene die Auslieferung an die Anatomie zugesagt, so kann dieser Vertrag unter besonderen Umständen sittenwidrig sein (streitig; vgl. zur Durchführung die Verordnung über das Leichenwesen von NRW vom 7.8.1980 – GVBl. 756).

Durch Zeitablauf verblaßt der Persönlichkeitsrückstand. An Skeletten, anatomischen Präparaten, Mumien ist daher Eigentum anzuerkennen.

b) Die **Abgrenzung** zwischen **körperlicher Sache** und **unkörperlichem Gegenstand** kann Schwierigkeiten bereiten. Der naturwissenschaftliche Sachbegriff kann insoweit nicht gelten, als er mit Maßstäben arbeitet, die der Funktion der Rechtsvorschriften nicht angemessen sind (ERMAN/WESTERMANN § 90 Rdn. 2).

§ 16 II 2 Zweiter Teil: Rechtsgegenstände

Die *Sache* verlangt *gesondertes, begrenztes Dasein* im Raum. Keine Sache sind also die freie Luft, das fließende Wasser und das Meer. Luftförmige und flüssige Körper erhalten diese Abgegrenztheit erst durch Zusammenfassung in einem Behälter. Grundstücke werden abgegrenzt durch menschliche Festsetzung, entscheidend ist die Eintragung ins Grundbuch oder die katastermäßige Bezeichnung.

Unkörperlich sind *Energien, Wärme und Licht.* Obwohl *Elektrizität* physikalisch Sachqualität hat, wird sie nach h. M. juristisch als unkörperlich angesehen. Es konnten daher die Diebstahlsvorschriften auf die Entnahme von Elektrizität keine Anwendung finden, so daß im Jahre 1900 ein eigener Straftatbestand (jetzt § 248 c StGB) geschaffen werden mußte. Andererseits werden auf den Stromlieferungsvertrag die Vorschriften über den Sachkauf angewendet (RGZ 86, 12).

176 Unkörperlich sind ferner die **Sachgesamtheiten, Sachinbegriffe**. Die Sachgesamtheit ist eine Mehrheit selbständiger Sachen, die durch ihre gemeinsame wirtschaftliche Bestimmung zusammengehalten werden und deshalb auch von der Rechtsordnung in einzelnen Beziehungen als eine Einheit behandelt werden, z. B. eine Bücherei, ein Warenlager. Die Sachgesamtheit als wirtschaftliche Einheit kann sehr wohl den *Gegenstand eines einheitlichen schuldrechtlichen Geschäftes* darstellen. Jedoch gilt für das *Sachenrecht* der sogenannte **Spezialitätsgrundsatz**. Gegenstand der sachenrechtlichen Herrschaft ist grundsätzlich nicht die Sachgesamtheit, sondern nur die einzelne in ihr enthaltene Sache. Die Übereignung ist an einzelnen Objekten vorzunehmen, z. B. verlangt die Übertragung einer Bücherei die Übereignung jedes einzelnen Buches; für verliehene Bücher erfolgt sie nicht nach § 929 sondern nach §§ 929, 931.

Der Sachinbegriff erschwert die *Anwendung der Sicherungsformen* (vgl. zur Verpfändung eines Holzlagers RGZ 53, 219). Mit Ausbildung der Sicherungsübereignung hat sich das Problem erweitert. Die Rechtsprechung ist hier geneigt, vom sogenannten *Bestimmtheitsgrundsatz* aus wirtschaftlichen Erwägungen abzurücken (vgl. zur Entwicklung RGZ 113, 57, 59 ff; 129, 61; 132, 183, 187; streng auch noch BGHZ 21, 52; jedoch nach Kritik im Schrifttum weitergehend BGHZ 28, 16). Das gilt besonders für *Sachgesamtheiten mit wechselndem Bestand* (z. B. Warenlager, Viehherden u. a.).

Unabhängig von diesen Erwägungen können *Sachmengen wirtschaftlich als eine Einheit* angesehen werden; es wird ihnen dann nicht der Charakter einer Sachgesamtheit, sondern der einer **Sacheinheit** beigelegt; so ein Paket Kaffee, ein Sack Getreide, ein Kartenspiel u. ä. Wenn der wirtschaftliche Wert nur in der Zusammenfassung besteht, muß auch die Rechtsordnung die Sacheinheit respektieren.

177 2. *Unkörperlich* sind schließlich *Rechte und Inbegriffe von Rechten (Rechtsgesamtheiten).* Insbesondere dem **Vermögen** fehlt die Körperlichkeit. Es bedeutet nur eine gedankliche Zusammenfassung geldwerter Rechte (und

Pflichten) entweder in der Person ihres Trägers (so beim Vermögen im allgemeinen) oder im Hinblick auf einen einheitlichen Zweck (so beim Sondervermögen: Gesamtgut, Sondergut, Vorbehaltsgut bei der Gütergemeinschaft [§§ 1416 ff], Gesellschaftsvermögen [§ 718; § 124 II HGB]).

Der *Vermögensbegriff des BGB* baut nicht auf dem Nettovermögen (Differenz zwischen Aktiva und Passiva) auf, sondern im Gegensatz zum wirtschaftlichen Vermögensbegriff auf dem Bruttovermögen. Der Vermögensübergang z. B. nach § 419 erfaßt nicht das Nettovermögen, sondern nur die Aktiva. Das Aktivvermögen kann dinglich belastet sein, es kann aber auch durch Verbindlichkeiten vermindert werden. Dieses System ermöglicht eine Rangordnung der Rechte Dritter gegen das Aktivvermögen (vgl. im Konkurs Absonderung und bevorrechtigte Forderungen).

Unabhängig davon ist zu prüfen, ob beim Vermögensübergang das übernommene Vermögen in dem Vermögen des Übernehmers aufgeht, so bei der Haftung nach Firmenübernahme (§ 25 HGB) oder ob eine *Trennung* der Vermögensmassen möglich ist, so grundsätzlich bei § 419, beim Erbfall unter den besonderen Voraussetzungen der §§ 1975 ff.

Am Vermögen als solchem können *dingliche Rechte nicht* begründet werden. Die *Übertragung des Geschäftsvermögens* kann also nur dadurch erfolgen, daß seine *einzelnen Bestandteile* übertragen werden, und zwar jeder nach den für Gegenstände dieser Art jeweils geltenden besonderen Vorschriften; wie bereits betont, sind Grundstücke aufzulassen (§ 925), das Eigentum an Sachen einzeln zu übertragen (§§ 929 ff), die Forderungen einzeln abzutreten (§ 398), ein Patentrecht zu übertragen, ein Geschäftsgeheimnis mitzuteilen (vgl. RGZ 70, 226, 228 ff). – Die *Zwangsvollstreckung* muß in die *einzelnen Bestandteile* erfolgen (RGZ 95, 231, 235).

> Das wird gemildert durch die Anerkennung einer einheitlichen Gesamtnachfolge für Sonderfälle (vgl. etwa die Rechtsnachfolge des Erben, § 1922, die Bildung des Gesamtgutes bei der Gütergemeinschaft, § 1416, und die Übertragung des Vermögens einer AG auf den Staat, § 359 AktG, oder die Verschmelzung zweier juristischer Personen, §§ 339 ff AktG).

Ob die Versagung absoluter Rechte am Vermögen überall zweckmäßig ist, bleibt fraglich. Für den Gewerbetreibenden wäre z. B. die Anerkennung einer Verpfändung seines Unternehmens als solches wünschenswert; denn er könnte dadurch seinem Kreditbedürfnis den Geschäftswert der Unternehmung nutzbar machen, der den Liquidationswert weit übersteigt. Deshalb hat ein französisches Gesetz von 1909 die Verpfändung des ganzen Unternehmens, also eines Sondervermögens, zugelassen (vgl. KUNZLER Das Nantissement du Fonds de Commerce, 1960). Das preußische Gesetz über die privaten Bahneinheiten vom 19. August 1895 erkennt die Verpfändung von Bahneinheiten an, also von Vermögensinbegriffen, die einem Eisenbahn- oder Kleinbahnunternehmen gewidmet sind und als Einheit behandelt werden (Art. 112 EGBGB). Für sie werden besondere Bahngrundbücher geführt.

178 Dagegen können **einheitliche schuldrechtliche Geschäfte** über eine Rechtsgesamtheit und namentlich das Handelsgeschäft abgeschlossen werden. Der schuldrechtliche Erwerb und die Pacht von Unternehmen wird in §§ 23 ff HGB und § 1822 Nr. 3, 4 mittelbar anerkannt. Die Verpflichtungsgeschäfte erstrecken sich im Zweifel auf alles, was wirtschaftlich zum Unternehmen gehört; z. B. kann das Handelsgeschäft *im ganzen verkauft* werden.

> Hierbei werden die Vorschriften über die *Sachmängelhaftung* unter Einbeziehung eines vertraglich vorausgesetzten Umsatzes und Ertrages in den Fehlerbegriff analog angewendet, BGH LM Nr. 5 zu § 276 (Fb); allerdings erscheinen Modifizierungen angebracht, z. B. sollte der Verkäufer u. U. ein Recht zur Mängelbeseitigung haben (CAPELLE/CANARIS § 4 IV 1), auch erscheint die kürzere Verjährungsfrist des § 477 nicht als angemessen (str., vgl. RGZ 138, 354, 356 ff; HGB-RGRK/WÜRDINGER § 22 Rdn. 21). Allgemein zu Leistungsstörungen beim Unternehmenskauf CANARIS ZGR 1982, 395 ff.

Da das Unternehmen auch *immaterielle Güter* umfaßt, können als Gegenstand der Übertragung auch die in der Unternehmensorganisation zusammengefaßten unsichtbaren Werte, die sogenannten Chancen (Bezugsquellen, Kundschaft, Geschäftgeheimnisse, Ruf und dergleichen) in Betracht kommen. Über das sogenannte Recht am Unternehmen vgl. oben Rdn. 113.

> *Zur Literatur:* Zum Unternehmensbegriff vgl. BRECHER Das Unternehmen als Rechtsgegenstand, 1953; FECHNER Das wirtschaftliche Unternehmen in der Rechtswissenschaft, 1942; ISAY Das Recht am Unternehmen, 1910; OPPIKOFER Das Unternehmensrecht in geschichtlicher, vergleichender und rechtspolitischer Betrachtung, 1927; PISKO Das kaufmännische Unternehmen, in Ehrenbergs Handbuch, Bd. II, §§ 20 ff; RAISER, T. Das Unternehmen als Organisation, 1969; weitere Literatur bei GIERKE/SANDROCK § 13.

III. Die Funktion des Sachbegriffs

179 Nur an Sachen können dingliche Rechte bestehen. Andere Gegenstände genießen nicht den absoluten Schutz des Eigentumsrechts und der übrigen Sachenrechte. Jedoch hat die neuere Rechtsentwicklung insbesondere im *Verfassungsrecht* zu einer *Ausweitung des Eigentumsbegriffs* auf unkörperliche Gegenstände geführt.

> *Vgl. zur Literatur:* M. WOLFF Reichsverfassung und Eigentum, Festgabe Kahl, 1923, und H. HÜBNER Eigentumsgarantie und Eigentumsbindung im Grundgesetz und der zivilrechtliche Eigentumsbegriff, Ann. Univ. Sarav., Iur. VIII (1960) 87 ff, mit Nachweisen; zu Art. 14 GG vgl. MAUNZ/DÜRIG/HERZOG/SCHOLZ Art. 14 Rdn. 32 ff, 69.

Über die Schutzfunktion des Sachenrechts hinaus wird der Sachbegriff auch dadurch ausgeweitet, daß die *Irrtumsanfechtung* aus § 119 II auch bei

Rechtsgeschäften über Rechte trotz fehlender Körperlichkeit zugelassen wurde (vgl. RGZ 149, 235; BGH LM Nr. 2 zu § 779 für den Nachlaß). Nach h.M. wird in diesem Zusammenhang jeder Gegenstand mit Sache gleichgesetzt, insbesondere werden auch Forderungen erfaßt.

In neuerer Zeit wird auch dem *Geldwert* unabhängig vom Geldstück oder -schein eine selbständige dingliche Funktion zugemessen und im Interesse des Geldeigentümers eine sogenannte Geldwertvindikation für möglich gehalten. – Dies deshalb, weil als Voraussetzung der Herausgabeklage in der Regel dem Bestimmtheitsgrundsatz nicht genügt werden kann (WESTERMANN § 30 V; zurückhaltend allerdings die Rechtsprechung; kritisch auch WOLFF/RAISER § 84 III Anm. 6; vgl. die Nachweise bei PALANDT/BASSENGE § 985 Anm. 3c).

§ 17
Sache und Sachbestandteil

KIRSTEN Der Bestandteilsbegriff des § 93 BGB unter Berücksichtigung der technischen Normung, 1933; KRÜCKMANN Wesentlicher Bestandteil und Eigentumsvorbehalt, 1906; MICHAELIS Voraussetzungen und Auswirkungen der Bestandteilseigenschaft, Festschrift Nipperdey, I, 1965, 553ff; SCHULZ, F. Zwischenverfügungen bei Veräußerung und Verpfändung wesentlicher Sachbestandteile, in: Bonner Festgabe für Zitelmann, 1923, 81ff; SERICK I § 6, II § 17; SPYRIDAKIS Zur Problematik der Sachbestandteile, 1966; WIEACKER Sachbegriff, Sacheinheit und Sachzuordnung, AcP 148, 57ff, 98ff; WOLFF, M. Der Bau auf fremdem Boden, 1900.

I. Sache und Sachteil

Die *Einzelsachen*, d. h. die im Verkehr als selbständige Wertträger angesehenen Stücke, sind entweder einfach oder zusammengesetzt. Bei der einfachen Sache ist eine *natürliche, ununterscheidbare Einheit* vorhanden (wie z. B. bei einem Tierkörper oder einem Blatt Papier). Bei der *zusammengesetzten Sache* läßt sich eine *Mehrheit von verschiedenen Stücken* unterscheiden, die an sich der Selbständigkeit fähig sind. Das führt zu der Frage, unter welchen Umständen solche Sachteile von der Rechtsordnung berücksichtigt werden.

> Rechtlich ist die Annahme eines *Sachteils* nur bedeutsam, soweit es sich nicht bloß um einen gedachten Teil handelt, sondern um einen körperlich abgegrenzten, wahrnehmbaren Teil einer Sache. Solange einem Sachteil im weitesten Sinne die körperliche Abgegrenztheit fehlt, scheidet die Zulassung von Sonderrechten an diesem gedachten Teil überhaupt aus.

Eine rechtliche Regelung ist erforderlich, wenn mehrere Sachteile dergestalt so miteinander verbunden werden, daß dadurch ein *neuer körperlicher Zusammenhang* entsteht, und sie somit Bestandteile der neuen Sache werden.

§ 17 II 1 Zweiter Teil: Rechtsgegenstände

Entscheidend für die Annahme einer körperlichen Einheit sind die Verkehrsanschauungen und die natürliche Auffassung des unbefangenen Beurteilers (RGZ 158, 362, 370).

> So sind z. B. als Bestandteile zu bezeichnen: Die Bereifung eines Kraftwagens oder Fahrrades, abschraubbare Maschinenteile. Nicht als Bestandteile sind z. B. die Kegelbahn in einer Gastwirtschaft (BGH LM Nr. 2 zu § 93) und der Dampfkessel einer Molkerei (RG WarnRspr. 1934 Nr. 81) angesehen worden.
> Nach § 96 gelten auch Rechte, die mit dem Eigentum an einem Grundstück verbunden sind, als Bestandteile des Grundstückes, d. h. sind als solche zu behandeln, z. B. Recht auf Duldung eines Überbaus; vgl. RGZ 160, 166, 177.

Die Rechtsordnung muß die Frage klären, ob an solchen Bestandteilen Sonderrechte anzuerkennen sind. Leitgedanke einer solchen Regelung muß es sein, die unnütze Zerstörung wirtschaftlicher Werte zu verhindern. Zu dem Zwecke muß bei einer Verbindung von Sachen zu einer neuen einheitlichen Sache unter Umständen der Eigentümer eines Teils sein Eigentum zugunsten des Eigentümers des oder der anderen Teile verlieren; selbstverständlich darf das nicht schlechthin geschehen, vielmehr muß ihm nach Lage der Sache als Ausgleich ein Ersatz- oder Bereicherungsanspruch gegen den gegeben werden, zu dessen Gunsten er sein Recht verliert.

II. Unter diesen Gesichtspunkten ist die Regelung für die Sachteile, die **Bestandteile** zu verstehen.

Das Gesetz unterscheidet:
– *wesentliche Bestandteile*, die nicht Gegenstand besonderer Rechte sein können (§§ 93, 94);
– *Scheinbestandteile*, die rechtlich als völlig selbständige Sachen behandelt werden (§ 95);
– *unwesentliche Bestandteile*, die sonderrechtsfähig sind.

1. Wesentliche Bestandteile

181 a) Das Gesetz bestimmt den Begriff des wesentlichen Bestandteils grundsätzlich in § 93 für Sachen aller Art – und erweitert ihn dann für die Sachteile von Grundstücken und Gebäuden in § 94.

Wesentliche Bestandteile sind alle Teile, die voneinander *nicht getrennt* werden können, *ohne daß* der eine oder andere Sachteil (im Gegensatz zum Ganzen) *zerstört* oder in seinem *Wesen verändert* wird (§ 93). Dem muß eine erhebliche Wertminderung durch die Trennung gleichgestellt werden. Nicht auf die Zerstörung oder Wertminderung der ganzen Sache kommt es an, maßgebend ist die Bedeutung der Trennung für die einzelnen, bisher Bestandteile bildenden Stücke.

Ein wesentlicher Bestandteil ist nicht anzunehmen, wenn der Sachteil durch die Trennung nicht zerstört wird und in Verbindung mit anderen Sachteilen

Sache und Sachbestandteil   § 17 II 1

wirtschaftlich verwertbar bleibt, ohne eine erhebliche Wertminderung erlitten zu haben. Durch die Fortschritte der Technik wird die Austauschbarkeit von Sachteilen gefördert, so daß ihr Charakter als wesentlicher Bestandteil verloren geht. So ist z. B. der Serienmotor eines Kraftfahrzeuges nicht als wesentlicher Bestandteil anzusehen (BGHZ 18, 226; 61, 80); ebenso serienmäßig zum Einbau hergestellte Meßgeräte, die in verschiedenen Apparaten verwendbar sind (BGHZ 20, 154, 158). Andererseits wird das Fahrgestell eines Kraftfahrzeuges als wesentlicher Bestandteil angesehen (OLG Stuttgart NJW 1952, 145).

Für die *wesentlichen Bestandteile eines Grundstücks oder Gebäudes* enthält **182** § 94 besondere Vorschriften. Wesentliche Bestandteile des **Grundstückes** sind die mit dem Boden fest verbundenen Sachen, vornehmlich Gebäude und die mit dem Boden zusammenhängenden Erzeugnisse, wie z. B. die Früchte. Samen wird mit dem Aussäen, eine Pflanze mit dem Einpflanzen wesentlicher Bestandteil (§ 94 I).

    Als festverbunden sind anzusehen z. B. Fertighäuser, nicht dagegen Wellblechbaracken. Auch ein schwerer Gasbehälter, dessen Abtransport nur durch Zerlegen möglich ist, kann wesentlicher Bestandteil des Grundstücks sein (vgl. RG WarnRspr. 1932 Nr. 114). *Hingegen* gehören *Fernleitungen* öffentlicher Versorgungsunternehmen im Regelfall mit Hinblick auf § 95 nicht den Eigentümern der Grundstücke, über die sie führen, sondern sind Zubehör des betreibenden Werkes (ständige Rspr., vgl. BGHZ 37, 356).

    Von § 94 macht § 912 eine Ausnahme für den Überbau, den ein Grundstückseigentümer ohne Vorsatz oder grobe Fahrlässigkeit vornimmt; der übergebaute Teil des Gebäudes wird nicht Bestandteil des Nachbargrundstücks, sondern wesentlicher Bestandteil des Grundstücks des Bauenden – RGZ 83, 147. (§ 912 soll auch anwendbar sein, wenn der Eigentümer beim Bauen die Grenze eines anderen, ihm gehörigen Grundstücks überschreitet [vgl. RGZ 160, 177 ff gegen 137, 47]).

Der Begriff des wesentlichen Bestandteils wird durch § 94 II für **Gebäude** dadurch erweitert, daß auch die *zur Herstellung eingefügten Sachen* als wesentliche Bestandteile gelten, so z. B. eine Giebelmauer (vgl. BGHZ 36, 46). Entscheidend ist der mit der Einfügung verfolgte Zweck, nämlich das Gebäude zu dem machen zu wollen, was es darstellen soll (RGZ 150, 22, 26; BGH LM Nr. 2 zu § 93). Aufgrund dessen sind Treibstoff- und Öltankanlagen in einer Großgarage zu wesentlichen Gebäudebestandteilen erklärt worden; ebenso Heizkörper und Warmwasserbereiter in einem Wohnhaus (BGHZ 53, 324 f; BGH LM Nr. 1 zu § 94; bestätigt für Heizkessel, Elektroherde in BGHZ 40, 272, 275). Dabei ist unerheblich, ob die Einfügung erforderlich war oder nicht, so daß auch z. B. Kunstgegenstände zu wesentlichen Bestandteilen werden können (so z. B. die Holztäfelung im Schloß, RGZ 158, 362).

    Jedoch bleibt zu beachten, daß auch das, was mit dem Baukörper verbunden ist, ohne zu dem Gebäude selbst zu gehören, wesentlicher Bestandteil schon nach § 93 sein kann. Dies gilt insbesondere, wenn das Gebäude selbst oder die Maschine durch die Wegnahme zerstört oder erheblich im Wert gemindert würde, weil sie einander angepaßt sind (RGZ 130, 264, 266).

> Nicht kann es entgegen der älteren Rechtsprechung darauf ankommen, ob die Maschine für einen Fabrikationsbetrieb notwendig ist. Damit hat die Rechtsprechung später den Bedürfnissen der Kreditsicherung der Maschinenindustrie genügt, die ihre Maschinen weitgehend auf Kredit unter Eigentumsvorbehalt liefert. Würde die Maschine wesentlicher Bestandteil des Fabrikgebäudes, so würde der Käufer trotz des Eigentumsvorbehaltes Eigentümer.

183 b) Um ihren wirtschaftlichen Wert zu erhalten, sind wesentliche Bestandteile **sonderrechtsunfähig**, d.h. sie teilen notwendig die *dingliche* Rechtslage der ganzen Sache. Eigentum und sonstige dingliche Rechte an dieser ergreifen sie mit und zwar kraft zwingenden Rechts. § 946 trifft die Regelung für Grundstücke, § 947 für bewegliche Sachen. Der dingliche Rechtsverlust wird zumindest bereicherungsrechtlich ausgeglichen (§ 951).

Die Sonderrechtsunfähigkeit hat insbesondere Bedeutung für die *Kreditsicherung*. So geht ein *Eigentumsvorbehalt,* wenn die Sache zum wesentlichen Bestandteil wird, unter.

> Eine Zwangsvollstreckung in einen wesentlichen Bestandteil ist nicht möglich. Der Zuschlag in der Zwangsversteigerung ergreift auch den wesentlichen Bestandteil (RGZ 150, 22, 24), allerdings kann der Zuschlagsbeschluß, der wesentliche Bestandteile ausgenommen hat, einen schuldrechtlichen Herausgabeanspruch gegen den Ersteigerer begründen (RGZ aaO).

Schuldrechtlich können Rechtsgeschäfte über wesentliche Bestandteile wirksam abgeschlossen werden, so ist z.B. der Verkauf von Obst auf dem Baum, Holz auf dem Stamm möglich (RG WarnRspr. 1926 Nr. 150).

Der Grundsatz der Sonderrechtsunfähigkeit wesentlicher Bestandteile erfährt in einer Reihe von Fälle durch ein Recht auf Abtrennung – ius tollendi – und Aneignung eine Einschränkung (§§ 997 I, 547 a). Insofern kann sich z.B. das Wegnahmerecht des Mieters auf wesentliche Bestandteile erstrecken; vgl. BGH NJW 1981, 2564f.

184 c) Eine Durchbrechung der §§ 93–95 stellt das **Wohnungseigentumsgesetz** vom 15.3.1951 dar. Der Wiederaufbau der kriegszerstörten Miethäuser, zu dem die Eigentümer meist wirtschaftlich allein nicht in der Lage waren, machte eine kapitalmäßige Beteiligung der Bewohner erforderlich. Im Hinblick auf den Kapitalmangel gilt das gleiche für die nach wie vor notwendige Errichtung neuen Wohnraums. Eine starke dingliche Sicherung der sich an den Baukosten beteiligenden Bewohner erschien – vor allem in Anbetracht ihrer Position bei etwaiger Zwangsversteigerung oder Konkurs – wünschenswert. Das WEG

Sache und Sachbestandteil   § 17 II 2

greift hier auf den Gedanken des Stockwerkeigentums, das bei Einführung des BGB abgeschafft wurde (vgl. Art. 182 EGBGB), zurück. Das WEG geht hier zwei Wege: Einmal läßt es die Begründung von *Sondereigentum* an einzelnen Räumen zu, bei Wohnungen *Wohnungseigentum,* bei gewerblichen Räumen Teileigentum genannt. Verbunden ist dieses Sondereigentum stets mit einem *Miteigentumsanteil* an dem gemeinschaftlichen Eigentum, worunter Grundstück und die für alle Räume des Gebäudes bestimmten Einrichtungen fallen. Daneben hat das WEG ein dingliches Wohnrecht geschaffen, das im Gegensatz zum Wohnungsrecht des § 1093 vererblich und veräußerlich ist. Ein derartiges Recht an einer Wohnung heißt *Dauerwohnrecht,* an gewerblichen Räumen *Dauernutzungsrecht* (vgl. BÄRMANN/PICK/MERLE Kommentar zum Wohnungseigentumsgesetz, 5. A. 1983; WEITNAUER Kommentar zum Wohnungseigentumsgesetz, 6. A. 1982).

2. Scheinbestandteile

Der Begriff des wesentlichen Bestandteils wird durch § 95 eingeengt. **185** Danach zählen Sachen, die nur zu einem *vorübergehenden Zweck* mit einem Grundstück oder Gebäude verbunden worden sind, überhaupt nicht zu den Bestandteilen, also auch nicht zu den wesentlichen (Scheinbestandteile). Maßgebend ist, ob der spätere Wegfall der Verbindung *von vornherein* in Aussicht genommen oder nach der Art des Zweckes zu erwarten ist. Der innere Wille des Einfügenden entscheidet, sofern er mit dem äußeren Tatbestand vereinbar ist (RGZ 153, 231, 235 f).

> So sind z. B. Scheinbestandteile: Baubuden, Tribünen, Gebäude für die Zwecke einer einzelnen Ausstellung (RG JW 1901, 184); regelmäßig die vom Mieter oder Pächter eingefügten Sachen, wie z. B. Sicherheitsketten, Briefkästen, nicht aber die Aussaat oder eine Pflanzung, es sei denn, daß sie wie z. B. in einer Baumschule, zum Verkauf lebender Pflanzen dienen soll (RGZ 105, 213); nicht eine vom Mieter aufgrund seiner Instandhaltungspflicht vorgenommene Verbindung oder die Einfügung verhältnismäßig wertloser Sachen, mit deren späterer Entfernung nach der Regel des Lebens vernünftigerweise nicht gerechnet wird (RG Gruchot 59, 111). Bei auf fremdem Grundstück errichteten Behelfsheimen spricht eine tatsächliche Vermutung dafür, daß sie zu einem vorübergehenden Zweck mit dem Grundstück verbunden sind (BGHZ 8, 1ff). Diese Vermutung gilt auch für Gebäude, die ein Mieter oder Pächter für die Dauer des Vertrages errichten will (BGH LM Nr. 5 zu § 95).

Nicht zu den Bestandteilen zählen ferner Gebäude und Werke, die der Berechtigte *in Ausübung eines Rechts* an einem Grundstück mit diesem verbunden hat, § 95 I 2.

Als solche Rechte kommen nach der h. M. nur dingliche in Frage, so Nießbrauch (im Falle der Einfügung einer Badeeinrichtung – RGZ 106, 49, 51), Dienstbarkeit.

Indem das Gesetz die Bestandteilseigenschaft verneint, will es die **rechtliche**

Selbständigkeit des Sachteils anerkennen. Dies bedeutet, daß ihre Rechtslage durch die Verbindung grundsätzlich nicht berührt wird. Verfügungen über das Grundstück ergreifen sie nicht, schuldrechtliche Geschäfte beziehen sich im Zweifel nicht auf sie. Für sie gelten, da sie keine Grundstücksbestandteile werden, die Vorschriften über bewegliche Sachen, insbesondere für die Rechtsübertragung gem. §§ 929ff (RGZ 97, 102; 109, 128); folglich unterliegen sie der Mobiliarzwangsvollstreckung.

> Der Pächter, der Eigentümer seiner zum Verkauf bestimmten Pflanzen bleibt, kann deshalb gegen schädigende Immissionen unmittelbar aus § 1004 vorgehen und ist nicht auf § 862 beschränkt (RGZ 105, 213).

186 Besondere Bedeutung kommt dem **Erbbaurecht** zu. Insbesondere aus wohnungspolitischen Gründen ist die Möglichkeit eröffnet, auf fremden Grundstücken ein Bauwerk zu errichten, *ohne daß die Rechtsfolge des § 946 eintritt* (Erbbaurechtsverordnung vom 15.1.1919; vorher §§ 1012 bis 1017). Dieses Recht ist verselbständigt. Das aufgrund des Erbbaurechts errichtete Bauwerk gilt als wesentlicher Bestandteil des Erbbaurechts (§ 12 I ErbbauVO). Es erhält ein *besonderes Grundbuchblatt* und ist dadurch, vornehmlich um dem Erbbauberechtigten die Möglichkeit der Kreditsicherung zu bieten, belastbar, wozu allerdings die Zustimmung des Grundstückseigentümers ausbedungen sein kann (§ 5 II ErbbauVO). Um die Zusammenführung von Erbbaurecht und Grundstückseigentum zu erleichtern, kann eine Verpflichtung des Erbbauberechtigten, das Erbbaurecht unter bestimmten Voraussetzungen auf den Grundstückseigentümer zu übertragen *(Heimfall)*, sofern nicht das Erbbaurecht überhaupt endet, andererseits eine Verpflichtung des Grundstückseigentümers, das Grundstück *an den Erbbauberechtigten zu verkaufen,* vereinbart werden (§ 2 Nr. 4, § 7 ErbbauVO).

3. Unwesentliche Bestandteile

187 Soweit die besonderen Vorschriften der §§ 94, 95 nicht eingreifen, handelt es sich um unwesentliche Bestandteile (z.B. Zäune, Stangen, Serienmotor eines Kraftfahrzeuges, Rahmen und Bild, Stein und Fassung). Als Bestandteile eines Grundstücks, und zwar unwesentliche, gelten auch die Rechte, die mit dem Eigentum am Grundstück verbunden sind (§ 96), sogenannte subjektiv dingliche Rechte, z. B. Grunddienstbarkeiten.

Die unwesentlichen Bestandteile sind **sonderrechtsfähig**. Die Rechte an ihnen gehen also nicht dadurch unter, daß sie Bestandteile einer anderen Sache werden. So bleibt z. B. unter den oben erwähnten Umständen der Eigentumsvorbehalt an den Maschinen oder Motoren wirksam, der Verkäufer kann sie im Konkurs des Käufers aussondern. Obwohl unwesentliche Bestandteile Gegenstand besonderer Rechte sein können, *teilen sie im allgemeinen* als Sachteile *das rechtliche Schicksal der ganzen Sache* (RGZ 69, 117, 120; 74, 402). Soweit keine besonderen Rechte an ihnen bestehen, erfaßt sie die Verfügung über die Sache, der sie eingefügt sind. Schuldrechtliche Geschäfte über die Sache erstrecken sich im Zweifel auf ihre Bestandteile; so verpflichtet z. B. der Verkauf des Hauses im Zweifel zur Übereignung aller Bestandteile.

Streitig ist, ob und inwieweit *während der Dauer der Verbindung die Neubegründung von Sonderrechten* an unwesentlichen Bestandteilen allein möglich ist, z. B. die Verpfändung des Bestandteils allein oder die Zwangsvollstreckung in ihn allein. Nach RGZ 158, 362 nimmt eine bewegliche, als unwesentlicher Bestandteil in ein Grundstück eingefügte Sache für die Dauer der Verbindung den Charakter der unbeweglichen an, so daß eine Einzelvollstreckung nicht möglich ist, vielmehr unterliegt sie der Immobiliarzwangsvollstreckung (vgl. das Prinzip des § 1120 und des § 865 ZPO; STAUDINGER/DILCHER § 93 Rdn. 36 m. w. N.).

§ 18
Arten der Sachen

I. Grundstücke und bewegliche Sachen

Unbewegliche Sachen sind die Grundstücke. Es handelt sich um durch Vermessung abgegrenzte Teile der Erdoberfläche samt ihren wesentlichen Bestandteilen. *Beweglich* ist jede Sache, die weder Grundstück noch wesentlicher Bestandteil eines Grundstücks ist. Zum *Grundstück* gehört auch der Raum über der Erdoberfläche und der Erdkörper darunter; der Berechtigte kann Einwirkungen jedoch nur insoweit verbieten, als für ihn ein Interesse an der Beherrschung besteht (§ 905). Das Eigentum erfährt z. B. Einschränkungen gem. § 1 LuftVG, gegen Fluglärm greift die Regelung des § 906 ein. Einwirkungen unter der Erdoberfläche sind zu dulden, soweit die Festigkeit des Baugrundes nicht beeinträchtigt wird (vgl. Preuß. Allg. Berggesetz von 1865).

188

Den Grundstücken sind vom Gesetz gleichgestellt: Grundstücksrechte mit besonderem Grundbuchblatt, wie z. B. Erbbaurecht, Bergwerkseigentum und Sondereigentum nach WEG; ebenso werden im Schiffsregister eingetragene Schiffe in einzelnen Beziehungen wie Grundstücke behandelt (Schiffsgesetz v. 15.11.1940).

Die lebenswichtigen Güter haben seit je eine rechtliche Sonderstellung erhalten; so im römischen Recht die res mancipi, wobei eine Trennung in Mobilien und Immobilien nicht durchgeführt war. Hingegen erkannte das deutsche Recht Grund und Boden eine Sonderstellung zu, weil die Stellung der Familie auf dem Grundbesitz beruhte, später auch, weil er die Grundlage des Realkredits bildet. Das BGB ist dem deutschen Recht gefolgt und unterscheidet in wesentlichen Punkten Grundstücks- und Fahrnissachenrecht. Wesentlich für die Regelung des *Liegenschaftsrechts* ist die Einrichtung des Grundbuchs. Allgemein für die Rechtsverhältnisse gelten die §§ 873 ff, für die Grundpfandrechte die §§ 1113 ff.

> Sachlich ist der Inhalt des Eigentumsrechts an Grundstücken mit Rücksicht auf die Nachbarrechte besonders begrenzt (§§ 906, 924). – Für den Rechtserwerb gelten verschiedene Grundsätze; der rechtsgeschäftliche Erwerb von Grundstücksrechten erfolgt durch Einigung und Eintragung ins Grundbuch (§ 873), von Fahrnisrechten durch Einigung und Besitzübergabe (§§ 929, 1205). Selbst im Schuldrecht hat der Unterschied Bedeutung (§§ 313, 566).

II. Vertretbare und nicht vertretbare Sachen

189 Vertretbar sind bewegliche Sachen, die im Verkehr nicht als Speziessache, sondern nach Zahl, Maß oder Gewicht bestimmt zu werden pflegen (§ 91), sogenannte *fungible* Sachen. Nicht vertretbar sind Sachen, die nach der Verkehrsauffassung ihre Bedeutung durch ihre besonderen, gerade diesem Stück zukommenden Eigenschaften erhalten, sogenannte individuelle Sachen.

> Vertretbar sind z. B. Bücher einer in vielen Exemplaren hergestellten Auflage, Nahrungsmittel, Getreide, Serienmaschinen, Geld, Banknoten; nicht vertretbar sind hingegen ein Grundstück, ein Gemälde, ein Pferd, ein Hund.

Die rechtliche Bedeutung zeigt sich namentlich im Schuldrecht. Schadensersatz wegen Verlust oder Beschädigung einer vertretbaren Sache kann durch Lieferung einer gleichartigen Sache geleistet werden (§ 249). Ein Darlehen ist nur bei einer vertretbaren Sache möglich (§ 607). Der Werklieferungsvertrag über vertretbare Sachen wird weitgehend als Kauf behandelt (§ 651). Die Verwahrung vertretbarer Sachen kann diese in das Eigentum des Verwahrers unter der Verpflichtung, Sachen von gleicher Art, Menge und Güte zurückzugewähren, übergehen lassen (§ 700).

Die vertretbare Sache ist zu unterscheiden von der *Gattungssache,* die nicht durch den Verkehr, sondern durch die *Parteiabrede* nach *Gattungsmerkmalen* bestimmt wird. Auch eine vertretbare Sache kann als Vertragsgegenstand nach Einzelmerkmalen bestimmt werden; andererseits können nicht vertretbare Sachen zum Gegenstand eines Gattungskaufs gemacht werden, so z. B. wenn ein Kunsthändler einen (nicht: diesen) Rembrandt oder Picasso zu liefern verspricht.

III. Verbrauchbare und unverbrauchbare Sachen

190 Verbrauchbar sind bewegliche Sachen, deren bestimmungsmäßiger Gebrauch im Verbrauch oder in der Veräußerung besteht (§ 92 I); unverbrauchbar sind alle anderen.

> Es handelt sich also um eine natürliche, wirtschaftliche Eigenschaft, die auf der Verkehrsanschauung beruht. Verbrauchbar sind namentlich Nahrungsmittel, Brenn-

stoffe; zur Veräußerung bestimmt sind Geld, Banknoten usw. Anders als bei der Veräußerung ist es aber nötig, daß der Verbrauch in einer bewußten Vernichtungs- und Entwertungshandlung besteht; es genügt nicht, daß die Abnutzung eine tatsächliche, aber unerwünschte Nebenerscheinung des Gebrauchs ist, wie bei Kleidern, Teppichen, Möbeln, Büchern.

Als verbrauchbar gelten auch Sachen, die zu einem *Warenlager* oder einem sonstigen *Sachinbegriff* gehören, dessen einzelne Sachen zur Veräußerung bestimmt sind (§ 92 II). Hiernach werden also auch an sich unverbrauchbare Sachen, solange sie zu einem solchen Inbegriff gehören, verbrauchbar (Kleider, Bücher usw.).

Die rechtliche Bedeutung zeigt sich vor allem bei den *Gebrauchsüberlassungsverträgen;* die Rückgabepflicht kann sich vernünftigerweise nicht auf dasselbe Stück, sondern nur auf ein entsprechendes beziehen. Die verbrauchbare Sache ist in der Regel kein geeigneter Gegenstand für Nutzungsrechte. Eine Sonderregelung besteht beim *Nießbrauch:* Da der Grundsatz *salva rei substantia* nicht durchführbar ist, kennt das Gesetz den *uneigentlichen Nießbrauch,* d.h. der Nießbraucher braucht nur den Wert der verbrauchbaren Sachen zu ersetzen (§ 1067). Bei der Beitragsleistung in der Gesellschaft werden verbrauchbare Sachen im Zweifel gemeinschaftliches Eigentum der Gesellschafter (Einbringung ad sortem, nicht ad usum, § 706 II).

IV. Teilbare und unteilbare Sachen

Teilbar sind Sachen, die sich ohne Wertminderung in gleichartige Teile zerlegen lassen (§ 752), z.B. Stoffballen, Metallbarren, Getreide-, Sandhaufen, regelmäßig die nicht mit Gebäuden versehenen Grundstücke.

Die rechtliche Bedeutung zeigt sich bei der *Auseinandersetzung einer Gemeinschaft.* Hier kann Teilung in Natur nur bei teilbaren Sachen verlangt werden (§ 752). Forderungen auf Leistung teilbarer Sachen sind Forderungen auf teilbare Leistungen, vgl. §§ 420, 427, 431, 432.

V. Öffentliche Sachen

BÖTTCHER Zur Systematik der wegerechtlichen Sondernutzung, DÖV 1969, 491 ff; DICKE Die verfassungsrechtliche Problematik des Hamburger Deichordnungsgesetzes, DVBl 1969, 554 ff; FORSTHOFF §§ 19f; MAYER, O. Deutsches Verwaltungsrecht, 3. A. 1924, Bd. 2; PAPIER Recht der öffentlichen Sachen, 1977; SALZWEDEL Anstaltsnutzung und Nutzung öffentlicher Sachen – in Erichsen u.a., Allgemeines Verwaltungsrecht, 5.A. 1978, 339 ff; WEBER/STERN Die öffentliche Sache, VVDStL 21, 145 ff; WITTIG Das öffentliche Eigentum, DVBl 1969, 680; WOLFF/BACHOF §§ 55 ff.

1. Begriff und Funktion

Unter öffentlichen Sachen versteht man die Sachen, die der Öffentlichkeit unmittelbar zum Gebrauch oder der öffentlichen Verwaltung zur Erfüllung ihrer Aufgaben dienen. Dieser Rechtsstatus wird durch Gesetz, Gewohnheitsrecht oder Verwaltungsakt (vgl. § 35 S. 2 VwVfG) begründet; die Begründung wird als **Widmung** bezeichnet. Durch die Widmung wird die Sache im öffentlichen Interesse der privaten Rechtsmacht völlig oder teilweise entzogen. Sie kann daher überhaupt nicht oder nur in beschränktem Maße Gegenstand des privaten Rechtsverkehrs sein. Deshalb reicht ihre Verkehrsfähigkeit auch nur so weit, wie die Anerkennung privatrechtlicher Macht mit dieser Zweckbestimmung nicht in Widerspruch steht.

Demnach unterliegen die öffentlichen Sachen sowohl dem privaten wie dem öffentlichen Recht (*„Theorie des modifizierten Privateigentums"* – WOLFF/ BACHOF § 57 I a; „Dualistische Konstruktion des Rechtsstatus" – PAPIER aaO, § 1 II 5). Im Gegensatz zu dieser Auffassung steht das Rechtsinstitut des öffentlichen Eigentums, bei dem Sachherrschaft und öffentlich-rechtliche Zwecksetzung zusammenfallen (vgl. O. MAYER aaO, S. 39ff). Es gilt in Frankreich (Art. 537 f CC – „domaine public"). In der Hansestadt Hamburg besteht öffentliches Eigentum aufgrund § 4 HambWegeG an Straßen und Wegen, sofern diese im Eigentum des Stadtstaates stehen. Gleiches gilt im Hamburgischen Wasser- und Deichrecht (vgl. zur verfassungsrechtlichen Zulässigkeit: BVerwGE 27, 131; BVerfGE 24, 367; DICKE aaO; STERN aaO, S. 188f). Die Vorschriften des BGB gelten dann nicht mehr; die Sachen sind dem Rechtsverkehr entzogen.

Soweit die Widmung nicht entgegensteht, kann der Berechtigte private Rechte ausüben (etwa: Verpachtung von Obstbäumen am Straßenrand; Grasnutzung auf Militärflugplätzen – vgl. BGH NJW 1969, 1437). Gleichermaßen können, soweit die Zweckbindung nicht entgegensteht, öffentliche Sachen übereignet und belastet werden (BGHZ 33, 230, 232). Die Einschränkung der Eigentümerbefugnisse kann bis zu einem inhaltslosen Privatrecht (*ius nudum*) reichen.

> Übereignet z. B. der Entleiher eines der öffentlichen Bibliothek gehörenden Buches das Buch an einen gutgläubigen Dritten, so erwirbt dieser zwar gem. § 932 das Eigentum, die sich aus der Widmung ergebende öffentlich-rechtliche Zweckbindung bleibt jedoch bestehen; insoweit findet § 936 keine Anwendung.

Die aus der öffentlich-rechtlichen Zweckbestimmung sich ergebenden Beschränkungen bestehen so lange, wie die Sache eine öffentliche ist. Um sie ihrem öffentlichen Zweck zu entziehen, muß grundsätzlich die Widmung aufgehoben werden. Die *„Entwidmung"* und *„Außerdienststellung"* sind öffentlich-rechtliche Akte, zu denen vielfach die Genehmigung einer übergeordneten Verwaltungsbehörde erforderlich ist.

Aus der öffentlich-rechtlichen Funktion ergibt sich, daß der Sachbegriff des öffentlichen Rechts keine Körperlichkeit im Sinne des § 90 BGB erfordert; so kann „Sache" z. B. der Luftraum und das offene Meer sein; ferner sind die Vorschriften der §§ 93–95 BGB unanwendbar.

Auch die von den Religionskörperschaften *religiösen* oder Bestattungszwekken gewidmeten *Sachen* (res sacrae) gehören zu den öffentlichen Sachen, da die Kirchen als öffentlich-rechtliche Körperschaften anerkannt sind (vgl. WOLF/BACHOF § 55 II a). Ein bestimmungswidriger Gebrauch durch den Eigentümer ist ausgeschlossen.

Für das Erbbegräbnis werden privatrechtliche Beziehungen zwischen Träger und Friedhofsbenutzer ausgeschlossen; vielmehr soll es sich um die Gewährung einer Sondernutzung handeln (BGHZ 25, 200, 206f).

2. Die Arten der öffentlichen Sachen

Die öffentlichen Sachen dienen entweder dem sog. Zivilgebrauch oder dem Verwaltungsgebrauch. Der *Zivilgebrauch* umfaßt den Gemeingebrauch, die Sondernutzung und die Anstaltsnutzung; der *Verwaltungsgebrauch* erfaßt die Sachen, die der öffentlichen Verwaltung intern zur Erfüllung ihrer Aufgaben dienen.

a) Bei den dem **Gemeingebrauch** dienenden Sachen (z. B. die dem allgemeinen Verkehr geöffneten Straßen, Wege und Plätze sowie die öffentlichen Gewässer) treten die Rechte des Berechtigten insoweit zurück, als sie mit der öffentlichen Widmung unvereinbar sind (Vorrang des öffentlichen Rechts – BGHZ 9, 373, 382 f). Er muß die Zweckbindung achten, darf den Gemeingebrauch nicht zweckwidrig beschränken und muß auch die nötigen Maßnahmen treffen, um ihn zu ermöglichen.

Der Gemeingebrauch etwa an Straßen ist nicht auf den Verkehr im engsten Sinne beschränkt, sondern dient auch sonstigem allgemein ausgeübten Gebrauch. Insbesondere hat der Anlieger ein über den allgemeinen Gemeingebrauch hinausgehendes tatsächliches und wirtschaftliches Bedürfnis an der Nutzung von Straßen und Gewässern. Rechtsprechung und Literatur haben den sogenannten *gesteigerten Gemeingebrauch* oder *Anliegergebrauch* als aus dem Eigentum fließendes subjektiv-öffentliches Recht anerkannt (BGHZ 30, 241, 244 f; WOLFF/BACHOF § 58 III b 2; vgl. im einzelnen RGZ 123, 181, 186; 131, 264, 272 für Lichtreklameanlage eines Straßenanliegers; RGZ 132, 398 für in die Straße ragendes Vordach eines Hotels; BGHZ 22, 395, 397ff für Bauzaun).

Vom Gemeingebrauch ist die **Sondernutzung** zu unterscheiden (vgl. etwa für Straßen § 8 FStrG). Sie erfordert eine besondere Gebrauchserlaubnis durch Verwaltungsakt, eventuell mit Auferlegung eines Entgeltes (vgl. BGHZ 19, 85) bzw. für die Fälle der Nutzungsverleihung (wie Verlegung von Leitungen, Schienen) einen zusätzlichen privatrechtlichen Vertrag (RGZ 88, 14). Streitig ist, ob es im Falle einer Sondernutzung von Straßen der Zustimmung des Eigentümers bedarf (vgl. WOLFF/BACHOF § 59 II c m.w.N.).

Um im Bereich der **Anstaltsnutzung** (z. B. Bibliotheken, Theater, Badeanstalten) öffentliche Sachen in Anspruch nehmen zu können, bedarf es einer besonderen Zulassung. Der Anstaltsbegriff ist weit zu fassen und nicht im technisch-organisatorischen Sinne zu verstehen (vgl. PAPPERMANN JuS 1979, 794 ff).

194 b) Sachen im **Verwaltungsgebrauch** dienen nicht der Benutzung durch jedermann oder durch besonders zugelassene Benutzer; sie sind unmittelbar zur Durchführung der öffentlichen Verwaltungstätigkeit bestimmt.

195 3. Wenn Sachen im Eigentum der öffentlichen Hand stehen, so ist zu fragen, welcher *Vermögensmasse* sie *zuzuordnen* sind. Hier sind Verwaltungsvermögen und Finanzvermögen zu unterscheiden.

Die für den Dienst öffentlich-rechtlicher Rechtsträger bestimmten Sachen wie Gerichts- und Verwaltungsgebäude, Schulen, Kasernen, Gefängnisse usw. gehören zum sogenannten *Verwaltungsvermögen* (öffentliche Sachen im Verwaltungsgebrauch und öffentliche Sachen im Anstaltsgebrauch). Sie dürfen, solange ihre öffentliche Bestimmung dauert, der Erfüllung öffentlicher Aufgaben nicht entzogen werden, unterliegen also nur eingeschränkt dem Zugriff der Gläubiger (vgl. § 882 a II ZPO).

Das gilt aber nicht für das *Finanzvermögen* der öffentlichen Hand (Miethäuser, Wertpapiere usw.), d.h. Sachen, die den öffentlichen Zwecken nur durch ihren Ertrag oder Vermögenswert dienen. Sie stehen im frei verfügbaren Privateigentum.

Für die Betriebe, die im Interesse der Versorgung der Bürger *(Daseinsvorsorge)* unterhalten werden, ist zu unterscheiden, ob sie in *Formen des Privatrechts* betrieben werden – dann gelten für den Vollstreckungszugriff keine Beschränkungen – oder ob sie als sogenannte *Regie- oder Eigenbetriebe* (vgl. z.B. §§ 69ff GO NW mit EigenbetriebsVO) der öffentlichen Hand bestehen und die Körperschaft, die das Unternehmen führt, selbst haftet; für die Zwangsvollstreckung ist dann § 882 a III, I ZPO zu beachten.

196 4. Von den öffentlichen Sachen sind die *Sachen* zu *unterscheiden*, die zwar *öffentlich-rechtlichen Beschränkungen in ihrer Nutzung* unterworfen sind, aber keiner Widmung unterliegen. Hierbei handelt es sich um bloße Beschränkungen und Belastungen des Eigentums im Sinne von Art. 14 III GG. Wenn Bundes- oder Landesgesetze das Recht zum Betreten von privatem Wald (vgl. § 14 BWaldG in Verbindung mit Landesgesetzen, wie etwa §§ 3ff LFoG NW), der freien Landschaft (§§ 49ff LG NW), insbesondere auch der Seeufer (§§ 56 ff. LG NW) erlauben, werden diese dadurch noch nicht zu öffentlichen Sachen. Gleiches gilt für Beschränkungen des Eigentums etwa durch Gesetze zugunsten der Kultur- und Denkmalspflege.

§ 19
Zubehör

KOHLER Zur Lehre von den Pertinenzen, JherJb. 26, 1 ff; ROSTOSKY Der Sachinbegriff im ein- und mehrfachen Zubehörverhältnis, JherJb. 74, 75 ff; SIEBERT Zubehör des Unternehmens und Zubehör des Grundstücks, Festschrift Gieseke, 1958, 59 ff; WIEACKER Sachbegriff, Sacheinheit und Sachzuordnung, AcP 148, 57 f, 91 ff.

I. Der Zubehörbegriff

197 Mehrere Sachen können *unter Beibehaltung ihrer körperlichen Selbständigkeit* zueinander in Beziehung treten, sei es im Verhältnis der Gleichordnung, sei es im Verhältnis der Unterordnung. In diesem Fall nennt man die *dienende Sache Zubehör* (gemeinrechtlich: pertinentia). Die Rechtsordnung hat die Aufgabe, den wirtschaftlichen Zusammenhang der Hauptsache mit dem Zubehör dagegen zu schützen, daß er unnötig zerrissen wird. Das Gesetz umschreibt in §§ 97, 98, was es unter Zubehör versteht.

1. Als Zubehör kommen nur *bewegliche Sachen* in Betracht. Nach gemeinem Recht konnten auch unbewegliche Sachen Zubehör sein, wie z.B. ein Hausgarten. Nach BGB kann ein Grundstück mit einem anderen nur so in rechtliche Verbindung gebracht werden, daß es als dessen Bestandteil im Grundbuch eingetragen wird (§ 890 II), oder daß beide zu einem einheitlichen Grundstück als dessen Bestandteile vereinigt werden (§ 890 I).

Zubehör können nur *körperlich selbständige* Sachen sein, also keine Bestandteile. Hier ist in erster Linie nicht der körperliche Zusammenhang, sondern die Verkehrsauffassung maßgebend, die in verschiedenen Landesteilen verschieden sein kann. Bestandteile sind die Sachteile, die, solange die Verbindung dauert, als ein Ganzes angesehen werden. Bei einem Gasthof ist z.B. die Heizungs- und Beleuchtungsanlage Bestandteil, jedoch das Inventar, auch der Hotelomnibus, Zubehör (vgl. RGZ 47,197,200, wo sogar die Gondeln, die sich auf einem zugepachteten Teich zur Benutzung der Gäste einer Gartenwirtschaft befanden, als Zubehör der Gartenwirtschaft angesehen wurden). Der Mast des Schiffes ist Bestandteil, das Boot Zubehör.

198 **2.** Das Zubehör muß dem **wirtschaftlichen Zweck der Hauptsache dauernd zu dienen bestimmt** sein. Der wirtschaftliche Zweck der Hauptsache ergibt sich aus ihrer tatsächlichen Benutzung.

Die *Bestimmung* zu diesem Zweck kann von jedem ausgehen, der über die Haupt- und Nebensache tatsächlich zu verfügen vermag (z.B. Mieter, Pächter). Unnötig ist, daß Hauptsache und Zubehör demselben Eigentümer gehören; das kann zum Rechtsverlust für den wahren Eigentümer führen (vgl. § 926 II; zu § 55 II ZVG siehe unten Rdn. 201).

Die Bestimmung ist kein Rechtsgeschäft; Geschäftsfähigkeit im Sinne der

§§ 104ff ist nicht erforderlich; eine natürliche Willensfähigkeit soll ausreichen (str., wie hier SOERGEL/BAUR § 97 Rdn. 24). Die Zweckbestimmung muß, soweit nicht § 98 eingreift, nachgewiesen werden. Ein Klavier, das in einer Gastwirtschaft steht, ist nur bei nachgewiesener Zweckwidmung Zubehör des für diesen Betrieb hergerichteten Grundstücks (KG JW1932,2096).

Für gewisse Fälle ersetzt § 98 die Bestimmungshandlung und die Prüfung des Unterordnungsverhältnisses. Danach sind dem wirtschaftlichen Zweck der Hauptsache zu dienen bestimmt:

– Bei einem *Gebäude,* das für einen *gewerblichen Betrieb* dauernd eingerichtet ist, insbesondere bei einer Mühle, einer Schmiede, einem Brauhaus, einer Fabrik, die zum Betrieb bestimmten Maschinen und Gerätschaften.

> Das Reichsgericht sieht das *Leitungsnetz eines Elektrizitätswerkes* und das *Rohrnetz einer Gasanstalt* grundsätzlich als Zubehör des Elektrizitätswerksgebäudes bzw. der Gasanstalt an, soweit sie sich nicht auf dem Grundstück des Werkes selbst befinden und durch feste Verbindung wesentlicher Bestandteil geworden sind (RGZ 87, 43 und BGHZ 37, 353 m.w.N.).

– Bei einem *Landgut* das zum Wirtschaftsbetrieb bestimmte Gerät und Vieh (sogenanntes Gutsinventar), die landwirtschaftlichen Erzeugnisse, soweit sie zur Fortführung der Wirtschaft bis zur nächsten Ernte erforderlich sind (z. B. Saatkorn), sowie der vorhandene, auf dem Gute gewonnene Dünger.

> Das auf einer Geflügelfarm gehaltene Geflügel ist Zubehör des Farmgrundstücks, soweit es der Zucht und der Eiererzeugung dient (für Zuchtfohlen vgl. OLG Stettin OLGE 40, 413), in der Regel auch Mastvieh, bis es schlachtreif nach dem Wirtschaftsplan des Landwirts zum Verkauf gestellt wird (RGZ 142, 382). Nach § 478 HGB sind Schiffsboote Zubehör des Schiffes; als Zubehör gelten alle im Schiffsinventar eingetragenen Gegenstände.

Die Nebensache muß dazu bestimmt sein, dem wirtschaftlichen Zweck der Hauptsache zu dienen, ihre wirtschaftliche Ausnutzung zu ermöglichen oder zu erleichtern, und zwar so, daß sie als der Hauptsache untergeordnet erscheint, zu ihr in einem Abhängigkeitsverhältnis steht (RGZ 86, 326). Deshalb sind die auf einem Fabrikgrundstück lagernden, zur Verarbeitung in der Fabrik bestimmten Rohstoffvorräte vom RG nicht als Zubehör der Fabrik angesehen worden, ebensowenig die Fertigfabrikate; sie sind ihr als gleichwertig und gleichgewichtig zu erachten (RGZ86,329). Anders verhält es sich mit den Kohlevorräten, die zum Betrieb der Fabrik bestimmt sind; sie hat das RG als Zubehör erklärt (RGZ 77, 36). Ebenso sind die sogenannten Materialreserven, d. h. die zur Ausbesserung oder zum Ersatz abgenutzter Fabrikteile dienenden Vorräte sowie die auf einem Baugrundstück lagernden, zur Verbauung auf ihm bestimmten Baustoffe und Bauteile Zubehör (RGZ 66, 356; 84, 284; 86, 326; BGHZ 58, 309).

Die Zubehöreigenschaft ist *ausgeschlossen* bei nur vorübergehender Verwendung für die Zwecke der Hauptsache; so regelmäßig bei den vom Mieter oder Pächter eingebrachten Sachen, bei einer aushilfsweise verwandten Maschine.

3. Das Zubehör muß in einem **räumlichen Verhältnis** zur Hauptsache stehen, das seiner Zweckbestimmung entspricht. Ob diese Voraussetzung gegeben ist, beurteilt sich nach den Umständen des einzelnen Falles. Körperliche Verbindung ist nicht erforderlich, es braucht die Sache sich nicht einmal unbedingt an der Stelle zu befinden, wo sie bestimmungsgemäß verwendet werden soll; so hat das RG (RGZ 51, 272) z. B. einen zum Ersatz bestimmten, vorläufig auf dem Fabrikhof abgeladenen Maschinenkessel für Zubehör der Fabrik erklärt. Auch eine *vorübergehende Trennung* hebt die Zubehöreigenschaft nicht auf; der Rasenmäher bleibt Zubehör, auch wenn er z. B. zur Ausbesserung weggegeben wird (§ 97 II 2). Vgl. auch RG DR 1942, 137 betreffend einen außerhalb aufgestellten Förderbagger eines Kieswerks.

199

4. Auch wenn alle diese Voraussetzungen verwirklicht sind, ist die Sache nicht Zubehör, wenn sie im Verkehr nicht als solche angesehen wird (§ 97 I 2).

Eiserne Öfen galten z. B. in manchen Teilen des Rheinlandes, weil sie von den Mietern mitgebracht wurden, nicht als Zubehör, aber auch nicht als Bestandteil. Nach Hamburger Verkehrsanschauung ist das auf dem Holzboden liegende Linoleum (OLGE 45, 110), das Wirtschaftsinventar in Gaststätten (OLGE 38, 30) kein Zubehör.

II. Die rechtliche Bedeutung des Zubehörbegriffs

Die rechtliche Bedeutung zeigt sich darin, daß das Zubehör in gewissen Beziehungen dem rechtlichen Schicksal der Hauptsache unterworfen wird. Aber während die Abhängigkeit des wesentlichen Bestandteils eine allgemeine und notwendige ist, teilt das Zubehör das Rechtsschicksal der Hauptsache nur in den vom Gesetz vorgesehenen Fällen.

200

Die rechtsgeschäftliche *Verpflichtung* zur Veräußerung oder Belastung der *Hauptsache* erfaßt im Zweifel auch deren Zubehör (§§ 314, 498, 2164).

Die *Veräußerung oder Belastung eines Grundstücks* oder gleichgestellten Rechts ergreift in vielen Fällen im Zweifel auch das Zubehör (§§ 926, 1031, 1062, 1093, 1096). Bei der Veräußerung eines Grundstücks soll sich im Zweifel nach § 926 I 2 die Veräußerung auch auf das Zubehör erstrecken. Für diesen Fall erlangt der Erwerber das Eigentum mit dem Eigentum am Grundstück, also ohne weiteres aufgrund der Auflassung, obwohl an sich das Eigentum an beweglichen Sachen nur aufgrund von Einigung und Übergabe (§§ 929ff) erworben werden kann. Regelmäßige Voraussetzung ist freilich, daß die Zubehörstücke dem veräußernden Grundstückseigentümer gehören; andernfalls sind die §§ 932ff anwendbar, wenn der Erwerber den Besitz erlangt. Vgl. entsprechend § 4 SchRG.

§ 19 III Zweiter Teil: Rechtsgegenstände

Für dingliche Verfügungen über *bewegliche Sachen* fehlen entsprechende Bestimmungen. Der Käufer eines Fernglases kann danach im Zweifel die Übereignung des dazugehörigen Behältnisses beanspruchen; aber er erwirbt keineswegs schon das Eigentum daran mit der Übergabe des Glases, sondern erst mit der Übergabe des Behältnisses selbst.

201 Die **Hypotheken, Grundschulden**, Rentenschulden, Schiffspfandrechte erfassen im Haftungsverband ohne weiteres das *dem Eigentümer* der Pfandsache *gehörige Zubehör* (vgl. §§ 1120, 1192, 1200 und § 31 SchRG); eine vertragliche Beschränkung ist Dritten gegenüber unwirksam (vgl. RGZ 125, 362). Die *Zwangsvollstreckung* in das unbewegliche Vermögen umfaßt demgemäß das dem Eigentümer gehörige Zubehör (§§ 20 II, 21 I, 148 ZVG).

Es werden sogar nach § 55 II ZVG auch die dem Schuldner *nicht gehörenden* Zubehörstücke von der Versteigerung erfaßt, es sei denn, daß der Dritte, dem sie gehören, sein Recht gemäß § 37 Nr. 5 ZVG geltend macht (vor Erteilung des Zuschlags durch Antrag auf Aufhebung oder einstweilige Einstellung des Verfahrens hinsichtlich der als Zubehör erfaßten Sache). Die Vorschrift des § 55 II ZVG will den Bieter schützen, der die Eigentumsverhältnisse am Zubehör nicht kennt; er darf erwarten, daß der Zuschlag sich auf alle vorhandenen Zubehörstücke bezieht, und zwar auch dann, wenn sie Dritten gehören (BGH NJW 1969, 2135f; vgl. auch BGHZ 58, 309, 315).

Zubehör kann für sich **allein nicht gepfändet** werden (§ 865 II 1 ZPO), weil bereits vor der Beschlagnahme die Haftung zugunsten des Hypothekengläubigers wirksam ist.

Wer sich auf die Zubehöreigenschaft einer Sache beruft, muß die Voraussetzungen des Zubehörbegriffs beweisen. Jedoch muß der Gegner beweisen, daß die Benutzung nur eine vorübergehende ist (§ 97 II 1) und daß die Verkehrsanschauung die Zubehöreigenschaft verneint (§ 97 I 2; vgl. RG JW 1914, 460; OLG Karlsruhe OLGE 7, 350).

III. Die Erweiterung der Zubehörregelung

202 Die *Zubehörregelung* des BGB wird in zwei Richtungen als *zu eng* angesehen, weil das Gesetz das Zubehör nur „Sachen" zuordnet und andererseits nur Sachen Zubehör sein können.

Insbesondere im Falle der *Unternehmensveräußerung* zeigen sich die Folgen dieser Beschränkung. Da das Unternehmen keine Sache ist, kann § 314, wonach die Verpflichtung zur Veräußerung einer Sache sich im Zweifel auch auf das Zubehör erstreckt, keine unmittelbare Anwendung finden. Sachgerecht wäre es, die dem Betrieb des Unternehmens dauernd dienenden Geräte als Zubehör zu qualifizieren und sie als im Zweifel mitverkauft gelten zu lassen. Als Hilfe wird in Erwägung gezogen, das Unternehmen als ein eigenartiges Sondervermögen, das Zubehör haben könnte, aufzufassen (vgl. in dieser Richtung SIEBERT aaO, S. 66f; GIERKE/SANDROCK § 13 IV 2). Damit wäre allenfalls im Schuldrecht eine erweiterte Anwendung des § 314 ermöglicht. Da das Verfügungsgeschäft jedoch nicht das Unternehmen als solches, sondern nach dem Spezialitätsgrundsatz die einzelnen Sachobjekte betrifft, ist dieser Weg ausgeschlossen. Die Rechtsprechung hat sich, wenn Grundstücke zum Unternehmen gehören, damit geholfen, den Begriff des Grundstückszubehörs möglichst weit zu fassen (so RG DR 1942, 137 mit Anm. HAUPT; einschränkend allerdings BGHZ 62, 49 für den Fall, daß das Grundstück nach Beschaffenheit und Anlage nicht auf das Unternehmen ausgerichtet war; ablehnend auch BGH NJW 1983, 746f für den Kfz-Park eines modernen Speditionsunternehmens).

Es erscheint andererseits zweckmäßig, auch den *Zubehörbegriff selbst zu erweitern* und neben körperlichen auch unkörperliche Güter als Zubehör anzuerkennen. Insbesondere sollte er sich für den Fall der Unternehmensveräußerung auf alles erstrecken, was wirtschaftlich zum Unternehmen gehört, wie z. B. Patentrechte, aufgrund deren die Fabrikation stattfindet, Rechte aus einem vertraglichen Wettbewerbsverbot (vgl. RGZ 112, 242, 245 ff; auch 102, 127; für eine Erweiterung auch STAUDINGER/COING, 11. A., § 97 Rdn. 11). – Andererseits dürfen Firma und Warenzeichen nicht als Zubehör aufgefaßt werden, weil sie losgelöst vom Unternehmen nicht bestehen können.

§ 20
Nutzungen und Früchte

AFFOLTER Das Fruchtrecht, 1911; BAUR „Nutzungen" eines Unternehmens bei Anordnung von Vorerbschaft und Testamentsvollstreckung, JZ 1958, 465 ff; CROMA Zur Fruchtlehre, Festgabe Bergbohm, 1919, 99 ff; v. GODIN Nutzungsrecht an Unternehmen und Unternehmensbeteiligungen, 1949; GÖPPERT Über die organischen Erzeugnisse, 1869; MÖHRING, R. Der Fruchterwerb nach geltendem Recht, insbesondere bei einem Wechsel des Nutzungsberechtigten, 1954; REICHEL Der Begriff der Frucht im römischen Recht und deutschen BGB, JherJb. 42, 205; SCHNORR v. CAROLSFELD Soziale Ausgestaltung des Erwerbs von Erzeugnissen, AcP 145, 27 ff.

I. Unter dem *Oberbegriff der Nutzungen* versteht das BGB *Früchte* und *andere Gebrauchsvorteile* (§ 100). Die §§ 99 ff bestimmen nur die verschiedenen Fruchtbegriffe (§ 99), die Verteilung der Fruchtziehungsberechtigung (§ 101) und -kosten (§ 102). Über die Frage, wem Nutzungen dinglich zuzuordnen sind bzw. wem sie schuldrechtlich zukommen sollen, geben die §§ 99 ff keine Auskunft. Dies regelt das BGB im Rahmen der einzelnen Rechtsinstitute, wenn es dort jemandem die Berechtigung zur Ziehung von Nutzungen und zum Genuß von Früchten zuspricht (vgl. etwa § 446, wonach dem Käufer die Nutzungen von der Übergabe an gebühren; § 818 mit der

Verpflichtung des Bereicherungsschuldners auf Herausgabe der Nutzungen; §§ 987 ff für die Nutzungen im Rahmen eines Eigentümer-Besitzer-Verhältnisses) oder Regelungen über den Erwerb von Früchten aufstellt (etwa in den §§ 953 ff für den Erwerb von Erzeugnissen oder sonstigen Bestandteilen).

II. Früchte

204 Der Fruchtbegriff des BGB ist weiter als der des Gemeinen Rechts und des wirtschaftlichen Lebens. Im Gemeinen Recht verstand man unter Früchten die wiederkehrenden wirtschaftlichen Erträgnisse, die aus einer Sache bestimmungsgemäß ohne Veränderung ihres Wesens *(salva substantia)* gewonnen werden. Dabei unterschied man weiter unmittelbare, natürliche Früchte *(fructus naturales)* und mittelbare, sogenannte Zivilfrüchte, das sind die Erträge, die aus einer Sache vermittels eines Rechtsverhältnisses gewonnen werden *(fructus civiles)*. Danach gehörte nicht zu den Früchten die bestimmungswidrig und die unter wirtschaftlicher Beeinträchtigung der Sache gewonnene Ausbeute.

Das BGB hat das Erfordernis des bestimmungsgemäßen Ertrags bei den natürlichen Erzeugnissen aufgegeben, dagegen für die sonstige Ausbeute aus einer Sache und für die Früchte eines Rechts festgehalten; es hat ferner das Erfordernis der Bestandsschonung nicht aufgestellt und so den Fruchtbegriff stark erweitert. Dadurch sah es sich genötigt, Sondervorschriften zu geben für die Fälle, in denen eine Beschränkung auf die Erträge geboten schien, die unter Wahrung des Bestandes bestimmungsgemäß gewonnen werden (§§ 581, 993, 1039, 2133). Es arbeitet überhaupt mit zwei Fruchtbegriffen, dem „organischen" Fruchtbegriff (GÖPPERT, aaO) bei den Sachfrüchten und einem „wirtschaftlichen" bei der Ausbeute und den Rechtsfrüchten.

205 1. Früchte sind nach der Legaldefinition des § 99 die **Erzeugnisse** (unmittelbare Früchte) einer Sache (Tierjunges, Getreide, Obst, Bäume, Pflanzen) ohne Rücksicht darauf, ob die Sache zur Fruchtziehung bestimmt ist oder nicht (§ 99 I 1. Hs.). Auch der zur Brennholzgewinnung niedergeschlagene Obstbaum ist Frucht des Grundstücks, ebenso ein ganzer unter Raubbau niedergelegter Wald. Für die Erzeugnisse kommt es grundsätzlich auch nicht darauf an, ob sie im Übermaß oder zur Unzeit gewonnen werden. Freilich wird das Fruchtziehungsrecht gewisser Berechtigter auf den Teil der Früchte beschränkt, die nach den Regeln einer ordnungsmäßigen Wirtschaft als Ertrag der Sache anzusehen sind, so für den Pächter (§ 581) und Besitzer (§ 993); der Nießbraucher (§ 1039) muß wenigstens den Wert der darüber hinaus gezogenen Früchte ersetzen (vgl. auch § 2133). Nötig aber ist immer, daß es ein Erzeugnis ist, das die Sache ohne Einbuße ihres Daseins gewährt.

Für den Begriff der Erzeugnisse kommt es auf die *Verkehrsauffassung* an (SCHNORR V. CAROLSFELD aaO; SOERGEL/BAUR § 99 Rdn. 6). Bäume, welche Wurzeln geschlagen hatten, sind nach Trennung als Früchte des Bodens anzusehen (RGZ 80, 229, 232; 109, 190, 192).

Nutzungen und Früchte   § 20 II 4

2. Früchte sind auch die **sonstige Ausbeute**, die aus der Sache ihrer **206**
Bestimmung gemäß gewonnen wird (§ 99 I 2. Hs.). *Bestimmungsgemäß* ist die
Ausbeute, wenn sie naturgemäß oder verkehrsüblich ist. Nicht erforderlich ist,
daß die Sache selbst geschont wird. Sie muß aber als solche erhalten bleiben.

Beispiele: Erträge von Bergwerken, Gruben, Torfstichen etc.; keine Frucht ist der im Grundstück gefundene Schatz (§ 984), auch nicht der Teil einer durch Teilung vernichteten Sache (Fleisch eines Tieres).
Streitig ist z. B. im Hinblick auf Pachtverträge (§ 581), ob auch die Energien aus Elektrizitäts- oder Wasserwerken als Ausbeute dieser Anlagen und damit als Sachfrüchte angesehen werden dürfen (so ERMAN/A. SCHMIDT § 99 Rdn. 5). Hingegen wollen STAUDINGER/DILCHER § 99 Rdn. 9; RGRK/KREGEL § 99 Rdn. 9 sie zu den sonstigen Nutzungen rechnen. Nach SOERGEL/BAUR § 99 Rdn. 9 sind sie weder Frucht noch Nutzung; bei § 99 könne es sich nur um analoge Anwendung handeln.

3. Früchte sind weiter die sogenannten **unmittelbaren Rechtsfrüchte**, das **207**
sind die Erträge, die das Recht *seiner Bestimmung gemäß* gewährt (§ 99 II).
Hierzu gehören die Früchte des Nießbrauchs, des Erbbaurechts, der Reallast,
einer Bergwerksgerechtigkeit usw., aber auch die Dividende der Aktie.
Die Abgrenzung zu den unmittelbaren Sachfrüchten bzw. den mittelbaren
Sach- und Rechtsfrüchten ist nicht klar zu ziehen. In Wahrheit handelt es sich
auch hier meist um Sachfrüchte, die nicht auf Grund des Eigentums an der
Muttersache, sondern eines sonstigen Rechts (Nießbrauchs usw.) gewonnen
werden, das gerade auf die Gewinnung solcher Erträge gerichtet sein muß.
Eine und dieselbe Sache kann also je nach der Berechtigung des Fruchtziehungsberechtigten Sachfrucht (d. h. Eigentumsfrucht) nach § 99 I oder Rechtsfrucht (d. h. Frucht eines sonstigen Rechts) nach § 99 II sein.
Als Erträge sind nicht bloß die Leistungen anzusehen, die auf Grund eines
Rechtes gewährt werden, sondern auch schon die auf diese Leistungen
gerichteten Forderungen; die Erträge werden aber erst endgültig mit deren
Fälligkeit gewonnen.

Der aus einem Unternehmen gezogene Gewinn wird als dem Begriff der Rechtsfrüchte im Sinne des § 99 II nahestehend angesehen und daher §§ 987ff, die nur Sachfrüchte erfassen, für unanwendbar erklärt (vgl. BGHZ 7, 208, 218); allgemeiner fassen BGH BB 1956, 18; 1962, 535 den Gewinn unter Nutzungen, wollen aber zutreffend für die Herausgabeverpflichtung nach §§ 812ff bzw. den Ersatz der Gewinnungskosten gem. § 102 danach differenzieren, inwieweit der Gewinn auf persönlicher Leistung des Unternehmers beruht. Insoweit wird Fruchtähnlichkeit gänzlich verneint (OLG Köln JMBl NW 1960, 180). Problematisch ist weiterhin, was unter dem Gewinn eines Unternehmens zu verstehen ist (Brutto-, Reingewinn – vgl. v. GODIN aaO; BAUR aaO).

4. Früchte sind endlich auch die **mittelbaren Sach- und Rechtsfrüchte**, das **208**
sind die Erträge, die eine Sache oder ein Recht vermöge eines auf die Erzielung
dieser Erträge gerichteten *Rechtsverhältnisses* gewährt (Bürgerliche oder

§ 20 IV 2

Zivilfrüchte, § 99 III). Hier handelt es sich stets um *Entgelte,* die jemand für den Gebrauch einer Sache oder eines Rechts zahlt, wie Miet- oder Pachtzinsen, Kapitalzinsen und Gewinnanteile, Lizenzgebühren, Entgelt für Aufführungsrechte.

> Das Bezugsrecht auf neue Aktien ist keine Frucht des Aktienrechts, da es weder ein bestimmungsgemäßer Ertrag der Aktien ist, noch aus ihr entsteht (OLGE 24, 139; 36, 282). Es ist ein neuerworbenes selbständiges Vermögensrecht, das deshalb auch nicht dem Nießbraucher, sondern dem Eigentümer der Aktie zusteht.

209 **III.** Zu den **Nutzungen** gehören außer den Früchten noch die *sonstigen Vorteile,* die der Gebrauch einer Sache oder eines Rechts gewährt (§ 100), wie z.B. das Bewohnen eines Hauses, der Gebrauch eines Kraftfahrzeugs, der Rennpreis, den ein Rennpferd gewinnt, nicht aber der Totalisatorgewinn; auch das Stimmrecht des Aktionärs ist ein solcher Vorteil (RGZ 118, 266).

IV. Die rechtliche Bedeutung der Regelungen über Nutzungen

210 1. Sie zeigt sich bei der Regelung des **Rechtserwerbs**. Die Frage, wer die Früchte erwirbt und in welchem Augenblick, beantwortet sich für die unmittelbaren Sachfrüchte nach sachenrechtlichen Grundsätzen (vgl. namentlich §§ 953 ff), für die Zivilfrüchte nach den Vorschriften des Schuldrechts.

> Bedeutsam ist bei den Sachfrüchten der Entwicklungszustand der Frucht. Die ungetrennten Früchte sind wesentlicher Bestandteil der Muttersache (§ 94), also sonderrechtsunfähig. Mit der Trennung werden sie selbständige Sachen und fallen dem Fruchtziehungsberechtigen zu (§§ 953 ff). Der Nießbraucher eines vermieteten oder verpachteten Grundstückes erlangt den Anspruch auf die Erträge, also die Miet- und Pachtzinsforderungen bereits mit der Bestellung und Eintragung des Nießbrauchs (RGZ 81, 146; 86, 135). Ein obligatorisch Berechtigter, dem der Besitz der Muttersache nicht überlassen ist (z.B. der Pächter des Obstes der Straßenbäume), erwirbt das Eigentum erst mit der Besitzergreifung (§ 956).
> Ein für den Rechtserwerb bedeutungsloser, aber für die Ersatzpflicht wichtiger Begriff ist der der *gewinnbaren* oder *versäumten* Früchte; das sind die Früchte, die jemand nicht gezogen hat, aber nach den Regeln ordnungsmäßiger Wirtschaft hätte ziehen müssen (vgl. z.B. § 987 II).

Auch insoweit ist der Fruchtbegriff wichtig, als gewisse hinsichtlich der Sache dinglich oder obligatorisch Berechtigte zwar das Eigentum an den Früchten und sonstigen Nutzungen, nicht aber an sonstigen abgetrennten Bestandteilen der Sache erwerben, so z.B. der Nießbraucher (§ 1030), der gutgläubige Eigenbesitzer (§ 955), der Pfandgläubiger (§ 1213).

211 2. Die rechtliche Bedeutung zeigt sich weiter bei der **Fruchtverteilung**, wenn ein Wechsel des Fruchtziehungsberechtigten innerhalb eines Fruchtziehungszeitraums eintritt, so wenn der Nießbraucher stirbt oder das Pachtverhältnis aufgehoben wird. Von der Frage, wer das Eigentum an den natürlichen Früchten oder den Anspruch auf die Zivilfrüchte erwirbt, ist die Frage zu trennen, ob der Erwerber die Früchte behalten darf oder sie seinem Nachfolger (Vorgänger) herausgeben oder doch ihren Wert ersetzen muß. Hinsichtlich der entgültigen Auseinandersetzung unterscheidet das Gesetz in § 101:

a) Für die natürlichen Früchte (auch wenn sie als Früchte eines Rechts erworben werden, § 99 II) entscheidet der Augenblick der Trennung (§ 101 Nr. 1).

Das ist das römischrechtliche Substantial- oder Trennungsprinzip – während das deutsche Recht das Produktionsprinzip (wer säet, der mähet) anerkannte. Da sich der Erwerb grundsätzlich nach BGB mit der Trennung vollzieht, darf der Fruchtziehungsberechtigte alle Früchte behalten, die während der Dauer seines Fruchtziehungsrechts geerntet sind; z. B. kann der Pächter nicht einmal einen Teil der Früchte beanspruchen, wenn die Ernte erst nach Beendigung des Fruchtziehungsrechts erfolgt. Diese grundsätzlich ungerechte Verteilung wird gemildert durch die Bestimmungen, die dem Besitzer eines landwirtschaftlichen Grundstücks einen Anspruch auf Erstattung der Kosten zubilligen, die er – entsprechend einer ordnungsmäßigen Wirtschaft – auf die noch nicht geernteten Früchte verwandt hat (§§ 592, 998, 1055).

b) Die Zivilfrüchte werden – wenn es sich um regelmäßig wiederkehrende Leistungen, wie Miet- und Pachtzinsen, Renten und Gewinnanteile handelt – nach dem Verhältnis der Dauer der Berechtigung verteilt; sonst entscheidet der Zeitpunkt der Fälligkeit (§ 101 Nr. 2).

3. Der Begriff der Nutzungen ist ferner bedeutsam für **Herausgabeansprüche**. Der Herausgabeanspruch gem. §§ 812 ff umfaßt auch die Nutzungen (§ 818 I). Dies gilt auch im Eigentümer-Besitzer-Verhältnis nach §§ 987 ff sowie entsprechend gem. § 347 S. 2 beim Rücktritt und § 467 S. 1 bei der Wandlung. Schließlich erstreckt sich auch der Herausgabeanspruch des Erben gegen den Erbschaftsbesitzer auf die Nutzungen (§ 2020). 212

4. Dem Verteilungsmaßstab für die Fruchtziehung unter mehreren Berechtigten steht für die **Lastenverteilung** die dispositive Regelung des § 103 gegenüber. 213

Die wiederkehrende Grundsteuer ist entsprechend zu verteilen, gleiches gilt für Renten-, Hypotheken- und Grundschuldzinsen; Deichlasten, Straßenanliegerbeiträge hat jeder so weit zu tragen, wie sie während der Dauer seiner Verpflichtung zu entrichten sind. Maßgebend ist der Zeitpunkt der Fälligkeit (RGZ 70, 263).

5. Endlich regelt § 102 die Frage des **Ersatzes der Fruchtziehungskosten** im Falle einer Verpflichtung zur Herausgabe der Früchte. 214

Wer aufgrund eines Rechtsgeschäfts oder gesetzlicher Bestimmung zur Herausgabe von Früchten verpflichtet ist (vgl. z. B. §§ 987ff), kann Ersatz der Fruchtziehungskosten so weit verlangen, als sie einer ordnungsmäßigen Wirtschaft entsprechen und den Wert der Früchte nicht übersteigen.

Die dispositive Vorschrift kann abbedungen werden (auch stillschweigend); bei einer rechtsgeschäftlichen Herausgabepflicht kann sich z.B. durch Auslegung (§§ 133, 157, 242) ergeben, daß die Bestellungskosten nicht abgezogen werden dürfen.

§ 102 billigt nicht nur ein Gegenrecht zu, sondern einen klagbaren Anspruch (so die h. M.; vgl. STAUDINGER/DILCHER § 102 Rdn. 3; RGRK/KREGEL § 102 Rdn. 5; SOERGEL/ BAUR § 102 Rdn. 2 m.w.N.).

DRITTER TEIL

Die Rechte der Person

§ 21

Rechtsverhältnis und Rechte der Person

BLOMEYER, K. Zur Lehre von den Rechten des Einzelnen, Festschrift H. Lehmann, 1937, 101 ff; BUCHER Subjektives Recht als Normsetzungsbefugnis 1965; COING/ LAWSON/GRÖNFORS Das subjektive Recht und der Rechtsschutz der Persönlichkeit, 1959; ESSER Einführung in die Grundbegriffe des Rechtes und des Staates, 1949, 150 ff; JHERING Geist des römischen Rechts, III, 8. A., §§ 60 f; KASPER Das subjektive Recht – Begriffsbildung und Bedeutungsmehrheit, 1967; LARENZ Zur Struktur „subjektiver Rechte", Festgabe Johannes Sontis, 1977, 129 ff; OERTMANN Zur Struktur der subjektiven Privatrechte, AcP 123, 129 ff; RAISER, L. Der Stand der Lehre vom subjektiven Recht im deutschen Zivilrecht, JZ 1961, 465 ff. SCHANTZ Das subjektive Recht als Bestandteil des allgemeinen Teils der Rechtsordnung, 1931; SCHAPP Das subjektive Recht im Prozeß der Rechtsgewinnung, 1977, SCHMIDT, J. Aktionsberechtigung und Vermögensberechtigung, 1969; SCHUPPE Der Begriff des subjektiven Rechts, 1887, Neudruck 1963; THON Rechtsnorm und subjektives Recht, 1878, Neudruck 1964; VONLANTHEN Zum rechtsphilosophischen Streit über das Wesen des subjektiven Rechts, 1964; WINDSCHEID/KIPP Lehrbuch der Pandekten, 9. A., 1906, I § 37.

I. Recht im objektiven Sinne ist die Summe aller Normen. Sie können – abgesehen von einer bloßen Ordnungsfunktion – zu Gunsten der Allgemeinheit oder des Einzelnen wirken. Soweit die Norm von ihrer Zweckrichtung her Interessen des Staates bzw. der Allgemeinheit, d. h. allgemeine Rechtsgüter und Werte des gesellschaftlichen Zusammenlebens schützen will, kann der Eintritt der Rechtsfolgen zugleich dem einzelnen nützen. Gleichwohl erhält dadurch der einzelne keine Befugnis, die Vollziehung der Norm zu verlangen. Man spricht insoweit nur von einer Reflexwirkung des objektiven Rechts. Die Anwendung der Norm hängt von der Entscheidung hoheitlicher Organe, nicht vom Willen des einzelnen ab.

So enthalten weite Gebiete des Verwaltungs- und Strafrechts nur Recht zur Wahrung der Allgemeininteressen. Eine ordnungsbehördliche Verordnung, die das Reinigen von Straßen vorschreibt, ist nicht zum Nutzen eines einzelnen, sondern der Allgemeinheit erlassen, mag die Realisierung des Gebotes auch noch so sehr den Interessen eines einzelnen entsprechen.

215

216 II. Soweit die Normen des objektiven Rechts in eine Lebensbeziehung eingreifen, entsteht ein **Rechtsverhältnis**. Rechtsverhältnisse sind daher die durch Rechtsvorschriften geordneten Beziehungen von Personen zu anderen Personen oder Lebensgütern (Gegenständen). In diesen Beziehungen korrespondieren in der Regel Rechte und Pflichten, wobei der einzelne Anspruch nur ein Element des Gesamtverhältnisses darstellen kann. Mit Recht ist daher z. B. zwischen Forderung und Schuldverhältnis unterschieden worden. Aus dem Rechtsverhältnis erwächst auch die neben den eigentlichen Leistungspflichten bestehende Verpflichtung zu bestimmten Verhaltensweisen; die Verletzung solcher Nebenpflichten kann im Rahmen der positiven Vertragsverletzung rechtliche Relevanz erlangen.

217 III. Innerhalb eines Rechtsverhältnisses hat der einzelne eine Rechtsstellung, die ihm Befugnisse und Zuständigkeiten gewährleistet und ihm andererseits Pflichten und Obliegenheiten auferlegt. Die Befugnisse und Zuständigkeiten werden unter dem Begriff des **subjektiven Rechts** erfaßt. Das subjektive Recht wird daher als die dem einzelnen von der Rechtsordnung verliehene Rechtsmacht angesehen.

Das subjektive Recht ist im 19. Jahrhundert überbewertet worden. Eine individualistisch orientierte Grundhaltung stellte es in den Mittelpunkt des Rechts. Sie wollte mit ihm den Handlungsspielraum der autonomen Persönlichkeit sichern. Im Hinblick darauf wurde das subjektive Recht als „Willensmacht" oder „Willensherrschaft" gekennzeichnet (WINDSCHEID/KIPP I § 37). Demgegenüber hat bereits JHERING (aaO § 60 zu Fn. 445) das subjektive Rechts als rechtlich geschütztes Interesse angesehen, um damit die Grenzen der Rechtsausübung zu berücksichtigen.

Grundsätzlich muß man davon ausgehen, daß das subjektive Recht die Zuweisung einer Rechtsstellung beinhaltet, von der aus der einzelne seine schutzwürdigen Interessen verfolgen kann. Die Schutzwürdigkeit kann nicht ohne Einbeziehung der Pflichten verstanden werden, die dem subjektiven Recht immanent sind. Der einzelne hat seine Rechte nur insoweit inne und kann sie nutzen, als er Rechte Dritter und Normen des objektiven Rechts, die zum Wohle aller bestehen, nicht tangiert (vgl. Art. 2 GG) bzw. ihre Innehabung und Nutzung zugleich auch dem Wohle der Allgemeinheit dient (vgl. für das Eigentum Art. 14 III GG). – Vgl. zur Ausübung und zu den Schranken der Rechte unten § 24.

§ 22
Die Arten der Rechte der Person

BÖTTICHER Besinnung auf das Gestaltungsrecht und das Gestaltungsklagerecht, Festschrift Dölle, I, 1963, 41 ff; Gestaltungsrecht und Unterwerfung im Privatrecht, 1964; DULCKEIT Die Verdinglichung obligatorischer Rechte, 1951; FABRICIUS Zur

Dogmatik des sonstigen Rechts in § 823 BGB, AcP 160, 274ff; Koziol Die Beeinträchtigung fremder Forderungsrechte, 1967; Krasser Der Schutz vertraglicher Rechte gegen Eingriffe Dritter, 1971; Löwisch Der Deliktschutz relativer Rechte, 1970; Otte Schadensersatz nach § 823 I BGB wegen Verletzung der „Forderungszuständigkeit"? JZ 1969, 253ff; Schlosser Selbständige peremptorische Einrede und Gestaltungsrecht im deutschen Zivilrecht, JuS 1966, 257ff; Seckel Die Gestaltungsrechte des Bürgerlichen Rechts, Festgabe Koch, 1903, 205ff.

Die subjektiven Rechte lassen sich unter verschiedenen Gesichtspunkten ordnen, etwa nach ihrem Inhalt, Gegenstand, Zweck, Übertragbarkeit usw. (vgl. etwa Lehmann/Hübner § 12; Enn./Nipperdey §§ 73ff). Die Gruppierungen überschneiden sich. Von der Funktion her sind absolute und relative Rechte sowie Gestaltungsrechte zu unterscheiden. **218**

I. Absolute Rechte

Die Rechtsordnung kann der Person absolute (bzw. Ausschluß-)Rechte zusprechen. Sie gewähren die Herrschaft über einen Gegenstand und die Befugnis allen gegenüber, Einwirkungen auszuschließen, soweit nicht das Gesetz oder Rechte Dritter entgegenstehen.

Dem Eigentümer ist es grundsätzlich gestattet, mit seiner Sache nach Belieben zu verfahren. Anderen ist es grundsätzlich verboten, auf die Sache einzuwirken (§ 903). Der Schutz vor Einwirkungen wird nach den §§ 985, 1004 gewährleistet.

Die Herrschaftsmacht des Eigentümers wird jedoch durch das Gebot der Sozialpflichtigkeit eingeschränkt (Art. 14 II GG); dem Eigentümer kann z. B. die zweckentfremdete Benutzung von Wohnraum im Einzelfall untersagt werden (vgl. Gesetz über die Zweckentfremdung von Wohnraum vom 4.11.1971, BGBl I, 1745 i.V.m. Länderverordnungen); er kann sein Haus nicht abreißen, wenn es unter Denkmalschutz steht (vgl. dazu im einzelnen Landesgesetze). Der Eigentümer kann auch Dritte von der Einwirkung auf die Sache nicht völlig ausschließen. Schon das BGB schränkt in §§ 904ff die Befugnis ein. Zum Wohle der Allgemeinheit gehen die Eingriffsmöglichkeiten bis zur Enteignung und zur Duldung von Beeinträchtigungen (Art. 14 III GG).

1. Absolute Rechte gewährt die Rechtsordnung an beweglichen und unbeweglichen **Sachen**. Diese Rechte nennt man **dingliche Rechte**. **219**

a) Die dinglichen Berechtigungen müssen im Gesetz (im BGB oder in Nebengesetzen, etwa dem WEG) anerkannt sein. Es gilt der sogenannte **numerus clausus** der **Sachenrechte** (Typenzwang). Als Sachenrechte kommen in Betracht: Eigentum, Erbbaurecht (nach der ErbbauVO), Wohnungseigentum und Teileigentum an nicht zu Wohnzwecken dienenden Räumen (nach dem WEG), Dienstbarkeiten, Hypotheken, Grund- und Rentenschulden, Pfandrechte an beweglichen Sachen und Reallasten.

220 b) Umstritten ist, ob und inwieweit der **Besitz** ein absolut geschütztes dingliches Recht ist. Im Interesse der Friedensordnung gewährt der Besitz als tatsächliches Verhältnis Schutz gegen Entziehung und Beeinträchtigung (§§ 861, 862). Er ist insoweit die von der Rechtsordnung anerkannte tatsächliche Herrschaft einer Person über eine Sache. Darüber hinaus kann der Besitz wie ein absolutes Recht behandelt werden, wenn es sich um berechtigten (so: BAUR § 9 V 1) oder zumindest um redlichen Besitz handelt (vgl. MEDICUS Besitzschutz durch Ansprüche auf Schadensersatz, AcP 165, 115 ff; ders., BR Rdn. 607; BGHZ 32, 194, 204 m.w.N.). Dagegen genießt die Rechtsstellung des mittelbaren Besitzers gegenüber dem unmittelbaren Besitzer keinen absoluten Schutz (vgl. BGH aaO, S. 205).

221 c) Umstritten ist ferner, ob die **dinglichen Aneignungsrechte**, die dem Berechtigten die ausschließliche Befugnis einräumen, sich eine herrenlose, also niemandem gehörende Sache anzueignen, dingliche Rechte oder Gestaltungsrechte sind. In Betracht kommen hier insbesondere die Aneignungsrechte der Jagd- und Fischereiberechtigten nach § 958. Über die Aneignungsbefugnis im Sinne eines Gestaltungsrechts hinaus gewähren die Aneignungsrechte zum Teil Ausschließungsbefugnisse im Sinne absoluter Rechte, so daß ihnen insoweit die Funktion dinglicher Rechte innewohnt, obwohl sie dem Berechtigten die Sache nicht zuordnen (vgl. BGH LM Nr. 10 zu § 823 [F]; BGH VersR 1969, 928, 929; WESTERMANN § 58 III 2; für Gestaltungsrecht: ENN./NIPPERDEY § 79 II m.w.N.).

222 d) Umstritten ist, ob ein in der Entstehung begriffenes absolutes Recht den Schutz des absoluten Rechts genießt. Die Frage ergibt sich insbesondere bei den **Anwartschaften**. Unter Anwartschaft versteht man ganz allgemein eine Aussicht auf Erwerb eines subjektiven Rechts, wobei einzelne Elemente des Erwerbstatbestands bereits verwirklicht sind, während andere oder mindestens ein letztes von denen, die der volle Tatbestand erfordert, noch ausstehen (RAISER Dingliche Anwartschaften, S. 3 im Anschluß an v. TUHR I § 9). Insofern kann man die Anwartschaft als Entwicklungsstufe im subjektiven Recht ansehen (WÜRDINGER Die privatrechtliche Anwartschaft als Rechtsbegriff, 1928, 43).

> Eine eigenständige Bedeutung der Rechtsfigur „Anwartschaft" bestreiten vornehmlich A. BLOMEYER Studien zur Bedingungslehre, II, 1939 und AcP 153, 239 ff; AcP 162, 193 ff, sowie E. WOLF AT § 12 C IIf; auch KUPISCH JZ 1976, 417 ff.

Aus einer solchen Kategorisierung ergibt sich jedoch noch nicht, ob die Vorstufe eigenständig Rechtsschutz erlangt (vgl. RAISER aaO, S. 7). Die Funktion subjektiver Rechte kann nur solchen Vorstufen zugebilligt werden, die hinsichtlich des künftigen Rechtserwerbs einen gewissen *Grad an Sicherheit* bieten. Die Sicherheit hängt weitgehend davon ab, ob der Vorberechtigte allein die Erwerbsaussicht noch zerstören oder beeinträchtigen kann (v. TUHR I

§ 9; WESTERMANN § 5 III 3a). Eine präzisere Definition des Begriffes soll bei der Verschiedenartigkeit der einzelnen Erscheinungsformen nicht möglich sein; es gebe keinen „Einheitstyp" der Anwartschaft (RAISER aaO, S. 8). RAISER unterscheidet zwischen *Anwartschaft* und *Anwartschaftsrecht*, wobei letzteres nur anzunehmen ist, wenn dem Anwärter eine selbständige, in seinen Willen gestellte Rechtsmacht zum Schutze seiner Interessen verliehen ist (aaO, S. 10).

Im Bereich des Privatrechts entstehen Anwartschaften insbesondere aus bedingten Rechtsgeschäften (vgl. hierzu unten Rdn. 587, 592ff), z.B. für den Käufer einer beweglichen Sache unter Eigentumsvorbehalt, aber auch für den Grundstückserwerber zwischen der für den Veräußerer nach § 873 II bindenden Auflassung und der Eintragung. Auch die bedingte Verfügung über eine Forderung (§§ 398, 158) erzeugt für den aufschiebend oder auflösend bedingt Berechtigten ein Anwartschaftsrecht. Weiterhin hat der Nacherbe zwischen dem Erbfall und dem Nacherbfall ein Anwartschaftsrecht (§§ 2100, 2106), jedoch nicht der künftige Erbe vor dem Erbfall, da der Erblasser die Erbfolge noch anders regeln kann. Ein Anwartschaftsrecht wird auch abgelehnt für die Erwerbsaussicht des Finders und Ersitzungsbesitzers (RAISER aaO, S. 13f; a.M. u.a. BAUR § 53 g IV 2, der die Erwerbsaussicht des Finders als schutzwürdige Anwartschaft ansieht).

e) Gegenstand einer ausschließlichen Herrschaft können auch **Rechte** sein, **223** die **an einem** anderen **Recht** bestehen. Hierunter fallen etwa die vom Gesetz vorgesehenen Möglichkeiten des Nießbrauchs bzw. des Pfandrechts an einem Recht. Ein Recht an einem Recht gewährt dann eine absolute Rechtsstellung, wenn das Recht selbst gegen Eingriffe von jedermann geschützt ist; genießt das belastete Recht einen solchen absoluten Schutz nicht, ist auch das Recht an dem Recht nur relativ geschützt (vgl. WESTERMANN § 136 I 2; WOLFF/RAISER § 120 I).

2. Die Schutzfunktion des absoluten Rechts muß auch der **Person** zukommen. **224** Dies wird durch die Institutionalisierung des allgemeinen Persönlichkeitsrechts erreicht. Es gewährleistet zunächst das Recht, die eigene Persönlichkeit im Rahmen des Sittengesetzes und der verfassungsmäßigen Ordnung frei zu entfalten (Art. 2 I GG). Weiterhin wird hier, sofern nicht die guten Sitten oder Interessen der Allgemeinheit entgegenstehen, die Befugnis im Rechtssinne, über die eigene Person zu bestimmen, einzuordnen sein; z.B. kann der Mensch in eine Operation einwilligen, oder einzelne Teile seines Körpers zur Verfügung stellen (vgl. dazu oben Rdn. 174).

Bedeutsamer ist jedoch der Schutz des Rechts an der eigenen Person gegenüber Dritten. Die Rechtsordnung hat hierzu die Lebensgüter wie Leben, körperliche Unversehrtheit, Gesundheit und Freiheit in § 823 I benannt, sowie das Namensrecht und das Recht am eigenen Bild (vgl. oben §§ 11, 12) als sonstige Rechte erfaßt. Zu diesen Ausformungen des allgemeinen Persönlichkeitsrechts sind weitere schutzwürdige Teilbereiche bereits konkretisiert (vgl. oben Rdn. 104ff).

Mit dem Persönlichkeitsbereich in näherem Zusammenhang steht das *Urheberrecht*. Es schützt in seinen persönlichkeitsrechtlichen Befugnissen die Beziehung des Urhebers zu seinem Werk, in den Verwertungsrechten die vermögenswerten Interessen als immaterielles Güterrecht (vgl. § 11 UrhG). Das Urheberpersönlichkeitsrecht ist an den Werkschöpfer gebunden und nicht übertragbar (vgl. auch oben Rdn. 105). Hingegen ist das persönlichkeitsrechtliche Element im *Patentrecht* (vgl. §§ 9 ff PatG) und *Gebrauchsmusterrecht* (vgl. § 5 GebrMG) weniger ausgebildet.

Mit dem Persönlichkeitsbereich läßt sich auch der in der Rechtsprechung entwickelte absolute Schutz des *eingerichteten und ausgeübten Gewerbebetriebs* verbinden. Zu den Einzelheiten vgl. oben Rdn. 113.

Die Denkform des subjektiven Rechts benutzt der Gesetzgeber zur Ausgestaltung *familienrechtlicher Beziehungen*. So wird das *Personensorgerecht* der Eltern als subjektives Recht verstanden (§ 1631); der Schutz dieses Rechtes wird durch den Herausgabeanspruch des § 1632 gewährleistet (vgl. für den Vormund: § 1800 I). Geschützt werden hier in erster Linie nicht die Interessen der Eltern, sondern die des Kindes. Die Rechtsmacht der Eltern ist daher durch die elterlichen Pflichten dem Kind gegenüber gebunden; sie werden daher als „Pflichtrecht" charakterisiert (vgl. GERNHUBER § 2 II 6).

Auch die *Rechtsstellung der Ehegatten* ist als subjektives Recht ausgestaltet. Jedoch ist es gegenüber dem anderen Ehegatten durch die Versagung der Vollstreckbarkeit (§ 888 II ZPO) im Falle der Herstellungsklage (§ 1353 II) eingeschränkt; gegenüber Dritten sind in Rechtsprechung und Lehre zum Schutze des „räumlich-gegenständlichen Bereichs" Unterlassungsansprüche anerkannt (vgl. STAUDINGER/HÜBNER, 10./11. A., Vor § 1353 Rdn. 58 ff; so auch für den neuen Rechtszustand nach dem 1. EheRG: PALANDT/DIEDERICHSEN Vor § 1353 Anm. 1c; GERNHUBER § 17 II).

II. Relative Rechte

225 Das Recht des einzelnen kann darauf beschränkt sein, daß nicht jeder, sondern eine bestimmte Person oder mehrere ihm gegenüber zu einem gewissen Verhalten verpflichtet sind.

Die wichtigsten relativen Rechte sind die **Forderungsrechte** (Obligationen). Das Forderungsrecht ist das Recht, von einem anderen eine Leistung (Tun oder Unterlassen) zu fordern (§ 241). Der Berechtigte heißt Gläubiger, der Verpflichtete Schuldner.

Wenn z. B. ein Gläubiger die Leistung eines Gegenstandes verlangen kann, so hat er noch keine Herrschaftsmacht über den Gegenstand: Das Recht *auf* den Gegenstand begründet noch kein Recht *am* Gegenstand.

> Hat A ein Buch gekauft und den Buchhändler B gebeten, es ihm zuzuschicken, so kann er, wenn B es einem Dritten D noch einmal verkauft und nach § 929 S. 1 übereignet hat, von D nicht Herausgabe verlangen. A kann sich nur an seinen Schuldner B halten (§ 433 I; ggf. §§ 440, 325). Anders, wenn er sich das Buch gleich

Die Arten der Rechte der Person   § 22 II

zu Eigentum hätte übertragen lassen, z. B. nach §§ 929, 930, indem er sich mit B über den Eigentumsübergang geeinigt und vereinbart hätte, daß B das Buch für ihn verwahre. Dann hätte er Eigentum erworben, d. h. ein Recht an dem Buch jedermann gegenüber; er könnte das Buch von einem zweiten Käufer herausverlangen (§ 985; zu beachten ist jedoch die Möglichkeit des gutgläubigen Erwerbs nach § 932).

Da nur der Schuldner verpflichtet ist, kann das Forderungsrecht auch nur **226** von ihm, nicht von einem Dritten verletzt werden. Diese Feststellung ist für die Frage bedeutsam, ob das Forderungsrecht als „sonstiges Recht" im Sinne des § 823 I anzusehen ist. Ein „sonstiges Recht" im Sinne des § 823 I kann wegen seiner Gleichordnung mit dem Eigentum nur ein Recht sein, das den gleichen rechtlichen Charakter hat, also zu den absoluten Rechten gehört.
Heute wird eine eigentümerähnliche Stellung des Forderungsinhabers, die den Charakter eines absoluten Rechts begründen könnte, allgemein abgelehnt (vgl. RGZ 57, 353ff; BGHZ 12, 308, 317; BGH LM Nr. 6 zu § 842; STAUDINGER/SCHÄFER, 10./11. A., § 823 Rdn. 61; ENN./LEHMANN § 234 I 1d; SOERGEL/ZEUNER, 10. A., § 823 Rdn. 34; KRASSER aaO, S. 186ff). Demnach entsteht keine Haftung eines Dritten aus § 823 I, wenn er durch Einwirken auf den Schuldgegenstand oder die Person des Schuldners die Erfüllung einer Forderung unmöglich macht (anders jedoch LÖWISCH aaO, insbes. S. 140ff, für die Fälle zielgerichteter Eingriffe, und – mit anderer Begründung – KOZIOL aaO, insbes. S. 161 ff, der zugunsten des Gläubigers ein auch gegenüber Dritten geschütztes Recht auf eine obligationsgemäße Willensausübung des Schuldners annimmt).

Wer den zum Gastspiel verpflichteten Sänger durch Körperverletzung außerstand setzt, seiner Verpflichtung nachzukommen, ist nur ihm wegen Körperverletzung, nicht aber dem Theater wegen Forderungsverletzung haftpflichtig. Das Leistungsinteresse des Theaters ist nur relativ geschützt. Grundsätzlich wird auch bei Verletzung eines Arbeitnehmers ein Schadensersatzanspruch des Arbeitgebers wegen Beeinträchtigung seiner Rechte aus dem Arbeitsvertrag gegen den Verletzer abgelehnt (§ 845 gewährt einem Dritten Schadensersatz nur bei Diensten, die kraft Gesetzes zu leisten sind). – Zu prüfen bliebe allenfalls, ob die Verletzung einen Eingriff in den eingerichteten und ausgeübten Gewerbebetrieb darstellt; hier wird es regelmäßig an der Betriebsbezogenheit mangeln.

Anders verhält es sich, wenn der Arbeitgeber aus sozialen Gründen zur Lohnfortzahlung verpflichtet ist (§ 616; § 63 HGB; § 1 LFZG). Hier wird, obwohl begrifflich wegen der Lohnfortzahlung der verletzte Arbeitnehmer insoweit keinen Schaden hat, aus Billigkeitsgründen ein Übergang einer Schadenersatzforderung des Arbeitnehmers auf den Arbeitgeber unterstellt (für Arbeiter ausdrücklich geregelt in § 4 LFZG; vgl. insbesondere BGHZ 43, 378, 382f gegen BGHZ 7, 30, 53).

Ein Teil der Lehre begründet die Anwendbarkeit des § 823 I, indem sie den Eingriff in die „*Forderungszuständigkeit*" als Eingriff in ein absolutes Recht ansieht (LARENZ SchR II § 72 Ia; FIKENTSCHER § 103 I 6a). Dies soll insbesondere dann gelten, wenn der Schuldner in Unkenntnis einer Zession an den Zedenten zahlt und dadurch gegenüber dem Zessionar frei wird (§ 407). Für einen derartigen Schutz des Forderungsrechts über § 823 I besteht kein Bedürfnis. Der Schutz des Forderungsrechts läßt sich über §§ 816 II bzw. 687 II, möglicherweise auch über § 826 verwirklichen. Darüber hinaus kann aus dem Kausalverhältnis zum Zedenten ein Schadensersatzanspruch aus positiver Vertragsverletzung gegeben sein (wie hier: OTTE JZ 1969, 253 ff; MEDICUS BR Rdn. 610).

Es besteht auch keine Notwendigkeit, Forderungsrechte, die *äußere Erkennbarkeit* erlangt haben, den absoluten Rechten gleichzusetzen (so aber: DULCKEIT aaO, S. 48 ff u. passim bei den Forderungsrechten, die mit Besitz verknüpft sind; FABRICIUS aaO, S. 274 ff, der auf „sozialtypische Offenkundigkeit" abstellen will), da in diesen Fällen entweder über die Erfassung des Besitzes als „sonstiges Recht" oder bei Eingriffen in offenkundige Rechtsverhältnisse, die in der Kategorie der absoluten Rechte nicht erfaßt sein sollten, über § 826 weitgehend Schutz gewährt wird.

Anders liegt der Fall, wenn ein abgetretenes Forderungsrecht dem Zessionar durch einen Gläubiger des Zedenten im Wege der Vollstreckung gemäß § 829 ZPO streitig gemacht wird. Hier ist die Zuordnung an den Zessionar durch § 771 ZPO geschützt (STEIN/JONAS/MÜNZBERG § 771 Rdn. 20).

III. Gestaltungsrechte

227 Die Gestaltungsrechte geben die Möglichkeit, durch eine einseitige Willenserklärung auf eine bestehende Rechtslage einzuwirken, z. B. durch Anfechtung (§ 142), Kündigung (§§ 564 ff), Rücktritt (§§ 346 ff), Aufrechnung (§§ 387 ff), ferner durch Ausübung eines Wiederkaufs- oder Vorkaufsrechtes (§§ 497, 505), Widerruf einer Schenkung (§ 530) oder durch Ausübung des Wahlrechts gemäß §§ 263, 315 ff.

Wenn die ältere BGB-Dogmatik die Gestaltungsrechte als „Kann-Rechte" klassifiziert, so kommt darin eine Betonung der Herrschaftsmacht des Individuums zum Ausdruck, die leicht die Rücksichtnahme auf die Belange des Partners, rechtstechnisch des Adressaten der Gestaltungserklärung, aber auch Dritter außer acht lassen kann. Verschärft wird die Situation noch – wie bei der Anfechtung – durch die Möglichkeit einer ex-tunc-Wirkung, wenn die Rückabwicklung fehlgeschlagener Leistungen lediglich über die schwachen Bereicherungsansprüche der §§ 812 ff erfolgt.

Das Gesetz und weitergehend die Rechtsprechung haben daher in einigen Fällen die in den Gestaltungsrechten zum Ausdruck gelangenden Eingriffsbefugnisse *ausgeschlossen* oder *eingeschränkt*. Darüber hinaus kann die privatautonome Ausübung dem Berechtigten entzogen sein; er wird dann auf den Weg einer *Gestaltungsklage* verwiesen, wobei das gerichtliche Verfahren *als Filter* zur Wahrung der Belange der Beteiligten, aber auch zur Wahrung öffentlicher Interessen dient.

So ist z. B. die Gestaltungsbefugnis der *Aufrechnung* aus Gründen des Sozialschutzes in § 394 **ausgeschlossen.** Ausgeschlossen ist auch die *Kündigung* von Arbeitsverhältnissen aus sozialen Gründen in § 9 MuSchG und z.B. gegenüber Betriebsräten zur Wahrung von Arbeitnehmerinteressen in § 15 KSchG. Ferner ist die *Anfechtung* ausgeschlossen in den Fällen der sogenannten fehlerhaften Gesellschaft, da durch die Rückwirkung des § 142 sämtlichen Rechtsbeziehungen der Gesellschaft nach außen und innen, obwohl sie in Vollzug gesetzt war, der Boden entzogen würde. An die Stelle der Anfechtung tritt grundsätzlich die Kündigung, durch deren ex-nunc-Wirkung diese Nachteile vermieden werden (vgl. zu den Einzelheiten unten Rdn. 520).

Das Gestaltungsrecht kann auch aus sozialen Gründen **eingeschränkt** sein: So ist bei Arbeitsverhältnissen die Kündigung nur dann zulässig, wenn sie sozial gerechtfertigt ist (§ 1 KSchG), bei Wohnungsmiete nur unter der Voraussetzung, daß der Vermieter ein berechtigtes Interesse an der Beendigung hat (§ 564b).

Weitergehend tritt teilweise im *Gesellschaftsrecht* an die Stelle der Ausübung des Gestaltungsrechts durch Willenserklärung die **Gestaltungsklage.** So tritt z. B. an die Stelle der Entziehung der Geschäftsführungsbefugnis und der Vertretungsmacht durch Beschluß im Recht der BGB-Gesellschaft (§§ 712, 715) bei der OHG die Entziehung durch gerichtliche Entscheidung (§§ 117, 127 HGB); ferner wird bei OHG und KG die Kündigung aus wichtigem Grund (§ 723) durch die Anwendung der Regeln über die Auflösungsklage (§§ 133, 161 II HGB) ersetzt.

Zum Schutz der Belange der Beteiligten und zur Wahrung der öffentlichen Interessen ist insbesondere im *Familienrecht* die Gestaltungsbefugnis auf ein Gestaltungsklagerecht beschränkt: Die Anfechtung der Ehelichkeit eines Kindes ist nach §§ 1593 ff nur im Klagewege möglich. Anfechtungsgründe gegenüber der Eheschließung gestatten nur eine Aufhebungsklage, wobei die Wirkung des Aufhebungsurteils durch Verweisung auf die Scheidungsfolgen nur eine ex-nunc-Wirkung nach sich zieht (§§ 28 ff EheG). Der Institutionscharakter der Ehe verbietet die Kündigung; die Auflösung erfolgt durch Scheidung (§§ 1564 ff).

Auch wo der Gesetzgeber die privatautonome Ausübung der Gestaltungsbefugnisse nicht auf den Weg der Gestaltungsklage verweist, kann er über die allgemeine richterliche Kontrolle – sei es inzidenter in einem Leistungsurteil, sei es in einem Feststellungsurteil – hinaus eine Gestaltung durch richterliche Entscheidung ex post vorsehen (so bei Widerspruch des Mieters gegen die Kündigung gem. § 556a III).

§ 23
Erwerb, Übergang und Verlust von Rechten

COING Verfügungsmacht bei Rechtsgeschäften unter Lebenden und von Todes wegen, Festschrift E. ULMER GRUR Intern. Teil 1973, 460 ff; DU CHESNE Begriff und Arten des Verzichts, ArchBürgR 42, 296 ff; HÜBNER, H. Der Rechtsverlust im Mobiliarsachenrecht, 1955; ISAY Vollmacht und Verfügung, AcP 1922, 195 ff; KNOKE Zur Lehre vom relativen Veräußerungsverbot, Festgabe Güterbock, 1910, 401 ff; LIEBS, R. Die unbeschränkbare Verfügungsbefugnis, AcP 175, 1 ff; RAAPE Das gesetzliche Veräußerungsverbot des BGB, 1908; ders., Zustimmung und Verfügung, AcP 121, 157 ff; ders., Verfügungsmacht, AcP 123, 94 ff; SIBER Die Frage der Verfügungsgeschäfte zu fremdem Recht, Festgabe der Leipziger Juristenfakultät für Sohm, 1915; WALSMANN Der Verzicht, 1912, WENDT Verfügungen über Erbschaftsanteile, AcP 89, 420 ff; WILHELM, W. Begriff und Theorie der Verfügung, Wissenschaft und Kodifikation des Privatrechts im 19. Jahrhundert, Bd. II, 1977.

228 I. Ein Recht kann durch Rechtsgeschäft, kraft Gesetzes oder durch Staatsakt **erworben** werden.

Der Rechtserwerb *durch Rechtsgeschäft* kann schuldrechtlicher oder dinglicher Natur sein; er kann relative oder absolute Rechte betreffen.

Der rechtsgeschäftliche Erwerb von Forderungsrechten richtet sich primär auf einen Anspruch auf Leistung, bei gestörter Leistung entsteht sekundär der Anspruch auf Schadensersatz. Der rechtsgeschäftliche Erwerb von dinglichen Rechten ist darauf gerichtet, die *Zuordnung* solcher Rechte zu einer bestimmten Person zu verändern; dieser rechtsgeschäftliche Vorgang wird als *Verfügung* bezeichnet.

Der Erwerb durch Rechtsgeschäft setzt Willenseinigung der Parteien voraus; sie kann jedoch darüber hinaus einen konstitutiven Akt (z. B. Eintragung im Grundbuch) für ihre Wirksamkeit erfordern (vgl. unten Rdn. 348).

Kraft Gesetzes werden inbesondere personen- bzw. familienrechtliche und erbrechtliche Positionen erworben. Im Schuldrecht werden Rechte aus unerlaubten Handlungen, aus Bereicherung und aus Geschäftsführung ohne Auftrag vom Gesetz begründet. Eine besondere Rolle spielt der Erwerb kraft Gesetzes im Sachenrecht; hier führen bestimmte Realakte (Verbindung, Vermischung, Verarbeitung, Fund, auch Aneignung) oder Zeitablauf (Ersitzung) zum Rechtserwerb. Hierher gehören auch die Regelung über das Eigentum am Schuldschein (§ 952) sowie die sogenannte An- und Abwachsung des Anteils am Gesellschaftsvermögen der Personengesellschaft (§ 738).

Erwerb durch Staatsakt ist z. B. der Zuschlag in der Zwangsversteigerung (§ 90 ZVG), der Erwerb aufgrund des bekanntgemachten Umlegungsplanes (§ 72 BBauG).

Erwerb, Übergang und Verlust von Rechten § 23 III

II. Der Rechtserwerb kann auch *unter anderen Ordnungsgesichtspunkten* **229** erfaßt werden:
Ein Recht kann kraft des Willens des Erwerbers oder unabhängig von dessen Willen erworben werden.

Der Erwerb *kraft Willens* kann entweder durch Vertrag mit dem Rechtsinhaber (z. B. durch Einigung nach § 929) oder durch einseitige Herbeiführung eines Erwerbstatbestandes erfolgen; in letzterem Fall kann dem Erwerb ein rechtsgeschäftlicher Wille (z. B. bei Befriedigung des Hypothekengläubigers durch Aufrechnung seitens des Eigentümers, § 1142, mit der Folge des Forderungsübergangs nach § 1143) oder ein natürlicher Wille (z. B. bei Aneignung nach § 958) zugrunde liegen.

Unabhängig vom Willen des Erwerbers erfolgt der Rechtsübergang im Erbfall (§ 1922), unbeschadet der Möglichkeit der Ausschlagung (§ 1942). Beim Ersatz von Haushaltsgegenständen erwirbt in der Zugewinngemeinschaft der Ehegatte, dem der ersetzte Gegenstand gehörte, den neuen Gegenstand kraft Surrogation ohne weiteres (§ 1370; vgl. entsprechend § 1473). Unabhängig vom Willen ist auch der Erwerb durch Verbindung, Vermischung und Verarbeitung (§§ 946 ff).

III. Der Rechtserwerb kann sich in Abhängigkeit von der Rechtsstellung **230** des Vormannes vollziehen (Erbfolge, Eigentumserwerb nach § 929) – abgeleiteter oder derivativer Erwerb – oder unabhängig von der Rechtsstellung des bisherigen Rechtsinhabers (Verarbeitung, Aneignung) – ursprünglicher oder originärer Erwerb – eintreten.

Die *Abgrenzung* zwischen originärem und derivativem Erwerb ist unsicher. Für den **derivativen Erwerb** wird man zwei Voraussetzungen annehmen müssen: erstens, daß der Erwerber das Recht durch einen wirksamen Übertragungsvorgang von dem bisherigen Rechtsinhaber erlangt, und zweitens, daß das Recht dem Vorgänger zustand. Fehlt eines dieser Merkmale – oder fehlen beide –, so wird originärer Erwerb anzunehmen sein.

> Es fehlt z. B. der Übertragungsvorgang beim Fund (§§ 973, 984) und bei Verbindung, Vermischung (§§ 947, 948). Beide oben genannten Voraussetzungen fehlen z. B. bei der Aneignung einer herrenlosen Sache (§ 958) und bei der Verarbeitung (§§ 950).
> Ob der Erwerb von Nichtberechtigten und der Erwerb kraft Ersitzung als derivativ oder originär anzusehen sind, ist streitig. Für erstere Auffassung vermag das Argument, der Erwerb käme über einen rechtsgeschäftlichen Vorgang zustande (so v. GIERKE I § 32 Fn. 2), nicht durchzugreifen; die Rechtsstellung wird vom Gesetz zugeteilt; bislang bestehende Rechte an der Sache gehen unter (vgl. zu der Frage H. HÜBNER aaO, S. 45 ff).

Beim **originären Erwerb** gelangt das erworbene Recht in der Person des Erwerbers regelmäßig neu zur Entstehung (z. B. beim Eigentumserwerb kraft Verarbeitung, bei der Aneignung einer herrenlosen Sache). Dies gilt jedoch nicht immer; in den Fällen, in denen wie bei §§ 932, 937 die Zuordnung einer Sache nur an *einen* Berechtigten möglich ist und daher der bisherige Berechtigte „verdrängt" werden muß (v. TUHR II/1 § 44 II), können Rechte Dritter an dem Gegenstand erhalten bleiben (§§ 936 II, 945).

Derivativer Erwerb liegt in den Fällen vor, in denen der Erwerber das Recht durch Rechtsgeschäft mit dem Berechtigten erlangt (z. B. Forderungsabtretung, § 398; Eigentumsübertragung, § 929). Derivativer Rechtserwerb ist jedoch auch die Erbfolge, selbst die gesetzliche, da das Gesetz den Erben in die Rechtsposition des Erblassers einweist. Der Erwerber rückt hierbei in die Rechtsstellung des Vormannes ein; er kann grundsätzlich nicht mehr Rechte erwerben, als dem Rechtsvorgänger zustanden: nemo plus iuris transferre potest quam ipse habet (vgl. Ulp. D 50, 17, 54). Ausdruck dieses Prinzips ist insbesondere die Erhaltung der Einreden für den Schuldner bei Abtretung der Forderung durch den Gläubiger (§ 404).

Beim derivativen Erwerb kann zwischen *derivativ-translativem* und *derivativ-konstitutivem* Erwerb unterschieden werden; bei ersterem wird das Recht des Vormannes vollständig übertragen (z. B. Eigentumsübertragung gem. § 929); im letzteren Falle wird durch den Berechtigten eine Teilberechtigung begründet und übertragen (so bei der Einräumung beschränkt dinglicher Rechte).

231 IV. Der abgeleitete Erwerb begründet die **Rechtsnachfolge**. Sie kann sich entweder auf ein einzelnes Recht beziehen *(Sondernachfolge, Singularsukzession)* oder ein Vermögensganzes durch einen Rechtsvorgang auf einen neuen Träger übergehen lassen *(Gesamtnachfolge, Universalsukzession)*.

Grundsätzlich gilt das Prinzip der Sondernachfolge. *Gesamtnachfolge* ist nur ausnahmsweise in den gesetzlich bestimmten Fällen möglich, so z. B. beim Erbgang (§ 1922), bei der Begründung der Gütergemeinschaft (§§ 1415ff), ferner beim Anfall des Vereinsvermögens an den Fiskus (§ 46) sowie beim „Anwachsen" eines Vermögensanteils im Falle des Ausscheidens eines Gesellschafters (§ 738), bei der Verschmelzung (Fusion) zweier Aktiengesellschaften (§§ 346 III, 353 V 2 AktG). Bei der Gesamtnachfolge ist eine Übertragung der einzelnen Gegenstände und Rechte nicht erforderlich.

Sollen *in anderen Fällen* mehrere Rechte auf einmal übertragen werden, sind so viele einzelne Übertragungshandlungen nötig, wie Rechte in Frage stehen. So sind z. B. bei der Übertragung eines Unternehmens Einzelübertragungen nach §§ 873, 925, §§ 929 ff und § 398 erforderlich. Es gilt hier das sogenannte *Spezialitätsprinzip*, der *Bestimmtheitsgrundsatz* (vgl. dazu auch oben Rdn. 176).

Allerdings ist der Grundsatz dadurch aufgeweicht, daß zur Übereignung auch eine *Sammelbezeichnung* ausreichen kann, wenn sie den Bezug auf konkrete, individuell bestimmte Sachen gewährleistet. Die Regelung ist bedeutsam für die Sicherungsübereignung von Warenlagern, wobei die Kenn-

Erwerb, Übergang und Verlust von Rechten §23 V

zeichnung durch äußere Umstände (gesonderte Lagerung, Lagerbücher u. ä.) sichergestellt sein muß. Unter diesen Voraussetzungen wird eine Rechtsnachfolge in den gekennzeichneten Sachbestand selbst bei einem Bestandswechsel bejaht *(Sicherungsübereignung von Warenlagern mit wechselndem Bestande;* BGHZ 28, 16ff).

V. Die Übertragung von Rechten erfolgt durch die **Verfügung**. Der Begriff ist im BGB nicht definiert; allgemein versteht man unter einer Verfügung ein Rechtsgeschäft, das auf den Bestand eines Rechtes unmittelbar einwirkt, sei es, daß ein bestehendes Recht unmittelbar übertragen, inhaltlich geändert, belastet oder aufgehoben wird (vgl. BGHZ 1, 294, 304; RGZ 90, 395, 399; STAUDINGER/DILCHER Vor §§ 104ff Rdn. 44). **232**

> Durch Verfügung wird ein Recht auf einen anderen *übertragen,* z.B. bei Eigentumsübertragung, Forderungsabtretung. Dafür ist die Mitwirkung des Erwerbers erforderlich. Verfügungen führen auch zu inhaltlichen Änderungen, z.B. bei Rangänderungen (§ 880) oder bei einer Novation. Zur *Belastung* führen Verfügungen z.B. bei der Bestellung von Pfandrechten (§§ 1113, 1205). Eine Verfügung stellt auch die Aufhebung eines Rechtes dar, z.B. die Dereliktion (§ 959), die Aufgabe des Eigentums an einem Grundstück durch Verzicht (§ 928), Erlaß (§ 397).

Durch die unmittelbare Einwirkung auf das Recht *unterscheidet* sich die Verfügung vom obligatorischen Geschäft, das dem Rechtsinhaber lediglich die *Verpflichtung* zur Einwirkung, d.h. zur Verfügung, auferlegt. Das deutsche Recht geht im Interesse der Rechtsklarheit von dieser Unterscheidung aus *(Abstraktionsprinzip;* s. unten Rdn. 358ff).

Die Verfügung ist Ausübung der im subjektiven Recht gelegenen Rechtsmacht. Das Gesetz läßt eine Beschränkung der Verfügungsbefugnis mit absoluter Wirkung durch Rechtsgeschäft nicht zu (§ 137).

Die Verfügung selbst ist *Rechtsgeschäft.* Sie erfolgt durch Willenserklärung (z.B. §§ 929, 873, 925, 398; ggf. durch nicht empfangsbedürftige Willenserklärung, § 959). Sie unterliegt deshalb hinsichtlich der an den Willen zu knüpfenden Erfordernissen und ihrer Wirksamkeit den allgemeinen Vorschriften über die Rechtsgeschäfte.

> Die Verfügung muß auf dem Gebiet des Sachenrechts der Allgemeinheit gegenüber kundgegeben werden (Publizitätsgrundsatz); ihm genügt bei Grundstücken die Eintragung ins Grundbuch (§ 873), bei beweglichen Sachen das sogenannte Traditionsprinzip (vgl. §§ 929, 1205). Werden berechtigte Interessen bestimmter anderer Personen berührt, so ist deren Mitwirkung vorgeschrieben (§ 876). Verzicht und Erlaß bei Forderungsrechten erfordern stets einen Vertrag (§ 397).

Keine Verfügung ist die Willenserklärung des Erwerbers eines Rechtes. Auch die Annahme als Erfüllung wird nicht als Verfügung über das Forderungsrecht angesehen (so die herrschende Theorie der realen Leistungsbewirkung – LARENZ SchR I § 18 I 4; MÜNCHKOMM/HEINRICHS § 362 Rdn. 6 m. w. N., im Gegensatz zur Vertragstheorie – v. TUHR II/2 § 72 III; EHMANN JZ 1968, 549 ff. m. w. N.).

233 VI. Die Verfügung setzt als inhaltliche Ausübung des Rechtes eine entsprechende Rechtsmacht, die sogenannte **Verfügungsmacht** oder **Verfügungsbefugnis** voraus. Die Verfügungsbefugnis darf nicht mit der Geschäftsfähigkeit verwechselt werden; sie ist keine Eigenschaft des Verfügenden, sondern eine Beziehung zu dem Recht, über das verfügt wird, kraft deren der Verfügende zur wirksamen Vornahme der Verfügung imstande ist.

Jedoch kann der Inhalt des Rechtes so gestaltet sein, daß das Recht von einem anderen nicht ohne Wesensänderung ausgeübt werden kann; dann ist eine Verfügung zur Übertragung des Rechtes völlig oder teilweise ausgeschlossen (z. B. §§ 399, 1059).

234 1. Regelmäßig hat der Inhaber des Rechtes auch die Verfügungsmacht. Doch kann sie ihm ausnahmsweise entzogen oder ihre wirksame Ausübung an die Zustimmung einer anderen Person geknüpft sein.

a) Es gibt zahlreiche **Verfügungsbeschränkungen**. Die wichtigsten sind die Verfügungsbeschränkung eines Ehegatten über sein Vermögen im ganzen oder über einzelne Haushaltsgegenstände (§§ 1365, 1369), die Verfügungsbeschränkung des Vorerben (§§ 2112 ff; vgl. BGHZ 52, 269, 270), die Verfügungsbeschränkung des Erben bei Bestellung eines Testamentsvollstreckers (§ 2211), die Verfügungsbeschränkung des Gemeinschuldners infolge Konkurseröffnung (§§ 6, 7 KO).

b) Verfügungsbeschränkungen ergeben sich ferner aus den gesetzlichen oder behördlichen **Veräußerungsverboten**; es handelt sich hierbei weitgehend um relative Verfügungsbeschränkungen, die nur im Verhältnis zu bestimmten, geschützten Personen wirken (§§ 135, 136); ein solches gesetzliches Veräußerungsverbot enthält z. B. § 1124 II; gerichtlich oder behördlich erlassene Veräußerungsverbote sind z. B. die einstweilige Verfügung (§ 938 ZPO), die Anordnung der Zwangsversteigerung (§§ 20, 23 ZVG). – Vgl. im einzelnen unten Rdn. 525.

235 2. *Rechtsinhaberschaft und Verfügungsbefugnis können auseinanderfallen.* Das *Gesetz* räumt häufig die Befugnis ein, über ein fremdes Recht zu verfügen, z. B. durch die Möglichkeit, hinterlegungsunfähige Sachen bei Gläubigerverzug zu versteigern (§ 383) oder durch die Möglichkeit für den Pfandgläubiger, Pfandsachen zu veräußern (§ 1242).

Sie kann aber auch auf der *rechtsgeschäftlichen Zustimmung* eines anderen beruhen, sei es, daß der Rechtsinhaber dem Verfügenden Vertretungsmacht zur Verfügung im fremden Namen erteilt hat (§§ 164, 167), sei es, daß der Rechtsinhaber dem Verfügenden die Einwilligung zur Verfügung im eigenen

Namen gegeben hat; denn nach § 185 ist eine Verfügung, die ein Nichtberechtigter über einen Gegenstand trifft, wirksam, wenn sie mit Zustimmung des Berechtigten erfolgt.

    Entsprechend der Verfügungsbefugnis im materiellen Recht kennt das Prozeßrecht die Befugnis, Prozesse für andere im eigenen Namen zu führen (sog. *Prozeßstandschaft*); so kann z.B. in der Gütergemeinschaft der alleinverwaltende Ehegatte Rechtsstreitigkeiten, die sich auf das Gesamtgut beziehen, im eigenen Namen führen (§ 1422), ein Ehegatte die Unwirksamkeit von Vermögensverfügungen gegenüber Dritten geltend machen, die der andere Ehegatte ohne seine Zustimmung getroffen hat (§ 1368), ein Gläubiger die ihm in der Zwangsvollstreckung zur Einziehung überwiesene Forderung im eigenen Namen einklagen (§§ 829, 835 ZPO).

3. Das **Fehlen der Verfügungsbefugnis** hat grundsätzlich die Unwirksamkeit der Verfügung zur Folge.

    a) Doch kann sie *ausnahmsweise wirksam* sein, soweit die Vorschriften über den *Schutz des gutgläubigen Erwerbs* eingreifen. Zu unterscheiden sind hier die Fälle, in denen der Erwerber den Verfügenden für den Rechtsinhaber hält, von den Fällen, in denen der Erwerber den Verfügenden lediglich für verfügungsberechtigt hält. Ausgangsmodell ist der Erwerb vom Nichteigentümer (§§ 892, 932). Will das Gesetz ausnahmsweise den guten Glauben an die Verfügungsbefugnis schützen, nimmt es auf das Ausgangsmodell ausdrücklich Bezug.

    Hat sich z.B. ein Nichtberechtigter als Eigentümer der Sache ausgegeben, über die er verfügt, so wird der gute Glaube des Erwerbers an das fehlende Eigentum geschützt. Handelt es sich dagegen um den guten Glauben des Erwerbers an die Verfügungsbefugnis, ist zu unterscheiden, ob der Erwerber den Verfügenden für *durch den Rechtsinhaber ermächtigt* hält *oder* ob er den verfügenden *Rechtsinhaber für unbeschränkt verfügungsberechtigt* hält.

    Im ersteren Fall wird nach bürgerlichem Recht der gute Glaube des Erwerbers an die fehlende Verfügungsbefugnis grundsätzlich nicht geschützt. Wenn hingegen ein Kaufmann im Betrieb seines Handelsgewerbes im eigenen Namen eine ihm nicht gehörende bewegliche Sache veräußert oder verpfändet, genießt der gute Glaube des Erwerbers auch dann Schutz, wenn er lediglich die Befugnis, über die Sache für den Eigentümer zu verfügen, betrifft (§ 366 HGB).

    Zu unterscheiden davon sind die Fälle, in denen der Erwerber den in offener Stellvertretung ohne Vertretungsmacht Verfügenden hierzu für berechtigt hält. Hier können die Grundsätze der Anscheinsvollmacht eingreifen; für eine Einbeziehung dieser Fälle in eine erweiterte Anwendung des § 366 HGB besteht daher kein Bedürfnis (vgl. zum Streitstand Capelle/Canaris § 18 I 3 d).

    Im anderen Fall ist zu unterscheiden, ob es sich um *absolute* oder *relative* Verfügungsbeschränkungen handelt. Soweit die Verfügungsbeschränkung *absoluten* Charakter hat, hilft dem Erwerber der gute Glaube an das

Nichtbestehen des Verfügungsverbotes nicht (so z. B. bei einer Veräußerung entgegen §§ 1365, 1369). Soweit jedoch die Verfügungsbeschränkung auf einem *relativen* Veräußerungsverbot im Sinne der §§ 135, 136 beruht, wird Gutglaubensschutz gewährt. Nach § 135 II finden die Vorschriften zugunsten derjenigen, welche Rechte von einem Nichtberechtigten herleiten, entsprechende Anwendung (vgl. im einzelnen unten Rdn. 225).

Zu beachten bleibt, daß bei im Grundbuch einzutragenden Rechten zur Zerstörung des guten Glaubens die Verfügungsbeschränkung aus dem Grundbuch ersichtlich oder dem Erwerber bekannt sein muß. Obwohl die herrschende Meinung in der Konkurseröffnung eine absolute Verfügungsbeschränkung sieht (SOERGEL/HEFERMEHL § 136 Rdn. 14 m. w. N.), wird für den Liegenschaftsverkehr die Eintragung des Konkursvermerks zur Zerstörung des guten Glaubens vorausgesetzt (vgl. § 7 I 1 2. Hs. KO); hingegen gilt für den Fahrnisverkehr das Veräußerungsverbot absolut.

Eine entsprechende Regelung zu § 135 II enthält § 161 III für die Verfügungsbeschränkung dessen, der über einen Gegenstand unter einer Bedingung verfügt hat, obwohl es sich nicht um eine relative Verfügungsbeschränkung im engeren Sinn handelt, sondern eine zeitlich und sachlich begrenzte absolute Unwirksamkeit vorliegt.

b) Auch unabhängig von den Fällen des gutgläubigen Erwerbs kann die Verfügung eines *Nichtberechtigten nachträglich wirksam* werden, wenn der Berechtigte sie *genehmigt* oder wenn der Verfügende den Gegenstand erwirbt oder wenn er von dem Berechtigten beerbt wird und dieser für die Nachlaßverbindlichkeiten unbeschränkt haftet (§ 185 II).

Die Verfügung eines *Rechtsinhabers ohne Verfügungsmacht* kann ebenfalls durch *Genehmigung* wirksam werden, z. B. wenn der Konkursverwalter eine Verfügung des Gemeinschuldners genehmigt; entsprechendes gilt, wenn die *Verfügungsbeschränkung rückwirkend wegfällt*, z. B. wenn der Konkurseröffnungsbeschluß in der Beschwerdeinstanz aufgehoben wird, da hier die Verfügungsbefugnis des Rechtsinhabers als nie entfallen gilt (vgl. MENTZEL/KUHN/UHLENBRUCK § 109 Rdn. 7).

237 VII. Der Begriff des **Rechtsverlustes** ist auf die Fälle einzuschränken, in denen ein Wille des Berechtigten zur Übertragung oder Aufgabe nicht vorliegt.

Dies ist der Fall, wenn der Gegenstand des Rechtes untergeht oder das Recht durch Zeitablauf erlischt (z. B. das Patent 20 Jahre nach Anmeldung der Erfindung, § 16 PatG; das Urheberrecht 70 Jahre nach dem Tod des Urhebers § 64 UrhG). Zum Erlöschen führen auch die Ausschlußfristen (z. B. bei den Besitzschutzansprüchen, § 864, und bei den Gestaltungsrechten, vgl. §§ 121, 1944).

Ein Rechtsverlust kann aber auch dadurch eintreten, daß ein Recht einem Rechtssubjekt *entzogen* wird, *um es einem anderen zuzuordnen*. Eine solche Regelung kann nur ausnahmsweise möglich sein, da der dem Individuum durch die Verfassung garantierte Bestandsschutz durchbrochen wird (vgl. Art. 14 GG).

Das BGB hat hierfür – abgesehen von öffentlich-rechtlichen Eingriffsmöglichkeiten – verschiedene Gründe für relevant erachtet, so den Schutz des redlichen Verkehrs (z. B. beim Erwerb vom Nichtberechtigten, §§ 892, 932 ff, 1207), das Interesse an der Erhaltung wirtschaftlicher Werte (z. B. bei Verbindung mit einem Grundstück als wesentlicher Bestandteil, § 946), die Lockerung der Rechtsbeziehung durch Zeitablauf (z. B. Ersitzung durch einen gutgläubigen Eigenbesitzer, § 937), die Neuzuordnung nach der Bedeutung der Umgestaltung durch Verarbeitung (§ 950), schließlich auch das Bedürfnis nach einer „definitiven dinglichen Regelung" (so beim Fund, §§ 973 ff; vgl. Mot. III, 386).

Für den durch die neue Zuordnung eingetretenen Rechtsverlust gewährt die Rechtsordnung dem früheren Rechtsinhaber – unabhängig von eventuellen Schadensersatzansprüchen – in der Regel *Ausgleichsansprüche*, z. B. in den Fällen des gutgläubigen Erwerbs nach § 816 I und bei der Verbindung als wesentlicher Bestandteil nach §§ 951, 812 ff. Bei der Ersitzung können nach §§ 812 ff (h. M., vgl. ERMAN/HEFERMEHL § 937 Rdn. 6 m. w. N.) und beim Fund nach §§ 977, 812 ff Bereicherungsansprüche zur *Rückübertragung* des Eigentums und damit zur Aufhebung der Zuordnung führen.

§ 24
Schranken der Rechte

BALLERSTEDT Zur Systematik des Mißbrauchsbegriffs im GWB, in: Strukturen und Entwicklungen im Handels-, Gesellschafts- und Wirtschaftsrecht, Festschrift Hefermehl, 1976, 37 ff; BAUMGÄRTEL Treu und Glauben, gute Sitten und Schikaneverbot im Erkenntnisverfahren, ZZP 69, 89 ff; BAUR, J. Der Mißbrauch im deutschen Kartellrecht, 1972; BRENNER Die exceptio doli generalis in den Entscheidungen des Reichsgerichts, 1926; GADOW Die Einrede der Arglist, JherJb. 84, 174 ff; HAGER Schikane und Rechtsmißbrauch im heutigen bürgerlichen Rechte, 1913; HEDEMANN Die Flucht in die Generalklauseln, 1933; HOHMANN § 242 BGB und unzulässige Rechtsausübung in der Rechtsprechung des BGH, JA 1982, 112 ff; HUECK, A. Der Treuegedanke im modernen Privatrecht, 1947; MÜHL Treu und Glauben im Sachenrecht, NJW 1956, 1657; RIEZLER Venire contra factum proprium, 1921; SCHRICKER Gesetzesverletzung und Sittenverstoß, 1970; SIEBERT Verwirkung und Unzulässigkeit der Rechtsausübung, 1934; ders., Vom Wesen des Rechtsmißbrauchs, 1935; WIEACKER Zur rechtstheoretischen Präzisierung des § 242 BGB, 1956; siehe auch die Literaturnachweise zu den einzelnen Ausformungen des § 242 in: STAUDINGER/J. SCHMIDT § 242 sowie STAUDINGER/WEBER in der 11. A.

I. Da das subjektive Recht als Zuweisung einer Rechtsstellung die Schutzwürdigkeit der Interessen voraussetzt, kann der Rechtsinhaber sein Recht nicht schrankenlos ausüben. Schranken ergeben sich aus Verfassungsgrundsätzen, insbesondere den Grundrechten, die zumindest mittelbar über die

Generalklauseln des BGB auf das Privatrecht einwirken (vgl. hierzu oben Rdn. 72). Ganz allgemein ist die Rechtsmacht an die Gebote der sittlichen Ordnung gebunden. Das schweizerische ZGB hat dies in Art. 2 mit dem Leitsatz zum Ausdruck gebracht: „Jedermann hat in der Ausübung seiner Rechte und in der Erfüllung seiner Pflichten nach Treu und Glauben zu handeln"; demgemäß soll der offenbare Mißbrauch eines Rechtes keinen Rechtsschutz finden. Die französische Rechtslehre hat zur Bekämpfung des Rechtsmißbrauchs die Theorie vom „abus des droits" entwickelt und sieht darin ein Handeln ohne Recht, eine Rechtsüberschreitung.

Das BGB hat die *exceptio doli generalis* des Gemeinen Rechts nicht aufgenommen. Die Erste Kommission verhielt sich ablehnend; Anträge in der Zweiten Kommission wurden zurückgewiesen, da die Rechtssicherheit beeinträchtigt sei (Prot. I, 238 ff). Selbst der in seiner Wirkungsbreite beschränkte § 226 gelangte erst in einer späteren Kodifikationsphase durch den Einfluß des Bundesrates in den Entwurf.

Ausgangspunkt für diese Regelung war die Einschränkung der Befugnisse aus dem Eigentum. Die Erste Kommission hatte von einer Beschränkung in den Fällen, in denen vom Eigentum lediglich zu dem Zweck, einem anderen zu schaden, Gebrauch gemacht wurde, bewußt abgesehen (Mot. III, 260). Auch die Zweite Kommission konnte sich nicht entschließen, eine Vorschrift gegen eine mißbräuchliche Ausübung des Eigentums aufzunehmen (Prot. III, 168). In dem vom Bundesrat vorgelegten Entwurf von 1896 enthielt der § 887, der dem heutigen § 903 entspricht, jedoch einen Absatz II: „Eine Ausübung des Eigentums, die nur den Zweck haben kann, einem anderen Schaden zuzufügen, ist unzulässig." Diese Vorschrift wurde in den Reichstagsberatungen – verallgemeinert für jede Rechtsausübung – als § 220 a (= § 226 BGB) in den Allgemeinen Teil übernommen (Bericht der Reichstagskommission über den Entwurf von 1896, 32 f).

239 II. Im BGB ergeben sich die Schranken der Rechte insbesondere aus den §§ 226, 826, 242. Sie müssen als inhaltliche Schranken des Rechts (Innentheorie) und nicht nur als Verbot der Rechtsausübung (Außentheorie) angesehen werden. Ein Verstoß gegen die rechtsethischen Grenzen der Rechtsmacht stellt ein „Handeln ohne Recht" dar (überwiegende Meinung, der die Rechtsprechung offensichtlich folgt; vgl. Enn./Nipperdey § 239 III 6 m. w. N.).

Im Falle mißbräuchlicher Rechtsausübung bedarf es daher keiner prozessualen „Einrede" des Gegners (vgl. dazu näher unten Rdn. 257 ff). Vielmehr ist der Rechtsmißbrauch von Amts wegen zu beachten. Allerdings muß derjenige, der sich auf Rechtsmißbrauch beruft, die Tatsachen vortragen, die die Rechtsausübung unzulässig machen; er trägt für diese Tatsachen auch die Beweislast (vgl. BGHZ 12, 154, 160).

1. Schikaneverbot

240 Verboten ist die Schikane, d. h. eine Rechtsausübung, die *nur* den Zweck haben *kann*, einem anderen Schaden zuzufügen (§ 226).

Vorausgesetzt wird, daß die Schadenszufügung der *einzige Zweck* der

Rechtsverfolgung ist. Wenn ein berechtigtes Interesse auch nur mitbestimmend ist, scheidet ein Verstoß gegen § 226 aus (vgl. RGZ 98, 15, 17). Wegen dieser engen Anforderungen ist die Vorschrift in der Praxis wenig bedeutsam, da sich der Beweis des alleinigen Zweckes kaum erbringen läßt.

> Daher sind *positive* Entscheidungen selten. Beispiele sind u. a.: Ein Vater hatte seinem mit ihm verfeindeten Sohn unbedingt und ausnahmslos das Betreten des Schloßgartens untersagt, in dem die Mutter beerdigt war (RGZ 72, 251, 254). Ein Darlehensnehmer hatte zur Sicherung eines ihm gegebenen Darlehens Aktien mit bestimmten Nummern verpfändet; die Aktien wurden infolge Konkurses der AG wertlos; gleichwohl verlangte er, als er auf Rückzahlung des Darlehens in Anspruch genommen wurde, Rückgabe seiner Aktien, obwohl der Gläubiger, da die Aktien verbrannt waren, ihm andere, gleichfalls wertlose Aktien der AG anbot (RGZ 96, 184 ff). – Zur *Ablehnung* des § 226 wegen Fehlens des alleinigen Schikanezwecks vgl. RG WarnRspr. 1916 Nr. 51, wo dem Verlangen auf Beseitigung eines geringfügigen Überbaus trotz „übler Gesinnung" des Klägers stattgegeben wurde, weil dem Kläger immerhin ein Bodenverlust von 1,2 m² entstanden war. – Der Rechtsgedanke des § 226 findet auch im Verfahrensrecht Anwendung (OLG Frankfurt NJW 1979, 1613).

Ein schikanöses Verhalten ist *widerrechtlich*. Daher ist bei Vorliegen der Voraussetzungen des § 227 *Notwehr* denkbar. – Der mißbräuchlichen Rechtsausübung kann weiterhin mit einem *Unterlassungsanspruch*, der unmittelbar auf § 226 gestützt wird, entgegengetreten werden (so RGZ 72, 251, 254, h. M.). – Hat die schikanöse Handlung zu einer Schädigung geführt, kann *Schadensersatz* verlangt werden: nach § 823 I, wenn dessen Voraussetzungen vorliegen, aber auch nach § 823 II, da § 226 Schutzgesetz ist; nicht zuletzt kann § 826 in Betracht kommen. Allerdings ist in diesen Fällen die Voraussetzung des Verschuldens gesondert zu prüfen, da Fälle denkbar sind, in denen z. B. mangels Deliktsfähigkeit die Anwendbarkeit dieser Vorschriften ausgeschlossen sein kann (zum vorsatzausschließenden Irrtum vgl. SIEBERT Verwirkung, S. 145).

2. Das Verbot sittenwidriger Schädigung

Eine Schranke der Rechtsausübung ergibt sich aus § 826, der neben dem Schadensersatzanspruch auch eine quasi-negatorische Unterlassungsklage ermöglicht, da der Verstoß gegen die guten Sitten das Handeln rechtswidrig macht (RGZ 155, 55, 59). Daß es sich um eine Schranke der Rechtsausübung handelt, erweist die Entstehungsgeschichte: Die ursprüngliche Einschränkung, daß § 826 *nur* Platz greife, wenn der Schädiger nicht in Ausübung eines ihm zustehenden Rechtes handele, wurde durch die Reichstagskommission gestrichen. Die Schrankenfunktion wird besonders dadurch deutlich, daß durch § 826 sogar die *Rechtskraft* eines Urteils *durchbrochen* wird, wenn der Gläubiger das Urteil zwar nicht erschlichen hat, seine Unrichtigkeit jedoch kennt und besondere, schwerwiegende Umstände hinzutreten, welche die Verwertung als sittenwidrig erscheinen lassen (RGZ 168, 1, 12; BGHZ 13, 71,

72; 26, 391, 396). – Wegen der Rechtswidrigkeit des sittenwidrigen Handelns ist Notwehr zulässig.

§ 826 *überschneidet sich mit anderen gesetzlichen Bestimmungen.* Die Vorschrift geht über § 226 hinaus, da sie nicht auf die Ausschließlichkeit des Schädigungszwecks abstellt. Andererseits geht sie von strengeren Voraussetzungen aus als § 242, da nicht jede Treuwidrigkeit einen Verstoß gegen die guten Sitten zu bedeuten braucht (BAG NJW 1964, 1542). Dem § 826 entsprechende Schranken der subjektiven Rechte finden sich insbesondere in wettbewerbsrechtlichen Sondergesetzen (vgl. z. B. § 1 UWG, § 12 RabG), wobei § 826 neben diesen Sonderbestimmungen Anwendung finden kann (vgl. BGHZ 36, 252, 256).

3. Einschränkungen durch den Grundsatz von Treu und Glauben

242 Aus der in das Schuldrecht aufgenommenen Vorschrift des **§ 242**, wonach der Schuldner die Leistung so zu bewirken hat, wie *Treu und Glauben mit Rücksicht auf die Verkehrssitte* es erfordern, wird eine *generelle Verhaltenspflicht* abgeleitet, die die *gesamte Rechtsordnung* beherrscht. Sie umfaßt einerseits Fürsorge-, Mitwirkungs-, Aufklärungs- und Sorgfaltspflichten, die sich teilweise als Nebenpflichten im Schuldverhältnis äußern; andererseits erzeugt die Pflichtbindung zugleich Schranken in der Ausübung von Rechten.

Im *Zivilrecht* äußert sich die Schrankenfunktion des § 242 *in allen Bereichen*, nach h. M. auch im Sachenrecht. Hierbei ergeben sich Überschneidungen mit den §§ 134, 138. Freilich braucht nicht jeder Verstoß gegen Treu und Glauben ein Verstoß gegen ein gesetzliches Verbot oder gegen die guten Sitten zu sein. Andererseits werden insbesondere die Verstöße gegen § 138 in der Regel Verstöße gegen Treu und Glauben darstellen. In diesen Fällen stellt sich die Frage, ob die gesetzlich angeordneten Nichtigkeitsfolgen gelten oder die flexiblere Vorschrift des § 242 anwendbar sein soll (vgl. unten Rdn. 502, 508). Der Rückgriff auf § 242 ist geboten, wenn die Rechtsfolgen der Nichtigkeit nicht ausreichen, den Benachteiligten zu schützen. So ist z. B. zu prüfen, ob an sich nichtige Vertragsbedingungen nicht durch Heranziehung des § 242 auf ein vertretbares Maß zurückgeführt werden können (BGH NJW 1971, 1034, 1035).

243 In einer Reihe von Fällen hat der Grundsatz von Treu und Glauben eine *institutionelle Ausformung* erfahren. In erster Linie ist hier die Rechtsfigur des **venire contra factum proprium** zu nennen, die gebietet, daß die Wahrnehmung von Rechten nicht zu dem eigenen Verhalten in Widerspruch stehen darf. Unter diesem Oberbegriff sind etwa die gesetzlichen Vorschriften der §§ 162, 817 S. 2 einzuordnen, darüber hinaus das Institut der **Verwirkung** (vgl. unten § 52), aber auch die **treuwidrige Berufung auf Formnichtigkeit** (vgl. unten Rdn. 485). Die neuere Rechtslehre führt auch die Rechtsfolgen beim **Wegfall der Geschäftsgrundlage** auf die sich aus § 242 ergebenden Schranken zurück (vgl. unten 567 ff). Ganz allgemein zeigt sich die Schrankenfunktion im

Grundsatz **„dolo petit"** *(dolo agit, qui petit, quod statim redditurus est)*, der eine erweiterte Anwendung im Prozeß gefunden hat (vgl. BAUMGÄRTEL aaO). Schließlich lassen sich auch einzelne Erscheinungsformen im Bereich des **Vertrauensschutzes** als Schranke der Rechtsausübung auffassen, so z. B., wenn nach dem Grundsatz *„Wo du deinen Glauben gelassen hast, dort sollst du ihn suchen"* der Herausgabeanspruch des bisherigen Eigentümers gegenüber dem gutgläubigen Dritten ausgeschlossen und darüber hinaus dem Erwerber nach § 932 das Eigentum zugesprochen wird (vgl. unten Rdn. 332 ff).

§ 25
Anspruch und Einrede

ARENS Zur Anspruchskonkurrenz bei mehreren Haftungsgründen, AcP 170, 392 ff; BLEY Klagerecht und rechtliches Interesse, 1923; BORNEMANN Die Lehre vom Anspruch, 1971; BRUNS Die Anspruchskonkurrenz im Zivilrecht, JuS 1971, 221 ff; ders., Der materiellrechtliche Anspruch und der Zivilprozeß, Festschrift Ekelöf, 1972, 161 ff; BÜLOW Klage und Urteil, ZZP 31, 191 ff; DIETZ Anspruchskonkurrenz bei Vertragsverletzung und Delikt, 1934; EICHLER Die Konkurrenz der vertraglichen und deliktischen Haftung im deutschen Recht, AcP 162, 401 ff; GEORGIADES Die Anspruchskonkurrenz im Zivilrecht und Zivilprozeßrecht, 1968; HELLWIG Anspruch und Klagrecht, 1924; ders., Klagerecht und Klagemöglichkeit, 1905; HENCKEL Prozeßrecht und materielles Recht, 1970; ders., Vorbeugender Rechtsschutz im Zivilrecht, AcP 174, 97 ff; HÖLDER Über Ansprüche und Einreden, AcP 93, 1 ff; JAHR Die Einrede des Bürgerlichen Rechts, JuS 1964, 125 ff, 218 ff, 193 ff; KAUFMANN, H. Zur Geschichte des aktionenrechtlichen Denkens, JZ 1964, 482 ff; KLEINFELLER Der Begriff „Anspruch", AcP 137, 129 ff; LANGHEINEKEN Anspruch und Einrede, 1903; LENT Die Gesetzeskonkurrenz im Bürgerlichen Recht und Zivilprozeß, 2 Bde., 1912 und 1917; MEDICUS Anspruch und Einrede als Rückgrat einer zivilistischen Lehrmethode, AcP 171, 313 ff; ders., Subsidiarität von Ansprüchen, JuS 1977, 637 ff; NEUSSEL Anspruch und Rechtsverhältnis, 1952; OKUDA Über den Anspruchsbegriff im deutschen BGB, AcP 164, 536 ff; REICHEL Unklagbare Ansprüche, JherJb. 59, 409 ff; 60, 38 ff; RIMMELSPACHER Materieller Anspruch und Streitgegenstandsproblem im Zivilprozeß, 1970; SCHAPP Das subjektive Recht im Prozeß der Rechtsgewinnung, 1977; SCHLOSSER Selbständige peremptorische Einrede und Gestaltungsrecht im deutschen Zivilrecht, JuS 1966, 257 ff; SCHMIDT, R. Die Gesetzeskonkurrenz im bürgerlichen Recht, 1915; SCHWAB Die Entscheidung über prozeßhindernde Einreden, Festschrift Friedrich Weber, 1975, 413 ff; SEELIG Die prozessuale Behandlung materiellrechtlicher Einreden, 1980; SUPPES Der Einredebegriff des BGB, 1902; WACH Der Feststellungsanspruch, 1889; ders., Der Rechtsschutzanspruch, ZZP 32, 1 ff; WINDSCHEID Die actio des römischen Zivilrechts vom Standpunkt des heutigen Rechts, 1856.

I. Subjektives Recht und Anspruch

Der Anspruch ist das Recht, von einem anderen ein Tun oder Unterlassen zu verlangen (§ 194 I). Wie § 194 II zeigt, ist der Begriff nicht lediglich auf

§ 25 I 2   Dritter Teil: Die Rechte der Person

schuldrechtliche Forderungen beschränkt, sondern er umfaßt auch Ansprüche aus einem dinglichen, familienrechtlichen oder erbrechtlichen Verhältnis.

Wenn sich das Zivilrechtssystem neben dem Begriff des subjektiven Rechtes der Figur des Anspruches bedient, so ermöglicht es dadurch, die im subjektiven Recht enthaltenen und aus ihm entspringenden Befugnisse inhaltlich zu bestimmen sowie ihre Funktionen im einzelnen festzulegen.

245 **1. Absolute subjektive Rechte** sind Ausdruck der Herrschaftsmacht, die sich zunächst auf das Rechtsgut als Objekt bezieht; **Ansprüche** gegen Personen entstehen erst bei Entziehung, Eingriffen und Störungen. So läßt das Gesetz z. B. aus dem Eigentum die Ansprüche auf Herausgabe (§ 985), auf Beseitigung einer Störung (§ 1004 I 1) und auf Unterlassung (§ 1004 I 2) entspringen.

Die Unterscheidung wird insbesondere dadurch deutlich, daß im Gegensatz zum subjektiven Recht der Anspruch der Verjährung unterliegt (§ 194 I). So kann z.B. das Eigentumsrecht als subjektive Rechtsmacht (§ 903) nicht verjähren (allenfalls durch Zeitablauf unter den Voraussetzungen der §§ 937ff im Wege der Ersitzung verloren gehen), wohl aber ist der aus dem subjektiven Recht entspringende Anspruch auf Herausgabe (§ 985) der Verjährung unterworfen. Er kann dann nicht mehr gegen den Willen des Verpflichteten mit Erfolg geltend gemacht werden. Dagegen bleibt das Eigentumsrecht selbst bestehen. Das zeigt sich, wenn die Sache in die Hand eines weiteren Besitzers kommt, der sich auf Verjährung nicht berufen kann. Gegen diesen Besitzer kann der Eigentümer den Anspruch aus § 985, der allerdings seinerseits wieder verjähren kann, mit Erfolg geltend machen.

246 **2.** Während das Verhältnis zwischen absolutem subjektivem Recht und Anspruch klar erkennbar ist, bedarf das **Verhältnis von relativem subjektivem Recht und Anspruch** näherer Bestimmung. Dies wird dadurch erschwert, daß das Gesetz sowohl den Begriff Forderungsrecht als auch den Begriff Anspruch benutzt.

Auszugehen ist vom *Schuldverhältnis im weiteren Sinne,* das heute als Basis der gesamten Rechtsbeziehungen angesehen wird. Aus ihm erwachsen durch die „Bindung" des Schuldners subjektive Rechte; insofern ist das Schuldverhältnis – insbesondere das rechtsgeschäftlich begründete – das Gefüge („Organismus", „konstante Rahmenbeziehung"), aus dem sich neben der Hauptpflicht Nebenpflichten, Obliegenheiten sowie Gestaltungsrechte ergeben können.

Obliegenheiten erzeugen z.B. keinen Anspruch gegen den Verpflichteten, sie wirken lediglich über Sanktionen (z. B. dadurch, daß durch Verletzung von Obliegenheiten Ansprüche verloren gehen). – *Gestaltungsrechte* kann der Berechtigte von sich aus durchsetzen; mit der Anfechtung ist z. B. das Rechtsgeschäft vernichtet. Soweit das Gestaltungsrecht der richterlichen Kontrolle im Wege des Gestaltungsurteils unterworfen ist (vgl. oben Rdn. 227), bedarf es keines „Anspruches" auf Gestaltung; es besteht lediglich ein Klagerecht.

Anspruch und Einrede § 25 I 3

Im einzelnen Forderungsrecht konkretisiert sich das Schuldverhältnis, das Forderungsrecht wird zum *Schuldverhältnis im engeren Sinne*. Dabei kann sich das primäre Forderungsrecht, z. B. auf Leistung eines Gegenstandes, in einen sekundären Anspruch auf Schadensersatz verwandeln; auch diese Ansprüche werden ihrerseits als „Forderungsrechte" angesehen. Da die Rechtsordnung mithin keine Unterscheidung vornimmt, muß nach h.M. (vgl. LARENZ AT § 14 I; MEDICUS AT Rdn. 75) von einer *Identität von Forderung und Anspruch* ausgegangen werden.

Nur das Forderungsrecht im Sinne des Anspruchs ist übertragbar (§ 398), während der bisherige Gläubiger im übrigen seine Stellung im Schuldverhältnis (im weiteren Sinne) behält. Das ist besonders deutlich bei Dauerschuldverhältnissen, wenn Teilansprüche, z.B. auf Miete oder Arbeitslohn abgetreten werden. – Allgemein bleibt der bisherige Gläubiger zur Feststellungsklage berechtigt (RG Recht 1930 Nr. 1982). – Von den Hilfsrechten gehen grundsätzlich nur diejenigen, die der Durchsetzung der Forderung selbst dienen, ohne weiteres auf den Zessionar über (z.B. Fälligkeitskündigung, Mängelgewährleistung, Wahlrecht des Gläubigers). Ob darüber hinaus mit einer Abtretung z.B. das Rücktrittsrecht ipso iure auf den Zessionar übergeht, ist fraglich; es würde, da Interessen des Zedenten berührt werden, im Zweifel im Zusammenwirken mit diesem ausgeübt werden müssen (zum Streitstand BGH NJW 1973, 1793 f). – Bei Verträgen zugunsten Dritter behält der Versprechensempfänger das Recht, die Leistung an den Dritten zu fordern, auch dann, wenn diesem das Recht auf die Leistung zusteht (§ 335); dem Versprechensempfänger steht z. B. auch das Recht auf Wandlung zu.

Das Schuldverhältnis besteht insbesondere auch dann fort, wenn der Anspruch wegen Verjährung nicht mehr durchsetzbar ist. Der Verpflichtete hat zwar die Möglichkeit, gegen den Anspruch die Einrede der Verjährung zu erheben; eine Leistung, die er zur Befriedigung eines verjährten Anspruches erbracht hat, ein gegebenes Anerkenntnis (§ 781) oder eine Sicherheitsleistung (§§ 232ff) kann er jedoch nicht zurückverlangen (§ 222 II). Aus erhaltenen Sicherheiten kann sich der Gläubiger trotz des Akzessorietätsgrundsatzes weiterhin befriedigen (§ 223).

3. Die vom Gesetz für die schuldrechtlichen Ansprüche ausgesprochenen allgemeinen Regeln können auch auf *dingliche, familienrechtliche und erbrechtliche Ansprüche* zur Anwendung kommen, soweit sich nicht aus der betreffenden Regelung Gegenteiliges ergibt. Allgemeine Geltung kann der die gesamte Rechtsordnung beherrschende Grundsatz des § 242 beanspruchen. Dagegen ist nach h.M. die Anwendung des § 281 auf die Ansprüche aus dem Eigentum nach §§ 985 ff abzulehnen. Hier kann angesichts der vom Gesetz eingeräumten Sonderstellung des redlichen Besitzers dieser nicht verpflichtet werden, dem Eigentümer das sogenannte stellvertretende commodum herauszugeben (RGZ 115, 31, 33 gegen RGZ 105, 84 ff; zustimmend WOLFF/RAISER § 84 VI 1 und WESTERMANN § 31 IV 4 m.w.N.). Auch eine Abtretung des Berichtigungsanspruches nach § 894 ist nicht möglich; er kann allenfalls in Ermächtigung für den Berechtigten geltend gemacht werden. Andererseits muß darauf hingewiesen werden, daß auch aus dem Sachenrecht entstehende

247

§ 25 I 5   Dritter Teil: Die Rechte der Person

Ansprüche schuldrechtlichen Charakter haben, so z.B. §§ 987ff. Familienrechtliche Ansprüche sind nur abtretbar, wenn sie vermögensrechtlichen Inhalt haben (so z.B. nicht der Anspruch aus § 1632).

248   4. Der Anspruch setzt nicht notwendigerweise *Fälligkeit* voraus. Es gibt Ansprüche auf künftige, noch nicht fällige Leistungen („betagte Forderungen"), die, sofern bestimmt bzw. bestimmbar, der Abtretung fähig sind (vgl. zu ihrer Klagbarkeit auch § 257 ZPO). – Sie können von einer Rechtshandlung des Berechtigten abhängig gemacht werden (z.B. Kündigung). Hier kann von einem „verhaltenen" Anspruch gesprochen werden (LANGHEINEKEN aaO, S. 101ff).

Davon sind die Fälle zu unterscheiden, in denen die Parteien die Wirkung eines Rechtsgeschäfts vom Eintritt einer Bedingung oder eines Termins abhängig gemacht haben (§§ 158 I, 163). Auch hier ist die Übertragung daraus entstehender Anwartschaften möglich. Dingliche Anwartschaften können auch gegen Dritte den Schutz des Vollrechts genießen.

249   5. Der Rechtsinhaber kann vom Verpflichteten verlangen, daß dieser die Leistungsbefehle der Rechtsordnung befolgt. Ein solches Verlangen braucht nicht notwendig im Klagewege zu erfolgen; in den meisten Fällen werden die Ansprüche freiwillig erfüllt, sei es, daß das Begehren erst gar nicht ausdrücklich kundgetan wird (etwa bei alltäglichen Bargeschäften, Ware gegen Geld), sei es, daß auf Rechnung oder Mahnung etc. erfüllt wird. Um jedoch die im subjektiven Recht enthaltenen Möglichkeiten durchsetzen zu können, muß der Anspruch **klagbar** sein.

Nicht einklagbar ist die *Naturalobligation*. Der Begriff wird wegen seiner Vieldeutigkeit heute ersetzt durch den der *unvollkommenen Verbindlichkeit*. Es sind verschiedene Fälle zu unterscheiden: Bei *Spiel und Wette* entsteht überhaupt keine rechtliche Verpflichtung, mithin kein Anspruch; jedoch stellt die unvollkommene Verbindlichkeit eine hinreichende causa für eine erbrachte Leistung dar, so daß ein Rückgewähranspruch aus § 812 nicht gegeben ist (§§ 656 I 2, 762). Sodann gibt es Verpflichtungen, die materielle Ansprüche erzeugen, für die jedoch die Klagbarkeit ausgeschlossen ist (so z.B. das *Verlöbnis*, § 1297). Schließlich gibt es klagbare Forderungen, denen jedoch mit einer Einrede entgegengetreten werden kann, so daß sie zu unvollkommenen Verbindlichkeiten werden. Dies gilt für die *verjährte Forderung;* allerdings bleibt der Anspruch insoweit bestehen, als nicht nur mit ihm aufgerechnet, sondern er auch anerkannt werden kann; eine gegebene Sicherheit bleibt erhalten.

Klagbarkeit ist hier *materiellrechtlich* zu verstehen. Sie ist zu unterscheiden vom *Klagerecht im Sinne des Prozeßrechts,* d.h., dem Recht des Staatsbürgers gegenüber dem Staat auf Gewährung von Rechtsschutz, insbesondere auf Erlaß eines Urteils nach Maßgabe der Gesetze. Aus öffentlich-rechtlichen

Anspruch und Einrede §25 II 1

Grundsätzen kann dieser auch bei Vorliegen der materiellrechtlichen Voraussetzungen zu versagen sein, wenn ein *Rechtsschutzbedürfnis* fehlt, so z. B. wenn der Kläger auf den Rechtsschutz des Staates nicht angewiesen ist, da er bereits einen Vollstreckungstitel in Händen hat (z. B. bei Vorliegen einer vollstreckbaren Urkunde) oder einen solchen auf einfacherem Weg erreichen kann (z. B. durch einen Kostenfestsetzungsbeschluß, RGZ 130, 217f).

6. Darüber hinaus entspricht auch der Anspruch des materiellen Rechts nicht dem des Prozeßrechts. Die ZPO versteht unter „Anspruch" das vom Kläger erhobene *Klagebegehren*. Mit ihm können auch andere Rechte als Ansprüche nach dem BGB geltend gemacht werden. Außer der *Leistungsklage,* die einen Anspruch im materiellrechtlichen Sinne verfolgt, kann der prozessuale Anspruch auf Feststellung des Bestehens oder Nichtbestehens eines Rechtsverhältnisses *(Feststellungsklage)* oder auf Rechtsgestaltung, d. h. Änderung eines Rechtsverhältnisses *(Gestaltungsklage)*, gerichtet sein. Anspruch im Sinne des Prozeßrechts ist daher die im Antrag zum Ausdruck gelangende Behauptung des Klägers, über die er eine der Rechtskraft fähige Entscheidung begehrt (vgl. ROSENBERG/SCHWAB § 96 m.w.N.).

250

Im römischen Recht stand die klageweise Geltendmachung des Rechts im Vordergrund. Entscheidend für den Wert einer Rechtsposition war, ob der Praetor eine *actio* gab oder nicht. Deshalb hat das römische Recht kein System der Rechte, sondern der *actiones* ausgebildet. WINDSCHEID aaO versuchte, die gemeinrechtliche Vorstellung von der Verbindung materiellrechtlicher und prozeßrechtlicher Elemente zu überwinden und das materielle Recht als das Primäre, seine prozessuale Verwirklichung als Konsequenz des materiellen Rechts anzusehen; er begründete damit den materiellrechtlichen Begriff des Anspruchs.

II. Mehrheit von Anspruchsgrundlagen

Für die rechtliche Beurteilung eines Sachverhalts können mehrere Gesetzesbestimmungen in Betracht kommen. Das rührt daher, daß das Gesetz typische Lebenssachverhalte in Normen erfaßt hat, der Lebensvorgang jedoch in seiner Komplexität die Voraussetzungen verschiedener Normen erfüllen kann. Der Gesetzgeber hat für ein solches Zusammentreffen mehrerer Bestimmungen keine Regeln aufgestellt, sondern diese vielmehr der Wissenschaft überlassen (vgl. Mot. I, 278). Im Falle eines solchen Nebeneinanders von Ansprüchen *(Gesetzeskonkurrenz im weiteren Sinne)* ist jeweils durch Auslegung zu ermitteln, ob die Normen nebeneinander *(kumulativ)* oder wahlweise *(alternativ)* zur Anwendung kommen sollen oder ob die eine Norm die andere ausschließen will *(lex specialis – Gesetzeskonkurrenz im engeren Sinne)*.

251

1. Eine **kumulative Anwendung** der Normen ist in zweierlei Weise möglich:

a) Sie wird immer dann in Frage kommen, wenn Vorschriften verschiedene Zwecke verfolgen, verschiedene Bedürfnisse durch *verschiedene Rechtsfolgen*

252

befriedigen wollen. So ist z. B. der Beauftragte zur Auskunft und Rechenschaft nach § 666 und nach § 667 zur Herausgabe des aus der Geschäftsführung Erlangten verpflichtet. Die Ansprüche können nebeneinander geltend gemacht werden, weil sie auf verschiedene Weise den Interessen des Auftraggebers Rechnung tragen wollen. Es handelt sich so um eine sogenannte *Anspruchshäufung*. Im prozessualen Bereich wird eine derartige Anspruchshäufung als objektive Klagenhäufung bezeichnet (vgl. § 260 ZPO). Setzt jedoch ein Leistungsanspruch die Auskunftserteilung durch den Verpflichteten voraus, so kann bei Verbindung der Klagen die Präzisierung des Leistungsanspruches zurückgestellt werden (Stufenklage, § 254 ZPO).

253 b) Zu unterscheiden sind davon die Fälle, in denen die Rechtsordnung mehrere Ansprüche zur Verfügung stellt, die auf *dieselbe Rechtsfolge* gerichtet sind. Ein solches Zusammentreffen von Anspruchsgrundlagen für ein und denselben Lebenssachverhalt kommt im BGB nicht selten vor. Am augenscheinlichsten tritt dies bei Schadensersatzansprüchen zutage, die sowohl auf der Verletzung vertraglicher Pflichten als auch auf einer unerlaubten Handlung beruhen, sowie bei Herausgabeansprüchen, die ihre Ursache in einem Vertrag haben oder aber auf Eigentum oder Besitz gestützt werden.

Die Konkurrenz der Ansprüche basiert nicht nur auf unterschiedlichen Voraussetzungen, sie schließt auch nicht aus, daß hinsichtlich der *Rechtsfolgen* Abweichungen bestehen können.

> Dies zeigt sich, wenn gegen denjenigen, der als Nichtberechtigter wirksam über eine Sache verfügt hat, sowohl Ansprüche aus §§ 816 I, 687 II auf das durch die Verfügung über die Sache Erlangte als auch Schadensersatzansprüche aus Vertrag bzw. Delikt bestehen. Der Schaden, der nach den §§ 249 ff zu beurteilen ist, muß in derartigen Fällen durchaus nicht identisch mit dem durch die Verfügung über die Sache Erlangten sein.

Beim Zusammentreffen der Haftung aus *Vertrag und Delikt* liegt der Vorteil der Vertragshaftung für den Geschädigten vornehmlich in dem stärkeren Einstehenmüssen des Schädigers für Gehilfen nach § 278 im Gegensatz zu § 831 (Möglichkeit des Entlastungsbeweises), sodann in der Umkehrung der Beweislast durch § 282, während bei deliktischer Haftung grundsätzlich der Geschädigte dem anderen Teil das Verschulden beweisen muß. Die Rechtsprechung geht allerdings dahin, nach beiden Richtungen die Lage des Geschädigten bei Fehlen einer vertraglichen Haftung zu verbessern, und zwar hinsichtlich des Einstehens für Gehilfen durch Annahme einer Haftung aus culpa in contrahendo schon beim Eintritt in Vertragsverhandlungen (vgl. unten Rdn. 560 ff) und hinsichtlich der Beweislast in besonderen Fällen durch eine Erleichterung in der Beweisführung sowohl durch den sogenannten prima-facie-Beweis als auch durch Beweislastumkehr.

Andererseits kann der Berechtigte über die Vertragshaftung im Falle der Körperverletzung Schmerzensgeld nicht erhalten (§ 253), wohl aber bei der

Haftung aus unerlaubter Handlung (§ 847).

Auch beim Zusammentreffen von Ansprüchen aus *Delikt und Gefährdungshaftung* ergeben sich Differenzierungen sowohl hinsichtlich der Voraussetzungen als auch hinsichtlich der Rechtsfolgen.

> Die Ersatzpflicht eines Kraftfahrers, der gleichzeitig Halter des Kfz ist, kann sich sowohl aus § 823 I als auch aus § 7 StVG ergeben; nach § 823 I wird Verschulden vorausgesetzt, die Ersatzpflicht schließt Schmerzensgeld ein, nach § 7 StVG braucht – da es sich um Gefährdungshaftung handelt – Verschulden nicht vorzuliegen; ein Schmerzensgeldanspruch besteht dann freilich nicht, und der Umfang des Schadensersatzes ist begrenzt.

In diesen Fällen nimmt die h.M. an, daß die Ansprüche materiellrechtlich nebeneinanderbestehen; es besteht **„Anspruchskonkurrenz"**; so wenn die Rechtsprechung betont, daß z. B. die Schadensersatzansprüche aus Vertragsverletzung und aus unerlaubter Handlung im gleichen Rangverhältnis stehen (BGHZ 24, 188, 191 unter Bezugnahme auf die ständige Rechtsprechung). Insbesondere kann die allgemeine Rechtspflicht, deren Verletzung die unerlaubte Handlung darstellt, nicht dadurch beseitigt werden, daß erst durch einen Vertrag die Möglichkeit der rechtswidrigen Einwirkung auf den Rechtsgüterkreis des anderen eröffnet würde (RGZ 88, 433, 435). Auch vertragliche und dingliche Herausgabeansprüche bestehen nebeneinander (BGHZ 34, 122f gegen WOLFF/RAISER § 84 I 2).

Auch wenn nicht in Frage gestellt wird, daß eine Mehrheit von Anspruchsgrundlagen gegeben sein kann, wird die Auffassung vertreten, daß es sich nicht um das Konkurrieren von selbständigen Ansprüchen handele, sondern um *einen* Anspruch mit mehrfacher Begründung (so LARENZ AT § 14 IV 4 m.w.N.). Diese Auffassung versucht, dem prozessualen Bedürfnis nach Bestimmung des Streitgegenstandes materiellrechtlich zu entsprechen. Dagegen ist einzuwenden, daß auch die Prozeßordnung die Selbständigkeit der Ansprüche durch verschiedene Gerichtsstände berücksichtigt (vgl. § 32 ZPO). Insbesondere kann auch das Nebeneinander von dinglichen und vertraglichen Herausgabeansprüchen nicht bestritten werden.

Allerdings wird auch bei der Annahme des Konkurrierens mehrerer Ansprüche in einigen Fällen auf *die günstigere Regelung* Rücksicht genommen; so wird z. B. beim Konkurrieren von Vertrags- und Deliktshaftung in den Fällen, in denen die Vertragshaftung den Verpflichteten hinsichtlich des Verschuldensmaßstabes besser stellt (durch Ermäßigung auf grobe Fahrlässigkeit, § 599, oder auf diligentia quam suis, § 690), für die Verantwortlichkeit in der Deliktshaftung ein entsprechender Maßstab zugrundegelegt (BGH NJW 1954, 145; vgl. auch BGHZ 46, 140, 145). Auch hinsichtlich der Verjährung wird in den Fällen der §§ 558, 606 gegenüber § 852 auf die kürzere Verjährungsfrist abgestellt (RGZ 66, 363, 364; 75, 116, 119; 142, 258, 262; BGH LM Nr. 1 zu § 558; BGHZ 47, 53, 55; 54, 264, 267; dazu vgl. unten Rdn. 733).

255 2. Eine **alternative Anwendung** liegt vor, wenn vom Gesetz mehrere Anspruchsmöglichkeiten vorgesehen sind, von denen der Berechtigte *nur* die eine oder die andere wählen kann. So gewährt z. B. das Gesetz in §§ 325, 326 die Alternative zwischen Schadensersatz und Rücktritt oder im Rahmen der Sachmängelhaftung (§§ 459 ff) beim Gattungskauf die Wahl zwischen Wandlung bzw. Minderung und der Lieferung einer mangelfreien Sache (§ 480).

256 3. Eine **ausschließliche Anwendung** sieht das Gesetz vor, wenn von mehreren denkbaren Anspruchsgrundlagen nur eine in Betracht kommt, die als lex specialis die anderen verdrängt oder ausschließt. Oft wird dies vom Gesetz nicht ausdrücklich angeordnet, sondern ist nach Sinn und Zweck der einzelnen Vorschriften zu ermitteln.

Das zeigt sich zunächst in der *Systematik* des Gesetzes: Es gelten z. B. im Schuldrecht in erster Linie die speziellen Vorschriften des besonderen Teils; sie lassen die entsprechenden Vorschriften des allgemeinen Schuldrechts zurücktreten (so setzt § 538 die §§ 306, 307 sowie §§ 325, 326 in ihren jeweiligen tatbestandlichen Voraussetzungen außer Kraft – vgl. BGH NJW 1963, 804). Auch *innerhalb einer Normengruppe* kann eine Vorschrift ihrem Zweck nach erweiternde und einschränkende Funktion haben (vgl. § 839 I 1 und § 839 I 2 gegenüber § 823).

Die ausschließliche Anwendung einer der konkurrierenden Vorschriften kann sich auch aus den unterschiedlichen *Rechtsfolgen* ableiten lassen. Da z. B. § 138 bei Sittenwidrigkeit schlechthin die Nichtigkeit anordnet, der § 123 jedoch durch die Möglichkeit der Anfechtung die Geltendmachung der Nichtigkeit in die Disposition des arglistig Getäuschten oder Bedrohten stellt, muß § 123 gegenüber § 138 als lex specialis gelten (vgl. unten Rdn. 472).

Da das Gesetz bei der Sachmängelhaftung im Interesse der Verkehrssicherheit durch § 477 eine schnelle Abwicklung der Gewährleistungsansprüche will, muß diese Vorschrift dem sich aus § 119 II ergebenden Anfechtungsrecht, das gegebenenfalls 30 Jahre bestehen könnte (§ 121 II), vorgehen (vgl. unten Rdn. 441).

III. Einrede

257 1. *Einrede ist das Recht, die Durchsetzung des Rechts eines anderen gegen sich dauernd oder zeitweilig zu hindern oder zu beschränken.* Sie ist also ein Verteidigungsmittel gegenüber dem Vorgehen des Berechtigten, ein *Gegenrecht*. Regelmäßig richtet sie sich gegen die Geltendmachung eines Anspruchs, deshalb wird die Einrede auch meist als Recht des Verpflichteten definiert, die Erfüllung des Anspruchs, d. h. die Leistung zu verweigern (vgl. §§ 222, 202, 273, 322, 2187, 2318). Das Gesetz spricht jedoch auch von Einreden des Eigentümers (der nicht mit dem Schuldner identisch zu sein braucht) gegen die Hypothek, also gegen die Pfandhaftung und gegen das dingliche Verwertungsrecht, die nach h.M. keine Leistungsansprüche darstellen. Der Begriff der Einrede muß deshalb auch Gegenrechte dieser Art umfassen.

Die Funktion der Einrede läßt sich wie folgt darstellen: Indem die Rechtsordnung dem Berechtigten einen Anspruch gibt, sagt sie zum Verpflichteten: „Du mußt". Soweit sie diesem ein Einrederecht gibt, sagt sie gleichzeitig: „Wenn du nicht willst, brauchst du nicht." Es läßt sich fragen, warum die Rechtsordnung dann nicht die Verpflichtung selbst aufhebt. Das Beispiel der aufschiebenden Einreden (etwa der Stundung) zeigt jedoch die Zweckmäßigkeit der gesetzlichen Regelung: Die Stundung bedeutet nur ein „Du brauchst nicht" für vorübergehende Zeit, danach wird das „Du mußt" wieder voll wirksam.

Eine Befreiung des Schuldners durch Erlöschen der Schuld würde es notwendig machen, die Schuld wiederaufleben zu lassen. Pfandrecht und Bürgschaft als abhängige Rechte wären aber mit der Schuld untergegangen, ihre Neubelebung würde Schwierigkeiten bereiten. – Aber auch bei der dauernden Einrede, z. B. der Verjährung, ist es sinnvoll, den Schuldner nicht schlechthin zu befreien. Es können bei ihm gute Gründe dagegen sprechen, sich der Zahlung einer Schuld durch Hinweis auf den Zeitablauf zu entziehen. Daher gibt die Regelung des Gesetzes dem Schuldner die Entscheidung anheim.

2. Das Einrederecht kann auf einem Gegenrecht beruhen, das sich in der Einredemöglichkeit erschöpft *(selbständige* Einreden*)* oder sich als Konsequenz eines in andere Richtung gehenden Gegenrechts ergeben *(unselbständige* Einreden*)*.

Es handelt sich z. B. um eine unselbständige Einrede, wenn der vom Verkäufer auf den Kaufpreis verklagte Käufer Gewährleistungsrechte durch Einrede geltend macht. Dann stellt das Gewährleistungsrecht ein Recht dar, dem gleichzeitig die Kraft verliehen ist, die Durchsetzung des Verkäuferanspruchs zu hemmen.

Selbständige Einrederechte sind solche, die in keiner Hinsicht auf einem anderen Recht beruhen, die also bloße Hemmungsrechte sind, z. B. die Einrede der Verjährung (§ 222). Unter Umständen können unselbständige Einreden als selbständige erhalten bleiben (vgl. z. B. § 478).

3. Im Hinblick auf ihre *Wirkung* lassen sich darüber hinaus die Einreden wie folgt unterscheiden:

a) *Aufschiebende (dilatorische)* und *ausschließende (peremptorische)* Einreden.

Die *aufschiebenden* Einreden stehen der Geltendmachung des Anspruchs nur *zeitweise* entgegen: z. B. Einrede der Stundung, des Zurückbehaltungsrechts, des nicht erfüllten Vertrages (str.); sie entfallen entweder durch Zeitablauf oder Befriedigung des Einredeberechtigten.

Die *ausschließenden* Einreden stehen der Geltendmachung des Anspruchs *dauernd* entgegen und können höchstens durch Verzicht des Einredeberechtigten wegfallen: z. B. die Einrede der Verjährung (§ 222 I), die Einrede der ungerechtfertigten Bereicherung (§ 821).

b) *Persönliche* und *unpersönliche* Einreden.
Die persönlichen stehen nur einer bestimmten Person oder gegen eine

bestimmte Person zu. Die unpersönlichen sind mit dem Gegenstand, auf den sie sich beziehen, so verknüpft, daß sie mit diesem auf den Rechtsnachfolger des ursprünglich Einredeberechtigten übergehen oder sich gegen den Rechtsnachfolger des ursprünglichen Gegners richten.

> So wirken z. B. Einreden des Werkunternehmers gegen den bestellenden Nichteigentümer, nicht gegen den Eigentümer der Sache, anders jedoch die Einrede aus Verwendungen auf die Sache (Ausnahme § 571, wonach schuldrechtliche Einreden auch gegen den Erwerber des Grundstücks wirksam sind). Andererseits hat der jeweilige Grundstückseigentümer die Einreden des persönlichen Schuldners gegen den Hypothekengläubiger, dies selbst dann, wenn der persönliche Schuldner auf sie verzichtet hat (§ 1137 II).

260 4. Von der Einrede ist der Begriff der **Einwendung** zu unterscheiden: Während man mit der Einrede den Bestand des geltend gemachten Rechts selbst nicht angreift, will man mit der Einwendung das Entstehen des Rechts oder seinen Fortbestand verneinen.

a) Eine *rechtshindernde* Einwendung ist z. B. die Geltendmachung von Nichtigkeitsmängeln beim Rechtsgeschäft (Geschäftsunfähigkeit, Formmangel, Sittenwidrigkeit).

b) Eine *rechtsvernichtende* Einwendung ist z. B. die Behauptung von Erfüllung, Erlaß, Aufrechnung (zweifelhaft ist die Einordnung der Anfechtung wegen der ex tunc Folgen, vgl. hierzu unten Rdn. 519).

> Streitig ist, ob es sich bei der Verteidigung mit dem *Recht zum Besitz* (z. B. aufgrund eines Mietvertrages gegenüber der Eigentumsklage, vgl. § 986) um eine Einrede handelt oder um eine Einwendung, die den Eigentumsanspruch ipso iure ausschließt (so die h.M., vgl. WOLFF/RAISER § 84 Anm. 15; DIEDERICHSEN Das Recht zum Besitz aus Schuldverhältnissen, 1965, 27; MÜNCHKOMM/MEDICUS § 986 Rdn. 24f, jeweils m.w.N.). Letzteres läßt sich nur dadurch rechtfertigen, daß das aus dem Eigentum fließende subjektive Recht sich stets in aktuellen Herausgabeansprüchen konkretisieren muß und die Einwendung nur diesen jeweiligen Anspruch betrifft.

261 5. Die **Ausübung des Einrederechts** liegt in der Hand des Verpflichteten. Notwendig ist also, daß die Einrede *geltend gemacht* wird. Regelmäßig erfolgt die Erhebung der Einrede im Prozeß. Der Richter darf das Einrederecht nur beachten, wenn der Beklagte es geltend macht; er muß also z. B. den Beklagten verurteilen, obwohl sich aus dem eigenen Vortrag des Klägers ergibt, daß sein Anspruch verjährt ist; notwendig ist, daß der Beklagte sich im Prozeß auf die Verjährung beruft oder der Kläger selbst vorträgt, der Beklagte habe bereits vorprozessual die Einrede erhoben (h.M., einschränkend LARENZ AT § 14 II a.E.; MEDICUS AT Rdn. 98; weitergehend SCHLOSSER JuS 1966, 257, 264ff).

In diesem Zusammenhang stellt sich die Frage, inwieweit der Richter im Rahmen seiner Aufklärungspflicht gem. § 139 ZPO – insbesondere außerhalb des Anwaltsprozesses – den Beklagten auf die Einredemöglichkeit hinweisen muß. Nach h. M. soll auch nach der gesetzlichen Regelung über die rechtliche Erörterung im Haupttermin in § 278 III ZPO eine Verpflichtung des Gerichts zu einem Hinweis auf die Einredemöglichkeit nicht bestehen (vgl. STÜRNER Die richterliche Aufklärung, 1982, insbes. Rdn. 78 ff; SEELIG aaO, S. 71 ff, 93 ff m. w. N.).

Hier zeigt sich der *Unterschied* zu den *Einwendungen,* die zwar nach der Verhandlungsmaxime vom Richter nur beachtet werden dürfen, wenn die sie begründenden Tatsachen von einer der Parteien in den Prozeß eingeführt werden, aber von ihm auch beachtet werden müssen, wenn der Kläger selbst die ihm nachteiligen Tatsachen vorbringt, ohne daß der Beklagte sich darauf beruft. Dem Erlaß des Versäumnisurteils gegen den ausgebliebenen Beklagten steht es z. B. entgegen, wenn sich aus dem Klagevortrag die Erfüllung oder der Erlaß der Klageforderung ergibt.

Daraus, daß die Einrede relmäßig *im Prozeß* erhoben wird, darf man jedoch nicht folgern, daß sie ohne Wirkung ist, wenn sich der Verpflichtete *außergerichtlich* auf sie beruft. Nachdem das Gesetz den Anspruch in seiner materiellrechtlichen Bedeutung ausgestaltet hat, liegt kein hinreichender Grund vor, die Einrede als ein rein prozessuales Schutzmittel aufzufassen.

Wird also die Leistung außergerichtlich verlangt, kann die Einrede in gleicher Weise wirksam erhoben werden. Diese Erklärung behält (falls die Einrede nicht zurückgenommen wird oder sonst wegfällt) für den sich anschließenden Prozeß – wie oben dargestellt – ihre Bedeutung.

Im *Prozeß* führt die *Geltendmachung der Einrede* entweder zur Abweisung der Klage (so z. B. bei der Verjährungseinrede) oder doch zu einem günstigeren Urteil (so z. B. zur Verurteilung zur Leistung Zug um Zug, d. h. gegen Empfang der geschuldeten Gegenleistung , vgl. §§ 274, 322).

Auch im *materiellen Recht* hat die *Tatsache der Einredebehaftung,* d. h. das bloße Bestehen des Einrederechts, gewisse *Wirkungen.* So wird die Verjährung durch das Entgegenstehen gewisser Einreden gehemmt (§ 202); eine Forderung, der eine Einrede entgegensteht, kann nicht aufgerechnet werden (§ 390 I); bei dauernden Einreden, d. h. solchen, die zu dauernder Leistungsverweigerung berechtigen, kann zurückgefordert werden, was zur Erfüllung der einredebehafteten Forderung geleistet worden ist (§ 813); in einigen Fällen kann der Einredeberechtigte vom andern Teil sogar Aufgabe seines Rechts verlangen (§§ 886, 1169, 1254). Für die Einrede der Verjährung ist die Rückforderung jedoch ausgeschlossen in §§ 222 II, 813 I 2. Eine verjährte Forderung kann aufgerechnet werden, wenn sie zum Zeitpunkt der Entstehung der Aufrechnungslage noch nicht verjährt war (§ 390 S. 2).

6. Die Einrede im Sinne der Zivilprozeßordnung

Ebenso wie den Begriff des Anspruchs gebraucht die Zivilprozeßordnung auch den Begriff der *„Einrede"* in einem *anderen und weiteren Sinne* als das

BGB. Zwar stellt § 282 ZPO nach der Vereinfachungsnovelle vom 3.12.1976 die Begriffe Einwendung und Einrede nebeneinander. Unbeschadet dieser Terminologie sind jedoch unter Einreden weiterhin generell die *Verteidigungsmittel* des Beklagten zu verstehen, soweit sie sich nicht auf bloßes Bestreiten („Klageleugnen") beschränken. Dies erklärt sich daraus, daß die ZPO nicht vom Anspruch des BGB, sondern von den vom Kläger behaupteten *Tatsachen* (Klagetatsachen) ausgeht, denen die Tatsachenbehauptungen des Beklagten gegenüberstehen. Diese sind die Einreden im Sinne des Prozeßrechts. Unabhängig vom materiellen Recht unterscheidet auch das Prozeßrecht rechtshindernde, rechtsvernichtende und rechtshemmende Einreden (vgl. ROSENBERG/ SCHWAB § 105 II 2). Die Einrede der Zivilprozeßordnung kann daher sowohl eine Einrede als auch eine Einwendung im Sinne des BGB zum Inhalt haben.

7. Beweislast

263 Im Wechselspiel des Prozesses sind im Gegensatz zum „Klageleugnen" die die Einrede, wie auch die die Einwendung des materiellen Rechts begründenden Tatsachen von demjenigen zu beweisen, der sie erhebt. Das entspricht dem *allgemeinen prozessualen Grundsatz,* daß derjenige, der ihn begünstigende Normen in Anspruch nimmt, die dafür vorausgesetzten Tatsachen behaupten und beweisen muß.

Aus dieser Verpflichtung entspringt im Falle des Nichtgelingens der Beweisführung der *Nachteil,* daß das Vorbringen insoweit bei der Entscheidung nicht berücksichtigt wird. Man spricht daher von Beweislast.

> Das BGB versucht, generell Anhaltspunkte für die *Verteilung* der Beweislast zu geben (vgl. hierzu BAUMGÄRTEL Handbuch der Beweislast im Privatrecht, 1981):
>
> In einigen Fällen sagt es *ausdrücklich,* wer eine bestimmte Tatsache zu beweisen hat (z. B. §§ 282, 363).
>
> In anderen Fällen stellt es eine *Vermutung* für das Vorhandensein einer Tatsache auf und erspart dadurch dem, für den die Vermutung spricht, zwar nicht die Darlegung der vermutungsbegründeten Tatsache, aber deren Beweis (z. B. §§ 484, 1006 – Zum Begriff der Vermutung vgl. oben Rdn. 58).
>
> Schließlich sucht es durch die Wortfassung gewisse Tatsachen als entkräftende, vom Anspruchsgegner zu beweisende Ausnahme zum Regeltatbestand zu kennzeichnen. Die Ausnahme wird dabei der Regel zuweilen in einem besonderen Satz gegenübergestellt (z. B. in §§ 831, 832) oder in einem Nebensatz mit den Worten *„es sei denn, daß"* (z. B. in §§ 145, 932 I) zum Ausdruck gebracht.

§ 26
Die Verwirklichung des Rechtsschutzes und das Haftungssystem

ADLER Unverschuldetes Unrecht, 1910; BAUER, M. Erweiterung der Gefährdungshaftung durch Gesetzesanalogie, Festschrift Kurt Ballerstedt, 1975, 305 ff; BAUMANN

Die Rechtswidrigkeit der fahrlässigen Handlung, MDR 1957, 646 ff; v. Bar Verkehrspflichten, 1980; Baur, F. Der Beseitigungsanspruch nach § 1004 BGB, AcP 160, 465 ff; v. Caemmerer Wandlungen des Deliktsrechts, Festschrift zum 100jährigen Bestehen des DJT, Bd. 2, 1960, 49 ff; ders., Die absoluten Rechte in § 823 Abs. 1 BGB, Karlsruher Forum 1961, 19 ff; Deutsch Fahrlässigkeit und erforderliche Sorgfalt, 1963; ders., Haftungsrecht I, Allgemeine Lehren, 1976; ders., Grundlagen des Haftungsrechts, JA 1981, 205 ff; ders., Gefährdungshaftung, JuS 1981, 317 ff; Fischer, H. A. Die Rechtswidrigkeit, 1911; Hirsch, H. J. Die Lehre von den negativen Tatbestandsmerkmalen, 1960; Horn, H. R. Untersuchungen zur Struktur der Rechtswidrigkeit, 1962; Huber U. Zivilrechtliche Fahrlässigkeit, Festschrift E. R. Huber, 1973, 253 ff; Hübner, U. Zur Reform von Deliktsrecht und Gefährdungshaftung, NJW 1982, 2041 ff; Kramer Das Prinzip der objektiven Zurechnung im Delikts- und Vertragsrecht, AcP 171, 422 ff; Larenz Rechtswidrigkeit und Handlungsbegriff im Zivilrecht, Festschrift Dölle, I, 1963, 169 ff; ders., Zum heutigen Stand der Lehre von der objektiven Zurechnung im Schadensersatzrecht, Festschrift R. Honig, 1970, 79 ff; Lehmann Begrenzung der Rechtswidrigkeit unter vergleichender Berücksichtigung des schweizerischen Rechts, Festschrift Hedemann, 1958, 177 ff; Löwisch Rechtswidrigkeit und Rechtfertigung von Forderungsverletzungen, AcP 170, 421 ff; Mauczka Der Rechtsgrund des Schadenersatzes, 1904; Michaelis Beiträge zur Gliederung und Weiterbildung des Schadensrechts, 1943; Münzberg Verhalten und Erfolg als Grundlagen der Rechtswidrigkeit und Haftung, 1966; Niese Die moderne Strafrechtsdogmatik und das Zivilrecht, JZ 1956, 457 ff; Nipperdey Rechtswidrigkeit, Sozialadäquanz, Fahrlässigkeit, Schuld im Zivilrecht, NJW 1957, 1777 ff; ders., Tatbestandsaufbau und Systematik der deliktischen Grundtatbestände (Zum Referentenentwurf eines Gesetzes zur Änderung und Ergänzung schadensersatzrechtlicher Vorschriften), NJW 1967, 1985 ff; Reinhardt Das subjektive Recht in § 823 I BGB, JZ 1961, 713 ff; Rother Die Begriffe Kausalität, Rechtswidrigkeit und Verschulden in ihrer Beziehung zueinander, Festschrift Larenz, 1983, 537 ff; Rümelin, M. Die Gründe der Schadenszurechnung und die Stellung des deutschen bürgerlichen Gesetzbuches zur objektiven Schadensersatzpflicht, 1896; Stathopoulos Bemerkungen zum Verhältnis zwischen Fahrlässigkeit und Rechtswidrigkeit im Zivilrecht, Festschrift Larenz, 1983, 631 ff; Stoll, H. Zum Rechtfertigungsgrund des verkehrsrichtigen Verhaltens, JZ 1958, 137 ff; ders., Unrechtstypen bei Verletzung absoluter Rechte, AcP 162, 203 ff; Weitnauer Gedanken zu Problemen der Rechtswidrigkeit und des Verschuldens, VersR 1961, 1057 ff, ders., Fahrlässigkeit und Rechtswidrigkeit im Zivilrecht, VersR 1963, 992 ff; Welzel Fahrlässigkeit und Verkehrsdelikte, 1961; Wieacker Rechtswidrigkeit und Fahrlässigkeit im Bürgerlichen Recht, JZ 1957, 535 ff; Wiethölter Der Rechtfertigungsgrund des verkehrsrichtigen Verhaltens, 1960; Will Quellen erhöhter Gefahr, Rechtsvergleichende Untersuchungen zur deutschen Gefährdungshaftung, 1980; Wolf, J. G. Der Normzweck im Deliktsrecht, 1962; Zeuner Bemerkungen zum Problem der Rechtswidrigkeit aus zivilrechtlicher Sicht, JZ 1961, 41 ff; Zippelius Die Rechtswidrigkeit von Handlung und Erfolg, AcP 157, 390 ff; Zitelmann Ausschluß der Widerrechtlichkeit, AcP 99, 1 ff.

A. Die Erfüllung und die Verletzung subjektiver Rechte

Regelmäßig werden die Privatrechte freiwillig verwirklicht, entweder aus der rechtlichen Gesinnung des Verpflichteten heraus oder aus der Erwägung,

264

§ 26 A II

die nachteiligen wirtschaftlichen, gesellschaftlichen oder rechtlichen Folgen der Pflichtverletzung zu vermeiden. Jedoch sind für die Fälle, in denen die Rechtsverwirklichung Widerstände findet, besondere Schutzmittel nötig.

Subjektive Rechte müssen also, um ihre Wirksamkeit sicherzustellen, bewehrt sein. Die Rechtsordnung gewährleistet diesen Schutz durch staatliche Hilfe. Nur in Ausnahmefällen kann sich der in seinen Rechten Betroffene selbst durchsetzen (vgl. unten § 27).

> Der staatliche Schutz besteht:
> – in der Untersuchung und Feststellung dessen, was Recht ist – Erkenntnisverfahren
> – nötigenfalls in der zwangsweisen Herbeiführung des rechtmäßigen Zustands – Zwangsvollstreckung
> – nötigenfalls auch in der einstweiligen Sicherung der demnächstigen Verwirklichung – Anordnung von Sicherheitsleistung, Arrest und einstweilige Verfügung.

Der Rechtsschutz dient dem Zweck, entweder ein Recht zu verwirklichen oder einer Rechtsverletzung vorzubeugen, ihre Folgen zu beseitigen und gegebenenfalls auszugleichen.

265 I. Soweit das subjektive Recht auf **Erfüllung** gerichtet ist, kann es durch Klage und Zwangsvollstreckung erzwungen werden.

> So kann z. B. bei der Verurteilung des Verkäufers zur Leistung die nach § 929 erforderliche Einigung durch die Rechtskraft des Urteils (§ 894 ZPO) und die Übergabe mittels Wegnahme durch den Gerichtsvollzieher nach § 897 ZPO durchgesetzt werden. Es ist dem Gläubiger auch möglich, vom Erfüllungsanspruch auf den Schadensersatzanspruch überzugehen (vgl. § 283). Im Hinblick darauf kann er bereits im Urteil dem Schuldner eine Frist zur Erfüllung setzen lassen; nach Ablauf der Frist kann er Schadensersatz wegen Nichterfüllung verlangen, ohne daß er die Voraussetzungen der Unmöglichkeit darzutun hat.

266 II. Gegen die **Verletzung** subjektiver Rechte besteht der Schutz zum einen in der Vorbeugung, zum anderen bei eingetretener Verletzung in der Beseitigung der Folgen bzw. im Ersatz des Schadens.

Der Rechtsschutz wird durch das **Haftungssystem** des Zivilrechts realisiert.

Rechtsschutz basiert herkömmlich auf den *Anspruchsgruppen* „Vertrag" und „Delikt". Dies bedarf jedoch der Differenzierung:

Forderungsverletzung im engeren Sinne ist der Verstoß gegen rechtsgeschäftlich begründete Verpflichtungen. Als Forderungsverletzung sind jedoch auch Pflichtverletzungen im Rahmen sogenannter gesetzlicher Schuldverhältnisse anzusehen, vgl. Geschäftsführung ohne Auftrag (§§ 677ff), ungerechtfertigte Bereicherung (§§ 812ff), aber auch die Legalschuldverhältnisse des Sachenrechts (§§ 965ff, 987ff, 1041ff, u. a.); aus ihnen entstehen Schadensersatzansprüche nur unter besonderen Voraussetzungen (vgl. §§ 678, 818 IV, 819, 989ff).

Der Forderungsverletzung steht die *Verletzung allgemein geschützter Rechtsgüter* gegenüber, wodurch sich als Rechtsfolge ein *selbständiger* Ersatzanspruch des Geschädigten ergibt. Neben den Normen des Deliktsrechts kommen dabei die Tatbestände der verschuldensunabhängigen Haftung in Betracht.

B. Das Haftungssystem

Die Elemente des Haftungssystems sind *Tatbestandsmäßigkeit, Rechtswidrigkeit* und *Verschulden,* die durch *verschuldensunabhängige Zurechnung* ergänzt werden: **267**
– Soweit die Schutzmaßnahmen der Abwehr von drohenden oder der Beseitigung eingetretener Rechtsverletzungen dienen, geschieht dies im Wege eines *Unterlassungs-* oder *Beseitigungsanspruches.* Die Rechtsverfolgung setzt grundsätzlich die Rechtswidrigkeit der drohenden oder eingetretenen Verletzung voraus. Die *Rechtswidrigkeit* ist grundsätzlich auch Voraussetzung für den selbsttätigen Rechtsschutz (vgl. § 27).
– Zielt der Schutz darüber hinaus auf *Schadensersatz,* muß nach BGB grundsätzlich *Verschulden* des Verletzers hinzutreten.
– Unabhängig davon gewährt die Zivilrechtsordnung einen Schadensersatz *ohne Verschulden,* insbesondere in den Fällen der *Gefährdungshaftung.*

I. Tatbestandliche Voraussetzungen der Haftung

Die Haftung setzt voraus, daß ein geschütztes Rechtsgut durch positives Tun oder Unterlassen rechtlich gebotenen Handelns verletzt wird. Diese Verletzungshandlung muß für den Verletzungserfolg ursächlich sein (**Kausalität**). Das gilt einmal für die Begründung der Haftung (*haftungsbegründende* Kausalität), zum anderen für die Zurechnung der Haftungsfolgen (*haftungsausfüllende* Kausalität). Hierbei grenzt das Zivilrecht die Kausalität insofern ein, als es im Gegensatz zum naturwissenschaftlichen Ursachenbegriff (*Äquivalenztheorie*) nur die adäquate Ursache (**Adäquanztheorie**) berücksichtigt. Durch eine sogenannte objektive nachträgliche Prognose stellt der Richter fest, ob der Eintritt der Verletzung bzw. der Schadensfolge nicht außerhalb aller Wahrscheinlichkeit lag. Ist eine solche Wahrscheinlichkeit nicht gegeben, kann der Erfolg dem Verletzer nicht zugerechnet werden. **268**

II. Rechtswidrigkeit und ihr Ausschluß

1. Rechtswidrig ist, was von der Rechtsordnung mißbilligt wird. **269**

Das BGB benutzt außer in § 227 II das gleichbedeutende Wort „widerrechtlich", z. B. in §§ 123 I, 823 I, 1632 I.

Die Rechtswidrigkeit ist seit JHERING (Das Schuldmoment im römischen Privatrecht, 1867, 4 ff) als objektives Kriterium gegenüber dem subjektiven des

Verschuldens verselbständigt. Während die Rechtswidrigkeit voraussetzt, daß **objektiv** ein Verstoß gegen die Rechtsordnung vorliegt, wird beim Verschulden darauf abgestellt, ob dem Handelnden dieser Verstoß auch persönlich zum Vorwurf gemacht werden kann.

> So unterscheidet § 823 I die Begriffe „vorsätzlich oder fahrlässig" von dem Begriff „widerrechtlich".

Rechtswidrig kann nur ein Verstoß gegen ein von der Rechtsordnung aufgestelltes Verbot (z.B. § 823 I) oder Gebot (z.B. § 1134) oder über das Gesetz hinaus bestehende Gebote aus rechtlich anerkannten Verhaltenspflichten (z.B. Verkehrssicherungspflichten) sein, dagegen nicht z.B. der Verstoß gegen eine Formvorschrift (§ 313).

> Auch der Verstoß gegen rechtsgeschäftlich begründete Pflichten ist als rechtswidrig anzusehen; so verletzt die Nichterfüllung eines Vertrages das vom Gesetz anerkannte Gebot (z.B. § 433 I). Allerdings wird bei Leistungsstörungen von der Widerrechtlichkeit ohne weiteres ausgegangen, so daß es grundsätzlich einer eigenen Prüfung der Rechtswidrigkeit hier nicht bedarf.
> Andererseits können Schadensersatzansprüche aus Vertrag wegen fehlender Widerrechtlichkeit ausgeschlossen sein; so z.B., wenn ein Mieter eine nicht zu öffnende Fensterscheibe einschlägt, um einer Gasvergiftung zu entgehen; hier kann vom Eigentümer nur ein Ersatzanspruch aus § 904 geltend gemacht werden.

Nur menschliches Verhalten kann rechtswidrig sein; Schadenszufügung durch Sachen ist lediglich dann widerrechtlich, wenn die Schädigung auf menschliches Tun oder Unterlassen zurückzuführen ist (vgl. § 836).
Auch das Verhalten von nicht verantwortlich Handelnden, wie Kindern und Geisteskranken, kann widerrechtlich sein.

> Hier zeigt sich die Trennung von Rechtswidrigkeit und Verschulden: Die Gebote und Verbote der Rechtsordnung richten sich an alle Rechtssubjekte; die schadensrechtlichen Folgen eines solchen Verstoßes werden demgegenüber grundsätzlich von der individuellen Verschuldensfähigkeit abhängig gemacht (vgl. §§ 827, 828).

270 2. In der gegenwärtigen Dogmatik stehen sich im Grundsatz **zwei Auffassungen zur Rechtswidrigkeit** gegenüber: Nach der einen (älteren) ergibt sich die Rechtswidrigkeit grundsätzlich aus dem eingetreten, zu mißbilligenden Erfolg (*Erfolgsunrecht*), nach der anderen ist die Bewertung des Verletzerverhaltens entscheidend *(Handlungsunrecht, Verhaltensunrecht)*. Die unterschiedlichen Kriterien dieser Lehren zeigen sich an folgendem Beispiel:

> Ein Kind stürzt, ohne daß dies vorauszusehen war, vor ein Kraftfahrzeug, das vom Fahrer ordnungsgemäß auf der rechten Straßenseite und mit vorgeschriebener Geschwindigkeit gelenkt wird. Das Fahrzeug ist nicht mehr anzuhalten, das Kind wird verletzt.

Nach der Lehre vom *Erfolgsunrecht* hat der Fahrer gleichwohl rechtswidrig gehandelt; da er jedoch die im Verkehr erforderliche Sorgfalt beachtet hat, ist sein Handeln nicht fahrlässig. Er haftet daher nicht aus unerlaubter Handlung. Nach der Lehre vom *Handlungsunrecht* ist schon die Rechtswidrigkeit von der Würdigung des Fahrerverhaltens abhängig, d. h. ob er die generell erforderliche, d. h. die nicht an seinen subjektiven Verhaltensmöglichkeiten ausgerichtete Sorgfalt verletzt hat. Wird dies verneint, hat er nicht rechtswidrig gehandelt. Es bedarf keiner Verschuldensprüfung mehr.

Da nach der Lehre vom **Erfolgsunrecht** grundsätzlich jede eingetretene Verletzung eines Rechts oder Rechtsguts rechtwidrig ist, *„indiziert" der mißbilligte Erfolg die Rechtswidrigkeit*. Diese kann lediglich durch besondere Rechtfertigungsgründe ausgeschlossen werden, z. B. durch Notwehr, Notstand, Einwilligung.

Hingegen ist nach der Lehre vom **Handlungsunrecht** grundsätzlich *„positiv" zu prüfen, ob das Verhalten zu mißbilligen ist*. Diese im Ausgangspunkt auf die von WELZEL (z. B. NJW 1968, 425 ff) für das Strafrecht vertretene finale Handlungslehre zurückgehenden, im einzelnen jedoch divergierenden Auffassungen sehen die Rechtswidrigkeit nur dort als gegeben an, wo das Verhalten des Handelnden mit der sozial-ethischen Ordnung nicht übereinstimmt.

NIPPERDEY (aaO und ENN./NIPPERDEY §§ 209 IV, 213 III 2), der als erster die finale Handlungslehre auf das Zivilrecht zu übertragen suchte, hat die Verletzung der im Verkehr erforderlichen Sorgfalt als Rechtswidrigkeitskriterium angesehen und die Verschuldensfahrlässigkeit auf die dem Handelnden als Individuum mögliche Sorgfalt beschränkt. Im Gegensatz dazu will ESSER, 4. A., §§ 9 II 3, 38 – ihm insoweit folgend LARENZ Festschrift Dölle, aaO, S. 169, 190 ff – auch im Rahmen des Verschuldens den Fahrlässigkeitsvorwurf „normativ", d. h. an objektiven Kriterien, allerdings ergänzt durch das „subjektive" Element der situationsbezogenen Zumutbarkeit, ausrichten. Systematisch weitergehend versteht WIETHÖLTER aaO, S. 45 ff, bei nicht vorsätzlichen Schädigungen die Verletzung durch Außerachtlassung der im Verkehr erforderlichen Sorgfalt als selbständige Unrechtskategorie, bei der es auf einen Schuldvorwurf nicht mehr ankommen soll; ähnlich – ebenfalls unter Verzicht auf die Verschuldenskomponente – E. SCHMIDT Athenäum-Zivilrecht I § 4 IV 2; ESSER/SCHMIDT I § 25 IV, V.

MÜNZBERG (aaO, S. 144 ff, 191 ff, 259 ff) hält an der vom Gesetz vorgesehenen Einheit von vorsätzlichen und fahrlässigen unerlaubten Handlungen fest. Die in beiden Bereichen grundsätzlich für erforderlich gehaltene positive Prüfung der Rechtswidrigkeit nimmt er nach den Prinzipien der „Eignung" des Verhaltens für den Erfolgseintritt, des „Könnens" des Handelnden, sein Verhalten zu bestimmen, und der „Interessenabwägung" vor. Die für das Verschulden nach § 276 vorausgesetzte Fahrlässigkeit soll grundsätzlich nicht berührt werden, da die Grenzen der objektiven Pflichtwidrigkeit sich mit den Grenzen der bürgerlich-rechtlichen Fahrlässigkeit nicht decken.

§ 26 B II 2

Einen *vermittelnden Standpunkt* nehmen diejenigen ein, die – nach der Art des Eingriffs in das geschützte Rechtsgut differenzierend – teilweise an der Indikationswirkung des Tatbestandes festhalten, teilweise unter bestimmten Voraussetzungen eine positive Feststellung der Rechtswidrigkeit fordern:

v. CAEMMERER (Wandlungen des Deliktsrechts, aaO, S. 132 ff) nimmt ersteres für *unmittelbare* Eingriffe in absolute Rechte und Rechtsgüter an (einschränkend auf Eigentum und andere Herrschaftsrechte in: Karlsruher Forum 1961, 19 ff); für die *mittelbaren* Verletzungen hält er eine an objektiven Sorgfaltskriterien ausgerichtete Prüfung für erforderlich; für das Verschulden setzt er einen individuellen Sorgfaltsverstoß voraus. LARENZ (SchR II § 72 I c und Festschrift Dölle, I, 169, 183 ff) sieht gleichfalls *unmittelbare* Eingriffe, d. h. solche, die im Rahmen des äußeren Handlungsablaufs selbst erfolgen, als ohne weiteres rechtswidrig an, während er, wenn die Verletzung nur eine *mittelbare* Folge des Verhaltens ist, eine positive Prüfung der Rechtswidrigkeit verlangt; im Verschuldensrahmen hält er am objektivierten Sorgfaltsbegriff des § 276 fest. Auch STOLL (AcP 162, 203 ff) geht für *unmittelbare* Eingriffe, die er u. a. an einem „natürlichen Handlungsbegriff" ausrichtet, von einer indizierten Rechtswidrigkeit aus; bei *mittelbaren* Verletzungen ergebe sich die Rechtswidrigkeit erst aus dem Verstoß gegen eine objektive „Verkehrspflicht", unabhängig von der Verschuldensprüfung.

DEUTSCH (Haftungsrecht I §§ 14, 18), der von einem eigenen Rechtswidrigkeitssystem ausgeht, sieht Rechtswidrigkeit als gegeben an, wenn der Handelnde objektiv gegen ein ausdrückliches Verbot oder Gebot verstößt („*verbotsbezogene Rechtswidrigkeit*") oder die äußere Sorgfalt im Höchstmaß zur Vermeidung der Verletzung eines absoluten Rechts oder Rechtsgutes nicht aufgeboten hat („*gefährdungsbezogene Rechtswidrigkeit*"). Fahrlässigkeit als Schuldform faßt er als Außerachtlassung der personalen Sorgfalt auf, die er wiederum in äußere und innere aufteilt, aber grundsätzlich am objektiven Maßstab des § 276 I 2 orientiert.

271 Wenn sich nach diesen Auffassungen das Unwerturteil unter Einfluß normentheoretischer Überlegungen (DEUTSCH Haftungsrecht I § 14 III 1) am *Verhalten* des Handelnden orientiert, wird die Unterscheidung zwischen strafrechtlicher und zivilrechtlicher Beurteilung aufgehoben: Während das Strafrecht entsprechend dem „Strafzweck" auf das Täterverhalten abstellen muß, steht **im Zivilrecht** die **Ausgleichsfunktion des Schadensersatzes** im Vordergrund. Daraus erklärt sich, daß im Strafrecht der „Versuch" relevant ist, hingegen das Schadensersatzrecht nur an den Verletzungserfolg anknüpfen kann. Für diese vom *Erfolg* her qualifizierte Widerrechtlichkeit kann die Wertung des Verhaltens des „Täters" zurücktreten. Gegenüber der *Poenalfunktion* des Strafrechts hat das Rechtswidrigkeitsurteil des Zivilrechts eine schwächere Bedeutung, es enthält als solches insbesondere keine Diskriminierung bzw. moralische Disqualifizierung des zum Schadensersatz Verpflichteten. Diese Wertung bleibt im zivilrechtlichen Haftungssystem allenfalls der Verschuldensprüfung vorbehalten.

Die Zivilrechtsordnung stellt auch sonst bei Ausgleichsansprüchen nicht auf ein Verhaltensunrecht, sondern lediglich auf den Widerspruch zum Zuweisungsgehalt eines Rechtes ab. Dies gilt insbesondere für die *Eingriffskondiktion,* die im Ausgangspunkt weitgehend eine Ersatzlösung für mangels Verschulden des Schädigers nicht zu erreichenden Schadensersatz darstellt (vgl. dazu v. CAEMMERER Bereicherung und unerlaubte Handlung, Festschrift Rabel I, 333 ff, 352 ff); mit der Kondiktion ist jedenfalls gegenüber dem Eingreifenden eine Mißbilligung seines Verhaltens nicht verbunden.

Für den erfolgsbezogenen Rechtswidrigkeitsbegriff spricht darüber hinaus das Postulat der *Rechtssicherheit.* Der Lehre vom Verhaltensunrecht bereitet es offensichtlich Schwierigkeiten, den *defensiven Rechtsschutz* zu begründen: Wenn sie die Rechtswidrigkeit von Wertungen abhängig macht, verliert der vom Gesetz gewollte Schutz des Betroffenen seine gesicherten Voraussetzungen und kann dadurch ineffektiv werden. Wenn die Lehre das vermeiden will, muß sie eine Aufteilung des Rechtswidrigkeitsbegriffes vornehmen (vgl. MÜNZBERG aaO, S. 342 ff – zur Notwehr) oder auf das Erfordernis der Rechtswidrigkeit überhaupt verzichten und sich auf das Nichtduldenmüssen zurückziehen (so z. B. MÜNZBERG aaO, S. 375 ff – zu § 1004; vgl. auch BGH JZ 1976, 369 ff).

Außerdem kann die Lehre vom Verhaltensunrecht der *Fallgerechtigkeit* entgegenwirken. Wenn die Rechtswidrigkeit nicht indiziert wird, ergeben sich Folgen für die Verteilung der *Beweislast.* Nach den prozessualen Grundsätzen müßte der Verletzte die Rechtswidrigkeit beweisen; dadurch würde seine Stellung im Prozeß verschlechtert. Es wird daher die Meinung vertreten, daß nur bei der Verletzung einer Verhaltensnorm der Geschädigte die Beweislast tragen soll (so DEUTSCH Haftungsrecht I § 14 VI).

Besondere Bedenken ergeben sich schließlich im Hinblick auf *§ 831,* da hier nur die Rechtswidrigkeit für den Schadensersatzanspruch vorausgesetzt und das Verschulden vermutet wird. Wenn die Rechtswidrigkeit von besonderen Wertungen abhängig gemacht wird, verschlechtert sich die wegen der Exkulpationsmöglichkeit an sich schon schwache Stellung des Geschädigten noch weiter. Auch hier wird die Beweissituation berührt; dies war – wie v. CAEMMERER Wandlungen des Deliktsrechts, S. 124 ff betont – letzten Endes auch der Beweggrund für die umstrittene Entscheidung des Großen Senats für Zivilsachen des BGH v. 4.3.1957 (BGHZ 24, 21 ff), wonach zwar von der Rechtswidrigkeit auszugehen ist, wenn ein Verrichtungsgehilfe im Straßen- oder Eisenbahnverkehr einen anderen am Leben, Körper oder Gesundheit verletzt, er jedoch vom Rechtswidrigkeitsvorwurf entlastet ist, wenn er sich verkehrsrichtig (ordnungsgemäß) verhalten hat.

Aus diesen Erwägungen gehen gewichtige Stimmen nach wie vor vom Erfolgsunrecht aus:

MÜNCHKOMM/HANAU § 276 Rdn. 27 ff; SOERGEL/SCHMIDT § 276 Rdn. 19 ff; ERMAN/ DREES § 823 Rdn. 46 f; PALANDT/THOMAS § 823 Anm. 7 A; BROX SchR II Rdn. 455 ff; BAUR AcP 160, 482 ff. Insbesondere hat H. LEHMANN, Festschrift Hedemann, S. 189, darauf hingewiesen, daß sich ein gerechter Schadensausgleich im Zivilrecht nur über den erfolgsbezogenen Unrechtsbegriff erreichen läßt. Auch der BGH hat in späteren Entscheidungen die Verkehrsrichtigkeit ohne Auseinandersetzung mit der Entscheidung des Großen Senats (BGHZ 24, 21 ff) nur unter dem Aspekt des Verschuldens geprüft (vgl. BGH LM Nr. 11a zu § 276 [Bb]; Nr. 6a zu § 823 [Ed]).

Im Interesse der Rechtssicherheit, die auch die Praktikabilität der Normanwendung im Auge haben muß, ist daher an der **indizierenden Wirkung der normierten Tatbestände** festzuhalten.

272   3. Dies gilt ohne weiteres bei der Verletzung eines Rechtsgutes durch positives Handeln. Geht es dagegen um die Beurteilung eines **Unterlassens**, so ist zuerst das Bestehen einer Rechtspflicht zur Abwendung des mißbilligten Erfolges zu prüfen, um die Tatbestandsmäßigkeit des Unterlassens feststellen zu können. Mit der Feststellung einer solchen Rechtspflicht im Tatbestand wird zugleich die Rechtswidrigkeit des Unterlassens bejaht.

Den praktisch wichtigsten Fall der Rechtsverletzung durch Unterlassen stellt der *Verstoß gegen Verkehrssicherungspflichten* dar. Solche Pflichten ergeben sich aus dem Gedanken, daß derjenige, welcher zum eigenen Nutzen eine Gefahrenquelle eröffnet, auch für die Abwendung von sich möglicherweise daraus ergebenden Schädigungen Vorsorge zu treffen hat.

Die Zuordnung einer Verkehrssicherungspflichtverletzung zum Bereich des Unterlassens ist insofern nicht ganz eindeutig, als die Verletzung selbstverständlich auch ein Handeln, nämlich die Schaffung der Gefahrenquelle, voraussetzt. Richtet z. B. ein Eigentümer auf seinem Grundstück eine Baustelle ein und sichert sie nicht genügend, so daß ein Passant zu Schaden kommt, dann ist für diese Verletzung zweierlei ursächlich: die Einrichtung der Baustelle (eine Handlung) und das Fehlen einer Absicherung (eine Unterlassung). Nach natürlicher Betrachtungsweise ist hier jedoch auf das Verabsäumen ausreichender Sicherung abzustellen, so daß die Verletzung der Verkehrssicherungspflicht dem Bereich des Unterlassens zuzurechnen ist.

Die Prüfung des Bestehens einer Verkehrssicherungspflicht ist zur Feststellung der Tatbestandsmäßigkeit eines Unterlassens auch deshalb erforderlich, weil angesichts der Vielzahl von in der modernen Produktion und im Massenverkehr geschaffenen Gefahrenquellen eine uferlose Ausdehnung tatbestandsmäßiger Verhaltensweisen vor allem in § 823 I die Folge wäre.

Für den Bereich des Unterlassens ist daher davon auszugehen, daß die Feststellung einer Pflicht zum Handeln zum Tatbestand gehört und mit dieser Feststellung die Rechtswidrigkeit auch hier indiziert wird. Sie kann nur durch Rechtfertigungsgründe beseitigt werden.

273   4. Eine Indizierung der Rechtswidrigkeit kann es demgegenüber dann nicht geben, wenn der Tatbestand mangels fester Umgrenzung des jeweils geschützten Rechts nicht hinreichend präzisiert ist. Während gegenüber der Rechtswidrigkeit festumrissener Tatbestände Rechtfertigungsgründe lediglich als Aus-

nahme eingreifen können, bedarf es bei den sogenannten „**offenen Tatbeständen**" wegen ihres unbestimmten Schutzbereiches der vorgängigen Prüfung, ob überhaupt ein rechtswidriges Handeln gegeben ist. Hierzu ist eine **Güter- und Interessenabwägung** in jedem Einzelfall notwendig.

Die wichtigsten „offenen Tatbestände" sind die von der Rechtsprechung unter den Begriff des „sonstigen Rechts" in § 823 I subsumierten Tatbestände des allgemeinen Persönlichkeitsrechts und des Rechts am eingerichteten und ausgeübten Gewerbebetrieb.

a) Das *allgemeine Persönlichkeitsrecht,* seit BGHZ 13, 334 von der Rechtsprechung anerkannt, basiert auf der in Art. 1 und 2 GG getroffenen verfassungsrechtlichen Wertentscheidung (vgl. des näheren oben § 12 und zur Theorie der sog. Drittwirkung der Grundrechte oben Rdn. 72). Bei einer Verletzung dieses generalklauselartigen Rahmenrechts ist in die Abwägung die Prüfung einzubeziehen, ob der Verletzer nicht in Wahrnehmung berechtigter Interessen gehandelt hat (z. B. überwiegt bei Fernsehfahndungen gegenüber dem Persönlichkeitsrecht des Verdächtigen das Interesse der Öffentlichkeit an der Aufklärung von Verbrechen; OLG Frankfurt NJW 1971, 47 ff).

274

Häufig stehen sich bei der Abwägung *vom Grundgesetz geschützte Positionen* beider Parteien gegenüber. Dem Persönlichkeitsrecht der einen Seite widerstreitet das Recht der freien Meinungsäußerung (Art. 5 I 1 GG) oder die Pressefreiheit (Art. 5 I 2 GG). Gesichtspunkte wie verfehlte Zielrichtung und überzogene Intensität des Eingriffs (vgl. BGHZ 36, 124, 127 ff) können zugunsten des Verletzten, sachorientierte Kritik wie auch Retorsion vorangegangener Angriffe (vgl. BGHZ 45, 296, 308 f) zugunsten des Verletzers wirken. Bei überwiegendem Interesse des Verletzten ist die Rechtswidrigkeit des Eingriffs zu bejahen (vgl. auch oben Rdn. 114).

b) Eingriffe in das von Lehre und Rechtsprechung anerkannte *Recht am eingerichteten und ausgeübten Gewerbebetrieb* (vgl. oben Rdn. 113) sind aufgrund des unserer Wirtschaftsordnung zugrundeliegenden Prinzips der Marktwirtschaft solange nicht rechtswidrig, als es sich lediglich um nachteilige Folgen des Wettbewerbs handelt. Allerdings muß der Wettbewerb sich im Rahmen der Gesetze (z. B. UWG) und des Gebots der Verhältnismäßigkeit bewegen.

275

> Insbesondere unterliegen Eingriffe außerhalb des Wettbewerbs dem Gebot der Verhältnismäßigkeit. So verlangt die Rechtsordnung hier größtmögliche Schonung der berechtigten Interessen des Betroffenen; z. B. kann die Verbreitung wahrer Tatsachen über einen Kaufmann einen rechtswidrigen Eingriff darstellen, wenn daraus ein ungünstiger Schluß auf seine Kreditwürdigkeit gezogen werden kann und konkurrierende Interessen nicht gewissenhaft gegeneinander abgewogen sind (BGHZ 8, 142 ff); andererseits kann das Interesse der Öffentlichkeit an der Aufklärung überwiegen (BGHZ 36, 77 ff). Eine in Zwang ausufernde Meinungskundgabe (Unternehmensblockade) wird durch das Recht der Meinungsfreiheit nach Art. 5 I 1

keinesfalls gedeckt (vgl. BGHZ 59, 30, 36f). Hingegen wird die Meinungs- und Pressefreiheit, die die Grenzen sachbezogener Kritik wahrt (z.B. Beurteilung gewerblicher Leistungen in Warentests, vgl. BGHZ 65, 325ff) den Vorrang vor dem Geschäftsinteresse des Unternehmers haben. Legitime Mittel des Arbeitskampfes können keinen rechtswidrigen Eingriff darstellen (BAG AP Nr. 1 zu Art. 9 GG – Arbeitskampf); anders jedoch sogenannte wilde Streiks (vgl. BAG NJW 1964, 883).

Zusammenfassend ergibt sich auch für den offenen Tatbestand eines Eingriffs in das Recht am Unternehmen, daß das Rechtswidrigkeitsurteil von einer umfassenden Güter- und Interessenabwägung abhängig ist.

276 **5.** Nicht in diese Erwägungen ist die Beurteilung der Rechtswidrigkeit bei **mittelbaren Verletzungshandlungen** einzubeziehen (vgl. die Lehrmeinungen oben Rdn. 270). Im allgemeinen werden mittelbare Auswirkungen – wie WEITNAUER VersR 1963, 992, 996, ausführt – durch das Kriterium der adäquaten Kausalität eingegrenzt. Für Konsequenzen, die nicht außerhalb jeder Wahrscheinlichkeit liegen, erhebt sich die Frage, ob die indizierende Wirkung des Erfolges über die Kausalkette auf den ersten Verursacher zurückwirkt. Das ist grundsätzlich zu bejahen. Die Rechtswidrigkeit kann jedoch dann nicht gegeben sein, wenn in Fällen des Unterlassens das Setzen der ersten Ursache eine Handlungspflicht nicht verletzte und daher nicht tatbestandsmäßig war (vgl. oben Rdn. 272).

6. Der Ausschluß der Rechtswidrigkeit

277 Die grundsätzlich indizierte Rechtswidrigkeit eines Eingriffs in fremde Rechte oder Rechtsgüter kann aus einem besonderen Grunde entfallen; wir sprechen dann von einem **Rechtfertigungsgrund**.

> Für die Vertreter des Handlungsunrechts werden Rechtfertigungsgründe weitgehend in der positiven Prüfung der Rechtswidrigkeit erfaßt.

a) Aus Gründen des *öffentlichen Rechts* ist die Widerrechtlichkeit einer Rechtsverletzung ausgeschlossen, wenn in den fremden Rechtskreis in berechtigter Ausübung öffentlicher Gewalt oder in Erfüllung einer öffentlich-rechtlichen Pflicht eingegriffen wird. Für solche Eingriffe ist aufgrund des Rechtsstaatsprinzips eine gesetzliche Ermächtigungsgrundlage erforderlich:

> z.B. Verhaftung kraft richterlichen Befehls (§§ 112ff StPO); berechtigte Festnahme (§ 127 StPO); Zwangsernährung von Strafgefangenen (§ 101 StVollzG); Pfändung beweglicher Sachen des Schuldners durch den Gerichtsvollzieher (§§ 803, 808ff, 758 ZPO; bei Durchsuchung gegen den Willen des Schuldners müssen über § 758 ZPO hinaus die Voraussetzungen des Art. 13 II GG beachtet werden [BVerfGE 51, 97, 106]).

§ 26 B II 6

b) Aus *privatrechtlichen Gründen* ist die Rechtswidrigkeit ausgeschlossen:

aa) bei *Einwilligung des Verletzten* in den Eingriff (volenti non fit iniuria). **278**
Problematisch ist die *Rechtsnatur* der Einwilligung: Vor allem im Zusammenhang mit dem Minderjährigenschutz kommt es darauf an, ob die Einwilligung eine Willenserklärung ist, die bei Minderjährigen eine Genehmigung durch den gesetzlichen Vertreter erforderlich macht. Der BGH hat zu Recht die Einwilligung in einen körperlichen Eingriff nicht als Willenserklärung, sondern lediglich als eine *Willensäußerung* gekennzeichnet, auf die die §§ 107 ff nur begrenzt analog anwendbar sein können; es kommt bei der Einwilligung des Minderjährigen vielmehr darauf an, ob seine geistige und sittliche Reife ausreicht, um ihn Bedeutung und Tragweite des Eingriffes und seiner Gestattung ermessen zu lassen (BGHZ 29, 33, 36; 29, 46, 51ff).
Auch wenn die Einwilligung keine Willenserklärung im engeren Sinne ist, muß sie doch *frei von Willensmängeln* erfolgen.

Dies berührt die Frage nach der rechtlichen Bedeutung der *ärztlichen Aufklärungspflicht*.
Wenn die herrschende Lehre den ärztlichen Eingriff tatbestandsmäßig als Körperverletzung ansieht, bedarf angesichts der indizierenden Wirkung des Tatbestandes der Heileingriff der Rechtfertigung durch Einwilligung des Patienten. Wirksame Einwilligung muß frei von Irrtümern sein; daher hat der Arzt über Umfang und Tragweite des Eingriffs aufzuklären.

Eine Einwilligung kann die Rechtswidrigkeit jedoch nicht beseitigen, wenn sie *gegen ein gesetzliches Verbot oder gegen die guten Sitten* verstößt. Der Einwilligende muß zudem als Träger des verletzten Rechtsgutes frei darüber verfügen oder zumindest die Ausübung einem anderen überlassen können; vgl. auch die Regelung des Strafrechts in § 226 a StGB, bei der jedoch nach h. M. lediglich auf die Sittenwidrigkeit der Tat abgestellt wird.
Die Einwilligung kann als Willensäußerung auch durch *konkludentes Handeln* erfolgen. Jedoch darf sie nicht fingiert werden; in diesen Fällen ist der Vorgang unter dem Gesichtspunkt des Handelns auf eigene Gefahr zu bewerten und die Abwägung entsprechend § 254 vorzunehmen (so BGHZ 34, 355 ff unter Ablehnung der „rechtsgeschäftlichen Einkleidung").

Nicht ausgeschlossen wird die Widerrechtlichkeit durch nachträgliche Genehmigung oder Verzeihung. Darin kann ein Verzicht auf Ersatzansprüche liegen; die Widerrechtlichkeit bleibt bestehen.

bb) bei *berechtigter Geschäftsführung ohne Auftrag* (§§ 677, 678). Aus **279**
diesem Gesichtspunkt kann sich die Berechtigung eines ärztlichen Eingriffs bei Bewußtlosigkeit ergeben. Eine andere Auffassung will die Rechtswidrigkeit durch „mutmaßliche" Einwilligung ausschließen (vgl. LARENZ SchR II § 71 I c 2; SOERGEL/ZEUNER, 10.A., § 823 Rdn. 145, 154f; RGZ 151, 349, 354f).

Lediglich davon auszugehen, ob dem Bewußtlosen eine Einwilligung unterstellt werden kann, ist u. U. nicht ausreichend, da die Prüfung einer Berechtigung der Geschäftsführung ohne Auftrag entsprechend § 678 zusätzlich das Kriterium, einen entgegenstehenden Willen erkennen zu müssen, zu berücksichtigen hat.

cc) bei *rechtmäßigem Selbstschutz durch Notwehr, Notstand und Selbsthilfe* (vgl. unten § 27).

III. Verantwortlichkeit

280 Während die Rechtswidrigkeit im Sinne des Erfolgsunrechts auf die Verletzung von Rechtsgütern beim Betroffenen abstellt, orientiert sich die Verantwortlichkeit am Handeln des Verletzers. Die Verantwortlichkeit wird bei der Verschuldenshaftung – wenn auch mit Einschränkungen – subjektiv qualifiziert, während sie bei der verschuldensunabhängigen Haftung in einer wachsenden Zahl von Fällen mit einer objektiven Zurechnung begründet wird.

1. Verschulden

281 Im Haftungssystem des Zivilrechts steht das Verschuldensprinzip im Vordergrund, wobei das Gesetz einen Schadensersatzanspruch vom Verschulden des Verletzers abhängig macht. Mit dem **Oberbegriff des Vertretenmüssens** bezieht das Gesetz darüber hinaus die Einstandspflicht für Gehilfen und gesetzliche Vertreter ein.

Verschulden ist die von der Rechtsordnung mißbilligte innere Einstellung des Täters zu seinem (tatbestandsmäßigen und rechtswidrigen) Verhalten, die ihm persönlich zum Vorwurf gemacht werden kann. Der Vorwurf knüpft daran an, daß er gehandelt hat, obwohl er den Verletzungserfolg bedacht hat oder hätte bedenken müssen.

Der Schuldvorwurf setzt die *Verschuldensfähigkeit* als das individuelle Vermögen, den Unrechtsgehalt des herbeigeführten Erfolges zu erkennen, voraus.

Der Schuldvorwurf kann auf *zwei Schuldformen* gestützt werden: *Vorsatz* oder *Fahrlässigkeit* (vgl. § 276 I 1).

a) Verschuldensfähigkeit

282 Das Verschulden setzt einen geistigen Zustand des Täters voraus, der ihn befähigt, die Gebote der Rechtsordnung zu erkennen und ihnen nachzukommen, so daß er für seinen Willen verantwortlich gemacht werden kann. Diesen Zustand bezeichnet man als Verschuldens- oder Zurechnungsfähigkeit.

Das Gesetz hat die Zurechnungsfähigkeit bei den unerlaubten Handlungen geregelt (§§ 827, 828) und diese Vorschriften in § 276 I 3 auf die Forderungsverletzungen für anwendbar erklärt.

Die *Zurechnungsfähigkeit* kann aus zwei Gesichtspunkten *ausgeschlossen sein:*

aa) Verschuldensfähigkeit kann wegen *jugendlichen Alters* fehlen. Ausgeschlossen ist sie bei Kindern unter sieben Jahren (§ 828 I).

Jugendliche vom vollendeten 7. bis zum vollendeten 18. Lebensjahr sind nicht verantwortlich, wenn ihnen zur Zeit der Tat die zur Erkenntnis der Verantwortlichkeit erforderliche Einsicht gefehlt hat (§ 828 II 1). Damit ist die geistige Reife gemeint, das Unrecht seiner Handlung und die Verpflichtung zu erkennen, in irgendeiner Weise für die Folgen seines Tuns einstehen zu müssen (BGH LM Nr. 2 zu § 276 [Be]). Das Unvermögen, mangels Reife der Willenskraft entsprechend dieser Einsicht zu handeln, schließt im Gegensatz zum Strafrecht die Verantwortlichkeit nicht aus (BGH NJW 1970, 1038).

Den Jugendlichen zwischen 7 und 18 Jahren stellt das Gesetz die Taubstummen gleich (§ 828 II 2).

bb) Verschuldensfähigkeit kann fehlen, weil die *freie Willensbestimmung*, d. h. die normale Bestimmbarkeit durch vernünftige Beweggründe, *ausgeschlossen* ist.

Das ist der Fall, wenn der Täter sich bei der Tat „im Zustand der Bewußtlosigkeit oder in einem die freie Willensbestimmung ausschließenden Zustand krankhafter Störung der Geistestätigkeit" befindet (§ 827 S. 1). Abzugrenzen bleibt, ob ein Verhalten im Zustand völliger Bewußtlosigkeit überhaupt als Handlung im Rechtssinne zu qualifizieren ist (vgl. BGHZ 23, 90, 98; – zum Handlungsbegriff vgl. unten Rdn. 326).

Nicht bloß Dauerzustände, sondern *auch vorübergehende Zustände* (Fieber, hypnotische Dämmerzustände, sinnlose Trunkenheit) haben diese Wirkung. – Die Entmündigung als solche reicht nicht aus, da auch bei einem wegen Geisteskrankheit Entmündigten in den sogenannten lucida intervalla die freie Willensbestimmung nicht ausgeschlossen zu sein braucht (RGZ 108, 87, 90).

Hat der Täter sich *selbst* durch geistige Getränke oder ähnliche Mittel *schuldhaft in einen Zustand der Willensunfähigkeit* versetzt, so ist er für den darin widerrechtlich verursachten Schaden in gleicher Weise verantwortlich, wie wenn ihm Fahrlässigkeit zur Last fiele. Hat sich der Täter allerdings in diesen Zustand versetzt, um eine unerlaubte Handlung zu begehen, so ist ihm auch Vorsatz zur Last zu legen (z. B. bei § 826). Ausgenommen ist der Fall, wenn er ohne sein Verschulden in einen solchen Zustand geraten ist (§ 827 S. 2 2. Hs.).

Wer mangels Verschuldensfähigkeit nicht verantwortlich gemacht werden kann, ist dennoch gem. § 829 insoweit ersatzpflichtig, als die *Billigkeit* nach den Umständen, namentlich nach den Verhältnissen der Beteiligten, eine Schadloshaltung des Betroffenen erfordert; der Anspruch besteht aber nur dann, wenn Ersatz von einem aufsichtspflichtigen Dritten nicht erlangt werden kann.

b) **Vorsatz**

Vorsatz (dolus) ist Wissen und Wollen der rechtswidrigen Tatbestandsverwirklichung.

aa) Da das BGB keine Begriffsbestimmung enthält, haben sich in der sogenannten Willenstheorie und der sogenannten Vorstellungstheorie zu der Frage, was vom

Handlungserfolg der Täter in sein Wissen und Wollen aufgenommen haben muß, gegensätzliche Auffassungen gebildet.

Nach der *Willenstheorie* muß der Täter den Erfolg wollen, während nach der Vorstellungstheorie es für den Vorsatz bereits ausreicht, wenn sich der Täter neben dem angestrebten Erfolg die sich möglicherweise ergebenden weiteren Konsequenzen vorgestellt hat. Demgemäß müßte die *Vorstellungstheorie* die Fälle der bewußten Fahrlässigkeit (luxuria) in den Vorsatz einbeziehen, während bei der Orientierung am Willen die Unterscheidung zwischen dolus eventualis und luxuria davon abhängt, ob der Wille im Sinne einer „Billigung" den möglicherweise eintretenden Erfolg mit umfaßt hat oder nicht (BGHZ 7, 311, 313).

Diese Abgrenzung ist in den Fällen relevant, in denen die Haftung ausnahmsweise allein auf Vorsatz gestützt werden kann (§ 826). Hier ist der einschränkenden Willenstheorie der Vorzug zu geben.

bb) Der Täter muß die haftungsbegründenden *Tatumstände* kennen, auf denen die Rechtswidrigkeit oder Sittenwidrigkeit (bei § 826) seiner Handlung beruht.

Ein **Irrtum** über die tatbestandlichen Voraussetzungen schließt den Vorsatz aus. Nimmt der Schädiger die tatsächlichen Voraussetzungen für das Vorliegen eines Rechtfertigungsgrundes an, so entfällt der Vorsatz ebenfalls (BGH MDR 1958, 488). Jedoch kann ein Verstoß gegen Prüfungspflichten den Vorwurf der Fahrlässigkeit begründen (vgl. BGH NJW 1951, 398f).

cc) Der Täter muß grundsätzlich auch wissen, daß seine Handlung bei Vorliegen jener Tatumstände widerrechtlich ist. Das Bestehen der verbietenden Rechtsnorm, nicht aber einer etwaigen Strafandrohung, muß ihm bekannt sein. Fehlt dem Täter das **Bewußtsein der Rechtswidrigkeit**, so liegt derjenige Grad sittlichen Verschuldens nicht vor, der die besonderen Folgen der vorsätzlichen Handlung rechtfertigt.

> Streitig war dabei für das Strafrecht, ob die Kenntnis der Rechtswidrigkeit als ein der Kenntnis der Tatumstände gleichstehender Bestandteil des Vorsatzes anzusehen ist, so daß ihr Mangel den Vorsatz beseitigt *(Vorsatztheorie),* oder ob das Bewußtsein der Rechtswidrigkeit ein vom Vorsatz getrenntes selbständiges Schuldelement bildet, so daß ein unvermeidbarer Verbotsirrtum das Verschulden schlechthin ausschließt, während ein vermeidbarer die Folgen wegen einer vorsätzlich begangenen Tat nach sich zieht *(Schuldtheorie).* Während im Strafrecht nunmehr die Schuldtheorie gilt (vgl. § 17 StGB), herrscht im Zivilrecht die Vorsatztheorie, weil zur Haftungsbegründung in der Regel fahrlässiges Handeln ausreicht (vgl. § 823 I u. II, § 276 I 1) und daher nur ausnahmsweise auf Vorsatz zurückgegriffen werden muß.

Gleichwohl nötigt in den Fällen des § 826 bzw. bei der Abrede gem. § 276 II das Gesetz zur Klarstellung, ob nicht trotz mangelnden Bewußtseins der Rechts- oder Sittenwidrigkeit ein vorsätzlicher Verstoß anzunehmen sei. Unkenntnis der allgemein anerkannten und feststehenden Anforderungen der „objektiven Sittlichkeit" kann nicht entschuldigen (sog. **eingeschränkte Vorsatztheorie**; vgl. Enn./Nipperdey § 215 III 1; aus der Rspr. vgl. RGZ 123, 271, 278; 136, 293, 298; 161, 229, 233). Nach allgemeiner Ansicht wird angenommen, in § 826 setze der Vorsatz nicht voraus, daß der Handelnde sein Vorgehen selbst als sittenwidrig erkannt habe (BGH WM 1962, 578 f; vgl. STAUDINGER/ SCHÄFER, 10./11. A., § 826 Rdn. 66 m. w. N.).

Ein besonderes Problem stellt die Einbeziehung der strafrechtlichen Bewertung in das Zivilrecht über § 823 II dar; hier gilt – entsprechend dem Grundsatz, daß zwar stets Verschulden zur Haftungsbegründung erforderlich ist (§ 823 II 2), jedoch dort, wo das Schutzgesetz Verschulden vorsieht, dessen Verschuldensmaßstab maßgebend ist – auch für die Begründung der Schadensersatzverpflichtung die strafrechtliche Schuldtheorie (BGH NJW 1962, 910f).

dd) Grundsätzlich ist dagegen *nicht erforderlich,* daß der Täter sich die *schädlichen Folgen* seines rechtswidrigen Verhaltens, z. B. der Forderungsverletzung, *klargemacht* hat (anders § 826, wonach der Vorsatz gerade die Schadensfolge umfassen muß). Der *haftungsausfüllende* Tatbestand braucht daher vom Vorsatz nicht erfaßt zu sein. Vom Eintritt des rechtswidrigen Erfolgs an haftet der Täter für alle sich adäquat kausal ergebenden, schädigenden Folgen seines Tuns auf Ersatz.

c) **Fahrlässigkeit**
Fahrlässigkeit ist die Außerachtlassung der im Verkehr erforderlichen Sorgfalt, durch deren Anwendung sich der nicht gewollte Erfolg hätte vermeiden lassen (§ 276 I 2).

Nach dem hier vertretenen erfolgsbezogenen Rechtswidrigkeitsbegriff ist das Außerachtlassen der im Verkehr erforderlichen Sorgfalt ein *Element des Verschuldens.*

Die Gegenmeinung erfaßt die allgemeinen objektiven Sorgfaltserfordernisse unter dem Begriff der Rechtswidrigkeit, sofern sie nicht bereits die Fahrlässigkeit als Tatbestandsmerkmal ansieht (vgl. oben Rdn. 270f); unter dem Verschuldensbegriff der Fahrlässigkeit könnte dann allenfalls die individuelle Fähigkeit zur Voraussicht und Beherrschung des Fehlverhaltens beurteilt werden (ENN./NIPPERDEY § 213 III 2; ESSER SchR I, 4. A. 1970, § 38 II).

Begrifflich wird zwischen *bewußter Fahrlässigkeit (luxuria)* und *unbewußter (negligentia)* unterschieden. Bei ersterer erkennt der Täter die Möglichkeit des Erfolgseintritts, vertraut aber aufgrund von Überlegungen, die einen Sorgfaltsverstoß darstellen, auf sein Ausbleiben; bei letzterer verkennt er die Möglichkeit des Erfolgseintritts überhaupt, obwohl er sie bei Beobachtung der im Verkehr erforderlichen Sorgfalt hätte erkennen und die Rechtsverletzungen hätte vermeiden müssen.

aa) Der **Maßstab** *für den Grad der erforderlichen Sorgfalt* ist – anders bei dem individuellen Fahrlässigkeitsbegriff des Strafrechts – ein **objektiver**; er wird gewonnen nicht mit Rücksicht auf die persönlichen Anlagen, Eigenschaften und Gewohnheiten des Verletzers, sondern mit Rücksicht auf die Verkehrserfordernisse, d.h. Rücksicht auf die Sorgfalt, die von einem normalen, ordentlichen und gewissenhaften Menschen im Berufs- und Lebenskreis des Täters bei einer Angelegenheit der fraglichen Art für genügend gehalten wird (RGZ 152, 129, 140; BGH LM Nr. 2 zu § 276 [Ce]). Im Hinblick auf den Lebenskreis kann auch das Lebensalter (z. B. Spieltrieb von Jugendlichen) Berücksichtigung finden (BGH LM Nr. 1 zu § 828). Darüber hinaus ist das Sorgfaltserfordernis nach der jeweiligen Situation zu beurteilen, z. B. können sich in Ausnahmesituationen die Anforderungen verändern (so LARENZ SchR I § 20 III; BGH LM Nr. 1 zu § 276 [Cg]). Nicht entlasten kann jedoch die Berufung auf übliche Sorgfalt, wenn diese hinter der verkehrserforderlichen Sorgfalt zurückbleibt (RGZ 163, 129, 134; BGHZ 8, 138, 140).

Es ist derselbe Maßstab, den die Römer mit der diligentia boni patris familias gemeint haben. Allerdings ist dabei auf den Sorgfaltsmaßstab der jeweiligen Verkehrskreise abzustellen. Der Arzt hat also bei der Behandlung die Sorgfalt eines ordentlichen Arztes, der Baumeister beim Bau die eines ordentlichen Baumeisters zu beobachten; Kaufleute müssen im Handelsverkehr für die Sorgfalt eines ordentlichen Kaufmanns einstehen (vgl. § 347 I HGB). Insofern ist der Fahrlässigkeitsmaßstab nicht mehr an den Anforderungen des allgemeinen Verkehrs orientiert, sondern für bestimmte Verkehrsbereiche typisiert.

Einen besonderen Ausdruck hat der „objektive" Fahrlässigkeitsmaßstab im sogenannten *Übernahmeverschulden* gefunden. Wenn jemand eine Tätigkeit übernimmt, der er nach seinen Kenntnissen, Fähigkeiten und Erfahrungen nicht gewachsen ist, so wird ihm eine daraus resultierende Verletzung fremder Rechte als fahrlässig zugerechnet (RGZ 126, 362f).

In *Ausnahmefällen* kann auch im Zivilrecht trotz grundsätzlicher Anwendung des objektivierten Fahrlässigkeitsmaßstabes eine *individuelle Beurteilung* dort vorzunehmen sein, wo nach der vom Gesetz gebotenen Abwägung persönliche Gesichtspunkte zu berücksichtigen sind (so z. B. bei der Schmerzensgeldbemessung; vgl. in den Fällen der Persönlichkeitsrechtsverletzungen oben Rdn. 115; DEUTSCH Haftungsrecht I § 18 IV 2; LARENZ SchR I § 20 III).

286 bb) Verwendet das Gesetz den Begriff „Fahrlässigkeit", so treten die daran geknüpften Folgen grundsätzlich *unabhängig vom Grad der Fahrlässigkeit,* also auch schon bei leichten Sorgfaltsverstößen (culpa levis; culpa levissima; zur Abstufung MAYER-MALY AcP 163, 114 ff) ein.

Daneben kennt das BGB die besondere Form der **groben Fahrlässigkeit** (culpa lata; vgl. z. B. §§ 300 I, 521, 599, 680, 932 II, 968, 990), die freilich nicht näher definiert ist. Allgemein läßt sich die grobe Fahrlässigkeit nur bestimmen als besonders schwere Verletzung der Sorgfaltspflicht, als leichtsinnige Außerachtlassung der im Verkehr erforderlichen Sorgfalt (BGHZ 17, 191, 199).

In einigen Fällen ist wegen der nahen Beziehungen zwischen den Beteiligten bzw. wegen der Gefälligkeitssituation der Maßstab für das Verschulden auch im Zivilrecht ein rein subjektiver; er wird gewonnen aus der durchschnittlichen Sorgfalt des Schädigenden, die er in eigenen Angelegenheiten anzuwenden pflegt (sog. **diligentia quam suis**, §§ 690, 708, 1359, 1664, 2131). Das kann zu einer Ermäßigung, nie zu einer Verschärfung der Haftung führen. Eine Ermäßigung unter die Haftung für grobe Fahrlässigkeit ist jedoch ausgeschlossen (§ 277). In diesem Rahmen kann sich der Täter von der Haftung durch den Nachweis befreien, daß er in seinen eigenen Angelegenheiten nicht sorgfältiger zu sein pflegte.

cc) Eine eigene Abstufung von Fahrlässigkeitsformen hat das Arbeitsrecht zur Haftungsbegrenzung in den Fällen der sogenannten **gefahrgeneigten (schadensgeneigten) Arbeit** geschaffen. Nach allgemeiner Auffassung haftet der Arbeitnehmer gegenüber dem Arbeitgeber für Vorsatz und grobe Fahrlässigkeit in vollem Umfang; bei sogenannter leichtester Fahrlässigkeit haftet er überhaupt nicht; bei den dazwischen liegenden Fahrlässigkeitsgraden findet eine Schadensteilung zwischen beiden statt (BAG AP Nr. 8, Nr. 33, Nr. 55, Nr. 61 zu § 611 – Haftung des Arbeitnehmers); neuerdings will das BAG das Haftungsrisiko bis zur Grenze grob fahrlässiger Schadensverursachung durch den Arbeitnehmer allein dem Arbeitgeber aufbürden (BAG NJW 1983, 1693f). In den Fällen, in denen der Arbeitnehmer nach diesen Grundsätzen im Innenverhältnis nicht haftet, ist der Arbeitgeber verpflichtet, den Arbeitnehmer gegenüber Ansprüchen betriebsfremder Dritter freizustellen (BGHZ 16, 111, 116; 41, 203f; BAG AP Nr. 37 zu § 611 – Haftung des Arbeitnehmers). Diese Gedanken werden auch auf Vereine entsprechend angewendet, die ehrenamtlich tätige Mitglieder mit schadensgeneigten Aufgaben betrauen (BGH NJW 1984, 789ff). **287**

d) **Beweislast**
Im Streitfall ist auch das Verschulden regelmäßig vom Geschädigten zu beweisen (vgl. auch zum Begriff der Beweislast oben Rdn. 263). Da jedoch in einigen Fallkonstellationen der Geschädigte schwerlich Einblick in die Umstände hat, welche den Verschuldensvorwurf zu begründen vermögen, kommt das Gesetz ihm hier mit einer **Umkehr der Beweislast** zu Hilfe. **288**

> So wird der Gläubiger oft schwer feststellen können, ob Unmöglichkeit oder Verzug des Schuldners auf dessen Verschulden oder dem Verschulden eines Erfüllungsgehilfen beruht; daher ordnen §§ 282, 285 eine Umkehr der Beweislast an.
> Aus ähnlichen Gründen hat auch in § 831 das Gesetz dem Geschäftsherrn die Beweislast dafür aufgebürdet, daß ihn kein Verschulden bei Auswahl und Überwachung des Verrichtungsgehilfen trifft.

Die Umkehr der Beweislast bedeutet keineswegs einen Verzicht auf das Erfordernis des Verschuldens, sondern führt materiellrechtlich zu einer Verschuldensvermutung. Der Partei, zu deren Nachteil die Beweislastumkehr wirkt, steht jederzeit die Führung des Entlastungsbeweises offen. Eine Haftungsnorm mit Beweislastumkehr begünstigt den Geschädigten, ohne andererseits dem Schädiger die objektive Einstandspflicht, wie z.B. bei der Gefährdungshaftung, zu überbürden.

Dies zeigt die von der Rechtsprechung im Bereich der *Produzentenhaftung* angenommene Beweislastumkehr (vgl. z. B. BGHZ 51, 91, 104; BGH JZ 1971, 29f). Das Gesetz hat nur vereinzelt eine Einstandspflicht für fehlerhafte Produkte statuiert (z. B. § 84 AMG), da die generelle Einführung einer Erfolgshaftung eine erhebliche wirtschaftliche Belastung der Produktion bedeuten würde. Wollte man andererseits dem Geschädigten grundsätzlich den Nachweis für das Verschulden des Produzenten auferlegen, so würde dies mangels Einsicht in innerbetriebliche Produktionsabläufe für Außenstehende Schadensersatzansprüche in den meisten Fällen undurchsetzbar machen. Die von der Rechtsprechung gewählte Lösung stellt daher einen Mittelweg dar.

289 Von der Beweislastumkehr ist die Beweiserleichterung des **Anscheins- oder prima-facie-Beweises** zu unterscheiden. Es handelt sich dabei um die Beachtung von Sätzen allgemeiner Lebenserfahrung im Rahmen der freien Beweiswürdigung (ROSENBERG/SCHWAB § 114 II). Bei typischen Geschehensabläufen wird zunächst („prima facie") von der haftungsbegründenden Kausalität bzw. dem fahrlässigen Verhalten des Verletzers ausgegangen.

So spricht etwa der erste Anschein für das Verschulden eines Autofahrers, der auf dem Bürgersteig fährt und dabei einen Passanten verletzt (BGH LM Nr. 2 zu § 286 [C] ZPO).

Im Unterschied zur Beweislastumkehr braucht die Partei, gegen die der erste Anschein spricht, zu ihrer Entlastung nicht den Beweis des Gegenteils, z. B. für die Schuldlosigkeit ihres Handelns, zu erbringen, sondern es *genügt, den Anschein zu erschüttern* (BGHZ 39, 103, 107). Da die Beweislastverteilung grundsätzlich unberührt bleibt, hat in diesem Falle wieder die Partei, die den Anspruch geltend macht, das Verschulden unter Beweis zu stellen (BGHZ 6, 169ff).

2. Verantwortlichkeit für das Verhalten Dritter

290 Das Gesetz sieht vor, daß das Fehlverhalten von Gehilfen, gesetzlichen Vertretern und Organen zugerechnet werden kann. Es unterscheidet dabei grundsätzlich zwischen der Haftung innerhalb und außerhalb bestehender Schuldverhältnisse.

a) Wer sich zur *Erfüllung von Pflichten aus Schuldverhältnissen* einer Hilfsperson bedient, hat für deren Verschulden einzustehen (§ 278). Diese Einstandspflicht ist von einem eigenen Verschulden des Geschäftsherrn unabhängig. Der Partner im Schuldverhältnis vertraut auf die Leistungsfähigkeit des Geschäftsherrn; die Erhöhung des Risikos durch Hinzuziehung von Hilfspersonen hat daher letzterer zu tragen, zumal deren Beschäftigung dem Geschäftsherrn im Wege der Arbeitsteilung eine Erweiterung seiner wirtschaftlichen Möglichkeiten gestattet.

Als **Erfüllungsgehilfe** ist anzusehen, wer nach den tatsächlichen Gegebenheiten mit dem Willen des Geschäftsherrn bei der Erfüllung einer diesem obliegenden Verbindlichkeit als Hilfsperson eingeschaltet wird (BGHZ 13, 111, 113; NJW 1978, 2294f). Der Grundgedanke hat eine *Ausweitung* insofern erfahren, als eine Einstandspflicht für die zum Familien- und Geschäftskreis des Schuldners gehörenden Personen auch im Hinblick auf die vom Schuldner zu wahrende *Obhut und sonstige Verhaltenspflichten* angenommen wird; z. B. ist der Mieter für die Beschädigungen des Hauses durch mit seinem Einverständnis handelnde Transportarbeiter verantwortlich (RGZ 106, 133f); gleichfalls für seine Familien- und Hausangehörigen (RGZ 81, 214, 216; OLG Stuttgart OLGE 27, 146f).

Die Verantwortlichkeit ist begrenzt auf das Verhalten des Gehilfen „in Erfüllung" der ihm übertragenen Tätigkeiten; sie tritt nicht ein in Fällen schädigenden Verhaltens „bei Gelegenheit".

Unberührt von der Haftung des Geschäftsherrn bleibt eine deliktische Eigenhaftung des Erfüllungsgehilfen.

Das Prinzip wird durchbrochen, wenn die Hilfsperson selbständig in Beziehung zum Vertragspartner tritt. Dann ist die Verantwortlichkeit des Geschäftsherrn auf Verschulden bei der Auswahl der Hilfspersonen beschränkt (culpa in eligendo – *Substitutenhaftung,* vgl. z. B. § 664 I 2; § 691 S. 2).

Der gesetzlich Vertretene haftet mit seinem Vermögen nach den Grundsätzen des § 278 für ein Verschulden seines gesetzlichen Vertreters. Als *gesetzliche Vertreter* werden auch die sogenannten Parteien kraft Amtes (Testamentsvollstrecker, Nachlaßverwalter, Konkursverwalter u. ä.) angesehen.

b) *Im Rahmen der unerlaubten Handlungen* haftet der Geschäftsherr für ein **291** schädigendes Verhalten sogenannter **Verrichtungsgehilfen** gem. § 831. Bei diesem Tatbestand wird das Verschulden des Geschäftsherrn für Auswahl der bestellten Person, für Ausstattung und Leitung widerleglich vermutet. Zur Haftungsbegründung reicht ein rechtswidriges deliktisches Verhalten des Verrichtungsgehilfen aus. Allerdings gehen Rechtsprechung und Lehre davon aus, daß bei einem in jeder Hinsicht sorgfältig handelnden Verrichtungsgehilfen eine Zurechnung seines Verhaltens nicht erfolgen kann (vgl. BGHZ 12, 94, 96; VersR 1975, 447, 449; Soergel/Zeuner § 831 Rdn. 30; Medicus BR Rdn. 782).

Verrichtungsgehilfe ist, wem von einem anderen, von dessen Weisungen er abhängig ist, eine Tätigkeit übertragen worden ist, die der Geschäftsherr jederzeit beschränken, entziehen oder nach Zeit und Ort bestimmen kann (vgl. BGHZ 45, 311, 313). Selbständige Tätigkeit schließt daher in der Regel die Verrichtungsgehilfeneigenschaft aus.

Auch hier muß das schädigende Verhalten des Gehilfen „in Ausführung der Verrichtung" erfolgen, d. h. in Zusammenhang mit der übertragenen Tätigkeit stehen.

Im Gegensatz zur unbedingten Einstandspflicht für Erfüllungsgehilfen gem. § 278 läßt das Gesetz hier eine *Entlastung* **(Exkulpation)** des Geschäftsherrn zu, wenn er bei Auswahl, Ausstattung und Leitung die im Verkehr erforderliche Sorgfalt beobachtet hat oder wenn der Schaden auch bei Anwendung dieser Sorgfalt entstanden wäre. Die Beweislast für die Widerlegung der Verschuldens- und Kausalitätsvermutung trägt der Geschäftsherr.

Sofern es sich jedoch um ein Verschulden des Geschäftsherrn handelt, das nicht auf Auswahl und Leitung des Gehilfen, sondern bereits auf fehlerhafter Organisation des Tätigkeitsbereichs *(Organisationsverschulden)* beruht, haftet er nicht nach § 831, sondern *nach § 823,* also ohne Entlastungsmöglichkeit.

Unberührt von der Haftung des Geschäftsherrn ergibt sich eine deliktische *Eigenhaftung des Verrichtungsgehilfen,* wenn diesen selbst ein Verschulden trifft. Allerdings kann im Arbeitsverhältnis bei sogenannter schadensgeneigter Arbeit ein *Freistellungsanspruch* des Verrichtungsgehilfen gegen den Geschäftsherrn in Betracht kommen (vgl. oben Rdn. 287).

292   c) *Juristische Personen* haften für Schadensersatzpflicht begründende Handlungen, die ihre Vorstände oder andere verfassungsmäßig berufene Vertreter in Ausführung der ihnen zustehenden Verrichtungen begangen haben, nach § 31. Diese *sogenannte Organhaftung* gilt nach h. M. sowohl für Handlungen innerhalb als auch außerhalb bestehender Schuldverhältnisse. Eine Exkulpation ist in diesem Bereich nicht möglich (zu den Einzelheiten vgl. oben Rdn. 142).

3. Haftung ohne Verschulden

293   a) Obwohl grundsätzlich von anderen nicht verschuldete Beeinträchtigungen eines Rechts und daraus resultierende Schäden von dem Inhaber des Rechts selbst getragen werden müssen (casum sentit dominus), wird *innerhalb bestehender Schuldverhältnisse* die Verantwortlichkeit des Schuldners in bestimmten vom Gesetz vorgesehenen Fällen über das Verschulden hinaus erweitert; der Schuldner haftet dann auch für „*Zufall*".

>Vgl. z. B. § 287 S. 2: Haftung für zufällige Unmöglichkeit im Schuldnerverzug; § 701 I: Gastwirtshaftung; § 848: Haftung für Zufall bei Entziehung einer Sache durch unerlaubte Handlung; auch die Sachmängelgewähr in §§ 459ff, 537ff, 633ff. Außerhalb des BGB §§ 454ff HGB i.V.m. §§ 31ff, 81ff Eisenbahn-Verkehrsordnung (EVO): Haftung der Eisenbahn für beförderte Güter; §§ 12f PostG: Haftung der Post im Brief- und Paketdienst.
>
>Einzuordnen ist hier auch die vom eigenen Verschulden unabhängige Haftung des Schuldners für seinen Erfüllungsgehilfen und seinen gesetzlichen Vertreter gem. § 278 (vgl. oben Rdn. 290).

Die Regelung des Gesetzes begründet die Haftung nicht näher. Diese Haftung läßt sich im Grunde nicht deskriptiv mit „Haftung für Zufall" bzw. „Haftung nach Risikosphären" rechtfertigen. Ein tragender Grund ist in vielen Fällen der Gesichtspunkt „Verantwortlichkeit aus *Beherrschung des Risikos*".

b) *Außerhalb bestehender Schuldverhältnisse* normiert das Gesetz ebenfalls in einigen Fällen eine Haftung ohne ein Verschulden des Ersatzpflichtigen:

– Haftung für den Verletzungserfolg eines – wegen überwiegender privater oder öffentlicher Interessen – erlaubten Eingriffs in einen fremden Rechtskreis (vgl.: §§ 867 S. 2, 904 S. 2, 906 II 2 und § 14 BImSchG, §§ 912 II, 917 II; darüber hinaus der sogenannte bürgerlich-rechtliche Aufopferungsanspruch). Das Gesetz gewährt dem in seinen Rechten Verletzten einen *Ausgleich* für die hinzunehmende Beeinträchtigung;
– Haftung für Schadensfolgen aus nicht berechtigten Selbsthilfehandlungen (§ 231) und aus der Erwirkung vorläufiger Gerichtshilfe ohne Berechtigung (§§ 302 IV, 600 II, 717 II, 945 ZPO); die Ersatzpflicht beruht hier auf dem Gedanken des *Handelns auf eigenes Risiko;*
– Haftung für aus der Abgabe fehlerhafter Willenserklärungen resultierender Schäden des Erklärungsgegners (§ 122 I i.V.m. §§ 118, 119, 120); hier beschränkt sich die Ersatzpflicht aber auf das negative Interesse, d. h. den Schaden, der dem Gegner aus dem *Vertrauen auf die Gültigkeit der Erklärung* entstanden ist;
– Haftung des schuldunfähigen Schädigers aus *Billigkeitsgründen* gem. § 829 (vgl. oben Rdn. 282).

4. Gefährdungshaftung

Einen Sonderbereich der Haftung ohne Verschulden stellt die Gefährdungshaftung dar. Die zunehmende Technisierung der Lebensverhältnisse bringt Gefahren hervor, aus denen häufig Schäden entstehen; dennoch können im Interesse der Allgemeinheit die gefährdenden Betätigungen und Einrichtungen nicht verboten werden. Im Schadensfall bereitet es alsdann Schwierigkeiten, den Interessenausgleich vom Nachweis eines konkreten Verschuldens abhängig zu machen. Im Ergebnis ließe sich dieser Unzulänglichkeit weitgehend durch eine Umkehr der Beweislast für das Verschulden begegnen; die zivilrechtliche Dogmatik geht jedoch mit dem Systembegriff „Gefährdungshaftung" von einem eigenständigen Haftungsprinzip aus.

Die Rechtsordnung kennt bislang *keinen allgemeinen Grundtatbestand* der Gefährdungshaftung, mit dem im Wege des Richterrechts eine Anpassung an die sich aus der technischen Entwicklung neu ergebenden Gefahren ermöglicht werden könnte (vgl. zum Streitstand DEUTSCH Methode und Konzept der Gefährdungshaftung, VersR 1971, 1 ff m.w.N.), sondern regelt lediglich *Einzeltatbestände.*

Nachdem schon das BGB in § 833 S. 1 eine Erfolgshaftung des Tierhalters für die nicht wirtschaftlich genutzten Tiere und darüber hinaus in § 835 – ersetzt durch § 29 BJagdG und erweitert durch § 33 BJagdG – eine Haftung der Jagdgenossenschaft für Wildschäden vorgesehen hatte, hat der Gesetzgeber des 19. und 20. Jahrhunderts Gefährdungshaftungtatbestände in einer Reihe von *Spezialgesetzen* geregelt: §§ 1 ff HpflG (in dem das bisherige ReichshaftpflichtG und das SachschädenhaftpflichtG aufgegangen sind) betr. die Haftung von Bahnbetriebsunternehmern und Inhabern von Energieanlagen; §§ 7 ff StVG betr. die Haftung des Kraftfahrzeughalters;

§§ 33ff, 53 LuftVG betr. die Haftung des Luftfahrzeughalters; §§ 25ff AtomG betr. die Haftung des Inhabers nuklearer Anlagen und des Besitzers radioaktiver Stoffe; §§ 22 WHG betr. die Haftung des Schädigers von Gewässern; §§ 84ff AMG betr. die Haftung des vertreibenden pharmazeutischen Unternehmers für Arzneimittelschäden; §§ 114ff BergG betr. die Haftung für Bergschäden.

295 *Ersatzpflichtig* ist nach den Tatbeständen der Gefährdungshaftung derjenige, der die Gefahrenquelle – z. B. das Verkehrsmittel oder die Industrieanlage – als „Halter", „Betriebsunternehmer" etc. für eigene Rechnung im Gebrauch hat und eine entsprechende tatsächliche Verfügungsgewalt besitzt (zum Kraftfahrzeughalter: BGHZ 13, 351, 354). Maßgebend für die Bestimmung der Person des Haftpflichtigen ist danach in erster Linie das faktische und wirtschaftliche Verhältnis zu dem gefahrbringenden Gegenstand, nicht schlechthin das Eigentum.

So begründet z. B. die Sicherungsübereignung eines Kraftfahrzeugs dann nicht die Haltereigenschaft des Sicherungsnehmers, wenn in Behandlung, Wartung und Versorgung des Fahrzeugs hierdurch keine Änderungen eintreten, namentlich der Sicherungsgeber die wirtschaftliche Nutzungsmöglichkeit behält (vgl. RGZ 141, 400, 404; BGH VersR 1953, 284).

Die *Verantwortlichkeit* für das mit der erlaubten Tätigkeit verbundene spezifische Risiko einer Verletzung fremder Rechtsgüter läßt sich mit folgenden Argumenten *begründen:*
Der Halter oder Betreiber schafft bzw. unterhält die Gefahrenquelle;
er beherrscht – zumindest generell – die Möglichkeit zur Abwehr der sich daraus ergebenden Gefahren;
er zieht den Nutzen aus dem Betrieb der Gefahrenquelle (cuius est commodum, eius est periculum).
Die Gefährdungshaftung basiert daher nicht auf einem schuldhaften Verhalten, sondern auf einer *objektiven Zurechnung* des Verletzungserfolges *zur Risikosphäre* des Haftpflichtigen.

Wenn auch das Verhalten eines Halters, Betreibers etc. infolge Gestattung generell nicht rechtswidrig ist, so muß doch ein möglicherweise eintretender *Verletzungserfolg* als **rechtswidrig** im Sinne des hier vertretenen Erfolgsunrechtes angesehen werden, um dem *von der akuten Verletzung Bedrohten* die Abwehrmöglichkeiten des defensiven Rechtsschutzes – ohne Rückgriff auf den deliktischen Schutz – zu eröffnen.
So erscheint es geboten, z. B. dem von aus einer Rohrleitung austretenden Gasen bedrohten Nachbarn einen Abwehranspruch im Sinne der actio negatoria zu gewähren. Dies ist unproblematisch, wenn man für den Unterlassungsanspruch mit BGHZ 66, 37, 39 auf ein Nichtduldenmüssen abstellt; erhebt man jedoch die Rechtswidrigkeit zur Voraussetzung von Abwehrmaßnahmen, muß man auch aus einer gestatteten Anlage *unmittelbar drohende* Verletzungserfolge als rechtswidrig

Verwirklichung des Rechtsschutzes und Haftungssystem § 26 B III 4

ansehen (anders die h. M. vgl. LARENZ SchR II § 77 I, der bei Gefährdungshaftungstatbeständen die Anknüpfung an ein Verhalten verneint, so daß der Rechtswidrigkeit die Grundlage fehle; vgl. auch BGHZ 34, 355, 361).

Entsprechend diesen gemeinsamen Grundlagen weisen die Tatbestände der Gefährdungshaftung in ihrer Ausgestaltung gewisse Ähnlichkeiten auf:
Grundsätzlich besteht eine Haftung nur für die *Verletzung bestimmter Rechtsgüter*, z. B. Leben, Gesundheit, Eigentum, nicht für reine Vermögensschäden (anders § 22 WHG).
Die Rechtsverletzung muß z. B. durch das Verhalten eines Tieres, den Betrieb eines Kraftfahrzeugs oder einer Anlage adäquat verursacht worden sein; dabei wird der haftungsbegründende Tatbestand nur durch solche Kausalverläufe erfüllt, die mit dem der jeweiligen Gefahrenquelle *typischerweise verbundenen Risiko* in Zusammenhang stehen.

Der Schadenseintritt muß demnach gerade auf der Verwirklichung einer spezifischen Tier-, Sach- oder Betriebsgefahr beruhen.
So ist z. B. ein Verletzungserfolg nur dann gem. § 833 S. 1 „durch ein Tier" verursacht, wenn er durch ein der tierischen Natur entsprechendes selbsttätiges willkürliches Verhalten des Tieres herbeigeführt worden ist (BGH NJW 1971, 509; JZ 1976, 717f); so etwa das Durchgehen oder Ausschlagen eines Pferdes, nicht dagegen wenn die Rechtsverletzung von einem unter menschlicher Leitung stehenden Tier ausging (z. B. von dem zur Verfolgung gehetzten Hund; OLG München OLGZ 28, 295f).
Der „Betrieb eines Kraftfahrzeugs" ist nur dann im Sinne des § 7 I StVG für einen Verletzungserfolg ursächlich, wenn die Rechtsverletzung in einem nahen örtlichen und zeitlichen Zusammenhang mit einem Betriebsvorgang steht (BGH NJW 1975, 1886f); so sind z. B. das kurze Anhalten während einer Fahrt (BGH VersR 1955, 345), das Abstellen des Wagens auf der Fahrbahn einer Hauptverkehrsstraße (BGHZ 29, 163ff) dem Betriebsvorgang zuzurechnen; dagegen endet der Betrieb, wenn das Fahrzeug ordnungsgemäß geparkt oder abgestellt wurde, so daß von ihm keine Gefährdung oder Behinderung des Verkehrs ausgeht.

Die Verantwortlichkeit des Halters, Betriebsunternehmers etc. wird bei der **296** Mehrzahl der Gefährdungshaftungstatbestände dadurch begrenzt, daß die Haftung für einen Verletzungserfolg, der durch ein *„unabwendbares Ereignis"* (vgl. z. B. § 7 II StVG, § 1 II 2 HpflG, § 26 I 2 AtomG) oder durch *„höhere Gewalt"* (vgl. z. B. §§ 1 II 1, 2 III Nr. 3 HpflG, § 22 II 2 WHG) verursacht worden ist, ausgeschlossen wird. Ein Verletzungsvorgang, den der für die Gefahrenquelle allgemein Verantwortliche *nicht mehr zu beherrschen* vermag, kann seiner Risikosphäre grundsätzlich nicht zugerechnet werden. Hingegen sehen die atomrechtliche Anlagenhaftung (§§ 25ff AtomG) und die Halterhaftung nach § 33 LuftVG auch für Fälle höherer Gewalt keine Entlastungsmöglichkeit vor.

Die Rechtsprechung definiert *höhere Gewalt* als ein betriebsfremdes, von außen durch elementare Naturkräfte oder durch Handlungen dritter Personen herbeigeführtes Ereignis, das nach menschlicher Einsicht und Erfahrung unvorhersehbar ist, mit wirtschaftlich erträglichen Mitteln auch durch die äußerste nach der Sachlage vernünftigerweise zu erwartende Sorgfalt nicht verhütet werden kann und auch nicht wegen seiner Häufigkeit vom Betriebsunternehmer in Kauf zu nehmen ist (BGHZ 7, 338f, in Anlehnung an RGZ 171, 104ff und RG JW 1931, 865). So besteht z. B. keine Haftpflicht des Bahnbetriebsunternehmers für Schäden, die auf unvorhersehbare, außergewöhnliche Naturereignisse zurückzuführen sind, z. B. plötzliche Erdrutsche und Überschwemmungen.

Unabwendbar ist ein *Ereignis*, wenn es sich um einen betriebsfremden Vorgang handelt, der auch durch die äußerste Sorgfalt nicht hätte abgewendet werden können (BGHZ 23, 90, 93; vgl. auch § 7 II 2 StVG). Danach rechtfertigt z. B. ein Versagen der technischen Einrichtungen eines Kraftfahrzeugs – wie das Platzen eines Reifens oder der Ausfall der Bremsen – als „betriebsinterner" Vorgang keinen Haftungsausschluß; dasselbe gilt übrigens auch für eine plötzliche Ohnmacht des Fahrers (BGHZ 23, 90, 94f). Dagegen sind unvorhersehbare äußere Einwirkungen – wie z. B. an vereinzelten Stellen unerwartet auftretendes Glatteis (OLG Hamburg VersR 1956, 352) geeignet, eine Entlastung des Fahrzeughalters zu begründen.

297   Das *Korrelat* der Unabhängigkeit vom Verschuldensvorwurf ist die **Limitierung des Schadensersatzes**. Hierin stimmen die meisten Tatbestände der Gefährdungshaftung überein, wenn sie den Umfang des Ersatzanspruches auf bestimmte *Haftungshöchstsummen* begrenzen (anders § 22 WHG). Konsequent wird auch ein Ersatz immateriellen Schadens von der Gefährdungshaftung nicht gewährt (anders nur §§ 833 S. 1, 847, § 29 II AtomG und § 53 III LuftVG). Wer Schmerzensgeld begehrt, bleibt auf die konkurrierende Haftung aus §§ 823ff verwiesen.

Ebenso wie bei den Schadensersatzansprüchen der Verschuldenshaftung muß sich der Verletzte auch bei den Tatbeständen der Gefährdungshaftung ein *eigenes Mitverschulden* als anspruchsmindernd entgegenhalten lassen (vgl. z. B.: § 9 StVG, § 4 HpflG, § 85 AMG). Darüber hinaus wird bei der Schadensverursachung durch mehrere aus Gefährdungshaftung Verantwortliche eine *mitwirkende* konkrete *Betriebsgefahr* auf Seiten des Verletzten in die Schadensberechnung einbezogen (§ 17 I 2 StVG, § 13 I 2 HPflG, § 41 I 2 LuftVG).

Auch in den Fällen der Haftung aus Gefährdung kann neben dem Halter, Betreiber usw. ein *unmittelbarer Schadensstifter* zum Schadensersatz verpflichtet sein (so z. B. neben dem Halter des Kraftfahrzeugs der schuldhaft handelnde Fahrer, vgl. § 18 StVG).

IV. Haftungsfolgen

298   Der Rechtsschutz kann sich in **Abwehr- und Schadensersatzansprüchen** verwirklichen. Während der Schadensersatzanspruch die aus der Rechtsverletzung resultierenden Nachteile ausgleichen soll, beschränken sich die negatorischen Ansprüche auf die Beseitigung eingetretener oder die Abwehr drohender Beeinträchtigungen.

1. Unterlassungs- und Beseitigungsanspruch

Wo das Gesetz die *actio negatoria* normiert (z. B. §§ 12, 1004), geht es vom Anspruch auf Beseitigung der Beeinträchigung aus und schließt bei Wiederholungsgefahr den Anspruch auf Unterlassung an. Demgegenüber kommt im heutigen Wirtschaftsleben dem Unterlassungsanspruch vorrangige Bedeutung zu.

a) Unterlassungsanspruch

Das Gesetz hat den Unterlassungsanspruch den Inhabern absoluter Rechte gewährt (vgl. z. B. §§ 12, 1004). Darüber hinaus hat die Rechtsprechung den Grundsatz aufgestellt, daß jeder Eingriff in ein vom Gesetz geschütztes Rechtsgut zu einer Klage auf Unterlassung berechtigt (seit RGZ 60, 6, 7); hierbei hat sie bei den Rechtsgütern in § 823 I nicht Halt gemacht, sondern den Schutz auf alle Rechtsgüter des Deliktsrechts ausgedehnt (so insbesondere auf die durch Schutzgesetz, vgl. § 823 II, erfaßten Rechtsgüter, wie auch in den Fällen der §§ 824, 826): sogenannter *quasinegatorischer Unterlassungsanspruch*. Im Ergebnis sind damit durch Schutzgesetze subjektive Rechte auf Unterlassen geschaffen worden (Enn./Nipperdey § 72 I 3a).

299

Der Unterlassungsanspruch setzt voraus, daß ein Eingriff bereits erfolgt ist und Wiederholungsgefahr besteht (RGZ 166, 150, 156). Darüber hinaus hat die Rechtsprechung eine sogenannte *vorbeugende Unterlassungsklage* zur Abwehr eines künftigen, ernsthaft zu befürchtenden Eingriffs zugelassen, wobei schon die erstmalige Bedrohung ausreichen kann (BGHZ 2, 394ff – vgl. zur Begriffsbildung Baur JZ 1966, 381f).

Der Anspruch gründet sich auf die Rechtswidrigkeit des stattgefundenen oder drohenden Eingriffs. Unter dem Einfluß der neueren Lehren zur Rechtswidrigkeit will der BGH nunmehr lediglich auf ein „Nicht-Dulden-Müssen" abstellen (BGHZ 66, 37, 39).

> Die dogmatische Einordnung der vorbeugenden Unterlassungsklage ist streitig. Die herrschende Auffassung geht dahin, daß es sich um einen materiellrechtlichen Anspruch und nicht lediglich um einen rein prozessualen Rechtsbehelf handelt (Fikentscher SchR § 114 II 2; Baur aaO, S. 382f; Rosenberg/Schwab § 93 I 2; a. A. Esser/Weyers SchR II § 62 IV).

Von der actio negatoria aufgrund eines erfolgten oder drohenden Eingriffs ist der Anspruch auf Unterlassung, die sich als *Erfüllung einer* bestehenden *schuldrechtlichen Verpflichtung auf Unterlassung* darstellt, zu unterscheiden (z. B. Unterlassungspflichten aus vertraglich vereinbarter Baubeschränkung oder vertraglich vereinbartem Wettbewerbsverbot).

300

Von den selbständigen vertraglichen Unterlassungspflichten sind die Pflichten zu unterscheiden, die sich in Verbindung mit einer positiven Verbindlichkeit ergeben. Diese sogenannten *Nebenpflichten* können ein solches Gewicht haben, daß auf Unterlassung geklagt werden kann (vgl. als gesetzliche Regelung die Wettbewerbsverbote für den Handlungsgehilfen, § 60 HGB; für den Gesellschafter der OHG, § 112 HGB; das Verbot der Verwertung von Geschäfts- und Betriebsgeheimnissen für den Handelsvertreter, § 90 HGB; aber auch die Pflicht zur Unterlassung von Wettbewerbshandlungen für den Verkäufer eines Unternehmens [RGZ 117, 176, 179]).

Es gibt jedoch auch *unselbständige Nebenpflichten,* die einen klagbaren Unterlassungsanspruch nicht gewähren (Pflichten ohne eigenständigen Leistungszweck); eine Sanktion der Pflichtverletzung ist dann nur mittelbar über Schadensersatz möglich. Die negative Seite der Verpflichtung, alles zu unterlassen, was mit der Erfüllung der vertraglichen Hauptpflicht nicht vereinbar ist, ist nicht Inhalt der Leistung im Sinne des § 241 (vgl. RGZ 72, 393f zur anderweitigen Tätigkeit eines Handlungsgehilfen).

b) **Beseitigungsanspruch**

301 Das Gesetz gebietet bei Eingriffen in geschützte Rechtsgüter Beseitigung der Beeinträchtigung (vgl. §§ 12, 1004); es gelten die tatbestandlichen Ausweitungen wie beim Unterlassungsanspruch.

Beseitigung meint Ausräumen der aus dem Eingriff unmittelbar fortdauernden Einwirkungen (z. B. Beseitigung des auf einem fremden Grundstück abgeladenen Schutts; Widerruf unwahrer ehrverletzender Tatsachenbehauptungen; vgl. auch die Spezialvorschrift des § 894).

Schwierigkeiten bereitet die *Abgrenzung gegenüber* dem Anspruch auf *Schadensersatz:*

Der Beseitigungsanspruch zielt grundsätzlich nicht auf Wiederherstellung des vorherigen Zustandes. Er ist darauf gerichtet, die ungestörte Innehabung des Rechtes zu gewährleisten und hierzu störende Einwirkungen zu beseitigen. Dabei ergeben sich allerdings im Einzelfall Überschneidungen mit der Naturalrestitution des Schadensersatzes. Zu beachten bleibt, daß – anders als beim Schadensersatzanspruch – ein Verschulden des Störers nicht zu den Voraussetzungen des negatorischen Anspruchs gehört.

Zum Schrifttum:
BAUR Der Beseitigungsanspruch nach § 1004 BGB, AcP 160, 465ff; ders., Zur Terminologie und einigen Sachproblemen der „vorbeugenden Unterlassungsklage", JZ 1966, 381ff; ELTZBACHER Unterlassungsklage, 1906; GEIPEL Die vorbeugende Unterlassungsklage, 1932; HENCKEL Vorbeugender Rechtsschutz im Zivilrecht, AcP 174, 97ff; KÖTZ Vorbeugender Rechtsschutz im Zivilrecht, AcP 174, 145ff; LEHMANN Unterlassungspflicht, 1906; MERTENS Zum Inhalt des Beseitigungsanspruchs aus § 1004 BGB, NJW 1972, 1783; MÜNZBERG Bemerkungen zum Haftungsgrund der Unterlassungsklage, JZ 1967, 689ff; OFFTERMATT Dinglicher Beseitigungs- und Duldungsanspruch, 1937; PICKER Der negatorische Beseitigungsanspruch, 1972; ROSENTHAL Unterlassungsklage, 1916; SCHMIDT, R. Der negatorische Beseitigungsanspruch, 1924; STEPHAN Unterlassungsklage, 1908; WESEL Zur Frage des materiellen

Anspruchs bei Unterlassungsklagen, Festschrift U.v. Lübtow, 1970, 787ff; ZEUNER Gedanken zur Unterlassungs- und negativen Feststellungsklage, Festschrift für Dölle, I, 1963, 295ff.

2. Schadensersatz

Schadensersatz bedeutet grundsätzlich Herstellung des Zustandes, der ohne **302** das schädigende Ereignis bestehen würde. Schaden ist jeder Nachteil an den Rechtsgütern einer Person.

Die Schadensbemessung ist im Zivilrecht grundsätzlich vom Verschuldensgrad unabhängig; es gilt das sogenannte **„Alles-oder-Nichts-Prinzip"**. Eine Ausnahme findet sich bei der Bemessung des Schmerzensgeldes, bei dem die Schwere der Schuld zu beachten ist (vgl. BGHZ 18, 149, 158).

> Zur rechtspolitischen Diskussion, die „Totalreparation" durch eine „Reduktionsklausel" einzuschränken, vgl. die Verhandlungen des 43. DJT (1960), insbesondere das Gutachten von LANGE, H. Bd. I, 1 ff; sowie WEITNAUER Karlsruher Forum 1961, 32ff; ablehnend ESSER SchR I, 4.A., § 40 II.

Bei der verschuldensunabhängigen Gefährdungshaftung wird jedoch der Schadensersatz durch Haftungshöchstsummen begrenzt (vgl. oben Rdn. 297).

Der eingetretene Schaden bestimmt den Umfang des Ersatzanspruches und ist zugleich Voraussetzung für das Bestehen des Anspruches.

a) Im Vordergrund steht der **Vermögensschaden** als die Differenz zwischen **303** der hypothetischen Vermögenslage, die ohne das schädigende Ereignis bestünde, und der gegenwärtigen Vermögenslage nach Schadenseintritt (sog. *Differenzhypothese*). Da die Berechnung der Differenz Schwierigkeiten machen kann, z.B. bei dem Entgang von Gebrauchsvorteilen (Mietwagenkosten bei Beschädigung des eigenen Kfz), beim merkantilen Minderwert eines beschädigten Fahrzeugs, wird der zu ersetzende Schaden bisweilen unabhängig von einer konkret ermittelten Vermögenseinbuße bestimmt *(normativer Schadensbegriff)*. In der Methode der Schadensermittlung muß daher von einem *dualistischen Schadensbegriff* ausgegangen werden.

Bei Schäden im rechtsgeschäftlichen Bereich ist zu unterscheiden, ob der **304** Geschädigte berechtigterweise auf das Zustandekommen eines Rechtsgeschäfts vertraut, oder ob er sich auf die ordnungsgemäße Erfüllung einer bestehenden rechtsgeschäftlichen Verbindlichkeit verlassen hat:

Im ersten Falle wird der sogenannte *Vertrauensschaden*, das **negative Interesse**, ersetzt, d.h., der Geschädigte ist so zu stellen, wie er stünde, wenn er auf den Abschluß des Geschäftes nicht vertraut hätte (z.B. §§ 122, 179 II, 307 und darüber hinaus die Fälle der culpa in contrahendo). Der Schadensersatz wird jedoch in den gesetzlich geregelten Fällen auf den Betrag des Interesses begrenzt, das der Geschädigte an der Erfüllung des Geschäftes hat, während diese Begrenzung nach h.M. bei der culpa in contrahendo nicht gilt (vgl. RGZ 151, 357, 359f; BGHZ 69, 53, 56).

§ 26 B IV 2

Wird hingegen Schadensersatz wegen Nichterfüllung einer rechtsgeschäftlichen Verbindlichkeit geschuldet (z. B. §§ 325, 326), ist der Geschädigte so zu stellen, wie er stünde, wenn erfüllt worden wäre: sogenannter *Nichterfüllungsschaden*, **positives Interesse**.

305 b) Beim Ausgleich von Vermögensschäden geht die Rechtsordnung von der *Naturalrestitution* aus (§ 249 S. 1). An die Stelle der Naturalrestitution kann *Geldersatz* treten, wobei das Interesse des Geschädigten (§§ 249 S. 2, 250, 251 I), ausnahmsweise aber auch das Interesse des Schädigers (§ 251 II) ausschlaggebend ist.

Ersetzt wird zunächst der sich *unmittelbar* aus dem schädigenden Ereignis ergebende Nachteil, wobei der konkrete Wert, den der Gegenstand für den Geschädigten hat, zugrundegelegt wird. Nicht ersetzt wird jedoch ein sogenannter Liebhaberwert (Affektionsinteresse).

Nach dem Gesetz schließt Schadensersatz auch den Ersatz des entgangenen Gewinns ein (§ 252). Darüber hinaus stellt sich die Frage, wie weit allgemein *mittelbarer Schaden (Folgeschaden)* ersetzt wird. Im Rahmen der sogenannten *haftungsausfüllenden Kausalität* wird dies danach beantwortet, ob für die weitere Schadensfolge das schadenstiftende Ereignis adäquat kausal war (z. B. haftet der Verletzer dafür, daß ein im Krankenhaus eingelieferter Verletzter einer dort ausgebrochenen Epidemie erliegt; RGZ 105, 264 ff – Zur adäquaten Kausalität vgl. auch oben Rdn. 268).

> Da der Nachweis des Schadens bzw. der Schadenshöhe Schwierigkeiten bereiten kann, gibt § 287 ZPO dem Richter die Möglichkeit, die Entscheidung unter Würdigung aller Umstände nach freier Überzeugung zu treffen (§ 252 S. 2 BGB geht noch darüber hinaus, da nur auf die Wahrscheinlichkeit eines entgangenen Gewinns abgestellt wird).

306 c) Für die Schadensberechnung erhebt sich die Frage, inwieweit sich ein Schädiger darauf berufen kann, daß der Schaden auch ohne sein Zutun eingetreten wäre (Problem der sog. **hypothetischen Kausalität**). Nachträglich einwirkende Umstände sieht der BGH bei Ersatzansprüchen für die Zerstörung einer Sache regelmäßig als unerheblich an, weil mit dem schädigenden Eingriff sogleich der Anspruch auf Schadensersatz entsteht und das Gesetz den späteren Ereignissen keine schuldtilgende Kraft beilegt (BGHZ 29, 207, 215).

> Wird z. B. ein Kfz bei einem Unfall zerstört und schlägt am Tage darauf in die Garage, in der das Autowrack abgestellt ist, der Blitz ein, wobei alle dort befindlichen Gegenstände verbrennen, so kann sich der für den Unfall Verantwortliche nicht darauf berufen, daß das Kfz ohnehin untergegangen wäre.
>
> Beschädigt ein Lkw ein am Straßenrand stehendes Haus, so wird der Schädiger nicht dadurch entlastet, daß das Haus bald darauf im Zuge einer Sanierungsmaßnahme abgebrochen wird und der Eigentümer aufgrunddessen einen Entschädigungsanspruch erlangt (vgl. auch BGH NJW 1967, 551 f).

Allerdings sind Umstände zu berücksichtigen, die bereits bei dem Eingriff vorlagen („Schadensanlage") und notwendig binnen kurzem denselben Schaden verursacht hätten; hier ist der geminderte Wert der Sache, der bereits im Augenblick des Eingriffs gegeben war, zu berücksichtigen (BGHZ aaO).

> Wird z. B. beim Viehtrieb von einem Kfz ein Rind getötet, das bereits erkrankt und für eine Notschlachtung vorgesehen war, so beschränkt sich der Ersatzanspruch gegen den Schädiger auf den potentiellen Erlös aus der Notschlachtung.

Eine Berücksichtigung der mutmaßlichen späteren Entwicklung kann jedoch z. B. bei der Berechnung entgangenen Gewinns oder fortwirkender Erwerbsminderungen oder dem Ausfall ähnlicher langdauernder Vorteile in Betracht kommen; dies sieht das Gesetz ausdrücklich in §§ 252, 844 II vor (BGHZ aaO).

d) Bei der Schadensberechnung muß auch der Fall berücksichtigt werden, daß der Geschädigte infolge des schädigenden Vorgangs einen Vorteil erlangt (Problem der sog. **Vorteilsausgleichung**). Hierbei ist zunächst die Anrechenbarkeit des Vorteils unter dem Gesichtspunkt der adäquaten Kausalität zu prüfen; in jedem Falle muß die Vorteilsanrechnung dem Sinn und Zweck der Schadensersatzpflicht entsprechen, sie darf den Schädiger nicht unbillig entlasten (BGHZ 8, 325, 329; 10, 107, 108; NJW 1978, 536f; vgl. auch die gesetzliche Regelung in § 843 IV). So kommen die Lohnfortzahlung durch den Arbeitgeber bzw. Leistungen aus Versicherungen nicht für eine Minderung des Ersatzanspruches beim Schädiger in Betracht; vielmehr soll ein Ausgleich zwischen leistendem Dritten und Schädiger stattfinden, wozu ein gesetzlicher Forderungsübergang vom Geschädigten auf den leistenden Dritten vorgesehen ist (vgl. § 4 LFZG, § 116 SGB X, § 67 VVG).

e) Der Schadenersatzanspruch kann gemindert sein oder sogar gänzlich entfallen, wenn *schuldhaftes Verhalten des Geschädigten* für das Entstehen des Schadens *mitursächlich* war (§ 254, sog. **mitwirkendes Verschulden**). Inwieweit der Umfang der Schadensersatzpflicht begrenzt wird, ist durch Abwägung der beiderseitigen Verantwortlichkeit für den Schadenseintritt zu ermitteln.

Dem § 254 liegt der Gedanke zugrunde, daß die Rechtsordnung die Abwälzung eines erlittenen Schadens auf den Schädiger nicht schlechthin zulassen kann, wenn der Verletzte selber den Schaden unter Vernachlässigung der eigenen Interessen schuldhaft mitverursacht hat. Eine solche Abwälzung würde Treu und Glauben zuwiderlaufen (vgl. BGH NJW 1972, 334f).

Verschulden ist hier als *„Verschulden gegen sich selbst"*, d. h. als Mißachtung der eigenen Interessen (**Obliegenheiten**) zu verstehen.

> Das Verschulden im eigentlichen Sinne setzt einen Verstoß gegen eine Rechtspflicht voraus, die jemandem im Interesse anderer Personen auferlegt ist. Im übertragenen Sinne spricht man von Pflichten auch dann, wenn von jemandem ein bestimmtes Verhalten gefordert oder erwartet wird, sei es als Voraussetzung eines

Erwerbs, sei es zur Wahrung oder Ausübung eines Rechts (vgl. z. B. auch § 777), ohne daß durch die Verletzung dieser „Pflichten" ein anderer geschädigt und ersatzberechtigt würde. In diesen Fällen hat die Pflichtverletzung nur Nachteile zur Folge für den, der das von ihm geforderte Verhalten nicht beachtet; der Rechtserwerb tritt nicht ein, oder das Recht geht verloren oder kann nicht mehr ausgeübt werden. Es handelt sich also bei diesen „Pflichten" in Wahrheit um Gebote des wohlverstandenen eigenen Interesses, um „Obliegenheiten" (vgl. REIMER SCHMIDT Die Obliegenheiten, 1953).

Im Falle des § 254 ist zu prüfen, ob die *Vernachlässigung* einer Interessenwahrnehmung vorwerfbar, d. h. *schuldhaft* erfolgt. Nach h.M. ist hierbei auf die allgemeinen Grundsätze des Verschuldens zurückzugreifen; die Regelung der §§ 827, 828 ist entsprechend anzuwenden (RGZ 108, 87, 89; BGH VersR 1975, 133, 135). Auch der Grundgedanke des § 829 kann herangezogen werden (BGHZ 37, 102, 106).

Allerdings ist beim Geschädigten eine von ihm ohne Verschulden zu verantwortende Sach- oder Betriebsgefahr schadensmindernd zu berücksichtigen (BGHZ 6, 319, 320; 12, 124, 128; BGH NJW 1972, 1415 f).

So kann z. B. die Verantwortlichkeit eines geschädigten Kraftfahrzeughalters aus § 7 StVG gegenüber einem schuldhaft handelnden Ersatzpflichtigen bei der Schadensermittlung zur Anrechnung kommen.

Ein Mitverschulden wird dem Geschädigten auch dann zur Last gelegt, wenn er es unterlassen hat, den Gegner auf die Gefahr eines ungewöhnlich hohen Schadens aufmerksam zu machen, oder wenn er der *Pflicht, den Schaden abzuwenden oder zu mindern,* zuwidergehandelt hat (§ 254 II 1).

Die Verantwortlichkeit des Geschädigten umfaßt auch die Einstandspflicht für Gehilfen und gesetzliche Vertreter gem. § 278 (§ 254 II 2). Diese Bestimmung findet – entgegen dem Standort in § 254 II – auch auf die Regelung des Mitverschuldens in § 254 I Anwendung (BGHZ 3, 46, 48).

Nach ständiger Rechtsprechung handelt es sich um eine sogenannte *Rechtsgrundverweisung* (str., zur Gegenmeinung vgl. u. a. DEUTSCH Haftungsrecht I § 20 I 2 m.w.N.), d. h. § 278 kommt nur dann zur Anwendung, wenn zwischen Schädiger und Geschädigtem bereits bei Schadenseintritt ein vertragliches oder gesetzliches Schuldverhältnis bestand (BGHZ 3, 46, 49). Ist dies nicht der Fall, findet für den Verrichtungsgehilfen § 831 entsprechende Anwendung (BGHZ 1, 248, 251).

Ein mitwirkendes Verschulden des Geschädigten wird auch bei Ansprüchen aus *Gefährdungshaftung* berücksichtigt (vgl. oben Rdn. 297).

309 Die Grundsätze des § 254 werden auch zur rechtlichen Beurteilung des *„Handelns auf eigene Gefahr"* herangezogen. Dies betrifft Sachverhalte, in denen sich der Geschädigte freiwillig einer Gefahrenlage ausgesetzt hat (z. B. Mitfahrt in einem Kraftfahrzeug, dessen Fahrer erkennbar fahruntüchtig ist). BGHZ 34, 355, 360 ff ist von der bisherigen Auffassung der Rechtsprechung, es handele sich hierbei um eine rechtfertigende Einwilligung durch Willenserklärung, abgerückt (zur Entwicklung des Meinungsstandes vgl. H. HÜBNER Zurechnung statt Fiktion einer Willenserklärung, Festschrift Nipperdey, I, 1965, 373 ff, Fn. 107) und hat die Frage nach einer Haftungsfreistellung oder Haftungsminderung differenzierend über § 254 gelöst.

f) Das Haftungssystem geht im Interesse der Rechtssicherheit davon aus, daß der Verletzte grundsätzlich nur den ihm selbst entstandenen Schaden, nicht den Schaden Dritter (sog. **Drittschaden**), geltend machen kann (Risikobegrenzung, vgl. ESSER/SCHMIDT SchR I § 34).

Durch die Verletzung über den unmittelbar Geschädigten hinaus betroffene *Dritte* können Schadensersatz nur aufgrund *eigener* Ansprüche verlangen. Derartige Rechte gewährt das Gesetz im Deliktsrecht gem. §§ 844 f wie auch z. B. in § 10 II StVG. Im Vertragsrecht können Dritte, die nicht selbst Vertragspartei sind, einen eigenen Schadensersatzanspruch außer nach § 618 III im berechtigenden Vertrag zugunsten Dritter (§ 328 I) sowie durch die Rechtsfigur des Vertrags mit Schutzwirkung zugunsten Dritter erlangen.

Darüber hinaus kann der Dritte Schadensersatz nur dann erhalten, wenn es ausnahmsweise dem *Vertragspartner* des Verletzers gestattet ist – da bei ihm ein Schaden nicht eingetreten ist –, *den Schaden des Dritten zu liquidieren* (Schadensverlagerung). Der geschädigte Dritte kann den Anspruch erst nach Abtretung durch den Vertragspartner erlangen.

Unter dem Gesichtspunkt, daß der Schädiger wegen des für ihn zufälligen Auseinanderfallens von Anspruchsberechtigtem und Geschädigtem nicht unbillig entlastet werden soll, hat die Rechtsprechung folgende Anwendungsbereiche herausgearbeitet (vgl. BGHZ 40, 91, 100 f m.w.N.):

– In den Fällen der *mittelbaren Stellvertretung* wurde dem indirekten Stellvertreter eingeräumt, den Schaden seines Auftraggebers (z. B. Kommittenten) geltend zu machen.

– Wer aufgrund eines Vertrages *fremde Sachen in* die *Obhut* eines anderen gibt, kann im Falle der Obhutsverletzung den Schaden des Eigentümers geltend machen.

– Ist beim *Versendungskauf* durch Auslieferung an die Transportperson die Preisgefahr auf den Käufer übergegangen (§ 447) und geht danach der Kaufgegenstand durch Verschulden der vom Verkäufer bestellten Transportperson unter, so ist der Verkäufer berechtigt, den Schaden des Käufers gegenüber dem Schädiger geltend zu machen.

Die *Drittschadensliquidation* stellt sich als *Ausnahmeregelung* dar; einer Ausweitung sind daher Grenzen gesetzt. So hat der BGH die Geltendmachung eines beim Endabnehmer durch Verschulden des Produzenten eingetretenen Schadens durch den Vertragspartner des Produzenten verneint und den Endabnehmer auf die deliktische Haftung verwiesen (BGHZ 40, 91, 105 ff; 51, 91, 93 ff).

Fälle der Drittschadensliquidation sind von solchen, bei denen ein *Vertrag mit Schutzwirkung zugunsten Dritter* denkbar ist, zu unterscheiden. Der

Haftungserweiterung durch diese Rechtsfigur, die einen selbständigen Anspruch des Dritten begründet, wird durch Eingrenzung des geschützten Personenkreises entgegengewirkt (der Gläubiger muß für das Wohl und Wehe der geschützten Personen verantwortlich sein). Hingegen erhöht die *Drittschadensliquidation* den Haftungsrahmen nicht, da sie lediglich eine zufällige Schadensverlagerung erfaßt (vgl. MEDICUS BR Rdn. 841 ff m.w.N.).

311 g) Beim **Nichtvermögensschaden**, dem immateriellen Schaden, bleibt grundsätzlich eine Entschädigung in Geld außer Betracht (§ 253); Ausnahmen hat der Gesetzgeber in §§ 847, 1300 zugelassen. Die Vorschrift des § 253 steht jedoch einer vertraglichen Verpflichtung zur Erstattung eines Nichtvermögensschadens nicht entgegen (BGH JZ 1955, 581).

Im Hinblick auf § 253 bedarf es im Einzelfall der *Abgrenzung zwischen Vermögens- und Nichtvermögensschaden*. So hat z.B. der BGH den Entzug einer durch Vermögensaufwendungen erstrebten Erholung (BGH NJW 1956, 1234f – Seereisefall; BGHZ 63, 98 ff) als Vermögensschaden angesehen, differenzierend zum Erholungsentzug jedoch BGHZ 60, 214 ff; 77, 116, 122 f; 85, 168, 173; 86, 212 ff – vgl. beim Pauschalreisevertrag nunmehr § 651f II.

Vermögensschaden ist auch der *Nutzungsausfall* eines Kfz selbst dann, wenn kein Ersatzwagen gemietet wird (BGHZ 40, 345 ff) – Vgl. dazu auch oben Rdn. 303 zum normativen Schadensbegriff.

Über die in § 847 genannten Voraussetzungen hinaus hat die Rechtsprechung bei *schwerwiegenden Verletzungen des Persönlichkeitsrechts* dem Betroffenen zum Ersatz seines immateriellen Schadens einen Schmerzensgeldanspruch zugestanden (zu den Einzelheiten und zum Schrifttum vgl. oben § 12).

§ 27
Selbsttätiger Schutz der Rechte

ADOMEIT Wahrnehmung berechtigter Interessen und Notwehrrecht, JZ 1970, 495 ff; BAUMGARTEN Notstand und Notwehr, 1911; CANARIS Notstand und „Selbstaufopferung" im Straßenverkehr, JZ 1963, 655 ff; DÖLLE/REICHEL/GOLDSCHMIDT/KADECKA Gutachten zum 34. DJT I, 124 ff, 142 ff; II, 426 f; FELBER Die Rechtswidrigkeit des Angriffs in den Notwehrbestimmungen, 1979; GOLDSCHMIDT Der Notstand ein Sachproblem, 1913; HIMMELREICH Nothilfe und Notwehr: insbesondere zur sog. Interessenabwägung, MDR 1967, 361 ff; KONZEN Aufopferung im Zivilrecht, 1969; KRAUSE Zur Problematik der Notwehr, Festschrift Bruns, 1978, 71 ff; KÜPER Zum rechtfertigenden Notstand bei Kollision von Vermögenswerten, JZ 1976, 515 ff; KUHLENBECK Das Recht auf Selbsthilfe, 2. A., 1907; LAMPE Defensiver und aggressiver übergesetzlicher Notstand, NJW 1968, 88 ff; SCHAFFSTEIN Notwehr und Güterabwägungsprinzip, MDR 1952, 132 ff; SIEGERT Notstand und Putativnotstand, 1932; TITZE Die Notstandsrechte, 1897; v. TUHR Der Notstand im Zivilrecht, 1888.

Selbsttätiger Schutz der Rechte § 27 I 1

Da der Schutz der Rechte Aufgabe des Staates ist, ist der Berechtigte – wie **312** betont – grundsätzlich auf *Staatshilfe* angewiesen; nur *in Ausnahmefällen* hat er die Befugnis, sich selbst zu helfen. *Selbstschutz* durch Eingriff in einen fremden Rechtskreis ist daher nur zulässig, soweit er besonders gestattet ist.

Das BGB unterscheidet als zulässige Selbstschutzhandlungen die *Notwehr* zur Abwehr eines rechtswidrigen Angriffs (§ 227), die *Notstandshandlung* durch Beschädigen oder Zerstören einer fremden Sache, von der die abzuwehrende Gefahr droht (§ 228), oder durch Einwirken auf eine fremde Sache, von der die Gefahr zwar nicht ausgeht, deren Beschädigung oder Zerstörung aber zur Gefahrenabwehr erforderlich ist (§ 904), und die *Selbsthilfe* zur Sicherung der Verwirklichung eines Anspruchs (§ 229). Darüber hinaus ist die Selbsthilfe in gewissen Fällen unter erleichterten Voraussetzungen gestattet, z. B. dem Besitzer bei verbotener Eigenmacht (§ 859), dem Vermieter, dem Verpächter und dem Gastwirt bei Entfernung der seinem Pfandrecht unterliegenden Sachen (§§ 561, 581 II, 704 S. 2).

Die Rechtsordnung erlaubt die Abwehr zum Zwecke der Rechtsverteidigung, d. h. zur Abwehr von Angriffen und Gefahren (Notwehr, Notstand) in weiterem Umfang als die eigenmächtige Rechtsverfolgung, d. h. die eigenmächtige Verwirklichung oder Sicherung des dem Recht entsprechenden Zustands (Selbsthilfe).

I. Notwehr

In Übereinstimmung mit § 32 II StGB ist im BGB Notwehr diejenige Verteidigung, welche erforderlich ist, um einen gegenwärtigen rechtswidrigen Angriff von sich oder einem anderen abzuwenden (§ 227 II BGB). Eine Notwehrhandlung ist nicht rechtswidrig.

1. Im einzelnen geht das Gesetz von folgenden **Voraussetzungen** aus:

a) Die Notwehrlage

Nötig ist ein **Angriff**, also ein menschliches Verhalten, das einen bestehen- **313** den Zustand durch Verletzung eines Rechtsgutes einer Person ändern will. Eine eigenhändige Angriffshandlung ist indessen nicht nötig; Angriff liegt z. B. auch dann vor, wenn jemand seinen Hund auf einen anderen hetzt.

Unterlassen kann dann einen Angriff darstellen, wenn eine Rechtspflicht zum Handeln (z. B. aus Gesetz, Vertrag, vorangegangenem Tun) besteht (z. B. wenn der Bergführer den Touristen an einer lebensgefährlichen Stelle verlassen will). Dagegen ist die bloße Nichterfüllung von Vertragspflichten kein Angriff; zahlt z. B. der Schuldner nicht, so ist das kein Angriff, sondern reine Untätigkeit.

Die Verletzung eines *Forderungsrechtes* berechtigt daher im allgemeinen nicht zur Notwehr (RG WarnRspr. 1933 Nr. 116). Nur in Fällen groben Rechtsmißbrauchs kann eine Notwehrlage gegeben sein, so wenn der Verkäufer den verkauften Gegenstand vor den Augen des Käufers zerstören will, um ihn diesem zu entziehen.

Eine Notwehrlage besteht auch dann, wenn das Rechtsgut eines *Dritten* angegriffen wird *(Nothilfe)*. Dritter kann auch eine juristische Person sein. Auch zugunsten des Staates ist Nothilfe denkbar; sie soll in Betracht kommen, wenn rechtlich geschützte Lebensinteressen des Staates (z. B. bei Landesverrat) betroffen sind, allerdings nur, wenn die zuständigen Staatsorgane nicht rechtzeitig eingreifen können, und nicht in weiterem Umfang, als es den Staatsorganen selbst zustünde. Bedenken bestehen, wenn die Rechtfertigung durch Notwehr dem Staat selbst für Maßnahmen, die über die gesetzlichen Eingriffsmöglichkeiten hinausgehen, zugebilligt werden soll (so aber in Zusammenhang mit der Schadensersatzforderung eines Presseunternehmens RGZ 117, 138, 142).

Erforderlich ist ein **gegenwärtiger** Angriff, d. h. ein Angriff, der begonnen hat, aber noch nicht beendet ist.

Der *Beginn* des Angriffs setzt zumindest voraus, daß die Rechtsgutsverletzung unmittelbar bevorsteht, ohne daß bereits ein Versuch im Sinne des Strafrechts gegeben zu sein braucht. – Der Angriff *dauert* solange, bis die Tat „beendet" ist; „Beendigung" kann weitergehen als „Vollendung". Hat z. B. der Dieb noch keinen gesicherten Gewahrsam an der Beute erlangt, so ist Notwehr gegen ihn noch zulässig (RGZ 111, 370 f).

Der Angriff muß **rechtswidrig** sein, wobei nach h.M. nicht auf den Handlungsunwert, sondern auf das drohende Erfolgsunrecht abgestellt wird. Die Widerrechtlichkeit fehlt, wo dem Angreifenden ein Recht zum Eingriff (z. B. Züchtigungsrecht der Eltern; Amtsausübung der Polizei; Ausübung des gesetzlichen Vermieterpfandrechts, § 561) zur Seite steht. Gegen berechtigte Notwehr gibt es keine Gegennotwehr.

Verschulden des Angreifers wird nicht vorausgesetzt, so daß auch ein Verschuldensunfähiger einen zur Notwehr berechtigenden Angriff begehen kann.

Eine vorsätzliche *Provokation* des Angriffs durch den Angegriffenen braucht die Notwehrlage nicht auszuschließen, wenn die Herbeiführung im Rahmen des Erlaubten liegt. Eine Notwehrlage wird jedoch für den Fall verneint, daß der Angegriffene den Angriff absichtlich herbeigeführt hat, um sich auf den Rechtfertigungsgrund der Notwehr berufen zu können. Dies wird teilweise damit begründet, daß die absichtliche Provokation des Angreifers selbst einen rechtswidrigen Angriff darstelle (so Enn./Nipperdey § 240 II 1 c; Staudinger/Dilcher § 227 Rdn. 12); teilweise wird in derartigen Fällen die Berufung auf Notwehr als Rechtsmißbrauch angesehen (so RG HRR 1940 Nr. 1143; BGH NJW 1962, 308 f; Soergel/Fahse § 227 Rdn. 44).

b) **Die Notwehrhandlung**

314 Die Handlung zur Verteidigung eines Rechtsgutes des Angegriffenen findet unter folgenden Voraussetzungen eine Rechtfertigung:

– Die Abwehr muß sich auf eine *Verteidigungshandlung* beschränken, sie darf nicht selbst Angriff sein.

Es wird dafür ein der Verteidigungshandlung entsprechender *Verteidigungswille* gefordert, neben dem jedoch auch andere Motive für das Verhalten des Angegriffenen mitbestimmend sein können (so die h.M. unter Bezugnahme auf RGSt 60, 261; BGHSt 3, 194, 198).

– Die Verteidigung muß **erforderlich** sein. Die Erforderlichkeit der Notwehrmaßnahme bestimmt sich nach der objektiven Sachlage, nicht nach der subjektiven Sicht des Angegriffenen (RGZ 84, 306; h.M.). Bei mehreren gleichartigen Mitteln ist das am wenigsten schädliche zu wählen.

Zurückweichen oder Flucht ist nur zumutbar, wenn der Angegriffene sich ohne Aufgabe berechtigter Interessen dem Angriff entziehen kann (RGZ 84, 306, 308 f). Bei einem Streit unter Ehegatten kann ein strengerer Maßstab an die Erforderlichkeit des Verteidigungsmittels anzulegen sein (BGH NJW 1969, 802). Dies kann auch bei Angriffen von Kindern und Unzurechnungsfähigen gelten.

Eine *Güterabwägung* findet im Gegensatz zum Notstand *nicht* statt: Das Recht braucht dem Unrecht nicht zu weichen. Eine *Verhältnismäßigkeit* des dem Angreifer zugefügten Übels zu dem drohenden Nachteil für den Angegriffenen kann jedoch aus dem Begriff der „gebotenen" Handlung in § 227 gefolgert werden. Sonst dürfte der Angegriffene einen Menschen niederschießen, obwohl das gefährdete Sachgut verhältnismäßig geringwertig ist, wenn nur die Tötung das einzig mögliche Abwehrmittel wäre.

Das Erfordernis einer Verhältnismäßigkeit ergibt sich heute zudem aus Art. 2 der MRK von 1952, die durch Gesetz v. 7.8.1952 (BGBl II, 685) Bundesrecht geworden ist; der Tötung eines Menschen ist danach die Rechtswidrigkeit nur genommen, wenn sie zur Abwehr von Gewalt gegen einen Menschen, nicht gegen Sachgüter erfolgt. Hiergegen wird eingewandt, daß diese dem Angegriffenen auferlegte Interessenabwägung vielfach zur Schutzlosigkeit der Sachgüter führen muß. Der Grundsatz muß hingegen dort gelten, wo Verteidigungsmaßnahmen außer allem Verhältnis (in „sittenwidriger Disproportionalität") zu dem Wert des angegriffenen Gutes stehen (vgl. BGH NJW 1956, 920; h.M. – dagegen E. WOLF AT § 15 B III b 3gg).

– Die Verteidigung ist nur gegen den Angreifer möglich. Ein Eingriff in Rechtsgüter eines anderen wird durch § 227 nicht gedeckt, kann aber unter Umständen eine zulässige Notstandshandlung sein.

Der Angegriffene benutzt z. B. eine dem Dritten gehörige Sache zur Verteidigung. Dies kann nach § 904 zulässig sein. Benutzt der *Angreifer* eine ihm nicht gehörende Sache, so kann die Einwirkung des Angegriffenen auf diese Sache – unbeschadet der Notwehr gegen den Angreifer selbst – nach § 228 gerechtfertigt sein.

2. Rechtsfolgen

Die erlaubte Notwehrhandlung ist *nicht widerrechtlich* (§ 227 I). Sie schließt daher eine Schadensersatzpflicht des Angegriffenen aus.

Werden jedoch die Grenzen der erlaubten Notwehr überschritten, so ist insoweit die Handlung des Angegriffenen widerrechtlich. Zwar ist nach § 33 StGB die Überschreitung nicht strafbar, wenn der Täter aus Verwirrung, Furcht oder Schrecken über die Grenzen der Verteidigung hinausgegangen ist (sog. *Notwehrexzeß*). Sie verpflichtet aber im Zivilrecht als widerrechtliche Handlung den Täter zum Ersatz (§§ 823 ff), sofern Verschulden (z. B. Fahrlässigkeit) vorliegt. Freilich kann hier Mitverschulden des Angreifers nach § 254 zu berücksichtigen sein. In jedem Falle ist gegen den Notwehrexzeß Gegennotwehr zulässig.

Liegen die Voraussetzungen der Notwehr objektiv nicht vor, nimmt der Abwehrende jedoch irrtümlich an, sie seien vorhanden, so ist *Putativnotwehr* gegeben. Auch in diesem Falle ist die Abwehrhandlung widerrechtlich; der Täter kann, soweit ihn der Vorwurf der Fahrlässigkeit trifft, zum Schadensersatz verpflichtet sein (RGZ 88, 118, 120). Auch hier kann § 254 eingreifen.

316   3. Auch *gegen obrigkeitliche Handlungen* kann unter den angegebenen Voraussetzungen, insbesondere wenn die Organe des Staates die rechtlich gezogenen Schranken überschreiten, d. h. rechtswidrig handeln, Notwehr zulässig sein. Jedoch ist im Falle der Vollstreckung fehlerhafter Verwaltungsakte zu beachten, daß der Beamte auch nach Einlegung eines Widerspruchs, sofern die sofortige Vollziehung angeordnet wird, bis zur Aufhebung des Verwaltungsaktes zum Vollzug berechtigt ist. Zu beachten ist ferner, daß bei Beamten, die im Sinne des § 113 StGB nach pflichtgemäßem Ermessen handeln, das Vorgehen – Zuständigkeit vorausgesetzt – solange rechtmäßig ist, als sich die Beamten im Rahmen dieses pflichtgemäßen Ermessens halten, wobei es nicht darauf ankommt, ob die Ermessensprüfung zum sachlich falschen Ergebnis führt. – Die Ausführung eines rechtswidrigen Befehls ist rechtswidrig, Notwehr ist daher zulässig. § 11 II 1 SG, § 5 I WStG schränken lediglich den strafrechtlichen Schuldvorwurf ein.

II. Notstand

317   Während bei der Notwehr der Gedanke entscheidend ist, daß das Recht dem Unrecht nicht zu weichen braucht, wird die Anerkennung der Notstandshandlung durch die Erwägung gerechtfertigt, daß bei einer Interessenkollision geringerwertige Interessen den höherwertigen weichen müssen. Dieser Gedanke der *Güterabwägung* beherrscht die Ausgestaltung des Notstandsrechts.

Notstand ist eine Zwangslage, in der man befugt ist, auf eine fremde Sache so weit einzuwirken, als zur Verhütung eines drohenden Schadens nötig ist. Das BGB kennt zwei Notstandsbestimmungen, den *aggressiven* Notstand in § 904 und den *defensiven* Notstand (Sachwehr) in § 228. Der aggressive Notstand gestattet die Einwirkung auf eine fremde Sache, um eine drohende Gefahr abzuwenden, während der defensive Notstand nur eine Einwirkung auf die Sache erlaubt, von der die Gefahr ausgeht.

Wenn das BGB einen derartigen Eingriff in fremde Sachgüter erlaubt, *schließt es die Widerrechtlichkeit aus.*

Auch das *Strafgesetzbuch* enthält zwei Notstandsregelungen: **318**

> Eine Notstandsregelung, *die die Widerrechtlichkeit ausschließt* (früherer übergesetzlicher Notstand), findet sich in § 34 StGB. Darüber hinaus enthält § 35 StGB eine Notstandsregelung, die lediglich die Schuld ausschließt.

Eine Konkurrenz kann, da § 35 StGB die Rechtswidrigkeit der Tat voraussetzt, nur zwischen § 34 StGB, der über den Eingriff auf Sachen hinaus allgemein auf die „Tat" abstellt, und §§ 228, 904 bestehen. In dieser Hinsicht sind §§ 228, 904 als Sonderfälle des § 34 StGB anzusehen, der darüber hinaus auch im Zivilrecht Geltung hat (vgl. OLG Freiburg JZ 1951, 223, 226).

1. Voraussetzungen

Im einzelnen geht das BGB – unbeschadet der darüber hinausgreifenden **319** Regelung des § 34 StGB – von folgenden Voraussetzungen aus:

a) Eine **Notstandslage** ist dann anzunehmen, wenn für irgendein Rechtsgut des Handelnden selbst oder eines anderen eine gegenwärtige Gefahr droht. Diese Gefahr geht im Falle des § 228 gerade von der fremden Sache aus, auf die eingewirkt wird, während § 904 voraussetzt, daß die Zwangslage von dritter Seite entstanden ist.

> Ein bissiger Hund droht, den friedlichen Spaziergänger anzufallen; dieser bricht aus dem nahegelegenen Gartenzaun entgegen dem Widerspruch des Eigentümers eine Latte und verletzt durch einen Schlag mit der Latte den Hund. Die Verletzung des Hundes ist nach § 228 gerechtfertigt, das Herausbrechen der Zaunlatte nach § 904. Der Spaziergänger ist freilich nach § 904 S. 2 zum Ersatz des Schadens verpflichtet; die Tierarztkosten sind von ihm hingegen nicht zu tragen, da er die Gefahr nicht verschuldet hat (§ 228 S. 2).

b) Als **Notstandshandlung** wird die Beschädigung oder Zerstörung der **320** fremden Sache erlaubt. Sie ist unter folgenden *Voraussetzungen* zulässig:
Die Einwirkung auf die fremde Sache muß *erforderlich* sein. Die Erforderlichkeit der Notstandsmaßnahme bestimmt sich nach objektiver Beurteilung, nicht nach der subjektiv zumutbaren Sorgfalt (RGZ 149, 205 f). Die Möglichkeit zur Flucht wird in der Regel im Gegensatz zur Notwehr die Berufung auf Notstand ausschließen (h.M.).
Außerdem ist eine **Güterabwägung** zwischen dem durch die Notstandshandlung entstehenden und dem drohenden Schaden geboten. Nach § 228 darf der aus der Einwirkung entstehende Schaden nicht unverhältnismäßig größer sein als der drohende Schaden. Der Maßstab des § 904 ist enger; hier muß der drohende Schaden unverhältnismäßig groß sein.

Z. B. berechtigt § 228 den Jagdberechtigten nicht, einen kostbaren Hund, der gerade einem Hasen nachläuft, niederzuschießen – anders, wenn es sich um einen notorisch wildernden Hund handelt.

Der in einer Berghütte eingeschneite Tourist darf nach § 904 Einrichtungsgegenstände nicht verheizen, um sich zu erwärmen – anders wenn er zu erfrieren droht, da in diesem Falle die Abwägung zwischen Leben und Sachgut eindeutig ist.

In die Abwägung können auch ideelle Interessen, so das Affektionsinteresse an einem Tier, einbezogen werden, z. B. wenn jemand den Angriff eines wertvollen Rassehundes auf seinen minder wertvollen Hund abwehrt (RG JW 1926, 1145).

Nach überwiegender Meinung soll *§ 904 auch auf andere absolute Rechte analog anwendbar* sein (so inbes. WESTERMANN § 28 III 1 m.w.N. gegen RGRK/ AUGUSTIN § 904 Rdn. 3). Auf öffentlich-rechtliche Verhältnisse ist § 904 unanwendbar (RGZ 89, 221, 225).

Das *öffentliche Recht* kennt zur Abwendung einer konkreten Gefahr für die öffentliche Sicherheit oder Ordnung (sog. *polizeilicher Notstand*) eigene Regelungen: z. B. §§ 8ff PolG NW bzw. §§ 14ff OBG NW. Danach kann die Polizei bzw. die Ordnungsbehörde auch dritte unbeteiligte Personen (Nichtstörer) in Anspruch nehmen (vgl. § 6 PolG NW). Diesen kann jedoch, soweit nicht z. B. von einem Ordnungspflichtigen nach den Grundsätzen der Geschäftsführung ohne Auftrag Ersatz verlangt werden kann, ein Entschädigungsanspruch zustehen (vgl. im einzelnen dazu §§ 39ff OBG NW; § 45 PolG NW).

2. Rechtsfolgen

321 a) Da die Einwirkung unter diesen Voraussetzungen *nicht widerrechtlich* ist, gibt es gegen die berechtigte Notstandshandlung keine Notwehr. Das gilt auch, wenn der Einwirkende die Notstandslage schuldhaft herbeigeführt hat.

Der Einwirkende ist allerdings im Falle des § 904 stets *ersatzpflichtig,* im Falle des § 228 hingegen nur, wenn er die Notstandslage verschuldet hat. Die Haftung kann entfallen, wenn der *Geschädigte* den Eingriff schuldhaft herbeigeführt hat (BGHZ 6, 102, 111); § 254 ist anwendbar.

Der Einwirkende soll auch dann ersatzpflichtig sein, wenn er *in fremdem Interesse* eingreift, weil er dieses wie ein eigenes wahrnimmt; das gilt selbst dann, wenn er aus eigenem Antrieb im öffentlichen Interesse gehandelt hat (BGH LM Nr. 2 zu § 904). Er kann dann u.U. aus §§ 677ff vom Bedrohten Erstattung verlangen. – Hat er jedoch auf Weisung des Bedrohten gehandelt, so soll den Anweisenden die Ersatzpflicht unmittelbar treffen (RGZ 113, 301, 303); nach einer darüber hinausgehenden Meinung soll stets der Begünstigte unmittelbar haften (HORN JZ 1960, 350, 352; LARENZ SchR II § 78 1 m.w.N.).

b) *Fehlen die Voraussetzungen* erlaubter Noteinwirkung oder Sachwehr, so sind die Eingriffshandlungen *widerrechtlich* und können zum Schadensersatz verpflichten.

Da es sich regelmäßig um eine unerlaubte Handlung nach § 823 handelt, ist – im Falle des § 228 – Verschulden zu prüfen (z. B. kann irrtümliche Annahme einer Notstandslage – *„Putativnotstand"* – fährlässig sein). Im Falle des § 904 muß von einer Haftung ohne Verschulden ausgegangen werden, da das Gesetz bereits bei berechtigtem Einwirken zum Ersatz des Schadens verpflichtet.

Da *§ 34 StGB* als Generalnorm *im Zivilrecht Geltung* hat, kann auch für die über §§ 228, 904 hinaus als Notstand zu wertenden Fälle eine zivilrechtliche Schadensersatzpflicht in Betracht kommen. Wenn z. B. bei einer Lebensrettung der Retter einen Dritten aus dem Wege stößt, so daß dieser zu Schaden kommt, kann der Geschädigte analog § 904 S. 2 Ersatz verlangen. – In den Fällen des entschuldigenden Notstandes nach § 35 StGB wird die zivilrechtliche Verantwortlichkeit grundsätzlich nicht berührt; sie ist gesondert zu prüfen.

III. Selbsthilfe

Wenn schon die Rechtsordnung für selbsttätige defensive Maßnahmen (Notwehr und Notstand) Grenzen setzt, muß dies um so mehr für die eigenmächtige angriffsweise Rechtsverfolgung gelten. Da grundsätzlich jeder zur Verwirklichung seiner Rechte die vom Staat zur Verfügung gestellten Mittel (Prozeß, Zwangsvollstreckung) in Anspruch nehmen muß, erlaubt § 229 die Selbsthilfe nur unter engen Voraussetzungen. Das Eingreifen kann darüber hinaus nur zur Sicherung, nicht zur Befriedigung dienen. Im Rahmen dieser Voraussetzungen ist das Eingreifen jedoch rechtmäßig.

1. Für die erlaubte Selbsthilfe geht das Gesetz von folgenden **Voraussetzungen** aus.

a) Dem Handelnden muß ein *prozessual durchsetzbarer privatrechtlicher Anspruch* zustehen.

> Der Anspruch darf also nicht verjährt sein, da man durch Selbsthilfe nicht mehr erreichen können soll, als durch staatlichen Rechtsschutz. Anderseits soll entsprechend der Möglichkeit, gem. § 916 II ZPO einen Arrest zu beantragen, Selbsthilfe auch dann nach h. M. statthaft sein, wenn der Anspruch bedingt oder betagt ist, aber schon einen Vermögenswert darstellt.

Weiter wird vorausgesetzt, daß *obrigkeitliche Hilfe nicht rechtzeitig zu erlangen* ist. So darf z. B. ein Arrest oder eine einstweilige Verfügung nicht zu erwirken sein (RGZ 146, 182, 188).

Schließlich muß die *Gefahr* bestehen, daß ohne sofortiges Eingreifen die *Verwirklichung des Anspruchs vereitelt oder wesentlich erschwert* wird.

> Der Zechpreller will durchgehen; der Schuldner den Zug besteigen, um ins Ausland zu verschwinden.

§ 27 III 1

b) Als **Selbsthilfehandlung** kann in Betracht kommen:

– Wegnahme, Zerstörung oder Beschädigung einer Sache
Der Wirt nimmt dem Zechpreller die Uhr weg. Der Eigentümer eines Hundes entdeckt nach längerer Zeit das gestohlene Tier im Zwinger des Diebes; er darf – falls die Voraussetzungen der Selbsthilfe gegeben sind – den Zwinger zerstören, um den Hund herauszuholen.

– Festnahme des Verpflichteten
Der Wirt kann den Hotelgast, der ohne Zahlung verschwinden will, festnehmen.

– Brechen des Widerstandes
Der Eigentümer des gestohlenen Hundes kann im obigen Falle den Widerstand des Diebes gegen das Betreten des Grundstücks, auf dem sich der Zwinger befindet, brechen.

Grundsätzlich kann die Selbsthilfehandlung *nur vom Anspruchsberechtigten selbst* vorgenommen werden. Jedoch muß auch ein Handeln im Auftrag möglich sein; dies gilt besonders für den zur Unterstützung Herbeigerufenen (Mot. I, 356). Ob eigenmächtige Selbsthilfe *zugunsten eines anderen* zulässig ist, ist *streitig,* zumal das Gesetz im Gegensatz zu §§ 227, 228 Eingriffe Dritter nicht ausdrücklich gestattet. Es kann daher lediglich eine Rechtfertigung nach den Regeln der Geschäftsführung ohne Auftrag in Betracht kommen (dagegen OERTMANN § 229 II 1c m.w.N.).

c) Diese Handlungen unterliegen folgenden **Grenzen** (§ 230):

– Die Selbsthilfe darf nicht weitergehen, als zur Abwendung der Gefahr *erforderlich ist.*

Im obigen Fall ist die Zerstörung des Zwingers nur soweit zulässig, als sie zur Wiedererlangung des Hundes notwendig ist. – Wenn die Wegnahme von Sachen genügt, darf die Person nicht festgehalten werden. – Wenn der Schuldner Sicherheiten anbietet, ist die Festnahme nicht zulässig.

– Die *Durchführung* der Selbsthilfe muß als *Ersatz* der nicht sofort erlangbaren Staatshilfe Rechnung tragen.

Die Selbsthilfehandlungen sind nur vorläufige Maßnahmen, anschließend sind alsbald die entsprechenden gerichtlichen Maßnahmen zu beantragen; bei Wegnahme von Sachen ist Zwangsvollstreckung oder dinglicher Arrest zu beantragen, § 917 ZPO; bei Festnahme eines Verpflichteten persönlicher Sicherheitsarrest, § 918 ZPO. Bei Verzögerung oder Ablehnung des Arrestantrags muß unverzüglich die Sache zurückgegeben oder die Person freigelassen werden; andernfalls wird das Festhalten widerrechtlich.
Eine Rückgabe der Sache soll jedoch dann nicht geboten sein, wenn der in Selbsthilfe Handelnde einen materiell-rechtlichen Anspruch auf sie selbst hat

(insbes., wenn die Wegnahme der Wiederherstellung eines verletzten Rechts dient; z.B. wenn der Eigentümer dem Dieb die gestohlene Sache weggenommen hat; vgl. LARENZ AT § 15 III a a.E.). § 861 bleibt außer Betracht, da die erlaubte Selbsthilfe keine verbotene Eigenmacht darstellt.

Der Zugriff wegen Geldforderungen ist auf vollstreckungs- und arrestfähige Sachen beschränkt (vgl. § 811 ZPO). Darüber hinaus muß es sich um eine eigene Sache des Anspruchsgegners handeln, bloßer Gewahrsam reicht im Gegensatz zur Pfändung nicht aus.

2. Rechtsfolgen

Im Rahmen der Voraussetzungen und Grenzen ist die Selbsthilfehandlung **323** *rechtmäßig*. Strafbarkeit und Schadensersatzpflicht entfallen; Notwehr ist nicht statthaft.

Überschreitet der Handelnde den Rahmen der erlaubten Selbsthilfe, so handelt er widerrechtlich (*Selbsthilfeexzeß*).

Nimmt er die *Voraussetzungen irrig* als gegeben an (*Putativselbsthilfe*), so ist er dem anderen Teil zum Schadensersatz verpflichtet, auch wenn der Irrtum nicht auf Fahrlässigkeit beruhte. Es handelt sich um einen Fall der *Risikohaftung*. – Die Haftung ohne Verschulden nach § 231 greift auch in den Fällen ein, in denen der Handelnde *in unverschuldetem Irrtum die Grenzen der Selbsthilfe überschreitet*. Streitig bleibt, ob für die Haftung nach § 231 Zurechnungsfähigkeit vorauszusetzen ist (die h.M. lehnt dies ab; dagegen ENN./NIPPERDEY § 242 Anm. 17).

Außerhalb des Allgemeinen Teils enthält das BGB **Sonderregelungen**, bei denen die Voraussetzungen des § 229 nicht vorzuliegen brauchen: so im Recht des Besitzes in §§ 859 II-IV, 860, 867; für den Vermieter, Verpächter und Gastwirt zur Wahrung ihres Pfandrechts in §§ 561 I, 581 II, 704 S. 2; ferner für den Grundstückseigentümer in § 910 und den Eigentümer eines Bienenschwarmes in § 962.

IV. Anhang: Sicherheitsleistung

Neben den Rechtsbehelfen, die zur Verwirklichung eines Rechts oder zur **324** Beseitigung einer Rechtsverletzung dienen, sieht die Rechtsordnung Sicherungsmittel vor, die einer künftigen Benachteiligung oder einem Rechtsverlust vorbeugen sollen. Hierzu zählt insbesondere die Sicherheitsleistung im Sinne der §§ 232 ff, die einerseits der Gefahr entgegenwirken soll, daß der Gläubiger seinen bereits entstandenen – aber noch nicht durchsetzbaren – Anspruch zum Zeitpunkt der Fälligkeit nicht realisieren kann, andererseits den Schuldner vor Nachteilen bewahren soll, die ihm aus der Geltendmachung eines ungewissen Anspruchs durch den Gläubiger, z.B. im Wege der vorläufigen Vollstreckbarkeit, erwachsen können.

In bestimmten Fällen kann eine *Pflicht* zur Sicherheitsleistung bestehen, insbesondere bei einer Forderungsgefährdung (z.B. durch Unsicherheit der

§ 27 IV

Vermögensverhältnisse). Die Verpflichtung kann sowohl durch *Gesetz* (z. B. §§ 843 II 2, 1389) als auch durch *richterliche Verfügung* (z. B. in den Fällen der §§ 1382 III, 1844) sowie durch *rechtsgeschäftliche Abrede* begründet sein.

Zuweilen ist die Sicherheitsleistung *ins Ermessen gestellt,* so z. B. als Voraussetzung für die Geltendmachung eines Rechts (§ 258 S. 2) oder für den Ausschluß eines Gegenrechts (§ 273 III).

Auch das *Verfahrensrecht* sieht Sicherheitsleistung vor, wobei die §§ 234, 235 entsprechende Anwendung finden (vgl. § 108 ZPO; § 54 FGG). Von besonderer Bedeutung ist die Sicherheitsleistung bei der *vorläufigen Vollstreckbarkeit* (§§ 709 ff ZPO). Hier kann der Schuldner die Vollstreckung durch Sicherheitsleistung abwenden (§ 711 ZPO), andererseits kann auch der Gläubiger gegen Sicherheitsleistung von seiner Seite vorläufig vollstrecken (§ 709 ZPO).

Als *Mittel der Sicherheitsleistung* kommt in erster Linie die *Sachsicherheit* in Betracht (§ 232 I).

Sachsicherheit kann der Verpflichtete grundsätzlich nach seiner Wahl leisten, z. B. durch Hinterlegung von Geld oder Wertpapieren bei der nach Landesrecht zuständigen Hinterlegungsstelle oder durch Verpfändung von Schuldbuchforderungen oder Verpfändung beweglicher Sachen oder Bestellung von Hypotheken an inländischen Grundstücken oder Verpfändung von Hypotheken, Grund- oder Rentenschulden an inländischen Grundstücken. Die Einzelheiten sind in §§ 234–238 geregelt.

Kann keine Sachsicherheit geleistet werden, ist Sicherheitsleistung durch Stellung eines *Bürgen* zulässig (§§ 232 II, 239).

Die Höhe der Sicherheit ist mangels Vereinbarung aus ihrem Zweck zu entnehmen; wird sie nachträglich unzureichend, ist sie zu ergänzen (§ 240).

Die *rechtlichen Folgen* aus der Sicherheitsleistung sind je nach Sicherungsmittel verschieden. Besondere Bestimmungen gelten gem. § 233 für die Hinterlegung von Geld oder Wertpapieren; der Berechtigte erwirbt an den hinterlegten Gegenständen ein Pfandrecht; wenn diese in das Eigentum der Hinterlegungsstelle übergehen, tritt an dessen Stelle ein Pfandrecht an der Rückerstattungsforderung des Hinterlegers.

VIERTER TEIL
Die Lehre vom Rechtsgeschäft

1. ABSCHNITT
Rechtshandlung und Rechtsgeschäft

§ 28
Die Rechtshandlung im allgemeinen

KLEIN Die Rechtshandlungen im engeren Sinne, 1912; MANIGK Das System der juristischen Handlungen im neuesten Schrifttum, JherJb. 83, 1 ff; ders., Zum Begriff des Rechtsgeschäfts, DJT 1902, 279 ff.

I. Rechtshandlungen gehören zu den rechtlich relevanten Tatsachen, die unter dem *Oberbegriff „Tatbestand"* vom Gesetz zum Eintritt einer Rechtswirkung (Entstehung, Aufhebung oder Änderung eines Rechtsverhältnisses) vorausgesetzt werden. Zwischen Tatbestand und Rechtswirkung besteht das Verhältnis von Grund und Folge. **325**

Die einzelnen rechtlich bedeutsamen *Tatsachen* (juristische Tatsachen) können von sehr verschiedener Natur sein. Sie können in menschlichem Verhalten, in Handlungen bestehen (Willenserklärung, Verzeihung, Körperverletzung) oder sich als eine sonstige Tatsache darstellen (Zeitablauf, Geburt, Tod, aber auch ein Recht wie das Eigentum des Veräußerers, § 929). Sie können bald Ereignisse sein (Geburt, Tod), bald Zustände (Dauer des Besitzes).
Da der Oberbegriff in seinen Funktionen nicht zu erfassen ist, sind die rechtlich bedeutsamen Tatsachen bei den einzelnen Rechtsinstitutionen zu erörtern.

II. Im Rahmen der juristischen Tatsachen kommt der **Handlung** eine zentrale Bedeutung zu. Die Handlung ist ein äußeres, vom natürlichen Willen getragenes Verhalten, das tätig (positiv) – Handlung im engeren Sinne – oder untätig (negativ) – Unterlassung – sein kann. **326**

Dem Unterlassen kommt rechtliche Relevanz nur dann zu, wenn eine Rechtspflicht zu einem entsprechenden Tätigwerden besteht. (Zur Problematik des Unterlassens im Rahmen der unerlaubten Handlungen vgl. oben Rdn 272, zur Bedeutung des Schweigens im rechtsgeschäftlichen Bereich vgl. unten Rdn. 383f, 392f.)

§ 28 II 1   Vierter Teil: Die Lehre vom Rechtsgeschäft

Nicht zu den Handlungen gehören neben den rein inneren Vorgängen (z. B. den Gedanken zur Planung einer Handlung):
– Das äußere Verhalten, das ohne Bewußtsein geschieht (der betäubte Kranke schlägt dem Arzt das Messer aus der Hand),
– Das nicht durch einen Willensentschluß, sondern äußeren Zwang (vis absoluta) verursachte menschliche Verhalten, zufälliges Verhalten (jemand wird von einem andern in eine Ladenscheibe hineingestoßen).
Handlung im Rechtssinne setzt mithin die Möglichkeit der Bewußtseinskontrolle und Willenslenkung voraus (BGHZ 39, 103, 106).

327 Die Rechtsordnung erfaßt nur die Handlungen, denen eine *rechtliche Relevanz* zukommt, die sogenannten juristischen Handlungen, das rechtlich relevante, rechtswirksame Verhalten.

> Aus der Fülle der menschlichen Handlungen sind nur wenige mit einer Rechtsfolge verknüpft; so ist z. B. das Anzünden einer Zigarette für sich gesehen ohne rechtlichen Belang; sobald sich jedoch mit dem Anzünden die Beschädigung einer fremden Sache verbindet, wird aus der rechtlich bedeutungslosen eine rechtlich relevante Handlung.

Das rechtlich relevante Verhalten läßt sich unterscheiden in ein rechtmäßiges und rechtswidriges Verhalten:

1. Rechtmäßiges, also erlaubtes *Verhalten,* kann
a) *rechtsgeschäftlicher Art* sein. Darunter sind die auf einen rechtlichen Erfolg gerichteten privaten Willensäußerungen zu verstehen, bei denen die Wirkung entsprechend dem auf sie gerichteten und geäußerten Parteiwillen eintritt (die Wirkung tritt ein, weil sie gewollt, genauer als gewollt erklärt ist);
b) *nicht rechtsgeschäftlicher Art* sein. Es handelt sich um ein Verhalten, dessen Wirkung sich aus der Rechtsordnung ohne Rücksicht auf einen Rechtsfolgewillen ergibt (Rechtshandlungen im engeren Sinne). Hierher gehören:
– Willensäußerungen (wie die Mahnung, Fristsetzung), Vorstellungsäußerungen (Mitteilungen über irgendwelche Vorgänge oder Zustände, wie z. B. Anzeige eines Mangels, Abtretungsanzeige, Mitteilung der Vollmachtserteilung);

> Willensäußerungen können als geschäftsähnliche Handlungen qualifiziert werden, insbesondere um über die Geschäftsfähigkeitsvoraussetzungen Schutzwirkungen für den Handelnden zu ermöglichen (z. B. die mit einer Tathandlung verbundene Wohnsitzbegründung, § 8).

– Handlungen, die lediglich auf einen äußeren tatsächlichen Erfolg gerichtet sind, sogenannte Realakte, wie z. B. Verarbeitung, Fund, Besitzerwerb;
– Handlungen, die ohne Vorstellung vom Eintritt eines Erfolges zugerechnet werden (Verletzung der Schadensminderungspflicht, § 254 II).

Zu beachten bleibt, daß sich Rechtsfolgen auch ohne Handlung ergeben können; so kommt es z. B. bei § 946 nur auf das Zustandekommen einer Verbindung als rein tatsächlicher Vorgang an, etwa unter Einwirkung von Naturgewalt (vgl. RGRK/PIKART § 946 Rdn.5).

Vgl. zu geschäftsähnlichen Handlungen und Realakten im einzelnen unten Rdn. 397.

2. Rechtswidriges, d. h. von der Rechtsordnung mißbilligtes *Verhalten* (vgl. oben Rdn. 269 ff) führt zu nachteiligen Folgen für den Handelnden, insbesondere Schadensersatzpflichten:

Das Verhalten kann unerlaubte Handlung (Verletzung einer sich aus gesetzlichen Tatbeständen ergebenden Pflicht), Verletzung einer rechtsgeschäftlichen Verpflichtung (Forderungsverletzung) oder auch Verstoß gegen eine Rechtspflicht sein, die sich aus einem besonderen Verhältnis des Handelnden zu einer bestimmten anderen Person ergibt (z. B. culpa in contrahendo; vgl. auch den Begriff des Schuldverhältnisses ohne primäre Leistungspflichten).

III. Soweit die Handlung Rechtsfolgen nach sich ziehen soll, verlangt die Rechtsordnung die Fähigkeit zu durchschnittlicher (normaler) Willensbildung (Bestimmbarkeit des Handelnden durch vernünftige Beweggründe), die sogenannte **Handlungsfähigkeit**. Die Anforderungen regelt das BGB der Zweiteilung Rechtsgeschäft – Delikt entsprechend unterschiedlich, nämlich die Geschäftsfähigkeit in §§ 104 ff, die Deliktsfähigkeit in §§ 827, 828; für die Verantwortlichkeit für Forderungsverletzungen verweist es in § 276 I 3 auf die Deliktsfähigkeit.

328

§ 29
Rechtswirksames Verhalten und Rechtsgeschäft

BETTI Über sogenannte faktische Vertragsverhältnisse, Festschrift H. Lehmann, I, 1956, 253 ff; CANARIS Die Vertrauenshaftung im deutschen Privatrecht, 1971; v. CRAUSHAAR Der Einfluß des Vertrauens auf die Privatrechtsbildung, 1969; ELTZBACHER Die Handlungsfähigkeit nach deutschem bürgerlichen Recht, Bd. I, Das rechtswirksame Verhalten, 1903; ESSER Gedanken zur Dogmatik der „faktischen Schuldverhältnisse", AcP 157, 86 ff; FLUME Das Rechtsgeschäft und rechtlich relevante Verhalten, AcP 161, 52 ff; HÖLDER Das Wesen der rechtswirksamen Willenserklärung, JherJb. 55, 413; HÜBNER, H. Zurechnung statt Fiktion einer Willenserklärung, Festschrift Nipperdey, I, 1965, 373 ff; LEHMANN Das „faktische" Vertragsverhältnis, JherJb. 90, 131 f; ders., Faktische Vertragsverhältnisse, NJW 1958, 1 ff; MANIGK Das rechtswirksame Verhalten, 1939; NAENDRUP Rechtsscheinforschungen, 1910; NIKISCH Über „faktische Vertragsverhältnisse", Festschrift Dölle, I, 1963, 79ff; OERTMANN Grundsätzliches zur Lehre vom Rechtsschein, ZHR 95, 443f; RIEZLER Venire contra factum proprium, 1912; SIEBERT Die faktische Gesellschaft, Festschrift Hedemann, 1938, 266ff; ders., Faktische Vertragsverhältnisse, 1958; SIMITIS Die faktischen Vertragsverhältnisse, 1957; WELLSPACHER Das Vertrauen auf äußere Tatbestände im bürgerlichen Recht, 1906; WOLFF, H. Über faktische Vertragsverhältnisse, NJW 1953, 1250f.

I. Relevanz des rechtswirksamen Verhaltens

329 Während die vernunftrechtlich beeinflußte Dogmatik noch am Beginn des 19. Jahrhunderts das Rechtsgeschäft unter dem Zentralbegriff der juristischen Handlungen erfaßte (vgl. HEISE Grundriß eines Systems des gemeinen Zivilrechts, 1823, 29ff; SAVIGNY System des heutigen römischen Rechts, III, 1840, 3ff) und damit offensichtlich die rechtliche Relevanz des gesamten Verhaltens umschreiben wollte, verselbständigte sich in zunehmender Subjektivierung das Rechtsgeschäft mit dem Kern der Willenserklärung als Gestaltungsinstrument des Individuums, während man unter „Handlung" vornehmlich die unerlaubte Handlung verstand. Die Motive (I, 127) hatten zwar die Rechtshandlung als Zwischenbereich zwischen Rechtsgeschäft und Delikt erkannt, jedoch auf eine ausdrückliche Regelung dieses Bereichs verzichtet und die Tendenz erkennen lassen, auf diese Rechtshandlungen im engeren Sinne gegebenenfalls die Vorschriften über Rechtsgeschäfte anzuwenden. Dies gab Anlaß, die Anspruchsmöglichkeiten im wesentlichen auf die Alternative von Rechtsgeschäft und Delikt zurückzuführen, ohne zu berücksichtigen, daß auch aus einem Verhalten, das außerhalb dieser Kategorien liegt, Rechtswirkungen entstehen können.

Rechtsprechung und Lehre haben schrittweise jeweils vom konkreten Fall ausgehend die grobe Alternative korrigiert.

Aus dem Gesamtkomplex können nur beispielhaft einzelne Erscheinungen angeführt werden: Ein besonders wichtiger Ansatzpunkt ist das Institut der culpa in contrahendo; von besonderer Bedeutung ist die vielfältige Berücksichtigung des „Rechtsscheins", die sich mit dem Vertrauensschutzprinzip überlagert; nicht zuletzt gehört hierhin der Verlust von Rechtspositionen infolge Verletzung von Obliegenheiten, die sich als „Verschulden gegen sich selbst" darstellen (z.B. Unterlassen der Korrektur eines kaufmännischen Bestätigungsschreibens).

330 Begründet wurden die Korrekturen weitgehend aus dem Rechtsgedanken des § 242, ohne daß sie immer dogmatische Präzision gewonnen hätten.

Einer Differenzierung zwischen Rechtsgeschäft und „Verhalten" steht insbesondere der häufig festzustellende Versuch entgegen, Verhaltensweisen als Rechtsgeschäfte (z.B. im Sinne einer „Erklärung an die Öffentlichkeit") zu werten, wozu neben einer Ausweitung des Begriffs der konkludenten Willenserklärung auch § 157 eine willkommene Hilfe bietet. Hier führt das Bestreben häufig zu der Fiktion einer

Willenserklärung. Hingegen gibt das Bemühen, ein Verhalten als „faktischen" Vertrag zu interpretieren, die Voraussetzungen des Instituts „Willenserklärung" schlechthin preis; damit wird der Kernbereich der privatautonomen Gestaltungsbefugnis ausgehöhlt.

Gibt man dem Individuum durch das Rechtsgeschäft die Möglichkeit, seine Lebensverhältnisse weitgehend autonom zu gestalten, so muß andererseits im Interesse schutzwürdiger Beteiligter die Verantwortlichkeit für sein Verhalten, die nicht auf die deliktische Haftung begrenzt sein kann, eine eigenständige Institutionalisierung erfahren. Im Hinblick auf eine solche Differenzierung erscheint es geboten, zur Vermeidung gefühlsmäßig bestimmter Entscheidungen rationale Kriterien zu ermitteln.

Für das rechtswirksame Verhalten stellen sich folgende **Grundsatzfragen**: 331

1. Da Verhalten nicht Willenserklärung ist, entfällt schon dadurch die Möglichkeit einer Anfechtung des Verhaltens wegen Irrtums. Die Irrtumsanfechtung würde die Möglichkeit eröffnen, sich der Verantwortung für ein rechtswirksames Verhalten – gänzlich oder allenfalls auf § 122 begrenzt – zu entziehen.

2. Problematisch ist, ob in diesem Bereich zum Schutz Geschäftsunfähiger oder in der Geschäftsfähigkeit Beschränkter auf die Regelung der §§ 104 ff oder 827 f zurückgegriffen werden soll. Die Frage kann generell nicht beantwortet werden. Geschäftsähnliches Verhalten kann zu §§ 104 ff führen, andererseits können Fallgestaltungen zu der Regelung der Verantwortlichkeit nach §§ 827 f tendieren (vgl. die Übersicht bei SOERGEL/HEFERMEHL Vor § 104 Rdn. 17 ff).

3. Offen ist auch der Maßstab der Verantwortlichkeit: Hier läßt sich eine Regelung gleichfalls nicht generell treffen. Je nach dem Verkehrsinteresse kann unter die Verschuldenserfordernisse auf ein sogenanntes Veranlassungsprinzip zurückgegangen werden.

4. Auch die Rechtsfolgen sind abhängig von der Bewertung des Schutzinteresses; sie können sich nach der Rechtsstellung der Beteiligten richten, z.B. ist im Handelsrecht der Verkehrsschutz stärker ausgebildet als im bürgerlichen Recht.

II. Institutionalisierung des Vertrauens- und Verkehrsschutzes

Die rationale Erfassung des Phänomens „rechtswirksames Verhalten" läßt 332 sich am deutlichsten an der dogmatischen Ausgestaltung des Vertrauens- und Verkehrsschutzes abbilden.

Die Erscheinungsformen dieses Schutzprinzips sind vielfältig. Sie reichen von dem Erwerb vom Nichtberechtigten im Sachenrecht über den Verkehrsschutz im Wertpapierrecht bis zur Anscheinsvollmacht und zum sogenannten

Scheinkaufmann im Handelsrecht. Sie sind zum Teil legislatorisch ausgeformt, zum Teil entstammen sie richterlicher Rechtsschöpfung. Sie sind hinsichtlich der Intensität ihrer Schutzwirkung unterschiedlich; die Rechtsfolgen hängen von der Bewertung der Verkehrsinteressen ab.

Die *dogmatische Struktur* des Vertrauensschutzes hat einen **objektiv zu bewertenden Vertrauenstatbestand** als Basis, zu der **zwei subjektive Prämissen** hinzutreten, nämlich von der Seite des nachteilig Betroffenen die Prüfung seiner Verantwortlichkeit für das Entstehen des Vertrauenstatbestandes, von der Seite des Begünstigten die Prüfung seiner Schutzwürdigkeit.

333   **1. Der Vertrauenstatbestand** setzt einen Sachverhalt voraus, aus dem ein unbeteiligter Dritter Schlüsse auf eine bestimmte Rechtslage ziehen würde, d. h. einen Erfahrungstatbestand, der nach allgemeiner Anerkennung eine hinreichende Anscheinswirkung für die durch ihn normalerweise repräsentierten Rechtsbeziehungen entfaltet.

> Als solche Tatbestände kommen z. B. in Betracht: der Eintrag im Grundbuch, im Handelsregister; die Kundgabe der Bevollmächtigung in einer Urkunde; die Verpflichtungserklärung im Wechsel, in einer Schuldurkunde; der Besitz einer beweglichen Sache; das Auftreten als Kaufmann im Handelsverkehr; das Auftreten als bevollmächtigter Vertreter.

Die **indizierende Wirkung** des Vertrauenstatbestandes zeigt eine **unterschiedliche Stärke**. Ihr entsprechend sind die Anforderungen an die „Gutgläubigkeit" des Vertrauensschutz Beanspruchenden abgestuft.

> Vgl. die Differenzierung der Gutgläubigkeit in § 892 I und § 932 II.

334   **2. Die Verantwortlichkeit des Betroffenen** für das Entstehen des Vertrauenstatbestandes:

Da der Vertrauens- bzw. Verkehrsschutz dem Betroffenen Rechtsnachteile, namentlich einen Rechtsverlust, auferlegt, bedarf es in der dogmatischen Ausgestaltung im Hinblick auf die Zurechnung eines eigenständigen Tatbestandselements. Es ist die Frage zu prüfen, inwieweit der Betroffene für die Herbeiführung des Vertrauenstatbestandes – im Sinne eines „Verschuldens gegen sich selbst", einer Obliegenheitsverletzung im weiteren Sinne – verantwortlich sein muß.

> Z. B. stellt der Erwerb von Nichtberechtigten eine Expropriation dar, die gegenüber dem grundrechtlichen Schutz des Eigentums kaum aus der Sozialpflichtigkeit des Alteigentümers gem. Art. 14 II GG begründet werden kann; hier läßt sich der Rechtsverlust nur mit dessen Verhalten begründen, wozu § 935 nur eine sehr unvollkommene legislatorische Ausformung bietet.

Rechtswirksames Verhalten und Rechtsgeschäft § 29 II 2

Das Entstehen des Vertrauenstatbestandes muß grundsätzlich auf ein rechtswirksames Verhalten des Betroffenen zurückzuführen sein. Kausalität allein vermag jedoch Verantwortlichkeit nicht zu begründen.

In einzelnen Fällen kann auf *fahrlässiges Verhalten* abgestellt werden. So bildet z.B. bei der jenseits der Duldungsvollmacht liegenden Anscheinsvollmacht Fahrlässigkeit des „Vertretenen" die Grenze für die Heranziehung zu den Vertretungsfolgen (vgl. BGHZ 5, 111, 116; BAG NJW 1964, 1690 f).

In einer Reihe von Fällen kommt es jedoch auf ein Verschulden nicht an; hier gehen Rechtsprechung und Lehre vom „Veranlassungsprinzip" aus. Veranlassung ist jedoch schlechthin kein Verantwortlichkeitsmaßstab. Im Grunde handelt es sich darum, im höherbewerteten Interesse des Gegners die subjektiven Voraussetzungen zurücktreten zu lassen. In dieser Hinsicht bietet sich der *objektivierte Verantwortlichkeitsmaßstab* einer *„Beherrschung der Gefahr"* an, der eine Haftungsverteilung nach der Risikosphäre ermöglicht.

So geht z.B. bei der Regelung des § 932 das Sprichwort „Wo du deinen Glauben gelassen hast, sollst du ihn suchen" über den „Veranlassungsgrundsatz" hinaus, indem es auf die Beherrschung des Risikos abstellt. Das trifft auch im Falle des § 344 HGB zu, wenn Rechtsprechung und Lehre annehmen, daß der Gegenbeweis, es handele sich um kein Handelsgeschäft, dann nicht erbracht ist, wenn der Gegner dem Anschein eines Handelsgeschäftes vertrauen durfte (BGH WM 1976, 424): Hier beherrschte der Kaufmann das Risiko, daß das Geschäft seinem Gewerbebetrieb zugerechnet werden könnte.

Das Prinzip der Risikobeherrschung vermag sich insbesondere auch dort zu bewähren, wo der Vertrauenstatbestand nicht vom Betroffenen, sondern von Dritten, etwa vom Hoheitsträger beim Grundbuch- oder Registereintrag, bewirkt wird (§ 892; § 15 III HGB). Der Betroffene hat die Möglichkeit, den Eintrag zu prüfen, so daß im Interessenwiderstreit mit einem auf den Eintrag vertrauenden Dritten die Gefahr in die Sphäre des Eingetragenen fällt.

Die Frage nach der Verantwortlichkeit für den eintretenden Rechtsverlust **335** oder Nachteil stellt sich insbesondere gegenüber **Geschäftsunfähigen und Geschäftsbeschränkten**. Soweit die Herbeiführung eines Vertrauenstatbestandes sich mit einem Rechtsgeschäft verbindet (z.B. wenn ein in der Geschäftsfähigkeit beschränkter „Scheinkaufmann" einen Kauf tätigt, auf den somit die Vorschriften über den Handelskauf zur Anwendung gelangen könnten), bestehen keine Bedenken, die Vorschriften der §§ 104ff analog anzuwenden. In den Fällen, in denen jedoch die Herbeiführung eines Vertrauenstatbestandes außerhalb eines rechtsgeschäftlichen Vorganges liegt, wird auf die konkrete Beurteilung der Verantwortlichkeit gem. §§ 827f abzustellen sein.

Dies gilt z.B. bei der mit dem vertraglichen Ausleihen einer Sache verbundenen Herbeiführung eines den Erwerb nach § 932 rechtfertigenden Vertrauenstatbestandes. Dieser tatsächliche Vorgang ist von dem Leihvertrag zu trennen.

Auch wenn man für §§ 932 ff von den Besitzregeln ausgeht, müssen rechtsgeschäftliche Vorschriften außer Betracht bleiben, da Besitzaufgabe in keinem Falle als Rechtsgeschäft anzusehen ist. Insofern stellt die insbesondere in der Lehre vertretene Lösung (FLUME II § 13, 11; CANARIS aaO, S. 452f; NITSCHKE JuS 1968, 541ff), die Weggabe einer Sache durch den Geschäftsunfähigen schlechthin als Abhandenkommen im Sinne des § 935 zu werten, auf die unzutreffende Voraussetzung der Geschäftsfähigkeit im Sinne der §§ 104ff ab (wie hier BAUR § 52 V 2 b). Die Anwendung des § 935 wäre allenfalls selbständig aus dem auch außerhalb der Rechtsgeschäfte durchgreifenden Schutz des Geschäftsunfähigen zu begründen (vgl. § 827f); offen bleibt dann noch, ob man diesen Schutz auch auf die Geschäftsbeschränkten ausdehnen kann.

336 Weitgehend herrscht Übereinstimmung darüber, daß im Hinblick auf **Willensmängel**, soweit es sich um die Herbeiführung des Vertrauenstatbestandes handelt, rechtsgeschäftliche Regeln nicht zur Anwendung kommen können (vgl. BGHZ 11, 1, 5 m.w.N.; WESTERMANN § 49 I 3; SOERGEL/SCHULTZE- v. LASAULX § 167 Rdn. 29). Andernfalls würde insbesondere die Möglichkeit eröffnet, den „Rechtsschein" durch das Instrument der Anfechtung rückwirkend zu beseitigen.

So kann z. B. der Kaufmann im Falle der gesetzlichen Fiktion nach § 362 HGB sich nicht durch Anfechtung des „Schweigens" von den Folgen des dadurch begründeten Rechtsscheins befreien; allerdings steht ihm die Anfechtung wegen eines Irrtums, der sich nicht auf die Bedeutung des Schweigens bezieht, offen (vgl. BAUMBACH/DUDEN/ HOPF § 362 Anm. 3 B; auch § 346 Anm. 4 B; HANAU AcP 165, 220, 248, 254).

337 **3.** Vertrauensschutz setzt **Schutzwürdigkeit des Begünstigten** voraus. Schutzwürdigkeit erfordert zunächst, daß sich der Begünstigte auf den Vertrauenstatbestand eingestellt, d. h. sein Verhalten darauf eingerichtet hat.

In der Lehre wird dies zum Teil als Vertrauensinvestition bezeichnet (CANARIS aaO, S. 510ff; MEDICUS AT Rdn. 139). Allerdings wird eine „Vertrauensinvestition" für den öffentlichen Glauben des Grundbuchs von Rechtsprechung und Lehre nicht gefordert; § 892 wirkt auch dann, wenn der Erwerber des Rechts das Grundbuch nicht eingesehen hat (RGZ 86, 353, 356; BGH NJW 1980, 2413).

Darüber hinaus muß derjenige, der den Vertrauensschutz für sich in Anspruch nehmen will, dies subjektiv rechtfertigen können.
In allen Fällen ist bei *Kenntnis* der wahren Situation Schutzwürdigkeit nicht gegeben.
Ob **Nachforschungen** geboten sind, richtet sich nach der **Intensität des Vertrauenstatbestandes**. So erzeugt z. B. das Grundbuch einen starken Rechtsschein für die dingliche Berechtigung, so daß von dem, der sich auf die Eintragung beruft, Nachforschungen nicht erwartet werden (vgl. § 892: *nur Kenntnis schadet*). Hingegen erzeugt der Besitz nur einen schwächeren Rechtsschein; daher wird in § 932 II Nachforschung bis zur Grenze des

Vorwurfs der *groben Fahrlässigkeit* verlangt. Bei einem Vertrauenstatbestand, dessen Anscheinswirkung noch schwächer ist, kann *jede Fahrlässigkeit* bezüglich der Nachforschung bereits die Schutzwürdigkeit aufheben (z.B. im Hinblick auf die Vertretungsmacht § 173: „Kennenmüssen").

Im Falle einer inhaltlichen Fixierung der Vertretungsmacht bei der Prokura und der Vertretungsberechtigung des Gesellschafters einer OHG schadet angesichts der gesetzlichen Umschreibung der Vertretungsmacht in § 49 bzw. § 126 HGB grundsätzlich nur Kenntnis, jedoch werden zunehmend unter dem Stichwort „Mißbrauch der Vertretungsmacht" Nachforschungspflichten vorausgesetzt (vgl. dazu unten Rdn. 675). Hierbei ist allerdings zu beachten, daß durch eine Überspannung der Prüfungspflichten das dem HGB zugrundeliegende Verkehrsschutzprinzip im Ergebnis aufgehoben wird.

Der rechtsgeschäftliche Vorgang, der dem durch Vertrauensschutz begründeten Rechtserwerb zugrundeliegt, muß als solcher unangreifbar sein. Der *gute Glaube* des Erwerbers ist nur dann schutzwürdig, wenn er sich auf den Vertrauenstatbestand bezieht (so z.B. auf das Eigentum des Veräußerers, u.U. auch auf die Verfügungsbefugnis des Vertragspartners, vgl. z.B. § 366 I HGB); er wird *nicht* geschützt, *wenn* er *auf die rechtsgeschäftlichen Essentialia gerichtet* ist (so wird z.B. bei der Einigung gem. § 929 guter Glaube an die Geschäftsfähigkeit des Vertragspartners nicht berücksichtigt).

4. Der Umfang des Vertrauensschutzes kann von der **Anscheinswirkung** des Vertrauenstatbestandes, den Anforderungen an die **subjektiven Voraussetzungen** der Beteiligten und nicht zuletzt von dem **Verkehrsschutzinteresse**, das der jeweiligen institutionellen Ausprägung zugrundeliegt, abhängig sein.

Die *schwächste Konsequenz* ist der **Ersatz des Vertrauensschadens** (so z.B. die Folgen der culpa in contrahendo im Falle des § 663). Sie stellt einen *Kompromiß* dar, bleibt gewissermaßen auf halbem Wege stehen. Dies ist gerechtfertigt, wenn es sich um die relativ geringe Intensität des Vertrauenstatbestandes einer *Willenserklärung* handelt. Hier hat der Gesetzgeber, indem er bei Irrtum die Möglichkeit der Anfechtung einer Willenserklärung eröffnet, den Vertrauensschutz selbst erheblich geschwächt. Folgerichtig kann die Wirkung des Vertrauenstatbestandes im allgemeinen nicht weitergehen, als das Gesetz sie für wirksame – aber anfechtbare – Willenserklärungen vorsieht, d.h. sie kann auf das negative Interesse entsprechend § 122 beschränkt bleiben. Hat das Gesetz jedoch im Interesse des Verkehrsschutzes die Wirkungen des Vertrauenstatbestandes stärker ausgestaltet – wie z.B. in § 362 HGB gegenüber § 663 BGB –, so kann an die Stelle des negativen Interesses der Erfüllungsanspruch treten (vgl. Rdn. 388).

Eine Kompromißregelung vermag indessen das Problem der **dinglichen Zuordnung** nicht befriedigend zu lösen. Die Rechtsordnung hat daher z.B. in den §§ 892, 932ff, 1207 für Rechtserwerb bzw. Rechtsverlust eine *eindeutige Regelung* getroffen.

So wurde in §§ 932ff das diskutierte „Lösungsrecht", das im Falle des Abhandenkommens für den bisherigen Eigentümer eine Vindikation der Sache beim Dritten gegen Erstattung des von ihm an den Nichtberechtigten gezahlten Kaufpreises vorsah (so ALR I 15 § 25f), abgelehnt (vgl. Mot. III, 417f; Prot. III, 367ff) und einerseits der Zuteilung des Eigentums an den Dritten, andererseits in § 935 der Vindikation den Vorzug gegeben.

Eine Kompromißlösung ist im Drittinteresse (entgegen den auf culpa in contrahendo abzielenden Argumenten von FLUME II § 49, 4 und MEDICUS BR Rdn. 101; AT Rdn. 970ff) auch bei der „Anscheinsvollmacht" nicht angebracht. Die Rechtsprechung hat – sofern den Voraussetzungen genügt ist (vgl. BGHZ 65, 13ff = NJW 1975, 2101) – die **vollen Wirkungen der Vertretungsmacht** gewährt, d. h. für und gegen die Beteiligten volle „rechtsgeschäftliche" Konsequenzen statuiert (zu den Einzelheiten vgl. unten Rdn. 665ff).

2. ABSCHNITT
Das Rechtsgeschäft

§ 30
Rechtsgeschäft und Privatautonomie

BROX Fragen der rechtsgeschäftlichen Privatautonomie, JZ 1966, 761ff; BYDLINSKI Privatautonomie und objektive Grundlagen des verpflichtenden Rechtsgeschäfts, 1967; DIEDERICHSEN Wandlungen der Rechtsgeschäftslehre, JurA 1969, 3ff; DILCHER Typenfreiheit und inhaltliche Gestaltungsfreiheit, NJW 1960, 1040ff; FLUME Rechtsgeschäft und Privatautonomie, Festschrift DJT, I, 1960, 135ff; HIMMELSCHEIN Beiträge zur Lehre vom Rechtsgeschäft, 1930; v. HIPPEL, F. Das Problem der Privatautonomie, 1936; HUBER, H. Die verfassungsrechtliche Bedeutung der Vertragsfreiheit, 1966; KRAMER, E. A. Die „Krise" des liberalen Vertragsdenkens, 1974; LAUFKE Vertragsfreiheit und Grundgesetz, Festschrift H. Lehmann, I, 1956, 145ff; MANIGK Die Privatautonomie, Festschrift Koschaker, I, 1939, 266ff; MERZ Privatautonomie heute – Grundsatz und Rechtswirklichkeit, 1970; RAISER, L. Vertragsfunktion und Vertragsfreiheit, Festschrift DJT, I, 1960, 101ff; ders., Vertragsfreiheit heute, JZ 1958, 1ff; SCHMIDT-RIMPLER Grundlagen einer Erneuerung des Vertragsrechts, AcP 147, 130ff; WOLF, M. Rechtsgeschäftliche Entscheidungsfreiheit und vertraglicher Interessenausgleich, 1970; ZITELMANN Die Rechtsgeschäfte im Entwurf des BGB, 1889; ZWEIGERT „Rechtsgeschäft" und „Vertrag" heute, Festschrift Rheinstein, II, 1969, 463ff.

339 I. Die Beziehungen der einzelnen Rechtsgenossen zueinander werden vom Grundsatz der Privatautonomie, d. h. der freien Gestaltung ihrer privaten Lebensverhältnisse, beherrscht. Als Mittel dazu stellt ihnen die Rechtsordnung das Rechtsgeschäft und namentlich den Vertrag zur Verfügung. Die **Vertrags-**

Rechtsgeschäft und Privatautonomie §30 II 2

freiheit, und zwar sowohl die *Abschlußfreiheit* als auch die *Gestaltungsfreiheit*, wurde vom BGB stillschweigend vorausgesetzt. Sie steht jetzt unter dem Schutz von Art. 2 I GG, aus dem sie als Bestandteil der individuellen Entfaltungsfreiheit abgeleitet wird.
  Bedeutung und Wirkung des Rechtsgeschäfts beruhen auf dem Parteiwillen. Die Rechtswirkung tritt ein, weil sie gewollt ist. Da die Rechtsordnung auf den inneren, nicht geäußerten Willen keine Rücksicht nehmen kann, wird der Wille nur so weit beachtet, als er geäußert ist, so daß die Wirkung infolge der auf sie gerichteten Willensäußerung eintritt. Der **Kern** des rechtsgeschäftlichen Tatbestandes ist also die **Willenserklärung**, d. h. die auf einen Rechtserfolg gerichtete private Willensäußerung, deren Wirkungen von der Rechtsordnung entsprechend diesem Erfolgswillen bestimmt werden.

  II. Die rechtsschöpferische Macht des Parteiwillens unterliegt jedoch **340 Schranken**. Der Parteiwille kann nur Wirkungen entfalten, wenn die Voraussetzungen erfüllt sind, die von der Rechtsordnung für ein gültiges Rechtsgeschäft aufgestellt werden.

  1. Abgesehen von den allgemeinen Geschäftsfähigkeitserfordernissen kann die Rechtsordnung die Wirksamkeit bestimmter Geschäfte von der Einhaltung einer jeweils vorgeschriebenen *Form* abhängig machen. Diese Vorschriften können nicht durch Parteivereinbarung außer Kraft gesetzt werden.

  2. Für viele Gebiete hat das Gesetz den Parteien zur Verwirklichung ihrer **341** wirtschaftlichen oder sozialen Zwecke feste *Typen* von Rechtsgeschäften an die Hand gegeben, die völlig oder doch teilweise mit zwingend festgelegten Rechtsfolgen ausgestattet sind **(Typenzwang)**.
  Vornehmlich im *Sachenrecht* hat das Gesetz nur eine beschränkte Anzahl von Rechtsformen zur Verfügung gestellt mit einem in der Hauptsache unabänderlich feststehenden Inhalt: z. B. Eigentum, Erbbaurecht, Hypothek, Grund-, Rentenschuld, Pfandrecht, Dienstbarkeiten, Reallasten und Wohnungseigentum. Der Kreis der Sachenrechte bleibt auf die gesetzlich geregelten Institute beschränkt *(numerus clausus der Sachenrechte)*. Die Begründung des Typenzwangs liegt in dem Umstand, daß die Rechte Wirkungen gegen jedermann entfalten und daß daher im Interesse der Sicherheit des Rechtsverkehrs ihre Ausgestaltung nicht der Disposition der unmittelbar Beteiligten überlassen werden kann. Auch die familien- und erbrechtlichen Rechtsformen gestatten nur ausnahmsweise eine Abweichung.

  Auf dem Gebiete des *Schuldrechts* ist den Parteien eine größere Bewegungs- **342** freiheit eingeräumt. Auch hier hat das Gesetz bestimmte **Vertragsmuster** ausgebildet, die aber nicht unabänderlich gelten. Wird der wesentliche Inhalt eines Musters abgeändert, so wird das Geschäft nicht ungültig. Es gilt der Grundsatz der Vertragsfreiheit im Sinne der inhaltlichen Gestaltungsfreiheit.

§ 30 II 6   Vierter Teil: Die Lehre vom Rechtsgeschäft

Es kommen daher Mischformen, sogenannte *gemischte Verträge*, vor, in denen Musterbestandteile mehrerer Vertragsarten verschmolzen sind, es werden z. B. Kost und Wohnung für eine einheitliche Gegenleistung versprochen, also Kauf- und Mietleistungen verbunden. Darüber hinaus hat die Verkehrssitte demgemäß eine Reihe von Mustern ausgebildet, die im Gesetz nicht enthalten sind, z. B. den Elektrizitätslieferungsvertrag, den Inseratenvertrag. Die Erfahrung hat gelehrt, daß den schuldrechtlichen *Vertragsmustern* in ihrer Ausgewogenheit eine **Leitbildfunktion** zukommt, an der sich die Vertragsfreiheit zu orientieren hat.

> Darüber hinaus hat auch im Schuldrecht das Gesetz dem Parteiwillen durch einzelne zwingende Vorschriften Schranken gezogen. Man kann z. B. ein Dienstverhältnis nicht unkündbar auf Lebenszeit eingehen (§ 624), eine Sache nicht unkündbar über 30 Jahre hinaus vermieten (§ 567) usw.

343 3. Der Parteiwille kann keine Wirkung herbeiführen, die von der Rechtsordnung *mißbilligt* wird. Aus diesem Grunde hat sie eine Reihe von Verboten aufgestellt, aus denen die Unwirksamkeit dagegen verstoßender Rechtsgeschäfte folgt (vgl. § 134). Darüber hinaus mißbilligt sie ein Verhalten, das gegen die guten Sitten, im Sinne des Anstandsgefühls aller billig und gerecht Denkenden, verstößt; grundsätzlich knüpft sie daran die Nichtigkeit sittenwidriger Rechtsgeschäfte (vgl. § 138).

344 4. Die Privatautonomie basiert auf der wirtschaftlichen Äquivalenz der Vertragspartner. Wo sich diese verschiebt, muß die Rechtsordnung zum *Schutze des Schwächeren* die privatautonome Gestaltungsmacht einschränken. Die Vertragsfreiheit reduziert sich in einigen Bereichen bis zu einer bloßen Abschlußfreiheit.

> Einschränkungen der Privatautonomie gegen wirtschaftliche Übermacht eines Vertragspartners finden sich z. B. im Bereich des Verbraucherschutzes (AbzG, AGB-Gesetz), im Mietrecht (u. a. §§ 564 b, 556 a), im Arbeitsrecht (KSchG). Zur Einschränkung der Gestaltungsrechte vgl. oben Rdn. 227.

345 5. Das rechtsgeschäftliche Instrumentarium, das von Austauschverträgen abstrahiert ist, versagt auch in gewissen sozialen Bereichen, in denen *nicht ausschließlich* auf die *individualrechtlichen Beziehungen* zwischen Einzelpersonen abgestellt werden kann. Dies gilt z. B. im Familienrecht (die Eheschließung als contractus sui generis, die Anfechtung der Ehelichkeit) und im Gesellschaftsrecht, in dem für Gründungs- und Beitrittserklärungen die für die Willenserklärung maßgebliche Nichtigkeits- und Anfechtungsregelung eingeschränkt ist.

346 6. Zusammenfassend erweist sich, daß dem Grundsatz der Privatautonomie im Interesse des Schutzes beteiligter Rechtsgenossen – wie es Art. 2 I GG zum

Ausdruck bringt – Grenzen gezogen sind, wozu es keines unmittelbaren Rückgriffs auf das die Staatsgewalt bindende Sozialstaatsprinzip bedarf.

§ 31
Der Tatbestand und die Arten des Rechtsgeschäfts

BINDER Wille und Willenserklärung im Tatbestand des Rechtsgeschäfts, ARSP V, 266 ff; OERTMANN Entgeltliche Rechtsgeschäfte, 1912; WILLOWEIT Abgrenzung und rechtsgeschäftliche Relevanz nicht rechtsgeschäftlicher Vereinbarungen, 1969; ders., Rechtsgeschäft und einverständliches Verhalten, NJW 1971, 2045 ff; ZITELMANN Die Rechtsgeschäfte im Entwurf des BGB, 1889.

A. Der Tatbestand des Rechtsgeschäfts

I. Der *Kern* des Rechtsgeschäfts besteht aus einer oder mehreren **Willenserklärungen**; hinzu können **weitere Tatbestandselemente** treten. **347**

In erster Linie gehört hierzu die Vornahme von Willenserklärungen in einer gesetzlich oder nach Parteivereinbarung vorgesehenen *Form*. Hier sind Willenserklärung und Form als äußerer Vorgang zu einer Einheit verbunden; die Willenserklärung ist in eine bestimmte Form eingekleidet.

Entsprechendes gilt auch, wenn die Abgabe einer Willenserklärung persönlich vor einem Amtsträger zu erfolgen hat; so die Erklärung zur Eingehung der Ehe vor dem Standesbeamten (§ 13 EheG).

Eine Reihe von Rechtsgeschäften stellt sich als „**Doppeltatbestand**" dar. **348**
Hierzu gehören in erster Linie Willenserklärungen, zu denen eine *Eintragung in öffentliche Register* hinzutreten muß.

> Dies gilt jedoch nur für **konstitutive Eintragungen**. Deklaratorische Eintragungen berühren die Wirksamkeit des rechtsgeschäftlichen Vorganges nicht; sie bilden daher keinen Bestandteil des Rechtsgeschäfts (z. B. Eintragung einer Prokuraerteilung im Handelsregister).

Wenn das Gesetz aus Publizitätsgründen den Eintragungsvorgang für unerläßlich erachtet, verbindet es Willenserklärung und Eintragung zu einer Einheit; so z. B. das dingliche Rechtsgeschäft über Grundstücksrechte in § 873, das Rechtsgeschäft zur Gründung juristischer Personen in § 21, § 41 I 1 AktG, § 13 GenG.

Aus den gleichen Gründen wird im Bereich des Mobiliarsachenrechts der Realvorgang der *Übergabe als koexistentes Element* des dinglichen Rechtsgeschäfts angesehen (z. B. §§ 929, 1205). Im schuldrechtlichen Bereich findet sich ein Doppeltatbestand im sogenannten Realgeschäft des Darlehens (§ 607).

Aus der Einheitsthese ergibt sich, daß bis zum Vorliegen aller Tatbestandselemente einschließlich Eintragung bzw. Übergabe eine Bindung an die allein vorliegende Einigung in Frage gestellt sein kann (BGH NJW 1978, 696; a.A. WESTERMANN § 38, 4). Allerdings wird unter den Voraussetzungen des § 873 II im Liegenschaftsrecht die Bindung ausdrücklich angeordnet.

349 II. *Nicht zum Tatbestand* des Rechtsgeschäfts gehören dagegen **die eigenständigen Wirksamkeitsvoraussetzungen**.

Sie liegen außerhalb der Einheit des Rechtsgeschäftes, da sie nicht Grund der als gewollt bezeichneten Rechtswirkung, sondern lediglich Bedingung der Wirksamkeit sind; sie werden daher auch unter dem Begriff der Rechtsbedingung (condicio iuris) erfaßt (ENN./NIPPERDEY § 145 B 3).

Dem Rechtsgeschäft als solchem steht die *Zustimmung* des Vertreters (§§ 107f) und des Vormundschaftsgerichts (§§ 1821f, 1643) am nächsten, da sie dem Schutze des Erklärenden dient.

Hingegen dienen *behördliche Genehmigungen* vorwiegend dem öffentlichen Interesse und sind somit gegenüber der Willenserklärung der Beteiligten selbständig (z.B. § 2 GrdstVG; §§ 19ff BBauG).

Tatsächliche Wirksamkeitsvoraussetzungen sind z.B. der Tod des Erblassers bezüglich der Testamentswirkungen, der Eintritt einer Bedingung oder Zeitablauf (§§ 158, 163).

B. Die Arten der Rechtsgeschäfte

Man kann die Rechtsgeschäfte entweder nach den am Abschluß *beteiligten Personen* oder nach dem *Gegenstand* des Rechtsgeschäftes oder nach den *Rechtsfolgen* einteilen.

I. Nach den **beteiligten Personen** unterscheidet man einseitige und mehrseitige Rechtsgeschäfte.

350 1. Das **einseitige Rechtsgeschäft** enthält die Willenserklärung nur einer Partei.

Z.B. Testament (§ 1937), Auslobung (§ 657), Rücktritt (§ 346), Anfechtung (§§ 119ff).

Sie kann mit ihrer Abgabe vollendet und wirksam sein; ihre Wirksamkeit kann aber auch davon abhängen, daß sie einer anderen Person zugehen muß. Man hat daher folgende Einteilung getroffen:

a) *Empfangsbedürftige Willenserklärungen* sind gegenüber einem anderen abzugeben und werden erst mit dem Zugang bei ihm wirksam (§ 130), sie sind also richtungs- und empfangsbedürftig.

Da sie die rechtliche Lage einer bestimmten anderen Person beeinflussen, muß diesem die Möglichkeit der Kenntnisnahme verschafft werden; z.B. bei Anfechtung

Tatbestand und Arten des Rechtsgeschäfts § 31 B I 2

(§ 143 I), Rücktritt (§ 349), Vollmachterteilung (§ 167 I), Widerruf (§ 130 I 2). Die Empfangsbedürftigkeit einer Erklärung ist meist ausdrücklich vorgeschrieben, kann aber auch aus ihrem Zweck entnommen werden (vgl. die Kündigung von Dauerschuldverhältnissen).

b) *Nicht empfangsbedürftige Willenserklärungen,* deren Wirksamkeit sofort mit der Abgabe eintritt, sind solche, für die kein bestimmter Empfänger vorgeschrieben ist; sie betreffen eine unbestimmte Personenzahl. Sie sind selten und meist formbedürftig, um die Ernstlichkeit und Deutlichkeit der Willensäußerung sicherzustellen.

Z. B. Testamentserrichtung (§ 2231), Stiftungsgeschäft (§ 81 I); dagegen formlos (§ 144 II) Bestätigung des anfechtbaren Rechtsgeschäfts (jedoch ist umstritten, ob die Bestätigung eine nicht empfangsbedürftige Willenserklärung ist; so RGZ 68, 398f; dagegen im Interesse der Rechtssicherheit LARENZ AT § 23 V b; MEDICUS AT Rdn. 534).

c) *Amtsempfangsbedürftige Willenserklärungen.* Die Abgabe gegenüber einer Behörde schreibt das Gesetz in einer Reihe von Fällen für Erklärungen vor; dann sollen die Vorschriften über die empfangsbedürftige Willenserklärung entsprechend angewandt werden (§ 130 III).

Z. B. Ausschlagung der Erbschaft gegenüber dem Nachlaßgericht (§ 1945), Aufgabe des Grundstückseigentums gegenüber dem Grundbuchamt (§ 928).
Zuweilen ist dem Erklärenden auch die Wahl gelassen zwischen der Abgabe gegenüber der Behörde oder einer bestimmten Privatperson (§§ 875 I 2; 876 S. 3).

2. Das **mehrseitige Rechtsgeschäft** enthält die Willenserklärungen zweier 351 oder mehrerer Parteien. Hierbei sind zu unterscheiden:

a) **Verträge.** Zwei oder mehrere Beteiligte geben inhaltlich verschiedene, aber einander entsprechende, *korrespondierende Willenserklärungen* ab, die auf einen einheitlichen Rechtserfolg gerichtet sind. Der Vertrag kommt zustande, wenn auf den Antrag einer Partei (Offerte) die Annahme durch die andere Partei erfolgt.

b) **Gesamtakte.** Mehrere Personen, die sich nicht als Parteien gegenüberstehen, sondern zusammen eine Partei bilden, wirken zur Herbeiführung eines Rechtserfolges zusammen; sie geben *gleichlaufende (parallele) Erklärungen* ab.

Z. B. Kündigung eines gemeinschaftlich abgeschlossenen Mietvertrages durch die Mieter, Belastung eines Grundstücks mit einer Grundschuld durch mehrere Miteigentümer.

Das Zusammenhandeln ist nur deshalb eine notwendige Voraussetzung der Wirkung, weil mehrere Personen auf einer Seite beteiligt sind. Zum Eintritt der

Rechtsfolgen ist erforderlich, daß alle Beteiligten zusammenwirken (vgl. für das Mietverhältnis BGH WM 1972, 136f). Andererseits begründet dieses nach außen gerichtete Zusammenhandeln keine Regelung für die Rechtsbeziehungen der Beteiligten untereinander; insofern unterscheidet sich der Gesamtakt vom Beschluß und vom Organisationsvertrag.

c) **Beschlüsse**. Beschlüsse dienen der *internen Willensbildung* bei Körperschaften, Personengesellschaften, Gemeinschaften. Obwohl auch hierbei von den Beteiligten gleichlaufende Erklärungen abgegeben werden, unterscheidet sich der Beschluß dadurch vom Gesamtakt, daß die Rechtswirkung sich auf die internen Lebensverhältnisse des Zusammenschlusses bezieht. Für die Rechtswirkung genügt im Gegensatz zum Gesamtakt zumeist, daß die Mehrheit der Beteiligten übereinstimmende Erklärungen abgibt.

Der Beschluß gestaltet grundsätzlich nur die inneren Rechtsverhältnisse des Zusammenschlusses. Rechtsbeziehungen zu Dritten kommen durch ihn nicht zustande; der Beschluß schafft lediglich die Grundlage für eine entsprechende Erklärung des Vertreters des Zusammenschlusses Dritten gegenüber (z. B. beschließen die Mitglieder eines Vereins, daß ein Vereinshaus gekauft oder gemietet werden soll; der Abschluß des Vertrages mit dem Dritten obliegt dem Vorstand).

Die Kategorie des Beschlusses wurde gebildet, um eine seiner Eigenart entsprechende besondere Behandlung im Rahmen des Rechtsgeschäfts zu gewährleisten. An Modifizierungen sind insbesondere festzuhalten: Der Beschluß als solcher kann wegen Willensmangel eines Stimmberechtigten nicht angefochten werden; möglich ist lediglich die Anfechtung der einzelnen Stimmabgabe, deren Auswirkung auf den Beschluß sich nach den jeweiligen Mehrheitsverhältnissen richtet (BGHZ 14, 264, 267); die Mitwirkung von Minderjährigen an Vereinsbeschlüssen ist grundsätzlich von der Einwilligung des gesetzlichen Vertreters zum Eintritt in den Verein umfaßt (KG OLGE 15, 324). – Vgl. zum Vereinsrecht oben Rdn. 137f.

d) **Organisationsverträge**. Eine besondere Gruppe im Rahmen der Verträge stellt die Gründungsvereinbarung oder der gemeinschaftsbegründende Organisationsvertrag (WÜRDINGER Gesellschaften, I, 1937, 39ff) dar (vgl. oben Rdn. 128). Es handelt sich insbesondere um die *Gründungsvorgänge bei Körperschaften und Personengesellschaften*. Während man früher dazu neigte, den Gründungsvorgang bei Körperschaften als sozialrechtlichen Gestaltungsakt im Sinne eines „Gesamtaktes" zu erfassen, und ihn aus dem Begriff des Rechtsgeschäfts überhaupt ausscheiden wollte (O. v. GIERKE § 63 I 2), überwiegt heute die Auffassung, vertragliche Elemente anzuerkennen (WIEDEMANN I § 3 II 1 b), wobei allerdings beachtet werden muß, daß die Parteien der Vereinbarung sich nicht als Träger entgegengesetzter Interessen gegenüberstehen und auch nicht inhaltlich verschiedene, sondern inhaltlich gleiche Erklärungen abgeben (kein „Austauschvertrag"). Infolgedessen gelten zum Schutze der im Außen- und Innenverhältnis Beteiligten Ausnahmen von den Folgen fehlerhafter Rechtsgeschäfte und von den Vorschriften der gegenseitigen Verträge gem. §§ 320ff.

Vom rechtsgeschäftlichen Gründungsvorgang ist die Rechtsnatur der *Satzung* zu trennen; letztere löst sich als körperschaftliche Verfassung des Vereins vom Geltungsgrund und von der Person der Gründer.

Vom *Beschluß* unterscheidet sich der Organisationsvertrag dadurch, daß er überhaupt erst die Rechtsgrundlage für die Willensbildung des Zusammenschlusses schafft.

II. Nach dem **Gegenstand** lassen sich die Rechtsgeschäfte unterteilen in:

1. *Rechtsgeschäfte unter Lebenden und von Todes wegen.* Jene sollen den Rechtskreis einer noch lebenden Persönlichkeit beeinflussen, dem Verkehr zwischen verschiedenen Rechtskreisen dienen, Güterverschiebungen vorbereiten und durchführen – diese sollen erst nach dem Tode des Erklärenden wirken, das spätere Schicksal seines Vermögens bestimmen, es zur Aufteilung bringen.

352

Wegen dieser hinausgeschobenen Wirkung entfällt die Rücksicht auf den Rechtsverkehr; der wahre Wille des Erklärenden kann in vollem Umfang berücksichtigt werden; es entsteht für ihn keine Bindungswirkung; er kann eine letztwillige Verfügung jederzeit widerrufen (§ 2253 I). Andererseits sind Rechtsgeschäfte von Todes wegen im Interesse der Rechtssicherheit formgebunden.

2. *Schuldrechtliche, dingliche, familienrechtliche, erbrechtliche Rechtsgeschäfte* – je nach der Art des durch sie begründeten Rechtsverhältnisses.

Zu unterscheiden ist insbesondere die sachenrechtliche „Einigung" über den unmittelbaren Eintritt einer dinglichen Rechtsänderung (z. B. §§ 929, 873, 925) von dem schuldrechtlichen Vertrag, durch den die Verpflichtung zur Vornahme der Einigung begründet wird (§§ 433, 313).

3. *Vermögensrechtliche und personenrechtliche Geschäfte,* je nachdem ob sie sich auf das Vermögen oder auf persönliche Rechtsverhältnisse beziehen; so sind z. B. Verlöbnis, Eheschließung, Annahme an Kindes Statt personenrechtliche, Kauf, Miete, Darlehen vermögensrechtliche Geschäfte. Auch *vermögensrechtliche Geschäfte* können *personale Elemente* enthalten, so z. B. die Dauerschuldverhältnisse Miete oder Arbeitsvertrag. Dies äußert sich u. a. in der höchstpersönlichen Verpflichtung und Berechtigung im Dienstvertrag (§ 613) und Auftrag (§ 664 II) oder im Ausschluß der Abtretung von Ansprüchen des Mieters aus dem Mietvertrag (vgl. die Regelung in § 549).

353

Die *vermögensrechtlichen Geschäfte* teilt man weiter in *entgeltliche und unentgeltliche* ein, je nachdem ob der Vorteil, den sie dem Erwerber bringen, auch eine Gegenleistung von ihm fordert (Kauf, Miete) oder ob ihm ein reiner Vermögensvorteil auf Kosten des anderen verschafft wird (Schenkung).

354

Zur Annahme eines *entgeltlichen* Geschäfts ist nicht notwendig, daß die erbrachte Leistung dem erlangten Vorteil gleichkommt; es genügt, daß sie nach dem Willen der Parteien als Gegenleistung gedacht ist.

Wollen die Parteien, daß der Teil einer Leistung, der durch die Gegenleistung nicht gedeckt ist, unentgeltlich zugewandt wird, handelt es sich um eine sogenannte *gemischte Schenkung*. Soweit sich das Geschäft nicht in einen entgeltlichen und unentgeltlichen Teil aufspalten läßt, ist streitig, ob die Rechtsfolgen nach Schenkung oder dem jeweiligen entgeltlichen Vertrag zu beurteilen sind (vgl. MEDICUS BR Rdn. 380f).

Der Annahme der *Unentgeltlichkeit* eines Geschäftes steht es nicht entgegen, wenn dem Erwerber eine Leistungspflicht auferlegt ist, die nicht als Gegenwert des erworbenen Vorteils erscheint, sondern nur als eine Verminderung des Wertes der Zuwendung. Hier spricht man von Auflage (§§ 525, 1940, 2192).

Eine Unterart der entgeltlichen Geschäfte sind die *partiarischen Verträge*, durch die sich jemand zu einer Leistung (z.B. Dienste, Darlehnshingabe) gegen einen Anteil an dem Gewinn, den der Vertragsgegner hieraus zieht, verpflichtet.

III. Aus der Art der bewirkten **Rechtsfolgen** ergibt sich die weitere Unterscheidung in Verpflichtungs- und Verfügungsgeschäfte.

355 **1. Verpflichtungsgeschäfte** sind Rechtsgeschäfte, durch die eine Person gegenüber einer anderen eine Verpflichtung zu einer Leistung übernimmt. Mit der Leistungspflicht des Schuldners korrespondiert ein entsprechender Anspruch (§ 194 I), ein Forderungsrecht des Gläubigers. Die hierdurch zwischen den Beteiligten entstehenden Rechtsbeziehungen bezeichnet man als Schuldverhältnis im engeren Sinne (§ 241; vgl. hierzu oben Rdn. 246). Voraussetzung für die Begründung eines rechtsgeschäftlichen Schuldverhältnisses ist grundsätzlich ein Vertrag zwischen den Beteiligten (vgl. § 305); der Rechtsverkehr bedient sich dabei überwiegend der im Schuldrecht des BGB niedergelegten Muster von Schuldverträgen (z.B. Kaufvertrag, §§ 433ff; Mietvertrag, §§ 535ff; Werkvertrag, §§ 631ff). Verpflichtungsgeschäfte, die auf einem einseitigen Rechtsgeschäft beruhen, sieht das Gesetz lediglich als Ausnahmetatbestand vor (z.B. die Auslobung gem. § 657; u.U. das Stiftungsgeschäft gem. §§ 80ff).

356 Verpflichtende Schuldverträge werden nach den sich aus ihnen für die Parteien ergebenden Bindungen wie folgt unterteilt:

a) *Mehrseitig verpflichtende Verträge*. Im Vordergrund stehen die **gegenseitigen Verträge**. Die Leistungspflicht wird übernommen, weil die Gegenseite sich ihrerseits zu einer Leistung verpflichtet *(do ut des;* Austauschverträge*)*. Die Leistungen stehen in einem *synallagmatischen Verhältnis*. Die Einordnung ist relevant für die Anwendung der Vorschriften in §§ **320ff**.

Der Austauschvertrag ist das Leitbild der gesetzlichen Regelung im Schuldrecht. Wenn jedoch, wie bei Organisationsverträgen der Personengesellschaften, die daraus zu erbringenden Einlagen nicht in einem reinen Austauschverhältnis stehen, ist umstritten, ob in diesen Fällen die Vorschriften der §§ 320ff

Anwendung finden können (vgl. LARENZ SchR II § 60 I b; HUECK § 6 II 3; FLUME I/1 § 2 III). Jedenfalls unterliegt bei einer in Vollzug gesetzten Gesellschaft das Instrumentarium der §§ 320 ff insofern Einschränkungen, als §§ 320, 322 ebenso wie der Rücktritt gem. §§ 325, 326 nicht statthaft sind und die Abwicklung einer fehlerhaften Gesellschaft im Innenverhältnis nicht nach §§ 812 ff erfolgen kann (vgl. RGZ 165, 195 ff; BGHZ 3, 285 ff).

Unvollkommen zweiseitig sind diejenigen Verträge, bei denen die Leistung nicht von einer Gegenleistung abhängig gemacht wird. Gleichwohl kann es zu einer Leistungsverpflichtung der anderen Partei kommen.

So z. B. beim Auftrag im Falle der Aufwendungsersatzpflicht des Auftraggebers gem. § 670; entsprechend bei der Leihe (§ 601), bei der unentgeltlichen Verwahrung (§ 693). Insofern stehen sich z. B. beim Auftrag die Pflichten aus § 667 und § 670 nicht synallagmatisch gegenüber.

b) **Einseitig verpflichtende Verträge** haben die Verpflichtung lediglich einer Partei zum Inhalt.

Z. B. das Schenkungsversprechen (§ 518), die Bürgschaft (§ 765).

Allen Verpflichtungsgeschäften ist gemeinsam, daß sie sich in ihren Rechtsfolgen darauf beschränken, Leistungspflichten des Schuldners zu schaffen. Der Leistungserfolg wird durch das verpflichtende Rechtsgeschäft selbst nicht bewirkt. Durch die Vornahme eines obligatorischen Rechtsgeschäfts, das den Schuldner zur Übertragung oder Beschränkung eines subjektiven Rechts verpflichtet, verändert sich das subjektive Recht in seiner Zuständigkeit und in seinem Bestand nicht.

So verpflichtet z. B. der Abschluß eines Kaufvertrags den Verkäufer zur Übereignung des Kaufgegenstandes an den Käufer (§ 433 I 1). Der Kaufvertrag selbst hat aber nicht den Übergang des Eigentums auf den Käufer zur Folge. Das Eigentum bleibt auch nach dem Kaufvertragsschluß bei dem Verkäufer. Zum Vollzug der Eigentumsübertragung bedarf es eines besonderen Erfüllungsgeschäfts (vgl. § 929).

2. Durch diese eingeschränkten Rechtswirkungen unterscheiden sich die Verpflichtungsgeschäfte von den **Verfügungsgeschäften**. Verfügungen sind Rechtsgeschäfte, die auf den Bestand eines subjektiven Rechtes unmittelbar einwirken; diese unmittelbare Einwirkung kann in der Übertragung, der Belastung, der Inhaltsänderung oder der Aufhebung des Rechtes bestehen (vgl. zum Begriffsinhalt und den Wirksamkeitsvoraussetzungen der Verfügung oben Rdn. 232).

Die meisten Verfügungsgeschäfte betreffen dingliche Rechte und finden demnach ihre Regelung im Sachenrecht. Aber auch das Schuldrecht enthält einzelne Verfügungsgeschäfte, namentlich solche über Forderungsrechte, so z. B. die Abtretung (§ 398) und den Erlaßvertrag (§ 397 I).

§ 31 B IV   Vierter Teil: Die Lehre vom Rechtsgeschäft

Als Verfügungen werden auch unmittelbare Einwirkungen auf Rechtsverhältnisse angesehen (vgl. LARENZ AT § 16 IV), bei denen neben eigenen subjektiven Rechten auch die des Geschäftsgegners betroffen werden; so z. B. Kündigung, Rücktritt, Anfechtung, Aufrechnung.

Die Rechtsfolgen der Verfügung setzen – sofern nicht die Regeln eines gutgläubigen Erwerbs vom Nichtberechtigten eingreifen – eine entsprechende Verfügungsmacht des Verfügenden voraus (vgl. oben Rdn. 233). Auch darin unterscheidet sich die Verfügung vom Verpflichtungsgeschäft, das von einer derartigen Rechtsmacht des sich Verpflichtenden nicht abhängig ist.

So kann z. B. zwar ein im Hinblick auf eine Sache Nichtberechtigter über diese wirksam einen Kaufvertrag abschließen; zur Übertragung des Eigentums nach § 929 ist er jedoch mangels Verfügungsmacht nicht in der Lage.

Ebenso ist der Eigentümer einer Sache nicht gehindert, diese mehrmals an verschiedene Personen wirksam zu verkaufen. Demgegenüber gilt für Verfügungsgeschäfte, durch die ein Recht übertragen wird, das sogenannte Prioritätsprinzip: Mit der erstmaligen Übertragung des Rechtes verliert der bisherige Rechtsinhaber seine Verfügungsmacht, so daß er nicht nochmals zugunsten einer anderen Person wirksam über dieses Recht verfügen kann.

IV. Kausale und abstrakte Rechtsgeschäfte

BÄHR, O. Die Anerkennung als Verpflichtungsgrund, 3.A. 1894; BEYERLE Der dingliche Vertrag, Festschrift Böhmer, 1954, 164 ff; BRANDT Eigentumserwerb und Austauschgeschäft, 1940; v. CAEMMERER Rechtsvergleichung und Reform der Fahrnisübereignung, RabelsZ 12, 675 ff; COHN Zur Lehre vom Wesen der abstrakten Geschäfte, AcP 135, 67 ff; COING/WILHELM (Hrsg.), Wissenschaft und Kodifikation des Privatrechts im 19. Jahrhundert, II, 1977, mit den Beiträgen: KIEFNER Der abstrakte obligatorische Vertrag in Praxis und Theorie des 19. Jahrhunderts, 74 ff, WILHELM Begriff und Theorie der Verfügung, 213 ff; DULCKEIT Die Verdinglichung obligatorischer Rechte, 1951; HECK Das abstrakte dingliche Rechtsgeschäft, 1937; JAHR Zur iusta causa traditionis, SavZ RomAbt. 80, 141 ff; KEGEL Verpflichtung und Verfügung, Festschrift F.A. Mann, 1977, 57 ff; KLINGMÜLLER Der Begriff des Rechtsgrundes, 1901; LANGE Rechtswirklichkeit und Abstraktion, AcP 148, 188 ff; ders., Abstraktes und kausales dingliches Geschäft? DR 1935, 485; MAY Die Möglichkeit der Beseitigung des Abstraktionsprinzips bei den Verfügungsgeschäften des Fahrnisrechts, 1952; ROTHER Die Erfüllung durch abstraktes Rechtsgeschäft, AcP 169, 1 ff; STAMPE Das Kausalproblem, 1904; ders., Causa und abstrakte Rechtsgeschäfte, ZHR 55, 387 ff; v. TUHR Zur Lehre von den abstrakten Schuldverträgen, 1903; ders., Zum Begriff der Verfügung nach dem BGB, AcP 117, 193 ff; WESTERMANN, H.P. Die causa im französischen und deutschen Zivilrecht, 1967.

358 Der das deutsche Recht beherrschende **Abstraktionsgrundsatz** dient der Rechtssicherheit und Rechtsklarheit, indem die Rechtsordnung bei Vorgängen, die zur Zuordnung von Rechten oder zur Zuteilung von Rechtsstellungen führen, deren Bestand von dem dem Vorgang zugrundeliegenden Rechtsgeschäft unabhängig macht. Dies sieht die Rechtsordnung bei den sogenannten Verfügungsgeschäften (s.o.) vor, aber auch bei den abstrakten Schuldverträgen (z.B. Schuldversprechen, -anerkenntnis, Wechsel, Scheck), schließlich auch bei der Erteilung von Handlungsbefugnissen im Sinne einer rechtsgeschäftlichen und organschaftlichen Vertretungsmacht. Sie stärkt durch die rechtstechnische Verselbständigung der Vorgänge die Sicherheit des rechtlichen Verkehrs insbesondere dadurch, daß sie die etwaige Fehlerhaftigkeit der zugrundeliegenden Rechtsverhältnisse nicht unmittelbar zur Auswirkung kommen läßt.

Bei der gesetzlichen Ausgestaltung der Abstraktion sind zwei Gruppen von Rechtsgeschäften zu unterscheiden: Zuwendungsgeschäfte und Erteilung von Handlungsmacht.

1. Zuwendungsgeschäfte

a) Zuwendung und Rechtsgrund

Zuwendungen sind Rechtsgeschäfte, durch die eine Person einer anderen einen Vermögensvorteil verschafft und dadurch ihr Vermögen vermehrt. Der zugewandte Vermögensvorteil kann z.B. darin bestehen, daß ein Anspruch auf eine Leistung begründet wird oder darin, daß ein subjektives Recht übertragen wird. Die Zuwendung kann danach sowohl durch Verpflichtungs- als auch durch Verfügungsgeschäfte bewirkt werden.

359

Zuwendungsgeschäfte werden im Rechtsverkehr nicht um ihrer selbst willen, d.h. zur Herbeiführung des sich aus ihnen unmittelbar ergebenden Rechtserfolgs vorgenommen, etwa der Rechtsübertragung als solcher. Ihren wirtschaftlichen und rechtlichen Sinngehalt erhält eine Zuwendung vielmehr aus dem mit ihrer Vornahme erstrebten Zweck, regelmäßig der Erreichung eines weiteren Rechtserfolgs.

> So übereignet niemand einem anderen ohne jeden Grund einen Geldbetrag von 1000,- DM. Mit der Zuwendung verfolgt der Verfügende z.B. den Zweck, von seiner dem Empfänger gegenüber bestehenden Kaufpreisschuld oder einer ihm gegenüber bestehenden Schenkungsverpflichtung befreit zu werden.

Entsprechend diesen tatsächlichen Gegebenheiten des Wirtschaftslebens sieht auch die Rechtsordnung jede rechtsgeschäftliche Zuwendung durch einen sogenannten *Rechtsgrund* – nach römisch-rechtlicher Bezeichnung: **causa** – begründet.

> Im obigen Beispiel bildet danach die sich aus dem Kaufvertrag bzw. aus dem Schenkungsversprechen ergebende Zahlungspflicht den Rechtsgrund für die Übertragung des Geldbetrags.

Die als causae rechtlich relevanten Zuwendungszwecke beschränken sich grundsätzlich auf die *objektiven verkehrstypischen Geschäftszwecke der*

§ 31 B IV 1 Vierter Teil: Die Lehre vom Rechtsgeschäft

Zuwendung. Es sind dies die mit der Zuwendung mittelbar erstrebten weiteren Rechtserfolge, die den rechtlichen Charakter der Zuwendung und die für sie maßgeblichen Rechtssätze bestimmen. Herkömmlich werden dabei folgende Rechtsgründe unterschieden:

– causa credendi, acquirendi – Zuwendung mit dem Zweck, eine Leistungspflicht des Empfängers zu begründen (z. B. in Gestalt des Darlehnsrückgewähranspruchs, § 607 I; gegenseitige Verpflichtungsverträge, „do ut des");
– causa solvendi – Zuwendung mit dem Zweck, durch Erfüllung die Befreiung von einer Verbindlichkeit zu erlangen;
– causa donandi – Zuwendung mit dem Zweck einer unentgeltlichen Bereicherung des Empfängers.

Diese objektiven Geschäftszwecke bedürfen für das einzelne Zuwendungsgeschäft der *Konkretisierung*. Sie muß *grundsätzlich einverständlich* – wenn nicht mittels ausdrücklicher Verabredung, so doch zumindest mittels konkludenten Handelns – durch die Beteiligten erfolgen. *Ausnahmsweise* wird durch das Gesetz eine *einseitige Zwecksetzung* anerkannt; dies gilt z. B. für einseitige Rechtsgeschäfte (etwa die Auslobung) und für die causa solvendi in Fällen des § 366 I (mehrere gleichartige Verbindlichkeiten des Schuldners; hier findet subsidiär eine gesetzliche Zweckbestimmung nach § 366 II Anwendung).

360 Von diesen Rechtsgründen im Sinne typischer Verkehrszwecke sind die mit einer Zuwendung verfolgten *subjektiven, rein persönlichen Beweggründe* zu unterscheiden. Derartige Motive sind grundsätzlich für die rechtliche Beurteilung von Zuwendungsgeschäften ohne Bedeutung, da die Nichterreichung eines rein persönlichen Zwecks im Interesse der Rechtssicherheit den Rechtsbestand einer Zuwendung nicht berühren kann. Dies gilt z. B. für die Motive einer Schenkung wie etwa Dankbarkeit, Mitleid, Spekulation auf eine Erbeinsetzung.

Ausnahmsweise erkennt die Rechtsordnung neben den objektiven, verkehrstypischen Geschäftszwecken in der *datio ob rem* einen subjektiven Geschäftszweck als causa an (vgl. § 812 I 2 2. Alt.), d. h. eine Zuwendung, die nach der zwischen den Beteiligten zustandegekommenen tatsächlichen Willensübereinstimmung darauf gerichtet ist, den Zuwendungsempfänger zu einem nichtgeschuldeten rechtsgeschäftlichen oder tatsächlichen Verhalten zu veranlassen (z. B. unentgeltliche Tätigkeit im Gewerbebetrieb eines anderen in der Erwartung der Eheschließung, vgl. OLG Stuttgart NJW 1977, 1779f. Allgemein zur condictio ob rem BGH NJW 1973, 612f; JZ 1975, 330f; MEDICUS BR Rdn. 691ff m. w. N.).

Unabhängig vom causa-Begriff berücksichtigt die Rechtsordnung unter bestimmten Voraussetzungen subjektive Zwecke, wenn
– das Gesetz ausnahmsweise den Irrtum im Beweggrund als maßgeblich ansieht,

§ 119 II (Irrtum über verkehrswesentliche Eigenschaften), § 123 (Anfechtbarkeit wegen arglistiger Täuschung und widerrechtlicher Drohung), § 779 (Irrtum über die feststehende Vergleichsgrundlage), § 2078 II (Motivirrtum des Testators);
– die Wahrheit oder Verwirklichung einer bestimmten Vorstellung als Bedingung für die Rechtswirksamkeit der Zuwendung vereinbart worden ist;
– die Vorstellungen der Partei(en) als Geschäftsgrundlage relevant sind.

b) **Kausale und abstrakte Zuwendungsgeschäfte**

aa) **Kausale Zuwendungsgeschäfte** sind dadurch gekennzeichnet, daß bei ihnen die causa der Zuwendung zum Inhalt des die Zuwendung bewirkenden Rechtsgeschäfts erhoben ist. Zur Gruppe der kausalen Geschäfte gehören *prinzipiell die Verpflichtungsgeschäfte*. Die Übernahme einer Leistungspflicht hat ihren Rechtsgrund unmittelbar in der rechtsgeschäftlichen Vereinbarung.

Wenn der Rechtsgrund Inhalt der vertraglichen Einigung ist, so bedeutet dies zugleich, daß die Wirksamkeit der Zuwendung in jeder Beziehung vom Bestand dieser Einigung abhängig ist. Jede Nichtigkeit, jede Anfechtung der die causa enthaltenden Vereinbarung nimmt damit auch der Zuwendung ihren Rechtsbestand. Zuwendung und Rechtsgrund stellen sich bei kausalen Rechtsgeschäften danach als eine unauflöslich verbundene Einheit dar.

Mithin sind wirksame (kausale) Verpflichtungsgeschäfte sine causa nicht möglich. Daraus ergibt sich, daß der herkömmliche Begriff des „kausalen" Geschäfts im Bereich der Verpflichtungsgeschäfte eine eigene Funktionalität nicht entfaltet, sondern als Gegenbegriff zur Erläuterung der abstrakten Rechtsgeschäfte dient.

bb) Die **abstrakten Zuwendungsgeschäfte** sind von der Rechtsordnung gegenüber ihrem Rechtsgrund verselbständigt: die causa bildet hier keinen Bestandteil des Geschäfts, sondern ist von ihm abstrahiert. Dadurch ist das Zuwendungsgeschäft in seiner Wirksamkeit unabhängig vom Bestehen eines Rechtsgrundes. Fehlerquellen im Kausalgeschäft – wie Geschäftsunfähigkeit (§§ 104f) Irrtum (§ 119) arglistige Täuschung (§ 123) Verbotsgesetze (§ 134) Sittenwidrigkeit (§ 138) – können nur dann das abstrakte Zuwendungsgeschäft berühren, wenn der betreffende Mangel diesem selbst anhaftet (vgl. zur sog. Fehleridentität unten Rdn. 368).

Einen derartigen Charakter haben zunächst **alle Verfügungsgeschäfte**.

So setzt z. B. bei der rechtsgeschäftlichen Übertragung des Eigentums an Mobilien der Übereignungstatbestand des § 929 allein eine entsprechende Einigung und die Übergabe voraus. Die Frage, ob die Übereignung kaufweise oder schenkweise erfolgte, ist für den Eigentumsübergang ohne Belang; insbesondere berührt die Unwirksamkeit des der Übereignung zugrunde liegenden Kaufvertrags oder Schenkungsversprechens nicht den Rechtsbestand der durch die Verfügung herbeigeführten Rechtsfolge.

363 Ferner kennt das Gesetz einige besonders geregelte Typen **abstrakter Verpflichtungsgeschäfte**: z. B. abstraktes Schuldversprechen und Schuldanerkenntnis (§§ 780, 781), sowie die in einem Wertpapier verbrieften Verbindlichkeiten (z. B. Inhaberschuldverschreibung, § 793; Wechsel und Scheck). Bei diesen abstrakten Schuldverträgen ist die Verpflichtungserklärung des Schuldners regelmäßig an eine besondere Form gebunden (vgl. z. B. §§ 780 f, 784 II, 793 BGB, Art. 1 WG, 1 ScheckG; anders dagegen: §§ 782 BGB, 350 f HGB).

Der abstrakte Schuldvertrag ordnet nur ein Forderungsrecht zu, das zur Erreichung des Leistungserfolges noch der Realisierung bedarf. Ein abstraktes Leistungsversprechen wird im allgemeinen nur erfüllungshalber (§ 364 II) gegeben, begründet also eine neue Verbindlichkeit, die neben die bestehende (Kausal-)Schuld tritt. Dem Gläubiger wird dadurch ein weiteres (abstraktes) Forderungsrecht zugewandt, das ihm wegen seiner Rechtsgrundunabhängigkeit die Rechtsverfolgung erleichtert. Die Wirkung der Abstraktion besteht hier vornehmlich in einer Umkehr der Darlegungs- und Beweislast im Prozeß; der Schuldner hat das Fehlen der causa im Streitfall nachzuweisen.

Ein Einwendungsausschluß kann indessen nicht schlechthin aus dem abstrakten Charakter gefolgert werden; z. B. wird in den Fällen der §§ 780, 781 dem Schuldner sogar gegenüber dem Zweiterwerber die Berufung auf Mängel im causa-Geschäft gestattet (§§ 404, 821). Jedoch werden derartige Einwendungen durch besondere Vorschriften im Wertpapierbereich ausgeschlossen (vgl. §§ 796 BGB, 364 II HGB, Art. 17 WG, 22 ScheckG).

364 Die Abstraktion der Zuwendung von ihrem Rechtsgrund wird von der **Akzessorietät** (Forderungsabhängigkeit) *bestimmter gesetzlicher Sicherungsrechte* (vgl. z. B. Hypothek, Bürgschaft, Pfandrecht) **nicht berührt**. Diesen liegt eine *Kausalvereinbarung* über ihre Bestellung zugrunde *(Sicherungsabrede)*, von der das Sicherungsrecht in seiner Wirksamkeit abstrahiert ist. Andererseits macht das Gesetz den Bestand des Sicherungsrechts abhängig von der Existenz der zu sichernden Forderung (Akzessorietät; vgl. §§ 767; 1113, 1137; 1204, 1252).

c) **Auswirkungen des Abstraktionsprinzips**

365 aa) Das Abstraktionsprinzip hat die Konsequenz, daß die – bei wirtschaftlicher Betrachtungsweise – natürliche Einheit der rechtsgeschäftlichen Zuwendung von Vermögensrechten in eine **rechtstechnische Zweiheit** zerlegt wird: Grund- oder Kausalgeschäft auf der ersten Stufe, Vollzugs- oder Erfüllungsgeschäft auf der zweiten Stufe. Im Normalfall wird die durch das obligatorische Geschäft begründete Leistungspflicht durch die Vornahme des abstrakten Verfügungsgeschäfts erfüllt; der Anspruch auf die Leistung wird zum Rechtsgrund, der die vollzogene Zuordnungsänderung rechtfertigt.

Der wesentliche Vorteil dieser getrennten rechtlichen Beurteilung von Grund- und Erfüllungsgeschäft besteht darin, daß die durch das abstrakte Geschäft vollzogene *Zuordnung* von dinglichen Rechten und Forderungsrechten *von* den dem Kausalgeschäft anhaftenden *Fehlerquellen freigehalten* wird. Mängel des Grundgeschäfts greifen grundsätzlich nicht auf das Vollzugsgeschäft durch. Dadurch dient der Abstraktionsgrundsatz den Interessen der Sicherheit und Klarheit des Rechtsverkehrs; er garantiert eine eindeutige Festlegung der gegenüber der Allgemeinheit wirkenden Zuordnungsänderung.

> Ist das abstrakte Zuwendungsgeschäft rechtlich in Ordnung, erlangt der Erwerber auch bei fehlender causa in Ansehung des zugewandten Rechtes die Stellung eines Berechtigten.

bb) Die Abstraktion bedeutet gleichwohl keinen endgültigen Verzicht auf das Erfordernis eines Rechtsgrundes der Zuwendung. Fehlt der Rechtsgrund von Anfang an, ist er nachträglich weggefallen oder hat er sich auf sonstige Weise nicht verwirklicht, so ist zwar das Verfügungsgeschäft wirksam, jedoch muß dem Zuwendenden eine Möglichkeit zur Rückabwicklung eingeräumt werden. Diese **Korrektur** gewährt die **Leistungskondiktion** (§ 812); für den Leistenden entsteht ein schuldrechtlicher Anspruch auf Herausgabe der ungerechtfertigten Vermögenszuwendung gegen den Leistungsempfänger, gegebenenfalls durch Rückübertragung des zugewendeten Rechtes. **366**

> Zur Verdeutlichung folgendes *Beispiel:* A hat seine Schreibmaschine an B verkauft und nach § 929 übereignet. Nunmehr ficht A den Kaufvertrag aufgrund eines Anfechtungsrechts aus § 119 I an und beseitigt damit die causa der Übereignung (§ 142 I). Da die Wirksamkeit der Übereignung als abstraktes Verfügungsgeschäft grundsätzlich von den Mängeln des Kausalgeschäfts nicht berührt wird, bleibt B dennoch Eigentümer der Schreibmaschine. A hat also gegen B keinen Herausgabeanspruch nach § 985. Da B aber das Eigentum rechtsgrundlos erlangt hat, kann A es von B kondizieren, d. h. aufgrund seines schuldrechtlichen Bereicherungsanspruchs aus § 812 **Rückübereignung** verlangen. Ist der Leistungsgegenstand selbst nicht mehr im Vermögen des Bereicherungsschuldners B vorhanden, so erstreckt sich der Kondiktionsanspruch auf Wertersatz, sofern das Erlangte noch wertmäßig vorhanden ist (in Gestalt ersparter Aufwendungen oder eines Surrogats, vgl. § 818 I, II). Wenn die Bereicherung weggefallen ist, z. B. weil die Schreibmaschine bei B zerstört wurde und er insoweit auch keine Ersatzleistung von Dritten beanspruchen kann (Versicherungsleistung o. ä.), ist der Anspruch nach § 818 III ausgeschlossen. Eine weitergehende Schadensersatzpflicht trifft den Leistungsempfänger in diesem Fall nur ausnahmsweise unter den Voraussetzungen der verschärften Haftung gem. §§ 818 IV, 819f.

cc) Die dem Ausgleich dienende Leistungskondiktion läuft den **Verkehrsschutzinteressen** nicht zuwider. Der obligatorische Bereicherungsausgleich durch Rückabwicklung der grundlosen Zuwendung vollzieht sich nur im Rahmen des fehlerhaften Kausalverhältnisses („Leistungsverhältnisses"), also zwischen Leistendem und Leistungsempfänger, und berührt nicht den Bestand einer zwischenzeitlich durch den Empfänger getroffenen Neuzuordnung. **367**

§ 31 B IV 1 Vierter Teil: Die Lehre vom Rechtsgeschäft

Wegen der rechtsgrundunabhängigen Regelung der Zuwendung erwirbt der Rechtsnachfolger des Erwerbers das Recht aufgrund einer Verfügung des Berechtigten. Der Erwerber ist also nicht genötigt, Nachforschungen über die Wirksamkeit der Kausalgeschäfte seiner Vormänner anzustellen. Der Veräußerer kann sich zum Nachweis seines Rechtserwerbs auf die Darlegung des Verfügungsgeschäfts beschränken.

Hat z. B. A im Hinblick auf einen nichtigen Kaufvertrag eine Sache an B übereignet, so richtet sich der Anspruch des A auf Herausgabe der rechtsgrundlos erlangten Bereicherung allein gegen B. Wenn B die Sache an C weiterveräußert hat, kann A von B Wertersatz (§ 818 II) beanspruchen. A kann sich dagegen nicht an C halten, da er ihm gegenüber keine Leistung erbracht hat (vgl. zur Problematik des Leistungsbegriffs insbes. BGHZ 58, 184 ff m. w. N.; v. CAEMMERER Bereicherung und unerlaubte Handlung, Festschrift Rabel, I, 1954, 333 ff = Gesammelte Schriften, I, 1968, 209 ff; KOPPENSTEINER/KRAMER Ungerechtfertigte Bereicherung, 1975, § 4 I; REEB Grundprobleme des Bereicherungsrechts, 1975, § 3, 2b; MEDICUS BR Rdn. 666 ff).

Die Gläubiger des Erwerbers können sich bei einem Zugriff im Wege der Zwangsvollstreckung ebenfalls auf die abstrakt getroffene Zuordnung des Vollstreckungsgegenstandes zu seinem Vermögen verlassen. Durch das Abstraktionsprinzip wird also auch das Vollstreckungsverfahren weitgehend von Fehlerquellen des dem Rechtserwerb zugrunde liegenden Kausalgeschäfts freigehalten (so steht z. B. dem Vormann des Vollstreckungsschuldners, der rechtsgrundlos an diesen das Eigentum übertragen hat, die Interventionsklage gem. § 771 ZPO nicht zur Verfügung).

368 dd) Das Abstraktionsprinzip schließt nicht aus, daß dem Vollzugsgeschäft derselbe Nichtigkeits- oder Anfechtungsgrund anhaftet wie dem Grundgeschäft: *gemeinsame Fehlerquelle,* die beide Geschäfte unabhängig voneinander erfaßt **(sog. Fehleridentität)**.

So kann z. B. ein **Anfechtungsrecht** nach § 119 I wegen *Erklärungsirrtums* sowohl für das obligatorische als auch für das abstrakte Geschäft bestehen, wenn die diesbezüglichen Erklärungen in einem Willensakt zusammenfallen und demselben Willensmangel unterliegen (vgl. RGZ 66, 385, 390; STAUDINGER/DILCHER § 142 Rdn. 8).

Zwar berechtigt ein *Irrtum über die Eigenschaften* des Geschäftsgegenstandes oder der Person des Geschäftsgegners in der Regel nur zur Anfechtung des Verpflichtungsgeschäfts; die dingliche Einigung des Verfügungstatbestandes ist grundsätzlich wertneutral, weil sie nur auf die Herbeiführung der dinglichen Rechtsänderung gerichtet ist. Etwas anderes kann jedoch z. B. dann gelten, wenn der Veräußerer bei einem Kreditgeschäft in der Gewißheit der Kreditwürdigkeit seines Vertragspartners bewußt auf einen Eigentumsvorbehalt verzichtet; wird er in seinem Vertrauen enttäuscht, so sind seine Vorstellungen über die Vermögensverhältnisse des Geschäftsgegners auch für die dingliche Einigung verkehrswesentlich (vgl. WESTERMANN § 4 IV 1).

Das Anfechtungsrecht wegen *arglistiger Täuschung* oder *widerrechtlicher Drohung* (§ 123 I) wird sich meistens auf das Vollzugsgeschäft erstrecken, da die Täuschung oder Drohung regelmäßig auch noch bei dessen Abschluß ursächlich fortwirkt (vgl. RGZ 70, 55, 57; BGH DB 1966, 818).

Bei den genannten Anfechtungsgründen ist aber stets im Einzelfall zu prüfen, ob der Willensmangel, der bei dem Verpflichtungsgeschäft vorlag, tatsächlich auch noch beim Erfüllungsgeschäft gegeben ist.

> So ist z.B. denkbar, daß der Anfechtungsgrund zur Zeit der Vornahme des Vollzugsgeschäfts schon weggefallen war, etwa weil der Getäuschte bei der Erfüllung des Vertrages bereits über seine fehlerhafte Vorstellung aufgeklärt war; dann ist das Vollzugsgeschäft von Bestand und wird u.U. sogar als Verzicht auf das Anfechtungsrecht gedeutet werden müssen.
> Entsprechendes gilt z.B. auch, wenn ein Mangel der Geschäftsfähigkeit, der bei Abschluß des Verpflichtungsgeschäftes vorlag, bei Vornahme des Erfüllungsgeschäftes nicht mehr gegeben ist.

Ergreift das Anfechtungsrecht beide Geschäfte, so ist im Zweifel die Anfechtungserklärung auch auf das Vollzugsgeschäft mit zu beziehen (RGZ 66, 385, 390; 69, 13, 16).

369 Für den Umfang der Rechtswirkungen des **Nichtigkeitsgrundes** des § 134 ist der Charakter des Verbotsgesetzes maßgeblich. Nur wenn die Verbotsnorm nach Sinn und Zweck gerade den Vollzug der Leistung unterbinden will, bezieht sich die Nichtigkeitsfolge des § 134 auch auf das Verfügungsgeschäft (vgl. z.B. BGHZ 47, 364, 369 zu Art. 1 § 1 RBerG).

Bei sittenwidrigen oder wucherischen Verpflichtungsgeschäften wird die Frage nach der Erstreckung der Nichtigkeit auf das Erfüllungsgeschäft von Literatur und Rechtsprechung im einzelnen unterschiedlich beantwortet. Vgl. zu diesem Problemkreis die Erörterung des Nichtigkeitsgrundes des § 138 (unten Rdn. 502f).

> Im Falle der Fehleridentität bleibt es – bei Anfechtungsgründen Anfechtung vorausgesetzt – bei der ursprünglichen Zuordnung, d.h. der Eigentümer, dessen Verfügung nichtig ist, kann weiterhin die dinglichen Ansprüche (z.B. § 985) geltend machen, während bei lediglich fehlerhaftem Kausalgeschäft der Verfügende auf § 812 verwiesen ist und Rückübertragung durch Rechtsgeschäft verlangen muß (vgl. oben Rdn. 366).

d) Zur Kritik des Abstraktionsprinzips

370 Die rechtliche Verselbständigung der Zuwendungsgeschäfte ist in der rechtspolitischen Diskussion seit der Entstehung des BGB umstritten, zumal das Abstraktionsprinzip in anderen Rechtsordnungen nicht bekannt ist (so geht z.B. das französische Recht vom sog. Konsensprinzip aus). Vgl. aus der o. a. Literatur insbesondere BEYERLE, BRANDT, HECK, LANGE, LOCHER, KEGEL sowie zur historischen Entwicklung COING/WILHELM aaO mit den Beiträgen von KIEFNER, RANIERI, LUIG.

371 aa) Es wurde die Forderung erhoben, die abstrakte Gestaltung des Verfügungsgeschäfts überhaupt zu beseitigen und durch die kausale (rechtsgrundabhängige) Verfügung zu ersetzen. Man hat darauf hingewiesen, daß der Veräußerer, falls lediglich die causa fehlerhaft ist, im Verhältnis zum Erwerber und dessen Gläubigern durch das Abstraktionsprinzip unbillig benachteiligt werde; denn im Konkurs des Erwerbers könne er den veräußerten Gegenstand nicht aussondern, sondern sei auf die Geltendmachung seines Bereicherungsanspruchs als Konkursforderung beschränkt. Ebensowenig könne er mangels eines die Veräußerung hindernden Rechts der Einzelpfändung durch einen Gläubiger des Erwerbers mit der Drittwiderspruchsklage nach § 771 ZPO entgegentreten.

Den Befürwortern des Konsensprinzips wurde entgegengehalten, daß das Abstraktionsprinzip beim Kauf beide Teile, den Verkäufer und Käufer, gleich behandele. Beide sind in der Tat bei nichtigem Kausalgeschäft auf Bereicherungsansprüche beschränkt, während bei kausaler Übereignung der Käufer benachteiligt würde, da er das Eigentum am Kaufpreis fast ausnahmslos verliere, weil dieser durch Vermischung (§ 948) ins Eigentum des Verkäufers übergehe.

> Eine differenzierte Lösung zugunsten des Veräußerers, die seinen Kondiktionsanspruch gegenüber den Gläubigern des Erwerbers mit Aussonderungskraft ausstatten wollte, wurde bei Entstehung des BGB erörtert, aber abgelehnt (vgl. v. Tuhr § 73 S. 111 unter Hinweis auf Prot. II, 721 ff).

Von seiten der Kritik am Abstraktionsprinzip wurde weiterhin betont, daß auch im Verhältnis zu Dritten (dem Zweiterwerber usw.), deren Erwerb das Abstraktionsprinzip erleichterte, dieses heute nicht mehr durch den Verkehrsschutz gerechtfertigt sei, weil das deutsche Recht – anders als das römische – den gutgläubigen Erwerb vom Nichtberechtigten anerkenne; vgl. §§ 932, 892. Es sei also eine doppelte und deshalb unnötige Sicherung.

Zu diesen Bedenken wurde geltend gemacht, daß die kausale Gestaltung den Zweit- und Dritterwerber mit einer zu starken Prüfungspflicht belasten würde, so lange beim Fahrniserwerb grobfahrlässige Unkenntnis des mangelnden Rechtsgrundes den Erwerb ausschließe; vgl. § 932 II. Vor allem aber würde die Sicherheit und Klarheit des Grundbuchverkehrs erheblich leiden, da das Grundbuch weitaus häufiger unrichtig würde und dadurch zahlreiche Rechtsstreitigkeiten darüber ermöglicht würden, ob die während des Schwebezustandes bis zur Berichtigung des Grundbuchs begründeten Rechte kraft guten Glaubens wirksam entstanden seien oder nicht. Vormerkung oder Widerspruch böten nur einen unvollkommenen Schutz. Auch der Mieter eines Hauses werde fühlbar getroffen, wenn sich der mit dem Bucheigentümer geschlossene Mietvertrag als mit einem Nichtberechtigten geschlossen herausstellte.

bb) Die gegen den Abstraktionsgrundsatz erhobenen Argumente führten **372** weiter zu der Grundfrage, ob man überhaupt an der rechtstechnischen Zerlegung des Veräußerungsvorgangs in zwei getrennte Rechtsgeschäfte, ein Verpflichtungs-(Rechtsgrund-)geschäft und ein davon getrenntes Verfügungsgeschäft (Einigung) festhalten solle oder ob man sich nicht mit einer Verfügung durch Übergabe oder Buchung *ohne Einigung* begnügen könne. Gegen den Verzicht auf die Einigung spricht aber, daß deren Erfordernis auch den Veräußerer schützt; man denke an die Erfüllung durch einen zwischenzeitlich geschäftsunfähig oder geschäftsbeschränkt Gewordenen, an das Bedürfnis, die Verfügung bedingt zu treffen (Eigentumsvorbehalt) oder eine vorzeitige oder erzwungene Verfügung bei gültigem Grundgeschäft anzufechten und dergleichen mehr.

Schließlich ist gegenüber der Meinung, Kausalgeschäft und Besitzübergang genügen zu lassen, darauf hinzuweisen, daß der Besitz, namentlich infolge der Zunahme der Sicherungsübereignungen und Eigentumsvorbehalte seine Bedeutung als Legitimationsmittel immer mehr verloren hat.

Insgesamt vermögen die von der Kritik vorgetragenen Argumente die vom deutschen Zivilrechtssystem getroffene Lösung nicht in Frage zu stellen.

e) **Konstruktive Einschränkungen des Abstraktionsprinzips**

Unabhängig von der rechtspolitischen Diskussion gibt es *Bestrebungen, das Abstraktionsprinzip* in seinen Wirkungen *mit konstruktiven Mitteln* de lege lata einzuschränken.

aa) So wird zum einen der Versuch unternommen, zwischen Grund- und **373** Vollzugsgeschäft einen **Bedingungszusammenhang** im Sinne des § 158 herzustellen, indem man annimmt, daß die Parteien die Wirksamkeit des Kausalgeschäfts zur Bedingung des Erfüllungsgeschäfts machten.

Diesem Ansatz ist zuzugeben, daß die Beteiligten grundsätzlich nicht gehindert sind, auch durch nur konkludente Erklärungen eine Bedingung zu vereinbaren, soweit das Geschäft nicht seiner Art nach bedingungsfeindlich ist (wie z. B. die Auflassung, § 925 II). Es gilt aber zu beachten, daß auf den Parteiwillen zu einer Bedingungsabrede nur dann geschlossen werden kann, wenn zwischen den Parteien bei der Vornahme des Erfüllungsgeschäfts Ungewißheit über die Wirksamkeit des Kausalgeschäfts herrsche (WESTERMANN § 4 IV 2). Eine derartige Sachlage dürfte aber im Rechtsleben nur selten vorkommen; denkbar ist dies z. B. bei der Zusendung unbestellter Waren – das Übereignungsangebot ist hier bedingt durch die Annahme des Kaufangebots (sog. Realofferte). Auch wenn wie bei Bargeschäften des täglichen Lebens (Barkauf und Handschenkung) Kausal- und Verfügungsgeschäft zeitgleich in einem Akt vorgenommen werden, mag ein Bedingungszusammenhang dem Parteiwillen entsprechen (vgl. RGZ 57, 95f; ENN./NIPPERDEY § 148 Fn. 12). Darüber hinaus aber wird die Annahme einer Bedingung zur reinen Fiktion, durch die die Systematik des Gesetzes aufgehoben wird, nach der Verpflichtung und Verfügung grundsätzlich unabhängig voneinander sind (vgl. BGH JZ 1951, 782; FLUME II § 12 III 4).

374   bb) Ferner wird die Auffassung vertreten, Grund- und Verfügungsgeschäft könnten sich nach dem Willen der Parteien als wirtschaftliche Einheit darstellen und damit auch rechtlich zu einem **einheitlichen Geschäft im Sinne des § 139** verbunden werden (so insbes. HECK § 30, 8 u. § 54, 3; einschränkend auf Einzelfälle und unter Ausschluß bedingungsfeindlicher Geschäfte: WESTERMANN § 4 IV 3; MÜNCHKOMM/MAYER-MALY § 139 Rdn. 13; BGHZ 31, 321, 323). Dies hätte zur Folge, daß die Nichtigkeit des Kausalgeschäfts im Zweifel auch die Nichtigkeit des Verfügungsgeschäfts bewirkte.

Diese Konstruktion einer Geschäftseinheit läuft im Ergebnis auf eine Aufhebung des Abstraktionsgrundsatzes hinaus, da eine wirtschaftliche Zweckverknüpfung von kausalen und abstrakten Geschäften fast immer gegeben ist (LARENZ AT § 23 II a). Es wäre also zu fragen, wie der besonders geartete Parteiwille aussehen müßte, um obligatorische und dingliche Geschäfte von einander zu trennen. Gewichtiger noch erscheint der Einwand (FLUME II § 12 III 4; STAUDINGER/DILCHER § 139 Rdn. 19), *die Annahme einer Geschäftseinheit widerspreche dem geltenden Recht,* da das Abstraktionsprinzip der privatautonomen Gestaltungsfreiheit vorgegeben sei. Der Dispositionsfreiheit der Parteien bei der Vertragsgestaltung ist dadurch hinreichend Genüge getan, daß man bei einem entsprechenden Parteiwillen einen Bedingungszusammenhang zwischen kausalem und abstraktem Geschäft anerkennt.

2. Erteilung von Handlungsmacht

375   Als abstrakt werden auch diejenigen Rechtsgeschäfte angesehen, durch die einer Person Handlungsmacht für andere übertragen wird. Eine der Abstraktion bei den Zuwendungsgeschäften ähnliche Ausgestaltung findet sich in der Verselbständigung der *Vollmacht* (§ 164) gegenüber dem ihr zugrundeliegenden Rechtsverhältnis. Die Vollmacht wird zwar regelmäßig im Zusammenhang mit einem Grundverhältnis (z. B. Auftrag, Dienst- oder Werkvertrag) erteilt. Ihr Wirksamwerden ist aber im Interesse der Sicherheit des Rechtsverkehrs *unabhängig von dem Bestand des Grundverhältnisses;* sie ist hinsichtlich Entstehung und Beendigung selbständig; sie kann aus Gründen des Verkehrsschutzes auch unabhängig von im Innenverhältnis getroffenen Einschränkungen sein (z. B. § 50 HGB).

> So ist auch die Erteilung einer Vollmacht möglich, der keinerlei schuldrechtliches Grundverhältnis unterliegt (sog. isolierte Vollmacht).
> Ebenso kann ein Minderjähriger wirksam bevollmächtigt werden, auch wenn etwa der zugrunde liegende Dienstvertrag mangels Zustimmung des gesetzlichen Vertreters unwirksam ist (vgl. § 165).

Wie die *rechtsgeschäftliche* Vertretungsmacht rechtstechnisch vom Grundverhältnis getrennt wird, ist die in der Bestellung zum Vorstand eines Vereins

(§ 26) oder einer Aktiengesellschaft (§§ 78, 84 AktG) oder zum Geschäftsführer einer GmbH (§ 35 GmbHG) liegende Erteilung von *organschaftlicher* Handlungsmacht rechtlich unabhängig vom Abschluß eines daneben existierenden Anstellungsvertrages. Der gesetzliche Umfang der ihm zustehenden Vertretungsmacht wird von im Innenverhältnis bestehenden Einschränkungen nicht betroffen (§ 126 HGB, § 82 AktG, § 37 GmbHG; § 26 II BGB jedoch mit Einschränkungen).

Da das BGB die privatautonome Gestaltungsbefugnis in den Vordergrund stellt, bindet § 168 das Erlöschen der Vollmacht an das zugehörige Grundgeschäft; diese Durchbrechung des Abstraktionsprinzips wird in ihren Auswirkungen jedoch weitgehend durch die Berücksichtigung des Vertrauensschutzes (vgl. §§ 170, 171 II, 172 II) eingeschränkt. Anderseits stellt die Lehre vom sogenannten Mißbrauch der Vertretungsmacht eine Modifizierung des Grundsatzes dar. (Zu den Einzelheiten vgl. unten § 47.).

3. ABSCHNITT
Die Willenserklärung

§ 32
Tatbestand der Willenserklärung

BARTHOLOMEYCZIK Die subjektiven Merkmale der Willenserklärung, Festschrift G.H. Ficker, 1967, 51ff; BICKEL Rechtsgeschäftliche Erklärungen durch Schweigen? NJW 1972, 607ff; BINDER Wille und Willenserklärung im Tatbestand des Rechtsgeschäfts, ARSP V, 266; BREIT, M. Die Willenserklärung als Äußerung und Leistungsgegenstand nach dem deutschen Bürgerlichen Gesetzbuch, Gruchot 55, 1ff; BROSE Grundsätzliches zur Willenserklärung, AcP 130, 188ff; BYDLINSKI Erklärungsbewußtsein und Rechtsgeschäft, JZ 1975, 1ff; CANARIS Schweigen im Rechtsverkehr als Verpflichtungsgrund, Festschrift Wilburg, 1975, 77ff; DANZ Zur Willens- und Erklärungstheorie des BGB, DJZ 1906, 1277ff; EHRLICH Die stillschweigende Willenserklärung, 1893; FABRICIUS Stillschweigen als Willenserklärung, JuS 1966, 1ff, 50ff; GASIS Erklärungsunterlassungen mit rechtlicher Wirkung, Festschrift Zepos, II, 1973, 179ff; GÖTZ Zum Schweigen im rechtsgeschäftlichen Verkehr, 1968; GUDIAN Fehlen des Erklärungsbewußtseins, AcP 169, 232ff; HANAU Objektive Elemente im Tatbestand der Willenserklärung, AcP 165, 220ff; HARTMANN Werk und Wille bei dem sog. stillschweigenden Konsens, AcP 72, 161 ff; HEISEKE Erklärungsbewußtsein und Geschäftswille bei Willenserklärungen, MDR 1971, 355ff; HELLMAN Zur Lehre von der Willenserklärung nach bürgerlichem Recht, JherJb. 42, 413; HENLE Vorstellungs- und Willenstheorie in der Lehre von der juristischen Willenserklärung, 1910; ders., Ausdrückliche und stillschweigende Willenserklärung nach dem BGB, 1910; HÖLDER Zur Theorie der Willenserklärung, 1905; ders., Willenstheorie und Erklärungstheorie, JherJb. 58, 101ff; HÜBNER, H. Zurechnung statt Fiktion einer Willenserklärung, Festschrift Nipperdey, I, 1965, 373ff; ISAY Zur Lehre von der

Willenserklärung nach dem BGB, JherJb. 44, 43ff; ders., Die Willenserklärung im Tatbestand des Rechtsgeschäfts nach dem BGB, 1899; Jacobi, E. Die Theorie der Willenserklärungen, 1910; Köhler Die Problematik automatischer Rechtsvorgänge, insbesondere von Willenserklärungen, AcP 182, 126 ff; Krause Schweigen im Rechtsverkehr, 1933, Neuflage 1970; Manigk Willenserklärung und Willensgeschäft, 1907; Schlossmann Willenserklärung und Rechtsgeschäft, Kieler Festgabe Hänel, 1907, 1ff; Schmidt-Salzer Subjektiver Wille und Willenserklärung, JR 1969, 281ff; Schneider, K. Die Bedeutung der ausdrücklichen Willenserklärung und ihr Gegensatz zur Willensbetätigung, ArchBürgR 42, 273 ff; Teichmann Die protestatio facto contraria, Festschrift Michaelis, 1972, 294 ff; Wieacker Willenserklärung und sozialtypisches Verhalten, Göttinger Festschrift für das OLG Celle, 1961, 263 ff.

376 Der Kern des rechtsgeschäftlichen Tatbestandes ist die Willenserklärung, d.h. die auf einen Rechtserfolg gerichtete private Willensäußerung, deren Wirkungen von der Rechtsordnung entsprechend diesem Erfolgswillen bestimmt werden.

I. Übersicht über die einzelnen Tatbestandselemente

Die Willenserklärung hat zwei Bestandteile, einen äußeren Tatbestand, die Erklärung, und einen inneren, den Willen. Auszugehen ist bei der Prüfung der Willenserklärung vom äußeren Tatbestand, dem geäußerten Willen; fehlt es schon an den objektiven Erfordernissen der Willenserklärung, so bedarf es der Prüfung des inneren Tatbestandes nicht.

1. Der äußere Tatbestand

377 Die Erklärung ist ein äußeres Verhalten, das nach der Verkehrssitte oder Vereinbarung den Schluß auf einen bestimmten Geschäftswillen zuläßt und dazu bestimmt erscheint, einen derartigen Geschäftswillen anderen kundzugeben.

Das äußere Verhalten muß Sinnbild für eine innere Tatsache sein, eben den auf die Herbeiführung einer Rechtswirkung gerichteten Willen, die Geschäftsabsicht. Ob ein Verhalten diese sinnbildliche Eigenschaft hat, beurteilt sich mangels besonderer Parteivereinbarung nach der Verkehrssitte. Diese erkennt als Erklärungsmittel an: vornehmlich das gesprochene oder geschriebene Wort, aber auch sonstige Zeichen, wie Kopfnicken, Handheben, Signale, Schweigen unter gewissen Umständen usw. Die Parteien können beliebige Zeichen vereinbaren (Abkürzungsschlüssel).

2. Der innere Tatbestand

378 Hier kommen drei innere Tatsachen in Betracht:

a) Der *Handlungswille,* d.h. der bewußte Willensakt, der auf die Vornahme eines äußeren Verhaltens – ohne Rücksicht auf den Erklärungsinhalt – gerichtet ist.

Der Handlungswille richtet sich auf das Sprechen der Worte, das Handaufheben, das Nicken mit dem Kopf, das Geben des Geldes, das Sitzenbleiben oder Schweigen. Wer auf eine mißverstandene Frage mit Ja antwortet, hat den Handlungswillen, aber nicht den Geschäftswillen.

b) Vom Handlungswillen ist zu unterscheiden der Erklärungswille, besser das *Erklärungsbewußtsein*, d. h. das Bewußtsein des Handelnden, durch sein Verhalten eine rechtsgeschäftliche Erklärung irgendwelchen Inhalts abzugeben. Dieses Bewußtsein ist schon dann vorhanden, wenn der Handelnde sich bewußt ist, daß ein anderer sein Verhalten als Äußerung eines bestimmten Geschäftswillens deuten könnte.

Jemand unterzeichnet einen Vertragsantrag in dem Glauben, es sei eine Einladung zum Mittagessen. Er hat den Handlungswillen, aber nicht das Erklärungsbewußtsein, d. h. das Bewußtsein, daß man sein Verhalten als Äußerung eines Geschäftswillens auffassen könne; erst recht fehlt ihm der Geschäftswille. In dem Schulfall der Trierer Weinversteigerung winkt jemand einem Freund mit der erhobenen Hand, ohne zu wissen, daß darin nach der Verkehrssitte ein Höhergebot von 100 Mark auf das gerade ausgebotene Faß Wein liegt; er hat den Handlungswillen, es fehlt ihm aber das Erklärungsbewußtsein; selbstverständlich fehlt ihm erst recht der Geschäftswille.

c) Endlich ist der *Geschäftswille* zu berücksichtigen, d. h. die auf einen bestimmten, zumeist wirtschaftlichen, rechtlich gesicherten Erfolg gerichtete Absicht. Bei einem Mangel im Geschäftswillen kann eine fehlerhafte Willenserklärung vorliegen.

Wenn der bei der Weinversteigerung Winkende im Gegensatz zu oben zwar wußte, daß Handaufheben ein Gebot darstellt, jedoch aufgrund seiner früheren Besuche bei diesen Versteigerungen und einer alten, inzwischen geänderten Sitte annahm, Handaufheben bedeute ein Höhergebot von 50 Mark, und nur ein Gebot in solcher Höhe abgeben wollte, würde das Erklärungsbewußtsein in Ordnung sein, aber der Geschäftswille fehlen.

II. Die normativen Anforderungen an den Tatbestand

Die Elemente des Tatbestandes der Willenserklärung haben ihre Bedeutung bei der Beurteilung der Fehlerquellen (FLUME II § 4, 3, 5: „pathologische Fälle"). Wie betont ist für das Vorhandensein einer Willenserklärung im Rechtssinne zwischen dem äußeren Tatbestand, der Erklärung, und dem inneren Tatbestand, dem Willen, zu unterscheiden.

1. Die Erklärung

Die Erklärung ist Äußerung eines bestimmten Geschäftswillens mit Kundmachungszweck. Der Erklärende muß also sein Verhalten so einrichten, daß es von den Personen, auf die es ankommt, verstanden werden kann. Dazu steht ihm das ganze Gebiet der Erklärungsmittel offen, die von der Verkehrssitte anerkannt oder von den Parteien vereinbart sind.

Zu beachten ist, daß die Worte selbst keinen bestimmten eindeutigen Sinn ergeben können, wenn man sie losgelöst von den Umständen des Falles, unter denen sie gebraucht werden, ins Auge faßt. Die Schlüssigkeit des Verhaltens ergibt sich erst aus den gewählten Erklärungsmitteln in Verbindung mit sämtlichen Umständen des einzelnen Falles.

380 Bei Erklärungen, durch die jemand eine Leistung auf sich nimmt, ist darauf abzustellen, ob der Verpflichtungswille erkennbar hervortritt. Das führt zur **Abgrenzung** gegenüber den sog. **Gefälligkeitsverhältnissen**. Zweifellos kommen Erklärungen vor, die dem Kreis des rein gesellschaftlichen Lebens, dem außerrechtlichen Gebiet, angehören sollen. Das ist denkbar bei der privaten Einladung, der Gestattung zur Benutzung eines Raumes oder des Mitfahrens, der Übernahme einer Besorgung usw. Man spricht von reinen Gefälligkeitsverhältnissen, die keine Verpflichtung zu der übernommenen Leistung erzeugen, sondern nur das Handeln des Empfängers rechtmäßig machen und der Leistung einen Rechtsgrund geben sollen, der den Bereicherungsanspruch ausschließt. Die Rechtsprechung neigt dazu, solche Erklärungen mangels Rechtsbindungswillen im Sinne freier Widerruflichkeit der zugesagten Leistung zu deuten. Inwieweit der Zusagende sich rechtlich bindet, ist nicht nach dem inneren Willen des Zusagenden zu beurteilen, sondern hängt davon ab, ob der andere Teil aus dem Verhalten nach Treu und Glauben mit Rücksicht auf die Verkehrssitte auf einen Bindungswillen schließen mußte (BGHZ 21, 102, 106). Dies kann insbesondere im Hinblick auf den Wert einer anvertrauten Sache, die wirtschaftliche Bedeutung einer Angelegenheit, das erkennbare Interesse des Begünstigten und die dem Versprechenden oder Leistenden erkennbare Gefahr, die aus seiner fehlerhaften Leistung erwachsen kann, der Fall sein (BGH aaO, S. 107).

> Die Verneinung einer Verpflichtung zur übernommenen Leistung schließt allerdings nicht aus, dem Erklärenden aufgrund seiner Gestattung, Einladung oder Zusage eine gesetzliche, vertragsähnliche Fürsorgepflicht, namentlich eine Erhaltungspflicht, zugunsten dessen aufzuerlegen, der im Vertrauen auf die Einladung usw. seine Rechtsgüter dem Erklärenden anvertraut hat (vgl. zum Anwendungsbereich der culpa in contrahendo Rdn. 560ff). Sofern sich eine Haftung aus diesen Gesichtspunkten nicht ergibt, bleibt die Möglichkeit einer deliktischen Haftung (§§ 823ff). In beiden Fällen kann sich eine Haftungsmilderung unter dem Gesichtspunkt des Mitverschuldens gem. § 254 ergeben (vgl. BGHZ 34, 355ff).
>
> *Schrifttum zum Gefälligkeitsverhältnis:*
> BEHREND Die Haftung für Gefälligkeitshandlungen, Recht 1919, 291ff; HOFFMANN Der Einfluß des Gefälligkeitsmoments auf das Haftungsmaß, AcP 167, 394ff; KRÜCKMANN Gefälligkeitsverträge, SeuffBl. 74, 113ff, 153ff; WILLOWEIT Abgrenzung und rechtliche Relevanz nicht rechtsgeschäftlicher Vereinbarungen, 1969.

a) **Ausdrückliche Erklärung**

381 Das Gesetz unterscheidet im Hinblick auf die verschiedene Deutlichkeit der

Tatbestand der Willenserklärung § 32 II 1

Erklärung zwischen „ausdrücklicher" Erklärung und sonstigen Erklärungen, die man unter der zu engen Bezeichnung „stillschweigende" zusammenfaßt.

In § 164 I 2 wird gesagt, daß es keinen Unterschied mache, ob die Erklärung „ausdrücklich im Namen des Vertretenen" erfolge oder ob sich das „aus den Umständen" ergebe. Andererseits verlangen z. B. §§ 244 I, 700 II und insbesondere § 48 I HGB (Prokuraerteilung) eine ausdrückliche Erklärung.

Ausdrücklich ist eine Erklärung, wenn der Sinn der gewählten Erklärungsmittel nach Verkehrssitte, Gesetz oder besonderer Parteiabrede von vornherein feststeht. Stillschweigend sind die Erklärungen, die nicht durch derartige Erklärungsmittel erfolgen, sondern durch ein sonstiges Verhalten, das zusammen mit den Umständen des Einzelfalles als schlüssig angesehen wird (sog. objektive Theorie). Im Gegensatz dazu stellt die sogenannte subjektive Theorie auf den Zweck der Kundgabe der rechtsgeschäftlichen Erklärung ab. Auszugehen ist nach richtiger Ansicht von der Unzweideutigkeit des Erklärungsinhalts; demgegenüber tritt das gewählte Erklärungsmittel (Worte usw.) zurück (RGZ 107, 110f; 111, 316f; 138, 52, 54), so daß im Einzelfall auch eine schlüssige Erklärung, sofern sie unzweideutig ist, als ausdrücklich angesehen werden kann, wenn nicht das Gesetz ausnahmsweise objektive Erklärungsmittel fordert.

b) **Erklärung durch schlüssiges Verhalten**
Der Geschäftswille kann sich auch durch schlüssiges oder konkludentes **382** Verhalten äußern. Derartige Erklärungen entsprechen in ihren Tatbestandswirkungen den ausdrücklichen Erklärungen.

Die konkludente Erklärung ist eine Willensäußerung, die, ohne unmittelbar dem Kundmachungszweck zu dienen, auf die Verwirklichung des Willens gerichtet ist; das Verhalten ist nicht Erklärungsmittel, sondern nur Anzeichen des Willens. So ist z. B. beim Verbrauch unverlangt zugesandter Ware der Wille des Empfängers zwar nicht darauf gerichtet, den Vertragsabschluß zu erklären, aber aus seinem Verhalten ist auf seinen Willen zur Annahme der Vertragsofferte zu schließen. Ähnliches gilt für das Zustandekommen eines Personenbeförderungsvertrages bei der Benutzung öffentlicher Verkehrsmittel; in der Geltendmachung des Bereicherungsanspruches kann konkludent die Anfechtungserklärung für das zugrundeliegende Rechtsgeschäft gesehen werden.

Auch **Schweigen** kann ausnahmsweise Ausdruck eines Geschäftswillens **383** sein. Um eine Willenserklärung annehmen zu können, muß allerdings der volle innere Tatbestand der Willenserklärung vorliegen. Ist dies nicht der Fall, läßt aber das Verhalten gleichwohl auf einen Geschäftswillen schließen, so liegt gegebenenfalls ein zurechenbares rechtswirksames Verhalten vor (vgl. dazu Rdn. 392).

Schweigen kann daher als konkludente Willenserklärung dann angesehen werden, wenn besondere Umstände vorliegen, nach denen Schweigen die Erklärung eines Geschäftswillens ist (BGHZ 1, 350, 355; BGH BB 1960, 306).

Dies ist insbesondere dann gegeben, wenn durch besondere Abrede oder infolge ständiger Geschäftsbeziehungen dem Schweigen ein bestimmter Erklärungsinhalt beigelegt worden ist. Ähnliches gilt, wenn bei Beschlußfassungen das Schweigen Erklärungsmittel für die Zustimmung sein soll.

c) Gesetzliche Interpretation des Schweigens

384 Der Gesetzgeber hat in einer Reihe von Fällen, in denen das Schweigen als Zustimmung oder Ablehnung gelten kann, *im Interesse gesicherter Rechtsfolgen* eine *Fiktion* oder zumindest eine *unwiderlegliche Vermutung* für das Vorliegen einer dadurch vermittelten Willenserklärung aufgestellt. Angesichts der Rechtsfolgen handelt es sich um die Zurechnung rechtlich relevanten Verhaltens (ähnlich auch STAUDINGER/DILCHER Vor §§ 116 ff Rdn. 43).

> So soll z.B. das Schweigen als Zustimmung in den §§ 416 II 2, 496 S. 2, 516 II 2 sowie in den §§ 362 I, 377 II und III, 386 I HGB gelten. Ähnlich gilt die unwidersprochene faktische Fortsetzung von Miet- und Dienstverhältnissen als Vertragsverlängerung (§§ 568, 625). Oder eine Vergütung gilt als stillschweigend vereinbart, wenn die versprochene Leistung den Umständen nach nur gegen eine Vergütung zu erwarten ist (§§ 612, 632, 653, 689). Umgekehrt wird das Schweigen in den §§ 108 II 2, 177 II 2, 415 II 2, 458 I 2 als Ablehnung gewertet.

Da hier im Interesse gesicherter Rechtsfolgen vom Willen des Schweigenden abstrahiert wird, muß eine Anfechtung des Schweigens wegen Willensmängeln zwangsläufig ausscheiden.

2. Der Wille

385 Der Handlungswille als bewußter Willensakt, der lediglich auf die Vornahme eines äußeren Verhaltens gerichtet ist, ist die Ausgangsvoraussetzung für den inneren Tatbestand der Willenserklärung. Fehlt der Handlungswille, z.B. bei reinen Reflexbewegungen oder Einwirkung von vis absoluta, so kann eine Willenserklärung nicht vorliegen. Der Handlungswille kann fehlen, er kann jedoch nicht fehlerhaft sein (STAUDINGER/DILCHER Vor §§ 116ff Rdn. 17).

386 Umstritten ist dagegen, welche Bedeutung Erklärungsbewußtsein (Erklärungswille) und Geschäftswille haben, ob und inwieweit ihr Fehlen oder ihre Fehlerhaftigkeit die Gültigkeit der Erklärung ausschließen sollen oder ob der Erklärende am äußeren (objektiven) Sinn seiner Erklärung festgehalten werden soll.

Zu dieser Problematik, die als die Grundfrage der ganzen Lehre von der Willenserklärung bezeichnet werden kann, hatten sich schon für das Gemeine Recht verschiedene Theorien gebildet:

Tatbestand der Willenserklärung §32 II 2

Die **Willenstheorie** (SAVIGNY, WINDSCHEID, ZITELMANN) geht davon aus, daß das nachgewiesene Fehlen des Geschäftswillens die Wirksamkeit der Erklärung grundsätzlich ausschließen muß.

Das scheint folgerichtig, wenn man bedenkt, daß die Rechtsordnung die Wirkungen des Rechtsgeschäfts eintreten läßt, weil sie die schöpferische Macht des Parteiwillens anerkennt. Die Willenstheorie berücksichtigt bei dieser Lösung aber einseitig das Bedürfnis des Erklärenden, nicht beim Wort genommen zu werden, und trägt dem Bedürfnis der gegenüberstehenden Geschäftspartei, die sich wohl oder übel an den äußeren Tatbestand halten muß, keine Rechnung.

Die **Erklärungstheorie** (BEKKER, KOHLER, LEONHARD) will den Erklärenden um der Verkehrssicherheit willen am äußeren Sinn der Erklärung festhalten, ihm also nicht die Berufung auf das Fehlen des Geschäfts- und Erklärungswillens gestatten. Sie nimmt einseitig die Bedürfnisse der dem Erklärenden gegenüberstehenden Personen in Schutz.

Die **vermittelnden Theorien** wollen den Erklärenden wenigstens dann am äußeren Sinn seiner Erklärung festgehalten wissen, wenn das ein schutzwürdiges Bedürfnis des Gegners verlange (DERNBURG, REGELSBERGER, HARTMANN).

Die Entscheidung kann nicht allgemeingültig mit psychologischer und **387** logischer Notwendigkeit zugunsten der einen oder anderen Lehre getroffen werden, sondern ist aus dem geltenden Recht zu entnehmen. Eine gerechte Ordnung wird weder einseitig das Bedürfnis des Erklärenden noch das des Erklärungsgegners berücksichtigen, sondern einen billigen Ausgleich anstreben (so ausdrücklich Prot. I, 106f).

Eine Prüfung der Vorschriften des BGB zeigt, daß es keine der beiden entgegenstehenden Theorien rein durchgeführt, sondern einen vermittelnden Standpunkt eingenommen hat.

Gegen die Aufspaltung der Willenserklärung in einen Willensakt als psychologische Grundtatsache und einen davon getrennten Erklärungsakt wendet sich ENN./ NIPPERDEY § 164 II 3, indem er von der Willenserklärung als Sozialakt, als Wesenseinheit ausgeht. Entscheidend für den Eintritt der Rechtsfolge sei der im Erklärungsakt vollzogene Wille. An diese Erklärung knüpfe die Rechtsordnung an, es komme nur auf den im Erklärungsakt verwirklichten Willen des Erklärenden an. Das BGB führe in Wahrheit gar keinen Kompromiß zwischen Willens- und Erklärungstheorie durch, sondern gebe dem Erklärenden die Möglichkeit, in besonderen Fällen den Willensvollzug ungeschehen zu machen, d. h. seine Geltungsanordnung zu widerrufen. In ähnlichem Sinne geht LARENZ (AT § 19 I m.w.N.) vom Begriff der Geltungserklärung aus; er sieht in der Erklärung die Verwirklichung des sich in ihr äußernden Rechtsfolgewillens.

Auch diese Theorien nötigen aber zu einem Kompromiß zwischen der Bedeutung der Erklärung und des dahinter stehenden inneren Willensvorganges.

Dem Kompromiß dient die begriffliche Aufspaltung des inneren Tatbestandes in ein Erklärungsbewußtsein und einen Geschäftswillen.

a) **Erklärungsbewußtsein**
Das Erklärungsbewußtsein setzt beim Handelnden die *Vorstellung* voraus, **388**

sich am Rechtsverkehr zu beteiligen, d. h. eine Erklärung für rechtliche Zwecke abzugeben. Wer eine solche Erklärung abgibt, wird sich regelmäßig darüber klar sein, daß durch diese Mitteilung der Rechtskreis des Empfängers und dessen rechtliches Verhalten berührt wird. Soweit er das Bewußtsein hat, überhaupt etwas Rechtserhebliches zu erklären, ist der Tatbestand einer Willenserklärung gegeben. Eine Anfechtung kann indessen wegen Fehlens des Geschäftswillens in Betracht kommen (vgl. den Hinweis in BGH NJW 1968, 2102f).

Fehlt das Bewußtsein, sich am Rechtsverkehr zu beteiligen, so liegt eine Willenserklärung nicht vor. Der Handelnde hat allerdings möglicherweise den *Vertrauenstatbestand einer Willenserklärung* gesetzt. Falls er dies zu vertreten hat und der Gegner schutzwürdig ist, kommt eine Vertrauenshaftung in Betracht (vgl. dazu unten Rdn. 390ff).

Sofern nicht ein gesteigertes Verkehrsschutzbedürfnis vorliegt, wird der Vertrauensschutz über die Rechtsfolgen einer Willenserklärung nicht hinausgehen und, da der Haftende eine Willenserklärung nicht abgeben wollte, analog auf die Haftung nach § 122 beschränkt sein (vgl. oben Rdn. 338; ähnlich CANARIS aaO, S. 453ff). Insofern findet sich im Ergebnis kein Unterschied zu den Auffassungen, die bei Fehlen des Erklärungsbewußtseins gleichwohl eine Willenserklärung im weiteren Sinne annehmen und Anfechtung zulassen (z.B. SOERGEL/HEFERMEHL Vor § 116 Rdn. 14 – „unechte Willenserklärung"; ähnlich auch FLUME II § 23 I; ihm folgend MEDICUS BR Rdn. 130, jedoch differenzierend AT Rdn. 605ff; BYDLINSKI aaO, S. 1, 5; Larenz AT § 19 III).

Hier eine Willenserklärung anzunehmen, läßt den Wesensgehalt der vom Willen getragenen privatautonomen Gestaltungsbefugnis außer acht; von dieser ist die Verantwortlichkeit des Individuums für sein Verhalten zu trennen; Verantwortlichkeitsmaßstäbe im sozialen Umfeld und willentliche Gestaltung sind auseinanderzuhaltende Kriterien.

Verantwortlichkeit sollte nicht dazu führen, dem Handelnden einen nicht vorhandenen Willen zu unterstellen (so aber das Bemühen, mittels „Zurechnung" zu einer Willenserklärung zu gelangen; vgl. den Begriff der „fahrlässigen" Willenserklärung bzw. der Erklärungsfahrlässigkeit bei MANIGK, zuletzt: Das rechtswirksame Verhalten, 1939, 97 u. passim – zurückhaltend der BGH LM Nr. 6 zu § 150; VersR 1975, 1090f, der im Hinblick auf die Rechtsfolgen dahingehend argumentiert, daß der Handelnde sich gem. § 242 seinem Verhalten entsprechend „behandeln lassen" müsse).

b) **Geschäftswille**

389 Im Gegensatz zum Erklärungsbewußtsein ist der Geschäftswille keine Wirksamkeitsvoraussetzung der Willenserklärung. Eine Willenserklärung liegt mithin auch dann vor, wenn dem Erklärenden der Geschäftswille fehlt, unbeschadet der Möglichkeit, die Wirkungen nachträglich durch Anfechtung zu beseitigen.

Tatbestand der Willenserklärung § 32 III 1

Der Geschäftswille dient dazu, den Inhalt der Erklärung im Hinblick auf die gewollten Folgen konkret festzulegen.

In der Lehre wurde zwischen Rechts- und Grundfolgen unterschieden. Mit FLUME II § 4, 5 u. MÜNCHKOMM/KRAMER Vor § 116 Rdn. 14 ist davon auszugehen, daß der Erklärende häufig keine präzise Vorstellung von den Rechtsfolgen hat, vielmehr sich einen sachlichen Erfolg als rechtlich verbindlich vorstellt.

Weicht der Geschäftswille vom objektiven Erklärungsinhalt ab, so räumt die Rechtsordnung dem Erklärenden die Möglichkeit ein, sich von den Bindungswirkungen seiner Erklärung zu befreien. Das Korrelat der den subjektiven Vorstellungen nachgebenden Anfechtungsmöglichkeit ist ein Schadensersatzanspruch des auf die Erklärung vertrauenden Gegners (vgl. im einzelnen Rdn. 460).

III. Abgrenzung des rechtlich-relevanten Verhaltens zur Willenserklärung

Liegt mangels Erklärungsbewußtseins eine Willenserklärung nicht vor, so kann man diese nicht schlechthin fingieren, vielmehr sind die Rechtsfolgen zu differenzieren. Entscheidend ist die Abwägung der Interessen der beteiligten Partner. Stellt sich aus objektiver Sicht das Verhalten des Handelnden als Willenserklärung dar, so liegt der Vertrauenstatbestand einer Willenserklärung vor. Dessen rechtliche Relevanz ist davon abhängig, ob der Gegner in seinem Vertrauen auf den Vertrauenstatbestand schutzwürdig ist und andererseits der Handelnde für den Vertrauenstatbestand verantwortlich gemacht werden kann (vgl. zum Grundsätzlichen Rdn. 332 ff). 390

1. Die Fragestellung wird relevant beim **konkludenten Verhalten ohne Erklärungsbewußtsein**. Wie oben dargestellt, sind die Erscheinungsformen des konkludenten Verhaltens, bei denen ein Erklärungsbewußtsein zugrundeliegt, als Willenserklärungen zu erfassen. Läßt das konkludente Verhalten zwar den Schluß auf eine Willenserklärung zu, *fehlt jedoch das Erklärungsbewußtsein*, so liegt nur ein Vertrauenstatbestand vor. 391

Das Handaufheben im Schulfall der Trierer Weinversteigerung (vgl. oben Rdn. 378) stellt den Vertrauenstatbestand eines Gebotes dar. Das unbedachte Aufschneiden eines unverlangt zugesandten Buches stellt sich als Vertrauenstatbestand einer Annahme der Verkaufsofferte dar.

Im Gegensatz zu Vertrauenstatbeständen, die im Verkehrsschutzinteresse eine stärkere Wirkung haben (z. B. Wechsel, Grundbucheintragung), ist der *Vertrauenstatbestand einer Willenserklärung* kaum typisierbar (das sog. sozialtypische Verhalten scheidet hier aus, da es sich um Willenserklärungen handelt; vgl. unten Rdn. 396); der Anschein wird durch die Umstände des jeweiligen Falles begründet. Dies hat Auswirkungen auf die an das subjektive Verhalten anzulegenden Maßstäbe.

§ 32 III 2 Vierter Teil: Die Lehre vom Rechtsgeschäft

Inwieweit dem *Handelnden* nämlich die Herbeiführung des Vertrauenstatbestandes zuzurechnen ist, ist nach Sorgfaltskriterien zu beurteilen.

Ist nach den Umständen dem handhebenden Besucher bei der Weinversteigerung kein Vorwurf der Fahrlässigkeit zu machen, so würde man ihm den Vertrauenstatbestand, den er zwar kausal herbeigeführt hat, nicht zurechnen können. Im bürgerlich-rechtlichen Bereich der Willenserklärung ist vom sogenannten Veranlassungsgrundsatz prinzipiell abzusehen. Die Geschäftsfähigkeitsvoraussetzungen werden wegen der Nähe zum Rechtsgeschäft zu berücksichtigen sein. Indessen kann der gesetzte Rechtsschein nicht durch Anfechtung beseitigt werden. Allenfalls können sich analog zur Anfechtung Einschränkungen der Rechtsfolgen ergeben.

Andererseits kann der *Gegner* Haftungsfolgen nur für sich in Anspruch nehmen, wenn er schutzwürdig ist, wobei, wie auch § 122 II zum Ausdruck bringt, jede Fahrlässigkeit schadet (so besitzt z. B. im Gegensatz zu § 932 der durch konkludentes Verhalten herbeigeführte Vertrauenstatbestand nicht die Intensität, die eine Ermäßigung der Prüfungspflichten des Gegners auf grobe Fahrlässigkeit rechtfertigen könnte).

Im Schulfall der Trierer Weinversteigerung würde darauf abzustellen sein, inwieweit dem Auktionator das Unwissen des Handelnden erkennbar sein konnte.

Danach sind die *Haftungsfolgen* zu unterscheiden. Die Vertrauenshaftung kann im Einzelfall zur vollen Konsequenz im Sinne einer Erfüllungshaftung führen (bei Aufschneiden des Buches im o. a. Beispiel könnte gegebenenfalls der Kaufpreis zu zahlen sein) oder sich auf den Ersatz des negativen Interesses beschränken, wobei der Rechtsgedanke des § 254 Anwendung finden kann. Hierzu kann folgendes Beispiel dienen:

Eine Auskunftei, die sich zur Erledigung ihrer Geschäfte öffentlich erboten hat, wird von A erstmals zwecks Kreditgewährung um Auskunft ersucht. A vertraut auf die Erledigung, da die Auskunftei schweigt. Als wenige Tage vor Abschluß des Kreditvertrages die Auskunft noch nicht eingegangen ist, muß sich A an ein anderes Auskunftsbüro wenden; es entstehen ihm wegen der Eilbedürftigkeit höhere Kosten. Da A das Schweigen der Auskunftei gem. § 663 als Annahme des Auftrages angesehen hat, verlangt er Erstattung der Mehrkosten als Vertrauensschaden. Die Auskunftei wendet ein, daß A einen Teil der zusätzlichen Kosten nach § 254 selbst tragen müsse, da er sich früher über die Erledigung des Auftrages hätte erkundigen müssen.

392 2. Vertrauenstatbestand einer Willenserklärung kann insbesondere **Schweigen ohne Erklärungsbewußtsein** sein.

Grundsätzlich hat das Schweigen im Rechtsverkehr weder den Erklärungswert einer Ablehnung noch einer Zustimmung. Ebenso wie daher Schweigen nur ausnahmsweise als Willenserklärung angesehen werden kann (Rdn. 383) so

kann es auch, wenn das Erklärungsbewußtsein fehlt, nur ausnahmsweise, z. B. wenn besondere Umstände vorliegen, einen Vertrauenstatbestand darstellen.
Dort, wo der Gesetzgeber eine gesetzliche Interpretation des Schweigens vorgenommen hat (vgl. Rdn. 384), kann die Differenzierung nach dem Erklärungsbewußtsein außer Betracht bleiben. Das hat sich auch dort durchgesetzt, wo die Verkehrssitte und Handelsbräuche dem Schweigen eine bestimmte Bedeutung beilegen, so z. B. beim Schweigen auf ein kaufmännisches Bestätigungsschreiben.

a) Unter Kaufleuten gilt die Nichtbeantwortung eines **Bestätigungsschreibens** oder der Schlußnote eines Handelsmaklers ohne Rücksicht auf ein Erklärungsbewußtsein regelmäßig als Zustimmung zu dem dort niedergelegten Vertragsinhalt, selbst wenn dieser von den vorhergegangenen Vereinbarungen abweicht bzw. neue Bedingungen enthält, sofern nicht eine arglistige Abweichung vorliegt oder jedenfalls der Bestätigende, weil er so weit von den Vereinbarungen abweicht, nicht mit dem Einverständnis des Empfängers rechnen darf (BGHZ 7, 190).   **393**

Allerdings hat der BGH (BGHZ 11, 1, 5; bestätigend BGHZ 20, 149, 154) ausdrücklich betont, daß er das Schweigen des Empfängers eines Bestätigungsschreibens nicht als Willenserklärung, sondern als rechtlich-relevantes Verhalten qualifiziert, und folglich eine Anfechtung ausgeschlossen ist. Angesichts dieser Auffassung ist es verfehlt, von fingierten Willenserklärungen zu sprechen (vgl. zur Entwicklung der Lehre STAUDINGER/DILCHER Vor §§ 116ff Rdn. 49ff).

Die auf das kaufmännische Bestätigungsschreiben anzuwendenden Grundsätze können unter Umständen auch auf den Verkehr unter Nichtkaufleuten Anwendung finden. So kann für einen Privatmann, der mit einem anderen in Vertragsverhandlungen steht, sich die Notwendigkeit ergeben, einem Bestätigungsschreiben, das den Inhalt einer mündlichen Absprache abweichend oder ergänzend zusammenfaßt, zu widersprechen, falls nicht aus seinem Schweigen das Einverständnis mit dem Inhalt des Schreibens gefolgert werden soll (RG LZ 1920, 756; RG WarnRspr. 1932 Nr. 32).

Allerdings dürfen diese Grundsätze auf eine sogenannte *Auftragsbestätigung* nicht übertragen werden. Hier handelt es sich um die in § 150 II modifizierte Annahme einer Bestellung ohne vorausgegangenen Vertragsschluß (vgl. BGHZ 18,212).

Schrifttum zum kaufmännischen Bestätigungsschreiben:
BYDLINSKI Die Entmythologisierung des „kaufmännischen Bestätigungsschreibens" im österreichischen Recht, Festschrift Flume, I, 1978, 335ff; COESTER Kaufmännisches Bestätigungsschreiben und AGB: Zum Vorrang der Individualabrede nach § 4 AGBG, DB 1982, 1551ff; DIEDERICHSEN Der „Vertragsschluß" durch kaufmännisches Bestätigungsschreiben, JuS 1966, 129ff; GÖTZ/HUHN Das kaufmännische Bestätigungsschreiben, 1969; KRAUSE Schweigen im Rechtsverkehr, 1933; KUCHINKE Zur Dogmatik des Bestätigungsschreibens, JZ 1965, 167ff; LINDACHER Zur

Einbeziehung Allgemeiner Geschäftbedingungen durch kaufmännisches Bestätigungsschreiben, WM 1981, 702ff; Schmidt-Salzer Auftragsbestätigung, Bestätigungsschreiben und kollidierende Allgemeine Geschäftsbedingungen, BB 1971, 591ff; Walchshofer Das abweichende kaufmännische Bestätigungsschreiben, BB 1975, 719ff.

b) **Einbeziehung Allgemeiner Geschäftsbedingungen**

394 Grundsätzlich kann sich der Verwender gegenüber dem Vertragspartner nur auf die *Vereinbarung* berufen, da § 2 AGBG eine Willenserklärung für die Einbeziehung der Allgemeinen Geschäftsbedingungen (vgl. den Wortlaut „einverstanden") fordert. Fallen – wie in der Regel – Vertrags- und Einbeziehungserklärungen zusammen, so umfaßt das Erklärungsbewußtsein beides; allerdings kann der Geschäftswille hinsichtlich der Einbeziehung fehlerhaft sein, so daß eine Irrtumsanfechtung in Betracht kommen kann. Soweit Fälle denkbar sind, in denen Vertrag und Einbeziehungserklärung getrennt vollzogen werden und sich das Erklärungsbewußtsein nur auf den Vertrag bezieht, könnte die Frage auftreten, ob ein *Vertrauenstatbestand* für die Einbeziehung der Allgemeinen Geschäftsbedingungen angenommen werden kann. Da § 2 AGBG ein „Einverständnis" verlangt, wird man mit der überwiegenden Meinung, der ratio legis entsprechend, ein Einverständnis aus rechtswirksamen Verhalten (Schweigen ohne Erklärungsbewußtsein) nicht herleiten dürfen (vgl. z.B. Löwe/v. Westphalen/Trinkner § 2 Rdn. 4; Koch/Stübing § 2 Rdn. 13; Staudinger/Dilcher Vor §§ 116ff Rdn. 61; gegen eine Widerspruchsobliegenheit ausdrücklich Schmidt-Salzer Rdn. D. 62). – Vgl. allgemein zur Einbeziehung von AGB unten Rdn. 553ff.

395 Damit rückt das Gesetz von der früheren Rechtsprechung ab, die *unter Kaufleuten* jedoch wegen der Nichtanwendung von § 2 AGBG (gem. § 24 Nr. 1 AGBG) nicht ausgeschlossen wird. Danach schafft das Schweigen des Kunden in den Bereichen, wo Allgemeine Geschäftsbedingungen üblich sind, einen Vertrauenstatbestand, den sich der Kunde zurechnen lassen muß, weil er nach den Umständen mit der Verwendung von Allgemeinen Geschäftsbedingungen hätte rechnen müssen und andererseits der Verwender ohne Sorgfaltsverstoß davon ausgehen konnte, daß der Vertragspartner von den Allgemeinen Geschäftsbedingungen Kenntnis gehabt habe und sein Schweigen Einverständnis bedeute (vgl. insbes. Schmidt-Salzer Rdn. D. 2ff). Vorausgesetzt wird allerdings auch im kaufmännischen Bereich, daß der Vertragsgegner in zumutbarer Weise von dem Inhalt der Allgemeinen Geschäftsbedingungen Kenntnis nehmen konnte. Zu eng erscheint es jedoch, wenn über die Branchenüblichkeit oder laufende Geschäftsbeziehungen hinaus zusätzliche Kriterien für eine Einbeziehung von Allgemeinen Geschäftsbedingungen aufgrund eines Vertrauenstatbestandes gefordert werden (so aber Staudinger/Dilcher Vor §§ 116ff Rdn. 62; Schmidt-Salzer Rdn. D. 77). Vgl. auch unten Rdn. 557.

Tatbestand der Willenserklärung § 32 IV 1

3. a) Im Gegensatz zu den Fällen der Zurechnung rechtswirksamen Verhaltens ist das sogenannte **sozialtypische Verhalten** Willenserklärung, da beim sozialtypischen Verhalten in aller Regel ein Erklärungsbewußtsein vorliegt (zum sozialtypischen Verhalten vgl. unten Rdn. 545). **396**

Sollte ausnahmsweise der Fall gegeben sein, daß ein Erklärungsbewußtsein fehlt,

> z. B. wertet der völlig unwissende Reisende das Schild „frei" auf der Taxe als Einladung zu einer Gefälligkeitsfahrt und steigt ein, ohne eine Vorstellung von der Begründung rechtlicher Beziehungen zu haben,

so würde das Verhalten einen Vertrauenstatbestand begründen, dessen Zurechnung nach den Verantwortlichkeitskriterien beim Handelnden zu beurteilen ist (vgl. hierzu oben Rdn. 334 ff).

> Insbesondere kann sich hier die Frage nach der Berücksichtigung der Geschäftsfähigkeit stellen; wegen der Nähe zum Rechtsgeschäft wird aus Gründen des Minderjährigenschutzes eine Verantwortlichkeit des nicht voll Geschäftsfähigen ausscheiden, wobei gesetzliche Haftungsgründe aus Delikt und Bereicherung eigenständig zu beurteilen sind.

b) Das sozialtypische Verhalten wird auch herangezogen, um die Unwirksamkeit einer **Verwahrung** (protestatio) zu begründen.

Geht man davon aus, daß, weil der Handelnde ein Erklärungsbewußtsein gehabt hat, eine Willenserklärung vorliegt, so würde die Verwahrung einen Geschäftswillen verneinen. In diesen Fällen würde die Erklärungstheorie eingreifen und in Erweiterung des Grundgedankens des § 116 der Erklärende an dem Äußeren („sozialtypischer Inhalt") seiner Erklärung festgehalten werden und demgegenüber eine protestatio unbeachtlich sein.

Soweit man das Erklärungsbewußtsein verneint, würde sich dasselbe Ergebnis nach den Regeln des Vertrauensschutzes ergeben. Vgl. zur protestatio unten Rdn. 545.

IV. Abgrenzung der Willenserklärung zu sogenannten geschäftsähnlichen Handlungen und zu Realakten

1. Erklärungen, die nicht unmittelbar auf den gesetzlich geregelten Erfolg **397**
zielen, können als *geschäftsähnliche Handlungen* bezeichnet werden, weil die Erklärung immerhin zum rechtlichen Erfolg Bezug hat (so z. B. Mahnungen, Fristsetzungen, Mängelanzeigen). Dies gilt auch für Mitteilungen, da sie sich auf rechtliche Verhältnisse beziehen (vgl. z. B. Anzeigen, Mitteilungen und Benachrichtigungen gem. §§ 149, 170, 510, 665; auf die Terminologie des Gesetzes kommt es nicht an).

Inwieweit auf geschäftsähnliche Handlungen die Vorschriften für das Rechtsgeschäft, insbesondere für die Geschäftsfähigkeit Anwendung finden, ist im Einzelfall zu prüfen (so wird z. B. für die Wohnsitzbegründung als geschäftsähnliche Handlung aus Schutzerwägungen volle Geschäftsfähigkeit verlangt, § 8).

2. *Realakte* sind Handlungen, die auf einen tatsächlichen Erfolg gerichtet sind, an den das Gesetz unabhängig vom Geschäftswillen Rechtsfolgen knüpft.

So z. B. von einem natürlichen Willen getragene Vorgänge, wie Besitzerlangung und Besitzaufgabe, §§ 854 I, 856 I; Aneignung, § 958 (h. M.); Ansichnehmen der Fundsache, § 965; ferner Verbindung, Vermischung, Verarbeitung, §§ 946 ff.

3. Rechtshandlung besonderer Natur ist die *Verzeihung* im Schenkungs- und Erbrecht, §§ 532, 2337. Es handelt sich um die Äußerung eines dem sittlichen Gebiet angehörenden Gesinnungswandels. Die Verzeihung wird daher nicht als geschäftsähnliche Handlung angesehen. Ist sie durch Täuschung, Drohung oder Irrtum hervorgerufen, hat das RG das Vorliegen einer Verzeihung mangels voller Kenntnis verneint (RGZ 154, 255 f); zumindest ist Rücknahme zuzulassen.

§ 33
Geschäftsfähigkeit

BEITZKE Mündigkeit und Minderjährigenschutz, AcP 172, 240 ff; BINDER, H. Die Geisteskrankheit im Recht, 1952; BÖHMER Zum Problem der „Teilmündigkeit" Minderjähriger, MDR 1959, 705 ff; BRANDT Verkehrssicherheit und Geschäftsunfähigkeit, 1936; BREIT Geschäftsfähigkeit, 1903; CANARIS Geschäfts- und Verschuldensfähigkeit bei Haftung aus „culpa in contrahendo", Gefährdung und Aufopferung, NJW 1964, 1987 ff; ELTZBACHER Handlungsfähigkeit, 1903; GEBAUER Die Lehre von der Teilgeschäftsunfähigkeit und ihre Folgen, AcP 153, 332 ff; HARDER Die Erfüllungsannahme durch den Minderjährigen – lediglich ein rechtlicher Vorteil? JuS 1977, 149 ff; LANGE, H. Schenkungen an beschränkt Geschäftsfähige und § 107 BGB, NJW 1955, 1339 ff; ders., Die Rechtsnatur von Antrag, Annahme und Ablehnung, geprüft bei Verträgen beschränkt Geschäftsfähiger, Festschrift Reinhardt, 1972, 95 ff; v. LÜBTOW Schenkungen der Eltern an ihre minderjährigen Kinder und der Vorbehalt dinglicher Rechte, 1949; NITSCHKE Die Wirkung von Rechtsscheintatbeständen zu Lasten Geschäftsunfähiger und beschränkt Geschäftsfähiger, JuS 1968, 541 ff; RÜMELIN Die Geisteskranken im Rechtsverkehr, 1912; SCHWAB Mündigkeit und Minderjährigenschutz, AcP 172, 266 ff; SCHWIMANN Die Institution der Geschäftsfähigkeit, 1965; STÜRNER Der lediglich rechtliche Vorteil, AcP 173, 402 ff.

398 Das Gesetz geht davon aus, daß von einem bestimmten Alter ab bei geistiger Gesundheit die Fähigkeit zu durchschnittlicher Willensbildung vorliegt. Daher

Geschäftsfähigkeit § 33 | 1

sagt das Gesetz nicht positiv, wer geschäftsfähig ist, sondern bestimmt nur, wann die Geschäftsfähigkeit ganz oder zum Teil fehlt. Wer also einem Rechtsgeschäft die Wirkung absprechen will und behauptet, es fehle die eigene oder fremde Geschäftsfähigkeit, muß das als rechtshindernde Tatsache beweisen.

Zu beachten ist, daß die Geschäftsfähigkeit nicht nur für die Abgabe von Willenserklärungen von Belang ist, sondern auch für deren Zugang (vgl. den Begriff der Empfangszuständigkeit; unten Rdn. 405).

Das Gesetz differenziert zwischen Geschäftsunfähigkeit, beschränkter Geschäftsfähigkeit und teilweiser Geschäftsfähigkeit. Die Regelung erfaßt nur den Bereich des Rechtsgeschäfts; zur analogen Anwendung bei geschäftsähnlichen Handlungen vgl. oben Rdn. 397; zu den Voraussetzungen der Verschuldensfähigkeit vgl. oben Rdn. 282.

I. Die Geschäftsunfähigkeit

1. Geschäftsunfähig sind nach § 104: **399**

a) *Kinder* unter 7 Jahren (§ 104 Nr. 1),

Zur rechtlichen Bedeutung der Altersstufen im übrigen vgl. oben Rdn. 91.

b) *Geisteskranke,* deren freie Willensbestimmung nicht bloß vorübergehend ausgeschlossen ist (§ 104 Nr. 2),

c) die wegen Geisteskrankheit *Entmündigten* (§ 104 Nr. 3).

Zum Begriff der Geisteskrankheit und zum Entmündigungsverfahren vgl. oben Rdn. 92f.

Solange die Entmündigung nicht erfolgt ist, muß in jedem einzelnen Fall die Störung der Geistestätigkeit bewiesen werden, und zwar von demjenigen, der sich auf die Geschäftsunfähigkeit beruft. Der Gegner kann demgegenüber einwenden, die Rechtshandlung sei in sogenannten lichten Augenblicken – lucida intervalla – vorgenommen worden. Die Entmündigung schneidet dagegen die Berücksichtigung des wirklichen Geisteszustandes völlig ab und schließt als solche schlechthin die Geschäftsfähigkeit aus; selbst der wieder gesund Gewordene bleibt bis zur Aufhebung der Entmündigung geschäftsunfähig.

Bei einer gegenständlich beschränkten Störung der Geistestätigkeit (Querulantenwahn, Sammelwut, krankhafte Eifersucht) wird richtiger Ansicht nach die Geschäftsunfähigkeit auf den Bereich der Krankhaftigkeit begrenzt, erfaßt also nicht die von ihr unberührten Betätigungsgebiete (sog. *partielle Geschäfts-*

unfähigkeit). Vgl. RGZ 162, 223, 229; BGHZ 18, 186f; 30, 112, 117; BGH FamRZ 1971, 243f; aus der Literatur GEBAUER aaO, S. 332ff.

Allerdings ist eine Geschäftsunfähigkeit, die sich auf besonders schwierige Rechtsgeschäfte beschränkt – sogenannte *relative Geschäftsunfähigkeit* – nicht anzuerkennen (BGH NJW 1953, 1342; 1961, 261; 1970, 1680f; einschränkend FLUME II § 13, 5).

400 2. Die **Wirkung** besteht in völliger *Nichtigkeit* der vom Geschäftsunfähigen abgegebenen Erklärung (§ 105 I). Genehmigung durch den gesetzlichen Vertreter ist ausgeschlossen; es ist nur Neuvornahme des Geschäfts durch ihn möglich. Die Rechtsfolgen treten indessen in der Person des Vertretenen ein. Gesetzliche Vertreter sind die Eltern (§ 1629 I), der Vormund (§ 1793), gegebenenfalls der Pfleger (§ 1909).

> Eine Ausnahme vom Grundsatz der völligen Nichtigkeit der Erklärung ergibt sich aus § 18 II EheG, wonach die von einem Geschäftsunfähigen eingegangene Ehe von Anfang an als gültig anzusehen ist, wenn der Ehegatte nach dem Wegfall der Geschäftsunfähigkeit zu erkennen gibt, daß er die Ehe fortsetzen will.

Da die Willenserklärungen eines Geschäftsunfähigen nichtig sind, muß der gesetzliche Vertreter das gesamte Rechtsgeschäft für ihn vornehmen. Dabei ist im Gegensatz zum beschränkt Geschäftsfähigen gleichgültig, ob der Geschäftsunfähige lediglich einen rechtlichen Vorteil erlangt.

> Wenn der Vertretungsberechtigte seinerseits dem Geschäftsunfähigen etwas zuwenden will und gleichzeitig den Geschäftsunfähigen vertritt, so wäre dies nach dem Wortlaut des § 181 ausgeschlossen. Lehre und Rechtsprechung neigen dazu, auch außerhalb der Fälle, in denen eine Unterhaltspflicht erfüllt wird, § 181 in teleologischer Reduktion nicht anzuwenden, soweit der nach § 181 besorgte Interessenkonflikt nach der allgemeinen Natur des infragestehenden Geschäftes nicht entstehen kann (LARENZ AT § 30 II a; vgl. BGHZ 59, 236, 240 m.w.N.; zur damit überholten Problematik vgl. LEHMANN/HÜBNER § 28 A II 2; zu den Einzelheiten des § 181 vgl. unten § 49).

401 3. Ob die Geschäftsunfähigkeit erkennbar war, ist gleichgültig. Der *gute Glaube* an die Geschäftsfähigkeit wird *nicht geschützt* (vgl. RGZ 120, 174; BGH NJW 1977, 622f).

> Eine Ausnahme ergibt sich bei Art. 16 WG bezüglich des *Rechtserwerbs* durch Indossament *vom Geschäftsunfähigen;* allerdings wird der Geschäftsunfähige nicht wechselmäßig verpflichtet (vgl. MÜNCHKOMM/GITTER Vor § 104 Rdn. 70 m.w.N.).
> Die Banken versuchen in ihren Allgemeinen Geschäftsbedingungen, den fehlenden Gutglaubensschutz teilweise durch die Vereinbarung zu ersetzen, daß der Kunde den Schaden zu tragen habe, der daraus entsteht, daß die Bank von einem eintretenden Mangel in der Geschäftsfähigkeit des Kunden unverschuldet keine

Kenntnis erlangt. Die Wirksamkeit dieser Vereinbarung wurde vom BGH (BGHZ 52, 61, 63) vor Inkrafttreten des AGBG bestätigt; sie wird jedoch in Hinblick auf § 9 AGBG zu Recht angezweifelt (Staudinger/Schlosser § 9 AGBG Rdn. 39 m.w.N.).

4. Keine Geschäftsunfähigkeit bewirken die *vorübergehende Störung der* **402** *Geistestätigkeit und die Bewußtlosigkeit* (Rausch, Fieberwahn, Hypnose). Jedoch stehen diese Fälle der Geisteskrankheit für die Dauer des Zustandes in der Wirkung gleich, d.h. die in einem solchen Zustand abgegebene Willenserklärung ist nichtig, § 105 II.

Für die Empfangnahme von verkörperten Willenserklärungen steht dieser Gruppe der Schutz des § 131 jedoch nicht zu, da damit gerechnet werden kann, daß die Erklärungen nach Beendigung des vorübergehenden Zustandes vom Empfänger zur Kenntnis genommen werden können.

II. Die beschränkte Geschäftsfähigkeit
1. Geschäftsbeschränkt sind: **403**
a) Die *Minderjährigen,* also Personen, die das 7. Lebensjahr vollendet haben, aber noch nicht volljährig oder für volljährig erklärt sind (§§ 2, 106).

Die Volljährigkeit tritt jetzt mit Vollendung des 18. Lebensjahres ein (§ 2 wurde mit Wirkung vom 1.1.1975 geändert).

b) Die *wegen Geistesschwäche, Verschwendung, Trunksucht oder Rauschgiftsucht Entmündigten* (§ 114).

Zur Abgrenzung zwischen § 104 Nr. 3 und § 114 ist festzuhalten, daß sich Geistesschwäche und Geisteskrankheit nur graduell unterscheiden. Wegen Geistesschwäche ist zu entmündigen, wer nach ärztlichem Gutachten noch so viel Einsicht in die Bedeutung seiner und fremder Handlungen hat, daß seine Willensbildung der eines Minderjährigen über 7 Jahre entspricht.
Zu den Einzelheiten vgl. oben Rdn. 92f.

c) Die nach § 1906 *unter vorläufige Vormundschaft Gestellten* (§ 114).

2. Die **Wirkung** wird vom Gesetz für den Fall der Minderjährigkeit in §§ 106ff geregelt. Die anderen Gruppen werden in § 114 den Minderjährigen gleichgestellt.

a) Der Minderjährige kann selbständig wirksam Geschäfte vornehmen, die **404** ihm lediglich einen **rechtlichen Vorteil** bringen. Nur auf den rechtlichen Vorteil kommt es an, die wirtschaftlichen Folgen des konkreten Geschäfts bleiben außer Betracht.

Die Differenzierung nach der Vorteilhaftigkeit des Geschäfts findet auch bei der Regelung der Empfangszuständigkeit für das Zugehen von Willenserklärungen Anwendung (§ 131 II).

Einen lediglich rechtlichen Vorteil bringen z. B. die Annahmě der Schenkung, die Aneigung sowie wegen des abstrakten Charakters des Verfügungsgeschäftes die Übereignung.

Fraglich kann dies sein, wenn der übereignete Gegenstand *mit rechtlichen Verpflichtungen belastet* ist (für lediglich rechtlichen Vorteil z. B. bei Nießbrauch RGZ 148, 321, 324; bei Hypotheken, solange die persönliche Schuld nicht übernommen wird, Bay ObLGZ 1979, 49, 53); insbesondere trifft das den Eigentumserwerb bei Grundstücken wegen der öffentlich-rechtlichen Verpflichtungen polizeilicher und steuerlicher Art; z. T. wird angenommen, daß diese Verpflichtungen nicht Folgen des Erwerbsaktes seien, z. T. wird in ihnen nur eine Eigentumsbindung, nicht eine besondere Verbindlichkeit erblickt; im Ergebnis sollen sie daher den Erwerb durch den Minderjährigen nicht hindern (vgl. BGHZ 15, 168 mit Nachweisen). Anderes wird jedoch für den Erwerb einer Eigentumswohnung wegen des Eintritts in die Verpflichtungen der Gemeinschaftsordnung gelten (BGHZ 78, 28, 32).

Die Frage spielt insbesondere eine Rolle bei **Schenkungen der Eltern an ihre minderjährigen Kinder** (vgl. oben Rdn. 400 für Schenkungen an Geschäftsunfähige). Erfolgt die Schenkung unter einer Auflage, so ist sie nicht rein vorteilhaft (§ 525). Die Belastung des geschenkten Gegenstandes mit einem dinglichen Vorkaufsrecht oder einem Nießbrauch ist hingegen – wie oben dargelegt – als rein vorteilhaft anzusehen, wenn man als Gegenstand der Schenkung das in bestimmter Beziehung bereits eingeschränkte Recht ansieht; so RGZ 148, 321. Auch eine Anordnung gem. § 2050 III soll nicht schaden (BGHZ 15, 171).

> Unabhängig von der Frage des rechtlichen Vorteils der Grundstücksübertragung argumentiert im Hinblick auf öffentlich-rechtliche Lasten BGHZ 15, 168, 169 f sehr formal dahingehend, daß der obligatorische Schenkungsvertrag in jedem Falle rein vorteilhaft sei; die sich anschließende Auflassung könne alsdann der gesetzliche Vertreter gem. § 181 deshalb vornehmen, weil sie lediglich in Erfüllung der Schenkungsverpflichtung erfolge. Gegen diese Aufspaltung jedoch BGHZ 78, 28, 31 ff, weil der rechtliche Vorteil aus einer Gesamtbetrachtung von schuldrechtlichem und dinglichem Rechtsgeschäft heraus zu beurteilen sei.
>
> Zur Literatur vgl. v. LÜBTOW Schenkungen der Eltern an ihre minderjährigen Kinder und der Vorbehalt dinglicher Rechte, 1949; H. LANGE NJW 1955, 1339 ff; KÖHLER Grundstücksschenkung an Minderjährige, JZ 1983, 225 ff.

405 *Vom dinglichen Geschäft* ist jedoch der **Erfüllungsvorgang** als solcher *zu trennen*. Nicht lediglich einen rechtlichen Vorteil bringt nämlich die Annahme einer geschuldeten Leistung als Erfüllung (§ 362), da der Minderjährige dadurch das Forderungsrecht verliert. (Gegen diese Betrachtungsweise HARDER JuS 1977, 149 und 1978, 84 ff in der Replik gegen WACKE JuS 1978, 80 ff.)

> Dabei kann dahinstehen, ob für die Erfüllung ein Rechtsgeschäft erforderlich ist (so die sog. Vertragstheorie: Der Annehmende verfügt über sein Forderungsrecht)

oder ob bei realer Leistungsbewirkung der Schutz des Minderjährigen über die sogenannte *Empfangszuständigkeit* – Annahme der Leistung als Erfüllung steht nur dem gesetzlichen Vertreter zu – erreicht wird (vgl. die Übersicht bei HARDER aaO).

Der beschränkt Geschäftsfähige erwirbt zwar das Eigentum aufgrund der abstrakten Übereignung, muß jedoch den Erwerb mangels Wirksamkeit der Erfüllung als ungerechtfertigte Bereicherung dem Leistenden wieder herausgeben. Daß er im selben Augenblick, wo er das Eigentum erwirbt, mit der Kondiktionshaftung beschwert wird, hindert nicht, den Eigentumserwerb als rein vorteilhaft zu betrachten, weil das Eigentum aufgrund des abstrakten, von der causa losgelösten Übereignungsgeschäftes erworben wird, während die Bereicherungshaftung sich aus einem gesetzlichen, davon verschiedenen Tatbestand ergibt, der einen rechtsgeschäftlichen Vorgang nicht voraussetzt (§ 812 I).

Zudem haftet der Bereicherungsschuldner nur auf die jeweils noch vorhandene Bereicherung, kann sich also durch Hinweis auf den *Wegfall der Bereicherung* von seiner Haftung befreien, § 818 III; § 819, der den Empfänger, von der Kenntnis des Mangels des Rechtsgrundes an, einer *gesteigerten Haftung* unterwirft, ist auf den Minderjährigen nicht anwendbar, wenn er beim Empfang nicht vertreten war. Das folgt aus dem Schutzgedanken, auf dem die gesetzliche Vertretung beruht. Anderenfalls könnte man die mangels Zustimmung des gesetzlichen Vertreters nicht erreichbare Haftung auf dem Umweg über § 819 begründen und damit den Zweck des Gesetzes, das den Minderjährigen vor sich selber schützen will, vereiteln.

Allerdings kann die Kenntnis des beschränkt Geschäftsfähigen die Haftung dann verschärfen, wenn er die Einsicht hatte, den Mangel des rechtlichen Grundes und zugleich die Verpflichtung zu erkennen, für die Folgen seines Verhaltens einstehen zu müssen. Daher hat BGHZ 55, 128, 136f auf *Analogie zu § 828 II* zurückgegriffen (dagegen MÜNCHKOMM/LIEB § 819 Rdn. 7; MEDICUS BR Rdn. 176). Darüber hinaus bleibt eine Haftung des beschränkt Geschäftsfähigen aus § 823 unberührt.

> *Zustimmungsfrei* sind auch Rechtsgeschäfte des beschränkt Geschäftsfähigen, durch die er in seiner Vermögenslage nicht betroffen wird, weil er weder einen rechtlichen Vorteil noch einen rechtlichen Nachteil erfährt. Es handelt sich um sogenannte *indifferente oder neutrale Geschäfte*. Dies gilt z.B. für Verfügungsgeschäfte des beschränkt Geschäftsfähigen mit Zustimmung des Berechtigten gemäß § 185, in deren Vornahme der gesetzliche Vertreter nicht eingewilligt hat. Auch die Rechtsgeschäfte eines beschränkt geschäftsfähigen Vertreters fallen hierunter (§ 165).

b) Zur Willenserklärung, durch die der beschränkt Geschäftsfähige *nicht lediglich einen rechtlichen Vorteil* erlangt, bedarf er grundsätzlich der vorher erteilten *Zustimmung* (Einwilligung, § 183) *des gesetzlichen Vertreters* (§ 107). **406**

§ 33 II 2   Vierter Teil: Die Lehre vom Rechtsgeschäft

> Es bedarf der Prüfung, ob es sich beim Minderjährigen um eine Willenserklärung im rechtsgeschäftlichen Sinn handelt. Das hat der BGH (BGHZ 29, 33, 36; 29, 46, 51 ff) für den Fall einer Einwilligung in einen körperlichen Eingriff verneint, da er sie nicht als Willenserklärung, sondern lediglich als eine *Willensäußerung* kennzeichnet, auf die die §§ 107 ff nur begrenzt analog anwendbar seien (vgl. oben Rdn. 278).
>
> Zu beachten bleibt, daß die Einwilligung zum operativen Eingriff nur dessen Rechtswidrigkeit beseitigt, während für den Behandlungsvertrag selbstverständlich Vertragsgrundsätze gelten müssen (so ausdrücklich BGHZ 29, 33, 37).

Eine erteilte *Einwilligung* ist wegen des Schutzprinzips *nicht extensiv zu interpretieren*. So ist z. B. in der Zustimmung des gesetzlichen Vertreters zum Erwerb eines Führerscheins durch den Minderjährigen nicht zugleich die Zustimmung zur Anmietung eines Fahrzeuges durch diesen zu erblicken (vgl. BGH NJW 1973, 1790 f).

407   c) Diese Regel wird durchbrochen beim Vertrag: Schließt der Minderjährige einen *Vertrag ohne Einwilligung* des gesetzlichen Vertreters, so ist dessen *nachträgliche Zustimmung* (Genehmigung, § 184) möglich. Es entsteht also zunächst ein *Schwebezustand* – eine schwebende Unwirksamkeit. Erfolgt die Genehmigung, so ist das Geschäft von Anfang an wirksam.

> Bei einer genehmigungsbedürftigen Verfügung des Minderjährigen wird, falls der gesetzliche Vertreter zwischenzeitlich über den Gegenstand verfügt hat, dessen Verfügung nicht unwirksam; entsprechendes gilt für die zwischenzeitliche Zwangsvollstreckung in den Gegenstand (§ 184 II).

Wird die Genehmigung verweigert, ist das Geschäft nichtig; bereits erbrachte Leistungen sind nach Bereicherungsvorschriften zurückzugewähren. Zu dem Sonderproblem der Beteiligung eines Minderjährigen an einer Personengesellschaft vgl. unten Rdn. 412.

408   Der Schwebezustand ist für den Geschäftsgegner lästig, da er ihn an der Disposition über den Geschäftsgegenstand hindert. Im Interesse des Minderjährigen, der allmählich zu eigener Rechtsverantwortung geführt werden soll, mutet die Rechtsordnung dem Geschäftsgegner bei Verträgen den Schwebezustand zu.

Der Geschäftsgegner kann, um seine Dispositionsfreiheit wieder zu gewinnen,

aa) den Vertreter *zur Erklärung über die Genehmigung auffordern*. Dann kann sich der Vertreter nur noch ihm gegenüber erklären, die vorherige Genehmigung oder ihre Verweigerung gegenüber dem Minderjährigen wird unwirksam. Der gesetzliche Vertreter erlangt also durch die Aufforderung wieder freie Hand (§ 108).

> Zu beachten ist, daß die Genehmigung des gesetzlichen Vertreters keinen Verpflichtungsgrund für ihn, sondern nur für den Minderjährigen erzeugt. Das

Geschäftsfähigkeit §33 III

Zustimmungserfordernis soll den Minderjährigen davor schützen, daß er nachteilige geschäftliche Maßnahmen für seinen *eigenen* Rechtskreis trifft.

bb) bis zur Erteilung der Genehmigung *widerrufen* (auch dem Minderjährigen gegenüber), aber nur, wenn er die Minderjährigkeit nicht gekannt hat. Hat er diese gekannt, so kann er nur widerrufen, wenn der Minderjährige die Einwilligung des Vertreters wahrheitswidrig behauptet hat. Dagegen steht dem Minderjährigen der Nachweis offen, daß der Gegner das Fehlen der Einwilligung gekannt hat (§ 109).

Den Weg des Widerrufs wird der Geschäftsgegner in der Regel nicht wählen, da er im Zweifel ein Interesse am wirtschaftlichen Erfolg des Geschäfts hat.

d) *Kein Schwebezustand* entsteht hingegen *bei einseitigen Rechtsgeschäften* **409** (z. B. Kündigung, Aufrechnung, Anfechtung). Diese sind vielmehr mangels Einwilligung schlechthin unwirksam, nicht einmal genehmigungsfähig (§ 111 S. 1). Es wäre unbillig, den Gegner, der hier lediglich passiv beteiligt ist, einer Erklärung auszusetzen, die in ihren Wirkungen derartig unsicher ist. Aus demselben Grunde kann der Gegner das Rechtsgeschäft unverzüglich zurückweisen, wenn der Minderjährige keine schriftliche Einwilligung des Vertreters vorlegt; anders nur, wenn dieser selbst den Gegner von der Einwilligung in Kenntnis gesetzt hatte (§ 111 S. 2 und 3).

Ein einseitiges Rechtsgeschäft liegt nicht vor, wenn der Rechtserfolg vertraglich herbeigeführt wird (z. B. durch Aufhebungsvertrag statt durch Kündigung).

III. Sondertatbestände (§§ 110, 112, 113)

Schrifttum zu § 110:
LINDACHER Überlegungen zu § 110 BGB, Festschrift Bosch, 1976, 533 ff; RIEZLER Die freie Verfügungsmacht der Minderjährigen und das „Surrogationsprinzip", DJZ 1903, 565 ff; SCHILKEN Die Bedeutung des „Taschengeldparagraphen" bei längerfristigen Leistungen, FamRZ 1978, 642 ff; WIESER Der Anwendungsbereich des „Taschengeldparagraphen" (§ 110 BGB), FamRZ 1973, 434 ff.

Schrifttum zu § 112:
MÜLLER Die Ermächtigung eines Minderjährigen oder Mündels zum selbständigen Betrieb des Erwerbsgeschäfts, BB 1957, 457 ff; SCHNITZERLING Das „Erwerbsgeschäft" des Kindes und Mündels, RdJ 1959, 103 ff.

Schrifttum zu § 113:
BERNEMANN Wesen und Methode der Ermächtigung nach § 113 BGB, RdJ 1971, 101 ff; BRILL Der minderjährige Arbeitnehmer in der Rechtsprechung, BB 1975, 284 ff; FELLER Die Rücknahme oder Beschränkung der „Ermächtigung" des gesetzlichen Vertreters eines Minderjährigen nach § 113 II BGB, FamRZ 1961, 420 ff; GEFAELLER Entstehung und Bedeutungswandel der Arbeitsmündigkeit, 1968; KUBE Zur Problematik des Gewerkschaftsbeitritts eines Minderjährigen, DB 1968, 1126.

1. Der „Taschengeldparagraph"

410 Der von einem beschränkt Geschäftsfähigen geschlossene Vertrag kann durch Erfüllung von Anfang an wirksam werden, indem der Minderjährige die vertragsmäßige Leistung **mit Mitteln bewirkt**, die *ihm zu diesem Zwecke oder zu freier Verfügung* von dem Vertreter oder mit dessen Zustimmung von einem andern *überlassen* worden sind (§ 110).

> Hauptfall der Hingabe zur freien Verfügung innerhalb gewisser Verwendungsgrenzen ist die Zahlung des „Taschengeldes".

An der *Bewirkung mit zur Verfügung gestellten Mitteln* fehlt es, wenn im Vertrauen auf eine laufende Zuwendung von Mitteln Abzahlungsgeschäfte abgeschlossen werden. Die Verpflichtungen müssen vollständig mit überlassenen Mitteln erfüllt werden. Daraus folgt, daß *Kreditgeschäfte nicht unter § 110* fallen.

> Ein Kreditgeschäft in diesem Sinne liegt nicht vor, wenn sich das Vertragsverhältnis in selbständige Zeitabschnitte aufteilen läßt, die selbständige Teilleistungen zulassen. So kann z. B. ein langfristiger Versicherungsvertrag bei erbrachter Jahresprämie für deren Zeitabschnitt gemäß § 110 wirksam sein und die Leistungspflicht des Versicherers begründen (LG Bochum VersR 1970, 25; zustimmend SOERGEL/HEFERMEHL § 110 Rdn. 3).

Sofern die mit den überlassenen Mitteln erreichten wirtschaftlichen Erfolge *(Surrogate)* jedoch für den beschränkt Geschäftsfähigen ein *Risiko* bedeuten, das der Überlassende nicht in seine Überlegungen einbezogen hatte, bestehen Bedenken, dem beschränkt Geschäftsfähigen die Surrogate zu überlassen. So hatte sich in einem vom RG (RGZ 74, 234ff) entschiedenen Falle ein siebzehnjähriger Schüler von seinem wöchentlichen Taschengeld von 3 Mark ein Lotterielos gekauft, damit 4000 Mark gewonnen und davon ein Auto für 3200 Mark ohne Zustimmung des Vaters gekauft und bar bezahlt. Das RG hat mit Recht angenommen, die in der Überlassung des Taschengeldes zur freien Verfügung liegende Ermächtigung habe den Ankauf des Autos aus einem Lotteriegewinn nicht mitumfaßt.

Von der Regelung des § 110 sind die Fälle zu trennen, in denen der gesetzliche Vertreter für einen abgegrenzten Geschäftsbereich eine allgemeine Einwilligung zu allen Rechtsgeschäften dieses Bereichs erteilt hat *(beschränkter Generalkonsens)*. Liegt eine solche Einwilligung vor, so sind die in diesem Rahmen abgeschlossenen Geschäfte auch ohne Erfüllung im Sinne des § 110 wirksam. Der Schutzgedanke erfordert jedoch, daß der Geschäftsbereich nicht überschritten wird. Insofern ist auch ein sachlich unbeschränkter Generalkonsens mit dem Minderjährigenschutz unvereinbar.

2. Erweiterte Geschäftsfähigkeit

In einigen Fällen kann die Geschäftsfähigkeit des beschränkt Geschäftsfähigen erweitert werden.

a) Der Minderjährige – dem die in § 114 genannten Personen gleichgestellt **411**
sind – kann vom gesetzlichen Vertreter mit Genehmigung des Vormundschaftsgerichts zum *selbständigen Betrieb eines Erwerbsgeschäfts* ermächtigt werden und ist dann unbeschränkt geschäftsfähig für solche Rechtsgeschäfte, die dieser Betrieb mit sich bringt (§ 112 I).

> Ein 17jähriges Mädchen wird z. B. ermächtigt, das von der Mutter betriebene Papiergeschäft weiter zu betreiben; dann kann es Ware kaufen und verkaufen, einen Ladenraum mieten, eine Gehilfin anstellen usw. Es ist auch im Rahmen der erweiterten Geschäftsfähigkeit prozeßfähig (§ 52 ZPO).

Ausgenommen sind die Geschäfte, zu denen der Vertreter selbst der Genehmigung des Vormundschaftsgerichts bedarf (§ 112 I a. E.).

> So bedürfte die Erteilung einer Prokura zusätzlich vormundschaftsgerichtlicher Genehmigung (§ 1822 Nr. 11 i. V. m. § 1643 I); entsprechendes gilt für die Teilnahme eines Minderjährigen an einer OHG (§ 1822 Nr. 3 i. V. m. § 1643 I).
> Dabei ist zu beachten, daß in einer Reihe von Fällen die Eltern, im Gegensatz zum Vormund, keiner zusätzlichen Genehmigung des Vormundschaftsgerichts bedürfen; § 1643 I trifft aus den zustimmungsbedürftigen Geschäften des Vormunds eine Auswahl.
> Die Genehmigung des Vormundschaftsgerichts ist auch erforderlich, wenn die Ermächtigung zum selbständigen Betrieb eines Erwerbsgeschäftes zurückgenommen werden soll (§ 112 II).

Beteiligt sich der Minderjährige ohne Zustimmung des gesetzlichen Vertre- **412**
ters bzw. ohne Genehmigung des Vormundschaftsgerichts an einer Personengesellschaft, so liegt eine *„fehlerhafte Gesellschaft"* vor. Entsprechend dem Schutzprinzip können dem Minderjährigen daraus keine rechtlichen Pflichten erwachsen. Nach den Grundsätzen des Bestandsschutzes ist die Gesellschaft als solche nicht nichtig. Soweit der Schutz des Minderjährigen betroffen ist, geht dieser allerdings dem Bestandsschutz vor, d. h. er gehört der Gesellschaft nicht an (BGHZ 17, 160, 167 f). Im Verhältnis des Minderjährigen zur „Restgesellschaft" muß einerseits ihm das Recht zustehen, nicht geleistete Einlagen zu verweigern und die Haftung gegenüber Gläubigern abzulehnen. Andererseits würde es dem Schutzgedanken zugunsten des beschränkt Geschäftsfähigen widersprechen, wenn er nach geleisteter Einlage lediglich auf § 812 verwiesen wäre. Für die Rücknahme einer Sacheinlage soll der Einbringungswert maßgebend sein; ist mit Gewinn gearbeitet worden, so soll er – insbesondere bei eigener Mitarbeit – seinen Anteil erhalten, um an den Erträgnissen beteiligt zu sein (vgl. FISCHER Anm. zu BGH LM Nr. 10 zu § 105 HGB; ders., NJW 1955, 849 ff; FLUME II § 13, 7 e ee u.a.).

> Die Grundsätze der fehlerhaften Gesellschaft gelten auch für den Geschäftsunfähigen.

413 b) Der Minderjährige kann durch den Vertreter ermächtigt werden, in Arbeit oder Dienst zu treten und ist dann unbeschränkt geschäftsfähig für die *Eingehung oder Aufhebung von Dienstverhältnissen* der gestatteten Art oder die Erfüllung der sich daraus ergebenden Pflichten (§ 113 I); dies schließt auch die prozessuale Geltendmachung ein (§ 52 ZPO). Ausgenommen sind auch hier Verträge, zu denen der Vertreter selbst der Genehmigung des Vormundschaftsgerichts bedarf (so der Vormund § 1822 Nr. 6, 7; nicht die Eltern, vgl. § 1643 I). Die für den Einzelfall erteilte Ermächtigung gilt im Zweifel als allgemeine Ermächtigung für Verhältnisse derselben Art (§ 113 IV).

Gestatten z. B. die Eltern ihrer 16jährigen Tochter, als Hausangestellte in Stellung zu gehen, so kann die Tochter dort kündigen und eine neue gleichartige Stelle antreten, nicht aber eine Tätigkeit als Bardame aufnehmen (vgl. KG DJZ 1906, 322).

Nach h.M. schließt die Ermächtigung zur Eingehung eines Arbeitsverhältnisses zugleich die Ermächtigung zum Eintritt in eine Gewerkschaft ein, um dem Minderjährigen die Möglichkeit zu geben, über Tarifverträge auf die Gestaltung seines Arbeitsverhältnisses einzuwirken (vgl. LG Essen NJW 1965, 2302 f).

Berufsausbildungsverhältnisse fallen nicht unter § 113, da bei ihnen der Ausbildungszweck gegenüber der Leistung von Diensten im Vordergrund steht (§ 1 BBiG).

Aus § 113 läßt sich nicht herleiten, daß der erworbene *Arbeitslohn* zur freien Verfügung des Minderjährigen steht. Vielmehr unterliegt er gem. § 1626 der elterlichen Vermögenssorge und kann gem. § 1649 I 2 zum Unterhalt des Kindes verwendet werden.

Der Vertreter kann die erteilte Ermächtigung zurücknehmen oder einschränken (§ 113 II). Die Rücknahme erfolgt gegenüber dem Minderjährigen; dem Arbeitgeber ist durch den Vertreter zu kündigen (vgl. KG OLG 21, 44).

Die Ermächtigung kann, wenn sie von einem Vormund verweigert wird, auf Antrag des Minderjährigen durch das Vormundschaftsgericht ersetzt werden, sofern sie im Interesse des Minderjährigen liegt (§ 113 III).

414 Schutzwirkungen zugunsten des Minderjährigen äußern sich auch bei einem von ihm *ohne Zustimmung* des gesetzlichen Vertreters *abgeschlossenen Dienst- oder Arbeitsvertrag*. Hier ist zwar grundsätzlich Nichtigkeit des Rechtsgeschäftes anzunehmen, jedoch sind von der Nichtigkeit bestimmte Rechtsfolgen ausgenommen; so hat der minderjährige Arbeitnehmer Anspruch auf die volle Vergütung und Leistungen, die ihm bei einem wirksam begründeten Arbeitsvertrag zustehen würden. Eine Verweisung schlechthin auf Bereicherungsansprüche würde dem Schutzbedürfnis des Minderjährigen nicht entsprechen. Es ist jedoch ungenau, von einem faktischen Arbeitsvertrag zu sprechen, da die Beendigung keine Kündigung voraussetzt und überdies für den Minderjährigen Leistungspflichten nicht begründet werden, er infolgedessen auch wegen Vertragsverletzung nicht in Anspruch genommen werden kann (vgl. BAG DB 1974, 2062 f; Hueck/Nipperdey I § 32 III 2 a; Schaub § 35 III 4).

§ 34
Abgabe und Zugang der Willenserklärung

BREIT, J. Die Verhinderung der Vollziehung einer Willenserklärung, SeuffBl. 71, 589ff; COHN Der Empfangsbote, 1927; DILCHER Der Zugang von Willenserklärungen, AcP 154, 120 ff; JUNG Das Wirksamwerden der mündlich an Mittelspersonen bestellten Willenserklärung, AcP 117, 73ff; KANTOROWICZ Methodologische Studie über den Zugangsbegriff, 1917; KLINGMÜLLER Zugang von Willenserklärungen bei verwaister Wohnung, VersR 1967, 1109 ff; MARBURGER Absichtliche Falschübermittlung und Zurechnung von Willenserklärungen, AcP 175, 137ff; MÜLLER-ERZBACH Kundgebungen im fremden Interessenbereich, JherJb. 83, 257ff; OERTMANN Zugehen und Vernehmen, Recht 1906, 721 ff; REICHEL Vertragsmäßige Fiktion des Zugangs einer Erklärung, DJZ 1911, 1534 ff; TITZE Der Zeitpunkt des Zugehens bei empfangsbedürftigen schriftlichen Willenserklärungen, JherJb. 47, 379ff; WEDEMAYER Die Äußerungstheorie im geltenden Recht, DJZ 1912, 252 ff.

Mit der *Abgabe* ist die Willenserklärung *existent,* sofern ihre Tatbestandsvoraussetzungen vorliegen. Sie ist abgegeben, wenn der Erklärende alles getan hat, was seinerseits erforderlich war, um die Wirksamkeit der Erklärung herbeizuführen (RGZ 170, 380, 382). **415**

Die Abgabe kann durch rechtskräftiges Urteil gem. § 894 ZPO ersetzt werden.

Was im einzelnen erforderlich ist, richtet sich danach, ob eine *verkörperte* oder *nicht verkörperte Willenserklärung* abgegeben wird.
Eine Willenserklärung ist *verkörpert,* wenn sie in einem Material fixiert ist, das vornehmlich auf optische Wahrnehmung abzielt, z. B. Schriftstücke. *Nicht verkörpert* sind insbesondere mündliche Erklärungen.
Ist die Willenserklärung existent geworden, so ist es auf ihre Wirksamkeit ohne Einfluß, wenn der Erklärende nach der Abgabe stirbt oder geschäftsunfähig wird (§ 130 II).

Von Bedeutung ist § 130 II vornehmlich bei empfangsbedürftigen Willenserklärungen.

Steht die Nichtigkeit oder Anfechtbarkeit der Willenserklärung in Frage, so ist auf den Zeitpunkt der Abgabe abzustellen.
Im Hinblick auf das Wirksamwerden ist zwischen *nicht empfangsbedürftigen* und *empfangsbedürftigen Willenserklärungen* zu unterscheiden.

I. Die nicht empfangsbedürftige Willenserklärung
Die nicht empfangsbedürftige Willenserklärung ist abgegeben und wirksam, sobald der Wille erkennbar geäußert ist. Auf die Wahrnehmbarkeit für eine bestimmte Person kommt es nicht an. **416**

Bei der verkörperten Willenserklärung (z. B. Errichtung des eigenhändigen Testaments) erscheint die Unterschrift als verkehrsübliche Vollendungshandlung; einer Begebung der Urkunde bedarf es nicht.

Nach der früher herrschenden sog. Kreationstheorie ist auch die Ausstellung einer Inhaberschuldverschreibung (§ 793) eine nicht empfangsbedürftige Willenserklärung (vgl. HUECK/CANARIS § 3 I; MEYER-CORDING A IX 1).

Schließlich gehört hierunter auch die Auslobung, § 657; die versprochene Belohnung ist auch dann zu leisten, wenn der Handelnde von der Auslobung keine Kenntnis gehabt hat.

II. Die empfangsbedürftige Willenserklärung

Hier ist zu unterscheiden, ob die Willenserklärung unter Abwesenden oder Anwesenden abgegeben wird.

Abgabe unter Anwesenden ist dann anzunehmen, wenn die Willenserklärung so verlautbart wird, daß der andere sie vernehmen kann. Abgabe unter Abwesenden ist grundsätzlich dann anzunehmen, wenn der Erklärende die Erklärung derart in den Rechtsverkehr gebracht hat, daß er mit ihrem Zugehen beim Empfangsberechtigten rechnen konnte.

417 1. Die empfangsbedürftige Willenserklärung **unter Abwesenden**: Vor Inkrafttreten des BGB war das Wirksamwerden solcher Willenserklärungen umstritten.

Die Äußerungs- bzw. Absendungstheorie ließen die Willenserklärung bereits mit dem Zeitpunkt der Abgabe bzw. Absendung wirksam werden.
Dieser Auffassung stand die Vernehmungstheorie gegenüber, die auf tatsächliche Kenntniserlangung beim Empfänger abstellte.

Bei der Abwägung der beiderseitigen Interessen ist keiner der beiden Auffassungen zu folgen. Vielmehr ist objektiv *nach Risikosphären abzugrenzen*. Keinesfalls ist die Erklärung vor ihrer Abgabe wirksam; denn erst mit der Abgabe tritt sie aus dem Machtbereich des Absenders heraus; auch die Gefahr der Übermittlung muß der Absender tragen, da der Empfänger keine Einwirkungsmöglichkeit auf die Erklärung hat, solange sie reist. Ist sie dagegen in seinen Machtbereich gelangt, so muß die Gefahr auf ihn übergehen. Wollte man zur Wirksamkeit noch die Vernehmung verlangen, so würde man den Absender unbillig belasten, denn das Wirksamwerden wäre ins Belieben des Empfängers gestellt oder von Umständen abhängig, auf die der Absender keinen Einfluß hat.

Dementsprechend bestimmt § 130 I 1, daß die Erklärung „in dem Zeitpunkt wirksam wird, in dem sie dem Empfänger zugeht". *Zugegangen ist die Erklärung,* wenn sie derart in den *Machtbereich des Empfängers gelangt* ist, daß er sich unter gewöhnlichen Verhältnissen Kenntnis vom Inhalt verschaffen konnte und dies nach den Gepflogenheiten des Verkehrs von ihm erwartet

Abgabe und Zugang der Willenserklärung § 34 II 1

werden durfte (RGZ 99, 22, 23; BGHZ 67, 271, 275). Treu und Glauben verbieten daher die Wahl einer Erklärungsübermittlung, von der der Erklärende weiß, daß sie der Wahrnehmungsfähigkeit des Adressaten nicht entspricht.

a) *Verkörperte Willenserklärungen* gehen grundsätzlich mit Aushändigung **418** an den Empfänger zu.

So ist eine briefliche Erklärung mit Aushändigung des *Briefes* an den Empfänger zugegangen. Unzureichend frankierte Postsendungen braucht der Empfänger nicht anzunehmen. Einwurf in den Hausbriefkasten oder Einlage in ein Postfach gilt als Zugang, sofern zu diesem Zeitpunkt mit der Leerung gerechnet werden kann (RGZ 99, 21 f), andernfalls geht die Willenserklärung erst zu, wenn wiederum üblicherweise mit der Leerung gerechnet werden kann.

Ist der Empfänger *längere Zeit abwesend,* so hat er für den Empfang Vorkehrungen zu treffen, wenn er mit dem Eingang rechtsgeschäftlicher Erklärungen rechnen mußte (BGH LM Nr. 1 zu § 130). Eine allgemeine Pflicht, sich zum Empfang von Willenserklärungen bereitzuhalten, besteht nicht, sie kann sich aber für bestimmte Berufsgruppen (vgl. § 663, auch § 362 HGB) ergeben, ferner aus einem besonderen Verhältnis zwischen Erklärendem und Empfänger, z. B. aus einem Mietverhältnis zwischen ihnen, oder aus der durch ein Vertragsangebot geknüpften Rechtsbeziehung. So hat z. B. ein Kaufmann in solchen Fällen dafür Sorge zu tragen, daß an seine Geschäftsadresse gerichtete Briefe ihn oder einen Vertreter erreichen, RGZ 95, 317; 110, 36; ArbG Rheine DB 1966, 1975. Die Erklärung ist allerdings erst dann zugegangen, wenn sie unter der Nachsendeanschrift in der gewöhnlichen Beförderungszeit in seinen Machtbereich gelangt. Unterläßt er Vorkehrungen oder handeln seine hierfür eingesetzten Hilfspersonen nachlässig, so muß er den rechtzeitigen Zugang der Erklärung gegen sich gelten lassen.

Abgesehen von ausdrücklichen Empfangsermächtigungen werden Familienangehörige, Hausangestellte, Wohnungsmitbewohner, Angestellte im Geschäftsbetrieb als empfangsberechtigt angesehen; Übergabe an sie vermittelt das Zugehen, sofern die Personen für die Empfangnahme geeignet erscheinen *(sog. Empfangsboten).* Vgl. RGZ 50, 191; 103, 401; BGH MDR 1964, 827; OLG Karlsruhe VersR 1977, 902.

Postlagernde Sendungen gelten als zugegangen, sobald für den Empfänger die Möglichkeit besteht, sie abzuholen (RGZ 144, 289, 292 f). – *Einschreibbriefe* gehen erst dann zu, wenn der Brief tatsächlich ausgehändigt wird; die Übergabe des Benachrichtigungsscheins genügt nicht (BAG NJW 1963, 554; BGH VersR 1971, 262).

Ein *Telegramm* ist erst dann dem Empfänger zugegangen, wenn ihm durch das Telegraphenamt die Möglichkeit eröffnet ist, von ihm Kenntnis zu nehmen; dazu reicht das fernmündliche Zusprechen aus. Die tatsächliche Ermöglichung der Kenntnisnahme ist auch dann zu bejahen, wenn der Inhalt des Telegramms einem am Fernsprecher des Empfängers befindlichen Familien- oder Haushaltsmitglied zugesprochen wird (RGZ 105, 255, 256).

b) *Nicht verkörperte (mündliche) Willenserklärungen* können *an Abwesende* **419** durch Einschaltung von Mittelspersonen zugehen.

Es handelt sich einmal um vom Absender eingeschaltete *Erklärungsboten.* Der rechtsgeschäftliche Vertreter gibt jedoch eigene Erklärungen ab, so daß es sich bei ihm unter Umständen um eine Erklärung unter Anwesenden handelt.

Andererseits kann vom Empfänger ein Bote zum Empfang nicht verkörperter Willenserklärungen eingeschaltet sein; sog. **Empfangsbote**, z.B. Sekretärin am Fernsprecher (RGZ 102, 295). Geschäftsfähigkeit wird zwar nicht verlangt, jedoch wird für eine wirksame Übermittlung die geistige Fähigkeit zur Wiedergabe vorausgesetzt (RGZ 60, 334, 336 f).

Wer einen ungeeigneten Empfangsboten bestellt, trägt die Folgen einer fehlerhaften Weitergabe. Andererseits liegt ein wirksamer Zugang nicht vor, wenn der Erklärende erkennen mußte, daß der Empfangsbote zur Entgegennahme nicht in der Lage war.

Mit der Entgegennahme durch den Empfangsboten ist die Erklärung zugegangen; ob und wann der Empfangsbote die Erklärung an den eigentlichen Empfänger weitergibt, ist unbeachtlich.

Fehlt es an einer Bestellung zum Empfangsboten oder an der näheren Beziehung zum Empfänger, so könnte der Übermittler als *Erklärungsbote* angesehen werden, dessen Verhalten dann der Risikosphäre des Erklärenden zugerechnet würde.

2. Die empfangsbedürftige Willenserklärung unter Anwesenden

420 Da das Gesetz schweigt, ist § 130 I 1 entsprechend anwendbar.

Eine *verkörperte* Erklärung ist mit Übergabe an den anwesenden Empfänger zugegangen (RGZ 83, 106).

Eine heimlich zugesteckte oder untergeschobene Erklärung ist jedoch nicht zugegangen. Auch genügt bloße Unterzeichnung in Gegenwart des Empfängers nicht; grundsätzlich ist notwendig, daß dieser das ihm angebotene Schriftstück in seine Verfügungsgewalt gebracht hat (RGZ 61, 414 für eine Bürgschaftserteilung).

Für die *mündliche* Erklärung ist die *Vernehmung* durch den Empfänger erforderlich. Vernehmung bedeutet, daß die Erklärung akustisch richtig vernommen wird, d.h. eine Erklärung ist nicht zugegangen, wenn z.B. der Empfänger statt 300 die Zahl 200 versteht. Hingegen ist nicht erforderlich, daß der Empfänger den Sinngehalt der Erklärung begreift.

Erhebt man die Vernehmung zur Voraussetzung des Zugangs, so ist zuzugeben, daß darin unter Umständen eine Unbilligkeit gegen den Erklärenden liegen kann, da er die Folgen einer Taubheit oder Schwerhörigkeit des Gegners tragen muß, die er nicht kennt. Die Unbilligkeit wäre aber noch größer, wenn man den Empfänger an einer nicht vernommenen Erklärung festhalten wollte. Dieser hat gar kein Mittel, sich gegen eine an ihn herangetragene Erklärung zu schützen, während der Erklärende sich immerhin durch eine Frage darüber vergewissern kann, ob er verstanden worden ist. Selbstverständlich muß der Empfänger den nicht gerade leicht zu erbringenden Beweis führen, daß er die Erklärung trotz ihrer allgemeinen Vernehmbarkeit nicht verstanden habe.

Anders liegt der Fall, wenn der Erklärungsgegner, obwohl er z.B. wegen Schwerhörigkeit die Erklärung nicht vernommen hat, zu erkennen gibt, daß er verstanden habe. Hier muß er sich den Inhalt der Erklärung zurechnen lassen.

Abgabe und Zugang der Willenserklärung §34 II 6

Erklärungen am Fernsprecher sind nicht verkörperten Erklärungen unter Anwesenden gleichzustellen (vgl. § 147 I 2).

3. Dem Zugehen der Willenserklärung steht die **Zustellung** durch Vermittlung des Gerichtsvollziehers gleich (§ 132 I). Sie erfolgt nach den Vorschriften der §§ 166 ff ZPO. 421

Ist der Aufenthalt des Empfängers unbekannt oder ist der Erklärende über die Person des Empfängers in entschuldbarer Unkenntnis, so ist die *öffentliche Zustellung* zulässig (§ 132 II). Hierfür sind die Vorschriften der §§ 203 ff ZPO maßgebend.

4. Die Erklärung wird erst mit dem Zugang wirksam – folglich wirkt sie nicht, wenn dem Empfänger vorher oder gleichzeitig ein **Widerruf** zugeht (§ 130 I 2). 422

Erlangt der Empfänger erst bei *tatsächlicher Kenntnisnahme* der Erklärung zugleich die Kenntnis vom Widerruf, so muß ihm nach Treu und Glauben die Berufung darauf verwehrt sein, daß der Widerruf erst nach dem Zugang der ursprünglichen Willenserklärung zugegangen ist. Vom Prinzip der Risikosphäre ist dann abzugehen, wenn der Empfänger kein schutzwürdiges Interesse hat; dies ist z. B. dann der Fall, wenn der Empfänger vor Kenntnisnahme einer Offerte überhaupt keine Disposition hatte treffen können (a.A. die überwiegende Meinung unter Bezugnahme auf RGZ 91, 60, 63).

5. Beim Zugang einer Willenserklärung ist der Empfänger nur passiv beteiligt. Da aber das Kenntnisnehmen von einer Erklärung nicht ohne die nötige **Erkenntnisfähigkeit** erfolgen kann, dehnt § 131 die *Schutzprinzipien der Geschäftsfähigkeit* auch auf den Empfänger aus. 423

Bei Willenserklärungen gegenüber *Geschäftsunfähigen* tritt die Wirksamkeit erst mit dem Zugehen an den gesetzlichen Vertreter ein (§ 131 I). Entsprechendes gilt für den Zugang gegenüber Personen, die *in der Geschäftsfähigkeit beschränkt* sind, wenn nicht die Erklärung ihnen lediglich einen rechtlichen Vorteil bringt (z. B. Schenkung) oder der gesetzliche Vertreter seine Einwilligung erteilt hat (§ 131 II). Dagegen hindert der *Zustand der Bewußtlosigkeit oder vorübergehenden Geistesstörung* (§ 105 II) den Zugang einer verkörperten (schriftlichen) Erklärung nicht, da sie zur Verfügung des Adressaten verbleiben und dieser nach Wiedererlangung des Bewußtseins von ihr Kenntnis nehmen kann. Dagegen kann die wissentlich einem Bewußtlosen gegenüber mündlich abgegebene Erklärung nicht zugehen, weil die Möglichkeit der Vernehmung ausgeschlossen ist.

6. Angesichts der Möglichkeit öffentlicher Zustellung kann der Empfänger den Zugang auf die Dauer kaum vereiteln; höchstens kann der rechtzeitige **Zugang verhindert** werden, so daß z.B. eine Vertragsannahme oder eine Kündigung nach Ablauf der Frist erfolgen würde. 424

Arglistiges Vereiteln des Zugangs hindert nach Treu und Glauben den

Empfänger, die Verspätung des Zugangs zum Nachteil des Erklärenden geltend zu machen. Unter Bezugnahme auf den Rechtsgedanken der §§ 162 und 815 hat RGZ 58, 408 bei Arglist im Wege der Fiktion den rechtzeitigen Zugang unterstellt.

Nach heutiger Auffassung wird ein Zugang der Erklärung zum Zeitpunkt des Verhinderns nicht mehr fingiert. Dem Empfänger ist jedoch die Berufung auf die Verspätung als rechtsmißbräuchlich verwehrt (BGH LM Nr. 1 zu § 130; weitgehend jedoch § 10 VVG).

Fraglich bleibt, ob dies auch gilt, wenn den Empfänger der Vorwurf schuldhafter Verhinderung nicht trifft. Ausgehend vom Grundsatz der Risikoverteilung nach Sphärenbeherrschung wird auch die unverschuldete Verzögerung des Zugehens dem Empfänger zuzurechnen sein, es sei denn, daß die Verhinderung des Zugehens auf höherer Gewalt beruht. Konnte allerdings der Absender mit dem Zugangshindernis rechnen oder erfährt er hiervon, so ist er verpflichtet, alles Erforderliche für einen wirksamen Zugang zu unternehmen, insbesondere erneut zuzustellen (BGH aaO). Bei beiderseitigem Verschulden will RGZ 97, 336, 339 eine Schadensverteilung gem. § 254 vornehmen.

425 7. Das Erfordernis des Zugangs gilt nach § 130 III auch für das Wirksamwerden einer Willenserklärung, die *einer Behörde gegenüber* abzugeben ist. Dazu gehören die empfangsbedürftigen Erklärungen, die wahlweise auch einer Behörde gegenüber abgegeben werden können; vgl. §§ 875, 876, 1726 II, 1748.

§ 35
Auslegung der Willenserklärung

BARTHOLOMEYCZIK Die Kunst der Gesetzesauslegung, 3. A. 1965; BECKER Rechtsvergleichende Notizen zur Auslegung, Festschrift H. Lehmann, I, 1956, 70ff; BETTI Zur Grundlegung einer allgemeinen Auslegungslehre, Festschrift Rabel, II, 1954, 79ff; ders., Allgemeine Auslegungslehre als Methodik der Geisteswissenschaften, 1967; BICKEL Die Methode der Auslegung rechtsgeschäftlicher Erklärungen, 1976; BROX Die Einschränkung der Irrtumsanfechtung. Ein Beitrag zur Lehre von der Willenserklärung und deren Auslegung, 1960; COING Die juristischen Auslegungsmethoden und die Lehren der allgemeinen Hermeneutik, 1959; DANZ Die Auslegung der Rechtsgeschäfte, 3. A. 1911; ESSER Grundsatz und Norm in der richterlichen Fortbildung des Privatrechts, 3. A. 1974; GENY Methode d'interpretation et sources en droit privé positif, 2. Bde., Neudruck 1954; HAGER Gesetzes- und sittenkonforme Auslegung und Aufrechterhaltung von Rechtsgeschäften, 1983; HANAU Objektive Elemente im Tatbestand der Willenserklärung, AcP 165,220; HECK Gesetzesauslegung und Interessenjurisprudenz, AcP 112, 1ff; HIMMELSCHEIN Beiträge zur Lehre vom Rechtsgeschäft, 1930; HÖLDER Zur Lehre von der Auslegung der Willenserklärungen und der Bedeutung des Irrtums über den Inhalt, Festgabe Bekker 1907, 57ff; KÖHLER Die Problematik automatisierter Rechtsvorgänge, insbesondere von Willenserklärungen, AcP 182, 126, 141f; LARENZ Die Methode der Auslegung des Rechtsgeschäftes, 1930 (Nachdruck 1966); ders., Ergänzende Vertragsauslegung und dispositives Recht, NJW 1963,737; LEONHARD Die Auslegung der Rechtsgeschäfte, AcP 120,14ff; LÜDERITZ Auslegung von Rechtsgeschäften, 1966; MANIGK Irrtum und Auslegung, 1918; ders., Die Revisibilität der Auslegung von Willenserklärungen, Reichsgerichts – Festschrift 1929, 94ff; ders., Die Methode der Auslegung des Rechtsgeschäfts, ARSP XXVI, Heft 3; MERZ Auslegung, Lückenfüllung und Normenberichtigung, AcP 163,305; OERTMANN Rechtsordnung und Verkehrssitte, 1914; REINIKE Die Auslegungsgrundsätze des Bundesgerichtshofes, NJW 1951, 681; SÄCKER Rechtsgeschäftsauslegung und Vertrauensprinzip, JurA 1971, 509; SCHREIER Interpretation der Gesetze und Rechtsgeschäft, 1927; STUMPF Zur Revisibilität der Auslegung von privaten Willenserklärungen, Festschrift Nipperdey, I, 1965, 957ff; WAGNER Interpretation in Literatur und Rechtswissenschaft, AcP 165,520; WESTERMANN, H. Die Anpassung der Auslegungsmethode an die Eigenart des auszulegenden Willensaktes, Festschrift K. Arnold, 1955,281ff; WIEACKER Die Methode der Auslegung des Rechtsgeschäftes, JZ 1967, 385ff; WIELING Die Bedeutung der Regel „falsa demonstratio non nocet" im Vertragsrecht, AcP 172, 297ff.

426 Das Gesetz unterscheidet zwischen der Auslegung von Willenserklärungen (§ 133) und der Auslegung von Verträgen (§ 157; vgl. dazu unten Rdn. 549ff).
Auslegung von Willenserklärungen erfordert gem. § 133, den wirklichen Willen des *Erklärenden* festzustellen; § 157 greift – ohne auf vertragliche Beziehungen beschränkt zu sein – ein, wenn der zunächst gem. § 133 zu ermittelnde Wille der Beteiligten nicht festgestellt werden kann, weil eine Partei von der inhaltlichen Tragweite ihrer Willenserklärung keine klare Vorstellung hatte oder weil die Parteien Regelungen übersehen haben. Die Auslegung nach § 157 hat den sachgerechten Erfolg einer Vereinbarung unter Berücksichtigung der zum Ausdruck gelangten Interessen zum Ziel. In der Anwendung ergänzen sich § 133 und § 157 gegenseitig.

427 I. Für eine Auslegung gem. § 133 ist dort kein Raum, wo ein zweifelsfreier Erklärungstatbestand vorliegt (RGZ 95, 125 f; BGHZ 25, 318). Ist eine Willenserklärung jedoch auslegungsbedürftig, so ist *Gegenstand der Auslegung* zunächst der **äußere Tatbestand der Willenserklärung**.

§ 133, der die Erforschung des wirklichen Willens vorschreibt und das Haften am buchstäblichen Sinne des Ausdrucks verwirft, will keineswegs den inneren, gar nicht geäußerten Willen festgestellt wissen, sondern den „wirklich erklärten" Willen.

Die Auslegung muß sich daher im Rahmen des Erklärten halten und darf nicht als Willensinhalt etwas feststellen, was in der Erklärung selbst nicht erkennbar geworden ist (OGHZ 1,133,139). Entscheidend ist, wie die Erklärung von der gegenüberstehenden Partei nach Treu und Glauben und nach der allgemeinen Auffassung des Verkehrs verstanden werden konnte (RGZ 169, 122, 124ff; BGHZ 47, 75, 78; – *„Empfängerhorizont"*).

§ 35 II 1   Vierter Teil: Die Lehre vom Rechtsgeschäft

Daß der innere, nicht geäußerte Wille nicht das Ziel der Auslegung sein kann, erweist das **Verhältnis**, in dem **Auslegung und Anfechtung** zueinander stehen. Könnte man dem inneren Willen schon durch Auslegung Wirksamkeit verschaffen, so wäre kein Raum mehr für die Anfechtung; aber gerade deren Aufgabe ist es, die Erklärung deswegen zu Fall zu bringen, weil der entsprechende innere Wille fehlt (§ 119); sie setzt also voraus, daß sonst der innere Wille nicht beachtet werden kann.

428   **II.** Allerdings wendet sich § 133 gegen das Festhalten am buchstäblichen Sinn des Ausdrucks und verlangt die Sinndeutung unter **Berücksichtigung aller Umstände** *des besonderen Falles* (RGZ 67, 431, 433f; 119, 21, 25); denn auch bei eindeutigem Wortlaut sind Umstände zu berücksichtigen, die entgegen dem Wortlaut einen anderen Sinngehalt erkennen lassen.

Verschieden ist der *Kreis der Umstände,* die bei der Auslegung zu berücksichtigen sind:

429   **1.** Bei der **empfangsbedürftigen**, an einen bestimmten Empfänger gerichteten Willenserklärung können zur Auslegung nur die dem Empfänger erkennbaren Umstände dienen.

> Erkennbar sind nur Umstände, die bei gebotener Sorgfalt vom Empfänger hätten erkannt werden können. Daher kann eine Erklärung, die an mehrere Empfänger gerichtet ist, für jeden eine verschiedene Auslegung erfahren.

Bei den an einen größeren Personenkreis (das Publikum) gerichteten Erklärungen, wie z. B. der Kundgabe einer Vollmacht durch öffentliche Bekanntmachung (§ 171), dürfen nur die diesem Personenkreis erkennbaren Umstände herangezogen werden.

a) Bei der Auslegung sind *alle erkennbaren Umstände* des besonderen Falles zu berücksichtigen.

Soweit sich der Erklärende durch *verkehrsübliche Zeichen* (Worte, Gebärden usw.) erklärt hat, ist die Bedeutung maßgebend, die ein verständiger Durchschnittsmensch solchem Verhalten beilegen muß. Darüber hinaus ist die Verkehrssitte, insbesondere Handelsbräuche (§ 346 HGB) und Termini (z. B. Trade Terms), zu berücksichtigen.

> Es kommt nicht darauf an, daß der Erklärende die Verkehrssitte kennt oder sich ihrer Bedeutung bewußt ist. Allerdings steht es den Beteiligten frei, die *Verkehrssitte* auszuschließen.
>
> Bei *örtlich* verschiedener Verkehrssitte ist auf den Ort abzustellen, an dem sich der *Erklärungsempfänger* befindet. Wer in einer Kölner Gaststätte einen „halven Hahn" bestellt, hat entsprechend dem örtlichen Sprachgebrauch einen Kaufantrag für ein Käsebrötchen abgegeben (vgl. Rdn. 28, 548). Allerdings muß der Erklärungsempfänger sich fragen: Was kann der *Erklärende* vernünftigerweise mit solchen Worten

Auslegung der Willenserklärung   § 35 II 1

meinen? Das kann zur Maßgeblichkeit der Verkehrssitte zurückführen, unter deren Herrschaft der Erklärende steht. Entsprechendes gilt, wenn die Beteiligten verschiedenen *Berufskreisen* angehören.

Neben der Berücksichtigung der Verkehrssitte und des Verkehrsüblichen ist bei länger dauernden Beziehungen darauf abzustellen, welchen Sinn der Empfänger aufgrund seiner Kenntnis von den *Gepflogenheiten des Erklärenden* dessen Erklärung beilegen mußte (Ausdrucksgewohnheiten, frühere Vereinbarung einer besonderen Bedeutung der Erklärungsmittel).

b) Wenn auch als Ziel der „Auslegung" nur der wirkliche Wille, soweit er **430** irgendwie erkennbar geäußert ist, in Betracht kommt, so dient doch die Erklärung wiederum als Mittel zur Offenbarung der wirklich verfolgten Geschäftsabsicht. Wird diese trotz falscher Bezeichnung dem Erklärungsempfänger richtig offenbart, ist das Ziel der Erklärung erreicht. Die *Auslegung* des ihm gegenüber geäußerten Willens ist *unnötig,* erst recht die Anfechtung. Die richtig verstandene Erklärung gilt in dem wirklich gemeinten Sinne.

Diese Auffassung löst den Dualismus zwischen subjektiver Auslegung (Willensprinzip) und der notwendigen Verantwortlichkeit des Erklärenden für den objektiven Erklärungssinn befriedigend, ohne den klaren Grundsatz preiszugeben, daß die Auslegung nur Sinndeutung des erklärten Willens ist.

Der *Vorrang des übereinstimmend Gewollten* gilt auch für den Fall, daß die Parteien den Gegenstand zwar übereinstimmend und eindeutig, aber objektiv falsch bezeichnet haben. Auch hier gilt die richtig verstandene Erklärung in dem wirklich gemeinten Sinne. Mit diesem Grundsatz löst sich das Problem des Vergreifens in den Erklärungsmitteln, die **falsa demonstratio** (vgl. auch unten Rdn. 441).

Daß das gemeinsam Gewollte maßgebend ist, entschied das RG in RGZ 99, 147f: Verkauft war „Haakjöringsköd", das bedeutet in der norwegischen Sprache Haifischfleisch, gemeint war beiderseits Walfischfleisch; folglich war Walfischfleisch geschuldet und zu liefern.

Ähnliche Grundsätze sind auch für die *objektiv mehrdeutige Erklärung* anzuwenden. Falls der Empfänger die Erklärung in ihrer vom Erklärenden gewollten Bedeutung richtig verstanden und sich darauf eingelassen hat, so muß er sie in diesem Sinne gelten lassen. Es gilt das übereinstimmend Gewollte. Dies trifft jedoch nicht zu, wenn der Erklärungsgegner die Erklärung wegen ihrer Mehrdeutigkeit abgelehnt hat; bei Zweifeln muß er nachfragen.

Das Gesetz hat im übrigen für viele Fälle durch *Auslegungsregeln* von zwei Möglichkeiten die eine oder andere bevorzugt, um dem Streit über die Bedeutung einer Erklärung vorzubeugen (z.B. §§ 314, 455).

§ 35 III   Vierter Teil: Die Lehre vom Rechtsgeschäft

431 2. Bei den **nicht empfangsbedürftigen** Erklärungen sind alle möglichen Umstände, sonstige Äußerungen des Erklärenden, Gewohnheiten usw. zu berücksichtigen, sofern im Verhalten des Erklärenden zusammen mit diesen Umständen eine, wenn auch unvollkommene Äußerung des fraglichen Willensinhalts gefunden werden kann. Immer aber muß der wirkliche innere Wille irgendwie einen Ausdruck gefunden haben. Ist dies nicht der Fall, kann der wirkliche innere Wille nur durch Anfechtung zum Tragen kommen.

Das gilt vor allen Dingen für die *Auslegung von Testamenten*. Hier werden zwar Außenstehende in ihren Interessen betroffen, jedoch sind sie nicht Adressaten der Erklärung. § 2084 gibt der Auslegung eines Testaments Vorrang, die den Erfolg der Verfügung sichert, d. h. dem Willen des Testators wird Vorrang vor dem Schutz der Betroffenen eingeräumt. Die Auslegung bezweckt damit, den Willen des Testators zum Tragen zu bringen; sie hat deshalb Vorrang vor der Anfechtung, die wegen ihrer rein negativen Auswirkung den Willen des Testators völlig ausschaltet (LANGE/ KUCHINKE § 33). Allerdings muß der wirkliche innere Wille des Testators in der entsprechenden Form einen Ausdruck gefunden haben. Eine rein subjektive Auslegung ist nicht statthaft.

Äußert dagegen eine nicht empfangsbedürftige Erklärung *Wirkung gegenüber der Allgemeinheit* oder einem bestimmten Personenkeis, so ist, sofern Umstände für die Auslegung zu berücksichtigen sind, auf die Verständnismöglichkeit des jeweiligen Personenkreises abzustellen.

432 III. Die Auslegungsgrundsätze gelten auch für **formgebundene Erklärungen**.

Dabei ist nach dem *Zweck der Formvorschrift* zu unterscheiden. Dient die Form lediglich dem *Schutz der Vertragsparteien,* können Umstände zur Auslegung herangezogen werden, die von den Parteien ihren Erklärungen zugrundegelegt wurden, sofern sie in der Urkunde einen, wenn auch nur unvollkommenen Ausdruck gefunden haben (so die h.M., vgl. das RG seit RGZ 59, 217, 219 sowie BGH WM 1957, 1222; 1958, 71f); Umstände, die völlig außerhalb der Beurkundung liegen, bleiben außer Betracht (BGH NJW 1980, 1572, 1574). Jedoch ist der Auslegung eines Testaments selbst durch einen „klaren und eindeutigen" Wortlaut keine Grenze gesetzt (so BGH NJW 1983, 672ff).

Das RG hat von diesen Kriterien in den Fällen der falsa demonstratio abgesehen (vgl. RGZ 109, 334, 336). Die Argumentation ging dahin, daß, wenn beim formfreien Geschäft die Willensübereinstimmung beachtet werden durfte, auch wenn der wahre Wille in der Erklärung nicht zum Ausdruck kam, so liege kein innerer Grund vor, davon beim förmlichen Geschäft eine Ausnahme zu machen. Auf eine Erklärung des wahren Willens werde auch hier verzichtet, weil die formgerechte Fehlerklärung ihn den Beteiligten tatsächlich offenbare.

Auslegung der Willenserklärung § 35 IV

Neuerdings bestehen Bedenken, die für die falsa demonstratio angewandte Ausnahmeregelung auch für formgebundene Rechtsgeschäfte gelten zu lassen (vgl. insbesondere WIELING aaO, S. 297, 315f; differenzierend LÜDERITZ aaO, S. 186ff). Der Bundesgerichtshof hatte die Bedenken bezüglich § 313 aufgegriffen, ohne sich zunächst zu entscheiden (BGHZ 74, 116, 119f); nach erneuter Überprüfung hat der BGH keinen Anlaß gesehen, von der bisherigen Rechtsprechung zur Unschädlichkeit einer versehentlichen Falschbezeichnung im Rahmen des § 313 abzuweichen (BGHZ 87, 150, 152ff).

Schließt sich an den Kaufvertrag die Auflassung und Eintragung an, so ist eine falsche Bezeichnung des aufgelassenen Grundstücks in der Auflassungsurkunde richtigzustellen. § 28 GBO schreibt vor, daß der Eintragungsbewilligung die mit dem Grundbuch übereinstimmende Bezeichnung des Grundstücks zugrundegelegt werden muß. Falls sich der Verkäufer weigern sollte, eine solche richtige Bezeichnung des wirklich gemeinten Grundstücks vorzunehmen, müßte er aufgrund des richtig ausgelegten Kaufvertrages auf Abgabe einer ordnungsmäßigen Eintragungsbewilligung verklagt werden.

Dient die Form über die Vertragsparteien hinaus auch dem *Schutz Dritter,* so sind für die Auslegung einer formgebundenen Erklärung strengere Maßstäbe zu fordern. Die Heranziehung von Umständen, die Dritten nicht erkennbar sind, ist generell nicht zulässig.

So hat z. B. der BGH in ständiger Rechtsprechung für Auslegung von Wechselerklärungen betont, daß außer der Urkunde selbst nur solche Umstände heranzuziehen sind, die einem am Begebungsvertrag nicht beteiligten Dritten mutmaßlich bekannt sind oder von ihm ohne Schwierigkeiten erkannt werden können (BGHZ 64, 11, 14).

IV. Verwahrung (protestatio)

Die Möglichkeit, den Geschäftswillen konkludent zu erklären, bringt die Gefahr mit sich, daß unter Umständen die Willenserklärung anders als gewollt aufgefaßt wird. Der Erklärende will sich vor dieser möglichen Deutung schützen, indem er sich dagegen durch eine Erklärung verwahrt. **433**

Der Besitzer eines Erbschaftsgegenstandes verwahrt sich z. B. dagegen, daß seine Maßnahmen zur Erhaltung des Gegenstandes als Annahme der Erbschaft gedeutet werden. Entsprechendes gilt, wenn sich eine Partei bei einem Vergleichsangebot aus Kulanz ohne ausdrückliche Anerkennung einer Rechtspflicht zur Zahlung eines Betrages bereit erklärt.

Die Verwahrung darf jedoch dem *eindeutig* zum Ausdruck gebrachten Erklärungstatbestand nicht widersprechen (so, wenn jemand eine Vertragsofferte zu einer entgeltlichen Leistung – gebührenpflichtiger Parkplatz, Brötchen auf dem Gasthaustisch – seinem äußeren Verhalten nach durch konkludente Willenserklärung annimmt und sich zugleich hiergegen verwahrt; vgl. BGHZ 21, 319ff). Es handelt sich in diesen Fällen um eine unbeachtliche **protestatio**

facto contraria, die ein Unterfall des *venire contra factum proprium* darstellt. Vgl. zur Verwahrung gegen sozialtypisches Verhalten oben Rdn. 396 und unten Rdn. 545.

Diese Differenzierung hatten schon das Badische LR, S. 1108 c, das Sächsische BGB in §§ 139ff und der Dresdner Entwurf in Art. 44 enthalten. Die Regelung wurde im Vorentwurf von GEBHARD zum Ersten Entwurf des BGB (GEBHARD Entwurf des Allgemeinen Theils, 1881, abgedruckt in: Vorentwürfe der Redaktoren zum BGB, hrsg. von W. Schubert, 1981) in § 91 wie folgt vorgesehen: „Die Annahme, daß eine stillschweigende Willenserklärung vorliege, ist ausgeschlossen, wenn sich der Urheber ausdrücklich dagegen verwahrt hat, daß in seinem Verhalten eine solche zu finden sei. Die Verwahrung ist unwirksam, wenn das Verhalten keine andere Auslegung zuläßt als diejenige, gegen welche die Verwahrung eingelegt ist". Da man von einer Begriffsbestimmung der konkludenten Willenserklärung absah, entfiel auch die Übernahme dieser Vorschrift (Mot. I, 154).

Es wird erörtert, ob man die Verwahrung unter dem Begriff der Auslegung erfassen kann (vgl. hierzu ausführlich TEICHMANN Die protestatio facto contraria, Festschrift Michaelis, 1972, 294ff). Soweit sie zulässig ist, wirkt der Verwahrende einer nicht gewollten Deutung entgegen; sie ist insofern ein Gegenmittel gegen mögliche Auslegung. Widerspricht jedoch die Verwahrung dem eindeutigen konkludenten Verhalten, so ist für die Auslegung kein Raum.

§ 36
Willensmängel

434 Wenn die Rechtsordnung an die Willenserklärung Wirkungen knüpft, so geht sie davon aus, daß der Wille in der Erklärung fehlerfrei zum Ausdruck kommt. Es kann jedoch die Erklärung dem Geschäftswillen des Erklärenden nicht entsprechen, obwohl die tatbestandlichen Voraussetzungen für eine wirksame Willenserklärung (vgl. oben § 32) vorliegen. Bei diesen Willensmängeln unterscheidet man die Fälle einer *bewußten Abweichung* des Willens von der Erklärung und die einer *unbewußten Divergenz* zwischen Wille und Erklärung (Irrtum).

Für diese Fälle stellt sich die Frage, ob der Erklärende am erkennbaren Sinn seiner Erklärung festgehalten werden oder ob dem wirklichen Willen des Erklärenden Rechnung getragen werden soll. Hierbei nimmt das BGB einen vermittelnden Standpunkt zwischen Erklärungs- und Willenstheorie ein (vgl. zum Grundsätzlichen oben Rdn. 385ff). Das Gesetz hält zwar den wirklichen Willen des Erklärenden für maßgebend (der Willensmangel hat grundsätzlich Nichtigkeit oder Anfechtbarkeit zur Folge), der Erklärende muß sich jedoch unter bestimmten Umständen zum Schutz des Erklärungsgegners den objektiven Erklärungsgehalt zurechnen lassen. Deshalb hat der Gesetzgeber in einigen Fällen die Maßgeblichkeit des Willens eingeschränkt; er hat den geheimen Vorbehalt für unbeachtlich erklärt und, soweit der Irrtum gem. § 119 zur Anfechtung berechtigt, die Anfechtungsmöglichkeit mit der Pflicht zum Ersatz des Vertrauensschadens verknüpft (§ 122).

Zu beachten ist weiterhin, daß die Regelung des Gesetzes nur für Willenserklärungen, unter Umständen auch für geschäftsähnliche Handlungen, jedoch nicht für sonstiges rechtswirksames Verhalten (vgl. oben Rdn. 336) Anwendung findet.

Als Rechtsfolgen der Willensmängel sieht das Gesetz Nichtigkeit ipso iure oder Vernichtbarkeit, d.h. Nichtigkeit als Folge der Anfechtung (§ 142), vor. Im Interesse des Verkehrsschutzes erfahren die Rechtsfolgen jedoch teilweise Einschränkungen, so z. B. im Gesellschafts- und Arbeitsrecht.
Zu den unterschiedlichen Voraussetzungen siehe nachstehend; zu den Einzelheiten der Rechtsfolgen vgl. unten Rdn. 457ff und 519.

A. Bewußtes Abweichen von Wille und Erklärung

BAER Scheingeschäfte, 1931; HONSELL In fraudem legis agere, Festschrift Kaser, 1976, 111ff; KIEHL Schutz des Dritten gegen Scheingeschäfte, Gruchot 63, 558ff; KOHLER Studien über Mentalreservation und Simulation, JherJb. 16, 91ff; MICHAELIS Scheingeschäfte, verdecktes Geschäft und verkleidetes Geschäft im Gesetz und in der Rechtspraxis, Festschrift Wieacker 1978, 444ff; OERTMANN Scheingeschäft und Kollusion, Recht 1923, 74ff.

I. Geheimer Vorbehalt (Mentalreservation)

Behält sich der Erklärende insgeheim vor, das Erklärte nicht zu wollen, so ist danach zu unterscheiden, ob der Erklärungsgegner den geheimen Vorbehalt kennt oder nicht.

1. Der vom Gegner *nicht gekannte Vorbehalt* ist unbeachtlich, die Willenserklärung ist *gültig* (§ 116 S. 1). Die Unbeachtlichkeit des geheimen Vorbehalts ist eine zwingende Anforderung der Verkehrssicherheit, die Rechtsordnung würde anderenfalls die bewußte Unwahrheit, die Lüge, begünstigen.

Auf das Motiv des Vorbehalts kommt es nicht an. Unter § 116 S. 1 fällt auch der sogenannte böse Scherz, bei dem der Erklärende erwartet, daß seine Erklärung ernst genommen werde, oder doch annimmt, daß sie ernst genommen werden könnte. Wird dagegen die scherzhafte Erklärung in der Erwartung abgegeben, daß sie vom Gegner als solche erkannt wird, so greifen die §§ 118, 122 ein.
Wenn ein Vertreter erkennbar namens des Vertretenen einen Rechtserwerb macht, ist sein stiller Vorbehalt, nicht für jenen, sondern für sich zu erwerben, bedeutungslos, sofern der Veräußerer den Vorbehalt nicht kennt; es erwirbt der Vertretene (RG WarnRspr. 1909 Nr. 124).

2. Der dem Gegner *bekannte Vorbehalt* macht die Erklärung *nichtig* (§ 116 S. 2). Hier entfällt das Schutzbedürfnis, der Gegner wird nicht getäuscht. Das Gesetz bevorzugt in diesem Fall den Willen des Erklärenden (zur Kritik vgl. LARENZ AT § 20 I).

Für die gesetzliche Regelung ist gleichgültig, auf welche Weise der Gegner die Kenntnis erlangt hat; bei einem in der Erklärung zum Ausdruck gelangten Vorbehalt will das RG (RGZ 78, 371, 376 f) § 116 S. 2 entsprechend anwenden. Eine fahrlässige Unkenntnis vom Vorbehalt führt nicht zur Nichtigkeit gem. § 116 S. 2.
§ 116 findet für die Eheschließung keine Anwendung (vgl. §§ 16ff EheG).

II. Das Scheingeschäft

436 **1.** a) Gibt jemand eine empfangsbedürftige Willenserklärung mit Einverständnis des Empfängers nur zum Schein ab **(simuliertes Geschäft)**, so ist sie *nichtig* (§ 117 I). Da die Parteien einverständlich die Rechtswirkungen der Erklärungen nicht herbeiführen wollen und insofern ein Geschäftswille nicht vorhanden ist, besteht kein Interesse am Bestand der Erklärung (BGHZ 36, 84, 87f).

Der *Unterschied* des Scheingeschäfts *zum gekannten geheimen Vorbehalt* liegt darin, daß dem Empfänger das Fehlen des Geschäftswillens nicht bloß bekannt ist, sondern daß er mit der Abgabe der Scheinerklärung einverstanden ist, mit dem Erklärenden gemeinsame Sache macht. Zum Begriff des Scheingeschäfts gehört aber nicht notwendig, daß es auf die Täuschung eines Dritten berechnet ist (RGZ 90, 273, 277).

Für die *Eheschließung* findet § 117 keine Anwendung, wie sich aus den abschließend aufgeführten Nichtigkeits- und Aufhebungsgründen des EheG (§§ 16ff, 28ff) ergibt.

Wollen bei einer Rechtsübertragung die Parteien – wenn auch nur zur Gläubigerbenachteiligung – den von der Rechtsordnung mißbilligten Rechtserfolg, so ergibt sich daraus noch *nicht der Charakter eines Scheingeschäftes*. Soll z. B. ein Vermögensgegenstand auf einen anderen übertragen werden, lediglich um ihn dem Zugriff der Gläubiger zu entziehen, so ist dies kein Fall des § 117, weil der erstrebte, wenn auch mißbilligte Zweck nur bei Gültigkeit erreicht werden kann und das Rechtsgeschäft daher ernstlich gewollt ist (RGZ 81, 41, 45; BGHZ 36, 84, 88). Die Mißbilligung durch die Rechtsordnung wird auf andere Weise durchgesetzt, so z. B. durch die Vorschriften über die Gläubigeranfechtung (§§ 29ff KO, 3ff AnfG, 850 h ZPO; vgl. hierzu unten Rdn. 523).

Ähnlich sind *Umgehungsgeschäfte* zu beurteilen, bei denen die Parteien den rechtlichen Erfolg des abgeschlossenen Geschäfts wollen, weil sie unerwünschte Rechtsfolgen, die sich an das umgangene Rechtsgeschäft anknüpfen würden, vermeiden möchten; z. B. wenn bei einem Gebrauchtwagenverkauf an einen weiterverkaufenden Händler mit diesem vom Verkäufer lediglich ein Vermittlungsgeschäft abgeschlossen wird, um die Mehrwertsteuer zu sparen.

Auch das *Treuhandgeschäft* ist kein Scheingeschäft, da der Rechtserfolg ernsthaft gewollt ist; so soll z. B. bei der Sicherungsübereignung der Rechtserfolg des

Willensmängel § 36 A II 2

Eigentumsübergangs eintreten, wenn auch im Innenverhältnis dem Sicherungseigentümer schuldrechtliche Bindungen auferlegt werden (vgl. im einzelnen unten Rdn. 614).

Gleichfalls ist das Rechtsgeschäft mit einem *Strohmann* kein Scheingeschäft; dies gilt für die vom Hintermann mit dem Strohmann getroffenen Vereinbarungen ebenso, wie für die vom Strohmann mit Dritten vorgenommenen Geschäfte (vgl. hierzu unten Rdn. 623). Auch die Einschaltung eines Strohmannes bei Abschluß eines GmbH-Gesellschaftsvertrages wurde von der Rechtsprechung (BGHZ 21, 378, 381) nicht als Scheingeschäft angesehen (heute weitgehend durch die Zulassung der Einmann-GmbH Gründung, § 1 GmbHG, überholt).

b) *Dritten gegenüber* kann sich die Nichtigkeit des Scheingeschäftes *zum* **437** *Vorteil* auswirken. Der Gläubiger des „Veräußerers" kann z. B. den durch Scheingeschäft veräußerten Gegenstand noch pfänden.

Andererseits kann sich die Nichtigkeit auch *zum Nachteil Dritter* auswirken. Hat z. B. ein Dritter vom „Scheinerwerber" eine Sache erworben, so muß er sie grundsätzlich an den Eigentümer herausgeben; hat er an den „Scheinerwerber" einer Forderung gezahlt, so muß er an den wahren Gläubiger nochmals zahlen. Es greifen aber die Vorschriften zum Schutz des guten Glaubens ein (z. B. §§ 892ff; 932ff; für die Fälle der Forderungsabtretung bietet ggf. § 405 Schutz).

Darüber hinaus können zugunsten gutgläubiger Dritter *allgemeine Grundsätze des Vertrauensschutzes* eingreifen, sofern deren tatbestandliche Voraussetzungen vorliegen (vgl. oben Rdn. 332ff).

Das gilt z. B. für den Fall in RGZ 90, 273ff, in dem der Scheinzessionar einer Briefhypothek ohne öffentliche Beglaubigung diese an einen Dritten weiterübertragen hatte und der ursprüngliche Hypothekengläubiger unter Berufung auf das ursprüngliche Scheingeschäft nunmehr die Herausgabe des Hypothekenbriefes verlangt. Das RG hat den Anspruch unter Heranziehung der exceptio doli verneint.

Außerdem kann dem durch ein Scheingeschäft geschädigten Dritten ein *Schadensersatzanspruch aus unerlaubter Handlung* (z.B. § 823 II i. V. m. § 263 StGB; § 826) erwachsen.

Wer als Dritter mit einem Vertreter zum Nachteil des Vertretenen kolludiert, kann sich gegenüber dem Vertretenen auf die Scheinnatur des Geschäftes nicht berufen. Der Dritte täuscht dem Vertretenen als seinem eigentlichen Geschäftsgegner das Vorhandensein eines Geschäftswillens vor, wie wenn er ihm die Erklärung ohne das Zwischenglied eines Vertreters abgeben würde. Das Verhalten des Dritten ist daher als geheimer Vorbehalt gemäß § 116 zu werten (vgl. RGZ 134, 33, 37).

2. Vom Scheingeschäft ist das **verdeckte (dissimulierte) Geschäft** zu unter- **438** scheiden. Nicht selten dient das Scheingeschäft dazu, ein anderes ernsthaft gewolltes Geschäft zu verdecken; z. B. wenn der Verkauf eines Grundstücks zu einem niedrigeren Kaufpreis aus Gründen der Steuer- und Gebührenersparnis

den ernstlich gewollten Verkauf zu einem höheren Kaufpreis verdeckt (sog. **Schwarzkauf**). Dann ist das Geschäft nach den für das verdeckte Geschäft geltenden Rechtssätzen zu beurteilen, bedarf also namentlich der hierfür vorgeschriebenen Form. In diesem Falle ist der beurkundete Vertrag nach § 117 nichtig, aber auch der wirklich gewollte (dissimulierte) Kauf, weil dieser der gesetzlichen Form entbehrt (§§ 313, 125; vgl. zur Formnichtigkeit allgemein unten Rdn. 483ff); erst durch Auflassung und Eintragung des Käufers als Eigentümer wird nach § 313 S. 2 der Mangel der Form beim verdeckten Geschäft geheilt (RGZ 78, 115, 119f; 104, 102, 104f; 129, 150, 152; BGHZ 54, 56, 62).

Diese Grundsätze gelten nur, wenn *bewußt* (zum Schein) ein anderes Rechtsgeschäft verdeckt wird. Haben die Parteien dagegen *irrtümlich* bei einem formbedürftigen Rechtsgeschäft den Vertragsgegenstand falsch bezeichnet, so können die Auslegungsgrundsätze zur *falsa demonstratio* herangezogen werden (RGZ 109, 334, 336; vgl. auch BGHZ 74, 116, 119; siehe oben Rdn. 432).

> Den notariell beurkundeten Scheinverkauf eines Grundstücks, durch den eine *Schenkung* – z.B. um eine Gläubigeranfechtung zu vermeiden – verdeckt werden soll, hat das RG als wirksame Schenkung gelten lassen, da für § 518 nicht erforderlich sei, daß die schenkweise eingegangene Leistungsverpflichtung in der Urkunde ihren Ausdruck finde (RGZ 99, 124, 127).

Zu beachten bleibt, daß das verdeckte Geschäft über den *Kauf beweglicher Sachen* wirksam ist, da das Gesetz in diesem Fall keine Form vorschreibt.

Auch für die *steuerliche Behandlung* ist das verdeckte Rechtsgeschäft maßgebend (§ 41 II 2 AO).

III. Die nicht ernstlich gemeinte Erklärung

439 Die *sogenannte Scherzerklärung,* die in der Erwartung abgegeben wird, der Mangel der Ernstlichkeit werde nicht verkannt werden, hat Nichtigkeit zur Folge (§ 118). Da der Erklärende Erklärungsbewußtsein hat, liegt zwar der Tatbestand einer Willenserklärung vor, jedoch fehlt der Geschäftswille. Das Gesetz hält in diesem Falle das Fehlen des Geschäftswillens für maßgeblich, belastet den Erklärenden jedoch mit der Verpflichtung, dem Erklärungsgegner den Vertrauensschaden zu ersetzen (§ 122). In Betracht kommen Erklärungen im Scherz, aus Ironie (OLG Rostock OLGZ 40, 273) oder Prahlerei.

> Durch die Erwartung, der Mangel der Ernstlichkeit werde nicht verkannt werden, unterscheidet sich die Scherzerklärung vom geheimen Vorbehalt; wenn die Scherzerklärung in Täuschungsabsicht abgegeben wird (sog. böser Scherz), liegt ein Fall des § 116 vor (vgl. oben Rdn. 435).
>
> Mangels Erklärungsbewußtseins sind Erklärungen als Beispiele zu Lehrzwecken oder auf der Bühne keine Willenserklärungen.

Willensmängel § 36 B

Für den Tatbestand der Scherzerklärung wird nicht vorausgesetzt, daß die Nichternstlichkeit aus der Erklärung und den Umständen für den Dritten ersichtlich ist. Jedoch kann dies für den Schadensersatzanspruch gemäß § 122 von Bedeutung sein (vgl. § 122 II).

Unter § 118 fällt auch das sogenannte *mißlungene Scheingeschäft*, bei dem der Erklärende glaubt, der Erklärungsgegner würde die Nichternstlichkeit der Willenserklärung erkennen und zum Schein darauf eingehen, wohingegen dieser die Erklärung ernst nimmt und daher ein Scheingeschäft gemäß § 117 I nicht zustande kommt. Der Erklärungsgegner wird grundsätzlich auf die §§ 118, 122 verwiesen.

Allerdings hat das RG (RGZ 168, 204, 205f) bei *Beurkundung* eines vom Erklärenden nicht ernstlich gewollten Geschäfts den Erklärenden nach Treu und Glauben an seiner Erklärung festgehalten und die subjektive Orientierung des § 118 deshalb korrigiert, weil im Gegensatz zu den Leitvorstellungen des Gesetzes die Erklärung in einer Vertragsurkunde niedergelegt und dadurch erhöhtes Vertrauen des Erklärungsgegners hervorgerufen worden war.

B. Unbewußte Nichtübereinstimmung von Wille und Erklärung – Irrtum

BERNSTEIN Irrtum und Geschäftsgrundlage, 1933; BRAUER Der Eigenschaftsirrtum, 1941; BROX Die Einschränkung der Irrtumsanfechtung, 1960; DANZ Über das Verhältnis des Irrtums zur Auslegung nach dem BGB, JherJb. 46, 381ff; DIESSELHORST Zum Irrtum bei Vertragsschluß, Sympotika Wieacker, 1970, 180ff; DREXELIUS Irrtum und Risiko, 1964; FLAD Irrtum über die Eigenschaften einer dritten Person, Gruchot 61, 1ff; FLUME Eigenschaftsirrtum und Kauf, 1948, Neudruck 1975; v. GIERKE, J. Sachmängelhaftung und Irrtum beim Kauf, ZHR 114, 73ff; GIESEN Zur Relevanz des Kalkulationsirrtums, JR 1971, 403ff; GOLTZ Motivirrtum und Geschäftsgrundlage im Schuldvertrag, 1973; GSCHNITZER Wesentlich und unwesentlich im BGB, AcP 121, 199ff; HAUPT Die Entwicklung der Lehre vom Irrtum beim Rechtsgeschäft seit der Rezeption, 1941; HENLE Irrtum über die Rechtsfolgen, 1911; HENRICH Die unbewußte Irreführung, AcP 162, 88ff; ders., Die Unterschrift unter einer nichtgelesenen Urkunde, RabelsZ 35, 55, 64ff; KRAMER Zur Unterscheidung zwischen Motiv- und Geschäftsirrtum, ÖJZ 1974, 452ff; KRÜCKMANN Kalkulationsirrtum und ursprüngliche Sinn-, Zweck- und Gegenstandslosigkeit, AcP 128, 157ff; ders., Zum Kalkulationsirrtum, JW 1927, 2404ff; LANGE Die Neugestaltung der Anfechtung und das Vertragsverhältnis, JherJb. 89,227ff; LEIST Die Einschränkung der Irrtums- und Täuschungsanfechtung in der Praxis, AcP 102, 215ff; LENEL Der Irrtum über wesentliche Eigenschaften, AcP 123, 161; LESSMANN Irrtumsanfechtung nach § 119 BGB, JuS 1969, 478ff, 525ff; LOBEDANZ Der Einfluß von Willensmängeln auf Gründungs- und Beitrittsgeschäfte, 1938; LOCHER Geschäftsgrundlage und Geschäftszweck, AcP 121, 1ff; MANIGK Irrtum und Auslegung, 1918; MAYER-MALY Rechtsirrtum und Rechtsunkenntnis als Probleme des Privatrechts, AcP 170, 133ff; OERTMANN Doppelseitiger Irrtum beim Vertragsschluß, AcP 117, 275ff; OFTINGER Die ungelesene unterzeichnete Urkunde und verwandte Tatbestände, Festschrift Simonius, 1955, 263ff; PIKART Die Rechtsprechung des BGH zur Anfechtung von

§ 36 B Vierter Teil: Die Lehre vom Rechtsgeschäft

Willensmängeln, WM 1963, 1198ff; RAAPE Sachmängelhaftung und Irrtum beim Kauf, AcP 150, 481ff; RIEZLER Zur Begrenzung des negativen Vertragsinteresses, DJZ 1912, 1176ff; RITTNER Rechtswissen und Rechtsirrtum im Zivilrecht, Festschrift v. Hippel, 1967, 391ff; ROTHOEFT System der Irrtumslehre als Methodenfrage der Rechtsvergleichung, 1968; SCHLOSSMANN Der Irrtum über wesentliche Eigenschaften der Person und der Sache nach dem Bürgerlichen Gesetzbuch, 1903; SCHMIDT-RIMPLER Eigenschaftsirrtum und Erklärungsirrtum, Festschrift Lehmann, I 1956, 213ff; SCHMIDT-SALZER Gewährleistungsausschluß und Irrtumsanfechtung, JZ 1967, 661ff; SCHMIEDEL Der allseitige Irrtum über die Rechtslage bei der Neuregelung eines Rechtsverhältnisses, Festschrift v. Caemmerer, 1978, 231ff; SCHUBERT Zu einer Edition unveröffentlichter Materialien zum BGB – Zugleich ein Beitrag zur Entstehungsgeschichte des § 119 BGB, AcP 175, 426ff; v. SCHWIND Der Irrtum im Verkehrsrecht des ABGB und BGB, JherJb. 89, 119ff; TITZE Vom sog. Motivirrtum, Festschrift Heymann, II, 1940, 72, Neudruck 1956; ders., Die Lehre vom Mißverständnis, 1910; v. TUHR Irrtum über den Inhalt der Willenserklärung, LZ 1918, 126ff; WIEACKER Gemeinsamer Irrtum der Vertragspartner und clausula rebus sic stantibus, Festschrift Wilburg, 1965, 229ff; WIESER Der Kalkulationsirrtum, NJW 1972, 708ff; ZITELMANN Irrtum und Rechtsgeschäft, 1879.

440 Der Irrtum ist Zwiespalt zwischen Vorstellung und Wirklichkeit. Ist wegen eines Irrtums eine Erklärung nicht, wie sie abgegeben wurde, gewollt, so wird der Erklärende bestrebt sein, sich von den Wirkungen dieser Erklärung zu lösen.

Im Interesse der Rechtssicherheit kann dies nur ausnahmsweise der Fall sein. Im Laufe der Rechtsentwicklung sind unterschiedliche Lösungsmodelle entworfen worden. Eine subjektive Orientierung wollte dem Erklärenden weitgehend gestatten, sich vom Erklärungsinhalt zu befreien, während andererseits durchaus gesehen wurde, daß das Interesse des Erklärungsgegners grundsätzlich ein Festhalten an der Erklärung verlangt („Ein Mann, ein Wort"). Eine Differenzierung wurde auch dadurch gesucht, daß nur ein unverschuldeter Irrtum dazu berechtigen sollte, sich von der Erklärung loszusagen.

Schließlich hat der BGB-Gesetzgeber in begrenztem Umfang dem Erklärenden die Möglichkeit eingeräumt, sich von der Bindungswirkung durch Anfechtung zu befreien und als Korrektiv zugunsten des Erklärungsgegners eine Ersatzpflicht für den Vertrauensschaden statuiert.

Das *Gesetz* berücksichtigt in den §§ 119, 120 folgende *Irrtumsfälle:*
– den Irrtum im Erklärungsakt (§ 119 I 2. Alt.)
– den Irrtum über den Erklärungsinhalt (§ 119 I 1. Alt.)
– den Irrtum über eine verkehrswesentliche Eigenschaft (§ 119 II)
– die unrichtige Botenübermittlung (§ 120).

Nicht entscheidend für die Anfechtungsmöglichkeit ist, ob der Erklärende sich in einem verschuldeten oder nicht verschuldeten Irrtum befand. Allerdings muß der Irrtum für die fehlerhafte Erklärung kausal gewesen sein.

Fehlvorstellungen im Vorfeld der Willensbildung (Irrtum im Beweggrund) sind dagegen grundsätzlich unbeachtlich. „Es genügt, daß jemand will; warum er will, ist regelmäßig gleichgültig." Eine Berücksichtigung dieses sog. *Motivirrtums* verbietet sich – bis auf Ausnahmen (vgl. unten Rdn. 448) aus Gründen der Rechtssicherheit.

I. Irrtumsfälle
1. Irrtum im Erklärungsakt (Erklärungsirrtum)

Ein Irrtum im Erklärungsakt ist dann gegeben, wenn der Erklärende „eine **441** Erklärung diesen Inhalts überhaupt nicht abgeben wollte" (§ 119 I 2. Alt.). Hierher gehören insbesondere die Fälle des Versprechens, Verschreibens, Vergreifens.

> Vergreifen liegt z. B. dann vor, wenn jemand infolge Unachtsamkeit von zwei Vertragsentwürfen denjenigen unterschreibt, den er nicht unterschreiben wollte.
> Verschreiben kann auch bei einer maschinell hergestellten Erklärung gegeben sein, wenn z. B. bei einem Defekt eines Schreibautomaten etwas falsch ausgedruckt wird.
> Der Erklärungsirrtum setzt voraus, daß der Erklärende überhaupt eine Erklärung abgeben wollte, d. h. Erklärungsbewußtsein hatte. Fehlt das Erklärungsbewußtsein, so kann allenfalls der Anschein einer Willenserklärung entstanden sein, woran sich möglicherweise eine Haftung aus rechtswirksamem Verhalten anschließt (vgl. hierzu oben Rdn. 390ff). Eine Anfechtung ist in diesen Fällen ausgeschlossen.
>
> Abzugrenzen vom Erklärungsirrtum ist weiterhin die *falsa demonstratio,* bei der der Vertragsgegenstand zwar falsch bezeichnet wird, jedoch vom Erklärungsgegner im wirklich gemeinten Sinne ausgelegt und verstanden wird. Da die Parteien trotz objektiv falscher Bezeichnung übereinstimmend das Richtige wollen, scheidet eine Irrtumsanfechtung aus (falsa demonstratio non nocet; vgl. oben Rdn. 430).

2. Irrtum über den Erklärungsinhalt (Inhaltsirrtum)

Ein Inhaltsirrtum ist gegeben, wenn der Erklärende eine irrige Vorstellung **442** über die inhaltliche Tragweite seiner Erklärung hat, also ein Mangel im Geschäftswillen vorliegt.
Der Inhaltsirrtum unterscheidet sich vom Erklärungsirrtum dadurch, daß bei ihm der Erklärende eine richtige Vorstellung von dem tatsächlichen Erklärungsakt hat, daß er damit aber etwas anderes zum Ausdruck gebracht hat, als er inhaltlich wollte.

> Diese Unterscheidung wird auf die Formel gebracht: Beim Inhaltsirrtum will der Erklärende nicht, was er sagt, beim Erklärungsirrtum sagt er etwas, was er nicht sagen will.

Auszugehen ist vom *objektiven Erklärungsinhalt,* der zunächst *gegebenenfalls durch Auslegung zu ermitteln* ist. Ergibt die Auslegung, daß der Geschäftswille in der Erklärung einen zutreffenden Ausdruck gefunden hat, so liegt ein Irrtum *nicht* vor.

Ergibt sich trotz Auslegung ein Auseinanderfallen von Wille und Erklärung, so steht dem Erklärenden die Möglichkeit der Anfechtung offen.

Daraus folgt, daß die Auslegungsmöglichkeit vor der Anfechtung zu prüfen ist (vgl. oben Rdn. 427).

a) Beim Inhaltsirrtum werden herkömmlich verschiedene *Fallgruppen* unterschieden:

443 aa) **Identitätsirrtum**

Ein *error in persona* liegt vor, wenn der Erklärende über die *Identitätsmerkmale* einer beteiligten Person irrt. *Außer Betracht* bleiben für die Anwendung des § 119 I die *Eigenschaften* einer Person, sofern sie nicht zur Individualisierung dienen; sie können gegebenenfalls im Rahmen des § 119 II Berücksichtigung finden.

Dem Hauseigentümer V empfiehlt der Freund Schmitz seinen studierenden Sohn als Mieter. Bei V erscheint ein Student gleichen Namens, den V für den Sohn seines Freundes hält; den mit diesem abgeschlossenen Mietvertrag kann er wegen Irrtums über die Person anfechten.

Ein Identitätsirrtum kann sich auch im Hinblick auf einen Gegenstand ergeben – *error in objecto*. Auch hier kommt nur eine irrige Vorstellung bezüglich der *Individualisierung* (Kennzeichnung) des Gegenstandes in Betracht, nicht über solche Eigenschaften, die nicht der Kennzeichnung dienen.

Verkauft jemand, der in seiner Wohnung zwei Bismarckbilder hängen hat, am Biertisch das Bismarckbild, das in seinem Arbeitszimmer hängt, ohne dabei zu wissen, daß seine Frau inzwischen die Bilder umgehängt hat, so liegt ein error in objecto vor.

444 bb) Ein Inhaltsirrtum ist auch die irrige Vorstellung über den **Typus des Geschäfts**.

Wer in einer „Leihbücherei" sich ein Buch aushändigen läßt, ohne zu wissen, daß er hierfür ein Entgelt zu entrichten hat, kann seine Erklärung anfechten, da er von einem Leihvertrag, nicht von einer Miete ausging.

Da der Geschäftstypus zu den wesentlichen Bestandteilen eines Rechtsgeschäfts (essentialia negotii) gehört, wird ein derartiger Irrtum als *error in negotio* bezeichnet.

cc) Mit dem Irrtum über den Geschäftsinhalt kann sich der Irrtum über die Bedeutung eines in der Erklärung verwandten Begriffes überschneiden. Dieser

Irrtum wird auch als *Verlautbarungsirrtum* bezeichnet. Es handelt sich insbesondere um die Verwendung von Fachausdrücken, die dem Erklärenden nicht geläufig sind, oder um Fremdsprachenbegriffe, die der Erklärende nicht beherrscht.

> Wenn eine Schulleiterin 25 Gros Rollen WC-Papier in der Annahme bestellt, es handele sich um 25 Doppelpackungen, während dies die Mengenangabe für 3600 Rollen bedeutet, so ist dies ein Inhaltsirrtum (vgl. LG Hanau NJW 1979, 721).

b) **Abgrenzungsfragen**

aa) Auch der **Irrtum über Rechtsfolgen** kann Inhaltsirrtum sein, im Interesse der Rechtssicherheit jedoch nur, soweit die Rechtsfolgen *unmittelbar* Gegenstand der Erklärung sind und für dessen rechtliche Kennzeichnung wesentliche Bedeutung haben. Dagegen ist der Irrtum über weitere Rechtsfolgen, die lediglich das Gesetz an die Willenserklärung knüpft, unbeachtlich. Auch Rechtsfolgen, die sich aus ergänzender Vertragsauslegung ergeben, können nicht der Irrtumsanfechtung unterliegen. **445**

> Schließt z.B. jemand einen Mietvertrag, obwohl er nur leihen will, so ist dies bereits nach dem Grundsatz, daß die wesentlichen Bestandteile eines Rechtsgeschäfts richtig erfaßt sein müssen, als beachtlicher Inhaltsirrtum anzusehen. Hat jedoch der Verkäufer eine unrichtige Vorstellung über die Mängelhaftung oder der Mieter Unkenntnis vom Vermieterpfandrecht, so sind diese gesetzlichen Folgen für die Vorstellung vom Geschäftsinhalt unbeachtlich, sofern sie nicht zum Inhalt der Erklärung gemacht worden sind.

Daher hält die Rechtsprechung den Irrtum über Rechtsfolgen nur dann für erheblich, wenn infolge der Verkennung seiner rechtlichen Bedeutung ein Rechtsgeschäft erklärt worden ist, das eine von der gewollten wesentlich verschiedene Rechtswirkung erzeugt, nicht aber dann, wenn ein irrtumsfrei erklärtes und gewolltes Geschäft außer der erstrebten Wirkung noch andere, nicht erkannte und nicht gewollte Nebenfolgen hervorbringt (st. Rspr.; vgl. z.B. RGZ 134, 195, 197f m.w.N.).

bb) Problematisch ist die Einordnung des sog. **Kalkulationsirrtums**; der Erklärende irrt sich dabei entweder bei der Berechnung der Summe oder legt irrtümlich einen falschen Berechnungsfaktor zugrunde. **446**

Das RG hat den Kalkulationsirrtum, der an sich als unbeachtlicher Motivirrtum angesehen werden muß, dann als Inhaltsirrtum (sog. *externer Kalkulationsirrtum*) qualifiziert, wenn der Erklärungsgegner auf Grund der Erklärung selbst oder der für den Vertragsschluß entscheidenden Verhandlungen erkannte oder erkennen konnte, daß der Erklärende von einer unzutreffenden Berechnung ausging (RGZ 64, 266, 268; 162, 198, 201). Diese Auffassung bringt die Gefahr einer Ausweitung der Irrtumsanfechtung mit sich und hat infolgedessen zu berechtigter Kritik Anlaß gegeben (ENN./NIPPERDEY

§ 167 IV 4; Larenz Geschäftsgrundlage und Vertragserfüllung, 3. A. 1963, 28ff; AT § 20 II; Flume II § 26, 4; Soergel/Hefermehl § 119 Rdn. 27; Medicus AT Rdn. 757ff). Insbesondere wird darauf abgestellt, daß § 119 I von einem Auseinanderfallen von Wille und Erklärung ausgeht, beim Kalkulationsirrtum Wille und Erklärung im Zeitpunkt der Erklärungsabgabe jedoch übereinstimmen. Infolgedessen ist in gravierenden Fällen, sofern nicht schon durch Auslegung eine Richtigstellung erfolgen kann (so schon RGZ 64 aaO), auf den Wegfall der Geschäftsgrundlage oder auf beiderseitigen Irrtum abzustellen (vgl. hierzu unten Rdn. 456). Der BGH hat die Frage, wie der Kalkulationsirrtum einzuordnen ist, letztlich offengelassen, da die anstehenden Fälle eine Entscheidung in dieser Hinsicht nicht erforderlich machten (BGH LM Nr. 8 und Nr. 21 zu § 119).

447 cc) Auch die Abgrenzung zwischen Inhalt der Erklärung und **Vorstellung über Eigenschaften** ist schwer zu treffen. Soweit Eigenschaften zur Individualisierung der Geschäftspartei oder des Geschäftsgegenstandes verwendet und damit erkennbar zum Inhalt der Erklärung gemacht werden, ist der Irrtum ein Inhaltsirrtum gem. § 119 I.

> Das Problem stellt sich bei der Speziesschuld; unbestritten ist hingegen, daß bei Gattungssachen Eigenschaften zur Individualisierung (limitierte Gattungsschuld) dienen.

Darüber hinaus sollen nach der *Lehre von der „Sollbeschaffenheit"*, da der Gegenstand von seinen Eigenschaften nicht zu trennen sei, auch über individualisierende Eigenschaften hinaus solche, die die Sollbeschaffenheit charakterisieren, Inhalt der Erklärung werden können. Die Vorstellung von den Eigenschaften des individualisierten Leistungsgegenstandes sei nicht nur ein dem rechtsgeschäftlichen Willen vorgelagertes Motiv, sondern auch Inhalt des erklärten rechtsgeschäftlichen Willens (vgl. Enn./Nipperdey § 167 IV 3 m.w.N.). Demgegenüber ist, um den Motivirrtum systematisch gesichert einzuordnen, die Berücksichtigung eines Irrtums über Eigenschaften, die über die Individualisierung hinausgehen – mit Larenz AT § 20 II – für die Anwendung des § 119 I abzulehnen.

3. Irrtum über wesentliche Eigenschaften (Eigenschaftsirrtum)

448 Als Irrtum über den Inhalt der Erklärung gilt nach § 119 II auch der Irrtum über verkehrswesentliche Eigenschaften. Die dogmatische Einordnung des § 119 II ist noch immer umstritten. Eine strengere Auffassung will den Eigenschaftsirrtum nur als Inhaltsirrtum gelten lassen (vgl. oben Rdn. 447): Zur Verknüpfung mit dem konkreten Geschäft soll vorausgesetzt sein, daß die Vorstellung von den Eigenschaften Bestandteil des Willens und der Willenserklärung ist (vgl. Flume Eigenschaftsirrtum und Kauf, 1948, 69f; AT II § 24, 2). Das Gesetz hält indessen auch den Irrtum über Eigenschaften, die nicht zum

Inhalt der Erklärung gemacht worden sind, für relevant und stellt im Wege der Fiktion einen solchen Irrtum dem Inhaltsirrtum gleich. Da es sich grundsätzlich beim Irrtum über Eigenschaften nicht um einen Irrtum, der den Erklärungsvorgang betrifft, handelt, sondern um einen Irrtum, der den Entschluß zur Abgabe der Erklärung beeinflußt (so LARENZ AT § 20 II), Wille und Erklärung also nicht auseinanderfallen, handelt es sich um einen *Motivirrtum.* Das Gesetz grenzt im Interesse der Rechtssicherheit die Relevanz eines nicht zum Inhaltsirrtum gewordenen Eigenschaftsirrtums auf verkehrswesentliche Eigenschaften ein.

a) Als **Eigenschaften** kann man alle tatsächlichen und rechtlichen Merkmale und Verhältnisse einer Person oder Sache bezeichnen, die infolge ihrer Beschaffenheit und Dauer auf die Brauchbarkeit und den Wert von Einfluß sind (BGHZ 34, 32, 41).

449

> Der **Wert** selbst ist **keine Eigenschaft**, sondern das Ergebnis von Eigenschaften (BGHZ 16, 54, 57), wohl aber sind es die den Wert bildenden Umstände. Also ist die Anfechtung ausgeschlossen wegen Irrtums über den Marktpreis einer Ware (RGZ 64, 266, 269; BGH NJW 1952, 778), möglich aber wegen des Irrtums über *wertbildende Faktoren,* wie z. B. die Echtheit eines Stoffes oder die Bebaubarkeit eines Grundstückes (BGHZ 34, 32, 41).
>
> Die Eigenschaften müssen nach der nicht unbestrittenen Rechtsprechung dem Gegenstand des Rechtsgeschäfts *unmittelbar* anhaften; es genügen Umstände nicht, die nur mittelbar einen Einfluß auf seine Bewertung auszuüben vermögen (RGZ 149, 235, 238; BGH NJW 1952, 778).
>
> Ferner können nur Eigenschaften berücksichtigt werden, die zum Zeitpunkt des Geschäftsabschlusses bereits gegeben sind (SOERGEL/HEFERMEHL § 119 Rdn. 37). Vorstellungen über künftig eintretende Umstände gehören in den Bereich der Spekulation.

aa) Unter *Personen* versteht § 119 II zunächst die am Rechtsgeschäft unmittelbar Beteiligten. Nach h.M. kann der Erkärende auch wegen eines Irrtums über *eigene* Eigenschaften, die für seine in Person zu erbringende Leistung von Bedeutung sind (vgl. OLG Düsseldorf JW 1921, 537), anfechten; z. B. bei Irrtum über seinen Gesundheitszustand.

Über die Person des Erklärenden und des Erklärungsgegners hinaus kann auch ein Irrtum über die *Eigenschaft eines Dritten,* sofern diese für den Inhalt und Zweck des Rechtsgeschäfts bedeutsam ist, erheblich sein (vgl. RGZ 98, 206, 207f; 158, 166, 170); so kann z. B. ein Darlehensgeber ein Darlehensversprechen anfechten, wenn er sich über die Zahlungsfähigkeit eines für das Darlehen benannten Bürgen geirrt hat.

> Als Eigenschaften einer Person kommen insbesondere in Betracht: Persönliche *Vertrauenswürdigkeit* bei Vertragstypen mit engen persönlichen Beziehungen (z. B. bei einem Dauerschuldverhältnis; so für den Baubetreuungsvertrag BGH WM 1970, 906; ablehnend für den Kauf RGZ 107, 208, 212); *Zahlungsfähigkeit* bei Kreditge-

schäften, nicht dagegen bei Barkauf (RGZ 105, 206, 208 ff); *Gesundheitszustand*, sofern er dauerhaft die Beschäftigung beeinträchtigt (BAG WM 1974, 758); *Alter* und Krankheit bei Abschuß von Personenversicherungsverträgen, sofern nicht versicherungsrechtliche Sondervorschriften eingreifen, vgl. §§ 16 ff VVG; *Vorstrafen*, soweit die Art der Beschäftigung mit der strafbaren Handlung in Beziehung steht (BAG JZ 1958, 511 ff).

bb) Entgegen dem Gesetzeswortlaut, der nur von der Eigenschaft einer *Sache* spricht, erfaßt § 119 II nicht nur Sachen i.S. des § 90, sondern Gegenstände schlechthin wie z. B. Rechte (Forderungen, Grundpfandrechte) und Inbegriffe von Vermögensgegenständen (kaufmännische Unternehmen, Nachlaß).

Eigenschaften einer „Sache" können z. B. sein: *Tatsächliche* Verhältnisse wie Alter eines Fahrzeugs (BGH NJW 1979, 160f), Bodenbeschaffenheit eines Grundstücks (RGZ 157, 173, 179), Baulandeigenschaft (OLG Köln MDR 1965, 292 f), – aber auch *rechtliche* Verhältnisse, z. B. Belastung eines Grundstücks (dagegen RG Recht 1915, Nr. 2215; RGZ 149, 235, 238), Auswirkung von Baubeschränkungen auf Nachbargrundstücke (RGZ 61, 84, 86), Rang und Verzinslichkeit einer Grundschuld (RGZ 149, 235, 238). Nicht zu den Eigenschaften gehören: Eigentum an einer Sache (BGHZ 34, 32, 41), Börsenkurs eines Wertpapiers (RGZ 116, 15, 18) ebenso wie der allgemeine Marktpreis (differenzierend zu gebundenen Preisen allerdings LARENZ AT § 20 II b).

450 b) Zur Anfechtung berechtigt, um zu weit ausgreifenden Konsequenzen rein subjektiver Vorstellungen entgegenzuwirken, nur ein Irrtum über **verkehrswesentliche Eigenschaften**. Als verkehrswesentlich kommen alle Eigenschaften in Betracht, auf die der Verkehr bei Geschäften von der typischen Eigenart des jeweils vorliegenden Geschäfts entscheidendes Gewicht legt *(konkret-objektiver Maßstab)*. Es wird vorausgesetzt, daß die tatsächlichen und rechtlichen Verhältnisse nach den Anschauungen des Verkehrs einen Einfluß auf die Wertschätzung des Gegenstandes haben (RGZ 64, 266, 269); vgl. die vorstehend unter Rdn. 449 aufgeführten Beispiele.

Der konkret-objektive Maßstab erfordert die Berücksichtigung der Umstände des Einzelfalles. So hängt z. B. die Beurteilung, ob die Eigenschaft eines Kaufgegenstandes als Original oder Kopie verkehrswesentlich ist, davon ab, ob ein Kaufgeschäft auf dem Trödelmarkt oder ein Kauf im Kunst- oder Antiquitätenhandel vorliegt; im letzteren Falle wird die Eigenschaft als Original regelmäßig als verkehrswesentlich anzusehen sein. Allerdings kann der Schluß berechtigt sein, daß dem Käufer bei Ungewißheit über die Eigenschaft (spekulatives Geschäft) das Risiko der Unechtheit überbürdet werden muß.

451 c) Das an sich begründete Anfechtungsrecht des Käufers wegen Irrtums über verkehrswesentliche Eigenschaften kann *ausgeschlossen* sein, soweit **Gewährleistungsvorschriften** eingreifen (§§ 459 ff), wobei zu beachten bleibt, daß bei dieser Kollision zwei verschiedene Ebenen, nämlich die rechtsgeschäftliche Basis (z. B. Kaufvertrag) mit der gestörten Leistung aus der rechtsgeschäftlichen Vereinbarung, in Beziehung gesetzt werden. Die Gewährleistungsvorschriften wegen Sachmangels sollen als **leges speciales** die Anfechtung wegen Eigenschaftsirrtums verdrängen (st. Rspr. seit RGZ 61, 171, 175 ff; vgl. BGHZ 16, 54, 57; BGH NJW 1979, 160 f).

aa) Wie § **477** mit der abgekürzten Verjährungsfrist zeigt, stellt die Sachmängelgewähr auf eine rasche Abwicklung ab. Diese Zielsetzung ließe sich mit den Anfechtungswirkungen unterlaufen, wenn bei einem Irrtum über eine verkehrswesentliche Eigenschaft der Käufer vom Mangel dieser Eigenschaft erst nach Ablauf der Verjährungsfrist Kenntnis erlangt und unverzüglich anficht (§ 121 I), wozu ihm das Gesetz sogar einen Zeitraum von 30 Jahren gewährt (§ 121 II).

Daneben bestünde die Möglichkeit, die Gewährleistungsvorschriften zu umgehen, auch insofern, als § **460 S. 2** die Gewährleistung ausschließt, wenn dem Käufer infolge grober Fahrlässigkeit der Mangel unbekannt geblieben ist, während die Irrtumsanfechtung unabhängig vom Verschulden des Irrenden erfolgen kann (vgl. RGZ 61, 171, 175).

bb) Die Frage, ob die Gewährleistung die Irrtumsanfechtung nach § 119 II verdrängt, stellt sich auch für die Auffassung, die den Irrtum über Eigenschaften dem Inhaltsirrtum zurechnet. Soweit sie damit § 119 II verneint, soll folgerichtig kein Raum für eine Konkurrenz mit den §§ 459 ff bleiben (vgl. SOERGEL/HEFERMEHL § 119 Rdn. 81). Soweit man jedoch verkehrswesentliche Eigenschaften zur Individualisierung in den Erklärungsinhalt einbezieht, kann ein Irrtum über diese Eigenschaften sowohl einen Irrtum nach § 119 I als auch einen Irrtum nach § 119 II begründen, so daß dann die Spezialität der Gewährleistungsvorschriften auch gegenüber den zur Irrtumsanfechtung nach § 119 I dienenden Eigenschaften eingreifen würde.

cc) Die Kollision von Anfechtung und Gewährleistung ergibt sich grundsätzlich erst, wenn die Gefahr gemäß §§ **446 f** auf den Käufer übergegangen ist, da er bei Fehlern erst von diesem Zeitpunkt ab Gewährleistungsansprüche geltend machen kann (§ 459 I). Davon machen Rechtsprechung und Lehre eine Ausnahme, wenn sie in Einzelfällen Gewährleistungsansprüche schon vor dem Gefahrübergang zulassen (vgl. BGHZ 34, 32, 35 m. w. N.). In diesen Fällen stellt sich die Frage, ob unbeschadet der Gewährleistungsansprüche die Möglichkeit besteht, den Kaufvertrag wegen Eigenschaftsirrtums anzufechten. Die Anfechtung wird zu Recht vom BGH zugelassen, weil die Gestattung einer vorzeitigen Geltendmachung von Gewährleistungsrechten eine Vergünstigung für den Käufer darstelle und dieser Vorzug beeinträchtigt würde, wenn er die Anfechtungsmöglichkeit verlieren würde (BGHZ 34, 32, 37 – a. A. im Hinblick auf § 460 S. 2 LARENZ SchR II § 41 II e; FLUME II § 24, 3a; MEDICUS AT Rdn. 775; STAUDINGER/HONSELL Vor § 459 Rdn. 22; SOERGEL/HEFERMEHL § 119 Rdn. 78, die für diese Fälle die Anfechtungsmöglichkeit schon vom Abschluß des Kaufvertrages an ausschließen).

dd) Ist die *Gewährleistung abbedungen,* so ist zweifelhaft, ob damit die Anfechtungsmöglichkeit nach § 119 II wieder auflebt. Dies verneint zutreffend unter Zustimmung in der Literatur die Rechtsprechung (BGH WM 1966, 1183, 1185), und zwar auch, wenn der Gewährleistungsausschluß auf sog. Freizeichnungsklauseln in *Allgemeinen Geschäftsbedingungen* beruht (BGH BB 1967, 96 m. w. N.; BGHZ 63, 369, 376).

ee) Bei Irrtum über *verkehrswesentliche Eigenschaften, die nicht zugleich* einen *Sachmangel* darstellen, bleibt die Anfechtungsmöglichkeit nach § 119 II erhalten. So hat z.B. BGH NJW 1979, 160f (kritisch zu Recht FLUME DB 1979, 1637 ff, jedoch bestätigt in BGH BB 1981, 12f) die Anfechtung bei einem Kfz-Kauf wegen Irrtums über das Alter des Fahrzeugs zugelassen, da das Alter regelmäßig sich nicht als Sachmangel äußere.

ff) Bei der Frage, ob dem *Verkäufer* bei Irrtum über eine verkehrswesentliche Eigenschaft der verkauften Sache die Anfechtung gemäß § 119 II zur Verfügung steht, ist zu differenzieren: Das Anfechtungsrecht wird für den Fall bejaht, daß sich der Verkäufer über eine werterhöhende Eigenschaft des Kaufgegenstandes geirrt hat (RGZ 124, 115). Die Anfechtung wird jedoch verneint, wenn der Verkäufer sich durch die Anfechtung der Gewährleistung entziehen würde (vgl. STAUDINGER/ HONSELL Vor § 459 Rdn. 25).

gg) Streitig ist die Übertragung der Konkurrenzregelung auf *Werk- und Mietverträge*.

Beim *Werkvertrag* kann ein Irrtum über die *Person* des Werkunternehmers bei Fertigstellung des Werkes zu einem Sachmangel führen; obwohl es sich hier um einen Irrtum über Eigenschaften einer Person handelt, haben das RG (RGZ 62, 282, 285) und der BGH (BGH NJW 1967, 719) die Spezialität der Sachmängelgewähr bejaht. Ein Irrtum über Eigenschaften der Sache kann schon deswegen tatbestandlich nicht zu einer Anfechtung gemäß § 119 II führen, weil sich die irrige Vorstellung über die Eigenschaft erst auf eine zukünftige, d.h. nach Fertigstellung des Werkes vorliegende Eigenschaft bezieht (vgl. KÖHLER JuS 1979, 868, 870).

Bei der *Miete* ist entgegen der von der Rechtsprechung (RGZ 157, 173; KG MDR 1967, 404) und einem Teil der Lehre (LARENZ SchR II § 48 III b m.w.N.) vertretenen Auffassung, wonach die Sachmängelhaftung des Vermieters das Anfechtungsrecht des Mieters nach § 119 II nicht ausschließe, die Spezialität der §§ 536ff gegenüber § 119 II zu bejahen (entgegen LEHMANN/HÜBNER § 34 III 1 e, vgl. auch FLUME II § 24, 3 b; MÜNCHKOMM/KRAMER § 119 Rdn. 125 m.w.N.). Dem Argument, daß die Mietvorschriften kein Wandlungsrecht einräumen, ist die Kündigungsmöglichkeit nach § 542 in Verbindung mit der Möglichkeit der Mietzinsminderung nach § 537 entgegenzuhalten; dem Mieter wird daher ein ausreichender Schutz gewährt. Hinzu kommt die Erwägung, daß ebenso wie beim Kauf die Rücksicht auf § 460 S. 2 die Anfechtung ausschließen soll, auch beim Mietvertrag eine Anfechtung nach § 119 II die Einschränkungen der §§ 539, 543 umgehen würde.

Die Spezialität der Gewährleistungsvorschriften gilt nicht, wenn ein *Rechtsmangel* (§§ 434ff) vorliegt (grundsätzlich RG JW 1909, 132 = SeuffArch. 65 Nr. 117). Das gilt insbesondere auch beim Rechtskauf, soweit das Bestehen des Rechts in Frage steht (RG JW 1909, 655).

4. Unrichtige Botenübermittlung

452 Dem beachtlichen Irrtum wird die falsche Übermittlung einer Erklärung durch die dazu verwendete Person oder Anstalt (den Boten) gleichbehandelt (§ 120). Der Bote übermittelt im Gegensatz zum Vertreter, der eine eigene Erklärung abgibt, eine vorgefertigte Erklärung; während die Stellvertretung demgemäß auf die Willensbildung des Vertreters abstellt (§ 166), weicht bei unrichtiger Übermittlung durch den Boten die Erklärung, so wie sie dem Empfänger zugeht, vom Willen des Erklärenden ab. Das Gesetz rechnet das Risiko der Übermittlung dem Erklärenden zu, da dieser in der Regel die Gefahr der Übermittlung im Gegensatz zum Empfänger beherrscht. Es gibt ihm zwar die Möglichkeit der Anfechtung, aber verbunden mit der Verpflichtung zum Ersatz des Vertrauensschadens gemäß § 122.

> Z. B. bestellt der Bote *falsch* einen mündlich erteilten Auftrag, ein telegrafischer Verkaufsauftrag wird durch Versehen der Post als Kaufauftrag übermittelt.
> Eine unrichtige Übermittlung im Sinne des § 120 liegt auch dann vor, wenn die Erklärung zwar inhaltlich richtig, jedoch wegen *Mehrdeutigkeit* an den falschen Adressaten übermittelt wird. Beruht die falsche Übermittlung jedoch auf einer *fehlerhaften Adressierung,* so handelt es sich um einen Erklärungsirrtum des Absenders i. S. d. § 119 I.

Die Regelung des § 120 gilt jedoch nur für den *Erklärungsboten,* der eine Übermittlung *unbewußt* verfälscht. Gibt der Bote anstelle der aufgetragenen Erklärung eine *eigene Erklärung* ab, so kann dies dem Auftraggeber nicht mehr ohne weiteres zugerechnet werden. Es kommt allerdings in Betracht, daß der Bote damit zum vollmachtlosen Stellvertreter wird (§§ 177 ff). Es wäre auch denkbar, daß der Auftraggeber für einen von ihm zu verantwortenden Rechtsschein einstehen müßte, ohne die Möglichkeit der Anfechtung zu haben. Schließlich kann ihn eine Pflicht zum Schadensersatz aus culpa in contrahendo in Verbindung mit § 278 treffen.

> Der Erklärende haftet nicht, wenn die an einen vom Erklärungsgegner ermächtigten *Empfangsboten* abgegebene Erklärung von diesem unrichtig weitergegeben wird. Hier muß der Erklärungsgegner das Risiko tragen.

II. Einzelfragen
1. Unterzeichnen einer nichtgelesenen Urkunde

Hierbei ist zu unterscheiden, ob der Erklärende die Urkunde in *bewußter Unkenntnis* ihres Inhalts unterzeichnet hat, oder ob er sich bezüglich ihres Inhalts *bewußte Vorstellungen* gemacht hat.

a) Hat er sich überhaupt keine Vorstellungen über den Inhalt und somit auch keine irrigen Vorstellungen gemacht, so gibt er mit seiner Unterschrift vorbehaltlos zu erkennen, er wolle die Erklärung – ungelesen – mit ihrem Gesamtinhalt gegen sich gelten lassen (BGH BB 1956, 254 unter Bezugnahme auf RGZ 62, 201, 205 und 77, 309, 312).

b) Eine Anfechtung wegen Irrtums nach § 119 I wird jedoch dann zugelassen, wenn der Unterzeichnende in dem irrigen Glauben unterschrieben hat, sie gebe die vorausgegangenen Vertragsverhandlungen richtig wieder, oder wenn er sich sonst eine unrichtige Vorstellung über den Inhalt der Urkunde gemacht hat (RGZ 88, 278, 282f). Das gilt selbst dann, wenn der Anfechtende durch einen Blick in die Urkunde seinen Irrtum unschwer hätte erkennen können und ihn daher selbst verschuldet hat. Selbst grobe Fahrlässigkeit des Irrenden schließt die Anfechtbarkeit nicht aus (BGH BB 1956, 254). Das Vertrauen des Erklärungsgegners wird durch § 122 geschützt.

2. Abredewidrige Ausfüllung einer Blanketterklärung

454   Unterzeichnet jemand eine Blanketturkunde, die dann abredewidrig ausgefüllt wird, so sollte nach der Auffassung des RG der Unterzeichner hierfür einstehen, da er die Blankounterschrift auf seine Gefahr hin leiste und er sich durch sorgfältige Überwachung gegen Mißbrauch schützen müsse. Das RG (RGZ 105, 183, 185) eröffnete allerdings den Weg der Anfechtung, weil er eine Erklärung dieses Inhalts nicht hätte abgeben wollen (§ 119 I). Dem Erklärungsgegner blieb in diesem Fall dann lediglich der Anspruch aus § 122.

Der BGH (BGHZ 40, 65, 68 und 297, 304f) hat die Streitfrage nicht mehr unter dem Gesichtspunkt der Willenserklärung, sondern ausschließlich nach dem *Prinzip des Vertrauensschutzes* unter analoger Anwendung von § 172 II entschieden. Er stellt darauf ab, daß der Beklagte einen Rechtsschein erzeugt habe, von dem er sich nicht lösen dürfte. Es entspricht dem Wesen des Vertrauensschutzes, daß der erzeugte Rechtsschein nicht durch Anfechtung beseitigt werden kann.

Die Entscheidung ist insofern bedeutsam, als dieser auf dem rechtswirksamen Verhalten beruhende Grundsatz hier auf den Bereich rechtsgeschäftlicher Erklärungen erstreckt wird. Im Ergebnis wird damit anstelle der Vernichtung der rechtsgeschäftlichen Erklärung und ihres Ersatzes durch die Haftung nach § 122 die positive Wirkung der rechtsgeschäftlichen Erklärung erreicht.

455   **3.** Ein häufiger Fall des Unterzeichnens einer nichtgelesenen Urkunde ist die Unterzeichnung von Verträgen, die **Allgemeine Geschäftsbedingungen** (AGB) einbeziehen.

Macht sich der Unterzeichnende über den Inhalt der AGB *keine Vorstellungen*, so steht ihm eine Anfechtung nicht zu. Allerdings wird er durch die zum Zwecke des Verbraucherschutzes in das AGB-Gesetz aufgenommenen Bestimmungen – insbesondere § 3, aber auch §§ 9ff AGBG – geschützt.

Dieser Schutz gilt auch dann, wenn sich der Unterzeichnende über den Inhalt derartiger unzulässiger Klauseln *irrige Vorstellungen* gemacht hat. Greifen jedoch die Schutzbestimmungen des AGBG nicht ein, so steht ihm die *Möglichkeit der Anfechtung* offen, wenn er sich über die *Einbeziehungsvoraussetzungen* (§ 2 AGBG) oder den *Inhalt einzelner Klauseln* geirrt hat (im einzelnen str., vgl. Ulmer/Brandner/Hensen § 2 Rdn. 50 m.w.N.; Staudinger/Schlosser § 6 ABGB Rdn. 8; a.A. Löwe/Graf v. Westphalen/Trinkner Vor §§ 8 – 11 Rdn. 27).

4. Doppelseitiger Irrtum

Ein doppelseitiger Irrtum liegt vor, wenn beiden Teilen ein Irrtum hinsichtlich des Erklärungsinhalts oder im Beweggrund unterlaufen ist. **456**

Erliegt jede Partei einem *unterschiedlichen* Irrtum, hält z. B. die eine etwa den Stoff des Geschäftsgegenstandes für Kupfer, die andere für Platin, während er in Wahrheit Silber ist, so gelten die allgemeinen Regeln über die Anfechtbarkeit gem. § 119.

Ist der Irrtum der Beteiligten hingegen *identisch,* so ist – sofern nicht über die Auslegung oder die Regeln der falsa demonstratio das wirklich Gewollte als vereinbart gilt – das Eingreifen der Irrtumsvorschriften fraglich: Das RG hatte zunächst für beide Seiten ein Anfechtungsrecht bejaht.

> So hat z. B. das RG in dem Fall RGZ 97, 138 ff einen zur Anfechtung berechtigenden Inhaltsirrtum angenommen, als die Parteien ein Geschäft über Wertpapiere aufgrund einer im Kurszettel enthaltenen, irrigen Angabe des Kurses geschlossen hatten, die sie beide für richtig hielten; nach dem geäußerten Willen beider Vertragsteile sollte nur der Kurs des betreffenden Tages als Kaufpreis in Betracht kommen (vgl. auch RGZ 116, 15 ff).

Heute wird in Rechtsprechung und Lehre – gleich, ob es sich um einen gemeinschaftlichen Inhalts- oder Motivirrtum handelt – überwiegend der Standpunkt vertreten, daß für die Fälle des doppelseitigen Irrtums § 242 anzuwenden ist (RG JR 1927 Nr. 219) und die Fälle entsprechend dem *Fehlen bzw. dem Wegfall der Geschäftsgrundlage* zu behandeln sind (vgl. LARENZ AT § 20 III m. w. N.; SOERGEL/HEFERMEHL § 119 Rdn. 66; STAUDINGER/DILCHER § 119 Rdn. 29; vgl. zur Geschäftsgrundlage unten Rdn. 567 ff).

> Begründet wird die Auffassung damit, daß der einzelne Geschäftspartner nicht mit der Folge des § 122 belastet sein dürfe, zumal es vom Zufall oder den besonderen Interessen des Beteiligten abhänge, ob er sich als erster zur Anfechtung entschließe.

Allerdings will in der Lehre eine differenzierende Meinung ein *Anfechtungsrecht* zulassen, wenn lediglich auf einer Seite ein Interesse an der Anfechtung besteht, weil sich der Irrtum letztlich zu Lasten dieser Partei auswirkt (vgl. sehr weitgehend SOERGEL/SIEBERT/KNOPP, 10. A., § 242 Rdn. 393; einschränkend FLUME II § 24, 4 und MEDICUS AT Rdn. 778; MÜNCHKOMM/KRAMER § 119 Rdn. 121).

Diese Lösung hat den Vorzug der Gesetzestreue. Der Interessenausgleich kann über § 122 II vorgenommen werden, wenn man die Verantwortlichkeit beider Parteien für den Irrtum gegeneinander abwägt.

> Z. B. verkauft V einen ererbten Ring für 300,- DM an K; beide halten irrtümlich den im Ring gefaßten Stein für synthetisch, während es sich um einen echten Stein handelt. Als V erfährt, daß der Stein echt ist, ficht er fristgerecht den Kaufvertrag an.

K wollte den Ring anläßlich seiner unmittelbar bevorstehenden Verlobung seiner Braut zum Geschenk machen. Er hatte wegen des Angebots des V ein anderes Angebot zum Preis von 400,– DM ausgeschlagen und muß nun für das Verlobungsgeschenk einen entsprechenden Ring bei einem Juwelier für 450,– DM kaufen. K, der weniger sachkundig war als V, kann die 50,– DM als Vertrauensschaden verlangen.

Fälle des *Kalkulationsirrtums* berühren häufig das beiderseitige Interesse, da die Parteien den Abschluß des Vertrages auf der gemeinsamen Berechnungsgrundlage wollen. Allerdings kann auch in diesen Fällen das Interesse nur einer Partei an der Auflösung des Vertrages bestehen, wie folgender vom BGH entschiedener Fall zeigt (WM 1981, 655 ff):

Es lag ein doppelseitiger Irrtum in der Berechnung des Kaufpreises für ein Grundstück vor; der Kaufpreis war aufgrund eines Irrtums über die erzielte Jahresmiete zu niedrig berechnet. Der Verkäufer verlangt Anpassung und Zahlung des Differenzbetrages, während der Käufer sich weigert, den höheren Kaufpreis zu zahlen. Die Anpassung des Vertrages ist daher vom Käufer nicht gewollt, und es liegen auch keine Umstände vor, die eine Anpassung gegen seinen Willen rechtfertigen würden. Aus diesem Grunde muß eine Anpassung ausscheiden. Andererseits kann dem Verkäufer nicht zugemutet werden, an dem zu niedrig berechneten Kaufpreis festgehalten zu werden. Auch hier läßt der BGH offen, ob die damit notwendige Vertragsauflösung über § 242 oder über die Anfechtung nach § 119 zu erreichen ist.

III. Rechtsfolgen des Irrtums

1. Anfechtbarkeit

457 Der Irrtum gibt in den vorangestellten Fällen dem Irrenden grundsätzlich das Recht, seine Erklärung anzufechten. Die Anfechtung führt gem. § 142 dazu, daß das Geschäft **von Anfang an** (ex tunc) als **nichtig** anzusehen ist.

Vgl. zu Einzelfällen und Einschränkungen unten Rdn. 514 ff, 520.

Bei der **Rückabwicklung** sind gegebenenfalls erbrachte Leistungen als ungerechtfertigte Bereicherung (Leistungskondiktion) herauszugeben.

Beachte hierbei zum Abstraktionsprinzip Rdn. 365 ff.

Vorausgesetzt wird, daß der Anfechtende die Erklärung bei Kenntnis der Sachlage und bei verständiger Würdigung des Falles nicht abgegeben hätte (§§ 119 I, 120).

2. Voraussetzungen der Anfechtung

458 a) Das Gesetz verlangt einen *Kausalzusammenhang* zwischen Irrtum und fehlerhafter Erklärung, der subjektiv zu beurteilen ist. Da es auf die Entschuldbarkeit des Irrtums nicht ankommt, schränkt das Gesetz ausgleichend im Rahmen der Kausalität den subjektiven Maßstab durch das Erfordernis der verständigen Würdigung ein, d. h. die mutmaßliche Ursächlichkeit muß sich auch unter der Annahme bejahen lassen, daß der Irrende „frei von Eigensinn, subjektiven Launen und törichten Anschauungen als verständiger Mensch die Sachlage gewürdigt hätte" (RGZ 62, 201, 206).

b) Die Anfechtung darf *nicht rechtsmißbräuchlich* sein; sie ist rechtsmißbräuchlich, wenn der Anfechtende durch die irrige Erklärung nicht schlechter gestellt ist, als wenn das, was er geglaubt hatte, richtig gewesen wäre (RGZ 128, 116, 121). Nach Treu und Glauben ist in diesen Fällen die Anfechtung zu versagen. Insbesondere ist die Anfechtung als unzulässige Rechtsausübung ausgeschlossen, wenn der Geschäftspartner bereit ist, das Geschäft so gelten zu lassen, wie der Erklärende es irrtumsfrei wollte (vgl. auch BGH MDR 1954, 217).

c) Die Anfechtung muß *unverzüglich*, d. h. ohne schuldhaftes Zögern **459** erfolgen, nachdem der Irrende von dem Anfechtungsgrund Kenntnis erlangt hat (§ 121 I 1); sie ist ausgeschlossen, wenn seit der Abgabe der Erklärung 30 Jahre verstrichen sind (§ 121 II). Es handelt sich um eine Ausschlußfrist, nach deren Ablauf die Geltendmachung des Rechtes nicht mehr möglich ist.

Das Erfordernis der Unverzüglichkeit schließt eine Überlegungsfrist, auch eine Beratung mit einem Rechtskundigen, nicht aus.

Die Frist beginnt erst bei positiver Kenntnis des Anfechtungsgrundes; auf die fahrlässige Unkenntnis kommt es nicht an (RG LZ 1916, 1225). Rechtsirrtum über die Anfechtungsbedürftigkeit kann unter Umständen als Entschuldigungsgrund für die Verzögerung gelten; vgl. RGZ 134, 25, 32; 152, 228, 232.

> Wenn der *Anfechtungsgegner* die Anfechtbarkeit erkannt hat, so entschuldigt das die Verzögerung der Anfechtung nicht, da der Anfechtungsgegner ein schutzwürdiges Interesse daran hat, alsbald zu wissen, ob der Anfechtungsberechtigte von seinem Anfechtungsrecht Gebrauch machen wird.

Es genügt zur fristwahrenden Anfechtung, wenn – im Gegensatz zu § 130 – die Anfechtungserklärung *unverzüglich abgesandt* worden ist (§ 121 I 2). Damit soll dem Anfechtenden das Risiko einer bei der Übermittlung eintretenden Verzögerung abgenommen werden (so z. B. auch § 377 IV HGB). Der Anfechtende muß jedoch einen ordnungsgemäßen Übermittlungsweg wählen, insbesondere muß es sich um eine Absendung an den Anfechtungsgegner handeln; dies gilt nicht bei Anfechtung in einer Klageschrift, die vom Gericht dem Beklagten zugestellt wird (BGH NJW 1975, 39).

3. Ersatz des Vertrauensschadens

Der Anfechtungsgegner, der auf die Gültigkeit der Erklärung vertraute, **460** wird durch den Anspruch auf Ersatz des Vertrauensschadens, des sog. negativen Interesses, entschädigt (§ 122 I). Der Vertrauensschaden gewährt nur den Ersatz der Nachteile, die dem Anfechtungsgegner dadurch entstanden sind, daß er auf die Gültigkeit des Geschäfts vertraut hatte. Er ist so zu stellen, wie er stehen würde, wenn er von dem Geschäft nichts gehört hätte; z. B. hätte er die etwaigen Kosten des Abschlusses (Portokosten, Reisekosten), der Übersendung der verkauften Ware erspart, er hätte vielleicht auch ein anderes Angebot nicht ausgeschlagen, und brauchte schließlich nicht kostspielige Deckungskäufe vorzunehmen, um seinen Verpflichtungen nachzukommen.

Im Gegensatz dazu stellt das Erfüllungsinteresse den Geschäftspartner so, wie er stehen würde, wenn das Geschäft ordnungsgemäß erfüllt worden wäre.

Das Erfüllungsinteresse bildet stets die Grenze für die Bemessung des Vertrauensschadens (§ 122 I a. E.), da der Schutz des Vertrauensinteresses keinen Anlaß gibt, den Gegner des Anfechtenden besser zu stellen, als er bei Unterbleiben der Anfechtung, d. h. bei Erfüllung, stehen würde.

Der Gegner kann also den entgangenen Gewinn aus einem sonst etwa abgeschlossenen Geschäft (anderweitige Vermietung des anfechtbar vermieteten Hauses) nur bis zur Grenze des Erfüllungsinteresses aus dem angefochtenen Geschäft verlangen.

Der *Ersatzanspruch ist ausgeschlossen*, wenn der Geschädigte den Anfechtungsgrund gekannt hat oder hätte kennen müssen, d. h. infolge von Fahrlässigkeit nicht gekannt hat (§ 122 II).

Der Geschädigte kann ferner den Ersatzanspruch nicht geltend machen, wenn er *selbst den Irrtum veranlaßt* hat (RGZ 81, 395, 398f). Der Ausschluß der Haftung wird mit dem Veranlassungsprinzip begründet; derjenige, der den Irrtum veranlaßte, hat die daraus entstehenden Nachteile selbst zu tragen, da er die Gefahr ihres Eintritts eher beherrschte als der Gegner. Die Anwendbarkeit von § 254 wird bejaht, wenn beide Parteien den Irrtum veranlaßt haben (BGH NJW 1969, 1380).

4. Sonderregelungen für Irrtumsfolgen

461 a) Wer sich bei der *Errichtung eines Testaments* geirrt hat, bedarf des Instruments der Anfechtung nicht, da er widerrufen oder neu testieren kann. Allenfalls kann eine *Anfechtung durch Dritte* (§ 2080) in Betracht kommen. In diesen Fällen können letztwillige Verfügungen und Erbverträge über § 119 hinaus auch wegen eines Irrtums des Erblassers im Beweggrund angefochten werden (§§ 2078, 2079).

b) Die *Erbschaftsannahme* im Irrtum über den *Beweggrund* ist ipso iure nichtig, ohne daß es einer Anfechtung bedarf (§ 1949 I).

c) Der Irrtum über die *Vergleichsgrundlage* hat nach § 779 Unwirksamkeit zur Folge.

d) Zu den Rechtsfolgen eines Irrtums bei der *Eheschließung* vgl. unten Rdn. 523.

C. Willensbeeinflussung durch arglistige Täuschung und Drohung

DEGENER Das Fragerecht des Arbeitgebers gegenüber Bewerbern, 1975; HEFERMEHL Die Rechte des durch unlauteren Wettbewerb zum Vertragsschluß bestimmten Käufers, Festschrift Weitnauer, 1980, 347 ff; HOFMANN zur Offenbarungspflicht des Arbeitnehmers, ZfA 1975 1ff; KARAKATSANES Die Widerrechtlichkeit in § 123 BGB, 1974; LIEBS Fahrlässige Täuschung und Formularvertrag, AcP 174, 26 ff; v. LÜBTOW Zur Anfechtung von Willenserklärungen wegen arglistiger Täuschung, Festschrift Bartholomeyczik, 1973, 249 ff; NEUMANN-DUESBERG Rechtswidrigkeitserfordernis und Rechtswidrigkeitsausschluß (Notwehr) im Täuschungstatbestand des § 123 BGB, JR 1967, 1 ff; NIPPERDEY Grenzlinien der Erpressung durch Drohung, 1917; PAULUS Zur Zurechnung arglistigen Vertreterhandelns, Festschrift Michaelis, 1972; PLANCK Der Begriff der Widerrechtlichkeit im § 123 des Bürgerlichen Gesetzbuches, Göttinger Festgabe Regelsberger, 1901, 151 ff; SCHUBERT Unredliches Verhalten Dritter bei Vertragsabschluß, AcP 168, 470 ff; WENZEL Güteversuch, Vergleichsdruck und Drohung von der Richterbank, NJW 1967, 1587 ff; ZITELMANN Ausschluß der Widerrechtlichkeit, AcP 99, 1 ff.

462 Wird in rechtlich unzulässiger Weise die Entschlußfreiheit beeinträchtigt, so gewährt das Gesetz dem Beeinträchtigten die Möglichkeit, seine Willenserklärung wegen arglistiger Täuschung oder widerrechtlicher Drohung anzufechten. Der Schutz dieser Vorschrift dient der Freiheit der Willensentschließung (vgl. RGZ 134, 43, 55). Soweit der Erklärungsgegner verwerflich gehandelt hat, kann er auf den Bestand der Erklärung nicht vertrauen; konsequent entfällt § 122. Aber auch ein redlicher Erklärungsgegner verliert, falls der Erklärende widerrechtlich durch Drohung eines Dritten zur Erklärung bestimmt worden ist, den Schutz hinsichtlich seines Vertrauens auf den Bestand der Willenserklärung. Lediglich bei arglistiger Täuschung durch einen Dritten überwiegt der Schutz des Erklärungsgegners, da dem getäuschten Erklärenden hier grundsätzlich die Anfechtung versagt wird (§ 123 II).

I. Arglistige Täuschung

463 Täuschung ist ein Verhalten, durch das beim Erklärenden eine irrige Vorstellung hervorgerufen, verstärkt oder erhalten wird.

Die Täuschung muß auf *Tatsachen* gerichtet sein; z.B. Angaben über Eigenschaften des Geschäftsgegenstandes, so über den Kilometerstand eines Gebrauchtwagens (BGH NJW 1960, 237), das Alter eines Teppichs (BGH DB 1977, 671).
Werturteile sind *keine Tatsachenbehauptungen*. Durch sie wird die Entschlußfreiheit des Erklärenden nicht unzulässig beeinträchtigt. Dies gilt grundsätzlich auch für Anpreisungen in der Werbung, soweit sie sich nicht auf Tatsachen bezieht.

1. Täuschung besteht nicht nur in dem *Vorspiegeln,* sondern auch im *Verschweigen* von Tatsachen, wenn eine *Pflicht zur Offenlegung* besteht. Eine solche Pflicht kann sich aus Treu und Glauben mit Rücksicht auf die

Verkehrssitte ergeben. Dabei ist auf die besonderen Umstände des Falles abzustellen.

Auf *Fragen* nach bestimmten Eigenschaften dürfen vorhandene Fehler nicht verschwiegen werden (vgl. BGH NJW 1967, 1222).

> Allerdings muß die *Frage zulässig* sein; dies gilt besonders für Vorstrafen im Zusammenhang mit der Begründung eines *Arbeitsverhältnisses;* hier sind nur Fragen nach Vorstrafen zulässig, die für das konkrete Arbeitsverhältnis objektiv von Bedeutung sind (vgl. BAG BB 1970, 803f). Insofern wird eine Widerrechtlichkeit der Täuschung durch wahrheitswidrige Angaben verneint (vgl. Erman/Brox § 123 Rdn. 20 m. w. N.).
>
> Bei der Beantwortung von Fragen über Vorerkrankungen bei Abschluß von *Versicherungsverträgen* ist eine arglistige Täuschung dann anzunehmen, wenn damit beabsichtigt wird, auf die Willensentscheidung des Versicherers Einfluß zu nehmen (BGH JZ 1957, 710; OLG Hamburg VersR 1971, 902).

Darüber hinaus ist, auch wenn grundsätzlich, wie z. B. beim Verkäufer, keine Aufklärungspflicht besteht, ein Vertragspartner dennoch *von sich aus zur Mitteilung* von Tatsachen *verpflichtet,* wenn er annehmen muß, daß deren Kenntnis für die Entschließung des Vertragspartners von besonderer Bedeutung sein kann (vgl. zum Kfz-Kauf BGH LM Nr. 10 zu § 123; BGH NJW 1970, 653, 655; BGH NJW 1971, 1795, 1799). Auch das Verschweigen der eigenen Insolvenz durch einen Kreditkäufer kann arglistige Täuschung sein (RGZ 69, 13, 15). Die Verpflichtung zur Offenlegung besteht vornehmlich, wenn zwischen den Parteien ein besonderes Vertrauensverhältnis besteht oder begründet werden soll (Abschluß eines Gesellschaftsvertrages mit einem wegen Wirtschaftsvergehens Vorbestraften; Einstellung eines wegen Diebstahls vorbestraften Nachtwächters; vgl. BGH LM Nr. 1 zu § 276 [Fb]).

464 2. Vorausgesetzt wird die **Kausalität** zwischen Täuschungshandlung und Abgabe der Willenserklärung. Die Täuschungshandlung muß einen Irrtum beim Erklärenden erregt haben, aufgrund dessen er die Willenserklärung abgegeben hat; dabei ist es gleichgültig, ob es sich um einen Inhalts- oder Motivirrtum handelt; jeder irrige Beweggrund rechtfertigt die Anfechtbarkeit.

Der Getäuschte muß zur Abgabe einer Erklärung bestimmt worden sein, die er sonst überhaupt nicht oder doch nicht so abgegeben hätte. Es genügt, wenn die Täuschung für die Abgabe der Willenserklärung auch nur mitbestimmend war (RGZ 134, 43, 51; BGH NJW 1964, 811). Eine Kausalität ist nicht gegeben, wenn der Erklärende die wahren Umstände kannte oder mit einer Täuschung rechnete (vgl. BGH LM Nr. 4 zu § 123), ebenso wenn er entschlossen war, die Erklärung in jedem Falle abzugeben (BGH WM 1975, 1279, 1282). Andererseits steht einer Anfechtung nicht entgegen, daß der Erklärende aus Fahrlässigkeit die wahren Umstände nicht erkannt hat (BGH NJW 1971, 1795, 1798).

Willensmängel § 36 C I 3

Ist bei einem aus mehreren Teilen bestehenden Rechtsgeschäft der Erklärende durch die Täuschung nur zu einem Teil seiner Erklärung bestimmt worden, so ist zunächst nur dieser Teil anfechtbar und die Gültigkeit des ganzen Geschäfts nach § 139 zu beurteilen (vgl. BAG NJW 1970, 1941, 1943).

3. Die Täuschung muß arglistig erfolgen; d.h. der Täuschende muß den Irrtum vorsätzlich erregt, bestärkt oder unterhalten haben und sich der ursächlichen Bedeutung seines Vorgehens für die Abgabe der Willenserklärung bewußt gewesen sein. **465**

Der Täuschende muß beim Vorspiegeln die Unrichtigkeit seiner Angaben *kennen.* Fahrlässige Unkenntnis reicht nicht aus, jedoch genügt es, wenn der Täuschende die Unrichtigkeit, billigend in Kauf nimmt; z.B. wenn ein Verkäufer trotz gebotener Untersuchung der Kaufsache ohne Prüfung „ins Blaue hinein", „blindlings" zusichernde Angaben macht (BGHZ 63, 382, 388; BGH NJW 1980, 2460f).

Selbst wenn das Verhalten nicht als Täuschung zu qualifizieren ist und daher eine Anfechtung nicht eingreifen kann, hat die Rechtsprechung angenommen, daß z.B. bei schuldhaft falscher Beratung mit einem Schadensersatzanspruch aus culpa in contrahendo verlangt werden könne, daß der Verkäufer Rechte aus dem Kaufvertrag nicht herleiten darf (vgl. BGH NJW 1962, 1196ff; vgl. auch unten Rdn. 565). Die Naturalrestitution gemäß § 249 führt dann zur Befreiung von den Vertragspflichten und zu einer der Anfechtung vergleichbaren Wirkung. Hierbei den Begriff einer „fahrlässigen" Täuschung zu verwenden, ist irreführend.

Er muß darüber hinaus *wollen,* daß der Getäuschte zur Abgabe einer Erklärung bestimmt wird. Ausreichend ist hierzu, daß der Täuschende es für möglich hält, der Getäuschte würde bei Kenntnis der wahren Sachlage die Erklärung nicht oder nicht mit dem vereinbarten Inhalt abgegeben haben (RGZ 96, 345f; BGH WM 1977, 343).

Im Gegensatz zum Betrugstatbestand ist die Absicht, sich durch die Täuschung einen rechtswidrigen Vermögensvorteil zu verschaffen oder den anderen zu schädigen, nicht erforderlich (BGH LM Nr. 9 zu § 123). Fraglich ist jedoch, ob – abgesehen von einer Schädigungsabsicht – aus dem Begriff „arglistig" zu folgern ist, daß der Täuschung ein unlauteres Motiv zugrundeliegen muß. Da man in der gesetzlichen Regelung nur den Schutz der Entschließungsfreiheit sieht, ist es nicht erforderlich, eine unlautere Absicht zur Voraussetzung der Anfechtung zu erheben (so die h. M. vgl. SOERGEL/ HEFERMEHL § 123 Rdn. 25; MÜNCHKOMM/KRAMER § 123 Rdn. 8; ERMAN/ BROX § 123 Rdn. 30).

Demgegenüber soll eine arglistige Täuschung dann nicht vorliegen, wenn der Täuschende nur das Beste des Getäuschten gewollt hat, sofern die wohlmeinende Absicht für Dritte klar erkennbar zu Tage getreten ist (BGH LM Nr. 9 zu § 123). Dagegen wendet sich die überwiegende Meinung mit dem Argument, daß nur der

§ 36 C I 4

Getäuschte entscheiden könne, was für ihn das Beste sei (v. LÜBTOW aaO, S. 249, 260ff; FLUME II § 29, 2; MÜNCHKOMM/KRAMER § 123 Rdn. 8; STAUDINGER/DILCHER § 123 Rdn. 24; SOERGEL/HEFERMEHL § 123 Rdn. 25 – a.A. PALANDT/HEINRICHS § 123 Anm. 2e).

Wenn auch § 123 den Schutz gegen unerlaubte Beeinflussung der Willensbildung bezweckt, so sind doch Fälle denkbar, in denen eine Täuschung aus nachweisbar redlicher Absicht erfolgt; es wäre zu prüfen, ob eine *Anfechtung* unter solchen Umständen nicht rechtsmißbräuchlich wäre.

4. Täuschung durch Dritte

466   Bei der arglistigen Täuschung hängt im Gegensatz zur Drohung das Anfechtungsrecht grundsätzlich davon ab, daß der Erklärungsempfänger selbst die Täuschung verübt hat. Hat dagegen ein Dritter getäuscht, so führt die Beeinflussung der Entschließungsfreiheit nur dann zur Anfechtung, wenn der Erklärungsempfänger die Täuschung kannte oder kennen mußte (§ 123 II 1).

Wer als Dritter anzusehen ist, muß nach der Interessenlage beurteilt werden:
Anerkannt ist, daß als Dritter *nicht der Stellvertreter* angesehen werden kann; seine Täuschungshandlung muß sich der Vertretene zurechnen lassen, da ihm anderenfalls die Vorteile eines in seinem Namen arglistig zustandegekommenen Geschäfts zufließen würden (RGZ 72, 133, 136; 76, 107f; BGHZ 20, 36, 39).

Diese Einschränkung kann nicht auf den Begriff des Stellvertreters begrenzt werden. Ein am Zustandekommen eines Vertrages Beteiligter ist dann nicht Dritter, wenn sein Verhalten dem des Anfechtungsgegners gleichzusetzen ist. Das gilt insbesondere für den vom Erklärungsempfänger beauftragten Verhandlungsführer oder Verhandlungsgehilfen sowie eine für ihn tätig werdende Vertrauensperson (vgl. für den Fall des finanzierten Kaufes BGH NJW 1978, 2144f; vgl. auch BGH WM 1983, 1156). Letztlich kann die Frage unter dem Gesichtspunkt der culpa in contrahendo im Zusammenhang mit § 278 erfaßt werden. Wer sich eines Gehilfen bedient, hat für dessen Fehlverhalten einzustehen. Entsprechend diesem für das Schadensersatzrecht anerkannten Grundgedanken muß der Geschäftsherr als Erklärungsempfänger auch die Anfechtung des Erklärenden gegen sich gelten lassen (vgl. BGHZ 47, 224, 229).

Demgemäß hat die Rechtsprechung bei einem Vermittlungsagenten die Anfechtung gegenüber dem Geschäftsherrn bejaht, jedoch nicht für einen Makler, da der Auftraggeber für diesen mangels einer ständigen Geschäftsverbindung nicht die Verantwortung trägt (BGHZ 33, 302, 309).

Im Verhältnis zwischen Gläubiger und Bürge ist grundsätzlich ein den Bürgen täuschender Hauptschuldner als Dritter i. S. des § 123 II anzusehen, d. h. dem Bürgen steht die Möglichkeit, seine Bürgschaftserklärung gegenüber dem Gläubiger anzufechten, nur im Rahmen des § 123 II zur Verfügung. Der BGH (LM Nr. 30 zu § 123, einschränkend Nr. 31) hat jedoch, wenn der Gläubiger vom Schuldner die Beibringung einer Bürgschaftserklärung verlangt und dabei der Schuldner den Bürgen über seine Vermögenslage täuscht, die Anfechtung der Bürgschaftserklärung durch den Bürgen für möglich erachtet, soweit sich der Gläubiger für seine Interessen bei der Beschaffung des Bürgen der Vermittlung des Hauptschuldners bedient (gegen diese Rechtsprechung jedoch die h.L., insbesondere mit dem Argument, daß die Beibrin-

Willensmängel § 36 C II 1

gung eines Bürgen stets dem Interesse des Hauptschuldners diene; vgl. FLUME II § 29, 3; LARENZ AT § 20 IV a Fn 110; MEDICUS AT Rdn. 803).

In einem Falle, wo der Gläubiger dem Bürgen ein unrichtiges Vertragsformular aushändigte, hat der BGH (NJW 1968, 986f) zwar die Anfechtung verneint, jedoch dem Bürgen unter dem Gesichtspunkt der culpa in contrahendo Befreiung von der Bürgschaft gewährt.

Hat ein anderer als der Erklärungsempfänger auf Grund einer durch die Täuschung eines Dritten herbeigeführten empfangsbedürftigen Willenserklärung unmittelbar ein Recht erworben (z. B. § 328), so ist die Erklärung nur ihm gegenüber anfechtbar und nur dann, wenn er die Täuschung kannte oder kennen mußte (§ 123 II 2).

Bei nichtempfangsbedürftigen oder amtsempfangsbedürftigen Willenserklärungen ist hingegen nach dem Wortlaut des § 123 II gleichgültig, wer die Täuschung verübt hat.

II. Drohung

Seine Willenserklärung kann ferner anfechten, wer zu ihrer Abgabe **467** widerrechtlich durch Drohung bestimmt worden ist (§ 123 I).

1. *Drohung* ist die Ankündigung eines *zukünftigen Übels,* auf dessen Eintritt der Drohende einwirken zu können behauptet (BGHZ 2, 287, 295; BGH LM Nr. 23 zu § 123), für den Fall, daß der Bedrohte eine vom Drohenden gewünschte Willenserklärung nicht abgeben wird.

Das angedrohte Übel braucht *nicht erheblich* zu sein. Auch ein geringfügiges Übel genügt, vorausgesetzt, daß es überhaupt geeignet ist, den Bedrohten in seiner Entschließungsfreiheit entscheidend zu beeinflussen.

> Die hervorgerufene Zwangslage ist im Gegensatz zur früheren Rechtsentwicklung, die sie objektiv nach dem Maßstab eines vir constantissimus qualifizierte, subjektiv aus der Sicht des Bedrohten zu beurteilen. Daraus folgert der BGH (NJW 1982, 2301f), daß auch eine nicht ernstlich gemeinte Drohung zur Anfechtung berechtigt, sofern der Erklärende sie als ernstlich auffassen durfte.

Das angedrohte Übel muß *für die Zukunft* in Aussicht gestellt werden. Keine Drohung liegt vor, wenn jemand die bereits sonstwie entstandene Notlage eines anderen ausnutzt, um sich für seine Hilfe Vorteile versprechen zu lassen.

> Hier greift § 123 nicht ein, jedoch kann das Rechtsgeschäft nach § 138 wucherisch oder sittenwidrig sein. Anders liegt der Fall, wenn der seine Hilfe Verweigernde zur Hilfeleistung verpflichtet war, wie der Arzt, der mitten in der Operation, oder der Bergführer, der auf dem Gipfel mit der Einstellung seiner Tätigkeit droht. Die Rechtspflicht zum Tätigwerden begründet eine Drohung durch Unterlassen.

Keine Drohung liegt ferner in dem Hinweis darauf, daß die bestehenden Verhältnisse und ihre Entwicklung von selbst für den anderen ein künftiges Übel erwarten lassen, auch wenn der Anfechtungsgegner dadurch auf die Willensbildung einwirken will (BGHZ 6, 348, 351).

> Auf der anderen Seite ist es nicht nötig, daß das Übel unmittelbar vom Drohenden selbst verwirklicht werden soll, es genügt, wenn der Drohende zum Ausdruck bringt, daß er einen Dritten veranlassen werde, das Übel zuzufügen.

Eine Drohung im Sinne des § 123 liegt *nicht* vor, wenn der Erklärende die Möglichkeit der Willenslenkung nicht hat, vielmehr durch *vis absoluta* zu einem als Willenserklärung erscheinenden Verhalten gezwungen wird. Hier bedarf es keiner Anfechtung.

468 2. Zwischen Drohung und Abgabe der Willenserklärung muß ein **ursächlicher Zusammenhang** bestehen. Der Bedrohte muß durch die Drohung und die dadurch ausgelöste Furcht zur Erklärung bestimmt worden sein. Wie bei der Täuschung genügt es, wenn die Drohung für die Entschließung des Erklärenden mitbestimmend war. Daran fehlt es, wenn der Erklärende der Drohung nicht nachgegeben, sondern die Willenserklärung aus eigener selbständiger Überlegung abgegeben hat (BGH WM 1974, 1023).

> Die Frage nach der Kausalität stellt sich insbesondere dann, wenn die Drohung objektiv nicht geeignet war, die Willensbildung zu beeinflussen. Da die Drohung jedoch subjektiv aus der Sicht des Bedrohten zu beurteilen ist, kommt es hier im Falle der Anfechtung besonders darauf an, daß dem Anfechtenden der Beweis obliegt, er hätte ohne die Drohung die Erklärung nicht abgegeben (vgl. KÖHLER § 14 V 3 b).

469 3. Die Drohung muß **widerrechtlich** gewesen sein. Der Begriff der Widerrechtlichkeit betrifft die unzulässige Art und Weise der Willensbeugung, die verwerfliche Benutzung einer Drohung als Druckmittel, um einen anderen in seinen Entschlüssen zu bestimmen.

Die Rechtswidrigkeit im Sinne des § 123 kann darin begründet sein, daß entweder das gebrauchte Mittel oder der erstrebte Zweck dem Recht widerspricht oder das gebrauchte Mittel zum erstrebten Erfolg in einem solchen Mißverhältnis steht, daß es nicht mehr als ein adäquates, der Rechtsordnung gemäßes Druckmittel anerkannt werden kann (Zweck-Mittel-Relation).

a) Rechtswidrig ist danach die Drohung ohne Rücksicht auf den erzwungenen Rechtserfolg, wenn das **Mittel** eine *an sich* rechtswidrige oder sittenwidrige Handlung ist. Man denke an die Bedrohung des Schuldners mit einem Revolver, um ihn zur Zahlung zu bewegen.

> Hingegen ist das Verhalten des Drohenden grundsätzlich statthaft, wenn er nur das Recht der Selbsthilfe (§§ 226ff) ausüben will oder den Gebrauch einer sonst

jedermann nach der Rechtsordnung zustehenden Befugnis androht, wie die zu klagen, die Zwangsvollstreckung herbeizuführen, ein Zurückbehaltungsrecht auszuüben oder eine Strafanzeige zu erstatten (RGZ 108, 102, 104; 110, 382, 385; 112, 226, 228).

b) Rechtswidrig ist ferner die Drohung, wenn zwar das Mittel rechtmäßig, jedoch der erzwungene **Erfolg** ein rechts- oder sittenwidriger ist; man denke an die Drohung mit der Einklagung einer bestehenden Schuld, um den Schuldner zur Abgabe eines verbots- oder sittenwidrigen Versprechens gefügig zu machen.

c) Rechtswidrig kann schließlich ein Vorgehen, obwohl weder das angedrohte Mittel noch der mit der Drohung erstrebte Zweck für sich rechts- oder sittenwidrig ist, dann sein, wenn die Anwendung eines bestimmten Druckmittels zur Herbeiführung des ins Auge gefaßten Zwecks von der Rechtsordnung als gegen Treu und Glauben oder die guten Sitten verstoßend mißbilligt wird (**Zweck-Mittel-Relation**). Dies ist vornehmlich der Fall, wenn das (an sich rechtmäßige) Mittel zur Erreichung des (an sich rechtmäßigen) Zwecks in einem *inadäquaten Verhältnis* steht (vgl. BGHZ 2, 287, 296).

Im Falle BGHZ 2, 287 ff war bezweckt, eine ledige Kindsmutter seitens ihrer Eltern zur Einwilligung in die Adoption ihres Kindes durch Dritte zu bestimmen; das Mittel war die Androhung, andernfalls die Kindsmutter aus dem Elternhaus zu verstoßen. Zweck und Mittel waren nach Auffassung des BGH für sich gesehen nicht rechtswidrig, jedoch standen sie zueinander in einem inadäquaten Verhältnis.

Ein inadäquates Verhältnis wird insbesondere in den Fällen gegeben sein, wo das Vorgehen als vertragsfremd oder als nicht verkehrsmäßig erscheint (vgl. Enn./Nipperdey § 173 II 2 b).

Rechtswidrig ist jedoch nicht ohne weiteres eine Drohung mit an sich nicht verbotenen oder unsittlichen Mitteln, nur weil auf den zu erzwingenden Rechtserfolg kein rechtlich begründeter Anspruch des Drohenden besteht. Vielmehr ist entscheidend, ob der Drohende an der Erreichung des erstrebten Erfolges ein berechtigtes Interesse hat und ob die Drohung nach Auffassung aller billig und gerecht Denkenden ein angemessenes Mittel darstellt (BGHZ 25, 217, 220).

Es handelte sich um die Drohung eines Betrogenen mit einer Strafanzeige, wenn die Ehefrau des Betrügers, die mittelbar Vorteile gezogen hat, sich nicht zur Übernahme einer Bürgschaft für den aus dem Wechselbetrug ihres Ehemannes herrührenden Schaden bereiterklärte. Als nicht widerrechtlich wurde auch die Drohung mit erlaubten Mitteln, um eine billige Entschädigung für Rechte zu erlangen, die der Drohende zum Nutzen der anderen Seite aufgegeben hatte, angesehen (RGZ 166, 40, 46).

§ 36 C II 6   Vierter Teil: Die Lehre vom Rechtsgeschäft

Ob für die Widerrechtlichkeit einer Drohung *subjektive Voraussetzungen beim Drohenden* zu fordern sind, ist insofern streitig, als es nur auf die objektiv widerrechtliche Beeinflussung der Entschließungsfreiheit des Erklärenden ankommen soll. Stellt man zutreffend hierauf ab, ist ein *Irrtum über die Umstände,* die die Widerrechtlichkeit begründen, unbeachtlich (gegen BGHZ 25, 217, 224; BGH JZ 1963, 318 f = LM Nr. 28 zu § 123 die überwiegende Meinung im Schrifttum; vgl. Anm. Lorenz zu BGH JZ 1963, 318 f; Flume II § 28, 3; Medicus AT Rdn. 820). Davon ist die *Wertung* des Drohenden, daß sein Verhalten rechtswidrig sei, zu unterscheiden. Eine diesbezügliche Fehlbeurteilung ist ohnehin unbeachtlich, da sich der Drohende in seinem Willen von den grundsätzlichen Anforderungen der Rechtsordnung entfernt (BGHZ 25, 217, 224 f).

470   4. Der Drohende muß die Abgabe der Willenserklärung durch seine Drohung *bezweckt* haben, also das Übel in Aussicht gestellt haben, um den andern in Furcht zu setzen und dadurch zur Abgabe der Erklärung zu bestimmen. Erforderlich ist das Bewußtsein, daß die Äußerung geeignet sei, den Erklärungsempfänger in seiner Willensentschließung zu beeinflussen.

Unnötig ist die Absicht oder der Zweck der *Schädigung.*
Wenn der mit einem bestimmten Übel Bedrohte, um dieses abzuwenden, irgendeine Leistung anbietet, die der Drohende nicht bezweckt hatte, so ist § 123 nicht anwendbar, es sei denn, daß der *Drohende,* als er diesen Erfolg seiner Drohung sah, eine solche Zweckrichtung in seinen Willen aufgenommen hat.
Rechtsfolgen aus der irrigen Annahme einer Drohung (Putativbedrohung) kennt die Rechtsordnung nicht (a.A. Köhler § 14 V 3 a).

5. Ob der Drohende Erklärungsempfänger oder ein *Dritter* ist, bleibt ohne Belang (vgl. § 123 II, der nur auf die Täuschung abstellt). Der Erklärende kann in jedem Fall anfechten.

Anders als bei der Täuschung durch Dritte muß auch der Erklärungsempfänger, den keine Verantwortlichkeit trifft, die Anfechtung hinnehmen. Sein Interesse muß hinter der Erwägung zurücktreten, daß gegen Zwang für den Anfechtenden ein weitergehender Schutz erforderlich ist als gegen Betrug.

471   6. Im Bereich der **Werbung** wird eine **erweiterte Anwendung** der Grundsätze des § 123 erwogen.

Sieht man in § 123 den Schutz der rechtsgeschäftlichen Entscheidungsfreiheit, so soll in Analogie zu §§ 123, 124 ein Anfechtungsrecht in den Fällen gewährt werden, wo *im Wettbewerb* durch zu beanstandende Werbung oder Überrumpelung eine *unzulässige Willensbeeinflussung* stattfindet. Es wird hierbei ein Weg gesucht, dem Einzelnen in den Fällen wettbewerbswidriger Beeinträchtigungen die Anfechtung seiner Kauferklärung zu ermöglichen. Soweit Täuschung in Betracht käme, besteht

Anlaß, Werbeanpreisungen in Grenzen erlaubter Übertreibung als irrelevant anzusehen, zumal ein freies wirtschaftliches System grundsätzlich die selbständige Wahrung der eigenen Interessen voraussetzt (vgl. D. Schwab Einführung in das Zivilrecht, 5.A. 1982, Rdn. 553 ff). Darüber hinaus ist denkbar, daß der psychische Zwang zu Konsequenzen führt, die den Folgen einer Drohung entsprechen können; die Intensität des Kaufzwanges wird jedoch unter Berücksichtigung aller Umstände zu prüfen sein (zum Stand der Erörterungen vgl. MünchKomm/Kramer § 123 Rdn. 45 f; Baumbach/Hefermehl § 1 UWG Rdn. 748).

III. Rechtsfolgen der arglistigen Täuschung und Drohung

1. Arglistige Täuschung und Drohung berechtigen zur **Anfechtung** der Willenserklärung.

Die Tatbestände der arglistigen Täuschung und Drohung können die Anwendung des § 138 rechtfertigen, der für sittenwidrige Rechtsgeschäfte die Nichtigkeitsfolge vorschreibt. Der Gesetzgeber sieht jedoch von einer von selbst eintretenden Nichtigkeit ab und gibt dem Getäuschten oder Bedrohten die Disposition, an seiner Erklärung festzuhalten oder sie im Wege der Anfechtung zu vernichten. Der Erklärende kann trotz der Täuschung oder Drohung ein Interesse daran haben, den Erfolg des Rechtsgeschäftes zu erhalten. Insofern gilt § 123 als lex specialis zu § 138 (so die h. M.: RGZ 114, 338, 342; BGH WM 1966, 585, 589; BGH WM 1977, 394, 395; abzulehnen Staudinger/Dilcher § 138 Rdn. 120, der den Grundsatz der Doppelwirkung vertritt). Die Anwendung des § 138 kommt nur in Betracht, wenn neben dem Tatbestand des § 123 weitere Umstände hinzutreten, die die Sittenwidrigkeit des Rechtsgeschäfts begründen (BGH LM Nr. 7 a zu § 138 [Aa]).

Im Gegensatz zur Anfechtung nach §§ 119, 120, für die § 121 Unverzüglichkeit vorsieht, braucht die Anfechtung nach § 123 nicht unverzüglich erklärt werden. Sie muß jedoch gem. § 124 binnen Jahresfrist erfolgen. Die Ausschlußfrist beginnt bei der Täuschung mit ihrer Entdeckung, bei der Drohung mit Beendigung der Zwangslage. Die Anfechtung ist nach Ablauf von 30 Jahren seit Abgabe der Erklärung schlechthin ausgeschlossen (§ 124).

Auch bei Versäumung der Anfechtungsfrist des § 124 kann gegenüber dem Erfüllungsanspruch die allgemeine Arglisteinrede dann zulässig sein, wenn zum Anfechtungstatbestand besondere Umstände hinzutreten, aus denen sich ein verwerfliches Verhalten des Anfechtungsgegners (z.B. ein Betrug) ergibt (BGH NJW 1969, 604 f). Es kann auch die Einrede nach § 853 in Betracht kommen.

Hat die Täuschung einen *nach § 119 beachtlichen Irrtum* hervorgerufen, so kann auch die Anfechtung nach dieser Vorschrift in Betracht kommen. Möglicherweise bleibt nur die Anfechtung nach § 119, wenn es dem Anfechtenden nicht gelingt, die Tatbestandsvoraussetzungen des § 123 zu beweisen. Der Anfechtende kann jedoch dann der Schadensersatzpflicht nach § 122 unterlie-

§ 36 C III 4   Vierter Teil: Die Lehre vom Rechtsgeschäft

gen, wenn nicht zu seinen Gunsten § 122 II eingreift.
Die Anfechtung bewirkt, daß das Rechtsgeschäft als *von Anfang an nichtig* anzusehen ist (§ 142 I).
Vgl. zu Einzelfragen und Einschränkungen unten Rdn. 514ff, 520.

473 2. Bei der **Rückabwicklung** sind gegebenenfalls erbrachte Leistungen als *ungerechtfertigte Bereicherung* (Leistungskondiktion) herauszugeben.
Im Gegensatz zu § 119 wird sich das Anfechtungsrecht wegen arglistiger Täuschung oder widerrechtlicher Drohung (§ 123 I) meistens auch auf das Vollzugsgeschäft erstrecken, da die Täuschung oder Drohung regelmäßig auch noch bei dessen Abschluß ursächlich fortwirkt (vgl. RGZ 70, 55, 57; BGH DB 1966, 818). Dadurch entstehen *dingliche* Herausgabeansprüche für den Anfechtenden.
Soweit Bereicherungsansprüche in Frage stehen, ist § 817 S. 1 zu berücksichtigen. Der Anfechtungsgegner verstößt regelmäßig durch die Annahme der Leistung gegen die guten Sitten; deshalb bleibt § 814 außer Betracht, der an sich den Bereicherungsanspruch nach § 812 ausschließt, wenn der Leistende – hier der Getäuschte oder Betrogene – wußte, daß er zur Leistung nicht verpflichtet war.
Dem Anfechtungsgegner, dem Täuschung oder Drohung zugerechnet werden muß, ist es wegen §§ 819, 818 IV verwehrt, sich auf den Wegfall der Bereicherung gem. § 818 III zu berufen.

474 3. Im Gegensatz zu einer Anfechtung nach § 119 II schließt die Anfechtung wegen arglistiger Täuschung nach § 123 die *Gewährleistungsansprüche* nicht aus (RGZ 96,156f). Beide Rechtsinstitute stehen im Hinblick auf ihren unterschiedlichen Charakter wahlweise nebeneinander.

> Insbesondere nimmt die Geltendmachung von Gewährleistungsansprüchen nicht die Möglichkeit, innerhalb der Anfechtungsfrist die Erklärung anzufechten; in der Geltendmachung der Gewährleistungsansprüche ist grundsätzlich eine Bestätigung des Vertrages gem. § 144 nicht zu erblicken (BGH NJW 1958, 177).

475 4. Arglistige Täuschung und Drohung können **Schadensersatzansprüche** begründen. Dabei ist zu unterscheiden, ob das Rechtsgeschäft durch Anfechtung hinfällig wurde oder nicht.
Wurde angefochten, so können Ansprüche aus dem Rechtsgeschäft nicht mehr hergeleitet werden. Allerdings können arglistige Täuschung oder Drohung unerlaubte Handlungen sein (z.B. § 823 II i.V.m. § 263 StGB; § 826) oder zu einer Haftung aus culpa in contrahendo führen. Der Täuschende oder Drohende ist dann zum Schadensersatz verpflichtet. Der Schadensersatzberechtigte kann nach § 249 indessen nur verlangen, so gestellt zu werden, wie wenn auf seine Willensfreiheit nicht eingewirkt worden wäre (RGZ 103, 154,

159). Im Vordergrund steht die Befreiung von der Vertragspflicht und der Ersatz des Vertrauensschadens. Jedoch wird der *Schadensersatz nicht wie in § 122 durch das Erfüllungsinteresse begrenzt* (vgl. STAUDINGER/DILCHER § 123 Rdn. 48; MÜNCHKOMM/KRAMER § 123 Rdn. 30; PALANDT/HEINRICHS § 123 Anm. 5 c).

Wurde nicht angefochten, sind neben Ansprüchen aus dem Rechtsgeschäft auch Schadensersatzansprüche aus unerlaubter Handlung möglich (RGZ 103, 154, 159).

> Die Unabhängigkeit dieses Ersatzanspruches wird dann besonders bedeutsam, wenn das an eine einjährige Ausschlußfrist (§ 124) geknüpfte Anfechtungsrecht erloschen ist; für diesen Fall bleibt der an eine dreijährige Verjährungsfrist (§ 852) gebundene Ersatzanspruch aus unerlaubter Handlung bestehen; entsprechend kann auch nach Erlöschen des Anfechtungsrechtes ein Schadensersatzanspruch unter dem Gesichtspunkt der culpa in contrahendo bestehen (BGH NJW 1979, 1983f).

Der Grundsatz der Naturalrestitution führt zunächst dazu, daß der Vertrag beseitigt werden muß; dann wird die Geltendmachung eines Geldersatzanspruches, der statt der Wiederherstellung des früheren Zustandes (d.h. regelmäßig Nichtabschluß des Vertrages) gefordert wird, ausgeschlossen sein (RGZ 83, 245, 246). Kann der Geschädigte dagegen beweisen, daß der Vertrag ohne die Täuschung oder Drohung zu für ihn günstigeren Bedingungen geschlossen worden wäre, so kann er verlangen, so gestellt zu werden, als wenn der Vertrag zu diesen günstigeren Bedingungen zustande gekommen wäre.

> In dem vom RG (RGZ 83, 245ff) entschiedenen Fall trat der Verkäufer den Nachweis an, daß er ohne die betrügerisch in Zahlung gegebenen wertlosen Hypotheken in Höhe von 10000 DM das Grundstück vollwertig verkauft und die 10000 DM bar erhalten hätte; das RG nimmt an, daß ihm bei Gelingen des Nachweises der Käufer die 10000 DM zahlen müsse, um diejenige Vermögenslage des Verkäufers herbeizuführen, in der er sich ohne den Betrug befunden hätte. Entsprechend ist zu entscheiden, wenn der Käufer nachweist, daß der Verkäufer ihm eine Ware – ohne den Betrug – zu geringerem Preise überlassen hätte; dann kann der Käufer teilweise Zurückzahlung des zu hohen, im anfechtbaren Geschäft bewilligten Kaufpreises verlangen (vgl. RGZ 103, 154, 159).

Ein Schadensersatzanspruch auf das positive Interesse besteht auch dann, wenn über Eigenschaften einer Sache getäuscht wurde, die – sofern sie vorhanden gewesen wären – einen höheren Wert des Vertragsgegenstandes begründet hätten (RGZ 66, 335, 337). Zum gleichen Ziele führt auch, falls nicht angefochten wurde, der konkurrierende Anspruch gem. § 463 (BGH NJW 1960, 237f), wenn ein Verkäufer arglistig eine Eigenschaft vorgespiegelt hat (RGZ 66, 335, 338).

4. ABSCHNITT
Form und zulässiger Inhalt des Rechtsgeschäfts

§ 37
Formerfordernisse und Formverstöße

BATTES Erfüllungsansprüche trotz beiderseits bewußten Formmangels? JZ 1969, 683ff; BERNARD Formbedürftige Rechtsgeschäfte, 1979; BÖHM Das Abgehen von rechtsgeschäftlichen Formgeboten, AcP 179, 425ff; BOERGEN Die Effektivität vertraglicher Schriftformklauseln, BB 1971, 202ff; BUCKENBERGER Fernschreiben und Fernkopien – Formerfordernisse, Absendung und Zugang, DB 1980, 289ff; COING Form und Billigkeit im modernen Privatrecht, Sonderheft zur DNotZ 1965, 29ff; DIETRICH Kann man sich bei der Unterschriftsleistung vertreten lassen? DB 1974, 2141ff; GERNHUBER Formnichtigkeit und Treu und Glauben, Festschrift Schmidt-Rimpler, 1957, 151ff; HÄSEMEYER Die gesetzliche Form der Rechtsgeschäfte, 1971; ders., Die Bedeutung der Form im Privatrecht, JuS 1980, 1ff; HELDRICH Die Form des Vertrages, AcP 147, 89ff; HEPP Zur Formbedürftigkeit einseitiger Erwerbsverpflichtungen, NJW 1972, 1695ff; v. HIPPEL Formalismus und Rechtsdogmatik, 1935; HOLZHAUER Die eigenhändige Unterschrift, 1973; LEHMANN, H. Die Unterschrift im Tatbestand der schriftlichen Willenserklärung, 1904; LORENZ Das Problem der Aufrechterhaltung formnichtiger Schuldverträge, AcP 156, 381ff; ders., Rechtsfolgen formnichtiger Schuldverträge, JuS 1966, 429ff; LUDWIG Entwicklungstendenzen des Rechts der notariellen Beurkundung, AcP 180, 373ff; MERZ Auslegung, Lückenfüllung und Normberichtigung, AcP 163, 305ff; NIPPERDEY Formmängel, Vertretungsmängel, fehlende Genehmigung bei Rechtsgeschäften der öffentlichen Hand und Treu und Glauben, JZ 1952, 577ff; PIKART Die Rechtsprechung des BGH zur Formnichtigkeit von Verträgen, WM 1963, 1018ff; ders., Die Rechtsprechung des BGH zum notariellen Grundbuchrecht, WM 1970, 266ff; REICHEL Zur Behandlung formnichtiger Verpflichtungsgeschäfte, AcP 104, 1ff; REINICKE Rechtsfolgen formwidrig abgeschlossener Verträge, 1969; ders., Die Bedeutung der Schriftformklausel unter Kaufleuten, DB 1976, 2286ff; ders., Formmangel und Verschulden bei Vertragsschluß, DB 1967, 109ff; SCHEUERLE Formalismusargumente, AcP 172, 396ff; SCHMIDT-SALZER Rechtsprobleme der Schriftformklauseln, NJW 1968, 1257ff; SIEGEL Die privatrechtliche Funktion der Urkunde, AcP 111, 1ff; STEINDORFF Allgemeine Formvorschriften in Gesellschafts- und Auftragsverhältnissen, ZHW 1966, 21ff; VOLLKOMMER Formstrenge und prozessuale Billigkeit, 1973; WAGNER Zum Schutzzweck des Beurkundungszwanges gem. § 313 BGB, AcP 172, 452ff; WINKLER Die Formbedürftigkeit von Kaufanwärterverträgen über Grundstücke und Eigentumswohnungen, NJW 1971, 401ff.

476 I. Während frühe Rechtsordnungen weitgehend für Rechtsgeschäfte eine bestimmte Form vorsahen, geht das Bürgerliche Gesetzbuch vom **Grundsatz der Formfreiheit** aus. Es bleibt den Parteien überlassen, die Form ihres Erklärungsmittels frei zu wählen (*formlose Geschäfte*); erforderlich ist nur, daß der rechtsgeschäftliche Wille in erkennbarer Weise zum Ausdruck gekommen ist. Der Grundsatz der Formfreiheit ist als solcher nicht ausdrücklich im BGB enthalten, läßt sich aber mittelbar aus den Regelungen ableiten, welche die Form als Ausnahme besonders vorschreiben (*gesetzliche Form*). In diesen Fällen findet der rechtsgeschäftliche Wille nur unter Einhaltung der vorgeschriebenen Form Beachtung (*formelle Geschäfte*).

In den nicht gesetzlich geregelten Fällen steht es den Parteien aufgrund der Privatautonomie frei, für ein beabsichtigtes Rechtsgeschäft eine Form zu vereinbaren (*gewillkürte Form*).

Diese kann in gewissen Fällen auch durch einseitiges Rechtsgeschäft bestimmt werden; z. B. kann der Antragsteller in seinem Angebot eine Form für dessen Annahme vorschreiben, nicht aber kann der Vermieter nachträglich seinem Mieter schriftliche Kündigung auferlegen.

Die Formvorschriften beziehen sich jeweils nur auf die Willenserklärung. Zur Form des Rechtsgeschäftes gehören nicht sonstige Tatbestandsmerkmale, wie z. B. Eintragung in das Grundbuch, Übergabe des Besitzes, Darlehenshingabe (vgl. oben Rdn. 347ff).

Zur Anwendung von Formvorschriften auf die grundsätzlich formfreie *Vollmacht* (§ 167 II) vgl. unten Rdn. 651 f.

II. Zwecke der Form

Das Gesetz hat insbesondere bei wirtschaftlich bedeutsamen und risikohaften Geschäften einen Formzwang vorgesehen. Dabei soll die Form eine *Warn- und Beweisfunktion* übernehmen. Einerseits sollen die Parteien vor Übereilung geschützt werden (z. B. §§ 313 S. 1, 518 I, 766 S. 1, 780, 781), andererseits soll die Form Klarstellungs- und Beweiszwecken dienen, um den zum Ausdruck gekommenen rechtsgeschäftlichen Willen deutlich festzuhalten und beweismäßig zu sichern (z. B. §§ 313 S.1, 566 S. 1, 780, 781). Daneben kann mit einem Formerfordernis bei komplizierten Rechtsvorgängen eine Beratung und Belehrung bezweckt sein, indem durch die beurkundende Person der Sachverhalt aufgeklärt wird (z. B. §§ 313 S. 1, 1410, 2276 I). Schließlich kann die Form über den Schutz der Parteien hinaus auch *öffentliche Interessen* wahren, so z. B. wenn durch sie eine inhaltliche Überwachung des Rechtsgeschäfts oder eine behördliche Kontrolle gewährleistet werden soll (§ 34 GWB; vgl. BGHZ 53, 304, 307; 54, 145, 148).

Dabei kann ein und dieselbe Formvorschrift bzw. eine gewillkürte Form zugleich mehreren Zwecken dienen (vgl. §§ 313 S. 1, 780, 781).

III. Arten der Form

1. Gesetzliche Form

Das Bürgerliche Gesetzbuch unterscheidet zwischen Schriftform, öffentlicher Beglaubigung und notarieller Beurkundung.

a) Schriftform

478 Die einfachste gesetzliche Form ist die Schriftform. Sie erfordert die eigenhändige Unterzeichnung einer Urkunde durch den Aussteller, wobei dies durch Namensunterschrift oder auch notariell beglaubigtes Handzeichen erfolgen kann (§ 126 I).

Dabei kommt es nicht darauf an, daß die Urkunde vom Unterzeichner verfaßt worden ist. Notwendig aber zugleich ausreichend ist, daß der Erklärende die Urkunde unterschreibt. Die Schriftform ist also eigentlich nur *Unterschriftsform.*

Die Unterschrift des Ausstellers muß den Text der Urkunde der äußeren Erscheinung nach decken, d. h. sie räumlich abschließen (RGZ 52, 277, 280; 110, 166, 168). Zulässig ist auch die sog. *Blankounterschrift,* bei der die betreffende Erklärung nachträglich mit Willen des Unterzeichnenden ergänzt wird (RGZ 57, 66, 68; BGHZ 22, 128, 132).

> Wird das Blankett abredewidrig ausgefüllt, so muß sich der Erklärende auf Grund des erzeugten Rechtsscheins an seiner Erklärung festhalten lassen; vgl. oben Rdn. 454.

Das Gesetz verlangt nicht die Unterzeichnung mit dem Familiennamen, sondern begnügt sich mit einer Namensunterschrift, die zur Individualisierung des Unterzeichners ausreicht (RG SeuffArch. 70 Nr. 87, vgl. auch BayObLG NJW 1956, 24f). Dementsprechend genügt auch die Unterzeichnung mit einem angenommenen Namen, Pseudonym, wenn dadurch die nötige Klarheit über die Person des Ausstellers geschaffen wird. Der Kaufmann kann auch mit seiner Firma unterzeichnen (§ 17 HGB), die vollständig angegeben sein muß (RGZ 50, 51, 54; 75, 1ff). Erforderlich ist grundsätzlich die *eigenhändige Unterschrift* des Ausstellers. Daran fehlt es, wenn die Unterschrift im Wege der mechanischen Vervielfältigung, sei es durch Matrizenabzug, Fotokopie oder Stempel ersetzt wird (BGH NJW 1970, 1078, 1080; für eine großzügigere Anerkennung KÖHLER AcP 182, 126, 143ff); Ausnahmen gelten für Inhaberschuldverschreibungen (§ 793 II 2) sowie für die Unterzeichnung von Aktien und Zwischenscheinen (§ 13 S. 1 AktG).

Die Eigenhändigkeit ist grundsätzlich nicht mehr gewahrt, wenn sich der Unterzeichner einer anderen Person als *Schreibhilfe* bedient. Führt jedoch die Schreibhilfe lediglich unterstützend die Hand des Ausstellers, und bleiben die wesentlichen Merkmale seiner Schriftzüge erhalten, so handelt es sich um eine eigenhändige Unterschrift (vgl. BGH NJW 1981, 1900f).

Nach Lehre und Rechtsprechung ist über den Wortlaut von § 126 I hinaus in extensiver Interpretation die Eigenhändigkeit der Unterschrift auch gewahrt, wenn ein *Vertreter* nicht mit seinem Namen unter Hinweis auf das Vertretungsverhältnis, sondern mit dem Namen des Vertretenen unterzeichnet (RGZ 74, 69ff; erweiternd 81, 1, 2f; kritisch ENN./NIPPERDEY § 155 I 2f; LARENZ AT § 21 I a und HOLZHAUER aaO, S. 210ff). Dabei handelt es sich lediglich um das

Formerfordernisse und Formverstöße § 37 III 1

Erfordernis der Schriftform; unabhängig davon ist die Berechtigung zur Stellvertretung zu prüfen.

Da durch diese Rechtsprechung das Erfordernis der Unterzeichnung mit dem richtigen Namen des Ausstellers preisgegeben ist, wird man die Unterzeichnung mit dem einem anderen zustehenden Namen auch in den Fällen des *Auftretens unter fremden Namen* als zur Wahrung der Schriftform ausreichend anerkennen müssen. Vgl. zum Handeln unter fremdem Namen unten Rdn. 632.
Zur *Formgültigkeit* eines *Wechsels* genügt die Zeichnung mit einem möglichen Namen oder einer möglichen Firma (BAUMBACH/HEFERMEHL Art. 1 WG Rdn. 7). Der Fälscher einer Unterschrift oder der vollmachtlose Vertreter, der nur mit dem Namen des Vertretenen gezeichnet hat, haftet selbst nicht wechselmäßig, sondern aus unerlaubter Handlung bzw. aus analoger Anwendung des § 179; der wirkliche Namensträger kann durch Genehmigung des Begebungsvertrages Rechte und Pflichten aus dem Wechsel für sich begründen (RGZ 145, 87, 91).

Bei einem *Vertrag* muß die Unterzeichnung durch die Parteien auf derselben Urkunde erfolgen. Nur bei mehreren Vertragsurkunden genügt es, wenn jeder Teil die für einen anderen bestimmte Urkunde unterzeichnet (§ 126 II). Telegramm- oder Briefwechsel genügen also nicht (RGZ 95, 83, 84).

§ 126 II gilt nicht für Kartellverträge und Kartellbeschlüsse. § 34 GWB läßt es genügen, wenn die Beteiligten Urkunden unterzeichnen, die auf einen schriftlichen Beschluß, auf eine schriftliche Satzung oder auf eine Preisliste Bezug nehmen.

Die Schriftform kann durch die notarielle Beurkundung oder den gerichtlichen Vergleich ersetzt werden, da beide im Verhältnis zur Schriftform höhere Anforderungen stellen (§§ 126 III, 127 a).

Hauptfälle der gesetzlichen Schriftform sind z. B.:
Miet- oder Pachtverträge über Grundstücke, wenn sie für länger als ein Jahr abgeschlossen werden (§§ 566, 581 II); Stiftungsgeschäft unter Lebenden (§ 81); Bürgschaftsübernahme (§ 766); abstraktes Schuldversprechen und Schuldanerkenntnis (§§ 780, 781); die Abtretungserklärung über eine hypothekarisch gesicherte Forderung (§ 1154 I) – sie kann gem. § 1154 II durch Eintragung in das Grundbuch ersetzt werden; die Käufererklärung beim Abzahlungsgeschäft (§ 1 a AbzG).

Eine gesteigerte Schriftform gilt für das **eigenhändige Testament** (§ 2247 I). Hier ist eigenhändige Niederschrift und Unterschrift erforderlich, damit sichergestellt wird, daß der Inhalt der letztwilligen Verfügung vom Testator herrührt (vgl. zur „Schreibhilfe" BGHZ 47, 68, 71 und BGH NJW 1981, 1900 f).

b) **Öffentliche Beglaubigung**
§ 129 enthält eine Verschärfung gegenüber der Schriftform, wonach in bestimmten, vom Gesetz vorgesehenen Fällen die Erklärung schriftlich

479

abgefaßt und die *Unterschrift* des Erklärenden von einem Notar beglaubigt werden muß. Da nur die Unterschrift beglaubigt wird und nicht der Inhalt der Urkunde, ist die öffentliche Beglaubigung ein amtliches Zeugnis über die Identität des Unterzeichners.

Die früher streitige Frage, ob eine Blankounterschrift beglaubigungsfähig ist, hat nunmehr § 40 V BeurkG dahingehend geregelt, daß eine derartige Beglaubigung unter Hinweis auf den Blankett-Charakter zulässig ist, wenn dargelegt wird, daß sie vor der Festlegung des Urkundeninhalts benötigt wird.

Bei Unterzeichnung durch *Handzeichen* ist dieses gem. § 129 I 2 zu beglaubigen. Zuständig für die Beglaubigung ist gem. §§ 39 ff BeurkG der Notar, unbeschadet etwaiger sonstiger landesrechtlicher Vorschriften (vgl. § 61 BeurkG). Daneben besteht eine sachlich eingeschränkte Zuständigkeit der Amtsgerichte für die Beglaubigung der Zustimmung des gesetzlichen Vertreters zur Vaterschaftsanerkennung gem. § 1600 e I 2 i. V. m. § 62 Nr. 1 BeurkG.

Die öffentliche Beglaubigung kann stets durch notarielle Beurkundung der Erklärung oder gerichtlichen Vergleich ersetzt werden (§§ 129 II, 127 a). Eine amtliche Beglaubigung z. B. durch Behörden für Verwaltungszwecke ist keine öffentliche Beglaubigung im Sinne des § 129.

Das Gesetz sieht die öffentliche Beglaubigung z. B vor bei:
– Anmeldungen zum Vereinsregister (§ 77), Güterrechtsregister (§ 1560), Handelsregister (§ 12 HGB),
– Erklärungen gegenüber dem Grundbuchamt (§ 29 GBO),
– Annahme eines früheren Namens durch verwitwete oder geschiedene Ehegatten (§ 1355 IV),
– Einbenennung eines Kindes gem. §§ 1617, 1618,
– Erbschaftsausschlagung, soweit nicht zur Niederschrift des Nachlaßgerichtes erklärt (§ 1945 I, III),
– Bestimmung des Testamentsvollstreckers durch einen Dritten (§ 2198 I 2).
Daneben *kann* in bestimmten Fällen *verlangt* werden, daß eine Unterschrift öffentlich beglaubigt wird (z. B. §§ 371 S. 2, 403, 1035 S. 2, 1154 I 2, 1155, 2120 S. 2, 2121, 2215 II).

c) Notarielle Beurkundung

480 Anders als bei der öffentlichen Beglaubigung wird bei der notariellen Beurkundung der vollständige Inhalt der Erklärung erfaßt. Zuständig für derartige Beurkundungen ist gemäß § 56 IV BeurkG ausschließlich der Notar. Das Verfahren der Beurkundung richtet sich nach den §§ 8 ff BeurkG. Danach muß bei der Beurkundung von Willenserklärungen nach entsprechender Beratung durch den Notar (§ 17 BeurkG) eine Niederschrift über die Verhandlung aufgenommen werden, die den Beteiligten in Gegenwart des

Notars vorgelesen, von ihnen genehmigt und eigenhändig unterzeichnet wird. Die Niederschrift muß vom Notar unter Beifügung der Amtsbezeichnung unterschrieben werden (§ 13 BeurkG).

Bei Beurkundung von *Verträgen* ist eine gleichzeitige Anwesenheit der Parteien vor dem Notar nur in den gesetzlich geregelten Fällen, z.B. Auflassung (§ 925), Ehevertrag (§ 1410) und Erbvertrag (§ 2276), erforderlich. In sonstigen Fällen genügt es nach § 128, wenn zuerst der Antrag und später dessen Annahme beurkundet wird (Sukzessivbeurkundung). Hier kommt gemäß § 152 der Vertrag mit der Beurkundung der Annahme zustande, ohne daß diese dem Antragsteller zugehen müßte.

Die notarielle Beurkundung kann gemäß § 127a durch gerichtlichen Vergleich ersetzt werden.

Gemäß §§ 415 ff ZPO begründen notarielle Beurkundungen vollen Beweis für die Richtigkeit und Vollständigkeit des Beurkundungsvorgangs.

> Hauptfälle der notariellen Beurkundung sind z.B.:
> Grundstücksveräußerung (§ 313 S. 1); Schenkungsversprechen (§ 518 I); Erbschaftskauf (§ 2371); Feststellung der Satzung einer Aktiengesellschaft (§ 23 AktG); Abschluß des Gesellschaftsvertrages einer GmbH (§ 2 GmbHG).

d) Sonderfälle

481 Neben den gesetzlich geregelten Fällen, in denen die Beurkundung gem. §§ 6ff BeurkG durch den Notar erfolgt, gibt es Vorschriften, nach denen die Abgabe der Erklärung bei gleichzeitiger Anwesenheit aller Beteiligten *vor einer Behörde* erfolgen muß; diese Form ist z.B. für die Eheschließung vor dem Standesamt vorgesehen (§ 13 I EheG). Davon sind die Fälle zu unterscheiden, in denen das Gesetz die Abgabe einer Erklärung *in öffentlich beglaubigter Form gegenüber einer Behörde oder einem Gericht* vorsieht, vgl. z.B. die Erbschaftsausschlagung, § 1945 I 2. Alt. In einer Reihe von Fällen sieht das Gesetz Erklärungen *zur Niederschrift* eines Gerichts (§ 1945 I 1. Alt.) oder eines Notars vor (z.B. §§ 2232, 2276).

2. Gewillkürte Form

482 Für alle Rechtsgeschäfte, die nach dem Gesetz keiner besonderen Form unterliegen, können die Beteiligten ein bestimmtes Formerfordernis vereinbaren (gewillkürte Form). Dabei können sie sowohl die gesetzlichen Formtypen wählen als auch diese modifizieren.

Haben die Parteien die Schriftform vereinbart, so soll nach § 127 telegraphische Übermittlung und bei einem Vertrag Briefwechsel genügen, soweit nicht ein anderer Wille anzunehmen ist. Die Briefe müssen jedoch – anders als bei Telegrammen und technisch formalisierten Erklärungen – unterschrieben sein.

> Haben die Parteien im Mietvertrag Kündigung durch eingeschriebenen Brief vereinbart, so handelt es sich um die Vereinbarung einer besonderen Übermittlungs-

§ 37 IV 1   Vierter Teil: Die Lehre vom Rechtsgeschäft

form zur Beweissicherung des Zugangs; daher genügt es, wenn der Empfänger auf andere Weise, z. B. durch einfachen Brief oder Klageschrift (RGZ 77, 70f) Kenntnis erlangt.

Formularverträge sehen in der Regel gewillkürte Schriftform vor. § 11 Nr. 16 AGBG erklärt darüber hinausgehende Formerfordernisse zu Lasten des Verbrauchers für unwirksam.

IV. Rechtsfolgen von Formverstößen

1. Nichtbeachtung der gesetzlichen Formerfordernisse

483   a) Der Mangel der gesetzlichen Form hat grundsätzlich **Nichtigkeit** zur Folge. Die Vorschrift des § 125 gilt für alle gesetzlichen Formvorschriften, auch solche außerhalb des BGB.
Zu den allgemeinen Nichtigkeitsfolgen vgl. Rdn. 507ff.

> In einigen Fällen sieht das Gesetz Ausnahmen von der Nichtigkeitsfolge bei Formverstößen vor: Bei Miet- oder Pachtverträgen über ein Jahr gilt bei Nichtbeachtung der Form der Vertrag als für unbestimmte Zeit geschlossen (§§ 566 S. 2, 581 II). Zur Erhaltung der Gültigkeit wird für ein Testament die Nichtigkeitsfolge auf die Verletzung unerläßlicher Formerfordernisse beschränkt, indem das Gesetz für weniger wichtige formale Anforderungen nur Sollvorschriften vorsieht (z. B. §§ 2247 II, 2249 II, 2267 S. 2).

484   b) Soweit das Gesetz mit der Form eine *„Warnfunktion"* bezweckt, erübrigt sich die Nichtigkeitsfolge, wenn der Schutzzweck der Form sich mit der Erfüllung erledigt hat. Daher sieht das Gesetz in §§ 313 S. 2, 518 II, 766 S. 2 eine **Heilung** vor.

Jedoch lassen sich diese Vorschriften nicht im Wege der Analogie zu einem allgemeinen Grundsatz dahingehend erweitern, daß die freiwillige Erfüllung stets eine den Formmangel heilende Wirkung habe (mit der h. M. RGZ 67, 204, 208; 137, 171, 175; BGH NJW 1967, 1128, 1131; WM 1970, 1319). Erwägungen, im Hinblick auf die legislatorische Motivation eine Analogie differenzierend zuzulassen (vgl. Häsemeyer Die gesetzliche Form der Rechtsgeschäfte, S. 105ff, 259ff; Reinicke Rechtsfolgen formwidrig abgeschlossener Verträge, S. 21ff), scheitern an der Schwierigkeit, den gesetzgeberischen Zweck eindeutig zu ermitteln.

> Bei beiderseitiger Erfüllung eines formnichtigen Vertrages kann nach den Vorschriften des *Bereicherungsrechts* ein unbefriedigendes Ergebnis vermieden werden. Zunächst ließe sich § 814 in Betracht ziehen; diese Vorschrift soll jedoch nicht eingreifen, wenn der Leistende trotz Kenntnis des Formmangels in Erwartung der Gegenleistung erfüllt hat (BGH LM Nr. 48 zu § 313; BGH NJW 1976, 237f; Flume II § 15 III 3 b). Bleibt diese aus, so besteht der Kondiktionsanspruch (§ 812 I 2). Wird die Gegenleistung erbracht, so ist – unbeschadet einer Heilung – der Zweck der Leistung erreicht; ein Bereicherungsanspruch besteht nicht (vgl. Flume aaO).

§ 37 IV 1

c) Die Nichtigkeitsfolge des § 125 kann eine Partei, die sich auf Grund **485**
besonderer Umstände auf die Wirksamkeit des Vertrages verlassen hat,
unbillig treffen. *Die* **Einschränkung** *der Nichtigkeitsfolge durch Rückgriff auf*
Treu und Glauben hat die Rechtsprechung zunächst abgelehnt, da dies zu einer
Aushöhlung des gesetzgeberischen Formzweckes geführt hätte (RGZ 52, 1, 5;
58, 214, 218; 73, 205, 209f). Allerdings wurde in Fällen der Herbeiführung des
Formmangels durch arglistige Täuschung die exceptio doli zugelassen und ein
Anspruch auf Schadensersatz (§ 826) gewährt (RGZ 72, 342f; 82, 299, 304).
Anschließend wurde diese Rechtsprechung unter Heranziehung des Rechtsgedankens der culpa in contrahendo auf Fälle ausgedehnt, bei denen der
Formmangel auf ein bloß schuldhaftes Verhalten des Vertragspartners zurückzuführen war (RGZ 107, 357, 362). Weitergehend hat das Reichsgericht die
Berufung einer Partei auf Formnichtigkeit dann als Verstoß gegen Treu und
Glauben angesehen, wenn dies mit ihrem vorangegangenen Verhalten in
Widerspruch stand (RGZ 153, 59, 61). Schließlich wurde allgemein aus § 242
der Grundsatz abgeleitet, daß die Berufung unzulässig sei, wenn es nach den
Beziehungen der Parteien und den gesamten Umständen Treu und Glauben
widerspräche, die Vertragsansprüche am Formmangel scheitern zu lassen
(RGZ 170, 203, 205).

Der BGH hat sich der nachgiebigen Rechtsprechung des RG zunächst
angeschlossen, später jedoch das Eingreifen von § 242 nur dann zugelassen,
wenn die Nichtanerkennung des Vertrages zu einem für die andere Partei
untragbaren, nicht aber nur zu einem harten *Ergebnis* führt (vgl. zur tatbestandlichen Präzisierung untragbarer Folgen BGHZ 48, 396, 398 m.w.N.;
BGH NJW 1970, 2210, 2211 spricht von „extrem liegenden Fällen"). Danach
kann sich das untragbare Ergebnis dann ergeben, wenn der Formverstoß auf
arglistiger Täuschung oder auf schuldhafter Erregung eines Irrtums über die
Notwendigkeit der Form beruht (BGHZ 48 aaO).

> Die Argumentation in Rechtsprechung und Lehre bezieht sich überwiegend auf die
> Formnichtigkeit in Fällen des § 313. Dabei ergibt sich die Frage, auf welche
> Anspruchsgrundlage bei Überwindung der Formnichtigkeit die Erfüllung gestützt
> werden kann. Der BGH geht offensichtlich von einer Wirksamkeit des an sich
> formnichtigen Geschäftes aus, so daß sich ein Erfüllungsanspruch aus Vertrag
> ergeben würde. Die dogmatische Leistungsbegründung ist jedoch umstritten. Nach
> einem Teil der Meinungen soll an die Stelle einer Vertragserfüllung der Schadensersatzanspruch auf das Erfüllungsinteresse (mit dem Gesichtspunkt der Naturalrestitution nach § 249) treten. Ein anderer Teil des Schrifttums schränkt noch weiter ein,
> indem er – insbesondere wenn die Nichteinhaltung der Form auf Fahrlässigkeit
> beruht – den Schadensersatzanspruch auf das negative Interesse begrenzt (so
> insbesondere FLUME II § 15 III 4 c dd). CANARIS Vertrauenshaftung, 1971, 289 ff leitet
> den Erfüllungsanspruch unmittelbar aus dem Gesichtspunkt des venire contra factum
> proprium (§ 242) her. Zu den differenzierenden Lösungsversuchen vergleiche u. a.
> GERNHUBER aaO, S. 151 ff, 176f; LORENZ Zum Problem der Aufrechterhaltung
> formnichtiger Schuldverträge, AcP 156, 381 ff, 398 ff und JuS 1966, 429 ff; REINICKE
> NJW 1968, 39 ff und Rechtsfolgen 118 ff; Medicus AT Rdn. 626 ff, BR Rdn. 180 ff.

Ist die Formverfehlung ausnahmsweise unbeachtlich, so kann aufgrund des vorliegenden Konsenses die Vereinbarung als solche zur Grundlage dienen; es sollte kein Hindernis bestehen, *aus* ihr als *dem Kern des Rechtsgeschäfts* für den mit dem untragbaren Ergebnis Belasteten *Erfüllungsansprüche* herzuleiten; eines Rückgriffs auf Ansprüche aus culpa in contrahendo bedarf es dann nicht (vgl. im Ergebnis BGHZ 12, 286, 304; BGHZ 23, 249, 255, 258 spricht ausdrücklich von einer Bindung vertraglicher Art; zum Verhältnis von Form und Konsens s. auch HÄSEMEYER aaO, S. 23f).

Eine Durchbrechung der Formnichtigkeit kann bei *Verfügungsgeschäften* angesichts ihrer absoluten Wirkung *nicht* in Betracht kommen. Ist das Verpflichtungsgeschäft wirksam, so kann das formnichtige Verfügungsgeschäft jederzeit wirksam nachgeholt werden.

2. Nichtbeachtung der rechtsgeschäftlich vereinbarten Form

486 Eine praktisch bedeutsame Problematik ergibt sich bei Nichtbeachtung der gewillkürten Form. Das Gesetz stellt in § 125 S. 2 die Verletzung der gewillkürten Form im Zweifel der Verletzung der gesetzlichen Form gleich (vgl. hierzu parallel § 154 II). Angesichts der sich daraus möglicherweise ergebenden Nichtigkeitsfolge bedarf es einer näheren Prüfung der Formvereinbarung. Die Parteien können die Form zur Wirksamkeitsvoraussetzung erhoben haben, sie können sie aber auch lediglich zur Klarstellung (vgl. BGHZ 49, 364, 367), insbesondere zur Beweissicherung (vgl. BGH NJW 1964, 1269f), vereinbart haben. In letzteren Fällen bleibt die Wirksamkeit des Rechtsgeschäfts von der Nichtbeachtung der Form unberührt. Der Zweck der Formvereinbarung ist daher durch *Auslegung* zu ermitteln.

So ist z.B. eine vereinbarte Schriftform nicht konstitutiv, wenn sie lediglich sicherstellen soll, daß der Erklärungsgegner zuverlässig Kenntnis von der Erklärung erlangt (RGZ 98, 233, 235; vgl. auch oben Rdn. 482). – Andererseits kann die Bedeutung des Rechtsgeschäfts für die Parteien ein Indiz für die Form als Wirksamkeitsvoraussetzung sein.

Ergibt die Auslegung, daß die Form konstitutiv vereinbart war, so können angesichts der Nichtigkeitsfolge, sofern ein berechtigtes Vertrauen auf die Einhaltung der formlosen Abrede erweckt worden war, Schadensersatzansprüche aus culpa in contrahendo gegeben sein. Hat z.B. ein Arbeitgeber mit einem Stellenbewerber mündlich einen Dienstvertrag verabredet, der schriftlich ausgefertigt werden sollte, so hat der Bewerber, der auf die Einhaltung der Absprache vertrauen durfte und infolgedessen seine bisherige Tätigkeit aufgegeben sowie seine Wohnung verlegt hat, zumindest Schadensersatzansprüche wegen des Ausfalls seiner bisherigen Bezüge und der Mehrkosten einer neu zu beschaffenden Wohnung, wenn der Arbeitgeber sich nunmehr gegen Treu und Glauben weigert, einen schriftlichen Vertrag abzuschließen.

Denkbar ist auch, daß die Parteien die Vereinbarung über die Form nachträglich *aufheben* bzw. auf die Form *verzichten* wollen. Nach der

Privatautonomie steht dem nichts entgegen, es muß jedoch der *Wille zur Aufhebung* der Vereinbarung *deutlich hervortreten;* dies kann, sofern nicht förmliche Aufhebung vereinbart ist, formlos geschehen;.der Wille zur Aufhebung kann auch konkludent, z. B. durch Erfüllung, zum Ausdruck kommen.

> Das gilt insbesondere, wenn die Parteien einen Willen zur *Neuregelung der Abschlußmodalitäten* bekunden, d.h. die Maßgeblichkeit des später mündlich Vereinbarten übereinstimmend gewollt haben (BGH NJW 1962, 1908; BGH NJW 1966, 1705f). Dies soll sogar gelten, wenn die Parteien dabei an die frühere Formvereinbarung nicht gedacht haben (BGH NJW 1965, 293; BGH WM 1974, 105; einschränkend LARENZ AT § 21 I c).
>
> Formlose nachträgliche Abweichungen von in Allgemeinen Geschäftsbedingungen vorgesehenen Formerfordernissen sind durch § 4 AGBG erleichtert, da § 4 den Vorrang von Individualabreden bestimmt (vgl. ULMER/BRANDNER/HENSEN § 4 Rdn. 29ff; zur Differenzierung vgl. BGH NJW 1980, 234f; BGH BB 1981, 266).

3. Nichtbeachtung des Umfangs von Formerfordernissen

Der Formzwang umfaßt grundsätzlich das gesamte Rechtsgeschäft. Im **487** Einzelfall ist zu prüfen, welche Abreden als Bestandteil des Rechtsgeschäfts anzusehen sind. Im wesentlichen ist darauf abzustellen, was die Parteien als Inhalt des Rechtsgeschäftes ansehen wollten. Absprachen, die z. B. nur Abwicklungsmodalitäten betreffen und den Leistungsinhalt nicht betreffen, werden insofern vom Formzwang nicht erfaßt (vgl. BGH LM Nr. 14 zu § 313).

a) Zunächst ist von formpflichtigen Nebenabreden der *Abschluß eines* **Vorvertrages** zu unterscheiden. Soweit die Annahme eines Vorvertrages mit Verbindlichkeitswirkung gerechtfertigt ist (vgl. unten Rdn. 533f), ist zu beachten, daß die Formvorschriften des Hauptvertrages grundsätzlich auch für den Vorvertrag gelten müssen, weil bei dessen formlosem Abschluß angesichts des Anspruchs auf Abschluß des Hauptvertrages der Zweck der Formvorschrift umgangen würde (st. Rspr., vgl. RGZ 112, 199, 201).

b) Hinsichtlich *formloser* **Nebenabreden** – sei es, daß sie als Vorabsprachen, sei es, daß sie bei Vertragsschluß getroffen wurden – hat ein förmlich abgeschlossenes Rechtsgeschäft die tatsächliche, allerdings widerlegliche Vermutung für sich, daß in ihm der endgültige und maßgebende Vertragswille niedergelegt ist *(Vermutung der Vollständigkeit und Richtigkeit,* RGZ 52, 23, 26; 68, 15f; 77, 403, 405). Die Vermutung der Vollständigkeit steht insbesondere auch der Behauptung entgegen, die Urkunde enthalte den Vertragsinhalt nicht vollständig, weil bei Abschluß des Rechtsgeschäftes noch eine mündliche Nebenabrede getroffen worden sei. Wer sich auf diese beruft, muß beweisen, daß die mündliche Nebenabrede neben dem beurkundeten Vertrag Geltung haben und nicht einen Bestandteil des Vertrages bilden sollte (RGZ 102, 63f).

> Von besonderer Bedeutung ist, daß die *Zusicherung von Eigenschaften beim Kauf* der Aufnahme in den förmlichen Vertrag bedarf (BGH WM 1970, 819, 821), so vornehmlich bei Grundstückskäufen (RGZ 132, 76, 78).

Eine für die Abrede sich ergebende Formnichtigkeit wird grundsätzlich das gesamte Geschäft erfassen, wenn nicht die Ausnahme des § 139 wirksam wird (vgl. unten Rdn. 511).

Nebenabreden können als Vertragsbestandteil den Heilungsvorschriften unterliegen; die *Heilung* muß sich allerdings vollzogen haben, z. B. nach § 313 S. 2 durch Eintragung im Grundbuch (RGZ 99, 72, 74).

Bei Formvorschriften für die Erklärung eines Beteiligten, z. B. bei der Bürgschaftserklärung, sind mündliche Nebenabreden, die die Verpflichtung einschränken, gültig (RGZ 71, 415, 416), da sie den Bürgen nicht belasten und somit die „Warnfunktion" nicht beeinträchtigen.

Soweit Nebenabreden nicht verbindlich sind, können sie doch zur Auslegung des förmlichen Rechtsgeschäfts herangezogen werden (RGZ 59, 217, 219; 88, 370, 372).

c) Ein zu beurkundender Vertrag ist insgesamt nichtig (§§ 125, 139), wenn sein Inhalt im wesentlichen durch **Unterlagen** (Karten, Zeichnungen, Baupläne und Baubeschreibungen, Teilungserklärungen) konkretisiert wird und diese Unterlagen bei notarieller Beurkundung nicht zur Durchsicht vorgelegt wurden (§ 13 I BeurkG in der Fassung vom 20.2.1980).

Ursprünglich genügte die bloße Bezugnahme auf die Unterlagen in der Vertragsurkunde (BGHZ 63, 359); diese Auffassung wurde in BGHZ 69, 266, 268 f aufgegeben und Beurkundung durch Beifügung und Verlesung der Baubeschreibung verlangt. BGH NJW 1979, 1984 f hat die Auffassung nochmals bestätigt. Der Gesetzgeber hat diese Rechtsprechung der Neufassung der §§ 9, 13 BeurkG zugrundegelegt.

§ 38
Zulässiger Inhalt der Rechtsgeschäfte

Rechtsgeschäfte müssen einen rechtlich zulässigen Inhalt haben. Materiell unzulässig ist der Inhalt eines Rechtsgeschäfts bei Verstoß gegen gesetzliche Verbote, bei Verstoß gegen die guten Sitten und bei Verstoß gegen Veräußerungsverbote. In diesen Fällen wird zum Schutze höherrangiger Interessen die Privatautonomie eingeschränkt.

A. Gesetzliche Verbote

DILCHER Rechtsgeschäfte auf verfassungswidriger Grundlage, AcP 163, 193 ff; v. GAMM Die Gesetzesumgehung, WRP 1961, 259 ff; HUBER Typenzwang, Vertragsfreiheit und Gesetzesumgehung, JurA 1970, 784 ff; IMMENGA Rechtsfolgen unzulässiger Leiharbeitsverhältnisse, BB 1972, 805 ff; KÖHLER Möglichkeiten richterlicher Monopolpreiskontrolle, ZHR 137, 237 ff; LANGE, O. Die behördliche Genehmigung und ihre zivilrechtlichen Auswirkungen, AcP 152, 241 ff; ders., Die Bedeutung der behördlichen Genehmigung im rechtsgeschäftlichen Verkehr, NJW 1949, 201 ff; LANGEN Welche Bedeutung hat heutzutage der Ausdruck „gesetzliches Verbot" in

Zulässiger Inhalt der Rechtsgeschäfte § 38 A

§ 134 BGB, Festschrift R. Isay, 1956, 321 ff; Mayer-Maly Handelsrechtliche Verbotsgesetze, Festschrift Hefermehl, 1976, 103 ff; Müller, R. Anwendbarkeit von § 134 BGB im Kartellrecht, JZ 1954, 720 ff; Pawlowski Zum Umfang der Nichtigkeit bei Verstößen gegen „öffentlich-rechtliche" Verbotsgesetze, JZ 1966, 696 ff; Prost Verbotene Geschäfte und strafbare Handlungen nach dem Kreditwesengesetz, NJW 1977, 227 ff; Sack Der rechtswidrige Arbeitsvertrag, RdA 1975, 171 ff; Sonnenschein Schwarzarbeit, JZ 1976, 497 ff; Stober Zur zivilrechtlichen Wirkung wirtschaftsverwaltungsrechtlicher Verbote, GewArch. 1981, 313 ff; Teichmann Die Gesetzesumgehung, 1962; 2 ff; Zeise Voraussetzungen und Folgen des § 134 BGB bei Tausch- und Kompensationsgeschäften, JR 1948, 278 ff.

Ein Rechtsgeschäft, das gegen ein gesetzliches Verbot verstößt, ist grundsätzlich nichtig (§ 134). Verbotsgesetz kann jede Rechtsnorm sein, d. h. neben Gesetzen auch Rechtsverordnungen, Satzungen von Hoheitsträgern, Tarifverträge (§ 4 TVG) und Betriebsvereinbarungen (§ 77 BetrVG), schließlich auch ungeschriebene Verbote, die sich insbesondere aus Gewohnheitsrecht ergeben können. Umstritten ist, ob verfassungsrechtliche Normen, vornehmlich die Grundrechte, Verbotsgesetze i.S. § 134 sind (zur Drittwirkung vgl. oben Rdn. 72). Das Wertsystem des Grundgesetzes kann auch über das Medium des § 134 wirksam werden, da ein Verbot nicht ausdrücklich normiert sein muß, es vielmehr genügt, wenn es sich eindeutig aus dem Normgefüge ergibt (BGHZ 51, 255, 262; vgl. MünchKomm/Mayer-Maly § 134 Rdn. 39 ff; zur Wirkung sonstiger grundgesetzlicher Normen siehe auch BGHZ 43, 384, 387 betreffend den Vorrang der Abgeordnetentätigkeit nach Art. 48 II GG). **488**

Die Rechtsverbote kommen in den verschiedensten Formen zum Ausdruck. Das Wort „verbieten" findet sich in den formellen Gesetzen kaum, häufiger in den Rechtsverordnungen. Das BGB bringt z. B. ein Verbot vielfach dadurch zum Ausdruck, daß es ein bestimmtes Geschäft für nichtig erklärt (§§ 248, 310, 312) oder bestimmt, daß es überhaupt nicht oder nur unter gewissen Voraussetzungen vorgenommen werden kann (§§ 276 II, 399) oder daß seine Vornahme unzulässig ist (§ 393).

Andererseits liegt ein Verbot nicht vor, wenn ein Geschäft wegen mangelnder inhaltlicher oder förmlicher Voraussetzungen für unwirksam erklärt wird (z. B. §§ 105, 125). Maßgeblich ist, daß mit der angeordneten Nichtigkeitsfolge eine Sanktion verbunden ist, die von der Vornahme des Geschäftes abhalten soll.

Wenn das Gesetz den Ausdruck „darf nicht" verwendet, so bedeutet dies kein gesetzliches Verbot mit Nichtigkeitsfolge. So wird z. B. im Falle des § 456 durch die Regelung des § 458 ein Schwebezustand bis zur Zustimmung der Beteiligten angeordnet; in § 1238 werden anstelle einer generellen Nichtigkeit die Folgen des Verstoßes im Gesetz näher modifiziert.

Eine Nichtigkeitsfolge entfällt gleichfalls, wenn das Gesetz den Ausdruck „soll nicht" verwendet (vgl. § 7 EheG). Grundsätzlich sind „Sollvorschriften" Ordnungsnormen.

Der Vielfalt gesetzlicher Verbote entspricht in § 134 die Einschränkung, daß **489** die **Nichtigkeitsfolge nur** eintritt, **wenn sich aus dem Gesetz nicht ein anderes**

§ 38 A

ergibt. Die inhaltliche Tragweite des Verbots ist daher nach Sinn und Zweck des Gesetzes zu ermitteln. Hierbei wird es insbesondere auf die Schutzwirkung der Verbotsnorm ankommen, wobei sich vornehmlich die unterschiedlichen Aufgaben des Strafrechts und des Privatrechts auswirken. Rechtsprechung und Lehre gehen davon aus, daß ein gesetzliches Verbot dann ein Rechtsgeschäft erfaßt, wenn dessen *Inhalt* verboten ist, aber auch, wenn die *Vornahme* des Rechtsgeschäfts gegen eine Verbotsnorm verstößt (vgl. BGHZ 46, 24f).

Soweit sich das Verbot jedoch gegen das rechtsgeschäftliche Handeln *nur eines Vertragsteils* oder gegen die Art und Weise der Vornahme (z. B. Ort und Zeit) richtet, soll der Vertrag als solcher wirksam sein (vgl. z. B. zum veruntreuenden Handeln des Vorstandes einer AG: RGZ 78, 347, 353). Diesen Grundsatz hat die Rechtsprechung, gestützt auf die Motive zum BGB, seit RGZ 60, 273 ff ständig vertreten.

> So ist z. B. ein Bewirtungsvertrag nach der Sperrstunde (RGZ 103, 263 ff) und der Verkauf nach Ladenschluß (vgl. RGZ 60, 273, 276) wirksam. Ebenfalls macht der Verstoß gegen die ZugabeVO oder das Rabattgesetz den Kaufvertrag nicht nichtig.

In diesen Fällen will die Rechtsordnung – soweit nicht ein verbotener Inhalt des Rechtsgeschäfts betroffen ist – es bei den vertraglichen Folgen belassen und sich auf die Ahndung des Verstoßes beim Handelnden beschränken (vgl. FLUME II § 17, 4). Demgegenüber ist jedoch zu differenzieren, wenn die Wirksamkeit des Geschäftes dazu führen würde, daß das verbotene Handeln einer Partei aufgrund der vertraglichen Verpflichtung erzwingbar wäre; in diesen Fällen muß aus dem *Zweck des Verbotsgesetzes* folgen, daß das Rechtsgeschäft nichtig ist (vgl. die Durchführung einer Rechtsberatung entgegen dem Verbot in Art. 1 § 1 des RBerG; BGHZ 37, 258, 262).

Diese Differenzierung berührt sich mit den Fällen, in denen sich das Verbot auf den *Inhalt eines Rechtsgeschäftes* und zugleich auf den mit ihm *bezweckten Erfolg* bezieht. Dies kann insbesondere der Fall sein, wenn *beide Beteiligte* gegen das Verbotsgesetz verstoßen. Hier greift in der Regel die Nichtigkeitsfolge ein (so z. B. bei Verstoß gegen §§ 331 ff StGB oder § 12 UWG).

490 Einen besonderen Fall des verbotenen Handelns kann der *Erwerb vom Nichtberechtigten* darstellen (§§ 932 ff), bei dem häufig ein Unterschlagungstatbestand (§ 246 StGB) gegeben sein wird. In diesen Fällen will die Rechtsordnung zwar das kriminelle Unrecht in der Person des Rechtsbrechers (des Nichtberechtigten) sühnen, die zivilrechtlichen Folgen jedoch im Interesse des gutgläubigen Dritten aufrechterhalten (dagegen BINDING Die Ungerechtigkeit des Eigentums-Erwerbs vom Nicht-Eigentümer, 1908; vgl. hierzu H. HÜBNER Der Rechtsverlust im Mobiliarsachenrecht, 1955, 77 ff). Dem entspricht es, wenn die Rechtsprechung unter diesen Umständen den Kaufvertrag zwischen Nichtberechtigtem und Dritterwerber unter Ablehnung der Rechtsmängelhaftung als erfüllt ansieht (OLG Hamburg MDR 1948, 253 und die h.M.).

Zulässiger Inhalt der Rechtsgeschäfte § 38 A

Soweit das Verbotsgesetz Inhalt und bezweckten Erfolg des Rechtsgeschäfts **491**
mißbilligt und nach seinem Sinn und Zweck gerade den Vollzug der Leistung
unterbinden will, erfaßt die **Nichtigkeitsfolge auch das Verfügungsgeschäft**
(vgl. zur sog. Fehleridentität oben Rdn. 368). Es wird dann der gesamte
Veräußerungsvorgang betroffen; Verpflichtungsgeschäft und Verfügungsgeschäft sind nichtig (BGHZ 1, 128, 131; 11, 59, 61f). Das gilt insbesondere für
verbotene Devisengeschäfte, weil gerade durch die Verfügung der verbotene
Abfluß der Devisen herbeigeführt würde.

Verträge, die bedingt für den Fall abgeschlossen werden, daß ein gesetzliches Verbot aufgehoben wird, sind wirksam (vgl. § 308; RGZ 138, 52, 55;
OGHZ 3, 55, 60).

Falls die Parteien anstelle eines verbotenen Rechtsgeschäfts ein Geschäft **492**
abschließen, das von der Verbotsnorm zwar nicht erfaßt wird, jedoch gerade
den Erfolg herbeiführen soll, den das Verbotsgesetz zu verhindern beabsichtigt, so spricht man von einem **Umgehungsgeschäft**. Das Umgehungsgeschäft
wird jedoch von der Verbotswirkung nur erfaßt, wenn sich aus den Zwecken
des Verbots ergibt, daß es einen bestimmten Erfolg überhaupt verhindern und
nicht bloß seine Erreichung durch eine bestimmte Geschäftsart oder Geschäftsform verhindern will. Die Frage der Umgehung ist also gleichbedeutend mit
der Frage nach der Auslegung der Norm nach ihrem Zweck und ihrer
inhaltlichen Tragweite.

Als *nichtige Umgehungsgeschäfte* werden angesehen: Der Arbeitgeber darf den
durch das Aufrechnungsverbot des § 394 mißbilligten Erfolg nicht durch Zurückbehaltung des Arbeitslohns herbeiführen (RGZ 85, 108, 112f; 123, 6, 8). Das Erfordernis
personenbezogener gewerblicher Genehmigungen kann nicht durch Vortäuschung
von Anstellungs- oder Pachtverhältnissen umgangen werden (RGZ 63, 143, 145; 84,
304f; LG Berlin NJW 1977, 1826). Ein gesetzliches Vorkaufsrecht der Gemeinden
kann nicht durch Bestellung eines Nießbrauchrechtes umgangen werden (BGHZ 34,
200, 205).

Einzelne Umgehungsgeschäfte werden *durch gesetzliche Vorschriften einer Regelung unterworfen:* So werden die Vorschriften des AbzG auf Umgehungsgeschäfte
entsprechend angewandt (§ 6 AbzG); vgl. auch die Regelung in § 7 AGBG. Eine
Umgehung der Vorschriften für vertragliche Wettbewerbsverbote zum Schutze des
früheren Handlungsgehilfen ist unwirksam (§ 75 d S. 2 HGB). Vereinbarungen, die
einer Umgehung des tarifmäßigen Beförderungsentgelts nach dem Güterkraftverkehrsgesetz gleichkommen, sind gem. § 22 II 2 GüKG unzulässig; der Beförderungsvertrag bleibt als solcher wirksam, die Vertragsbedingungen richten sich jedoch nach
den Tarifbestimmungen (§ 22 III GüKG). Durch Mißbrauch von Gestaltungsmöglichkeiten des bürgerlichen Rechts kann das *Steuergesetz* nicht umgangen werden; die
Besteuerung richtet sich nach einer den wirtschaftlichen Vorgängen angemessenen
rechtlichen Gestaltung (vgl. § 42 AO).

In der Lehre war längere Zeit umstritten, ob die *Sicherungsübereignung* eine
Umgehung der Pfandrechtsvorschriften darstellte, da das vertragliche Pfandrecht
vom Traditionsprinzip ausgeht. Den Bedürfnissen der Wirtschaft entsprechend ist
jedoch heute die Zulässigkeit dieser Form der Sachsicherung anerkannt.

Zu den Nichtigkeitsfolgen vgl. Rdn. 507 ff.

493 Gesetzliche Verbote können sich insbesondere gegen Verfügungen richten (**Veräußerungsverbote**). Dienen die gesetzlichen Verbote dem Schutz der *Allgemeinheit*, so ziehen sie eine *absolute* Nichtigkeit der Verfügung gem. § 134 nach sich (z. B. § 1 I Nr. 2 SpielbankVO; BGHZ 37, 363 ff). Bezweckt jedoch das gesetzliche Verbot nur den *Schutz bestimmter Personen*, so ist gem. § 135 die Verfügung nur den geschützten Personen gegenüber unwirksam (z. B. § 98 VVG; vgl. dazu RGZ 95, 207 f).

Die Fälle der gesetzlichen Verfügungsverbote sind jedoch selten. Gewicht erhält die Vorschrift des § 135 durch die Verweisung in § 136 für die *behördlichen* und vor allem *gerichtlichen Veräußerungsverbote* (z. B. einstweilige Verfügungen nach §§ 935, 938 ZPO; Pfändung von Forderungen nach §§ 829, 857 ZPO; Grundstücksbeschlagnahme nach § 23 I ZVG), die nur zur *relativen Unwirksamkeit* führen. Zu den Einzelheiten und Rechtsfolgen vgl. unten Rdn. 524 ff.

B. Das Verbot sittenwidriger Geschäfte

BARTHOLOMEYCZIK Der maßgebende Zeitpunkt für die Bestimmung der Sittenwidrigkeit nichtiger Verfügungen von Todes wegen, Festschrift OLG Zweibrücken, 1969, 26 ff; BREITHAUPT Die guten Sitten, JZ 1964, 283 ff; COING Allgemeine Rechtsgrundsätze in der Rechtsprechung des RG zum Begriff der „guten Sitten", NJW 1947/48, 213 ff; DERLEDER Der Marktvergleich beim Konsumentenratenkredit als Mittel der Sittenwidrigkeitsprüfung, NJW 1982, 2401 ff; ESSER § 138 und die Bankpraxis der Globalzession, ZHR 135, 320 ff; FISCHER, O. Sittlichkeit und Billigkeit im deutschen bürgerlichen Recht, ARSP XI, 296 ff; FUTTER Energieversorgungsverträge und Monopolmißbrauch, BB 1978, 935 ff; HABERSTUMPF Die Formel vom Anstandsgefühl aller billig und gerecht Denkenden in der Rechtsprechung des BGH, 1976; HACKL Äquivalenzstörung und Sittenwidrigkeit, BB 1977, 1412 ff; HEDEMANN Die Flucht in die Generalklauseln, 1933; HONSELL Die Rückabwicklung sittenwidriger oder verbotener Geschäfte, 1974; ders., In fraudem legis agere, Festschrift Kaser, 1976, 111 ff; ders., Die zivilrechtliche Sanktion der Sittenwidrigkeit, JZ 1975, 439 ff; HUSMANN Die Testierfreiheit im Lichte der Grundrechte und des Sittengesetzes, NJW 1971, 404 ff; KAUFMANN, A. Recht und Sittlichkeit, 1964; KRAFT Interessenabwägung und gute Sitten im Wettbewerbsrecht, 1963; LAUN Recht und Sittlichkeit, 3. A. 1935; LINDACHER Grundsätzliches zu § 138 BGB – Zur Frage der Relevanz subjektiver Momente, AcP 173, 124 ff; LOTMAR Der unmoralische Vertrag, 1896; MAYER-MALY Das Bewußtsein der Sittenwidrigkeit, 1971; ders., Wertungswandel im Privatrecht, JZ 1981, 801 ff; MEYER-CORDING Gute Sitten und ethischer Gehalt des Wettbewerbsrechts, JZ 1964, 273 ff; MITTEIS Zur Auslegung des § 138 I BGB, Leipziger Festschrift Wach, 1917, 15 ff; v. OLSHAUSEN Zivil- und wirtschaftsrechtliche Instrumente gegen überhöhte Preise, ZHR 146, 259 ff; OTT Zur Sittenwidrigkeit von Konsumentenkreditverträgen, BB 1981, 937 ff; PAGENSTECHER Sittenwidrige Lieferungsbedingungen, 1943; PAWLOWSKI Die Aufgabe des Richters bei der Bestimmung des Verhältnisses von Recht, Sittlichkeit und Moral, ARSP 50, 503 ff; RITTNER Zur

Sittenwidrigkeit von Teilzahlungskreditverträgen, DB 1981, 1381 ff; ROTH-STIELOW Die guten Sitten als aktuelles Auslegungsproblem, JR 1965, 210 f; SCHMIDT, H. Die Lehre von der Sittenwidrigkeit der Rechtsgeschäfte in historischer Sicht, 1973; SCHRICKER Gesetzesverletzung und Sittenverstoß, 1970; SIMITIS Gute Sitten und ordre public, 1960; SIMSHÄUSER Zur Sittenwidrigkeit der Geliebten-Testamente, 1971; STEINDORFF Die guten Sitten als Freiheitsbeschränkung, in: Summum ius, summa iniuria 1963, 58 ff; THIELMANN Sittenwidrige Verfügungen von Todes wegen, 1973; v. TUHR Eigentumserwerb aus unsittlichem Vertrag, AcP 120, 1 ff; WIEACKER Rechtsprechung und Sittengesetz, JZ 1961, 337 ff.

Die Rechtsordnung versagt Rechtsgeschäften die Wirksamkeit, wenn sie gegen die guten Sitten verstoßen.

I. Zum Begriff der guten Sitten

Wenn das Gesetz mit dem Ausdruck *„gute Sitten"* an den gemeinrechtlichen **494** Begriff der boni mores anknüpft, so bezieht es sich auf moralische Grundanschauungen. Es handelt sich dabei nicht um die *Vorstellungen* einzelner oder bestimmter Gruppen, sondern um allgemein gültige Auffassungen, das *Anstandsgefühl aller billig und gerecht Denkenden* (RGZ 48, 114, 124; BGHZ 10, 228, 232; 60, 28, 33; 69, 295, 297). Indessen kann die Rechtsordnung nicht jede moralische Wertung als rechtsverbindlich berücksichtigen. Rechtlicher Zwang kann nur den Wertvorstellungen zuteil werden, die für das Zusammenleben der Gesamtheit als Mindesterfordernisse unerläßlich sind. Dieser Abgrenzung dient der Begriff der *Rechtsmoral,* unter dem nur die rechtlich relevanten ethischen Prinzipien erfaßt werden. Der Richter hat seiner Entscheidung diese allgemein geltenden Wertvorstellungen, nicht seine persönlichen Moralanschauungen oder die der Parteien zugrunde zu legen.

Die Generalklausel des § 138 ist neben den §§ 242, 826 das Medium, durch das der Rechtsgehalt der Grundrechte in das Privatrecht Eingang finden kann. Zu beachten bleibt jedoch, daß der Wertgehalt der Grundrechte als Abwehrrechte gegen den Staat nicht ohne weiteres auf die Verhältnisse unter Rechtsgenossen zu übertragen ist. Zur sog. Drittwirkung der Grundrechte und der Eigenständigkeit des Privatrechts vgl. oben Rdn. 72.

Die allgemeinen Wertvorstellungen können einem *Wandel* und auch einer Verfeinerung unterworfen sein; im Bereich der Sexualmoral hat sich eine freiere Auffassung durchgesetzt, während bei Ausnützung wirtschaftlicher Macht strengere Maßstäbe angelegt werden. Rechtliche Relevanz erlangen Veränderungen erst dann, wenn sie in der Anschauung der Allgemeinheit als gefestigt angesehen werden können.

Soweit ein Wandel der Wertmaßstäbe eintritt, ergibt sich die Frage, *auf welchen Zeitpunkt* für die Beurteilung der Sittenwidrigkeit abzustellen ist, auf den Zeitpunkt der Vornahme des Rechtsgeschäfts oder auf den Zeitpunkt der richterlichen Entscheidung. Dabei ist zu unterscheiden, ob das Rechtsgeschäft abgewickelt worden ist oder die Erfüllung noch aussteht.

Die h. M. geht davon aus, daß bei einem bereits *abgewickelten* Geschäft die zur Zeit der Vornahme herrschenden Anschauungen maßgebend sein sollen (FLUME II § 18, 6; STAUDINGER/DILCHER § 138 Rdn. 19; SOERGEL/HEFERMEHL § 138 Rdn. 40). Ist jedoch das Geschäft *noch nicht abgewickelt,* so sind zwei Fallgruppen zu unterscheiden: War das Rechtsgeschäft *zur Zeit der Vornahme wirksam,* haben sich jedoch inzwischen die Anschauungen geändert, so würde einem Erfüllungsanspruch der Einwand unzulässiger Rechtsanwendung entgegenzuhalten sein (vgl. LEHMANN/ HÜBNER § 29 IV 1; LARENZ AT § 22 III c; SOERGEL/HEFERMEHL § 138 Rdn. 41). War das Rechtsgeschäft *zur Zeit der Vornahme* wegen Sittenverstoßes *unwirksam,* so kann ein Wandel der Anschauungen im konkreten Fall dazu führen, daß der Makel der Sittenwidrigkeit entfällt (so insbes. bei Erbeinsetzungen, vgl. OLG Hamm MDR 1980, 53f; FLUME aaO; ERMAN/BROX § 138 Rdn. 52; BARTHOLOMEYCZIK/SCHLÜTER § 23 I 2 e; grundsätzlich ablehnend BGHZ 20, 71,75).

II. Tatbestandliche Voraussetzungen des Sittenverstoßes

495 Die Rechtsfolge des § 138 setzt zunächst voraus, daß der **Gesamtcharakter** des Rechtsgeschäfts, wie er sich aus **objektiver Sicht** unter Einbeziehung von äußerem Inhalt, Beweggrund und Zweck ergibt, gegen die guten Sitten verstößt (RGZ 56, 229, 231; 114, 338, 341; 154, 99, 103). Wie weit diese Voraussetzungen erfüllt sind, ergibt sich aus einer zusammenfassenden *Würdigung der gesamten Geschäftsumstände* (BGH NJW 1980, 445f).

Eine Sittenwidrigkeit nach dem *äußeren Inhalt* des Rechtsgeschäfts liegt bereits vor, wenn die sittenwidrige Natur des Rechtsgeschäfts offenkundig ist, z. B. Auftrag zur Tötung; hier kommen insbesondere Überschneidungen zu § 134 in Betracht, wobei allerdings umgekehrt nicht jeder Gesetzesverstoß den Tatbestand des § 138 erfüllt (RGZ 115, 319, 325).

Das Rechtsgeschäft kann auch dadurch sittenwidrig sein, daß das *verwerfliche Motiv* zum Inhalt eines sonst zulässigen Rechtsgeschäfts gemacht worden ist (z. B. Versprechen eines Entgeltes für Entlobung; Darlehensgewährung zur Förderung der Spielleidenschaft [BGH LM Nr. 1 zu § 762]; Kündigung aus Rache [BGH NJW 1970, 855f]).

Mit dem zu mißbilligenden Motiv überschneidet sich der *sittenwidrige Zweck,* z. B. Abtretung an eine vermögenslose Person, lediglich um die Beitreibung von Prozeßkosten zu erschweren (RGZ 81, 175f).

Grundsätzlich müssen die Beteiligten in der verwerflichen Motivation oder zu dem sittenwidrigen Zweck *zusammengewirkt* haben; es genügt nicht, wenn einer der Beteiligten oder jeder für sich sittenwidrige Beweggründe hatte. Beim Vertrag muß daher grundsätzlich beiden Teilen ein Sittenverstoß zur Last fallen (RGZ 78, 347, 353; 114, 338, 341). Wenn allerdings der sittenwidrige Zweck gerade *gegen den anderen Vertragspartner* gerichtet ist, dann reicht für das Eingreifen des § 138 das Verhalten der sittenwidrig handelnden Partei allein aus (RGZ 120, 144, 149 m.w.N.).

496 Zu der Konkretisierung des Tatbestandes müssen entgegen einer Tendenz zur Objektivierung (vgl. ERMAN/BROX § 138 Rdn. 38; SOERGEL/HEFERMEHL

§ 138 Rdn. 34) grundsätzlich **subjektive Kriterien** hinzutreten; zumindest ist die *Kenntnis der Tatumstände* zu fordern.

Sofern sich die Sittenwidrigkeit bereits aus dem *Inhalt* des Rechtsgeschäfts ergibt, wird es bei offenkundigen Verstößen gegen das Anstandsgefühl aller recht und billig Denkenden der gesonderten Prüfung von subjektiven Vorstellungen der Parteien nicht bedürfen (für eine weitergehende Einschränkung FLUME II § 18, 3). Soweit die Sittenwidrigkeit aus *Motiv* oder *Zweck*, d. h. subjektiv bezogenen Kriterien, hergeleitet wird, ist in jedem Fall die Kenntnis derjenigen Tatumstände, die das Rechtsgeschäft als sittenwidrig kennzeichnen, erforderlich; ein Bewußtsein der Sittenwidrigkeit ist indessen nicht zu fordern, da es auf die Wertung der Beteiligten nicht ankommt. Im Hinblick auf die Kenntnis wird es als ausreichend angesehen, wenn der Handelnde sich grob fahrlässig (gewissenlos, leichtfertig) der Kenntnis derjenigen Umstände verschlossen hat, welche die Annahme eines Sittenverstoßes rechtfertigen (RGZ 143, 48, 51; 150, 1 ff; BGHZ 10, 228, 233; 20, 43, 52).

III. Fallgruppen

An Hand der Konkretisierung der Generalklausel durch die Rechtsprechung lassen sich folgende Fallgruppen unterscheiden, wobei keine ausschließliche Zuordnung möglich ist, da im Einzelfall der Sittenverstoß unter mehreren Fallgruppen erfaßt werden kann.

1. Sittenverstoß gegen den anderen Vertragspartner

Hierunter fallen Geschäfte zur Begründung einer Verbindlichkeit, die nach den Regeln des Anstands und der Sittlichkeit nur auf Grund eines freien Entschlusses eingegangen werden dürfen. Dazu gehören insbesondere Geschäfte, bei denen eine übermäßige Bindung herbeigeführt wird. So z. B. *Ausnutzung einer Macht- oder Monopolstellung* durch unverhältnismäßige Erhöhung des Standgeldes für einen Straßenverkaufsstand (BGHZ 19, 85, 94); übermäßige Risikoüberbürdung auf den Arbeitnehmer z. B. bei Haftung für Fehlbeträge (BAGE 2, 333, 341 f); übermäßige Freizeichnung in Individualverträgen – Formularverträge werden hingegen von § 9 AGBG erfaßt; Koppelungsgeschäfte, etwa Erteilung einer Ausnahmegenehmigung durch eine Gemeinde gegen unentgeltliche Abtretung eines Grundstücksteils ohne sachlichen Zusammenhang (BGH NJW 1972, 1657); Wettbewerbsverbote, die einem ausgeschiedenen Angestellten oder Gesellschafter die wirtschaftliche Entwicklung unbillig erschweren (BGH NJW 1979, 1605 f), abgesehen von der Sonderregelung für Handlungsgehilfen gemäß §§ 74 ff HGB.

Ferner zählen hierzu *Knebelungsgeschäfte,* welche die wirtschaftliche Bewegungsfreiheit des Geschäftsgegners unzumutbar beschränken (BGH WM 1976, 181 f), etwa bei Bierlieferungsverträgen (BGHZ 54, 145, 156, st. Rspr.); dies gilt insbesondere bei Sicherungsverträgen, die dem Schuldner jede eigene wirtschaftliche und kaufmännische Entschließung unmöglich machen (BGHZ 19, 12, 18; 26, 185, 190).

Wucherähnliche Geschäfte, die die Voraussetzungen des § 138 II nicht erfüllen, können z. B. bei verwerflicher Gesinnung von § 138 I erfaßt werden (BGH LM Nr. 1

zu § 138 [Bc]; BGH NJW 1951, 397; NJW 1979, 758; auch bei einem objektiv auffälligen Mißverhältnis von Leistung und Gegenleistung muß eine verwerfliche Gesinnung hinzutreten, BGH JR 1981, 364f); zum Tatbestand des Wuchers gem. § 138 II vgl. unten Rdn. 500f.

Für Allgemeine Geschäftsbedingungen und Formularverträge hat der Anwendungsbereich des § 138 durch § 9 AGBG, der als lex specialis bei unangemessenen Klauseln vorgeht, eine Sonderregelung erfahren. – Unter den Begriff der Sittenwidrigkeit wurde auch die Konzentrierung und Ausnützung wirtschaftlicher Macht erfaßt. Nach Inkrafttreten des Gesetzes über die Wettbewerbsbeschränkungen gelten jetzt die gesetzlichen Sonderregelungen an Stelle der Generalklausel des § 138. Unter die Regelung des GWB fallen auch sog. Verdingungskartelle, bei denen Scheinangebote abgegeben werden, um einem Bewerber den Zuschlag zu sichern.

2. Sittenverstoß beider Parteien gegen Dritte oder die Allgemeinheit

Ein Dritter kann in sittenwidriger Weise beeinträchtigt werden, wenn Vermögensübertragungen, insbesondere Sicherungsgeschäfte zwischen den Parteien zur *Gefährdung* seiner *Gläubigerstellung* führen. So z.B. wenn ein Kapitalkreditgeber sich zur Sicherung Forderungen für künftige Erlöse aus Warenverkäufen global abtreten läßt und die Beteiligten in verwerflicher Gesinnung handeln, weil ihnen bewußt sein muß, daß diese Erlöse dem Warenlieferanten auf Grund eines verlängerten Eigentumsvorbehalts zustehen werden. Der Kapitalkreditgeber, der weiß, daß der Kreditnehmer auf Inanspruchnahme von Warenkredit unter verlängertem Eigentumsvorbehalt angewiesen ist, verleitet zur Täuschung (BGHZ 30, 149, 152f; 32, 361, 365f; 72, 308, 310). Zu dieser Fallgruppe zählen auch Geschäfte, bei denen Dritten gegenüber der Anschein der Kreditwürdigkeit eines Schuldners erweckt wird; so z.B. bei verdeckten Sicherungsübereignungen und Sicherungszessionen, die den Sicherungszweck bei weitem übersteigen, wobei ausreichend ist, daß der Sicherungsnehmer es grob fahrlässig unterläßt, sich die erforderliche Kenntnis von den Vermögensverhältnissen des Schuldners zu verschaffen (RGZ 127, 337, 340; 143, 48, 52).

Sittenwidrig kann auch die Gewährung von unzureichenden Krediten im Stadium der drohenden Zahlungsunfähigkeit sein, um die Eröffnung eines Konkursverfahrens hinauszuzögern mit dem Ziel, sich vorab zu befriedigen (*Konkursverschleppung;* RGZ 136, 247, 253).

Werden drittschädigende Geschäfte in der Absicht der *Gläubigerbenachteiligung* vorgenommen, so gehen die Vorschriften der Gläubigeranfechtung in- und außerhalb des Konkurses (§§ 29ff KO; § 3 AnfG) als leges speciales vor (BGHZ 53, 174, 180). Liegen *über die Anfechtungstatbestände* hinaus besondere Umstände vor, die einen Sittenverstoß nach § 138 begründen, (z.B. Ausnutzung einer besonderen Notlage, betrügerische Täuschung), bleibt für die Anwendung des § 138 Raum (BGH NJW 1973, 513).

Als sittenwidrig wird die *Wechselreiterei* (Austausch von Finanzwechseln zum Zwecke der Kreditbeschaffung) unabhängig von einer etwaigen Täuschungsabsicht angesehen, da es sich um einen Mißbrauch der Einrichtung des Wechsels handelt, der zur Gefährdung Dritter führt (BGHZ 27, 172, 176).

Entlohnungs- und Unterhaltsverzicht kann sittenwidrig sein, wenn die Überbürdung von Unterhaltslasten auf Dritte oder Sozialleistungsträger beabsichtigt ist (LG Bielefeld NJW 1958, 185; vgl. § 850 h II ZPO).

Ein sittenwidriges Verhalten liegt auch in den Fällen vor, in denen der Vertragspartner zu einem *Vertragsbruch* gegenüber einem Dritten verleitet werden soll, z.B. Abreden mit einem Vorkaufsverpflichteten zu dem Zweck, den Anspruch des Vorkaufsberechtigten zu vereiteln (RGZ 88, 361, 366; BGH NJW 1964, 540f); so auch Verträge eines Angestellten mit einem Dritten, bei denen der Angestellte hinter dem Rücken des Geschäftsherrn auf eigene Rechnung handelt (vgl. RGZ 136, 359f); entsprechendes gilt auch für sog. *Schmiergeldverträge,* durch die Angestellte oder Gehilfen hinter dem Rücken ihres Geschäftsherrn veranlaßt werden sollen, dem Versprechenden treuwidrig besondere Vorteile zu gewähren (RGZ 161, 229, 233; BGH NJW 1973, 363), so z.B. im Bereich des Sportes (RGZ 138, 137, 142). Wenn eine Schädigung des Geschäftsherrn gewollt und eingetreten ist, kann nicht nur die Schmiergeldabrede, sondern auch das Hauptgeschäft nichtig sein (RGZ 86, 146, 148).

Der Sittenverstoß kann sich auch *gegen die Allgemeinheit* richten. Hierbei überschneidet sich der Sittenverstoß gem. § 138 mit den gesetzlichen Verboten nach § 134. Der Sittenverstoß gegenüber der Allgemeinheit berührt sich mit dem ordre public, wobei allerdings festzuhalten ist, daß der Begriff der guten Sitten im Zivilrecht auf die ethischen Werte, nicht aber auf die „öffentliche Ordnung" abstellt (so auch Larenz AT § 22 III a; Flume II § 181). Als Fälle des § 138 werden z.B. angesehen: Verträge, die nur unter grober Verletzung von Haushaltsvorschriften zustandekommen (BGHZ 36, 395ff); Verträge zur Förderung gewerbsmäßigen Schmuggels (RGZ 96, 282f); unter besonderen Voraussetzungen Verträge, die gegen ausländische Gesetze verstoßen (BGHZ 34, 169, 176f; 59, 82ff).

3. Sonderfälle

Der Verstoß gegen *Standespflichten* kann im Einzelfalle Nichtigkeit gem. § 138 zur Folge haben; so z.B. Vereinbarung eines Erfolgshonorars bei Rechtsanwälten (BGHZ 34, 64, 71; 39, 142, 148; 51, 290, 293), Wettbewerbsvereinbarungen unter Ärzten, soweit sie das öffentliche Interesse an einer ausreichenden medizinischen Versorgung verletzen (BGHZ 16, 72ff; LG Münster NJW 1970, 1974). Hingegen ist der Verkauf von Arzt- und Anwaltspraxen nicht schlechthin sittenwidrig; anders z.B., wenn der Erwerber veranlaßt wird, sein Augenmerk vornehmlich auf die Erzielung möglichst hoher Einnahmen zu richten (RGZ 153, 294ff; OLG Nürnberg BB 1960, 574; BGHZ 43, 46, 49f).

Unter dem Gesichtspunkt des Verstoßes gegen die Familienordnung können auch Verträge sittenwidrig sein, durch die eine Scheidung erleichtert werden soll (z.B. die Vereinbarung, über die Dauer des Getrenntlebens unrichtige Angaben zu machen; vgl. zum früheren Recht BGHZ 41, 166, 170). – Grundsätzlich sittenwidrig sind auch letztwillige Verfügungen zugunsten einer Geliebten, wenn sie lediglich der Förderung oder Belohnung von geschlechtlichen Beziehungen dienen (BGHZ 53, 369, 376). Angesichts gewandelter Anschauungen im Bereich der Sexualmoral verstoßen z.B. Kauf- und Pachtverträge über Bordelle nur dann gegen § 138, wenn ein überhöhtes Entgelt vereinbart wird und dies zur Folge hat, daß die Prostituierten wirtschaftlich ausgebeutet werden (BGHZ 63, 365, 367); demgegenüber bleibt der Dirnenvertrag als solcher nach wie vor nichtig (BGHZ 67, 119, 122).

Die Sittenwidrigkeit hat der BGH für *Fluchthilfeverträge* verneint (BGH NJW 1980, 1574).

IV. Das wucherische Rechtsgeschäft

FRIEDLAENDER Grenzlinien von Drohung und Wucher, JherJb. 82, 149ff; HARTMAIER Nichtigkeit eines Vergleichs wegen Wuchers oder wegen Sittenwidrigkeit, MDR 1964, 370; JACOBY, M.S. Das Wuchergeschäft, JherJb. 60, 229ff; LEHMANN, H. Wucher und Wucherbekämpfung in Krieg und Frieden, 1917; MÜSSIGBRODT Sittenwidrigkeit und Wucher beim Darlehensvertrag, JA 1980, 697ff; REICHEL Nichtigerklärung eines Wuchergeschäftes gegen den Willen des Bewucherten, LZ 1917, 654ff; RÜHLE Das Wucherverbot – effektiver Schutz des Verbrauchers vor überhöhten Preisen? 1978; SCHMIDT-FUTTERER Die neuen Vorschriften über den Mietwucher in straf- und zivilrechtlicher Sicht, JR 1972, 133ff.

500 Ein Sondertatbestand der Sittenwidrigkeit ist der *Wucher gem. § 138 II*. Die Nichtigkeitsfolge stellt hierbei nicht auf einen allgemeinen Sittenverstoß gem. § 138 I ab. Fehlen andererseits die besonderen tatbestandlichen Voraussetzungen des Absatzes 2, so kann das Geschäft dennoch bei einem auffälligen Mißverhältnis zwischen Leistung und Gegenleistung und verwerflicher Gesinnung nach Absatz 1 sittenwidrig sein.

Neben der zivilrechtlichen Sanktion des § 138 II ist der Wucher gemäß § 302a StGB seit 1976 generell unter Strafe gestellt. Da diese Vorschrift als Verbotsgesetz i.S. von § 134 anzusehen ist, erhebt sich die Frage, in welchem Konkurrenzverhältnis § 134 i.V.m. § 302a StGB und § 138 II stehen. Trotz der weitgehenden Identität der tatbestandlichen Abgrenzung des Wuchers wird man wegen des unterschiedlichen Regelungsgehalts beide Vorschriften als gleichrangig nebeneinander ansehen müssen, zumal nicht gesichert ist, ob die unter strafrechtlichen Gesichtspunkten in der Rechtspraxis vorzunehmende Konkretisierung des § 302a StGB alle Wucherfälle des BGB erfaßt. Für dieses gleichrangige Verhältnis spricht auch, daß der Gesetzgeber bei der Neufassung des § 302a StGB den § 138 II angepaßt, aber nicht aufgehoben hat.

Die Vorschrift des § 138 II setzt einen Leistungsaustausch voraus. Soweit sich nur einer der Beteiligten zu einer Leistung verpflichtet, kann der Tatbestand des § 138 I in Betracht kommen (RG HRR 1932 Nr. 1430; BGH LM Nr. 1 zu § 138 [Bc]).

501 Für den Wuchertatbestand ist von einem **auffälligen Mißverhältnis** von Leistung und Gegenleistung auszugehen, das nach objektiven Maßstäben unter Einbeziehung der Gesamtumstände zu bestimmen ist. Den Maßstab für die Entscheidung, ob Vermögensvorteile und Wert der Leistungen in einem auffälligen Mißverhältnis stehen, gibt im allgemeinen das verkehrsübliche Äquivalent ab (RG JW 1909, 215 Nr. 2). Der versprochene hohe Vermögensvorteil steht aber dann nicht in auffälligem Mißverhältnis zur Leistung, wenn mit dieser ein erhebliches Risiko verbunden ist (BGH WM 1966, 1221, 1223).

Hinzutreten muß, daß der Wucherer die Zwangslage, die Unerfahrenheit, den Mangel an Urteilsvermögen oder die erhebliche Willensschwäche des

Vertragspartners, unter Umständen auch eines Dritten ausbeutet (RG HRR 1936 Nr. 182, RAG Recht 1937 Nr. 43). – Eine **Zwangslage** ist anzunehmen, wenn für den Bewucherten durch wirtschaftliche oder sonstige ernsthafte Bedrängnis ein zwingendes Bedürfnis nach Sach- oder Geldleistung besteht. – Als **Unerfahrenheit** wird ein Mangel an Lebens- oder Geschäftserfahrung gewertet (BGH NJW 1979, 758), etwa bei jugendlichem Alter (BGH NJW 1966, 1451), geistig beschränkten Personen (RGZ 67, 393) oder Aussiedlern (OLG Hamm JMBl NW 1974, 32f). Der bloße Mangel von Erfahrungen und Kenntnissen auf einem bestimmten Lebens- oder Wirtschaftsgebiet genügt dagegen nicht (BGH LM Nr. 2 zu § 138 [Ba]). – **Mangelndes Urteilsvermögen** liegt vor, wenn der Betroffene zu einer sachgerechten Beurteilung der Vor- und Nachteile des konkreten Geschäfts nicht in der Lage ist. Das Unvermögen kann aus einer allgemeinen Verstandesschwäche, aber auch aus Beurteilungsschwierigkeit, z. B. wegen Komplexität des Geschäfts, folgen. – Bei Vorliegen einer **erheblichen Willensschwäche** bewertet der Betroffene die Vor- und Nachteile des konkrekten Geschäfts richtig, vermag jedoch aufgrund fehlender innerer Widerstandsfähigkeit nicht, sich seiner Einsicht entsprechend zu verhalten. Ein solcher Mangel an Widerstandsfähigkeit kann insbesondere bei Alkohol- oder Drogenabhängigen auftreten. Dagegen dürfte die Einflußnahme auf die Willensbildung des Betroffenen durch geschickte Werbung dann nicht genügen, wenn sie lediglich auf seine leichte Beeinflußbarkeit zurückgeht.

Folglich wird in Fällen des „psychologischen Kaufzwangs" – auch bei einem auffälligen Mißverhältnis – regelmäßig nicht anzunehmen sein, daß der Käufer einer erheblichen Willensschwäche unterliegt und der Tatbestand des § 138 II erfüllt ist. Auch wenn man einen allgemeinen Sittenverstoß gem. § 138 I in Betracht ziehen wollte, würde es den Interessen der Käufer besser entsprechen, auf den Tatbestand des § 123 zurückzugreifen, um den Betroffenen die Disposition des Anfechtungsrechts einzuräumen (vgl. oben Rdn. 471).

Unter der in subjektiver Hinsicht erforderlichen **Ausbeutung** ist das bewußte Ausnutzen der vorstehenden Umstände in Kenntnis des auffälligen Mißverhältnisses der beiderseitigen Leistungen zu verstehen. Eine Ausbeutungsabsicht oder Arglist ist dagegen nicht erforderlich (RGZ 86, 296, 300); es genügt, daß der Wucherer eine ihm gebotene Gelegenheit wahrnimmt, z. B. auch wenn das Anerbieten zum Geschäftsabschluß vom Bewucherten ausgeht (BGH WM 1959, 693, 695).

V. Rechtsfolgen des sittenwidrigen Geschäfts

1. Nach dem Wortlaut des Gesetzes tritt als Rechtsfolge der Sittenwidrigkeit **502 Nichtigkeit** ein. Diese ist von Amts wegen zu berücksichtigen. Dabei kann sich jeder, *bei beiderseitigem Sittenverstoß* auch der sittenwidrig Handelnde auf die

§ 38 B V 2   Vierter Teil: Die Lehre vom Rechtsgeschäft

Nichtigkeitsfolge berufen, wogegen dem anderen Teil der Einwand der unzulässigen Rechtsausübung nicht zustehen soll (RGZ 160, 52, 56; BGHZ 60, 102, 105). Verstößt nur *ein Vertragsteil* in verwerflicher Gesinnung gegen die guten Sitten, kann diesem allerdings die Berufung auf die Nichtigkeit verwehrt sein (BGH WM 1972, 486, 488; DB 1957, 843). Grundsätzlich betont der BGH jedoch den Sanktionscharakter als Sinn und Zweck des § 138 und lehnt es selbst in den Fällen der sittenwidrigen Benachteiligung einer Partei ab, die Leistungsverpflichtung des Übervorteilten auf ein erträgliches Maß zurückzuführen (BGHZ 44, 158, 162).

   Die Frage spielt vor allem eine Rolle beim *sog. Wucherdarlehen.* Eine Umdeutung des sittenwidrigen Darlehensvertrages auf ein in Einklang mit der Rechtsordnung stehendes Maß wird vom BGH in ständiger Rechtsprechung abgelehnt (BGHZ 68, 204, 207 – entgegen einem Teil der Lehre, vgl. LINDACHER aaO, S. 124, 131 ff m.w.N.) Die uneingeschränkte Nichtigkeitsfolge müßte bei erfolgter Darlehenshingabe zur Regelung des § 817 S. 2 führen, wonach der Wucherer kein Rückforderungsrecht hätte. Dieses unbillige Ergebnis vermeidet die Rechtsprechung, indem sie als Gegenstand der Bereicherung nicht das Kapital, sondern nur die Überlassung zur Nutzung ansieht (RGZ 161, 52, 56 f). Im Ergebnis behält demnach der Darlehensnehmer, allerdings nur für die (rechtsunwirksam) vereinbarte Zeit, die Valuta – § 817 S. 2 soll insoweit den fehlenden Rechtsgrund ersetzen –, ohne zu einer auch nur angemessenen Zinszahlung verpflichtet zu sein (RGZ aaO; BGH WM 1962, 606, 608; für eine angemessene Zinszahlung nach Bereicherungsrecht FLUME II § 18, 10 f; MEDICUS Vergütungspflicht des Bewucherten? Gedächtnisschrift R. Dietz, 1973, 61 ff; H. HÜBNER Zum Abbau von Nichtigkeitsvorschriften, Festschrift Wieacker, 1978, 399, 408 f).

503 2. Nach dem *Abstraktionsprinzip* berührt die Sittenwidrigkeit des Verpflichtungsgeschäfts grundsätzlich das abstrakte Verfügungsgeschäft nicht; eine Nichtigkeit des Verfügungsgeschäfts kommt nur in Betracht, wenn die Sittenwidrigkeit gerade im Vollzug der Leistung liegt, wenn also mit dem dinglichen Rechtsvorgang sittenwidrige Zwecke verfolgt werden oder in ihm die Sittenwidrigkeit begründet ist (RGZ 145, 152, 154; BGH WM 1966, 1221, 1223), so z. B. bei übermäßigen Sicherungsübereignungen und Sicherungsabtretungen, die dem Schuldner die wirtschaftliche Bewegungsfreiheit nehmen.

Ist *nur das Verpflichtungsgeschäft nichtig,* so steht bei beiderseitigem Sittenverstoß der Anwendbarkeit des § 812 die Vorschrift des § 817 S. 2 entgegen. Die Zweckmäßigkeit des § 817 S. 2 wird indes mit dem Hinweis bestritten, daß es dem Rechtsgefühl widerspreche, wenn der Vorleistende bei beiderseitigem Verstoß auf eigene Gefahr handeln solle und sich gefallen lassen müsse, daß der Gegner unter Berufung auf § 817 S. 2 die Leistung behält und die Gegenleistung verweigert. Dieses Ergebnis ist hingegen rechtlich nicht zu vermeiden. Die Regelung des Gesetzes versucht man unterschiedlich zu begründen: Es solle sich einmal um eine gegen den Leistenden gerichtete Sanktion handeln (für Strafcharakter RGZ 95, 347, 349; 105, 270, 271; 161, 52,

60; BGHZ 39, 87, 91; BGH WM 1967, 1217f); zum anderen wird erklärt, daß bei Sittenverstoß keinem der Beteiligten der Rechtsschutz des Staates gewährt werden könne (für diese sog. Rechtsschutzversagungstheorie RGZ 63, 346, 354; 73, 143, 144; 151, 70, 72; OGH 4, 57, 60; BGHZ 9, 333, 336; 28, 164, 169; 35, 103, 107; 44, 1, 6; so auch ESSER/WEYERS II § 49 IV 1; FIKENTSCHER § 99 III 4b; LARENZ SchR II § 69 III b).

Soweit ausnahmsweise die *Nichtigkeit auch das Verfügungsgeschäft erfaßt* und dadurch der sittenwidrig Leistende die dingliche Rechtsposition behält, stellt sich die Frage, ob einem Herausgabeanspruch nach § 985 der Rechtsgedanke des § 817 S. 2 entgegensteht. Die Rechtsprechung verneint dies (BGHZ 39, 87, 91); diese Auffassung ist jedoch abzulehnen, da der Leistende bei der aus einem weitergehenden Sittenverstoß folgenden Nichtigkeit des Verfügungsgeschäfts besser stehen würde als bei Nichtigkeit lediglich des Verpflichtungsgeschäfts (vgl. auch die Wiedergabe der Gegenargumente in BGH LM Nr. 20 zu § 817; zur Kritik in der Lehre insbesondere H. HONSELL Die Rückabwicklung sittenwidriger Rechtsgeschäfte, 1974, 52 ff m.w.N.). Der in § 138 i. V. m. § 817 S. 2 zum Ausdruck kommende Rechtsgedanke muß sich auch im Bereich des abstrakten Sachenrechts durchsetzen, wie nach heute herrschender Meinung auch § 242 auf sachenrechtliche Leistungsverhältnisse Anwendung findet (vgl. hierzu WESTERMANN § 2 III 4).

Im Falle des § 138 II wird auch das Verfügungsgeschäft des *Bewucherten* als nichtig angesehen, weil aus dem Wortlaut des Gesetzes „gewähren läßt" die Sittenwidrigkeit seiner Zuwendung gefolgert wird (RGZ 57, 97; 109, 201 f); er behält dann seine dingliche Rechtsposition. Hingegen ist das Verfügungsgeschäft des *Wucherers* nach h.M. (dagegen ENN./NIPPERDEY § 192 III 1) als wirksam anzusehen mit der Folge, daß ihm nur ein Bereicherungsanspruch zustehen könnte, bei dem jedoch – wie vorstehend näher ausgeführt – § 817 S. 2 zu berücksichtigen ist.

3. Die *Einschränkung der Nichtigkeitsfolgen* im Interesse des Verkehrsschutzes (vgl. hierzu unten Rdn. 508 und Rdn. 520) gilt auch für die Nichtigkeitsfolgen wegen Sittenverstoßes (z.B. bei sittenwidrigen Beitrittserklärungen zu Gesellschaften RGZ 123, 102, 107; 124, 279, 287; 142, 98, 103; bei Arbeitsverträgen BAG MDR 1960, 612f); hier kann die Nichtigkeit nicht für die Vergangenheit wirken. **504**

VI. Verhältnis des § 138 zu anderen Vorschriften

1. § 134

Die Sittenwidrigkeit folgt nicht ohne weiteres aus dem Verstoß gegen ein gesetzliches Verbot im Sinne des § 134. Enthält dagegen der Gesetzesverstoß gleichzeitig einen Sittenverstoß, so sind beide Vorschriften nebeneinander anwendbar (STAUDINGER/DILCHER § 138 Rdn. 121; SOERGEL/HEFERMEHL § 138 Rdn. 51; für eine Priorität des § 134 ERMAN/BROX § 138 Rdn. 8). **505**

2. § 123

Sittenwidrige Willensbeeinflussung durch arglistige Täuschung oder rechtswidrige Drohung begründet nur eine Anfechtbarkeit des Geschäfts (RGZ 114, 338, 342). Nur wenn über den Tatbestand des § 123 hinaus weitere Umstände hinzutreten, die die Sittenwidrigkeit begründen, kommt Nichtigkeit nach § 138 in Frage (RG aaO).

Zum Verhältnis zu § 123, der als *lex specialis* vorgeht, vgl. auch oben Rdn. 472.

3. § 826

Die Rechtsfolge des § 826 ist nicht auf Nichtigkeit, sondern auf *Schadensersatz* gerichtet. Da sich die Sittenwidrigkeit gem. § 826 nicht nur auf Rechtsgeschäfte, sondern auch auf Handlungen erstreckt, kann § 826 Anwendung finden, wenn ein Schadensersatzanspruch aus Rechtsgeschäft wegen der Nichtigkeitsfolgen des § 138 entfällt. Von Bedeutung ist hier der Fall, daß der sittenwidrige Zweck gegen den anderen Vertragspartner gerichtet ist und dies für das Eingreifen des § 138 ausreicht (RGZ 120, 140, 144, 149). Dann kann, sofern die zusätzlichen subjektiven Voraussetzungen des § 826 erfüllt sind, gegen den einseitig sittenwidrig Handelnden ein Schadensersatzanspruch begründet sein.

4. § 242

Gebietet unter Berücksichtigung der Interessen am Leistungsaustausch ein anstößiges Verhalten nicht die Vernichtung des Rechtsgeschäfts, sondern lassen sich im Wege einer Vertragskorrektur Rechtsfolgen auf ein adäquates Maß verändern, so kann unter Erhaltung der rechtsgeschäftlichen Basis § 242 eingreifen. Die Möglichkeit, in diesen Fällen einengungsbedürftige Vertragsbestimmungen nach § 242 auf einen zulässigen Inhalt zurückzuführen, steht der Annahme ihrer Nichtigkeit entgegen (BGH LM Nr. 16 zu § 138 [Bc] m.w.N.). Die Rechtsprechung ist insbesondere gegenüber einzelnen Klauseln, z. B. zu weitgreifenden zeitlichen Bindungen bei Bierbezugsverträgen, entwickelt worden (zur Übermaßbeseitigung bei Allgemeinen Geschäftsbedingungen vgl. Ulmer/Brandner/Hensen § 9 Rdn. 2 f, 93). Hingegen hat die Rechtsprechung eine Anwendung des § 242 in den Fällen des Wuchers abgelehnt.

> Für einen Vorrang des § 242 vor § 138 Lange/Köhler § 54 I 4 a; Palandt/Heinrichs § 138 Anm. 1 f bb. Dagegen will Flume II § 18, 9 eine richterliche Korrektur allgemein nicht zulassen, jedoch die Ausnahmeregelung zu § 139 eingreifen lassen.

5. Die Anwendbarkeit des § 138 kann durch **gesetzliche Sonderregelungen** eine Einschränkung erfahren. Vgl. zu den Einzelfällen oben Rdn. 497 f. Darüber hinaus geht auch das Bundesgesetz zur Entschädigung für Opfer der nationalsozialistischen Verfolgung in der Fassung vom 29.6.1956 dem § 138 vor (vgl. BGHZ 10, 340, 344).

5. ABSCHNITT
Das System der Rechtsfolgen fehlerhafter Rechtsgeschäfte

§ 39
Arten der Unwirksamkeit

BROX Die Einschränkung der Irrtumsanfechtung, 1960; ders., Die Anfechtung von Dauerrechtsverhältnissen, BB 1964, 523 ff; BÜRCK Zur Umdeutung von Rechtsgeschäften nach § 140 BGB, SchlHA 1973, 37 ff; EBBECKE Die Ungültigkeit in ihren verschiedenen Gestaltungen, Gruchot 63, 177 ff; FISCHER, O. Konversion unwirksamer Rechtsgeschäfte, Festschrift Wach, I, 1913, 179 ff; GERHARD Absolute und relative Unwirksamkeit als rechtliches Steuerungsinstrument im Insolvenzfall, Festschrift Flume, 1978, 527 ff; GRADENWITZ Anfechtung und Reurecht beim Irrtum, 1902; HÄSEMEYER Zur Anwendung des § 139 BGB auf Erbverträge, FamRZ 1967, 30 ff; HARDER Die historische Entwicklung der Anfechtbarkeit von Willenserklärungen, AcP 173, 209 ff; HERSCHEL Der für die Umdeutung von Rechtsgeschäften maßgebende Zeitpunkt, DRiZ 1952, 41 ff; HÜBNER, H. Zum Abbau von Nichtigkeitsvorschriften, Festschrift Wieacker, 1978, 399 ff; KIPP Über die Doppelwirkungen im Recht, insbesondere über die Konkurrenz von Nichtigkeit und Anfechtbarkeit, Festgabe v. Martiz, 1911, 211 ff; KRAMPE Die Konversion des Rechtsgeschäfts, 1980; LANGE, H. Die Neugestaltung der Anfechtung und das Vertragsverhältnis, JherJb. 89, 277 ff; MAI Die Möglichkeit der Beseitigung des Abstraktionsprinzips bei den Verfügungsgeschäften des Fahrnisrechts, 1952; MAYER-MALY Über die Teilnichtigkeit, Gedenkschrift Gschnitzer, 1965, 265 ff; NAENDRUP Die Teilnichtigkeit im Recht der Allgemeinen Geschäftsbedingungen, 1966; OELLERS Doppelwirkungen im Recht, AcP 169, 67 ff; OERTMANN Subjektive Teilnichtigkeit, ZHR 101, 119 ff; PAWLOWSKI Rechtsgeschäftliche Folgen nichtiger Willenserklärungen, 1966; PETER Die Möglichkeit mehrerer Gründe derselben Rechtsfolge und mehrere gleiche Rechtsfolgen, AcP 132, 1 ff; PIERER V.ESCH Teilnichtige Rechtsgeschäfte, 1968; RAAPE Das gesetzliche Veräußerungsverbot des BGB, 1908; RAMM Die Anfechtung des Arbeitsvertrages, 1955; RIEZLER Anfechtung anfechtbarer Rechtsgeschäfte? LZ 1928, 155 ff; ders., Die Anfechtbarkeit schwebend nichtiger Willenserklärungen, SeuffBl. 74, 189 ff; SANDROCK Subjektive und objektive Gestaltungskräfte bei der Teilnichtigkeit von Rechtsgeschäften, AcP 159, 481 ff; SILLER Die Konversion, AcP 138, 144 ff; STEINDORFF Teilnichtigkeit kartellrechtswidriger Vereinbarungen in der Rechtsprechung des BGH, Festschrift Hefermehl, 1971, 177 ff; ZIMMERMANN Richterliches Moderationsrecht oder Teilnichtigkeit, 1979.

Geschäftsunfähigkeit, beschränkte Geschäftsfähigkeit, Willensmängel, Formverstöße oder unzulässiger Inhalt begründen die *Fehlerhaftigkeit des Rechtsgeschäfts,* die zur Unwirksamkeit führen kann. **506**

Die Unwirksamkeit kann sich als ipso iure eintretende Nichtigkeit äußern, sie kann aber auch von der Entscheidung eines Beteiligten abhängen (Vernichtbarkeit, insbes. durch Anfechtung).

Wo die Rechtsordnung Interessen der Allgemeinheit wahren will, neigt sie dazu, die Disposition über den Bestand des fehlerhaften Rechtsgeschäfts den Beteiligten zu entziehen, indem sie die Nichtigkeitsfolge zwingend anordnet. Wo die Interessen der Allgemeinheit gegenüber den Interessen der Beteiligten zurücktreten können, überläßt die Rechtsordnung die Entscheidung über den Bestand des Rechtsgeschäfts den Betroffenen.

I. Nichtigkeit

507   **1.** Die Nichtigkeit führt dazu, daß ein Rechtsgeschäft die seinem Inhalt entsprechende Wirkung nicht herbeizuführen vermag. Allerdings ist das nichtige Rechtsgeschäft kein reines nullum, sondern ein äußerer Tatbestand, an den die Rechtsordnung gewisse Wirkungen, wenn auch andere als die von den Beteiligten beabsichtigten, knüpft.

> Die nichtige Scherzerklärung (§ 118) macht z.B. ersatzpflichtig (§ 122), ebenso gegebenenfalls der wegen anfänglicher objektiver Unmöglichkeit nichtige Vertrag (§§ 306, 307). Das Wuchergeschäft (§ 138) kann einen Schadensersatzanspruch aus unerlaubter Handlung (§§ 823 ff) begründen. Das nichtige Rechtsgeschäft kann unter Umständen als ein Geschäft anderer Art von ähnlichem Zweck und Erfolg aufrechterhalten werden, sog. Konversion (§ 140).

Die Nichtigkeit wirkt inter omnes. Jedermann soll sich auf sie berufen können, der Richter sie von Amts wegen berücksichtigen.

> Soll hingegen Nichtigkeit nur zugunsten bestimmter Personen eintreten, so handelt es sich um sog. relative Unwirksamkeit (z.B. gemäß §§ 135f); vgl. unten Rdn. 524 ff.
> Ferner kann das Gesetz die Unwirksamkeit in der Schwebe halten und von der Entscheidung eines Dritten abhängig machen; sog. schwebende Unwirksamkeit (z.B. §§ 108 II, 177 II, 185 II, 1829 II). Vgl. unten Rdn. 528.

508   a) Die **absolute Wirkung** der Nichtigkeit als Folge fehlerhafter Rechtsgeschäfte kann in Einzelfällen einer sachgerechten Lösung entgegenstehen. Neben den bereits im Gesetz vorgesehenen Einschränkungen der Nichtigkeitsfolgen (Teilnichtigkeit, § 139; Konversion, § 140; im einzelnen hierzu Rdn. 511f) haben Rechtsprechung und Lehre seit längerem eine **Differenzierung** der Nichtigkeitswirkung durchgesetzt.

Insbesondere betrifft dies Korrekturen der Formnichtigkeit (vgl. oben Rdn. 484f); erörtert wird auch eine Einschränkung der Nichtigkeit in Fällen des Wuchers (vgl. oben Rdn. 502). Auch beim Insichgeschäft (§ 181) wurde von der Nichtigkeitsfolge zugunsten eines Schwebezustandes abgesehen (RGZ 119, 114, 116). Einhellige Auffassungen bestehen hinsichtlich der Einschränkung von Nichtigkeits- und Anfechtungsfolgen im Gesellschafts- und Arbeitsrecht (zu den Einzelheiten vgl. unten Rdn. 520).

Allgemeine Prinzipien lassen sich für den Abbau von Nichtigkeitsvorschriften nicht aufstellen. Im Einzelfall ist von Motivation und Zweckrichtung der gesetzlichen Regelung auszugehen; insbesondere ist darauf abzustellen, ob sie den Schutz der Allgemeinheit oder die Interessen der Beteiligten im Auge hat. In methodischer Sicht erweist die Problematik, daß ein zu weit abstrahierter Systembegriff seine praktische Verwendbarkeit in Frage stellt (vgl. zum Streitstand und zur historischen Entwicklung H. HÜBNER aaO, S. 399 ff).

In der gemeinrechtlichen Literatur unterschied man im Hinblick auf die unterschiedlichen Folgen der Zuwiderhandlung folgende Gruppen:
– leges plus quam perfectae – Nichtigkeit und Strafe
– leges perfectae – Nichtigkeit, keine Strafe
– leges minus quam perfectae – keine Nichtigkeit, aber Strafe
– leges imperfectae – weder Nichtigkeit noch Strafe (so die sog. Sollvorschriften; z.B. Verbot der Ehe zwischen Adoptiveltern und -kindern, aber Gültigkeit der geschlossenen Ehe § 7 EheG, § 1766).

509 b) Wo die Nichtigkeit eines Rechtsgeschäfts aus Allgemeininteresse begründet wird, muß eine **Heilung** grundsätzlich ausgeschlossen sein. Begründet sich die vom Gesetz angeordnete Nichtigkeitsfolge jedoch aus einer Formvorschrift mit Warnfunktion (§§ 313, 518, 766), so kann bei Erledigung des Warneffektes die Nichtigkeitsfolge aufgegeben werden und dem durch Erfüllung eingetretenen Rechtszustand der Mangel des Rechtsgrundes genommen werden (§§ 313 S. 2, 518 II, 766 S. 2).

510 c) Da das Gesetz die Nichtigkeit aus übergeordneten Interessen vorschreibt, können sich die Parteien über die Nichtigkeitsfolgen nicht durch eine *Bestätigung* hinwegsetzen (zur Bestätigung bei der Anfechtung vgl unten Rdn. 521). Sie müssen vielmehr unter Vermeidung des Nichtigkeitsgrundes, d.h. unter Beachtung aller sachlichen und förmlichen Errichtungserfordernisse, das gewollte Rechtsgeschäft *neu vornehmen* (§ 141; vgl. RGZ 61, 264, 266).

Erforderlich ist, daß die Beteiligten dabei in Kenntnis der Nichtigkeit handeln (RGZ 93, 227 f) oder doch zumindest an der Wirksamkeit des nichtigen Geschäfts Zweifel haben (RGZ 150, 385, 388; BGH WarnRspr. 1969 Nr. 309).

Die Wirkungen des neu vorgenommenen Geschäfts treten folgerichtig erst mit dessen Abschluß ein. Da aber im Zweifel in der Neuvornahme des nichtigen Geschäfts die Parteien zum Ausdruck bringen, es solle von Anfang an als gültig angesehen werden, so wirkt die formgerechte „Bestätigung" wenigstens schuldrechtlich zurück (§ 141 II).

Auch in Fällen, bei denen der Nichtigkeitsgrund durch Gesetzesänderung oder Zeitablauf entfällt, bedarf es einer Neuvornahme (z.B. bei Änderung von Verboten in Wirtschaftsgesetzen, aber auch bei Wegfall von Geschäftsbeschränkungen, sofern das Rechtsgeschäft nicht mehr im Schwebezustand ist, § 108 III).

2. Teilnichtigkeit

511 Das Gesetz geht in § 139 davon aus, daß das gesamte Rechtsgeschäft nichtig ist, wenn die Nichtigkeit nur einen Teil des Rechtsgeschäfts erfaßt; das gilt allerdings nicht, wenn anzunehmen ist, daß es auch ohne den nichtigen Teil vorgenommen sein würde.

Alle Nichtigkeitsgründe kommen für die Anwendung der Vorschrift in Betracht. Die Regelung des § 139 greift auch bei einer durch Anfechtung herbeigeführten Nichtigkeit ein (BGH NJW 1969, 1759 f). Sie ist auch in Fällen schwebender Unwirksamkeit bei Fehlen der Genehmigung anwendbar (BGH WM 1964, 913 ff; BGHZ 54, 71 ff); ebenso in den Fällen anfänglicher objektiver Unmöglichkeit gemäß § 306 (RGZ 162, 121, 123).

a) Voraussetzung ist, daß das fragliche Rechtsgeschäft sich nach dem Willen der Parteien als eine *Einheit* darstellt. Das ist nur dann der Fall, wenn das eine Geschäft nicht ohne das andere abgeschlossen worden wäre (RGZ 103, 295, 298), d. h. die Vereinbarungen miteinander stehen und fallen sollen (BGH NJW 1976, 1931 f). Die Bestimmungen müssen nach Gegenstand und Zweck in einem inneren Zusammenhang stehen; hierfür spricht, wenn sie Teile eines einheitlichen wirtschaftlichen Vorgangs sind (vgl. BGH LM Nr. 34 und § 139).

> So können z.B. durch den Parteiwillen zu einem einheitlichen Ganzen Grundstücksveräußerungsverträge mit einer Vermögensübertragung (RGZ 61, 284 f) oder mit einem Mietvertrag (RGZ 97, 219, 222), auch ein Grundstückskauf mit einem Baubetreuungsvertrag (BGH NJW 1976, 1931 f) verbunden sein.

Die bloße Verbindung in einer Urkunde genügt nicht, kann jedoch ein Indiz für den Willen der Parteien sein, das Geschäft als Einheit anzusehen. Andererseits können auch in verschiedenen Urkunden getrennte Verträge, die nach dem Parteiwillen nur als Ganzes gelten sollen, als zusammengesetzes Geschäft eine Einheit i.S. des § 139 bilden; die äußerliche Trennung begründet zwar eine tatsächliche Vermutung für das Fehlen eines solchen Einheitlichkeitswillens; diese Vermutung ist jedoch entkräftbar (RGZ 79, 434, 439; BGH LM Nr. 34 zu § 139).

Zur Frage, ob Verpflichtungs- und Verfügungsgeschäft eine Einheit i.S. des § 139 bilden, vgl. oben Rdn. 374.

b) Voraussetzung für die Annahme der Teilnichtigkeit ist, daß das Rechtsgeschäft derart *teilbar* ist, daß nach Abtrennung des unwirksamen Teils ein Rest zurückbleibt, der als selbständiges Rechtsgeschäft bestehen kann (RGZ 93, 334, 338). Wo der Nichtigkeitsgrund einen wesentlichen Bestandteil eines an sich unteilbaren Rechtsgeschäfts betrifft, ergibt sich die Totalnichtigkeit schon aus der Natur des Geschäfts.

Es wird zwischen objektiver, quantitativer und subjektiver Teilbarkeit unterschieden:

Objektive Teilbarkeit liegt vor, wenn sich ein einheitliches Rechtsgeschäft auf mehrere Hauptleistungsgegenstände bezieht oder in einzelne Bestimmungen zerlegbar ist.

Von *quantitativer* Teilbarkeit spricht man, wenn insbesondere bei Dauerschuldverhältnissen die Leistung nach Zeitabschnitten teilbar ist, z.B. bei überlangen Bezugsbindungen (BGH NJW 1972, 1459; BGHZ 68, 1, 5 m.w.N.), bei von einem Vormund abgeschlossenen Pachtverträgen, die gegen § 1822 Nr. 5 verstoßen (RGZ 82, 124 f).

Subjektive Teilbarkeit kommt in Betracht, wenn auf einer Seite eines Rechtsgeschäfts mehrere Personen beteiligt sind; z.B. bei Mitwirkung eines Geschäftsunfähigen in einem Gesellschaftsvertrag (RGZ 141, 104, 108), bei Nichtigkeit der Bürgschaftserklärung eines von mehreren Mitbürgen, sofern Umstände nicht dagegen sprechen (RGZ 88, 412, 415; 138, 270, 272).

c) Für die *Fortgeltung* des Rechtsgeschäfts wird ein entsprechender *Parteiwille* vorausgesetzt. Da es – abgesehen von Formularverträgen – häufig an einer ausdrücklichen oder konkludenten Vertragsbestimmung fehlen wird, sind Auslegungsgrundsätze anzuwenden, die der ergänzenden Vertragsauslegung entsprechen. Die Aufrechterhaltung des Restes ist dann anzunehmen, wenn er für die Partei – und zwar bei einem Vertrag für beide Parteien – so viel praktischen Wert hat, daß die Parteien ihn auch als selbständiges Rechtsgeschäft abgeschlossen haben würden, wenn sie die teilweise Nichtigkeit gekannt hätten (vgl. auch RGZ 118, 218, 222; BGH LM Nr. 13 zu § 139).

Zu beachten ist, daß gesetzliche Auslegungsgrundsätze zur Fortgeltung des Rechtsgeschäfts eingreifen können; so § 6 AGBG, vgl. auch § 2085.

> Ein Fall des § 139 liegt nicht vor, wenn die Parteien wissen, daß ein Teil des Rechtsgeschäfts nichtig ist; dieser Teil entbehrt jeder rechtsgeschäftlichen Bedeutung. Daher kommt eine Nichtigkeit dieses Teils des Rechtsgeschäfts i.S.d. § 139 nicht in Betracht; das Rechtsgeschäft wird somit nur von den übrigen, von den Beteiligten allein im Rechtssinn gewollten Vertragsbestimmungen gebildet (BGHZ 45, 376, 379 m.w.N.).

d) Eine analoge Anwendung der Nichtigkeitsregelung gem. § 139 wird von der Rechtsprechung für Schwebezustände bejaht; hier ist zu prüfen, ob die schwebende Unwirksamkeit eines Teiles des Rechtsgeschäfts zur Folge hat, daß das gesamte Rechtsgeschäft bis zur Erteilung der erforderlichen Genehmigung schwebend unwirksam ist (RGZ 133, 7, 14; SchlHOLG SchlHA 1961, 52 f). Der Fall wird selten auftreten, da den Parteien aufgegeben werden müßte, den Schwebezustand zu beenden.

3. Umdeutung (Konversion)

Ein nichtiges Rechtsgeschäft kann den Erfordernissen eines anderen Rechtsgeschäfts entsprechen und als solches wirksam sein, wenn anzunehmen ist, daß es bei Kenntnis der Nichtigkeit von den Beteiligten gewollt sein würde (§ 140).

512

a) *Gegenstand* einer Umdeutung ist ein nichtiges Rechtsgeschäft. Dies gilt auch für zunächst schwebend unwirksame Rechtsgeschäfte, die wegen Versagens der Genehmigung *endgültig unwirksam* geworden sind (BGHZ 40, 218, 222). Dagegen ist eine Umdeutung schwebend unwirksamer und anfechtbarer Rechtsgeschäfte nicht möglich (RGZ 79, 306, 308f). Es wird indessen die Auffassung vertreten, *angefochtene* Rechtsgeschäfte entsprechend endgültig unwirksamen Rechtsgeschäften zu behandeln, sofern ein auf ein wirksames Ersatzgeschäft gerichteter Parteiwille der Beteiligten feststellbar ist (ENN./NIPPERDEY § 202 V; SOERGEL/HEFERMEHL § 140 Rdn. 3; ERMAN/BROX § 140 Rdn. 11). Ergibt sich ein derartiger Wille der Beteiligten erkennbar aus dem Umständen, so kann darin konkludent eine Neuvornahme zum Ausdruck kommen; für eine Umdeutung wird dann, wenn durch die Anfechtung eindeutig der Wille zur Vernichtung des Rechtsgeschäfts zum Ausdruck gekommen ist, kein Raum sein, da anderenfalls im Ergebnis die Anfechtung auf eine Korrektur des anfechtbaren Rechtsgeschäfts hinauslaufen könnte (gegen eine Umdeutung auch SILLER aaO, S. 159; FLUME II § 32, 9 c; MÜNCH KOMM/MAYER-MALY § 140 Rdn. 12).

Umdeutung kann auch bei Teilnichtigkeit von Rechtsgeschäften in Betracht kommen.

b) Das nichtige Geschäft muß den Erfordernissen eines anderen Rechtsgeschäfts entsprechen. Es muß die tatbestandlichen Voraussetzungen *des Ersatzgeschäftes* erfüllen; dieses darf in seinem Tatbestand und seinen Wirkungen nicht über das nichtige Rechtsgeschäft hinausgehen (BGHZ 20, 363, 370f; 40, 218, 225). Es muß auch zu wesentlich gleichartigen Wirkungen führen, um den erstrebten wirtschaftlichen Erfolg des nichtigen Rechtsgeschäfts zu ermöglichen.

Das mit der Umdeutung erstrebte Ersatzgeschäft muß die allgemeinen Wirksamkeitsvoraussetzungen erfüllen; das ist z.B. nicht der Fall, wenn die Nichtigkeit auf Geschäftsunfähigkeit beruht. – Die Rechtsprechung verneint entsprechend ihrer Poenalisierungstendenz grundsätzlich die Umdeutung sittenwidriger Geschäfte in solche ohne sittenwidrigen Charakter (BGHZ 68, 204, 206f).

c) Des weiteren setzt die Umdeutung voraus, daß die Parteien *das andere Rechtsgeschäft gewollt* haben würden, wenn sie die Nichtigkeit des von ihnen beabsichtigten Rechtsgeschäfts erkannt hätten. Anders als bei der Auslegung, die der Umdeutung vorgeht, ist auf den *hypothetischen Willen* der Parteien abzustellen, der nicht nach rein objektiven Gesichtspunkten ermittelt werden kann (BGHZ 19, 269, 272f). Der hypothetische Wille bildet so die Grenze der Umdeutungsmöglichkeiten. Ein entgegenstehender erkennbarer Wille schließt den Rückgriff auf den hypothetischen Willen aus (BGH LM Nr. 8 zu § 140).

Beispiele zu a – c:

Ein wegen Formmangels ungültiger Wechsel kann u. U. als Schuldanerkenntnis oder kaufmännischer Verpflichtungsschein aufrechterhalten werden; jedoch ist dies regelmäßig nur bei eigenen Wechseln, nicht bei gezogenen Wechseln möglich (RGZ 136, 207, 210); u. U. kann ein gezogener Wechsel als Anweisung aufrechterhalten werden (OLG Bamberg NJW 1967, 1913f gegen RG JW 1930, 1376 Nr. 1). – Eine fristlose unberechtigte Kündigung kann als ordentliche zum nächstzulässigen Termin aufrechterhalten (BGH NJW 1982, 2603 m.w.N.), gegebenenfalls als Offerte zum Abschluß eines Aufhebungsvertrages umgedeutet werden (BAG AP Nr. 64 zu § 626). – Eine Umdeutung ist ebenfalls möglich bei einer nichtigen Pfandrechtsbestellung in die Begründung eines obligatorischen Zurückbehaltungsrechts (RGZ 124, 28; OGHZ 4, 138); ferner bei der fehlgeschlagenen Übereignung einer dem Verkäufer unter Eigentumsvorbehalt übergebenen Sache in eine Übertragung des ihm zustehenden Anwartschaftsrechts, wenn der Erwerber wegen § 932 II oder wegen § 933 Eigentum gutgläubig nicht erwerben kann (vgl. BGH LM Nr. 11 a zu § 929; BAUR § 52 II 3 c; MünchKomm/H.P. Westermann § 455 Rdn. 68 m.w.N.); bei einem formungültigen Schenkungsversprechen auf den Todesfall in ein privatschriftliches Testament (RG JW 1910, 467f); bei einer nicht genehmigten Vermögensübertragung nach § 1365 in einen Erbvertrag (BGHZ 40, 218ff).

4. Vernichtbarkeit durch Nichtigkeitsklage

Die Nichtigkeit wirkt grundsätzlich ipso iure. Gleichwohl kann im Interesse eines Bestandsschutzes ihre richterliche Feststellung geboten sein. In den vom Gesetz vorgesehenen Fällen ist das Rechtsgeschäft zunächst als gültig anzusehen, es kann jedoch aufgrund der Nichtigkeitsklage eines Klagebefugten für nichtig erklärt werden. Insofern rückt die Nichtigkeitsklage in die Nähe der Anfechtung.

Hier wie dort sind jedoch Ausnahmen von der grundsätzlichen ex-tunc-Wirkung vorgesehen. Die gerichtliche Nichtigkeitserklärung einer AG (§§ 275ff AktG), einer GmbH (§§ 75ff GmbHG), einer Genossenschaft (§§ 94ff GenG), aber auch einer OHG (BGHZ 3, 285) führt nur zu einer Auflösung für die Zukunft; die Gesellschaften werden wie bis dahin gültige abgewickelt (vgl. zur Anfechtung oben Rdn. 227).

Eine Sonderregelung besteht im Eherecht:

Die Nichtigkeitserklärung der Ehe aus den Gründen der §§ 17–21 EheG wirkt ex tunc, soweit es sich nicht um vermögensrechtliche Folgen (§ 26 EheG) und die Rechtsstellung der Kinder handelt (§ 1591 I). Die Vernichtbarkeit der Ehe entfällt, wenn eine Heilung eingetreten ist (vgl. §§ 17 II, 18 II, 20 II, 21 II EheG). Hingegen wirken „Anfechtungsgründe", die zur Aufhebung der Ehe führen, ex nunc (§ 37 EheG).

Für die Vernichtbarkeit ist bedeutsam, wer zur Nichtigkeitsklage befugt ist. Das AktG begrenzt den Kreis auf Aktionäre, Vorstands- und Aufsichtsratsmitglieder (§ 275 AktG, entspr. § 75 GmbHG und § 94 GenG). Das Eherecht räumt neben dem Ehegatten dem Staatsanwalt die Klagebefugnis ein (§ 24 EheG).

II. Anfechtbarkeit

514 1. Die Anfechtung beseitigt ein vorläufig gültiges, aber durch die Erklärung eines bestimmten Beteiligten entkräftbares Rechtsgeschäft.

Das Recht zur Anfechtung ist ein **Gestaltungsrecht**. Es gewährt dem Anfechtungsberechtigten die Disposition darüber, ob er sich von seiner Willenserklärung lösen will oder nicht. Die Anfechtungsregelung steht daher im Gegensatz zur Nichtigkeitsregelung, bei der die Nichtigkeitsfolge unabhängig vom Willen der Beteiligten eintritt.

Zum Begriff der Gestaltungsrechte und ihrer *Einschränkung durch richterliche Gestaltung* vgl. oben Rdn. 227.

2. **Gegenstand** der Anfechtung im materiellen Recht sind *Rechtsgeschäfte*. *Realakte* sind der Anfechtung entzogen; bei geschäftsähnlichen Handlungen erübrigt sich eine Anfechtung, da sie regelmäßig den Erklärenden nicht binden und er daher von sich aus auf die Rechtswirkungen verzichten kann (z. B. Mahnung).

Der Anfechtung entzogen ist die Herbeiführung eines *Vertrauenstatbestandes* (Besitzüberlassung nach § 854 II im Hinblick auf § 932; Anscheinsvollmacht; Scheinkaufmann; fehlerhafte Gesellschaft).

> Hingegen hat die Rechtsordnung die Anfechtung gegenüber Rechtswirkungen, die nicht rechtsgeschäftlicher Natur sind, vereinzelt zugelassen; vgl. zur Ehelichkeit eines Kindes §§ 1594, 1595a, 1596, 1597; zur Ausschlagungsfrist für den Erben § 1956.

Als *Gründe* kommen namentlich Irrtum, arglistige Täuschung, widerrechtliche Drohung (§§ 119, 123), unrichtige Übermittlung einer Willenserklärung (§ 120) in Betracht; vgl. oben § 36.

3. Die Geltendmachung des Anfechtungsrechts

515 a) Die Anfechtung erfolgt durch *einseitige, formlose, empfangsbedürftige Willenserklärung* (§ 143 I). Die Erklärung braucht den Ausdruck „Anfechtung" nicht zu enthalten, es muß jedoch der Wille hinreichend deutlich zum Ausdruck kommen, daß man das Geschäft wegen eines Willensmangels nicht gelten lassen will (RGZ 65, 86, 88; 68, 6, 8; BGH WM 1972, 41); so kann z. B. in der Klageerhebung i. S. § 812 eine Anfechtung liegen. Der *Anfechtungsgrund* braucht dabei nicht angegeben zu werden, es muß jedoch für den Anfechtungsgegner erkennbar sein, warum der Anfechtende seine Erklärung nicht mehr gelten lassen will (BGH WM 1980, 983, 985).

Da die arglistige Täuschung zugleich eine Irrtumserregung enthält, kann neben einer Anfechtung nach § 123 auch eine solche nach § 119 II in Betracht kommen. So wird möglicherweise, falls eine Anfechtung nach § 123 nicht bewiesen werden kann, der Anfechtende den Irrtumsgrund nach § 119 nachschieben, allerdings mit der Folge des § 122. In diesem Falle ist das

Nachschieben als neue Anfechtung anzusehen und hinsichtlich der Voraussetzungen gesondert zu prüfen (BGH NJW 1966, 39 = LM Nr. 4 zu § 143).

Da das Gestaltungsrecht einseitig einen Rechtszustand unmittelbar verändert, darf die Anfechtungserklärung – obwohl im Gesetz nicht ausdrücklich geregelt – *nicht unter einer (echten) Bedingung* erfolgen (RGZ 66, 153f; 146, 234, 238f). Sie ist als Willenserklärung *nicht widerruflich,* jedoch ihrerseits wegen eines Willensmangels anfechtbar.

b) **Anfechtungsberechtigt** ist regelmäßig der Urheber der anfechtbaren Erklärung. Das Anfechtungsrecht kann nicht selbständig übertragen, insbesondere nicht selbständig gepfändet werden.

Anfechtungsberechtigt ist beim Versprechen der Leistung an einen Dritten der Vertragschließende (§ 328). Andererseits ist nicht der Vertreter, sondern der Vertretene wegen eines Willensmangels beim Vertreter zur Anfechtung berechtigt, sofern er nicht die Ausübung des Anfechtungsrechts dem Vertreter überträgt. Auch bei der Bestimmung einer Leistung durch einen Dritten steht die Anfechtung der Bestimmung nur dem Vertragschließenden zu (§ 318 II).

516

Fraglich ist, ob die Anfechtungsberechtigung im Zusammenhang mit der Abtretung eines vertraglichen Anspruchs beim Zedenten verbleibt. Entsprechend der Interessenlage sollte zur Vermeidung nachträglicher Einwirkungen durch den Zedenten in den Fällen, in denen das Rechtsverhältnis als Ganzes übertragen wird, auch das Anfechtungsrecht mit übergehen (so STAUDINGER/DILCHER § 119 Rdn. 77); nach a. A. soll es zwar beim Zedenten verbleiben, jedoch im Zusammenwirken mit diesem im Wege der Bevollmächtigung oder Ermächtigung vom Zessionar auszuüben sein (SOERGEL/HEFERMEHL § 143 Rdn. 7).

Von mehreren Anfechtungsberechtigten kann jeder einzelne das Anfechtungsrecht ausüben (RGZ 56, 423, 424; 65, 399, 405).

Das Anfechtungsrecht aus §§ 119, 120, 123 ist vererblich, kann aber, da seine Ausübung eine Verfügung über den Nachlaß enthält, nur von den Miterben gemeinschaftlich ausgeübt werden, § 2040 I (vgl. RGZ 107, 238f; BGH NJW 1951, 308).

c) Der **Anfechtungsgegner** bestimmt sich gem. § 143 nach der Art des Rechtsgeschäftes:

517

Bei einem *Vertrag* ist Anfechtungsgegner der Vertragspartner, jedoch nicht sein Sondernachfolger, z. B. der Zessionar (RGZ 86, 305, 310). Im Falle der von einem Dritten verübten arglistigen Täuschung ist Gegner der, der aus dem Vertrag unmittelbar ein Recht erworben hat (so z. B. bei einem Lebensversicherungsvertrag der Bezugsberechtigte), § 143 II.

Auch mehreren Anfechtungsgegnern gegenüber gilt der Grundsatz der Teilbarkeit des Anfechtungsrechts (RGZ 65, 399, 405; 71, 199, 202). Ob durch Anfechtung dem einen gegenüber der ganze Vertrag nichtig wird, ist nach § 139 zu beurteilen (RGZ 71, 199, 201).

Bei einer *einseitigen empfangsbedürftigen Erklärung* ist Anfechtungsgegner der Erklärungsempfänger – selbst wenn die Erklärung nicht ihm, sondern der Behörde gegenüber abgegeben wurde, § 143 III. Das ist z. B. beim Verzicht auf ein Recht an einem Grundstück der Fall, wenn gem. § 875 I 2 der Verzicht dem Grundbuchamt gegenüber erklärt worden war.

Bei einer *einseitigen, nicht empfangsbedürftigen Erklärung* ist Anfechtungsgegner jeder, der aus der Erklärung unmittelbar einen rechtlichen Vorteil erlangt hat, § 143 IV.

> Bei der Eigentumsaufgabe, die als Rechtsgeschäft angesehen wird, ist der Aneigner der derelinquierten Sache Anfechtungsgegner. Besonderes gilt im Familienrecht für die Anfechtung des Vaterschaftsanerkenntnisses, vgl. § 1600 l.

518 d) Das Anfechtungsrecht ist als Gestaltungsrecht an eine **Ausschlußfrist** geknüpft; im Gegensatz zur Verjährung, die lediglich eine Einrede gegen Ansprüche begründet, *erlischt* mit Ablauf der Ausschlußfrist das Recht.

Das Gesetz hat die Anfechtungsfrist unterschiedlich geregelt. Beim Irrtum stellt es zur Vermeidung spekulativen Abwartens auf Unverzüglichkeit ab (§ 121 I), während es bei Arglist und Drohung eine feste Jahresfrist vom Zeitpunkt der Entdeckung der Arglist bzw. der Beendigung der Zwangslage im Falle der Drohung vorsieht (§ 124 I). In beiden Fällen erlischt jedoch das Recht nach Ablauf von 30 Jahren endgültig (§§ 121 II, 124 III).

4. Rechtsfolgen der Anfechtung

519 a) Die Anfechtung vernichtet das Rechtsgeschäft mit rückwirkender Kraft (ex tunc); es ist von Anfang an als nichtig zu behandeln (§ 142). Nach erfolgter Anfechtung ist das Rechtsgeschäft grundsätzlich gegenüber jedermann nichtig; der Richter hat die eingetretene Nichtigkeit von Amts wegen zu beachten. Zu den Einschränkungen vgl. unten Rdn. 520.

Da die Anfechtung das Rechtsgeschäft vernichtet und nicht entsprechend dem Inhalt der mangelfreien Willenserklärung korrigiert, entfallen schlechthin rechtsgeschäftliche Ansprüche; erfolgte Leistungen sind grundsätzlich als ungerechtfertigte Bereicherung zurückzugewähren.

> Eine Ausnahme ergibt sich nach Treu und Glauben, wenn der Anfechtungsgegner das Rechtsgeschäft so gelten lassen will, wie es der Erklärende irrtumsfrei wollte (vgl. oben Rdn. 458).

b) Besteht der wirtschaftliche Vorgang aus einem Verpflichtungsgeschäft (z. B. Kauf) und einem Verfügungsgeschäft (z. B. Übereignung), stellt sich wegen des *Abstraktionsprinzips* (vgl. dazu oben Rdn. 365 ff) die Frage, welche Rechtsgeschäfte von der Anfechtung betroffen werden.

Erfaßt z. B. beim Kauf einer Sache die Anfechtung *nur das Verpflichtungsgeschäft,* so bleibt das Verfügungsgeschäft davon unberührt; ihm wird allerdings

Arten der Unwirksamkeit § 39 II 5

der Rechtsgrund entzogen, so daß ein Anspruch aus ungerechtfertigter Bereicherung entsteht, der einen Anspruch auf *Rückübereignung* der geleisteten Sache zum Inhalt hat.

Erfaßt die Anfechtung dagegen *nur das Verfügungsgeschäft* der Übereignung, weil z. B. der Willensmangel nur die Einigungserklärung betrifft, so führt deren Vernichtung dazu, daß die geleistete Sache nach §§ 985 ff herausverlangt werden kann; es bleibt indessen grundsätzlich der Erfüllungsanspruch aus dem Kausalgeschäft bestehen, mit dem dem Herausgabeanspruch gem. § 986 entgegengetreten werden kann.

Erfaßt die Anfechtung *sowohl das Verpflichtungs- als auch das Verfügungsgeschäft,* weil sich der Willensmangel auf beide Rechtsgeschäfte erstreckt, so sind die erbrachten Leistungen sowohl nach §§ 985 ff als auch nach §§ 812 ff, wobei Bereicherungsgegenstand nicht das Eigentum, sondern der Besitz ist, zurückzugewähren.

c) Ist das dingliche Rechtsgeschäft angefochten worden, so wird der Empfänger einer Sache zum Nichtberechtigten; ein nach der Anfechtung erwerbender Dritter kann von ihm nur unter den Voraussetzungen der §§ 932 ff Eigentum erlangen.

Erwirbt der Dritte die Sache, *bevor* gegenüber dem Erwerber die Anfechtung erklärt wurde, so hat er an sich vom Berechtigten erworben, jedoch wird dieser durch die Rückwirkung der Anfechtung zum Nichtberechtigten. Die Rechtsordnung stellt den Schutz des Dritten darauf ab, ob er die Anfechtbarkeit kannte oder kennen mußte (§ 142 II).

Entgegen dem Wortlaut des Gesetzes, nach dem „Kennen müssen" jeden Sorgfaltsverstoß erfaßt (vgl. § 122 II), ist hierbei der Grad der „Bösgläubigkeit" nach den jeweils anzuwendenden Vorschriften für den Erwerb vom Nichtberechtigten zu beurteilen (RG WarnRspr. 1911 Nr. 360; RG Recht 1918 Nr. 1492; für § 892 RG SeuffArch. 79, 199).

d) Zu beachten bleibt, daß bei mehrfacher Übertragung einer *Forderung* die Grundsätze für den gutgläubigen Erwerb keine Anwendung finden (Ausnahme § 405); die Anfechtung der ersten Übertragung entzieht allen Nachfolgern das Gläubigerrecht; einen gewissen Schutz gewährt § 409.

5. Einschränkung der Anfechtbarkeit bzw. ihrer Folgen im Interesse des Verkehrsschutzes

a) Im Recht der **Personengesellschaften** stellt sich die Frage, ob die Anfechtung einer Beitrittserklärung zur Gesellschaft die Rechtsfolge des § 142 nach sich zieht, da bei einer *in Vollzug gesetzten* Gesellschaft die Nichtigkeitsfolge ex tunc dem Schutzbedürfnis Dritter und auch dem der Mitgesellschafter widerspricht. Während die Lehre von der „faktischen Gesellschaft" die

520

rechtsgeschäftliche Grundlage über Bord wirft, sollte, um die Funktion des für die privatautonome Gestaltungsfreiheit grundlegenden Rechtsgeschäftsbegriffs zu erhalten, von dessen Instrumentarium ausgegangen werden. Dies erfordert, das Gestaltungsrecht der Anfechtung grundsätzlich zu erhalten und lediglich seine Rechtsfolgen zu modifizieren, d. h. von einer ex-tunc-Wirkung abzusehen und statt dessen eine Auflösung für die Zukunft vorzusehen.

Die Rechtsprechung vertrat dies zunächst im Hinblick auf den Vertrauensschutz im Außenverhältnis, verneinte jedoch später zum Schutz der Mitgesellschafter die ex-tunc-Wirkung auch im Innenverhältnis (vgl. zur Entwicklung RGZ 165, 193ff).

Es handelt sich um Auswirkungen des Vertrauensschutzprinzips, da die Konsequenzen der fehlerhaften Willenserklärung lediglich zugunsten Schutzwürdiger zurückgedrängt werden. Dem Vertrauensgrundsatz können indessen gewichtige Interessen der Allgemeinheit und einzelner schutzwürdiger Personen entgegenstehen (vgl. BGHZ 3, 285, 287f).

Das Prinzip wird auch unter Berücksichtigung des vorrangigen Schutzes von Geschäftsunfähigen und Geschäftsbeschränkten modifiziert aufrechterhalten (vgl. auch oben Rdn. 412).

Zu beachten bleibt, daß das Gestaltungsrecht im Interesse des Bestandsschutzes bei Handelsgesellschaften nur im Wege der Gestaltungsklage entsprechend § 133 HGB durchgesetzt werden kann (vgl. oben Rdn. 227).

Bei den **juristischen Personen des Handelsrechts** bestehen gesetzliche Sondervorschriften für die Geltendmachung von Nichtigkeits- und Anfechtungsgründen (vgl. z.B. §§ 241ff, 275 AktG, § 75 GmbHG, §§ 94ff GenG). Mängel der Willenserklärung einzelner Gesellschafter können nach der Eintragung der Gesellschaft nach einhelliger Rechtsprechung nicht mehr geltend gemacht werden.

b) Auch die Rechtsprechung im **Arbeitsrecht** geht davon aus, das Instrumentarium der Institution „Rechtsgeschäft" zu erhalten, d. h., die Anfechtung nicht schlechthin durch das der Kündigung zu ersetzen, um die ex-nunc-Wirkung zu erzielen. Es wird zwischen der Anfechtung, die einen Grund voraussetzt, der vor oder bei Abschluß des Vertrages vorlag, und der Kündigung, die von einem im Lauf des Arbeitsverhältnisses entstandenen Grund ausgeht, weiterhin unterschieden. Beide Rechtsfiguren haben durchaus verschiedene juristische Funktionen, was in den Voraussetzungen und Wirkungen zum Ausdruck kommt. Demgemäß betont das BAG ausdrücklich, daß an der die Willenserklärung vernichtenden Wirkung der Anfechtung grundsätzlich festzuhalten und lediglich aus Schutzerwägungen die Rückwirkung auszuschließen sei (BAGE 5, 159ff = NJW 1958, 516; vgl. zuletzt PICKER Die Anfechtung von Arbeitsverträgen, ZfA 1981, 1ff).

Zur Nichtigkeit des Arbeitsvertrages wegen fehlender Geschäftsfähigkeit vgl. auch oben Rdn. 414.

Arten der Unwirksamkeit § 39 II 6

c) Um die Umlaufqualität im Bereich der **Wertpapiere** zu gewährleisten, wirkt bei einer Anfechtung des Ausstellers gegenüber dem Gläubiger die Nichtigkeitsfolge lediglich in dieser Rechtsbeziehung, *nicht* jedoch *gegenüber Dritterwerbern*, wobei die Regelung des § 142 II durch besondere gesetzliche Bestimmungen ersetzt wird (z. B. § 796, Art. 17 WG, Art. 22 ScheckG).

6. Bestätigung

Während bei vom Gesetz angeordneter Nichtigkeit die Folgen zwingend eintreten, steht die Anfechtung eines Rechtsgeschäfts in der Disposition des Erklärenden. Infolgedessen räumt das Gesetz dem Erklärenden anders als bei nichtigen Rechtsgeschäften die Möglichkeit ein, zum Ausdruck zu bringen, daß er das Rechtsgeschäft trotz des ihm anhaftenden Mangels bestehen lassen wolle. Durch eine solche Bestätigung wird im Ergebnis *auf das Anfechtungsrecht verzichtet* (§ 144 I).

Da der Anfechtungsberechtigte sich mit der Bestätigung seiner Anfechtungsmöglichkeit begibt, muß bei ihm Kenntnis vom Anfechtungsrecht vorausgesetzt werden; zumindest muß der Bestätigende von der Vorstellung aus handeln, es könne ihm möglicherweise ein Anfechtungsrecht zustehen (RGZ 68, 398, 400; 69, 410, 411 f).

Die Bestätigung bedarf nicht der für das anfechtbare Geschäft vorgeschriebenen Form (§ 144 II). Sie kann auch *konkludent* erfolgen, z. B. durch Vertragserfüllung, Verbrauch oder Veräußerung empfangener Ware; der Anfechtungsberechtigte muß sich jedoch bewußt sein, hierdurch auf die Anfechtungsmöglichkeit zu verzichten; das Verhalten ist nur dann als Bestätigung zu werten, wenn jede andere mögliche Deutung des Verhaltens ausscheidet (BGH LM Nr. 1 a zu § 144; BGH NJW 1971, 1795, 1800).

Umstritten ist, ob vorausgesetzt werden muß, daß der *Anfechtungsgegner* aus der Kundgabe dieses Willens den Schluß ziehen kann, der Anfechtungsberechtigte wolle das Rechtsgeschäft gelten lassen. Dafür spricht, daß der Anfechtungsgegner in Zweifelsfällen Gewißheit darüber erlangen möchte, ob er sich auf das Geschäft verlassen kann (vgl. LARENZ AT § 23 V b). Dem widerspricht die h.M., die unter Bezugnahme auf RGZ 68, 398ff die Bestätigung als nichtempfangsbedürftige Willenserklärung ansieht. Unbeschadet dieser begrifflichen Einordnung ist der Interessenwertung im Einzelfall besser gedient, wenn auf den Erklärungswert des Verhaltens des Anfechtungsberechtigten ohne Rücksicht auf die Kenntnisnahme durch den Anfechtungsgegner abgestellt wird.

521

Eine Bestätigung ist indessen nur möglich, solange das Rechtsgeschäft noch nicht angefochten ist. Die Bestätigung eines bereits wirksam angefochtenen Geschäfts ist Bestätigung eines nichtigen Geschäfts und folglich als Neuvornahme zu behandeln (§ 141 I).

Weitere Folgen als die Beseitigung des Anfechtungsrechts hat die Bestätigung als solche nicht, namentlich schließt sie den etwaigen Schadensersatzanspruch wegen Betrugs nicht aus (RG JW 1911, 398 Nr. 4).

§ 39 II 8   Vierter Teil: Die Lehre vom Rechtsgeschäft

7. Anfechtung nichtiger Rechtsgeschäfte (sog. Doppelwirkungen)

522   Die ältere Dogmatik hatte aus Gründen der Logik die Auffassung vertreten, ein *nichtiges* Rechtsgeschäft könne nicht mehr *angefochten* werden. Kipp (aaO, S. 211 ff) hat nachgewiesen, daß ein Anfechtungsberechtigter ein Interesse daran haben kann, ein aufgrund gesetzlicher Vorschriften nichtiges Rechtsgeschäft auch noch anzufechten.

> Bestimmt z. B. jemand durch Betrug einen Minderjährigen zum Verkauf und zur Übereignung einer Sache, wozu der gesetzliche Vertreter die Genehmigung verweigert, und veräußert der Erwerber alsdann die Sache an einen Dritten, so ergibt sich für den Herausgabeanspruch des Minderjährigen folgendes: wenn der Dritte zwar nicht die Minderjährigkeit, wohl aber die Täuschung durch den Erwerber kannte, so hätte er, falls wegen der bereits eingetretenen Nichtigkeit nicht angefochten werden könnte, unter den Voraussetzungen der §§ 929 ff, 932 ff Eigentum erlangt. Würde jedoch das nichtige Veräußerungsgeschäft zwischen Minderjährigem und Erwerber wegen Täuschung nach § 123 zusätzlich angefochten, so würde der Dritte wegen seiner Kenntnis von der Täuschung durch den Erwerber Eigentum wegen § 142 II nicht erwerben können. Um sich den Herausgabeanspruch nach § 985 zu erhalten, hat der Minderjährige daher ein Interesse, das Rechtsgeschäft anfechten zu können.

Der vom Gesetz bezweckte Interessenschutz gebietet es, nachteiligen Auswirkungen von Nichtigkeitsgründen durch zusätzliche Geltendmachung des Anfechtungsrechts entgegenzutreten.

> Darüber hinaus hat die Rechtsprechung auch aus Gründen prozessualer Zweckmäßigkeit dem Kläger die Möglichkeit belassen, neben der Berufung auf Nichtigkeit sein Anfechtungsrecht geltend zu machen (vgl. BGH LM Nr. 2 zu § 142).
> Entsprechend muß ein Anfechtungsrecht auch dann gewährt werden, wenn das Rechtsgeschäft bereits wegen anders begründeter Anfechtung nichtig ist; so z. B. wenn nach einer Anfechtung wegen Irrtums nach § 119 zur Vermeidung der nachteiligen Folgen des § 122 eine Anfechtung wegen arglistiger Täuschung nach § 123 erfolgt.

8. Sonderfälle

523   a) Bei der *Eheschließung* begründen Irrtum über die Eheschließung, über die Person des anderen Ehegatten oder über dessen persönliche Eigenschaften, arglistige Täuschung und Drohung *kein Anfechtungsrecht*, sondern ein *Aufhebungsrecht* gem. §§ 28 ff EheG.

Die Anfechtung eines *Vaterschaftsanerkenntnisses* erfolgt im *Klagewege*, § 1600 l; ebenso auch die Anfechtung der Ehelichkeit eines Kindes, § 1599.

b) Nach h.M. wird die Anfechtung von Erklärungen, die im Prozeß abgegeben werden *(Prozeßhandlungen)*, eingeschränkt. Grundsätzlich wird bestritten, daß solche Erklärungen bürgerlich-rechtliche Willenserklärungen sind (Stein/Jonas/Schumann/Leipold § 128 XI 3 h). Jedenfalls ist eine

Anfechtung deshalb nicht zulässig, weil eine Rückwirkung den Interessen des Gegners und des gerichtlichen Verfahrens zuwiderlaufen würde; sofern der Gegner nicht bereits eine prozessuale Rechtsstellung erlangt hat, wird indessen ein Widerruf zugelassen (JAUERNIG § 30 VII).

Wegen der Doppelnatur des *Prozeßvergleichs,* der sowohl privatrechtlichen als auch prozessualen Charakter hat, hat die h.M. die Wirkung einer privatrechtlichen Anfechtung auch auf den prozessualen Bereich erstreckt und damit den Prozeß als nicht beendet angesehen (BGHZ 16, 388, 390).

c) Im *öffentlichen Recht* wird angenommen, daß die Anfechtung von Willenserklärungen gegenüber einer Verwaltungsbehörde zulässig ist (vgl. WOLFF/BACHOF § 48 III b). Allerdings können dann wegen der Rückwirkung der Anfechtung Fristen des Verwaltungsrechts unterlaufen werden. Unbestritten ist die Anwendbarkeit der Vorschriften des bürgerlichen Rechts für *öffentlich-rechtliche Verträge* (vgl. § 62 S. 2 VwVfG). Die Anfechtung von *Verwaltungsakten* durch die Behörde wird durch Rücknahme bzw. Widerruf ersetzt (vgl. §§ 48 ff VwVfG).

d) Von der im BGB geregelten Anfechtung ist die **Gläubigeranfechtung** aufgrund der Konkursordnung und des Anfechtungsgesetzes *zu unterscheiden* (§§ 29ff KO; §§ 1ff AnfG). Sie will im Interesse der Gläubiger der Verschiebung von Zugriffsobjekten entgegenwirken. Der Gläubiger kann verlangen, daß Rechtshandlungen des Schuldners, die an sich wirksam vorgenommen wurden, rückgängig gemacht werden.

Mit der Anfechtung aufgrund der KO und des AnfG wird daher im Gegensatz zu der des BGB kein Mangel des die Vermögensverschiebung bewirkenden Rechtsgeschäftes geltend gemacht. Sie gewährt gegen den Empfänger der Leistung im Konkursfall einen schuldrechtlichen (nicht dinglichen; vgl. BGHZ 59, 353, 356) Anspruch auf Rückgewähr in die Konkursmasse (vgl. § 37 KO), bei der Einzelvollstreckung abweichend vom Wortlaut des § 7 AnfG eine Zugriffsmöglichkeit beim Anfechtungsgegner (RGZ 56, 194f; BGH NJW 1972, 719f).

> Die Anfechtung eines nichtigen Geschäfts nach AnfG ist im allgemeinen unnötig, aber – wie im rechtsgeschäftlichen Bereich – nicht unzulässig; sie ist zweckmäßig, wenn das nichtige Geschäft den Anfechtenden irgendwie benachteiligt; die §§ 7 und 11 AnfG verleihen dem Anfechtenden eine günstigere Rechtsstellung als §§ 812, 822, 894 (vgl. ROSENBERG, 9. A. 1961, § 181 II 2; zur Anfechtung im Konkurs BÖHLE-STAMSCHRÄDER/KILGER § 29 Anm. 6).

III. Relative Unwirksamkeit

> BEER Die relative Unwirksamkeit, 1975; BLOMEYER Zum relativen Verbot der Verfügung über Forderungen, Festschrift Hirsch, 1968, 25ff; FAHLAND Das Verfügungsverbot nach §§ 135, 136 BGB in der Zwangsvollstreckung und seine Bedeutung

zu anderen Pfändungsfolgen, 1976; Habscheid Richterliches Erwerbsverbot und Grundbuchrecht, Festschrift G. Schiedermair, 1976, 245ff; Knocke Zur Lehre vom relativen Veräußerungsverbot, Königsberger Festgabe Güterbock, 1910, 401ff; Paulus Schranken des Gläubigerschutzes aus relativer Unwirksamkeit, Festschrift Nipperdey, I, 1965, 909ff; Ruhwedel Grundlagen und Rechtswirkungen sogenannter relativer Verfügungsverbote, JuS 1980, 161ff; Strohal Über relative Unwirksamkeit, 1911; Voss Über das Verhältnis zwischen relativem Veräußerungsverbot und Vormerkung im BGB, JherJb. 60, 293ff.

524 Die relative Unwirksamkeit läßt zwar die Gültigkeit des Rechtsgeschäftes der *Allgemeinheit* gegenüber unberührt, das Rechtsgeschäft wird jedoch zum *Schutz einer oder mehrerer beteiligter Personen* diesen gegenüber als unwirksam behandelt. Der Erwerber wird z. B. Eigentümer, Dritte können sich auf die Verbotswidrigkeit der Verfügung nicht berufen; jedoch ist zugunsten des Verbotsgeschützten der Veräußerer noch als Eigentümer zu behandeln, so daß er nicht gehindert ist – auch nach Veräußerung an einen Dritten – an den Geschützten zu verfügen.

Von der Nichtigkeit unterscheidet sich die relative Unwirksamkeit durch die Beschränkung der Unwirksamkeit auf bestimmte Personen; von der Anfechtbarkeit dadurch, daß die Unwirksamkeit, soweit sie reicht, von Rechts wegen (ipso iure) eingreift und nicht erst durch einen Gestaltungsakt der geschützten Person herbeigeführt zu werden braucht; im Prozeß wird sich der Geschützte allerdings auf sie berufen müssen.

Diese Funktion der „relativen Unwirksamkeit" ist konstruktiv kaum zu erfassen. Zu weit geht z. B. die Theorie der „Duplizität des Rechtssubjekts", die im Falle einer verbotswidrigen Verfügung vom Volleigentum zweier Personen ausgeht (vgl. Tuhr II/1 § 58; Wolff/Raiser § 88 IV). Es handelt sich um ein Sicherungsmittel sui generis, auf dessen dogmatische Einordnung der Gesetzgeber verzichtet hat (vgl. Mot. I, 214; Flume II § 176d; zum Meinungsstand vgl. MünchKomm/Mayer-Maly § 135 Rdn. 36ff).

525 **1.** Hauptbeispiel ist der Fall der Verfügung gegen ein *relatives gerichtliches oder behördliches* **Veräußerungsverbot** im Sinne der §§ 136, 135:

Auf Betreiben des Käufers eines Gemäldes, der hört, daß der Verkäufer das ihm verkaufte Bild an einen anderen Liebhaber, der mehr geboten hat, noch einmal verkauft hat, erläßt das Gericht eine einstweilige Verfügung nach §§ 935, 938 II ZPO, wodurch dem Verkäufer verboten wird, zum Nachteil des ersten Käufers über das Bild zu verfügen. Diesen Beschluß hat der Gläubiger, der ihn erwirkt hat, dem Schuldner zustellen zu lassen (§§ 922 II, 936 ZPO). Dadurch wird zwar der Verkäufer nicht gehindert, das Bild an den zweiten Käufer zu übereignen, dieser wird auch Eigentümer jedermann gegenüber, nur im Verhältnis zum ersten Käufer ist der verbotsbelastete Verkäufer noch als Eigentümer anzusehen. Er kann also jetzt vom ersten Käufer auf Einigung und Abtretung des Herausgabeanspruchs (§§ 929, 931)

Arten der Unwirksamkeit   § 39 III 1

verklagt werden. Wenn das Urteil rechtskräftig geworden ist, gilt die Erklärung nach § 894 ZPO als abgegeben. Damit ist der erste Käufer Eigentümer geworden. Der Ersterwerber muß die Verfügung des Veräußerers gegen sich gelten lassen; er kann insoweit gegen den Herausgabeanspruch des Geschützten keine Einwendungen (§ 986) erheben. Allerdings gilt dies nur, soweit nicht das Verfügungsverbot durch gutgläubigen Erwerb seine Wirkung verloren hat. Auf den Erwerb des zweiten Käufers, der sich entgegen dem Veräußerungsverbot vollzogen hat, finden nämlich nach § 135 II die Vorschriften zugunsten derjenigen, die Rechte von einem Nichtberechtigten herleiten, Anwendung (§§ 932ff). Wenn also der zweite Käufer beim Erwerb des Eigentums das Veräußerungsverbot weder gekannt noch infolge grober Fahrlässigkeit nicht gekannt hat, nützt dem ersten Käufer die Erwirkung des Verbots nichts. Er muß, um sicher zu gehen, auch dem zweiten Käufer die einstweilige Verfügung rechtzeitig zustellen lassen. Wenn er den zweiten Käufer nicht benachrichtigen kann, empfiehlt es sich, beim Gericht eine einstweilige Verfügung zu beantragen, worin die Verwahrung oder Hinterlegung der Sache angeordnet wird.

Entsprechend kann sich der Käufer eines Grundstücks, falls nicht die Eintragung einer Vormerkung bewilligt ist, schützen, indem er eine einstweilige Verfügung auf Eintragung einer *Vormerkung* ins Grundbuch nach §§ 883, 885 erwirkt. Eine Verfügung, die nach der Eintragung der Vormerkung über das Grundstück oder das Recht getroffen wird, führt zwar zur Eintragung des Zweitkäufers, da die Vormerkung das Grundbuch nicht sperrt; sie ist jedoch insoweit unwirksam, als sie den Anspruch des Erstkäufers vereiteln oder beeinträchtigen würde. Läßt also der Verkäufer das Grundstück trotz der Vormerkung an einen zweiten Käufer auf, so wird dieser durch seine Eintragung zwar Eigentümer gegenüber jedermann; zugunsten des Vormerkungsberechtigten gilt das Eigentum des Veräußerers aber als fortbestehend (vgl. § 883 II). Er ist auf Vornahme der Auflassung zu verklagen. Der Erwerber ist verpflichtet, der Eintragung des Vormerkungsberechtigten, die zur Verwirklichung des vorgemerkten Anspruchs nötig ist, zuzustimmen (§ 888). Nach erfolgter Eigentumsübertragung ist er nach § 985 zur Herausgabe des Grundstücks verpflichtet.

Die Durchsetzung des relativen Veräußerungsverbots erfolgt demnach auf dem Umweg über den verbotswidrig Verfügenden. Ein unmittelbarer Anspruch gegen den Erwerber auf Herausgabe ließe sich allenfalls unter dem Gesichtspunkt des Schadensersatzes nach § 826 begründen.

Da die verbotswidrige Verfügung *Dritten gegenüber wirksam* ist, kann der verbotswidrig Erwerbende Dritten gegenüber seine Eigentumsrechte geltend machen, z. B. Ansprüche aus § 1004. Die allgemeine Wirksamkeit der Verfügung erweist sich auch im Verhältnis des in der Verfügung Beschränkten zu seinen Gläubigern; sie können nach der verbotswidrigen Verfügung den Gegenstand nicht pfänden; vielmehr stünde, falls z. B. die Veräußerung nach §§ 929, 930 erfolgte, dem Erwerber die Klage aus § 771 ZPO zu.

Anders als bei absoluten Veräußerungsverboten wird die Regelung jedoch – wie im Beispiel ausgeführt – *zum Schutze gutgläubiger Erwerber* durchbrochen (§ 136 mit § 135 II). Die Vorschriften über den Erwerb vom Nichtberechtigten werden für rechtsgeschäftlichen Erwerb entsprechend angewandt; die Analogie ist deshalb erforderlich, weil der Verfügende „Berechtigter" ist und hier lediglich der gute Glaube an das Nichtbestehen des Veräußerungsverbots in Betracht kommt (RGZ 90, 335, 338).

Zur Anwendbarkeit der §§ 135, 136:

Gesetzliche Veräußerungsverbote wirken in der Regel absolut (so z. B. § 1365: BGHZ 40, 218, 219f; § 1369: BayObIG FamRZ 1965, 331f). Praktische Bedeutung erlangt die Vorschrift des § 135 durch die Verweisung in § 136 für *gerichtliche und behördliche* Veräußerungsverbote.
Gerichtliche Veräußerungsverbote ergehen vornehmlich im Zwangsvollstreckungsverfahren. Dies gilt für *Pfändung von Forderungen und Rechten* gem. §§ 829ff, 857 ZPO; so ist z. B. die vom Vollstreckungsschuldner nach erfolgter Pfändung an einen Dritten vorgenommene Abtretung relativ unwirksam. – Zieht der Vollstreckungsschuldner trotz des Verbotes die Forderung vom Drittschuldner ein und zahlt dieser trotz des an ihn erlassenen Zahlungsverbotes, so wird er im Verhältnis zum Vollstreckungsschuldner von seiner Verbindlichkeit befreit; dem Pfändungsgläubiger gegenüber ist die Einziehung aber unwirksam, zu seinen Gunsten wird das eingezogene Forderungsrecht als noch bestehend behandelt. – Eine *Beschlagnahme nach § 23 I ZVG* hat in den Grenzen dieser Vorschrift (weitergehend § 148 ZVG) die Wirkung eines Veräußerungsverbotes im Sinne des § 136; ebenso ein *vor Konkurseröffnung* vom Gericht erlassenes allgemeines Veräußerungsverbot nach §§ 106, 113 KO. Anders jedoch das *mit Konkurseröffnung* eintretende Veräußerungsverbot, da die Verfügungsbefugnis dem Konkursverwalter zusteht; aus § 6 KO wird gefolgert, daß der Wortlaut des *§ 7 KO* die *absolut wirkende Nichtigkeit* nicht beseitigt, sondern sie lediglich auf den Zweck des Konkurses begrenzt (RGZ 157, 294, 295; h. M.). – Schließlich können *einstweilige Verfügungen* (§§ 935, 938 II ZPO) gerichtliche Veräußerungsverbote gem. § 136 enthalten (RGZ 135, 378, 384); vgl. das Beispiel oben im Kleindruck.

526   2. Die vom Gesetz getroffene Regelung für Veräußerungsverbote ist von der Rechtsprechung auch für **Erwerbsverbote** angewandt worden (RGZ 117, 287, 291; 120, 118f; OLG Hamm DNotZ 1970, 662). Hat z. B. der Verkäufer eines Grundstücks die Auflassung erklärt und liegen Gründe vor, die den Kaufvertrag nichtig machen, so soll der Verkäufer die Möglichkeit haben, durch eine einstweilige Verfügung dem Käufer zu verbieten, sich das Eigentum zu verschaffen, d. h. zu verbieten, den Antrag auf Eintragung im Grundbuch zu stellen oder, falls der Antrag gestellt ist, ihm zu gebieten, den Antrag zurückzunehmen. Die einstweilige Verfügung erzeugt ein Eintragungsverbot und ist vom Grundbuchrichter zu beachten (RGZ 120, 118, 120). Wird gleichwohl der Käufer im Grundbuch eingetragen, so ist sein Erwerb *relativ*, d. h. lediglich dem Verkäufer gegenüber, *unwirksam* (RGZ 117, 287, 291). Zur Vermeidung des gutgläubigen Erwerbs Dritter muß das relative Erwerbsverbot im Grundbuch eingetragen werden (vgl. §§ 136, 135 II) – str., a. A. WESTERMANN § 84 VI 4.
Die Vertreter der Gegenmeinung (LARENZ AT § 23 IV, FLUME II § 17, 6 e) gehen vom Schwarzkauf aus und negieren die Möglichkeit, daß der Schwarz-

verkäufer die durch den Vollzug des Eigentumserwerbs eintretende Heilung des Kaufvertrages (§ 313 S. 2) verhindern kann. In dieser Hinsicht kann die Motivation bei Erlaß der einstweiligen Verfügung im Hinblick auf § 242 zu prüfen sein. Denkbar sind aber auch z. B. Fälle, in denen der Verkäufer einem Irrtum gem. § 119 erlegen ist und die Anfechtung lediglich das Kausalgeschäft erfaßt. Hier erscheint es zur Vermeidung der Rückabwicklung nach vollzogenem Eigentumsübergang (§ 812, vorbehaltlich § 814) sinnvoll, den Eigentumserwerb zu verhindern, zumal die endgültige Wirksamkeit des Erwerbsverbots im Hauptverfahren geklärt werden kann (§§ 936, 926 ZPO).

IV. Unwirksamkeit rechtsgeschäftlicher Veräußerungsverbote

DÄUBLER Rechtsgeschäftlicher Ausschluß der Veräußerlichkeit von Rechten? NJW 1968, 1117ff; FURTNER Die rechtsgeschäftliche Verfügungsbeschränkung und ihre Sicherung, NJW 1966, 182ff; LIEBS Die unbeschränkte Verfügungsbefugnis, AcP 175, 1ff; OERTMANN Rechtsgeschäftliches Veräußerungsverbot und einstweilige Verfügung, Recht 1916, 57ff; PIKALO § 137 BGB in der Praxis des Rechtslebens, DNotZ 1972, 644ff; RAIBLE Vertragliche Beschränkung der Übertragbarkeit von Rechten, 1969, 73ff; SCHLOSSER Auswirkungen verfügungsbeschränkender Abreden der rechtsgeschäftlichen Treuhand, NJW 1970, 681ff; WEITNAUER Die unverzichtbare Handlungsfreiheit, Festschrift Weber, 1975, 429ff.

Rechtsgeschäftlich begründete Veräußerungsverbote haben *keine Beschränkung der Verfügungsmacht* zur Folge, sondern bewirken nur eine *schuldrechtliche Verpflichtung* des Versprechenden, die Verfügung zu unterlassen (§ 137). Verstößt der Versprechende gegen die Verpflichtung, so ist gleichwohl die Verfügung ohne Einschränkung wirksam; der Verfügende macht sich allerdings *schadensersatzpflichtig*. Der Gesetzgeber wollte mit dieser Vorschrift verhindern, daß sich der Versprechende seiner Verfügungsmacht rechtsgeschäftlich begibt und Rechtsunsicherheit schafft, indem er Gegenstände dem Rechtsverkehr entzieht (vgl. BGHZ 56, 275, 278).

527

Nach h.M. erfährt § 137 *keine Einschränkung durch § 399 2. Hs*. So sehen RGZ 136, 395, 399 und BGHZ 19, 355, 359 sowie 40, 156, 159f die Vereinbarung in § 399 2. Hs. nicht als Verfügungsbeschränkung, sondern als Inhaltsbestimmung des betreffenden Rechts selbst an. Konsequent ergibt sich dann die absolute Unwirksamkeit einer gegen § 399 2. Hs. verstoßenden Verfügung (BGHZ 40, 156, 160; a.A. JAKOBS JuS 1973, 152, 156f).
Die Vorschrift des § 137, die auch den Schutz des sich Verpflichtenden durch die Unwirksamkeit auf der Verfügungsebene gewährleistet, erfährt in § 1136 dadurch eine Erweiterung, daß bereits die schuldrechtliche Verpflichtung des Grundstückseigentümers gegenüber dem Hypothekengläubiger, das Grundstück nicht zu veräußern oder nicht weiter zu belasten, nichtig ist.

Die Regelung des § 137 gilt entsprechend auch für die *Vereinbarung eines Erwerbsverbots.* (Zur Wirkung eines *gerichtlichen* Erwerbsverbots vgl. oben Rdn. 526.) Als *Ersatz* für die in § 137 enthaltene Beschränkung kommt in Fällen, in denen mit einer Eigentumsübertragung ein Veräußerungsverbot für den Erwerber verbunden wird, die *Vereinbarung einer auflösenden Bedingung* in Betracht, nach der bei abredewidriger Weiterveräußerung das Eigentum an den früheren Eigentümer zurückfällt, sofern es sich nicht um ein bedingungsfeindliches Geschäft wie z. B. die Auflassung (§ 925) handelt.

Die Zulässigkeit einer solchen Abrede wird in Frage gestellt, da sie im Ergebnis einem nach § 137 unzulässigen Verfügungsverbot gleichkommt. Die überwiegende Meinung sieht hierin keine unzulässige Umgehung des § 137, da sich die Parteien vom Gesetz vorgesehener Gestaltungsmöglichkeiten bedienen (BayObLG NJW 1978, 700 f; SOERGEL/HEFERMEHL § 137 Rdn. 14; STAUDINGER/DILCHER § 137 Rdn. 6; a. A. MÜNCHKOMM/MAYER-MALY § 137 Rdn. 15). Während es sich bei rechtsgeschäftlichen Veräußerungsverboten im allgemeinen um die Interessen des Käufers handelt, der sich vor Übereignung an einen Dritten schützen möchte, hat die auflösende Bedingung die Interessen des Verkäufers im Auge. Unter diesem Aspekt kann man die Vereinbarung einer auflösenden Bedingung differenziert beurteilen und nicht als Verstoß gegen § 137 ansehen. Im übrigen wird ein gutgläubiger Dritterwerber durch die Vorschrift des § 161 III geschützt.

V. Schwebende Unwirksamkeit

528 Es kann im Interesse Beteiligter liegen, daß die Entscheidung über die Wirksamkeit eines Vertrages hinausgeschoben wird. Daher läßt die Rechtsordnung gelegentlich Schwebezustände zu.

Wegen der hierbei bestehenden Rechtsunsicherheit wird dies *vom Gesetz* nur ausnahmsweise zugelassen. Dies ist der Fall beim beschränkt Geschäftsfähigen (§§ 108, 114; §§ 1643, 1821, 1822, 1829), beim ohne Vertretungsmacht Vertretenen (§ 177), beim ohne Einwilligung handelnden Ehegatten im gesetzlichen Güterstand (§ 1366); entsprechendes gilt für den Vertretenen im Fall des Selbstkontrahierens (entgegen dem Wortlaut des § 181) und für den Berechtigten bei Verfügung eines Nichtberechtigten (§ 185 II).

Wegen des *Erfordernisses hoheitlicher Genehmigungen*, z. B. im Grundstücksverkehrsrecht, besteht in der Zwischenzeit ebenfalls ein Schwebezustand (BGHZ 32, 383, 389). Die Parteien sind während des Schwebezustandes nach Treu und Glauben verpflichtet, alles Erforderliche zu tun, um die Genehmigung herbeizuführen.

Darüber hinaus steht es den Parteien frei, *durch Vereinbarung* Schwebezustände herbeizuführen, so z. B. die Vereinbarung einer Rücktrittsmöglichkeit, bei der eine schwebende Wirksamkeit besteht. Die Vereinbarung einer Bedingung erzeugt keinen Schwebezustand für die Wirksamkeit des Rechtsgeschäfts als solchem, sondern nur für seine Rechtsfolgen.

Zur *Abkürzung des Schwebezustandes* wird in manchen Fällen dem Gegner das Recht gegeben, die Entscheidung über die Genehmigung von dem Genehmigungsberechtigten in kurzer Frist herbeizuführen (§§ 108 II, 177 II). Unter besonderen Voraussetzungen kann dem Vertragsgegner auch ein *Widerrufsrecht* zustehen (§§ 109, 178).

Falls das Schutzbedürfnis des durch die schwebende Unwirksamkeit Geschützten nachträglich fortfällt, z.B. dadurch, daß der beschränkt Geschäftsfähige die volle Geschäftsfähigkeit erlangt, tritt seine Genehmigung an Stelle der Genehmigung des Genehmigungsberechtigten (§§ 108 III, 1829 III).

Während des Schwebezustandes fehlt dem Vertrag die Wirksamkeit, die mit Genehmigung eintritt oder mit ihrem Ausbleiben endgültig entfällt. Eine Ausnahme besteht für den Fall, daß ein Vormund ohne die erforderliche Genehmigung des Vormundschaftsgerichts ein Rechtsgeschäft abschließt; hier wird das Geschäft erst dann wirksam, wenn die Genehmigung des Vormundschaftsgerichtes dem Vertragspartner durch den Vormund mitgeteilt wird (§ 1829 I 2).

Durch die Genehmigung wird der Vertrag rückwirkend wirksam (§ 184 I), jedoch sind *Zwischenverfügungen des Genehmigenden* über den Gegenstand des Rechtsgeschäftes wirksam; ebenso Verfügungen, die im Wege der Zwangsvollstreckung gegen ihn getroffen werden (§ 184 II).

> Hierdurch unterscheidet sich die schwebende Unwirksamkeit von der Anfechtbarkeit, bei der im Stadium bis zur Anfechtung das Geschäft voll wirksam ist und erst mit dieser rückwirkend vernichtet wird.

Einseitige Rechtsgeschäfte sind im Interesse der Rechtssicherheit grundsätzlich nicht schwebend, sondern von vornherein unwirksam (§§ 111, 180).

Vgl. zu weiteren Einzelheiten oben Rdn. 409 und unten Rdn. 679.

6. ABSCHNITT
Die Lehre vom Vertrag

§ 40
Der Vertrag

A. Einleitung

BYDLINSKI Privatautonomie und objektive Grundlage des verpflichtenden Rechtsgeschäftes, 1967; v. CRAUSHAAR Der Einfluß des Vertrauens auf die Privatrechtsbildung, 1969; DILCHER Typenfreiheit und inhaltliche Gestaltungsfreiheit, NJW 1960, 1040; FIKENTSCHER Vertrag und wirtschaftliche Macht, Festschrift Hefermehl, 1971,

§ 40 A

41 ff; HUECK Normenverträge, JherJb. 73, 33 ff; KRAMER, E.A. Die „Krise" des liberalen Vertragsdenkens, 1974; LAUFKE Vertragsfreiheit und Grundgesetz, Festschrift H. Lehmann, I, 1956, 145 ff; RAISER, L. Vertragsfunktion und Vertragsfreiheit, Festschrift DJT, 1960, 101 ff; ders., Vertragsfreiheit heute, JZ 1958, 1 ff; REINHARDT Die Vereinigung subjektiver und objektiver Gestaltungskräfte im Vertrage, Festschrift Schmidt-Rimpler, 1957, 115 ff; SCHLOSSMANN Der Vertrag, 1876; SCHMIDT-RIMPLER Grundfragen einer Erneuerung des Vertragsrechtes, AcP 147, 130 ff; ders., Zum Vertragsproblem, Festschrift L. Raiser, 1974, 3 ff; SIBER Die schuldrechtliche Vertragsfreiheit, JherJb. 70, 223 ff; SIEGEL Das Versprechen als Verpflichtungsgrund im heutigen Recht, 1873; WOLF, M. Rechtsgeschäftliche Entscheidungsfreiheit und vertraglicher Interessenausgleich, 1970; ZITELMANN Die Rechtsgeschäfte im Entwurf eines BGB, I, 1889/90, 120 ff.

529 „Verträge dienen der rechtlichen Ordnung zwischenmenschlicher Beziehungen durch Selbstbestimmung der Beteiligten im herrschaftsfreien Raum" (RAISER Festschrift DJT aaO, S. 104). Der Vertrag ist somit das wesentliche Instrument zur Verwirklichung der *Privatautonomie* (vgl. oben § 30). Durch die Vertragsfreiheit vertraut der Gesetzgeber dem einzelnen die autonome Rechtssetzung im Rahmen des zwingenden Rechts und der guten Sitten an. Die autonome Rechtssetzung erzeugt zwischen den Parteien eine Bindungswirkung; die Rechtsgrundlage für die wechselseitigen Ansprüche wird daher historisch auch als lex contractus bezeichnet (vgl. oben Rdn. 15).

Zur Ergänzung finden Grundsätze des privatrechtlichen Vertragsrechts auf öffentlich-rechtliche Verträge entsprechende Anwendung (§ 62 VwVfG).

Vertragsfreiheit bedeutet einerseits die Freiheit des einzelnen, ob und mit wem er einen Vertrag schließen will, und andererseits die Freiheit der Partner, wie sie den Vertrag inhaltlich ausgestalten wollen.
Gestaltungsfreiheit kann nur dort eingeräumt werden, wo sich die Rechtsbeziehungen auf die Vertragsbeteiligten beschränken. Gestaltungsfreiheit besteht vornehmlich im Schuldrecht, dessen gesetzliche Regelungen lediglich *Vertragsmuster* enthalten, die weitgehend der *Disposition* unterliegen.

Jedoch ist zu beachten, daß dispositive Normen einen aus der Rechtserfahrung stammenden Richtigkeitsgehalt für die Ausgewogenheit der Interessen darstellen, von dem nicht uneingeschränkt abgewichen werden darf. Diese Erkenntnis hat u. a. zur Gesetzgebung über die Grenzen Allgemeiner Geschäftsbedingungen geführt.

Wirkt der Vertrag über die Vertragspartner hinaus, so beschränkt das Gesetz die Gestaltungsfreiheit und bindet die Vertragsparteien an *vorgegebene Vertragstypen* (so vornehmlich im Sachenrecht, Gesellschaftsrecht).

530 Die grundrechtlich gesicherte Vertragsfreiheit basiert darauf, daß der gebotene Interessenausgleich durch das Aushandeln der Vertragspartner

Der Vertrag   § 40 B

gewährleistet wird und dadurch eine „innere Vertragsgerechtigkeit" entsteht. Das setzt jedoch voraus, daß die Vertragsparteien über eine *äquivalente Machtposition* verfügen.
Wo das Gleichgewicht gestört ist, bedarf es der *Eingriffe des Gesetzgebers*. Dies ist im Privatrecht in zunehmender Weise geschehen. Ausgehend vom Arbeitsrecht und vom Recht der Wohnraummiete hat der Gesetzgeber weitere Korrektive vorgenommen (so z. B. im Gesetz betreffend die Abzahlungsgeschäfte und vornehmlich im Gesetz zur Regelung des Rechts der Allgemeinen Geschäftsbedingungen). Hierin gehört auch die Verpflichtung für den Inhaber einer Monopolstellung zur Annahme eines Vertragsangebotes (sog. Kontrahierungszwang).
Soweit den Parteien Gestaltungsfreiheit eingeräumt ist, bedeutet dies zugleich eine Gestaltungslast; das Gesetz geht von der Vermutung vollständiger und wohlüberlegter Parteivereinbarungen aus (vgl. ESSER SchR, 2. A. 1960, § 5, 3).
Zur Wirksamkeit des Vertrages gehört es, daß sich die Parteien über die Essentialia geeinigt haben. Sie können jedoch darüber hinaus Umstände zur Grundlage ihres Vertrages gemacht haben, ohne daß diese Grundlage im Vertrag ihren Ausdruck gefunden hat. Verändern sich diese Voraussetzungen so wesentlich, daß ein Festhalten am Vertrag Treu und Glauben widerspricht, kann ein solcher *Wegfall der Geschäftsgrundlage* zu einer Anpassung des Vertragsinhalts oder zu dessen Aufhebung führen (vgl. zum Wegfall der Geschäftsgrundlage unten Rdn. 567 ff).

Der Gesetzgeber läßt den Vertragsschluß auf den korrespondierenden **531** Willenserklärungen „Antrag" und „Annahme" basieren. Er berücksichtigt dabei nicht die Verhandlungsphase vor dem ausformulierten Antrag. Gleichwohl können im Zuge solcher *Vorverhandlungen,* die einen rechtlich relevanten Fall des sozialen Kontakts darstellen, Rechtspflichten aus einem Vertrauensverhältnis erwachsen, die bei schuldhafter Verletzung zum Schadensersatz führen können. Dieser Anwendungsbereich der sog. *culpa in contrahendo* war zunächst auf Fälle begrenzt, bei denen es zu keinem Vertragsschluß kam (vgl. § 122). Rechtsprechung und Lehre lassen das Verschulden bei Vertragsschluß heute jedoch auch dann relevant werden, wenn der Vertrag zum Abschluß gekommen ist. (zu den Einzelheiten vgl. unten Rdn. 560 ff).
Zur Klassifizierung des Vertrages im Hinblick auf die Verpflichtung zur Leistung vgl. Rdn. 356.

B. Der Vertragsschluß

BÄRMANN Typisierte Zivilrechtsordnung der Daseinsvorsorge, 1948; BAILAS Das Problem der Vertragsschließung und der vertragsbegründende Akt, 1962; DIETRICH Der Kauf im Selbstbedienungsladen, DB 1972, 957 ff; GERNHUBER Austausch und

§ 40 B I 1

Kredit im rechtsgeschäftlichen Verbund; zur Lehre von den Vertragsverbindungen, Festschrift Larenz, 1973, 455 ff; GRAUE Vertragsschluß durch Konsens? in: Jakobs, Rechtsgeltung und Konsens, 1976, 105 ff; GREIFELT Die Zusendung unbestellter Waren, WRP 1955, 120 ff; KRAMER, E. A. Grundfragen der vertraglichen Einigung, 1972; LANGE, H. Abschluß und Durchführung der Verträge – Versuch eines Überblicks, Festschrift Laufke, 1971, 101 ff; ders., Die Rechtsnatur von Antrag, Annahme und Ablehnung, geprüft bei Verträgen beschränkt Geschäftsfähiger, Festschrift Reinhardt, 1972, 95 ff; LORENZ Vorzugsrechte beim Vertragsschluß, Festschrift Dölle, I, 1963, 103 ff; LUTTER, Der Letter of Intent – Zur rechtlichen Bedeutung von Absichtserklärungen, 1982; MANIGK Das Wesen des Vertragsschlusses in der neueren Rechtsprechung, JherJb. 75, 127 ff; MAYER-MALY, Vertrag und Einigung, I, Festschrift Nipperdey, I, 1965, 509 ff; ders., Vertrag und Einigung, II, Festschrift Wilburg, 1965, 129 ff; ders., Der Konsens als Grundlage des Vertrages, Festschrift Seidl, 1975, 118 ff; ders., Die Bedeutung des Konsenses in privatrechtsgeschäftlicher Sicht, in: Jakobs, Rechtsgeltung und Konsens, 1976, 91 ff; SOHM Vertragsschluß unter Abwesenden und Vertragsschluß mit einer persona incerta, ZHR 17, 16 ff; WEDEMEYER Abschluß des Vertrages durch Erfüllungs- und Aneignungshandlungen, 1904; WESSEL Die Zusendung unbestellter Waren, BB 1966, 432 ff.

I. Allgemeines

532 **1.** Dem System des BGB entsprechend hat der Gesetzgeber aus den vielfältigen Möglichkeiten der Vertragsgestaltung die Essentialia abstrahiert und im Allgemeinen Teil vorangestellt. Er geht hierbei vom Leitbild des Kaufvertrages aus und läßt besondere Erscheinungsformen des mehrseitigen Rechtsgeschäfts (wie Gesamtakte, Beschlüsse, Organisationsverträge, vgl. hierzu oben Rdn. 351) zurücktreten.

> Die Funktionen des zweiseitigen Vertrages sind unterschiedlich. Er kann Verpflichtungscharakter haben, so z. B. die schuldrechtlichen Verträge, er kann jedoch auch lediglich Zuordnungsfunktion haben, so z. B. die Verfügungen.
>
> Bei den Verfügungen kann ein koexistentes Element (Eintragung, Übergabe) zur vertraglichen Einigung hinzutreten. Hier umfaßt die Verfügung einen Doppeltatbestand (vgl. oben Rdn. 348).
>
> Eine Sonderstellung nimmt der Erbvertrag (§§ 2274 ff) ein, durch den einseitig unwiderruflich ein Berufungsgrund zur Erbfolge geschaffen wird; ein unmittelbares Verpflichtungselement ist in dem Vertrag nicht enthalten. Eigenständige Wirkungen haben auch die familienrechtlichen Verträge, z. B. die Eheschließung, Adoption.

Der Vertrag ist die erklärte Willensübereinstimmung *(Konsens)* zweier oder mehrerer Beteiligter über die Herbeiführung eines bestimmten rechtlichen Erfolges. Er besteht aus inhaltlich verschiedenen, aber einander entsprechenden, korrespondierenden Willenserklärungen, die in Bezug auf einen einheitlichen Erfolg übereinstimmen müssen. Der Vertragsschluß vollzieht sich regelmäßig schrittweise, die zeitlich vorhergehende Erklärung heißt *Antrag* (Angebot, Offerte), die zeitlich nachfolgende *Annahme*.

Der Vertrag § 40 B I 2

Der Vertrag kann auch dadurch zustandekommen, daß die Parteien gleichzeitig einem vorliegenden Vertragsentwurf zustimmen. Streitig ist, ob ein Konsens vorliegt, wenn sich inhaltlich gleiche Offerten kreuzen; obwohl die beiderseitigen Erklärungen nicht mit Bezug aufeinander abgegeben wurden, muß angesichts des materiellen Konsenses ein Vertragsschluß angenommen werden.

533 2. Aus einer vorangegangenen Vereinbarung kann sich die **Verpflichtung zum Abschluß eines Vertrages** ergeben. Eine solche Vereinbarung stellt der **Vorvertrag** dar, durch den sich die Parteien verpflichten, demnächst einen anderen schuldrechtlichen Vertrag, den sog. Hauptvertrag, abzuschließen. Solche Vorverträge wollen eine Bindung herbeiführen, um die spätere Erreichung des eigentlichen Vertragszweckes, wofür die Dinge zur Zeit noch nicht reif sind, zu sichern.

Voraussetzung eines gültigen Vorvertrages ist, daß die allgemeinen Erfordernisse eines Vertrages gegeben sind und der Inhalt des abzuschließenden Hauptvertrages hinreichend genau bestimmt ist (BGH NJW 1962, 1812f). Dies bedeutet, daß zwar noch nicht alle Bestimmungen des Hauptvertrages vorliegen (ansonsten läge bereits ein Hauptvertrag vor), andererseits jedoch soviele Einzelheiten festgelegt sein müssen, daß u. U. mit der Vollstreckungsmöglichkeit nach § 894 ZPO auf den Abschluß des gegebenenfalls richterlich ergänzten (RGZ 156, 129, 138; BGH LM Nr. 3 zu § 705; BGH WM 1961, 1052f) Hauptvertrages geklagt werden kann (vgl. HENRICH Vorvertrag, Optionsvertrag, Vorrechtsvertrag, 1965, §§ 8ff).

Wo das Gesetz für die Vornahme eines Vertrages eine bestimmte *Form* vorschreibt (z. B. § 313), muß auch der Vorvertrag grundsätzlich dieser Form genügen, weil sonst auf diesem Wege die Formvorschriften umgangen werden könnten (RGZ 106, 174, 176; 169, 185, 189; BGHZ 61, 48). Wenn jedoch eine Formvorschrift keine „Warnfunktion" hat, sondern lediglich der Beweissicherung dient (vgl. § 566), bedarf der Vorvertrag der Form nicht, da der Aufgabe der Beweissicherung durch den Hauptvertrag genügt werden kann (RGZ 86, 30, 32; BGH LM Nr. 1 zu § 566; BGH WM 1973, 238). Für eine vereinbarte Schriftform ist gegebenenfalls durch Auslegung der Formabrede zu ermitteln, ob diese sich auch auf den Vorvertrag erstrecken sollte (BGH NJW 1958, 1281; BB 1963, 572).

534 Vom Vorvertrag ist die Verabredung abzugrenzen, durch die einem der Vertragsschließenden die Befugnis eingeräumt wird, durch eine entsprechende Willenserklärung ein seinem Inhalt nach bereits näher festgelegtes Schuldverhältnis zu begründen oder zu verlängern. Eine derartige Befugnis kann auf verschiedene Weise eingeräumt werden:

In Betracht kommt eine sogenannte **Festofferte**. Hierbei handelt es sich um einen meist länger befristeten Antrag zum Abschluß eines Vertrages. Der Adressat kann durch Annahmeerklärung den Vertragsschluß herbeiführen. Ist für den Vertrag eine Form vorgeschrieben (z. B. § 313), so unterliegen sowohl Antrag als auch Annahme diesen Formerfordernissen.

§ 40 B I 2   Vierter Teil: Die Lehre vom Rechtsgeschäft

Die neuere Terminologie (HENRICH aaO, § 15; FLUME II § 33, 7; KÖHLER § 15 VI) sieht in der Festofferte als solcher keinen Fall der Option. Vielmehr wird der vorangehende Abschluß eines **Optionsvertrages** vorausgesetzt. Hierzu einigen sich die Beteiligten, daß unter bestimmten Voraussetzungen ein Optionsrecht eingeräumt werden soll, wobei häufig als Ausgleich für die längerfristige Bindung ein Entgelt vereinbart wird. Im Rahmen dieser Vereinbarung gibt eine Vertragspartei eine bindende Offerte ab, die dem Optionsberechtigten die Möglichkeit verschafft, durch Annahmeerklärung den Hauptvertrag zum Abschluß zu bringen. Ein Hauptfall dieser Ausgestaltung des Optionsvertrages ist das vertraglich vereinbarte *Ankaufsrecht*. Das hat zur Folge, daß bei formbedürftigen Verträgen zumindest die im Optionsvertrag niedergelegte Offerte zum Abschluß des Hauptvertrages der Form bedarf (RGZ 169, 65, 71). Wenngleich Optionsvertrag und Festofferte sich im Ergebnis gleichkommen, empfiehlt es sich im Interesse einer klaren terminologischen Abgrenzung, nur das vertraglich begründete Recht als „*Optionsrecht*" zu bezeichnen (vgl. HENRICH aaO, § 15 I).

Im Ergebnis kommt einer solchen Regelung auch ein **bedingter Vertrag** nahe. Der Hauptvertrag wird hierbei unter der aufschiebenden Bedingung abgeschlossen, daß der Begünstigte ein Optionsrecht ausübt. Gegen eine solche Potestativbedingung bestehen nur dann keine Bedenken, wenn die Parteien den ernstlichen Willen zur vertraglichen Bindung haben (BGH LM Nr. 16 zu § 433). Sofern Formerfordernisse eingreifen, unterliegt der bedingte Vertrag deren Einhaltung; die Erklärung, die den Bedingungseintritt auslöst, bedarf alsdann dieser Form nicht (BGH aaO).

> Einen Sonderfall stellt die sogenannte *Vorhand* dar. Hierbei verpflichtet sich eine Vertragspartei, falls sie die Absicht hat, einen Vertrag abzuschließen, den Vertragsabschluß zunächst dem Vorhandberechtigten anzutragen. Die Vereinbarung bedarf der Auslegung, da unter Umständen nur eine Informationspflicht gewollt ist, die dem Begünstigten nur die Möglichkeit einräumen soll, in Vorverhandlungen einzutreten. Ein Verstoß kann Schadensersatzpflichten begründen.
>
> Von der Vorhand unterscheidet sich das *Vorkaufsrecht* dadurch, daß der Vorkaufsberechtigte in den bereits rechtswirksam zustandegekommen Kaufvertrag mit dem Dritten eintreten kann.

535 Vom Vorvertrag ist ferner der sogenannte **Rahmenvertrag** zu unterscheiden, der im Hinblick auf künftig abzuschließende Einzelverträge grundlegende Vertragsmodalitäten generell festlegt (z. B. Verträge zwischen Herausgeber und Verlag über Publikationen im Rahmen einer Schriftenreihe). Im Gegensatz zum Vorvertrag begründet der Rahmenvertrag keinen Anspruch auf Abschluß eines Einzelvertrages. Die Weigerung der verpflichteten Partei, einen künftigen Einzelvertrag abzuschließen, kann sich – je nach den Vereinbarungen – als positive Forderungsverletzung des Rahmenvertrags darstellen (zu weitgehend HENRICH aaO, § 9 III; vgl. auch FIKENTSCHER § 24).

Der Vertrag   § 40 B II 1

Vom Vorvertrag ist schließlich der **Sukzessiv-Lieferungsvertrag** abzugrenzen. Letzterer ist ein einheitlicher Vertrag (BGH NJW 1977, 35), durch den sich der eine Teil zur ratenweisen Lieferung von noch zu bestimmenden Warenmengen, der andere Teil zur ratenweisen Abnahme verpflichtet. Diese Verpflichtung entsteht durch den Abschluß des Sukzessiv-Lieferungsvertrages, während sie beim Vorvertrag durch den jeweils abzuschließenden Hauptvertrag begründet wird.

Schrifttum zum Vorvertrag:
BRÜGGEMANN Causa und Synallagma im Recht des Vorvertrages, JR 1968, 201 ff; CARTELLIERI Die Option, BB 1948, 162 ff; DEGENKOLB Die Lehre vom Vorvertrag, AcP 71, 1 ff; v. EINEM Die Rechtsnatur der Option, 1974; FISCHBACH Vorbereitende Rechtsverhältnisse, ArchBürgR 41, 160 ff; GEORGIADES Optionsvertrag und Optionsrecht, Festschrift Larenz, 1973, 409 ff; HENRICH Vorvertrag, Optionsvertrag, Vorrechtsvertrag, Beiträge zum Ausländischen und Int. Privatrecht Bd. 32, 1965; LARENZ Die rechtliche Bedeutung von Optionsvereinbarungen, DB 1955, 209 ff; LEVINSOHN Der Vorvertrag, 1931; ROTH, H. Der Vorvertrag, 1928; SCHLOSSMANN Über den Vorvertrag und die rechtliche Natur der sog. Realkontrakte, JherJb. 45, 1 ff; SCHMALZEL Vorverträge zugunsten Dritter, AcP 164, 446 ff; STINTZING Die Vorverpflichtung im Gebiet der Schuldverhältnisse, 1903; WENNER Vorverhandlungen und Vorvertrag, BB 1966, 669 ff.

II. Der Antrag

1. Der Antrag ist eine empfangsbedürftige Willenserklärung, durch die   **536** jemand einem anderen einen Vertragsschluß so anbietet, daß dessen Zustandekommen nur noch von der Zustimmung des anderen abhängt. Dies setzt voraus, daß der Antrag inhaltlich so bestimmt ist, daß der Vertrag durch bloße Einverständniserklärung (durch „ja") zum Abschluß gebracht werden kann.

Der Antrag muß die *Essentialia* des Geschäftes enthalten. Unbestimmtheit einzelner Punkte ist unschädlich, wenn ihre Ausfüllung dem Vertragspartner überlassen wird (vgl. §§ 315 ff). Die Bestimmung von Einzelheiten kann auch durch Gesetz erfolgen (z. B. §§ 612 II, 632).

Auch die *Person des Vertragspartners* braucht nicht bestimmt zu sein, wenn es dem Antragenden gleichgültig ist, mit wem er den Vertrag abschließt; sogenannte Offerte ad incertam personam. Dies gilt z. B. bei der Aufstellung eines Warenautomaten; jedoch ist die Offerte durch die Zahl der in ihm enthaltenen Gegenstände und das Funktionieren des Apparates bedingt.

Der Antrag kann auch *formalisierte Vertragsbedingungen* enthalten. Das gilt insbesondere im internationalen Warenverkehr zur Regelung von Versandkosten und Gefahrtragung (**Trade Terms** bzw. **Incoterms**). Nach Vereinbarungen der Internationalen Handelskammer, zuletzt von 1953, werden sie Vertragsbestandteil, wenn auf sie Bezug genommen wird. Es kommen u. a. in Betracht:

FOB: free on board; der Verkäufer trägt Kosten und Gefahr, bis die Ware im Verschiffungshafen die Reling passiert.

CIF: coast, insurance, freight; der Verkäufer trägt die Kosten der Beförderung bis zum Bestimmungshafen einschließlich der Versicherung. Die Gefahrtragung geht jedoch auf den Käufer über, wenn die Ware im Verschiffungshafen die Reling passiert.

Ex Ship (ab Schiff): der Verkäufer trägt die Kosten und Gefahr bis zur Löschung im vereinbarten Ankunftshafen.

Vgl. zu den Einzelheiten, insbesondere zu den Unterschieden zwischen Trade Terms und Incoterms SCHLEGELBERGER/HEFERMEHL § 346 Rdn. 50ff; BAUMBACH/ DUDEN Anh. I zu § 382.

537 Der Antrag muß *Vertragserklärung* sein, d. h. er muß zum Zeitpunkt der Abgabe der Erklärung den **Willen zur rechtlichen Bindung** zum Ausdruck bringen. Davon ist die Erklärung zur Bereitschaft, einen Vertrag abschließen zu wollen, zu *unterscheiden;* Hauptfall ist die **invitatio ad offerendum**, die Aufforderung an den Adressaten, seinerseits einen Antrag zu stellen.

Die Entscheidung darüber, ob ein Antrag oder eine Aufforderung zum Angebot vorliegt, hängt davon ab, ob ein Bindungswille des Erklärenden erkennbar zum Ausdruck gekommen ist; dies ist gegebenenfalls durch Auslegung zu ermitteln (§ 133).

Nach herkömmlicher Auslegung werden unter Berücksichtigung der Verkehrssitte Speisekarten, Anzeigen in den Zeitungen, die Übersendung von Preislisten und Katalogen *nicht als Anträge* angesehen. Entsprechendes gilt für Auslagen in Schaufenstern, selbst wenn gem. PreisangabenVO (BGBl I, 1973, 461ff) der Preis angegeben ist; es kann u. U. ein Verstoß gegen das Gesetz gegen den unlauteren Wettbewerb vorliegen, jedoch gewähren die §§ 1, 3 i. V. m. § 13 UWG lediglich Ansprüche zugunsten der Wettbewerber, nicht zugunsten des Kunden. Umstritten, wenn auch im Ergebnis weitgehend irrelevant, ist, ob die Warenauslage im Selbstbedienungsladen eine Offerte oder nur eine invitatio ad offerendum darstellt (vgl. SOERGEL/LANGE/HEFERMEHL § 145 Rdn. 6, RGRK/MEZGER Vor § 433 Rdn. 55).

Hingegen wird jedoch die Zusendung unbestellter Waren als bindender Antrag angesehen; vgl. zur Annahme unten Rdn. 542.

Bei einer *privatrechtlichen Versteigerung* ist nach der Regelung des § 156 erst das Gebot als Antrag anzusehen; der Vertrag kommt durch Zuschlag zustande, der jedoch verweigert werden kann. Das Gebot erlischt, wenn es zurückgewiesen oder ein Übergebot abgegeben oder die Versteigerung ohne Erteilung des Zuschlags geschlossen wird. Dagegen hat die Entfernung des Bieters vor Erteilung des Zuschlags usw. kein Erlöschen seines Gebotes zur Folge; der Zuschlag kann trotzdem an ihn erfolgen, ohne daß er ihm zugehen müßte (h.M.).

§ 156 ist keine zwingende Regel. Der Versteigerer kann die Bedingungen anders gestalten, namentlich die Wirkung des Übergebotes ausschließen und sich den Zuschlag nach freier Wahl unter den Bietern vorbehalten (vgl. RGZ 96, 102). Selten ist der Fall der Versteigerung von oben nach unten, bei der der Versteigerer den Preisansatz macht und so lange damit nach unten geht, bis sich ein Bieter zur Zahlung des Ansatzes bereit erklärt. Obwohl § 156 keine Ausnahme macht, wird man hier im Zweifel in der Preissage des Versteigerers bereits den Antrag zu erblicken haben. Auf die *Zwangsversteigerung* von Grundstücken ist § 156 nicht anwendbar. Sie wird durch §§ 71 ff, 81 ZVG geregelt; das Eigentum geht ohne rechtsgeschäftliche Einigung durch den Zuschlag auf den Ersteher unmittelbar über, § 90 ZVG. Auch die Zwangsversteigerung von beweglichen Sachen wird nach h. M. als öffentlich-rechtlicher Vorgang angesehen (vgl. STEIN/JONAS/MÜNZBERG § 817 IV; BAUR/STÜRNER Rdn. 471 f).

2. Der Antrag erzeugt grundsätzlich eine **Bindung** des Antragenden (§ 145). **538** Sobald der *Antrag* als empfangsbedürftige Willenserklärung *zugegangen* ist (§§ 130 f), ist er annahmefähig. Der Empfänger erlangt im Obligationenrecht und im Sonderfall des § 873 II eine *Rechtsposition,* die zum Teil als Gestaltungsrecht (RGZ 132, 6 f; ENN./NIPPERDEY § 161 IV 1; STAUDINGER/DILCHER § 145 Rdn. 11; a.A. LARENZ AT § 27 I c; KÖHLER § 15 II 2 b; SOERGEL/LANGE/HEFERMEHL § 145 Rdn. 13), zum Teil als Anwartschaftsrecht (RGZ 151, 75) bezeichnet wird. Anders verhält es sich bei der dinglichen Einigung (z.B. § 929) im allgemeinen, da die Parteien bis zur Übergabe nicht gebunden sind (vgl. oben Rdn. 348). Die begriffliche Einordnung kann dahinstehen. Mit Zugang entsteht jedenfalls für den Empfänger das Recht auf Annahme, das grundsätzlich abgetreten (§§ 398, 413) bzw. gepfändet werden kann (§§ 851 I, 857 I ZPO); im Zweifel wird jedoch eine Übertragbarkeit ausgeschlossen sein, so insbesondere wenn davon ausgegangen werden muß, daß der Antrag ausschließlich an den Empfänger gerichtet sein soll.

Nach gemeinem Recht war die Offerte als der eine Teil eines erst zu schließenden Vertrages für sich allein bedeutungslos, die Bindung beruhte daher bis zur Annahme auf dem fortdauernden Willen des Offerenten. Die Offerte erlosch demgemäß, wenn dieser starb oder willensunfähig wurde, sie konnte bei Willensänderung bis zum Zugang der Annahme widerrufen werden. Das entspricht nicht mehr den Bedürfnissen des heutigen Verkehrs, der Gebundenheit verlangt. Deshalb haben I 5 §§ 90 ff ALR, Art. 319 ADHGB und § 145 BGB (einschränkend jedoch dem romanischen Rechtskreis folgend Art. 5 II EAG) das Angebot für bindend erklärt.

3. Die **Bindung** an den Antrag kann entsprechend der Privatautonomie **539 ausgeschlossen** werden (§ 145 2. Hs.).
So kann die Erklärung des Anbietenden in dem Sinne gemeint sein, daß der Antragende die Entschließungsfreiheit behalten will und sich ein **Widerrufsrecht** hinsichtlich seines Antrages vorbehält. Dadurch unterscheidet sich der Antrag mit Widerrufsvorbehalt von der invitatio ad offerendum, die lediglich die Bereitschaft zum Vertragsabschluß zum Ausdruck bringt. Im Hinblick auf § 145 2. Hs. ist zu vertreten, daß der Widerruf auch nach Zugang der Annahmeerklärung zulässig ist (vgl. auch FLUME II § 35 I 3 c; ERMAN/HEFERMEHL § 145 Rdn. 15). Wegen der zunächst eingetretenen Bindungswirkung

eines Antrages mit Widerrufsvorbehalt muß der Widerruf jedoch ohne Zögern erklärt werden, sonst muß der Antragende sich nach Treu und Glauben so behandeln lassen, als ob er auf den Widerruf verzichtet hätte (vgl. RG JW 1921, 393 Nr. 2).

Die Bindung an einen Antrag kann aber auch nur solange ausgeschlossen werden, bis er vom Gegner angenommen ist; der Antragende hat dann nur bis zum Zugang der Annahme ein Widerrufsrecht (RG LZ 1918, 945; so auch STAUDINGER/DILCHER § 145 Rdn. 18; PALANDT/HEINRICHS § 145 Anm. 2 b).

Häufig wird auch die Klausel „Zwischenverkauf vorbehalten" gewählt; dann ist der Verkäufer im Zweifel zur Leistung verpflichtet, wenn er bis zum Zugang der Annahmeerklärung den angebotenen Gegenstand nicht anderweitig verkauft hat (OLG Hamburg BB 1960, 383).

Denkbar ist ferner, die Freiklausel auf bestimmte Punkte des Geschäftes zu beschränken. Die Erhebung derartiger Klauseln zum Vertragsbestandteil muß aber mit der nötigen Deutlichkeit und Bestimmtheit erfolgen (BGHZ 24, 39, 45). Die Klausel „Preise freibleibend" ist im Zweifel dahin zu deuten, daß der Käufer an den Vertrag gebunden bleibt, auch wenn der Verkäufer von dem Vorbehalt angemessener Preiserhöhung Gebrauch macht (RGZ 103, 414f). Die Klausel kann jedoch nach den Umständen auch so ausgelegt werden, daß der Verkäufer vom Vertrag Abstand nehmen und dem Käufer ein neues Angebot unterbreiten kann (BGHZ 1, 353, 354). Zu beachten ist, daß Allgemeine Geschäftsbedingungen häufig klarstellende Klauseln enthalten.

540 4. Die **Bindung** an den Antrag **erlischt** in jedem Fall, wenn der Antragsgegner den Antrag *ablehnt* (§ 146). Sie muß jedoch, um dem Antragenden seine Dispositionsfreiheit wiederzugeben, auch dann erlöschen, wenn der Antrag *nicht rechtzeitig angenommen* wird.

a) Ist eine *Frist* besonders *gesetzt,* so kann die Annahme nur innerhalb der Frist erfolgen (§ 148); sie muß gegebenenfalls mit einer notwendigen Genehmigung (vgl. z. B. § 1829 I 2) und in erforderlicher Form grundsätzlich auch innerhalb der Frist zugehen.

b) Ist *keine Frist* gesetzt, so gilt:

aa) Unter *Anwesenden* oder durch Fernsprecher Verbundenen kann der Antrag nur sofort angenommen werden (§ 147 I).

> Um einen Antrag unter Anwesenden handelt es sich nicht, wenn der Antrag durch einen *Boten* überbracht wird, es sei denn, daß dieser zur Entgegennahme der Annahmeerklärung berechtigt ist; denn sonst geht die Annahmeerklärung dem Antragsteller nicht von Person zu Person zu, sondern erst mit ihrer Mitteilung durch den Boten (RG Gruchot 67, 194 ff; vgl. auch RG SeuffArch. 59 Nr. 218).

bb) Der einem *Abwesenden* gemachte Antrag kann nur bis zu dem Zeitpunkt angenommen werden, wo der Antragende den Eingang der Antwort unter regelmäßigen Umständen erwarten darf (§ 147 II).

Dieser Zeitraum setzt sich zusammen aus der gewöhnlichen Beförderungszeit für das Angebot, wobei der Antragende auf die ihm bekannten besonderen Umstände beim Empfänger (z. B. Urlaubszeit) Rücksicht nehmen muß, einer billigen Überlegungszeit und der üblichen Beförderungszeit für die Annahmeerklärung. Außergewöhnliche Verzögerungsgründe (z. B. Streik) verlängern im Zweifel die Geltungsdauer des Antrags, wenn sie dem Antragenden bekannt sind (RGZ 142, 402, 404). Der Gegner muß ein ebenso geeignetes Beförderungsmittel wählen wie der Antragende, also einen Antrag durch Fernschreiben mit einer entsprechenden Annahmeerklärung beantworten (vgl. RGZ 87, 141, 143f).

cc) Hat der Antragende auf eine Annahmeerklärung verzichtet oder ist eine solche nach der Verkehrssitte nicht zu erwarten, so bestimmt sich der Zeitpunkt des Erlöschens seines Antrages nach seinem vermutlichen Willen (§ 151 S. 2); das gilt auch für den Fall, in dem ein Vertrag ohne gleichzeitige Anwesenheit beider Teile notariell beurkundet werden soll (§ 152 S. 2).

c) *Keinen Erlöschensgrund* für den Antrag bilden im Zweifel Tod, Eintritt **541** von Geschäftsunfähigkeit oder beschränkter Geschäftsfähigkeit *in der Person des Antragenden* vor der Annahme (§ 153). Die Annahmeerklärung muß freilich dem Erben (gegebenenfalls dem gesetzlichen Vertreter) zugehen, braucht aber nicht an ihn gerichtet zu sein.

Darin liegt eine Erweiterung gegenüber § 130 II, aus dem sich bloß die fortdauernde Zugangsfähigkeit des Antrags ergibt, während es sich hier darum handelt, ob der Antrag auch noch annahmefähig bleiben soll.

Die Bestimmung gilt aber nur im Zweifel, so z. B. nicht, wenn sich ein Richter privat beim Buchhändler die Entscheidungssammlung des BGH bestellt, nach der Absendung jedoch verstirbt und von seiner alten Tante beerbt wird. Hier ist anzunehmen, daß der Antragende im Falle seines Todes das Zustandekommen des Vertrags nicht gewollt hätte (§ 153 2. Hs.).
Für entsprechende Ereignisse *in der Person des Antragsgegners* gilt § 153 nicht; die Regelung des § 130 II greift ein. Jedoch kann es Auslegungsfrage sein, ob der Antrag an den Gegner persönlich gerichtet war oder gegebenenfalls auch an seine Erben (RG JW 1911, 752).

III. Die Annahme

Die Annahme ist die Erklärung, durch die der Antragsempfänger sein **542** Einverständnis mit dem Vertragsschluß kundgibt. Mit diesem *Konsens* kommt der Vertrag zustande.

1. Der Antragende hat es in der Hand, die Modalitäten der Annahmeerklärung festzulegen, etwa Annahme durch eingeschriebenen Brief oder durch Vorauszahlung des Kaufpreises vorzuschreiben.

Liegen weder gesetzliche noch vom Antragenden gestellte Anforderungen an die Annahmeerklärung vor, so kann die Annahme auch konkludent erfolgen.

2. Die Annahme ist grundsätzlich *empfangsbedürftig*. Davon macht das Gesetz folgende *Ausnahmen:*

a) Bei *notarieller Beurkundung* von Verträgen ohne gleichzeitige Anwesenheit beider Teile kommt der Vertrag mangels anderweitiger Bestimmung mit der Beurkundung der Annahme zustande (§§ 152 S. 1, 128).

b) Sie ist nicht empfangsbedürftig, wenn eine Annahmeerklärung nach der *Verkehrssitte* nicht zu erwarten ist oder der Antragende auf eine solche *verzichtet* hat (§ 151). Vorausgesetzt wird jedoch der subjektive Tatbestand der Willenserklärung; darüber hinaus muß der Annahmewille unzweideutig hervortreten (BGHZ 74, 352, 356). Nach richtiger Ansicht wird diese „Willensbetätigung" wie eine Willenserklärung behandelt.

Als *Hauptfälle* kommen Ingebrauchnahme unbestellter Ware einerseits und Erfüllungshandlungen andererseits in Betracht.

aa) In der *Zusendung unbestellter Ware* liegt im Zweifel ein Angebot zum Kauf verbunden mit einer durch dessen Annahme bedingten Einigungsofferte gem. § 929 unter gleichzeitigem Verzicht auf eine empfangsbedürftige Annahmeerklärung. Geht der Empfänger darauf nicht ein, so entstehen für ihn grundsätzlich keine vertraglichen Verpflichtungen; auch der Gesichtspunkt der culpa in contrahendo scheidet aus, wenn kein vorvertragliches Vertrauensverhältnis begründet worden ist. In Betracht kommt lediglich eine deliktische Haftung des Empfängers, wobei nach h. M. analog § 300 I eine Haftungsbeschränkung auf Vorsatz und grobe Fahrlässigkeit angenommen wird (vgl. STAUDINGER/DILCHER § 146 Rdn. 15; FLUME II § 35 II 3).

Weitergehende Verpflichtungen zur Aufbewahrung und eventuellen Zurücksendung können sich jedoch im Rahmen ständiger Geschäftsbeziehungen oder bei bestellten Ansichtssendungen ergeben. Im letzteren Falle kann ein Verwahrungsvertrag angenommen werden, bei dem die Regelung des § 690 außer Betracht bleibt; im Rahmen ständiger Geschäftsbeziehungen kann, auch wenn kein Verwahrungsvertrag besteht, eine erhöhte Sorgfaltspflicht als Nebenpflicht oder nach den Grundsätzen der culpa in contrahendo begründet sein.

Nimmt der Empfänger den zugesandten Gegenstand in Gebrauch oder verfügt er über ihn, z. B. durch Weiterveräußerung, so liegt hierin konkludent seine Annahmeerklärung. Irrt sich der Empfänger über den Gegenstand oder die Person, so steht ihm die Möglichkeit der Anfechtung offen, nicht jedoch wenn er sich lediglich über die Bedeutung seines schlüssigen Verhaltens geirrt hat.

bb) In einer *sofortigen Erfüllungshandlung*, z. B. bei Versand der bestellten Ware an die Adresse des Käufers, liegt gleichfalls eine Annahmeerklärung. Insbesondere bei eiligen Bestellungen wird man im Zweifel von einem Verzicht auf vorherigen Zugang einer Annahmeerklärung ausgehen können (RGZ 84, 320, 323; 102, 370, 372).

cc) Nach der *Verkehrssitte* wird bei schriftlichen *Hotelreservierungen* für kurzfristigen Aufenthalt die Erklärung der Annahme nicht erwartet. Dies gilt jedoch nicht bei Bestellungen für längeren Aufenthalt, z. B. Urlaubsreservierungen.

Der Vertrag §40 B III 4

3. Bei *verspätetem Zugang* der Annahme ist der Antragende verpflichtet, **543** dem Annehmenden unverzügliche Anzeige von der Verspätung zu machen, wenn die Annahme erkennbar rechtzeitig abgesandt worden ist (§ 149). Bei Verzögerung der Absendung dieser Anzeige gilt die Annahme als nicht verspätet, der Vertrag ist also geschlossen (§ 149 S. 2).

Die Verspätungsanzeige des § 149 ist nicht zugangsbedürftig; auf die unverzügliche Absendung kommt es an.

Zumindest gilt die verspätete Annahme als neuer Antrag, § 150 I.

Nach Treu und Glauben und nach der Verkehrssitte wird der Empfänger einer verspäteten Annahme, auch wenn sie nicht rechtzeitig abgesandt wurde (§ 149), regelmäßig verpflichtet sein, dem Gegner Anzeige zu machen, wenn er die Annahme nicht mehr gutheißen will. Schweigt er über den Zeitpunkt hinaus, in dem der Gegner eine ablehnende Erklärung erwarten durfte, ist sein Schweigen als Annahme der als Antrag umzudeutenden verspäteten Annahme anzusehen; jedenfalls ist eine Berufung auf die Verspätung ausgeschlossen (RGZ 103, 11, 13; BGH NJW 1951, 313).

4. Die Annahmeerklärung muß dem Antrag *inhaltlich entsprechen*. Eine **544** Annahme unter Erweiterungen, Einschränkungen oder sonstigen Änderungen gilt als **Ablehnung verbunden mit einem neuen Antrag** (§ 150 II).

Es ist jedoch durch Auslegung zu ermitteln, ob der Annehmende den Antrag nicht mit dem ursprünglichen Inhalt annehmen wollte und nur zusätzliche Modalitäten in einen gesonderten Antrag faßte, so z.B. bei Annahme des Antrags mit einer bestimmten Menge verbunden mit dem Antrag auf Mehrlieferung (vgl. zur Auslegung RG JW 1925, 236; OLG Hamburg OLGZ 44, 130).
Eine telegraphische Annahme mit dem Vorbehalt „Brief folgt" ist unter Würdigung der Umstände des einzelnen Falles auszulegen. Sie kann also grundsätzliches Einverständnis mit einem angetragenen Kaufabschluß ohne Rücksicht auf den Inhalt des vorbehaltenen Briefes bedeuten, dem lediglich die Aufgabe der Bestätigung des Telegramms und der Ordnung von unwesentlichen Nebenpunkten zukommen soll. Im Zweifel läßt der Vorbehalt aber den endgültigen Vertragsschluß erst durch Zugang des Briefes eintreten (RGZ 105, 8, 13).

Keinen Fall des § 150 II stellt die allgemein anerkannte Regelung für das **kaufmännische Bestätigungsschreiben** dar. Hier handelt es sich um Modifikationen eines bereits – zumeist mündlich – insbesondere durch einen sog. Abschlußvertreter (vgl. § 55 HGB) geschlossenen Vertrages.

Hiervon ist die sog. **Auftragsbestätigung** zu unterscheiden, durch die der z.B. an einen sog. Vermittlungsvertreter (vgl. § 75 g, h HGB) gerichtete Antrag erst angenommen wird.

§ 40 B III 5   Vierter Teil: Die Lehre vom Rechtsgeschäft

Da die Beteiligten durch den Vertragsschluß ihren übereinstimmenden Willen bereits zum Ausdruck gebracht und sich rechtlich gebunden haben, muß im kaufmännischen Verkehr der Vertragspartner auf im Bestätigungsschreiben enthaltene Abweichungen vom ursprünglichen Vertragsinhalt reagieren, wenn er die Modifizierung nicht gegen sich gelten lassen will. Das führt dazu, daß Schweigen auf Änderungen im Bestätigungsschreiben als Zustimmung gilt.

Das **Schweigen** ist *nicht* als *Willenserklärung* anzusehen, sondern zurechenbares Verhalten (vgl. oben § 29 und Rdn. 392f). Daher ist eine Anfechtung wegen Irrtums über die Bedeutung des Schweigens ausgeschlossen (BGHZ 11, 1, 5). Allerdings bleibt die Möglichkeit einer Anfechtung in den Fällen, in denen der Irrtum sich auf den Inhalt des Bestätigungsschreibens bezieht, dem der Schweigende an sich zustimmen wollte (vgl. BGH NJW 1969, 1711).

Hingegen ist das Schweigen auf eine *modifizierte Auftragsbestätigung,* die als Annahme des Antrags den Vertrag erst zustandebringen soll, nicht als Zustimmung zu werten; hier gilt § 150 II (BGHZ 61, 282, 285f).

545 5. Zweifelhaft ist, ob ein Vertrag auch *ohne eine rechtsgeschäftliche Annahmeerklärung* zustande kommen kann. Dies bejaht die Lehre vom **„sozialtypischen Verhalten"** (so insbesondere Larenz AT § 28 II), die in der *tatsächlichen Inanspruchnahme* von angebotenen Leistungen der Daseinsvorsorge und des Massenverkehrs vertragliche Bindungen begründet sieht.

Der BGH hat sich im „Parkplatzfall" (BGHZ 21, 319ff und ebenso in BGHZ 23, 175ff) der Lehre von Larenz angeschlossen, jedoch später Zurückhaltung gezeigt.

Ein Rückgriff auf die Lehre vom „sozialtypischen Verhalten" kann nur ausnahmsweise in Betracht kommen, da auch bei nicht ausdrücklich erklärter Annahme zumeist ein Wille zum Eintritt in Leistungsbeziehungen vorliegen wird und das daraus resultierende Verhalten als *konkludente Willenserklärung* gewertet werden muß (vgl. Flume II § 8, 2; so auch der BGH in den späteren Entscheidungen MDR 1968, 406; WM 1976, 928). Fehlt jedoch ein Erklärungsbewußtsein, so kann eine Verpflichtung nach den *Grundsätzen des Vertrauensschutzes* in Betracht kommen (vgl. oben Rdn. 390ff), ohne daß auf die Rechtsfigur des „sozialtypischen Verhaltens" zurückgegriffen werden muß.

Ein Bedürfnis für die Heranziehung des sozialtypischen Verhaltens soll in Fällen bestehen, in denen trotz eingreifender Unwirksamkeitsgründe, z. B. solcher zugunsten beschränkt Geschäftsfähiger, vertragliche Wirkungen begründet werden sollen (LG Bremen NJW 1966, 2360, im Falle des achtjährigen Straßenbahnbenutzers ohne gültigen Fahrausweis). Hier kann die Lehre vom sozialtypischen Verhalten schon wegen Aushöhlung der gesetzlichen Schutzvorschriften keine Anwendung finden (überwiegende Meinung; Nachweise bei Medicus BR Rdn. 190; so jetzt auch Larenz AT § 28 II; vgl. auch oben Rdn. 396).

Insbesondere soll die Lehre vom sozialtypischen Verhalten dazu dienen, vertragliche Wirkungen trotz eines erklärten entgegenstehenden Willens – **protestatio facto contraria** – eintreten zu lassen.

Ausgehend vom Grundsatz des *venire contra factum proprium* hat die Rechtsprechung in diesen Fällen den Standpunkt eingenommen, daß dann, wenn jemand ein Verhalten zeigt, das nach Treu und Glauben und der Verkehrssitte nur als Ausdruck eines bestimmten Willens aufgefaßt werden kann, eine wörtliche Verwahrung gegen eine entsprechende Deutung des Verhaltens unbeachtlich sei (BGH NJW 1965, 387f; vgl. oben Rdn. 433).

Dieser Grundsatz bedarf jedoch der *Differenzierung:* Soweit eine protestatio dem Verhalten *vorausgeht* oder spätestens *gleichzeitig* erfolgt, schließt sie rechtsgeschäftlich begründete Verbindlichkeiten aus. In Betracht kommen tariflich bemessene Ansprüche aus ungerechtfertigter Bereicherung oder Ansprüche aus unerlaubter Handlung. Eine Vertrauenshaftung kann nicht eintreten, da angesichts der protestatio ein Vertrauenstatbestand nicht vorliegt.

Erfolgt die protestatio jedoch *nach Inanspruchnahme* der Leistung, so ist in den Fällen, in denen der Inanspruchnehmende wußte, daß die empfangene Leistung vertragliche Bindungen voraussetzt, das Verhalten nach Treu und Glauben mit Rücksicht auf die Verkehrssitte als konkludente Annahme anzusehen. Mit einer nachträglichen protestatio ist die eingetretene Bindung nicht zu beseitigen.

Hatte der Inanspruchnehmende *kein Erklärungsbewußtsein,* so wäre der Einwand, er habe keinen Annahmewillen gehabt, nach Zurechnungskriterien zu beurteilen. Hierbei wäre zu prüfen, ob für die Zurechnung seines Verhaltens fahrlässige Unkenntnis genügt; eine Anfechtung wegen Irrtums wäre ausgeschlossen (vgl. oben Rdn. 334ff). Auch in diesen Fällen erübrigt sich der Rückgriff auf eine besondere Rechtsfigur „sozialtypisches Verhalten" (zum Meinungsstand in der Literatur vgl. MünchKomm/Kramer Vor § 116 Rdn. 39).

6. Eine Verpflichtung zur Annahme kann sich in den Fällen des **Kontrahierungszwanges** ergeben. Die Vertragsfreiheit gewährleistet grundsätzlich auch die Möglichkeit, einen Antrag auf Abschluß eines Vertrages abzulehnen – sogenannte negative Vertragsfreiheit. Diese Freiheit kann eine unzulässige Machtausübung darstellen, wenn der Antragende mangels anderweitiger Abschlußmöglichkeiten auf den beantragten Vertragsabschluß angewiesen ist. In solchen Monopolsituationen, insbesondere im Bereich der Daseinsvorsorge, kann eine Ablehnung rechtsmißbräuchlich sein. 546

Ein Abschlußzwang kann sich daher aus allgemeinen Prinzipien ergeben. In einer Reihe von Fällen ist er gesetzlich normiert.

Gesetzliche Regelungen finden sich u. a. im Bereich der Energieversorgung (§ 6 EnergG), der Personen- und Güterbeförderung (§ 453 HGB, § 3 EVO, § 22 PBefG, § 90 GüKG, § 21 LuftVG), des Postwesens (§ 8 PostG), der Kfz-

§ 40 B III 6

Haftpflichtversicherung (§ 5 PflVG), der Patentnutzung (§ 15 PatG), des Molkereiwesens (§ 1 MuFG).

Im Falle der Bewirtschaftung von Gütern wird in der Regel gegenüber den Inhabern von Bezugsberechtigungen Abschlußzwang bestehen (vgl. BGH NJW 1951, 109). Noch weiter ging § 16 des WohnraumbewirtschaftungsG von 1953, der im Falle der Weigerung vorsah, daß durch einen Verwaltungsakt die Wirkungen eines privatrechtlichen Mietvertrages herbeigeführt werden konnten.

Besondere Berücksichtigung erfordert die Aufrechterhaltung des freien marktwirtschaftlichen *Wettbewerbs*. Marktbeherrschende Unternehmen können zum Abschluß von Lieferverträgen, Vereinigungen zur Aufnahme von wirtschaftlichen Unternehmen gezwungen werden (vgl. §§ 26 II, 27 GWB).

Neben gesetzlichen Regelungen kann sich ein Kontrahierungszwang aus einer *behördlichen Maßnahme* (z. B. Verwaltungsakt mit Auflage) ergeben, so bei Beförderungsverpflichtungen für Kfz-Linienverkehr, der stillgelegte Eisenbahnstrecken ersetzen soll (§ 13a GüKG) oder bei einer Verkaufsverpflichtung für öffentlich geförderte Kaufeigenheime (§§ 54ff 2. WoBauG). Für den Rechtsanwalt ergibt sich im Falle der Beiordnung oder Bestellung zum Pflichtverteidiger durch *Gerichtsbeschluß* (§§ 48f BRAO) ein Kontrahierungszwang.

Soweit darüber hinaus ein Kontrahierungszwang *aus allgemeinen Grundsätzen* abgeleitet wird, ist ein strenger Maßstab anzulegen. Hierbei wird neben der Analogie zu gesetzlichen Vorschriften auf den Gleichheitsgrundsatz, das Sozialstaatsprinzip und § 826 mit der Folge der Naturalrestitution zurückgegriffen (vgl. MünchKomm/Kramer Vor § 145 Rdn. 13).

> Die Rechtsprechung ist in diesem Bereich zurückhaltend. So hat z.B. das Reichsgericht (RGZ 133, 389ff) gegen die heutige allgemeine Meinung bei Fehlen entsprechender Auflagen einen Kontrahierungszwang auch für öffentlich finanzierte Theater abgelehnt, als ein mißliebiger Kritiker sich mit einer gekauften Eintrittskarte Eintritt verschaffen wollte.

Von besonderer Bedeutung ist die Frage, ob unabhängig vom wirtschaftlichen Wettbewerb eine Verpflichtung zur *Aufnahme in Vereine und Verbände* besteht, wenn diese eine Monopolstellung innehaben. Hierbei sind Grenzen, die sich aus der Vereinsautonomie ergeben, zu beachten (vgl. RGZ 106, 120ff; BGHZ 63, 282ff; BGH NJW 1969, 316f; 1980, 186f).

> *Schrifttum zum Kontrahierungszwang:*
> Belke Die Geschäftsverweigerung im Recht der Wettbewerbsbeschränkungen, 1966; Berger Kontrahierungszwang bei Energielieferungsverträgen mit Ölgesellschaften, BB 1961, 1223ff; Bülck Vom Kontrahierungszwang zur Abschlußpflicht, 1940; Bydlinksi Zu den dogmatischen Grundfragen des Kontrahierungszwanges, AcP 180, 1ff; Glaser Mißbrauch von Monopolstellung des Elektrizitätswerks, DB

Der Vertrag §40 B IV 1

1961, 288ff; HEDEMANN Der Kontrahierungszwang, Erinnerung und Ausblick, Festschrift Nipperdey, 1955, 251ff; KILIAN Kontrahierungszwang und Zivilrechtssystem, AcP 180, 47ff; KOLLMAR Das Problem der staatlichen Leistung und Beeinflussung des rechtsgeschäftlichen Verkehrs, 1961; KRÜCKMANN Enteignung, Einziehung, Kontrahierungszwang, 1925; MESTMÄCKER Über die normative Kraft privatrechtlicher Verträge, JZ 1964, 441 ff; MOLITOR Zur Theorie des Vertragszwangs, JherJb. 73, 1ff; NIPPERDEY Kontrahierungszwang und diktierter Vertrag, 1920; ders., Stromsperre, Zulassungszwang und Monopolmißbrauch, 1929; SIBER Die schuldrechtliche Vertragsfreiheit, JherJb. 70, 223 ff; STRAUSS, W. Gewerbefreiheit und Vertragsfreiheit, Festschrift Böhm, 1975, 603 ff; WUNNER Die Problematik des Grundsatzes der Vertragsfreiheit im Privatrecht, eine Untersuchung zur Frage des Kontrahierungszwangs und der Umgehung des § 139 BGB, 1957.

IV. Dissens

Der Vertragsschluß setzt voraus, daß Antrag und Annahme inhaltlich 547 übereinstimmen, d. h. ein *Konsens* vorliegt. Enthält die Übereinkunft nur eine unvollständige Einigung oder decken sich die beiderseitigen Erklärungen nicht, so liegt ein *Dissens* vor.

Ergibt sich durch *Auslegung,* daß sich die Erklärungen zwar nicht ihrem Wortlaut nach, aber inhaltlich decken, so liegt kein Dissens vor. Der Vertrag ist mit dem durch Auslegung ermittelten Inhalt zustandegekommen (vgl. oben § 35).

Sofern der durch Auslegung ermittelte Inhalt der Erklärung nicht mit dem Willen des Erklärenden übereinstimmt, steht diesem freilich – wie auch sonst – unter den Voraussetzungen der §§ 119ff die Anfechtung wegen Irrtums offen (vgl. oben Rdn. 442; siehe auch RGZ 105, 209, 211).

1. Sofern sich die Parteien der unvollständigen Übereinstimmung ihrer Erklärungen bewußt sind, liegt ein **offener Dissens** vor. Hier ist der Vertrag im Zweifel nicht geschlossen, solange nicht die Parteien sich über alle Punkte geeinigt haben, worüber nach der Erklärung auch nur einer Partei eine Vereinbarung getroffen werden sollte (§ 154 I 1). Insofern trägt derjenige die Beweislast für das Zustandekommen des Vertrages, der sich auf den vollständigen Konsens beruft.

Die Verständigung über einzelne Punkte des ins Auge gefaßten Vertrages ist auch dann nicht bindend, wenn die Punkte aufgezeichnet (sog. *Punktation*) worden waren (§ 154 I 2).

§ 154 stellt nicht auf die objektiven Essentialia des Vertrages ab, da bei deren Fehlen der Vertrag ohnehin nicht zustande kommt, sondern auf alle Punkte, die nach dem Willen auch nur einer Partei, d. h. *subjektiv,* für den Vertragsinhalt wesentlich sein sollten.

Ein Fall des offenen Dissenses wird angenommen, wenn der Annehmende, ohne den Antrag insgesamt abzulehnen, einen Gegenvorschlag macht. Hier bedarf § 150 II der Einschränkung. Kommt z.B. eine Einigung über die einem Kaufgeschäft zugrundeliegenden Allgemeinen Geschäftsbedingungen nicht zustande, erfüllen jedoch beide Parteien den Kauf, weil sie den Kaufvertrag als geschlossen ansehen, so ist im Falle von Leistungsstörungen vom Bestand des Kaufvertrages auszugehen und die Abwicklung der Leistungsstörungen nach den Vorschriften des Gesetzes vorzunehmen (BGHZ 61, 282, 288f). Ungeregelt gebliebene Modalitäten sind gegebenenfalls durch ergänzende Vertragsauslegung zu ermitteln.

§ 154 II, der eine parallele Regelung zu § 125 S. 2 enthält (vgl. oben Rdn. 486), betrifft den Fall, daß die *verabredete Beurkundung* noch aussteht. Auch hier kann, wenn die Parteien, ohne die Beurkundung vorzunehmen, zur Ausführung des Vertrages übergehen, eine bindende Wirkung der Vereinbarung angenommen werden.

548 **2.** Ein **versteckter Dissens** liegt vor, wenn die Parteien sich der fehlenden Übereinstimmung ihrer Erklärungen nicht bewußt sind und den Vertrag für geschlossen halten.

Dies ist insbesondere gegeben, wenn die Erklärungen über Essentialia wegen **objektiver Mehrdeutigkeit** die Vorstellung der einen wie der anderen Partei decken. Infolgedessen ist ein Vertrag nicht zustandegekommen („Totaler Dissens").

> Vgl. z.B. den Fall RGZ 104, 265 ff: A und B, zwei zur Lieferung von Weinsteinsäure bereite Firmen, informieren sich telegrafisch über den Preis; anschließend telegrafiert A an B: „100 kg Weinsteinsäure. Briefliche Bestätigung folgt." Daraufhin liefern beide. Es stellt sich heraus, daß jeder verkaufen wollte. Das Telegramm könnte jeweils als Antrag mit der Folge nach § 151, aber auch als Annahme einer mit der Preisangabe verbundenen Offerte der Gegenseite aufgefaßt worden sein.

Ergibt die Auslegung, daß die Erklärungen **objektiv eindeutig** sind, so liegt **kein Dissens** vor. Demjenigen, der sich geirrt hat, steht nur die Anfechtung zu (vgl. RGZ 100, 134f; 165, 193, 199; BGH NJW 1961, 1668).

> Ein Dissens liegt ebenso nicht vor, wenn die Erklärungen zwar objektiv unrichtig sind, die Parteien jedoch übereinstimmend das Richtige wollen. Hier ist der Vertrag mit dem wirklich gewollten Inhalt zustande gekommen (*falsa demonstratio;* vgl. oben Rdn. 430).

Vom „totalen Dissens" sind die Fälle zu unterscheiden, in denen sich der *Dissens nur auf einen Punkt* bezieht, über den eine Vereinbarung getroffen werden sollte. Hier gilt nach § 155 das Vereinbarte, wenn anzunehmen ist, daß der Vertrag auch ohne eine Bestimmung über diesen Punkt geschlossen sein würde. Das Gesetz hat die Tendenz, den geschlossenen Vertrag nach Möglichkeit zu erhalten. Die Frage, ob der Vertrag auch ohne eine Bestimmung über diesen Punkt geschlossen sein würde, ist durch Auslegung des mutmaßlichen Parteiwillens zu entscheiden.

Der Vertrag   § 40 C I

Neben der auch hier eingreifenden Mehrdeutigkeit der Erklärung kommt auch die *nicht erkannte Unvollständigkeit* der Erklärung in Betracht. So z. B. wenn die Parteien einen regelungsbedürftigen Punkt vergessen oder übersehen haben (vgl. z. B. den Fall, daß bei Bestellung einer Rentenschuld die Vereinbarung einer Ablösungssumme versehentlich unterblieben ist, BGH WM 1965, 950 ff).

Wenn bei einem versteckten Dissens das Mißverständnis von einem der Beteiligten *schuldhaft herbeigeführt* worden ist, etwa durch unklaren Ausdruck, ist ein Anspruch auf *Ersatz des* dadurch verursachten *Schadens* gegeben; bei beiderseitigem Verschulden kommt Schadensverteilung nach § 254 in Betracht (vgl. RGZ 104, 265, 268; grundsätzlich gegen eine Haftung FLUME II § 34, 5; MÜNCHKOMM/KRAMER § 155 Rdn. 13).

Die Ersatzpflicht ist aus culpa in contrahendo abzuleiten; sie geht grundsätzlich auf das negative Interesse.

Schrifttum zum Dissens:
MANIGK Das Wesen des Vertragsschlusses in der neueren Rechtsprechung, Beiträge zur Lehre von Konsens und Dissens, JherJb. 75, 127 ff; RAISER, R. Schadenshaftung bei verstecktem Dissens, AcP 127, 1 ff; TITZE Die Lehre vom Mißverständnis, 1910.

C. Vertragsauslegung

HENCKEL Die ergänzende Vertragsauslegung, AcP 159, 106 ff; LARENZ Ergänzende Vertragsauslegung und dispositives Recht, NJW 1963, 737 ff; MANGOLD Eigentliche und ergänzende Vertragsauslegung, NJW 1961, 2284 ff; ders., Probleme der Auslegung des Individualvertrages, NJW 1962, 1597 ff; MEDICUS Vertragsauslegung und Geschäftsgrundlage, Festschrift Flume, 1978, 629 ff; PILZ Richterliche Vertragsergänzung und Vertragsabänderung, 1963; RUMMEL Vertragsauslegung nach der Verkehrssitte, 1972; SACHSE Welche Bedeutung hat die Verkehrssitte für die Auslegung der Verträge? AcP 127, 288 ff; SANDROCK Zur ergänzenden Vertragsauslegung im materiellen und internationalen Schuldvertragsrecht, 1966; SIEG Korrektur von Rechtsgeschäften durch den Prozeßrichter, NJW 1951, 506 ff; SONNENBERGER Verkehrssitten im Schuldvertrag, 1970; WIEDEMANN Die Auslegung von Satzungen und Gesellschaftsverträgen, DNotZ Sonderheft, 1977, 99 ff. Vgl. zum Schrifttum auch oben § 35.

I. § 157 stellt anders als § 133 nicht auf den individuellen Parteiwillen ab, vielmehr hat die Auslegung nach § 157 den sachgerechten Erfolg einer Vereinbarung unter Berücksichtigung der zum Ausdruck gelangten Interessen der Beteiligten im Auge. **549**

Nach h. M. ist die Auslegung nach § 157 nicht auf Verträge beschränkt, da der Grundsatz von Treu und Glauben der Auslegung aller rechtsgeschäftlichen Erklärungen zugrundezulegen ist. § 157 und § 133 sind daher ergänzend nebeneinander anzuwenden.

§ 40 C II 1   Vierter Teil: Die Lehre vom Rechtsgeschäft

Zunächst hatte die Rechtsprechung (RGZ 82, 149, 153) angenommen, daß z. B. bei einer einseitigen letztwilligen Verfügung § 157 für die Auslegung „nicht unmittelbar in Betracht" komme, gleichzeitig jedoch betont, daß die Vorschrift des § 157 „über ihr eigentliches Anwendungsgebiet hinaus dem Richter objektive Anhaltspunkte allgemeiner Art für die Auslegung an die Hand" gebe. Daher ist die Auslegung nach Treu und Glauben im Hinblick auf die Gepflogenheit des redlichen Verkehrs nicht zu einem Privileg des Vertragsrechts zu machen.

Die Auslegung nach § 157 richtet sich nach Treu und Glauben mit Rücksicht auf die Verkehrssitte. Die Beachtung von Treu und Glauben erfordert, daß jeder Beteiligte alles unternimmt, was von einem redlich denkenden Geschäftspartner billigerweise erwartet werden kann, um den gemeinsam zugrundegelegten Geschäftszweck zu erreichen. Lassen sich aus dem Willen der Parteien keine Anhaltspunkte für die Entscheidung eines strittigen Punktes herleiten, so ist auf das nach Treu und Glauben Gebotene zurückzugreifen (vgl. STAUDINGER/DILCHER §§ 133, 157 Rdn. 6).

Ergänzt wird § 157 für das Schuldrecht durch § 242. Die Vertragsauslegung hat der Prüfung, welche Vertragspflichten sich aus § 242 ergeben, in der Regel voranzugehen; denn die Frage nach dem rechtlichen *Sollen* im Sinne des § 242 stellt sich im allgemeinen erst, wenn sich aus dem rechtlichen *Wollen* der Parteien, das durch Auslegung ihrer Erklärungen zu ermitteln ist, ausreichende Anhaltspunkte für die Entscheidung des Streitfalles nicht gewinnen lassen (BGHZ 16, 4, 8). Andererseits gestattet § 242 die Berücksichtigung solcher Umstände, die sich erst nach Vertragsschluß einstellen.

Die Berücksichtigung der Verkehrssitte ist gleichfalls dem Grundsatz von Treu und Glauben unterworfen; d. h. eine den Verkehr des beteiligten Kreises beherrschende tatsächliche Übung darf zur Auslegung nur herangezogen werden, wenn sie Treu und Glauben nicht widerspricht (vgl. RGZ 114, 9, 13).

Zum Begriff der Verkehrssitte und zur Differenzierung nach Ort und Personenkreis vgl. oben Rdn. 28 und Rdn. 429. Zur Auslegung nach § 157 kommt nur eine Verkehrssitte in Betracht, die für alle Beteiligten gilt (RGZ 114, 9, 12).

Da die Verkehrssitte nur ergänzend herangezogen werden darf, kommt sie nicht in Betracht, wenn der geäußerte Wille der Vertragsparteien diese Verkehrssitte eindeutig ausschließt (RGZ 114, 9, 12). Hingegen ist nicht erforderlich, daß die Verkehrssitte den Beteiligten bekannt war.

550 II. 1. Diese Grundsätze dienen zunächst zur Deutung des geäußerten Vertragswillens, soweit dieser einer Auslegung bedarf; es handelt sich um die sog. *erläuternde Vertragsauslegung*.

Häufig finden sich in Verträgen Begriffe und Formulierungen, die ihrem Sinngehalt nach unklar sind. Bei der Aufklärung eines zweideutigen Wortlauts oder zur Richtigstellung im Sinne einer Erweiterung oder Einengung darf über den wirklich geäußerten Parteiwillen nicht hinausgegangen werden.

Der Vertrag   § 40 C II 2

2. Praktisch wichtiger ist die Auslegung, die *Lücken* in den Vertragserklärungen ausfüllen soll; hier spricht man von sog. **ergänzender Vertragsauslegung**.
Da die Parteien wirtschaftlich denken und in der Regel nur den wirtschaftlichen Erfolg, den sie erstreben, näher festlegen, kümmern sie sich oft nicht um seine nähere rechtliche Ausgestaltung; selbst wenn sie einzelne Punkte genauer regeln, können sie doch häufig nicht an alle Umstände denken, die für die Gestaltung ihrer Beziehungen von Bedeutung werden mögen. Über solche nicht besonders geregelten Fragen kann später Streit entstehen.
Hier ist *zunächst* zu prüfen, ob sich eine angemessene Regelung dadurch gewinnen läßt, daß man den Vertrag unter eine gesetzlich ausgeprägte Grundform und deren ergänzende Rechtssätze subsumiert. Wenn mehrere Grundformen in Betracht kommen, ist die Unterordnung nach Prüfung der Interessenlage so vorzunehmen, daß das Ergebnis dieser möglichst gerecht wird.
Aber auch die ergänzend herangezogenen dispositiven Rechtssätze geben nicht auf alle Fragen Anwort; häufig werden Dinge streitig, die weder von den Parteien bedacht noch vom Gesetz geordnet worden sind; zudem kann der ergänzende Rechtssatz in Anbetracht der besonderen Interessen der Parteien auch eine unzweckmäßige Regelung des Geschäfts enthalten. In diesen Fällen hat der Richter zur sinngemäßen Ergänzung des Parteiwillens bzw. des Vertrages fortzuschreiten. Zu dem Zwecke hat er die Interessenlage klarzustellen und danach zu fragen, wie die Parteien vom Standpunkt ihrer entgegengesetzten Interessen aus diesen Punkt vernünftiger- und billigerweise geregelt haben würden, wenn sie an ihn gedacht hätten. Die dementsprechende Ausgestaltung ihrer Beziehungen ist in Wahrheit keine Auslegung mehr, wird aber gemeinhin noch unter den Begriff der Auslegung gebracht. Die Zulässigkeit dieses Ergänzungsverfahrens wird nach der herrschenden Ansicht durch § 157 anerkannt.
Zu beachten ist, daß die Ergänzung *Lückenausfüllung* ist, also weder zu einer Erweiterung des Vertragsgegenstandes, noch zur Abänderung des erklärten Vertragswillens selbst führen darf. Sie ist nur innerhalb des Rahmens des Vertrages zulässig und muß entsprechend den Grundsätzen von Treu und Glauben (RGZ 87, 211, 213f; 129, 80, 88; BGHZ 9, 273; 40, 91, 103) nach den Richtlinien des im Vertrag sonst ausgedrückten Parteiwillens gefunden werden. Die ergänzende Auslegung darf allerdings nicht zur Nichtigkeit des Vertrages führen (BGH NJW 1970, 468f).

Insofern besteht Anlaß, auf die **Gefahr der ergänzenden Vertragsauslegung** 551
hinzuweisen. Wie GERNHUBER (Drittwirkung im Schuldverhältnis kraft Leistungsnähe, Festschrift Nikisch, 1958, 249, 261f) im Hinblick auf die sog. Verträge mit Schutzwirkung zugunsten Dritter betont, bietet § 157 die Gelegenheit, das vom Richter als sachgemäß Empfundene ohne Rücksicht auf den Parteiwillen in den Vertragsinhalt einfließen zu lassen, ohne auch nur

einen hypothetischen Parteiwillen unterstellen zu können.

Innerhalb der aufgezeigten Grenzen kann sich auch in Fällen, in denen die im Vertrag vorausgesetzten Umstände nicht oder nicht mehr vorliegen, eine Lösungsmöglichkeit ergeben. *Wenn in der vertraglichen Regelung Ansatzpunkte dafür vorhanden sind,* wie die Parteien in dieser Lage eine Regelung getroffen hätten, so kann durch ergänzende Auslegung eine entsprechende Ausgestaltung des Vertrages erreicht werden (zur Überschneidung mit der Lehre vom Wegfall der Geschäftsgrundlage vgl. unten Rdn. 569).

III. Richterliche Vertragsgestaltung

552   Über die für die ergänzende Vertragsauslegung gebotenen Grenzen hinaus gab das *Vertragshilfegesetz von 1952* – wie auch schon die VertragshilfeVO von 1939 und ähnliche Vertragshilferegelungen – dem Richter die Möglichkeit, unabhängig vom Parteiwillen die Parteibeziehungen rechtsgestaltend zu verändern, insbesondere an die Leistungsfähigkeit des Schuldners anzupassen. Der damit verbundene Eingriff der Staatsgewalt in privatautonome Bereiche kann nur in Kriegs- oder ähnlichen Notsituationen gerechtfertigt sein. Dementsprechend beschränkte sich das Vertragshilfegesetz von 1952 auf Verbindlichkeiten, die vor der Währungsreform (21.6.1948) begründet worden waren.

§ 41
Sonderprobleme des Vertragsrechts

A. Vertragsschluß unter Einbeziehung Allgemeiner Geschäftsbedingungen

BOHLE/MICKLITZ Erfahrungen mit dem AGB-Gesetz im nichtkaufmännischen Bereich, BB 1983, Beilage 11; BRAMBRING/SCHIPPEL Vertragsmuster des Notars und Allgemeine Geschäftsbedingungen, NJW 1979, 1802 ff; BRAUN Die Stellung des AGB-Gesetzes im System des Privatrechts, BB 1979, 689 ff; BUNTE Handbuch der Allgemeinen Geschäftsbedingungen, 1982; ders., Erfahrungen mit dem AGBG, AcP 181, 31 ff; ders., Entwicklungen im Recht der AGB, Beilage zu DB 1982, Heft 23; BYDLINSKI Die Einordnung der Allgemeinen Geschäftsbedingungen im Vertragsrecht, Festschrift W. Kastner, 1972, 45 ff; EBEL Die Kollision Allgemeiner Geschäftsbedingungen, NJW 1978, 1033 ff; FEHL Systematik des Rechts der Allgemeinen Geschäftsbedingungen, 1979; FIKENTSCHER Vertrag und wirtschaftliche Macht, Festschrift Hefermehl, 1971, 41 ff; GROSSMANN-DOERTH Selbstgeschaffenes Recht der Wirtschaft und staatliches Recht, 1935; HEINRICHS Der Rechtsbegriff der Allgemeinen Geschäftsbedingungen, NJW 1977, 1505 ff; HELM Zur Inhaltskontrolle von Allgemeinen Geschäftsbedingungen bei Verwendung gegenüber Kaufleuten, BB 1977, 1109 ff; ders., AGBG und Allgemeine Versicherungsbedingungen, NJW 1978, 129 ff; HÖNN, Wirksamkeitskontrolle als Instrument des allgemeinen Privatrechts zur

Bewältigung von Ungleichgewichtslagen, JZ 1983, 677ff; Kötz Welche gesetzgeberischen Maßnahmen empfehlen sich zum Schutze des Endverbrauchers gegenüber allgemeinen Geschäftsbedingungen und Formularverträgen? 50. DJT, 1974, A, 1ff; ders., Zur Teilunwirksamkeit von AGB-Klauseln, NJW 1979, 785ff; Kramer, E.A. Nichtausgehandelter Individualvertrag, notariell beurkundeter Vertrag und AGBG, ZHR 146, 105ff; Lieb Sonderprivatrecht für Ungleichgewichtslagen? AcP 178, 196ff; Löwe/Graf v. Westphalen/Trinkner Kommentar zum Gesetz zur Regelung des Rechts der Allgemeinen Geschäftsbedingungen, 2. A. 1983; Raiser, L. Das Recht der Allgemeinen Geschäftsbedingungen, 1935 (Neudruck 1961); Rehbinder Das Kaufrecht in den Allgemeinen Geschäftsbedingungen der deutschen Wirtschaft, 2. A. 1979; Roussos Freizeichnung von Schadensersatzansprüchen im Recht der Allgemeinen Geschäftsbedingungen, 1982; Sambuc Unklarheitenregel und enge Auslegung von AGB, NJW 1981, 313ff; Schapp Die Leitbildfunktion des dispositiven Rechts für die Inhaltskontrolle von Allgemeinen Geschäftsbedingungen nach § 9 II AGBG, DB 1978, 621ff; Schlosser/Coester-Waltjen/Graba Kommentar zum Gesetz zur Regelung des Rechts der Allgemeinen Geschäftsbedingungen, 1977; Schlosser Haftungsgrund, Haftungsmaßstab und AGB-Gesetz, WM 1978, 562ff; Schmidt-Salzer Allgemeine Geschäftsbedingungen, 2. A. 1977; Stein Die Inhaltskontrolle vorformulierter Verträge des allgemeinen Privatrechts, 1982; Ulmer Welche gesetzgeberischen Maßnahmen empfehlen sich zum Schutz des Endverbrauchers gegenüber Allgemeinen Geschäftsbedingungen und Formularverträgen? 50. DJT, 1974, H, 8ff; Ulmer Teilunwirksamkeit von teilweise unangemessenen AGB-Klauseln? NJW 1981, 2025ff; Ulmer/Brandner/Hensen AGB-Gesetz, Kommentar zum Gesetz zur Regelung des Rechts der Allgemeinen Geschäftsbedingungen, 4. A. 1982; Ulmer Erfahrungen mit dem AGB-Gesetz, BB 1982, 584ff.

I. Im modernen Wirtschaftsverkehr ist überwiegend an die Stelle individuell ausgehandelter Verträge die Verwendung von vorformulierten Vertragsmustern und Allgemeinen Geschäftsbedingungen getreten, durch die die Vertragsmodalitäten generell festgelegt werden. Diese Praxis erfaßt häufig einen ganzen Wirtschaftszweig, so daß de facto dem Geschäftspartner die Möglichkeit des Aushandelns genommen wird. Besonders bedenklich hieran ist, daß durch solche Allgemeine Geschäftsbedingungen der Verwender einseitig seine Interessen, insbesondere durch Haftungsfreizeichnung und Risikoabwälzung, durchsetzen kann, weil der Geschäftspartner einerseits auf die Leistung angewiesen, andererseits auch zumeist die rechtliche Tragweite der Bedingungen nicht rechtzeitig zu erfassen ist.

Die Verwendung Allgemeiner Geschäftsbedingungen widerspricht formal nicht dem Grundsatz der Vertragsfreiheit. Dieser hat jedoch zur Voraussetzung, daß die Vertragsparteien über eine *äquivalente Machtposition* verfügen. Bei einem groben Mißverhältnis hat zunächst die Rechtsprechung versucht, durch Heranziehung der §§ 138, 242 eine Inhaltskontrolle der allgemeinen Geschäftsbedingungen durchzuführen. Da hierdurch nur ein unvollkommener Schutz des Verbrauchers erreicht werden konnte, wurde das am 1.4.1977 in Kraft getretene **Gesetz zur Regelung des Rechts der Allgemeinen Geschäftsbedingungen (AGBG)** erlassen. Das Gesetz geht nicht davon aus, bestimmte

Inhalte für Allgemeine Geschäftsbedingungen positiv vorzuschreiben, sondern beschränkt sich darauf, für zulässige Bedingungen Grenzen zu ziehen.

Über den allgemeinen Anwendungsbereich des Gesetzes hinaus gilt Besonderes für Allgemeine Geschäftsbedingungen, die *aufgrund gesetzlicher Ermächtigung* durch Rechtsverordnung erlassen sind. Solche Ermächtigungen finden sich in §§ 458, 468 HGB für den Eisenbahnverkehr, in § 58 PBefG, § 7 II EnergG für Elektrizitäts- und Gasversorgung, und schließlich in § 27 AGBG für Wasser- und Fernwärmeversorgung. Dadurch erhalten diese Allgemeinen Geschäftsbedingungen den Charakter von Rechtsnormen. Nur insoweit trifft die früher vertretene „Normtheorie" (selbstgeschaffenes Recht der Wirtschaft) zu; vgl. oben Rdn. 29.
Behördliche Kontrolle von Allgemeinen Geschäftsbedingungen findet in einer Reihe von Wirtschaftsbereichen statt, so im Versicherungswesen durch das Bundesaufsichtsamt für das Versicherungswesen gem. §§ 81 II, 81 a VAG, im Kreditwesen durch das Bundesaufsichtsamt für das Kreditwesen gem. § 23 KWG, allgemein durch die kartellrechtlichen Bestimmungen der §§ 12 III, 38 III GWB.

554 **II.** Das Gesetz definiert zunächst den **Begriff der Allgemeinen Geschäftsbedingungen**. Es handelt sich um für eine Vielzahl von Verträgen vorformulierte Vertragsbedingungen, die eine Vertragspartei (Verwender) der anderen Vertragspartei bei Abschluß eine Vertrages stellt. Allgemeine Geschäftsbedingungen liegen nicht vor, soweit die Vertragsbedingungen zwischen den Vertragsparteien im einzelnen ausgehandelt sind – Individualverträge (§ 1 AGBG).

Anliegen des Gesetzes ist es, den Geschäftspartner vor der Verwendung ihn übermäßig belastender Klauseln zu schützen. Dies gilt insbesondere dort, wo die Allgemeinen Geschäftsbedingungen unter Verstoß gegen die Gebote von Treu und Glauben vom Leitbild des dispositiven Rechts, dem ein aus der Rechtserfahrung gewonnener Gerechtigkeitsgehalt zugrundeliegt, abweichen oder wesentliche Rechte oder Pflichten, die sich aus der Natur des Vertrages ergeben, so eingeschränkt werden, daß die Erreichung des Vertragszweckes gefährdet ist (so die *Generalklausel* des § 9 AGBG).

Für diesen Grundsatz hat der Gesetzgeber in § 10 AGBG einen **Katalog von Klauselverboten** aufgestellt, die im Regelfall als unangemessen anzusehen sind; ob eine Benachteiligung vorliegt, ist jedoch im Einzelfalle von der Ausfüllung unbestimmter Rechtsbegriffe (z.B. unangemessen, zumutbar, ohne sachlich gerechtfertigten Grund) abhängig (Klauselverbote mit Wertungsmöglichkeit).

Darüber hinaus sind Klauseln schlechthin für unwirksam erklärt, da der Gesetzgeber ihre Unangemessenheit bereits festgestellt hat (§ 11 AGBG). Hier erübrigt sich jede weitere Wertung.

Soweit die Kataloge in § 10 AGBG und § 11 AGBG Tatbestände nicht erfassen, sind sie an der **Generalklausel des § 9 AGBG als Auffangtatbestand** zu messen; sie können daher gleichwohl unwirksam sein (BGH WM 1980, 130f).

Eine eigenständige Unwirksamkeitsfolge ergibt sich aus § 3 AGBG, wenn Bestimmungen aufgenommen sind, die so ungewöhnlich sind, daß der Vertragspartner mit ihnen nicht zu rechnen brauchte. Hier wird weniger auf eine Inhaltskontrolle, als auf den *Überraschungseffekt* abgestellt, da die in § 2 AGBG vorgesehene Einbeziehung in den Vertrag häufig die Prüfung von Einzelbestimmungen außer acht läßt.

III. Da Allgemeine Geschäftsbedingungen grundsätzlich keinen Normcharakter haben (vgl. auch oben Rdn. 29), ist zu ihrer Wirksamkeit die **Einbeziehung in den jeweiligen Vertrag** erforderlich. Dies setzt voraus, daß der Verwender den Vertragspartner bei Vertragsschluß oder ausnahmsweise durch einen deutlich sichtbaren Aushang am Ort des Vertragsschlusses auf die Allgemeinen Geschäftsbedingungen hinweist und dem Vertragspartner die Möglichkeit verschafft, in zumutbarer Weise von ihnen Kenntnis zu nehmen. Hat der Verwender diese Voraussetzungen erfüllt, so hängt die Wirksamkeit der Einbeziehung von dem Einverständnis des Vertragspartners ab (§ 2 AGBG).

555

> Durch die in § 2 AGBG festgelegten strengen Voraussetzungen für den Verwender ist im nichtkaufmännischen Rechtsverkehr praktisch kaum ein Fall denkbar, in dem der Vertragspartner beim Vertragsschluß von der Verwendung der Allgemeinen Geschäftsbedingungen keine Kenntnis hat. Daher wird er in der Regel mit Erklärungsbewußtsein handeln, so daß auch sein Schweigen als konkludente Willenserklärung aufzufassen sein wird. Soweit ausnahmsweise Fälle denkbar sind, in denen für die Einbeziehungsvereinbarung kein Erklärungsbewußtsein vorliegt, wird der ratio des § 2 AGBG entsprechend kein Einverständnis nach den Grundsätzen des Vertrauensschutzes zu folgern sein (vgl. oben Rdn. 394).
>
> Ein besonderes Problem der Einbeziehung ergibt sich, wenn jede Vertragspartei auf ihre Allgemeinen Geschäftsbedingungen verweist und diese in Einzelheiten voneinander abweichen. Erfüllen beide Parteien den Vertrag, weil sie ihn unter Einbeziehung ihrer eigenen Allgemeinen Geschäftsbedingungen als geschlossen ansehen, so ist entsprechend § 6 AGBG unter Einschränkung des § 150 II vom Bestand des Vertrages auszugehen und an Stelle der widersprüchlichen Klauseln auf das dispositive Recht zurückzugreifen (vgl. oben Rdn. 547).

Soweit neben der Einbeziehung Allgemeiner Geschäftsbedingungen abweichende *Individualabreden* getroffen werden, haben diese gem. § 4 AGBG *Vorrang* vor den Allgemeinen Geschäftsbedingungen.

IV. Für die **Auslegung** von Allgemeinen Geschäftsbedingungen gelten zunächst die allgemeinen Grundsätze der §§ 133, 157 (vgl. oben Rdn. 549). Zweifel bei der Auslegung gehen jedoch zu Lasten des Verwenders (§ 5 AGBG). Daraus folgt auch, daß für den Fall, daß Verwender und Vertragspartner Kreisen mit unterschiedlicher Verkehrssitte angehören, die Auslegung nach dem Rechtskreis des Vertragspartners zu erfolgen hat.

§ 41 A VI

Vierter Teil: Die Lehre vom Rechtsgeschäft

556   **V.** Um im Interesse des Vertragspartners den Vertrag zu erhalten, schränkt § 6 AGBG die Teilnichtigkeitsvorschriften des § 139 ein. Sind Allgemeine Geschäftsbedingungen bei Nichteinbeziehung oder infolge Unwirksamkeit einzelner Klauseln nicht Vertragsbestandteil geworden, so berührt dies die **Wirksamkeit des Vertrags im übrigen** nicht. An die Stelle der Bestimmungen, die nicht Bestandteil des Vertrages geworden sind, tritt das dispositive Recht, hilfsweise die ergänzende Vertragsauslegung.

Insgesamt tritt jedoch Unwirksamkeit ein, wenn das Festhalten am gem. § 6 II AGBG geänderten Vertrag für eine Vertragspartei eine unzumutbare Härte darstellen würde (§ 6 III AGBG).

Die Regelungen des Gesetzes treten auch ein, wenn die Vorschriften des AGB-Gesetzes durch anderweitige Gestaltungen umgangen werden (§ 7 AGBG).

557   **VI.** Das Gesetz schränkt den **Anwendungsbereich** in sachlicher und persönlicher Hinsicht ein:

Sachlich sind Verträge auf dem Gebiet des Arbeits-, Erb-, Familien- und Gesellschaftsrechts ausgenommen (§ 23 I AGBG). Darüber hinaus sind für gewisse Geschäftsbereiche Ausnahmen zu den §§ 2, 10 und 11 AGBG durch § 23 II AGBG vorgesehen.

Entsprechend dem Abbau von Schutzvorschriften im Handelsrecht macht § 24 AGBG **Ausnahmen im persönlichen Anwendungsbereich**. Die §§ 2, 10, 11 und 12 AGBG finden keine Anwendung auf Allgemeine Geschäftsbedingungen, die gegenüber einem *Kaufmann* verwendet werden, wenn der Vertrag zum Betriebe seines Handelsgewerbes gehört. Entsprechendes gilt für die Verwendung von Allgemeinen Geschäftsbedingungen gegenüber juristischen Personen des öffentlichen Rechts und öffentlich-rechtlichen Sondervermögen.

> Insoweit gilt im Ergebnis für **Kaufleute** der *bisherige Rechtszustand*, d.h. die Allgemeinen Geschäftsbedingungen sind als Vertragsbestandteil anzusehen, wenn sich ein Handelsbrauch oder die Verkehrssitte herausgebildet hat, daß einem Vertragsabschluß Allgemeine Geschäftsbedingungen zugrundeliegen. Insbesondere können über § 2 AGBG hinaus ohne ausdrücklichen Hinweis bei dauernder Geschäftsverbindung Allgemeine Geschäftsbedingungen in den Vertrag einbezogen sein; auch durch Schweigen auf ein Bestätigungsschreiben können Allgemeine Geschäftsbedingungen zum Gegenstand des Vertragsabschlusses gemacht werden (BGHZ 7, 187, 190; 18, 212, 216).
> Auf Unkenntnis der Bedingungen kann der Vertragspartner sich dann nicht berufen; informiert er sich nicht, so verletzt er eine „Obliegenheit"; diese Verletzung rechtfertigt im Wege der Zurechnung die Folgen, die der Willenserklärung auf Einbeziehung entsprechen (vgl. KRAUSE BB 1955, 265 ff und HÜBNER, H. Zurechnung statt Fiktion einer Willenserklärung, Festschrift Nipperdey, I, 1965, 382 f).

§ 9 AGBG bleibt gem. § 24 S. 2 AGBG jedoch anwendbar, und zwar auch dann, wenn ein Tatbestand der §§ 10 und 11 AGBG gegeben ist und wegen

Sonderprobleme des Vertragsrechts § 41 B

§ 24 S. 1 AGBG Unwirksamkeit nicht gegeben wäre. Allerdings ist bei Anwendung des § 9 AGBG auf die im Handelsverkehr geltenden Gewohnheiten und Gebräuche angemessen Rücksicht zu nehmen.

VII. Unabhängig von der Verfolgung eigener Ansprüche des Vertragspartners gewährt das AGBG **im Interesse der Allgemeinheit** den Industrie- und Handelskammern, den Handwerkskammern und Verbraucherverbänden **Ansprüche auf Unterlassung und Widerruf** (§ 13 II AGBG). Für das *Verfahren* sind die Landgerichte zuständig (§ 14 AGBG). Die Urteilsformel, die die für eine bestimmte Art von Rechtsgeschäften beanstandeten Bestimmungen im einzelnen zu enthalten hat, kann auf Antrag veröffentlicht werden (§ 18 AGBG); sie wird in ein Register beim Bundeskartellamt eingetragen (§ 20 AGBG). Bei Verurteilung zur Unterlassung in diesem Verfahren kann sich jeder betroffene Vertragspartner des verurteilten Verwenders auf die Unwirksamkeit der beanstandeten Bestimmung berufen (§ 21 AGBG). 558

B. Die Lehre vom „faktischen Vertrag"

BAER-KAUPERT Schuldrechtliche Verpflichtung aus sozialtypischem Verhalten, 1970; BÄRMANN Typisierte Zivilrechtsordnung der Daseinsvorsorge, 1948; BETTI Über sog. faktische Vertragsverhältnisse, Festschrift Lehmann, I, 1956, 253 ff; BÖRNER Faktische Verträge im Energierecht, Festschrift Nipperdey, I, 1965, 185 ff; ESSER Gedanken zur Dogmatik der „faktischen Schuldverhältnisse", AcP 157, 86 ff; HAUPT Über faktische Vertragsverhältnisse, Festschrift Siber, II, 1943, 1 ff; HITZEMANN Stellvertretung bei sozialtypischem Verhalten, 1966; KADUK Vertrag und sozialtypisches Verhalten, JR 1968, 1 ff; LARENZ Die Begründung von Schuldverhältnissen durch sozialtypisches Verhalten, NJW 1956, 1897 ff; LEHMANN, H. Faktische Vertragsverhältnisse, NJW 1958, 1 ff; NIKISCH Über „faktische Vertragsverhältnisse", Festschrift Dölle, I, 1963, 79 ff; NIPPERDEY Faktische Vertragsverhältnisse? MDR 1957, 129 ff; SIEBERT Faktische Vertragsverhältnisse, 1958; SIMITIS Die faktischen Vertragsverhältnisse als Ausdruck der gewandelten sozialen Funktion der Rechtsinstitute des Privatrechts, 1957; TEICHMANN Die protestatio facto contraria, Festschrift Michaelis, 1972, 294 ff; WIEACKER Willenserklärung und sozialtypisches Verhalten, Göttinger Festschrift OLG Celle, 1961, 263 ff; WOLFF Über faktische Vertragsverhältnisse, NJW 1953, 1250 ff.

Der Begriff will eine Reihe nicht rechtsgeschäftlich fundierter Sonderverbindungen den auf Vertrag beruhenden Parteibeziehungen gleichstellen. Schon die Römer haben derartige Fälle unter dem Gesichtspunkt des Quasikontrakts teilweise mit Kontraktswirkungen ausgestattet, wie z. B. die Geschäftsführung ohne Auftrag. Der „faktische Vertrag" ist jedoch eine gefährliche Rechtsfigur, weil auf die Voraussetzungen des Rechtsgeschäftes verzichtet wird. 559

Die Lehre vom faktischen Vertrag wurde von HAUPT begründet. Er erfaßte darunter Fallgruppen tatsächlicher Vorgänge, die er von der Rechtsprechung so behandelt wissen wollte, als ob sie durch einen fehlerfreien Vertrag begründet worden wären. Er bildete drei Gruppen, nämlich faktische Vertragsverhältnisse aus sozialem Kontakt, solche kraft Einordnung in ein

Gemeinschaftsverhältnis und solche kraft sozialer Leistungsverpflichtung.

Die Fallgruppe des sog. sozialen Kontaktes ist heute weitgehend im Rahmen der *culpa in contrahendo* aufgegangen (s. unten Rdn. 560ff). Die Fälle aus der Gruppe der sozialen Leistungsverpflichtungen werden im Anschluß an Larenz unter dem Gesichtspunkt der *„Schuldverhältnisse aus sozialtypischem Verhalten"* erfaßt; auf diese Begriffsbildung braucht jedoch nicht zurückgegriffen zu werden, da die Fälle sich weitgehend unter rechtsgeschäftliche Beziehungen einordnen lassen oder nach den Grundsätzen des Vertrauensschutzes zu beurteilen sind (vgl. oben Rdn. 334ff, 396, 545).

Zur Erörterung steht heute noch die Lehre von den faktischen Vertragsverhältnissen im **Gesellschafts- und Arbeitsrecht**. Im Grunde handelt es sich um die im Dritt- oder Beteiligteninteresse gebotene Einschränkung von Rechtsfolgen, die sich aus mangelnder Geschäftsfähigkeit und aus Willensmängeln ergeben. Bei in Vollzug gesetzten Gesellschafts- und Arbeitsverhältnissen läuft die ex-tunc-Wirkung der §§ 105ff und des § 142 dem Schutzbedürfnis Dritter oder unmittelbar Beteiligter zuwider.

Die Rechtswirkungen sind in Fällen der an sich zulässigen **Anfechtung** auf eine *ex-nunc-Wirkung* zu reduzieren; bis dahin ist jedoch auch für den Anfechtungsberechtigten an der rechtsgeschäftlichen Basis festzuhalten. Das gilt sowohl für Gesellschaftsverträge als auch Arbeitsverträge (vgl. oben Rdn. 520).

Mangelnde Geschäftsfähigkeit erfordert im Bereich der *Gesellschaftsverträge* zwar Nichtigkeit für den Betroffenen, jedoch nur insoweit, als es sein Schutz notwendig macht. Das bedeutet, daß er von den sich aus dem Gesellschaftsvertrag ergebenden Verpflichtungen frei ist, andererseits z. B. am zwischenzeitlichen Gewinn der Gesellschaft beteiligt wird (vgl. dazu oben Rdn. 412). Für die Mitgesellschafter wird jedoch grundsätzlich die Wirksamkeit des Gesellschaftsvertrages nicht beeinträchtigt.

Der *Arbeitsvertrag* ist bei mangelnder Geschäftsfähigkeit grundsätzlich nichtig. Jedoch sind Rechtswirkungen, die dem Schutze des geschäftsunfähigen oder beschränkt geschäftsfähigen Arbeitnehmers dienen sollen, von der Nichtigkeit ausgenommen; so steht ihm z. B. die vereinbarte Vergütung zu. Andererseits ist es verfehlt, für ihn quasivertragliche Verpflichtungen anzunehmen. So treffen ihn keine Leistungs- und etwa daraus entspringende Schadensersatzverpflichtungen; auch bedarf es keiner Kündigung. Vielmehr ist vom dogmatischen Ansatz der Nichtigkeit auszugehen, die lediglich nach durchgreifenden Schutzprinzipien eingeschränkt wird (vgl. oben Rdn. 414).

Es bedarf daher *keines Rückgriffs auf die Lehre vom faktischen Vertrag*, die von der rechtsgeschäftlichen Grundlage völlig absieht.

C. Culpa in contrahendo

BALLERSTEDT Zur Haftung für culpa in contrahendo bei Geschäftsabschluß durch Stellvertreter, AcP 151, 501ff; v. BAR Vertragliche Schadensersatzansprüche ohne

Vertrag? JuS 1982, 637ff; CANARIS Geschäfts- und Verschuldensfähigkeit bei Haftung aus „culpa in contrahendo", Gefährdung und Aufopferung, NJW 1964, 1987ff; DIEDERICHSEN Das Zusammentreffen von Ansprüchen aus Verschulden beim Vertragsschluß und Sachmängelgewährleistung, BB 1965, 401ff; ERMAN Beiträge zur Haftung für das Verhalten bei Vertragsverhandlungen, AcP 139, 273ff; FROST „Vorvertragliche" und „vertragliche" Schutzpflichten, 1981; FROTZ Die rechtsdogmatische Einordnung der Haftung für culpa in contrahendo, Gedenkschrift Gschnitzer, 1969, 163ff; HILDEBRANDT Erklärungshaftung, 1931; HONSELL Culpa in contrahendo, positive Vertragsverletzung und § 463 BGB, JR 1976, 361 ff; v. JHERING Culpa in contrahendo, JherJb. 4, 1ff; KÖNDGEN Selbstbindung ohne Vertrag, 1981; LARENZ Culpa in contrahendo, Verkehrssicherungspflicht und „sozialer Kontakt", MDR 1954, 515ff; LEHMANN, M. Vertragsanbahnung durch Werbung, 1981; LEONHARD Verschulden beim Vertragsschluß, 1910; LIEBS „Fahrlässige Täuschung" und Formularvertrag, AcP 174, 26ff; LITTBARSKI Das Verhältnis der Ansprüche aus culpa in contrahendo zu den Ansprüchen aus den §§ 633ff BGB, JZ 1978, 3ff; MEDICUS Grenzen der Haftung für culpa in contrahendo, JuS 1965, 209ff; MÜLLER, U. Die Haftung des Stellvertreters bei culpa in contrahendo und positiver Forderungsverletzung, NJW 1969, 2169ff; MÜLLER-GRAFF Die Geschäftsverbindung als Schutzpflichtverhältnis, JZ 1976, 153ff; NIRK Culpa in contrahendo – eine geglückte richterliche Rechtsfortbildung – quo vadis? Festschrift Möhring, II, 1975, 71ff; ders., Vertrauenshaftung Dritter bei Vertragsdurchführung? Festschrift Hauß, 1978, 267ff; PETERS Überschreiten der Vertretungsmacht und Haftung des Vertretenen für c.i.c., Festschrift Reinhardt, 1972, 127ff; SCHANZE Culpa in contrahendo bei Jhering, Ius Commune VII, 1978, 326ff; SCHMITZ Drittbindung aus culpa in contrahendo, 1980; SCHUMACHER Vertragsaufhebung wegen fahrlässiger Irreführung unerfahrener Vertragspartner, 1979; STOLL, HANS Tatbestände und Funktionen der Haftung für culpa in contrahendo, Festschrift von Caemmerer, 1978, 435ff; STOLL, HEINRICH Die Haftung für das Verhalten während der Vertragsverhandlungen, LZ 1923, 532ff; STÜRNER Der Anspruch auf Erfüllung von Treue- und Sorgfaltspflichten, JZ 1976, 384ff; WIEDEMANN/SCHMITZ Kapitalanlegerschutz bei unrichtiger oder unvollständiger Information, ZGR 1980, 129ff; ZÖLLNER Die vorvertragliche und die nachwirkende Treue- und Fürsorgepflicht im Arbeitsverhältnis, in: Tomandl, Treue- und Fürsorgepflicht im Arbeitsrecht, 1975, 91ff.

560 I. Nach der zivilrechtlichen Systematik entstehen Leistungs- oder Schadensersatzansprüche entweder aus Vertrag oder aus im Gesetz normierten Anspruchsgrundlagen (Delikt, Bereicherung, Geschäftsführung ohne Auftrag). Die vertraglichen Verpflichtungen setzen den Vertragsschluß i. S. von Antrag und Annahme voraus. Die Verhandlungsphase vor Vertragsschluß wird vom Gesetz nur in Einzelfällen berücksichtigt, im übrigen bleibt ein Geschädigter auf die Haftung aus unerlaubter Handlung verwiesen. Es können sich jedoch darüber hinaus bei Eintritt in Vertragsverhandlungen aus der Begründung eines Vertrauensverhältnisses Schutzpflichten ergeben, deren Verletzung eine Ersatzpflicht auslöst.

Diese werden durch das Deliktsrecht nicht im erforderlichen Umfang berücksichtigt; Haftungseinschränkungen ergeben sich dort insbesondere durch die Exkulpationsmöglichkeit gem. § 831; ferner durch die Nichtberücksichtigung von reinen Vermögensverletzungen gem. § 823 I.

§ 41 C I

Vierter Teil: Die Lehre vom Rechtsgeschäft

Diesem Vertrauensverhältnis entspringen insbesondere über die jeden Rechtsgenossen treffenden Pflichten hinaus **Aufklärungs-, Obhuts- und Mitwirkungspflichten**.

> So hat die Rechtsprechung z. B. in folgenden Fällen derartige Pflichten anerkannt:
> Beim sog. finanzierten Abzahlungskauf trifft die Bank eine *Aufklärungspflicht*, den Kreditnehmer darauf hinzuweisen, daß die Rückzahlungspflicht des Darlehns unabhängig von Lieferung und Mängelfreiheit der finanzierten Leistung besteht (BGHZ 47, 207, 213). Dem Kaufinteressenten obliegen vorvertragliche *Schutz- und Sorgfaltspflichten* anläßlich einer Probefahrt mit einem Kfz (BGH WarnRspr. 1968 Nr. 124). Eine besondere *Mitwirkungspflicht* kann dann bestehen, wenn sich der Erklärungsempfänger für eine innerhalb einer bestimmten Frist zu erwartenden Annahmeerklärung nicht empfangsbereit hält (RGZ 110, 34, 36). Die Parteien eines genehmigungsbedürftigen Rechtsgeschäftes trifft die Pflicht, bei der *Herbeiführung der Genehmigung* mitzuwirken und alles zu unterlassen, was die Erteilung der Genehmigung verhindern kann (BGHZ 67, 34f). Wer Vertragsverhandlungen für gescheitert erachtet, muß, wenn er den Abschluß des Vertrages als sicher hingestellt hat, dem anderen Teil dies mitteilen und darf nicht zulassen, daß dieser im Vertrauen auf das Zustandekommen des Vertrages Aufwendungen macht (BGH NJW 1967, 2199).

Die Lehre vom Verschulden bei Vertragsschluß hat v. JHERING vornehmlich aus Regelungen des ALR (vgl. I 5 § 33 und § 284) als allgemeines Prinzip entwickelt. Im BGB findet der Gedanke in den §§ 122, 179, 307, 309 Ausdruck, ohne daß der Gesetzgeber den allgemeinen Grundsatz aufgenommen hätte. Die Dogmatik hat ihn jedoch – unter Zuhilfenahme der *Analogie* – wieder herausgearbeitet.

> Man versuchte zunächst die Haftung mit der Fiktion eines stillschweigend geschlossenen Haftungsvertrages zu begründen, der nur auf die Übernahme besonderer Erhaltungspflichten bei Vertragsverhandlungen gerichtet sein sollte (vgl. PLANCK/ SIBER II/1 Vor §§ 275–292 Anm. I 4c). Die Rechtsprechung sah jedoch von dieser Konstruktion ab und ging einerseits von Vorwirkungen des später geschlossenen Vertrages aus (vgl. RGZ 95, 58, 60), andererseits legte sie ein sich aus der Vorbereitung eines Vertrages ergebendes Rechtsverhältnis zugrunde, unabhängig davon, ob die Verhandlungen zu einem Vertragsschluß geführt hatten (RGZ 107, 357, 362).

Allgemein wird die Haftung aus culpa in contrahendo vom BGH heute als eine solche aus einem in Ergänzung des geschriebenen Rechts geschaffenen gesetzlichen Schuldverhältnis angesehen, das aus der Aufnahme von Vertragsverhandlungen entspringt (Sonderverbindung) und zur verkehrsüblichen Sorgfalt im Verhalten gegenüber den Geschäftsgegnern verpflichtet (BGHZ 6, 330, 333).

Dieser sehr allgemein formulierte Grundsatz führt jedoch dazu, daß die ursprünglich als Ergänzung des Gesetzes herangezogene Rechtsfigur die

Konturen der schuldrechtlichen Systematik auflöst und insbesondere geeignet ist, die gesetzliche Regelung der Leistungsstörungen aus den Angeln zu heben (vgl. u. a. NIRK Festschrift Möhring, aaO). So erscheint der Begriff eines „Schuldverhältnisses ohne primäre Leistungspflichten" bedenklich, da er statt an Verhaltenspflichten an Leistungspflichten und damit an vertragliche Vorstellungen anknüpft; dies würde die „Gefahr einer uferlosen Ausweitung der Schadensersatzpflicht" nach sich ziehen (vgl. BGH LM Nr. 34 zu § 276 [Fa]).

Grundlage der Haftung ist enttäuschtes Vertrauen. Es handelt sich um das Vertrauen auf ein pflichtgemäßes Verhalten, das den in Vertragsanbahnungen eintretenden Beteiligten obliegt.

In den *Schutzbereich* fallen daher nur *Beteiligte,* die die Anbahnung geschäftlicher Kontakte im Auge haben. Personen, die zwar mit der Sphäre des potentiellen Vertragspartners in Berührung kommen, jedoch kein Geschäftsinteresse verfolgen, können sich auf eine culpa in contrahendo nicht berufen (so z. B. der sich im Kaufhaus aufwärmende Stadtstreicher; vgl. BGHZ 66, 51, 54 f).

> Dritte, die einen geschützten Beteiligten begleiten, können in den Schutzbereich einbezogen sein, wenn die strengen Voraussetzungen der „Verträge mit Schutzwirkung für Dritte" in Analogie bejaht werden können (BGHZ 66, 51, 54 ff).

II. Der Eintritt in den Bereich des rechtsgeschäftlichen Verkehrs rechtfertigt es, *beim Haftenden* **Geschäftsfähigkeit** oder bei beschränkt Geschäftsfähigen Zustimmung des gesetzlichen Vertreters zur Aufnahme des rechtsgeschäftlichen Kontaktes vorauszusetzen (h. M.); §§ 827, 828 bleiben außer Betracht.

> Ansprüche des *Geschädigten* bestehen jedoch ohne Rücksicht auf die für seine Beteiligung am rechtsgeschäftlichen Verkehr gezogenen Grenzen der §§ 106 ff, da die seinem Schutz dienende Regelung von diesen Einschränkungen nicht abhängig zu machen ist (vgl. BGH NJW 1973, 1790 f).

III. Die Haftung setzt **Verschulden** gemäß § 276 voraus. Soweit es sich um Schädigungen handelt, die von dem ins Auge gefaßten Leistungsgegenstand ausgehen, bestimmt sich der Maßstab der geschuldeten Sorgfalt nach den für das angebahnte Verhältnis geltenden Anforderungen (z. B. §§ 524, 600). Dies gilt jedoch nicht für die Verletzung von Obhuts- und ähnlichen Schutzpflichten.

Da bereits durch die Aufnahme des geschäftlichen Kontaktes, d. h. mit Begründung der Sonderverbindung, ein gesetzliches Schuldverhältnis entsteht, findet nicht § 831, sondern § 278 Anwendung (RGZ 78, 239 ff; 114, 155, 160; BGH MDR 1954, 346 ff; BGHZ 15, 204, 205 f; BGH NJW 1964, 2009; WM 1977, 994 f).

Da es sich um eine Haftungsregelung handelt, reicht es für die Haftung nach § 278 aus, wenn der Handelnde zur Mitwirkung in der Sonderverbindung (z. B. als Vermittlungsvertreter) befugt war; einer rechtsgeschäftlichen Vertretungsbefugnis gemäß §§ 164ff bedarf es nicht (BGH WM 1968, 531).

Dadurch wird jedoch eine *eigene,* zusätzliche *Haftung der Hilfspersonen* dann nicht ausgeschlossen, wenn sie am Abschluß ein eigenes wirtschaftliches Interesse haben oder für sich persönlich besonderes Vertrauen in Anspruch genommen und dadurch die Vertragsverhandlungen beeinflußt haben (BGHZ 56, 81, 83; 63, 382, 384f; 70, 337, 341; 71, 284ff; 74, 103, 108; 77, 172, 175ff; BGH NJW 1981, 922f – einschränkend für Angestellte eines Handelsgeschäfts BGHZ 88, 67ff).

IV. Im Hinblick auf den **Umfang des zu ersetzenden Schadens** ist zu unterscheiden:

563   Ist der **Vertrag nicht zustandegekommen** oder, z. B. durch Anfechtung, hinfällig geworden, so richtet sich der Schadensersatz zunächst auf das Vertrauensinteresse; der Geschädigte kann verlangen, so gestellt zu werden, wie er ohne die schuldhafte Pflichtverletzung des anderen Teils gestanden hätte. Wenn jedoch bei pflichtgemäßem Verhalten der Vertrag zustande gekommen wäre (so z. B. bei verschuldeter Formnichtigkeit, ohne daß ausnahmsweise Aufrechterhaltung des Vertrages gem. § 242 geboten ist; vgl. oben Rdn. 485), hat der Geschädigte Anspruch auf Ersatz des ihm dadurch entstandenen Schadens (Vertrauensschaden, der im konkreten Falle dem Erfüllungsinteresse entsprechen kann; vgl. BGH NJW 1965, 812, 814, der jedoch hier einen Anspruch auf Erfüllung verneint). Grundsätzlich wird der Anspruch auf das Vertrauensinteresse nicht durch das Erfüllungsinteresse begrenzt (RGZ 151, 357, 359; BGH BB 1955, 429).

564   Wenn der **Vertrag zustandegekommen** ist, können sich in den Leistungsbeziehungen der Vertragspartner Nachwirkungen eines schuldhaften Pflichtenverstoßes vor oder bei Vertragsschluß ergeben. Verletzt z. B. ein Versicherer seine Aufklärungspflicht über Grenzen des Versicherungsschutzes, so kann er sich im Versicherungsfalle auf den Ausschluß der Haftung nicht berufen (BGHZ 40, 22, 26ff).

Der Schadensersatzanspruch kann auch zur Befreiung von der vertraglichen Bindung führen, wenn der Schaden gerade in der Eingehung des Vertrages besteht (so z. B. Befreiung von einer Bürgschaft – BGH NJW 1968, 986)

565   V. Im *Verhältnis der culpa in contrahendo zu anderen Rechtsinstituten* – deliktische Ansprüche ausgenommen – ist grundsätzlich von der **Subsidiarität** der culpa in contrahendo auszugehen, sofern die vertraglichen oder gesetzlichen Bestimmungen eine abschließende Regelung enthalten. Das betrifft insbesondere fahrlässige Angaben oder Nichtangaben des Verkäufers über Eigenschaften der Kaufsache. In diesen Fällen hat der BGH (BGHZ 60, 319ff)

einen Rückgriff auf culpa in contrahendo verneint; er sieht die Gewährleistungsregelung, insbesondere § 463 mit der Einschränkung auf Zusicherung von Eigenschaften und Arglist (u.a. gegen LARENZ SchR II § 41 II 3 e und DIEDERICHSEN aaO, S. 401 ff) als abschließend an. Daher wird auch das Unterlassen der Angabe, es handele sich um ein Unfallfahrzeug, vom BGH unter § 463 erfaßt (BGHZ 29, 148, 150 f).

Die Rechtsprechung läßt außerdem auf Vertragsaufhebung gerichtete Schadensersatzansprüche aus culpa in contrahendo zu, wenn ein Verhandlungspartner seinen Gegner durch fahrlässige Irreführung zu einem Vertragsschluß verleitet (BGH NJW 1962, 1196 ff). Hier erscheint ein Rückgriff auf culpa in contrahendo nicht notwendig, wenn die Anfechtung wegen Irrtums ex lege zur Beseitigung des Vertrages führt (vgl. BGH NJW 1969, 1625 f), was insbesondere auch in Fällen der sog. fahrlässigen Täuschung der Fall sein wird.

> Der Anfechtende entgeht einer eigenen Schadensersatzpflicht, da § 122 II eingreift, weil der Gegner den Irrtum veranlaßt hat (vgl. oben Rdn. 460).

Nur wenn die Irreführung weder einen Irrtum nach § 119 bewirkt hat, noch eine arglistige Täuschung i.S.d. § 123 vorliegt, kann aus culpa in contrahendo ein auf Vertragsaufhebung gerichteter Schadensersatzanspruch in Betracht gezogen werden, obwohl dadurch über die vom Gesetzgeber für das fehlerhafte Rechtsgeschäft normierten Fälle hinausgegangen wird. Insofern ist es geboten, zunächst die Anfechtungsmöglichkeiten zu prüfen (anders aber BGH NJW 1968, 986; dagegen kritisch auch MEDICUS BR Rdn. 150 m.w.N.). Allerdings wird, falls culpa in contrahendo ausnahmsweise eingreifen sollte, bei Anwendung der allgemeinen *Verjährungsfristen* auf die culpa in contrahendo die für die Anfechtung wegen Arglist bestehende Begrenzung gemäß § 124 zu beachten sein (vgl. MEDICUS SchR § 14 III 2; a.A. BGH WM 1981, 310).

D. Nachvertragliche Pflichten

Ähnlich wie außervertragliche Pflichten vor Vertragsschluß können *Pflichten als Nachwirkung eines abgewickelten Vertrages* bestehen. Das gilt insbesondere für Dauerschuldverhältnisse, so z.B. für Miet- und Arbeitsverhältnisse: Der Vermieter muß das Hinweisschild eines umgezogenen Arztes oder Rechtsanwaltes noch angemessene Zeit nach Mietende dulden (OLG Frankfurt OLGZ 79, 338, 340); der Arbeitnehmer ist zur Verschwiegenheit über schutzwürdige persönliche und betriebliche Belange des Arbeitgebers auch nach Beendigung des Arbeitsverhältnisses verpflichtet (BGH NJW 1981, 1089 ff). Der Verkäufer eines Unternehmens mit Kundschaft hat nach Abwicklung des Verkaufs die Verpflichtung, die Eröffnung eines Konkurrenzgeschäftes in der nächsten Umgebung des verkauften Unternehmens zu unterlassen (vgl. RGZ 117, 176, 180). Ebenso darf ein Arzt nach Praxistausch nicht mehr in seinen ehemaligen Praxisbereich zurückkehren und erneut eine Praxis eröffnen (BGHZ 16, 72, 77).

566

Es handelt sich um Pflichten, die aus dem Grundsatz von Treu und Glauben gefolgert werden (BGH LM Nr. 2 zu § 362); der culpa in contrahendo wird eine „culpa post contractum finitum" gegenübergestellt.

Vgl. zum Schrifttum:
v. BAR „Nachwirkende" Vertragspflichten, AcP 179, 452ff; STRÄTZ Über sog. „Nachwirkungen des Schuldverhältnisses und den Haftungsmaßstab bei Schutzpflichtverstößen", Festschrift Bosch, 1976, 999ff; ZÖLLNER Die vorvertragliche und nachwirkende Treue- und Fürsorgepflicht im Arbeitsverhältnis, in: Tomandl, Treue- und Fürsorgepflicht im Arbeitsrecht, 1975, 91ff.

E. Fehlen und Wegfall der Geschäftsgrundlage

BEUTHIEN Zweckerreichung und Zweckstörung im Schuldverhältnis, 1969; BLOMEYER Fortschritte der modernen Schuldrechtsdogmatik, A: Die Geschäftsgrundlage, AcP 154, 527ff;BROX Rechtskraft und Geschäftsgrundlage, NJW 1963, 689ff; ESSER Fortschritte und Grenzen der Theorie von der Geschäftsgrundlage bei Larenz, JZ 1958, 113ff; FIKENTSCHER Die Geschäftsgrundlage als Frage des Vertragsrisikos, 1971; GRAU Rechtsprechung oder Gesetzgebung zur Anpassung des Privatrechts an die veränderten Verhältnisse, AcP 122, 318ff; HAARMANN Wegfall der Geschäftsgrundlage bei Dauerschuldverhältnissen, 1979; HÄSEMEYER Geschäftsgrundlage und Vertragsgerechtigkeit, Festschrift Weitnauer, 1980, 67ff; HUBER Verpflichtungszweck, Vertragsinhalt und Geschäftsgrundlage, JuS 1972, 57ff; JAUERNIG Vertragshilfe, Wegfall der Geschäftsgrundlage und Bürgschaft, NJW 1953, 1207ff; KEGEL Die Abwicklung von Vorkriegsverträgen der deutschen Wirtschaft mit dem Ausland, zugleich ein Beitrag zum Problem der Geschäftsgrundlage, DRZ 1948, Beiheft 3; ders., Aktuelle Grenzfragen der Geschäftsgrundlage, DRZ 1949, Beiheft 7; ders., Empfiehlt es sich, den Einfluß grundlegender Veränderungen des Wirtschaftslebens auf Verträge gesetzlich zu regeln und in welchem Sinne? Gutachten I zum 40. DJT, 1953, 135ff; KEGEL/RUPP/ZWEIGERT Die Einwirkung des Krieges auf Verträge, 1941, 18ff; KÖHLER Unmöglichkeit und Geschäftsgrundlage bei Zweckstörungen im Schuldverhältnis, 1971; KOLLER Die Risikozurechnung bei Austauschverträgen, 1979; KRÜCKMANN Irrtum, veränderte Umstände und Geschäftsgrundlage, LZ 1933, 481ff; ders., Clausula rebus sic stantibus, Kriegsklausel, Streitklausel, AcP 116, 157ff; LANGE, H. Ausgangspunkte, Wege und Mittel zur Berücksichtigung der Geschäftsgrundlage, Festschrift Gieseke, 1958, 21ff; LARENZ Geschäftsgrundlage und Vertragserfüllung, 3 A. 1963; LEHMANN, H. Mißbrauch der Geschäftsgrundlage, JZ 1952, 10ff; LENEL Die Lehre von der Voraussetzung, AcP 74, 213ff; LITTBARSKI Neuere Tendenzen zum Anwendungsbereich der Lehre von der Geschäftsgrundlage, JZ 1981, 8ff; LOCHER Geschäftsgrundlage und Geschäftszweck, AcP 121, 1ff; MEDICUS Vertragsauslegung und Geschäftsgrundlage, Festschrift Flume, I, 1978, 629ff; NICKLISCH Ergänzende Vertragsauslegung und Geschäftsgrundlagenlehre – ein einheitliches Rechtsinstitut zur Lückenausfüllung? BB 1980, 949ff; OERTMANN Die Geschäftsgrundlage, 1921; REICHEL Vertragsrücktritt wegen veränderter Umstände, 1933; RHODE Die beiderseitige Voraussetzung als Vertragsinhalt, AcP 124, 257ff; ROTHOEFT Faktoren der Risikoverteilung bei privatautonomen Handeln, AcP 170, 230ff; SCHMIDT-RIMPLER Zum Problem der Geschäftsgrundlage, Festschrift Nipperdey, 1955, 1ff; SCHMIEDEL Der allseitige Irrtum über die Rechtslage bei der

Neuregelung eines Rechtsverhältnisses, Festschrift v. Caemmerer, 1978, 231 ff; SIMSHÄUSER Windscheids Voraussetzungslehre rediviva, AcP 172, 19 ff; STÖTTER Versuch zur Präzisierung des Begriffs der mangelnden Geschäftsgrundlage, AcP 166, 149 ff; v. TUHR Der Irrtum über die Grundlage des Vertrages, LZ 1921, 153 ff; WEBER Der Einfluß des Krieges und der Kriegsfolgen auf die privaten Rechtsverhältnisse, 1948; WESTERMANN, H.P. Die Anpassung von Gesellschaftsverträgen an veränderte Umstände, Festschrift Hefermehl, 1976, 225 ff; WIEACKER Gemeinschaftlicher Irrtum der Vertragspartner und clausula rebus sic stantibus, Festschrift Wilburg, 1965, 229 ff; WINDSCHEID Die Lehre des römischen Rechts von der Voraussetzung, 1850; ders., Die Voraussetzung, AcP 78, 161 ff.

I. Entwicklung der Lehre von der Geschäftsgrundlage

Das Recht geht davon aus, daß im Vertrag über alle wesentlichen Gesichtspunkte eine Einigung erzielt worden ist. Es können jedoch darüber hinaus Umstände dem Vertrag bewußt oder unbewußt zugrundeliegen, *ohne daß diese Grundlage inhaltlich* Ausdruck gefunden hat. Es können Umstände sein, die die Parteien für vorliegend, fortdauernd oder in Zukunft sicher eintretend hielten. Diese werden umfassend als *„Geschäftsgrundlage"* bezeichnet.

567

Bei einem langfristigen Lieferungsvertrag haben beispielsweise die Parteien mit der Fortdauer der bisherigen Wirtschaftsverhältnisse zur Zeit des Vertragsschlusses gerechnet, durch einen rapiden Währungsverfall ändern sich diese aber vollkommen.

Bei einer *grundlegenden Veränderung* solcher Umstände stellt sich die Frage, ob die Parteien grundsätzlich am ursprünglichen Vertrag festgehalten werden sollen oder ob eine entsprechende Neuregelung der Vertragspflichten erfolgen soll.

WINDSCHEID (Die Lehre von der Voraussetzung, S. 1; AcP 78, 161, 195) hatte sich für die Berücksichtigung der „Voraussetzung" im Sinne einer unentwickelten Bedingung eingesetzt. Diese Auffassung setzte sich – jedenfalls im Sinne einer „allgemeinen Kategorie der Selbstbeschränkung der rechtsgeschäftlichen Wirkungen" – in der Gesetzgebung nicht durch (vgl. Mot. I, 249).

Unter dem Eindruck der Inflation nach dem 1. Weltkrieg formulierte OERTMANN aaO den Begriff der Geschäftsgrundlage, wobei er davon ausging, daß die Vorstellung beider oder eines Beteiligten vom Vorhandensein oder dem künftigen Eintritt oder Nichteintritt gewisser Umstände, auf deren Grundlage der Geschäftswille sich aufbaue, zu berücksichtigen sei, sofern diese Vorstellung beim Vertragsabschluß zutage getreten, vom Geschäftsgegner in ihrer Bedeutung erkannt und nicht beanstandet worden war.

Die *Rechtsprechung* berücksichtigte als einen besonderen Fall der zur Vertragsgrundlage erhobenen Voraussetzung unter Anlehnung an die gesetzlichen Regelungen in §§ 321, 610 die sog. clausula rebus sic stantibus (RGZ 50, 255, 257 f; 60, 56, 58 ff). Dabei handelte es sich um Fälle, bei denen eine unvorhersehbare, durchgreifende Veränderung der dem Vertragsschluß zugrunde gelegten wirtschaftlichen

§ 41 E II 1   Vierter Teil: Die Lehre vom Rechtsgeschäft

Verhältnisse ein Rücktritts- oder Abänderungsrecht zugunsten des Teils begründet, der durch ein Festhalten am Vertrag übermäßig beschwert würde (RGZ 100, 130f; 103, 3f; 107, 151f). Die allgemeine Anerkennung der clausula rebus sic stantibus verband sich mit der Lehre von der objektiven Geschäftsgrundlage.

Der BGH hat diese Grundsätze im wesentlichen übernommen und fortgeführt (vgl. z. B. BGH LM Nr. 91 zu § 242 [Bb]). Hingegen wird in der Lehre zum Teil die Notwendigkeit eines solchen Rechtsinstituts verneint, soweit es sich nicht um gesetzlich geregelte Fälle handelt (vgl. insbes. FLUME II § 26; auch STAUDINGER/J. SCHMIDT § 242 Rdn. 833 ff).

Fälle, in denen der *Gesetzgeber* die Rechtsfolgen grundlegender Veränderungen geregelt hat, finden sich bereits im BGB bei der Berücksichtigung eines unvorhergesehenen Vermögensverfalls des Geschäftspartners in den Fällen der Vorleistungsverpflichtung (§ 321) und des Darlehensversprechens (§ 610) sowie des Schenkers (§§ 519, 528). Darüber hinaus sind ausdrückliche Regelungen z. B. bei grundlegender Veränderung der für die Pachtbemessung (§ 7 LPG) oder für die Prämienbemessung in Versicherungsverträgen maßgeblichen Umstände (§ 41 a VVG) getroffen; im Hinblick auf die Einstandspflicht beim Kauf berücksichtigt Art. 47 EKG veränderte Umstände i. S. der Geschäftsgrundlage. – Besondere Anpassungsvorschriften ergeben sich bei Versorgungsansprüchen und Renten (z. B. §§ 16, 17 BetrAV).

Die Berücksichtigung persönlicher Schicksale aufgrund politischer Ereignisse ermöglichen das Vertragshilfegesetz von 1952 und entsprechende Vorschriften für Heimkehrer, Vertriebene und Flüchtlinge (§§ 1ff VHG, §§ 87ff AKG, § 26a HKG, §§ 82ff BVFG). Es bleibt jedoch zu beachten, daß derartige Sonderbestimmungen die Berücksichtigung des Wegfalls der Geschäftsgrundlage nur soweit ausschließen, als der Tatbestand durch die Sonderbestimmungen eine abschließende Regelung gefunden hat (BGHZ 15, 27, 38; 40, 334, 336; BGH WM 1977, 730, 735).

Auch die *Rechtskraft* wird bei Verurteilung zu wiederkehrenden Leistungen durch wesentliche Veränderung der für die Entscheidung maßgeblichen Verhältnisse durchbrochen (§ 323 ZPO).

Für öffentlich-rechtliche Verträge eröffnet § 60 I 1 VwVfG und § 59 SGB die Möglichkeit zur Anpassung.

II. Vorrang vertraglicher Regelungen

568 1. Ein Regelungsbedürfnis für Fehlen und Wegfall der Geschäftsgrundlage besteht nicht, soweit die *Parteien im Vertrage* ausdrücklich für solche Fälle *Vorsorge* getroffen haben.

Zur Praxis der Vertragsgestaltung langfristiger Schuldverhältnisse gehört es, durch Aufnahme von *Gleitklauseln* in den Vertrag der Veränderung grundlegender Umstände zur Erhaltung der Äquivalenz Rechnung zu tragen.

> Im Währungsbereich hat allerdings der Gesetzgeber durch Genehmigungsvorbehalte derartige Vereinbarungen erschwert (so die Währungssicherungen durch Anbindung an Gold- oder Warenpreise, z. B. durch „Roggenhypotheken", in § 3 WährG; sog. Wertsicherungsklauseln). – Für den Erbbauzins darf auch bei Vereinbarung einer Anpassungsklausel die Anpassung erst in größeren Zeitabständen verlangt werden (§ 9a ErbbauVO).

Neben Gleitklauseln kann der Ungewißheit im Hinblick auf künftig eintretende Ereignisse durch Aufnahme von *Bedingungen* oder *Rücktrittsvorbehalten* Rechnung getragen werden.

2. Soweit ausdrückliche Vereinbarungen nicht getroffen wurden, ist im Wege *ergänzender Vertragsauslegung* zu ermitteln, welche Lösung die Parteien bei grundlegender Veränderung der Umstände ins Auge gefaßt haben würden. Es müssen jedoch in der vertraglichen Regelung Anhaltspunkte für den hypothetischen Parteiwillen erkennbar sein.

569

> Darauf stellt z. B. die Rechtsprechung bei gemeinsamen Vorstellungen über die Bebaubarkeit eines Grundstücks beim Kauf ab, wenn durch Änderung der Bauvorschriften nach Gefahrübergang diese Vorstellungen nicht zu verwirklichen sind (vgl. BGH NJW 1978, 695f).

Die ergänzende Vertragsauslegung geht insofern *einer Lösung über den Wegfall der Geschäftsgrundlage vor.* Ist jedoch im Wege der ergänzenden Vertragsauslegung eine Anpassung an die veränderten Umstände nicht erreichbar, ist zu prüfen, ob und gegebenenfalls in welcher Richtung ein Wegfall der Geschäftsgrundlage die Anpassung des Rechtsverhältnisses erforderlich macht (BGH WM 1969, 1237, 1239f; grundsätzlich zur Abgrenzung vgl. LARENZ AT § 29 I; MEDICUS aaO).

III. Vorrang gesetzlicher Regelungen

Soweit sich für fehlgeschlagene Vorstellungen oder Erwartungen der Parteien – abgesehen von den oben (Rdn. 567) aufgeführten Sondertatbeständen – eine *allgemeine gesetzliche Regelung* findet, geht diese der Lösung über die Grundsätze vom Wegfall der Geschäftsgrundlage vor *(Subsidiarität).*

Hierfür kommen insbesondere in Betracht:

1. Anfechtung wegen Irrtums

Fälle, die zur Anfechtung nach § 119 I oder II berechtigen, betreffen nicht die „Geschäftsgrundlage", da sie von der Vertragserklärung erfaßt werden und somit zum *Vertragsinhalt* gehören. Auch der doppelseitige Irrtum unterliegt der Anfechtung. Mit Rücksicht auf die Folgen gem. § 122, die teilweise als unbillig angesehen werden, will man beim doppelseitigen Irrtum die Grundsätze des Wegfalls der Geschäftsgrundlage anwenden (z. B. ENN./NIPPERDEY § 177 VI; LARENZ AT § 20 III). Da im Regelfalle nur derjenige Vertragspartner anfechten wird, zu dessen Nachteil sich der gemeinsame Irrtum auswirkt, kann demjenigen, der den Vorteil aus der Anfechtung hat, zugemutet werden, dem Gegner den Vertrauensschaden zu ersetzen (so FLUME II § 24, 4; MEDICUS BR Rdn. 162 – vgl. im übrigen oben Rdn. 456).

570

Sofern eine Fehlvorstellung über künftig eintretende Ereignisse zur Anfechtung wegen Irrtums nicht berechtigt, kann jedoch die Anwendung der Grundsätze über das Fehlen der Geschäftsgrundlage in Betracht kommen (z. B. BGHZ 47, 48, 51).

2. Gewährleistung wegen Sachmangels

571 Sofern Ansprüche auf Gewährleistung gegeben sind, ist mit Rücksicht auf die Normierung der Gewährleistung die Anwendung der Grundsätze über die Folgen des Fehlens oder Wegfalls der Geschäftsgrundlage ausgeschlossen (RGZ 135, 339, 346; 161, 330, 337; BGHZ 60, 319f). Wenn jedoch die Gewährleistung nach §§ 459ff nicht eingreift, weil ein Fehler bei Gefahrübergang nicht vorlag, können die Regeln zum Wegfall der Geschäftsgrundlage zur Anwendung kommen (BGH JZ 1977, 177).

3. Unmöglichkeit

572 Liegt Unmöglichkeit im Sinne echter physischer oder rechtlicher Leistungshindernisse vor, so ist für die Anwendung der Grundsätze über das Fehlen oder den Wegfall der Geschäftsgrundlage kein Raum. Das gilt auch für die Fälle der *Zweckerreichung*, in denen der Leistungserfolg ohne Zutun des Leistungsschuldners eintritt.

Als Beispiel dient der Fall des abzuschleppenden Schiffes, das durch eine Sturmflut freikommt. § 324 scheidet aus, da den Schiffseigner als Gläubiger kein Verschulden trifft und die Ausweitung auf den Begriff der Risikosphäre nicht am Platze ist. Andererseits ist die strikte Anwendung des § 323 unbillig, da dem Schuldner zumindest ein Ersatz seiner Kosten zuzubilligen ist. Hier kann im Werkvertrag mit BGHZ 40, 71, 73 unter Heranziehung des Rechtsgedankens in § 645 eine Teilvergütung begründet sein (vgl. MünchKomm/Emmerich Vor § 275 Rdn. 74ff).

Entsprechendes wird für Fälle des *Zweckfortfalls* angenommen, in denen der Leistungserfolg wegen Untergang des Leistungssubstrats nicht mehr eintreten kann (Malerarbeiten am Haus können nicht ausgeführt werden, da das Haus nach Blitzschlag inzwischen abgebrannt ist). Das gilt auch für Fälle der *Zweckstörung*, wenn der Zweck *Vertragsinhalt* geworden ist. Es handelt sich um Fälle, in denen der Leistungserfolg noch herbeigeführt werden kann, jedoch das von den Parteien im Vertrag zum Ausdruck gelangte Interesse weggefallen ist. Hier hat sich der Schuldner auf das sog. Verwendungsrisiko des Gläubigers eingelassen, so daß § 323 anwendbar sein kann (vgl. OLG Hamm WM 1972, 1323). Liegt andererseits auf Seiten des Schuldners lediglich eine sog. wirtschaftliche Unmöglichkeit vor, bei der die Leistung zwar möglich, jedoch wegen Überschreitens der „Opfergrenze" nach Treu und Glauben nicht zumutbar ist („überobligationsmäßige Schwierigkeit"), so können die Grundsätze über den Wegfall der Geschäftsgrundlage eingreifen (BGH LM Nr. 12 und 50 zu § 242 [Bb]; BGH BB 1956, 254; h.M.)

4. Kündigung aus wichtigem Grund

573 Die gesetzlichen Regelungen über die Kündigung von Dauerschuldverhältnissen aus wichtigem Grund (§§ 554a, 626, 723; 89a HGB) schließen in der Regel die Anwendung der Grundsätze über die Folgen des Fehlens oder des Wegfalls der Geschäftsgrundlage aus (BGHZ 24, 91, 96); entsprechendes gilt für vertraglich geregelte Kündigungsrechte (BGH WM 1971, 798f). Dieser Ausschluß greift jedoch nur insoweit ein, als es um die gesetzlich oder vertraglich vorgesehene Auflösung des Vertrages geht (z.B. auch für sog. Änderungskündigungen; vgl. § 2 KSchG).

Treten Umstände ein, die diese Tatbestände nicht erfüllen, können die Grundsätze über das Fehlen oder den Wegfall der Geschäftsgrundlage eingreifen (vgl. BGH NJW 1958, 785; BAG AP Nr. 4, 5 und 6 zu § 242). Bei Dauerschuldverhältnissen, für die keine gesetzlichen oder vertraglichen Kündigungsregeln vorgesehen sind, können die Grundsätze ohne Einschränkung Anwendung finden.

5. Kondiktion wegen Zweckverfehlung

Während die Lehre von der Geschäftsgrundlage davon ausgeht, daß der bezweckte **574** Erfolg nicht in den Inhalt des Rechtsgeschäfts einbezogen wurde, ist für die Anwendung des § 812 I 2 2. Alternative gerade erforderlich, daß der verfehlte Zweck ohne vorausgegangene Verpflichtung zum Inhalt des Rechtsgeschäfts geworden war. Der Bereicherungsanspruch und die Folgen aus dem Wegfall der Geschäftsgrundlage können daher grundsätzlich nicht gleichzeitig gegeben sein (vgl. BGH NJW 1975, 776; MEDICUS BR Rdn. 163; zur Überschneidung der beiden Institute vgl. ESSER/ WEYERS SchR II § 49 II).

Soweit der Zweck einer Leistung nicht zum Inhalt des Rechtsgeschäfts gemacht wurde, können die Grundsätze über den Wegfall der Geschäftsgrundlage zur Rückabwicklung nutzbar gemacht werden; z. B. bei Zuwendungen zum Zwecke der gemeinsamen Zukunftssicherung unter Ehegatten im Falle der Scheidung (BGH NJW 1972, 580); dieser Weg ermöglicht eine interessengerechtere Lösung als die Rückabwicklung über § 812 I 2 1. Alternative (so aber BGH JZ 1968, 381f – wie hier u. a. MÜNCHKOMM/LIEB § 812 Rdn. 157, 177).

6. Vergleich

Stimmt bei einem Vergleich der nach dem Inhalt des Vertrages als feststehend **575** zugrundegelegte Sachverhalt mit der Wirklichkeit nicht überein, so greift § 779 mit der Unwirksamkeitsfolge ein. Hierbei handelt es sich um einen gesetzlich geregelten Sonderfall des Fehlens der Geschäftsgrundlage. Die vorgesehene Unwirksamkeit tritt nicht ein, wenn die Parteien die Rechtsfolgen eines Fehlens der vorausgesetzten Umstände im Vergleich ausdrücklich geregelt haben (BGH WM 1971, 1120f).

Verändern sich dagegen nicht streitausschließende Umstände, die von dem Tatbestand des § 779 nicht erfaßt werden, kann auf die allgemeinen Grundsätze über das Fehlen bzw. den Wegfall der Geschäftsgrundlage zurückgegriffen werden (vgl. BGH LM Nr. 2 zu § 779; so z. B. bei Irrtum über zukünftige Ereignisse, BGH JZ 1963, 129f; bei gemeinschaftlichem Irrtum über den Fortbestand einer bestimmten Rechtsprechung, BGHZ 58, 355, 361f).

IV. Die Voraussetzungen für das Eingreifen der Regelung über die Geschäftsgrundlage

Soweit gesetzliche Regelungen nicht eingreifen, können fehlgeschlagene Vorstellungen und Erwartungen als Fehlen oder Wegfall der Geschäftsgrundlage berücksichtigt werden.

1. Sind die Parteien beim Vertragsschluß von allgemeinen Verhältnissen, **576** z. B. der Kaufkraft der Währung u. a. ausgegangen, *ohne daß sie dies zum Inhalt des Vertrages gemacht haben,* würde eine grundlegende Veränderung dieser Umstände dem Rechtsgeschäft die Grundlage entziehen.

Die Geschäftsgrundlage fällt hier weg, wobei dieser Wegfall sich insbesondere in zweierlei Richtungen auswirkt:

a) Es tritt eine *Äquivalenzstörung* ein, d. h. es entsteht ein grobes Mißverhältnis zwischen den beiderseitigen Verpflichtungen (RGZ 112, 329, 333; BGHZ 77, 194, 198; BGH LM Nr. 33 zu § 242 [Bb]);

b) Es wird der gemeinsame, „objektivierte" *Geschäftszweck,* nicht nur vorübergehend, unerreichbar.

Der Begriff des gemeinsamen Geschäftszwecks ist umstritten.

> Er wird zum Teil mit der Begründung abgelehnt, daß es – jedenfalls im Austauschvertrag – keinen gemeinsamen Geschäftszweck gebe: Vgl. Esser aaO, S. 113, 115; Beuthien aaO, S. 183; Wieacker aaO, S. 783, 806 ff.

Ein solcher Zweck kommt jedenfalls für eine Regelung über die Geschäftsgrundlage *nicht* in Betracht, *wenn er Vertragsinhalt geworden ist.* Vgl. die Abgrenzung zum Eingreifen von Unmöglichkeitsvorschriften oben Rdn. 572 sowie Köhler aaO, S. 126 ff.

Es sind jedoch Fälle denkbar, in denen *über den Vertragsinhalt hinaus* von einer Vertragspartei ein Zweck zugrundegelegt wird, den sich die andere Partei zu eigen macht.

> Als Beispiel kann der auch von Larenz SchR I § 21 II 2 herangezogene Fall dienen:
> Ein Omnibusunternehmer bietet, *ohne den Zweck der Fahrt zu bezeichnen,* eine Sonderfahrt nach M an, weil er sich regen Zuspruch wegen eines dort stattfindenden Fußball-Länderspiels verspricht. Es buchen frühzeitig 40 Teilnehmer, die das Spiel besuchen wollen. Das Spiel fällt aus. Die Fahrtteilnehmer wollen zurücktreten, weil sie ihre Buchung nur für diesen besonderen Zweck vorgenommen haben.
> Obwohl dem zum Inhalt gewordenen Vertragszweck, d. h. der Fahrt, entsprochen werden kann, ist die Geschäftsgrundlage, von der beide Parteien ausgegangen sind, entfallen. Die Erreichung des gemeinsamen weiteren Geschäftszwecks, der nicht Vertragsinhalt geworden ist, ist mit den vorgesehenen Mitteln nicht möglich. Der Vertrag ist daher, da Anpassung nicht möglich ist, aufzulösen.

Daraus folgt, daß der Begriff des gemeinsamen Geschäftszwecks für die Regelung über die Geschäftsgrundlage nur im Feld zwischen Vertragsinhalt einerseits und unbeachtlichem Motivirrtum andererseits relevant sein kann.

577 **2.** In Ausweitung dieser Grundsätze soll eine entsprechende Regelung auch dann eingreifen, wenn die Parteien, ohne daß sich die tatsächlichen Umstände ändern, von einer verfehlten Vorstellung über diese Umstände ausgegangen sind. Haben sie diese Vorstellungen zwar nicht zum Vertragsinhalt gemacht, sind aber andererseits die Vorstellungen nicht bloß Beweggrund geblieben, so soll ein *Wegfall der „subjektiven" Geschäftsgrundlage* in Betracht kommen (vgl. Wieacker aaO, S. 229, 242 ff; anders Larenz AT § 20 III, der auch den Fall des Nichteintretens der beiderseitigen Erwartungen über zukünftige Umstände zur „subjektiven" Geschäftsgrundlage rechnet und als *„objektive" Geschäftsgrundlage* nur solche Umstände ansieht, über die sich die Parteien keinerlei Vorstellungen gemacht haben – vgl. auch Larenz SchR I § 21 II und Geschäftsgrundlage aaO, S. 171).

Ein Waschmittelhersteller schließt mit dem Hauptgewinner A eines vom Hersteller veranstalteten Preisausschreibens einen Vertrag über Fernsehwerbung; das Unternehmen geht davon aus, daß mit dem Gewinner ein besonderer Werbeeffekt erzielt werden könne. Obwohl in dem Vertrag mit A auf den Gewinn nicht Bezug genommen wird, erkennt auch A, daß dies auf seinen Erfolg zurückzuführen ist. Später stellt sich heraus, daß Frau B den Hauptgewinn erzielt hat. Der Hersteller will den Vertrag mit Frau B abschließen. Hier kann ein Wegfall der „subjektiven" Geschäftsgrundlage in Betracht kommen.

Die Fallgruppe der sog. subjektiven Geschäftsgrundlage berührt sich mit dem doppelseitigen Irrtum, der die Willenserklärungen, d. h. den Vertragsinhalt selbst, betrifft, in den Auswirkungen in Lehre und Rechtsprechung jedoch zum Teil gleich behandelt wird (vgl. oben Rdn. 456, 570).

Da die Aufhellung, ob sich die Parteien irgendwelche Vorstellungen über gegenwärtige oder zukünftig eintretende Umstände gemacht haben, Schwierigkeiten bereitet, ist eine strenge Abgrenzung zwischen „objektiver" und „subjektiver" Geschäftsgrundlage praktisch kaum durchführbar. Insofern ist, wenn auch mit unterschiedlicher Argumentation, an der strengen begrifflichen Unterscheidung *Kritik* geübt worden:

> Vgl. z. B. SOERGEL/KNOPP § 242 Rdn. 387; SCHMIDT-RIMPLER aaO, S. 20f; ESSER aaO, S. 113,115; BROX Die Einschränkung der Irrtumsanfechtung, S. 85; KEGEL Gutachten aaO, S. 196ff; FIKENTSCHER aaO, S. 10f; MEDICUS BR Rdn. 165, AT Rdn. 860.

Für die rechtliche Beurteilung ist in beiden Fällen entscheidend, daß der Vertrag seine Funktion als angemessene und sinnvolle Gestaltung verliert.

3. Wenn beide Fallgruppen an die subjektive Basis anknüpfen, so muß es darauf ankommen, eine *Formel* zu finden, die tunlichst *beide Fallgruppen* erfaßt.

Demgegenüber will eine Meinung unabhängig von den ursprünglichen Vorstellungen der Parteien die objektiv unangemessen gewordenen Leistungspflichten gem. § 242 neu gestalten. Insbesondere will KEGEL Gutachten aaO, S. 199ff, und JZ 1951, 385, 398ff, ausgehend von einer dem Vertrag innewohnenden Risikoverteilung einen Schadensausgleich bei Wegfall der Geschäftsgrundlage nur dann vornehmen, wenn die Ereignisse außerhalb des Machtbereiches beider Parteien liegen. Ähnlich will ESSER aaO außerhalb der ergänzenden Vertragsauslegung nur die Korrektur der Leistungspflichten gem. § 242 zulassen.

Trotz solcher Bedenken erscheint es besser, von der im Rechtsgeschäft liegenden „Finalität" auszugehen und unter Anknüpfung an den gestaltenden Willen ihr nach Möglichkeit Rechnung zu tragen. Auch erscheint es möglich, das Interesse des Geschäftsgegners besser zu berücksichtigen und somit eine differenzierende Lösung zu erleichtern.

§ 41 E IV 3   Vierter Teil: Die Lehre vom Rechtsgeschäft

Nicht zuletzt wird damit der richterlichen Gestaltung die Vorstellung der Parteien als Grundlage erhalten und ein davon unabhängiger Eingriff vermieden; darf doch der ursprüngliche Vertrag durch die Rechtsgestaltung in seinem Wesen und seiner Tragweite nicht grundsätzlich verändert werden (BGH JZ 1952, 145f). So soll – wie LARENZ betont (Geschäftsgrundlage aaO, S. 186f) – die Grenzlinie zur „Vertragshilfe" erhalten bleiben (vgl. oben Rdn. 552).

579   Nach der von H. LEHMANN (vgl. zuletzt LEHMANN/HÜBNER § 35 A VII 4) entwickelten allgemeinen **Formel** ist darauf abzustellen, *ob der Vertragsgegner sich nach Treu und Glauben mit Rücksicht auf den Zweck des Vertrages darauf eingelassen hätte oder sich redlicherweise hätte einlassen müssen, den Vertrag von dem fraglichen Umstand abhängig zu machen, wenn man die Unsicherheit des Umstandes beim Vertragsabschluß in Betracht gezogen hätte.*

a) Diese Formel erfaßt sowohl die sog. objektive, als auch die sog. subjektive Geschäftsgrundlage. Sie läßt sich in nachstehende **Kriterien** aufgliedern:

Ein für die Willensbildung erheblicher Umstand ist als Geschäftsgrundlage zu betrachten, wenn
– die grundlegende Bedeutung des Umstandes für den Vertragsschluß dem Vertragsgegner erkennbar geworden ist,
– ferner nur die Gewißheit hinsichtlich des Vorhandenseins, der Fortdauer oder des Eintritts des fraglichen Umstandes die Partei, die auf ihn Wert legte, davon abgehalten hat, im Vertrag Vorsorge zu treffen, und
– endlich der Gegner sich auf dieses Ansinnen, falls man die Unsicherheit des Umstandes ernsthaft in Betracht gezogen haben würde, mit Rücksicht auf den Zweck des Vertrages eingelassen hätte oder redlicherweise hätte einlassen müssen.

Für den Fall, daß den Parteien *Vorstellungen* über einen als Vertragsgrundlage in Betracht kommenden Umstand überhaupt *gefehlt* haben, ist der fragliche Umstand nur dann als Geschäftsgrundlage anzuerkennen:
– wenn seine grundlegende Bedeutung für den Vertragsschluß sich aus dem übereinstimmenden Willen beider Parteien, dem gemeinsamen Vertragszweck, ergibt,
– wenn nur das Fehlen der Vorstellung, daß der fragliche Umstand möglicherweise nicht vorliege, nicht eintreten oder künftig wegfallen werde, verständlich macht, daß die Partei, die sich auf das Nichtvorliegen, den Nichteintritt oder den Wegfall des Umstandes beruft, davon Abstand genommen hat, vom Gegner die Anerkennung eines solchen Sachverhalts als Voraussetzung zu verlangen.

b) Neben den vorstehenden Kriterien bedarf es der Beachtung **weiterer Voraussetzungen**:
– Die Störung muß für die Beteiligten so *erheblich* sein, daß das Festhalten an den ursprünglichen Vertragspflichten *unzumutbar* ist (vgl. BGHZ 2, 176;

188; BGH LM Nr. 39 zu § 242 [Bb]; BGH NJW 1958, 1772f).

Treten jedoch Änderungen in den Umständen ein, die von den Parteien *vorausgesehen* wurden oder *voraussehbar* waren, so ist grundsätzlich ein Rückgriff auf den Wegfall der Geschäftsgrundlage ausgeschlossen (BGH DB 1969, 833; BGH WM 1972, 656f).

– Das *Risiko* darf nicht in den Bereich eines der Partner gehören. Dies ist insbesondere der Fall, wenn der Partner nach Gesetz (z. B. Betriebsrisiko, § 615) oder Vereinbarung einzustehen hat (BGHZ 74, 370, 373) oder nach dem Charakter des Geschäfts (z. B. bei Spekulation) das Risiko bewußt übernommen hat. Andererseits kann jedoch ein Risiko, das allen gemeinsam ist und dem sich der einzelne nicht entziehen kann, die Anwendung des Grundsatzes ausschließen (vgl. BGHZ 7, 238, 243f).

V. Folgen des Fehlens oder Wegfalls der Geschäftsgrundlage

Liegen die Voraussetzungen vor, so führt dies nicht ohne weiteres zu einer **580** Nichtigkeit oder zu einem Rücktrittsrecht für eine oder beide Vertragsparteien. Die völlige Lösung vom Vertrag kommt nur dann in Betracht, wenn weniger weitgehende Rechtsfolgen ausscheiden (BGHZ 47, 48, 51f; 70, 47, 51f). Umfang und Inhalt der vertraglichen Rechte und Pflichten sind nach dem inneren Sinn und Zweck des Geschäfts unter Berücksichtigung der Umstände des Einzelfalls zu bemessen; sie sind also gegebenenfalls nach den Grundsätzen von Treu und Glauben an die wirkliche Sachlage anzupassen, wobei nur unumgänglich erscheinende Eingriffe in das bestehende Rechtsverhältnis vorzunehmen sind (BGH BB 1952, 330 mit Nachweisen).

Es liegt auf der Hand, daß eine solche Anwendung des sog. **Anpassungsgrundsatzes** von dem besonderen Charakter des jeweiligen Schuldverhältnisses abhängig ist (BGHZ 9, 273, 279; BGH NJW 1978, 695). Sie muß in jedem Fall im recht verstandenen Interesse beider Parteien liegen (LARENZ aaO, S. 186). Als Anpassung kommen z. B. in Betracht: Herabsetzung einer Verbindlichkeit (BGH NJW 1958, 785) bzw. Erhöhung der Gegenleistung (BGHZ 77, 194, 198f), ein Ausgleichsanspruch (RGZ 142, 23, 34f; BGH NJW 1962, 29, 30f), auch Stundung (BGH NJW 1977, 2358f) oder Teilzahlung.

Zur Anpassung ist der Richter, der den Wegfall der Geschäftsgrundlage *von Amts wegen* festzustellen hat (BGHZ 54, 145, 155), entsprechend § 139 ZPO gehalten, ohne seine Entscheidung vorwegzunehmen, die nach seiner Auffassung in Betracht kommenden Lösungen mit den Parteien zu erörtern und ihnen Gelegenheit zu geben, sachdienliche, auf die Lösungsmöglichkeiten abgestimmte Anträge zu stellen (BGH NJW 1978, 695). Weigert sich eine Vertragspartei, dem berechtigten Verlangen der anderen Partei auf Anpassung des Vertrages zu entsprechen, so darf sich grundsätzlich die betroffene Partei vom Vertrag lösen (RGZ 112, 329, 333f; BGH NJW 1969, 233).

Umstritten ist, ob dem Richter eine *Befugnis zur Gestaltung* der Vertragsbeziehungen zusteht. Rechtsprechung und Lehre betonen überwiegend, daß der

Richter lediglich die durch die Störung eingetretene Veränderung der Rechtslage ausspricht (BGH NJW 1972, 152f; vgl. die Nachweise bei MÜNCHKOMM/ ROTH § 242 Rdn. 503ff); demgegenüber vertreten ROTH (aaO) und ESSER/ SCHMIDT (SchR I § 24 III 1) eine Eingriffsbefugnis des Richters ähnlich der „Vertragshilfe". Eine solche Befugnis kann jedoch nur ausnahmsweise in Betracht kommen (vgl. BAG NJW 1977, 2370ff; BGHZ 61, 31, 40f).

Ist eine Anpassung nicht möglich, weil das Festhalten am Vertrag schlechthin gegen Treu und Glauben verstoßen würde (BGH NJW 1976, 565, 567), dann muß der benachteiligten Partei ein Recht auf **Auflösung** zustehen.

Für die Abwicklung der aufgelösten Verbindlichkeit entsteht ein Rückgewährschuldverhältnis eigener Art, das in *Anlehnung an die Vorschriften des Rücktrittsrechts oder der Kündigung* zu behandeln ist (BGH NJW 1969, 233f; für das Gesellschaftsrecht vgl. BGHZ 10, 45, 51).

Im allgemeinen ist eine Anwendung der Grundsätze *nach Erfüllung des Vertrages ausgeschlossen,* jedoch kann im Einzelfall auch hier eine Anpassung in Betracht kommen (BGHZ 74, 370, 373 m. w. N.).

7. ABSCHNITT
Bedingung und Zeitbestimmung

§ 42
Die Bedingung

ADICKES Zur Lehre von den Bedingungen nach römischem und heutigem Recht, 1876; BLOMEYER, A. Studien zur Bedingungslehre I (Über bedingte Verpflichtungsgeschäfte), 1938, II (Über bedingte Verfügungsgeschäfte), 1939; BRUCK, E.F. Bedingungsfeindliche Rechtsgeschäfte, ein Beitrag zur Lehre von der Unzulässigkeit von Bedingung und Zeitbestimmung, 1904; ENNECCERUS Rechtsgeschäft, Bedingung und Anfangstermin, 1888/89; EGERT Die Rechtsbedingung im System des bürgerlichen Rechts, 1974; HENKE Bedingte Übertragungen im Rechtsverkehr und Rechtsstreit, 1959; HÖLDER Zur Lehre von der Wollensbedingung, JherJb. 56, 147; KEMPF Auflösende Bedingung und Rechtsnachfolge, AcP 158, 308ff; NASTELSKI Die Zeit als Bestandteil des Leistungsinhalts, JuS 1962, 289; OERTMANN Die Rechtsbedingung, 1924 – Untersuchungen zum bürgerlichen Recht und allgemeinen Rechtslehre, (Neudr. 1968); RAAPE Die Wollensbedingung, 1912; SCHIEDERMAIR Das Anwendungsgebiet des § 162 BGB, 1929; SCHIEMANN Pendenz und Rückwirkung der Bedingung, eine dogmengeschichtliche Untersuchung, 1973; SCHMIDT/RIMPLER Die Gegenseitigkeit bei einseitig bedingten Verträgen, 1968; WALSMANN Ein Beitrag zur Lehre von der Wollensbedingung, JherJb. 54, 197ff; WENDT Die Lehre vom bedingten Rechtsgeschäft, 1872.

Die Bedingung **§ 42 I**

I. Inhalt und Abgrenzung

Die Bedingung fügt in ein Rechtsgeschäft eine zum Geschäftsinhalt erhobene Bestimmung ein, durch die die Wirkungen des Rechtsgeschäfts von einem **ungewissen, künftigen Umstand** abhängig gemacht werden. Doch bezeichnet das Gesetz diesen ungewissen künftigen Umstand selbst als Bedingung (vgl. § 158). **581**

> Die Bedingung ermöglicht, der Zukunft Rechnung zu tragen und sich je nach ihrer verschiedenen Gestaltung zu sichern; sie ist auch das Mittel, einen sonst unbeachtlichen Beweggrund zum Geschäftsbestandteil zu machen; sie kann einen Antrieb zur Vornahme oder Unterlassung einer Handlung schaffen.

Da es sich bei der Bedingung um eine Parteibestimmung handelt, die in die Willenserklärung aufgenommen wird, sind *keine Bedingungen* im eigentlichen Sinne die vom Gesetz geforderten Voraussetzungen für den Eintritt einer Rechtswirkung, die sog. *Rechtsbedingungen* (condiciones iuris).

> So ist z.B. in einem Testament die Erbeinsetzung des A unter der Voraussetzung, daß er den Erblasser E überlebt, Rechtsbedingung (vgl. § 1923 I), die weitere Voraussetzung, daß er seine Verlobte heirate, Parteibedingung.

Rechtsbedingungen sind keine Bedingungen i.S. der §§ 158ff, sie können jedoch ebenfalls einen gesetzlichen Schwebezustand begründen; vgl. z.B. §§ 108, 109, 177, 178, 184, 185 II. Über den Inhalt dieser gesetzlichen Sondervorschriften hinaus kommt eine analoge Anwendung der §§ 158ff grundsätzlich nicht in Betracht (RGZ 144, 71, 73).

Der Umstand, wovon die Geschäftswirkungen abhängig gemacht werden, muß *ungewiß* sein; ob er sich verwirklichen wird, muß zur Zeit der Setzung der Bedingung dem menschlichen Erkenntnisvermögen entzogen sein. Ungewiß ist das „ob" („incertus an"), während es auf die Ungewißheit über das „wann" nicht ankommt. – Der Vater verpflichtet sich, dem Sohn ein Auto zu schenken, wenn er das Examen besteht.

Dadurch *unterscheidet* sich die Bedingung von der *Befristung* (Zeitbestimmung, Termin), einem künftigen, gewiß eintretenden Ereignis („certus an, certus oder incertus quando"). – Der Vater verpflichtet sich, dem Sohn am Beginn des nächsten Jahres ein Auto zu schenken.

Wenn auf einen vergangenen oder gegenwärtigen Umstand abgestellt wird, liegt keine echte, sondern eine *sog. Scheinbedingung* vor. Der fragliche Umstand ist zwar objektiv gewiß, jedoch ist zumindest für eine Partei *subjektiv* eine Ungewißheit gegeben. Da bis zu dem Zeitpunkt, in dem die Gewißheit eintritt, für die Partei die gleiche Ungewißheit besteht wie bei einer echten Bedingung, können die Bestimmungen der §§ 158ff analog angewandt werden (vgl. Prot. I, 185).

Eine Bedingung, die auf ein künftiges Ereignis abstellt, bei dem von vornherein feststeht, daß es nicht eintreten kann (*sog. unmögliche Bedingung*), fällt nicht unter die Regelung der §§ 158ff; hier ist bei einer aufschiebenden Bedingung das Rechtsgeschäft unwirksam, bei einer auflösenden Bedingung voll wirksam.

Bei einer wegen §§ 134, 138 nichtigen Bedingung ist das Rechtsgeschäft insgesamt nichtig; da die Bedingung mit dem Rechtsgeschäft eine untrennbare Einheit bildet, ist § 139 grundsätzlich nicht anwendbar (str., a. M. aus Schutzwägungen zugunsten des Arbeitnehmers BAGE 4, 274, 285f).

Die Bedingung kann auf vielfältige Weise zum Ausdruck gelangen; auf den Gebrauch des Wortes „Bedingung" kommt es nicht an. Die Parteien benutzen häufig die Formulierung „wenn", „falls" usw. oder sprechen von „Voraussetzung".

Andererseits sprechen die Parteien von „Vertragsbedingungen", wenn es sich um wesentliche Punkte der Vereinbarungen handelt, ohne daß eine Bedingung im Sinne der §§ 158ff vorliegt.

Bei unklaren Formulierungen ist *auszulegen,* ob ein bedeutungsloser Beweggrund kundgegeben wird, oder die Wirkung von dem Umstand abhängig gemacht werden soll (BGH WM 1963, 192). Bei formbedürftigen Geschäften bedarf auch die Bedingungserklärung dieser Form.

II. Arten der Bedingung

582 Die begriffliche Differenzierung in *gewillkürte und zufällige* Bedingungen einerseits und *aufschiebende und auflösende* Bedingungen andererseits orientiert sich an unterschiedlichen Kriterien; die erste Alternative betrifft die Voraussetzungen, die zweite die Wirkungen der Bedingung. Das Gesetz unterscheidet nur zwischen aufschiebender und auflösender Bedingung, die jeweils potestativ, kasuell oder gemischt sein können.

583 **1.** a) Bei der **gewillkürten Bedingung (Potestativbedingung)** hängt der Eintritt vom freien Willensentschluß der Beteiligten ab.

Zu prüfen bleibt, wieweit dies der Fall sein kann: Die *aktive,* auf den Entschluß eines aus Vertrag bedingt *Berechtigten* gestellte Bedingung ist unbedenklich, z. B. Ausübung eines Vorkaufsrechts gem. § 504 (RGZ 67, 42, 45; 72, 385ff; vgl. auch RGZ 69, 281, 283; BGHZ 47, 387, 391). Die *passive* auf den Willensentschluß des bedingt *Verpflichteten* abgestellte Bedingung wird nach verbreiteter Ansicht gleichfalls als zulässig anerkannt, zumindest soweit sich die Bedingung auf den Bestand eines wirksam abgeschlossenen schuldrechtlichen Vertrages bezieht. Darüber hinaus wird in der Rechtsprechung die Auffassung vertreten, daß bei gegenseitigen Verträgen, bei denen jeder zugleich Gläubiger und Schuldner ist, Potestativbedingungen generell zulässig

Die Bedingung § 42 II 1

seien, wofür auch die gesetzliche Regelung in § 495 herangezogen wird (vgl. RGZ 104, 98, 100; BGH WM 1962, 1399, 1401; BGH LM Nr. 16 zu § 433).
  Soweit es sich um die Bedingung zur *Begründung einer Verpflichtung* handelt, wird allerdings die Auslegung regelmäßig zu dem Ergebnis führen, daß die Verpflichtung erst mit dem Wollen des Verpflichteten begründet wird und nicht schon mit dem Setzen der Bedingung. Wer sich nur für den Fall verpflichtet, daß er wollen wird, verpflichtet sich tatsächlich noch nicht (RGZ 136, 132, 135).

> Dem widerspricht der Begriff der *„Wollensbedingung"*, die einen Vertragsschluß bereits bei der Vereinbarung der Bedingung unterstellt, gleichwohl jedoch die rechtliche Bindung von einer freien Willensentscheidung abhängig machen will. Im Bereich der *Verpflichtungsgeschäfte* können aus den dargelegten Gründen sog. aufschiebende Wollensbedingungen praktisch keine Rolle spielen. Auflösende Wollensbedingungen werden schuldrechtlich zumeist als Vorbehalt eines Rücktritts oder einer Kündigung auszulegen sein.
> Im Bereich der *Verfügungsgeschäfte* sind sog. Wollensbedingungen aus Gründen der Rechtssicherheit nicht zuzulassen, da dadurch die Zuordnung der Verfügungsgegenstände von subjektiven, nicht nachvollziehbaren Voraussetzungen abhängig gemacht würde. Das zeigt sich schon daran, daß in solchen Fällen § 161 keine Anwendung finden könnte (so auch im Ergebnis FLUME II § 38, 2 d). Hier kommen nur Potestativbedingungen in Betracht, die auf ein vom Willen getragenes Tun oder Unterlassen und damit auf einen erkennbaren Vorgang abstellen (vgl. die letzte Ratenzahlung beim Eigentumsvorbehalt, § 455).

Soweit Bedingungen nicht für den weiteren Bestand des wirksam abgeschlossenen Rechtsgeschäftes, sondern für das Zustandekommen eines Vertrages gesetzt werden sollen, bieten im *übrigen Rechtsinstitute wie der Optionsvertrag eine sachgerechtere dogmatische Konzeption* (vgl. SOERGEL/KNOPP Vor § 158 Rdn. 29ff; MÜNCHKOMM/WESTERMANN § 158 Rdn. 22; s. auch oben Rdn. 533 ff).

b) Beruht der Eintritt der Bedingung nicht auf dem Willensentschluß der Parteien, sondern auf einem ungewissen zukünftigen Ereignis, so handelt es sich um eine sog. **Zufallsbedingung (kasuelle Bedingung)**. Dies gilt auch, wenn das ungewisse zukünftige Ereignis das willensabhängige Verhalten eines Dritten ist.

> Es handelt sich jedoch nur dann um eine echte Bedingung, wenn die Beteiligung des Dritten nicht eine vom Gesetz geforderte Voraussetzung für den Eintritt der Rechtswirkung ist (sog. Rechtsbedingung).

c) Hingegen beruht der Eintritt einer *gemischten Bedingung* sowohl auf dem Willen eines Beteiligten als auch auf davon unabhängigen Umständen.

584 2. Die **aufschiebende (Suspensiv-)Bedingung** macht das *Wirksamwerden* des Rechtsgeschäfts, den Eintritt der vorgesehenen Rechtsfolgen, die **auflösende (Resolutiv-)Bedingung** *das Wirksambleiben,* den Wegfall der bereits eingetretenen Rechtsfolgen, *von einem ungewissen künftigen Umstand* abhängig.

> Die Unterscheidung spielt auch eine Rolle für die Verteilung der *Beweislast:* Wer aus einer aufschiebend bedingten Verpflichtung klagt, hat nach h. M. entweder den unbedingten Abschluß des Geschäfts oder den Eintritt der Bedingung zu beweisen.
> Wer sich auf eine auflösende Bedingung beruft, muß den Abschluß des Rechtsgeschäfts unter der auflösenden Bedingung und deren Eintritt beweisen. Der Beweis für den Abschluß unter einer auflösenden Bedingung kann sich erübrigen, wenn für diese Vereinbarung eine Vermutung besteht. Dies ist bedeutsam für den Abschluß einer auflösend bedingten Sicherungsübereignung, da durch eine entsprechende Vermutung die fehlende Akzessorietät dieses Sicherungsinstruments ersetzt werden könnte; die überwiegende Meinung lehnt jedoch die Vermutung einer auflösenden Bedingung ab (vgl. Baur § 57 III 1 b).

a) *Ob eine aufschiebende oder auflösende Bedingung gewollt ist,* muß in zweifelhaften Fällen aus der Interessenlage durch *Auslegung* gegebenenfalls im Wege sinnvoller Ergänzung ermittelt werden (§§ 133, 157). Das Gesetz kennt keine allgemeine Auslegungsregel (vgl. Mot. I, 251); einzelne gesetzliche Auslegungsregeln finden sich in §§ 455, 495 I 2, 2075.

Man wird also zu fragen haben, ob die Wirkungen der aufschiebenden oder auflösenden Bedingung angesichts der von den Parteien verfolgten Zwecke im konkreten Falle zu einer interessengerechten Lösung führen (vgl. BGH NJW 1975, 776f). So hat z. B. die Rechtsprechung eine *aufschiebende* Bedingung in der Klausel „Zahlung nach Wareneingang und Prüfung" (OLG Düsseldorf BB 1973, 1372) oder „nach Probefahrt ohne festgestellte Mängel" (LG Berlin MDR 1970, 923) angenommen. Andererseits kann z. B. in der „Selbstbelieferungsklausel" eines Verkäufers bei Nichtbeschaffbarkeit des Kaufgegenstandes eine *auflösende* Bedingung des Kaufvertrages gesehen werden (vgl. BGHZ 24, 39, 40 m.w.N.).

b) Aus der Tatsache, daß die Beteiligten das *obligatorische Geschäft* unter eine Bedingung gestellt haben, kann zwar nicht ohne weiteres gefolgert werden, daß auch das *Verfügungsgeschäft* unter derselben Bedingung stehen sollte. Auch insoweit ist im Wege der Auslegung zu ermitteln, ob das Verfügungsgeschäft unter der entsprechenden Bedingung vorgenommen wurde. Eine an den Interessen orientierte Auslegung wird allerdings bei der Vereinbarung einer auflösenden Bedingung für das Grundgeschäft im Zweifel eine solche Vereinbarung auch für die Vornahme der Verfügungen annehmen, da bei Eintritt der Bedingung auch im Zuordnungsbereich automatisch der Zustand hergestellt wird, der vor Abschluß des Rechtsgeschäftes bestand. –

Andererseits kann bei einem unbedingten Kausalgeschäft die dingliche Zuordnung durchaus aufschiebend bedingt interessengerecht sein, wenn sie der Kreditsicherung dient. Dies hat der Gesetzgeber in § 455 zum Ausdruck gebracht.

c) Von Bedeutung ist die Auslegung, ob es sich um die *Vereinbarung einer auflösenden Bedingung oder eines Rücktrittsrechts* handelt. Dies ist insbesondere bedeutsam für die *Rückabwicklung von Verfügungsgeschäften*. Während die auflösende Bedingung durch den Eintritt einer weiteren – nicht notwendig rechtsgeschäftlichen – Tatsache die Wirkung des Geschäftes vernichtet, ist die *Rücktrittserklärung* ein neuer, selbständiger, rechtsgeschäftlicher Tatbestand, der *nur für das Verpflichtungsgeschäft* zulässig ist. Hinsichtlich der vollzogenen Verfügungen erzeugt der Rücktritt nur eine Verpflichtung zur Rückgewähr der empfangenen Leistungen. Infolgedessen werden die zur Erfüllung eines obligatorischen Grundgeschäfts vollzogenen Verfügungen beim Rücktritt nicht ohne weiteres hinfällig. Zur Rückabwicklung bedarf es daher eines *erneuten* Verfügungsgeschäfts.

III. Zulässigkeit der Bedingung

1. Grundsätzlich können alle Rechtsgeschäfte unter einer Bedingung abgeschlossen werden, soweit durch sie nicht gegen die *allgemeinen Schranken des Geschäftsinhalts* verstoßen wird.

585

Verbotene oder sittenwidrige Bedingungen führen zur Nichtigkeit des *gesamten* Rechtsgeschäftes (vgl. oben Rdn. 581).
Bedingungen, die widersinnig (perplex) sind, weil sie mit dem Geschäftsinhalt in einem unvereinbaren Widerspruch stehen, führen ebenfalls zur Nichtigkeit des gesamten Rechtsgeschäfts.

2. Gewisse Rechtsgeschäfte sind teils aus Gründen der *Sittlichkeit,* teils im *öffentlichen und allgemeinen Interesse,* insbesondere der *Rechtssicherheit,* teils im *Interesse des Geschäftsgegners* **bedingungsfeindlich**. So die meisten Geschäfte des Familienrechts, wie die Eheschließung (§ 13 II EheG), die Ehelicherklärung (§§ 1724, 1740 a II), die Annahme an Kindesstatt (§ 1750 II); ferner im Erbrecht die Annahme und Ausschlagung einer Erbschaft oder eines Vermächtnisses (§§ 1947, 2180 II), aber auch viele vermögensrechtliche Geschäfte, wie z. B. die Auflassung (§ 925 II), die Annahme des Vertragsangebots (§ 150 II), die Aufrechnung (§ 388 S. 2).

Die Aufnahme einer auflösenden Bedingung in einen Arbeitsvertrag kann unzulässig sein, soweit dadurch die Kündigungsschutzvorschriften, insbesondere im Falle des § 626, umgangen werden; vgl. BAG NJW 1982, 788ff.

Auch ohne ausdrückliche gesetzliche Anordnung kann sich die *Bedingungsfeindlichkeit aus der Natur eines Rechtsgeschäfts* ergeben, soweit ein berechtigtes Interesse des Geschäftsgegners an der sofortigen Schaffung einer klaren Rechtslage besteht. Daher sind *einseitige Rechtsgeschäfte,* die unmittelbar in fremde Vermögensverhältnisse eingreifen und dem Gegner nicht bloß einen rechtlichen Vorteil einbringen, bedingungsfeindlich, so insbesondere die *Gestaltungsrechte* wie Kündigung, Anfechtung, Rücktritt, Widerruf (vgl. RGZ 66, 153 f; 91, 307 ff; OGHZ 3, 250, 252).

Doch wird z. B. eine *bedingte Kündigung* zuzulassen sein, wenn die Bedingung eintritt, und der Gegner das vor Ablauf der Zeit erfährt, die für die Kündigung offen stand. – Einverständnis des Gegners mit der bedingten Abgabe schließt die Unwirksamkeit aus, wenn die Unzulässigkeit der Bedingung nur dessen Schutz bezweckt (vgl. RGZ 91, 307, 309). – Die Bedingung, deren Eintritt dem Willen des Erklärungsempfängers anheimgegeben ist, ist schlechthin zulässig, so die Kündigung unter einer Bedingung, deren Eintritt ausschließlich vom Willen des Kündigungsempfängers abhängt, insbesondere die sog. Änderungskündigung (vgl. § 2 KSchG).

IV. Wirkungen

586 1. Das Setzen der Bedingung erzeugt einen **Schwebezustand**. Bei einer aufschiebenden Bedingung tritt die gewollte Wirkung des Rechtsgeschäfts zunächst nicht ein, bei einer auflösenden Bedingung treten die Hauptgeschäftswirkungen zwar ein, ihr Bestand ist jedoch vom Eintritt oder Ausfall der Bedingung abhängig (§ 158 I und II).

Auch bei der aufschiebenden Bedingung ist das Rechtsgeschäft bereits *vollendet* und in seinem Inhalt unabänderlich festgelegt (vgl. RGZ 67, 425, 429; 69, 416, 421). Lediglich die gewollte Rechtswirkung hängt vom Eintritt eines ungewissen, zukünftigen Umstandes ab. So berührt bei einer Potestativbedingung die Willensäußerung des Berechtigten zum Eintritt der Bedingung nicht den Abschluß des zugrundeliegenden Rechtsgeschäfts.

Die *Wirksamkeitsvoraussetzungen* des Rechtsgeschäfts müssen daher *im Zeitpunkt seiner Vornahme* gegeben sein. Dies gilt insbesondere für Geschäftsfähigkeit und Verfügungsbefugnis, für Formerfordernisse, auch für den Zeitpunkt der Gutgläubigkeit (zu § 932 vgl. BGHZ 10, 69, 72 f).

587 2. a) Der *Eintritt* der Bedingung löst **automatisch** die *im Rechtsgeschäft festgelegten Rechtswirkungen* aus (BGHZ 20, 88, 97). Daraus ergibt sich für den Berechtigten eine *gesicherte Erwartung,* die als **Anwartschaft** bezeichnet wird (vgl. zu den Einzelheiten unten Rdn. 592 ff).

Theoretisch kann man zwischen obligatorischen und dinglichen Anwartschaften unterscheiden; von Bedeutung sind jedoch die dinglichen Anwartschaften, die zutreffender als Anwartschaften *im Verfügungs- oder Zuordnungsbereich* bezeichnet werden, da auch Verfügungen über Forderungen die Zuordnung des Forderungsrechtes zum Gegenstand haben.

Ob und wann eine Bedingung *eingetreten* ist, muß im Zweifelsfall durch *Auslegung* ermittelt werden. Das Gesetz enthält lediglich in § 2076 eine Bestimmung für den Bedingungseintritt bei einer letztwilligen Zuwendung zum Vorteil eines Dritten.

b) Entsprechendes gilt für den *Ausfall* der Bedingung, wenn der Tatbestand, an den die Bedingung geknüpft ist, sich nicht verwirklicht und nicht mehr verwirklicht werden kann. Hierzu kann ausreichen, wenn die Bedingung nicht mehr in der vereinbarten oder einer angemessenen Frist verwirklicht werden kann. Mit dem Ausfall erweist sich bei der aufschiebenden Bedingung das bedingte Geschäft als völlig unwirksam, bei der auflösenden Bedingung behält es endgültig seine Wirksamkeit.

> Hat z. B. ein Vater seinem Sohn einen Pkw unter der aufschiebenden Bedingung geschenkt (zur Frage, ob diese Zuwendung als vollzogene Schenkung oder als Schenkungsversprechen anzusehen ist, vgl. BGH MDR 1960, 1004; WM 1971, 1338 f), daß er das Staatsexamen besteht, so ist die Bedingung ausgefallen, wenn der Sohn trotz Wiederholung das Examen nicht bestanden hat.

3. Der *Eintritt* der Bedingung hat grundsätzlich **keine rückwirkende Kraft,** 588 die Bedingung wirkt ex nunc, nicht ex tunc.

> Der Bedingungseintritt unterscheidet sich von der Genehmigung, bei der die Rechtswirkungen ex tunc eintreten (§ 184 I).

Allerdings können die Parteien der Bedingung *rückwirkende Kraft beilegen.* Ob sie das getan haben, ist Auslegungsfrage. Die vereinbarte Rückwirkung hat aber *nur schuldrechtliche Wirkung* (§ 159).

> Hat A dem B eine Hündin aufschiebend bedingt übereignet und hat diese vor dem Eintritt der Bedingung Junge geworfen, so erwirbt A das Eigentum an den Welpen (§ 953). – Falls aber die Rückwirkung als gewollt anzunehmen ist, ist A schuldrechtlich verpflichtet, dem B das Eigentum an den Welpen zu übertragen, während das Eigentum an der Hündin mit Bedingungseintritt von selbst übergeht. Für aus dem Eigentum an der Hündin sich in der Zwischenzeit ergebende Lasten und Verpflichtungen eröffnet § 159 die Möglichkeit eines schuldrechtlichen Ausgleichs.

Obwohl das Gesetz von der ex-nunc-Wirkung ausgeht, legt es jedoch den Beteiligten eine allgemeine Verpflichtung – über § 160 hinaus – auf, sich während des Schwebezustandes im Hinblick auf den künftigen Eintritt der Rechtswirkungen vertragstreu zu verhalten (BGH BB 1967, 811; WM 1969, 835 f).

4. Treuwidriges Einwirken auf den Bedingungseintritt

589 Dem **Eintritt** der Bedingung wird im Wege der *Fiktion* der *Fall gleichgestellt*, wenn der, zu dessen Nachteil der Eintritt gereichen würde, diesen wider Treu und Glauben *verhindert* (§ 162 I). Entsprechendes gilt für eine treuwidrige *Herbeiführung* des Bedingungseintritts (§ 162 II). Diese Regelung entspricht dem allgemeinen Rechtsgrundsatz, daß derjenige, der eine Treuepflicht verletzt, daraus keine Rechte herleiten kann.

> Ein Grundstückseigentümer hat sich zur Verzinsung einer Hypothek unter der Bedingung verpflichtet, daß alle Wohnungen seines Grundstücks vermietet seien, und unterläßt den Abschluß eines Mietvertrages (RG JW 1907, 357 Nr. 3).
>
> Der Verkauf eines Hausgrundstücks wird davon abhängig gemacht, daß der Käufer die Konzession für den in dem Hause zu errichtenden Hotel- und Schankbetrieb erhalte; der Käufer vereitelt die Konzessionserteilung, indem er es zuwider der getroffenen Vereinbarung unterläßt, das Haus entsprechend auszubauen (RGZ 79, 96 ff).
>
> Der Vorbehaltsverkäufer, der die vom Käufer angebotene Restzahlung nicht annimmt, verhindert treuwidrig den Bedingungseintritt; der Eigentumsübergang ist eingetreten.
>
> Ein Lizenznehmer, der einen Lizenzvertrag unter der auflösenden Bedingung des Erlöschens des Patents geschlossen hat, handelt treuwidrig, wenn er das Erlöschen des Patents durch Nichtigkeitsklage betreibt; er bleibt zur Zahlung der Lizenzgebühr verpflichtet (RGZ 101, 235 ff).

Für das Eingreifen des § 162 ist vorausgesetzt, daß ein *ursächlicher Zusammenhang* zwischen dem treuwidrigen Verhalten einer Partei und dem Eintritt oder Nichteintritt einer Bedingung besteht. Der Versuch, auf einen nicht beeinflußbaren Kausalzusammenhang einzuwirken, genügt nicht. Andererseits braucht das Verhalten der Partei nicht die einzige Ursache für den Eintritt oder Ausfall der Bedingung zu sein. Die Beweislast trifft denjenigen, der sich auf die Rechtsfolge des § 162 beruft (BGH LM Nr. 2 zu § 162).

Regelmäßig setzt die Verhinderung ein *positives Eingreifen* voraus. Eine Verhinderung durch bloßes *Unterlassen* kommt nur dann in Betracht, wenn positive Bemühungen nach Treu und Glauben erwartet werden durften – ohne daß es auf eine Rechtspflicht zur Erfüllung der Bedingung im Sinne eines klagbaren Anspruchs ankommt (RGZ 79, 96, 98; BGH BB 1965, 1052).

Subjektiv genügt ein *bewußt pflichtwidriges, mittelbares Eingreifen* in den Gang der Bedingung; auf Vorsatz oder gar absichtliche Schädigung kommt es nicht an (BGH BB 1965, 1052; vgl. schon RGZ 122, 247, 251).

Ein treuwidriges Verhalten gemäß § 162 liegt grundsätzlich nur dann vor, wenn jemand in den Gang der Dinge eingreift, wo sein Wille nach der Absicht der Parteien beim Vertragsabschluß nicht bestimmend sein, vielmehr der Zufall entscheiden sollte; *grundsätzlich* ist deshalb *kein Raum* für die Anwendung des § 162 im Falle einer *reinen Potestativbedingung* (vgl. Mot. I, 263). Doch ist auch hier unter besonderen Umständen ein Verstoß gegen Treu und

Glauben denkbar, wenn die Bedingung auf ein an sich vom Willensentschluß abhängiges Verhalten gestellt ist; denn auch derjenige, der sich entscheiden darf, muß gleichwohl seine Entscheidung unter Berücksichtigung von Treu und Glauben treffen; dem widerspricht es, wenn z. B. jemand eine zum Bedingungseintritt erforderliche, bereits eingeleitete Handlung (Verkauf, Vermietung, Instandsetzung) grundlos wieder abbricht oder ihre Vollendung so lange hinauszögert, daß der Abschluß erst nach der für den Eintritt der Bedingung vorgesehenen Frist stattfindet.

5. Der Schutz des bedingt Berechtigten während des Schwebezustandes
a) Schadensersatzansprüche des bedingt Berechtigten

Der bedingt Verpflichtete darf das *von der Bedingung abhängige Recht* in der Zwischenzeit weder vereiteln noch beeinträchtigen. Bei schuldhafter Beeinträchtigung ist er im Falle des Bedingungseintritts schadensersatzpflichtig (§ 160 I).

Soweit es sich um bedingte *Verpflichtungsgeschäfte* handelt, wird § 160 heute im Anschluß an FLUME (II § 40 2 c) nur klarstellende Funktion beigemessen. Auch wenn der Anspruch auf die Hauptleistung mangels Eintritts der Bedingung noch nicht wirksam ist, bestehen doch Vorbereitungs- und Unterlassungspflichten, deren Verletzung – ähnlich der positiven Vertragsverletzung – eine Schadensersatzpflicht begründet (vgl. LARENZ AT § 25 III b). Hingegen hat bei *Verfügungsgeschäften* § 160 anspruchsbegründende Bedeutung, wenn demjenigen, der bedingt verfügt hat, die Verpflichtung auferlegt wird, Vereitelung und Beeinträchtigung zu unterlassen.

Der Schadensersatzanspruch setzt voraus, daß die Bedingung eingetreten ist. *Vor Eintritt* hat der Berechtigte jedoch einen klagbaren *Anspruch auf Einhaltung der Vorbereitungs- und Unterlassungspflichten.* – Der *Verschuldensmaßstab* ist § 276 zu entnehmen, soweit sich aus dem zugrundeliegenden Rechtsgeschäft nichts anderes ergibt. – Der *Umfang des Schadensersatzes* richtet sich nach §§ 249 ff.

Der Anspruch aus § 160 richtet sich nur gegen den anderen Vertragsteil, nicht gegen einwirkende Dritte. Hier kann u. U. gegen den Dritten ein Unterlassungs- oder Schadensersatzanspruch aus Deliktsrecht erwachsen.

Eine entsprechende Rechtsstellung hat gem. § 160 II bei der *auflösenden Bedingung* derjenige, an den das Recht bei Bedingungseintritt zurückfallen soll.

> Dies ist praktisch bedeutsam bei der auflösend bedingten Sicherungsübereignung; allerdings lassen sich entsprechende Rechtsfolgen in der Regel schon aus dem Treuhandcharakter der Sicherungsabrede herleiten.

b) Schutz des bedingt Berechtigten vor Zwischenverfügungen

Ein besonderes Schutzbedürfnis ergibt sich während des Schwebezustandes gegen Zwischenverfügungen zugunsten eines Dritten, durch die die vom Eintritt der Bedingung abhängige Rechtswirkung vereitelt oder beeinträchtigt wird. § 161 I erklärt jede weitere Verfügung in der Zwischenzeit insoweit für unwirksam; bis zum Eintritt der Bedingung ist die Verfügung voll wirksam; das gilt für auflösende Bedingungen in gleicher Weise (§ 161 II).

> Hingegen werden in der Zwischenzeit mit Dritten über den Verfügungsgegenstand vorgenommene *Verpflichtungsgeschäfte* in der Wirksamkeit nicht berührt (BGH WM 1962, 393, 394).

Die Unwirksamkeit ist bei Bedingungseintritt jedoch – anders als bei § 135 – nach h.M. keine relative, sondern eine *absolute,* d. h. der Dritte hat überhaupt kein Recht erworben. Gleichwohl eröffnen Rechtsprechung und Lehre die *Möglichkeit der Zustimmung* durch den bedingt Berechtigten (RGZ 76, 89, 91; vgl. STAUDINGER/DILCHER § 161 Rdn. 11 m.w.N.).

Den rechtsgeschäftlichen Verfügungen stehen *Verfügungen im Wege der Zwangsvollstreckung oder der Arrestvollziehung gleich,* d. h. es besteht bei Bedingungseintritt kein Pfändungspfandrecht (§ 161 I 2) von der Unwirksamkeit ist jedoch der Zuschlag in der Zwangsversteigerung *nicht* betroffen, da dieser als Hoheitsakt Eigentum ohne Rücksicht darauf vermittelt, ob der Schuldner Eigentümer oder der Ersteigerer gutgläubig war (BGHZ 55, 20, 25). Ferner sind den rechtsgeschäftlichen Verfügungen solche des Konkursverwalters gleichgestellt.

Die Regelung des § 161 ist auch auf *gesetzliche Pfandrechte* anzuwenden, da die Interessenlage mit den Verfügungen im Wege der Zwangsvollstreckung vergleichbar ist (a.M. STAUDINGER/DILCHER § 161 Rdn. 5).

> Hat z. B. ein Kreditnehmer eine Sache zur Sicherung auflösend bedingt an den Kreditgeber übereignet und verbringt dieser die Sache in Räume, für die er die Miete schuldig bleibt, so daß ein Vermieterpfandrecht gem. § 559 eingreift, so fällt bei Eintritt der auflösenden Bedingung das Eigentum an der Sache unbelastet an den Kreditnehmer zurück.

Allerdings finden gem. § 161 III die Vorschriften über den *gutgläubigen Erwerb* vom Nichtberechtigten entsprechende Anwendung (§§ 932 ff, 1032, 1207; §§ 366, 367 HGB; §§ 892 f, 1138, 1157).

> Hat z. B. V an K ein Pferd aufschiebend bedingt veräußert, wobei das Pferd zur Pflege im Stall des V verblieb, und überträgt nunmehr V durch Einigung und Übergabe das Pferd an D, so finden zugunsten des D die Vorschriften der §§ 932 ff entsprechende Anwendung. Da D hier von V als Eigentümer, der allerdings durch seine bedingte Verfügung bereits gebunden ist, erwirbt, ist er, wenn schon vom Nichteigentümer gutgläubig erworben werden kann, erst recht schutzwürdig.
> Der bedingt Berechtigte ist auf Schadensersatzansprüche verwiesen sowie auf den Herausgabeanspruch gem. § 816 I; nur im Ausnahmefall der unentgeltlichen Verfügung kann er sich schuldrechtlich an den Dritten halten (§ 816 I S. 2).

Wegen der gesetzlichen Folge aus § 161 III sind Bedingungen im *Grundbuch* eintragungsfähig (RGZ 79, 89, 91), allerdings läßt sich die Sicherung des Erwerbers zweckmäßiger durch eine Vormerkung erreichen.

V. Die Anwartschaft

BLOMEYER A., Die Anwartschaft aus bedingtem Rechtsgeschäft, 1937; ders. Die Rechtsstellung des Vorbehaltkäufers, AcP 162, 193 ff; FLUME Die Rechtsstellung des Vorbehaltskäufers, AcP 161, 385 ff; FORKEL Grundfragen der Lehre vom privatrechtlichen Anwartschaftsrecht, 1962; FRANK Schutz von Pfandrechten aus Eigentumsanwartschaften bei Sachpfändung durch Dritte, NJW 1974, 2211 ff; GEORGIADES Die Eigentumsanwartschaft beim Vorbehaltskauf, 1963; GUDIAN Das Besitzrecht des Vorbehaltskäufers, NJW 1967, 1786 ff; HÜBNER, U. Zur dogmatischen Einordnung der Rechtsposition des Vorbehaltskäufers, NJW 1980, 729 ff; KUPISCH Durchgangserwerb oder Direkterwerb? JZ 1976, 417 ff; LETZGUS Die Anwartschaft des Käufers unter Eigentumsvorbehalt, 1938; PIKART Die Rechtsprechung des Bundesgerichtshof zur Anwartschaft, WPM 1962, 1230 ff; ders. Probleme der sachenrechtlichen und schuldrechtlichen Anwartschaft, Festschrift Heymanns Verlag, 1965; RAISER, L. Dingliche Anwartschaften, 1961; REINICKE Gesetzliches Pfandrecht und Hypothek am Anwartschaftsrecht aus bedingter Übereignung, 1941; ders. Kreditsicherung und Übertragung von Anwartschaftsrechten aus bedingter Übereignung, NJW 1951, 547 ff; SERICK Eigentumsvorbehalt und Sicherungsübertragung I, 1963, 241 ff; SPONER Das Anwartschaftsrecht und seine Pfändung, 1965; STOLL Das Anwartschaftsrecht des gutgläubigen Vorbehaltskäufers, JuS 1967, 12 ff; WÜRDINGER Die privatrechtliche Anwartschaft als Rechtsbegriff, 1928.

1. Dogmatische Einordnung

Die Rechtsordnung hat die Rechtsstellung des bedingt Berechtigten nicht eigens institutionalisiert. Rechtsprechung und Lehre (in letzterer nicht unumstritten) haben zu einer dogmatischen Verfestigung geführt (vgl. oben Rdn. 222).

Allgemein versteht man unter Anwartschaft eine *Aussicht auf Erwerb eines subjektiven Rechtes,* wobei einzelne Elemente des Erwerbstatbestandes bereits verwirklicht sind, während andere oder mindestens ein letztes von denen, die der volle Tatbestand erfordert, noch ausstehen (vgl. RAISER aaO, S. 3; WESTERMANN § 5 III 3 a).

Es muß sich jedoch um eine *gesicherte Erwerbserwartung* handeln, um den Begriff der Anwartschaft von bloßen Aussichten oder Chancen auf Erwerb abzugrenzen. Die Sicherheit hängt davon ab, ob der Vorberechtigte die Erwerbsaussicht noch zerstören oder beeinträchtigen kann (so schon v. TUHR I § 9 I).

Die Rechtsfigur des Anwartschaftsrechts als *schutzfähige Rechtsposition im Sinne eines subjektiven Rechtes* ist praktisch nur tauglich, wenn der Bedingungseintritt vom Erwerber i. S. einer Potestativbedingung abhängt; Zufallsbedingungen – mit Ausnahme von § 956 I S. 2 – sichern die Erwerbserwartung nicht hinlänglich, so daß die dem Anwartschaftrecht zugestandenen Funktionen nicht begründet erscheinen.

Daher widerspricht es der Rechtsfigur des Anwartschaftsrechts auch nicht, wenn die gesicherte Erwartung des Vorbehaltskäufers davon abhängig ist, daß er sich vertragstreu verhält. Kommt er nämlich mit seiner Zahlung in Verzug, so kann der Verkäufer gem. § 455 *vom Kauf zurücktreten;* in diesem Falle kann die Bedingung nicht mehr eintreten, so daß das Anwartschaftsrecht des Vorbehaltskäufers entfällt; dies wirkt sich auch gegenüber einem Dritten aus, der die Anwartschaft erworben hat (BGHZ 75, 221, 225).

Die Verknüpfung des Eigentumsvorbehalts mit der zu sichernden Kaufpreisforderung wird in Allgemeinen Geschäftsbedingungen häufig aufgegeben (z. B. durch Vereinbarung eines sog. *Kontokorrentvorbehaltes*); danach tritt die Bedingung erst nach Erfüllung sämtlicher Zahlungsverpflichtungen des Käufers ein. Die Zulässigkeit einer solchen Abrede ist umstritten; ihre Vereinbarung durch AGB gegenüber Nichtkaufleuten stößt wegen § 9 II AGBG auf Bedenken; grundsätzlich ablehnend LARENZ SchR II § 43 II e 3. Die Rechtsprechung hält eine Ausdehnung des Eigentumsvorbehalts in Grenzen für zulässig (BGHZ 42, 53, 58; BGH NJW 1978, 632).

Hauptanwendungsfälle sind im Bereich der *aufschiebenden Bedingung* der *Eigentumsvorbehalt* gem. § 455 und im Bereich der *auflösenden Bedingung* die so bedingte *Sicherungsübereignung* bzw. *Sicherungszession.*

Die rechtliche Bedeutung des Anwartschaftsrechts zeigt sich insbesondere in der Stellung des Vorbehaltskäufers. Die Rechtsprechung hat sie der Stellung des Eigentümers angenähert und das Anwartschaftsrecht als *„wesensgleiches Minus"* zum Vollrecht bezeichnet (st. Rspr., vgl. BGHZ 28, 16, 21; 35, 85, 89).

2. Übertragung des Anwartschaftsrechts

593 Das äußert sich zunächst darin, daß sich die Übertragung des Anwartschaftsrechts nach den *Regeln der Übertragung des Vollrechts* bestimmt. Eine Verfügung des Vorbehaltskäufers über sein Anwartschaftsrecht erfolgt also nicht etwa durch Abtretung des Anspruchs auf Eigentumsübertragung, vielmehr wird das Recht als solches nach §§ 929 ff übertragen, ohne daß es der Zustimmung des Vorbehaltsverkäufers bedarf (BGHZ 20, 88, 100).

Es fragt sich, ob das aus der Anwartschaft erwachsende Recht beim Bedingungseintritt **unmittelbar** für den Anwartschaftserwerber entsteht oder nicht.

Erwirbt z. B. K 1 eine Sache vom Verkäufer V unter Eigentumsvorbehalt und überträgt er das ihm damit zustehende Anwartschaftsrecht (nicht das Eigentum nach §§ 932 ff) an einen Erwerber K 2, so scheidet damit die Sache aus dem Zuordnungsbereich des K 1 aus; K 2 erwirbt sie bei Bedingungseintritt unmittelbar von V (h.M., vgl. BGHZ 20, 88, 101). Das hat zur Folge, daß bei einer Veräußerung von K 1 an K 2 nach §§ 929, 930 die Pfändung eines Gläubigers des K 1, der in die noch bei diesem

Die Bedingung § 42 V 2

befindliche Sache vollstreckt, bei Bedingungseintritt nicht wirksam ist und K 2 unbelastet Eigentum erwirbt (BGHZ aaO).

Anderes gilt im Falle einer Veräußerung nach §§ 929, 930 bei der Sonderregelung der §§ 1120, 1121. Auch bei Erwerb des Eigentums würde der Erwerber belastetes Eigentum erhalten, da wegen der latenten Haftung, der z. B. das Zubehör unterworfen ist, *mangels Entfernung* ein Ausscheiden aus dem Haftungsverband nicht stattfindet (vgl. BGHZ 35, 85, 90). Der Erwerber eines Anwartschaftsrechts kann nicht besser gestellt werden als derjenige, der sofort das Eigentum erwirbt (BGHZ 35, 85, 91; 54, 319, 330 f). Entsprechend ist im Falle eines Vermieterpfandrechts nach §§ 559, 560 zu verfahren (vgl. BGH NJW 1965, 1475).

Da die Anwartschaft wie ein Vollrecht übertragen wird, kann auch ein **594** **gutgläubiger Erwerb** des Anwartschaftsrechtes in Betracht kommen.

Erwirbt z. B. jemand von einem Nichtberechtigten eine Sache unter Eigentumsvorbehalt, so finden die Vorschriften der §§ 932 ff entsprechende Anwendung. Der gutgläubige Erwerber erlangt zunächst ein Anwartschaftsrecht, das mit Bedingungseintritt zum Vollrecht erstarkt; für den Zeitpunkt der Redlichkeit kommt es auf Einigung und Übergabe beim Erwerb des Anwartschaftsrechts an; spätere Bösgläubigkeit schadet nicht (BGHZ 10, 69, 72 f).

Davon unterscheidet sich der Fall, daß der Anwartschaftsberechtigte die Sache an eine Person ausleiht und diese das angeblich ihr zustehende Anwartschaftsrecht auf einen gutgläubigen Dritten überträgt. In diesem Fall kann der Dritte das Anwartschaftsrecht gem. §§ 932 ff erwerben, jedoch ist sein Bestand von der Rechtsbeziehung zwischen dem eigentlichen Vorbehaltskäufer und dem Vorbehaltsverkäufer abhängig.

Von der Übertragung des Anwartschaftsrechts ist der Fall *zu unterscheiden,* daß der Vorbehaltskäufer sein *angebliches Eigentum* überträgt; in diesen Fällen kommt nur ein Erwerb vom Nichtberechtigten in Betracht. Nach ständiger Rechtsprechung scheitert der gutgläubige Erwerb an den *Nachforschungspflichten* bei Gegenständen, die üblicherweise unter Eigentumsvorbehalt veräußert werden; ihre Nichtbeachtung stellt eine grobe Fahrlässigkeit im Sinne des § 932 II dar (vgl. RGZ 141, 129, 132; 147, 321, 331; BGHZ 10, 14, 17). Gleiches gilt, wenn der Veräußerer Nichtberechtigter ist, weil er den Gegenstand im Zuge eines finanzierten Kaufs dem Kreditgeber zur Sicherheit übereignet hat. Bei der Häufigkeit dieser Form der Kreditsicherung werden entsprechende Anforderungen im Rahmen des § 932 II zu stellen sein.

Wer jedoch in einem Ladengeschäft Gegenstände erwirbt, die dem Veräußerer üblicherweise zwar unter Eigentumsvorbehalt, jedoch mit der Zustimmung zur Weiterveräußerung geliefert wurden, erwirbt gem. § 185 vom berechtigten Nichteigentümer. Sofern ausnahmsweise eine Zustimmung zur Weiterveräußerung nicht vorliegt, der Erwerber hingegen an eine Verfügungsbefugnis des Kaufmanns glaubt, kann § 366 HGB eingreifen.

Fraglich ist, ob in solchen Fällen, insbesondere bei Sicherungsübereignung von Vorbehaltswaren, die Einigung, die auf Übertragung des Eigentums gerichtet war, als eine solche zur *Übertragung des Anwartschaftsrechts ausgelegt* werden kann (vgl. BGHZ 50, 45, 48 f; für Auslegung, nicht Umdeutung SERICK I § 11 III 1; a.M. BAUR § 52 II 3 c).

595 3. Obwohl das Anwartschaftsrecht als dem Vollrecht angenähert gilt und wie das Vollrecht übertragen wird, ist bei der **Pfändung** ein *Doppelakt* erforderlich (h.M., seit BGH NJW 1954, 1325); es wird sowohl eine Sachpfändung vorgenommen, als auch das Anwartschaftsrecht als „anderes Vermögensrecht" gemäß §§ 857, 828 f ZPO gepfändet. Allerdings steht dem *Vorbehaltsverkäufer* die *Drittwiderspruchsklage* gem. § 771 ZPO offen, die der pfändende Gläubiger durch Zahlung des Restkaufpreises abwenden kann.

4. Dem Anwartschaftsrecht als dem Vollrecht angenähertem Recht wird grundsätzlich der **Schutz des Vollrechts** zuteil, d.h. dem Anwartschaftsberechtigten stehen gegen Dritte nach überwiegender Meinung die Ansprüche aus §§ 985, 1004, 823 zur Verfügung (vgl. BAUR § 59 V 5). Pfändet der Gläubiger des Vorbehaltsverkäufers die bei diesem verbliebene Sache, so steht dem *Anwartschaftsberechtigten* die *Drittwiderspruchsklage* gem. § 771 ZPO zu (BGHZ 55, 20, 26 f).

5. Besondere Bedeutung kommt der Anwartschaft im **Konkurs** zu: Fällt der *Anwartschaftsberechtigte* in Konkurs, so hat der Konkursverwalter das *Wahlrecht,* ob er die Bedingung eintreten lassen will oder nicht (§ 17 KO); lehnt er z.B. die Leistung des noch hohen Restkaufpreises ab, so kann der Eigentumsvorbehaltsverkäufer gem. § 43 KO aussondern und ggf. Schadensersatz nach § 26 S. 2 KO fordern.

Fällt der *Vorbehaltsverkäufer* in Konkurs, so steht dem Konkursverwalter nach h.M. (FLUME aaO, S. 404 ff; JAEGER/HENCKEL § 17 Rdn. 52; MENTZEL/KUHN/UHLENBRUCK § 17 Rdn. 18) *kein Wahlrecht* gem. § 17 KO zu; dies läßt sich damit begründen, daß der Gemeinschuldner mit bedingter Einigung und Übergabe seinerseits bereits alles zur Erfüllung Erforderliche getan hat; soweit der Vorbehaltskäufer nicht zahlt, kann der Konkursverwalter zurücktreten.

VI. Abgrenzung zur Auflage

596 Von der Bedingung ist die Auflage zu unterscheiden. Sie ist die einer unentgeltlichen Vermögenszuwendung beigefügte Nebenbestimmung, wodurch der Empfänger zu einer Leistung verpflichtet wird (§§ 525 ff, 1940 f, 2192 ff).

A schenkt dem B eine Bücherei mit der Verpflichtung, die Doppelstücke der Universitätsbibliothek zu überlassen.

Die Befristung §43 I

Dagegen liegt keine Auflage vor, wenn die dem Empfänger einer Zuwendung auferlegte Leistung als Gegenwert der Zuwendung aufgefaßt werden muß.

Anders als die Bedingung hindert die Auflage keineswegs den Eintritt der Geschäftswirkungen. Die Zuwendung wird sofort wirksam; der für die Bedingung eigentümliche Schwebezustand entsteht nicht. Der Bedachte wird aber durch die Annahme der Zuwendung zur Erfüllung der Auflage verpflichtet.

Die Auflage begründet für den *Schenker* einen *Anspruch auf Vollziehung* (§ 525 I), bei Nichtvollziehung einen Rückforderungsanspruch gem. § 527. Im *Erbrecht* steht den Erben, den in § 2194 Genannten sowie darüber hinaus dem Testamentsvollstrecker (§§ 2203, 2208 I) und einem vom Erblasser bestimmten Dritten der Anspruch auf Vollziehung zu. Ein Rückforderungsanspruch besteht im Rahmen des § 2196.

Dagegen steht dem durch die Auflage *Begünstigten kein klagbarer Anspruch* auf Vollziehung zu.

§ 43
Die Befristung

I. Die Befristung als Zeitbestimmung ist die einer Willenserklärung beigefügte Beschränkung, daß die Wirkungen des Rechtsgeschäfts erst mit einem *gewiß* eintretenden künftigen Ereignis beginnen (Anfangstermin) oder nur bis dahin dauern sollen (Endtermin), § 163.

Zur Berechnung der Fristen vgl. unten § 51.

Durch die Gewißheit des Eintritts unterscheidet sich die Zeitbestimmung von der Bedingung; die Gewißheit des Eintritts verschafft dem Berechtigten eine stärkere Stellung als bei der Bedingung. Hierbei steht dem „dies certus an et quando" der „dies certus an, incertus quando" gleich; es ist also nicht nötig, daß der Termin kalendermäßig feststeht.

597

<small>Der Todestag einer Person ist eine reine Zeitbestimmung (vgl. RGZ 76, 89 f). Wenn dagegen der Onkel seinem Neffen für eine Reise zum 20. Geburtstag 2000 DM verspricht, so liegt eine Bedingung vor, weil ungewiß ist, ob der Neffe diesen Tag erlebt.</small>

Eine Befristung liegt nur dann vor, wenn durch die Bestimmung des Anfangstermins *die Entstehung des Rechtes selbst* aufgeschoben wird. Davon sind die Fälle zu unterscheiden, in denen lediglich *die Fälligkeit* des Rechtes aufgeschoben wird, sog. Betagung (wie hier LARENZ AT § 25 V; MÜNCH/KOMM/H.P. WESTERMANN § 163 Rdn. 3; anders die ältere Meinung vgl. ENN./NIPPERDEY § 199 II; FLUME II § 41 m.w.N.)

§ 43 II Vierter Teil: Die Lehre vom Rechtsgeschäft

> Bei der *Betagung* ist die Forderung bereits entstanden; lediglich ihre Fälligkeit ist bis zum Eintritt eines bestimmten Termins hinausgeschoben. Im Falle der *Stundung* ist zu unterscheiden, ob sie von vornherein eingeräumt und dadurch die Fälligkeit hinausgeschoben ist (vgl. §§ 452, 454), oder ob sie nachträglich eingeräumt und dadurch die Geltendmachung eines bereits fälligen Anspruchs aufgeschoben wird (vgl. § 202).

Im Schuldrecht wird eine aufschiebende Zeitbestimmung in der Regel als Betagung auszulegen sein; dies wird insbesondere auch aus § 271 II gefolgert.

Befristete Forderungen sind jedoch dann anzunehmen, wenn die *Entstehung des ganzen Schuldverhältnisses hinausgeschoben* ist; dies kommt insbesondere bei Dauerschuldverhältnissen, wie Miete, Dienst- und Versicherungsverträgen, in Betracht.

Der Unterschied zwischen befristeten und betagten Forderungen hat Bedeutung bei § 813 II; da bei einer Befristung die Forderung nicht besteht, kann die Rückforderung einer Leistung nicht ausgeschlossen sein.

Die *Zulässigkeit der Befristung* entspricht der Zulässigkeit von Bedingungen (vgl. oben Rdn. 585). Bedingungsfeindliche Rechtsgeschäfte sind in der Regel auch befristungsfeindlich.

> Von Bedeutung ist die Frage der Zulässigkeit bei *Arbeitsverträgen*. Trotz der aus § 620 folgenden Zulässigkeit sind Befristungen unzulässig, wenn sie dazu führen, daß Kündigungsschutzvorschriften umgangen werden (so z.B. bei fortlaufenden Befristungen – Kettenarbeitsverträge); Befristungen sind daher nur bei Vorliegen sachlicher Gründe zulässig (st. Rspr.; vgl. BAGE 10, 65; BAG AP Nr. 70 zu § 620 BGB „Befristeter Arbeitsvertrag"). Die Befristung von *Mietverträgen* ist grundsätzlich zulässig; jedoch erklärt § 556 b die Sozialklausel des § 556 a für entsprechend anwendbar.

598 II. Hinsichtlich der **Rechtswirkungen** sind die Vorschriften über die Bedingung entsprechend anzuwenden (§ 163), so § 158 (Eintritt oder Wegfall der Wirkung mit dem Termineintritt), § 160 (Schadensersatzpflicht bei schuldhafter Beeinträchtigung des befristeten Rechts), § 161 (Unwirksamkeit weiterer beeinträchtigender Verfügungen in der Zwischenzeit). Wie bei bedingten entsteht auch bei befristeten Rechtsgeschäften ein Anwartschaftsrecht.

Obwohl § 159 vom Gesetz nicht für anwendbar erklärt wird, können die Parteien schuldrechtlich eine Rückwirkung vereinbaren (vgl. RGZ 68, 141, 145). – § 162 ist grundsätzlich unanwendbar, da ein gewiß eintretendes Ereignis nicht künstlich vereitelt werden kann. Jedoch ist eine entsprechende Anwendung des § 162 II nicht völlig ausgeschlossen, da bei einem gewiß eintretenden Ereignis, dessen Zeitpunkt ungewiß ist (incertus quando), eine Einflußnahme auf den Zeitpunkt wider Treu und Glauben denkbar ist (z.B. Tötung des Vorerben).

8. ABSCHNITT
Stellvertretung

§ 44
Funktion und Abgrenzung

BALLERSTEDT Zur Haftung für culpa in contrahendo bei Geschäftsabschluß durch Stellvertreter, AcP 151, 501 ff; BETTERMANN Vom stellvertretenden Handeln, 1937 (Neudruck 1964); BUCHKA Stellvertretung, 1852; DÖLLE Neutrales Handeln im Privatrecht, Festschrift F. Schulz II, 1951, 268; FROTZ Verkehrsschutz im Vertretungsrecht, 1972; HABSCHEID Zur Problematik der „gesetzlichen Vertretung", FamRZ 1957, 109 ff; LABAND Die Stellvertretung bei dem Abschluß von Rechtsgeschäften nach dem ADHGB, ZHR 10, 183 ff; LENEL Stellvertretung und Vollmacht, JherJb. 36, 1 ff; LÜDERITZ Prinzipien des Vertretungsrechts, JuS 1976, 765 ff; MITTEIS Die Lehre von der Stellvertretung, 1885; MÜLLER, U. Die Entwicklung der direkten Stellvertretung und des Vertrages zugunsten Dritter 1969; MÜLLER-FREIENFELS Die Vertretung beim Rechtsgeschäft, 1955; ders. Stellvertretungsregeln in Einheit und Vielfalt, 1982; PIKART Die Rechtsprechung des Bundesgerichtshofes zur rechtsgeschäftlichen Stellvertretung, WM 1959, 338 ff; ROSENBERG Stellvertretung im Prozeß 1908; RÜMELIN Das Handeln in fremdem Namen im BGB, AcP 93, 131 ff; SCHLOSSMANN Die Lehre von der Stellvertretung, insbesondere bei obligatorischen Verträgen, 2 Bde., 1900 und 1902 (Neudruck 1970); WOLFF, H.J. Organschaft und juristische Person, Bd. 2, Theorie der Vertretung, 1934 (Neudruck 1968).

A. Interessenlage

Allgemein besteht das Bedürfnis, andere für sich handeln zu lassen. Dies kommt einerseits im Bereich tatsächlicher Handlungen, andererseits im Bereich der Rechtsgeschäfte in Betracht. In ersterer Hinsicht hat das Gesetz den Fragenkomplex im *Haftungsbereich* durch §§ 278, 831, 31 geregelt, im *rechtsgeschäftlichen Bereich* sind die Grundsätze in den §§ 164 ff erfaßt. Im folgenden wird die *Vornahme von Rechtsgeschäften* durch Vertreter behandelt. Dabei geht es letztlich darum, inwieweit der Vertretene die Folgen des Vertreterhandelns im positiven wie im negativen Sinne tragen muß.

Im Bereich der Rechtsgeschäfte kann das Handeln für einen anderen dergestalt erfolgen, daß der Handelnde *im eigenen Namen* auftritt und das Geschäft *als eigenes abschließt*, oder daß er erkennbar das Geschäft *für einen anderen* abschließt. Im ersteren Falle wird nur der Handelnde berechtigt und verpflichtet, im letzteren Fall erwachsen die Rechtswirkungen unmittelbar in der Person des Vertretenen. Im ersteren Fall handelt es sich um *mittelbare, indirekte,* im letzteren um *unmittelbare, direkte Stellvertretung* (im einzelnen siehe §§ 45 und 46).

Das Gesetz hat in den §§ 164 ff lediglich die direkte Stellvertretung behandelt.

§ 44 A

Zur geschichtlichen Entwicklung:
Die direkte Stellvertretung setzt einen gedanklichen Prozeß voraus, der früheren Rechtsordnungen in ihrer strengen Begrenzung der rechtsgeschäftlichen Wirkungen auf die Beteiligten fernlag. So sahen die Römer nur die unmittelbare Rechtsbeziehung zwischen den Handelnden; „alteri stipulari nemo potest" (D 45, 1, 38, 17); gleichwohl wurde der Drittwirkung Rechnung getragen, indem in gewissen Fällen eine Haftung des wirtschaftlich begünstigten Dritten durch die sogenannten adjektizischen Klagen erreicht wurde. Auch dem älteren deutschen Recht war die Stellvertretung als Vertretung im Willen mit unmittelbarer Wirkung für den Vertretenen unbekannt; teilweise bot die Figur des Treuhänders Ersatz, der selbst im eigenen Namen kraft eigenen Rechts handelte, aber gleichzeitig verpflichtet war, nur im Interesse und gemäß den Weisungen des Treugebers über das ihm von diesem übertragene Recht zu verfügen. In Deutschland ist die Zulässigkeit der unmittelbaren Stellvertretung unter dem Einfluß des Naturrechts seit dem 18. Jahrhundert grundsätzlich anerkannt worden und auch in die neueren Kodifikationen (§ 85 I 13 ALR, Art. 1984, 1998 CC, § 1017 ABGB) aufgenommen worden. Das ADHGB hat in Art. 52 und 298 den Grundsatz im Interesse des Handelsverkehrs verfestigt.

Die **dogmatische Begründung** der Stellvertretung war im Gemeinen Recht umstritten. Um die unmittelbare Wirkung gegenüber dem Vertretenen zu rechtfertigen, hat man verschiedene *Erklärungsversuche* unternommen:

Die *Geschäftsherrntheorie* (v. SAVIGNY vgl. Obligationenrecht, 1853, II § 57) sah als eigentliche Geschäftspartei, als im Rechtssinne handelnd, nur den Vertretenen an und stellte sich den Vertreter als dessen „Organ" vor; sie bestimmte infolgedessen nicht bloß die Wirkungen, sondern auch die Voraussetzungen des Rechtsgeschäfts (z. B. die Anfechtbarkeit wegen Willensmängel) aus der Person des Vertretenen.

Die *Repräsentationstheorie* (WINDSCHEID Lehrbuch des Pandektenrechts [seit 1862] I § 73) sah umgekehrt den Vertreter als denjenigen an, der das Rechtsgeschäft abschließt – mit der Folge, daß die Wirkungen kraft gesetzlicher Vorschrift in der Person des Vertretenen eintreten; sie bestimmte deshalb die Voraussetzungen des Rechtsgeschäfts (Geschäftsfähigkeit, Einfluß der Willensmängel usw.) nach der Person des Vertreters.

Die *vermittelnde Theorie* (L. MITTEIS aaO, 1885, S. 109 ff) erklärte die Wirkungen aus einem Zusammenhandeln des Vertreters und des Vertretenen bei der Vornahme des Rechtsgeschäfts und bestimmte deshalb die Voraussetzungen teils nach der Person des Vertreters, teils der des Vertretenen, je nach dem Maß ihrer Beteiligung. Die Einheit des rechtsgeschäftlichen Gesamttatbestandes betont wieder MÜLLER-FREIENFELS aaO.

Das BGB hat seine Regelung vom Boden der Repräsentationstheorie aus getroffen. Da der Vertreter das Rechtsgeschäft vornimmt, bestimmen sich die Voraussetzungen des Geschäfts grundsätzlich nach seiner Person. Daß die Wirkungen in der Person des Vertretenen eintreten, beruht auf der von ihm eingeräumten Vertretungsmacht und den in diesem Rahmen abgegebenen Willenserklärungen des handelnden Vertreters und seines Geschäftsgegners; das Gesetz erkennt deren Willen an. Um diese Wirkungen zu erklären, ist es nicht erforderlich, sich den Vertretenen als Handelnden vorzustellen (a.M. FLUME II § 43, 3 u. MÜNCHKOMM/THIELE Vor § 164 Rdn. 72, die mit MÜLLER-

Stellvertretung. Funktion und Abgrenzung § 44 B I

FREIENFELS in der gesetzlichen Regelung ein Problem der Selbstbestimmungsfreiheit des Vertretenen sehen).

B. Abgrenzungen

Die vom Gesetz vorgenommene Stellvertretungsregelung erfordert Abgrenzungen:

I. Der Bote

Keine Vertreter sind die Hilfskräfte, deren sich jemand bloß zur Äußerung des von ihm gefaßten Entschlusses bedient. Kein Vertreter ist namentlich der *Bote,* der lediglich die einem anderen abgegebene Erklärung übermittelt. Bei der verkörperten Erklärung (z.B. Brief) hebt sich die rein tatsächliche Mitwirkung des Boten, der für den Zugang des Briefes sorgt, von der Tätigkeit des Vertreters deutlich ab. Bei der mündlichen Botschaft ist oft schwierig zu unterscheiden, ob Botenschaft oder Vertreterschaft vorliegt; entscheidend ist dabei, wie die Hilfsperson nach außen aufgetreten ist, nicht wie sie auftreten sollte. Aus der Sicht des Dritten sind neben den gewählten Worten die Umstände und die soziale Stellung zu berücksichtigen.

Der Bote, der sich eine eigene *Entscheidungsfreiheit anmaßt* und dadurch seine Botenmacht überschreitet, wird zum Vertreter ohne Vertretungsmacht; die §§ 177ff finden Anwendung (h.M., a.M. STAUDINGER/DILCHER Vor § 164 Rdn. 76 m.w.N.). Entsprechendes gilt für den Boten ohne Botenmacht.

Übermittelt der Bote die ihm aufgegebene Erklärung *irrtümlich fehlerhaft,* so wird der Geschäftsherr gebunden; er kann allerdings die Erklärung gem. § 120 mit der Folge des § 122 anfechten.

Die *Haftung des Boten* für irrtümlich fehlerhafte Übermittlung der Botenerklärung kann nur nach den Grundsätzen über unerlaubte Handlungen in Betracht kommen. Davon sind die Fälle zu unterscheiden, daß der Bote zwar als Bote auftritt, die Botenerklärung jedoch bewußt unrichtig übermittelt; hier kann eine Haftung analog § 179 eingreifen (OLG Oldenburg NJW 1978, 951).

Die Botenschaft erfordert *keine Geschäftsfähigkeit,* sondern nur natürliche Fähigkeit zur Übermittlung der Botschaft, während die Stellvertretung zumindest beschränkte Geschäftsfähigkeit voraussetzt (§ 165).

Die Übermittlung durch Boten ist in den Fällen *unzulässig,* in denen das Gesetz die persönliche Abgabe der Erklärung oder die persönliche Anwesenheit vorschreibt (z.B. §§ 2284, 925).

Schrifttum:
COHN Der Empfangsbote, 1927; HUECK, G. Bote – Stellvertreter im Willen – Stellvertreter in der Erklärung, AcP 152, 432 ff; LUTTER Der Stimmbote, Festschrift Duden, 1977, 269 ff; SCHNEIDER, H. Stellvertretung im Willen, Stellvertreter in der Erklärung und Bote, 1959.

II. Vertretung in der Erklärung

601 Ausgehend vom früheren Adoptionsrecht, das in § 1750 II a.F. beim Annahmevertrag persönliche Anwesenheit vorsah und dadurch Stellvertretung und Botenschaft ausschloß, wurde von der Rechtsprechung des BGH eine *„Stellvertretung in der Erklärung"* anerkannt. Dabei wurde der Stellvertretung in der Willensbildung eine Vertretung gegenübergestellt, die lediglich die Äußerung des Willens zum Gegenstand haben sollte (BGHZ 5, 344, 349). Diese Auffassung stieß weitgehend auf Kritik (STAUDINGER/DILCHER Vor § 164 Rdn. 83 m.w.N.); es wurde betont, daß Wille und Erklärung eine nicht zu trennende Einheit darstellten (LARENZ AT § 30 I c) und daher eine selbständige Rechtsfigur zwischen Stellvertreter und Boten ausgeschlossen sei. Da die Möglichkeit besteht, die Willensbildung eines Vertreters fest zu umreißen (vgl. § 166 II), lassen sich solche Fälle unter den Begriff der Vertretung subsumieren (sog. *„Vertreter mit gebundener Marschroute"*, vgl. E. ULMER SJZ 1948, 137, 140). Nach der Änderung des Adoptionsrechtes, das zwar die Möglichkeit der Stellvertretung ausschließt, jedoch nur von einer Einwilligung in die Adoption ausgeht und vom Erfordernis der gleichzeitigen persönlichen Anwesenheit absieht (§ 1750 n.F.), besteht zudem ein praktisches Bedürfnis nicht mehr.

III. Vertreter und Verwalter

602 In einer Reihe von Fällen werden Personen zur *Interessenwahrung für fremdes Vermögen* berufen, so z.B. der Konkursverwalter, der Zwangsverwalter, der Nachlaßverwalter, der Testamentsvollstrecker, der Vertreter, der für ein vom Eigentümer derelinquiertes Grundstück gemäß §§ 58, 787 ZPO bestellt worden ist. Ihre Eigenschaft als Vertreter ist umstritten.

Die Rechtsprechung (seit RGZ 29, 29, 31f; BGHZ 13, 203, 205; 21, 285, 287; 25, 275, 279; 49, 11, 16; 51, 216) sieht in diesen Personen im Sinne eines formellen Parteibegriffs Träger eines „Amtes" und lehnt eine Vertretereigenschaft ab, da sie – zumal sie auch gegen den Vertretenen handeln – nicht in dessen Namen, sondern kraft Amtes auftreten (vgl. § 116 ZPO; *sog. Amtstheorie*). Der Rechtsprechung stimmen zu: ROSENBERG/SCHWAB § 40 III 1; BAUMBACH/LAUTERBACH/ALBERS/HARTMANN Grundz § 50 Anm. 2 C; JAEGER/HENCKEL § 6 Rdn. 4ff; SOERGEL/SCHULTZE- v. LASAULX Vor § 164 Rdn. 89.

Demgegenüber sieht die *sog. Vertretertheorie* die verwaltenden Personen als besondere Gruppe gesetzlicher Vertreter an (LARENZ AT § 30 I a; FLUME II § 45 I 2; MÜNCHKOMM/THIELE Vor § 164 Rdn. 10).

Die *sog. Organtheorie* geht von der Selbständigkeit der verwalteten Vermögensmasse aus und sieht in ihrem Verwalter ein Organ mit der Stellung eines gesetzlichen Vertreters (vgl. BÖTTCHER ZZP 77, 55ff); zur Verselbständigung der Konkursmasse insbes. HANISCH Rechtszuständigkeit der Konkursmasse, 1973, 63ff.

> Die rechtliche Qualifizierung ist z.B. insofern von Bedeutung, als die Amtstheorie gestattet, daß in dem vom Konkursverwalter geführten Prozeß der Gemeinschuldner

Stellvertretung. Funktion und Abgrenzung §44 B V

als Zeuge gehört werden (RGZ 29, 29) und andererseits der Konkursverwalter nur als Partei vernommen werden kann. Für die Bestimmung des Gerichtsstandes ist indessen nicht der Wohnsitz des Konkursverwalters, sondern der Verwaltungsmittelpunkt der Masse entscheidend (JAEGER/HENCKEL § 6 Rdn. 60ff).

Der Streit wird weitgehend als überholt bezeichnet, da die Folgen des Handelns stets die verwaltete Vermögensmasse betreffen und auch nach der Vertretertheorie das Vertreterhandeln gegenständlich auf die betroffene Vermögensmasse beschränkt wird (ENN./NIPPERDEY § 180 I 1 e).

Schrifttum:
DERPA Die Zurechnung nichtrechtsgeschäftlichen Handelns bei Vertretung kraft Amtes, 1973; HENCKEL Parteilehre und Streitgegenstand im Zivilprozeß, 1961, 118ff; JAHR Fremdzurechnung bei Verwaltergeschäften, Festschrift Weber, 1975, 275ff.

IV. Vertreter und Organe

Die Organe der juristischen Person (vgl. die §§ 31, 86, 89) haben nach dem Gesetz die Stellung eines gesetzlichen Vertreters (§ 26 II). Die sog. *Organtheorie* sieht ausgehend von der Theorie der realen Verbandspersönlichkeit (vgl. oben Rdn. 120, 123) einen grundsätzlichen Unterschied zwischen Organhandeln und Vertreterhandeln. Von Belang ist die Unterscheidung durch die Regelung des § 31. Da im Deliktsrecht die Anwendung der für Rechtsgeschäfte vorgesehenen Stellvertretungsregeln ausscheidet, bliebe nur die Qualifikation des Vertreters als Verrichtungsgehilfe. Dies schließt § 31 aus, in dem das Handeln der verfassungsmäßigen Vertreter als eigenes Handeln der juristischen Person angesehen wird (vgl. zu den Einzelheiten oben Rdn. 142ff). **603**

V. Geschäfte zur Deckung des ehelichen Lebensbedarfs

Einen Sonderfall des Handelns mit Wirkung für einen anderen stellt die Regelung des § 1357 („Schlüsselgewalt") dar. Die Vorschrift als Fall der Stellvertretung für den anderen Ehegatten aufzufassen, verbietet bereits das Abweichen vom Offenkundigkeitsgrundsatz des § 164, da es nicht darauf ankommt, ob der handelnde Ehegatte im Namen des anderen Ehegatten oder im eigenen Namen auftritt. Das Gesetz sieht eine Regelung sui generis vor, da der nicht handelnde Ehegatte an der Deckung des Lebensbedarfs teilhat und es daher im Interesse des außenstehenden Vertragspartners gerechtfertigt ist, beide Ehegatten nicht nur zu berechtigen, sondern auch zu verpflichten. Unabhängig von § 1357 können Stellvertretungsvorschriften in Betracht kommen. **604**

Schrifttum:
KILIAN Die Neuregelung der Schlüsselgewalt durch das 1. EheRG, 1980; MIKAT Rechtsprobleme der Schlüsselgewalt, 1981; WACKE Einzelprobleme der neugeregelten „Schlüsselgewalt", FamRZ 1980, 13ff.

VI. Surrogation

605 Während bei der Stellvertretung hinsichtlich der Übertragung des Rechts eine vom Rechtsgeschäft abhängige Zuordnung eintritt, erfolgt bei der Surrogation eine Zuordnung kraft Gesetzes. In Fällen, in denen die Rechtsordnung den Schutz besonderer Vermögensmassen nachdrücklich sicherstellen will, läßt sie den Erwerb bei dem schutzwürdigen Vermögen ohne Rücksicht auf die Willensrichtung des Handelnden und ohne besonderen rechtsgeschäftlichen Übertragungsvorgang eintreten (dingliche Ersetzung). Allerdings sind die Voraussetzungen vom Gesetz im einzelnen unterschiedlich gestaltet (vgl. RGZ 105, 84, 87).

> Eine Zuordnung kraft Surrogation findet sich z. B. zugunsten des Gesellschaftsvermögens § 718 II; zugunsten des Hausrats in der Zugewinngemeinschaft § 1370; zugunsten des Gesamtguts in der Gütergemeinschaft § 1473, bzw. zugunsten des Vorbehaltsguts § 1418 II Ziff. 3; zugunsten des Kindesvermögens § 1638 II und § 1646 (im letzteren Falle entscheidet allerdings die Willensrichtung der Eltern); zum Schutze des Nachlasses §§ 2019, 2041, bei Einsetzung eines Nacherben § 2111. Der Schutzgedanke kommt jedoch auch im allgemeinen Vermögensrecht zum Ausdruck, so beim Nießbrauch § 1075, bei der Hypothek § 1127, beim Pfandrecht §§ 1219 II, 1247 S. 2, 1287.

Der unmittelbar dinglich wirkenden Surrogation steht eine schwächere Ausgestaltung gegenüber, bei der lediglich schuldrechtliche Ansprüche erwachsen, vgl. § 281 (RGZ 105, 84, 87f).

§ 45
Indirekte Stellvertretung

> Cohn Das rechtsgeschäftliche Handeln für denjenigen, den es angeht, 1931; Hager Die Prinzipien der mittelbaren Stellvertretung, AcP 180, 239ff; v. Lübtow Das Geschäft „für den es angeht" und sogenannte „antizipierte Besitzkonstitut", ZHR 112, 227ff; Müller-Erzbach Die Grundsätze der mittelbaren Stellvertretung aus der Interessenlage entwickelt, 1905; Ohr Zur Anerkennung der verdeckten Stellvertretung in der Rechtsprechung des Reichsgerichts, AcP 150, 525ff; Reinhardt Der Ersatz des Drittschadens, 1933; Schless Mittelbare Stellvertretung und Treuhand, 1931; Wolf, M. Der mittelbare Stellvertreter als nichtberechtigt Verfügender, JZ 1968, 414ff.

A. Interessenlage und Rechtsfolgen

606 I. Tritt der Handelnde, der für einen anderen tätig wird, dem Geschäftspartner gegenüber **im eigenen Namen auf**, so schließt er das Geschäft als eigenes ab; nur er wird berechtigt und verpflichtet. Er handelt als mittelbarer, indirekter Stellvertreter. Das BGB hat sich auf Vorschriften über die unmittelbare Stellvertretung beschränkt, hingegen regelt das *HGB* Einzelheiten der mittelbaren Stellvertretung im *Kommissions- und Speditionsgeschäft*, §§ 383 ff; §§ 407 ff HGB.

> Häufig besteht allgemein ein Interesse daran, beim Geschäftsabschluß nicht in Erscheinung zu treten. Diesem Interesse kann nur durch die Figur der indirekten Stellvertretung, die die wirtschaftlichen Interessen des Auftraggebers nicht offenlegt, entsprochen werden.

II. Die Vorstellung des BGB-Gesetzgebers (Mot. I, 223 f), daß in den Fällen mittelbarer Stellvertretung sich die Rechtsbeziehung zwischen den Beteiligten mit den allgemeinen Vorschriften des Schuld- und Sachenrechts bewältigen lassen, bringt jedoch für den mittelbar Vertretenen gewisse *Risiken* mit sich. Der mittelbar Vertretene hat ein dringendes wirtschaftliches Interesse, möglichst schnell Inhaber des vom mittelbaren Stellvertreter erworbenen Rechts zu werden, um Zugriffe von Gläubigern des mittelbaren Stellvertreters verhindern zu können, die beim **Durchgangserwerb** grundsätzlich möglich sind. Um dieses Risiko insbesondere bei der *dinglichen Zuordnung* zu mindern, haben Rechtsprechung und Lehre folgende Lösungswege beschritten. **607**

1. a) Nach *sachenrechtlichen Grundsätzen* muß der mittelbare Stellvertreter eine erworbene Sache nach § 929 ff auf den mittelbar Vertretenen übertragen. Den Abschluß der Einigung gestatten §§ 158 ff bereits bei der Auftragserteilung zwischen mittelbar Vertretenem und mittelbarem Vertreter (sog. **antizipierte Einigung**). Schwierigkeiten entstehen hinsichtlich der nach § 929 erforderlichen Übergabe; hier kann § 930 eingreifen, wobei das Besitzmittlungsverhältnis ebenfalls nach § 158 vorweggenommen werden kann (sog. **antizipiertes Besitzkonstitut**). Auf diese Weise beschränkt sich der Durchgang beim mittelbaren Stellvertreter theoretisch auf die sog. logische Sekunde. **608**

> Vorausgesetzt wird, daß beim Erwerb durch den mittelbaren Stellvertreter dessen Wille zur Besitzmittlung noch fortbesteht (h. M.; vgl. BAUR § 51 V 6 b).
> Eine zusätzliche Ausführungshandlung, die das Besitzmittlungsverhältnis kenntlich macht, ist grundsätzlich hier nicht erforderlich, da das Gesetz in § 930 auf eine Offenlegung verzichtet (so zutreffend WESTERMANN § 40 III; auch BAUR § 51 V 6 b, der allerdings eine „Erkennbarmachung" aus dem sachenrechtlichen Bestimmtheitsgrundsatz herleitet); in diesem Sinne auch BGHZ 21, 52, 56, BGH WM 1963, 1339 stellt lediglich auf die Erkennbarkeit durch den Erwerber ab.

b) Ein anderer Weg ergibt sich mit Hilfe der Regelung des § 181, der das grundsätzlich verbotene **Selbstkontrahieren** im Fall der Erfüllung einer Verbindlichkeit gestattet. Der beauftragte mittelbare Stellvertreter ist im Innen- **609**

§ 45 A II 1   Vierter Teil: Die Lehre vom Rechtsgeschäft

verhältnis gem. § 667 zur Weiterübertragung verpflichtet. Er kann daher die *Einigung* mit sich selbst vollziehen. Ob dies auch für den Abschluß des *Besitzkonstituts* gilt, ist nicht unbestritten; da in der Regel als Nebenpflicht aus dem Auftragsverhältnis auch eine Verwahrungspflicht zu folgern sein wird, kann in Erfüllung dieser Verbindlichkeit auch das Besitzkonstitut (§ 868) gem. § 181 abgeschlossen werden (h. M.; vgl. WESTERMANN § 42 IV 2).

Hier ist im Interventionsstreit zwischen „Vertretenem" und Gläubiger des mittelbaren Vertreters (§ 771 ZPO) die *Erkennbarkeit* des Eigentumsüberganges von besonderer Bedeutung. Während sie beim antizipiert vereinbarten Eigentumsübergang durch die vorangegangenen Verhandlungen eher belegbar sein wird, ergeben sich beim Insichgeschäft keine Anhaltspunkte für einen Eigentumsübergang; daher ist der Rechtsprechung zuzustimmen, wenn sie im Falle des § 189 fordert, daß der Wille des Vertreters zur Einigung und Besitzübertragung für einen mit den Verhältnissen Vertrauten erkennbar sein müsse (RGZ 140, 223, 229f).

>   Einen Sonderfall des Durchgangserwerbs stellt die Regelung der §§ 18 ff Depotgesetz für die Einkaufskommission von Wertpapieren dar. Hier geht das Eigentum an den vom Kommissionär erworbenen Wertpapieren mit der Absendung des Stückverzeichnisses auf den Kommittenten über, wenn es nicht nach den Bestimmungen des BGB schon früher übergegangen ist (§ 18 III DepotG).

610 c) Ein Durchgangserwerb läßt sich durch das **sog. Geschäft für den, den es angeht**, vermeiden; es setzt voraus, daß der veräußernde Dritte das Eigentum nicht an einen bestimmten Erwerber übertragen will, es ihm vielmehr gleichgültig ist, mit wem er die Einigung abschließt (Einigung mit einer incerta persona). Damit werden die Wirkungen der direkten Stellvertretung herbeigeführt; hinsichtlich der Übergabe wird der handelnde Vertreter als Besitzmittler (§ 868) oder als Besitzdiener (§ 855) angesehen.

Entscheidend ist darauf abzustellen, ob der Veräußernde kein Interesse an der Person des Erwerbers hat; dies ist im Einzelfall durch Auslegung zu ermitteln. Daher wird ein Geschäft für den, den es angeht, schon im Hinblick auf die Kreditwürdigkeit des Geschäftsgegners nur bei Bargeschäften des täglichen Lebens anzunehmen sein (vgl. OLG Stuttgart NJW 1951, 445f; grundsätzlich ablehnend FLUME II § 44 II 2). Umstritten ist, ob die Rechtsfigur *auch das schuldrechtliche Geschäft* umfaßt. Hier ist Zurückhaltung zu üben, da der Geschäftspartner für die schuldrechtlichen Beziehungen grundsätzlich ein Interesse daran hat, zu wissen, mit wem er kontrahiert; Ausnahmen sind denkbar, z. B. bei Kauf in Warenhäusern (gegen eine vorbehaltlose Ausdehnung auf das Schuldrecht ENN./NIPPERDEY § 179 III 4; BAUR § 51 VII 3; STAUDINGER/DILCHER Vor § 164 Rdn. 54; weitergehend v. LÜBTOW ZHR 112, 227, 238 ff; SOERGEL/SCHULTZE- v. LASAULX Vor § 164 Rdn. 42; MÜNCHKOMM/ THIELE § 164 Rdn. 52; WESTERMANN § 42 IV 3 e).

Von der mittelbaren Stellvertretung ist die *sog. Übertragung auf Geheiß* zu unterscheiden. Es handelt sich um folgenden Grundfall: K kauft von V eine Sache und weist V an, die Sache direkt an D, an den K inzwischen die Sache weiterverkauft hat, zu übergeben. Der Eigentumsübergang läßt sich wie folgt konstruieren: K erlangt das Eigentum von V gem. §§ 929, 930; dann überträgt V auf Geheiß des K den Besitz auf D, der damit das Eigentum von K gem. § 929 erlangt; insofern kommt es auf einen Besitzmittlungswillen des D gegenüber K nicht an. Dies ist wichtig, wenn K an D unter Eigentumsvorbehalt liefern will. Im Ergebnis sind also zwei Übertragungsgeschäfte (V – K und K – D) erforderlich (so BAUR § 51 III 3 m.w.N., a.M. WESTERMANN § 39 III 3, WOLFF/RAISER § 66 I 1 a).

2. Die für den mittelbaren Stellvertreter geltenden Grundsätze des Eigentumserwerbs finden auch auf den **Erwerb eines Forderungsrechtes** Anwendung; hier bedarf es der Abtretung der vom mittelbaren Stellvertreter erworbenen Forderung an den Geschäftsherrn. Dies betont § 392 I HGB ausdrücklich. Allerdings wird im Interesse des Geschäftsherrn die Abtretung an ihn im Kommissionsrecht fingiert (§ 392 II HGB). Das hat zur Folge, daß der Kommissionär über die Forderung nicht verfügen kann und seinen Gläubigern der Zugriff entzogen ist; dem Kommitenten steht im letzteren Falle die Drittwiderspruchsklage nach § 771 ZPO bzw. das Aussonderungsrecht nach § 43 KO zu. Soweit die Regelung für das Kommissionsgeschäft nicht eingreift, kann dem Risiko durch antizipierte Forderungsabtretung entgegengewirkt werden. 611

3. Bei der **Veräußerung durch einen mittelbaren Stellvertreter** wird in der Regel eine Durchgangsphase beim Vertreter vermieden, da § 185 dem Geschäftsherrn die Möglichkeit eröffnet, den mittelbaren Stellvertreter mit seiner Zustimmung als Nichtberechtigten wirksam verfügen zu lassen, vgl. zu den Einzelheiten unten § 48. 612

III. Obwohl *der mittelbar Vertretene an den vertraglichen Beziehungen* zwischen mittelbarem Stellvertreter und Geschäftspartner grundsätzlich *nicht beteiligt ist* und ihm insoweit Ansprüche nicht zustehen, wird doch hinsichtlich des Schadensersatzes bei Leistungsstörungen sein Interesse berücksichtigt. So wird der mittelbare Stellvertreter, der selbst in der Regel keinen Schaden hat, als Vertragspartner für berechtigt erachtet, den beim Geschäftsherrn eingetretenen Schaden geltend zu machen, sog. **Schadensliquidation im Drittinteresse**. Begründet wird dieses den Grundsätzen des Obligationenrechts widersprechende Ergebnis mit der Erwägung, daß der schädigende Vertragspartner nicht dadurch entlastet werden soll, daß der aus dem Vertrag Berechtigte und der Geschädigte aufgrund *zufälliger Schadensverlagerung* nicht identisch sind (RGZ 115, 419, 425 m. w. N., BGHZ 40, 91, 100; grundlegend REINHARDT Der Ersatz des Drittschadens, 1933). Will der Geschäftsherr den Schaden selbst geltend machen, so muß er sich den Anspruch als solchen vom mittelbaren Stellvertreter abtreten lassen. 613

Unter Umständen kann der *Vertragspartner des mittelbaren Stellvertreters* ein Interesse daran haben, den mittelbar Vertretenen auf die vertragliche Leistung in Anspruch zu nehmen (Durchgriff auf den mittelbar Vertretenen). Dies ist nicht möglich, da eine Verpflichtungsermächtigung nach h. M. nicht anzuerkennen ist (vgl. unten Rdn. 710). Ein Ausweg wäre denkbar, wenn er mit einem für die vertragliche Leistung gegen den mittelbaren Stellvertreter erstrittenen Titel in dessen Anspruch gegen seinen Geschäftsherrn vollstrecken könnte; hier käme gegebenenfalls der Anspruch auf Ersatz der Aufwendungen, die in der Eingehung der Verbindlichkeit gegenüber dem Vertragspartner bestehen, in Betracht (§§ 670, 257). Grundsätzlich ist eine auf Befreiung von einer Verbindlichkeit gerichtete Forderung, soweit nicht ein vereinbarter Anspruch auf „Vordeckung" besteht, nicht abtretbar und damit nicht pfändbar; jedoch läßt die Rechtsprechung auch ohne Vereinbarung eine Ausnahme dann zu, wenn die Forderung gerade an den Gläubiger jener Verbindlichkeit abgetreten (BGHZ 12, 136, 141; BGH WM 1975, 305f und 1226f) oder von diesem gepfändet wird (BGHZ 7, 244, 246).

B. Abgrenzungen

I. Treuhandverhältnisse

Assfalg Die Behandlung von Treugut im Konkurse des Treuhänders, 1960; Beyerle Die Treuhand, in: Grundriß des deutschen Privatrechts, 1932; Beuthien Treuhand an Gesellschaftsanteilen, ZGR 1974, 26ff; Bötticher Die Intervention des Sicherungseigentümers, MDR 1950, 705ff; Coing Die Treuhand kraft privaten Rechtsgeschäfts, 1973; Erbe Die Fiducia im römischen Recht, 1940; Friedmann Empfiehlt sich eine gesetzliche Regelung des Treuhandverhältnisses? Verh. des 36. DJT, I, 805ff; Hämmerle Empfiehlt sich eine gesetzliche Regelung des Treuhandverhältnisses? Verh. des 36. DJT, I, 632ff; Henckel Haftungsfragen bei der Verwaltungstreuhand, Festschrift Coing II, 1982, 137ff; Kötz Trust und Treuhand, 1963; Lammel Die Haftung des Treuhänders aus Verwaltungsgeschäften, 1972; Lange, H. Lage und Zukunft der Sicherungsübertragung, NJW 1950, 565ff; Lehmann Reform der Kreditsicherung an Fahrnis und Forderung, 1937; ders., Sicherung von Kundenkrediten, 1956; Liebich/Mathews Treuhand und Treuhänder in Recht und Wirtschaft, 2. A., 1983; Paulus Probleme und Möglichkeiten der institutionellen Ausformung der Sicherungsübereignung, JZ 1957, 7ff, 41ff; Reinhardt/Erlinghagen Die rechtsgeschäftliche Treuhand, ein Problem der Rechtsfortbildung, JuS 1962, 41ff; Rhode Juristische Person und Treuhand, 1932; Schmelzeisen Das Treupfand 1936; Schlosser Außenwirkungen verfügungshindernder Abreden bei der rechtsgeschäftlichen Treuhand, NJW 1970, 681; Serick Eigentumsvorbehalt und Sicherungsübertragung II, 1965; ders., Insolvenzrechtliche Fragen bei der Sicherungstreuhand, KTS 1970, 89ff; Siebert Das rechtsgeschäftliche Treuhandverhältnis, 1933 (Neudruck 1970); Thomas Die rechtsgeschäftliche Begründung von Treuhandverhältnissen, NJW 1968, 1705ff; Walter Das Unmittelbarkeitsprinzip bei der fiduziarischen Treuhand, 1974.

Indirekte Stellvertretung   § 45 B I 2

1. Mit der mittelbaren Stellvertretung berühren sich die Fälle, in denen der **614** Treuhänder im eigenen Namen für den Treugeber oder für das Treugut Rechtsgeschäfte abschließt. Gleichwohl unterscheiden sich solche Vorgänge dadurch von der mittelbaren Stellvertretung, daß der Treuhänder in der Regel nicht Gehilfe für einen gewollten Durchgangserwerb (vgl. RGZ 84, 214; 133, 83, 87) ist, sondern der erworbene Gegenstand auf Dauer in seiner Verwaltung verbleiben soll. Es handelt sich daher um ein objektbezogenes Handeln im Rechtsverkehr, zu dem er durch einen Treugeber legitimiert ist; insoweit ist die Rechtsfigur durch die Bindung im Innenverhältnis geprägt.

Die Treuhand ist weder gesetzlich definiert noch dogmatisch eindeutig zu erfassen. Das treuhänderische oder fiduziarische Geschäft ist *grundsätzlich Vollrechtsübertragung* mit innerer schuldrechtlicher Zweckbindung. Der Treugeber verschafft dem Treuhänder eine den Treuzweck überschießende Rechtsmacht, d. h. die dem Treunehmer formal eingeräumte Rechtsmacht kann grundsätzlich nur im Innenverhältnis eingeschränkt werden (vgl. § 137). Überschreitet der Treunehmer seine Rechtsmacht, so kann er vom Treugeber lediglich auf Schadensersatz in Anspruch genommen werden. Im Bereich der Vollstreckung berücksichtigen Rechtsprechung und Lehre jedoch die *wirtschaftliche Zugehörigkeit* des Treuguts *zum Vermögen des Treugebers* (vgl. im einzelnen unten).

Die Rechtsprechung setzt bei der Treuhand (im eigentlichen Sinne) voraus, daß der Vermögensgegenstand **unmittelbar** von dem Vermögen des Treugebers in die Hände des Treuhänders gelangt, z. B. vom Treugeber wird eine Sache zur Sicherung übereignet (BGH WM 1960, 325). Sie grenzt damit die Treuhand von den Fällen der indirekten Stellvertretung ab, in denen jemand im Auftrag und für Rechnung seines Auftraggebers ein Recht eines Dritten erwirbt und verpflichtet ist, dieses Recht auf den Auftraggeber zu übertragen. Jedoch gelten Anderkonten als Treuhandverhältnis, da sie offenkundig dem Zweck dienen, fremde Gelder treuhänderisch zu verwalten (BGH NJW 1959, 1225).

Im Ausgangspunkt handelt es sich um eine sog. *fremdnützige Treuhand,* d. h. um eine eingeräumte Rechtsmacht, die der Treuhänder im fremden Interesse wahrnehmen soll (vgl. RGZ 84, 214, 217; 127, 341, 344). Im Gegensatz dazu steht die *eigennützige Treuhand* (sog. Sicherungstreuhand). Dem entspricht die Unterscheidung nach Anwendungsbereichen: Während *Verwaltungs- oder V.erwertungstreuhand* (z. B. die Errichtung von Treuhandkonten durch Notare, die Treuhandverwaltung von Urheberrechten durch die Gema) sich in erster Linie am Interesse des Treugebers orientieren, dient die *Sicherungstreuhand* (z. B. Sicherungsübereignung, Sicherungszession) vornehmlich dem Interesse des Treunehmers.

2. Bei fremdnütziger, uneigennütziger Treuhand, z. B. Verwaltungstreu- **615** hand für ein Miethaus, ergeben sich in Zwangsvollstreckung und Konkurs folgende Auswirkungen: Der Treugeber hat, da die Rechte aus der Verwaltung

§ 45 B I 3

wirtschaftlich zu seinem Vermögen gehören, gegen Gläubiger des Treuhänders *die Drittwiderspruchsklage gem. § 771 ZPO, im Konkurs das Aussonderungsrecht gem. § 43 KO*. In Fällen, in denen der Treugeber an den Treuhänder zum Zwecke des Inkassos Forderungen abgetreten hat, hat der Treugeber nach h. M. beim Zugriff von Gläubigern des Treuhänders Interventions- und Aussonderungsrechte.

> Zu beachten bleibt, daß im Konkurs des Treugebers der Treuhandauftrag nach § 23 KO erlischt; der Konkursverwalter des Treugebers hat einen Rückübertragungsanspruch.

Umgekehrt steht dem Treuhänder gegen Gläubiger des Treugebers § 771 ZPO nicht zur Verfügung; vielmehr kann er nur wegen Nichtbeachtung des § 809 ZPO die Erinnerung nach § 766 ZPO geltend machen.

Dies soll jedoch für *zum Treugut gehörende Forderungen* nicht gelten; im Interesse der Drittschuldner können sie aufgrund eines Titels gegen den Treugeber nicht gepfändet werden; der Treuhänder kann daher nach § 771 ZPO intervenieren; unberührt bleibt die Pfändung des Rückübertragungsanspruchs des Treugebers aus dem Treuhandverhältnis gegen den Treuhänder (BGHZ 11, 37, 42f).

3. Wirtschaftlich bedeutsamer sind die Fälle der **eigennützigen Treuhand**, insbesondere Sicherungsübereignung und Sicherungszession.

a) **Die Sicherungsübereignung**

616 aa) Die Sicherungsübereignung ist ein Mittel zur Kreditsicherung, wobei der Schuldner durch Einigung und Vereinbarung eines Besitzmittlungsverhältnisses gem. § 868 dem Gläubiger eine Sache zu treuen Händen übereignet (§§ 929, 930), um diesen wegen seiner Forderung sicherzustellen. Diesen Sicherungszweck wollte der Gesetzgeber durch die Bestellung eines Pfandrechts gem. §§ 1204ff erreichen; eine Pfandrechtsbestellung ist jedoch wegen des Faustpfandprinzips, das Übergabe und unmittelbaren Besitz (§ 1205) erfordert, für den Schuldner nachteilig, da er die verpfändete Sache nicht mehr nutzen kann. Insofern bleibt dem Kreditsuchenden, der aus wirtschaftlichen Gründen die zur Kreditsicherung benötigten Sachen nicht aus der Hand geben kann (z. B. Maschinen, Rohstoffe, Warenvorräte), kein anderer Weg übrig, als diese Sachen dem Kreditgeber zur Sicherung seiner Forderung statt zu verpfänden, gem. §§ 929, 930 *zu übereignen*, wobei eine Vereinbarung getroffen wird, nach der er sie weiter aufgrund eines schuldrechtlichen Vertrages (z. B. Leihe, Verwahrung, Miete) besitzen und gegebenenfalls (z. B. bei Warenlagern mit wechselndem Bestand) darüber verfügen darf. Hierbei treten Bedenken, daß der Kreditnehmer nach außen als Herr von Vermögenswerten erscheint, die im fremden Eigentum stehen, zurück.

Daraus ergaben sich Bestrebungen, die Sicherungsübereignung durch ein Vertragspfand zu ersetzen, dessen Publizität anstelle der Übergabe durch Eintragung in ein Register gewährleistet werden sollte (vgl. HEINRICH LEHMANN Reform der Kreditsicherung an Fahrnis und Forderungen, 1937; H. WESTERMANN Gesetzliche Regelungen der Sicherungsübereignung und des Eigentumsvorbehalts?, Verh. 41. DJT, 1956; DROBNIG Empfehlen sich gesetzliche Maßnahmen zur Reform der Mobiliarsicherheiten?, Gutachten 51. DJT, 1976).

Die Rechtsprechung hat nach anfänglichem Zögern die das Pfandrecht ersetzende Sicherungsübereignung durch Besitzkonstitut als wirksam anerkannt und davon Abstand genommen, sie grundsätzlich als Scheingeschäft zu behandeln oder wegen Umgehung des § 1205 für unwirksam zu erklären (vgl. RGZ 57, 175, 177; 59, 146, 148).

Die Rechtsprechung hat darüber hinaus für die Konkretisierung des Besitzmittlungsverhältnisses gem. § 868 die *näher ausgestaltete Sicherungsabrede* für ausreichend erachtet (vgl. RGZ 132, 183, 186; BGH WM 1961, 1046, 1048).

Grundlage der Sicherungsübereignung ist der schuldrechtliche Sicherungsvertrag (sog. **Sicherungsabrede**) zwischen Sicherungsgeber und Sicherungsnehmer. Dieser Vertrag regelt die Rechte und Pflichten der Parteien, insbesondere verpflichtet er den Sicherungsnehmer regelmäßig, die sicherungsübereignete Sache nach Fortfall des Sicherungszwecks an den Sicherungsgeber zurückzuübertragen. Dabei handelt es sich um einen *schuldrechtlichen Rückübereignungsanspruch,* der die dingliche Zuordnung unberührt läßt. Eine weitergehende Sicherung kann sich der Sicherungsgeber durch *Vereinbarung einer auflösenden Bedingung* verschaffen, mit der das Eigentum bei Erledigung des Sicherungszwecks (z.B. Tilgung der durch die Übertragung gesicherten Schuld) automatisch an den Sicherungsgeber zurückfällt. In diesem Falle steht dem Sicherungsgeber an der von ihm zur Sicherung übereigneten Sache zuvor ein Anwartschaftsrecht zu. **617**

Streit besteht darüber, ob *im Zweifelsfalle* eine *auflösende Bedingung* oder lediglich ein schuldrechtlicher Rückübereignungsanspruch anzunehmen ist. Dabei wird es der Interessenlage des Sicherungsgebers eher entsprechen, eine auflösende Bedingung anzunehmen; die innerlich beschränkte Rechtsstellung des Sicherungsnehmers läßt im Zweifel sein Einverständnis damit als angemessen erscheinen (in diesem Sinne H. LANGE NJW 1950, 565; SERICK III § 37 I 3). Im Ergebnis ersetzt die Annahme einer auflösenden Bedingung den Schutzeffekt der Akzessorietät beim Pfandrecht. Die Formular-Praxis sieht jedoch im Interesse des Kreditgebers überwiegend einen schuldrechtlichen Rückübertragungsanspruch vor (für die Annahme einer Akzessorietät BGH NJW 1982, 275 ff im Falle einer Sicherungszession; ablehnend JAUERNIG NJW 1982, 268 ff. Kritisch auch BAUR § 57 III 1 b).

Besondere Probleme ergeben sich bei der im Geschäftsverkehr häufig anzutreffenden **Sicherungsübereignung von Warenlagern.** Insbesondere stellt sich die Frage, wie dem sachenrechtlichen Erfordernis der Spezialität genügt **618**

§ 45 B I 3

werden kann. Für die *Bestimmtheit* soll ausreichen, daß an äußere Umstände angeknüpft werden kann, z. B. Einbringung in bestimmte Räume oder besondere Kennzeichnung (vgl. BGHZ 28, 16 ff; 73, 253 f).

Ist dem Sicherungsgeber – wie üblicherweise – die Veräußerung der sicherungsübereigneten Waren im Rahmen eines ordnungsgemäßen Geschäftsverkehrs erlaubt (§ 185), so kann bereits bei Abschluß des Sicherungsübereignungsvertrages im Wege der *antizipierten Einigung und* der *Vereinbarung eines antizipierten Besitzkonstituts* geregelt werden, daß die ersatzweise angeschafften Waren mit Einbringung in das Warenlager Eigentum des Sicherungsnehmers werden (BGH LM Nr. 12 zu § 930).

619 Probleme hinsichtlich der Wirksamkeit der Sicherungsübereignung können sich bei einer **Übersicherung** *des Sicherungsnehmers* bzw. **Knebelung** *des Sicherungsgebers* ergeben. In diesen Fällen kann eine Sicherungsübereignung gem. § 138 nichtig sein (vgl. im einzelnen Rd. 497).

In Fällen der Übersicherung kann sich für den *Sicherungsnehmer* abgesehen von einer Gläubigeranfechtung und der sich aus § 419 ergebenden Rechtsfolge u. U. ein Haftungstatbestand gem. § 823 II i. V. m. § 263 StGB und § 826 ergeben (vgl. K.-H. LEHMANN Die Sicherungsübereignung als Haftungstatbestand, 1935).

620 bb) Obwohl die Sicherungsübereignung sachenrechtlich eine Vollrechtsübertragung darstellt, gestattet die Rechtsprechung dem Sicherungsnehmer im **Konkurs des Sicherungsgebers** lediglich ein *Absonderungsrecht* gem. § 48 KO und behandelt somit das Sicherungseigentum nicht wie ein Vollrecht, sondern wie ein Pfandrecht (BGH NJW 1978, 632 f m. w. N.). Hierdurch soll verhindert werden, daß der Sicherungsnehmer sowohl aufgrund des Eigentums aussondern, als auch die zugrunde liegende Forderung im Konkurs geltend machen kann (vgl. SERICK III § 35 I 1 b). Zudem könnte durch die Aussonderung der die Forderung überschießende Wert der sicherungsübereigneten Sache der Konkursmasse entzogen werden.

In der **Einzelzwangsvollstreckung** hat dagegen der *Sicherungsnehmer* entsprechend seiner Stellung als Vollrechtsinhaber bei Vollstreckung durch Gläubiger des Sicherungsgebers die Möglichkeit der *Drittwiderspruchsklage* gem. § 771 ZPO (h.M., vgl. BGHZ 12, 232, 234; SERICK III § 34 I). Nach anderer Ansicht soll dem Sicherungsnehmer nur das Recht auf vorzugsweise Befriedigung mit der Klagemöglichkeit nach § 805 ZPO zustehen (WESTERMANN § 43 IV 1).

Abgesehen davon, daß entsprechend der Vollrechtsübertragung die Drittwiderspruchsklage der folgerichtige Rechtsbehelf ist, hat die Lösung gem. § 805 ZPO den Nachteil, daß sie den Sicherungsnehmer zur sofortigen Verwertung zwingt und somit dem Sicherungsgeber die Möglichkeit nimmt, die sicherungsübereignete Sache weiterhin zu nutzen; damit wird ihm möglicherweise die wirtschaftliche Grundlage zur Erfüllung der gesicherten Forderung entzogen. Im Konkurs wirkt sich dieser

Indirekte Stellvertretung § 45 B I 3

Nachteil nicht aus, da in diesem Falle die gesicherte Forderung ohnehin sofort zur Abwicklung steht.

621 Im **Konkurs des Sicherungsnehmers** müßte dem Sicherungsgeber strenger Logik nach die Aussonderung des an und für sich zur Konkursmasse gehörenden Treuguts verwehrt sein, da der Sicherungsgeber nur einen bedingten obligatorischen Anspruch auf Rückübertragung hat, sofern ihm nicht eine Anwartschaft bei Vereinbarung einer auflösenden Bedingung zusteht. Gleichwohl gibt ihm die ständige Rechtsprechung unter der Voraussetzung, daß er seinen vertraglichen Verpflichtungen nachkommt, einen *Aussonderungsanspruch* gem. § 43 KO; damit soll verhindert werden, daß die Gläubiger des Sicherungsnehmers sich auf Kosten des Sicherungsgebers aus dem Sicherungsgut befriedigen; im Innenverhältnis des Sicherungsgebers zum Sicherungsnehmer und seinen Gläubigern soll die wirtschaftliche Zugehörigkeit zum Vermögen des Sicherungsgebers entscheiden (vgl. RGZ 45, 80, 85; 94, 305, 307; WESTERMANN § 43 IV 2 und BAUR § 57 VI 2 betonen, daß die Aussonderung die Befriedigung der gesicherten Forderung voraussetzt).

Sofern sich *ausnahmsweise* das *Sicherungsgut beim Sicherungsnehmer* befindet, steht in der **Einzelzwangsvollstreckung** durch Gläubiger des Sicherungsnehmers *dem Sicherungsgeber* die *Drittwiderspruchsklage* nach § 771 ZPO zu, da die zur Sicherheit übereignete Sache wirtschaftlich dem Vermögen des Sicherungsgebers zuzuordnen ist (BGHZ 72, 141, 145 f). Allerdings ist mit BGH (aaO) anzunehmen, daß die Drittwiderspruchsklage entfällt, wenn der Sicherungsnehmer die Sache verwerten darf, weil sie dann aus dem Vermögen des Sicherungsgebers ausscheidet. Soweit sich das Sicherungsgut – wie üblich – beim Sicherungsgeber befindet, ist er gem. §§ 809, 808 ZPO geschützt, da die Pfändung von seiner Bereitschaft zur Herausgabe abhängig ist.

b) **Die Sicherungszession**

622 Während bei der Sicherungsübereignung Sachen übertragen werden, erfolgt bei der Sicherungszession eine *Abtretung der Forderungen des Sicherungsgebers gegenüber Dritten (Drittschuldner)* an den Sicherungsnehmer zur Sicherheit. Zur Erfüllung des Sicherungszwecks würde auch hier eine Verpfändung gem. §§ 1273 ff, 1279 ff ausreichen. Da jedoch § 1280 ein Anzeige an den Drittschuldner verlangt, wird in der Praxis die Sicherungszession vorgezogen, weil sie eine derartige Publizität, die sich für den Sicherungsgeber wegen möglicher Rückschlüsse auf seine Liquidität nachteilig auswirken kann, nicht erfordert. Durch die fehlende Anzeige der Abtretung erwachsen dem Dritten keine Nachteile, da er durch §§ 404 ff geschützt ist; insbesondere kann er gem. § 407 mit befreiender Wirkung an den bisherigen Gläubiger leisten.

Unter dem Gesichtspunkt der **Sittenwidrigkeit** (Übersicherung, Knebelung) ergeben sich gleichartige Konsequenzen wie bei der Sicherungsübereignung. Darüber hinaus stellt sich folgendes Problem: Grundsätzlich soll beim *Zusammentreffen* mit einer anderen Sicherungszession die *Priorität* entscheiden. Dies ist in den Fällen bedenklich, in denen *eine Globalzession* zur Sicherung eines Bankkredits *mit der Vorausabtretung an Lieferanten* im Falle des sog. verlängerten Eigentumsvorbehalts zusammentrifft. Hier nimmt die Rechtsprechung für die Globalzession Sittenwidrigkeit an, wenn der Sicherungsnehmer damit zu rechnen hat, daß der Sicherungsgeber die Forderungen antizipiert zur Sicherung von Warenkrediten im Wege des sog. verlängerten Eigentumsvorbehalts abtreten muß und den Sicherungsnehmer mit der umfassenden Zession den Zedenten zum Vertragsbruch verleitet (vgl. BGHZ 30, 149, 152 f; 72, 308, 311).

Im Falle einer auflösenden Bedingung fällt bei Befriedigung der gesicherten Forderung die zur Sicherheit abgetretene Forderung automatisch an den Sicherungsgeber zurück (vgl. oben Rdn. 617). Ansonsten besteht lediglich ein schuldrechtlicher Rückübertragsanspruch aus der Sicherungsabrede. Rückfall und Rückübertragung erledigen sich bei Verwertung der zedierten Forderung durch vereinbarte Einziehung im Sicherungsfall.

In *Einzelzwangsvollstreckung und Konkurs* stehen Sicherungsgeber bzw. Sicherungsnehmer hinsichtlich der Sicherungszession dieselben Rechtsbehelfe wie bei der Sicherungsübereignung zu (vgl. BGH NJW 1977, 384 f; h.M.).

Von der Sicherungszession ist die sog. *Einziehungsermächtigung* zu unterscheiden. Dies ist ein Fall offener Treuhand, den die Rechtsprechung ausgehend von § 185 anerkennt (vgl. dazu im einzelnen Rdn. 711f).

II. Der Strohmann

623 Als Strohmann bezeichnet man eine vorgeschobene Person zum Abschluß von Rechtsgeschäften, die der Hintermann aus tatsächlichen oder rechtlichen Gründen nicht selbst vornehmen kann oder will. Inwieweit das Verhältnis zwischen der vorgeschobenen Person und dem Hintermann eine *mittelbare Stellvertretung oder ein Treuhandverhältnis* darstellt, ist nach den besonderen Umständen des Einzelfalles zu beurteilen. Um mittelbare Stellvertretung handelt es sich z. B., wenn der Strohmann vom Hintermann beauftragt ist, für diesen einen Gegenstand zu erwerben oder zu veräußern.

Unabhängig davon, ob der Außenstehende die Strohmanneigenschaft kennt, sind die vom Strohmann abgeschlossenen Geschäfte *keine Scheingeschäfte* mit der Nichtigkeitsfolge gem. § 117 I, wenn die vereinbarte Rechtsfolge ernstlich in der Person des Strohmanns gewollt ist (BGHZ 21, 378, 381; vgl. die Nachweise bei STAUDINGER/DILCHER § 117 Rdn. 29). Es kann sich jedoch um Scheingeschäfte handeln, wenn einverständlich mit dem Außenstehenden in der Person des Strohmanns keinerlei Rechtswirkungen eintreten sollen (vgl. oben Rdn. 436).

Durch wirksame Geschäfte wird der Strohmann *in seiner Person berechtigt und verpflichtet* (BGH WM 1964, 179). Im Konkurs des Strohmanns wird dem Hintermann wegen der fehlenden Offenkundigkeit kein Aussonderungsrecht nach § 43 KO gewährt (BGH aaO, STAUDINGER/DILCHER Vor § 164 Rdn. 50).

Direkte Stellvertretung § 46 A

Demgemäß steht dem Hintermann im Falle der Einzelzwangsvollstreckung auch keine Drittwiderspruchsklage gem. § 771 ZPO zu (vgl. SOERGEL/ SCHULTZE-v. LASAULX Vor § 164 Rdn. 49; MÜNCHKOMM/THIELE Vor § 164 Rdn. 29).

§ 46
Die direkte Stellvertretung

Vgl. die Literaturangaben zu § 44.

A. Erscheinungsformen

Die vom Gesetz ausschließlich geregelte direkte Stellvertretung geht davon aus, daß eine Willenserklärung unmittelbar für und gegen den Vertretenen wirkt, wenn sie innerhalb der dem Vertreter zustehenden *Vertretungsmacht* abgegeben wird. Die Vertretungsmacht kann sich aus Rechtsgeschäft *(gewillkürte Vertretungsmacht)* oder aus Gesetz *(gesetzliche Vertretungsmacht)* ergeben; zur Vertretungsmacht vgl. im einzelnen unten § 47. Die Stellvertretung kann von einem einzelnen Vertreter *(Einzelvertretung)* oder von mehreren Vertretern *(Gesamtvertretung)* wahrgenommen werden. **624**

Bei der **Gesamtvertretung** steht die Vertretungsmacht mehreren Personen in der Weise zu, daß sie nur gemeinschaftlich zur Vertretung befugt sind. Gesamtvertretung kann durch Rechtsgeschäft, Satzung oder durch Gesetz begründet werden; auf einem Rechtsgeschäft beruht z. B. die Gesamtvertretung in den Fällen der BGB-Gesellschaft (§§ 714, 709 I, 710), der Gesamtprokura (§ 48 II HGB) und der OHG (§ 125 II HGB). Kraft Satzung entsteht sie beim Verein (§ 26 I S. 2) und bei der Stiftung (§§ 86, 26 I S. 2). Auf gesetzlicher Grundlage gründet sich die Gesamtvertretung bei der Vertretung des Kindes durch beide Elternteile (§§ 1629, 1626), bei der Vertretung durch mehrere Vormünder (§§ 1797 I, 1793). Ferner ist sie in den Fällen des § 78 II AktG, des § 35 II GmbHG und des § 25 I GenG gesetzlich vorgesehen.

Stellvertretung ist sowohl bei der Abgabe einer Willenserklärung (§ 164 I) – **sog. aktive Stellvertretung** –, als auch beim Empfang einer Willenserklärung (§ 164 III) – **sog. passive Stellvertretung** – möglich.

Gesamtvertretung findet *nur bei aktiver Stellvertretung* statt. Im Interesse desjenigen, der eine Erklärung gegenüber Gesamtvertretern abgibt, genügt die Abgabe gegenüber einem der Gesamtvertreter (vgl. die gesetzliche Regelung in § 28 II, § 1629 I S. 2; § 125 II S. 3 HGB; § 78 II S. 2 AktG; § 35 II S. 3 GmbHG; § 25 I S. 2 GenG).

Vom passiven Stellvertreter ist der **Empfangsbote** zu **unterscheiden** (zum Botenbegriff vgl. oben Rdn. 600). Empfangsbote ist z. B. ein Angestellter bei **625**

Briefannahme; bei wörtlicher Übermittlung, z. B. am Telefon, ist eine Mittelperson Empfangsbote, wenn sie die Erklärung akustisch wahrnimmt und entsprechend weitergibt, ohne daß es auf das Verständnis des Sinngehaltes ankommt; falls die Mittelsperson die Erklärung in eigener Empfangszuständigkeit annimmt, handelt es sich um einen *Empfangsvertreter*.

Hinsichtlich des *Zugangs einer nicht verkörperten Erklärung* braucht nicht unterschieden zu werden, ob es sich bei dem Empfänger, sofern er die Erklärung richtig vernommen hat, um einen Boten oder einen Vertreter handelt. Das Risiko der richtigen Weiterübermittlung trägt in jedem Falle der Empfänger. Die Unterscheidung ist jedoch von *Bedeutung bei der Auslegung* der zugegangenen Erklärung. Bei Übermittlung durch einen Empfangsboten ist die Erklärung so auszulegen, wie der Geschäftsherr die übermittelte Erklärung verstehen durfte. Bei Übermittlung durch einen Empfangsvertreter ist die Erklärung nach dem Verständnis des Vertreters auszulegen.

Der Zugang über einen Boten erfordert *wirksames Botenhandeln*, d. h. der Übermittler muß tatsächlich zur Empfangnahme ermächtigt sein oder nach der Verkehrsauffassung als ermächtigt gelten. Hierbei werden an die sog. Botenmacht bei nicht verkörperten Willenserklärungen höhere Anforderungen als bei verkörperten zu stellen sein (vgl. RGZ 60, 334ff). Darüber hinaus muß die Übermittlungsperson zur Entgegennahme bereit und geeignet sein. Bei der Beurteilung dieser Fähigkeit ist ebenso wie bei der Botenmacht von der Frage auszugehen, in wessen Machtbereich die Übermittlungsperson steht (z. B. Familienangehörige, Haus- und Büroangestellte). Einschränkungen können sich nach den Grundsätzen des Vertrauensschutzes ergeben.

Liegen die Voraussetzungen für einen Empfangsboten nicht vor, wird der Übermittler *Bote des Erklärenden*, d. h. der Erklärende trägt das Übermittlungsrisiko.

B. Anwendungsbereich der Stellvertretungsvorschriften

626 Die Stellvertretung ist grundsätzlich bei allen Rechtsgeschäften **zulässig**. Ausnahmsweise kann sie jedoch gesetzlich oder rechtsgeschäftlich *ausgeschlossen* sein. So ist insbesondere bei Geschäften im Familien- und Erbrecht, die einen *höchstpersönlichen Charakter haben, keine Stellvertretung mölcih, so z. B. bei der Eheschließung (§ 13 EheG), Testamentserrichtung (§ 2064) und beim Erbvertrag (§ 2274)*.

Die umstrittene Rechtsfigur der Stellvertretung in der Erklärung hat sich mit Änderung des Adoptionsrechtes erledigt (vgl. oben Rdn. 601).

Die Stellvertretungsvorschriften der §§ 164ff gelten für Willenserklärungen. Sie sind jedoch auf **geschäftsähnliche Handlungen** anwendbar (vgl. oben Rdn. 397). So ist z. B. Stellvertretung möglich bei Mahnung, Fristsetzung, Abtretungsanzeige, Kündigung, Mängelanzeige.

Direkte Stellvertretung § 46 B

Die Stellvertretungsvorschriften finden hingegen keine Anwendung auf *Tathandlungen*, wie z. B. bei der tatsächlichen Besitzerlangung.

Die Erlangung der tatsächlichen Gewalt durch eine Mittelsperson kann dem Geschäftsherrn keinen Besitz nach den Regeln der Vertretung verschaffen, sondern nur, wenn dadurch die in § 855 und § 868 selbständig geregelten Voraussetzungen für die Begründung der Besitzerstellung in seiner eigenen Person verwirklicht werden, wenn er also durch die Mittelsperson (als Besitzdiener) unmittelbaren Besitz erlangt oder durch die Mittelsperson (als Besitzmittler) mittelbaren Besitz.

Hingegen ist bei Besitzerwerb gem. § 854 II Vertretung möglich, da es sich ausnahmsweise um einen rechtsgeschäftlichen Besitzerwerb handelt.

Generell ergeben sich die Auswirkungen bei Tathandlungen über die Gehilfeneigenschaft gem. § 278. Dies ist auch bei Eintritt in Vertragsverhandlungen der Fall, da sich im gesetzlichen Schuldverhältnis der culpa in contrahendo die Verantwortlichkeit des Geschäftsherrn aus der Gehilfenstellung des Handelnden gem. § 278 ergibt.

Problematisch ist, ob die Stellvertretungsvorschrift des § 166 I im Rahmen des **Eigentümer-Besitzer-Verhältnisses** anwendbar ist. Im Falle des § 990 haftet der Besitzer bei Bösgläubigkeit; inwieweit die Bösgläubigkeit eines Gehilfen dem Besitzer zugerechnet werden kann, wird unterschiedlich beurteilt. Der BGH neigt zur entsprechenden Anwendung des § 166 (vgl. BGHZ 32, 53 ff; BGHZ 41, 17, 21 f), wenn dem Besitzdiener im Rechtsverkehr freie Hand gelassen wurde. Die Gegenmeinung betont den deliktsähnlichen Charakter der sachenrechtlichen Vorschriften und hält § 831 analog für anwendbar (WESTERMANN § 14, 3; BAUR § 5 II 1 c; MEDICUS BR Rdn. 581). Letztere Meinung hat den Vorzug der Systemrichtigkeit, jedoch werden Einschränkungen im Hinblick auf die Exkulpationsmöglichkeit zu machen sein. Vgl. zum Grundsätzlichen unten Rdn. 638. 627

Auch im **Zivilprozeß** ist die Vornahme oder Entgegennahme einer Prozeßhandlung anstelle und im Namen einer Partei mit unmittelbarer Wirkung für sie grundsätzlich anerkannt. Ausgenommen sind die Fälle, in denen die ZPO eine Vertretung der Partei ausdrücklich untersagt, z. B. in den §§ 478, 613 ZPO. In den meisten Fällen sind die Parteien gezwungen, sich vertreten zu lassen, so die prozeßunfähige Partei durch ihren gesetzlichen Vertreter und im Rahmen des Anwaltszwanges alle Parteien vor den meisten Kollegialgerichten sowie vor den Familiengerichten gem. § 78 I 2 ZPO durch einen bei dem Prozeßgericht zugelassenen Rechtsanwalt. 628

Ob es sich bei der Prozeßvertretung um eine Stellvertretung i.S.d. §§ 164 ff handelt, ist umstritten. Die wohl als herrschend anzusehende Auffassung sieht in der Prozeßvertretung eine Prozeßhandlung (BGH MDR 1958, 319 f; 1964, 410; STEIN/JONAS/LEIPOLD § 80 II 1; ERMAN/BROX Vor § 164 Rdn. 29; für eine materiellrechtliche Einordnung ROSENBERG/SCHWAB § 54 II 1; BLOMEYER § 9

§ 46 C I Vierter Teil: Die Lehre vom Rechtsgeschäft

III 1). In jedem Falle untersteht jedoch der Prozeßvertreter dem *Sonderrecht der §§ 78ff ZPO.*

C. Der Tatbestand der wirksamen Vertretung

I. Voraussetzungen in der Person des Vertreters

629   Stellvertreter ist nur, wer das Rechtsgeschäft durch seinen eigenen Willensentschluß abschließt, also selbst den rechtsgeschäftlichen Tatbestand verwirklicht. Man bezeichnet diesen Vorgang als **Vertretergeschäft**. Die Erfordernisse einer wirksamen *Willenserklärung* müssen *in der Person des Vertreters* erfüllt sein.

So ist die von einem *geschäftsunfähigen* Vertreter abgegebene Willenserklärung unwirksam (§ 105 I). Da die Wirkungen des rechtsgeschäftlichen Handelns des Vertreters unmittelbar nur den Vertretenen treffen (§ 164 I), erwachsen dem Vertreter aus der Stellvertretung keine rechtlichen Nachteile; demgemäß genügt nach § 165 *beschränkte Geschäftsfähigkeit* des Vertreters. Sofern dem beschränkt geschäftsfähigen Vertreter aus dem Fehlen einer wirksamen Vertretungsmacht Nachteile entstehen können, werden diese gemäß § 179 III 2 ausgeschlossen, es sei denn, daß er mit Zustimmung seines gesetzlichen Vertreters gehandelt hat.

§ 165 findet grundsätzlich sowohl auf die gewillkürte als auch auf die gesetzliche Stellvertretung Anwendung; allerdings ist der beschränkt Geschäftsfähige in Sonderfällen von der gesetzlichen Vertretung ausgeschlossen (z.B. §§ 1673 II, 1705 S. 2, 1780, 1781, 1915). Möglich ist auch die Bestellung eines beschränkt Geschäftsfähigen zum Organ einer juristischen Person; ausdrücklich ausgeschlossen ist dies nur für die Bestellung zum Vorstandsmitglied einer Aktiengesellschaft (§ 76 III AktG). Ausgeschlossen ist auch die Ernennung eines beschränkt geschäftsfähigen Testamentsvollstreckers (§ 2201).

Da nur der Vertreter selbst rechtsgeschäftlich in Erscheinung tritt und eine eigene Willenserklärung abgibt, kann die *Auslegung* der Willenserklärung nur aus dem Verhalten des Vertreters erfolgen.

Soweit das vom Vertreter vorgenommene Rechtsgeschäft der *Form* bedarf, muß der Vertreter diese Formerfordernisse erfüllen.

Zu unterscheiden ist davon, inwieweit bei formbedürftigen Geschäften auch die *Erteilung der Vollmacht formbedürftig* ist (vgl. dazu unten Rdn. 650ff).

Auf die besonderen Voraussetzungen in der Person des Vertreters ist jedoch nur bezüglich der Willensbildung abzustellen; auf Umstände, die nicht in der Willensbildung selbst liegen, kommt es auf die Person des Vertretenen an (wenn z.B. Kaufmannseigenschaft gefordert wird, muß der Vertretene Kaufmann sein).

II. Handeln im Namen des Vertretenen

1. Wirksame Stellvertretung setzt voraus, daß der Vertreter eine eigene Willenserklärung *im Namen des Vertretenen* abgibt, d.h. der Handelnde muß kundtun, daß die Wirkungen des Rechtsgeschäfts nicht ihn, sondern einen Dritten treffen sollen. Dieses sog. **Offenkundigkeitsprinzip** dient der Rechtsklarheit; dem Geschäftspartner soll Gewißheit darüber verschafft werden, mit wem er in rechtsgeschäftliche Beziehungen tritt. Dabei macht es keinen Unterschied, ob der Vertreter *ausdrücklich* im Namen des Vertretenen handelt oder sich lediglich *aus den Umständen* entnehmen läßt, daß die Geschäftswirkungen in der Person des Vertretenen entstehen sollen (§ 164 I 2); so z. B. bei der Vertretung von Firmen (BGH NJW 1983, 1844f). Ebenso kann, wenn der Vertreter mit dem Namen des Vertretenen unterschreibt – unbeschadet der Frage, ob er vertretungsberechtigt ist –, auf Stellvertretung geschlossen werden (RGZ 81, 21 f).

630

Nach allgemeiner Ansicht ist es zulässig, daß die Person des Vertretenen *unbenannt bleibt* (BGH LM Nr. 10 zu § 164); es genügt, wenn der Vertreter zum Ausdruck bringt, daß er in Vertretung eines anderen handele, ohne zu sagen, wer dieser ist.

Von dem grundsätzlichen Erfordernis der Offenlegung des Stellvertretungsverhältnisses kann dann abgewichen werden, wenn es dem *Geschäftspartner* gleichgültig ist, mit wem er das Rechtsgeschäft abschließt (sog. *Geschäft für den, den es angeht;* vgl. im einzelnen Rdn. 610).

Es kann zweifelhaft sein, ob im eigenen oder fremden Namen gehandelt wird. In jedem Falle ist es Sache des Vertreters, bei Abgabe der Erklärung den Eintritt der Rechtswirkungen in seiner Person mit genügender Deutlichkeit auszuschließen. Läßt der Vertreter durch sein Verhalten nicht klar genug erkennen, daß er in fremden Namen handelt, so kommt ein Eigengeschäft des Vertreters zustande, d.h. er wird verpflichtet und berechtigt. Eine Möglichkeit, seine Erklärung nach § 119 I wegen Irrtums anzufechten, scheidet nach § 164 II aus. Ein nicht nach außen erkennbarer Vertretungswille ist also unbeachtlich.

> Eine Anwendung von § 164 II kommt nicht in Frage, wenn nicht nur vom Vertreter, sondern auch vom Geschäftsgegner der Abschluß des Geschäfts mit Wirkung für den Vertretenen gewollt war. Dies trifft namentlich dann zu, wenn jemand mit dem im Geschäftszimmer anwesenden Bevollmächtigten des Geschäftsinhabers verhandelt, in der irrigen Annahme, es mit diesem zu tun zu haben, und beide Verhandelnde den Geschäftsinhaber zur Geschäftspartei machen wollen (vgl. BGHZ 62, 216, 219ff).

2. Ist jemand offenkundig als Vertreter aufgetreten, so ist fraglich, ob seinem Verhalten ein **Vertretungswille** zugrundeliegen muß. Das berührt die Fälle, in denen der Handelnde aus objektiver Sicht als Vertreter auftritt,

631

jedoch ein Eigengeschäft abschließen will. Für die Wirksamkeit der Stellvertretung muß es auf den im Rechtsverkehr in Erscheinung getretenen Erklärungstatbestand ankommen; der innere Wille des Handelnden ist insoweit unbeachtlich (BGHZ 36, 30, 33). Wollte er entgegen dem objektiven Erklärungswert im eigenen Namen handeln, so sind die §§ 116 ff anwendbar. Hat er bewußt in fremdem Namen gehandelt, ohne vertreten zu wollen, so ist dies ein geheimer Vorbehalt i. S. d. § 116 S. 1; das Rechtsgeschäft ist, soweit Vertretungsmacht vorliegt, für den Vertretenen wirksam. Hat der Handelnde irrtümlich den objektiven Erklärungstatbestand einer Stellvertretung gesetzt, so steht ihm eine Anfechtung nach § 119 I – allerdings mit der Folge des § 122 – zu (so FLUME II § 44 III; SOERGEL/SCHULTZE-V. LASAULX § 164 Rdn. 9, 27 m. w. N.; für ein Anfechtungsrecht des Vertretenen v. TUHR II/2 § 84 S. 347 f; ERMAN/BROX § 164 Rdn. 23). Er kann dann eine Offerte zum Abschluß des gewollten Eigengeschäfts abgeben.

> Besaß der „Vertreter" keine Vertretungsmacht, so kann im Falle der Anfechtung § 122 mit § 179 konkurrieren, sofern der Vertragspartner von seinem Wahlrecht auf Schadensersatz gem. § 179 I Gebrauch macht (falls der Vertragsgegner Erfüllung verlangt, bedarf es seitens des Vertreters keiner Anfechtung, da er bekommt, was er will). Verlangt der Vertragsgegner Schadensersatz, so muß die Anfechtung durch den Vertreter gem. § 119 I mit der Folge des § 122 den Vorrang haben.

632 3. Vom Handeln in fremdem Namen ist das Handeln **unter fremdem Namen** zu unterscheiden, d. h., jemand gibt sich für eine andere Person aus.

Eine Stellvertretung kommt nicht in Betracht, da die Erklärung fehlt, für einen anderen zu handeln. Der wahre Namensträger hat mit dem Geschäft nichts zu tun, so daß das Verhalten des unter fremdem Namen Auftretenden als Eigengeschäft anzusehen ist – vorbehaltlich der dem Gegner zustehenden Anfechtungsmöglichkeit wegen Irrtums oder Täuschung über die Person.

> Hat sich der Geschäftsgegner über die Person des Handelnden keine Vorstellung gemacht, weil es ihm auf die Individualisierung seines Geschäftsgegners nicht ankommt (bloße *Namenstäuschung;* z. B. Hotelübernachtung unter fremdem Namen), so fehlt es an einer Irreführung; eine Anfechtung scheidet dann aus.
> Falsche Identitätsvorstellungen werden auch nicht hervorgerufen, wenn jemand unter einem Allerwelts- oder Phantasienamen auftritt.

Anders liegt es, wenn sich der Handelnde einen fremden Namen beilegt, um den Geschäftsgegner über seine Person zu täuschen und in diesem falsche Identitätsvorstellungen erweckt (sog. *Identitätstäuschung*). In diesem Fall will der Geschäftsgegner gerade mit dem wahren Namensträger kontrahieren, da der Name zur Individualisierung des Geschäftspartners maßgeblich ist. Hier wird dem Namensträger die Möglichkeit eingeräumt, das Geschäft entsprechend §§ 177 ff an sich zu ziehen. Der Geschäftsgegner wird nicht benachteiligt, da er das Geschäft mit dem Namensträger abschließen wollte (BGHZ 45, 193, 195f). Andernfalls haftet der Handelnde gem. § 179 I dem Geschäftsgegner nach seiner Wahl auf Erfüllung oder Schadensersatz. Handelte der Erklärende mit Vertretungsmacht, so finden die §§ 164ff entsprechende Anwendung (BGH aaO).

Schrifttum:
LARENZ Verpflichtungsgeschäfte „unter" fremdem Namen, Festschrift H. Lehmann, I, 1956, 234ff; LETZGUS Zum Handeln unter falschem Namen, AcP 137, 327ff; LIEB Zum Handeln unter fremdem Namen, JuS 1967, 106ff; OHR Zur Dogmatik des Handelns unter fremdem Namen, AcP 152, 216ff.

III. Vertretungsmacht

Ob die Erklärung die beabsichtigte unmittelbare Wirkung zwischen dem Geschäftsherrn und dem Dritten entfaltet, hängt davon ab, ob der Vertreter **Vertretungsmacht** hat und sich in deren Rahmen hält (§ 164 I). Das Vorliegen der Vertretungsmacht ist eine Wirksamkeitsvoraussetzung der Vertretung, aber für ihren Begriff gleichgültig; auch der vollmachtslose Vertreter ist Vertreter im eigentlichen Sinne (h. M.; SOERGEL/SCHULTZE- V. LASAULX Vor § 164 Rdn. 19 m.w.N.). **633**

Zur Vertretungsmacht im einzelnen siehe unten § 47.

D. Rechtsfolgen

I. Die **Wirkungen** des vom Vertreter innerhalb der ihm zustehenden Vertretungsmacht vorgenommenen Rechtsgeschäfts treffen *unmittelbar* und *ausschließlich* den Vertretenen (§ 164 I). So wird der Vertretene aus schuldrechtlichen Rechtsgeschäften unmittelbar berechtigt und verpflichtet, wie ihn auch die Wirkungen von Verfügungen unmittelbar treffen. **634**

Falls Erwerbsvorgänge über die Willenserklärungen hinaus von tatsächlichen Rechtshandlungen abhängig sind (z.B. Übergabe im Falle des § 929), muß der Handelnde diese Voraussetzungen gesondert erfüllen, z.B. Besitzdiener oder Besitzmittler sein (vgl. oben Rdn. 626).

II. Soweit die rechtlichen Folgen einer Willenserklärung durch **Willensmängel** oder durch die **Kenntnis oder das Kennenmüssen** gewisser Umstände beeinflußt werden, kommt es grundsätzlich auf die *Person des Vertreters* an (§ 166 I). Dies ist die logische Konsequenz aus der dem Stellvertretungsrecht zugrundeliegenden Repräsentationstheorie, nach der Vertreter ist, wer aufgrund seines Willens und seiner Erklärung das Rechtsgeschäft mit dem Geschäftspartner abschließt (vgl. SOERGEL/SCHULTZE- V. LASAULX § 166 Rdn. 1). **635**

636 **1.** Bei der Prüfung der **Anfechtbarkeit der Vertretererklärung wegen Irrtums** muß davon ausgegangen werden, daß der Vertreter der Vertragschließende ist. Eine Anfechtung der von ihm in seiner Vertretungseigenschaft abgegebenen Willenserklärung ist also nur zulässig, soweit er dabei einem Irrtum unterlegen ist; ferner muß bei Beurteilung der Frage, ob das Geschäft bei verständiger Würdigung des Falles nicht gewollt sein würde, auf die Person des Vertreters abgestellt werden, freilich unter Berücksichtigung des Umstandes, daß dieser fremde Interessen wahrzunehmen hat (RGZ 82, 193, 196).

Das *Anfechtungsrecht* steht *nur dem Vertretenen* zu, da ihn die Folgen der Willenserklärung treffen. Allerdings kann er die Anfechtung durch seinen Vertreter erklären lassen, wozu dieser im Zweifel auf Grund der Vollmacht berechtigt ist. Bei gesetzlicher Vertretungsmacht kann die Anfechtung nur durch den Vertreter erfolgen.

> Soweit *Gesamtvertretung* (vgl. oben Rdn. 624) besteht, reicht es aus, wenn der Willensmangel in der Person eines mitwirkenden Gesamtvertreters vorliegt (h.M.). Wenn jedoch bei Gesamtvertretung ein Vertreter zum alleinigen Handeln ermächtigt ist (z.B. § 125 II 2 HGB, § 78 IV 1 AktG), so ist allein auf den Willensmangel des Handelnden abzustellen, sofern nicht § 166 II analog in Betracht kommt (MÜNCH-KOMM/THIELE § 166 Rdn. 15f).

Im Falle einer *Täuschung durch den Vertreter* erwächst dem Geschäftsgegner ein Anfechtungsrecht, dessen Wirkungen den Vertretenen treffen. Die Vorschrift des § 123 II bleibt außer Betracht (vgl. des näheren Rdn. 466).

637 Von der Anfechtung des Vertretergeschäftes ist die **Anfechtung der Vollmachtserteilung** zu unterscheiden:

> Wenn sich z.B. der Vollmachtgeber bei der Erteilung der Vertretungsmacht geirrt hat, ist ihm die Anfechtung der Vertretererklärung versagt; er muß dann die Vollmachterteilung anfechten und so dem Vertreter die Vertretungsmacht nachträglich mit rückwirkender Kraft entziehen (vgl. zu den Einzelheiten unten Rdn. 646).
>
> Hat sich der bevollmächtigte Vertreter über den erteilten Auftrag geirrt, kann er dieserhalb seine dem Dritten gegenüber abgegebene Willenserklärung nicht anfechten, da ein Irrtum i.S. des § 119 I nicht vorliegt (RGZ 82, 193, 195f unter Bezugnahme auf RG Gruchot 49, 1049ff).

638 **2.** Soweit das Gesetz auf das **Kennen oder Kennenmüssen** bestimmter Umstände abstellt, kommt es nach § 166 I ebenfalls auf die Person des Vertreters an.

Dies wird z.B. in den Fällen des gutgläubigen Erwerbs relevant (§§ 892, 932, 1207; § 366 HGB). Hat der *Vertreter* beim Erwerb einer beweglichen Sache nicht mit hinreichender Sorgfalt die Eigentumslage beim Veräußerer überprüft, so kann der Vertretene nicht nach §§ 929, 932 Eigentum erwerben.

Weitere Fälle, bei denen das Gesetz auf das Kennen oder Kennenmüssen bestimmter Sachverhalte abstellt, sind z. B. §§ 307, 405, 694. Im Ergebnis wird in § 166 insoweit der Grundsatz des § 278 auf den rechtsgeschäftlichen Vorgang projiziert, was zur Figur des **„Wissensvertreters"** geführt hat (RGZ 101, 402f; BGH NJW 1968, 988; BGH VersR 1970, 613f; grundsätzlich RICHARDI AcP 169, 385ff; zur Wissenszurechnung allgemein SCHILKEN, Wissenszurechnung im Zivilrecht, 1983). Die Rechtsprechung des BGH will nunmehr dem § 166 I den allgemeinen Rechtsgedanken entnehmen, wonach sich – unabhängig von einem Vertretungsverhältnis – derjenige, der einen anderen mit der Erledigung bestimmter Angelegenheiten in eigener Verantwortung betraut, das in diesem Rahmen erlangte Wissen des anderen zurechnen lassen muß (BGHZ 83, 293, 296). Die Figur des „Wissensvertreters" wird auch entgegen der Systematik benutzt, um im Eigentümer–Besitzer–Verhältnis die Bösgläubigkeit des Besitzdieners dem Besitzherrn zuzurechnen (vgl. oben Rdn. 627). Entsprechendes gilt für § 819 (BGHZ 83, 293, 295ff).

Auf das tatsächliche Verhalten eines Vertreters im Rahmen einer Sonderverbindung sollte jedoch § 278 im Sinne einer Obliegenheitsverletzung, insbesondere unter dem Gesichtspunkt der culpa in contrahendo, unmittelbar Anwendung finden (vgl. die Abnahme einer fehlerhaften Kaufsache durch den Vertreter, § 460; a.A. RICHARDI aaO, S. 390 im Gegensatz zu SCHMIDT R., Obliegenheiten, 1953, 184f und SOERGEL/BALLERSTEDT § 460 Rdn. 3).

> Die Funktionsteilung zwischen § 166 und § 278 zeigt sich deutlich im Falle des betrügerischen Vorgehens des Vertreters. Hier trifft die rechtsgeschäftliche Konsequenz der Täuschung bei Anfechtung durch den Geschäftsgegner den Vertretenen. Seine Haftung ergibt sich unter dem Gesichtspunkt der culpa in contrahendo in Verbindung mit § 278. Daher kann bezüglich der Haftung eine auch nur entsprechende Anwendung des § 166 nicht in Betracht kommen, da es sich nicht um die Frage der Rechtsbeständigkeit der Erklärung, sondern lediglich darum handelt, ob der Vollmachtgeber für das schädigende Verhalten seines Vertreters, dessen er sich als Gehilfen bei der Führung der Vertragsverhandlungen zu seinem Vorteil bedient hat, einstehen muß. Vgl. zu dieser Frage insbes. BALLERSTEDT AcP 151, 501ff.
>
> Für ein Verschulden des Vertreters während eines bereits bestehenden Vertragsverhältnisses kann der Vertretene selbstverständlich nicht nach § 166, sondern nur nach § 278 haftbar gemacht werden. Es ist daher geboten, den Begriff des *Abschlußgehilfen* von dem des *Erfüllungsgehilfen* zu unterscheiden, so BALLERSTEDT aaO.

Soweit *Gesamtvertretung* besteht, reicht es aus, wenn die Kenntnis oder das Kennenmüssen *einem* mitwirkenden Gesamtvertreter zur Last gelegt werden kann.

Die Grundsätze des § 166 I gelten auch für die *gesetzliche Stellvertretung* (BGHZ 38, 65f).

Die gesetzliche Regelung findet auch auf das Handeln eines *Vertreters ohne Vertretungsmacht* Anwendung, da der Begriff des Vertreters auch den vollmachtlosen Vertreter – Genehmigung durch den Vertretenen vorausgesetzt – umfaßt (vgl. RGZ 128, 116, 120; BAGE 10, 176, 179).

639 3. Hat der gutgläubige Vertreter **nach Weisungen** eines bösgläubigen Vertretenen gehandelt, so kann sich dieser nicht die Gutgläubigkeit des Vertreters zunutze machen (§ 166 II). Das Gesetz hat hier eine Anwendung des Grundsatzes von Treu und Glauben normiert.

Der Grundsatz von Treu und Glauben muß jedoch auch umgekehrt gelten, wenn z. B. der Geschäftsgegner den Vertretenen vor Vertragsschluß arglistig getäuscht hat und dieser daraufhin einen generell bevollmächtigten Vertreter weisungsgebunden den Vertrag schließen läßt. Hier muß die Ausnahmeregelung des § 166 II im Bereich der Willensmängel entsprechende Anwendung finden, mit der Folge, daß es auf die Täuschung in der Person des Vertretenen ankommt, da sich sonst der Geschäftsgegner den fehlenden Willensmangel des nicht getäuschten Vertreters zunutze machen würde (BGHZ 51, 141, 147f).

Ob § 166 II für die Fälle der *gesetzlichen Stellvertretung* gilt, ist grundsätzlich zu verneinen; jedoch kann in besonderen Fällen eine analoge Anwendung geboten sein, wenn die Stellung des gesetzlichen Vertreters der eines weisungsgebundenen Bevollmächtigten entspricht (BGHZ 38, 65, 70; zustimmend die h.M.).

Der Grundgedanke des § 166 II findet auch auf die *Vertretung ohne Vertretungsmacht* Anwendung.

Hat z. B. ein Vertreter ohne Vertretungsmacht gutgläubig für einen bösgläubigen Vertretenen gehandelt, so gilt der Grundsatz des § 166 II entsprechend, wenn der bösgläubige Vertretene das Geschäft genehmigt (§ 177 I). Hinsichtlich der Kennens oder Kennenmüssens kommt es auf den Zeitpunkt der Genehmigung an, so daß es schadet, wenn der Vertretene erst in diesem Zeitpunkt bösgläubig wird (RGZ 68, 374, 376ff; 161, 153, 162).

Schrifttum zur Zurechnung nach § 166:
Baumann Die Kenntnis juristischer Personen des Privatrechts von rechtserheblichen Umständen, ZGR 1973, 284ff; Birk Bösgläubiger Besitzdiener – gutgläubiger Besitzherr, JZ 1963, 354ff; Hoche Besitzerwerb und Besitzverlust durch Besitzdiener, JuS 1961, 73ff; Neumann-Duesberg § 166 II BGB bei der gesetzlichen Stellvertretung und Handeln nach bestimmten Weisungen, JR 1950, 332ff; Paulus Zur Zurechnung arglistigen Vertreterhandelns, Festschrift für Michaelis 1972, 215ff; Richardi Die Wissensvertretung, AcP 169, 385ff.

III. Eigenhaftung des Vertreters

640 Von dem Grundsatz, daß bei wirksamer Stellvertretung Wirkungen des Vertreterhandelns nur den Vertretenen treffen, wird unter Umständen abgewichen, indem auch der Vertreter zur Eigenhaftung herangezogen wird.

Die Vertretungsmacht § 47

Diese Haftung ist nicht nur aus Deliktsrecht zu begründen; der Vertreter kann – gegebenenfalls neben dem Vertretenen – auch aus *culpa in contrahendo* verantwortlich sein (vgl. oben Rdn. 562).

Dies ist insbesondere der Fall, wenn der Vertreter am Abschluß des Rechtsgeschäfts ein *eigenes wirtschaftliches Interesse* gehabt hat (BGHZ 14, 313, 318; 56, 81, 83; BGH VersR 1978, 59f; einschränkend für Angestellte im kaufmännischen Bereich BGHZ 88, 67ff). Eine Haftung des Vertreters kann daneben auch in Betracht kommen, wenn der Vertreter bei den Vertragsverhandlungen *besonderes Vertrauen* des Vertragsgegners *in Anspruch genommen* hat. Dies gilt z. B. für den Fachhändler, der stellvertretend für den Verkäufer ein Kraftfahrzeug verkauft; der Vertreter haftet für die Verletzung von Aufklärungs- und Hinweispflichten, weil er dem Käufer gegenüber fachkundig auftritt und der Käufer ihm deshalb besonderes Vertrauen entgegenbringt (BGHZ 63, 382ff).

Diese Tatbestände werden zunehmend unter dem Begriff der *Sachwalterhaftung* erfaßt. Hierbei kommt es auf die Vertretereigenschaft nicht an; so hat die Rechtsprechung auch die Haftung des Maklers unter den o. a. Voraussetzungen bejaht (BGHZ 56, 81 ff); einschränkend gegen die Tendenz, Dritte in einem fremden Schuldverhältnis zur Haftung heranzuziehen, Medicus BR Rdn. 200.

Eine Eigenhaftung des Vertreters kann nach der Rechtsprechung in Ausnahmefällen bei Verletzung von Schutzpflichten sogar nach Abschluß des Vertrages in Betracht kommen, wenn er beim Vertragsabschluß besonderes Vertrauen auch im Hinblick auf die Vertragsdurchführung in Anspruch genommen hat (BGHZ 70, 337, 343f).

§ 47
Die Vertretungsmacht

Bauer-Mengelberg Generalvollmacht, 1932; Demelius M. Wellspachers Vollmachtslehre, AcP 153, 1ff; Hupka Die Vollmacht, 1900; Isay Vollmacht und Verfügung, AcP 122, 195ff; Laband Die Stellvertretung bei dem Abschluß von Rechtsgeschäften nach dem allgemeinen Deutschen Handelsgesetzbuch, ZHR 10, 183ff; Macris Die stillschweigende Vollmachtserklärung, 1941; Manigk Stillschweigend bewirkte Vollmachten im Handelsrecht, Beiträge zum Wirtschaftsrecht II, 1931, 590ff; Merz Vertretungsmacht und ihre Beschränkungen im Recht der juristischen Personen, der kaufmännischen und der allgemeinen Stellvertretung, Festschrift H. Westermann, 1974, 399ff; Müller-Freienfels Die Abstraktion der Vollmachtserteilung im 19. Jahrhundert, in: Coing/Wilhelm, Wissenschaft und Kodifikation des Privatrechts im 19. Jahrhundert II, 1977, 144ff; Siebenhaar Vertreter des Vertreters, AcP 162, 354ff; Spitzbarth Vollmachten im modernen Management, 1970; v. Tuhr Die unwiderrufliche Vollmacht, Festgabe Laband, 1908, 43ff.

641 Die Wirkungen der Stellvertretung treten nur ein, wenn der Vertreter mit Vertretungsmacht handelt.

Die Vertretungsmacht kann auf *verschiedenen Rechtsgründen* beruhen:
– Sie kann einmal durch *rechtsgeschäftliche Erteilung* einer sog. *Vollmacht* (vgl. § 166 II) durch den Vertretenen begründet werden.
– Die Vertretungsmacht kann ferner auf der *Verfassung* einer juristischen Person beruhen, die im Rechtsverkehr ihre Handlungsfähigkeit durch die Bestellung von Organen erlangt. Diese Organe haben die Stellung eines gesetzlichen Vertreters (§ 26 II).

> Organschaftliche Vertretungsmacht haben etwa der Vorstand des Vereins (§ 26), der Stiftung (§§ 86, 26), Aktiengesellschaft (§ 78 AktG), Genossenschaft (§ 24 GenG), ferner der Geschäftsführer der GmbH (§ 35 GmbHG).

– Eine Vertretungsmacht wird außerdem durch *Gesetz* verliehen, so z. B. den Eltern (§ 1629), dem Vormund (§ 1793) und dem Pfleger (§ 1915) als „gesetzlichen Vertretern".

A. Die Vollmacht

642 Die Vollmacht unterliegt *rechtsgeschäftlichen Grundsätzen* (vgl. § 166 II). Im folgenden wird die rechtsgeschäftlich erteilte Vertretungsmacht behandelt, wobei auf die Besonderheiten der beiden anderen Arten jeweils im Sachzusammenhang hingewiesen wird.

Die Erteilung der Vollmacht zur Vornahme eines Rechtsgeschäftes steht nicht im Gegensatz zum Grundsatz der *Privatautonomie*. Einerseits läßt die Bevollmächtigung die eigene rechtsgeschäftliche Handlungsmöglichkeit des Vollmachtgebers unberührt; er kann also nach wie vor selbst oder durch einen anderen Vertreter das Rechtsgeschäft vornehmen, zu dem er bereits den Vertreter bevollmächtigt hat. Andererseits ist gerade die Bevollmächtigung als Ausfluß der Privatautonomie des Vollmachtgebers anzusehen (in diesem Sinne FLUME II § 43, 3; LARENZ AT § 30 I A im Gegensatz zu MÜLLER-FREIENFELS aaO, S. 104 ff und passim; vgl. zu den Besonderheiten der unwiderruflichen Vollmacht unten Rdn. 660).

I. Vollmacht und Innenverhältnis

643 Wegen des Eintritts unmittelbarer Rechtsbeziehungen zwischen dem Geschäftsgegner und dem Vollmachtgeber muß der Bestand der Vertretungsmacht zum Schutze des Geschäftsgegners weitgehend gesichert sein. Die Erteilung der Vollmacht wird daher *vom Innenverhältnis* zwischen Vollmachtgeber und Vertreter *gelöst;* man bezeichnet die Vollmacht als **„abstrakt"**.

> Die begriffliche Unterscheidung zwischen der Vollmacht als erteilter Rechtsmacht im Außenverhältnis und dem hierzu berechtigenden und verpflichtenden Innenverhältnis wurde aufbauend auf dem Rechtssicherheitsbedürfnis des Handelsverkehrs

von LABAND ZHR 10 (1866), S. 183 ff, grundlegend herausgearbeitet. Kritisch hierzu MÜLLER-FREIENFELS, Die Vertretung beim Rechtsgeschäft, 1955, und Die Abstraktion der Vollmachtserteilung aaO, S. 144, 164 ff.

Die Vollmacht wird zwar regelmäßig im Zusammenhang mit einem Innenverhältnis erteilt, sie ist jedoch im Entstehen und Fortbestehen von diesem unabhängig. Eine Abhängigkeit vom Innenverhältnis sieht das Gesetz zum Schutz des Vollmachtgebers lediglich im Hinblick auf die Beendigung des Innenverhältnisses vor (§ 168 S. 1); vorbehaltlich der Regelung des Vertrauensschutzes entfällt automatisch die dem Bevollmächtigten übertragene Befugnis. Vgl. im einzelnen unten Rdn. 654, 662 ff.

Gleichwohl kann das Innenverhältnis *nicht als Kausalverhältnis* zur Vollmachtserteilung angesehen werden. Grundsätzlich ist es daher nicht möglich, eine erteilte Vollmacht bei nicht existentem Grundverhältnis zu kondizieren. Normalerweise steht statt dessen die *Möglichkeit des Widerrufs* zur Verfügung, der generell unabhängig vom Bestehen eines Innenverhältnisses ausgesprochen werden kann (vgl. § 168 S. 2).

> Eine Kondiktion kann lediglich unter folgenden Gesichtspunkten in Betracht kommen: Liegt in der Erteilung einer unwiderruflichen Vollmacht eine Zuwendung, z. B. durch Erteilung einer dem Interesse des Bevollmächtigten dienenden Vollmacht (vgl. BayObLG DB 1978, 1929), so kann, falls der Zuwendungszweck, der von dem der Vollmachtserteilung zugrundeliegenden Innenverhältnis zu unterscheiden ist, entfällt, der Vollmachtgeber nach § 812 Verzicht auf die Vollmacht verlangen, da in diesem Ausnahmefall die Vollmacht als vermögenswerte Rechtsposition i. S. des § 812 angesehen werden kann (so LARENZ AT § 31 III a unter Bezugnahme auf v. TUHR II/2 § 85, S. 416 sowie N 220; vgl. auch STAUDINGER/DILCHER § 167 Rdn. 4; § 168 Rdn. 18; MÜNCHKOMM/THIELE § 168 Rdn. 2 will auch hier den Widerruf zulassen; vgl. ferner BGH WM 1969, 1009 f).

Die Vollmacht kann ausnahmsweise auch ohne Innenverhältnis bestehen, *sog. isolierte Vollmacht.*

> Dies kann der Fall sein, wenn jemand Generalvollmacht erteilt, damit der Bevollmächtigte im Fall von Aufträgen hierauf zurückgreifen kann.
> Dies gilt auch bei unwirksamem Innenverhältnis, wenn z. B. ein Dienstvertrag mit einem Minderjährigen ohne Zustimmung des gesetzlichen Vertreters geschlossen wird und dem Minderjährigen Vollmacht, die nach § 165 wirksam ist, erteilt wird.

Möglich ist, daß die Gültigkeit des Grundgeschäfts zur *Gültigkeitsbedingung* der Vollmacht gemacht wird. Mangels besonderer Umstände ist das aber nicht zu unterstellen; aus §§ 50, 126 II HGB, die Beschränkungen der Vertretungsmacht gegenüber Dritten verbieten, ist der Ausschluß einer Bedingung zu folgern. Insbesondere kann auch die Nichtigkeitsfolge nach § 139 nicht schlechthin herangezogen werden (vgl. RGZ 69, 232, 234); anders bei im

Grundstückskaufvertrag erteilter Auflassungsvollmacht, die bei Nichtigkeit des Kaufvertrages gegenstandslos wird.

II. Arten der Vollmacht

644 Der Vollmachtgeber kann die Vertretungsmacht für ein einzelnes Rechtsgeschäft erteilen *(Spezialvollmacht)* oder für eine bestimmte Art von Rechtsgeschäften *(Gattungs- oder Artvollmacht)*, schließlich umfassend für alle Arten von Rechtsgeschäften, soweit eine Vertretung zulässig ist *(Generalvollmacht)*.

Davon ist zu unterscheiden, ob die Vollmacht einem einzelnen Vertreter *(Einzelvollmacht)* oder mehreren in der Weise erteilt wird, daß diese nur gemeinschaftlich handeln dürfen *(Gesamtvollmacht)*.

Die Vollmacht kann auch in der Weise erteilt werden, daß der Bevollmächtigte seinerseits berechtigt ist, im Rahmen seiner Vollmacht einem anderen Vollmacht zu erteilen *(Untervollmacht)*.

Im Verkehrsinteresse hat das *Handelsrecht besondere Arten* der Vollmacht gesetzlich normiert: Prokura (§§ 48 ff HGB) und Handlungsvollmacht (§ 54 HGB). Bei der Prokura sind Erteilung und Umfang der Vertretungsmacht gesetzlich festgelegt (§§ 49, 50 HGB); eine Übertragung der Prokura ist ausgeschlossen (§ 52 II HGB). Der Umfang der Handlungsvollmacht ist enger gefaßt und verlangt u. U. Nachprüfung durch den Geschäftsgegner.

Während die Vertretungsmacht bei den *Personengesellschaften* des Handelsrechts gesetzlich geregelt ist (§§ 125 f, 161 ff HGB), wird die Vertretungsmacht in der *BGB-Gesellschaft* rechtsgeschäftlich begründet (vgl. § 714; BGH NJW 1971, 1698). Sie ist daher in der Ausgestaltung von der Erteilung abhängig und dadurch begrenzbar (vgl. RGRK/v. GAMM § 714 Rdn. 6 f).

III. Die Erteilung der Vollmacht

645 1. Die Vollmacht wird durch *einseitige, empfangsbedürftige Willenserklärung* erteilt.

Die Erteilung kann gegenüber dem zu Bevollmächtigenden (als *interne Vollmacht, Innenvollmacht*) oder gegenüber dem Geschäftsgegner (als *externe Vollmacht, Außenvollmacht*) erfolgen.

> Eine Erteilung als Außenvollmacht kommt praktisch nur in Betracht, wenn dem Geschäftsgegner vor Bevollmächtigung des Vertreters die Vertretungsberechtigung erklärt wird. Ist die Vollmacht bereits an den Vertreter erteilt, so handelt es sich bei der Kundgabe an den Geschäftsgegner lediglich um eine Mitteilung i. S. des § 171 (a. M. FLUME II § 49, 2c, der in der Kundgabe an Dritte stets die Erteilung einer Außenvollmacht sieht).
>
> Nach herrschender Meinung soll auch eine bewußte Erklärung an die Öffentlichkeit, daß hierdurch jemand bevollmächtigt werde, als Vollmachtserteilung durch nichtempfangsbedürftige Willenserklärung anzusehen sein (so insbesondere LARENZ AT § 31 II; MÜNCHKOMM/THIELE § 167 Rdn. 12).

Die Erteilung der Vollmacht ist Willenserklärung. Sie erfordert *Geschäftsfähigkeit des Vollmachtgebers*. Die Erteilung ist grundsätzlich empfangsbedürftig, sie bedarf jedoch nicht einer rechtsgeschäftlichen Annahmeerklärung seitens des Bevollmächtigten. Will dieser die Vollmacht nicht entgegennehmen, so kann er sie allerdings zurückweisen oder auf sie verzichten.

Rechte und Pflichten des Bevollmächtigten gegenüber dem Vollmachtgeber ergeben sich aus dem Innenverhältnis. Zu dessen rechtsgeschäftlicher Begründung ist Geschäftsfähigkeit des Bevollmächtigten als Vertragspartner erforderlich, nicht jedoch für die Entgegennahme der „abstrakten" Bevollmächtigung, da deren Wirkung nur den Vollmachtgeber trifft (§ 165).

Gegen die Annahme, daß die Vollmacht selbst auch durch Vertrag begründet werden kann (FLUME II § 49, 1) spricht das System des Gesetzes, das die Vollmachtserteilung und deren Bestand von möglichst wenigen Wirksamkeitsvoraussetzungen abhängig machen will. Die rechtsgeschäftliche Mitwirkung des Bevollmächtigten gäbe diesem die Möglichkeit, durch Geltendmachung von Willensmängeln den Bestand der Vollmacht zu beseitigen.

Die *Erteilung* der Vollmacht – nicht der Prokura – kann auch *konkludent* erfolgen. Hierbei ist die stillschweigende Willenserklärung von der Zurechnung kraft Rechtsscheins bei der sogenannten Duldungsvollmacht zu unterscheiden (vgl. unten Rdn. 664 ff).

646 2. Die Vollmachtserteilung ist nach den allgemeinen Regeln wegen **Willensmängeln** *nichtig oder anfechtbar*.

Vor dem Gebrauch der Vollmacht genügt grundsätzlich ein *Widerruf*. Eine *Anfechtung* der Bevollmächtigung ist erforderlich, wenn der Vertreter bereits rechtsgeschäftlich tätig geworden ist. Diese Anfechtung richtet sich *gegen die Bevollmächtigung* als selbständiges Rechtsgeschäft, dagegen ist die Anfechtung der Erklärung des Vertreters gegenüber dem Dritten dem anfechtenden Vollmachtgeber *aus diesem Grunde* grundsätzlich versagt. (Eine Anfechtung der Bevollmächtigung wird generell abgelehnt von MÜLLER-FREIENFELS Die Vertretung beim Rechtsgeschäft, 1955, insbes. S. 404, der ausgehend von seiner Lehre vom Gesamttatbestand der Stellvertretung Willensmängel nur beim Vertretergeschäft als relevant ansieht.)

Eine angefochtene Vollmacht kann unter Umständen von Rechtsscheinwirkungen überlagert sein, falls z. B. die Bevollmächtigung durch fortgesetzte Betätigung oder wegen spezifischer Publizitätswirkungen (wie etwa in § 15 I HGB) – je nach dem Verkehrsschutzbedürfnis – zu einem Vertrauenstatbestand geführt hat. In solchen Fällen könnte die Anfechtung zwar die Vollmacht, nicht jedoch den Vertrauenstatbestand beseitigen, so daß im Außenverhältnis an Stelle der Folgen der Anfechtung die Wirkungen des Verkehrsschutzes eingreifen (zu weitgehend EUJEN/FRANK JZ 1973, 232 und ERMAN/BROX § 167 Rdn. 27, die generell die Anfechtung der ausgeübten Vollmacht ausschließen wollen).

Zum Vertrauensschutz der Vollmacht vgl. unten Rdn. 664 ff.

Liegt hinsichtlich der Bevollmächtigung ein Anfechtungsgrund vor, ist *Anfechtungsgegner* bei der *Außenvollmacht* der Geschäftsgegner (§ 143 III). Die Anfechtungsfolge des § 122 tritt unmittelbar zwischen Vertretenem und Geschäftsgegner ein.

Bei der *Innenvollmacht* ist Anfechtungsgegner grundsätzlich der Vertreter.

> Nach der Systematik des Gesetzes würde sich folgende Konsequenz ergeben:
> Wenn der Vollmachtgeber dem Vertreter die Vertretungsmacht nachträglich mit rückwirkender Kraft entzieht, müßte der Vertreter nach dem Wortlaut des § 179 II dem Vertragsgegner auf Ersatz des Vertrauensschadens haften, den der Vertretene alsdann nach § 122 dem Vertreter erstatten müßte (so LÜDERITZ JuS 1976, 765, 770).

Demgegenüber wird die Auffassung vertreten, auch hier sei, sofern der Vertreter von der Vollmacht Gebrauch gemacht hat, der Geschäftsgegner als Anfechtungsgegner anzusehen und ihm gegenüber die Anfechtung zu erklären, um dadurch die *Haftungsfolgen* der Anfechtung unmittelbar zwischen Vertretenem und Geschäftsgegner eintreten zu lassen (FLUME II § 52 5c; LARENZ AT § 31 II; MEDICUS BR Rdn. 96; STAUDINGER/DILCHER § 167 Rdn. 79). Um dem Ausnahmecharakter der Anfechtungsmöglichkeit Rechnung zu tragen, sollte die Anfechtung nur gegenüber dem Vertreter statthaft sein; allerdings rechtfertigt das schutzwürdige Vertrauen des Geschäftsgegners die analoge Anwendung des § 122 unmittelbar zwischen ihm und dem Vollmachtgeber (so MÜNCHKOMM/THIELE § 167 Rdn. 98; SOERGEL/SCHULTZE-v. LASAULX § 166 Rdn. 23).

Neben dieser unmittelbaren Haftung des Vollmachtgebers soll nach MÜNCHKOMM/THIELE aaO und SOERGEL/SCHULTZE-v. LASAULX aaO auch eine Haftung des nunmehr vollmachtlosen Vertreters als Gesamtschuldner gem. § 179 in Betracht kommen. Zu Recht lehnt FLUME II § 52, 5e, diese Konsequenz ab, da sie den Vertreter schlechthin mit den Folgen eines Irrtums des Vollmachtgebers belastet. § 179 kann daher einschränkend nur diejenigen Fälle erfassen, in denen der Vertreter den Willensmangel kannte oder kennen mußte.

> Eine Schwierigkeit ergibt sich, wenn die Bevollmächtigung *wegen arglistiger Täuschung angefochten* werden soll und die Täuschung des Vollmachtgebers durch den Geschäftsgegner erfolgt ist. Nach § 123 II setzt die Täuschungsanfechtung voraus, daß der Erklärungsgegner (das ist hier der Bevollmächtigte) entweder die Täuschung verübt hat oder die von einem Dritten verübte Täuschung kannte oder kennen mußte. Wenn man den Geschäftsgegner als einen Dritten im Sinne des § 123 II betrachtet, würde die Anfechtung beschränkt sein. Richtiger Ansicht nach braucht man aber den Geschäftsgegner, soweit sein Rechtserwerb aus dem auf Grund der Vollmachtserteilung abgeschlossenen Geschäft in Frage steht, nicht als Dritten anzusehen, da dieser Rechtserwerb durch die Vollmacht unmittelbar mitbedingt wird; er nimmt an den Geschäftswirkungen der Vollmacht Anteil (vgl. MÜNCHKOMM/THIELE § 167 Rdn. 100 mit Nachweisen). In diesem Falle führt der rückwirkende

Wegfall der Vollmacht wegen § 179 III nicht zur Haftung des Vertreters. Eine Anwendung des § 123 II kommt jedoch in Betracht, wenn die Vollmacht dem Eigeninteresse des Vertreters dient (FLUME II § 52, 5d; STAUDINGER/DILCHER § 167 Rdn. 80; überwiegende Meinung).

3. Untervollmacht

a) Die *Zulässigkeit* der Erteilung einer Untervollmacht richtet sich nach den Umständen des Einzelfalles. Hat der Geschäftsherr seine Zustimmung zur Unterbevollmächtigung dem Hauptbevollmächtigten nicht erteilt, so ist durch Auslegung zu ermitteln, ob eine Untervertretung mit dem Interesse des Geschäftsherrn vereinbar ist, inbesondere ob sich aus der Sachlage ein Bedürfnis für eine Untervertretung ergibt (vgl. BGH BB 1959, 319). Beruht die Hauptvollmacht auf ganz besonderem Vertrauen, so wird dies in der Regel die Befugnis zur Erteilung einer Untervollmacht ausschließen. Wo kein Interesse an der persönlichen Ausführung durch den Bevollmächtigten besteht, wird in der Regel die Unterbevollmächtigung – insbesondere zur Vornahme einzelner Rechtsgeschäfte – als zulässig anzusehen sein.

647

Durch Gesetz ist in einigen Fällen eine Untervertretung ausgeschlossen; z.B. in § 135 III AktG, §§ 52 I, 53 II BRAO. Andererseits ist Unterbevollmächtigung im Rahmen der Prozeßvollmacht ausdrücklich zugelassen (§ 81 ZPO).

b) Die Erteilung einer Untervollmacht kann *verschieden gestaltet* sein.

648

aa) Sie kann einmal in der Weise erfolgen, daß der Unterbevollmächtigte *unmittelbar im Namen des Geschäftsherrn* handeln soll. Dann treffen die Wirkungen des Geschäfts, soweit es der Hauptvollmacht und der Untervollmacht entspricht, lediglich den Geschäftsherrn (vgl. RGZ 108, 405, 407).

Dementsprechend kann der Geschäftsherr gem. §§ 177ff genehmigen, wenn die Haupt- oder die Untervollmacht fehlt (ENN./NIPPERDEY § 185 II 2a). Daneben steht bei Fehlen der Untervollmacht auch dem Hauptbevollmächtigten die Befugnis zur Genehmigung zu.
Ist die Hauptvollmacht unwirksam, so trifft die Haftung aus § 179 gegenüber dem Dritten lediglich den Unterbevollmächtigten, nicht den Hauptbevollmächtigten, da Rechtsbeziehungen unter Ausschaltung des Hauptvertreters nur zwischen Geschäftsherrn und Unterbevollmächtigtem bestehen sollten (vgl. auch die Argumentation in BGHZ 68, 391, 395). Allerdings kann der in Anspruch genommene Untervertreter einen Ersatzanspruch gegen den Hauptbevollmächtigten geltend machen (allg. M., vgl. MÜNCHKOMM/THIELE § 167 Rdn. 87). Ist die Untervollmacht unwirksam, so trifft die Haftung aus § 179 ohne weiteres den Unterbevollmächtigten.

bb) Eine Untervollmacht soll auch in der Weise erteilt werden können, daß der Untervertreter *im Namen des Hauptbevollmächtigten unter Offenlegung von dessen Vertretereigenschaft* handelt *(Vertreter des Vertreters);* hier sollen die Wirkungen des Geschäfts gleichsam durch den Hauptvertreter hindurchgehen

(BGHZ 32, 250, 254). Diese auf die Beschränkung der Haftung des Unterbevollmächtigten abstellende Konstruktion wird im Schrifttum abgelehnt, da die Wirkungen ohne „Durchgang" durch den Hauptbevollmächtigten automatisch den Geschäftsherrn treffen (Mertens JuS 1961, 315ff; Larenz AT § 31 Ib; Flume II § 49, 5; Soergel/Schultze-v. Lasaulx § 167 Rdn. 58; MünchKomm/Thiele § 167 Rdn. 84; Erman/Brox § 167 Rdn. 43).

Folgt man der BGH-Konstruktion, so *haftet* der Untervertreter lediglich für den Bestand der Untervollmacht, nicht im Falle einer Unwirksamkeit der Hauptvollmacht (BGH aaO, 254f). Dagegen will ein Teil des Schrifttums den Untervertreter für den Bestand von Haupt- *und* Untervollmacht haften lassen, da die Wirksamkeit der Untervollmacht vom Bestand der Hauptvollmacht abhängen und der Untervertreter für das Vertrauen des Geschäftspartners in die Wirksamkeit des Vertretergeschäftes insgesamt einstehen müsse (Soergel/Schultze-v. Lasaulx § 167 Rdn. 59; MünchKomm/Thiele § 167 Rdn. 87; Erman/Brox § 167 Rdn. 44). Jedoch folgen zu Recht Mertens aaO, S. 317, Flume II § 49, 5, und Larenz AT § 32 II, im Ergebnis dem BGH, indem sie die Haftung des Untervertreters auf den Bestand seiner Untervollmacht beschränken.

649 c) **Zu trennen** sind davon die Fälle, in denen der Unterbevollmächtigte *nur für den Hauptvertreter* auftritt. Hier erteilt der Hauptvertreter eine Vollmacht mit der Maßgabe, daß die Wirkungen des Geschäftes nur ihn selbst treffen sollen; es handelt sich um eine von ihm erteilte *Hauptvollmacht*; eine Untervertretung für den Geschäftsherrn findet nicht statt. Konsequenterweise kann der so auftretende Vertreter nur für den Bestand der ihm vom Hauptbevollmächtigten erteilten Vollmacht haften; im Falle der Unwirksamkeit der Hauptvollmacht haftet ausschließlich der Hauptbevollmächtigte.

Von der Untervollmacht ist die *Übertragung der gesamten Vollmacht* zu unterscheiden *(sog. Ersatzvollmacht)*. Das Gesetz läßt bei der Prokura in § 52 II HGB und bei der Handlungsvollmacht in § 58 HGB – in diesem Falle zumindest ohne Zustimmung des Vertretenen – zum Schutz des Vollmachtgebers eine solche Übertragung nicht zu. Anderes kann nach BGB gelten, wenn der Vollmachtgeber den Vertreter ermächtigt, im Falle von dessen dauernder Behinderung einen Ersatzvertreter mit inhaltsgleicher Vollmacht zu bestellen. Zu Recht ergibt sich mit Enn./Nipperdey § 185 II 1 die Frage, ob es sich hierbei nicht um eine neue Bevollmächtigung durch den Vollmachtgeber, der insoweit durch den Erstbevollmächtigten vertreten wird, handelt. Da der so bestellte Vertreter den ersten Bevollmächtigten „ersetzt", ist die Ersatzvollmacht von der Untervollmacht begrifflich zu trennen (a.A. MünchKomm/Thiele § 167 Rdn. 81).

IV. Form der Vollmacht

650 1. Die Erteilung der Vollmacht ist als eigenständiges Rechtsgeschäft **formfrei**, soweit nicht eine Form vereinbart oder durch Gesetz vorgeschrieben ist (z. B. § 1945 III, entspr. §§ 1584 II, 1955; § 12 II HGB).

Häufig wird *bei der Erteilung* – insbesondere der sog. Innenvollmacht – eine Urkunde an den Vertreter ausgehändigt, mit der er seine Legitimation nachweisen kann.

Das ist praktisch geboten für die Vornahme eines einseitigen, empfangsbedürftigen Geschäfts; dieses kann der Empfänger unverzüglich zurückweisen, wenn der Bevollmächtigte nicht zugleich eine Vollmachtsurkunde vorlegt (§ 174 S. 1). Die Zurückweisung ist aber dann ausgeschlossen, wenn der Vollmachtgeber den Geschäftsgegner von der Bevollmächtigung in Kenntnis gesetzt hatte (§ 174 S. 2).

2. Die Erteilung der Vollmacht ist grundsätzlich auch dann formfrei, wenn **651** für das *Vertretergeschäft* eine *Form* vorgeschrieben ist (§ 167 II).

Eine **Ausnahme** hiervon ist für die Fälle geboten, in denen die Erteilung der Vollmacht bereits die Wirkung eines formgebundenen Vertretergeschäftes vorwegnimmt. Hier würde der *Formzwang* für das Vertretergeschäft *umgangen*, wenn bereits in der Vollmachtserteilung eine Bindung des Vertretenen zum Abschluß des Vertretergeschäfts läge (vgl. z. B. RGZ 104, 236ff; BGH NJW 1979, 2306). Hier muß im Wege *teleologischer Reduktion* die Vorschrift des § 167 II eingeschränkt werden.

Ob eine Umgehung des gesetzlichen Formzwangs durch die bindende formlose Erteilung einer Vollmacht vorliegt, ist jeweils nach dem *Zweck der Formvorschrift* zu beurteilen. Dient die Formvorschrift lediglich *Dokumentations- oder Beweiszwecken,* wie z. B. die Ordnungsvorschrift des § 566, so wird diesem Zweck durch den formgerechten Abschluß des Vertretergeschäfts entsprochen, so daß selbst für eine bindende Vollmachtserteilung von dem Formerfordernis abgesehen werden kann (vgl. Flume II § 52, 2 a).

Verfolgt dagegen die Formvorschrift andere Zwecke, insbesondere eine *Warnfunktion* (z. B. §§ 518, 766), so muß bereits eine bindende Vollmachtserteilung dem Formerfordernis entsprechen (so Flume aaO; Larenz AT § 31 II; Lange/Köhler § 48 III 2b; MünchKomm/Thiele § 167 Rdn. 27; Erman/Brox § 167 Rdn. 4; a. A. Staudinger/Dilcher § 167 Rdn. 20, der bei reiner Warnfunktion eine Gesetzesumgehung durch formlose Vollmachterteilung schlechthin verneint, obwohl die von ihm herangezogene Rechtsprechung – vgl. RG SeuffArch. 86 Nr. 197 – keine besonderen Umstände betraf, durch die ein Formzwang hätte begründet werden können).

Ob eine Vollmachtserteilung *bindend* das Vertretergeschäft *vorwegnimmt,* ist nach dem Einzelfall zu entscheiden. In Betracht kommt in erster Linie die *unwiderrufliche Vollmacht* (vgl. z. B. RGZ 110, 319f m.w.N.; BGH WM 1966, 761; BGH LM Nr. 18 zu § 167); eine Bindung kann jedoch auch bei einer widerruflichen Vollmacht *aus tatsächlichen Gründen* gegeben sein (vgl. RGZ 97, 332, 335; BGH LM Nr. 2 zu § 313; BGH WM 1965, 107f; 1965, 1006f; 1971, 956f; Enn./Nipperdey § 184 II 1 N 9; Flume II § 52, 2b).

In der *Gestattung des Selbstkontrahierens* nach § 181 kann ebenfalls eine Bindung liegen, z. B. wenn der Schenker die Vollmacht zum Abschluß der

§ 47 A V 1   Vierter Teil: Die Lehre vom Rechtsgeschäft

Schenkung dem Schenkungsempfänger erteilt. Die Warnfunktion des § 518 muß bereits in der Vollmachtserteilung wirksam werden, so daß die bindende Erteilung als formbedürftig anzusehen ist. Während die Rechtsprechung früher bei allen formbedürftigen Vertretergeschäften für die Erteilung einer Vollmacht gem. § 181 schlechthin eine Formpflicht bejahte (RGZ 104, 236, 238; 108, 125, 126), wird in der neueren Rechtsprechung und Lehre die Befreiung vom Verbot des Selbstkontrahierens nur bei besonderer Bindungswirkung als Ausnahme zum Grundsatz des § 167 II anerkannt (BGH LM Nr. 2 zu § 313; BGB WM 1965, 1006; 1966, 761f; BGH NJW 1979, 2306f; Staudinger/Dilcher § 167 Rdn. 22 m. w. N.).

652 Die Frage der formbedürftigen Vollmachtserteilung spielt eine besondere Rolle bei **Grundstücksgeschäften**:

Hier ist zu unterscheiden zwischen *Abschlußvollmacht* und *Auflassungsvollmacht*. Beide sind grundsätzlich formfrei.

Ist die **Abschlußvollmacht** jedoch unwiderruflich (RGZ 110, 319, 320; BGH LM Nr. 2 zu § 313) oder bewirkt sie (auch bei Widerruflichkeit) eine tatsächliche Bindung (so wenn der Verkäufer einem weisungsgebundenen Angestellten des Käufers Vollmacht erteilt; vgl. RGZ 76, 182, 184; 108, 125f), so erfordert die Bevollmächtigung die Form des § 313. Entsprechend ist die Form erforderlich, wenn durch Befreiung vom Verbot des § 181 eine rechtliche Bindung eintritt (BGH aaO).

Hat eine wegen Formmangels unwirksame Vollmacht die Nichtigkeit eines Grundstückskaufvertrages zur Folge, so kann dieser gem. § 313 S. 2 nur dann geheilt werden, wenn das Vollzugsgeschäft vom Vertretenen selbst oder durch wirksam bevollmächtigten Vertreter vorgenommen wird. Ein Vollzug durch den formlos bestellten Abschlußvertreter könnte die Heilung nicht bewirken, da die heilende Wirkung des Vollzugsgeschäfts nicht die warnende Funktion unmittelbar gegenüber dem zu schützenden Vollmachtgeber ausüben kann (RGZ 110, 319, 321; Münch Komm/Thiele § 167 Rdn. 29; a. A. Staudinger/Dilcher § 167 Rdn. 24).

Für die **Auflassungsvollmacht** ist gleichfalls vom Formerfordernis auszugehen, wenn durch die Erteilung der Vollmacht sich der Vollmachtgeber ohne Rücksicht auf etwa abweichende Willensentschließungen bindet, das Eigentum zu übertragen (vgl. RG WarnRspr. 1933 Nr. 126; KG HRR 1933 Nr. 1485; 1937 Nr. 231). Zu beachten bleibt, daß auch die formfreie Auflassungsvollmacht nach formalem Grundbuchrecht in öffentlicher Beglaubigung nachgewiesen werden muß (§ 29 GBO; vgl. BGHZ 29, 366, 368).

V. Erlöschen der Vollmacht

1. Erlöschensgründe nach Maßgabe der Vollmachtserteilung

653 Das Erlöschen der Vollmacht richtet sich zunächst nach dem in der Vollmachtserteilung zum Ausdruck gelangenden Willen des Vollmachtgebers. Er kann die Vollmacht zeitlich (durch Befristung) begrenzen; er kann sie mit einer auflösenden Bedingung verknüpfen. Ist keine ausdrückliche Bestimmung getroffen, so kann sich das Erlöschen auch aus den Umständen ergeben, z. B.

aus Erreichung des mit der Vollmacht bezweckten Geschäftes. Die Geltungsdauer einer Vollmacht kann sich auch durch Auslegung des in der Vollmachtserteilung zum Ausdruck gekommenen Willens ergeben; z. B. kann eine dem Ehegatten erteilte Vollmacht mit der Ehescheidung enden.

2. Erlöschensgründe nach Maßgabe des Grundverhältnisses

Obwohl der Bestand der Vollmacht *prinzipiell vom Grundverhältnis unabhängig* ist, stellt § 168 S. 1 insofern eine Abhängigkeit her, als sich das *Erlöschen* der Vollmacht nach dem ihrer Erteilung zugrundeliegenden Rechtsverhältnis bestimmt. Dies ist eine *Auslegungsregel*, die der Lebenserfahrung entspricht; mangels anderweitiger Bestimmung des Vollmachtgebers ist mit Erlöschen des Grundverhältnisses auch das Erlöschen der Vollmacht anzunehmen; z. B. ist aus der Beendigung eines Auftragsverhältnisses (z. B. durch Zeitablauf, Kündigung, Anfechtung, Rücktritt) das Erlöschen einer erteilten Vollmacht zu folgern.

654

> Umstritten ist, ob bei einem *Betriebsübergang* die vom bisherigen Betriebsinhaber erteilten Vollmachten fortbestehen. Der neue Inhaber tritt gem. § 613 a zwar in die bestehenden Arbeitsverhältnisse ein, aus dem Schutzzweck dieser Vorschrift ergibt sich jedoch nicht zwingend, daß die bestehenden Vollmachten weitergelten; zumindest ist das Fortbestehen durch Auslegung zu ermitteln, wobei das der Vollmachtserteilung zugrundeliegende Vertrauensverhältnis zu berücksichtigen ist (für generelles Fortbestehen der Vollmacht mit Ausnahme der Prokura LARENZ AT § 31 III a; MÜNCHKOMM/THIELE § 168 Rdn. 5; dagegen LANGE/KÖHLER § 48 III 2 d).

Da § 674 das *Fortbestehen* des Auftragsverhältnisses und § 729 das Fortbestehen der Geschäftsführungsbefugnis eines Gesellschafters *fingieren,* bis der Beauftragte oder Gesellschafter von dem Erlöschen des Auftrags oder der Geschäftführungsbefugnis Kenntnis erlangt oder erlangen muß, gilt entsprechend § 168 auch die Vollmacht als fortbestehend. Die Schutzvorschrift zugunsten des Bevollmächtigten wirkt sich für den Dritten dadurch aus, daß er wirksame Verträge mit dem Vertretenen abschließt. Dies gilt gem. § 169 jedoch nicht gegenüber einem Dritten, der das Erlöschen der Vollmacht kennt oder kennen muß; er hat in diesen Fällen keinen Anspruch gegenüber dem Vertretenen, aber auch wegen § 179 III keinen Anspruch gegen den Vertreter.

3. Erlöschensgründe aus Umständen in der Person

Soweit sich Erlöschensgründe aus Umständen in der Person *des Vollmachtgebers* oder *in der Person des Bevollmächtigten* ergeben, können diese sich auf den Bestand des Grundverhältnisses und über § 168 auf die Vollmacht auswirken; oder sie betreffen unmittelbar die Vollmacht, insbesondere wenn ausnahmsweise eine sog. isolierte Vollmacht (vgl. oben Rdn. 643) vorliegt.

655

§ 47 A V 3

Schrifttum:
Heldrich K. Die Geltung der Vollmacht nach dem Tode des Vollmachtgebers, JherJb. 79, 315 ff; Hopt Die Auswirkungen des Todes des Vollmachtgebers auf die Vollmacht und das zugrundeliegende Rechtsgeschäft, ZHR 133, 305 ff; Wieacker Zur lebzeitigen Zuwendung auf den Todesfall, Festschrift H. Lehmann I, 1956, 271 ff.

656 a) Ob der **Tod des Vollmachtgebers** das Erlöschen der Vollmacht nach sich zieht, ist durch *Auslegung* zu ermitteln (vgl. BGH NJW 1969, 1245 f). Soweit der Vollmacht ein Auftragsverhältnis zugrundeliegt, enthalten §§ 168 S. 1, 672 S. 1 eine Auslegungsregel dahingehend, daß im Zweifel der Auftrag und damit die Vollmacht fortbesteht. Allgemein wird zu berücksichtigen sein: Wenn die Kontinuität in der Wahrung von Vermögensinteressen im Vordergrund steht (vgl. die ausdrückliche Regelung in § 52 III HGB), wird der Fortbestand naheliegen; andererseits indiziert ein überwiegend persönliches Interesse des Vollmachtgebers das Erlöschen der Vollmacht. Eine ausdrückliche Regelung für den Zivilprozeß findet sich in § 86 ZPO, wonach der Tod des Vollmachtgebers kein Erlöschen der Prozeßvollmacht bewirkt.

Entsprechendes gilt für den *Eintritt der Geschäftsunfähigkeit* des Vollmachtgebers (vgl. §§ 168 S. 1, 672 S. 1; § 86 ZPO).

Wird eine *juristische Person aufgelöst,* so können von ihr erteilte Vollmachten fortbestehen, sofern dies aus dem Liquidationszweck gerechtfertigt ist (h. M.).

Andererseits rechtfertigt der besondere Zweck des *Konkurses* das Erlöschen der vor Eröffnung des Verfahrens vom Gemeinschuldner erteilten Vollmacht. § 23 KO spricht zwar vom Erlöschen eines erteilten Auftrages, jedoch gilt über § 168 S. 1 hinaus das Erlöschen auch für eine isolierte Vollmacht (Soergel/Schultze-v. Lasaulx § 168 Rdn. 18).

657 Besondere Probleme können sich aus sogenannten **postmortalen Vollmachten** ergeben.

Eine solche ist einmal in der Form denkbar, daß eine unter Lebenden erteilte Vollmacht den Tod des Vollmachtsgebers überdauert. Ferner ist es möglich, daß eine Vollmacht bewußt über den Tod hinaus oder sogar *auf den Fall des Todes* erteilt wird. Die Erteilung solcher Vollmachten kann einem praktischen Bedürfnis entsprechen, z. B. bei Ungewißheit über die Erben.

Eine Vollmacht über den Tod hinaus kommt in ihrer Wirkung einer Testamentsvollstreckung sehr nahe; allgemein wird jedoch angenommen, daß durch die Erteilung sogenannter postmortaler Vollmachten die Vorschriften über letztwillige Verfügungen nicht umgangen werden, insbesondere bedürfen sie nicht deren Form (RGZ 114, 351, 354; Staudinger/Dilcher § 168 Rdn. 29).

Eine Ausnahme soll zutreffender Ansicht nach für Vollmachten bestehen, welche in ihrer Auswirkung einer Schenkung von Todes wegen gleichzuachten sind; diese unterliegen gemäß dem Rechtsgedanken des § 2301 einem erbrechtlichen Formzwang (MünchKomm/Thiele § 168 Rdn. 25; Müller-Freienfels Die Vertretung beim Rechtsgeschäft, 1955, 323; a. M. BGH NJW 1962, 1718f).

Nach dem Tode des Vollmachtgebers vertritt der Bevollmächtigte die Erben. Fraglich ist jedoch, ob eine *Pflichtbindung an die Interessen* des *Erblassers* oder an die der *Erben* besteht; dies ist relevant für die Frage, ob der Bevollmächtigte für Rechtsgeschäfte innerhalb der Vertretungsmacht zusätzlich das Einverständnis der Erben benötigt. Flume (II § 51, 5; ihm folgend Medicus BR Rdn. 399) geht davon aus, daß eine Vollmacht über den Tod hinaus lediglich den Interessen der Erben dient, so daß der Bevollmächtigte für den Abschluß eines Rechtsgeschäftes vorher die Zustimmung der Erben einholen muß. Nach herrschender und zutreffender Ansicht ist jedoch vornehmlich auf den Willen des Erblassers, von dem der Bevollmächtigte seine Befugnisse ableitet, abzustellen (vgl. BGH NJW 1969, 1245; Staudinger/ Dilcher § 168 Rdn. 32; Soergel/Schultze-v. Lasaulx § 168 Rdn. 33). Die gegenteilige Meinung läßt außer acht, daß eine solche Vollmacht gerade dem Willen des Erblassers auch nach seinem Tode Rechnung tragen soll.

> Insofern kann der Bevollmächtigte alle Rechtsgeschäfte so abschließen, wie der Erblasser sie hätte vornehmen können. Soweit der Schutz minderjähriger Erben in Betracht steht, ermächtigt daher eine solche Vollmacht ohne weiteres auch zur Vornahme von solchen im Rahmen der Vollmacht liegenden Rechtsgeschäften, zu denen der Vormund der Genehmigung des Vormundschaftsgerichts bedurft hätte (RGZ 106, 185f).

Aber auch nach der herrschenden Auffassung findet die Machtposition des Bevollmächtigten ihre *Grenze* im Verbot der *unzulässigen Rechtsausübung* (BGH NJW 1969, 1245).

Da der Bevollmächtigte die Erben vertritt, muß diesen grundsätzlich ein Widerrufsrecht zugebilligt werden (vgl. BGH NJW 1975, 382ff). Hierin unterscheidet sich die Vollmacht über den Tod hinaus von der Testamentsvollstreckung. Allerdings wird auch hier der Wille des Erblassers die Widerruflichkeit einschränken; einem Widerruf, der gegen den begründeten Willen des Erblassers verstößt, kann der Bevollmächtigte seinerseits mit der Einrede der unzulässigen Rechtsausübung begegnen (vgl. Lange/Kuchinke § 31 III 4 d; einschränkend BGH NJW 1975, 382, 384).

Ist die Vollmacht *unwiderruflich* erteilt, so können die Erben sie gleichwohl bei Vorliegen eines wichtigen Grundes widerrufen (Enn./Nipperdey § 186 V 4; MünchKomm/Thiele § 168 Rdn. 27).

Die h. M. nimmt an, daß eine *postmortale Generalvollmacht stets widerruflich* sein muß, da sie zur Knebelung der Erben führen kann (vgl. BGH NJW 1962, 1718f; Palandt/Edenhofer Vor § 2197 Anm. 6 c; Staudinger/ Reimann Vor §§ 2197ff Rdn. 115; v. Lübtow Erbrecht, 1971, 1248). Eine unwiderrufliche und daher unwirksame Generalvollmacht läßt sich jedoch als eine widerrufliche aufrechterhalten (vgl. unten Rdn. 660).

658 b) Als Erlöschensgrund **in der Person des Bevollmächtigten** kommt zunächst dessen Tod in Betracht. Im Zweifel erlischt hier das Grundverhältnis (§§ 673, 675) und damit gem. § 168 S. 1 auch die Vollmacht. Entsprechendes muß für die isolierte Vollmacht gelten, da auch sie ein persönliches Vertrauensverhältnis voraussetzt.

> Ausnahmen können in Betracht kommen, wenn die Vollmacht im Interesse des Bevollmächtigten erteilt worden ist (z. B. eine dem Käufer durch den Verkäufer notariell unter Befreiung vom Verbot des Selbstkontrahierens gem. § 181 erteilte Auflassungsvollmacht).

Auch der Eintritt der *Geschäftsunfähigkeit* beim Bevollmächtigten läßt grundsätzlich die erteilte Vollmacht erlöschen.

> Die zum Teil vertretene Auffassung, die Geschäftsunfähigkeit nehme dem Bevollmächtigten lediglich die Fähigkeit, die Vollmacht auszuüben, so daß sie bei Wiedererlangung der Geschäftsfähigkeit wieder auflebe. (ENN./NIPPERDEY § 186 Fn. 3; SOERGEL/SCHULTZE-v. LASAULX § 168 Rdn. 12; ERMAN/BROX § 168 Rdn. 12), ist im Interesse des Vollmachtgebers abzulehnen, da sie diesem ein zu großes Risiko aufbürdet (vgl. STAUDINGER/DILCHER § 168 Rdn. 21).

Ebenso kann unbeschadet der Regelung in § 165 eine Fortdauer der Vollmacht bei späterem Eintritt der beschränkten Geschäftsfähigkeit nicht ohne weiteres angenommen werden (a. M. STAUDINGER/DICLHER § 168 Rdn. 21).

Fällt der Bevollmächtigte in *Konkurs,* so erlischt die Vollmacht nicht, falls die Konkurseröffnung das Verhältnis zum Vollmachtgeber nicht berührt. Hier kann der Vollmachtgeber auf den Widerruf verwiesen werden (vgl. MÜNCHKOMM/THIELE § 168 Rdn. 18; einschränkend FLUME II § 51, 8).

Wird eine *juristische Person aufgelöst,* so richtet sich das Fortbestehen einer ihr erteilten Vollmacht danach, ob dies mit dem Liquidationszweck vereinbar ist. Die Vollmacht endet in jedem Fall mit dem Erlöschen der juristischen Person.

4. Widerruf der Vollmacht

659 a) Die Vollmacht erlischt auch durch Widerruf. Der Widerruf erfolgt durch einseitige, empfangsbedürftige Willenserklärung gegenüber dem Bevollmächtigten oder gegenüber dem Dritten, dem die Erteilung der Vollmacht erklärt worden war (§§ 168 S. 3, 167 I).

Grundsätzlich ist die Vollmacht trotz Fortbestehens des Grundverhältnisses *frei widerruflich,* sofern sich nicht aus diesem ein anderes ergibt (§ 168 S. 2; vgl. § 52 I HGB). Dem Vollmachtgeber muß die Befugnis erhalten bleiben, die erteilte Rechtsmacht unbeschadet des zugrundeliegenden Rechtsverhältnisses

Die Vertretungsmacht §47 A V 4

jederzeit wieder zu entziehen. Soweit die Vollmacht in ihrer Außenwirkung teilbar ist, kann auch ein teilweiser Widerruf in Betracht kommen.

> Zur Abgrenzung gegenüber der Anfechtung einer Vollmachtserteilung vgl. oben Rdn. 646.
> Dort, wo die Entziehung der Vertretungsmacht, wie z. B. bei der BGB-Gesellschaft (vgl. § 715), an besondere Voraussetzungen geknüpft wird, gilt dies jedoch nicht für erteilte Einzelvollmachten; hier bleibt es bei der Regelung des § 168 S. 2.

b) Angesichts des im Gesetz zum Ausdruck gelangten Grundsatzes der freien Widerruflichkeit ist fraglich, inwieweit die Erteilung einer *unwiderruflichen Vollmacht* zulässig sein kann. Es wird eingewandt, daß der Vollmachtgeber, wenn er sich der Widerrufsmöglichkeit begibt, seine rechtliche Selbständigkeit einbüße. Dies muß jedoch nicht ohne weiteres der Fall sein, da die Vollmacht inhaltlich so begrenzt sein kann, daß den Vollmachtgeber keine Aufgabe seiner privatautonomen Entscheidungsfreiheit trifft. Dies gilt jedenfalls dann, wenn sich aus dem Grundverhältnis ergibt, daß die Vollmachtserteilung den Interessen des Bevollmächtigten, z. B. zur Sicherung oder Verwirklichung seines Rechtes, dient (BGH WM 1971, 956; STAUDINGER/DILCHER § 168 Rdn. 8; ENN./NIPPERDEY § 186 IV 2 c). Enger ist die Auffassung, daß nur dann eine unwiderrufliche Erteilung zulässig sei, wenn der Bevollmächtigte gegenüber dem Vollmachtgeber einen Anspruch auf die Vornahme des Geschäfts hat, zu dem die Vollmacht ermächtigt, und die Vollmachtserteilung der Erfüllung gleichkommt (FLUME II § 53, 1 ff).

660

> Auch die Erteilung einer unwiderruflichen Vollmacht richtet sich nach § 167. Sie muß grundsätzlich einseitig erteilt werden können; daher muß auch der einseitige Verzicht auf den Widerruf möglich sein (MÜNCHKOMM/THIELE § 168 Rdn. 33; ERMAN/BROX § 168 Rdn. 16; STAUDINGER/DILCHER § 168 Rdn. 11; a. M. RGZ 109, 331, 333; RGRK/STEFFEN § 168 Rdn. 3; PALANDT/HEINRICHS § 168 Anm. 3 b). Allerdings beruht die Unwiderruflichkeit regelmäßig auf dem vereinbarten Grundverhältnis, so daß der Frage keine praktische Bedeutung zukommt (vgl. FLUME II § 53, 5; SOERGEL/SCHULTZE-V. LASAULX § 168 Rdn. 23).

Die Bedenken gegen die Unwiderruflichkeit können allerdings bei der *Generalvollmacht* durchgreifen. Die *Unwiderruflichkeit* einer Generalvollmacht kann *grundsätzlich nicht anerkannt* werden (allg. Auffassung; vgl. STAUDINGER/DILCHER § 168 Rdn. 9; SOERGEL/SCHULTZE-V. LASAULX § 168 Rdn. 26). Dies gilt in jedem Fall für eine isoliert erteilte Generalvollmacht. Ausnahmen können für Generalvollmachten, denen ein bestimmendes Rechtsverhältnis zugrundeliegt, gegeben sein; hier ist nach dem Grundverhältnis zu entscheiden, ob und wann die Generalvollmacht widerrufen werden kann (RG WarnRspr. 1912 Nr. 413; RGRK/STEFFEN § 168 Rdn. 3).

Eine unwiderruflich erteilte Generalvollmacht ist daher nicht schlechthin nichtig, sie kann als widerrufliche aufrechterhalten werden; § 139 ist nicht dahingehend anwendbar, daß die Vollmachtserteilung insgesamt nichtig ist (ENN./NIPPERDEY § 186 IV 2 b; STAUDINGER/DILCHER § 168 Rdn. 10).

Jede unwiderruflich erteilte Vollmacht kann widerrufen werden, wenn ein *wichtiger Grund* vorliegt. Der Ausschluß des Widerrufs bedeutet nur eine Beschränkung der freien Widerrufsmöglichkeit (BGH WM 1969, 1009; STAUDINGER/DILCHER § 168 Rdn. 14 m. w. N.). Das muß auch dort gelten, wo der wichtige Grund im zugrundeliegenden Rechtsverhältnis zu suchen ist; dem Vollmachtgeber muß unabhängig von der Auseinandersetzung im Grundverhältnis der Widerruf der Vollmacht, wenn ein wichtiger Grund vorliegt, möglich sein (STAUDINGER/DILCHER § 168 Rdn. 14; einschränkend FLUME II § 53, 4).

> Bei der gesetzlichen Vertretungsmacht gelten für den Widerruf unterschiedliche Regelungen: Jederzeit widerruflich ist die Bestellung des Organs in § 27 II 1 BGB, § 38 I GmbHG, § 24 III GenG; damit entfällt die organschaftliche Vertretungsmacht. Jedoch wird in § 27 II 2 BGB, § 38 II GmbHG eine satzungsmäßige Beschränkung des Widerrufs aus wichtigem Grund zugelassen; § 84 III AktG sieht den Widerruf nur aus wichtigem Grund vor.
>
> Im Bereich der Personengesellschaften sehen §§ 715, 712 für die BGB-Gesellschaft Entzug der Vertretungsmacht bei wichtigem Grund vor; für die OHG ist gerichtliche Entscheidung erforderlich (§ 127 HGB), jedoch kann der Gesellschaftsvertrag Abweichendes vorsehen (vgl. HGB/RGRK/FISCHER § 127 Rdn. 18).

5. Verzicht auf die Vollmacht

661 Es ist fraglich, ob der *Bevollmächtigte* auf die ihm erteilte Rechtsmacht verzichten kann. Die h. M. läßt dies selbst dann zu, wenn der Verzicht gegen die sich aus dem Innenverhältnis ergebenden Pflichten verstößt und hieraus gegenüber dem Vollmachtgeber eine Schadensersatzpflicht erwächst (FLUME II § 51,3; LARENZ AT § 31 III a; STAUDINGER/DILCHER § 168 Rdn. 18). Die Auffassung wird damit begründet, daß sich niemand eine Rechtsmacht gegen seinen Willen aufdrängen lassen muß. Der Streit hat für die aktive Stellvertretung wenig Bedeutung, da der Bevollmächtigte in diesen Fällen untätig bleibt und der Vollmachtgeber auf das gestörte Grundverhältnis verwiesen ist. In Fällen der passiven Stellvertretung können sich jedoch Folgen für einen Dritten ergeben, wenn es sich z. B. um das Zugehen von Erklärungen handelt. Hier müssen die Grundsätze der §§ 170 ff zur Anwendung kommen.

VI. Folgen des Erlöschens

662 Mit dem Erlöschen der Vollmacht verliert der Vertreter die Vertretungsmacht. Soweit er dennoch für den Vertretenen handelt, beurteilt sich die Wirksamkeit seiner Erklärungen nach §§ 177ff (vgl. unten § 48).

Von diesem Grundsatz sieht das Gesetz zugunsten eines gutgläubigen Dritten *Ausnahmen* vor, indem es die Wirksamkeit von Vertretererklärungen

Die Vertretungsmacht   § 47 A VI 3

aufrechterhält. Der Gesetzgeber hat in §§ 170ff **Grundsätze des Vertrauensschutzes** *normiert,* deren Anwendung bei der sog. Anscheinsvollmacht von Rechtsprechung und Lehre weiterentwickelt worden ist.
   In der Lehre besteht Streit, ob die Vollmacht in diesen Fällen als fortbestehend anzusehen ist. Dafür spricht der Wortlaut der §§ 170, 171, 172. Die h. M. sieht den Wortlaut des Gesetzes als ungenau an, da die Vollmacht – gleich aus welchem Grund – erloschen ist und das Gesetz lediglich die Wirkungen zum Schutze des vertrauenden Dritten aufrechterhält (ENN./ NIPPERDEY § 184 II 3; CANARIS Vertrauenshaftung, 1971, 136; LARENZ AT § 33 I a; SOERGEL/SCHULTZE-v. LASAULX § 170 Rdn. 1 f; STAUDINGER/DILCHER § 170 Rdn. 9; MÜNCHKOMM/THIELE § 170 Rdn. 1 f; ERMAN/BROX § 171 Rdn 1; a. M. FLUME II § 49, 2 c; ihm folgend MEDICUS BR Rdn. 97). Innerhalb der h. M. ist jedoch umstritten, ob der Rechtsscheintatbestand durch Anfechtung zu beseitigen ist (so MÜNCHKOMM/THIELE § 171 Rdn. 9; RGRK/STEFFEN § 171 Rdn. 3; SOERGEL/SCHULTZE-v. LASAULX § 171 Rdn. 3; CANARIS aaO, S. 35 ff; LARENZ AT § 33 I a; LEHMANN/HÜBNER § 36 V 2b) oder nicht (so ENN./ NIPPERDEY § 184 II 4; ERMAN/BROX § 171 Rdn. 3; STAUDINGER/DILCHER § 171 Rdn. 9). Von ihrem abweichenden Ausgangspunkt her lassen auch FLUME aaO und MEDICUS AT Rdn. 947 im Ergebnis die Anfechtung zu. Im Hinblick auf die gebotene Gleichstellung mit der Außenvollmacht muß die Vollmachtskundgabe grundsätzlich wegen Willensmängeln anfechtbar sein. Jedoch darf sich der Willensmangel nicht auf das Bewußtsein beziehen, durch die Mitteilung einen Rechtsschein zu setzen (vgl. dazu allgemein oben Rdn. 336).

   Im einzelnen sieht das Gesetz folgende Ausnahmeregelung vor: **663**

   1. Zunächst wird von dem Fall ausgegangen, daß die Vertretungsmacht als „Außenvollmacht" gegenüber einem Dritten erteilt, die Vertretungsmacht jedoch z. B. durch Widerruf eines Auftrages im Innenverhältnis wegen § 168 erloschen ist. Solange dem Dritten dies nicht angezeigt wurde, wird er unter den Voraussetzungen des § 173 im Vertrauen auf die erteilte Vollmacht geschützt (§ 170).
   2. Entsprechendes gilt für eine sog. Innenvollmacht, die dem Dritten mitgeteilt oder durch öffentliche Bekanntmachung kundgegeben wurde, solange die Kundgebung nicht in derselben Weise widerrufen wurde (§ 171).
   3. Wurde dem Vertreter eine Vollmachtsurkunde ausgehändigt und dem Dritten vorgelegt, so wird der Dritte im Vertrauen auf die Urkunde unter den Voraussetzungen des § 173 geschützt, bis die Vollmachtsurkunde dem Vollmachtsgeber zurückgegeben oder für kraftlos erklärt wurde (§ 172).
   Da es sich bei dieser Regelung um Vorschriften zum Schutz des Dritten handelt, muß der Schutz versagt werden, wenn der Dritte das Erlöschen der Vertretungsmacht kannte oder kennen mußte (73).

Dieser allgemeinen Regelung entspricht der durch Registereintragung begründete Vertrauensschutz; dieser greift ein, wenn z. B. das Erlöschen einer Prokura nicht im Handelsregister eingetragen wird (§ 15 I in Verbindung mit § 53 III HGB); entsprechendes gilt für organschaftliche Vertretungsmacht, z. B. für die erloschene Vertretungsmacht eines Vorstandes, wenn die Abberufung des Vorstandes aus dem Vereinsregister nicht ersichtlich ist (§ 68).

VII. Vollmacht kraft Rechtsscheins

BADER Duldungs- und Anscheinsvollmacht, 1979; BIENERT „Anscheinsvollmacht" und „Duldungsvollmacht"; Kritik der Rechtsprechung und ihrer Grundlagen, 1975; CANARIS Die Vertrauenshaftung im deutschen Privatrecht, 1971; v. CRAUSHAAR Der Einfluß des Vertrauens auf die Privatrechtsbildung, 1969; ders., Die Bedeutung der Rechtsgeschäftslehre für die Problematik der Scheinvollmacht, AcP 174, 2ff; FIKENTSCHER Scheinvollmacht und Vertreterbegriff, AcP 154, 1 ff; FROTZ Verkehrsschutz im Vertretungsrecht, 1972; GOTTHARDT Der Vertrauensschutz bei der Anscheinsvollmacht im deutschen und französischen Recht, 1970; MÜLLER, G. Zu den Grenzen der analogen Anwendbarkeit des § 172 BGB in den Fällen des Blankettmißbrauchs und den sich daraus ergebenden Rechtsfolgen AcP 181, 515ff; PETERS, F. Zur Geltungsgrundlage der Anscheinsvollmacht, AcP 179, 214ff; Voss Die Haftung des Vertretenen kraft Rechtsschein, VersR 1962, 1121ff; WELLSPACHER Das Vertrauen auf äußere Tatbestände im bürgerlichen Recht, 1906, 211ff.

Über die in §§ 170ff gesetzlich geregelten Fälle des Vertrauensschutzes hinaus sind von Rechtsprechung und Lehre Grundsätze für eine Vollmacht kraft Rechtsscheins entwickelt worden. Sie gelten in den Fällen, in denen überhaupt keine Vollmacht erteilt wurde, müssen aber auch dann gelten, wenn der Umfang einer wirksam erteilten Vollmacht überschritten wurde (BGH WM 1974, 407). Hierbei wird die Duldungsvollmacht von der Anscheinsvollmacht unterschieden.

1. Duldungsvollmacht

664 Duldet der Vertretene in Kenntnis, daß ein anderer als Vertreter auftritt, diese Betätigung, und darf dieses Verhalten vom Geschäftsgegner nach Treu und Glauben und mit Rücksicht auf die Verkehrssitte dahin gedeutet werden, daß der Vertreter vom Vertretenen Vollmacht, für ihn zu handeln, erhalten habe, so muß der Vertretene sich so behandeln lassen, als habe er wirksam Vollmacht erteilt (vgl. BGH LM Nr. 13 zu § 167 passim).

Hiervon sind die Fälle zu unterscheiden, in denen der Vertretene das Verhalten des Vertreters mit rechtsgeschäftlichem Willen billigt. Hier handelt es sich um eine stillschweigend oder konkludent erteilte Vollmacht (vgl. BGH LM Nr. 10 zu § 167). In diesem Falle kommt es auf die Grundsätze des Vertrauensschutzes nicht an.

Die Vertretungsmacht §47 A VII 3

Ein Teil der Lehre sieht in der Duldungsvollmacht generell einen Fall der Vollmachtserteilung durch konkludentes Verhalten und qualifiziert sie damit als rechtsgeschäftlich erteilte Vertretungsmacht (FLUME II § 49,3; einschränkend MEDICUS AT Rdn. 930).

2. Anscheinsvollmacht

Eine sog. Anscheinsvollmacht liegt nach h. M. vor, wenn der „Vertretene" **665** das Auftreten des „Vertreters" zwar nicht kannte, es aber bei pflichtgemäßer Sorgfalt hätte kennen und verhindern können, und wenn der Geschäftsgegner das Verhalten des „Vertreters" nach Treu und Glauben dahin auffassen durfte, der „Vertretene" habe Vollmacht erteilt (vgl. BGHZ 5, 111, 116; BGH LM Nr. 4 zu § 167 unter Fortführung der Rechtsprechung des RG – RGZ 117, 164, 165f; 133, 97, 100; 170, 281, 284 – die jedoch eine deutliche Trennung zwischen Duldungs- und Anscheinsvollmacht vermissen ließ).

Die Figur der sog. Anscheinsvollmacht wurde im allgemeinen mit Analogie zu §§ 171, 172, 173 und unter Heranziehung der Grundgedanken in §§ 54 III, 56 HGB bzw. § 370 BGB begründet.

3. Voraussetzungen

In den Fällen der Vollmacht kraft Rechtsscheins (Duldungs- und Anscheins- **666** vollmacht) handelt es sich um Fälle der **Vertrauenshaftung**, deren tatbestandliche Erfordernisse sich wie folgt aufgliedern lassen:

a) Es muß sich durch das Auftreten des „Vertreters" der *Anscheinstatbestand* für eine wirksame Stellvertretung zugunsten des „Vertretenen" ergeben haben. Dies ist z. B. der Fall bei der Abwicklung des Schriftverkehrs mit Firmenbögen, Stempeln u. ä. (vgl. BGHZ 5,111) und bei früherem Auftreten als Bevollmächtigter in anderer Sache (BGH WM 1978, 1046). In der Regel ist allerdings ein Auftreten als „Vertreter" über einen längeren Zeitraum erforderlich (BGH NJW 1956, 1673; WM 1969, 43). Der Wille, als „Vertreter" aufzutreten, wird beim Handelnden nicht vorausgesetzt (BGH NJW 1962, 2196f; 1964, 1951). Der Anscheinstatbestand muß bei Abschluß des Rechtsgeschäfts vorliegen (OLG Köln VersR 1974, 1185; BGH LM Nr. 8, 11 zu § 167).

b) Dem in Anspruch genommenen *„Vertretenen"* muß *vorzuwerfen* sein, daß er bei pflichtgemäßer Sorgfalt das Auftreten des Handelnden als „Vertreter" hätte verhindern können (vgl. BGHZ 5, 111, 116). Bei der Anscheinsvollmacht setzt dies voraus, daß er das Handeln hätte erkennen und verhindern können; bei der Duldungsvollmacht liegt der Vorwurf darin, daß er trotz Kenntnis nichts zur Verhinderung unternommen hat. Die Zurechnung basiert daher hier auf dem Verschuldensgrundsatz (zumindest i. S. eines „Organisationsmangels" in der eigenen Rechtssphäre, vgl. MÜNCHKOMM/THIELE § 167 Rdn. 58; zu weitgehend CANARIS aaO, S. 194f, der auf ein Organisationsrisiko abstellt). Der Sorgfaltsmaßstab richtet sich nach dem Verkehrsinteresse; er wird sich z. B. im Handelsrecht an § 347 HGB orientieren. Ist ein Bevollmächtigter des „Vertretenen" (z. B. der Abteilungsleiter eines Unternehmens in seinem Zuständigkeitsbereich) für den erzeugten Rechtsschein verantwortlich, so ist entsprechend § 278 der Sorgfaltsverstoß dem Geschäftsherrn zuzurechnen. Da an die Vollmacht kraft Rechtsscheins rechtsgeschäftliche Folgen geknüpft werden, ist Geschäftsfähigkeit des „Vertretenen" vorauszusetzen. – Vgl. zu den Zurechnungsgrundsätzen oben Rdn. 334.

c) Der *Geschäftsgegner* muß *schutzwürdig* sein. Dies setzt zunächst voraus, daß der Rechtsschein der Vollmacht für die Entschließung des Geschäftsgegners zum Abschluß des Geschäftes ursächlich geworden ist (BGH LM Nr. 13 zu § 167; BGH WM 1981, 171 f). Subjektiv darf ihm nicht vorzuwerfen sein, daß er das Fehlen der Vertretungsmacht kannte oder gemäß der ihm nach den Umständen zuzumutenden Sorgfalt hätte erkennen können und müssen (BGH LM Nr. 15 zu § 167; BGH NJW 1982, 1513).

4. Rechtsfolgen

667 Bei Vorliegen der Voraussetzungen müssen die *Wirkungen* der Zurechnung *einem durch Vollmacht zustandegekommenen Rechtsgeschäft entsprechen* (ständ. Rspr. vgl. RGZ 170, 281, 284; BGHZ 5, 111; 12, 105, 109; BGHZ 86, 273 f; BGH VersR 1961, 82 f; NJW 1981, 1727 ff; so auch in der Literatur RGRK/ STEFFEN § 167 Rdn. 12, 19; STAUDINGER/DILCHER § 167 Rdn. 44; SOERGEL/ SCHULTZE-V. LASAULX § 167 Rdn. 30; MÜNCHKOMM/THIELE § 167 Rdn. 71 f; ERMAN/BROX § 167 Rdn. 7; PALANDT/HEINRICHS § 173 Anm. 4 c; ENN./ NIPPERDEY § 184 II 3 c; FIKENTSCHER aaO, S. 1 ff). Diese Rechtsfolge entspricht dem Bedürfnis nach Rechtssicherheit.

Eine *Gegenmeinung* lehnt die rechtsgeschäftlichen Folgen ab und sieht im Verhalten des „Vertretenen" die Begründung eines Haftungstatbestandes, der als culpa in contrahendo lediglich zum Ersatz des negativen Interesses führt (FLUME II § 49, 4; LARENZ AT § 33 I a; MEDICUS AT Rdn. 969 ff; LANGE/ KÖHLER § 48 III 3 b; CANARIS aaO, S. 48 ff, 191 ff; FROTZ aaO, S. 299 ff). Sie beruft sich insbesondere darauf, daß es dem in der Rechtsgeschäftslehre zum Ausdruck kommenden Prinzip der Privatautonomie widerspreche, wenn aus Haftungsgrundsätzen Erfüllungsansprüche hergeleitet werden (vgl. z. B. FLUME aaO). Teilweise wird auch von der Gegenmeinung das Bedürfnis nach Rechtssicherheit im Handelsrecht anerkannt (CANARIS aaO, S. 191 ff, MEDICUS AT Rdn. 972). Dem entspricht auch Art. 14 II des Übereinkommens über die Vertretung beim internationalen Warenkauf, der die Grundsätze der Duldungs- und Anscheinsvollmacht für den internationalen Warenverkehr übernimmt (zitiert bei STÖCKER WM 1983, 778 f).

Die rechtsgeschäftlichen Folgen entsprechen nicht nur dem gesteigerten Verkehrsschutz des Handelsrechts, sie können auch im bürgerlichen Recht gerechtfertigt sein. Es ist anerkannt, daß ausnahmsweise, insbesondere bei Drittbeziehungen, durch Vertrauensschutz die Wirkungen eines Rechtsgeschäfts für den Dritten begründet werden können (vgl. z. B. die Wirkungen bei einer fehlerhaften Gesellschaft). Auch im Vertretungsrecht steht der

Die Vertretungsmacht § 47 VII 6

Geschäftsgegner im Verhältnis zum „Vertretenen" in einer der Drittbeziehung vergleichbaren Position. Daher kann es auch hier gerechtfertigt sein, bei Vorliegen entsprechender Voraussetzungen zu vollen rechtsgeschäftlichen Wirkungen zu gelangen.

Die Rechtsfolgen der Anscheinsvollmacht wird man im bürgerlichen Recht nach dem Grad der Verantwortlichkeit des „Vertretenen" differenzieren müssen. Während im Handelsrecht der erhöhte Verkehrsschutz die Verantwortlichkeit des „Vertretenen" schon bei leichter Fahrlässigkeit begründet, wird im bürgerlichen Recht der Verschuldensmaßstab zu verschärfen sein. In diesem Sinne kann auch BGHZ 65, 13 (ausführlicher in NJW 1975, 2101 ff) verstanden werden, wenn – offensichtlich angelehnt an § 935 – bei fahrlässiger Ermöglichung des Abhandenkommens einer ausgefertigten Vollmachtsurkunde die Zurechnung beim ausstellenden „Vertretenen" verneint und ein Erfüllungsanspruch abgelehnt, allerdings eine Haftung aus culpa in contrahendo für möglich angesehen wird. Daraus kann gefolgert werden, daß die volle Rechtsscheinhaftung im bürgerlichen Recht nur bei Vorliegen der strengen Voraussetzungen, d.h. bei grober Verletzung der in concreto bestehenden Sorgfaltspflicht, zu bejahen ist; gegebenenfalls soll dann, wenn diesen Anforderungen nicht genügt ist, Raum für eine Haftung auf das negative Interesse bleiben (vgl. zur Haftung des „Vertretenen" aus culpa in contrahendo unten Rdn. 680).

In den Fällen, in denen der „Vertretene" in Anspruch genommen wird, verbleibt ihm im Innenverhältnis der Rückgriff auf den Vertreter. Hierfür kommen z.B. Dienstvertrag, Auftrag oder Geschäftsführung ohne Auftrag in Betracht.
Im Außenverhältnis kann der „Vertreter" nicht nach § 179 in Anspruch genommen werden (BGHZ 86, 273f).

5. Grundsätze der Vollmacht kraft Rechtsscheins finden auch gegenüber **668** *Körperschaften des öffentlichen Rechts* Anwendung (vgl. BGHZ 21, 59, 65; 40, 197, 204). Allerdings können die Wirkungen nicht über die gesetzlich oder satzungsmäßig festgelegten Zuständigkeiten der Organe hinausgreifen (z.B. § 28 III GO NW; vgl. BGH NJW 1972, 940f). Sofern jedoch das Organ in der Lage ist, in diesem Rahmen rechtsgeschäftliche Vollmachten zu erteilen, besteht kein Anlaß, von den für das Zivilrecht geltenden Grundsätzen abzuweichen, allerdings dürfen Formvorschriften oder Genehmigungserfordernisse nicht ausgeschaltet werden (BGHZ 6, 330, 332f).

6. Rechtsscheingrundsätze können auch bei der Begebung von **Blankett- 669 urkunden** eingreifen. Das Einverständnis des Blankettgebers zur Ausfüllung durch den Blankettnehmer wird als eine vollmachtsähnliche Legitimation anzusehen sein. Bei Überschreitung durch den Blankettnehmer *(sog. Blankettmißbrauch)* trägt der Blankettgeber, falls er die Urkunde ausgehändigt hat, das Risiko. Während früher bei abredewidriger Ausfüllung die Anfechtung seitens des Ausstellers mit der Folge des § 122 zugelassen wurde (vgl. RGZ 105, 183, 185), wird heute der Aussteller an der abredewidrig vorgenommenen Erklärung gegenüber einem schutzwürdigen Dritten ohne Anfechtungsmöglichkeit festgehalten (BGHZ 40, 65 u. 297, 304f). *Im Ergebnis* wird damit anstelle der Vernichtung der rechtsgeschäftlichen Erklärung und ihres Ersatzes durch die Haftung nach § 122 die positive Wirkung der rechtsgeschäftlichen Erklärung erreicht.

B. Der Umfang der Vertretungsmacht

670   I. Bei der **Vollmacht** wird der Umfang der Vertretungsmacht *durch die rechtsgeschäftliche Erteilung* festgelegt. Wie jede Willenserklärung unterliegt auch die Vollmachtserteilung grundsätzlich den allgemeinen Auslegungsgrundsätzen der §§ 133, 157 (vgl. oben § 35). Hierbei ist zwischen der *Innenvollmacht* und der *Außenvollmacht* zu unterscheiden.

Bei der *Auslegung* einer *Innenvollmacht* ist entscheidend, wie der *Bevollmächtigte* die Erklärung verstehen durfte. Hierbei können sich aus dem Innenverhältnis Umstände ergeben, die für die Auslegung der Vollmacht erheblich sind.

Ist eine Innenvollmacht nach außen *kundgegeben* (§ 171), eine *Vollmachtsurkunde vorgelegt* (§ 172) oder eine *Außenvollmacht* erteilt worden, so ist darauf abzustellen, wie der *Geschäftsgegner* die Willenserklärung des Vollmachtgebers verstehen durfte. Wegen des Abstraktionsprinzips sind Schranken im Innenverhältnis grundsätzlich nicht auf das Außenverhältnis übertragbar.

Sofern das Handeln des Vertreters nach außen seine *Vertretungsmacht überschreitet*, kommt entweder eine Rechtsscheinhaftung des Vollmachtgebers (vgl. oben Rdn. 664ff) oder eine Haftung des Vertreters als falsus procurator in Betracht (vgl. unten § 48).

> Jedoch ist u. U. bei Teilbarkeit des Rechtsgeschäfts die Aufrechterhaltung des von der Vollmacht gedeckten Teiles nach § 139 möglich, falls der Geschäftsgegner das Geschäft auch nur für diesen Teil abgeschlossen hätte oder sich nachträglich mit der Teilung einverstanden erklärt (Enn./Nipperdey § 183 I 4). Die Haftung des Vertreters beschränkt sich dann auf den von der Vollmacht nicht gedeckten Teil.

671   II. Aus Gründen des Verkehrsschutzes ist der Umfang einzelner Vollmachten vom **Gesetz** *ausdrücklich festgelegt,* so z. B. der Prokura (§§ 49ff HGB) und der Handlungsvollmacht (§ 54 HGB).

Entsprechendes gilt für die *gesetzliche Vertretungsmacht der Eltern.* Für sie ist gem. § 1643 in Verbindung mit §§ 1821, 1822 die Zustimmung des Vormundschaftsgerichts für bestimmte Rechtsgeschäfte erforderlich. Das Zustimmungserfordernis wird für den *Vormund* erweitert (§§ 1821, 1822).

Für die *organschaftliche Vertretungsmacht* der Gesellschafter einer OHG oder KG (§§ 126 II, 161 II HGB), des Vorstandes der AG (§ 82 I AktG), des Geschäftsführers der GmbH (§ 37 II GmbHG), des Vorstandes der Genossenschaft (§ 27 II GenG) ist gleichfalls der Umfang gesetzlich festgelegt. Eine Beschränkung der Vertretungsmacht ist im Außenverhältnis nicht möglich (z. B. § 126 II HGB, § 82 I AktG, § 37 II GmbHG).

C. Mißbrauch der Vertretungsmacht

> FISCHER, R. Der Mißbrauch der Vertretungsmacht, auch unter Berücksichtigung der Handelsgesellschaften, Festschrift Schilling, 1973, 3 ff; GESSLER Zum Mißbrauch organschaftlicher Vertretungsmacht, Festschrift von Caemmerer, 1978, 531 ff; HECKELMANN Mitverschulden des Vertretenen beim Mißbrauch der Vertretungsmacht, JZ 1970, 62 ff; KIPP Zur Lehre von der Vertretung ohne Vertretungsmacht, Festgabe Reichsgericht I, 1929, 273 ff; RINCK Pflichtwidrige Vertretung, 1936; SCHOTT Der Mißbrauch der Vertretungsmacht, AcP 171, 385 ff; STOLL Der Mißbrauch der Vertretungsmacht, Festschrift Lehmann 1937, 115 ff; TANK Der Mißbrauch von Vertretungsmacht und Verfügungsbefugnis, NJW 1969, 6 ff; WESTERMANN, H. P. Mißbrauch der Vertretungsmacht, JA 1981, 521 ff.

Im Gegensatz zur Überschreitung der Vertretungsmacht, bei der das vom Vertreter abgeschlossene Rechtsgeschäft nicht durch die Vollmacht gedeckt ist, hält sich das Vertreterhandeln beim sog. Mißbrauch der Vertretungsmacht **im Rahmen der bestehenden Vertretungsmacht**, widerspricht aber den durch den Vertretenen im Innenverhältnis begründeten Pflichten. In solchen Fällen ist der Vertretene grundsätzlich an die Erklärungen seines Vertreters gebunden. Dies folgt aus der rechtlichen Verselbständigung der Vertretungsmacht gegenüber den aus dem Innenverhältnis entspringenden Rechten und Pflichten des Vertreters (Abstraktionsprinzip). Diese Verselbständigung bezweckt den Schutz des Rechtsverkehrs; das Prinzip wird in den Fällen durchbrochen, in denen der Geschäftsgegner dieses Schutzes nicht bedarf; ausnahmsweise greifen hier die im Innenverhältnis begründeten Pflichten derart auf das Vertretergeschäft durch, daß es dem Geschäftsgegner verwehrt ist, sich auf den äußerlich eingehaltenen Rahmen der Vertretungsmacht zu berufen.

Allgemein anerkannt ist dies im Fall der *sog. Kollusion,* bei der Vertreter und Geschäftsgegner einverständlich zum Nachteil des Vertretenen zusammenwirken; dies hat stets die Nichtigkeit des abgeschlossenen Rechtsgeschäfts gem. § 138 zur Folge. (RGZ 130, 131, 142). Darüber hinaus kann eine Haftung von Vertreter und Geschäftsgegner gem. § 826 sowie eine Haftung des Vertreters aus positiver Forderungsverletzung im Innenverhältnis in Betracht kommen (vgl. FLUME II § 45 II 3; STAUDINGER/DILCHER § 167 Rdn. 93).

Darüber hinaus ist umstritten, welche Fälle vom **Mißbrauchstatbestand** im einzelnen erfaßt werden, *wenn der Vertreter von der Vertretungsmacht pflichtwidrig zum Nachteil des Vertretenen Gebrauch macht.*

Ausgehend vom Begriff des Mißbrauchs wäre auf Seiten des Vertreters ein doloses Verhalten vorauszusetzen (so STAUDINGER/DILCHER § 167 Rdn. 95; SOERGEL/LEPTIEN § 177 Rdn. 17; wenigstens für die gesetzlich unbeschränkbare Vertretungsmacht im HGB, z. B. §§ 49, 54, 126: BGHZ 50, 112, 114). *Es ist jedoch auf ein schuldhaftes Verhalten des Vertreters nicht abzustellen* (LARENZ AT § 30 II a; FLUME II § 45 II 3; MÜNCHKOMM/THIELE § 164 Rdn. 118; ERMAN/BROX § 167 Rdn. 48). Der dogmatisch richtige Ansatzpunkt der Lehre vom „Mißbrauch" liegt vielmehr in der *Einschränkung* des vom Abstraktionsprinzip bezweckten *Verkehrsschutzes* in den Fällen, in denen der *Geschäftsgegner* dieses Schutzes nicht bedarf. Insofern ist für die Fälle, in denen der Vertreter nicht dolos handelt, der *Begriff des Mißbrauchs verfehlt*.

674   Von entscheidender Bedeutung ist daher die Frage, welche **Anforderungen an die Schutzwürdigkeit des Geschäftsgegners** zu stellen sind:

Einigkeit besteht darüber, daß der Geschäftsgegner dann nicht schutzwürdig ist, wenn er von dem interessewidrigen, nachteiligen Verhalten des Vertreters *Kenntnis* hatte, ohne mit diesem einverständlich zusammengewirkt zu haben.

Darüber hinaus wird zum Teil auch eine lediglich *fahrlässige Unkenntnis* auf Seiten des Geschäftsgegners als ausreichend angesehen (für einfache Fahrlässigkeit RGZ 83, 348, 353; 143, 196, 201; BGH MDR 1964, 592; für grobe Fahrlässigkeit SOERGEL/LEPTIEN § 177 Rdn. 18). Dies hat zur Folge, daß dem Geschäftsgegner eine *Nachforschungspflicht über im Innenverhältnis bestehende Beschränkungen* auferlegt wird. Eine derartige Prüfungspflicht ist jedoch mit der vom Gesetz bezweckten Sicherheit des Rechtsverkehrs *unvereinbar*. Der Geschäftsgegner muß auf eine bestehende Vertretungsmacht vertrauen dürfen, ohne Nachforschungen über das Innenverhältnis anstellen zu müssen. Dies entspricht auch dem Grundsatz, der das Risiko des Vertreterhandelns allein dem Vertretenen aufbürdet.

Andererseits bereitet es Schwierigkeiten, die *Kenntnis* des Geschäftsgegners *nachzuweisen*. Um dem abzuhelfen, wird auf die **sog. Evidenztheorie** zurückgegriffen. Es soll genügen, wenn das pflichtwidrige Vertreterhandeln für einen vernünftigen Dritten offensichtlich, d. h. evident ist (FLUME II § 45 II 3; LARENZ AT § 30 II a; MEDICUS BR Rdn. 116). Fraglich ist, ob hiermit entgegen FLUME, der das Abstellen auf Fahrlässigkeit ausdrücklich ablehnt, nicht doch eine neue Verantwortlichkeitskategorie im Rahmen von Obliegenheiten eingeführt (vgl. etwa FISCHER aaO, S. 3, 13; GESSLER aaO, S. 531, 539) oder lediglich eine Vermutung begründet werden soll, der Geschäftsgegner habe von der Pflichtwidrigkeit Kenntnis gehabt. Ausgehend von der Unvereinbarkeit einer Nachforschungspflicht, wird man unter Evidenz *nur eine Beweiserleichterung* verstehen können (so wohl MEDICUS BR Rdn. 116). Dann muß aber auch, wenn der Vertretene die für Evidenz sprechenden Tatsachen dargetan hat, *dem Geschäftsgegner der Nachweis ermöglicht werden,* ihm könne in seiner Lage die Offenkundigkeit nicht zur Last gelegt werden.

675   Es erscheint fraglich, ob diese Grundsätze auch auf die Vertretungsmacht im **Handels- und Gesellschaftsrecht** angewandt werden können. Hier ist die

Die Vertretungsmacht § 47 C

Vertretungsmacht im Interesse einer Erleichterung des Handelsverkehrs in ihrem Umfang unbeschränkbar (§§ 50 I, 126 II, 161 II HGB, § 82 I AktG, § 37 II GmbHG, § 27 II GenG). Auch in diesem Bereich ist jedoch eine Interessenabwägung vorzunehmen, die einerseits den Schutz des Rechtsverkehrs beachtet, andererseits dem berechtigten Schutzbedürfnis des Vertretenen Rechnung trägt.

Unbestreitbar ist, daß das Schutzbedürfnis des Geschäftsgegners im Falle des *kollusiven Zusammenwirkens* von Vertreter und Geschäftsgegner zu verneinen ist, d.h. der Vertretene an die Erklärungen des Vertreters nicht gebunden wird.

Der Geschäftsgegner ist darüber hinaus nicht schutzwürdig, wenn er von dem pflichtwidrigen, nachteiligen Verhalten *Kenntnis* hat. Dem Vertretenen kann in konkreten Fällen auch hier die *Beweiserleichterung der Evidenz* zugestanden werden. *In keinem Fall* wird man hingegen im Interesse eines zügigen und sicheren Handelsverkehrs auf *Nachforschungspflichten* des Geschäftsgegners abstellen dürfen (so aber im Ergebnis BGHZ 50, 112, 114; vgl. auch H. Hübner Die Prokura als formalierter Vertrauensschutz, Festschrift Klingmüller, 1974, 173 ff).

Hinsichtlich der **Rechtsfolgen** ist davon auszugehen, daß beim Durchgreifen **676** der im Innenverhältnis bestehenden Beschränkungen auf das Außenverhältnis das Vertrauen auf ein wirksames Vertreterhandeln entfällt.

Verlangt der Geschäftsgegner Erfüllung und will der Vertretene das Geschäft nicht gelten lassen, so ist zu unterscheiden, ob man die *Vertretungsmacht schlechthin verneint* (so Flume II § 45 II 3; dagegen Wiedemann I § 10 II 1 b) *oder* den *Einwand unzulässiger Rechtsausübung durchgreifen* läßt (so Staudinger/Dilcher § 167 Rdn. 101 f, unter Bezugnahme auf BGH WM 1960, 613; 1966, 491; RGRK/Steffen § 167 Rdn. 24; überzeugend für die Fälle organschaftlicher Vertretungsmacht Wiedemann aaO).

> Der Einwand aus § 242 wird zum Teil in der Form gewährt, daß dem Vertretenen gegen den Geschäftsgegner ein Anspruch aus *culpa in contrahendo* dahingehend zugebilligt wird, daß dieser keine Rechte aus dem Vertretergeschäft herleiten darf (Lehmann JW 1934, 683 f; vgl. auch Heckelmann JZ 1970, 62, 65).
> Die Lösung über § 242 soll auch gestatten, ein *Mitverschulden* des Vertretenen zu berücksichtigen, das darin besteht, den „Mißbrauch" durch unterlassene Kontrollmaßnahmen gefördert zu haben; in diesem Fall soll es gegebenenfalls zu einer Schadensverteilung kommen (vgl. BGHZ 50, 112, 115). Abgesehen von den tatsächlichen Schwierigkeiten einer Schadensverteilung selbst bei teilbaren Leistungen muß aus Gründen der Klarheit entweder die Wirksamkeit oder die Unwirksamkeit des Rechtsgeschäfts angenommen werden (so MünchKomm/Thiele § 164 Rdn. 122).

Will der Vertretene trotz pflichtwidrigen Vertreterhandelns das Geschäft gelten lassen, so erhebt er entweder den Einwand gem. § 242 nicht, oder er genehmigt das Rechtsgeschäft gem. § 177 I.

§ 48 | 1   Vierter Teil: Die Lehre vom Rechtsgeschäft

Im Verhältnis zwischen *Geschäftsgegner* und pflichtwidrig handelndem *Vertreter* wird, falls der Vertretene das Rechtsgeschäft nicht gelten läßt, dem Geschäftsgegner wegen fehlender Schutzwürdigkeit ein Anspruch gegen den Vertreter entsprechend dem Rechtsgedanken des § 179 III zu versagen sein.

§ 48
Vertretung ohne Vertretungsmacht

BALLERSTEDT Zur Haftung für culpa in contrahendo bei Geschäftsabschluß durch Stellvertreter, AcP 151, 501 ff; CREZELIUS Culpa in contrahendo des Vertreters ohne Vertretungsmacht, JuS 1977, 796 ff; HUPKA Die Haftung des Vertreters ohne Vertretungsmacht, 1903; KIPP Zur Lehre von der Vertretung ohne Vertretungsmacht, Festgabe Reichsgericht, I, 1929, 273 ff; MÜLLER, K. Gesetzliche Vertretung ohne Vertretungsmacht, AcP 168, 113 ff; MÜLLER, U. Die Haftung des Stellvertreters bei culpa in contrahendo und positiver Vertragsverletzung, NJW 1969, 2169 ff; PETERS Überschreiten der Vertretungsmacht und Haftung des Vertretenen für culpa in contrahendo, Festschrift Reinhardt, 1972, 127 f; WELSER Vertretung ohne Vertretungsmacht, 1970.

I. Rechtsverhältnis zwischen Vertretenem und Geschäftsgegner

677 Wenn der Vertreter keine Vertretungsmacht erhalten hat und auch die Voraussetzungen für eine Vertretung kraft Rechtsscheins nicht vorliegen, so wird der Vertretene durch das vom Vertreter vorgenommene Rechtsgeschäft weder berechtigt noch verpflichtet. Allerdings kann der Vertretene ein Interesse daran haben, das Geschäft an sich zu ziehen. Dem trägt das Gesetz dadurch Rechnung, daß es dem Vertretenen gestattet, das Vertretergeschäft zu genehmigen. Das gilt jedoch nur für Verträge, nicht für einseitige Rechtsgeschäfte.

Entsprechendes gilt auch für die Stellvertretung kraft Gesetzes (BGH WM 1973, 460 für den Fall, daß die Eltern gem. § 1629 II an der Vertretung verhindert sind; hier müßte die Genehmigung durch einen zu bestellenden Pfleger erteilt werden, § 1909) und für das Handeln von Organen juristischer Personen (BGHZ 32, 375, 381).

678 **1.** Ein ohne Vertretungsmacht abgeschlossener **Vertrag** erzeugt einen **Schwebezustand,** der durch Genehmigung oder Verweigerung der Genehmigung beendet wird. Durch den Schwebezustand werden die Interessen des Geschäftsgegners an der Klarheit der Rechtsbeziehungen beeinträchtigt. Das Gesetz räumt ihm daher die Möglichkeit ein, sich Gewißheit dadurch zu verschaffen, daß er den Vertretenen zur Erklärung über die Genehmigung auffordert (§ 177 II); hat der Geschäftsgegner kein Interesse am Zustandekommen des Vertrages, so gestattet ihm das Gesetz bis zur Genehmigung

Vertretung ohne Vertretungsmacht   § 48 | 1

seitens des Vertretenen, den Vertrag zu widerrufen (§ 178). *Für beide Möglichkeiten* sieht das Gesetz – ähnlich wie in §§ 108, 109 – folgende *Einzelheiten* vor:

a) Fordert der Geschäftsgegner den Vertretenen zur Erklärung über die Genehmigung auf, so muß dieser die Genehmigung innerhalb von 2 Wochen seit Zugang der Aufforderung erteilen; andernfalls gilt sie als verweigert. In Abweichung von § 182 kann die Genehmigung alsdann nur ihm gegenüber erklärt werden; eine vor der Aufforderung dem Vertreter gegenüber erklärte Genehmigung oder Verweigerung der Genehmigung wird unwirksam.

Die *Genehmigung* (§§ 182 ff) ist eine empfangsbedürftige Willenserklärung. Sie kann konkludent erteilt werden, der Genehmigende muß jedoch erkennen lassen, daß er sich des Schwebezustandes bewußt ist oder zumindest mit einer solchen Möglichkeit rechnet, und daß er den Vertrag für und gegen sich gelten lassen will (BGHZ 2, 150, 152 f; 47, 341, 351 f; BGH DB 1976, 1573 f).

Die Genehmigung bedarf grundsätzlich keiner *Form* (§ 182 II). Diese kann jedoch trotz § 167 II aus dem jeweiligen Schutzzweck der Formvorschriften erforderlich sein, da im Gegensatz zur Vollmachtserteilung der Vertretene sich mit der Genehmigung unmittelbar bindet; ein Widerruf wie bei der Vollmacht ist hier nicht möglich. Daher bedarf z. B. die Genehmigung eines Grundstückskaufs der Form des § 313 (vgl. MünchKomm/Thiele § 177 Rdn. 37; Medicus AT Rdn. 976).

Die Genehmigung *wirkt auf den Zeitpunkt des Vertragsschlusses zurück* (§ 184 I), d. h. der Vertrag ist grundsätzlich so zu beurteilen, als ob der Vertreter zum Zeitpunkt des Vertragsschlusses Vertretungsmacht gehabt hätte. Das hat z. B. Bedeutung für den Zeitpunkt des Kennens oder Kennenmüssens in § 166 I; andererseits kommt ein Schuldner, da während des Schwebezustandes keine Leistungspflicht besteht, durch die Rückwirkung nicht in Verzug.

Unter besonderer Berücksichtigung des Verkehrsschutzes im *Handelsrecht* gilt eine Genehmigung als erteilt, wenn nach Abschluß durch einen vollmachtslosen Vertreter der Geschäftsherr dem Dritten gegenüber das Geschäft nicht unverzüglich ablehnt, nachdem er vom Abschluß Kenntnis erlangt hat (§§ 75 h, 91 a HGB).

Obwohl § 177 keine dem § 108 III entsprechende Regelung für eine *Selbstgenehmigung* enthält, hat die Rechtsprechung für den Fall, daß der Vertreter nachträglich Vertretungsmacht erhält, diesem das Recht zur Genehmigung anstelle des Vertretenen zuerkannt (BGH WM 1960, 611).

Der vollmachtlose Vertreter kann unter Umständen im Innenverhältnis gegenüber dem Vertretenen einen *Anspruch auf Genehmigung* des Vertrages haben (vgl. unten Rdn. 687).

b) Bis zur Genehmigung des Vertrages ist der *Geschäftsgegner* zum *Widerruf* berechtigt; er kann diesen auch dem Vertreter gegenüber erklären (§ 178). Wenn der Geschäftsgegner, obwohl er vom Mangel der Vertretungsmacht *Kenntnis* hatte, das Geschäft mit dem Vertreter abgeschlossen hat, so *versagt* ihm § 178 die Möglichkeit des Widerrufs.

§ 48 I 3   Vierter Teil: Die Lehre vom Rechtsgeschäft

679   2. Bei **einseitigen Rechtsgeschäften** will das Gesetz im Interesse des Geschäftsgegners einen Schwebezustand ausschließen. Es erklärt daher einseitige Rechtsgeschäfte ohne Vertretungsmacht für *unzulässig* (§ 180 S. 1).

> Dies bedeutet, daß das einseitige Rechtsgeschäft nichtig ist und demnach vom Vertretenen nicht genehmigt werden kann; es bleibt allenfalls eine Neuvornahme möglich.

Diese Rechtsfolge läßt das Gesetz jedoch nicht eintreten, wenn der Geschäftsgegner trotz Kenntnis mit dem Handeln ohne Vertretungsmacht einverstanden war oder die vom Vertreter behauptete Vertretungsmacht nicht beanstandet hat (§ 180 S. 2).

> Dem Geschäftsgegner muß Zeit für die Nachprüfung gewährt werden. Obwohl das Gesetz die Beanstandung bei Vornahme des Rechtsgeschäfts verlangt, muß es genügen, wenn die Beanstandung unverzüglich (vgl. § 121) erfolgt (ENN./NIPPERDEY § 183 II 1; SOERGEL/LEPTIEN § 180 Rdn. 10).

Ebenso kann im Falle der *Passivvertretung* ohne Vertretungsmacht, sofern der Vertreter damit einverstanden war, das ihm gegenüber vorgenommene einseitige Rechtsgeschäft vom Vertretenen genehmigt werden (§ 180 S. 3).
   In den Ausnahmefällen des § 180 S. 2 und S. 3 finden die §§ 177 ff entsprechende Anwendung.

680   3. Soweit das Rechtsgeschäft unwirksam ist – sei es, daß die Rechtsfolgen einer Vollmacht kraft Rechtsscheins nicht eingreifen, sei es, daß der vom vollmachtlosen Vertreter abgeschlossene Vertrag nicht genehmigt wird –, kann für den **Vertretenen** eine *Haftung aus culpa in contrahendo* in Betracht zu ziehen sein. Hierbei ist zwischen dem Eigenverschulden des Geschäftsherrn und dem gegebenenfalls zu vertretenden Verschulden des Gehilfen zu unterscheiden. Für die im letzteren Falle eingreifende Haftung nach § 278 ist zu berücksichtigen, daß die Haftung des vollmachtlosen Vertreters durch § 179 III ausgeschlossen wird, wenn der Geschäftsgegner den Mangel der Vertretungsmacht kannte oder kennen mußte. Diese gesetzliche Regelung wird sich auch auf die culpa in contrahendo auswirken müssen; d.h. wenn der Geschäftsgegner mangels Sorgfalt das vollmachtlose Handeln nicht erkannte und deshalb seinen Anspruch gegen den vollmachtlosen Vertreter verliert, besteht kein Anlaß, gleichwohl zu einer Haftung des Geschäftsherrn zu gelangen (str.; vgl. STAUDINGER/DILCHER § 177 Rdn. 23 m.w.N.). Zu einem entsprechenden Ergebnis kann auch im Rahmen der culpa in contrahendo § 254 führen (vgl. MÜNCHKOMM/THIELE § 177 Rdn. 51).

II. Rechtsverhältnis zwischen Vertreter und Geschäftsgegner

1. Ein Vertreter, der im fremden Namen handelnd vorgibt, Vertretungsmacht zu haben, erweckt gegenüber dem Geschäftsgegner das *Vertrauen auf das Bestehen der Vertretungsmacht*. Treten die Wirkungen des Rechtsgeschäfts gegenüber dem angeblichen Vertretenen nicht ein, so bestimmt § 179, daß der Vertreter für das von ihm geschaffene Vertrauen haften muß (vgl. BGHZ 39, 45, 51 m.w.N.; 73, 266, 269f). Sofern der „Vertretene" nach den Grundsätzen der Anscheinsvollmacht in Anspruch genommen werden kann, entfällt eine Haftung des Vertreters aus § 179 (BGHZ 86, 273f).

681

Zur Haftung bei mehrstufiger Vertretung vgl. oben Rdn. 648.

Das Gesetz begründet in § 179 unmittelbar eine Gewährleistungspflicht des Vertreters nur für das Vorhandensein der Vertretungsmacht oder die Erteilung der Genehmigung, nicht aber für das Nichtvorhandensein anderer Mängel. Die Rechtsprechung hat jedoch in *analoger Anwendung* die Regelung des § 179 auf Fälle *ausgedehnt,* in denen der vom vollmachtlosen Vertreter geschlossene Vertrag nicht genehmigungsfähig ist.

Es handelt sich z.B. um folgende Fälle:
– Die Genehmigung des abgeschlossenen Vertrages scheitert daran, daß der Vertretene zum Abschluß des Vertrages nicht befähigt ist (RGZ 106, 68, 74 für einen vom Liquidationszweck nicht gedeckten Vertragsabschluß);
– der Vertrag wird für eine nicht existierende Person abgeschlossen (vgl. BGH WM 1973, 869; vgl. auch Art. 7 WG und Art. 10 ScheckG);
– Sonderregelungen gelten für die Vertretung noch nicht existierender juristischer Personen; hier haftet nach § 54 2, § 41 I 2 AktG, § 11 II GmbHG der Handelnde persönlich; wenn man die Haftung für noch nicht bestehende Personengesellschaften statt auf Analogie zu § 41 I AktG, § 11 II GmbHG auf Analogie zu § 179 stützt (so BGHZ 63, 45), muß von der Anwendung des § 179 III 1 abgesehen werden, da die Haftung ohne Rücksicht auf die Kenntnis des Geschäftsgegners von der Nichtexistenz der Gesellschaft eingreift (vgl. Lange/Köhler § 49 II 2 d);
– der Vertrag wäre aus anderen Gründen als der fehlenden Vertretungsmacht (z.B. wegen Nichteinholung einer behördlichen Genehmigung durch den Vertretenen) nichtig gewesen, der Geschäftsgegner durfte aber auf die Gültigkeit des Vertrages vertrauen (vgl. RGZ 145, 40, 43f; Flumme II § 47, 3 a);
– der Inhaber eines Amtes (z.B. Testamentsvollstrecker, Konkursverwalter) läßt nach Erledigung seines Amtes Verträge für die verwaltete Vermögensmasse abschließen (RG SeuffArch. 87 Nr. 105).

2. Als **Rechtsfolge** bestimmt § 179, daß der Geschäftsgegner den Vertreter bei Nichtgenehmigung in Anspruch nehmen kann – es sei denn, daß er den Mangel der Vertretungsmacht kannte oder kennen mußte (§ 179 III 1) oder der Vertreter geschäftsbeschränkt war (anders nur, wenn er mit Zustimmung seines gesetzlichen Vertreters gehandelt hat, § 179 III 2).

682

§ 48 II 2   Vierter Teil: Die Lehre vom Rechtsgeschäft

a) Grundsätzlich haftet der Vertreter dem Geschäftsgegner nach dessen Wahl *auf Erfüllung* des Vertretergeschäfts *oder* auf *Schadensersatz wegen Nichterfüllung* (§ 179 I).

Durch die Haftung aus § 179 I wird das Rechtsgeschäft nicht zu einem solchen des Vertreters, sondern es liegt der Fall einer *gesetzlichen Haftung* vor (BGH NJW 1971, 429f). In diesem Rahmen wird ein *Wahlschuldverhältnis* begründet, auf welches die §§ 262ff Anwendung finden (RGZ 157, 58, 61f).

Nimmt der Geschäftsgegner den Vertreter auf **Erfüllung** in Anspruch, so hat er die Ansprüche, die er bei Wirksamkeit des Vertrages gegen den Vertretenen hätte (BGH NJW 1971, 429f). Der Vertreter haftet für ordnungsgemäße Erfüllung, z. B. nach §§ 459ff.

Der Erfüllungsanspruch scheidet aus, wenn der Vertreter zur Erfüllung nicht in der Lage ist (z. B. bei höchstpersönlichen Leistungen durch den Vertretenen, anders jedoch bei Geld- und Gattungsschulden).

Andererseits hat der *Vertreter* zwar keinen eigenen Erfüllungsanspruch, er kann gegenüber dem Erfüllung beanspruchenden Geschäftsgegner jedoch die Rechte aus §§ 320ff geltend machen (RGZ 120, 126, 129). Bei mangelhafter Gegenleistung gelten die Gewährleistungsvorschriften zugunsten des Vertreters (vgl. OLG Hamburg SeuffArch. 62 Nr. 201).

Da nach der ratio legis der Vertragspartner die Stellung eingeräumt erhalten soll, die er bei Wirksamkeit des Vertrages gehabt hätte, folgert die h. M., daß ein *Erfüllungsanspruch nur insoweit* gewährt wird, *als der Vertretene den Vertrag hätte erfüllen können.* So entfällt z. B. bei Vermögenslosigkeit des Vertretenen der Erfüllungsanspruch (STAUDINGER/DILCHER § 179 Rdn. 15; MünchKomm/THIELE § 179 Rdn. 35; SOERGEL/LEPTIEN § 179 Rdn. 16; FLUME II § 47, 3 b; zweifelnd MEDICUS AT Rdn. 987).

Der **Schadensersatzanspruch** richtet sich auf das Erfüllungsinteresse. Da er eine Alternative zum Erfüllungsanspruch darstellt, scheidet Naturalrestitution aus; er ist auf Geldersatz beschränkt (ENN./NIPPERDEY § 183 Fn. 18). Die Berechnung kann nach der Differenztheorie erfolgen, d.h. der Geschäftsgegner kann seine Leistung behalten und vom Vertreter den Ausgleich der Wertdifferenz in Geld verlangen (SOERGEL/LEPTIEN § 179 Rdn. 17; MEDICUS AT Rdn. 988).

683   b) Eine **Einschränkung der Vertreterhaftung** greift ein, wenn der Vertreter den Mangel seiner Vertretungsmacht nicht gekannt hat (§ 179 II). In diesem Falle haftet er nur für das negative Interesse, jedoch nicht über den Umfang des Erfüllungsinteresses hinaus. Die Beschränkung der Haftung kommt dem Vertreter auch zugute, wenn er den Mangel der Vertretungsmacht aus Fahrlässigkeit nicht gekannt hat (RG JW 1933, 2641).

In extrem gelagerten Fällen kann sogar über den Wortlaut des Gesetzes hinaus die Haftung des Vertreters auf das negative Interesse entfallen, wenn das Fehlen der

Vertretungsmacht für den Vertreter außerhalb jeder Erkenntnis- oder Beurteilungsmöglichkeit lag, so z.B. bei einer Anfechtung der Vollmachtserteilung wegen Willensmangels, den der Vertreter nicht kannte oder kennen müßte (vgl. oben Rdn. 646; FLUME II § 47, 3c; SOERGEL/LEPTIEN § 179 Rdn. 18; anders die h.M. LARENZ AT § 32 II; MEDICUS AT Rdn. 994; MÜNCHKOMM/TIELE § 179 Rdn. 40; RGRK/ STEFFEN § 179 Rdn. 13).

Die Regelung des § 179 II ist dispositiver Natur. Daher ist eine ausdrückliche Vereinbarung zulässig, durch die der Vertreter eine Gewähr für das Bestehen der Vertretungsmacht mit der Rechtsfolge des § 179 I übernimmt. Eine Verschärfung der Haftung durch Allgemeine Geschäftsbedingungen ist gem. § 11 Nr. 14 b AGBG unzulässig.

3. Die **Haftung des Vertreters** aus § 179 I und II kann **ausgeschlossen** sein. 684
Das gilt einmal, wenn der *Geschäftsgegner nicht schutzwürdig* ist, weil er von dem Mangel der Vertretungsmacht Kenntnis hatte oder haben mußte (§ 179 III 1). Da das Gesetz grundsätzlich eine Nachforschungspflicht hinsichtlich des Bestehens der Vertretungsmacht dem Geschäftsgegner nicht auferlegt, kann fahrlässige Unkenntnis nur dann vorliegen, wenn er es trotz besonderer Umstände unterlassen hat, die Vertretungsmacht zu überprüfen (RGZ 104, 191, 194).
Ein Ausschluß der Ansprüche findet auch statt, wenn der *Vertreter in der Geschäftsfähigkeit beschränkt* war (vgl. § 165), er jedoch für sein Handeln nicht die Zustimmung seines gesetzlichen Vertreters hatte (§ 179 III 2).
Eine Haftung des Vertreters muß auch dann ausscheiden, wenn der Geschäftsgegner zuvor den Vertrag nach § 178 widerrufen hat, weil er dadurch zu erkennen gegeben hat, daß er an dem Vertragsschluß nicht mehr interessiert ist (vgl. SOERGEL/LEPTIEN § 179 Rdn. 5; ERMAN/BROX § 179 Rdn. 17).

4. Unabhängig von der Haftung, die sich aus dem Mangel der Vertretungsmacht gem. § 179 ergibt, kann eine *Eigenhaftung des Vertreters* aus Delikt oder culpa in contrahendo in Betracht kommen (vgl. BGH FamRZ 1970, 77, 79). Insoweit stellt § 179 keine Sonderregelung gegenüber culpa in contrahendo dar (OLG Köln JMBl NW 1971, 270). Zu den Einzelheiten der Eigenhaftung bei wirksamer Stellvertretung vgl. oben Rdn. 640. 685

III. Die Grundsätze über die Vertretung ohne Vertretungsmacht finden **entsprechende Anwendung** auf das *Handeln unter fremden Namen* im Falle der Identitätstäuschung (vgl. oben Rdn. 632); ebenso in den Fällen des *Mißbrauchs der Vertretungsmacht* (vgl. oben Rdn. 672ff) sowie beim Handeln eines *Boten ohne Botenmacht* (vgl. oben Rdn. 600). 686

IV. Rechtsverhältnis zwischen Vertretenem und Vertreter

687 1. Grundsätzlich hat der Vertreter ohne Vertretungsmacht keinen Anspruch gegen den Vertretenen auf Genehmigung des Vertretergeschäfts. Jedoch kann *in Ausnahmefällen* der Vertretene *zur Genehmigung verpflichtet* sein. Dies gilt z. B., wenn der in direkter Stellvertretung handelnde vollmachtlose Vertreter in Geschäftsführung ohne Auftrag für den Geschäftsherrn *in den Fällen der Notgeschäftsführung* gem. §§ 679, 680 gehandelt hat (vgl. BGH NJW 1951, 398). Weitergehend ist die Auffassung, die zum Schutz des Notgeschäftsführers diesem eine gesetzliche Vertretungsmacht zuerkennt (vgl. LG Saarbrücken NJW 1971, 1894; PALANDT/HEINRICHS §§ 177, 178 Anm. 1 c).

Ein Handeln *lediglich im Interesse des Vertretenen* begründet eine Verpflichtung des Geschäftsherrn zur Genehmigung der Vertretung *nicht;* allerdings kann in solchen Fällen der vollmachtlose Vertreter als Geschäftsführer ohne Auftrag gem. § 683 Ersatz seiner Aufwendungen und damit gegebenenfalls Freistellung von den Ansprüchen des Geschäftsgegners gem. § 179 erreichen (§ 257).

2. *Genehmigt* der Vertretene das vom vollmachtslosen Vertreter vorgenommene Rechtsgeschäft, ohne dazu verpflichtet zu sein, so können ihm unter Umständen unter dem Gesichtspunkt der positiven Vertragsverletzung *Schadensersatzansprüche aus dem Innenverhältnis* (Dienstvertrag, Auftrag) zustehen (vgl. BAG NJW 1965, 2268f). Auch Ansprüche aus Geschäftsführung ohne Auftrag gem. § 678 können in Betracht kommen.

§ 49
Das Insichgeschäft

BLOMEYER, W. Die teleologische Korrektur des § 181 BGB, AcP 172, 1 ff; FISCHER, R. Zur Anwendung von § 181 BGB im Bereich des Gesellschaftsrechts, Festschrift Hauß, 1978, 61 ff; HÄSEMEYER Selbstkontrahieren des gesetzlichen Vertreters bei zusammengesetzten Rechtsgeschäften, FamRZ 1968, 502 ff; HARDER Das Selbstkontrahieren mit Hilfe eines Untervertreters, AcP 170, 295 ff; HARDER/WELTER Drittbegünstigung im Todesfall durch Insich-Geschäft? NJW 1977, 1139 ff; HONSELL Das Insich-Geschäft nach § 181 BGB: Grundfrage und Anwendungsbereich, JA 1977, 55 ff; HÜBNER, U. Interessenkonflikt und Vertretungsmacht, Zur funktionalen Präzisierung des § 181 BGB, 1977; LANGE Schenkungen an beschränkt Geschäftsfähige und § 107 BGB, NJW 1955, 1339 ff; LESSMANN Teleologische Reduktion des § 181 BGB beim Handeln des Gesellschafter-Geschäftsführers der Einmann-GmbH, BB 1976, 1377 ff; v. LÜBTOW Schenkungen der Eltern an ihre minderjährigen Kinder und der Vorbehalt dinglicher Rechte, 1949; ders., Insichgeschäfte des Testamentvollstreckers, JZ 1960, 151 ff; NIPPERDEY Die Gestattung der Mehrvertretung durch das Vormundschaftsgericht, Festschrift Raape 1948, 305 ff; RAAPE § 181 und Unterhaltspflicht, AcP 140, 352 ff; REINICKE Gesamtvertretung und Insichgeschäft, NJW 1975, 1185 ff; ROSENAU Unentgeltliche Übertragung von Vermögensteilen auf Minderjährige, 3. A. 1974; Säcker/Klinkhammer Verbot des Selbstkontrahierens auch bei ausschließlich rechtlichem Vorteil des Vertretenen? JuS 1975, 626 ff; Schilling Gesellschafterbeschluß und Insichgeschäft, Festschrift Ballerstedt, 1975, 257 ff; Schlüter Das Selbstkontrahieren (Insichgeschäft nach § 181 BGB) bei der Umschreibung von Schutzrechten, GRUR 1953, 470 ff; Schubert Die Einschränkung des Anwendungsbereichs des § 181 BGB bei Insichgeschäften, WM 1978, 290 ff; Stürner Der lediglich rechtliche Vorteil, AcP 173, 402, 442 ff; Wilhelm Stimmrechtsausschluß und Verbot des Insichgeschäfts, JZ 1976, 674 ff.

I. Schutzzweck

1. Die Regeln der Stellvertretung würden es ermöglichen, daß jemand ein Rechtsgeschäft als Vertreter im Namen eines anderen mit sich selbst in eigener Person abschließt. Darüber hinaus ist denkbar, daß eine Person ein Rechtsgeschäft zugleich im Namen zweier oder mehrerer sich gegenüberstehender Parteien vornimmt, sog. Mehrvertretung. In beiden Fällen handelt es sich um ein **„Insichgeschäft"** (sog. Selbstkontrahieren), das der Gesetzgeber in § 181 *grundsätzlich verbietet.*

Das gesetzgeberische Motiv war in erster Linie der Schutz des Vertretenen vor „Insichgeschäften" des Vertreters, die stets die Gefahr eines Konflikts der Interessen und einer Schädigung des einen oder anderen Teiles mit sich bringen (vgl. Prot. I, 175).

Dies ist auch den im Gesetz vorgesehenen Ausnahmen zu entnehmen, in denen offensichtlich ein Interessenschutz nicht für erforderlich angesehen wird: Verzichtet der Vertretene auf den Schutz der grundsätzlichen Regelung, indem er das „Insichgeschäft" gestattet, so bestehen für den Abschluß durch den Vertreter keine Hindernisse. Entsprechendes gilt für die Rechtsgeschäfte, die der Erfüllung einer Verbindlichkeit dienen, da die Verpflichtung zur Leistung regelmäßig eine Interessenkollision ausschließt.

Von der Interessenkollision der am Insichgeschäft Beteiligten sind die *Interessen Dritter* an der Erkennbarkeit der Zuordnung der Vermögensgegenstände zu unterscheiden.

Dieser Aufgabe kann die Ausnahmeregelung in § 181 nicht genügen; Rechtsprechung und Lehre haben daher beim Eigentumserwerb durch mittelbare Stellvertretung Maßnahmen zur Publizität des Verfügungsgeschäfts gefordert (RGZ 140, 223, 229 f). Vgl. oben Rdn. 609.

2. Der gesetzliche Tatbestand geht *nicht* davon aus, ob *im Einzelfall* die Gefahr einer Interessenkollision besteht oder nicht. Vielmehr hat der Gesetzgeber im Interesse der Rechtssicherheit das Selbstkontrahieren grundsätzlich für unstatthaft erklärt und lediglich Ausnahmen zugelassen (BGHZ 21, 229, 231; 50, 8, 11).

§ 49 I 3   Vierter Teil: Die Lehre vom Rechtsgeschäft

Die Rechtsprechung hat daher allein auf die Vornahme des Rechtsgeschäfts abgestellt und damit dem § 181 den Charakter einer **formalen Ordnungsvorschrift** beigemessen. Das hat dazu geführt, daß die Rechtsprechung selbst in Fällen, in denen keine Interessenkollision vorlag – z.B. Schenkungen an geschäftsunfähige Kinder – den § 181 für gegeben ansah (RG WarnRspr. 1910 Nr. 414 und 1932 Nr. 200). Andererseits wurde in Fällen, in denen eine Interessenkollision auf der Hand lag, von der Anwendung des § 181 abgesehen, sofern nur der Vertreter einen Untervertreter bestellte und damit formal ein Insichgeschäft vermied (vgl. hierzu RGZ 103, 417f; 108, 405, 407; BAG FamRZ 1969, 535f).

689 3. Diese rein formale Betrachtungsweise führt jedoch zu einer *zu starken Reduzierung der eigentlichen gesetzgeberischen Intention* (zur früheren Kritik s. STAUDINGER/COING 11. A., § 181 Rdn. 3 d m.w.N. und ausführlich LEHMANN/ HÜBNER § 36 IV 4 c; heute überwiegende Meinung, vgl. z.B. MÜNCHKOMM/ THIELE § 181 Rdn. 9; ERMAN/BROX § 181 Rdn. 2; zum Streitstand s. U. HÜBNER aaO, S. 177 ff).

So erscheint z.B. der Zwang zur Bestellung eines Pflegers bei einer Schenkung der Eltern als der gesetzlichen Vertreter an das Kind als abwegig. In einzelnen Entscheidungen wurde auch schon früher ein solches Rechtsgeschäft, obwohl § 181 formal eingreifen sollte, zugelassen, soweit z.B. bei der Schenkung von Spielsachen die Erfüllung einer Unterhaltsverpflichtung vorliegt (LG Mönchengladbach JW 1934, 2179). Darüber hinaus wird § 181 im Hinblick auf die Verkehrsüblichkeit (OLG München HRR 1936 Nr. 262; KG OLGZ 22, 158) oder auf Gewohnheitsrecht (FLUME II § 48,6) als unanwendbar angesehen (vgl. ENN./NIPPERDEY § 181 II 1 Fn. 9; LARENZ AT § 30 II a).

Abweichend vom Gesetzeswortlaut und seiner formalen Anwendung kann daher eine **teleologische Reduktion** gerechtfertigt sein, wenn eine Interessenkollision nach der Rechts- und Interessenlage *typischerweise* nicht vorliegen kann (BGHZ 56, 97).

Es kann also nicht darauf abgestellt werden, ob im Einzelfall tatsächlich kein Interessenkonflikt besteht, vielmehr ist nur möglich, das Selbstkontrahieren für einen ganzen, in sich abgegrenzten Rechtsbereich allgemein als erlaubt anzusehen. Hier wird der Anwendungsbereich des § 181 nach einem objektiven und einwandfrei feststellbaren Merkmal für eine in sich *geschlossene Fallgruppe* generell beschränkt werden können (BGHZ 56, 97, 102f).

690 Als Hauptanwendungsfälle kommen hierfür Geschäfte in Betracht, die dem Vertretenen **lediglich einen rechtlichen Vorteil** (wie z.B. bei einer Schenkung) bringen, wobei der *Grundsatz des § 107* entsprechend herangezogen wird (BGHZ 59, 236, 239 ff = JZ 1973, 284 m. Anm. STÜRNER; vgl. zur Schenkung an Geschäftsunfähige und Minderjährige oben Rdn. 400, 404).

Das Insichgeschäft   § 49 | 4

Eine Interessenkollision liegt auch bei Rechtsgeschäften zwischen der **Einmann-GmbH** und ihrem geschäftsführenden Alleingesellschafter allgemein nicht vor. Daher hatte die neuere Rechtsprechung von der Anwendung des § 181 für diese Fälle abgesehen (BGHZ 56, 97; 75, 358). Der Gesetzgeber hat jedoch *in § 35 IV GmbHG den § 181 für anwendbar erklärt*, weil es die besondere Struktur einer Einmann-GmbH dem geschäftsführenden Alleingesellschafter ermöglicht, Vermögensgegenstände aus der GmbH in sein Privatvermögen zu überführen, und dadurch die Erkennbarkeit der Zuordnung erschwert wird. Es handelt sich um eine vom Insichgeschäft ausgehende Gefahr, die nicht die Interessenkollision von Beteiligten, sondern die Benachteiligung Dritter betrifft. § 181 wird *sinnerweiternd* im Gläubigerinteresse angewandt (BGHZ 87, 59, 62; im Gegensatz zu der zuvor in der Rechtsprechung vertretenen Auffassung, daß der Gläubigerschutz nicht zur Funktion des § 181 gehöre – vgl. BGHZ 56, 97, 104f).

Allerdings vermag diese Regelung die Gefahr nicht auszuschalten, da im Gesellschaftsvertrag Befreiung von § 181 erteilt werden kann (vgl. BGHZ 33, 189, 191). Die Möglichkeit, sich über eine satzungsmäßige Befreiung zu unterrichten, besteht alsdann für Dritte nur durch die Handelsregistereintragung und Veröffentlichung (vgl. BGHZ 87, 59ff), jedoch wird der dadurch gestattete Abschluß des einzelnen Rechtsgeschäfts nicht erkennbar gemacht. Insofern dürften auch in Fällen der Gestattung an den Nachweis des Geschäftsabschlusses erhöhte Anforderungen zu stellen sein (vgl. BGHZ 75, 358, 362f).

4. Da § 181 den Schutz vor einer Interessenkollission bezweckt, muß **691** andererseits die Vorschrift über den Wortlaut hinaus im Hinblick auf die Fälle **erweiternd ausgelegt** werden, in denen das Prinzip des § 181 umgangen werden soll.

Dies gilt insbesondere für die bereits oben erwähnte *Bestellung eines Untervertreters*, um dadurch die im Gesetz vorausgesetzte Personenidentität auszuschließen. Da der Untervertreter durch die Vollmachtserteilung der Weisung des Vollmachtgebers unterliegt, handelt es sich um ein *unzulässiges Umgehungsgeschäft* (h.M.; vgl. auch BGHZ 64, 72, 74ff).

Bei einer *Gesamtvertretung* greift auch beim Zusammenwirken der Gesamtvertreter § 181 ein, wenn diese mit einem der Gesamtvertreter als Außenstehendem ein Rechtsgeschäft abschließen (RGZ 89, 367, 373).

Fraglich ist, ob die Schutzgesichtspunkte des § 181 in teleologischer Extension auch dann eingreifen, wenn aufgrund einer bestehenden Vollmacht ein Schuldner zu Lasten des Vertretenen eine *Bürgschaft* oder eine *Schuldübernahme gem. § 414* vereinbart (zustimmend STAUDINGER/DILCHER § 181 Rdn. 22; U. HÜBNER aaO, S. 195ff, 205f; dagegen die h.M. – vgl. RGZ 71, 219, 220; SOERGEL/LEPTIEN § 181 Rdn. 32; FLUME II § 48,5, die die Interessenkollision über den Mißbrauch der Vertretungsmacht berücksichtigen wollen).

Auf *Prozeßhandlungen* kann der Rechtsgedanke des § 181 im Einzelfall entsprechend anzuwenden sein, obwohl es sich nicht um Rechtsgeschäfte handelt (vgl. BayObLGZ 1962, 1 f).

II. Anwendungsbereich

692 **1. Vertreter** im Sinne der Vorschrift sind gesetzliche und rechtsgeschäftlich bestellte Vertreter; zumindest analoge Anwendung findet die Vorschrift auf vertretungsberechtigte Gesellschafter von handelsrechtlichen Personengesellschaften, die Organe juristischer Personen und die Verwalter fremden Vermögens kraft Amtes.

Umstritten ist die Anwendung des § 181 für *Testamentsvollstrecker*. Bei einem Insichgeschäft, das sich im Rahmen ordnungsgemäßer Verwaltung hält, wird eine Gestattung durch den Erblasser vermutet (BGHZ 30, 67, 69 ff).

Für gesetzliche Vertreter finden sich Sonderregelungen in §§ 159 II, 179 III VVG für Lebens- und Unfallversicherungsverträge.

2. Der Geltungsbereich der Vorschrift erstreckt sich auf **alle Rechtsgeschäfte**, insbesondere *auch auf einseitige* (RGZ 143, 350, 352; 157, 24 f).

Das Wort „Selbstkontrahieren" ist insofern zu eng, als es die einseitigen Erklärungen des Vertreters an sich selbst nicht mitumfaßt.

Entsprechende Anwendung findet die Vorschrift auf *geschäftsähnliche Handlungen,* z. B. eine Mahnung.

Das Verbot der gesetzlichen Regelung gilt auch, wenn eine *einseitige Erklärung* nur *entgegengenommen* werden soll.

Wenn z. B. der Vormund eine dem Mündel gehörende Wohnung wirksam an sich selbst vermietet hat und in seiner Eigenschaft als Mieter an sich in seiner Eigenschaft als Vertreter des vermietenden Mündels einen Kündigungsbrief schreibt, also in seiner Vertretereigenschaft nur beim Empfang mitwirkt, so liegt zwar der Tatbestand des § 181 seinem Wortlaut nach nicht vor (der Empfang ist keine Vornahme eines Rechtsgeschäftes), jedoch wird der Schutzzweck des § 181 eine entsprechende Anwendung gebieten (vgl. auch MünchKomm/Thiele § 181 Rdn. 13).

Als Rechtsgeschäfte werden auch *Abschlüsse und Änderungen von* **Gesellschaftsverträgen und Satzungen** von § 181 erfaßt, z. B. wenn ein Gesellschafter zugleich gesetzlicher Vertreter eines minderjährigen Mitgesellschafters ist (BGH NJW 1961, 724; BGHZ 38, 26, 31; anders jedoch – wenn auch bedenklich – für den Fall der Auflösung BGHZ 52, 316, 318). Eine Ausnahme von § 181 besteht bei der Ausübung von fremden Stimmrechten in der eigenen Hauptversammlung einer AG unter besonderen Voraussetzungen (vgl. § 135 I AktG).

Das Insichgeschäft　　　　　　　　　　　　　　　　　　　　　　　　§ 49 IV

Auf die Willensbildung *in laufenden Geschäften* einer Gesellschaft oder eines Vereins soll jedoch die Vorschrift in teleologischer Reduktion keine Anwendung finden (vgl. STAUDINGER/DILCHER § 181 Rdn. 12; ERMAN/BROX § 181 Rdn. 13; auch BGHZ 65, 93, 96 ff).

III. Gesetzliche Ausnahmen

Das Gesetz sieht in § 181 zwei Ausnahmen vom Verbot des Selbstkontrahierens vor, da in diesen Fällen die Schutzbedürftigkeit des Vertretenen zurücktritt.

1. Es handelt sich einmal um die **Gestattung** durch den Vertretenen selbst.　**693**

Die Gestattung ist eine *Willenserklärung*. Die Gestattung kann bereits in der Vollmachtserteilung vorgenommen werden. Sie kann sich auch durch schlüssiges Verhalten – allerdings unzweifelhaft – ergeben (vgl. RGZ 68, 172, 177), so z. B. wenn ein Ehegatte den anderen bevollmächtigt, ihn in allen Angelegenheiten zu vertreten, kann darin die Befreiung vom Verbot des Selbstkontrahierens liegen (KG Recht 1929 Nr. 1826).

Die *Befreiung* vom Verbot des Selbstkontrahierens kann sich zudem *unmittelbar aus dem Gesetz* ergeben. Entsprechende Regeln finden sich z. B. in § 125 II 2 HGB, der gegenüber dem § 181 klarstellt, daß ein Gesellschafter bei der Erteilung der Ermächtigung an sich selbst mitwirken darf; gleichlautende Regelungen sehen die §§ 78 IV 1 AktG und § 25 III GenG vor.

2. Darüber hinaus gestattet § 181 das Selbstkontrahieren, wenn das Rechts-　**694**
geschäft ausschließlich in der **Erfüllung einer Verbindlichkeit** besteht; dies gilt sowohl für Verpflichtungen des Vertreters gegenüber dem Vertretenen als auch umgekehrt; jedoch darf im letzten Falle dem Anspruch des Vertreters keine Einrede entgegenstehen (MÜNCHKOMM/THIELE § 181 Rdn. 55).

Die Erfüllung einer Verbindlichkeit liegt z. B. vor bei Unterhaltsverpflichtungen bzw. Aufwendungsersatzansprüchen der Eltern gegenüber ihren Kindern (§§ 1601 ff, 1648) sowie beim Ersatzanspruch des Beauftragten gem. § 670.
Zu beachten bleibt, daß hierunter nicht eine solche Verbindlichkeit fällt, die erst durch den Vollzug des Erfüllungsgeschäftes zur Entstehung gelangt, vgl. §§ 313 S. 2, 518 II.

IV. Rechtsfolgen

Ein zulässiges Insichgeschäft ist bei Vorliegen der übrigen Wirksamkeitsvor-　**695**
aussetzung sofort voll gültig (vgl. §§ 164 ff).
Ein unter Verstoß gegen § 181 vorgenommenes Rechtsgeschäft ist nicht schlechthin nichtig, sondern nach § 177 I **schwebend unwirksam**, so daß es vom Vertretenen noch genehmigt werden kann (RGZ 56, 104, 107 f; 119, 114, 116; BGHZ 65, 123, 125 f).

9. ABSCHNITT
Zustimmungsbedürftige Rechtsgeschäfte

§ 50
Die Zustimmung

BETTERMANN Verpflichtungsermächtigung und Vertrag zu Lasten Dritter, JZ 1951, 321 ff; BULLINGER Die behördliche Genehmigung privater Rechtsgeschäfte und ihre Versagung, DÖV 1957, 762 ff; DORIS Die rechtsgeschäftliche Ermächtigung bei Vornahme von Verfügungs-, Verpflichtungs- und Erwerbsgeschäften, 1974; HAGEN Zur Rechtsgrundabhängigkeit der Konvaleszenz, AcP 167, 481 ff; JANICKI Die Erteilung privatrechtsgestaltender behördlicher Genehmigungen nach unanfechtbarer Versagung, NJW 1963, 838 ff; KÖHLER Findet die Lehre von der Einziehungsermächtigung im geltenden bürgerlichen Recht eine Grundlage, 1953; KRÜCKMANN Die Ermächtigung und der Rechtsbesitz nach dem BGB, Reichsgerichts-Festschrift III, 1929, 79 ff; ders., Ermächtigung, AcP 137, 167 ff; LANGE, H. Die behördliche Genehmigung und ihre zivilrechtlichen Auswirkungen, AcP 152, 241 ff; PETERS, F. Zur Rechtsfigur der Verpflichtungsermächtigung, AcP 171, 234 ff; PFISTER In welchem Zeitpunkt muß der die Verfügung eines Nichtberechtigten Genehmigende Verfügungsmacht haben? JZ 1969, 623 ff; RAAPE Zustimmung und Verfügung, AcP 121, 257 ff; RÜSSMANN Die Einziehungsermächtigung im bürgerlichen Recht – ein Institut richterlicher Rechtsschöpfung, JuS 1972, 169 ff; THIELE Die Zustimmung in der Lehre vom Rechtsgeschäft, 1966; v. TUHR Zum Begriff der Verfügung nach BGB, AcP 117, 193 ff.

I. Begriff und Funktion

696 Das Rechtsgeschäft stellt grundsätzlich auf den Willen der an seinem Zustandekommen Beteiligten ab. Dieses Prinzip stößt jedoch an seine Grenzen, wenn der Handelnde nur beschränkt zu eigener Willensbildung in der Lage und deshalb der Fürsorge bedürftig ist, oder wenn über den Kreis der am Rechtsgeschäft Beteiligten hinaus in die Rechts- und Interessensphäre Dritter eingegriffen wird. In diesen Fällen macht das Gesetz die Wirksamkeit des Rechtsgeschäfts von der Zustimmung eines Dritten abhängig.

In der neueren Dogmatik wird die erforderliche Zustimmung des Dritten mit dem Begriff der „Zuständigkeit" erklärt (THIELE aaO, §§ 3 ff; MEDICUS AT Rdn. 998 ff). Die Zuständigkeit bedarf jedoch ihrerseits einer Legitimierung, so daß sie allein zur Begründung des Zustimmungserfordernisses nicht ausreicht.

697 1. Danach sind zu unterscheiden:
a) **Zustimmung kraft Fürsorge- und Aufsichtsrechts**
Beschränkt geschäftsfähige Personen sollen durch die Zustimmung ihrer gesetzlichen Vertreter – Eltern oder Vormund – vor nachteiligen Rechtsgeschäften geschützt werden (§§ 107 ff, 131 II, 1411, 1629, 1746 I, 2275 II; §§ 3, 30

Die Zustimmung § 50 I 2

EheG). Die Zustimmung ist erforderlich, um eine Willenserklärung für den, der sie vornimmt, wirksam werden zu lassen.

> Davon ist die darüber hinaus dem Schutzinteresse dienende Genehmigung des Vormundschaftsgerichts in den Fällen der §§ 1411, 1484, 1643ff, 1814, 1816, 1819ff, 1829 zu unterscheiden. Diese Genehmigung hat öffentlich-rechtlichen Charakter; sie unterliegt in verfahrensrechtlicher Hinsicht den Vorschriften des FGG.
> Eine Kontrollfunktion hat schließlich die Regelung der §§ 1809ff, wonach der Vormund der Zustimmung des Gegenvormunds bedarf.

b) **Zustimmung kraft Rechts- oder Interessenbeteiligung**
aa) Zum einen ist die Zustimmung zur Vornahme von Rechtsgeschäften nötig, die *ausschließlich den Rechtskreis des Zustimmenden* betreffen.
Dies gilt für die Zustimmung des Vertretenen zum Handeln in seinem Namen.

> Die Zustimmung hat hier in den §§ 164, 167, 177ff eine besondere Ausprägung erfahren.

Auch wenn der Handelnde nicht im Namen des Berechtigten auftritt, fällt hierunter dessen Zustimmung zur Verfügung über sein Recht (§§ 185, 415).

bb) Die Zustimmung ist zum anderen nötig zur Vornahme von Rechtsgeschäften, die den eigenen Rechtskreis des Handelnden beeinflussen, jedoch gleichzeitig *Rechte oder Interessen eines Dritten mitberühren*.
Dies ist z.B. der Fall bei der Zustimmung des Drittberechtigten oder des Grundstückseigentümers zu Veränderungen des belasteten Rechts (§§ 876, 880 II S. 2, 880 III, 1245 I, 1255 II) sowie bei der Zustimmung des Nacherben zu bestimmten Verfügungen des Vorerben (§ 2120). Ferner bedarf z.B. ein Ehegatte der Zustimmung des anderen Ehegatten für die Verfügung über sein Vermögen im ganzen (§§ 1365f) und für die Verfügung über Haushaltsgegenstände (§ 1369), damit die Grundlage der gemeinsamen Lebensführung gesichert bleibt.

2. Der Begriff der Zustimmung wird vom Gesetzgeber nicht immer im Sinne der Regelung in §§ 182ff verwandt. **698**

> Von der Zustimmung i.S. der §§ 182ff ist die Bestätigung gem. §§ 141, 144 zu unterscheiden, da sie sich auf ein eigenes, nicht auf das Rechtsgeschäft eines Dritten bezieht.
> Da die Zustimmung gem. §§ 182ff ausschließlich gesetzliche Zustimmungserfordernisse betrifft, findet die Regelung auf rechtsgeschäftlich begründete Zustimmungsvereinbarungen keine Anwendung. Die Vereinbarung ist als Bedingung aufzufassen; sie folgt den Regeln der §§ 158ff (vgl. FLUME II § 54, 2, 4).

Auch die „Zustimmung" eines Gesellschafters zur Geschäftsführung gem. § 709, § 115 II HGB oder eines Vereinsmitgliedes gem. § 32 II ist keine Zustimmung i. S. der §§ 182 ff, sondern Mitwirkung an der Geschäftsführung.

Von der Zustimmung zu unterscheiden ist die Befugnis eines Betroffenen, bei Rechtsgeschäften, die einen widerrechtlichen Eingriff in seinen Rechtskreis darstellen, die Ergebnisse eines solchen Rechtsgeschäfts an sich zu ziehen, ohne selbst Vertragspartner zu werden (§ 687 II; § 61 I HGB; vgl. § 97 I UrhG). Andererseits haben Rechtsprechung und Lehre bei Handeln unter fremdem Namen (Identitätstäuschung) dem wahren Namensträger die Möglichkeit eingeräumt, in das Geschäft durch Genehmigung entsprechend §§ 177 ff einzutreten (vgl. oben Rdn. 632).

II. Die Zustimmungserklärung

699 1. Die Zustimmung ist eine *empfangsbedürftige Willenserklärung;* sie kann bei Verträgen oder einseitigen empfangsbedürftigen Rechtsgeschäften erforderlich sein.

Die Fälle, in denen ein Dritter zu einem nichtempfangsbedürftigen, einseitigen Rechtsgeschäft seine Zustimmung erklärt, z. B. zu einer Dereliktion oder zur Ausstellung eines Inhaberpapieres, fallen zwar nach dem Wortlaut nicht unter die §§ 182 ff, müssen aber in Analogie zu diesen Vorschriften behandelt werden.

Die Zustimmungserklärung kann auch durch schlüssiges Verhalten erteilt werden (BGH NJW 1953, 58; 1954, 145).

Jedoch wird vorausgesetzt, daß der Zustimmende die Zustimmungsbedürftigkeit kannte (BGHZ 2, 150, 153). Auch wenn er dieses Bewußtsein nicht hatte, muß er aber u. U. sein Verhalten aus dem Gesichtspunkt der Vertrauenshaftung gegen sich gelten lassen (BGH WM 1964, 224 f).

Die Zustimmung kann vor dem Hauptgeschäft als **Einwilligung** (§ 183) oder nachträglich als **Genehmigung** (§ 184 I) erteilt weden.

Für die Zustimmung des Vormundschaftsgerichts und des Gegenvormunds gebraucht das Gesetz (vgl. z. B. § 1829) den Ausdruck Genehmigung, versteht darunter aber auch die Einwilligung.

Die Zustimmung ist als solche aber kein Bestandteil des Hauptrechtsgeschäfts, sondern *Rechtsbedingung* für dessen Wirksamkeit (vgl. oben Rdn. 581).

Sie gehört zur Gruppe der ergänzenden Rechtsgeschäfte, die zu einem anderen Rechtsgeschäft hinzutreten müssen, um ihm die volle Wirksamkeit zu verleihen; ohne das ergänzende Rechtsgeschäft ist das Hauptgeschäft entweder völlig (§ 107) oder nach gewisser Richtung hin unwirksam (§ 177).

Die Zustimmung §50 III

2. Die Zustimmung kann – ebenso wie die Verweigerung – sowohl dem einen als dem anderen Beteiligten gegenüber erklärt werden (§ 182 I); Ausnahmen macht das Gesetz z. B. in §§ 108 II, 177 II, 876 S. 3, 1071, 1366 III. Jede andere Äußerung der Zustimmung, auch an das Gericht oder Grundbuchamt, ist rechtlich wirkungslos (RGZ 64, 149, 153). Bei Weiterleitung an den richtigen Erklärungsgegner wird sie regelmäßig mit Zugang bei diesem wirksam.

3. Die Zustimmung bedarf nicht der für das ergänzungsbedürftige Geschäft vorgeschriebenen **Form** (§ 182 II). Dieser Grundsatz bedarf jedoch der Einschränkung, wo die Form Warnfunktion hat. *In teleologischer Reduktion* des § 182 II müssen die für die Formbedürftigkeit der Vollmacht entwickelten Grundsätze (oben Rdn. 650ff) entsprechende Anwendung finden (vgl. MünchKomm/Thiele § 182 Rdn. 17; Larenz AT § 24; Lange/Köhler § 45 II 1; Medicus AT Rdn. 1017). **700**

> Zu beachten bleibt, daß z. B. die Warnfunktion beim Grundstücksgeschäft des beschränkt Geschäftsfähigen über § 313 hinaus durch das Genehmigungserfordernis der §§ 1643, 1821 I Nr. 4 gewährleistet wird (vgl. Flume II § 54, 6 b).

In einer Reihe von Fällen hat das Gesetz die Zustimmung unabhängig von dem zustimmungsbedürftigen Rechtsgeschäft für formbedürftig erklärt (z. B. § 1516 II 3). Bei einseitigen Rechtsgeschäften ergibt sich aus § 182 III mittelbar ein Formzwang durch entsprechende Anwendung des § 111 S. 2, wonach der Erklärungsempfänger das Rechtsgeschäft unverzüglich zurückweisen und dadurch unwirksam machen kann, wenn die Einwilligung nicht in schriftlicher Form vorgelegt wird.

III. Die Einwilligung

Die Einwilligung ist die vor dem Abschluß des Hauptgeschäfts erteilte Zustimmung. Das zustimmungsbedürftige Rechtsgeschäft wird mit der Vornahme sofort wirksam. **701**

In einer Reihe von Fällen kann die Zustimmung nur als Einwilligung erteilt werden, so bei den einseitigen Rechtsgeschäften eines Minderjährigen (§ 111 S. 1) oder eines Stellvertreters (§ 180 S. 1). Der Erklärungsempfänger soll nicht der Unsicherheit ausgesetzt werden, die sich aus der Möglichkeit einer rückwirkenden Genehmigung ergibt. Bei Verträgen ist eine derartige Besorgnis ausgeschlossen, weil der Gegner durch den Vertragsschluß die Unsicherheit in Kauf nimmt.

> Aus der Regelung der §§ 111 S. 1, 180 S. 1, 1367 wird gefolgert, daß jedes einseitige empfangsbedürftige Rechtsgeschäft nur mit Einwilligung vorgenommen werden kann; beim Fehlen der Einwilligung tritt kein Schwebezustand ein; das Rechtsgeschäft ist von vornherein unwirksam (RGZ 146, 314ff). Jedoch tritt die neuere Lehre

dafür ein, § 180 S. 2 und 3 entsprechend anzuwenden, da in diesen Fällen der Erklärungsempfänger auf sein Gewißheitsinteresse verzichtet (MÜNCH-KOMM/THIELE § 182 Rdn. 27 m. w. N.).

Die Einwilligung ist grundsätzlich bis zur Vornahme des Rechtsgeschäfts *frei widerruflich,* soweit sich nicht aus dem ihrer Erteilung zugrundeliegenden Rechtsverhältnis ein anderes ergibt (§ 183).

> Die Einwilligung des gesetzlichen Vertreters kann z. B. bis zur Vornahme des Rechtsgeschäfts frei widerrufen werden, weil ihm zur Erfüllung seiner Fürsorgepflicht die freie Entschließung zustehen muß.

So kann sich die *Unwiderruflichkeit aus Sinn und Zweck* des der Einwilligung zugrundeliegenden Rechtsverhältnisses ergeben; so z. B. im Falle des verlängerten Eigentumsvorbehalts, wenn der Verkäufer ohne Gefährdung seiner schutzwürdigen Interessen dem Käufer die Einwilligung zur Weiterveräußerung entzieht (vgl. BGH NJW 1969, 1171). Der Widerruf kann auch durch *Rechtsgeschäft* ausgeschlossen werden (vgl. STAUDINGER/DILCHER § 183 Rdn. 5). In einigen Fällen hat das *Gesetz* die Unwiderruflichkeit der Einwilligung ausdrücklich ausgesprochen (vgl. §§ 876, 880, 1071, 1183).

Die Einwilligung ist *von dem zugrundeliegenden Rechtsverhältnis* zwischen dem Zustimmenden und dem, der die zustimmungsbedürftige Erklärung abgibt, wie die Vollmacht *unabhängig* (abstrakt). So ist z. B. die einem Beauftragten erteilte Einwilligung, über einen Gegenstand des Auftraggebers im eigenen Namen zu verfügen (§ 185 I), auch dann wirksam, wenn der Auftrag unwirksam ist.

Hinsichtlich des *Erlöschens* ist die Einwilligung dagegen grundsätzlich *von dem Grundverhältnis abhängig.* Die Einwilligung erlischt wie die Vollmacht im Zweifel mit dem Erlöschen des ihr zugrundeliegenden Rechtsverhältnisses, z. B. der wirksamen Kündigung des Dienstvertrages. Doch bleibt zugunsten redlicher Dritter, die das Erlöschen weder kennen noch kennen müssen, wie beim Erlöschen der Vollmacht die Einwilligung bestehen; *die §§ 170 ff sind analog anzuwenden.*

> Streitig ist, ob die Einwilligung zu einer Verfügung bereits selbst als Verfügung anzusehen ist. Es überwiegt die Auffassung, daß die Verfügung als Zuordnungsänderung erst durch die Vornahme des zustimmungsbedürftigen Rechtsgeschäfts erfolgt (vgl. MÜNCHKOMM/THIELE Vor § 182 Rdn. 32 f m. w. N.). Ist jedoch die Einwilligung kraft Gesetzes unwiderruflich, so gibt der Einwilligende bereits eine Rechtsposition auf; dies ist als Verfügung anzusehen. So ist z. B. der Konkursverwalter an die vom Gemeinschuldner vor Konkurseröffnung zur Aufhebung einer Grundschuld erteilte Zustimmung, die gem. §§ 1192, 1183 unwiderruflich ist, gebunden (RGZ 52, 411, 416; FLUME II § 55).

IV. Die Genehmigung

Liegt eine Einwilligung nicht vor, so tritt ein Schwebezustand ein, der durch Genehmigung oder Verweigerung der Genehmigung beendet wird.

702

Die Genehmigung als nachträgliche Zustimmungserklärung kann auch konkludent, z.B. durch Leistung oder Klageerhebung erklärt werden (vgl. BGHZ 2, 150). Anders als die Einwilligung ist die Genehmigung *nicht widerruflich*, da die Wirksamkeit des genehmigten Rechtsgeschäfts bereits eingetreten ist.

Die Genehmigung wirkt gem. § 184 I auf den Zeitpunkt der Vornahme des genehmigten Rechtsgeschäfts zurück, soweit nicht ein anderes bestimmt ist. Die *Rückwirkung* gilt sowohl für Verpflichtungs- als auch für Verfügungsgeschäfte.

> Im schuldrechtlichen Bereich ist jedoch zu differenzieren: Die Leistungspflicht, etwa vereinbarte Zinsen zu entrichten, entsteht zwar im Zeitpunkt der Vornahme des Rechtsgeschäfts; jedoch ist der Verjährungsbeginn oder ein Verzug nicht rückwirkend eingetreten (RGZ 65, 245, 248; Flume II § 56; Larenz AT § 24).

Die Rückwirkung könnte zur Folge haben, daß in der Zwischenzeit am Verfügungsgegenstand vom Genehmigungsberechtigten begründete Rechte Dritter wieder entfallen. Dem wirkt § 184 II entgegen, in dem *Verfügungen, die vor Genehmigung* von dem *Genehmigenden* getroffen worden sind, für *wirksam* erklärt werden; das gilt auch für Verfügungen, die im Wege der Zwangsvollstreckung oder Arrestvollziehung oder durch den Konkursverwalter erfolgt sind.

> Der vollmachtlose Vertreter V veräußert im Namen des E dessen Sache nach §§ 929, 930 an K. E verpfändet die Sache gem. § 1205 an D. Anschließend genehmigt er gem. § 177 die Veräußerung an K. Das Pfandrecht des D besteht gem. § 184 II fort.

Davon sind die Fälle zu unterscheiden, in denen der *Geschäftsgegner* während des Schwebezustandes über den Gegenstand *verfügt*.

> V erwirbt als vollmachtloser Vertreter des X in dessen Namen von Z eine Forderung. Bevor X genehmigt, tritt Z die Forderung an D ab. Es erhebt sich die Frage, ob der Erwerb der Forderung durch D nach der Genehmigung Bestand hat.

In diesen Fällen ist umstritten, ob die Regelung des § 184 II auch hier anwendbar ist. Es wird argumentiert, daß § 184 II den Schutz zwischenzeitlich erworbener Rechte Dritter sicherstellen wolle, d.h. der Rechtserwerb Dritter durch die Rückwirkung der Genehmigung nicht berührt werde. Die h.M. lehnt zu Recht eine solche ausdehnende Auslegung des § 184 II ab (vgl. RGZ 134, 121, 123; BGHZ 70, 299, 302; der Rechtsprechung folgend die Literatur, vgl. MünchKomm/Thiele § 184 Rdn. 42 m.w.N.).

§ 50 IV   Vierter Teil: Die Lehre vom Rechtsgeschäft

Auch bei der h. M. ist im *Sachenrecht* ein Drittschutz erreichbar: Hat E eine Sache an X über dessen vollmachtlosen Vertreter V gem. §§ 929, 930 schwebend unwirksam übereignet und veräußert anschließend E die Sache an D, so kommen im Falle der Genehmigung durch X die Grundsätze der §§ 932 ff zur Anwendung. Zur Frage der Gutgläubigkeit des D wird der Grundgedanke des § 142 II entsprechend anzuwenden sein.

703 Auch auf die *vormundschaftsgerichtliche Genehmigung* ist § 184 anwendbar (RGZ 76, 364, 366; 142, 59, 62). Doch ist zu beachten, daß der Vormund auch nach erteilter Genehmigung noch freie Hand hat, ob er von dieser Genehmigung Gebrauch machen will (RGZ 132, 257, 261). Wirksam wird die Genehmigung erst mit ihrer Mitteilung durch den Vormund an den Vertragsgegner (§ 1829 I 2).

Auf *behördliche Genehmigungen,* von denen die Wirksamkeit eines Rechtsgeschäfts ganz allgemein abhängig gemacht wird (z. B. die Genehmigung nach §§ 19 ff BBauG, § 2 GrdstVG), können die nur für privatrechtliche Zustimmungserklärungen geltenden Vorschriften der §§ 184, 185 keine unmittelbare Anwendung finden. Inwieweit sie auf solche privatrechtsgestaltende Verwaltungsakte anwendbar sind, muß im Einzelfall aus dem Zweck der behördlichen Genehmigung entnommen werden; in jedem Fall geht eine öffentlich-rechtliche Regelung vor.

704 Die Rückwirkung setzt voraus, daß der Genehmigende noch die *Befugnis* besitzt, den bestehenden Schwebezustand zu beseitigen; das ist nicht der Fall, wenn eine Ausschlußfrist bereits abgelaufen ist (BGHZ 32, 375).

Soweit die *Voraussetzungen des Gutglaubensschutzes* in Betracht kommen, sollte nicht generell auf den Zeitpunkt des Geschäftsabschlusses abgestellt werden (so aber Soergel/Leptien § 184 Rdn. 4); vielmehr kann unter Berücksichtigung der Schutzwürdigkeit der Zeitpunkt der Genehmigung maßgebend sein (RGZ 134, 283, 286; vgl. RGRK/Steffen § 184 Rdn. 7; Staudinger/Dilcher § 184 Rdn. 7; MünchKomm/Thiele § 184 Rdn. 22 f).

Erwirbt z. B. ein vollmachtloser Stellvertreter für D ein Recht am Grundstück vom nichtberechtigten B, so hindert ein vor Genehmigung seitens D eingetragener Widerspruch des wahren Berechtigten den Erwerb kraft öffentlichen Glaubens (§ 892).

Die Genehmigung ist nicht mehr möglich, wenn das zu genehmigende Geschäft bei Erteilung der Genehmigung nicht mehr besteht. Deshalb wird die Frage wichtig, ob die Vertragschließenden den *Vertrag vor der Genehmigung durch Übereinkunft wieder aufheben* können.

Die Frage ist grundsätzlich zu bejahen, wenn sie den Vertrag in eigenem Interesse und Namen geschlossen haben und die Genehmigung des Dritten nur deshalb nötig ist, weil in sein Recht eingegriffen werden soll (z. B. bei der Vereinbarung einer

Schuldübernahme zwischen Schuldner und Übernehmer gem. § 415). Die Frage ist zu verneinen, wenn der Vertrag ohne Vertretungsmacht im fremden Namen geschlossen ist; hier würde die aufhebende Übereinkunft in die Dispositionsmöglichkeit des Vertretenen eingreifen; sie wäre daher wiederum von dessen Genehmigung abhängig. Nur im Falle, daß der Geschäftsgegner bei Geschäftsabschluß keine Kenntnis vom Mangel der Vertretungsmacht hatte, räumt ihm § 178 ein Widerrufsrecht ein.

V. Verfügung eines Nichtberechtigten

1. Die Verfügung, d. h. ein Rechtsgeschäft, das unmittelbar darauf gerichtet ist, auf ein bestehendes Recht einzuwirken, setzt voraus, daß der Verfügende die Rechtsmacht hat, die Rechtswirkungen herbeizuführen (vgl. oben Rdn. 232ff). Diese Verfügungsmacht steht grundsätzlich dem Rechtsinhaber zu. Trifft ein Nichtberechtigter im *eigenen Namen* (nicht im Namen eines anderen, da dann §§ 177ff eingreifen) eine Verfügung, so kann dennoch die Verfügung wirksam werden, wenn sie mit Zustimmung des Berechtigten erfolgt. **705**

> Die Vorschriften über den Gutglaubensschutz gehen im Interesse des Erwerbers darüber hinaus (vgl. z.B. §§ 892f, 932ff; in Erweiterung auf den guten Glauben an die Verfügungsmacht § 366 HGB).

2. Die Zustimmung kann in der Weise erfolgen, daß der Berechtigte in die Verfügung **einwilligt** (§ 185 I). **706**

Einwilligung und Vollmacht sind insofern verwandt, als sie dem Handelnden die Befugnis übertragen, über ein fremdes Recht zu verfügen. Die Einwilligung ist jedoch von der Vollmacht zu unterscheiden, da sie den Verfügenden zum Handeln im eigenen Namen ermächtigt. Hauptanwendungsfall ist die Rechtsübertragung durch einen mittelbaren Stellvertreter; hier wird die Durchgangsphase vermieden, da das Recht vom Rechtsinhaber unmittelbar auf den Erwerber übergeht. Entsprechendes gilt beim sog. verlängerten Eigentumsvorbehalt für die Eigentumsübertragung durch den Vorbehaltskäufer mit Einwilligung des Verkäufers.

3. Auch ohne Einwilligung kann eine Verfügung unter den Voraussetzungen des § 185 II wirksam werden. Diese Vorschrift regelt die Fälle der sog. **Konvaleszenz**. **707**

a) Hierunter fällt einmal die **Genehmigung** der zustimmungsbedürftigen Verfügung durch den Berechtigten §§ 185 II 1 1. Fall, 184 I. Die Regelung ist bedeutsam bei Verfügungen eines Nichtberechtigten, die durch die Gutglaubensvorschriften nicht erfaßt sind, z.B. im Falle des § 935. Legt der Eigentümer einer abhandengekommenen Sache keinen Wert auf die Sachverfolgung gem. § 985, so kann er die Verfügung des Nichtberechtigten genehmigen und den Erlös gem. § 816 I an sich ziehen.

§ 50 V 3

Trotz der Rückwirkung einer solchen Genehmigung soll für die Anwendung des § 816 I die Verfügung des Besitzers die eines Nichtberechtigten bleiben (vgl. BGHZ 56, 131 ff im Anschluß an RGZ 115, 31 ff; anders RGZ 105, 84 ff).

So wird in der Klage des Eigentümers auf den Verfügungserlös, den der nichtberechtigte Besitzer der Sache durch Veräußerung erzielt hat, eine Genehmigung der Verfügung gesehen (RGZ 106, 44 ff).
Allerdings wird hier das Verhalten nur insoweit als Genehmigung gewertet werden können, als der Kläger erst bei *Durchsetzung seines Anspruchs* auf den Erlös der Verfügung zustimmen will. Die Klageerhebung kann daher nur insofern als Genehmigung ausgelegt werden, als sie Zug um Zug gegen Herausgabe des Erlöses wirksam werden soll. Zu den prozessualen Schwierigkeiten vgl. MÜNCHKOMM/THIELE § 185 Rdn. 57 f m. w. N.; DEUBNER MDR 1958, 197 ff will daher wie RGZ 105, 84 ff § 281 anwenden.

Der Genehmigung der Verfügung eines Nichtberechtigten ist der Fall gleichzustellen, daß der Verfügende selbst die von ihm im Zustand beschränkter Verfügungsmacht getroffene Verfügung nach Erlangung der vollen Verfügungsmacht, z. B. nach Aufhebung einer Beschlagnahme, genehmigt (RGZ 111, 250; vgl. § 108 III).

708 b) Wirksam wird die Verfügung eines Nichtberechtigten auch dann, wenn der *Verfügende* oder sein unbeschränkt haftender Erbe hinterher den *Gegenstand erwirbt* oder wenn der Verfügende *von dem Berechtigten beerbt wird* und dieser für die Nachlaßverbindlichkeiten *unbeschränkt haftet* (§ 185 II S. 1 2. u. 3. Fall). Die Verfügung wird aber in diesen Fällen nicht mit rückwirkender Kraft, sondern *nur ex nunc wirksam* (vgl. RGZ 135, 378, 383; BGH BB 1959, 649 f). Bei widersprechenden Verfügungen wird nur die erste wirksam (§ 185 II S. 2).

Die Konvaleszenz ist *bei einseitigen Verfügungsgeschäften*, z. B. der Aufrechnung, aus den gleichen Gründen wie die Genehmigung nach §§ 111 und 180 *ausgeschlossen* (RGZ 146, 314, 316).

§ 185 trifft unmittelbar nur die rechtsgeschäftlichen Verfügungen, doch stellt die Rechtsprechung die sog. *Verfügungen durch Zwangsvollstreckung* auch hier gleich; etwa wenn eine dem Schuldner nicht gehörende Sache bei ihm gepfändet und später von ihm z. B. im Erbgang zu Eigentum erworben wird (vgl. RGZ 60, 70, 72 f). Die Voraussetzungen einer wirksamen Pfändung müssen jedoch erfüllt sein, so daß z. B. bei Pfändung einer dem Schuldner nicht zustehenden Forderung § 185 nicht eingreifen kann, da die Pfändung ins Leere geht (BGHZ 56, 339, 351).

§ 185 bezieht sich unmittelbar nur auf Verfügungen eines Nichtberechtigten *im eigenen Namen*. Streitig ist, ob für die Verfügung eines vollmachtlosen Vertreters § 185 II 1 2. u. 3. Fall analog anwendbar ist (ablehnend BayObLG NJW 1956, 1279 f). Hierzu besteht kein Anlaß, soweit die Fälle über § 179 I ihre Regelung finden. Im

Falle des § 179 II widerspräche die analoge Anwendung des § 185 II 1 2. u. 3. Fall der gesetzlichen Wertung, da im Ergebnis die Haftung des Vertreters verschärft würde.

VI. Die Ermächtigung

Im Anschluß an §§ 182 ff ist der Begriff der „Ermächtigung" entwickelt worden. Er geht von der in der Einwilligung begründeten Möglichkeit aus, daß der Rechtsinhaber einem anderen die Macht erteilen kann, im eigenen Namen auf den Rechtskreis des Ermächtigenden durch Rechtsgeschäft einzuwirken. **709**

1. Die sog. **Verfügungsermächtigung** ist in § 185 I geregelt und bedarf als selbständige Rechtsfigur keiner besonderen Anerkennung.

2. Die sog. **Verpflichtungsermächtigung**, d. h. die Ermächtigung, durch ein im eigenen Namen vorzunehmendes Rechtsgeschäft den Ermächtigenden unmittelbar zu verpflichten, ist grundsätzlich abzulehnen. Es widerspricht dem zum Schutze des Geschäftsgegners in § 164 niedergelegten Offenkundigkeitsprinzip, daß anstatt des im eigenen Namen Handelnden der Ermächtigende durch den Vertragsschluß unmittelbar selbst zur Leistung verpflichtet würde und damit der Geschäftsgegner einen ihm nicht bekannten Schuldner erhielte. **710**

> Der gesetzlich anerkannte Ausnahmefall einer Verpflichtungsermächtigung ist die Anweisung gem. § 783. Der Angewiesene wird ermächtigt, zu Lasten des Anweisenden zu leisten. Da zugleich der Anweisungsempfänger ermächtigt wird, die Leistung zu erheben, liegt eine Doppelermächtigung vor.

Es kann im Interesse des Geschäftsgegners liegen, den „Ermächtigenden" *als zusätzlichen Schuldner (kumulativ)* in das Verpflichtungsgeschäft einzubeziehen. Aus diesem Grunde nimmt eine Meinung im Schrifttum eine *Mithaftung des Ermächtigenden* an (vgl. THIELE aaO, S. 203 ff, 211 f; DÖLLE Festschrift Fritz Schulz II, 1951, 277 ff; K.-P. MARTENS AcP 177, 113, 150; SOERGEL/LEPTIEN § 185 Rdn. 40). Die mit der Ermächtigung verbundene Mithaftung soll dadurch begründet sein, daß der Ermächtigende wirtschaftlich die Vorteile des Geschäfts in Anspruch nimmt, ohne dem Geschäftsgegner gegenüber verpflichtet zu sein. Dies durch ein besonderes Rechtsgeschäft in Gestalt eines antizipierten Schuldbeitrittes erreichen zu wollen, würde zu einer Fiktion führen. Eine solche ipso iure Mithaftung würde insoweit die indirekte Stellvertretung gegenstandslos machen.

Dem Interesse des Geschäftsgegners kann allerdings dadurch Rechnung getragen werden, daß er sich den Anspruch auf Ersatz der Aufwendungen des Handelnden gegen seinen Geschäftsherrn abtreten läßt oder diesen Anspruch pfändet (vgl. oben Rdn. 613).

> Entgegen dem in RGZ 80, 395 behandelten Einzelfall, der eine gewisse Neigung zur Rechtsfigur der Verpflichtungsermächtigung erkennen läßt, verhält sich der BGH

ablehnend. Insbesondere wird z. B. bei einer Ermächtigung des Vorbehaltskäufers zur Vornahme von Reparaturen am Kaufgegenstand keine Verpflichtung des Vorbehaltsverkäufers gegenüber dem Werkunternehmer anzunehmen sein (vgl. BGHZ 34, 122, 125).

711 3. Die **Einziehungsermächtigung** soll dem Ermächtigten die Befugnis geben, eine fremde Forderung im eigenen Namen geltend zu machen. Hierauf wird zurückgegriffen, wenn der Gläubiger einer Forderung ein Interesse daran hat, die Einbeziehung einem anderen zu überlassen.

Diesem Interesse kann auf unterschiedliche Weise entsprochen werden:
– Erteilt der Gläubiger *Inkassovollmacht,* macht er im Wege der direkten Stellvertretung sein Recht selbst geltend.
– Im Wege der Abtretung gibt der Gläubiger seine Gläubigerstellung auf; der Zessionar kann jedoch als Treuhänder fiduziarisch gebunden sein *(Inkassozession).*

Ist die Abtretung endgültig gewollt, soll sie aber nicht erkennbar sein und überläßt daher der Zessionar dem *Zedenten* die Einziehung, so spricht man von *„stiller"* *Zession.* Hier bleibt der Zedent treuhänderisch gebunden.

– Im Gegensatz zur Abtretung gibt bei der *Einziehungsermächtigung* der Gläubiger seine Rechtsposition nicht auf; der Ermächtigte ist nur zur Rechtsausübung, d. h. zur Einziehung, berechtigt.

712 Die *Unterschiede* der aufgezeigten Möglichkeiten äußern sich vornehmlich *im Verhältnis zu Dritten:*

Der treuhänderisch verpflichtete *Inkassozessionar* kann z. B. die Forderung, wenn auch treuwidrig, an Dritte wirksam übertragen.

Abtretungen, die der *Einziehungsermächtigte* vornimmt, sind hingegen grundsätzlich unwirksam, zumal ein gutgläubiger Erwerb bei Forderungen grundsätzlich ausscheidet. Allerdings kann der Vorbehaltskäufer berechtigt sein, die vom verlängerten Eigentumsvorbehalt erfaßte Forderung im Falle des echten Factoring an den Factor abzutreten (BGHZ 69, 254, 258; 82, 283, 288).

Bei *Pfändung* einer zum Inkasso zedierten Forderung durch Gläubiger des Zessionars wird dem Zedenten unter Berücksichtigung seiner Treugeberposition immerhin die Intervention gem. § 771 ZPO gewährt (vgl. oben Rdn. 615), die freilich nur bis zur Beendigung der Zwangsvollstreckung zulässig ist (RGZ 80, 185,188 f). Bei der Einziehungsermächtigung bedarf es der Interventionsklage nicht, da es mangels Rechtsinhaberschaft an den Voraussetzungen einer wirksamen Pfändung der Forderung fehlt und daher die Pfändung ins Leere geht.

Aus dem Sicherungsinteresse des Forderungsinhabers läßt sich ein Bedürfnis für die Anerkennung einer Einziehungsermächtigung herleiten (grundsätzlich ablehnend MEDICUS AT Rdn. 1008 f). Dogmatisch kann die Einziehungsermächtigung gem. § 185 I als ein Fall der Einwilligung zur Verfügung über ein fremdes, dem Einwilligenden gehörendes Recht angesehen werden (BGHZ 4,153,164 im Anschluß an die Rechtsprechung des RG).

Die Gegenmeinung lehnt diese Begründung ab, da die Einziehung einer Forderung keine Verfügung darstelle (vgl. LARENZ SchR I § 34 V c; PALANDT/HEINRICHS § 398 Anm. 7 a). Ferner wird eingewandt, daß sich aus einer auf § 185 I gestützten Ermächtigung keine Verpflichtung des Schuldners, an den Ermächtigten zu leisten, herleiten lasse (vgl. ESSER/SCHMIDT SchR I § 37 I 5c; RÜSSMANN aaO, S. 169).
Durch die Einziehungsermächtigung bleibt das Schuldverhältnis in seinem Kern jedoch unverändert, so daß lediglich der personale Bezug der Leistungsverpflichtung des Schuldners eine Veränderung erfährt. Daß die Leistungsverpflichtung auch gegenüber dem Ermächtigten bestehen kann, ergibt sich daraus, daß der Schuldner im Wege der Abtretung sogar einen völligen Gläubigerwechsel hinnehmen muß (vgl. ENN./NIPPERDEY § 204 I 3 a). Soweit durch die Verpflichtung, an den Ermächtigten zu leisten, die Stellung des Schuldners wie bei einer Abtretung geschmälert werden kann, sind zum Schutze des Schuldners die §§ 404ff, insbesondere § 409, analog anzuwenden (vgl. MÜNCHKOMM/THIELE § 185 Rdn. 44 m.w.N.).

Unabhängig vom Meinungsstreit über die dogmatische Begründung ist die Einziehungsermächtigung als Institution *durch Richterrecht anerkannt* (vgl. STAUDINGER/DILCHER Vor § 164 Rdn. 67 m.w.N.; MÜNCHKOMM/THIELE § 185 Rdn. 44 m.w.N.).

Die materiell-rechtliche Einziehungsermächtigung wird *prozessual* zur **713** Befugnis, ein Recht im eigenen Namen gerichtlich geltend zu machen, erweitert **(sog. gewillkürte Prozeßstandschaft)**. Die Rechtsprechung hat die Zulässigkeit der Rechtsverfolgung jedoch von einem eigenen rechtlichen Interesse des Ermächtigten, das besonderer Prüfung bedarf, abhängig gemacht; sie begnügt sich nicht mit der materiell-rechtlichen Möglichkeit des § 185 (vgl. BGHZ 4, 153, 165; 19, 69, 71; 25, 250, 259ff; 38, 281, 283).

10. ABSCHNITT
Die Zeit

§ 51
Auslegung und Berechnung der Zeitbestimmung

BRINZ Über die Zeit im Rechte, 1882; FUCHS/GAUMANN Fristen im Rechtsleben, 1957; HÖLDER Die Theorie der Zeitrechnung, 1873; JOSEF Die Tagesstunde im Rechtsverkehr, AcP 96, 200; LAWSON Zeitablauf als Rechtsproblem, AcP 159, 97ff; ROMEICK Fristbestimmung, 1901; SÄCKER Fristenhemmung und Fristenrestitution im Zivil- und Zivilprozeßrecht, ZZP 80, 421ff.

I. Fristen und Termine

714 Die Zeit ist einmal Voraussetzung für den Eintritt einer Rechtswirkung; sie regelt die Entstehung (z. B. Ersitzung durch zehnjährigen Besitz, § 937) oder das Ende (Erlöschen des Urheberrechts 70 Jahre nach dem Tode des Urhebers, § 64 UrhG) eines Rechts. Sie ist zum anderen eine nähere Bestimmung des Leistungsinhalts; sie bestimmt z. B. wann eine Leistung erbracht werden soll (Fälligkeit).

Das BGB enthält im Interesse der Rechtssicherheit in §§ 187–193 Auslegungsvorschriften für Zeitbestimmungen (Fristen und Termine). Unter *Frist* versteht man einen Zeitraum, innerhalb dessen eine Rechtshandlung vorgenommen werden oder ein Ereignis eintreten soll; der Zeitraum braucht nicht immer zusammenhängend zu sein (z. B. Gesamturlaubszeit), vgl. § 191. Beim *Termin* handelt es sich um einen Zeitpunkt, an dem eine Rechtshandlung vorgenommen werden oder eine Rechtswirkung eintreten soll.

Die Grundlage unserer Zeitrechnung ist der Gregorianische Kalender. Die genauere Bestimmung erfolgt nach der sog. mitteleuropäischen Zeit, d. h. der koordinierten Weltzeit (Greenwich) zuzüglich einer Stunde; vgl. § 1 ZeitG vom 25.7.1978 (BGBl I, 1110). Das Gesetz enthält zugleich die Ermächtigung zur Einführung der mitteleuropäischen Sommerzeit.

715 Besondere Bedeutung hat die Zeit für *Fristbestimmungen*. Das Gesetz unterscheidet zwischen **Ausschlußfristen** und **Verjährungsfristen**. Während die Verjährungsfrist das Recht bestehen läßt und lediglich eine Einrede begründet, geht mit dem Ablauf der Ausschlußfrist das Recht unter. Dementsprechend ist der Ablauf der *Ausschlußfrist von Amts wegen zu berücksichtigen*. Ausschlußfristen hat das Gesetz z. B. in §§ 121, 124, 503 angeordnet.

Bisweilen räumt das Gesetz den Vertragsparteien das Recht ein, angemessene Ausschlußfristen zu bestimmen (§§ 264 II, 283 I, 326, 355). Auch den Gerichten und Behörden räumt das Gesetz die Befugnis zur Setzung von Ausschlußfristen ein (vgl. z. B. §§ 2151 III, 976 II). Zu den durch Rechtsgeschäft festgesetzten Befristungen vgl. oben § 43.

Die *Auslegungsvorschriften* der §§ 187 ff gelten gem. § 186 für die in Gesetzen, gerichtlichen Anordnungen und Rechtsgeschäften enthaltenen Frist- und Terminbestimmungen. Im letzten Falle unterliegen sie der Änderung durch Parteivereinbarung. Zu beachten bleibt, daß der § 359 HGB eine besondere Auslegung enthält; Spezialregelungen enthalten Art. 36, 37, 72, 73, 74 WG und Art. 29, 30, 55, 57 ScheckG.

Die im BGB für Fristen und Termine geltenden Vorschriften werden für andere Rechtsgebiete nur dann herangezogen, wenn sie dort für anwendbar erklärt werden, z. B. § 222 I ZPO, § 57 II VwGO; z. T. wird eine entsprechende Anwendbarkeit angeordnet, soweit das Gesetz keine besondere Regelung enthält, § 31 VwVfG; § 108 AO. Eine Sonderregelung findet sich in §§ 42, 43 StPO.

II. Die Berechnung der Fristen und Termine

1. Für Fristen ist die sog. **Zivilkomputation** maßgebend, die mit dem Tag als kleinster Zeiteinheit arbeitet, während die **Naturalkomputation** a momento ad momentum rechnet, also z. B. eine um 12 Uhr am 1. März beginnende Frist von der Uhrzeit ab rechnet.

Fristen, die kürzer sind als ein Tag, werden aber auch nach BGB a momento ad momentum berechnet werden müssen, wie auch der ZPO (§§ 217, 604) Stundenfristen bekannt sind.

Soweit die Fristen nach vollen Tagen berechnet werden, ist maßgebend, welches der erste Tag der Frist ist. Grundsätzlich wird der Tag des maßgebenden Ereignisses nicht mitgezählt (§ 187 I).

Es sind jedoch *Ausnahmen* zu berücksichtigen:

Ist der Beginn eines Tages der für den Anfang einer Frist maßgebende Zeitpunkt, so wird dieser Tag bei Berechnung der Frist mitgerechnet (z. B. Miete eines Wohnraumes ab 1.3. auf die Dauer eines Jahres). Das gleiche gilt bei der Berechnung des Lebensalters; hier wird der Geburtstag mitgezählt.

Andererseits bedarf es einer Regelung, welches *der letzte Tag* der Frist ist. Bei einer *nach Tagen* bestimmten Frist ergibt sich der letzte Tag durch Zählung; die Frist endet *mit Ablauf des letzten Tages*. Bei einer *nach Wochen, Monaten oder längeren Abschnitten* bestimmten Frist ergibt sich der letzte Tag durch Rechnung a dato ad datum; die Frist endet mit dem gleichbenannten Wochen- oder Monatstag. Sie endet – wo der Tag des auslösenden Anfangsereignisses mitgezählt wird – mit Ablauf des dem entsprechenden Wochen- oder Kalendertage vorhergehenden Tages (§ 188 II).

> Eine am Montagmittag gesetzte einwöchige Frist endet mit Ablauf des nächsten Montags; ein am 2.1.1970 Geborener wird mit Ablauf des 1.1.1988 volljährig.

Fehlt bei einer nach Monaten berechneten Frist im letzten Monat der entsprechende Tag, so endet die Frist am letzten Tag des Monats (§ 188 III).

Sonstige Auslegungsvorschriften über Fristberechnungen sind in §§ 189–191 enthalten.

> Was unter 8 Tagen zu verstehen ist, hat das BGB nicht angegeben; es ist also Auslegungsfrage, ob wirklich 8 Tage oder eine Woche (so meistens) anzunehmen sind. Bei Handelsgeschäften sind im Zweifel volle 8 Tage gemeint (§ 359 II HGB).

2. Für die Festlegung von *Terminen* wird unter Anfang des Monats der erste, unter Mitte des Monats der 15., unter Ende der letzte Tag des Monats verstanden (§ 192). Für die Woche fehlen Vorschriften; im Zweifel wird unter Anfang der Montag, unter Mitte der Mittwoch, unter Ende bei Arbeitstagen der Freitag zu verstehen sein.

717 3. Für *Fristen und Termine* gilt die Vorschrift des § 193 über den Einfluß der **Sonn- und Feiertage** sowie der **Sonnabende**. An die Stelle eines solchen Tages tritt der nächstfolgende Werktag, wenn an einem bestimmten Tage oder innerhalb einer Frist eine Willenserklärung (Kündigung, Annahme eines Angebots) abzugeben oder eine Leistung zu bewirken ist, und dieser Tag oder der letzte Tag der Frist ein am Erklärungs- oder Leistungsort staatlich anerkannter allgemeiner Feiertag oder Sonnabend ist.

§ 193 ist nicht beschränkt auf Willenserklärungen, zu deren Abgabe man verpflichtet ist, sondern gilt auch für Erklärungen und Anzeigen, durch die Rechtsnachteile abgewendet werden sollen (RGZ 100, 18, 20; BGH LM Nr. 1 zu § 193).

Entsprechende Anwendung muß § 193 auch für Verjährungsfristen finden (RGZ 151, 345, 348). Für Kündigungserklärungen gilt § 193 jedoch nicht, soweit für den Adressaten eine Kündigungsschutzfrist ausgelöst wird; so kann z. B. ein Arbeitgeber bei einer Kündigung am 2. Januar sich nicht darauf berufen, der 1. Januar sei ein Feiertag gewesen (BAGE 22, 304; BGHZ 59, 265 ff).

§ 52
Die Anspruchsverjährung

BLOMEYER, A. Anspruchsverjährung und dingliche Sicherheiten, JZ 1959, 15 ff; DÖRNER Die Verjährung, 2. A. 1962; HEINRICHS Reform des Verjährungsrechts?, NJW 1982, 2021 ff; HENCKEL Die Grenzen der Verjährungsunterbrechung, JZ 1962, 335 ff; HOCHE Unstimmigkeiten im Verjährungsrecht, Festschrift H. Lange, 1970, 241 ff; HONSELL Der Verzicht auf die Einrede der Verjährung, VersR 1975, 104 ff; JAHR Die Einrede des bürgerlichen Rechts, JuS 1964, 125 ff, 218 ff, 293 ff; LANGE, H. Eigentumsvorbehalt und Herausgabeanspruch des Vorbehaltskäufers, JuS 1971, 511 ff; MÖLLERS Die Ansprüche des Vorbehaltskäufers aus dem Eigentumsvorbehalt nach Verjährung der Kaufpreisforderung, DB 1970, 1209 ff; NAENDRUP, H. Die Verjährung als Rechtscheinswirkung, JherJb. 75, 237 ff; OFFERMANN Die Verjährung, 1967; PETERS/ZIMMERMANN Verjährungsfristen, Gutachten und Vorschläge zur Überarbeitung des Schuldrechts I, 1981, 77 ff; REGELSBERGER Zur Lehre von der Wirkung der Anspruchsverjährung, JherJb. 41, 328 ff; ROLL Die Verjährung beim Vorvertrag, BB 1978, 69 f; ROSENBERG Verjährung und gesetzliche Befristung, 1904; SPIRO Die Begrenzung privater Rechte durch Verjährungs-, Verwirkungs- und Fatalfristen, 2 Bde., 1975; UNTERHOLZNER Ausführliche Entwicklung der gesamten Verjährungslehre aus den gemeinen in Deutschland geltenden Rechten, 2. A. 1858.

I. Zweck und Voraussetzungen

718 1. Die Anspruchsverjährung ist die Entkräftung eines Anspruches infolge seiner fortgesetzten Nichtausübung.

Die Anspruchsverjährung ist eine Unterart der Verjährung im weiteren Sinne, wie sie früher als Begründung, Zerstörung oder Schwächung von Rechten durch Zeitablauf verstanden wurde. Man unterschied die erwerbende (acquisitive) und die erlöschende (extinctive) Verjährung:

Die *acquisitive* Verjährung war der Erwerb eines Rechts infolge fortgesetzter Ausübung. Sie findet sich heute noch im Sachenrecht (§§ 937, 1033, 900, 927) unter dem Gesichtspunkt der Ersitzung, hat aber an Bedeutung gegenüber dem Gemeinen Recht infolge der Vorschriften über den gutgläubigen Erwerb verloren.

Die *extinctive* Verjährung als Verjährung im engeren Sinne ist die Entkräftung oder der Untergang eines Rechts infolge seiner fortgesetzten Nichtausübung. Dem BGB ist gegenüber dem öffentlichen Recht das völlige Erlöschen eines Rechts infolge Verjährung nur noch ausnahmsweise bekannt (vgl. §§ 901, 1028). Die Verjährung führt nach den §§ 194ff zu einem Leistungsverweigerungsrecht; sie ergreift nicht die Rechte als solche, sondern nur die Ansprüche. Deshalb beschränkt man heute den Begriff der Verjährung auf die Anspruchsentkräftung.

Unter *unvordenklicher Verjährung* versteht man die Ausübung oder Nichtausübung eines Rechts seit „unvordenklicher" Zeit. Sie begründet nach der gemeinrechtlichen Auffassung die widerlegbare Rechtsvermutung der Entstehung oder des Untergangs des Rechts; sie war also im eigentlichen Sinne keine Verjährung. Unvordenklichkeit nahm man an, wenn das lebende Geschlecht keinen anderen Zustand kannte und auch von den Vorfahren keinen anderen erfahren hatte. Das BGB kennt diese Einrichtung nicht mehr; sie besteht allerdings in den vom EGBGB vorbehaltenen Rechtsgebieten weiter, z.B. im Bereich des Wasser-, Wege- und Weiderechts (vgl. BGHZ 16, 234, 238).

Bei der Verjährung führt die Entkräftung nicht zum Untergang des Anspruchs, sondern gibt dem Verpflichteten *lediglich* die Möglichkeit der **Einrede** (§ 222). Demgegenüber führt der Ablauf einer Ausschluß- oder Präklusivfrist zum Untergang des Rechtes (vgl. oben Rdn. 715).

2. Die Verjährung dient zunächst dem **Zweck**, die allgemeine *Rechtssicherheit* und den *Rechtsfrieden* zu gewährleisten. Diese würden betroffen, wenn ein Zustand, der lange unangefochten bestanden hat, nunmehr aufgrund bisher nicht geltend gemachter Ansprüche angegriffen werden könnte. Die Interessen des Berechtigten werden von der Rechtsordnung nicht mehr als schutzwürdig angesehen, wenn sie in dem jeweils gesetzlich vorgesehenen Zeitraum nicht geltend gemacht wurden (BGHZ 59, 72, 74). Dabei schreibt das Gesetz unter Berücksichtigung der Parteiinteressen unterschiedliche Verjährungsfristen vor.

Daneben soll die Verjährung den einzelnen *vor den Beweisschwierigkeiten schützen,* die eine Verteidigung gegen „veraltete" Angriffe mit sich brächte. Häufig haben sich die Beweismöglichkeiten infolge Zeitablaufs verschlechtert oder ursprünglich vorhandene Beweismittel sind untergegangen. Deshalb gestattet das Gesetz dem Verpflichteten, sich nach Verjährungsablauf gegen den Anspruch zur Wehr zu setzen, ohne sich zur Sache verteidigen zu müssen (vgl. Mot. I, 291; BGHZ 17, 199, 206).

§ 52 I 4 Vierter Teil: Die Lehre vom Rechtsgeschäft

Die insbesondere im Handelsverkehr wie auch bei Geschäften des täglichen Lebens vorgeschriebenen kurzen Verjährungsfristen (z.B. §§ 196 I Nr. 1, 477) sollen zudem die Parteien im wirtschaftlichen Interesse zu einer zügigen Abwicklung anhalten (STAUDINGER/DILCHER Vor § 194 Rdn. 4).

Zum Stand der *rechtspolitischen Diskussion* über eine Neuregelung des Verjährungsrechts vgl. PETERS/ZIMMERMANN aaO. Zur Kritik an der gesetzlichen Regelung siehe auch HEINRICHS aaO; MEDICUS AT Rdn. 104 f.

720 **3. Gegenstand** der Verjährung im engeren Sinne ist **nur der Anspruch,** d.h. das Recht, von einem anderen ein Tun oder Unterlassen zu verlangen (§ 194 I; zum Begriff des Anspruchs vgl. oben Rdn. 244 ff). Das BGB hat die sog. Klagenverjährung des Gemeinen Rechts entsprechend der Lehre Windscheids (WINDSCHEID/KIPP Pandekten I, § 106) durch die Verjährung der Ansprüche ersetzt.

Nur die Ansprüche verjähren und nicht die ihnen zugrundeliegenden Rechte:

So verjährt z.B. der Herausgabeanspruch nach § 985 gegen den Dieb in 30 Jahren, während das diesem zugrundeliegende Eigentumsrecht auch nach Ablauf der Verjährungsfrist bestehen bleibt (vgl. RGZ 138, 296, 298). Der Eigentümer kann auch nach 30 Jahren einen neuen Herausgabeanspruch geltend machen, wenn der Dieb seinerseits bestohlen wurde (anders bei Übertragung durch den Dieb; hier gilt § 221 – vgl. unten Rdn. 725).

Gleiches gilt für das *Forderungsrecht* im weiteren Sinne; so übt die Verjährung der Ersatzansprüche des Vermieters gem. § 558 keinen Einfluß auf das Mietverhältnis aus. Ebensowenig werden die Rechte berührt, die keine Ansprüche erzeugen, wie etwa die *Gestaltungsrechte;* deren Geltendmachung ist jedoch vielfach an Ausschlußfristen geknüpft.

Streitig ist, ob eine *Einrede verjähren* kann. Da das Gesetz nur eine Anspruchsverjährung kennt, ist die Einrede grundsätzlich unverjährbar. Nur die sog. unselbständigen Einreden, die nichts anderes sind als die Geltendmachung des Anspruchs in Form der Verteidigung, verjähren im allgemeinen mit dem Anspruch (Ausnahmen: §§ 478, 490, 639, 651, 821, 853). Die Einrede des nicht-erfüllten Vertrages (§ 320) wird dagegen durch die Verjährung des Anspruchs, aufgrund dessen zurückbehalten wird, nicht gehindert (RGZ 149, 321, 327 f).

721 **4.** Die Verjährungsvorschriften sind grundsätzlich *zwingenden Rechts,* da sie unter anderem dem öffentlichen Interesse an Rechtssicherheit und Rechtsfrieden dienen; die Verjährung kann daher durch Rechtsgeschäft weder ausgeschlossen noch erschwert werden (§ 225 S. 1); vor Eintritt der Verjährung ist daher ein Verzicht auf die Verjährungseinrede nicht möglich.

Ausnahmsweise können *längere Fristen* für Mängelansprüche auf Kauf- oder Werkvertrag (§§ 477 I S. 2, 638 II) festgesetzt werden, z.B. ist eine zweijährige Gewährleistung für eine Uhr möglich, jedoch darf über die Dreißig-Jahresfrist

Die Anspruchsverjährung §52 II 2

von § 195 nicht hinausgegangen werden. Verlängerungen sind ausnahmsweise auch im Handelsrecht zulässig (§§ 414, 423, 439 HGB).

Erleichterungen, namentlich Abkürzungen der Fristen, sind dagegen *ohne weiteres zulässig* (§ 225 S. 2), weil hierdurch der Zweck der Verjährung gefördert wird (Mot. I, 346).

II. Voraussetzungen der Verjährung im einzelnen:

1. Verjährbarkeit des Anspruchs

Grundsätzlich verjähren alle Ansprüche. Ausgenommen ist gem. § 194 II der Anspruch aus einem familienrechtlichen Verhältnis auf Herstellung des dem Verhältnis entsprechenden Zustandes für die Zukunft. **722**

> Hierunter fallen z.B. die sich aus dem persönlichen Verhältnis der Ehegatten untereinander ergebenden Ansprüche (§§ 1353, 1356, 1360ff), Unterhaltsansprüche von geschiedenen Ehegatten (§§ 1569ff), Unterhaltsansprüche von Verwandten (§§ 1601ff), ferner nicht vermögensrechtliche Ansprüche, wie z.B. der Anspruch des Personensorgeberechtigten auf Herausgabe des Kindes (§ 1632 I).
> Die Unverjährbarkeit gilt allerdings nur insoweit, als die Ansprüche *in die Zukunft* gerichtet sind. So unterliegen z.B. nicht erfüllte Unterhaltsansprüche der Verjährung, sofern für die Vergangenheit Unterhalt gefordert werden kann (vgl. §§ 1585 b, 1613, 1615; in praeteritum non vivitur). Für Ansprüche der Ehegatten während bestehender Ehe ist die Verjährung gem. § 204 S. 1 gehemmt; (zur Hemmung vgl. unten Rdn. 726ff).

Unverjährbar sind ferner die Ansprüche auf Aufhebung einer Gemeinschaft (§ 758) oder einer Erbengemeinschaft (§ 2042 II).

Ebenfalls von der Verjährung ausgeschlossen sind Ansprüche aus Rechten, die *im Grundbuch eingetragen* sind oder wegen deren ein Widerspruch gegen die Richtigkeit des Grundbuches eingetragen ist (§ 902 – Ausnahmen: §§ 1028, 1090 II). Unverjährbar sind auch Grundbuchberichtigungsansprüche (§ 898).

Schließlich sind die in § 924 aufgeführten *nachbarrechtlichen Ansprüche* unverjährbar, da sie aufgrund der Fortdauer des Zustandes in jedem Augenblick neu entstehen.

2. Verjährungsbeginn

a) Der Beginn der Verjährung setzt zunächst die *Entstehung des Anspruchs* voraus (§ 198 S. 1); aufschiebend bedingte und befristete Ansprüche sind noch nicht entstanden. **723**

> Die gemeinrechtliche Verletzungstheorie, die zum Beginn der Verjährung eine Verletzung des Rechts verlangte, ist im Prinzip aufgegeben (Ausnahme § 198 S. 2). Mit der Entstehung des Forderungsrechts, nicht erst mit der Verweigerung der Leistung durch den Verpflichteten, beginnt der schuldrechtliche Anspruch zu

verjähren. Ebenso beginnt der Herausgabeanspruch des Eigentümers mit dem Augenblick zu verjähren, wo ein anderer als der Eigentümer den Besitz erlangt, z. B. infolge Hinterlegung durch den Eigentümer selbst. Gleiches gilt für andere Ansprüche aus absoluten Rechten; eine Verletzung des Rechts ist nicht erforderlich.

Weiterhin muß der Anspruch *fällig* sein, die Verjährung beginnt also mit dem Zeitpunkt, in welchem die Befriedigung des Anspruchs rechtlich verlangt werden kann (BGHZ 55, 340 f; h.M.).

> Das Erfordernis der Fälligkeit folgt aus dem Wesen der Verjährung. Diese ist Anspruchsentkräftung wegen Nichtgeltendmachung; folglich muß die Geltendmachung auch möglich sein (vgl. auch § 202).
> In vielen Vorschriften des BGB finden sich *Sonderregelungen* für den Beginn der Verjährung, die jedoch keine Ausnahmen von dem Grundsatz des § 198 1 darstellen, sondern lediglich klarstellende Funktion haben (z.B. §§ 477 I, 638 I 2, 1302, 2287 II).

Die Verjährung setzt beim Anspruchsberechtigten im allgemeinen *keine Kenntnis* vom Bestehen des Anspruchs voraus (BGH NJW 1968, 1381 f); eine Ausnahme gilt für Deliktsansprüche (§ 852).

724 b) Lediglich in *Ausnahmefällen* wird nicht auf die Entstehung und Fälligkeit des Anspruchs abgestellt:

So beginnt der Anspruch auf eine *Unterlassung erst mit der Zuwiderhandlung* zu verjähren (§ 198 S. 2).

Schon *vor der Anspruchsentstehung* setzt die Verjährung ein, wenn der Berechtigte den Anspruch beliebig durch eine Willenserklärung schaffen kann, und zwar mit dem Augenblick, von dem ab ihm dies möglich wird. Bereits die Entstehungsmöglichkeit führt hier zum Verjährungsbeginn, weil sonst der Berechtigte die Verjährung beliebig hinauszögern könnte. Das ist anerkannt für die Ansprüche, die von einer Kündigung (§ 199) oder einer Anfechtung (§ 200) des Berechtigten abhängen und für den von der Ausschlagung des Zugewandten abhängigen Pflichtteilsanspruch (§ 2332 III).

Eine Abweichung von § 198 1 gilt ferner nach § 201 für die Fälle der *kurzen Verjährung* (§§ 196, 197); hier beginnt die Verjährung erst nach der Fälligkeit mit dem *Jahresschluß,* gleichgültig wann der Anspruch in dem abgelaufenen Jahr entstanden und fällig geworden ist. Entsprechendes gilt gem. § 12 I 2 VVG für Ansprüche aus einem Versicherungsvertrag. Eine Sonderregelung besteht ebenfalls für die Geltendmachung von Entbindungskosten gem. § 1615 k.

3. Ablauf der Verjährungsfrist

725 a) Die regelmäßige Verjährungsfrist beträgt *dreißig Jahre* (§ 195); das gilt z. B. für den Herausgabeanspruch gem. § 985, die Ansprüche aus §§ 812 ff, die Ansprüche aus culpa in contrahendo. Das BGB kennt jedoch zahlreiche *kürzere Fristen,* die kürzeste beträgt 6 Wochen (§ 490 I).

Die Anspruchsverjährung § 52 II 3

Im Allgemeinen Teil sind zwei Gruppen von Ansprüchen mit kürzerer Frist zu unterscheiden:
Die eine Gruppe betrifft *Ansprüche des täglichen Verkehrs*, d.h. Forderungen, die im Verkehr sofort oder binnen kurzer Zeit beglichen zu werden pflegen. Hierhin gehören namentlich die Ansprüche der Kaufleute, Fabrikanten, Handwerker wegen gelieferter Waren und Arbeiten usw. (§ 196 I); sie verjähren in zwei Jahren, es sei denn, daß die Leistung für den Gewerbebetrieb des Schuldners erfolgt ist; in diesen Fällen beträgt die Verjährungsfrist vier Jahre (§ 196 II).
Die andere Gruppe bilden *Ansprüche auf Rückstände* von Zinsen, Miet- und Pachtgeldern, Renten, Besoldungen, Pensionen und allen anderen regelmäßig wiederkehrenden Leistungen; hier beträgt die Frist vier Jahre (§ 197). Dadurch soll ein übermäßiges Auflaufen solcher Rückstände vermieden werden (vgl. zum Verjährungsbeginn der in den §§ 196, 197 aufgeführten Ansprüche die Sonderregelung des § 201).
Außerhalb des Allgemeinen Teils finden sich vereinzelt in Sonderbestimmungen ebenfalls kurze Verjährungsfristen (z.B. in §§ 477, 558 I, 606, 638 I, 852).
Bei allen Fällen kurzer Verjährungsfristen ist zu beachten, daß der rechtskräftig festgestellte Anspruch erst in 30 Jahren verjährt (§ 218).

Eine *Zusammenrechnung* der Fristen findet bei einem Wechsel *in der Person des Anspruchsberechtigten* oder *-gegners* statt, denn der Anspruch bleibt hier derselbe.
Das gilt nicht nur für schuldrechtliche, sondern auch für dingliche Ansprüche, wenn die vom Anspruch betroffene Sache *durch Rechtsnachfolge* in den Besitz eines Dritten gelangt; diesem kommt die während des Besitzes des Rechtsvorgängers verstrichene Verjährungszeit zugute, obwohl gegen seine Person ein neuer Anspruch durch den Besitzerwerb entstanden ist (§ 221).

b) Der Eintritt der Verjährung kann dadurch *hinausgeschoben* werden, daß **726** zwischenzeitlich eine **Hemmung** eingetreten ist. Die Hemmung hindert die Einrechnung eines bestimmten Zeitraums in die Verjährungsfrist (§ 205), so daß die Verjährung während dieser Zeit *ruht* und nach Wegfall des Hemmungsgrundes *weiterläuft*.
Dabei ist zu unterscheiden zwischen der *Fortlaufshemmung*, die dem Beginn oder Fortlauf der Frist im Wege steht, und der *Ablaufhemmung*, die das Ende der an sich abgelaufenen Verjährungsfrist hinausschiebt.

aa) Eine *Fortlaufshemmung* kann durch das Entgegenstehen einer *dilatori-* **727** *schen Einrede*, z. B. einer Stundung, begründet werden (§ 202 I).

Eine *Stundung* in diesem Sinne liegt nur vor, wenn die Fälligkeit einer Forderung nachträglich, d.h. nach Verjährungsbeginn, hinausgeschoben wird (BGH WM 1977, 895, 897). Wird dagegen von vornherein die Fälligkeit auf einen späteren Zeitpunkt festgelegt, so ist für eine Hemmung nach § 202 kein Raum, da § 198 eingreift und die Verjährung erst mit der Fälligkeit beginnen läßt (BGH aaO).
Von der Stundung ist ein auf Zeit abgeschlossenes Stillhalteabkommen *(pactum de non petendo)* zu unterscheiden; hierauf findet § 202 I entsprechende Anwendung (BGH NJW 1973, 316; WM 1977, 895, 897).

537

Peremptorische Einreden hemmen die Verjährung nicht; sie stehen dem Anspruch ständig entgegen, so daß dieser ohnehin nicht durchgesetzt werden kann (z. B. die Wandlungseinrede, § 478; die Einreden der ungerechtfertigten Bereicherung, § 821, oder der unerlaubten Handlung, § 853).

Als *Ausnahme* ist gem. § 202 II *auch bestimmten dilatorischen Einreden* die Hemmungskraft versagt, so der Einrede des Zurückbehaltungsrechts, des nichterfüllten Vertrages, der mangelnden Sicherheitsleistung, der Vorausklage, den Einreden, die dem Bürgen nach § 770 und dem Erben nach §§ 2014, 2015 zustehen.

> Im Falle des nichterfüllten Vertrages liegt der Grund hierfür darin, daß der Anspruchsberechtigte selbst in der Lage ist, die Einrede zu beseitigen und sogar hierzu verpflichtet ist, § 320 I (vgl. Mot I, 314). Es soll ihm verwehrt sein, die Vollendung der Verjährung willkürlich hinauszuzögern, indem er die eigene Leistung oder die Sicherheitsleistung oder die Inanspruchnahme des Hauptschuldners unterläßt (vgl. RGRK/JOHANNSEN § 202 Rdn. 19).

Die Verjährung kann ferner durch die Hinderung des Berechtigten an der Rechtsverfolgung durch *Stillstand der Rechtspflege* oder *höhere Gewalt* gehemmt sein; dies gilt jedoch nur, wenn diese Ereignisse in den letzten sechs Monaten der Verjährungsfrist eintreten (§ 203).

Schließlich können gem. § 204 gewisse *persönliche Beziehungen* zwischen den Beteiligten während der Dauer ihres Bestehens die Verjährung hemmen (Ansprüche zwischen Ehegatten, Eltern und minderjährigen Kindern, Vormund und Mündel; auch zwischen Pfleger und Pflegebefohlenen, § 1915 I).

Die Verjährungshemmung hat nur *relative Wirkung,* d. h. sie wirkt nur zwischen den Beteiligten, in deren Verhältnis der Hemmungsgrund vorliegt. Dies kann sich besonders bei Gesamtschuldverhältnissen auswirken, §§ 425 II, 429.

728 bb) Regelungen einer *Ablaufshemmung* enthalten die §§ 206, 207. Zugunsten eines vertreterlosen Geschäftsunfähigen oder Geschäftsbeschränkten endet die Verjährung seiner Ansprüche nicht vor Ablauf von sechs Monaten, nachdem der Mangel der Vertretung behoben oder er selbst voll geschäftsfähig geworden ist (§ 206).

> Durch diesen Aufschub des Verjährungseintritts soll dem Minderjährigen ausreichend Zeit gegeben werden, nach Beseitigung des Hindernisses seinen Anspruch gegebenenfalls klageweise geltend zu machen.

Zugunsten der Ansprüche eines Nachlasses und gegen einen Nachlaß endet die Verjährung nicht vor Ablauf von sechs Monaten seit Annahme der Erbschaft oder Eröffnung des Nachlaßkonkurses oder Eintritt eines Nachlaßvertreters, Pflegers oder Testamentvollstreckers (§ 207).

Die Anspruchsverjährung § 52 II 3

Einen Sonderfall der Ablaufshemmung regelt § 2031 I bezüglich des Herausgabeanspruchs eines für tot Erklärten.

c) Im Gegensatz zur Hemmung der Verjährung bewirkt die **Unterbrechung** (§§ 208 ff), daß der bisher abgelaufenen Frist die Wirkung entzogen wird; hier bleibt nur die Möglichkeit eines *neuen Verjährungsbeginns* nach Wegfall des Unterbrechungsgrundes (§ 217).

729

Beginnt nach Unterbrechung wieder eine kurze Verjährungsfrist gem. §§ 196, 197, so greift nicht die Sonderregelung des § 201 ein, vielmehr beginnt die neue Verjährungsfrist sofort nach Beendigung der Unterbrechung (RGZ 65, 268f; 128, 76, 80).

aa) Eine Unterbrechung der Verjährung tritt ein bei einer *ausdrücklichen oder stillschweigenden Anerkennung* des Anspruchs gegenüber dem Berechtigten durch den Verpflichteten (§ 208).

Die Anerkennung ist kein Rechtsgeschäft; es genügt ein Verhalten, welches das Bewußtsein, verpflichtet zu sein, zum Ausdruck bringt (RGZ 73, 131f; 78, 130, 132; 113, 234, 238; BGHZ 58, 103f). Dies gilt z.B. bei einer Abschlagszahlung, einer Zinszahlung oder einem Stundungsgesuch.

Von dem Anerkenntnis des § 208 ist das in § 222 erwähnte vertragsmäßige Anerkenntnis des Anspruchs, das nach §§ 781, 782 der Schriftform bedarf, zu unterscheiden. Es kann in Unkenntnis der Verjährung erfolgen und schließt die Rückforderung des Geleisteten – auch nach § 813 – aus. Ein mündliches, nach Vollendung der Verjährung erteiltes Schuldanerkenntnis kann grundsätzlich nur als Verzicht auf die Verjährung wirksam werden, setzt also Kenntnis der Verjährung voraus. Die Unterbrechungswirkung des § 208 ist selbstverständlich nach Vollendung der Verjährung nicht mehr denkbar (RGZ 78, 130f).

bb) Eine Unterbrechung der Verjährung kann auch der Berechtigte *durch eigene Rechtshandlungen* herbeiführen, insbesondere durch *Klageerhebung* (§ 209 I). Kein Unterbrechungsgrund ist die bloße Mahnung oder Androhung eines Rechtsstreites.

Der Klageerhebung gleichgestellt sind gem. § 209 II die Zustellung des Mahnbescheides im Mahnverfahren, die Einbringung eines Güteantrags bei einer Gütestelle i.S.v. § 794 I Nr. 1 ZPO, die Anmeldung im Konkurs, die Aufrechnung im Prozeß, die Streitverkündung, die Vornahme einer Vollstreckungshandlung und die Stellung des Antrags auf Zwangsvollstreckung, soweit diese den Gerichten oder anderen Behörden zugewiesen ist.

Gem. § 212 I gilt die Unterbrechung durch Klageerhebung als nicht erfolgt, wenn die Klage zurückgenommen oder durch ein nicht in der Sache selbst entscheidendes Urteil rechtskräftig abgewiesen wird.

III. Wirkung der Verjährung

730 **1.** Der Eintritt der Verjährung bewirkt, daß der *Anspruch einredebehaftet* wird. Dem Verpflichteten erwächst aus dem Ablauf der Verjährungsfrist eine dauernde Einrede, d. h. das dauernde Recht, die Leistung zu verweigern (§ 222 I). Mit dem Hauptanspruch verjähren auch die von ihm abgeleiteten Nebenansprüche, z. B. Zinsansprüche, auch wenn die für sie geltende besondere Verjährung noch nicht vollendet ist (§ 224). Zum Begriff der Einrede vgl. oben Rdn. 257 ff.

Die Geltendmachung der Einrede kann *außergerichtlich oder gerichtlich,* spätestens bis zur letzten Tatsacheninstanz (BGHZ 1, 234, 239), geltend gemacht werden.

> Hat der Verpflichtete keine Verjährungseinrede erhoben, so darf der Richter den Eintritt der Verjährung nicht von Amts wegen berücksichtigen (zum Umfang der richterlichen Aufklärungspflicht gem. § 139 ZPO vgl. oben Rdn. 261).
> Er muß den Beklagten verurteilen, wenn dieser die Einrede nicht erhebt, gegebenenfalls durch Versäumnisurteil, wenn dieser nicht erscheint.
> Auf die Einrede der vollendeten Verjährung kann auch verzichtet werden. Der Verzicht setzt Kenntnis der eingetretenen Verjährung voraus (RGZ 78, 130, 132; BGH VersR 1960, 1076, 1078).

Erhebt der Verpflichtete die Einrede der Verjährung, so ist ihm gegenüber grundsätzlich eine *Geltendmachung des verjährten Anspruchs* auch im Wege der Aufrechnung oder in Form der Einrede *ausgeschlossen.*

Ausnahmsweise ist der verjährte Anspruch aufrechenbar, wenn sich die Forderungen schon vor der Verjährung aufrechenbar gegenüberstanden (§ 390 S. 2). Ausnahmsweise kann auch trotz eingetretener Verjährung der verjährte Anspruch gegenüber einem Gegenrecht als eine Einrede geltend gemacht werden; so besteht nach § 478 die Möglichkeit, den Wandlungs- oder Minderungsanspruch einredeweise geltend zu machen; vgl. auch §§ 490 III, 639 I, 821, 853.

731 **2.** Der Erhebung der Verjährungseinrede kann (insbesondere bei den kurzen Verjährungsfristen) der **Einwand der unzulässigen Rechtsausübung** gem. § 242 entgegenstehen. Das gilt zunächst dort, wo der Schuldner den Gläubiger arglistig von der Geltendmachung des Anspruchs abgehalten hat (z. B. durch Vortäuschen einer Vergleichsbereitschaft; vgl. RGZ 57, 372, 376 f; 64, 220 ff; BGH NJW 1959, 241).

Aber auch in den Fällen, in denen kein dolus vorlag, ist die Erhebung der Einrede unzulässig, wenn gegen den Schuldner damit der Vorwurf des *venire contra factum proprium* zu erheben wäre, so wenn der Schuldner durch sein (auch unabsichtliches) Verhalten den Gläubiger von der Erhebung der Klage abgehalten hat (RGZ 87, 281, 283; 115, 135, 137; 142, 280, 284; ständige Rspr., vgl. BGHZ 9, 1, 5).

Eine unzulässige Rechtsausübung liegt nach der Rspr. vor, wenn z. B. der Gläubiger schriftlich um Geduld gebeten worden ist (BGHZ 9, 1, 5) oder einverständlich der Ausgang eines Musterprozesses abgewartet werden sollte (BAG DB 1965, 332); auch kann ein vor Vollendung der Verjährung erklärter und deshalb unwirksamer Verzicht nach Verjährungseintritt den Einwand unzulässiger Rechtsausübung gegen die trotzdem erhobene Verjährungseinrede begründen (BGH VersR 1982, 365f).
Für das Deliktsrecht enthält § 852 II die Sonderregelung, daß Verhandlungen zwischen den Parteien über den Schadensersatz den Verjährungsablauf hemmen, bis eine Partei die Verhandlungen abbricht.

Der begründete Einwand gem. § 242 bewirkt keine Unterbrechung der Verjährung, sondern eine der *Ablaufshemmung* (vgl. hierzu oben Rdn. 728) vergleichbare Rechtsfolge, d. h. der Ablauf der Verjährungsfrist wird *um einen angemessenen Zeitraum hinausgeschoben*. Diese in der Regel kurz zu bemessende Frist bestimmt sich nach den Anforderungen des redlichen Geschäftsverkehrs und den Umständen des Falles (BGH LM Nr. 2 zu § 222; BGH VersR 1962, 372f; vgl. auch BGHZ 9, 1, 6).
Allgemein zur unzulässigen Rechtsausübung vgl. oben § 24.

3. Der verjährte Anspruch **erlischt nicht** und kann weiterhin erfüllt werden; **732**
seine *Erfüllung* ist *Leistung auf eine Schuld*.

Der verjährte Anspruch stellt *keine Naturalobligation* im Sinne einer klaglosen Verbindlichkeit dar, da er klagbar und bei Nichtgeltendmachung der Einrede durchsetzbar bleibt. Er wird lediglich zu einem *sog. unvollkommenen Anspruch*.
Das Recht selbst wird grundsätzlich durch die Verjährung der aus ihm entspringenden Ansprüche nicht betroffen. Nur in Ausnahmefällen wird z. B. das dingliche Recht selbst infolge der Verjährung der hieraus erwachsenden Ansprüche aufgehoben (§§ 901, 1028, 1090).

Daher besteht bei Leistung auf einen verjährten Anspruch **kein Rückforderungsanspruch** nach §§ 812, 813 I 1, wie sich aus §§ 813 I 2, 222 II ergibt. Ein vertragsmäßiges Anerkenntnis oder eine Sicherheitsleistung für den verjährten Anspruch sind gültig (§ 222 II 2). Die für den Anspruch bestellten *Pfandrechte und Hypotheken bleiben in Kraft* (§ 223 I); allerdings kann sich der Bürge auf die zugunsten des Hauptschuldners vollendete Verjährung berufen (§ 768).
Darüber hinaus hindert die Verjährung eines Anspruchs den Berechtigten nicht, seine Befriedigung aus Rechten zu suchen, die ihm zur Sicherung seines Anspruchs übertragen wurden (§ 223 II). Dies gilt für die *Sicherungsabtretung* und die *Sicherungsübereignung* (vgl. BGHZ 34, 191, 195).

§ 52 III 4   Vierter Teil: Die Lehre vom Rechtsgeschäft

Seinem Wortlaut nach schließt § 223 II nur den Rückübertragungsanspruch des Sicherungsgebers aus, sachlich sollte damit aber das gleiche wie für das Pfandrecht in Absatz I ausgesprochen werden, so daß der Gläubiger die Befriedigung aus den Sicherungsrechten suchen kann (BGHZ 34, 191, 195 unter Bezugnahme auf Mot. I, 345).

Entsprechend seinem Grundgedanken ist § 223 auch auf den *Eigentumsvorbehalt* anzuwenden, da die Rechtslage hierbei ähnlich ist wie bei einer mit einem Besitzkonstitut vereinbarten Sicherungsübereignung (BGHZ 70, 96, 98 f im Anschluß an BGH aaO; h.M.).

Obwohl der Vorbehaltskäufer nach Verjährungseintritt nicht mehr in Verzug gesetzt werden kann und deshalb ein Rücktritt nach § 455 ausscheidet, bleibt es dem Vorbehaltsverkäufer unbenommen, die verkaufte Sache herauszuverlangen.

733   4. Konkurrieren im Hinblick auf die gleiche Leistung mehrere Ansprüche (sog. **Anspruchskonkurrenz,** vgl. oben Rdn. 251 ff), so verjährt grundsätzlich jeder Anspruch nach den für ihn maßgeblichen Vorschriften; z. B. verjährt der deliktische Anspruch nach § 852 und der vertragliche allgemein nach § 195 (RGZ 66, 86, 88; BGHZ 55, 392, 395; für das Verhältnis zwischen deliktischen und Bereicherungsansprüchen BGHZ 56, 317, 319).

Ausnahmen von diesem Grundsatz gelten bei der Konkurrenz mit Ansprüchen, für die besonders *kurze Verjährungsfristen* eingreifen, wenn diese sonst ihren Zweck verlören und die gesetzliche Regelung im Ergebnis ausgehöhlt würde (BGHZ 66, 315, 319). In diesen Fällen findet die *kurze Verjährungsfrist auch auf einen konkurrierenden Anspruch Anwendung,* für den an sich eine längere Verjährungsfrist besteht. Hier setzt sich das rechtspolitische Interesse an der kurzen Verjährung gegenüber den längeren Fristen durch.

Dies gilt für das Verhältnis der §§ 558, 581 II, 606, 1057 zur Verjährung von Ansprüchen auf anderen rechtlichen Grundlagen, die auf den gleichen Leistungsgegenstand bezogen sind, insbesondere zu § 852 (BGHZ 47, 53, 55; 61, 227, 229).

Umstritten ist das Verhältnis der *kurzen Verjährungsfrist von* § 477 zu der Verjährung der *deliktischen Ansprüche.* Der BGH (BGHZ 66, 315, 319 ff) lehnt zutreffend die Unterstellung der deliktischen Ansprüche unter die kurzen Fristen des § 477 ab, da hier – anders als z. B. bei § 558 I – der Wortlaut enger gefaßt ist und nur die vertraglichen Gewährleistungsansprüche der kurzen Verjährung unterliegen (dagegen OLG Düsseldorf NJW 1975, 453 f).

Nach h.M. sollen auch die kurzen Fristen des § 638 (BGHZ 55, 392, 395 m.w.N.; BGH WM 1977, 763) und des § 414 HGB (RGZ 77, 317, 321; BGHZ 9, 301, 304 m.w.N.) nur für die vertraglichen Ansprüche gelten.

Das Konkurrenzproblem kann auch beim Zusammentreffen von Ausschlußfristen entstehen, z. B. im Verhältnis von culpa in contrahendo zu § 123; hier muß sich die kürzere Ausschlußfrist gegenüber der längeren Verjährungsfrist bei culpa in contrahendo durchsetzen (vgl. oben Rdn. 565).

Die Verwirklichung   § 53 I

Auch *innerhalb vertraglicher bzw. vorvertraglicher Ansprüche* können sich Konkurrenzen ergeben. So schlägt die kurze Verjährungsfrist des § 477 gegenüber den Ansprüchen aus *positiver Vertragsverletzung* und *culpa in contrahendo* durch, soweit es sich um Ersatzansprüche handelt, die aus der mangelhaften Kaufsache herrühren (RGZ 129, 280, 282; 134, 83, 87; BGH NJW 1971, 654f). Dagegen ist *beim Werkvertrag* § 638 auf Schadensersatzansprüche aus positiver Vertragsverletzung *nicht* anzuwenden, und zwar auch dann nicht, wenn der Schaden im Zusammenhang mit einem Mangel des Werks steht (ständige Rspr.: RGZ 62, 119,121f; 64, 41, 43f; 115, 122, 125; BGHZ 35, 130, 132; 46, 238f); solche Ansprüche verjähren vielmehr nach § 195 in dreißig Jahren.

Die eng auszulegende Vorschrift des § 638 gilt nur für den reinen Erfüllungsschaden (§ 635), während für den Schadensersatz wegen positiver Vertragsverletzung diejenigen Nachteile in Betracht kommen, die dem Besteller als *weitere Folge außerhalb des Werkes* selbst erwachsen sind. Auf solche Mangelfolgeschäden kann sich die Verjährung des § 638 nicht auswirken. Anders ist die Rechtslage im Kaufrecht bei § 477, dessen Anwendungsbereich weit ausgedehnt wird und alle vertraglichen Ansprüche umfaßt, die aus einem Sachmangel hergeleitet werden (BGH NJW 1971, 654f).

§ 53
Die Verwirkung

DÜTZ Verwirkung des Rechts auf Anrufung der Gerichte, NJW 1972, 1025ff; JAUERNIG Die Einrede der unzulässigen Rechtsausübung, insbes. der Verwirkung in der Rechts- und Schuldnachfolge und gegenüber Dritten, 1953; KARAKANTAS Die Verwirkung, 1938; KLAKA Die Verwirkung im gewerblichen Rechtsschutz, GRUR 1970, 265ff; KRAUSE Schweigen im Rechtsverkehr, 1933, 40ff, 160ff; LEHMANN Zur Lehre von der Verwirkung, JW 1936, 2193f; NABHOLZ Verjährung und Verwirkung als Rechtsuntergangsgründe infolge Zeitablaufs, 1961; SIEBENHAAR Der Begriff der Verwirkung, JR 1962, 88ff; SIEBERT Verwirkung und Unzulässigkeit der Rechtsausübung, 1934; SPIRO Die Begrenzung privater Rechte durch Verjährungs-, Verwirkungs- und Fatalfristen, 2 Bde., 1975; TEGTMEYER Der Geltungsbereich des Verwirkungsgedankens, AcP 142, 203ff.

I. Im Gegensatz zu der allein auf Zeitablauf abstellenden Verjährung *tritt* **734** bei der Verwirkung das sich aus den Umständen des Einzelfalls ergebende *treuwidrige Verhalten* des Gläubigers *hinzu*. Es handelt sich hierbei um einen Fall der *unzulässigen Rechtsausübung* gem. § 242 (RGZ 155, 148, 151f; BGHZ 67, 56, 68).
Bei der Verwirkung geht es um ein richterlich zu bewertendes Verhalten;

verfehlt wäre es, die Verwirkung als einen „stillschweigenden Verzicht" anzusehen (RGZ 134, 262, 270).

Die Verwirkung erfaßt nicht wie die Verjährung nur Ansprüche, sondern Rechte aller Art. Sie ist inhaltlich Schranke des Rechts. Daher bedarf sie nicht der einredeweisen Geltendmachung, sondern ist als *Einwendung von Amts wegen zu berücksichtigen* (zu prozessualen Fragen, insbesondere der Beweislast, vgl. STAUDINGER/J. SCHMIDT § 242 Rdn. 512).

Verwirkung und Verjährung stehen selbständig nebeneinander, so daß die Verwirkung unabhängig vom Ablauf der Verjährungsfristen gegeben sein kann.

Das Bedürfnis nach Anerkennung der Verwirkung ist aus der Betrachtung der Lage des Verpflichteten erwachsen, die durch das Zurückgreifen des Berechtigten auf ein Recht unbillig erschwert wird, weil der Verpflichtete mit dessen Geltendmachung angesichts der Umstände nicht mehr zu rechnen brauchte. Die Verwirkung ergibt sich mithin allgemein aus dem Grundsatz von der Unzulässigkeit des gegensätzlichen Verhaltens *(venire contra factum proprium)*. Danach bleibt ein am Rechtsverkehr Beteiligter an sein eigenes Verhalten in der Weise gebunden, daß er sich später nicht zu diesem in einen gegen Treu und Glauben verstoßenden Widerspruch setzen kann.

735 Bei der Verwirkung handelt es sich um einen **Fall des Vertrauensschutzes** (zum System vgl. oben Rdn. 332ff). Voraussetzung für das Eingreifen der Verwirkung ist zunächst, daß ein *Vertrauenstatbestand* vorliegt, weil der *Berechtigte* sein Recht über einen *längeren Zeitraum nicht* geltend gemacht hat, obwohl ihm dies möglich gewesen wäre (sog. *Zeitmoment*).

Diese Verzögerung allein genügt jedoch nicht (RGZ 159, 99, 105f). Entscheidend ist vielmehr, daß sie nach den gesamten Umständen und der Eigenart des Rechtsverhältnisses bei dem Verpflichteten den *Eindruck* erwecken durfte und erweckt hat, der Berechtigte *wolle sein Recht nicht mehr ausüben,* und daß das Zurückgreifen auf das Recht infolgedessen eine unbillige Benachteiligung des Verpflichteten zur Folge haben würde, die er bei rechtzeitiger Geltendmachung nicht erlitten hätte (BGHZ 1, 31, 32f; 25, 47, 52; BGH NJW 1980, 880; BAG MDR 1958, 875f = NJW 1958, 1988; – sog. *Umstandsmoment*).

> So kann z. B. ein vertragliches Rücktrittsrecht wegen Verzuges von Ratenzahlungen verwirkt sein, wenn der Gläubiger später Zahlungen entgegennimmt, die im wesentlichen die Schuld tilgen (vgl. BGH BB 1969, 383).
> Im *Warenzeichen- und Wettbewerbsrecht* kann z. B. der Verwirkungseinwand durchgreifen, wenn durch eine länger andauernde redliche und ungestörte Benutzung eines Zeichens oder einer Bezeichnung ein Zustand geschaffen ist, der für den Benutzer einen beachtlichen Wert hat, ihm nach Treu und Glauben erhalten bleiben muß und den auch der Verletzte ihm nicht streitig machen kann, wenn er durch sein Verhalten diesen Zustand erst ermöglicht hat (BGHZ 21, 66ff)

Die Verwirklichung §53 III

Ein *Kündigungsrecht* kann verwirkt werden, wenn der Berechtigte längere Zeit untätig gewesen ist und sich der Vertragspartner daraufhin auf eine Fortdauer des Beschäftigungsverhältnisses eingestellt hat (vgl. BAG NJW 1978, 723f). Für den Fall der außerordentlichen Kündigung gilt § 626 II, der insofern einen gesetzlichen Verwirkungstatbestand darstellt (ERMAN/KÜCHENHOFF § 626 Rdn. 46f).

Der vom *Berechtigten* verursachte Anschein ist diesem auch dann *zuzurechnen*, wenn ihm ein Verschulden nicht zur Last gelegt werden kann. Im Gegensatz zur subjektiv orientierten Verantwortlichkeit handelt es sich um einen Fall des venire contra factum proprium (RGZ 134, 357f; h. M.; dagegen JAUERNIG/VOLLKOMMER § 242 IV 3 b).

Auf der anderen Seite ist zu verlangen, daß der *Schuldner* eine *besondere Schutzwürdigkeit* genießt. Er muß ohne Verstoß gegen Sorgfaltspflichten auf die Nichtgeltendmachung *vertraut und sich hierauf eingestellt haben*. Dies ist insbesondere der Fall, wenn sich der Schuldner auf die vermeintliche Lage eingerichtet hat, was dazu führt, daß ihn die jetzige Geltendmachung des Rechts härter trifft als es bei einer rechtzeitigen Geltendmachung der Fall gewesen wäre (CANARIS Die Vertrauenshaftung, 1971, 510ff; MEDICUS AT Rdn. 139; BGH NJW 1980, 880). Ob diese Voraussetzungen vorliegen, ist nach den Gesamtumständen des Einzelfalles zu würdigen.

Da es sich bei der Verwirkung um einen außerordentlichen Rechtsbehelf handelt, sollte er in jedem Falle nur mit Zurückhaltung zugelassen werden (ERMAN/SIRP § 242 Rdn. 85).

II. Die *Verwirkung von Ansprüchen* erlangt insbesondere Bedeutung *bei* 736 *längeren Verjährungsfristen,* die noch nicht abgelaufen sind. Hier kann dem Anspruch der Einwand der Verwirkung entgegenstehen, bevor er verjährt ist (BGH LM Nr. 2 zu § 558; BGH BB 1969, 332). Bei kürzer verjährenden Forderungen des täglichen Lebens und wiederkehrenden Leistungen kann dagegen der Verwirkungstatbestand vor Ablauf der Verjährungsfrist nur aus ganz besonderen Gründen vorliegen (BGH BB 1969, 332).

> So kann z. B. ein Ersatzanspruch des Mieters verwirkt sein, wenn er zwar innerhalb der sechsmonatigen Frist des § 558 geltend gemacht wird, die Verwendungen auf die Mietsachen jedoch lange Zeit vorher erfolgten (BGH LM Nr. 2 zu § 558).

III. Die *Rechtsfolgen* der Verwirkung sind streitig. Überwiegend wird 737 angenommen, daß die Verwirkung nicht zum *Erlöschen* des betroffenen Rechts führt (so aber LARENZ AT § 13 IV b; STAUDINGER/J. SCHMIDT § 242 Rdn. 502), sondern nur ein *dauerndes Ausübungshindernis* begründet (SOERGEL/KNOPP 10. A., § 242 Rdn. 322; SOERGEL/AUGUSTIN Vor § 194 Rdn. 17; STAUDINGER/DILCHER Vor § 194 Rdn. 14; ENN./NIPPERDEY § 228 IV 4). In der praktischen Anwendung dürften sich keine Unterschiede ergeben.

Sachregister

(Die Zahlen verweisen auf die Randnummern des Textes. Hauptfundstellen sind Fettdruck hervorgehoben.)

Absolute Rechte 218 ff
　dingliche – 219 ff
　personenbezogene – 224
Abstraktionsprinzip 232, **358 ff**, 503
　Auswirkungen 365 ff
　Konstruktive Einschränkungen 373 f
　Kritik am – 370 ff
Adäquanztheorie 268
Aktiengesellschaft 118
Akzessorietät 364, 617
Allgemeine Geschäftsbedingungen 29, 394 f, **553 ff**
　Einbeziehung in den Vertrag 555
　im kaufmännischen Verkehr 557
　Irrtum und – 455
　Klauselverbote 554
　Teilnichtigkeit 556
　Verbandsklage auf Unterlassung und Widerruf 558
Analogie 67
Aneignungsrecht 221
Anfechtung 457 ff, 472 ff, **514 ff**
　als Gestaltungsrecht 227, 514
　bei fahrlässiger Irreführung (Verhältnis zur c.i.c.) 565
　bei Rechtsscheintatbeständen 336, 662
　bei der Stellvertretung 636 f, 646, 662
　Einschränkungen der – 520
　Ersatz des Vertrauensschadens 460
　Frist 459, 518
　Geltendmachung 515 ff
　nichtiger Rechtsgeschäfte (sog. Doppelwirkungen) 522
　Rechtsfolgen 519
　Verhältnis zur Auslegung 427, 456
　von Testamenten 461
　wegen arglistiger Täuschung und Drohung **472 ff**, 646
　wegen Irrtums 28, 336, **457 ff**
Angebot s. Antrag
Annahme eines Vertragsantrags 542 ff
Anscheinsvollmacht 338, **665 ff**
Anspruch **244 ff**, 720
　Fälligkeit 248
　Klagbarkeit 249
　im Sinne der ZPO 250
　Verjährung 718 ff
Anspruchsgrundlagen, Mehrheit von – 251 ff
Anspruchskonkurrenz 254, 733
Anspruchsnormen 55
Antrag 536 ff
　Abgrenzung zur invitatio 537, 539
　Bindung an den – 538 ff
　Widerruf 539
Anwartschaftsrecht 222, **592 ff**, 617
　dogmatische Einordnung 592
　gutgläubiger Erwerb 594
　Übertragung 593
　in Zwangsvollstreckung und Konkurs 595
Arglistige Täuschung 463 ff
　durch Dritte 466
　Rechtsfolgen 472 ff, 515 ff
　Schadensersatz 475
　Unterlassen als – 463
　Verhältnis zur Gewährleistung 474
Argumentum a fortiori 67
Argumentum a maiore 67
Argumentum e contrario 68
Auflage 596
Auflassungsvollmacht 652
Auftragsbestätigung 393, 544
Auslegung von Gesetzen 63

extensive und restriktive – 65
verfassungskonforme – 64
Auslegung von Willenserklärungen
und Verträgen 426 ff, 549 ff
  Auslegung formbedürftiger Erklärungen 431
  Auslegung von Testamenten 431
  Berücksichtigung der Verkehrssitte 429
  ergänzende Vertragsauslegung 550 f
  Verhältnis zur Anfechtung 427, 456
  Verhältnis zur falsa demonstratio 430
  Verhältnis zum Wegfall der Geschäftsgrundlage 569
Ausschlußfrist 459, 518, 715
Außerkrafttreten von Gesetzen 31

Bedingung 527, **581 ff**
  Abstraktionsprinzip und – 373
  Anwartschaftsrecht s. dort
  auflösende – 584, 617
  aufschiebende – 584
  bedingter Vertrag 534
  Potestativbedingung 583
  Rechtsbedingung 581, 699
  Schutz des bedingt Berechtigten 589 ff
  Zulässigkeit der – 585
Befristung 597 f
  befristeter Arbeitsvertrag 597
Begriffsjurisprudenz 61
Beschluß **136 ff**, 351
Beschränkte Geschäftsfähigkeit **403 ff**, 629
  Dienst- oder Arbeitsverhältnis und – 413 f
  Erfüllung an beschränkt Geschäftsfähige 405
  Lediglich rechtlicher Vorteil 404
  Neutrales Geschäft 405
  Schenkung an Minderjährige 404, 688 ff

  Selbständiger Betrieb eines Erwerbsgeschäfts 411
  „Taschengeldparagraph" 410
  und Stellvertretung 629, 658
  Zustimmung des gesetzlichen Vertreters 406 ff, 697, 701
Beseitigungsanspruch 301
Besitz 220
Bestätigung 510, 521
  anfechtbarer Rechtsgeschäfte 521
  Neuvornahme bei nichtigen Rechtsgeschäften 510
Bestätigungsschreiben, kaufmännisches 393, 544
Bestandteil 180 ff
  Scheinbestandteil 180, 185 f
  wesentlicher – 180 ff
Betagung 597
Beweislast
  Abgrenzung zum Anscheinsbeweis 289
  bei Einreden 263
  für Geburt, Leben und Tod 80
  hinsichtlich des Verschuldens 288
  Umkehr der – 58, 288
Bildnisschutz 105
Blanketterklärung 454, 478 f
  und Schriftform (Blankounterschrift) 478 f
Blankettmißbrauch 669
Bote 418 f, 600, 625, 686
  Abgrenzung zum Stellvertreter 600
  Empfangsbote 418 f, 452, 625
  Erklärungsbote 419, 452
  ohne Botenmacht 600, 686
  unrichtige Übermittlung durch Boten 452
Bruchteilsgemeinschaft 116
Bürgerliches Gesetzbuch
  Charakter, Normarten 53 f
  Kritik am Allgemeinen Teil 52
  System 51

Sachregister

Culpa in contrahendo 338, 531, **560 ff**, 640, 667
  Haftung für Hilfspersonen 562, 638, 680
  Subsidiarität 565
  Umfang des Schadensersatzes bei – 563 f
Datenschutz 105
DDR, Zivilrecht der – 46 ff
  Familiengesetzbuch 48
  Vertragsgesetz 47
  Zivilgesetzbuch 49
Deduktion 60
Deliktsfähigkeit 75, 91, 123, 328
Dereliktion 232, 517
Derivativer Rechtserwerb 230 f
Diligentia quam suis 156, 286
Dingliche Rechte 219 ff
Dissens 547 f
  offener – 547
  versteckter – 548
Dolo-petit-Einrede 243
Doppelwirkungen (Anfechtung nichtiger Rechtsgeschäfte) 522
Dresdner Entwurf 9
Drittschadensliquidation 310, 613
Drittwiderspruchsklage 226, 595, 615, 620 f, 712
Drittwirkung der Grundrechte **72**, 488
Drohung 467 ff
  psychischer Zwang (Werbung) 471
  Rechtsfolgen bei – 472 ff, 515 ff
  Schadensersatzansprüche bei – 475
  Widerrechtlichkeit der – 469
  Zweck-Mittel-Relation 469
Duldungsvollmacht 664, 666 ff
Durchgangserwerb bei indirekter Stellvertretung 607 ff
  durch antizipierte Eigentumsübertragung 608
  durch Selbstkontrahieren 609
Ehre, Schutz der – 90, 110

Eigenhaftung des Vertreters 640, 685
Eigenschaftsirrtum 179, **448 ff**
  Verhältnis zur Gewährleistung 451
  verkehrswesentliche Eigenschaft 450
Eigentümer-Besitzer-Verhältnis
  Anwendung des § 166 auf das – 627, 638
Eigentumsvorbehalt 592 ff
  verlängerter – 498
Einführungsgesetz zum BGB 30
Ein-Mann-Gesellschaft 118, 690
Einrede 257 ff
  Beweislast 263
  Geltendmachung 261
  im Sinne der ZPO 262
  Verjährbarkeit von Einreden 720
  Verjährungseinrede 718 ff
  Verjährungshemmung bei bestehender – 727
Einwendung 260
Einwilligung (vorherige Zustimmung) 235, 406, 409, **699**, **701**, 706
Einwilligung (Rechtfertigungsgrund) 278, 406
Einziehungsermächtigung 622, **711 ff**
Empfangsbote **418 f**, 625
Empfangszuständigkeit 405
Entmündigung 93, **399 f**, 403
Entstehung und Entwicklung des BGB 11 ff
  Gesamtkodifikation und Rechtszersplitterung 14
Erbbaurecht 186
Erfolgsunrecht 270
Erfüllungsgehilfe 290, 562, 638
  Eigenhaftung für c.i.c. 562
Erklärungsbewußtsein 378, 386, **388**, 391 f, 545
Erklärungstheorie 386, 434
Ermächtigung 235, **709 ff**
  Einziehungsermächtigung 622, 711 ff
  Verfügungsermächtigung 235, 709

549

Sachregister

Verpflichtungsermächtigung 710
Erweiterte Geschäftsfähigkeit 411 ff
  bei Eingehung eines Dienst- oder Arbeitsverhältnisses 413 f
  bei selbständigem Betrieb eines Erwerbsgeschäfts 411
Erwerbsverbote 526
Erwerb vom Nichtberechtigten 236, 333 ff, 490, 705 ff
Exceptio doli generalis 238
Exkulpation 291
Ex-tunc-Wirkung 227, 457, 472, 519, 702
Fahrlässigkeit 284 f
  diligentia quam suis 286
  gefahrengeneigte Arbeit 287
  grobe – 286
„Faktischer" Vertrag 559
Falsa demonstratio 430, 432, 438, 456
Fehlerhafte Gesellschaft 412, 520, 559
  Beteiligung nicht voll Geschäftsfähiger 412
  Einschränkung der Anfechtung 520
  „faktische" Gesellschaft 559
Fehleridentität **368 ff**, 491, 519
Festofferte 534
Fiktion 59
Firmenrecht 104
Firmenschutz 100 ff
  Unterscheidungsgrundsätze 100
Forderungsrechte 225 f, 246
  Forderungszuständigkeit 226
  Verhältnis zum Anspruch 246
Form 476 ff
  der Vollmacht 650 ff
  des Vorvertrags 487, 533
  der Zustimmung 700
  gesetzliche – 478 ff
  gewillkürte – 482, 486
  von Nebenabreden 487
  Zwecke der – 477
Formnichtigkeit 243, **483 ff**
  bei gewillkürter Form 486

Einschränkung der – nach Treu und Glauben 485
  Heilung 484, 509
Freirechtslehre 61
Freistellungsanspruch des Arbeitnehmers 287, 291
Fristenberechnung 716 f
Früchte 203 ff
  Erzeugnisse 205
  mittelbare Sach- und Rechtsfrüchte 208
  sonstige Ausbeute 206
  unmittelbare Rechtsfrüchte 207
Gefährdungshaftung 294 ff
  Limitierung des Schadensersatzes 297
  Rechtswidrigkeit im Bereich der – 295
  Risikobeherrschung 296
Gefälligkeitsverhältnis 380
Gefahrengeneigte (schadensgeneigte) Arbeit 287, 291
Gegenstand 172 ff
Geisteskrankheit 93
Geistesschwäche 93
Geldwertvindikation 179
Gemeinschaftsrecht, europäisches – 23
Genehmigung 407 f, 678, 699, **702 ff**, 707
  behördliche 703
  vormundschaftsgerichtliche 703
  Rückwirkung der 702
Generalklauseln 72
Generalkonsens 410
Generalvollmacht 644, 657, 660
Gerichtsgebrauch 26
Gesamtakt 351
Gesamthandsgemeinschaft 117
Gesamthandseigentum 117
Gesamtvertretung 139, 624, 636, 638, 691
Geschäftsähnliche Handlung 75, 327, **397**, 626, 692

Sachregister

Geschäft für den, den es angeht **610**, 630
Geschäftseinheit und Abstraktionsprinzip 374
Geschäftsfähigkeit 75, 91, 328, 335, **398 ff**
 beschränkte – s. dort
 Empfang einer Willenserklärung 423
 erweiterte – 411 ff
 fehlerhafte Gesellschaft 412
 Haftung aus c.i.c. 561
 kein Gutglaubensschutz 401
 partielle – 399
Geschäftsführung ohne Auftrag als Rechtfertigungsgrund 279
Geschäftsgrundlage, Fehlen und Wegfall der – 243, 446, 456, 530, **567 ff**
 Anwendungsbereich der Grundsätze über – 576 ff
 „Lehmannsche Formel" 579
 Rechtsfolgen 580
 Vorrang vertraglicher und gesetzlicher Regelungen 456, 568 ff
Geschäftswille 378, 386, 389
Gesellschaft bürgerlichen Rechts 117
Gesellschaft mit beschränkter Haftung 118, 690
Gesetz 17
 Gesetzgebungskompetenz 18
 Gesetzgebungsverfahren 19
 im formellen Sinne 17, 73
 im materiellen Sinne 17
 Lücken im – 66 ff
 Verfassungswidrigkeit 73
 Verkündung 22
Gesetzliches Verbot 488 ff, 505
Gestaltungsrecht 227, 514
 Anfechtung als – 514
 Bedingungsfeindlichkeit 585
 Gestaltungsklage 227
Gesundheit 92
Gewährleistung
 Abgrenzung zum Eigenschaftsirrtum 451
 Verhältnis zur arglistigen Täuschung 474
 Verhältnis zur c.i.c. 565
 Verhältnis zur Geschäftsgrundlage 571
 Verjährung der Ansprüche auf – 733
Gewerbebetrieb, Recht am eingerichteten und ausgeübten – 113, 275
 Rechtswidrigkeit des Eingriffs 275
Gewohnheitsrecht 15, 25, 26, 28
Gläubigeranfechtung 436, 498, 523
Gleichberechtigung der Geschlechter 13, 36, 86
Globalzession 498, 622
Grundbuch 236, 333
Grundgesetz (Einfluß auf das BGB) 13, **71 ff**, 238
Grundrechte 13
 Drittwirkung 72
 Einwirkung auf das Internationale Privatrecht 44
Grundstücke 188
 Zubehör 197 ff
Güter- und Interessenabwägung
 bei offenen Tatbeständen 273
 beim Notstand 320
Gutgläubiger Erwerb 236, 490, 702, 704
 bei Anwartschaftsrechten 594
 Nachforschungspflichten 337
Haager Konferenzen 35
Haftung des Vereins 142
 beim nichtrechtsfähigen Verein 160
Haftung im Gesellschaftsrecht 117 ff
Haftung juristischer Personen des öffentlichen Rechts im Privatrecht 143
Haftung, verschuldensunabhängige – 293
Haftungsdurchgriff bei der juristischen Person 119

Haftungssystem 267 ff
  Haftungsfolgen 298 ff
Handeln auf eigene Gefahr 309
Handeln unter fremdem Namen **632**, 686, 698
  Formerfordernis 478
Handelsbrauch 28
Handlung 326 f
  rechtmäßige und rechtswidrige – 327
Handlungsfähigkeit 75, 123, 328
Handlungsunrecht 270
Handlungsvollmacht 644, 649, 671
Handlungswille 378, 385

Idealverein 128 ff; s.a. Verein
Incoterms 536
Indirekte Stellvertretung 606 ff
  Durchgangserwerb 607 ff
  Veräußerung durch indirekten Stellvertreter 612
Inkassovollmacht 711
Inkassozession 615, 711 f
Insichgeschäft 688 ff; s.a. Selbstkontrahieren
Interessenjurisprudenz 61
Interessentheorie 2
Interlokales Privatrecht 45
Internationale Abkommen 35
Internationales Privatrecht 33
  Form der Rechtsgeschäfte 37
  geschichtliche Entwicklung 34
  lex rei sitae 39
  Lückenausfüllung 38
  ordre public 44
  Qualifikation 42
  Rückverweisung 43
  Staatsangehörigkeit 36
  Statutentheorie 34
  unerlaubte Handlungen 41
  vertragliche Schuldverhältnisse 40
Intimsphäre, Schutz der – 109
Invitatio ad offerendum 537, 539
Irrtum 440 ff

Anfechtung 457 ff; s.a. dort
  beim Unterzeichnen von Urkunden 453 ff
  doppelseitiger – 456
  Eigenschaftsirrtum 179, **448 ff**
  Erklärungsirrtum 441
  error in negotio 444
  error in objecto 443
  error in persona 443
  Ersatz des Vertrauensschadens bei Anfechtung 460
  Inhaltsirrtum 442
  über Rechtsfolgen 445
  Kalkulationsirrtum 446, 456
  Motivirrtum 440, 446 f, 448
  Verhältnis zur Geschäftsgrundlage 570

Ius aequum / ius strictum 56
Ius cogens / ius dispositivum 57
Iustitia distributiva 70

Juristische Person 118 ff
  Arten 121
  Deliktsfähigkeit 123
  Handlungsfähigkeit 123
  Organe 136 ff; s. a. dort
  Rechtsfähigkeit 122
  Stiftung 163 ff
  Theorien über die – 120
  Verein 124 ff

Kalkulationsirrtum 446, 456
Kausalität 268, 305 f
  haftungsausfüllende – 268, 305
  haftungsbegründende – 268
  hypothetische – 306
Kennenmüssen 337, 460, 638 f, 674
Kodifikationszeitalter 8
Kollisionsnormen 33
Kollusion 437, 672, 675
Kommanditgesellschaft 117 f
Kommissionsgeschäft 606
Konkrete Normenkontrolle 73
Konkurrierende Gesetzgebung 19
Konsens 532, 542, 547

Sachregister

Konsensprinzip als Gegensatz zum
  Abstraktionsprinzip 370 f
Kontrahierungszwang 530, 546
Konvaleszenz 707 f
Konversion 512
Kunstwerk, Schutz 105

Landesrecht, Verhältnis zum BGB 32
Lebensalter 91
Leibesfrucht 79
  Deliktshaftung für vorgeburtliche
  Gesundheitsschäden 79
Leistungskondiktion 366 f, 457, 473,
  502 f
  Abgrenzung zur Geschäftsgrundlage 574
  Wucherdarlehen und – 502
Lückenausfüllung 66 ff

Menschenwürde 172
Mißbrauch der Vertretungsmacht
  672 ff, 686
  Evidenztheorie 674
Monopolstellung 546

Nachforschungen s. Kennenmüssen
Nachvertragliche Pflichten 566
Name 96 ff
  Änderung 97
  Erwerb 96
  Namensführungspflicht 98
  Unterscheidungszusätze 100
Namensschutz 99 ff
  Pseudonym 102
  Schadensersatzanspruch 101
  Unterlassungsanspruch 100 f
Naturrecht 70
Nebenabreden, Beurkundung von 487
Nichtigkeit 507 ff
  als Anfechtungsfolge 457, 472, 519
  bei Formverstoß 243, 483 ff
  Heilung 484, 509
  Nichtigkeitsklage 513
  sittenwidriger Rechtsgeschäfte 502
  Teilnichtigkeit 374, 511

Umdeutung 512
verbotener Rechtsgeschäfte 489
Wirkung 507 f
Nichtrechtsfähiger Verein 154 ff
  Haftung 160 f
  Parteifähigkeit 159
  Struktur 154
  Verfassung 156
  Vermögen 158
Normarten 54 ff
Notarielle Beurkundung 480
  Einbeziehung von Vertragsunterlagen 487
Notstand 317 ff
Notwehr 313 ff
Nutzungen 203 ff
  Früchte 203 ff
  Gebrauchsvorteile 209

Obliegenheit 308
Observanz 25
Offene Handelsgesellschaft 117
Öffentliche Beglaubigung 479
Öffentliches Recht 1 f
Öffentliche Sachen 192 ff
Optionsvertrag 534
Ordre public 44
Organe der juristischen Person
  136 ff, 603
  Organhaftung 142, 292
  Vertretereigenschaft 139 f, 603,
  641, 692
Organisationsmangel 123, 142
Organtheorie (bei juristischen
  Personen) 123, 603
Organtransplantation 174
Originärer Rechtserwerb 230

Partei kraft Amtes 602, 692
Personengesellschaften 117, 520
Personenstandsbücher 80
Persönlichkeitsrecht 95, **103 ff**, 172, 224
  Konkretisierungen 104 ff
  postmortales – 112, 174
  Rechtsfolgen der Verletzung 115

Rechtsnatur 103
Widerrechtlichkeit der Verletzung 114, 274
Postmortale Vollmacht 657
Präjudizien 26
Privatautonomie 339 ff, 529, 642
Produzentenhaftung 288
Prokura 644, 649, 671
Protestatio facto contraria 396, 433, 545
   Verhältnis zur Auslegung 433
Prozeßstandschaft 235, 713
Pseudonym 102
Publizität, negative 131
Punktation 547

Rahmenvertrag 535
Rauschgiftsucht 93
Realakt 75, 327, **397**
Rechtfertigungsgründe 277, **312 ff**
   Notstand 317 ff
   Notwehr 313 ff
   Selbsthilfe 322 f
Rechtserwerb 228 ff
Rechtsetzung, Befugnis zur – 16
Rechtsfähigkeit 74, 122, 131
   Beginn und Ende 77 f
   der juristischen Person 122, 131
Rechtsgeschäft 327, 329
   Arten 350 ff
   einseitiges – 409, 528, 679
   ergänzendes – 699
   fehlerhaftes – 506 ff
   kausales und abstraktes – 358 ff
   Tatbestand 347 f
   unentgeltliches – 354
Rechtsmißbrauch s. Schranken der Rechtsausübung
Rechtsnachfolge 231
Rechtsquelle 15 ff
   Gewohnheitsrecht als – 15, 25
Rechtssoziologie 62
Rechtssubjekt 74
Rechtsverhältnis 216

Rechtsverlust 237
Rechtsverordnung 20
Rechtswidrigkeit 269 ff
   Ausschluß 277
   bei Drohung 469
   bei mittelbaren Verletzungshandlungen 276
   bei offenen Tatbeständen 273 ff
   bei Unterlassen 272
   Bewußtsein der – 283, 469
   Rechtswidrigkeitstheorien 270 ff
   der Verletzung des Persönlichkeitsrechts 114
Rechtswirksames Verhalten 329 ff, 390 ff
Reduktion, teleologische **69**, 400, 689, 700
Register
   konstitutive Eintragung 131, 348
   deklaratorische Eintragung 348
   Vereinsregister 130 f
Relative Rechte 225 f
Relative Unwirksamkeit 493, **524 ff**
Religion 89
Rezeption 7
Richterliches Prüfungsrecht 73
Richterliche Rechtsfortbildung 70
Richterliche Vertragsgestaltung 552
   Abgrenzung zur Vertragsanpassung nach Wegfall der Geschäftsgrundlage 580
Risikobeherrschung 293, 295, 296, 334, 417, 579
Rückwirkung von Gesetzen 30

Sachen 173 ff
   Körperlichkeit 173, 175
   öffentliche – 192 ff
   Sachgesamtheit, Sachinbegriff 176, 231
   Scheinbestandteil 180, 185 f
   unwesentlicher Bestandteil 180, 187
   verbrauchbare – 190
   vertretbare (fungible) – 189

wesentlicher Bestandteil 180 ff
Sammelvermögen 166
Satzung 21, 129, 135
Schadensersatz 302 ff
  Alles-oder-nichts-Prinzip 302
  Ersatz von Drittschäden 310
  Mitverschulden des Geschädigten 308
  Naturalrestitution und Geldersatz 305
  negatives Interesse 304; s.a. Vertrauensschaden
  Nichtvermögensschaden 311
  positives Interesse 304
  Vermögensschaden 303
  Vorteilsausgleichung 307
Scheingeschäft **436 ff**, 623
Schenkung der Eltern an ihre geschäftsunfähigen/minderjährigen Kinder 400, 404, 688 ff
Schikaneverbot 240
Schlüsselgewalt 604
Schmerzensgeld 311
  bei Verletzung des Persönlichkeitssrechts 115
Schranken der Rechtsausübung 238 ff
  Dolo-petit-Einwand 243
  unzulässige Rechtsausübung 458, 472, 676, 731, 734 f
  venire contra factum proprium s. dort
  Verwirkung 734 ff
Schriftform 478
Schwebezustand 511, 528, 678, 702
  bei bedingten Geschäften 586
  beim Insichgeschäft 695
  bei Vertretung ohne Vertretungsmacht 678
Schweigen 336, 383 f, 392 f, 544
Selbsthilfe 322 f
Selbstkontrahieren 400, 404, 609, **688 ff**
  bei der Einmann GmbH 690

Gestattung 693
Gestattung, Form 651
Erfüllung einer Verbindlichkeit

teleologische Reduktion des § 181 689
Sicherheitsleistung 324
Sicherungsübereignung 616 ff
  Anwartschaft bei auflösend bedingter – 592, 617
  Sicherungsabrede 617
  Übersicherung 619
  von Warenlagern 176, 618
  Zwangsvollstreckung und Konkurs 620 f
Sicherungszession 622
  Anwartschaft bei auflösend bedingter – 592
Sittenwidrige Schädigung 241, 505
Sittenwidrigkeit **494 ff**, 619, 622
  bei einer Sicherungsübertragung 619, 622
  gegenüber dem Vertragspartner 497
  gegenüber Dritten und der Allgemeinheit 498
  Rechtsfolgen 502 ff
  Wandel der Wertmaßstäbe 494
Sollbeschaffenheit 447
Sonderrecht für bestimmte Personenkreise 54
Sozialstaatsprinzip 3, 13, 346
Sozialtypisches Verhalten 396, 545
  „faktischer" Vertrag 559
Spezialitätsgrundsatz **176 f**, 231, 608, 618
Staatsangehörigkeit 36, **87**
Staatshaftung 143 f
Standesrechte 88
Stellvertretung (direkte) 599 ff, 624 ff
  Abgrenzungen 600 ff
  Anwendungsgebiet 626
  Eigenhaftung des Vertreters 640, 685

Gesamtvertretung 139, 624, 636, 638
Kenntnis, Kennenmüssen 635, 638 f
Offenkundigkeitsprinzip 630
Prozeßvertretung 628
Theorien zur – 599
Untervertretung 647 f, 688, 691
Vertretung ohne Vertretungsmacht s. dort
Vertretungsmacht s. dort
Vertretungswille 631
Willensmängel 635 f, 639, 646

Stellvertretung (indirekte)
s. Indirekte Stellvertretung
Stiftung 163 ff
Abgrenzung zur fiduziarischen Stiftung 165
Abgrenzung zur öffentlich-rechtlichen Stiftung 164
Abgrenzung zum Sammelvermögen 166
Genehmigung 169
Stiftungsgeschäft 168
Unternehmensträgerstiftung 167
Verfassung 170
Strohmann 436, 623
Stundung 597, 727
Subjektionstheorie 2
Subjektives Recht 217, **244 ff**, 264 ff
Subjektlose Rechte 76
Subjektstheorie 2
Subsidiaritätsprinzip 113
Subsumtion 60
Sukzessiv-Lieferungsvertrag 535
Surrogation 605
System des BGB 50 f

„Taschengeldparagraph" 410
Teilnichtigkeit 374, 511
Testament
Anfechtung 461
Auslegung 431
Eigenhändiges Testament 478
Trade terms 536

Treuhand 614 ff
eigennützige – 616 ff
fremdnützige – 615
Strohmann 623
Treu und Glauben 242 f, 505, 549, 676
bei Formnichtigkeit 485 f
culpa in contrahendo 560 ff; s.a. dort
Einwirken auf Bedingungseintritt 589
Geschäftsgrundlage 567 ff
treuwidrige Berufung auf Verjährung 731
Verwirkung 734 f
Typenzwang 341, 529

Umdeutung (Konversion) 512
Umgehungsgeschäft 436, 492, 691
Umkehrschluß 68
Unlauterer Wettbewerb 241, 471
Unterkapitalisierung 119
Unterlassen 272
Täuschung durch – 463
Unterlassungsanspruch 299 f
Unternehmen 178
Untervollmacht **647 ff**, 688, 691
Unwirksamkeit
Arten 506 ff
relative – 493, 524 ff
schwebende – 528, 678, 702
Urheberrecht 105

Venire contra factum proprium 243, 433, 545, 731, 734 f
Verantwortlichkeit **280 ff**, 334 ff
Veräußerungsverbot 234, 493, 525
rechtsgeschäftliches – 527
Verein 124 ff
Ausschluß aus dem – 149 f
Eintragung ins Vereinsregister 130 f
Ende des Vereins und Liquidation 152 f
Gründung 128 ff

Sachregister

Haftung der Vereinsmitglieder 147
Haftung des Handelnden 144
Haftung des Vereins 142 f
Idealverein 128 ff
  Mitgliederversammlung, Beschlußfassung 136 ff
  Mitgliedschaft 145 ff
  nichtrechtsfähiger – 154 ff;
  s.a. dort
  Organe 136 ff
  Satzung 129, 135
  Vereinsregister (negative Publizität) 131
  Vereinsstrafen 151
  Verfassung 135 ff
  Vorstand, Vertretungsmacht 139 f
  wirtschaftlicher – 126 f
Vereinbarung, rechtsetzende 23
Vereinigungsfreiheit 125
  freie Körperschaftsbildung 125
  Konzessionssystem 125, 127
  System der Normativbestimmungen 125
Verfassungskonformität 64
Verfassungswidrigkeit von Gesetzen 73
Verfügung **232 ff**, 357, 362, 491, 503, 705 ff
  Verfügungsbefugnis 233 ff
  Verfügungsbeschränkung 234
  Zwischenverfügung bei bedingtem Geschäft 591
  Zwischenverfügung vor Genehmigung 702
Verfügung eines Nichtberechtigten 235 f, 490, **705 ff**
Verhalten s. rechtwirksames Verhalten
Verjährung 718 ff
  bei Anspruchskonkurrenz 733
  Hemmung 726 ff
  Unterbrechung 729
  unzulässige Berufung auf – 731
Verjährungsfrist 715, 723 ff, 733, 736

Verkehrsschutz s. Vertrauensschutz
Verkehrssicherungspflicht 272
Verkehrssitte **28**, 429, 542, 549
Vermögen 177
Vermutung 58
Verpflichtungsgeschäft 355 f
  abstraktes – 363
Verrichtungsgehilfe 291
Verschollenheit 81 ff
  Arten 82
  gesonderte Feststellung des Todeszeitpunktes 85
  Todeserkärung 82 ff
  Verfahren 83
Verschulden 281 ff
  Beweislast 288
  mitwirkendes – 308
  Fahrlässigkeit 284 f; s.a. dort
  Verschuldensfähigkeit 282
  Vorsatz 283
Verschulden bei Vertragsverhandlungen s. culpa in contrahendo
verschuldensunabhängige Haftung 293
Versteigerung, privatrechtliche 537
Vertrag 529 ff
  gegenseitiger – 356
  richterliche Vertragsgestaltung 552
  Vertragsauslegung 549 ff
  gesetzliche Vertragsmuster im Schuldrecht **342**, 529
  Vertragsschluß 532 ff; s.a. dort
Vertrag mit Schutzwirkung für Dritte 310, 551
Vertragsfreiheit **339 ff**, 529
  Abschlußfreiheit 339, 344
  Gestaltungsfreiheit 339
  Schranken 340 ff, 546
Vertragsschluß 532 ff
  Antrag 536 ff
  Annahme 542 ff
  Kontrahierungszwang 546
Vertrauensschaden 304, 338, 460
  Ersatz bei c.i.c. 563

557

Vertrauensschutz 243, **332 ff**, 390 ff, 437, 454, 662 ff, 735
  dogmatische Struktur 332 ff
  Umfang 338
  Vollmacht und – 662 f, 664 ff
Vertretung ohne Vertretungsmacht 631, 648, **677 ff**, 702, 708
  bei einseitigen Rechtsgeschäften 679
  Haftung des Vertretenen 680
  Haftung des Vertreters 681 ff
  Innenverhältnis 687
  Kenntnis, Kennenmüssen, Willensmängel (§ 166) 638 f
Vertretungsmacht 633, **641 ff**
  gesetzliche – 641, 660, 671
  Mißbrauch der – **672 ff**, 686
  organschaftliche – 375, 641, 660, 671, 675
  Umfang 670 f
  Vollmacht s. dort
Verwahrung s. protestatio facto contraria
Verwirkung 243, **734 ff**
Völkerrecht 23
Vollmacht 642 ff
  Abstraktion vom Grundverhältnis 375, 643
  Anfechtung der – 637, 646
  Anscheinsvollmacht 338, **665 ff**
  Arten der – 644
  Auflassungsvollmacht 652
  Duldungsvollmacht 664, 666 ff
  Erlöschen 653 ff, 662 f
  Form 650 ff
  Generalvollmacht 644; 657, 660
  Inkassovollmacht 711
  isolierte – 375, 643
  postmortale – 657
  Umfang 670
  Untervollmacht **647 ff**, 688, 691
  Vertrauensschutz bei erloschener – 662 f
  Widerruf 659

Vorgesellschaft der juristischen Person 133 f
  Differenzhaftung der Gründer 134
  Vorbelastungsverbot 133
Vorhand 534
Vormerkung 525
Vormund 641, 671
Vorsatz 283
  Vorsatztheorie und Schuldtheorie 283
Vorverein (Identität) 132
Vorvertrag 533 ff
  Form 487

Warenzeichenrecht 104, 735
Warnfunktion der Form 477, 484, 651
Wertungsjurisprudenz 61
Widmung öffentlicher Sachen 192
Willenserklärung 329 ff, 376 ff, 415 ff
  ausdrückliche – 381
  schlüssiges Verhalten 382, 391, 545
  Schweigen 383 f, 392 f, 544
  Widerruf einer – 422
  Zugang einer – 415 ff; s. a. dort
Willensmängel 434 ff
  Arglistige Täuschung **463 ff**, 505; s. a. dort
  bei der Stellvertretung 635 ff, 646
  bei Rechtsscheintatbeständen 336
  Drohung **467 ff**, 505; s. a. dort
  Irrtum 440 ff; s. a. dort
  Mentalreservation 435
  Scheingeschäft 436 ff, 623
  Scherzerklärung 439
Willenstheorie 385, 434
wirtschaftlicher Verein 126 f
  Konzessionssystem 125, 127
Wissenschaft (Bedeutung für die Rechtsbildung) 27
Wohnsitz 94
Wohnungseigentum 184
Wucherisches Rechtsgeschäft 500 f

Zeitbestimmung 597 f, 714 ff
Zubehör 182, **197 ff**

Sachregister

Begriff 197 ff
Erweiterung der Zubehörregelung 202
Haftungsverband (Hypothek und Grundschuld) 201
Zugang von Willenserklärungen **415 ff**, 543
Erkenntnisfähigkeit des Empfängers 423
Verhinderung des Zugangs 424

Zurechnungsfähigkeit 282
Zusendung unbestellter Ware 542
Zustellung einer Willenserklärung 421
Zustimmung 235, 406 ff, **696 ff**
Einwilligung 235, 406, 409, 699, **701**
Form 700
Genehmigung 407 f, 699, **702 ff**
Zuwendungsgeschäfte 359 ff
Zweck-Mittel-Relation 469

Jura
Juristische Ausbildung

Herausgeber:
Prof. Dr. Hans-Uwe Erichsen, Münster
Prof. Dr. Gerd Geilen, Bochum
Prof. Dr. Klaus Geppert, Berlin
Prof. Dr. Albert von Mutius, Kiel
Prof. Dr. Peter Schlosser, München
Prof. Dr. Peter Schwerdtner, Bielefeld

unter Mitwirkung zahlreicher weiterer Professoren

Rubriken:
Jura Aufsätze
Jura Rechtsprechung
Jura Repetitorium
Jura Methodik
Jura Examinatorium
Jura Forum
Jura aktuell
Jura Kartei

Die Zeitschrift für Ausbildung und Examen
mit der blauen Rechtsprechungskartei

Ab Heft 10/1984 in völlig neuer Gestalt:

- Mit ca. ⅓ mehr Text durch Zweispaltensatz.
- Mit mehr Rechtsprechung (zusätzlich zu der beliebten Jura Kartei).
- Mit noch mehr didaktischer Aufbereitung der Beiträge (Lernkontrollen zu jedem Jura Aufsatz).
- Mit dem neuen Jura Examinatorium.

Jura — *ein bewährtes Konzept weiter verbessert.*

deGruyter · Berlin · New York